完本 万川集海

〔訳註〕中島篤巳

国書刊行会

はじめに

伝書『万川集海』と忍術の世界

「まんせんしゅうかい」または「ばんせんしゅうかい」と読む。全流ではないがその本文に「伊賀と甲賀四十九流の忍術をまとめた」とあるように、『万川集海』は各忍家の家流を総集した書である。内容的には忍術の具体的な方法に加え、忍術の意義、由来、忍者の心得などを繰り返し述べて、忍術の価値を伝えている。

忍術が伊賀と甲賀の地で誕生し、大きく成長したのは中世混乱期の歴史地理学的理由によるものである。古代では斑鳩《いかるが》、紫香楽《しがらき》、藤原、奈良、京都、滋賀など古都に隣接しており、絶え間なく外来の文化や中央政治の影響を受け続けてきた。加えて領主の統治力も低かった。そんな環境が術技を育んだ。この両地への刺激は、古く壬申の乱の影響から始まっている。さらに社寺荘園と国司との抗争の狭間では黒田荘の悪党で知られるような境界争いや略奪など、地域住民の公権力に対する奇襲さえも見られる。中世は伊賀国や近江国甲賀郡は規模が小領主以下の土豪たちの寄合社会が特徴的であり、また守護大名は都が近かっただけに中央を向かざるを得ない状況であった。すなわち伊賀・甲賀地域への注目度は相対的に低くならざるを得ず、ある期間だが、地域統治は精神的に手抜き状態となって地域自治の自由度が高くなっていたと考えられる。さらに中世の戦乱期では、たとえば南北朝争乱の渦中に巻き込まれて、伊賀者が楠木正成《くすのきまさしげ》の配下に組みこまれたという点も見落とす事は出来ない。

さて、群立した弱小土豪が共存するには約束事、すなわち「掟」が必要である。消耗一方向となる共食いを避け、強大な守護大名や戦国大名に対抗するには一致協力する以外にはない。甲賀郡では石部三郷や柏木三方などの地区連合組織が次第に成長して甲賀郡中惣を結実させ、同様に伊賀でも同名惣という一族血縁の組織化を皮きりに、小一揆衆が盟約を交わして連合し、拡大を続けて終に伊賀国全域を被う伊賀惣国一揆にまで成長した。伊賀と甲賀の国境は地形的、社会的に極めて緩やか且つ曖昧であり、後でも少し触れるが、伊賀の東湯舟《ひがしゆぶね》と甲賀の馬杉《ますぎ》とは生活を共同するに何の不自然さもない環境である。江州甲賀郡と伊賀国との共同は歴史的、地理的な必然で、国境での野寄合を基本にして「甲伊一国」とさえ思わせる概念が次なる忍者社会の拡大を生む事になる。

この基本構造で激変する歴史を乗り切る。それは歴史民俗学的に伊賀・甲賀独自の盗賊術と潜入術、薬方、信仰と呪術、信号、火術、平地や山地での昼夜行動術、観展望気、食法その他諸々の生きる術を結集して〝総合生活術〟とでも表現すべき忍術を体系化していったというわけである。忍術の成長に関係した多くの職種のうち、中世芸能集団や宗教集団は特筆に値するだろう。例えば吉野大峰山修験道だけ挙げてみても、修験者たちの連絡網、法螺貝《ほらがい》通信、明松《たいまつ》法、山川跋渉術、呪術、精神統一法、薬法、山伏行、地形解読、夜間行動、径路発見、水や食の確保など、忍者の得る所は多い。弱者が多方面に積極的に参加して、多種多様な技術を吸収し、消化吸収したものが忍術であり、その多様性が生活全体を支える技術までに拡がったと考えてよいだろう。換言すれば伊賀と甲賀は心身ともに他国とは全く異なった生活様式、すなわち「極限状態で合理的に生活した歴史民俗学」が存在していたのである。

忍者たちは戦国武将の配下、しかもその末席で、自らを極限状態に置いて果敢に挑戦を続けた。しかし平和な江戸時代で忍者は失職した。戦国中世を嵐のように疾走し、そして何処ともなく消えて行った忍びの者たち。『正忍記《しょうにんき》』の出立時変装術である「虚無僧、出家、山伏、商人、放下師《ほうかし》、猿楽、常の形」という「七方出」の一つである普段の自分の生活姿すなわち「常の形」、つまり忍者の部分を削ぎ外した常人として自然体で生き続けたのである。薬方や火術、商人、宗教人など忍術修業で修得した技術を生かした職業選択もあった。明治以後は武士の消滅と並行して忍者も消滅した。

さて『万川集海』であるが、これは謀略、奇襲、平時の戦闘的行動を達成する為の手段について詳しく記されている。将来を見据え、隙ある所にひそかに徹底した攻撃を仕掛ける。小勢で総力戦で勝つには無理がある。小勢で多勢に抗するには、この三法以外に手立てはない。これが忍者の個性昇華の要因である。

さきでも述べたように、伊賀国と近江国甲賀郷との国境線は老年期山岳の尾根上にある。それは線とは呼び難いほど広く低い稜線である。誰に憚《はばか》ることなく往来出来る国境である。両国の人たちは、広い国境で野寄合を繰返して生きて来た。まずこの地理的地形的環境で「甲伊一国」と呼ばれるほど緊密な社会的結束が成立したと考えられる。共有で利がある体制は、共有事項を増やすはずである。臨機応変が深層にある忍家の人たちは、各家流忍びの秘術も共有することで身の保全を強化した。その果実の一つが『万川集海』である。

本書『完本　万川集海』は国立公文書館内閣文庫蔵本『万川集海』を底本とした。底本は忍術伝書二十二巻（十帖）と付本『万川集海　軍用秘記』（一帖）の全十一帖からなる膨大な忍術史料である。底本の第十帖の最後に「万川集海　大尾」と記されており、忍術伝書としての『万川集海』は第十帖までである。第十一帖目の『万川集海　軍用秘記』は兵法書である。これは『万川集海』の本文に、「忍術を学ぶ者は兵法を知る事が肝要である」という件《くだり》があり、後で補充された兵法書一帖と推測される。『万川集海』は内容的に忍家によって大小の相違がみられる。その理由は伊賀・甲賀の忍家では党首が書写して残す風習が幕末まで続いたと言われており、党首の意向で加筆、修正、削除などがなされたためと考えられる。

底本の序文末尾に「于時《ときに》延宝四年辰仲夏日　江州甲賀郡隠士藤林保武《やすたけ》序」とある。『万川集海』の序文は江州（滋賀県）甲賀市の忍者藤林佐武次保武（保義）が記しており、断定は出来ないが、全編が藤林保武の記としてよいだろう。問題は「江州甲賀郡隠士」である。藤林氏は百地氏と並立する伊賀名門忍家であり、甲賀の名門五十三家には藤林姓はない。一方、保武の先祖とされる藤林長門守の供養塔墓が三重県の旧・伊賀国阿拝郡鞆田郷《あわいぐんともだごう》東湯舟《ひがしゆふね》の正覚寺にあり、保武は伊賀の人と考えられている。織田信長による天正九年（一五八一）九月三日から十一日までの伊賀攻略（第二次天正伊賀の乱）で伊賀国は焦土と化し、忍家は尽《ことごと》く根絶やしにされた。ところが藤林家は紀州和歌山に落ち延び、徳川開幕により藤堂高虎が伊賀上野城主となって藤林家は湯舟の生家に戻ることが出来たという話もある。伊賀の乱以前の藤林長門守の時代には、藤林家は二百人以上の忍びを管理していたとされ、北伊賀最大の郷士の一家である。ただ藤林保武は、時代的には藤林長門守の嫡子嫡孫と考えられるが確証はない。また忍者では甲賀は忍士《しのびざむらい》（武士）、伊賀は忍び（非武士）の観が強く、「甲賀郡隠士」として武士を主張したとも考えられる。

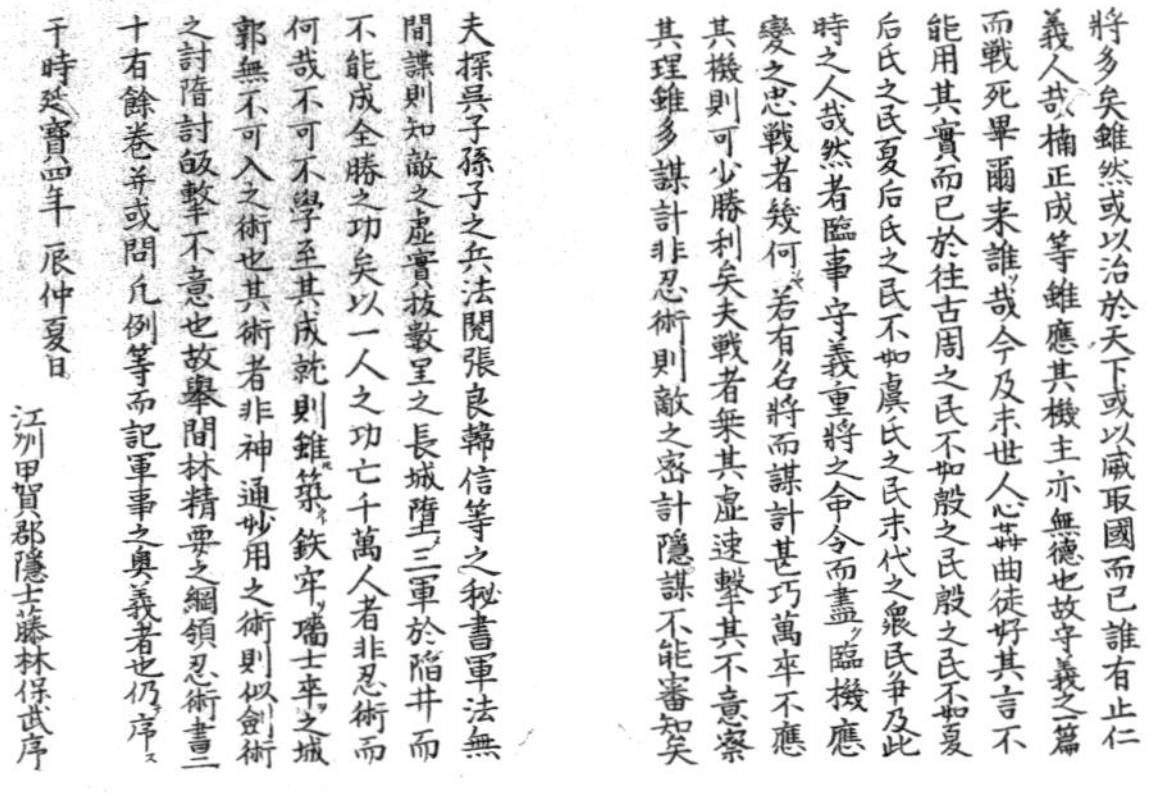
將多矣雖然或以治於天下或以威取國而已誰有止仁
義人哉楠正成等雖應其機主亦無德也故守義之一篇
而戰死畢爾来誰哉今及末世人心莽曲徒好其言不
能用其實而已於往古周之民不如殷之民殷之民不如夏
后氏之民夏后氏之民不如虞氏之民末代之衆民争及此
時之人哉然者臨事守義重將之命令而盡臨機應
變之忠戰者幾何若有名將而謀計甚巧萬卒不應
其機則可少勝利矣夫戰者乗其虚速擊其不意察
其理雖多謀計非忍術則敵之密計隱謀不能審知矣

夫探呉子孫子之兵法閲張良韓信等之秘書軍法無
間諜則知敵之虚實抜數里之長城墮三軍於陥井而
不能成全勝之功矣以一人之功亡千萬人者非忍術而
何哉不可不學至其成就則雖築鉄牢壮士卒之城
郭無不可入之術也其術者非神通妙用之術則似劍術
之討隋討飯擊不意也故擧間林精要之綱領忍術書二
十有餘巻并或問凡例等而記軍事之奥義者也仍序
于時延寶四年　辰仲夏日
江州甲賀郡隱士藤林保武序

[図1『万川集海序文』]

先にも述べたが、伊賀国と甲賀郡とは「甲伊一国」と表現された時期が長く続いており、忍術の術技の大部分を伊賀の家流と甲賀の家流との混交で共有していたと考えられる。とくに湯舟地区は曖昧な境界地形で江州甲賀の馬杉地区と隣接している。生活的必然から、湯舟と馬杉とは緊密な広域生活圏を形成していたと考えるのが自然であろう。住民にとって伊賀と甲賀の政治的境界意識はない。したがって保武が延宝四年（一六七六）五月に『万川集海』序文を書いていた頃の隠棲場所が甲賀内の生活圏であった可能性もある。また伊賀と違って甲賀は東海道添いの要地、すなわち海と山、都と江戸に通じる水口地区を意識した上で「江州甲賀郡隠士」としたとも考えられる。寛政元年（一七八九）に忍家が就職活動の一環として『万川集海』を献上したとされるが、それ以前に老中松平伊豆守信綱が寛永十四年（一六三七）の島原の乱制圧の為に忍者十名を雇っており、その地が江州水口であった。

『万川集海』は現在、国立公文書館本、伊賀市上野図書館本、大原数馬本、大原勝井本、和田本、貝野本、藤林本、沢村本、高野滝本本、伊賀市忍術資料館本その他で十五種以上の写本が確認されている。山本、大沢本、神宮文庫本、岡本本、大沢本、といわれているという。ただし原本は不明である。

「万の川の流れを集めた海」という意味で命名された『万川集海』だが、集載されているのは楯岡道順を源頭とする四十九流である。内わけは四流を甲賀が占め、残りの四十五流は伊賀の家流である。『万川集海』には忍び上手として、音羽ノ城戸、新堂ノ小太郎、楯岡ノ道順、山田ノ八右衛門、下柘植ノ木猿、同小猿、野村ノ大炊孫太郎、神部の小南、甲山ノ太郎四郎、同太郎左衛門が記されているが、全員が伊賀の地名を冠した伊賀忍者である。このように『万川集海』は「伊賀郡隠士」とすべきにも関わらず、「甲賀郡隠士藤林保武」とあるのは、まさに甲伊一国という地理的環境の成せる技と言えよう。

石田善人氏によれば、甲賀の名門二十一家の総代として大原数馬、上野八左衛門、隠岐守一郎の三名が寛政元年（一七八九）四月に『万川集海』（十冊）、御盃、軍用秘記の三点を、寺社奉行松平右京亮を通じて幕府に献上し、見返りに平和時で窮乏状態にあった忍者の救済を願い出たという。もっとも結果は門前払いに近い状態であったようだが、その『万川集海』を通じて、読んだ者は忍者には知的水準の高い人が多いという事を知ったはずである。

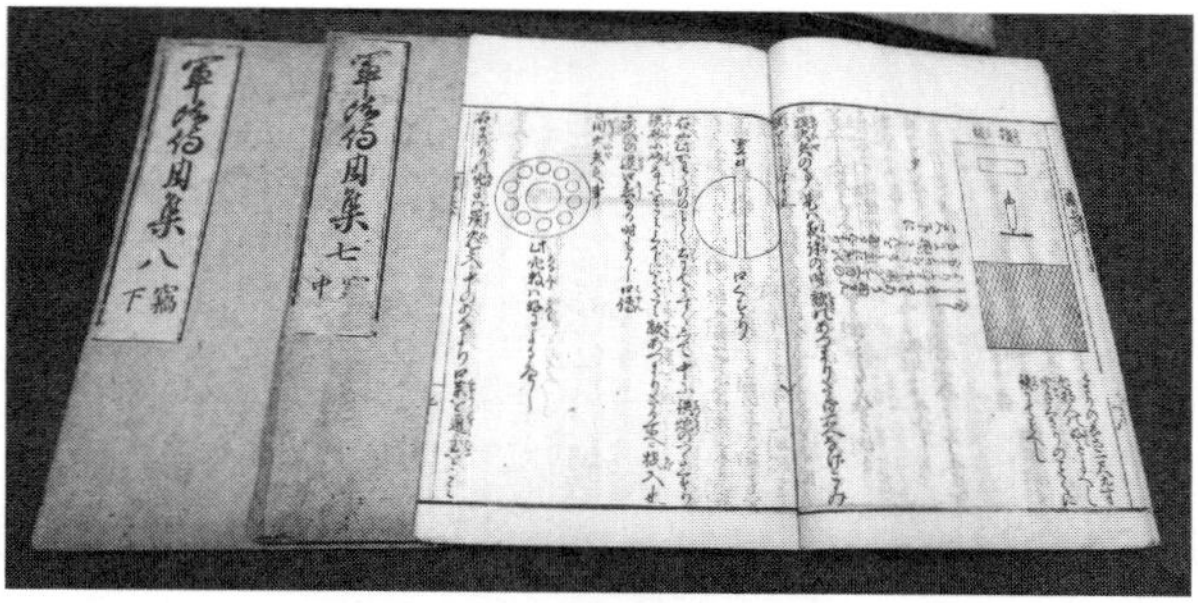
［図2『軍法侍用集』］

忍術は盗人強盗の術であるが、献上した『万川集海』が盗人で悪の秘伝書であってはならない。したがって『万川集海』には「正心」の項が絶対に必要であった。また教養の高さも誇張する必要があり、大陸伝来の歴史観、文中「口伝」の多用、故事文書を沢山引用して格調を高め、他流兵法書からも引用して伝書の容量を増大するなど、その手法は多岐にわたる。『孫子』『呉子』など「武経七書」や明国の茅元儀《ぼうげんぎ》（止生《しせい》）著『武備誌』（寛文四年・一六六四に和刻）また後述の版本『軍法侍用集《ぐんぽうじようしゅう》』（一六五三〜一六六四）からの引用や参考にした術などが多いのもこの理由によるものであろう。

なお甲賀の名門二十一家とは鈎《まがり》の陣に参戦した甲賀五十三家中、夜討ちで軍功をたてた二十一人である。すなわち室町将軍・足利義尚が佐々木六角承禎討伐の為に現栗東市鈎の安養寺に布陣した時、承禎側の甲賀武士団（『応仁後記』では甲賀武士団を「山賊」と記している）は鈎の陣に夜討ちを仕掛けて三年近くも奮戦し、戦は義尚が陣屋で他界する延徳元年（一四八九）まで続いたという。

ここで忍者の仕官に少し触れておきたい。各藩も伊賀者や甲賀者を召し抱えていたが、例えば長州藩の小さな支藩・岩国藩や石見国の小藩・津和野藩でさえも伊賀者を雇っていたほどであり、忍者は組織的に全国に展開していた。『正忍記』の「天下の忍びと云いて、国々へ渡り、此の術を成す故に固き神文を取り交わし、吾往かば其の国中を見せよ、汝来らば此の所を教えて家伝の妙をあらわさせ、術の奇特《きどく》を勧めさすべし云々」とあるように、彼らは敵の忍者と仲良く連絡を取り合いながら活動していたのである。各藩の忍者の数は、大抵は数人から数十人のオーダーであったようだ。ところが徳川家康は本能寺の変では忍者の助力で甲賀多良尾の御斎峠《おとぎ》を越えて畿内を脱出して一命を繋ぎ留めたという経緯もあり（神君鹿伏兎《かぶと》越え）、忍者の価値を認識した上で伊賀二百人組といったような大人数を召し抱え、警護はもとより、全国各藩の監視にあたらせていた。

しかし忍者の供給に対し、需要は余りにも少なかった。伊賀国を治めた藤堂藩ですら、寛永十三年（一六三六）に藩士として雇った伊賀忍者は、わずかに二十人。ただし藤堂藩には無足人という「無禄の」登録侍の制度があり、藩の潜在忍者数は膨大であった。さらに寛永十四年に藤堂高次は伊賀忍者の他藩への就職を禁じ、忍者の就職はさらに難しくなったようである。就職活動での力量を証明する目録切紙などは忍者の世界には無かったが、一八〇〇年代には、例えば『火術乾坤』の「極意」や「印可」等の目録が手渡されるようになり、忍者の技量証明書として就職活動に利用された。鉄砲、大砲、地雷など火術の時代である。目録が見られるのは火術にだけだが、その証明書は忍者の就職に絶大な効果を発揮したはずである。先にふれたように寛永十四年に水口で甲賀武士十人が島原遠征軍に臨時に雇用されているが、乱平定後には六人の甲賀者が永井日向守に召し抱えられている。

江戸時代には数多くの忍術伝書が書かれており、兵法の観点から忍術の位置付けに少し触れておく。大抵の兵法書には忍術やその類型の記載が見られる。兵法書で忍術の割合が比較的多い例として後述の小笠原昨雲著『軍法侍用集』があげられる。これは全十二巻のうちの三巻が「窃盗《しのび》」の巻である。竹中半兵衛の『軍法極秘伝書』では「夜戦の巻」で忍術との接点が見られる。水軍書でも忍術の記載が見られる。紀州藩橋爪流（合武流）『合《ごう》武伝法急勧《ぶでんぽうきゅうけん》』では『合武伝法急勧鬮物見之巻《かぎものみのまき》』として一帖が忍術書となっている。福島流忍術の祖とされる野尻次郎右衛門成正の著・芸州藩『軍船《いくさぶね》』では、忍者が得意とする火術の項を除けば、意外なほど忍術が占める割合は小さい。

また武術の観点から俯瞰すると、武術一流の皆伝条件に忍術が含まれる流派がある。例えば片山心働流である。

その源流の片山流は片山伯耆守久安を流祖とする豊臣の御家流剣術・居合・柔術であるが、片山心働流は久安の長子・片山伯耆守久勝が片山流から分派させたとされる一流である。その皆伝巻物に「忍之大事」や「毒薬」など忍術が記されており、忍術が武士の嗜《たしな》みの一部であったという証《あかし》である。

兵法や武術に内包された忍術に対し、『万川集海』は忍術書そのものであり、楠流軍学秘書『正忍記』と共に忍術伝書の双璧を成す。『正忍記』は延宝九年（一六八一）に紀州藩士で名取流（流祖・名取弥次右衛門正豊）の流れをくむ「藤一水子正武《ふじのいっすいしまさたけ》」（名取三十郎正武《なとりさんじゅうろうまさたけ》。名取三十郎正澄《なとりさんじゅうろうまさずみ》と同一人物か？）が序、初巻、中巻、下巻の計四巻を纏めた紀州の忍術伝書で、伊賀甲賀の『万川集海』とは質的に異なる。『正忍記』は新楠流とも呼ばれ、名取三十郎正澄は紀州藩流の流祖である。名取流の源頭は山本勘助というが、本流は小幡勘兵衛景憲《かげのり》を祖とする甲州流軍学である。正澄は楠流軍学の一派南木流を楠不伝正辰に学び、初代紀州藩主・徳川頼宣の命で新楠流を名乗った。『正忍記』中の「当流正忍記」という項題の「当流」とは、別の写本に「以上は楠流軍学秘書中より盗写せしものにて云々。稲葉丹後守道久　六十七歳謹書　享保元戊午水無月下の十日」とあるので、『正忍記』は楠流軍学の忍術の部ともいえる。新楠流から楠流になったのは、藩を辞して『正忍記』をまとめた頃と考えられる。なお名取家の皆伝巻物は「名取家兵法」とある。よって『正忍記』は楠木正成に仮託した楠流軍学忍術巻で、名取家兵法から分流した忍術巻である。

『忍秘伝《しのびのひでん》』は初代服部半蔵保長《はっとりはんぞうやすなが》が永禄三年（一五六〇）二月に著して継嗣半蔵正成《まさなり》に授け、承応四年（一六五五）に服部美濃辺三郎が書き改め、享保十六年（一七三一）に加藤作左衛門へと伝わったと考えられる全四巻の伊賀の忍術伝書である。伊賀忍者の由来に始まり、火器、忍具、水器、察知などを図入りで説明している。内容的には『万川集海』との関係もみられるが火薬の記載がみられない。

服部徳左衛門武順の『服部流水鏡《みずかがみ》』、先述の小笠原昨雲『軍法侍用集』の『窃《しのび》上』『窃中』『窃下』は武士としての忍術伝書であり、『万川集海』が引用したと思える程、同一内容が多見される。『服部流水鏡』では後方から切りかかられた時の刀の抜き方や抜かずに防ぐ術などの剣術柔術的な記載がある。なお、山本勘助の『老談集』は『軍馬目録』の一部であり、忍術伝書とするのは疑わしい。

忍歌『よしもり百首』は『万川集海』に引用されているが、先行の『軍法侍用集』や『和漢把束和歌集』では

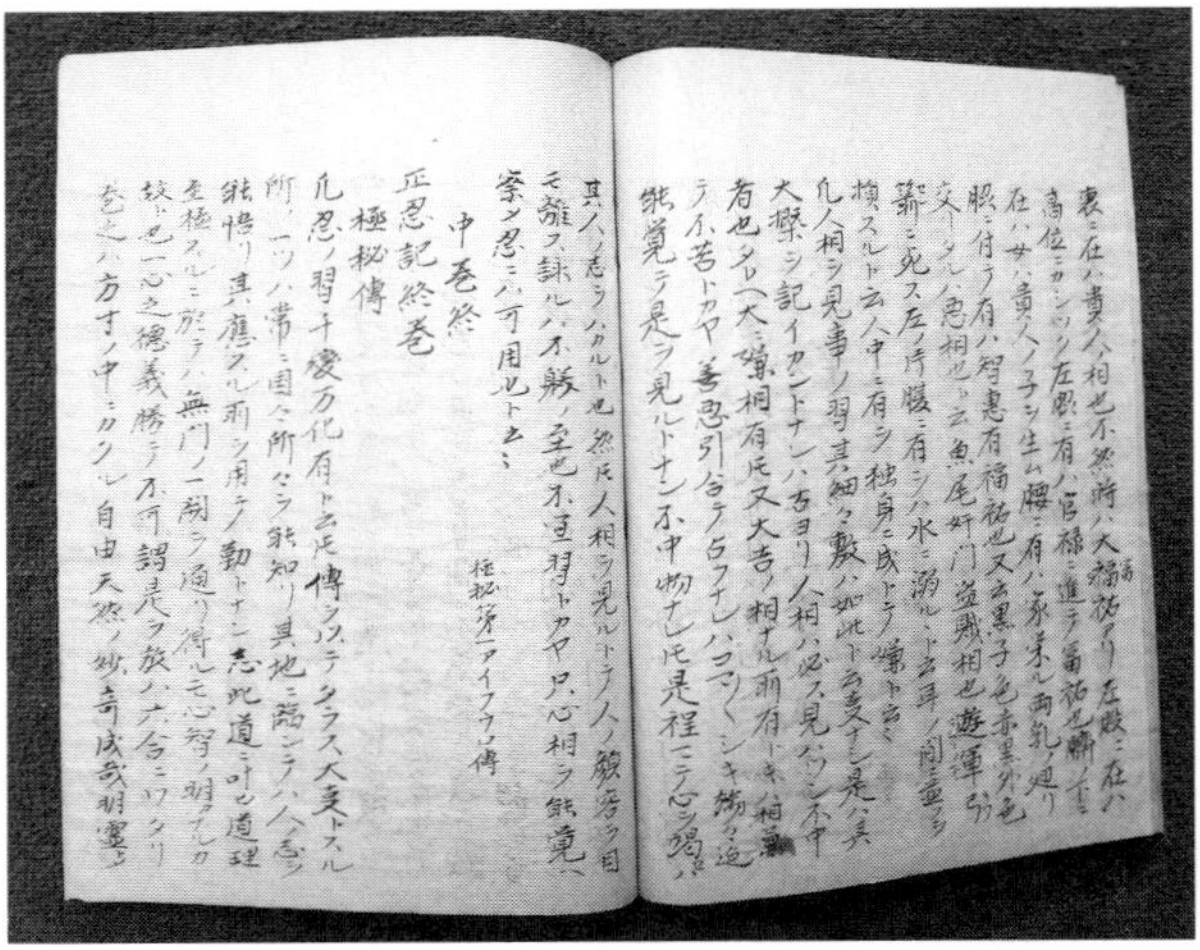

［図3『正忍記』］

一括収載となっている。「よしもり」とは伊勢三郎義盛であり、源義経の家来になった人物である。忍歌は、例えば「偽りを恥と思わじ忍びには、敵だし抜く習いなりけり」などと、口調が良くて分り易い。

火術は忍者の大事であり、火術だけの伝書が多見される。とくにさきに述べた享和三年（一八〇三）の『火術巻乾坤』では「極意目録」「極極意目録」「印歌（可）目録」などと上達度に応じて切紙が出されており、これは忍術では極めて珍しい資格証明である。江戸も後期になると、忍術も一般武術の伝授様式をとってきた証であり、火術の専門化や花火への移行期にあたる興味深い秘伝書である。忍術伝書は多数あるがここでは略す。

忍術には忍技、察知術、薬方、火術、忍具、呪法、占法、天文等々があり、術の幅が広く、自分で考案した家流でさえも覚え書が必要となる。『万川集海』は当初より纏める事を目的に書かれた伝書であるが、普通は備忘録として「煙硝何匁」などと書いた覚書が後世に伝わって伝書となる場合が多い。

『万川集海』を理解する為に

『万川集海』の参考として、紀州藩・藤一水子正武（名取三十郎正澄）著『正忍記』を中心に紹介しておく。『正忍記』の「極秘伝」序で、「忍術は千変万化する。常に国々の事を知って、その国の人の気持で行動すれば成功する。心智を傾けて道理至極の自然体で対応すれば、相手は油断して警戒心という無門関を開く」という。また『義盛百首』に「人を知り我を知らぬ仕業こそ　忍びの者の功者とは云え」という歌がある。すなわち「人を知る」は「その人を中心とした環境の全てを知る」という意味であり、伝書を読み解いて奥義を知るには、歌のように、行間を読み込む必要がある。一個一個の術の中に奥義がある。さらに「書は言を尽くさず、言、人を尽くさねば、能く察すべし」と禅の不立文字《ふりゅうもんじ》、すなわち「完成された人の境地は文字では語りきれない純粋経験である」に通じる文で『正忍記』の序文は終わる。『正忍記』は禅の思想を基礎にした瞬間に完成した。禅（武士の心）を導入した近世忍術は、日本独特のものである。さらに禅用語「無門の一関」へと続く。すなわち、うなずき、感心し、褒めちぎって相手ばかり話をさせれば、情報はどんどん入る。しかし古歌に「自《おのず》から利は有明の物なれば　開く扉に月ぞさし入る　油断すべからず」とある。成功した瞬間は気が緩み、自分の心の関戸が開いて一瞬にして負けてしまう。仕事は孤独で危険だ。束の間の油断は命取りになる。一瞬たりとも自分が忍者であることを忘れてはならない。

「人を破らざるの習い」では「相手を破ったり怒らせたりすると、他の事までダメになる。剛強柔弱を使い分け、相手を殺さず利用する」という。そして「敵になる（客観視すれば自分と相手の心とは同じ状況だから相手の心がよめる）」「敵の心を取る（自分が仕掛けた時の相手は動きを推察し、思い通りに相手を動かす）」「敵に離るる（敵と自分の心が異なる状況では、自分の思いだけで動く）」などを使い分け、「分れて合う（離れていても相手の動きがよめる）」ようになれば達人である」と続く。

　奥義は極意の文中にもある。例えば「敵になる」を深く読み込むと、相手の気持ちが分かるので、敵の動きを予想する以上に、怒りや恨みが消える。戦わず乱されずが忍術の王道である。

『正忍記』の変装術に七方出がある。姿形だけ真似るのではなく、言葉、知識、作法なども本物で出発する。七方出は以下である。

一、虚無僧

　これは普化（禅）宗の有髪僧で白い死装束に黄色の袖無、丸ぐけ帯、袈裟、深編笠をして尺八を吹き、戸ごとに行乞《ぎょうこつ》した。髪があるので別の姿にも変われる。また帯刀、顔隠し、訪問、話しかけ、辺鄙な場所でも疑われないなど利点が多い。尺八も立派な武器であり、刀に負けないほどの威力を発揮する。集団での行動も可能。

二、出家

寺で修行し、紹介状を持って旅に出る。笠で顔も隠せるし、他人から詳しい話が聞ける。情報の集る寺に立寄って秘密も得、どこでも怪しまれなく、集団行動も可能だ。

三、山伏

山中でも怪しまれず、集団で行動可能。刃物や火物を携行しても不審がられず、錫杖は武器。長く、角のある最多角《さいたか》の数珠や前顔八分につける頭襟《ときん》などは金属にすれば立派な隠し武器。山駈けの索縄（螺《かい》の緒）というザイルで右腰に十六尺、左腰に二十一尺ほど携行し、また法螺で通信するなど、忍者には好都合な姿だ。

四、商人

話上手、聞き上手で情報を収集する。目的の大名などとの取引がある店の使用人になるなど、定点での活動も可能だ。商人は記録（旅日記など）をしても怪しまれない。『忍秘伝』には「和やかに、何も知らないふりをして聞き出す」とある。商人の見聞録を読めば、情報量の深さと多さに驚かされる。

五、放下師

大道芸人である。集団でも個人でも可能であり、飛刀、手品など芸の種類は自由だから特殊忍具も製作して携行が可能だ。城下や市、祭りなどでは風景の一部になっており、大勢の人から情報が得られる。僧形が多かったので出家へと変わりやすい。幕府や大名も放下師から情報を集めていたので、目的の大名などの偵察依頼などがあれば敵懐中に潜入成功だ。

六、猿楽

能楽の原型であり、放下師に類似するが目的の屋敷などで公演依頼を受けることもあり、敵に近づきやすい。

七、常の形

普通の姿であり、目的にあわせた姿が選べるので臨機応変に変化《へんげ》しやすい。この形以外は諸国を廻ることが出来る。

七方出のすべてが人に近づきやすく、化けた職業も修行でプロ級である。さらに遁走で次に変装した時にも露顕し難い。ただし、『嗅《かぎ》物見法』の「人相」では「忍の人相は武士、山伏、出家様類は用いず。唯、商人に似たるを用いる。人相は大事なり」とあり、目立つ者には変相しないように勧めている。出発前は同僚の忍者や通過する旅人など、途中ではあらゆる人から情報を集めながら行く。目的地での安全と行動計画を近入前に立てておくことが肝要である。

正確な記録も必要だから石筆が忍び六具の一品にある。残り五具は編笠、鉤縄、薬（腹薬）、三尺手拭、付竹（硫黄を塗って火付がよい竹）であり、中でも三尺手拭は顔を隠す、ぶら下がる、結ぶなどの他に、制菌作用がある蘇芳《すおう》染だから水を濾して飲むなどにも利用していた。細菌を撒いた培地の中央に、蘇芳の枝を置いて実験してみると、枝の近くでは細菌が増殖しなかった。したがって新しく染め直せば制菌作用があったはずである。

死出の旅路になるかも知れない。安全と成功を祈念し、方角を占う。方角や時が悪ければ良い方角に出て改めて進路に戻り、日時や時刻も変更もする。『正忍記』には奇門遁甲《きもんとんこう》の「代人に狙われざる秘法の守り」の呪符もあり、信じているわけではないが、縁起物で忍者の大敵「思案のし過ぎや臆病」を払拭する。長期戦では行動体力より精神力が物をいう。

「知らざる国の咄《はなし》をなし、見ざる所の不思議を語り、見ぬ世の人を友となし、持たざる金銀にて物を買い、与えざる食を喰らい、呑まざる酒に酔狂し、学ばぬ芸の事もなく、亦在る時はかしくも、なれざる出家山伏に、誰頼まずも沙汰を変え、至らぬ所の隅もなく、しょうぐも知らぬ山姥の、女姿に身を変えて、夜は夜すがら忍び出て、宿にも野辺に伏し、草に愛でるるかり鹿の、声に驚く折りふしは、何処地へ隠れんと身悶えをする悲しみを、人こそ知らで有明の、月の光を恨めしく、森の木陰を頼りにて、思いあかしの憂さ辛さ、誰に打ち解け語るべき云々」（『正忍記』）。どどいつ調の文面で予裕たっぷりの恨みつらつら。忍者もやはり普通の人であった。

『正忍記』の「障子の向こうは目では見えないが、耳で聞ける（見える）」は大切である。敵に足音を聞かせ、身障者や動物などと勘違いさせる。履物を変える（「沓替えの習い」）と音はさらに効果的になる。もちろん忍者が夜路を雪駄で歩くなどもっての外で、音も高く走ると脱げてしまう。雪道や泥道で履物を逆に履いて足跡を逆方向にする、などもある（『服部流水鏡』）。

各種伝書に山道の記載は多い。当時の人にとって、山道は普通の道の一つである。忍者が長距離を比較的短時間で歩けたのはペースの取り方にある。登り始めの一時（二十分程度）は、呼吸があまり乱れない程度に歩き、体調が調ったらその程度の呼吸の乱れを維持してペースを上げる。突発的な逃走や戦闘に備えて疲労を抑え、軽い息切れ程度を維持して急ぎ歩きを続けなければならない。

山道では必ず迷う。道をたどるには里人が通った痕跡をさがす。草鞋《わらじ》や牛馬の沓や糞、土が踏み固められているか、草木の傷、鳥獣が人をひどく恐れる時は里が近い、草木の刈口が段々なら人がよく来ている等、変化の違いをしっかり見極めて踏跡をたどる。右か左か分らなければ迷っていても時間が無くなる。しかも山の日暮は早い。ならば半丁博打でさっさと決める。忍者は獣道も覚えておき、逃げる時には時としてこれを利用する（『正忍記』）。獣道は土も柔らかく、突然の急登や草藪で歩けなくなる。間違ったら引き返す時間も確保しなければならない。幸いにして忍者は耆著屈《きしやく》というコンパスを持っており、また北極星や昴座などの星読みでも方位を知る。

川を渡る時は、浅い背の上下には敵が潜んでいることがあるので、敢えて上流へ筋を外して渡る（『服部流水鏡』）。渡り口が分らない時は、捨てられた馬の沓や踏跡など人や牛馬の痕跡をさがす（『忍秘伝』）。

夜路は難しい。見えない上に自分の足音も困るし、鳥獣虫犬などの音も忍者の行動を邪魔する。『忍秘伝』は、「夜道は人の気配で鳥が騒ぎ虫や蛙は鳴きやみ露顕する。こんな時は鍬を持ち笠や蓑を被って農夫を装って行けばよいし、狼や山犬に出会ったら火縄を燃やして行けばよい」という。『正忍記』には、夜道は地面から空を透かして見ればよく、人が通る道ならなめてみると塩辛い、とある。当時の夜道は真暗だが牛馬の糞は多く、確かに塩辛いはずである。五感六感を働かせて難局を乗り切るのが忍者である。

従者に提灯を持たせた時は、自分の左後に居させば前後左右がよく見える（『服部流水鏡』）。しかし弓矢が危険で、従者の左やや後の影に隠れて歩く。敵と会うと、提灯を敵眼前に向けさせ、影の中を移動して背後に回り込む。

『正忍記』に「二人忍びの事」「三人忍びの事」という項があり、「二人でも三人でも一番上手は他の忍びに足を引っ張られることになるので、息が合わなければ一人忍びが一番良い」とあり、さらに「(うまくやりさえすれば）三人も忍びが揃っていたら出来ない事はない。この時は相詞、相印をしっかりして行動する」という。一方、『義盛百首』は「忍びには二人行くこそ大事なれ、一人忍びに良き事はなし」である。二人以上なら精神的に心強い。何よりも忍具の分担や陽術で陽動作戦を行い、陰術でこっそり侵入するなど仕事の分担も、見張りも立てられるし、塀の乗り越えでも助け合う事も出来る。とくに重要な一つが繋ぎすなわち連絡役であろう。得た情報を言葉、矢文、手渡し文、松明、忍び文字、法螺などで伝え、主君へと走らせる。潜入を続ける忍者は動くことなく次々と情報を集めては伝える。一番効率的な伝達方法である。

忍者は火術が得意で、松明など火を利用して相図する。『万川集海』の「夜《よ》討時分《うちのじぶん》四カ条《よんかじょう》」には「忍びこむ忍者には入子火《いりこび》を携行させ、飛脚火《ひきゃくび》の準備もしておく」とある。「飛脚火」とは夜間の狼煙《のろし》伝達法と考えればよい。すなわち、まず自分の領内の高く便利な地点に一人置き、敵目標点まで高所に次々と各種松明や提灯などを持たせた忍者を、光が見えたかどうかを確認しながら配置してゆく。こうしておくと第一の相図が敵目標地点から発せられると、後は次々と飛脚のように火の信号が走るというわけである。

『正忍記』の忍者連絡網だが、その実態は普通人の域をはるかに越えている。伊賀と甲賀の忍者は一味同心の約束をして全国に散った。この忍者同志にある約束事があった。その約束事とは、「敵の忍者が自分の所に来たら自国の秘密を教えてやれ。自分が行けばその逆である。これは子々孫々に伝えて忍術の奇特を勧めさせよ」という事である。「仲間の証拠たる松明法がある。初めての出合いでも、それを見たらその忍者を疑ってはならない」という。仲間の証たる松明秘法を子々孫々に「伝達」し続ける忍者である。主君よりも忍者仲間を大切にする。賢将はその事実を知っているので、忍者には肝心なところは決して教えない。

火術は忍者の華である。特に大国火矢は有名で、火薬の量で飛距離を決めている。たとえば二町（約二百メートル）飛ばすには硝石十三匁、鉄四分、硫黄三匁五分、灰七匁五分のように一町から七町までの火薬の量が記されている。たまたま某テレビ局の取材を受け、実際に実験してみると飛距離はかなり良い結果だったので驚いたことがある。伊賀流火術の別史料には、火薬の処方は少し異なるが、大国火矢は「忍明松極々意巻」すなわち一子相伝の允可に収められている。面白いところでは埋火《うずめび》という地雷がある。箱の中に火薬と小石を入れ、火縄をさし、火縄は割竹の下に置いて軽く土をかけて埋めておく。箱を踏んで竹が割れたら火縄に火が付き、爆発というわけである。埋火は『万川集海』と『軍法侍用集』（刊本としては『万川集会』に先行）とは、まったく同じ記載である。

『正忍記』は「城陣に忍び込む時は、絶対に味方と松明や狼煙の相図を失敗してはならない。雑兵が城外作業や陣張りの時や、戦闘で疲労して帰陣する時に紛れ込んで一緒に陣に入る。大雨は潜入の好機である。時刻は午後九時から午前一時の間か、午前三時から午前五時の間がよい。この時刻は隙がある時間帯で、しかも起きている非番も居り、忍者がうろついても怪しまれない。武士は非常に恐ろしいので、潜入で武士の集団に混ざり込んではならない。陣中では早く敵の相詞を盗み、居場所もこまめに替えて露顕を防ぐ。城では、まず退路の確保が重要である。屋敷なら主人の善意（隙）に付け込んで入る。例えば屋敷近くで仮病し、手当を受けて一旦引きさがり、お礼の品を持って再度訪問して子供を褒め称えて心を開かせる。懇意になって言葉巧みに秘密を聞き出す」などとある。

同書には「事を紛らかすの習い」というのもあり、「人を信じると露顕《ろけん》するので要注意だ。露顕しそうになれば、そこに手紙など怪しげな物を残して遁走の時間を稼ぐ。逃げる方角も要所で変え、目撃者を騙して利用する。逃げる時はあわてず、不自然な行動をしてはならない」という。忍者は臨機応変を第一とし、逃げる事さえも即攻撃に変える。例えば逃走を好機とし、逃げるふりをして方向を変え、一気に敵の懐深く侵入する。忍者の遁走は逃げ帰るのではなく、一旦退いて再び攻撃にかかる。変装を変え、人ごみに紛れ、山中の獣道の奥も利用する。鹿道は広く歩きやすい、狸や兎道は草木が被ってトンネル状態だから足を取られるなども知っている。追手が分散して二人程度になれば草を結んで追手の足を引っ掛け倒し、襲い殺す。水中に潜み、草木の下や鞘を使って息もする。

伊賀者は武術を主人の武士から教えられ、仕事が終わると寺などに集り、剣術以外にも柔術（小太刀、棒、手裏剣、煙管《きせる》のような小武器など）の鍛錬をした考えられる。それに関しては『万川集海』には「召捕二十カ条」がある。ただし訳者は寡聞にして忍術独特の格闘技を記した伝書を知らない。技は体が記憶するものである。それは忍者らしく臨機応変かつ合理的な技であったことは推測に難くない。例えば変装が露顕して敵が抜刀しようとした時、手持ちの杖先で敵の柄手を打砕き、杖を廻して杖尻で突き飛ばす等である。

『正忍記』は人相見の記載が詳しい。なるほどと思う処もあるが、最後は「あまり当たる物でもないから、参考程度にすればよい」とあるが、年齢と共に人柄は顔に表れるものである。以上、『正忍記』を紹介して『万川集海』解読の一助とした。伝書や関係史料は江戸時代の忍者の生活や心情、術技、社会環境を知る唯一の手掛かりである。丁寧に行間を読み込んでいけば、忍術伝書『正忍記』の言う「是（秘伝書）を放てば六合にわたり、之を巻けば方寸の中にかくる」の如く、六合（無限）の世界が広がるはずである。

忍術の区分

『類聚名義抄《るいじゆうみようぎしよう》』では「伺見」を「うかみ」と読ませ、また「斥候」も「うかみ」すなわち〝伺い見る〟間諜である。史料を整理するため、広義忍者として密偵・間諜まで含めれば次のように区分すると理解しやすい。

一、**古代忍術**

『日本書紀』（巻二十二・推古九年）の「新羅の間諜・迦摩多《かまた》対島に到る。即ち捕えて云々」（六〇一年）という初見に始まり、『同』（巻二十五・『釈日本紀』（巻十五・孝徳）「大化二年（六四六年）、中略、畿内に、中略、斥候を置く」、さらに『釈日本紀』（巻十五）に「（天武天皇が唐人に戦術を質問すると）『まず物見者を遣り、以て地形の険平及び消息を観せしめ云々』（と答えた）」とあり、さらに『続日本紀』（巻二十八・天武）「元年（六七二年）五月、或は人有り奏じて曰く。（壬申の乱にそなえて）近江京より倭京に至るまで所々に（斥候を）置候云々」などがある。

忍びは「窃盗《しのび》」と記されていた。表向きは間諜であっても実体は窃盗を生業《なりわい》とした泥棒・強盗・山賊の類いの術の応用であったと考えてよい。武士が勢力を拡大するにつれ、忍びは武士の戦術に組み込まれて中世忍術となる。移行期は『正忍記』の記載などからして、源平争乱の平安末と考えられる。

二、**中世忍術**

源氏の挙兵を機に兵法では忍術の重要性が増し、敵の城陣に潜入して工作する方法や火術の進歩がみられた。『万川集海』や『正忍記』のいう「古法忍術」の時代である。「源義経が勇士を選んで使った」（『正忍記』）の伊勢三郎義盛のような忍びが武将の配下に置かれ、忍者の評価も高まった。戦国時代には特に伊賀甲賀で実戦的な忍術と忍者の体系化が起ったが、天正伊賀の乱を機に伊賀甲賀で代表される中世忍術は姿を変えていった。要因は伊賀国の崩壊、乱時の多羅尾や柘植などの離反による一揆結束の瓦解、藤堂高虎の伊賀入城による忍者管理の徹底などである。

中世忍術の終焉は、厳密に言えば、藤堂高虎が伊賀上野城に入城した慶長十三年（一六〇八）である。

三、近世忍術

江戸時代の忍術である。徳川幕府は全国に完璧な管理体制を敷き、とくに三代将軍家光の時から大目付・柳生但馬守宗矩の指導もあってか、諸大名に城絵図などの諸情報の提出を命ずるようになり、忍者の出番が少なくなった。江戸初期（慶長十三年）の『伊州上野城図』には、すでに二の町通りの南側で西大手通りの東側二軒目に忍者が職替えしたとも考えられる「山伏」の家が記入されている。彼は伊勢の朝熊《あさま》山明王院の御札と一緒に多賀社のしゃもじを持参して回国し、生計と情報収集に勤しんでいたのだろうか。いわゆる忍者失業の時代だが、それでも全国諸藩に雇われた伊賀者も多く、各地で足跡が見られる。近世は多くの忍術伝書が書かれた時代である。火術や兵法が発展し、禅の思想を取り入れて武士化した忍術が特徴である。大砲の出現で大量破壊戦術が常識化し、忍者を使った攻城の必要性が乏しくなった。それでも元治元年（一八六四年）に忍術伝書『松明秘法之巻』が著されており、忍者は時流を踏み外していたようである。

四、現代忍術

明治以後の新作忍術的要素が強い。忍術の基幹である窃盗《しのび》は犯罪であり、地味で暗い従来型の本物忍術が消滅した。しかし立川文庫の講談本『真田幸村』『猿飛佐助』などの人気に大正ロマンが後押しして、娯楽や経済など現代社会を豊かにする忍術の誕生が幸運であった。現代忍術には大道芸系忍術と柔術系忍術の二系統があり、共に忍術伝書の術技を基礎に置いて成長した。

大道芸系忍術は小人症や肩関節で代表される習慣性脱臼など身体の欠点や、手品や刀の刃に乗るなど詐欺まがいの大道芸（法術）で見る者を驚かせて自己の凄さを誇示する。

柔術系忍術は現代忍術の主流であり、柔術に含まれている手裏剣術、棒術、半棒術、八寸挫術、秘武器術など柔術（体術）の術技を忍術に取り入れており、動きも美しい。

忍者の種類

「忍者」は『武用弁略』に「しのびのもの」とルビされている。しかし今はニンジャが市民権を得ており、ニンジャでよい。『万川集海』では用語として「忍者」と「忍士《しのびざむらい》」と「忍び」とを使いわけている。忍士は「普段から忍術を工夫して〝下人〟に隠忍を教えて忍びに出し」、「その下人から音羽の城戸や新堂の小太郎など忍び上手が育った」とある。他の史料も参考して整理すると、「忍び」は非武士であり、「忍士」は武士、「忍者」は忍士と忍びの総称と考えてよい。忍士は忍頭として忍びの手配をし、時には自らも出動する。伝書の大半は忍士が書いたものである。

近世忍者は忍者を雇う側に立つと実像が見える。『嗅《かぎ》物見法』に、「（嗅物見とは）忍びの題号なり。嗅とは忍びの者を犬と云う故なり。扨、忍びは（武士ではない）軽率類の者を犬という。犬は自由にくぐり行く故なり。軽率、類をきわむるなり。士《さむらい》の忍びを狐というなり。士は伏しに追われては戦を好みて振返り、打死をする故なり云々。士は役義有る故に忍びの者を定」とあり、忍者の大半は軽率（非武士）で一部に下級武士も含まれることが分かる。

武士の片山心働流に『忍びの大事』があるように、近世では中級以上の武士も忍術の心得があり、忍術や忍者を使った。また大名に組みこまれた水軍は上陸して戦う機会が多くなり、短期間で陸の情報入手することが必要となった。橋爪流の『合武伝法急勧《ごうぶでんぽうきゅうけん》』（巻四）の「忍びに二道あり」には「伊賀甲賀の者という有り、この道の業に於いては神変不思議の術をなす云々。先祖その本国を出て他国に分れる時、神水を呑みて我等来世子孫に及ぶまで、何国にありとも家作るにも秘密の印を置くべし。また対面の時は家伝の松明を灯し合うべし。よく符節する時は互に味方の秘事を告げ合いて業を取りかわす云々」とし、「（伊賀甲賀者は）秘事の間者に用いざるなり」とあり、秘密事は自国で養成した忍者を使うという。『正忍記』さえも同様な記載がある。忍者には伊賀甲賀者と自国で養成した忍者の二種があり、目的によって使い分けた。

北条流兵法『士鑑用法』（流祖・北条家長）では戦時の武者分け・見積りでは侍大将をトップにして二十の位が序されており、忍びは軽卒で上から十八番目である。山鹿流『武教全書』（山鹿素行）も同様で、忍びの身分は極めて低く、武士分ではない。『正忍記』は〝（城陣に潜入した時には）武士の間に紛れ込んではならない。武士は恐ろしいものである〟と教えているほどである。

訳者は「忍術の心は総合生活術である」と思っている。本書の行間を読み込んで人生の一助にして頂ければ幸甚である。

完本　万川集海◉目　次

※（　）内は読み下しの頁をあらわす

巻第四

巻第五

巻第六

巻第九

巻第十

巻第十一

巻第十二

巻第十三

巻第十四

巻第十五

巻第十六

巻第十九

巻第二十

巻第二十一

巻第二十二

万川集海　軍用秘記

完本　万川集海

凡例

一、本書は国立公文書館内閣文庫蔵『万川集海』全二十二巻（十帖）と『万川集海軍用秘記』（一帖）を底本とした。底本の虫食いや誤字脱字の修正補足は伊賀市上野図書館本、大原勝井本、藤林本、某氏蔵本を参考にした。

一、原則として挿図は底本中の全図であり、現代語訳文の方に付した。

一、読み下し文の仮名遣いは現代仮名遣いに、常用漢字は原則として新字体に改めた。

一、明らかな誤写と思われる部分は訳者が訂正補足した。

一、底本に句読点はないため、読み下し文の句読点は訳者が付した。

一、〔 〕は訳者による注記である。

一、用語に表記のゆれがあるが、機械的な統一はさけた。

一、底本では巻第四～七、巻第十一～十五に該当巻の目録が一部は末書を兼ねて付されているが、巻第一の序文に続いて総目録が付されており、無意味な部分的重複となっている。また他の巻には目録がなく、この不整合を避けるために省略した。

一、本書に頻出する尺度は以下の通りである。

一寸＝約三センチメートル　一尺＝約三〇センチメートル
一間＝約一・八メートル　一町＝約一〇九メートル
一里＝約四キロメートル　一分＝〇・三七五グラム
一匁＝三・七五グラム　一両＝三七・五グラム
一石＝約一八〇リットル

万川集海　現代語訳

巻第一

序

軍事は国の生死存亡の根幹をなし、国家安泰の基本となる極大事である。蔑《ないがしろ》にすることなく深重にすべきで、もし軽く扱うと悲惨な結果を招く事になる。軍事は事細かに策略を立て、道〔民と為政者の意思を一致させること〕、天〔天の利で、天候や時期〕、地〔地の利であり、地形、距離など〕、将〔心技知に勝れた将〕、法〔軍備、兵力等、軍そのものの能力〕の五事〔『孫子』始計・兵法の大事〕や七計、すなわち敵と比較して君主の理念、将の能力、天地の利、軍の能力、兵一人一人の能力、訓練の達成度、賞罰の行き届き加減などの七つが勝れているかをよく考察し、領衆や兵士の心を察して手中に治め、臨機応変な謀略で奇襲や正規軍攻撃を仕掛ければ智、仁、信、勇、厳の五材が叶い、後に天地人の三利にも影響して危機が去り、千人の兵卒で億万の敵に百戦百勝することが可能となる。しかし聖智が備わる将は稀であるという事を常に知っておく必要がある。かつて孫武子《そんぶし》という軍師が出て、呉王の闔閭《こうりよ》を助け、子房《しぼう》〔張良《ちょうりょう》。前漢創業の功臣〕を尊敬し、沛公《はいこう》〔漢の高祖〕は天下を統一することが出来た。主君は賢将が明知である事を貴び国に良政を敷き、臣民を等しく扱っておけば、大国の攻撃を受けても領地を奪われる事はない。これらは皆、周到な備であり、将たる者は絶対に賢明でなくてはならない。

飜《ひるがえ》って我国に名将は多かったか。或者は治で天下を取り、或者は威嚇して国を奪っただけではなかったか。そこに仁義を留めた人がいたであろうか。楠《くすのき》正成《まさしげ》等は機に応じた人物だが、主君に徳が無かったために、ただ義を貫くだけで終わり、戦死して終わったではないか。それ以後にも、誰が居たであろうか。

今は仏教で言えば末世。人心大いに乱れ、口先では善い事を言い、内実も無く信じられるものは何もない。往古、周〔前一〇二三～前二五五。中国古代王朝で殷に帰属していたが武王がこれを滅ぼして建国〕の民衆は殷〔前一六世紀～前一〇二三。湯王が夏《か》を滅ぼして建国したが紂王《ちゅうおう》に至って周の武王に滅ぼされた。高度な甲骨文字と青銅器文化で知られる〕の民衆には及ばず、殷の民は夏后氏〔前二一世紀～前一六世紀の、中国最古の夏王朝。殷の湯王《とうおう》に滅ぼされた〕の民に及ばず、夏后氏の民は虞氏の民には及ばなかった。今、末代の民衆が往古の民を凌ぐには如何にすべきか。事に臨んでは義を守り、将の命令を重んじ、尽《ことごと》く臨機応変に忠戦する者がどれだけ居るか。たとえ謀略に長けた名将が居たとしても、幾万の兵卒が命令に従わなければ勝利は有り得ない。

戦は敵の隙を迅速不意に突くものである。謀計をいくらたてても、忍術を利用しなければ敵の密計や陰謀《いんぼう》などを詳細に知る事はできない。だから理を知るには忍術が必要である。呉子や孫子の兵法を研究し、また張良や韓信《かんしん》〔漢の高祖時代の名将〕等の秘書軍法を読んでみるに、間諜を使わなくては敵の虚実を知ったり、数里に及ぶ長城を落としたり、何万もの敵兵を田の溜池に突き落とすなどして連戦全勝の功績をあげることは出来ない。一人の功績で千万の敵を亡ぼす方法は、忍術以外にはない。忍術は必学の術である。鉄壁の守備さえも、忍術の達人ならそれを抜いて士卒を敵の城域内に侵攻させることが出来る。忍術は神通妙用の術であり、剣術の実の正面を討つ方法とは異なり、不意を撃つ。故に、本書は間林《かんりん》精要《せいよう》（『軍法間林清要』）の綱領〔軍術は黄帝に始まり寝備《しのび》や五間に進化した〕である忍術の書二十余巻、並びに問答、凡例等を挙げて軍書の奥義を記し、これを序文の締めとする。

述日　延宝四年〔一六七六〕陰暦五月

江州甲賀郡隠士　藤林保武《やすたけ》　序

万川集海凡例

一、この書を「万川集海」と命名

本書は初めから終わりまで忍者社会の間林精要の綱領の記述であり、伊賀と甲賀の十一人の忍者が秘密にしていた忍術と忍器、そして今ある諸流の術から、悪い部分を除き、良い術ばかりを撰び出し、さらに日本や中国の名将が作った忍術の謀略等をも全て集めた。殊にこれまで秘していた旨も公開し、義理を正しくして不徳なく、最上の術の全てを順序正しく網羅したものである。本書は、伊賀甲賀在郷の忍術流派という川が、全て大海に注ぎ込み、そして一つになった広大な書であるが故に「万川集海」と名付けた。

本物の忍者の術の集成であり、他国の半端な忍びが伊賀忍者の名を語って使う術の類いとは大きく異なる。だから本書には謀略の全てと功熟した術技が記されている。本書の内容の深さは、世間一般人の知力が遠く及ばない所にある。記載を簡略にし、敢えて細かい説明を避けたのは、忍者以外の人が本書を読んで口先でもてあそぶ事を危惧したからである。忍術は師から直接教授され、長い年月をかけて玩味《がんみ》して初めて体得出来る奥義がある。よって師の口伝を得る事がなければ、本書を読んでも奥義に至る事は出来ないだろう。

一、本書は正心、将知、陽忍、陰忍、天時、忍器の六編で構成されている。最も大事な処は正心編であり、その理由は正心を全ての策謀の根元的な糧としているからである。忍術は知謀計策を駆使して塀を登り、鏁子《さし》、枢《くるる》、掛鉄《かけがね》、尻差《しりさし》などを外して戸を開いたりする。これはまさに盗賊の術でもあり、悪人が忍術に熟達すれば悪逆の限りを尽くす事態になる。このように私の記述した本書は盗賊術を公開したことになりかねないので、忍術の本質は正心を第一としたというわけである。よってまず忠義の道を解き、生死の道理を述べて正心の手引とした。誠に道を心得ている人には笑われるかも知れないが、目指す処を正しくして行動すれば、本書は千金莫大になると信じている。

初学の侍も、この編を手引として昼夜規律どおりに起居行動し、絶大勇猛な志を修得し、眼を忠義貞節の本源からそらす事無く、忍術の修熟に全力を注ぎ続けるなら、自ずと悟りが開け、正心の真意が理解できるはずである。忍術に明晰なら柔弱な人であっても強剛となり、心が歪んだへつらい人でも忠義を守るようになり、愚者も智者となるはずである。勇気と知力の真義とを知得すれば、何時でも、如何なる所にでさえも忍び込む事が可能になる。もし不正が心底にあれば、如何に深い謀であっても歪みが生じて失敗する。たとえ謀略を仕掛けても、計り事は不思議に肝心な時に露顕し、敵に察知されてしまう。すなわち武勇の豪傑でさえも剛になり得ない。故に正心が第一の大事なのである。

一、将が忍者の価値を熟知するという第二の大事

忠勇謀功の忍者が居たとしても、軍将が忍者を上手に使うことが出来なければ謀略は成功しない。軍将が忍術の価値を分かっていなければ、肝心な時に混迷して忍者を敵中に送り込んで打開する事を思いつかなく、敵を知る事が出来ない。敵の秘計に引っ掛かり、兵力の配置に失敗し、軍師も策略を立てる事が出来ず、負け戦である。

忍者を使わないと詳細な情報を得る事がかなわないので、当て推量で対抗策を立てて采配を振ることになる。これは暗闇で飛礫《つぶて》を投げるに等しく、的外れな事である。意味もなく東面に備えて西から攻められ動転し、南を固めて北から潜入され大いに狼狽するなど、情報無きは負け戦への道程である。

将が忍者の用い方〔用間〕を熟知していなければ、たとえば敵城陣に忍者を送り込んでも相互の連絡が不能である。従がって敵の弱点を外して攻撃し、勝利は困難、潜入忍者は捕縛殺害という事に終わる。よって将が用間を熟知するのは第二の大事である。

将知の下編では、味方城陣を敵忍者から防御する軍法を記した。これは軍将が忍者の使い方を熟知し、敵忍者を防ぎながら味方忍者の敵陣へ潜入させる方法を解いたものである。

一、まず陽忍〔堂々と姿を表したまま策謀を以て相手を術中に陥れる忍者〕で仕掛け、次いで陰忍〔姿を隠して密かに術を行う忍者〕に仕事をさせるのがよい。陽に始まり陰に終わるという道理である。陽忍は才智ある人でも術を話で聞くだけでは難しく、平素の鍛錬が必須である。陽術に熟達するには、日々の生活の中で常に仕掛けを心がけて練習に励まなければならない。

一、陽忍の下編に目で見て察する簷猿《のきざる》の術を記す。敵の様子を見聞きする事こそ忍術の原点であり、これを忍術の範疇ではないと勘違いしてはならない。また陰忍の下編では忍び夜討ち強盗関連について記す。これもまた忍術の範疇にあらずとして疎かにしてはならない。夜討ちと忍びとは派生と本体との関係にある。従って忍術の心得なき夜討は、夜討の真髄を

発起出来ない。また夜討ちが出来ない忍者は、忍術の真理を理解する事は出来ない。

捕り物は忍術の本意ではない。しかし忍術も時代の変化に従わざるを得ず、本書では古法の概略を記すに留める。捕り物は忍者の術外の物であり、本来は下級役人の仕事である。

一、天時、天文は第五の大事である。天時は地の利に及ばず、地の利は人の和に及ばずという先賢の教えがあり、それに基づいた方法である。天時の編には忍術の専要にあたる部分が多い。疎かにすべきではないが、強いて信じるべき物でもない。

一、忍器は陰忍の階梯である。これは器物製作法の伝授に過ぎず、忍者の真理とは少し離れた位置にある物だから第六に記す。忍器は自分で製作し、役立つかどうかを試しておくことが肝要であり、試さずして使用するなどは論外である。一器を多目的に使うことが大切で、そんな忍器を考案製作しなければならない。製法は巻の題に続いて詳細を記す。

万川集海の序、凡例終わり

万川集海目録

全巻の目録〔重要度の高い順に配列されている〕。

わす術四カ条／迎入術三カ条／妖者術二カ条／参
差術三カ条／水月術三カ条／谷入りの術五カ条／
虜返術二カ条／袋飜全術二カ条

巻第十　陽忍（下）目利きの編

山谷を見積る二カ条／山による心得の八カ条／海
川を見積る四カ条／田の浅深を見計る術四カ条／
堀の浅深、広狭を知る術五カ条／城の堅固不堅固
を知る条／地形の遠近、高低を見積る二カ条／敵
の強弱を察知する三カ条

見分けの事

敵勢の大積り二カ条／備の人数を見積る四カ条／
備、押しの人数を見積り察する三カ条／城陣を外
から窺う十カ条／夜の見間違い三カ条

間見の編

城陣の敵の進退を見分ける三カ条／陣取る敵と退
く敵を見分ける二カ条／伏蟠の有無を見分ける五
カ条／敵が渡河するかどうかを見分ける事／旗の
塵で敵を察する七カ条

巻第十一　陰忍一　城営忍編（上）

先考術十カ条／虚に付入る術二十カ条／惰気に
入る術八カ条

巻第十二　陰忍二　城営忍編（下）

利便地十二カ条／器を用いる術十五カ条／着前
の術二カ条／襲入術二カ条／隠蓑の術／隠笠の
術四カ条／放火術六カ条

巻第十三　陰忍三　家忍編

四季の眠りの弁別概略／年齢や精神状態で眠覚
を察する三カ条／逢犬術／歩法四カ条／除景術
六カ条／必ず入ることが出来る夜の八カ条／必
ず入ることが出来る所の四カ条／陽中陰術四カ
条／鼾音を聴く術五カ条／見敵術四カ条／隠形
術五カ条／家忍の人配三カ条／用心の術二カ条
／下緒利法七術／用害術六カ条

巻第十四　陰忍四　開戸の編

開戸の始計三カ条／掌位を以て尻差を知る六カ
条／尻差外し術四カ条／掌位を以て懸鉄を知る
五カ条／懸鉄を外す術八カ条／枢を知る二カ条
／枢外しの術三カ条／栓の有無を察する二カ条
／栓を外す術二カ条／鏁子を察知する術六カ条
／諸鏁子を開ける術八カ条／諸鏁子を開ける極
意二カ条

巻第十五　陰忍五　忍夜討の編

物見二カ条／出立の四カ条／命令七カ条／夜討
前の謀略四カ条／夜討ちの時分四カ条／忍び夜
討ちの作法十八カ条／剛盗夜討ち十二カ条／召
捕二十カ条

巻第十六　天時（上）遁甲編

日取り、方取り惣捲りの事／日の五行を知る事

／相生相尅による日取り、方取りの事
巻第十七　天時（下）天文編
風雨の占う十六カ条、並びに風雨の賦／月の出入を知る三カ条／潮の満干を知る図説、四カ条／方角を知る二カ条／時刻を知る二カ条
巻第十八　忍器一　登器編
巻第十九　忍器二　水器編
巻第二十　忍器三　開器編
巻第二十一　忍器四　火器編
巻第二十二　忍器五　続火器編
万川集海　軍用秘記

忍術問答

【問】忍術は何時の時代に始まったか。

【答】軍法は上古の伏義《ふぎ》帝の頃からあり、その後黄帝〔伝説の三皇五帝の一人で漢民族の祖とされる〕の時代に隆盛を極め、その後も洗練されて知将の間で使われていた。忍術はこの軍法の要である。伏義、黄帝の頃と言っても忍術の記録は見られないが、その本質については軍法書にはしばしば記載されている。

【問】なぜ忍術を軍法の要とするのか。

【答】孫子の兵法書十三編の内に「用間編」があり、間《かん》すなわち間者について解説されている。その後、中国や日本の兵法書に、「用間」は必ずと言っていいほど記されている。これは忍術が最高の用兵の法であるが故であり、歴代の名軍師が忍術を記し伝えたというわけである。軍書に、兵法は内を治めて外を知るとあることを知っているだろう。これは敵の計略や密事を細かく知るということに始まる。

敵の状況を知るとは何か。地形、敵の進退、人数の大少、敵との距離などを、遠くから速やかに見察して主将へ報告するのは物見武者の役目である。忍者の役目は物見とは少し異なる。忍者は敵の塀や柵の傍まで忍び行き、敵の概略を見聞し、また城中陣中にまで潜入して敵の全貌を詳細に調べ上げて主将に報告し、そして方円曲直の備などを決めて奇襲や正面攻撃などして敵を倒す道を開くのが忍術である。忍術無くして敵の戦略を知ることが出来ない。すなわち勝利は無いというわけで、忍術は戦の要という所以《ゆえん》である。

【問】中国でもこの術を忍術と呼ぶのか。

【答】「忍び」はわが国の呼び名である。呉国では間と言い、春秋時代頃は諜《ちょう》、戦国時代以後では細作《さいさく》、遊偵《ゆうてい》、姦細《かんさい》などと呼んでいたものが忍術の類いだが、忍術という言葉は中国には存在しない。『六韜《りくとう》』では遊士《ゆうし》、李全の『陰行』には行人《こうじん》とあり、このように時代や主将の気持で命名されていた。対する日本では忍び、すっぱ、簷猿、饗談《きょうだん》などが忍者と同類である。

【問】中国で忍術を間、諜、遊偵、細作、姦細、遊士、行人などと名付けた理由は如何《いかん》。

【答】『孫子』の用間編に「間は間隙の意味であり、人をして来敵の隙を突いて潜入させ、その状況を探らせて敵を知る」とある。すなわち間とは隙間、隙《ひま》という意味で、人を敵の城陣に向かわせて隙《すき》に乗じて潜入させ、そして敵の陰謀作戦の全貌を調べて報告させる。又は、忍者は都合のよい隙を突いて城陣に潜入し、城営に火を放つなどし、さらに夜討ちなども謀る職である。

又、間には「隔てる」という意味もある。従って忍術は敵同士を隔てる術でもある。例えば讒言などして敵の君臣の間を隔てたり、敵と敵隣国との友好関係を妨害して援軍を断らせたり、或は敵の大将と士卒の間を隔て混乱させたりするなどの術があるので、間に隔てるという訓《よみ》がある理由でもある。日本も中国同様に、昔から敵に内乱を起こさせて勝利したという例が非常に多い。間の字の意義あるいは説明に、字の形からして門の中に日を入れる、という意味もある。すなわち忍術の実理は敵の城陣に間断なく突き入ることであり、それは門戸を照らす日の光が門戸に隙間が出来た瞬間に敵の深部に刺し込むように、忍術の仕掛けは瞬時に決まるという意味である。この理は非常に深く、忍者以外の者には理解困難な部分である。

又、諜も偵の字も両方とも窺うと訓《よ》む。忍術は緊張を隠し、遊んでいるかのように見せて、敵の隙を窺って内情を見聞するので遊偵とも呼ぶ。楠正成の忍術に、忍者四十八人を三班に分けて十六人を常に京の都に潜伏させおき、彼らには様々な密計で京の状況を探らせ、正成に報告させていたという。これは遊偵の姿である。細作というのは、忍者が敵の領域に潜入して情報をつぶさに収集して大将に報告し、大将はその情報を参考にして事細かに謀略を練り上げることによるからである。

姦細であるが、姦は姦曲とか佞姦《ねいかん》などの姦である。忍術は表面的には尋常を装っているが、その裏は姦曲甚《はなは》だしく、深く企み、始めは忠義の道などと言いながら、気持は細かに曲がって姦となる故に姦細と言うのである。遊士と言うのは遊び人のように振舞っているが、その内実は思慮深く探っているからであろう。また行人《ぎようにん》すなわち行者や仏道を求めている者のふりをして敵味方の間を自由に行き来し、また行の字は「たてつたいたいらぐ」という訓読みもあり、「賄《まいない》し、近寄って情報を集める」という意味で行人としたのかも知れない。

【問】中国には忍びの変名が多いのは何故。

【答】『孫子』が間と命名してからは、この役人を間者と称し、間を誰もが知るところとなった。そもそも間は、術の奥義や術の実態、姓名などを知られることは絶対に禁忌であり、秘匿を大切として深く隠し続けるものである。中国では代々で、その名を色々改めて呼んでいるのは、その役柄や術技を秘匿するのが原点にあり、間を隠すために色々呼んでいたと考えられる。

【問】中国では名を改めて呼んでいるが、我国では忍びと名付けた理由は何。

[答] 中国では間諜、遊偵、細作、遊士、行人などと呼ぶ理由は先に述べた通りであり、敵の隙を突いて潜入したり君臣を仲違《なかたが》いさせたりする職という理由から付けられた名である。しかしこれらは皆、忍術の末梢の理相で命名されたものである。我国では「忍び」であり、これは「刃の心」という字で構成され、忍術の本質を穿った命名である。この意味を熟考しなければ、忍術の本源は理解出来ない。

[問] その詳細は如何。

[答] 敵の隙をじっくりと窺い、危険な計略を以て忍びこむ。その根本は皆一心堅貞にある。例えば刀の刃は薄くても堅くて鋭い。一心すなわち決心が刃のように堅鋭でなくては、如何に巧みな謀略でも、敵に近付くと臆し、謀計は叶わなくなる。近寄れば心は不安で言葉数が多くなり、浮足立って謀略も露顕し、結局は捕縛され殺される。拷問にも耐えかねて秘密を漏らし、味方の大将に迷惑をかけてしまう。だから敵の隙を突いての忍び込みは、一心堅貞、刃の如き心で叶うという意味で、我が国では異国の名を改めて「刃の心」と書いて忍術と名付けた。忍術の肝要は敵に近付くことから始まる。伊勢三郎義盛百首にも

忍びには習いの道の多けれど、先ず第一は敵に近づけと詠まれている。

[問] しかし忍びの名は、我が国で夜盗、スッパ、簷猿、三者《みつもの》、饗談などと色々あるがその意味を問いたい。

[答] スッパ、夜盗などは伊賀甲賀では古い言葉であり、意味通りである。同様に簷猿は軒下に猿の様に潜んで敵の内証を探る役であり、単なる簷猿であり、忍びとは少し違う。

[問] 三者、饗談は如何。

[答] 昔、甲斐国〔甲州、山梨県〕の守護・武田信玄晴信公は大変な名将であった。彼は忠勇謀の功者三十人を召抱えて禄は高く、褒賞も厚くして、彼らを間見、見分、目付の三つ〔原本に脱落あり、以下［ ］内は別写本より著者補足〕［に分けて使った。その総称が三者である。信玄公は常々心を配って彼らを軍事の要として用いたので、隣国の強敵と戦をしても一度も不覚をとることは無かった。公は、これはひとえに三者の功績であるとして厚遇した。信玄詠歌に

合戦に三者なくば大将の、石を抱いて淵に入るなり

戦いに日取り方取りさし除き、三者を使いかねて計らえ

織田信長公は間者を饗談と名付けて使い、今川義元公の大軍を見事に打ち負かし、その後も尾州の犬山城、三河鵜殿城その他隣国の堅城強敵にも、難なく、士卒も勇猛に振舞って落城させるなど、数えきれない。これは皆、饗談の功績である。越後〔新潟県〕の上杉謙信公も、勝利の全てが饗談の功績であるとして禄を厚くしたという。このような名将が忍びの名を表に出さず、色々と名を変えて密かに召し使ったということは、実に絶妙な利を求めた証である。大将たる者は、忍びを使うことを戦略の要とすべきである。

[問] 忍びの道は伏儀帝に始まり、黄帝の世で最も盛んであったというが、黄帝以後の実態は如何。

〔答〕私も稚拙にして詳細を知っているわけではないが、聞いた処では黄帝以後は忍術を知っている人は少なかったようである。忍術を使う者も少なかったようだが、殷の時代〔前一六〇〇～前一〇〇〇だが文面の時代はその後期の事と思われる〕には伊尹《いいん》という忍術の達人が殷の湯王に仕えており、彼は夏《か》の桀王《けつおう》の国に忍び込んで、これを亡ぼしたという。その事は『孫子』に、「湯王の殷が興った時、伊摯《いし》という人物が夏に居り、この伊摯が伊尹である」とある。〕殷が夏を討ち、湯王が暴君桀王を南巣〔現在の安徽省巣湖西南の地〕に放逐したことは皆もよく知る処だが、伊尹が五回も殷側と夏側を行き来した事は知る者はいない。これこそ伊尹が間者として行動していたという証である。

その後、周の太公望という人物にこれが伝わり、太公は忍術の書七十一編の書を著して伝えた。その『太宗問対《たいそうもんたい》』で太子靖〔李靖〕が「これは太公の言の七十一編であり、敵状を知るのに兵を使ってはならない云々」とし、注記に「言とは間《げん》の事である云々」とあり、これは我々の忍びと同じ意味だが、残念ながらその書は日本には伝わっていない。また『芸文志』に、「太公望の謀、言、兵の三つは『六韜《りくとう》』の中に全て収載されている」とあるので、『六韜』で太公の間七十一編を知ることが出来るはずである。太公望が商の紂王に忍びを入れて、これを亡ぼしたことも事実であり、それは『孫子』の用間編に次のように記されている。「周が建国された時、呂芽という人物が商に居た」。注記に「周は武王。天下人の号である。呂芽とは太公望であり、商の紂王は人民を虐げていた。呂芽は商に入り、女や金銭を紂王に献じて鉄壁の謀略を敷いた云々」とあり、忍者の重要性を解いている。

その後、呉の孫武子に伝わって整理され、五間《ごかん》すなわち五種の間者を分類し、『孫子』「用間編」に著述している。

〔『孫子』の用間編は以下である。「故に間を用いるに五あり。郷間あり、内間あり、反間あり、死間あり、生間あり。五間共に起こりてその道を知ることなき、これを神紀となす。人君の宝なり。郷間とはその郷人に因りてこれを用いるなり。内間とはその官人に因りてこれを用いるなり。反間とはその敵の間に因りてこれを用いるなり。死間とは敵に委《す》つるなり。生間とは反《かえ》りて報ずるなり。故に三軍の事、交わりは間より親なるはなく、賞は間より厚きはなく、事は間より密なるはなし。聖智にあらざれば間を用いることあたわず。仁義にあらざれば間を使うことあたわず。微妙にあらざれば間の実を得ることあたわず。微なるかな微なるかな、間を用いざるところなきなり。間いまだ発せずして先に聞かば、聞く者と告ぐるところの者とは皆死す。およそ軍の撃たんと欲するところ、城の攻めんと欲するところ、人の殺さんと欲するところ、必ずまずその守将、左右、謁者《えっしゃ》、門者、舎人の姓名を知り、わが間をして必ずこれを索知せしむ。必ず敵の間の来たりて我を間する者を索《もと》め、因りてこれを利し、導きてこれを舎す。故に反間を得て用うべきなり。これに因りてこれを知る。故に郷間、内間、得て使うべきなり。これに因りてこれを知る。

故に死間誑事《きょうじ》をなして敵に告げしむべし。これに因りてこれを知る。故に生間、期の如くならしむべし。五間の事、主必ずこれを知る。これを知るは必ず反間にあり。故に反間は厚くせざるべからざるなり。昔、殷の興るや、伊摯《いし》、夏に在り。周の興るや呂牙《りょうが》、殷に在り。故に名君賢将、よく上智をもって間をなす者は必ず大功を成す。これ兵の要、三軍の恃《たの》みて動くところなり」。忍術伝書『正忍記《しょうにんき》』は「五間」には因口の間、内良の間、反徳の間、死長の間、天生の間」があり、これらが日本の「忍び」であるとし、行動形態で「郷導《きょうどう》、外《と》聞《ぎき》、盗人、忍者」と分け、「忍者とは昼夜を分かたず、果敢に、いかなる所でも忍び込んで生還する。盗人との違いは窃盗をしないという点である」としている〕

その他の春秋、戦国、三国、六韜、唐五代、北宋、南宋国朝などの名将は皆忍者を駆使して戦った。太公望や孫子の忍びが伝わったのは、『李衛公問対《りえいこうもんたい》』に「張良は太公、六韜、三略を学び、韓信は『司馬法』、『孫子』を学んだ、と李靖が言う」とあり、前漢の張良と韓信の二人が忍術の事を学んだようである。記載内容は三門四種の範囲内であり、忍術はその内の一門である。

【問】我が国の忍術の始まりは何時。

【答】人皇三十九代の、天智天皇の弟君である天武天皇〔大海人皇子。ただし、天武は四十代〕の時と考えてよい。この時に〔実在していない〕清光《せいこう》の親王〔大友皇子〕が逆臣して山城国愛宕郡に城郭を構えて籠城したが、天武天皇は多胡弥《たこや》という忍びを潜入させて放火させ、それを相図に天武天皇は攻撃を開始して城を落とした。これが我が国の忍術の始めである。これは『日本書紀』に記されており、以後忍術が広まった。

よく忍者を使った武将としては、伊勢三郎義盛、楠正成、武田信玄、毛利元成、上杉謙信、織田信長公などが知られている。とくに義盛の忍歌百首〔よしもり百首〕は今に伝わる。楠正成は軍法の極意と忍術を六つに分けて一巻の書に書き上げ、深く秘した。正成は兵庫で討死を決意した時、「我が子正行に伝えよ」と言って恩地左近太郎に相伝し、これが今に伝わる『楠が一巻の書』である。いずれにせよ、義盛、楠父子、信玄、元成、信長、秀吉公など、我が国の名将が忍者を使って勝利を得たという事例は、数えきれない。

【問】このように忍術が天下に広く知れ渡っているが、中でも伊賀、甲賀が最高の地位を得ているのは何故。

【答】〔底本は［　］内脱落。伊賀市上野図書館本で補足〕

［確かに忍びの流派が諸国にあるが、伊賀甲賀を「忍び所」と言って諸人が褒め称えるにはそれなりの理由がある。

【問】その理由を知りたい。］

【答】昔、足利尊氏が天下を治めたが、その後、朝廷や武家の間でも主従関係が定まらず、世の中が大いに乱れて安心出来る時はなかった。とくに室町幕府十三代将軍足利義輝〔院号は光源院融山道円〕の時には上下は大いに乱れ、法は機能せず、五畿七道はことごとく騒乱の渦であった。他国は守護が配置されて多少はましだったが、伊賀と甲賀にはその支配もなく、各自が小城を構えて自分の小領地を守っていた。当然、領地の奪い合いも頻発し、小競合いが続いた。朝から晩まで毎日のように合戦のことばかり考え、武備の心を持ち続けた。そんなわけで普段から敵情を知っておく事が大事となり、忍術が発達した。忍者を潜入させては放火し、讒言で敵の仲を裂いたり、夜討ち不意打ちなど千変万化の戦を展開した。一時も馬の鞍を外すことなく、雑人さえも常に徒歩や滑止めにも役立つ足半《あしなか》という長さが半分程度の草鞋を太刀の鞘に付けておくなど一日も心休まる日はなかった。だから伊賀甲賀の人たちは小勢で大勢に勝ち、柔弱で剛強に勝つには忍びを潜入させるのが一番効果的であることを知っていたというわけである〔足半は足中とも書き、普通の草履の半分で土踏まずにかからない長さだから小石が挟まって足を傷める事もなく、戦場では滑り止めとなり、織田信長は足半を履いていれば、目通りを許したという〕。

　この地の武士は、各自が平生から忍術を工夫し、陰忍、すなわち密かに行動する忍術を下人に教えていた。そして下人から十一人の陰忍の上手が育ち、自国他国をとわず、敵地に忍びこんでは簡単に村や城を落としていった。こんなわけで隣国には巨大な勢力の大名がいたけれど、伊賀の地を奪い取ることは出来なかった。かの織田信長公でさえも、伊賀勢に一度は敗北された程である。いわんや他の大名が伊賀を奪おうなどと思う事は無かったのである。

　伊賀は小国で人口も少なく、大将が居ない寄合勢の国である。それでも大将が居た隣国には、負けたことはない。その勝利は忍術があった故である。これが伊賀は忍びの本源という理由である。

【問】忍び上手の十一人の名前を知りたい。

【答】野村の大炊孫太夫、新堂の小太郎、楯岡の道順、下柘植の木猿と小猿、上野の左、山田の八右衛門、神部の小南、音羽の城戸、甲山太郎四郎と太郎左衛門である。僅か十一人と思うかも知れないが、伊賀と甲賀の忍術には道順の一流が分派して四十八流となり、計四十九もの流義が存在しているのである。

【問】道順の一流が四十八流に分派した理由を知りたい。

【答】近江国守護職の佐々木義賢入道抜関斎〔六角〕承禎の幕下に百々《どど》という侍がいた。彼は謀叛を起して同国の沢山城に楯籠って抵抗した。承禎は数日攻め続けたがなかなか落城する気配もないほど堅固な城だったので、道順に伊賀の忍び上手を雇う旨を告げた。道順は伊賀の忍びの達人四十四人と甲賀の忍び上手四人、総計四十八人を召し連れて承禎の居城・森山へ赴いた。まず伊賀国湯船の平泉寺脇の宮杉という陰陽師を訪れて忍びの吉凶を占わせたところ吉と出た。陰陽師は門出の祝いの腰折れ歌として、「沢山に百々となる雷も、いかざき入れれば落ちにけるかな」と詠じて道順に送った。「いかざき」とは道順の姓「伊賀崎」である。道順は何とも目出たいと喜び、銭百匹〔一匹は十文だが、後に二十五文〕を陰陽師宮杉に与えた。いよいよ忍者の沢山城攻め参戦である。忍びは承禎との相図を決め、妖者という術を使って沢山城に潜入して城内の各所に火を放ち、承禎の正規軍は忍びの相図を待って急襲を仕掛けた。百々軍は火消しと防御で混乱し、一挙に壊滅した。その後、道順が召し連れていった四十八人は、それぞれが忍び一流を立てたので道順の一流から四十八流が誕生し、これに道順の伊賀一流を加えて伊賀甲賀の忍術は四十九流となったわけである。

問 昔から数えて、伊賀甲賀で忍びの達人と言える人は、先の十一人とこの四十八人だけなのか。

答 一般的に技芸の達人は必ず世間に知れ渡り、有名な人は必ず達人であるものだが、こと忍術に関しては他の技術とは違って、達人であることを世間に知られると警戒されて仕事が困難になるので、知られた達人は「中吉の忍」であり、あまり良くない。達人であっても、未熟であっても、世間に自分が忍者であることを隠し続けて忍術を成功させる者を「上の忍」とする。

古語に「水は浅い所では音を出し、深い淵では音が無い」とあるように、谷川の浅い所では音煩くて目立ち、深い謀略も成功はおぼつかない。忍者は深淵の如く、その職は決して人に知られてはならない。中程度の忍者は却って有名になるものだ。深謀の忍び上手は、普段着で常平生の立ち振舞いである。忍びの我が名は深く隠し、決してそれを顕してはならない。平侍や隠遁生活者や浪人などのようにし、自分は常に普通に振舞って忍者である事を秘匿しなければならない。事有る時にでも、家老や出頭人にさえ自分の正体を明かさず、唯、大将一人とだけと密かに謀略を練り、相図を決めて敵城に潜入し、神業の如き謀略で敵の気勢を削ぐ。その敵は、敗因が忍びの作業による事に気付かず、天命で敗れたと思うだろう。その後も、落城は忍者の武功や謀略であった事などは、決して人に話してはならない。

このように忍者は抜群の功労者であるが、巷では、音も無く、臭いも無く、知名もなく、勇名のかけらもない。忍者の功績は自然の四季に同化し、時折々の華を添え、自らは根を太く広く張り続ける。色々な事が起っても、それは誰がしたのか、と人は首をかしげるだけである。能力ある忍者は、その広大な智恵を武器にしても、普段の振舞いは深い思慮で無知を装う。知力は伏せ続け、陰謀も地底や淵のように厚く深い。だから人は忍術に気づかない。この忍術の深源は、さきに述べた十一人と四十八人の都合五十九人の忍者どころではない。彼らは皆浅かったので有名になってしまった。注意すべきは、この五十九名の忍者たちの主人たちは最後まで世間に気付かれる事はなかったのである。まさに深く名を秘した忍術の達人である。

問 我が城は五行方円の鉄壁の備であり、相詞や相図を徹底して、夜は篝火を焚いて諸々の番所では厳しく取り締まり、夜回りも途切れない。こと細かく怪しい人物を穿鑿するので、忍者でも潜入出来るはずがない。こんな時は如何にして忍びこむのか。

【答】堅固な城を築き、兵を五行方円に配置した鉄壁備で敵の潜入を防ぐと言っても、これは枝葉末節の部分で対応しているに過ぎない。忍術は平和な時に始計の術をもって全国の政情を探り、城将の五行〔不殺生、不偸盗《ふちゅうとう》、不邪婬、不妄語、不飲酒の五戒の行い〕やもろもろの禍などを探索し、君臣間の亀裂、あるいは平侍以下の者が主君を重んじているかどうかなどを察し、急変に即応して間髪を入れず絶妙な謀をもって、敵が行動を起こす前に、敵の心中深く、気付かれる事なく入り込んでいる。こうすれば謀略は、始から終わりまで、しかも環のように留まる所もなく仕掛け続ける事が出来る。兵法を学ぶ者で間者を使わない者は存在しない。『陰経』に「もし隼が深い森の中へ飛撃して入り込めば跡形も無くその姿を見失い、游魚が深い淵に潜った場合も同じである。それは、離婁《りろう》のように眼の良い人でも見えず、師曠《しこう》ほど耳が良い人でも音を聞き取ることは出来ない。微塵は力を加えなくても飛び、眼には見えない」とある。力で勇み、士卒の命を軽んじるような将は、普通の通行人に注意を向けるはずがない。

【問】そんなに忍びを防ぐのが難しいのなら、味方の城に敵忍も入れる。敵の忍びを防ぐ手だては如何。

【答】潜入を防ぐには高度な術が必要である。また忍びを防ぐ方法があっても、城将が君子の道から外れていれば、効果は無い。城将はまず臣下を教育し、普段から仁をもって万民を愛すべきだ。そうすれば忍者が潜入することは難しくなり、さらに臣民は命令に従って死地にもさえも赴き、危機になっても敵の軍将が攻め込む隙はないだろう。大謀の忍術で城を鉄壁で五行方円の備えとし、上巧の忍者をも防ぐ事が出来る小謀を入れざるの術で軍政を敷き、新旧の侍を配置変えをし、手組、手分、手配して、相詞や決めていた相印は時々変え、夜中は篝火の配置を徹底し、夜回りや陰回り役を定め、敵忍が潜入しやすい所には釣塀や菱を撒いて伏兵を置き、四面の小口〔虎口〕を油断なく守れば敵忍は忍び込めない。このように城将と忍びとが防ぐ方法を確約しておけば、味方の忍者は敵城に潜入し易くなり、片や敵忍は我が城の様子を窺う事は困難である。

【問】平和な時は忍者に職は無い〔徳川の時代は戦が無く、幕府の大名統治が完璧となったので忍者は就職難に陥った〕。仕官したいと思って門を叩いたら、主君が「試しに城兵を集めて小口々々の警戒を厳重にし、城内の全てを臨戦態勢で忍者の潜入を防いでみる。速やかに城内に忍びこむ事が出来れば雇ってやる」と言われた場合、忍者は如何にするか。

【答】忍術の謀略は目一杯の嘘や錯誤で構成されているが、主君を欺く術はない。本書の正心第二にある如く、忍術は正しい志を持って行う。私利私欲や、道を外れた暴君の為には忍術を使わない。勿論、平和時に味方の城内に潜入する術が無いこともない。しかし太公望は「謀の道は周密が根幹である。治世の時に忍術の妙を顕示して功名を得るのは賤しむべきである」という。味方を欺いて城内に入って功名をなすなど、出来るはずがない。こんな事で、忍術の真理を失ってはならない。もし主君が他国の城内の情報を得たいと言うなら忍びこんでもよい。忍術の奥義をもって行動するので掌を反すよりも簡単に成功し、主君は驚愕する事だろう。ただ主君が潜入成功だけを見て、忍術の奥義に感動する事がなければ意味はない。正道を知らない愚将には仕えない方がよい。これは忍士、すなわち忍術を行う侍の生き方である〔『万川集海』では「忍び」は「陰忍を主とする軽輩」を指し、「忍士」は忍術を心得た武士を指す。「忍者」は「忍士」と「忍び」の両者である〕。兵法書に「君主に聖人の智が無ければ間者を用いることは出来なく、仁義が無ければ間者を使うことも出来ない。また忍術への本質的な理解力が無ければ間者の効果を得ることも出来ない」とある。従って、平治の世だからこそ忍術を示さない事を認識すべきである。この理を理解すれば、乱世で主君が国を治めるのを補佐して、大功をあげる事必然である。

以上、忍術問答終

巻第二

正心・第一

正心の概略

忍びの本幹は正心であり、陰謀《いんぼう》偽計は正心の結果である。本幹たる正心が揺らぐようであれば、私欲が入り込んで臨機応変に謀をめぐらす事は出来ない。孔子は「幹が乱れれば、末は決して治まり得ない」と言い、この正心とは仁義忠信に徹する事である。仁義忠信でなければ強豪勇猛である事や臨機応変な謀計も生まれ出る事はない。『大学』〔儒教の経典で朱熹が章句を作った四書の一つ。三綱領八条目からなり、誠意、正心が条目の一つにあげられている〕に「心が焉《えん》すなわち正心にして艶《あで》やかで無ければ、視ても分からず、聴いても本質を聞き落とし、御馳走でさえも美味しく食べられない」とあり、この焉こそ仁義忠信を意味するものである。忍術を学ぶ者は本幹を外して枝葉末節ばかりを追ってはならない。鄭友賢《ていゆうけん》は「昔から大事を志して大業を成就した人の共通点は正心を貫いたという事である。正心には強固な意志の継続が必要であり、一時的な権《はかりごと》だけでは王道を開くことは出来ないし、また権謀を画策するだけでは何事も成功しない。成功するには正道の外はない。権謀しても害が無い場合は、聖人の徳のなせる技である。これを兵法家は間《かん》と言い、聖人なら権と言う。殷の湯王に賢臣の伊が居なかったら、夏王の悪事を審らかにすることは出来なかった。また伊が夏国に潜入して情報を入手していなければ、湯王の美談も生まれることは無かっただろう。武王に呂〔太公望〕が居なければ、武王も徳政を敷く事は出来なかったはずである。この二人が居たからこそ、君主は天命に従い、人心に対応し、領民をあわれみ、罪を伐ることが出来た。すなわち間者を夏や商の国に送り込まなければ、どうして覇道が開け、正道に帰することが出来ただろうか」と言う。

この文意から、忍びの法術は私欲の為ではない事を胆に銘じて外道の主君の為に謀計を提示すべきではない。この趣旨に背いて私利私欲や無道の主君の為に忍術を使うなら、いかなる高度な陰謀でも、必ずや発覚するだろう。もし露顕せずに一時的に利したとしても、何時かは自身に害がはねかえる。謹みおくべきである。

忍歌に

忍びとて道に背きし偸《ぬす》みせば、神や仏のいかで守らん
武士《もののふ》は常に信心致すべし、天に背かばいかでよからん
偽りも何か苦しき武士は、忠ある道をせんと思わば

正心の条目

一、忍術を生業とする者は出来る限り柔和で人畜無害な顔付きでいるように努め、その内心は強く義理の二字を貫く事。『司馬法』は「穏やかな顔付きは奇計の第一条件」と言い、あの怒っていた攀噲《はんかい》〔漢初に劉邦に仕えて鴻門の会で劉邦を救助するなどした武将。後に即位し、武侯〕さえも、口上手で人心を読み取り先手をうつ事に長けた楊貴妃の美しい笑顔に、まんまと騙され、関門を破られた事はよく知られている処である。

一、騙されないように常に気を配り、黙して物事言語の真偽を識別する事。まさに孔子の『論語』の「人が我を知らないのは憂い悲しむ必要は無く、むしろ自分がその人を知らない事を歎くべきだ」である。

一、「誠実な人のように振舞い、普段では決して些細な嘘偽りさえも言ってはならない」と『司馬法』にある。言葉が誠でも行動が伴わないと嘘つきとして捨て去られるのが落ちである。「常に妄言無き者は、一戦の時に要言を出す」と言い、これは金言だ。唐の羊祜は晋の大将であったが、敵の大将陸《りく》孫《そん》が戦の最中に病で倒れた時に薬を贈った処、陸孫は全く疑う事無く、その仙薬を服用した。敵の将軍でも、羊裕であったが故の信頼である。部下の士卒が彼の命令を心待ちにするのも当然であり、推して知るべし。

　子路《しろ》〔魯の人で、孔門十哲の一人〕は、約束は必ず守り、口に出した事はすぐに実行する人である。彼は誠実な人として万人の認める処であった。子路が話し始めると、話が終わらない内に人々は心服して聞いていた。孔子も、「片言で判断出来るほどの信頼が必要だ」という。ある時、小邾《しょうちゅう》国〔春秋戦国時代、山東省にあった。後に鄒《すう》と改名〕の射という人物が魯国と会盟した時、射は「私が子路と約束したのなら、両国との盟約は結べない」と言った。すなわち、国家間の盟約よりも「子路の一言」の方を重視する。なんと有難い事だろうか。これは、子路は常に偽りなき真実の人、と認められている結果から生まれる成功である。

　しかし同じ真実でも「尾生《びせい》の真」は良くない。すなわち「ある日、尾生がある女と橋の下で落ち合う約束し、汐が満ちてきたのにそこで待ち続けた為に、溺れて死んだ」という話である。橋の上で待てばよかったのに、男は言葉の意味を絶対に変えないという臨機応変なき信念に問題がある。

一、忍術を生業《なりわい》とする者は、初戦から主君に限りなき忠誠を尽くし、主君の安否、国の存亡なども自分一人の責任であると考えて大功をたてなければならない。功績をあげ、名を遂げ、それでいて行動は控え目であるのが臣たる者の道である。取るに足らない節々で起った小さな恥さえも耐える事が出来ず、私利の為に身を亡ぼすような者は、その俸禄泥棒、匹夫の勇を恥じるべきであろう。禄を食む者は人と話をするたびに、「我は自分の欲望の為に生死をかけているのではない。命は主君に売っており自分のものではない」と常々話すべきである。自分を打倒して踏みつけるような主君であっても、それを耐え忍ばなければならない。その時は、「私は殿様にとって比丘尼同然のような身です。今は比丘尼を打投げているとお考え下さい。武士として比丘尼を打投げるようなことは、仇討復讐の類ではないはずです。御理解頂けたら、打倒をお止め下さい」と返すような、常に信じる真を話せばよい。

　金言を紹介しよう。「細々した節目に難癖をつける者は、栄名を得られない。また小さな恥を憎むようでは、大功は立てられない」。孔子も「小事を忍ばなければ大謀が乱れる」という。

　また淮陰の韓信《かんしん》〔漢の三傑の一人〕は若い時は長剣を好んで帯刀していたので、若者達は「韓信は臆病者だ」と噂していた。ある日、一人の若者が韓信に恥をかかせようと思い、「お前、我に殺されると思えば我を刺せ。死にたくなければ我股下を潜れ」と言った処、韓信は膝を付いて少年を仰ぎ見、頭を垂れて股を潜った。大衆はこれを見て笑った。この韓信には大志があったので、こんな卑しい小者と刺し違えるような馬鹿な事はしない、と考えたのである。結局、韓信は漢の高祖に仕えて数万を従える大将になった。小勢で敵と遭遇しても決して負ける事もなく、楚の項羽を亡ぼした後は斉の国を与えられた。杜牧の詩「羞《はじ》を包み恥を忍ぶ、これ男子」とは同じ意味である。

一、常に酒、色、欲の三つを堅く禁じ、これに溺れてはならない。これら三つは人間を腑抜けにする大敵である。昔から酒色欲に溺れて陰謀を漏らしたり、味方の害をなしたりした前例が多いが、この轍《てつ》を踏んではならない。太公の「利益を好む者には金を与えて謀り、色を好む人には美女を与えて謀れ」は、まさに真理である。

『司馬法』に「表を見たら、裏を察す」という言葉があり、察すればすぐ行動に移すべきで、これを蔑《ないがし》ろにしてはならない。遠慮なくば必ず近憂が発生する。

　忍者は我が国の呼び名であり、忍ぶのは「刃の下に心」であり、その意味から「忍」の字を用いている。これは中国の間《かん》、諜《ちょう》、細作《さいさく》、遊偵《ゆうてい》、姦細《かんさい》にあたるものだが、「刃の下に心」すなわち「我心を切り捨て無我になる事」こそ「忍びの心得」その物である。「刃の心」は自分自身が全体武勇を旨とすべき、ということでもある。すなわち忍術を志す者はまず武勇を専ら心がけなければならない。心がけには血気の勇を捨て去り、義理の武勇を心底に置くことが大切である。義理の勇が無ければ、君子の勇には至り得ない。血気の勇、すなわち一時の忿怒で剛強が生まれるが、怒りが収まるにつれて剛強の源が薄れてゆく。たとえ源が薄れなく、剛強が発揮出来たとしても、血気に乗じたものは勝って憤りを沈めるだけの為であり、将来の利益や備を考慮していない。したがって次々の敵を滅亡されるのではなく、その一戦は自分の身を損なうだけに終わる。古人の例を見ても、血気の勇で難を逃れ、全敵を亡ぼした者は一人としていない。故に仲尼〔孔子〕は子路の血気の勇を諫めて、「暴れ虎が黄河を渡ろうとして死に、おまけに後悔もしないような者とは、私は共に仕事しない。そんな人は大事な時には恐れてしまい、謀のみを好んで行動をしない者である」と言っており、忍術を学ぶ者はこの真理を心得ておくべきである。

義理の勇とは、義理の為にやむを得ず起す武勇である。この武勇は何時までも覚めることはなく、私心が無いので私利を克服しており、前後をよく思案して計画し、「必死すなわち生」という希望が生じて自分の身を全うする。すなわち敵を打ち負かすのである。『軍讖《ぐんしん》』〔兵法書『六韜三略』の上略〕の「柔よく剛を制し、弱よく強を制す」が生じるのである。

義理の武勇は心掛けが必要である。すなわち仁義忠信をよく理解し、確実に実行することを意識しなければ、義の武勇は起きない。仁の道は言うに及ばず、忠義信の道も広大だから文字や言葉では説明し尽くし難い。しかしここは階梯の初歩だから、概略を記しておいた。

一、仁とは温和慈愛の道理を踏まえて心穏やかに包容力を以て何者にも和し、憐れみや恵みある心で接する事を言う。罪人を殺したとしても、これは万民を助ける心から出たものであり、これも仁である。仁心なき者は人にあらず。人の恩を忘れず、親孝行するも仁心である。

一、義とは断制裁割の道理である。すなわち、折節の理に順じるべきだという従来の観念を壊してでも、時所の正しい道理に従って行動を決める事をいう。しかし非義の義といって、義に似て義ではない事もある。その時の状況で義を変えて正しい義を求めるとは言ったが、例えば困って盗まざるを得ないような義があったとしても、それは私利私欲のためや理にかなわない事だから義に似た非義である。恥を知る事も義だが、恥とならない事に恥じるようであれば、それは義ではない。二心なく、主君が困窮していても主君に付き添い、主人の危機で討死するのは大義である。しかし道理を外れた主君の為に討死するのは、義に似て義ではない。例えば子路が衛国の出公輒《でこうちょう》という道理の無い主君に仕え、終には討死をしてしまったのはそれに当たる。そもそも軍法、剣術、その他殺法は勢力ある非道の者を討亡ぼす術であり、非道の人を助ける為のものではない。

[問] 非道無道の主でも、仕えている限りは主君の一大事に、命に従って死地におもむかなければ周囲は臆病者と言うだろう。そんな時は如何にすべきや。

[答] 非道の君主には最初から仕官すべきではない。知らずに仕えたとしても、それを知った時に離れるべきである。そうすれば非道の主の為に討死することはない。

[問] 非道の主が今後も仕え続けるように命じたら如何にすべきや。

[答] 非道の者は結局負けて死ぬ。ずっと強いわけではなく、矯《きょう》すなわち偽強である。孔子の言葉を汲んで清廉潔白な伯夷《はくい》叔斉《しゅくせい》〔周の伯夷と叔斉兄弟は周の武王が殷の紂王を討とうとした時、臣が君を弑するべきではないと諫めたが聞き入れられず、周が天下を統一するやその職を辞して首陽山に隠棲し

て餓死したという」を師とすべきだ。この心掛けがなければ忍びの正道はたどれない。口伝もあるが、古人は「死生は天命であり、貧窮は天時である。運命の死を歎くのは、それが天意ということを知らないからであり、また今の貧窮を歎くのは、今は天が命じた「貧窮の時」であることに気付かないからである」という。如何なる身の上も歎く事は何もなく、悩むのは愚の骨頂であり、解決策に結びつかない。だから悩む暇なく、常にやるべき事を速やかにこなしてゆけばよい。

一、忠とは仕えた主君に余すことなく誠意を尽くすこと、すなわち命や家族友人を失ってでも、忠節を尽くす事である。忠の概念は広く、忠を尽くすのは自分を中心とした自分の社会、すなわち兄弟家族友人なども一体となって尽くすべきである。忠という字は中心と書くように、非道非理である者に心底まで尽くすのは忠ではない。

一、信とは行動や思想の全てが真実誠であり、偽りや二心などは微塵もない事をいう。信は五行《ごぎょう》〔中国古来の思想で、天地の間には木火土金水の五つの万物組成の本となる元気が、止まる事無く循環しており、木から火、火から土、土から金、金から水、水から木を生じる事を相性《そうしょう》という。そして木は土に、土は水に、水は火に、火は金に、金は木に尅《か》つ事を相尅《そうこく》という〕の土《ど》の理にあたる。四季に土用〔春の土用は立夏の前十八日、夏の土用は立秋の前十八日、秋の土用は立冬の前十八日、冬の土用は立春の前十八日を言い、それぞれの初日を土用の入りという〕があるように、仁、義、忠の内に信が無ければ仁義忠にはならない。言い換えれば、仁義忠信は心の内側より生じる物であり、宇宙の真髄である五行の理を受得して我が身をしっかり武装し、心を強固にすることが肝要である。これこそ天の理であり、人においては性《さが》として表出する。心で身を武装するのは、聖賢愚人に関係なく人間皆同じである。

【問】しかし聖賢は心正しく道は明らかであるのに、愚人は心不正で道を間違うのは何故。

【答】聖賢は天理の人格を基礎に置き、正義に従って行動する。よって、その進む道は誰の目にも明らかとなる。愚人は六根〔六識を生む六つの感覚、すなわち眼耳鼻舌身意をいう〕の私利私欲に従って行動するので、心が曇って進むべき道を誤ってしまう。注意すべき点は、心には人心と道心の二種があるという事である。人心は眼で見て色に誘われ、耳で聞いて声に引かれ、鼻で嗅いで香りにふけり、舌で五味〔甘酸鹹《しおからい》苦辛の五つ〕を味わい、身は性欲に耽るなど本能的なもので、六根の私欲に誘惑されて善くないと思いながらも、心地よい方に身を任せるのが常であり、それが人心というものである。人心に任せると、その時はうまくいっても後で必ず害となり、終には大凶で終わる。

古歌に「身を思う心と中をたがわすは、身には心が仇となるもの」〔悪いと知りながら一時の欲望に流されると、その心は自分の仇となるものだ〕とあるが、まさに然りである。

身を思う心が仇となる理由は、天理に背いているからである。愚人は天理に背きながら神仏に祈る。これは、とんでもないことだ。孔子は「天に反する罪を犯して祈る事自体無意味である」と言い、朱註《しゅちゅう》は「天は理であり、その尊さは比較する物がないほどで、かまど神に祈った皆が火事をまぬがれているだろうか。神は正直者の頭に宿るもので、非礼者を守護してくれるはずがない」という。

　また道心が備わっていれば、見ても聞いても体に触れても、それが非道に基づく物であれば無意識に受け入れを拒み、また、礼節を欠くような事は、気をつけていなくてもしないものである。目前は身の為にならなくても、私利私欲などの私心を払い除け、天性の正義に従う心が道心である。天理に従えば神仏の加護がある。北野天神にも「心だに誠の道に叶いなば、祈らずとても神や守らん」と詠まれている。人は皆人の形をしているが、賢人には人心が必ずある。誰にも天性はあるので、愚者でも道心はある。すなわち聖賢、下愚、不肖人も、所詮は皆違いが無い。人の胸の方寸には道心と人心の二つが備わっている。道を求める人は諸事万端に心が迷うなら、まず是は道心か自分に害となる人心かを熟慮してみる。そして人心を道心に混ぜ込まないように注意し、正しい道を辿るべく、自分の心を道心に向け、道心の下知や法度で人心を支配させ、道心に従うように普段から勤め励んでおけばよい。すると人欲の心が衰退し、私欲が次第に薄くなって難解な道心が浮雲が晴れた明月の如く露われるはずである。

　だから仁義忠信の道に達した時、心は自から忍の一字となるのである。心が忍の一字になった時は周囲に惑わされる事なく、諸事万端、少しも動転する事無く、義理の勇に突き進むはずである。しかも心が明鏡止水の如くあるので、臨機応変も玉が板上を転がる如く素早く容易い事となる。こうなれば如何なる堅固な城にでも潜入して大功を成す事は間違いない。

　昔、秦の時代。趙国の知伯《ちはく》が趙盾《しょうしゅん》と何年も戦い、終に城を囲まれて夜明けには討死を覚悟した。その時に臣下の程桜《ていおう》と杵臼《しょきゅう》の二名を呼んで「万事が窮し、夜明けには討死するだろう。すると我子は孤児。忠臣の両名は真に志大なるものがあり、その三歳の我が子を委ねたい。今夜潜に城外に脱出して子供を隠し育て、成長の暁には趙盾を討亡ぼし、我生前の雪辱を晴らして欲しい」と命じた。二人は「主君と共に討死することは近い事で容易いが、生き延びて三歳の孤児を養育するのは遥かに遠く、困難である。臣の道は易き事を捨て、難き事を取るべきだ」と決心して夜陰に乗じて城外に脱出した。夜明けには城は趙盾の手に落ち、知伯は討死した。その後、長年隠し通してきた遺児も終に趙盾側に露顕し、幾度となく殺そうとしてきた。危機を察した程桜は杵臼に、「旧君は三歳の御児を我等二人に託された。今、死して敵を欺くのと、生き長らえて御子を取り立てるのと何れが難しい」と尋ねると、杵臼は「死は一心の義に向かうことで定まり、生きる事は百慮の智恵を尽くすことで全うするものである。従って私は生きる方が難しいと思う」と答えたので、程桜は「しからば私は難しい方の、生き延びて君命を全うする道を選ぶ。貴君は容易な方の討死を選択して頂きたい」と打開策を提案した。杵臼はそれを快諾し、「ここは計略をもってすべきであろう。私は三歳になる我が子を旧君の子として披露して育てるので、程桜は御子を自分の子として育てる事にしよう」と言い切った。

かくして杵臼は山深い処に隠れ住み、程桜は趙盾に投降した。趙盾はしつこく程桜を疑い続けた。程桜は「私は知伯に仕えておりました。その知伯は趙国を滅亡させるに当然の人物でした。趙盾殿の徳恵を知るに及び、趙盾殿は知伯に勝る事千里の隔たりがございます。是非、私を貴大君に仕えさせて下さい。亡国の先君の為にどうして徳の高い貴君を欺くことが出来ましょうや。もし私を御召し抱え下さいますなら、杵臼が亡君知伯の三歳になる孤児を育てている隠れ家をお教え申し上げます。これを殺して趙国の安泰を計られたらいかがでしょうか」と告げた。趙盾は程桜の話を信じて武官に任じ、知伯の子を捕える為に数千騎を以て急襲した。もとよりの謀略であり、杵臼は「謀、ここに露顕し命運尽きた」と喚き歎いて、膝の上の我子を知伯の子に仕立てて刺し殺し、自らは切腹して壮絶な最期を遂げた。趙盾はこれで子々孫々まで安泰と喜び、程桜をますます信じ、大禄を与え、高官に任じて国政に参加させた。そんな状況下で知伯の御子が程桜の家で成長するや、程桜は忽《たちまち》出兵して趙盾を亡ぼし、御子は趙国を治めることとなった。趙王となった遺児は程桜の謀略の大功を賞賛して大禄を与えようとしたが、程桜は「私が官位を得て禄を食み、このまま生き続けるなら杵臼と共に計った道に外れる」と言って辞して杵臼の墓の前で自刃し、同じ苔の下で眠った。

このような人物を道心に従った義理の勇者と言う。忍者は、斯くあるべきだ。人心に任せた血気の勇では、この様な働きが出来ようはずがない。私の流派を汲む忍者は、程桜杵臼を師とすべきである。

巻第三

正心・第二

二字の事

ここは「二字」と題した。「士《さむらい》たるべき二字」であり、それは「生と死」の二字である。当然であるが、士は生死の屈託を払拭しておかなければ占いや様子見に固執して武勇はたてられない。これが項題を生死を離れるべく「二字」とした理由である。士には生死二つの選択肢があるが、その落し所が的を得ていなければ恥をかく事になる。

生死の意味を理解するには真と偽を知らなければならない。口先で説明出来ても、意思が心底より出て、その結果の行動でなければ、単にオウムという鳥の言葉に等しい。生死の自我を捨てるには、真理に直結する我一心の根元が何であるかを知る必要がある。我一心の根元を覚《さと》るには、万物の本源と自身の心の根元を比較熟知しなければならない。万物の本源は自身の心の本源にある。すなわち天と地を繋ぐのは一つの理念である。勿論この理念には形無く「空《くう》」である。したがって見れども見えず、手で触れることも出来ない。しかしこの天理は無限の過去から永遠の未来に至るまで、新しく生まれ出るものではないが不滅であり、天地の間を埋め尽くして存在している。具象として感知できなくても、現実に存在している物である。

「空」は我《が》を捨てた真理の一心を追求して初めて感知出来るものである。知者は空が唯一の理である事を知る事が出来るが、凡人には不可能である。空の理を感じれば、変じて一つの「気」となる。この一気に起因する動的状態を「陽《よう》」、その動きが止んだ静の状態を「陰《いん》」と言う。太陽は陽気が凝集したものである。月が陰陽二つの気を発して行動すれば、木火土金水の五気が生じる。これを五行《ごぎょう》という。木火は陽気、金水は陰気そして土は陰陽の両面を備えている。この五行の気には相生相尅して一年を流れ行く。すなわち春は木気が被うので暖閑であり、夏は火気で暑さ激しく、秋は金気で西風が吹いてさながら金の様相で草木の葉が黄金色となり、根に向かうように枝葉が落ちる。冬は水気で霜雪が降り、凍《い》て寒い。

以上の四つの気がそれぞれ七十二日を支配し、土用は四季末十八日の合計七十二日を司るので、五季の都合三百六十日、陰気陽気が回転しながら一年を彩る。土は木火土金水と並べると中央にあたり、土用のうちでは夏の末十八日の土用が最も際立つ存在である。この夏は水を充満させた大海の如く、高温多湿の気が天地の間を十方に行き渡り、小さな粟粒の内や盤石は巨岩の中にでさえも入り込んで支配しているのである。

　雲を呼び、雪を降らせ、風を吹かせ、地震や雷電で驚愕させ、あるいは虹を懸けるなど、あらゆる不思議は皆五行の相生相剋のなせる技であり、この五行の和合により万物が生じるのである。人も差異が何億何兆もあるが、元来一理より生じた五行、そして五行より生まれた人間であるので、一体から分かれた一身という事が出来る。それは水が凝集して雪、霜、雨、露、霧、霰《あられ》、雹《ひょう》、氷となると別物のようだが、解けてしまうと皆水となるのに似る。

　このように一人一人は五行で構成されている。概略を述べれば、筋肉は五行の土、血液とその他の湿り気は五行の水、体の暖は五行の火、骨の様な固いものは五行の金である。五臓六腑全身で五行の司る所を、細かに説明すると、肝胆眼筋爪は五行の木、心小腸舌血毛は火、腎膀胱耳骨歯は水、肺大腸鼻皮息は金、脾胃唇肉乳は土が司っている。命門は右腎であり、水、消化吸収や排便を行う三焦《さんしょう》（みのわた。六腑の一つで消化器と泌尿器系の概念的なものである。『黄帝内径霊水』では、胸・臍上・臍下の三カ所（三膲）に分かれて存在しているという）は口伝する。そのほか十二経、十五絡《らく》も皆五臓六腑に関連するので皆五行が司っている。

　このように五行の気が形を表し続けて、一度に天理が備わる。天理が人に備わると人に性となる。天では理、人では性である。まさに「難波の葦は伊勢の浜荻の心」である（同じ物でも所によって呼び名が異なること『菟玖波集』）。この性が物に対して発動すると情となる。性も情も同じ物である。静なら水、動なら波というのと同じである。この情が表出すると五つに変化し、仁義礼智信となる。仁は五行の木の理、義は金の理、礼は火の理、智は水（底本は「金」と誤記。伊賀市上野図書館本は「水」）の理、信は土の理である。このように人の心身は五行の気と理で構成されており、欠ける所は一つも無い。人の心は五行の分身で、五行は我心身である。我心身は則五行となる事を胆に銘じておかなければならない。また五行の理を指して理の天、五行の気を指して形の天と言う。天道もこれ以外のものでは無い。すなわち天こそ我心身、我心身こそ天である事を知得しておかなければならない（底本は四文字欠。大原勝井本で補足）。自分の普段の行状は自分の心を理に照らし合わせる事を天道に契ると言い、自分の心が理に背くことを天に背くと言う。

『性理大全《せいりたいぜん》』（周敦頤《しゅうとんい》や朱熹ら宋学宗家諸家の性理、理気の諸説を集成した七十巻の書）には「天は理であり、人もまた理である。理に従えば天と一つになって、別人すなわち理であり天でもある云々」とある。天地陰陽の気は春、夏、秋、冬とめぐり、冬を過ぎるとまた春となる。これは自然の道理であり、万物は生まれては成長し、成長しては衰化する。衰化すると命が止まり蔵《か》くれ、蔵くれては再生する。万物は環に端が無いように、くるくると循環している。万物に色々あってもこの道理に外れる物はない。全て死を迎え、そして再び五行に戻る。それは人の死を見れば分かる。水は本の水に返り、全身は乾いて潤いが消え、火は本の火に返って体から暖かみは消え、金は本の金に戻って力が消えて動かなくなる。そして土葬や火葬で本の土に返り、気で保たれていた性も体から離れて散り去る。まさに身は五行に返り、五行は陰陽に返り、陰陽は一つの気に返り、一気はまた一理に帰着する。帰着してまた始まるのは、先述の環に端が無いのに似る。このように空の一理が一気陰陽五行の気と変じるのは、例えるなら水が雪となり氷となるような物である。人間は形があっても、それは束の間の仮の形であり、真の命を授かったわけではない。もちろん生が死と変わりないと言っても、生きている限り死滅しているのではない。ただ死と同じ気で実存の時間に立っているだけで、死ぬと空の一理に帰着するのである。

〔以下に底本と同じ意味のカ所を、写本の性格を理解する為に伊賀市上野図書館本より参考文として補記す。「例えば水が無数に分かれ、それが集塊し、束の間だけの雪、霜、霰、見えないほど小さな飛沫、氷など違った物になると言っても、その気が尽きればどれも解けて本来の水になるように、それぞれの生死は無限の時間を費やして転変する理は見つからない。言える事は、この性に身をまかせ、縁《えにし》に従って変ずるだけである。理を徹底すればそれは阿弥陀仏の位に座すことになる。阿弥陀仏は無量寿覚であり、無量寿覚とは不生不滅の境地に至ったということである。よくよく考えてみると、人の身は水中の月、鏡裏の像、空裏の花に過ぎず、存在しているようで実在ではない。すなわち光はあたっているが、現実は影の部分だけである。もとはと言えば空より生じた故に、空が実なのである。『金剛経』は「一切有為法、夢幻泡影の如し。露の如く、また電の如し。是を観るが如く作るに応ずべし」と説いている。この道理によくかなえば、生身に執着して死を恐れることなど少しもないはずである」〕

この理に完璧に徹すると次のようになる。命が終わっても死滅するわけではない。生まれ出て死に至り、千回生まれ万回死ぬ事を遍歴し、そして終に生死転変の理の意味が消滅してしまうことを認識するに過ぎない。性に任せ、縁に乗じて流されるだけである。このように理と契りを交わして生きれば、大道の本源である幽玄の理を感得し、不生不滅《ふしょうふめつ》〔『般若心経』に「是諸法空相　不生不滅　不垢不浄　不増不減」とある〕の世界に入る事が出来る。人生を迷倒して生きるような凡夫はこの理を理解出来なくて、五行が仮に和合して実際に万事を生むと思い込み、我身が五行だからそれは自分の物と勘違して自我も強い。そして五行が本源に戻って実際に消滅すると思い違いをしているので、愁苦で深く傷ついてしまう。だから生死なんて実際にはないのに、現実に生や死があると勘違いしている。万物無形であるのに、眼前の姿が実存と思い込んで死を恐れ、生に執着するのである。迷心の持ち主は普段は武勇強くあるべしと説いているが、いざ合戦となると忠義が消えて臆病者に豹変するのが常である。それは平和時に決断していた真意を忘れ、自我に動かされてしまう為である。凡夫は士の本分に達するどころか、子々孫々まで汚名を残してあざけ笑われ続けることになる。汚名が広がり、一族郎党まで被害を蒙《こうむ》る。実に悲しい事である。

死生の運命は母の胎内にいる時に天意で決まる。例えば受胎する時や不妊の時などであるが、これは五行の相生が順の時は懐妊、逆の時は不妊という理屈である。また死を恐れず に先んじて突入しても死ぬわけでもなく、生きるために逃げ惑っても生き残れるわけでもない。死生が天命で決まっているのなら、前に進み出て天命を待つのが一番よい。また高名を得るのが天命なら、後陣よりは先陣で得る方がよい。

孔子は「生死は天命で決まり、富貴は天の御加護による」と説いている。繰り返して言うが、生死の運命は母の胎内にいる時に天命で決まっているのである。しかし人事は五行干支の干、すなわち本幹の支配で決まるが、その後は天道が干支に従って対応してくれるのが道理だから、人生を決めてかかってはならない。すなわち生を授かると同時に天命が下るのも事実だが、その後の養生や用心を疎かにし、生きる術なく漫然と過ごすなら、必ず悲運な一生を送ることになる。稲を見ればよい。二、三月に種を撒いて苗を育て、四、五月にその苗を植え、肥料をよくやり、水の管理をしっかりして、雑草を取り除き、牛馬や野獣が喰わないように柵などで護り、やっと九、十月に自然の道理で収穫できるのである。これは種が定めを受けて生まれ、その後は天命を大切に守った結果である。もし種を植えた後に何もしなければ、天命を受けた生といえども一時は九、十月には霜枯れて再生を待っている。

人の命も同じで、霜枯れの如く一旦は死して生を得る。普段の用心や養生については誰もが知るところだから説明するまでもない。ただ危急の場合は、必死即生を信じて行動するのが一番よい。死を決心すればかえって難を逃れ、生き延びるものである。この点は呉子も「必ず死ぬという一心で行動すると生きる」と言っている。また身を守りながら生きようとすると、かえって死ぬ事の方が多くなる。これも呉子の「必生則死」にあたる。この理は実に意味深い。これは忍道に限らず軍法、剣術、鎗、太刀の術でもよく見られる。大きな溝や高い崖を飛び越えるような難義もよくある。このような時は我身の安全に執着せず、三忘の鉄心を以て意識、分別、計略の三つを敢然と滅却して思いっきり死ぬぞと思って動くなら、結局は三忘の境地に入ると雑念が消え、心の隅々までが明々と定まる。すると物に動じなくなるので物の理が制止し、鏡に映ったように明らかになる。すなわち周囲に惑わされず、目前の魔物に恐怖心を抱く事もなく、微塵の疑念もない本心に立ち戻るので、常に機会を見失うことなく、体や心も理にかなって難なく動くものである。それは盤上を転がる玉、水上のフクベの如く臨機応変が自在となり、勝ちを求めなくても勝ち、死ぬべきところも遁れる。しかも生き抜いただけではない。大功をたて、天下にその勇名を知らせる事になる。空海も「思い切る心の剣《つるぎ》だにあらば、浮世のつなは叶うものなり〔思い切るという心の明剣さえあれば、世間の大綱は叶うものである〕」と詠じられている。

また身をかばって生きようとする執着心が邪魔して意識分別の罠《わな》に陥り、五行の理を忘れて心が迷動して事が定まらず、事物の理も分からなくなって周囲に振り回され、迷宮に陥ってしまう。さらに眼前の魔物に恐れおののき、気持が動転して手足の動きが乱れて顔色も失せて弁舌がしどろもどろになる。そんな状態で忍び込んでも肝心な時に目論見も露顕し、戦は敗北に終わる。重々心得るべき事である。心は、本来は水や鏡のようなものである。水と鏡の本体は、何もしなければ不動かつ清明な物である。しかし外界の塵芥泥土に汚され、風や人が外力で動かすと水や鏡自体が清明不動を失って全てを正確に映さなくなる。本心も同じく本来は清明不動だから、相手の善悪邪正や是非の情その他全ての様子を、水や鏡の如く、状況を正確に判断できるはずである。しかし六塵〔心を乱す六識の対象、すなわち色、声《しょう》、香、味、触《そく》、法の六境〕や六色〔情人、恋人、色男、色女、浄瑠璃、冥途飛脚か〕を眼耳鼻舌身意の六根《ろっこん》〔『般若心経』にも、「無眼耳鼻舌身意無色声香味触法」とある〕に引き入れると、心は必ず濁り動揺して清明な鏡にはならず、全てにおいて正確な判断力を失って濁水が曇鏡を動かすような状態になる。よって本当の敵は自分の本心の内に居るわけである。心の外に敵を捜しても見付からない。また本当の味方も自分の本心の中に居て、心外にいるわけではない。この理をよく理解していれば、無敵な本心が作動するはずであり、心が理にかなっていれば必ず忍び込む事が出来、大功もたてる事が出来る。

昔の哲人が死を恐れなかった証拠の歌を紹介しておこう。

過去よりも未来へ渡る一休み、雨降らば降れ風吹かば吹け（一休）

借りおきし五つの物を四つ反《かえ》し、今は空にぞ向きにけり（一休）

今までは生まらるる程生きにけり、死なるる程に今は死にけり（一休）

生まれける其の暁に死にければ、今日の夕べは松風の音（蜷川新右衛門）

かかる時さこそ命の惜しからめ、兼ねて無き身と思いしらすば（大田道灌）

この歌は合戦の時に敵が道灌に鎗を突き付け、「道灌であるな。辞世に一首残せ」と云った時に詠んだ歌である。

露の身の消えても消えぬ置き所、草葉の外に又も有りけり（聴松）

心にも任せざりける命にて、他の目も可笑し常ならぬ世に（藤原元真）

歌の序に次のようにある。天子でも浅ましくもあり、病気にもかかる。天子だからと得があるというわけでもなく、誕生すれば死へと向かう。貧乏人や賤民と同じである。死は目出たい事で、死して再び空《くう》の浄土に戻ることが出来る。そこでは始めはなく、終の楽を得る。楽の深意を悟る事が出来ない輩《ともがら》は、逆に万を憂い歎くばかりで愚かである。生死を達観した人は、生死の境でさえも牧童が気軽に笛を吹きながら小山を越えるに等しいものである。

昔話がある。盗人とその子供がいた。子供は親が盗みの術を何も教えてくれなかった。子供が「親が死んだら盗みで生きてゆけなくなるので、窃盗術を教えてくれ」と頼むと、親は「それなら今夜教えてやろう」と答え、その子を連れて家に忍び込み、長持の中の財宝を全部盗み出し、「この長持に入って待て」と命じて子を入れて蓋を戻し、鍵をかけ、親盗人は「泥棒、泥棒！」と声を張り上げ、財宝を持ち逃げした。声を聞いて駆けつけた主人だが、長持に鍵が懸っていたので何も盗られていないと思い、再び寝床に着いた。長持の中に入れられた子は、親は何故こんな事をしたのか見当もつかず、思案の末に長持の中で鼠が派手にガリガリと咬む音を出し、さらに鼠の鳴き真似までした。主人は、今夜は何とも騒々しい夜よと、使用人に見てくるように命じた。使用人が「長持の中に鼠がおります」と告げると、主人は長持を開けさせた。その瞬間、中の子は一気に飛び出し、使用人を突き倒して逃げた。井戸の所で一息ついていると、そこに大石があった。一計を思いつき、その石を井戸の中にドボンと投げ込んだ。追手が、盗人が井戸の中に居ると慌てふためいている隙に、子は自分の家に逃げ帰った。親はその方法を聞いて、「お前はちゃんと盗みが出来たではないか」と教えた。すなわち子は危険極まりない状態に置かれた故に、盗人の真髄を悟った。子は「身を捨てて切り込み、その結果で捕えられるのも一つ、逃げ通すものも一つ」と考えて、「無我の必死」で行動したから相手を突き倒したり、逃走したり、石を投げ込んだりなど、その間の全てが理にかなって成功し命拾いしたのである。当の本人が意図的に行動したわけでもなく、なぜ逃走が成功したのかは分かっていない。

身を守りたいという心は、意識分別に迷いが生じる。守り固めて後退する気持を捨て、無心に雲一つない意識分別に満ちた心になれば、奇跡的な力を発揮して成功するものである。無我になると今の危機的事象の理を明確に察知して、時折節での問題に対処可能な智略が湧いて来る。迷いを捨て、本能的な死の不安を捨てると、かえって生き遁れる事が出来る。

唐の王鎮悪という人が数千の兵を兵船に乗せて遥か彼方の秦国に遠征した。上陸した秦の清橋という所で、甲冑や武具以外の全てすなわち兵粮や衣類全部を船に残して山に登り、船を流した。王は振り返って兵に言った。「我々の長安城は万里の海の彼方にある。船が離れた以上、前進して戦い、勝つ以外に帰国は叶わない」と訓示すると、臆病な兵まで武勇に奮い立ち、死武者となって身を捨て、先陣を争って突撃し、その結果は大国秦に勝つ事が出来たのである。

昔、「戦う時は脇差の目釘を必ず抜いておかなければならない。目釘を抜いておけば必ず勝利するが、抜かなければ負ける」と言った豪傑武者がいた。意味をよく考えると、「忍」一字の心を納得するはずである。〔「脇差の目釘を抜いておく」には二つの意味がある。目釘を抜くと、それはもう刀としては使えない。意味の第一は、大刀一本だけに気持を集中し、確実丁寧に戦わなければならない。大刀は戦いで刃こぼれ、湾曲、折断などがあり、その時は脇差で戦うのが常である。しかし脇差の目釘が抜かれているので使えない。すなわち一本の刀に身を預け、敢えて雑念の源となる脇差の存在を無くす。大刀の柄を握った時に心を無にし、一本の刀に勝ちの気を感じ取る。意味の第二は、太刀合いで縺《もつ》れた時、敵はこの脇差を奪って切り刺そうとする。しかし目釘がないので柄が抜け、驚いた敵に隙を突く事が出来る〕

〔問〕先生は儒教や仏教の奥義を並べ、死を恐れ嫌う事は間違いだと説かれた。また古人の言行を記載して重々その旨を説明されました。一つ一つに感服致しましたが、それだけでは臆病にもなります。これを避ける方法を教えて下さい。

〔答〕皆の心には朽ちて弱い場所があり、日々の研鑽が必要である。簡単に会得したいなら陰陽の道理を観得するだけでよい。一年に春冬が回り、春は草木が生まれて冬には消える。日月に出入があり、日には昼夜があり、人には睡眠覚醒や生死がある。春は年の陽生であり、冬は年の陰死である。日月の出は陽生であり、入りは陰死である。人が目覚めるのは陽生であり、寝は陰死である。生は人の陽、死は人の陰である。もし死を特別に恐れるなら、年の冬、日月の入り、夜、睡眠などを嫌い恐れるはずではないか。睡眠は人の小陰、死は大陰であり、睡眠も死も質的には陰である。睡眠を嫌わないのに、死だけを嫌う理由がどこにあろうか。死を無視すれば、恐怖心は絶対に生じないはずである。

巻第四

将知一　忍法の事

伯楽《はくらく》のように名馬を見定める人が居なければ千里を走る馬も居ないに等しい。齧膝《げっしつ》、乗旦《じょうたん》程の名馬でも、凡人が乗るなら馬も千里走破能力を発揮できない。万里を凌ぐ鷲鷹も、逆風に向かえば迅速には飛べない。深い谷を自在に泳ぐ大魚も、小さな流れではナマズ、ドジョウの類いに劣る。謀略においてもしかりで、必ず功績をあげる忍者が愚将に仕えるなどあり得ない。愚将に仕えると万事に失敗し、せっかく忍び込んでも大功をあげるなど夢に等しく、『三略』にも「智者は暗君の為に謀らず」とある。

　謀略に熟達した忍者が名将に出合えば、忍者は心底から親愛尊敬の情で仕えるので、最良の結果を生む事が出来る。これは乗馬上手の王良、漢哀が名馬の齧膝、乗旦と出合い、力ある者同士が心を一にして走ったので千里走破が可能であったのと同じで、忍者も有能な将の下であれば思いどおりに謀略を仕掛けることが出来、功績も大となるわけである〔『正忍記』に「一人忍び」「二人忍び」「三人忍び」などの記載があり、「共に行動すると能力が一番の忍者が下手な忍者に足を引っ張られるので、原則、一人で忍ぶのが一番だ」といった説明がある〕。それは鷲鷹が順風に乗り、大魚が大谷で悠然と泳ぐように、忍者が良き場を得て勢い奮い立つのに似る。このように忍者が将と相得て心を一にすると、忍者は安心して思い通りに行動できる。要塞堅固な城でも潜入する事間違い無しというわけである。『孫子』は「明君、賢将は上智を以て間と行動するなら必ず大功成る」という。以上の理由で、この将知編は大将が知っておくべき忍びの用い方の要道を解説したものである。

忍法の利得十カ条

　将が忍者を用いれば利益甚大である。ここでは必ず戦功ある訳を説明し、忍者を登用するのは兵法の要である事を述べる。

一、主将は忍びを用いて敵国の地勢や城・要害その他を細部に渡って調査させ、その報告を熟知した上で謀略を立てる。さすれば事に臨んで動転する事もなく、謀略を達成して目的の利を得る事が出来る。すなわち敵国に侵攻したいと考えるなら、まず味方の準備や戦の調整を完璧にする前に、まず忍者を敵国内や城内に潜入させる事が大事である。忍者は敵国の地理や城の堅固さ、路程の遠近の取り方など全て詳細に見聞きして敵地内で簡単な絵図を作製し、帰国して丁寧な地図に仕上げて主将に提出する。主将はその図を見て人数の手配、備、布陣の適不適所、敵伏兵の居場所、味方の伏兵の配置場所、攻城法、攻め支度など作戦の全てを完全にして攻撃を開始すればよい。後は作戦通りの展開になるので困難に状況に陥っても万事計画通りに進行し、要所要時で勝利を得る事が出来る。『孫子』に「地形は兵の味方である。名将はその険阻遠近を計って作戦で敵を倒すのが常である。これを知る者は勝ち、知らざる者は負ける。山林の険阻さや沢の峻緩を知らずに軍を送ってはならない」とある。

義経軍歌にも

忍び者に敵を問いつつ下知をせよ、ただ危うきは推量の沙汰

と詠まれている。これは熟考に値する歌である。

二、忍者を送り込んで、敵の強弱、特に敵の大将の心底を探らせて我々の主将に知らしめる事は万策の基本であり、結果として利得も甚大とある。

忍者は敵の領内や城中に潜入し、敵将は道理の有無や程度、智愚剛臆病の程度なども調べ、軍令の正誤、将以下で物頭《ものがしら》、奉行、兵卒に至るまで軍術調練の達成度、その家臣の風紀の善悪、人数の多少、隣国の城主からの援軍の有無、兵粮の寡多、敵将の好き嫌いや癖、その他敵方に関して何でも知り得る全てを記録して主将に報告する。それを参考にした作戦が戦に利ある事は言うまでもない。

義盛軍歌に

計《はかりごと》も敵の心によるぞかし、忍びを入れて物音を聞け

軍《いくさ》には忍び物見を遣わして、敵の作法を知りて計らえ

『孫子』に「軍事は、微に入り細を穿って敵の作戦を利用し、時来たらば一丸となってただ一向に千里を走る如く、一気に敵将を殺す。これこそ巧にして能く事を成す者である」とあり、『兵鏡』にも「征伐したくば、まず間諜を使って敵の勢力、虚実、動静などを窺い報告させ、その後に軍隊を動かせば戦勝間違いなし」という。

三、主将は開戦前の適切な兵の手配が重要である。まず忍者を使って敵の陣取り、備定め、伏兵の有無などを探らせ、その上で敵の全貌を知り尽くして無駄のない合理的な布陣をするなら、全てが予定通りの合戦で味方の混乱もなく敵に不意を突かれる事もない。このように忍者は非常に大きな利益を生む。要は忍者に探らせて敵布陣の全貌を知った上で兵の配置に完璧を期して出陣すれば、手配通りに合戦で勝ち進み、各所各時で利を得る事が出来るというわけである。

義盛軍歌に

心がけ深く有する武士は、忍びに引かれて道筋を知れ

『三略』は「事を起こさず、まず動いてみると敵は反応して本意を表すので、それに対応する」という。

[問] 敵の陣取り、備え、伏兵などの確認は物見の仕事であり、忍者がする程の事ではないのに、何故物見役までも忍者の方がよいと言うのか。

[答] 物見は遠くから見て推察するので不確かである上に詳細も分らない。一方、忍者は敵のすぐ傍まで行って偵察する

ので情報量も多く詳細かつ正確である。物見より忍者に利があるのは至極当然の事である。

四、籠城で敵に包囲された時、忍者は城外に出て通ずる事も出来るし、城外から城内に入る事も出来る。忍者の利が絶大であるのは言うまでもない。

敵に幾重にも包囲されても、忍者は不可能と思われる囲みを突破して隣国の味方の援軍を請う事も出来るし、再び包囲を突破して城に戻り、敵情はもとより援軍と打ち合わせた色々な相図までも報告出来るので、利益絶大である。是手段は逐一左に記す〔記載なし〕が口伝である。

五、忍者は敵の弱点を探る。その結果、味方は電撃的な勝利を得る事となる。忍者の行動は実に大きな利益につながる。

忍者は主将が着陣する前から敵の城営に潜入する事も多く、敵の不意や不備な点を敵陣中より内通して連絡するので、主将は確実に敵の弱点を突く事が出来る。これで攻撃の勢力が小さくても勝ちを得て、また兵の損失も当然の如く少ない。『孫子』に「趨《おもむ》かざるその所に出でて、意《おも》わざるその所に趨く。千里を行きて労せざるは、無人の地を行きて攻め、守らざるその所を攻めるなり」とあり、行軍千里でも無防備の地を侵攻するなら疲れもなく、守りの弱い所を攻撃するので落城も可能というわけである。また『六韜《りくとう》』に「疾雷に耳を覆う必要なく、迅電に目を閉じる必要もない」とあるように、感覚で畏怖の念を抱くのは禁であり、常に現状を把握して冷静に対応しなければならない。忍者は軍隊の目や耳である。

六、忍者は敵の進退を味方に的確に教えるので、簡単に勝機を得るという利がある。

敵は進軍か停止か、はたまた進退の方角や道路はいずれか等、忍者は連絡役を通じて次々と報告してくる。これで敵の作戦が味方の作戦に変わるので、勝利も容易である。先例も多く、武書に「その行く所に乗ずるなり」と、敵の行動に乗りながら機を窺い、流れを変えて勝つと教えている。

七、忍者を敵方に潜入させ、讒言《ざんげん》で敵の和を砕き、内紛に乗じて敵を撃破するという利益もある。

忍者を敵国に配置し、讒言、破壊などの謀略で敵城主と臣下の仲や諸々の敵軍の仲を裂かせ、さらに敵将と隣国との間も不仲にさせて敵城主を孤立させる。これで敵勢は衰退するのでその機に乗ずれば大勝利である。『孫子』はこれを「親しくしてこれを離す」「交わりを伐る」という。

八、忍者は敵の陰謀《いんぼう》密計を探索して主将に報告する。敵の作戦を知れば、味方の勝利も容易い。敵の作戦が分れば敵の攻撃を尽《ことごと》く外す事が出来るので味方は力を抜いても勝つ。この利益は莫大だ。『孫子』は「優秀な兵は謀略を以て伐つ」という。

九、忍者は敵陣に潜入して火を放つ。落城は簡単だ。敵の城営へは、忍者は陰術陽術を駆使して潜入するわけだが、城内への放火で混乱するのを待って外から総攻撃するので、勝も難しくはない。忍者は重宝なものである。『司馬法《しばほう》』〔斉の司馬すなわち軍事長官の田穣苴の説を記した書とされる〕にも

「我、其の外より使うは其の内よりと云々」とある。

［問］弓火矢、鉄砲火矢等で城外から火を放てばよいのに、何故忍者を入れて内から放火する必要があるのか。

［答］忍者は城内で燃えやすい枯草や、放火すると効果甚大な時と所を選ぶ事が出来る。しかも忍者は火術に長けており、火矢の類は最も得意とする分野の一つである。

十、忍術で敵将を殺すので、その利が甚大である。敵将殺傷は忍術の極意の一つであり、この時は戦をしなくても敵は降伏する。『三略』に「謀略なくして悪敵を破り攻略できるはずもなく、戦は秘かに計って初めて成功する」とある。

［問］忍術で敵将を殺害するというのは眉唾のように思えるが、その方法は如何《いかん》。

［答］これは絶妙な方法であり、それを明かす事は出来ない。

以上十カ条の趣意は『間林精要《かんりんせいよう》』に「忍びは兵法の目耳であり計略の柱となり、全勝の要である。将軍が忍びを用いなければ、敵の地形、人数の大小、虚実、陰謀などを知る事が出来ないので勝利に繋がる作戦をたてられない。忍者の情報が無ければ、作戦は闇夜に飛礫《つぶて》となり、ほとんどの計画は失敗して敗北に帰するのみである。まさに盲人が名刀を振り回して敵と対するのと同じである。賢明な将軍なら、侵攻する前に必ず忍びを使って敵の地形、勢力、虚実、進退、陰謀などを知り、そして出陣するものである。さすれば謀略や采配に的外れはない。また忍者は潜入して敵陣営の内側から火を放つので、将軍は外からこれに応じればよいだけである。敵は消火で外からの攻撃に対応しかね、また攻撃に対応すれば消火出来ない。敵の敗北は必定である。忍者を用いれば敵落城や戦場での勝利は間違いない。それも竹を割る如く、卵を潰す如く簡単であり、必死で戦わなくても大功が約束されるので素晴らしい。門を開けるために千人で押すよりも、門を外す方がよい」とある。忍者の使用。それは古今東西の名将が、作戦そして攻撃への全過程で取って来た方法である。忍者の利用は秘密である。だから忍者の暗躍に周囲が気付かないだけである。

『孫子』は次のようにいう。「明君名将は動くと勝ち、そして大功をたてる。大衆との違いは、名将はまず敵を知るという点である。それは鬼神に祈ったり、先入観をもったり、回数を重ねるだけでは駄目である。明君名将は必ず人を使って敵情を知る。中国には五種の間〔『孫子』は五間として、敵国の住民を使って情報を得る「郷間《きょうかん》（郷導）」、敵を味方につけて謀略をしかける「内間」、敵の間者を味方にして謀略する「反間」、死を覚悟で行動する「死間」、敵国に潜入して謀略を仕掛けては生還する「生間」を用間の項で述べており、『正忍記』は「五間のうちの生間を忍者」としている〕があるが、それについては誰も知らない。この五間がすべて動けば勝利への道がわかり、作戦も神技となる。君主にとって忍者は宝に等しい人間である。間は全軍を扇に例えれば要《かなめ》であり、全軍が秩序よく動く中心点である」。愚将暗将は忍びの価値を知らないので勝利に縁がない。『孫子』はまた、「何年も対峙しているのに、昇級や法外の褒美を求めて一日だけの勝を争う例もある。敵の情報に疎いのは将の仁徳が部下に行き届いていない証だ。これでは部下の上に立つべき資格もなく、主君の助けにもならない」と言う。忍者を使わない将に勝利はない事を重々知っておくべきである。

　古から和漢の名将は忍びを用いて勝利し、また忍びは絶対に必要であるという事も諸書に記されている。時に忍者の謀略を嘲る将も居るが、これはよくよくの愚将である。

[問] 勝利には忍者が必要で、将は忍者を用いるべしと説いた古人の言こそ忍者必須の証とされた。しかし私は今ほど要塞堅固な城砦に忍者が潜入することが出来るのか信じ難い。『太宗問対』〔唐の太宗と名将李靖《りせい》との対話形式で記された兵法書で『李衛公問対』をいう。武経七書の一つ〕で李靖は、「よく考えてみると、孫子の用間は最も下策かも知れない。著の末尾に、『水は船を浮かべるが、沈めもする。同様に間者は功もたてるが、頼みにした味方を滅ぼす』云々」と述べており、忍者の使用は軍配の上策とは言い難いのではないか。

[答] 今の城塞への潜入は雇われ忍者なら困難である。しかし忍術の大綱は陰忍・陽忍の両術が基本であり、その術は千変万化する。敵も千差万別だから一々説明するのは不可能である。言える事は理と所作である。理が明らかでなくても所作は可能だ。所作する時は理を知って明らかであっても、必ずしも極奥義ではない。だから一概に善し悪しを結論付けるのは困難である。死を覚悟して太刀を振る時でさえ、実の部分は二、三割で、七、八割は虚なる動きである。切り出す時は鋭く実であるが、太刀が切り落ちる所や揚げる所は気持が先走っているので虚となる。大抵、忍術は相手の実の部分を避けて虚の所を襲う。その策略は諸書に記載があるが、雇われ忍者には重要な味方の利の部分は秘して明かさないのが常である。だからこの間者を敵が利用しても、敵の企てが味方に害する事はないのである。貴君は李靖の言葉を引合いにして「忍者は軍配の上策ではない」と言ったが、忍者の使用は間違いなく上策である。李靖の言葉は愚将が忍者を使った場合の話である。確かに愚将には下策だが、名将にとっては上策である。その理由は、暗将は忍者の忠心とへつらいとの区別が出来ず、謀功の有無も知らず、さらに仁恩に薄く万計に疎《うと》く、大切な相図の打合せも中途半端にして相図の回数が多くなる。こんな調子だから運が良ければ忍者を用いて功をたてる事もあるが、忍者を使わない時は敗北するのが愚将である。このように愚将は忍者を使いこなす事が出来ないので下策となるわけである。一方、明将の謀功は上域に到達しており、普段から忠義の忍者には忍職等に任じておき、恩賞を厚くしている。例えば主将が死んだ時は忍者も殉死する程に忠義心を高めておき、さらに忍者の妻子を人質にして謀略の機密性を高めておき、相図の打合せも確実な状態にして忍者を敵陣に送り出す。だから潜入に不可能もなく、味方は勝って大功をたてる事必定である。故に忍者を用いるのは、明将にとっては上策になるわけである。忍者を喩えで説明しよう。

水と火は世の宝だが、悪事に使うと水や火は極めて有害になる。また太刀、刀、槍、長刀は人を傷つける凶器であり、持主が愚かにも奪い取られたら、それで切られて有害物となるのと同じである。要は忍者を使うのは、使用する人の善し悪しの依存度が高く、上策や下策へと分かれるのである。忍術の至極の道理は実に微妙である。これは小人愚人には遠くて、量り知り得る処ではない。重々口伝の事。

巻第五

将知二　規約の事

忍術の禁忌三カ条

一、忍者という職名を隠す事

将は忍者を召し抱えたら、他人に彼が忍者である事が分るような職名を付してはならない。忍者は秘匿が大事であり、乱が起る等で必要な時になれば速やかに忍者を用いるので秘匿は普段からしておくべきである。すなわち対乱の始計である。始計を手抜きにすると勝利はおぼつかない。それのみか、味方にとって有害になる。この理由で平士、遁士、離士など忍術の言葉があるが、その方法規約は口伝である〔忍者の普段の社会的な立位置であり、平士は普通の平侍、遁士は社会から身を退き国内で生活している士、離士は国を離れて他国人として生活している士、と考えられる〕。『孫子』も「間者を用いても、用いた事を悟られないようにすべきである」という。

二、忍計は絶対極秘であり、それに関して主将は厳重な禁制を敷く事

忍者の謀略が漏れると、失敗だけではなく味方の敗北の原因にもなり得る。忍者の謀計は極秘にして老中にさえも知らせてはならない。それが忍術の掟である。『孫子』は「用間以上の秘密は他にはない」と言う。それに関して、『直解』には「将と間者とのやりとりは文書に残さず、直接に口頭で行う」、一方『司馬法』には「声は他人に聞えるので将と間者とは筆談すべき」などと記されている。

三、忍計を取り沙汰する者は即刻死罪とし、それを秘密保持の為の見せしめにする事

忍者の行動計画を知らない者は尚更、密談に関わった者でも、もしこれを人に話をしたら、漏らした者と聞いた者とを共に速やかに死刑にするのが掟である。天下太平の世になっても忍者を用いる事は内密にし、一切外部に知られないのが作法である。乱になって潜入を画策する場合は尚更である。『孫子』には「間者の事がまだ知られていないのに其の事を聞く者があれば、聞く者と告げた者とを即刻殺せ」と、『易経』には「間者の機の秘密が漏れると、味方には大害となる」と、そして『史記』には「事は内密を以て成就し、密談は漏れれば敗れる」とある。

隠書二カ条

一、主将と忍者との内通の隠書、水火灰の事

　隠書すなわち暗号文については、古来色々と考案されてきた。しかしそれを会得するのは難しい。忍者の隠書は水火灰でその場書きし、封をせずに主将より忍者に手渡す。暗号の仕方は忍者から主将に捧げた忍術の書の方法を用いる。普通ならそれは聖智の書だと思うような書で忍術の隠書とは気付かれないし、またそれに気付いたとしても隠書の文意は絶対に解読されない。水は鉄汁、火は灯芯、灰は大豆汁や唐荏《からえ》〔トウゴマ〕の実である。色々は口伝あるが、その時その場にある物を使えばよい。『司馬法』にも「形がある物には影がある。墨で書かなければ墨は見えない」とある。

二、他と心通じるの事

　隠書一通を三つに分け、三人の使者に持たせる。将と忍者が会いながら書を合わせて完全な書にするというわけである。文字や分け方は臨機応変である。口伝あり。

『六韜《りくとう》』で太公望は「隠し事への配慮は書にすべきで、割符にしてはならない。主君は書で将に伝達し、将は書で質問すべきである。皆が集合し、書を再離して分け持ち、三発して一知する」と言う。「再離」とは書を三片に分けることであり、「三発して一知する」とは三人に各一片を手渡すので三人がそれを持ち寄って初めて情報を知ることが出来る、という意味である。これが隠書であり、敵が聖智であっても解読する事は出来ない。思うに、符は八符の符であり、使用が繁雑で埒《らち》があかなくなる。だから書を用いるのである。

当家流の隠書　但し大秘事口伝

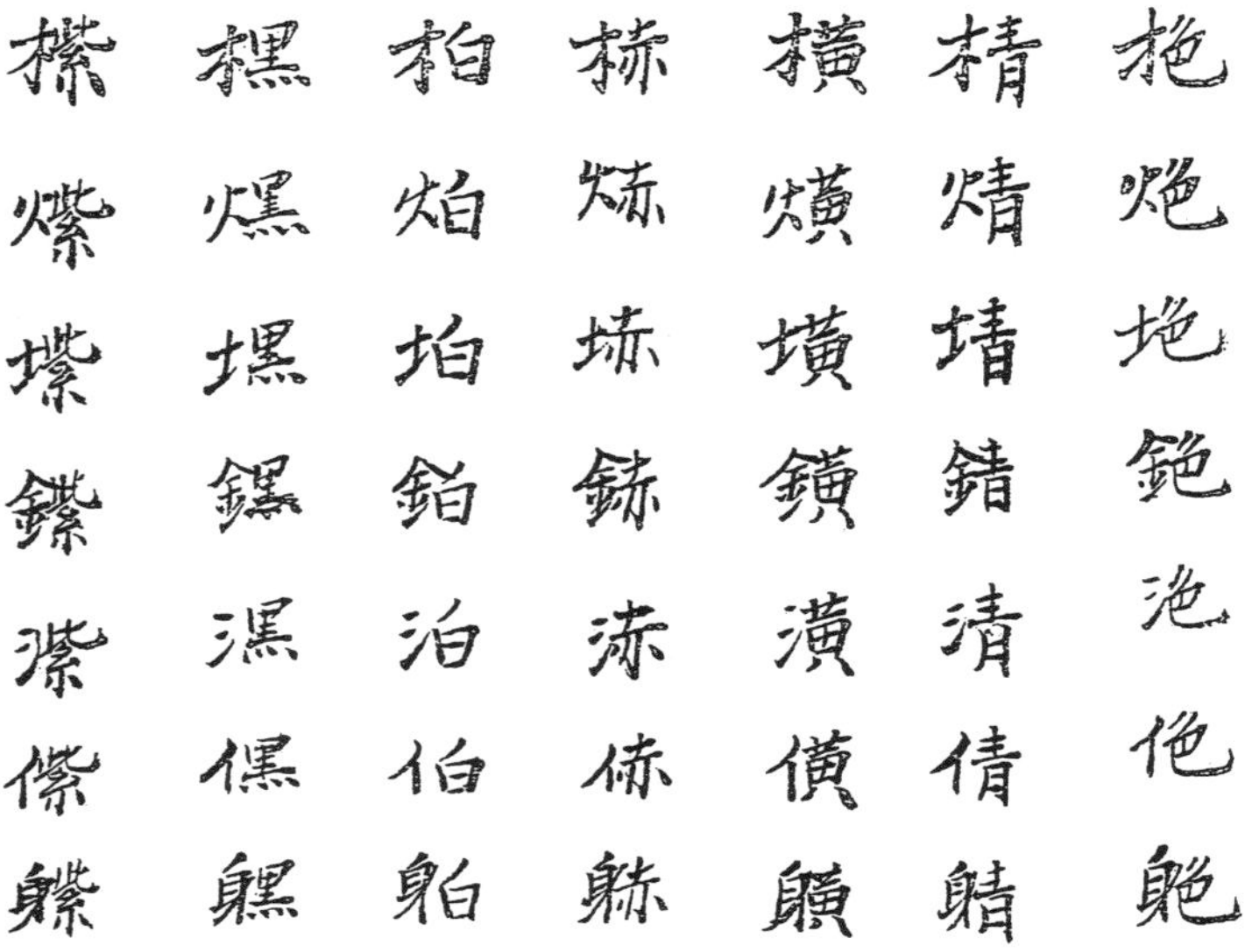

[図4]

敵が気にしない内容は普通の文字で書けばよい。口伝あり

〔暗号は各流派、忍家、または仕官先によって異なる。本書

の文字は、今は俗に「忍びいろは」と呼ばれているものだが、「忍びいろは」という言葉は各種忍術伝書の中に見当たらない。後世、おそらく現代の研究者がそう呼び、検証されないまま固有名詞として使用されていると思われる。さてこの当家流の文字であるが、これは五行説の木火土金水と人、身または体の一分である手の七文字を偏に使用し、赤黒青黄紫白色の七文字を旁にして四九文字を作字している。確かではないが、なお色、白以外の五色は忍者の連絡用暗号の「五色米」の色である。配列に従って四九文字に「いろはに…」とあてはめてゆくと、「横」は「よ」、「泊」は「こ」となる。もちろん「い」をあてる最初の文字をどれにし、また配列の順逆等で暗号文はがらりと変わって解読不可能となる〕。

矢文二カ条

一、矢文の事

約束事として、目標の前側を狙って射る。矢の羽を符とし、羽の間に名前を書いて、文書は矢竹の中に入れるか矢に巻いて放つ。口伝あり。

二、前もって忍者の居場所を知らせる事

潜入先の敵城中から矢文を主将へ送る前に、自分の居場所を知らせる矢文を何度も射、確実に主将からの返事の矢文が手元の届くように連絡しておき、そこを少し退いて返事を待つ。返事は、時と場所を選ぶ事が大切である。

相図の方法四カ条

一、昼間は旗で、夜は飛脚火で相図を送る事

これは主将が五里も十里も離れた遠方の陣にいる時の事である。口伝とするが、飛脚火〔忍者を相図の火が見える高所に一人一人待機させ置き、敵地からの相図を次々と中継して本陣に送る〕の製作は本書の火器の部にある。

二、昼は狼煙《のろし》火、夜は入子《いりこ》火、又は法螺《ほら》貝で相図する事

主将の側も法螺貝の吹き方の約束事を知っておく必要がある。口伝あり。例えば、法螺貝の相図は三揺《ゆ》り〔一音を長く延ばして三回の強弱をつける〕を何回、五揺りを何回というふうに決めておくなどである。また相図の法螺貝を吹く前に鐘、法螺貝、鼓の三つを派手に鳴らし、法螺貝で相図を送るぞと城陣に潜入した忍者に知らせて吹くというような約束もある。これは城陣共に法螺貝が常に鳴り響いているので、忍者が聞きもらさない為である。相図を聞いた忍者は、今度は法螺貝か狼煙か等、何で相図を返すべきかの決め事も重要である。口伝あり。

言葉を表す法螺貝の吹き方の事

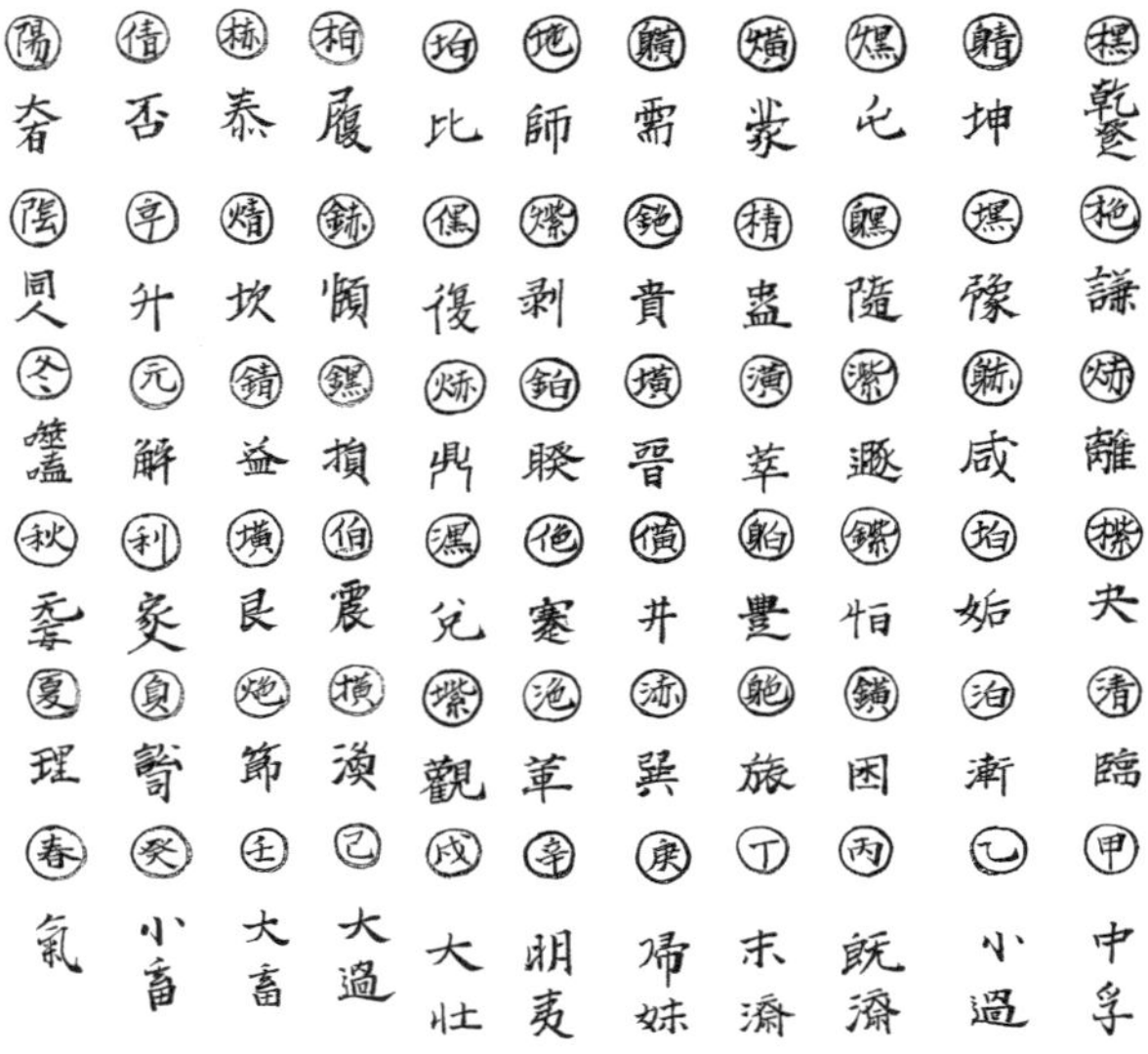

［図5］

法螺貝で文字を送る時は文字信号の前に囮《おとり》の●〔短音の意か？〕を吹く。例えば○地○は地の○々は次のように吹く。

相図は知らせ貝を頻繁に吹き鳴らし、しばらくして三揺りを三度吹き、次に言葉の音を吹いて終わる。同じだが前述したように鐘、貝、鼓の三器を何度も鳴らして、次の相図の聞き漏らしが無いようにする事も大切である。そうしなければ文字音ではない普通の相図や祈りの法螺貝の音に消されて、聞き落とす危険がある。

言葉貝の頭の音は長く吹く。

次の言葉に移る時は短く吹ききる。

また次の言葉の初めに当たる時は一つ揺る。

言葉の初めの相図が難しい時は三つ揺る。

次に続く言葉が清艶の時は一つ揺る。

以上が法螺貝で言葉を送る時の吹き方の大秘事である。

前述の如く、送り始めの相図は鐘か太鼓がよい。ただし、もし頭が「鐘」なら頭をとる言葉には太鼓がよいし、頭が太鼓なら頭を取る言葉は鐘がよい。次に続ける言葉ではない時は両方とも法螺貝で約束通り送ればよい。口伝もあるが、法螺貝の言葉音は普段からの練習が重要であり、にわか仕立てで貝言葉が出来るものではない。練習は静かに座って人の話を聞くような感じで行う。

三、一町一火の相図の事

口伝〔一町間隔で飛脚火を行う〕

四、相図の火を三つ放つ事

火が一つなら烽火や旅人の松明《たいまつ》や外の相図の火などと紛れる事がある。故に忍者は送信を確実にする為に例えば三本の火を点す等、火の数を定めて相図を確実に送受する。『司馬法』に「相図は皆、心をもって心を伝えるものだ」とある。だから古い方法の通りにする必要は無い。

約束六カ条の事

一、参差《かたたがい》、水月などの術で潜入する時は主将と相談して、まず餌《えさ》で敵を誘き出すという約束事

一筋縄では潜入し難い時はこの術を使う。例えば夜に敵城を囲み、城の近くに強兵を伏せ隠しておき、弱兵で急襲をかける。敵が攻撃に移ると弱兵は恐れて逃げ出すので、敵の追撃に拍車がかかる。こんな場合は参差術〔敵の周辺にいて敵方の提灯の紋や相図、相詞、挨拶の仕方等を観察し、後にその姿や立振舞で潜入する〕から水月術〔敵の注意を反らして、その隙に潜入する〕へと変化して応ずるとよい。餌になる兵が強兵だったら、敵は強兵の逃げ方で罠である事を察知するので良くない。しかし弱兵を励ましてあの門を破れと命じても、敵の攻撃にあえば結局は逃げ出すはずである。これは芝居ではないので、敵は騙されて味方の強い伏兵に破れ、餌の弱兵を失う事もない。隠れている強兵は、追って来た敵が弱くても、とび出てこれを伐ってはならない。計略は将と忍者が交わした極秘事項であり、秘密を厳重にする事が肝要である。

二、三差水月の術で潜入した時は急襲を要す事

忍者が潜入に成功し、主将はその相図を受けたら速攻強襲が最善である。急襲は敵に防御の暇を与えず混乱を極めるので、忍者は城内で思い通りに謀略が出来る。

三、驚忍の術で出入する時の約束事

驚かせて生じた隙に潜入する時は、本隊にいる主将が太鼓を操り、凱声も荒々しくし、鉄砲の音などで混乱させるのが常道だから、味方が味方の忍者を討たないように細かな約束が必要である。私は、忍者が敵の城陣へ赴く時は、敵と区別する目印を付けなければ危険と考えている。目印は潜入時には懐に隠し持ち、出る時に付ける。主将はそれを伏せておき、味方の忍者が城から出る時期を見計らって部下に目印の事を教え、味方忍者を討つ事を防ぐ。

四、味方の夜討ちで忍者は城中に残り、二度討ちの時に放火する事

敵の警護が堅くて潜入し難い時は、城内にそのまま留まっておき、適時に放火する。

五、仮陣屋を本陣から遠く離して建てておくという約束事

以上の術で潜入して露顕し、捕虜になった時には色々な言いわけで反間を装い、終には「味方の陣に放火しましょう」と言って味方の仮陣屋を焼いて敵を信じさせる。

六、真偽の半形割符は、真は順半、偽は逆丁とする事

敵に捕われ、主将に偽りの情報を書かされた時、「このようでございます」と書いて、書の真偽を密かに知らせる印の押し方である。この半丁博打よろしき印の押し方や割符の添え方は、主将とよく決めて出なければならない。こうしておけば、書を受けた主将は必勝の策略を如何様にも立てる事が出来る。

もし敵が忍者を捕え、味方の門の前に連れてきて大声で報告させるようなことになれば、私の方法ではあるが、忍者が

半〔奇数回〕咳をしたらその内容は真実であり、丁〔偶数回〕なら偽り、と約束している。口伝あり。

将と呼応する三カ条

一、忍者が敵城に潜入して相図を送り、それを主将に報告させて風上より放火する方法だから主将は風を追って攻め込む事。『孫子』に「火は順風に乗って来るので、風の勢いが強ければ炎上を遮る事は不可能である。逆風で火攻めをすると、燃え広がり難く時間もかかる」とある。私もこの意味を熟慮し、「何事にも漫然と行ってはならない」と言う。

二、風が無い時は放火すべき方角を、主将は事前の打ち合わせ通りに行い、旗や法螺貝で忍者に知らせる。旗は東西南北の色、貝は五姓〔五声の意か。低音から宮《きゅう》・商《しょう》・角《かく》・徴《ち》・羽《う》の五音〕の数で知らせる。放火の方角は風向きで知る事。場所や季節月日時間によって風向に特徴があるがこれは口伝。

三、忍者の放火相図に呼応し、約束通りの攻撃を開始する事。放火すべき状況でなければ、忍者は狼煙や弓火矢などの相図を出さない。相図を待たずして妄《みだり》に攻め込むと勝利を失う。攻撃する方向も得心して、慎重に相図を待ち、割符を完璧に合わせたように遅速無く呼応して動く事が大切である。

『孫子』に「火攻めは必ず五火の変〔人を火《や》く、積《し》を火く、輜《し》を火く、庫《こ》を火く、隊を火くの五火〕に応じる事。火が城内に発すると即座にこれに応じて攻め込むべし。ただし火が出ているのに城内が静かであれば攻撃開始を待つべきで、攻め込んではならない。火は盛んに燃え上がるのを待ち、状況を冷静に判断して攻め込むか否かを決める。〔次の行は『万川集海』に誤記あり、『孫子』で訂正して現代語訳とする〕忍者が城内で放火するのは常道であるが、もし無くても、状況がよく今が攻撃の好機と判断したら、城外から火を放って攻撃してもよい。火は風上から放ち、風下からの火攻めはない。〔以下一文は『孫子』から追加引用〕昼間に風がよく吹いていたとしても、夜には止む事を知っておくべきである。

忍者恙《つつが》無き約束二カ条

一、敵の城が落ちた時に忍者が味方に討たれない為の決め事は、昼間は相図の次第で行い、夜は決められた紋を付けた提灯を点す。攻撃の直前に将はこの事を部下に下知することが必要である。下知が早過ぎると、敵に露顕するのでよろしくない。忍者は敵兵が城から退散している間は隠れておき、静かになってから退出する事。止むを得ない事情があれば、敗軍の兵に紛れて出ればよい。以上、相図の重要性を説いた。

二、忍者は事が静まった後に出るのが普通の作法である。

忍歌に

忍び得て敵方よりも同士討ちの、用心するぞ大事なりけり

同士討ちも味方の下知によるぞかし、武者の印を兼て定めよ

以上、この編で将と忍者の規約の事を記した。将と忍者の規約が定まっていなければ忍び入り難く、また潜入したとしても勝利はおぼつかない。混乱の戦場《いくさば》で約束事の徹底がないのは損害の根元となり、これは胆に銘じておくべきである。『孫子』に「五間の事は主必ずこれを知る」とある。この二カ条〔底本は「二十二カ条」と誤記〕のほか、忍び入りの時は、精粗にかかわらず将兵と忍者とが堅い約束事で繋がっているといっても、状況によって対応が変化するので、予め相図の細部を説明する事は出来ない。よって以上は相図の約束の原則であり、入門編である。

忍者を召抱える時の事

第一、忠、勇、謀、功、信の五つを備え、かつ心身壮健な者。

第二、普段から柔和な性格で義理に厚く、欲少なく、物事の道理や学問を好み、行い正しく、恩を感じて忘れない者。

第三、弁舌爽やかにして説得力があり、知謀に長け、普段の会話も当意即妙で、人が言う理に押され欺かれる事を大いに嫌う者。

第四、天命をよく知り、儒教と仏教の道理を兼備して、死と生とは天命による事を常日頃から自分に言い聞かせ、人間の欲心が自分から消える事を普段から心がけ、学問して先哲の話に心奪われる者。

第五、武士の規範を学ぶ事を好み、古武士の忠勇心を備えて義を重んじて主君の代わりに命をさし出す事が出来る者。あるいは知謀で敵を亡ぼした和漢の名士の行動を聞き伝え、軍利戦法に心を寄せる英雄の風格を備えた者。

第六、平生は人と口論する事を好まず、柔和だが威厳があり、義に厚く、裏表が無い善人として名前を広く国内外に知られている者。

第七、妻子や親族などが皆正心の人であり、反《そ》り忍の害が無い者。

第八、諸国を巡って所々の国風をよく知っている者。

第九、忍術をよく学び、謀計に敏捷であり、文才があって読み書きに優れ、最も忍術に熟練して軍利に志が厚い者。

第十、軍術はもとより諸芸に熟達し、詩文、諷誦《ふうしょう》、舞、小歌、拍子、物真似などの遊芸に至るまでも機に応じて芸を用い、時の間《ま》を埋める事が出来る者。

以上の十件を備えた者を上忍と言うが、こんな忍者はなかなか居ない。このような忍者を探し出して召抱えるのは至難の業である。以上の要件を充足させる為に、主君には智恵深くて人物の立振舞や容姿を見て、その人物の全てを完璧に見極める力が要求される。君主が聖智で無ければ上忍を得る事は出来ない。『孫子』にも「主君が聖智でなければ、間者の実際を知る事は出来ない」とある。本書でも繰り返し述べてきた事だが、愚鈍な主君が忍者を用いても、結局は使いこなせず、必勝の功績も遠くなる。明君が忍者を使えば百戦百勝である、万が一に勝利が少なくても危機に陥る事は起らない。

上忍は得難いが中下の忍者でも、折節に対応して上手に使えば勲功を得る事は簡単である。本書では、時折々の忍者運用について説明する。しかも和漢の過去の名訓を引用して忍者の価値を証明するので、これを謀略の基礎に置けば勝計となることが必然である。

名将が中下の忍者を使うのと、鷹匠がまずまずの鷹を優秀な鷹にして使いこなすのは同じ事である。中下の忍者であっても、捨ててはならない。万能の忍者でも、一人では飛鳥の術は出来ないものである。手と腕があれば中や下位の雇われ忍者でも上手に使いこなす事が出来、職分に応じた功をたてさせる事が可能となる。よって忍者を召使う時には、以上の点を胆に銘じ、よく吟味して上忍を探し出せばよい。中下の雇忍も、前述の如く捨ててはならない。すでに述べたように、平士、離士、遁士が最高であり、彼らを上手く使えば利益莫大である。全部を記す事は不可能だから口伝する。

柳揚褒時檎縦与奪　口伝

巻第六

将知三　敵の陰謀を防ぐ総則

〔巻第六　将知三は底本や大原勝井本に記述なく、伊賀市上野図書館本より引用した。同書で将知三は「大謀」と付されながらも内容は小論にして稚拙な原則論であり、将知四の「敵忍の潜入を防ぐ緻密な謀略」（読み下しでは「小謀を入れざる」）に較べると記載の量も極めて少なく、「大謀」とするには違和感がある。この項は写本時に敢えて省略したのか、写し落としか、存在しなかったもの、あるいは「我が家の『万川集海』は他家のとは別格だよ」との意味合いで箔付けした「大謀」であるかのいずれかであろう。底本の目録は将知二から将知四へと続き、項目「将知三」が脱落している。その意味では前者二者の内のどちらかであろう。注目すべきは底本第一巻の総目録では「将知四、謀を入れざるの事上」「将知五、謀を入れざるの事下」とあり、「小謀」とは記されてはなく、底本第四巻の目録では「将、小謀を入れざるを知るの編・上」「将、小謀を入れざるを知るの編・下」とされている。そして本編の項題は「小謀を入れざるの編・上、将知の四」、「小謀を入れざるの編・下、将知の五」となる。すなわち第一巻の総目録の「謀」は正規軍の攻撃作戦たる「大謀」に対して、「小謀」は忍者やその類いが潜入して展開する偵察や破壊工作の意味とも解釈され、また小謀は忍者そのものとも解釈される。このように訓読すると、参考にした伊賀市上野図書館本にある「大謀を入れざるの章」の存在は後の写本で加筆したものではないか、とも考えられる。いずれにせよ、今後の研究が待たれる処である〕

一、重臣が真理を学ぶ事を好んで諸事を明白な環境にすれば、臣下も皆真理の学門を好んで心の道理も明らかなる。それは上流の水が清ければ下流の水も清く濁らないのに似ている。上下の道理が明らかであれば、正道が敷かれる。正道であれば、国は磐石に統治される。治世が良ければ不忠邪欲もなく、敵の忍者が賄賂や女などで謀略を仕掛けようにも困難となり、情報も漏れにくくなる。

二、主君はあらゆる階層の住民に恩返しをしたいと考え、民を我が子のように憐れみ、貪るように士卒を優しく思い、戦死者をも愛しい我が子のよう歎き弔い、その子々孫々に禄を保障するなどして、主君と共にする事を士や民とは父母と居るように思うようであれば、敵忍者が付け入る隙がなくなる。

三、主君が諸臣と親しく接し、個々の心を理化し、また賢愚、能不能、忠佞《ねい》を識別して賢、能、忠の臣を推挙重用して愚、不能、佞を退ける時は、皆も自然と賢忠となり、能忠の者も多くなる。誰もが納得する賞罰がなされれば、部下は上司に疑念を抱かなくなる。この状態であれば敵忍も上司に対する讒言その他の謀略が通用しないので、我が国を偵察する事が出来ない。

四、上役人に奢侈の浪費が無ければ国の財は足りる。財が足りている時は物惜しみをしないので、戦費や武具その他精神的にも満ち足りる。物惜しみで失敗が無ければ、功績あれば順番に褒美を与える事が出来るので誰もが上司に心服する。信頼が強固な間柄には、敵の忍者が付け入る隙はないものである。

五、罪人を罰するのは信義の原則であり、万人を救う道である。古人も、疑わしきは軽い罪の方に処すと言うが、当然であり重視すべき点である。とかく信義に順じて罰すると慈悲に欠ける。しかし慈悲を第一として重罪人を軽くすると、悪人は反省しない。こんな場合は皆が死刑だ、と言って処すると恨みをかわない。遺恨が無い事は敵忍には心の垣根として防害するので潜入も防げる。また、あらゆる情報を万民と共有するのも良い事である。

六、主君が正道を重視するなら両親や上の者を敬う者には些細な事でも正しければ賞禄や褒美を与え、またその片方では道を外れた者を厳しく罰するなら、臣民は自然に仁義の人になる。国家の論理的な土台が強固であれば、敵忍は謀略を仕掛ける事を怯《ひる》む。

七、主君が平素から武略智略の道を心がけて物頭、奉行、物見武者、使番などは的確に人選し、さらに各個人の役割を足軽以下まで徹底して戦に対応する毎日を送っていれば、それは強力な軍隊の証である。これは敵忍の心を挫く基本である。

八、大将が礼の人であり、常に士卒と安危飢飽を共にするなら、士卒は心服して軍務に励むので敵忍が付け込む隙がなくなる。

以上の八カ条は敵忍の潜入を防ぐ本源である。これを金科玉条として正道を歩むなら、「湯王《とうおう》の、東征すれば西夷恨み南征すれば北狄《ほくてき》恨む」の心境であり、味方は忍者をいくらでも送り込み、敵方からは潜入不可能な城陣となる。もし敵が知謀を以て忍者を潜入させた時でさえ、味方の被害は一時的で後々まで引きずることはない。

主君が以上の道から外れていれば、敵忍を防ぐのが上手でも失敗する。常に正道を守り、その上で忍者の潜入を防ぐ方法に優れているのが最良である。

将知四　敵忍の潜入を防ぐ緻密な謀略（上）

この忍者の潜入を防ぐ手配は、忍術の正しい道理を知らない敵忍者が対象である。忍術の正しい道理を悟り尽くした忍者なら、深く広い堀や高く聳える石垣であっても、その忍者にとっては平地に等しい。すなわち昇り難い高塀でも、原野に忍び縄を引くのと同じ様なものである。行き交う人々を五人組制度で昼夜を問わず監視していても、忍び上手には隣の家を穿鑿《せんさく》するように容易い。

相詞、相印、手判などで忍者を防ごうとしても、敵忍が味方したかのように簡単に相詞などを盗み知って味方の陣に入るに等しい。『司馬法』は四句の文字を引用して、「迷うが故に三界は城塞、悟るが故に十方は空《くう》」という。まこと、その通りである。しかし愚将の命令で良将の城に潜入するなら、成功はおぼつかない。愚将は忍者の用い方を知らないので、その忍者が忠勇謀功の四達であったとしても、また何度も十方空の道理を悟った忍者であったとしても、手綱を付けた駿馬も乗り手次第では犬羊に劣ってしまうのと同じ結果である。愚将が忍者を用いるのは奴隷に千里を走る馬の手綱を任す事に等しく、忍者が全知全能を傾けて万死の地に飛び込んだとしても、功を成す事はない。一方、良将の明智の下で用いられる忍者にとっては、敵方に潜入する事は味方の陣に入る如く容易であり、百万人の敵が縦横に走り回っていても、一人としてその忍者を見破る者はいないだろう。その忍者は大手柄をあげ、忠義を尽くすはずである。良工の手に依れば、その作品が何故そんなに見事に仕上がるのかが分からないのは、現実に存在する宇宙を誰が創造したか分からないのと同じである。従って、賢将が忍者を使えば、武威を遠国隅々まで示すのは遠い事ではなくなる。敵を亡ぼす事は、日の出に霜雪が忽《たちま》ち消滅するに似る。『兵鏡』には、「間者は兵家の妙法」とある。

ここでは中下の雇忍の潜入防御の方法を記して軍将の模範とし、さらに忍術を学ぶ者の心得とする。

騙されて敵の忍者を雇わない為の術六カ条

一、新顔の出仕人はその国郷一族などを詳しく調べあげ、妻子持ちはこちらに引っ越させ、妻子無き者なら結婚させて、これを人質に取る。さらに確かな身元保障人を付け、その上で疑い無ければ召し出し、雇う。ただし以前に仕官した主人についても穿鑿し、主人の善し悪し、そこを辞めた理由までも詳細に調べた上で任用するか否かを決めるべきである。

二、降参した者に注意の事。降参した者は、もしや敵忍ではと疑い、隠し目付を付けて注意深く監察し用心を重ねる事が必要である。尚、籠城の時は味方の備えがない丸に入置くこと。陣張りして外張りに置く時は、一の丸、二の丸の先に配置すべきである。さらに絶対に裏切らない事を誓紙にしておくことも大切である。備の大事というものがあり、偽計で投降した場合の見破る謀もあるが口伝とする。

三、商人、出家、遁世者、山伏、陰陽師、神主、神子、猿舞、その所の地下人、乞食などは疑わしいので絶対に城営に入れてはならない。この旨を口々に伝えて警護するよう、必ず厳命すべきである。

軍歌に

　商人を数多く作りて敵陣へ、遣いて内の体をよく看よ

義盛忍歌に

　番所などへ乞食非人来りなば、荒くもてなし追い返すべし

同
番所にて心の弱き人はただ、不覚を取らん基いなりけり

同
他国より来たる人ならば、親類も番所へ近く寄すべからざれ

四、商人は原則自国から連れて行くようにする。もし他国の者を入れる時は、よく吟味し、身元確かな保障人を取る事。某書に「商人を陣中に置く時は自国より連れ来る。もしその地の商人を置く時は吟味に吟味を重ね、その上で確かな保証人を取るべきである。みだりに商人が入り込む時は敵忍が商人に紛れこみ、実情を看過して内情を探るだろう。また商人を陣外に置く時は敵の商人が小屋に放火し、その隙に夜討ちをするものである」とある。

芝田軍歌に
商人や一銭剃《いっせんぞり》〔床屋〕の屋根あつく、小部屋構わば火付かばみよ

敵陣の外に掛けた町屋敷や小屋は、それに火を付けて敵陣の防衛線とするかどうかに気を付けなければならない。

五、疑わしい者の陰謀《いんぼう》を見破る方法。敵方を手引するような人物や他にも疑わしい事をする者がいれば、折を見て計略や親密な役人や親類縁者などに問い合わせ、その者の話の真偽を確かめる事。また嘘偽りの無い事を話すなら、例えば「仲間の科も免じて俸禄を与える」などと言い、また酒宴などを設けて油断させせて本心を露顕させ、あるいは君臣、父子、夫婦、兄弟、仲間などを離して住まわせて露顕し易い環境にして計略で陰謀を見破るなど、時、所、相手に応じて方法を選ぶ事。

六、美女や遊女などは勿論、いかなる下女も陣中に入れてはならない。籠城では自国の味方の者でも女を入れない事を厳命しておくべきである。理由は、軍士には陽気が本であるが、女は陰だからである。従って女が軍中にいれば、陰気が充満して陽気が緩み、命取りになる。諸葛孔明の話に、「布陣して朝に高山に登って兵の気を窺ったところ陽気が陰気に抑圧されていた。さっそく陣中を捜してみると、三百人もの女が隠れていたので切り殺した。すると兵気がたちまち満ちた」という。

軍制七カ条の事

一、古参兵、新兵を混ぜて五位の法を正しくすべき事。部隊は軍隊の最小単位である五人を基本に組みあげて一万五千人を一軍とする。五人で始まるのは東西南北中央の五行の形を基礎にした備えだからである。一事から陰陽の二気が起こり、五行が現れて万物は再び五行に帰着する。五行はまた陰陽に返り、この二気も再び一に戻る。諸葛孔明の八陣も五行の原理による五行陣から発展した八種の陣を基本形としており、敵の攻撃に応じて最後は合流し、一陣に帰すのである。これには口伝がある。戦場では五色の旗で備えを規定して、金鼓の相図で進退やその緩急を指示し、戦の節々で適切な行動を

とらせるようにする。五色は敗乱の兵が狼狽して備えを間違わないための色分けである。昔から夫々の旗印で指示を分けて出したのはこの理由である〔『三将軍解』に「諸葛孔明の八陣の法は井田を本とすと。あるいは曰く、八卦を本とすと。合して一となり、分かれて八となる。これを名づくるに天・地・風・雲・竜・虎・鳥・蛇を以てす。あるいは曰く、天・地・風・雲は正にして竜・虎・鳥・蛇は奇なりと。あるいは曰く、天・地・風・雲の四は旌旗の名の本とし、竜・虎・鳥・蛇の四は地名を本とすと。皆以て実無く、敵を欺くためにその名を号せり。地に高卑・曲直・広隘・方円あり、軍に衆寡・強弱有り。地に因りて備えを設け、人に因りて以て勝ちを制す云々」とある〕。

最小単位が五人だから伍と言い、伍長を置く。この五人組を五つ合わせた二十五人を両と呼び、両長を置く。二十余人の組を四つ合わせて百人とし、これを卒と呼んで卒長を置く。また重複するが、伍二つは十人であり、これを什《じゅう》と呼んで什長を置く。什の十組は百人で卒と呼ぶ。百人組を五つ合わせて五百人とし、これを一組と言う。これに旗と長を置く。五百人組を五つ合わせた二千五百人を師と言い、師長を置く。二千五百人を五つ合わせた一万二千五百人を軍と言い、大将を置く。そして三軍とは三万七千五百人の兵である。以上が伍法の概略である。

私は忍者だから、古参新参を混ぜて伍位の法を正すべきと言ったのは新兵に敵忍が潜入している可能性があり、古参兵と混ぜた方が良いと考える。上は六奉行、下は足軽、中間、小人、新衆、小身など、雇われ士から浪人に至るまで、この方法を正確に適用すべきである。

二、五人組の掟は厳格に運用する。怪しい者を見たり怪しい事を聞いたりすると、些細な事でも絶対に報告する事が第一の命令である。もし他の五人組が身内五人組の不審者を見つけたなら、身内五人組は一蓮托生で罪科とする。第二の命令は五人組の内の一人でも規約違反をすれば五人全員が同罪である。第三令は五人組内でお互いの持ち物、容れ物などを改める事である。第四の命令として、組ごとに行動すべき事。第五に用事で行く時はその長の許可を得て行く事。第六令として、迷う者はその主人や組頭の名を聞き、その組に送り返す事。第七令は陣所で不審な者や敵忍に気づけば、気付かないふりをして密かに報告する事。第八令はたとえ陰謀の者が近親者であっても、密告した者には格別な褒美を取らす事。

以上は八カ条の概略である。きめ細かな配慮を以て軍掟を徹底しておく事。

三、両組〔二十五人〕には目付に横目を密かに付けておく。組々に隠し横目を密偵として付すべきで、目付の人柄の第一は私欲なく義理厚い者、第二は主君の為には誘惑や脅迫に屈しない者、第三は親族の確かな者から選ぶ事などが重要である。彼らには俸禄を厚くして気持を合しておくこと。

四、敵忍に分からないように軍評判や備定等をする方法。これは時折々、臨機応変に対応すべきである。重要な点は、第一に士卒は将の下知を重視し、軍卒が平穏な時には備えや城責、夜討ちその他全ての下知が迅速に流れるように訓練しておき、進撃後退もその時の変に応じて決定する事。『三略』に「将は謀を極秘にし、極秘であれば姦の心は閉じる」とあり、『孫子』には「兵の形が理想の極みであれば無形となり、無形であれば有能な間者であっても偵察不能であり、智者であっても謀略がかなわない」とある。思うに、これは忍者の隠計にはあたらないので陽忍を以て忍べばよい。陰忍は浅く、陽忍は深い術である事を理解していれば、敵忍や敵の小謀の入る余地はない。

五、密かに到着するには、いかなる状況においても頭の配置が大切である。重々口伝〔敵忍者の偵察を避ける為に、忍者の必要性も強調されていると思われる〕。

六、もし忍者が敵方の捕虜となり、反間を勧められたら忍者は早々に寝返ったと見せかけて味方に情報を送る事。信頼出来る忍者のみに対して、前もってこのような状況になれば敵が提示する俸禄の倍を与える秘密の約束しておいて潜入させる。

七、敵の進退や密計を三日以前に告げに来ると、忠義の軽重に従って恩賞を厚く取らすという事を士卒百姓に至るまで密かに命じておく事。元弘年中に楠正成《くすのきまさしげ》が千早城に楯籠った時、関東勢の大将金沢右馬助は様々な謀略で城を攻め続けたので、正成は謀略で家臣の木沢平治と胸井小藤の両名を商人に仕立てて武具、馬具その他吉野紙や漆などの商売で自由に敵城陣内に出入させ、金沢に近づけた。金沢は両人を頼りに、恩地左近に裏切の密談をもちかけた。正成はこれを利用して金沢の一騎当千の士四十人を千早城に引き入れ、全員討取ったので、以後、金沢の千早城攻が困難になったという。また楠の家子の早川告太という者に大仏陸奥守《おさらぎ》から反忠の誘いがあり、二千貫の領地の安堵書と黄金千両を給わった。早川はすぐにこの密談を正成に告げたので、正成は彼に五千貫の領地と当座の黄金二千両を与えた。これを足掛かりにして即座に忍びとして用い、多数の敵を討取ったという。

巻第七

将知五　敵忍の潜入を防ぐ緻密な謀略（下）

篝火三カ条

一、城陣には本篝火と捨て篝火を焚き、その焚く場所と焚き方

本篝火というのは陣屋の惣郭の柴垣の内門両側で焚く篝火である。捨篝火は陣屋より五、六町も外側で焚く篝火を言う。捨篝火の焚き方は穴を掘り、其の中に這入って火を付ける。ある書物は「本篝火は柵際より三十間先に左右と味方側との三方に火囲いの土手を七尺の高さに築く。本篝火は日暮より焚く。捨篝火は本篝火より三十間先にあり、この篝火は人が付いて薪を補充しないので難しい。穏やかな夜は問題ないが、風雨の夜は燃やし難く、風が強ければ夜明けまでもたない。風が激しい夜は風向きから筋違いに長めの薪を積み、風上より火を付ける。捨篝火は夜半より焚く」とあり、また「本篝火と捨篝火は夜回りが消えないように気を付けるのは勿論である。雨の夜は本篝火には藁〔イネ科の植物は火付きがよい〕を沢山加えた方がよい。本篝火は燃え難い事があってはならないので注意の事。風の夜は捨篝火は火先を風下に向けるとよい。ただし味方の方に吹く風の場合は薪を斜交《はすかい》に積めばよい。本篝火の間は普通にすればよい」ともある。

軍歌に

押し寄せて先手に陣を取るならば、篝火を焚かせ夜を明かすべし

芝田軍歌に

敵近き里に陣取る夜ならば、表にかつと篝火を焚け

二、門々に大灯籠を掛けておく事

大灯籠は場所を選んで置くべきであり、これには大将の紋を入れてはならない。他に使わない紋を付けて、敵の偵察などの参考にならないように心がけるべきである。口伝あり。

三、堀の下に提灯を下ろし、または猿火、車火、水松明《みずたいまつ》等で堀の底を見る事〔「巻第二十一　忍器四　火器編」参照〕

籠城時は城内の捜索は勿論、以上のような火を塀から下げて敵忍の潜入を警戒すること。石垣では入隅《いりすみ》〔石垣の隅の部分は死角になるのでその手前で内側に折り込んで死角を無くし、横矢すなわち両側から敵を射るようにした部分〕が陰になっており、忍者が潜みやすい所だから特別な注意を要する。防備の悪い城や陣屋は勿論、防備が完全な城でも、毎晩用心深くして厳しい警護が必要である。風雨の激しい夜は特に厳重にする事。

義経軍歌に

大風や大雨しげき時にこそ、夜討忍びは入るものぞかし

或る書に「敵忍を知るには篝火の陰か篝火通りに広さ二間ば

かりに土手を凹にしてその中に砂を撒き、忍者の足跡を調べる。忍者は賢明で足跡を消すので箒目を付けて頻回に調べる」とある。他愛ない謀であるが、警戒が厳しいと敵忍に思わせれば、忍びを防ぐ助けになる。

相詞、相印の打合せ六カ条の事

一、相詞は時に、耳を摘まむとか鼻をかむ振りを上手にする事もある。簡単な対《つい》で雑兵でも使い易い言葉もある。これは奉行がよく工夫して覚え易く間違い難いものを使用する。対の言葉と合によっては相詞を毎晩変える事も大事である。場は、月に星、日に月、水に波、火に煙、花に実などの様な形である。雑兵雑人まで言い易い言葉を選びだし、それも毎晩変えて言わせる。口伝あり。

二、相印に関しては、古法に難しいものもあり、また敵方が似せて紛れ込むこともある。よって毎回変えて使うべきである。古法の相印は一尺二寸の白い練絹《ねりぎぬ》を甲《かぶと》の後ろに付ける。ただしこれは古の作法のようである。折節に応じて木綿でも布でもよいが、一回ごとに変える方法がある。口伝。

ある書に「陣中では相詞相印は日々夜々に変えるべきで、もし二日も使用すると敵に気付かれる。半日半夜に変えてもよいほどである。言葉の縁を対として百日なら百様に変える。山に林、谷に水、森に里、海に波などは誰もが知っている古い対だから好ましくない。月に更科《さらしな》、花に吉野、萩に宮城野、雪に富士などの類でいくらでもある。また耳を摑み、鼻をかむような相印もする」と云々。

三、味方が夜討ちをする時は全員が胴肩衣《どうかたぎぬ》を着て戦うべき事。胴肩衣は白い布か木綿を二幅、腰までの長さの袖無しである。口伝。

四、味方が夜討ちから帰陣した時とか敵忍が潜入したと思った時には立勝居勝《たちすぐりいすぐり》〔相図の言葉を聞いたら全員が立つ、あるいは座るなどの動作をとる。これにより敵味方の区別が出来る〕を模範にすれば、どんな相計の術でも出来上る。口伝あり。

五、味方が夜討ちをする時には手判を持たせて行かせ、帰った時に門で改める。または約束の相詞を言わせて味方である事を確認する。ただし、これは味方が大勢いる時とか敵が近くにいる時には行ってはならない。

忍歌に

夜討ちには敵の付け入る事ぞあり、味方の作法兼ねてそなえよ

又

我が方に忍びの入ると思いなば、味方を数え穿鑿をせよ

六、敵が夜伐ちを仕掛けて退去した後に調べなければならない事がある。

軍歌に

夜討ち来て引き退くとも油断すな、火付けを残し陣を敗るぞ

番所の作法六カ条の事

一、城中陣中の各門の番。昼夜を問わず手判にて往来を確認する規律を順守させる。敵が近い時は相印、相詞を定めて、上下に十分知らしめ、各番所で以上の三つの吟味を徹底させる。油断して手抜きをする役人は厳罰に処す旨を申し渡しておく事。ただし門番は一時〔二時間〕交代だから、夜は提灯の上部には大将の紋を、下にはその家の紋を描かせて家中の者全員に持たせておく事。

二、城中、陣中の塀端に間を借りた楽堂は昼夜共に厳重な警戒を要す。特に石垣の入隅の所、水門の樋の中、塵捨て場、城内の森林藪など隠れやすい所は忍者が潜入する所だから最重要監視場所である。要害で安心な所も油断手抜きはならない。風雨の夜は番、夜回りを特に厳重にする事。もしも油断する輩が居たら厳罰に処する事を厳命すべきである。

軍歌に

手あきとて油断ばしすな、夜討火付この方よりぞ入る

とは言う。

三、陣中の見張番の事

本篝火と捨て篝火との中間に歩兵約十人、騎馬侍を一、二騎添えて所々の見張り番を厳重にする。夜は相紋の提灯、規定の時刻には替えるのは前と同じ。ただし番の交代が終わっても、敵忍を捜しながら帰る事。

四、城中陣中はもとより、外張り、蹴出しの番も厳重にすべきである。籠城、あるいは陣中でも夜番の時は内の番も外張蹴出しの番も相当の人数を振り分けるが、昼夜に寝させておく事も肝要である。外張とは構えの外三十間、五十間の間で番をする事であり、蹴出しとは五町も七町も離れて配置する見張番を意味する。

〔以下は伊賀市上野図書館本で補足した。

義盛軍歌に

窃盗《ぬすみ》にも夜詰め番衆の草臥《くたび》れは、不覚をとらん基《もとい》なりけり

同

疲れより油断起これる物なれば、代わり代わりに夜詰番せよ

五、たとえどんな騒動が起こっても下知なくして番所を離れてはならない。心静かにめいめいが番所で用心に専念せよ。番所内で高話、小歌、謡《うたい》、酒宴、博打など厳禁は勿論である。〕

忍歌に

騒がしき事ありとても番所をば、立退かざりし物とこそきけ

同

夜廻りや大事の番をする時は、静まり居つつ物音をきけ

六、昼夜を間断なく敵陣近くに遠物見を置く事

口伝。

夜回り三カ条の事

一、城陣内では徒歩侍三人で時間をずらしながら篝火の内側を巡回する。路地、横道、つきあたりの局《つぼね》、便所など敵忍の隠れ場所となる所を第一にして、全て念入りに捜索する。篝火より外側は騎馬五、六人で、これも時間を違えて不規則突然に見廻る。いずれも紋付提灯を持つ事。また夜回り衆の内に火を持たずに四、五人を火持ちの衆から少しずつ間隔をあけて後を巡回する事も大切である。

歌に

夜回りの心掛けには物音や、敵の騒ぎと火事と油断と

二、蟠《かまり》〔忍び斥候〕を見付ける事

夜回りの後から火を持たずに引き下がって、段々に間隔を開けるように離れて密かに捜索し、忍び斥候を見つける。

義盛忍歌に

夜回りの通る後より廻すをば、蟠付きとぞ言う習いなる

同

夜回りの通る跡こそ大事なれ、蟠付きをば幾度もせよ

同

蟠付きは段々に行き廻るこそ、敵の忍びを見つくるときけ

三、夜回り衆が忍び斥候や不審な者を見つけたら、相詞あるいは自分の名を言いながら話し掛ける事

不審人物を見つけたら相詞や名前を告げ、気を許して味方と思っているふりをして罠にかけて生け捕る。すぐに討取ってはならない。

忍歌に

夜回りに不審の者を見付けなば、智略を廻らし生捕にせよ

同

夜回りに討捨てぬるぞ大事なれ、早まり過ぎて味方討ちすな

外聞《とぎき》二カ条の事

一、外聞は三十間間隔で徒歩の士一人ずつ、二町間隔で騎馬の士一騎ずつ配置する事

二、嗅ぎ、物聞の心掛けは、第一は敗鬼神の方へ出向き、第二は心覚え〔目印〕、第三は測量する、第四は犬聞の事

城や陣屋に籠る時は毎晩、嗅ぎ、物聞を何人も送り出す。嗅ぎ、物聞とは敵が攻撃してくる道、または敵忍の潜入すべき所に、あちこち密かに人を出しておく。これは敵忍が来れば捕え、大勢なら大将に早々に報告する等の役である。ただし嗅ぎが先行し、物聞はその二、三十間も後方を行く。口伝あり。これを外聞とも言う。

外聞に行く時に、帰路が分からなくなると思えば、草を結ぶとか竹を刺すなどして目印を残せばよい。また風雨烈しく真っ暗になり、とくに道が広い場合は敵忍が通り過ぎても気付かないと思えば、縄を張りその端を手で摑んでおく。敵忍が縄に引っ掛かるので分かる、というわけである。

なお、外聞に行く時は味方に取って凶の鬼神の方角となる敗鬼神の方角、すなわち敵忍には吉の方向へ行くべきである。なぜなら、これが夜討ち、忍びなどが来る方角だからである。これは外聞に行く者が功者なる所以《ゆえん》である。敗鬼神の方とは子午卯酉の日はその日から数えて十二目、丑未辰戌は八つ目、寅申巳亥は四つ目である〔例えば寅の日であれば巳方すなわち南南東となる〕。或る書に「外聞を置く事は敵と旗本との間を段々に三十間目毎に徒歩士を一人、また二町目毎に騎馬一人を置き、先々の様子を本陣まで中継させる云々」とある。

軍歌に

夜毎に忍びの者を遣わして、敵の来たるを告げ知らすべし

器具を用いて敵忍を防ぐ二カ条の事

一、敵忍の通ると考えられる所に竹浜菱、鉄菱、鉄浜菱などを蒔いておく事。

二、脛払いの仕掛け、塀に釣押しをかける事

付城、向城、取出、陣屋、また要害がよくない出城などは、敵忍が通る所と思えば上記忍具を蒔いておく。城中の水門で樋の中が大きくて人が通る事が出来れば鉄縄を張る。以上の器具は別書〔巻第十三参照〕にて図示する。

以上は敵忍の潜入を防ぐ為の軍配で極秘の部分である。もちろん臨機応変に用いるべきであり、状況が常に異なるので、この場で術を詳述する事は難しい。常々決めておいた方法も、如何なる名将と雖《いえど》も、臨機応変に運用する以上の物はない。将の謀略が漏れると軍は勢いを失い、外敵を窺えば内部の禍を制することが出来ない。太公望が言うように、敵忍が味方の陣にいれば敗け戦であり、滅亡の根元である。忍者の潜入は非常に危険である。例えるなら、人の腹心に溜まった疝気が、薄いうち掛けを通して見えるようなものである。大将はこの点を忘れないように脳裏に収め、制法を厳密にすべきである。

それでは中下の備忍は、如何にして我が陣に潜入するのだろうか。そもそも忍術の微妙さは、千変万化し千差万別に行動する点にあり、勝を計る必要もないかも知れないが、大綱は謀、佯《よう》〔偽り〕、紛、隠、帰の五行の術に終始して他術はない。

謀忍を防ぐには、将は大事な時に臨んで妄りに多勢を好み、多数を召抱える事は避けるべきである。敵を召抱えない為には、数を増やして敵が紛れ込んだ状態の多勢を引率するよりは、小勢の味方だけで行動する方がよい。小勢では大勢に勝つ事は出来ないかも知れないが、普段から金銀を費やして無用な者を召抱えておく方がさらに悪い。あらゆる浪費をやめ、代わりに普段から有能な人数を多くしておくべきである。乱の時に焦り、無駄と無用有害な者を召抱える事さえしなければ、謀忍の道の大半が断たれるはずである。

佯忍を防ぐには、来た者の言葉を愚かにも信じて事を起すなどしてはならない。むしろ偽言で敵の佯忍を反間として味

方側に利用し、紛忍には手判、相詞、相印、胴肩衣、立勝、居勝など五術の偽情報を信じさせて放つ。山城、付城、取出、陣などには陰忍が潜むものである。これは夜番巡回の回数を増やして防ぐ。返忍《そりにん》はその理由や目的を探って逆手に防ぐべきで、不審で正面攻めで解決してはならない。

忍者は小さな油断から潜入する。故に間の一字は「ま」「あいだ」「へだてる」などと訓読みし、諜の字は「偵」の字や「うかがう」とも読む。忍者は油断より湧き出ると知るべきである。万事に油断無く、制法を厳格に正行すれば、中下程度の忍者であれば潜入は不可能である。人間だから油断が寸分も無いということは有り得ない。制すといっても制す事が出来ない空白地もある。よって四達の忍者は油断が無い所に油断を見付けて忍び込み、かつ制して制する事が出来ない空隙より潜入する。すなわち上の忍者は如何なる環境でも必ず潜入して功をたてるものである。

巻第八

陽忍（上）遠入の編

忍術には陽術と陰術とがある。陽術とは深い知慮で謀計を以て姿を隠す事なく堂々と敵中で活動する術であり、陰術は姿を隠して敵中に忍び込む術である。この巻では陽術の転変万化の計略で敵の虚隙《きょげき》を突き、鮮やかに活躍する術を述べる。姿を見せながら忍び込むので「陽忍」と言う。成功の秘術は臨機応変な偽装にあり佯計《ようけい》である。ここで述べた事はかつて名将が使った忍びの模範であると理解して今後の参考にし、臨機に応じて変化させた新しい術として展開させる必要がある。

　愚かな忍者はその事が理解出来ないので古法に固執したまま、正玉が低い方に転がる意味を実得していない。だから堀が深くて広く、また石垣が高く聳えるのを見て、即座にこの城に潜入出来ない等と言ってしまうわけである。古法にのみ頼る事は、「剣を海に落とし、舟の舷に刻みを付けてこの刻下に落としたと言い」〔『呂覧』〕、「琴柱《ことじ》に膠《にかわ》を付けて瑟《おおごと》を鼓つ」〔『史記』〕の類いであり、融通がきかない支離滅裂な愚行である。

始計六カ条

一、四方髪《よもがみ》すなわち髪形を変えるという始計〔謀略始め〕

　時所に応じて謀略に都合のよい髪型がある。例えば出家、山伏、鳩飼、根来法師、女の姿、博徒などや、その国に特徴的な月額《さかやき》の剃り方もある。潜入先や対象に注意し熟考して髪型を選ぶ事が大切である。これらは皆謀略に適した職種だから四方髪の基本とし、他は状況に変じて始計にすればよい。楠《くすのき》　正成《まさしげ》が赤坂城に籠った湯浅孫八入道を攻略するにあたり、恩地左近正俊が行った謀略は始計の好い例である〔『太平記』巻第六参照〕。また高倉宮が謀叛を起した時、長谷部信連が始計で宮を宮中の女性に変装させ、供の者で鶴丸という童に袋を持たせて六条助大輔宗信に傘を差させて歩いたところ、途中で誰も疑う者もなく三井寺に着いたという。

二、諸々の生業の技能あるいは物真似などに習熟する事は変言化姿の始計である

　妖術で忍び込む時は姿や言葉を似せただけでは意味が無く、その生業の技能に習熟していなければ謀略が露顕する。よって変装した場合はその姿や特有な言葉使いは言うまでもなく、その生業の技芸は普段から学び熟得しておく事が重要である。例えば出家に変装するなら宗旨を学び、その寺に通って住職に近習《きんじゅ》し、謀略発動の時が来たら僧侶と密談し、出発する。密談とは、例えば敵方が自分の正体を穿鑿に来たら、その地

の住職に、間違いなく僧である、としっかり答えてもらう約束等をして計略の万全を計っておく。虚無僧に化けるなら尺八をよく習い、禅話も熟知しなければならない。

斉の孟嘗君が秦の昭王に捕われた時に、后妃に用意していた白狐の皮衣を賄賂として献じた。これで禁足が緩んだので夜陰に紛れて密かに逃走したが、まだ朝が早かったので函谷関〔河南省北西部にある交通の要地で秦代には霊宝県にあった。河南省洛陽から潼関《どうかん》に至る隘路で、古来有名な攻防戦の地である〕の門は閉ざされていた。夜明けには追手が迫り来るので気が気ではなかったが、よく調べてみると、門前に居た三千の大衆の中から鶏の鳴声が上手な田甲という人物を見付けた。頼んで木の上から鶏の声を出させた処、関路の鶏が一斉に鳴き始めた。関守は夜明けと勘違いして門を開けて人を通したという〔「函谷関の鶏鳴」〕。

秦の始皇帝が崩御して皇帝二世が治世を継いだ。その威がまだ盛んではなかった頃の事、陳勝という人物が策を廻らして魚の腹に陳勝王と書いた札を入れ海に放した。また呉広という狐の鳴き真似が上手い者が毎晩高山に登っては狐の鳴き真似をしたが、終に秦の滅亡に関わる大楚という国が起こった。陳勝が王たるべしと鳴き叫んでいたように聞えたので、虐げられていた民衆は奇異に感じ、秦滅亡の兆しではないかと噂していたのだが、折宜しく楚の項羽、漢の高祖が旗揚げして秦を亡ぼしたというわけである。日本の忍術にも物真似があり、後述するが利を得た例が多い。

三、普段から諸国の風俗、地形に長じる為の努力をする事

常に国々の風俗・方言・地理などに気を配り、何処には山林・川・沢があり、何処は険阻・平坦などと記憶し、また里程の長短・道の広い狭い等の情報はもとより、鹿道〔獣道の中でも鹿の道は、大型動物であると同時に群れで同じ道を歩く事が多いので道がはっきりしており、部分的には人間でも利用が可能である。ただし獣路の行き先で迷い易く、藪で動きも取れなくなる場合が多い。忍者が敵をこの道に誘導するにはよい〕・細路・径路までも調査し記憶しておかねばならない〔夜は特に重要となる〕。道に詳しければ危急の場合とか、人に遅れた時などでも目的地に着く事が容易い。また敵国人に変装して潜入して、その国の地理・風俗を質問された時にも詳しく答えてごまかす事が出来る。

四、前以て諸国の城主の印を模写しておく事

事前に諸国の城主や大将方の印を入手し偽印を作って、謀略の一品に加えておく。その人の印書を作成し、その偽書を謀に使う事が多く、印に相違があれば失敗するので細心の注意が必要である。書の擬筆をする人と知り合っておけば便利だ。そうなれば大将以下の筆を擬す事が簡単である。

五、兼々、諸大将の旗・纏《まとい》・指物・立物・幕紋などをしっかり覚えておく事

これらを知って計略を以て忍び込むと、敵に色々尋ねられても答える事も出来、また陰忍・紛忍で潜入して居場所を彼方此方と変えて敵に怪しまれた場合でも、その場しのぎの口

上にも役立つ。

六、平素から名前と技術を秘匿しておく事

自分が忍者であることは大将にだけの秘密にしておき、平和な時でも常に忍者の号は絶対に隠しておくこと。親しい人にでも忍術の利点や弱点を口にしてはならない。乱世となれば敵が味方に、味方が敵にもなる。自分が忍者である事を知られると計略を以て忍び込んでも自分を知る者が敵方に居て、「あれは忍者だ」と露顕してしまう。結局、苦労した計略も台無しになり、身を亡ぼして主将にも迷惑をかける。よって常に名と技術とは深く隠して遁士・平士の様である事が、乱世で忍術を用いる事が可能になる始計である。『六韜《りくとう》』に「鷹がまさに攻撃しようとする時は、飛んでいても早く翼をおさめ、猛獣がまさに攻撃しようとする時は耳を倒して低く伏す。聖人がまさに動こうとする時は必ず愚人のように振舞う」と、また『老子』には「大智には智はなく、大謀には謀なし」とあり、『孫子』には「善戦する者に知名無く勇名なし」とある。忍者を志す者は、これ等の意味を理解し本分とすべきである。

桂男の術三カ条の事

一、桂男《かつらお》の術とは月に住む桂男という仙人の喩えの事

謀反を起こしそうな者や敵になる者を普段より注意して目を付けておき、その城中や陣中、家中などに桂男の如く忍者を入れておくべきである。その忍者には親近でない者、知力が深くない者、信に乏しい者などは適さない。親子兄弟や極めて親近な者で智信勇の備わった者を選び、さらに人質を取り、誓紙を書かせて厳格な約束を定めて送り込む事が肝要である。秦は張儀を桂男として魏に送り込み、数年後に魏を亡ぼす事が出来た。

二、少女が生まれたら子供の穴丑として送り込んでおく事

親しい者の中に美しい子供がいたら深い謀略をめぐらして送り込んでおけば、時節到来を待って讒《そしり》や毒殺などの謀計も可能となる〔本文は「言免免王母禾殳」と分解されており、これは「讒毒殺」の意味である。また「穴丑」すなわち桂男は『正忍記』では「穴牛」を一字にして「窂」と作字されている〕。ただしこの術は蟄虫《ちっちゅう》〔冬季は土中に籠っている虫〕遁士であり、これでなくては露顕してしまう。蟄虫と言うのは主君から禄を受け、約束事をして君臣の関係を深く隠して離れ住みつつ時期を待つ忍者である。例えば京都周辺や大坂などにさりげなく何年も普通の生活を続ける。そして時来らば密かに君臣相談して敵中に入り込む。この計略で住むには、片田舎は人が少なく目立つし怪しまれ易い。よって人が多い所に住む方が怪しまれ咎められる事がなくてよい。また遁士を捜すとよい。片田舎の草深い所に引籠っていても、才智あり信望が厚くて嘘偽りの無い遁士を捜し出し、高禄で将来も安心である事を言い聞かせ、その時が来たら敵中へ送り込み、そこに住まわせる。あるいは穴丑として敵城近くの住まいして、普段から敵の家中の人たちと親密になっておき、味方が

来た時には「この地に居たのが幸せであり、出来ればこの国の城主に奉公したい」などと聞えよがしに言えば、まさか自分がこの国にとって鴆毒《ちんどく》という猛毒的な存在であるとは誰も疑わず、周囲の人も喜んでくれる事は間違いない。

　信長公は、家臣の十五、六歳の子供で筆跡に勝れた者を今川新介の家に奉公に出した。その子は新介の筆跡にそっくりな偽文を書き、謀書を作成して主君の今川義元と不仲にして今川家を乱し、義元を亡ぼしたという。これは桂男術の好例である。

三、相談人、通路人をおく事

　敵中に桂男を入れても、味方の大将に連絡が出来なければ、いざという時の相図が出来ない。連絡役を商人や出家などに変装させ、一人は敵城近辺に配置して諸事相談をし、また敵中の入れた子供等の話を分析し敵の状況を多岐にかつ詳細に通ずる役である。もう一人は忍者と味方勢の間を往来し、様子を主将に伝達する者である。とくに子供を奉公させた時は、自分はその子の「親」「兄」と称して敵城の近辺に住んでおく事はもちろんである。

如景術三カ条の事

一、如景《じょけい》術とは本体が動くと影のように瞬時に応じる事

　敵に少しでも謀反の兆しがあれば、即座にそれに対して影の如く行動し、敵の動きに同調する。些細な兆しだけで即敵城下に行き、奉公を願い出る。これは時間的には敵の謀反が起きる前の対応であり、行くのが遅れると敵はすでに警戒しているので、怪しまれて潜入の謀は成功しない。これも蟄虫遁士がよく、顔や名前を知られている侍は適さない。

二、通路人をおく事

　これは組の中の何人でもよい。道心者《どうしんじゃ》〔十三歳以上の仏門に入った者〕や商売人などに変装して敵城の近くに配置し、主将に連絡したり必要に応じて味方を受け入れたりするための者である。

三、もし敵に怪しまれたら仮女仮子の術を行う事

　仮女仮子の術とは偽の妻子を作って敵を騙す術である。計略の上で仮の妻子を作って敵に人質として差し出し、信頼を得る。よって人質が必要な時に使う術である。口伝あり。

久ノ一の術の事

一、久の一の術とはこの三字を一字とした者〔「くノ一」で女〕を忍びに入れる術である。ただちから〔「田」に「力」で男〕が入り難い時にこの術を使う。くノ一はその心が姦拙であり智恵も口も浅いので、例えば●○○二つ●●●●○●●●●●〔原本は上記であるが、伊賀市上野図書館本では「その心底に実を一つでも二つ」とある〕でも見極めない者は無用であり、それが無い者は勿論とるに足らない。そして適切な方便でくノ一を敵の奥深くに入れる。もし奥方の従者になれば謀略は成功する。

二、隠蓑の術で入る事

先の久ノ一と相図して行う術である。くノ一が奥方に「宿に預けておいた木櫃を取寄せたいのですが」とさりげなく言えば、知恵者豪傑さえもこの女を忍者とは考えてもいないし、ましてや奥方の命だから尚更信じきっている。よって木櫃の取寄せは許可されるはずである。その時は門々の番人には事前に話しておく。木櫃は二重底で上は衣裳だが、下は重くなるので二人で荷なう。『孫子』に「始めには処女の如く、後には脱兎の如く、敵拒むこと及ばず」とあり、まさにこの意に合致する。

隠蓑の術は敵方に自分を見知る者も多くて、他の方法では潜入し難い時の謀計だから極秘である。口伝あり。以上の術でどんなに厳しい城でも潜入出来る。

里人の術二カ条の事

一、敵国の里人を入れる事

敵城に忍び込むのは味方が攻撃する前にである。まず敵国に行って味方にする者を探し出す。対象は気嵩《きがさ》〔負けん気が強い〕があって武勇で名をたてようと思っている無足人〔知行地を持たず、扶持米だけを支給される下級武士〕、または自国の大将、頭人、奉行などに恨みがあり憤慨しているが機が熟していないと感じて耐えている者、あるいは味方に親戚縁者がいる者などを機に応じて巧みな方便で味方にするか、又は彼の住居を訪れて沢山の金品で味方に引き入れて軍功をたてれば相応の知行を約するという主将の朱印を与える。その上で人質を取り、誓紙を書かせ、なるほどと思わせるような深い計略を以て彼を敵城に入れる。敵将は彼が自国の者だから疑う事もなく、城に自分の家に入るような易さである。

二、里人の従者となって敵城に入る事

里人が無能で手柄が立てられない者とか若輩者であれば、自分が彼の従者となって敵城に入り、味方の大将と決めてきた通りに諸事を相図で遣り取りして、その時が来たら放火する。楠正成が相模入道〔北条高時〕の下知で紀州安田の庄司を攻撃した時の話だが、まず勝尾山に陣取った敵の情勢を三日間観察した。そして自分が扶持している野伏を召出し、この辺りに知り合いの野伏が居ないかと尋ねた。すると彼は八人の野伏を連れてきた。正成は彼らに金銀を十分取らせた上、彼らに味方の野伏を連れて敵陣を見て来る事が出来るかを尋ねた。すると簡単に出来ると言う者がいた。結局、敵地の野伏八人が楠方の野伏六人を連れて敵陣に忍び込み、一日陣中に居て次の夜に戻って来た。正成は敵城内の様子を野伏一人一人を別々に、十四人に質問すると、皆同じ答であった。これで間違い無し、と確信の上で夜討して勝利した。これも里人の術の類型である。

身虫の術二カ条の事

一、身虫《みのむし》となる者を見定める事

身虫とは敵に仕えている者を味方の忍者にする事であり、

敵の腹中に住み付いて敵の体を食べる虫という意味の術である。ただし身虫にする者の適否を見極める事が大切である。見定め方の第一は先祖が無罪だったのに死刑にされたとか、些細な科《とが》で大罪にされた者が居た等で心底主君を恨んで死んだ者の子孫。第二は本来ならもっと高位に座るべき筋目であり才智にも長けている者だが、傍輩の妨害で位も低く、今も口惜しく思っている者。第三は忠義と功名はあるのに所領が少なく、「他の主君に仕えていたら高禄のはずで、我が主君は佞《ねい》・讒《ざん》の臣を重用する暗君」と思っている者。第四は才智に長けているが大将と調和せず怒りも蒙り、且つ卑しい位に甘んじている者。第五は技芸に優れているのに賤官の扱いだから辞意を表したがそれも許されず、もし他の君主ならもっと待遇が良いはずと思っているが、仕方なく今の状況に甘んじている者。第六は父子兄弟が敵味方に分かれて戦い、それを悲しんでいる者。第七は強欲で高禄を望み、或は裏切変心が激しくて忠義心無く二心ある者。第八は父の業績が悪くて報われず、評判も悪くなって、残念に思う者。

以上の八項目が身虫見定めの概略である。これを基本に工夫を重ねて、その者の心底を探りながら、臨機応変な方便で釣り上げればよい。

二、身虫にする術の事

以上、身虫に選ぶ者の品定めを解説したが、まだこちらの謀略計画を彼に知らせてはならない。容易《たやす》く密事を打ち明けると大損害を蒙る。よって彼を身虫にと考えた時に、身虫に成らざるを得ない状況に追い込む事が必要である。

その方便には細々があるが、ここは心得の例を記すに留める。主将と相談して資金を多く給わって金持ち浪人に変装し、彼の近郷五、六里に居を構えて彼と知り合いになる。彼より自分の方が金持ちであれば、縁を結ぶのは容易い。次第に交りを厚くして彼の趣味が分かれば趣味を足掛かりに次々と金品を与え、親交を深める。そして雑話や冗談などで彼の心をおし測りながら機をみて密談に及び、高い知行を約束する朱印などを示し、彼の父子妻子などを人質に取った上で誓紙を固め、約束事や相図を定めて身虫にする。人間という物は老若男女問わず色と欲とで忠義心は失うものである。相手は酒や女で本性を現すから、綿密な謀略で彼を必ず身虫にする事が出来る。

蛍火術三カ条の事

一、敵方に強力な軍師がいれば、その者を陥れる偽情報を流す。彼が謀反を起こす証拠になるような偽密書や偽返事などを敵方に送る。もし味方に謀反人が潜んで居るのを見付けたら、彼が敵に内通する事を利用すればよい。例えば、味方の大将から敵軍師への偽相図の偽書簡や偽密書を、彼の謀反人を騙して持って行かす事。

例えば漢の韓信《かんしん》、唐は玄宗の安禄山、日本では義経などのように計略知謀の人が敵将であったら大変である。この将が謀反を起こせば国が亡びるぞと思うほど大物であれば、その人が謀反を起こしそうだという偽の廻文や密書を用意し、熟考の上で機を窺って策を仕掛ける。すなわち味方に彼の家臣の一族とか盟友その他親しい者がいればそれを利用して偽の情報を知らせておき、または本物の謀反人を見付けておき、彼が内通する事を利用して偽密書を敵の中枢部に送り込めばよい。そして忍者なら偽書簡を衿に縫い込んで敵城近くで不審な行動をしてわざと捕えられる。そこで自分が忍者である事は自白するが、責問されても暫《しば》らくは耐えて答えず、我慢の限界に近くで用意して来た偽密書や偽返事を取出し、打ち合わせ通りに偽の謀反計画を白状させる。密書の書き方や文義、また敵に咎められた時の対応、白状の様子などは文章では書き難い。重々口伝あり。

あるいは袋翻《ふくろがえし》の術で敵将と敵軍師の家に、味方忍者を各一人ずつ送り込んで奉公させておく。軍師の家に仕える者は、その軍師の偽密書を懐に入れて味方の将に届けるふりをし、途中でわざと敵に捕われる。そして敵将に軍師の謀反に偽情報を白状する。また味方の将より敵軍師宛の裏切りの相図を丁寧に書きあげた書簡を作って衿の中に隠しておき、敵城の近くで挙動不審で捕われる。そして敵の拷問で、前述のように白状する。

または味方を裏切って敵方に付いた者がいれば、彼が敵に仕官した後の相図などの偽計画書を彼宛に作成して忍者に持たせておき、不審な挙動で捕縛を受けさせる。その後、責を受けて前述のような経過で密書を差し出し、「彼の寝返りは偽であり、此方に与したふりをして後で貴城に放火するものだ」と白状する。この謀は以上のように殆んど同じである。

蛍火術は敵方の情勢や本心を十分知った後に、さも当然であるかの如く自然体で敵人の心に応じて仕掛けるものである。宋国と元国とが揚子江で対陣した時に、元は三百万もの軍勢を失い、失意の底に沈んでいた。この時に西蕃の帝師〔文天《ぶんてん》祥《しょう》か〕が謀略で宋を混乱させ、逆転勝利を得た。これは蛍火術奏功の例である〔伊賀市上野図書館本は、「西蕃の帝師が謀略で再び勝利を得た事は、具《つぶさ》に『証語抄』にある」と記されている〕。

二、紛忍、陰忍などで忍び込む時は常に敵の謀臣すなわち軍師宛の裏切相図の密書を作って衣の中に入れて行く事

蛍火術の心得がなくて紛忍、陰忍などで敵城に潜入する時は、いつも敵の謀臣の名宛に裏切や相図の密書を調えて衣の衿に縫い込んで行くべきである。理由は十分な密計で臨んだとしても、万が一にも露顕し捕えられる事がある。その時は必ず潜入した理由を詰問されるものだが、責められても簡単に白状してはならない。しかし終に耐えかねて白状する時は、「もし私の一命を許して頂ければ、御方の一大事を白状します。もし私が秘密を暴露しなければ、御方の危難は身内から発生します。それを今すぐにでも起こるかも知れません。私の命さえ助けて頂ければ、すぐに白状致します。もし死刑にされるのでしたら、どんなに拷問されても申し上げません」とだけ言って口を閉ざす。この状況では、敵は必ず「お前の

命は助けてやるので、ありのままに白状せよ」と言うので、その時は「一命御赦免の事を、御誓紙を以て誓って頂きたく存じます」と申せばよい。これは敵にとっては重大事であり、敵は妥協する。その時に人目に付かない所で用意して来た衿の密書を取出し、「御方の誰々が謀反致す約束を取付けております。私は「こちらは何月何日に攻撃を開始しますのでその時に構えておき、いざとなれば謀反を起こして頂きます様お願い申し上げます」という事を伝える為に潜入した忍者です」と、城内の状況を把握して話にも、また密書の記載にも矛盾がないようにしておき、前後も違わないように話す。それでも敵が「誰々様にそんな事があるはずがない。お前は嘘偽りを述べているのだろう」と信じてなければ、「しからば我等の使者として我が陣営に人を遣わせて下さい。さすれば誰々からの密書を取寄せて御覧にいれます」と言えばよい。これは前以て敵方の印書と寸分違わない偽の密書で、必要となれば使用する事を打合せて出発しており、問題なく手渡せるというわけである。そんなわけで、大抵は死刑を免れ、敵の方では内紛発生というわけである。もしこの陰謀《いんぼう》が成就しなくても、敵方に疑心暗鬼が蔓延する事態に陥り、負け戦の兆となるものである。

三、大将からの恩賞が少ない者を蛍火術で潜入させる時は、表裏を以て忍びを使うべき事

　蛍火術に使う者は大将からの恩賞が厚くて殉死してでも計画を確実に実行する者か、或は子沢山で貧しい者かを遣わす。もし恩賞が少ない者や義の為に命を懸ける事を知らない者などを送り込むと、必ず心変わりして味方に害を及ぼす。人選は大事である。『孫子』に「将は聖知でなければ間者を使う事は叶わず、仁義が無ければ間者を使う事は出来なく、心細やかでなければ間者を使う事も出来ない。全軍に対しても、間者ほど直接影響を及ぼす者はなく、褒賞も間者ほど厚い者もなく、事の中味は間者より密接であるものはない」とある（『孫子』の「聖智に非ざれば云々」部分は「三軍の云々、間より密なるはなし。聖智に非ざれば云々、微妙に非ざれば云々」が正しい）。

　恩賞が少ない者を忍びに遣る事は余り良くない事だが、恩賞の厚い者を忍者にするのが難しい事もある。恩賞の薄い忍者に使う時は、その者の性格が強剛だが軽はずみであれば、多くの事に堪えられなく心変わり易いので適任である。そしてこの者に謀略を授ける時は全て本来の計略の正反対の話をしておく。例えば西を攻めるのなら彼には東を攻める、北なら南をというように、諸事何事も反対の嘘話を信じ込ませておくわけである。この忍者は性格が粗雑で気忙しいので、敵中では必ず捕まるように調えて送り込む。軽率だから予定通り捕われて責問で白状するが、ここが計略である。教えた通りの偽計で反対の情報を白状し、死刑を免れて予想以上の領地を与えられるか、白状しなければ領地どころか死刑にされる。主君の恩恵が厚くても義に薄い者は大抵反間になるもので、いわんや恩恵が薄くて忍耐力がなく意思が弱く饒舌《じょうぜつ》な者なら

尚更であり、味方の備えその他全てを必ず白状すると敵は話を信じる。敵方の計略は反間の話を基本に策をたてるので、すべてが裏目となり、味方は勝利歴然である。

袋飜の術二カ条の事

一、袋飜《ふくろがえし》の術とは忠義を誓った心を、袋を表裏に飜す様にする事

忍者が敵方へ行って縁を求めて城中に入り、「私は伊賀の国の者で幼少時から長年忍術を練習しましたので、如何なる城陣にも忍び込む事が出来、それは鵜が水中に入るより容易い事でございます。召使って頂けましたらどんな城陣にでも忍び込みます」と言って、不思議な術を披露して見せる。口伝あり。さらに「奥深い事は秘密ですので御覧に入れ難いです」などと大口を並べ立てると、仕官を望めば乱世なら必ず叶うはずである。後日、味方が攻めて来たら、味方の将との打ち合わせ通りに、味方が陣屋内に建てた囮の不要な小屋に放火して敵の信頼を深め、油断させる。このような計略を廻らして、味方に往来する度に敵の実情を詳しく話して、それを主将に報告させる。そして機に応じて敵城に放火し、方便を以て夜討ちなどもし、或は待伏せの返り討ちなどをし、また機会に乗じて敵城に潜入して即座に攻め落とす。

この術は袋を裏返して又表に返すのに似た術だから袋飜の術と呼ぶ。これらの手立てを行う為には、忍者の身分を絶対に知られていない事が肝要である。その意味では遁士が一番よい。

二、前記の術が成功し難い時は、普段から敵の城陣に出入する人の従者となって出入する事

敵の城陣に出入する者は出家、医者、座頭、猿楽、職人、商人の類いである。その他にも敵城に出入する者を聞き定めて、その者の従者となって敵中に入った後は色々な計略を廻らし、或は讒言などで敵の家中に内紛をもたらし、互いを疑心暗鬼に陥らす。時となれば、兼ねて主将と打ち合わせた通りに放火する。

康安元年〔北朝暦・西暦一三六一〕に筑紫の博多で菊池肥後守の家子である城越前守が方便で松浦党を夜討して大勝利を得た事は有名で、内容〔忍びを松浦党の陣中に潜入させて敵の重要人物の讒言を流して疑心暗鬼にさせた〕には詳細な袋飜の術の証拠が見られる〔『太平記』巻三十六〕。これらの術すら昔は敵城に入って讒《そしり》などをしたのに、いわんや平和時に敵陣に出入する者の従者となって入る時は絶対に入れる。讒であっても敵は真実と思うものである。

天唾術二カ条

一、天唾術とは天に向かって唾を吐けば唾が自分に落ちるのと同じで、敵から味方に入った忍者が、かえって敵の害になる事

あらかじめ敵忍が入るだろうと思って、軍政を正して夜番術その他いろいろ忍び防ぎの術で監視していて、忍び込んだ

適忍を捕え、その忍者に次のように話す。まず、「もしもお前が反忠《かえりちゅう》すなわち寝返って我が方に味方するなら、死刑は免除し、広い領地を与えてやる」と言葉を尽くして問い質《ただ》す。敵忍がそれを承諾したら、知行を保証するという大将の朱印を与え、かつ敵忍の妻子などを密かに召取って誓紙を書かせ、敵忍の気持に全く疑う余地が無くなれば、まず敵の様態を詳しく問い知る。敵の様態をよく知れば、これから万の計略をたてるのに役立つ。

　更にこの者を敵方に忍び遣るなら、敵方は味方の忍者と思って油断するので、計略は全て思い通りに成功し、敵を亡ぼす事が簡単になる。この術を孫子は反間と名付けて「反間程よき術はなし」という。『孫子』に「反間はその敵間によってこれを用いる云々。敵の間者が来て味方を偵察する者を捕まえ、それに利を与えて反間にし、味方として留めて置く。これで反間が出来たので、今度はこの反間を使って敵の様態を知る事になる。また、この反間の人間関係で敵の住民を郷間とし、官人は内間として使う事が出来る。郷間、内間から敵状を知り得るので、今度は死間を送り込んで敵に偽の情報を流す。さらに得られる情報も増えて敵状の詳細を知り、仕上げは生間を好機に使う事になる。君主は五間の使い方の心得が必須である。それを知ると反間が最重要である事を理解し、厚遇しなければならない」とあり、『直解』には「一般人も主君も五間を知るべきである。すると郷間・内間・死間・生間の四間は反間を使うのが一番よいという事がわかるだろう。この利こそ反間を他の間者より高い知行で厚遇する理由である。反間ほど、敵の内情を知る間者はいない。賢者は少なく愚者は多い。また憤慨は得には成らないので許す方が容易い。敵内では間者の眼の前に金や美女が、そして後方左右に刑罰用の刀鋸と湯で釜が置かれており、死を恐れ、財を貪る。この二心が交錯した挙句、敵将に秘密を尽く暴露し、重要人物を密告する者がいるものだ。たとえ弁舌巧みにして降伏しなかったとしても、敵の巧みな言葉に引っかけられると、すでに自分は話し過ぎているのが常であり、隙が生じている。よって謀略やその痕跡が露顕してしまう。従ってこの者を間者に仕上げて反忠させ、それに報いてやるのである。用間の難しさはこの一点である。孫子は深くその弱点を見抜いていた。よって反間の重要性を説いているわけである」とある。この説明は理に叶っている。だから大将は忠勇謀功の四つを兼ね備えた忍者を厚く賞すべきである。

二、敵忍が味方の城陣に忍び込んで塀下の石塁《せきるい》辺りに来たら、気付かないふりをして味方の計略事などを偽り話でさりげなく聞かせ、敵忍を味方の忍者として利用する術の事

　敵忍が味方の城陣に忍び込んだのを見聞きしても、わざと知らないふりをして軍中の事など諸事を見聞させるように仕向ける。すると敵忍は我が方の情勢を勘違いして帰り、そのまま報告する。敵将はそれを信じて軍の用意をし、また作戦もたてる。しかしこの情報は敵忍と知った上で流した正反対の偽情報である。例えば東と言ったが真は西、北は南である。

それは敵を反対に向ける為の偽情報で操作する計略である。だから敵は行く所々で、尽く負け戦というわけである。

この術は味方の城陣外の塀下や石垣に来た敵忍を捕えることが出来ない場合や城陣内に潜入した事は分かっているが、その敵忍が何処に居るのか、また何者であるのかが分からない時に先の偽作戦を声高に話して敵忍に聴かせたり、軍形を見せたりする方法である。本来の反間天唾術とは別物だが本質は同じである。

秦の将軍が閼与《えんよ》という者を攻めた時、閼与と趙奢《ちようしや》とは金蘭の交わりだったので趙奢は閼与の救援に行く事二十里に一城を構えた。堀は深く城壁は厚く強固にし、在城二十八日間。その時に秦の間者が忍び込んで趙奢の様子を窺った。趙奢はそれに気付いたが、知らぬふりをして、敵忍に「閼与の救援は中々難しい」と聴かせて石垣を高くして籠城だけの用意をして撃って出る等はしない様な素振りをした。秦の間者は戻ってその旨を報告すると、将は大喜びして「趙奢は閼与を救う事は完全に諦めており、これで気易く閼与攻撃に専念出来る」と言って進軍した。ところが趙奢は秦の間者が帰ると同時に甲を巻き、旗を伏して走る事三十里ばかり引いて北山に登り、秦兵数万人の進軍を密かに待ち、来た処を突然討って出て秦軍を敗走させた。これも敵忍を間接的に反間にし、味方忍の様に利用したのと同類の計略である。この様な話は昔からよくある。『孫子』に「兵者は詭道〔人を欺いて進む道〕なり。故に能《よ》くても能くないように振舞い、用いても用いないようなふりをする。近づいても遠ざかるように示し、遠ざかっても近づくように振舞う云々」〔『孫子』一始計編〕とある。

弛弓の術二カ条の事

一、弛弓《しきゆう》の術は弓を張った時は三日月形だが、弛《ゆる》ます時は元の形に戻るように、忍者が敵方に変じても元に戻る事

本物の忍者は敵に捕われて敵方に与したように振舞っても、内心は堅義を貫いているので反間にはならない。弓を弛めると元の形になるので、これを弛弓の術という。

忍者は、捕われて敵方の反間になるように勧められたら、これを上手く利用する。もし勧められなければ自分から折を見て、「現在の私は生活が困難であり、しかじかの理由でとりあえず彼方に奉公致しました。しかし彼方は尽く天理に背いており、士たる者が仰ぐべき主人とは成り得ません。行く末も心配です。おまけに私共への命令も裏が多くて真実が分かりません。私は不肖者ではありますが、命さえ御助け下されば今後は貴君に忠節を励みます」と言えばよい。敵は必ず喜んで命を助けてくれるはずである。ただし敵は「お前に逆臣無き旨を誓文にし、人質を密かに召寄せろ」と言うので、その時は、「人質は当方の大将に取り上げられておりますので、すぐに呼び寄せるのは困難でございます。よって時を見計らって召出します。この度、私の裏切が噂にでも味方に知れますと、反間の謀略に支障をきたします。誓文の件は私の

方からも強く所望いたしたく存じます」と言えばよい。「大行細勤を顧《かえり》みず」〔『史記』項羽記にあり、「大事の前には小事は顧みない」という意味〕という事もあり、「大事の前には小事は顧みない」という事もあり、忠義の神文は、神罰はさておき、利生《りしょう》〔仏が衆生に利をもたらす〕を蒙るという理があるので少しも臆する事はない。将知の編で述べたが、新参者の小屋を本陣から離して建てておく、というのはこんな時の為である。敵方に「私に二心はありません。その証拠に敵方の本陣を焼いてみせましょう」と言って、その新参者の小屋に放火して戻れば、敵は騙されるはずである。あるいは新参者の首を取って戻るのもよい。ここまですれば敵も必ず油断する。時期を見合わせ、味方との間を行き来する度に、主将と相図を取交わしておき、機が熟せば敵城に放火すればよい。この時に敵大将の首も取る事が出来るかもしれない。

二、敵が味方の忍者を捕えて味方の城近くに連れ来て、敵の偽情報を話させる事がある。その時の心得の事

　敵が自分を捕えて味方の城陣柵際などに引き連れて来て、計略を白状させる事がある。その時は敵の命じた通りに逐一話す事が大切で、ここが妙法で大事である。このような事は、敵陣に忍び込む前に主将と決めて行くのが鉄則である。敵の命令に従うと言っても前もっての相図があるので、味方が動転する事はない。このようにして敵を油断させて時節到来で敵城陣に火を放ち、讒言などを駆使し、敵の首を取って戻ればよい。

谽谺の術の事

一、谽谺《やまびこ》は手を打つと此方と彼方とで響き合う。君臣の間もこの関係で忍ぶ事

　自分の主君が誰であるかは世人の知る処であり、敵方に仕官を望んでも叶うはずが無い。また一時的な計略で敵方に仕えたとしても、結局は露顕して殺されてしまい、さらに味方も不利益になる事がある。世人は自分がこの主君に仕えているのを知っていれば、主君と密談して偽の仲違いを演じる。例えば自分の失態で主君が激怒し、自分を牢獄に入れて家宅を没収し、追放などの演技をする。その時忍者は反乱して味方の雑兵数人を殺して逃走し、敵方に行く。この偽反逆を上手く演じ、不幸を情に訴えて敵に信じさせる。そして仕官を希望すれば、自分が味方の情報を知っているので、敵は必ず受入れる。敵に仕えてからは忠節を尽くし、老中や出頭人などには種々の金品を惜しまず贈賄する。そして折々に彼らの好みに付け込んで腹の内を探り、さらに敵将ともっともらしく密談して味方城陣に潜入し、放火などして見せる。味方城陣に忍び込む度に、味方の大将に敵の情報を余す事無く伝える。時が来たら敵将を討って逃げ出すか、味方の攻撃に合せて敵城陣に火を放つかなどして、臨機応変に行動する。新田義興を竹沢右京亮が〔偽りの投降という〕謀略で討った事〔『太平記』巻三十三、新田左衛門佐義興自害の事〕や呉と魏の戦闘で呉の孫権の家来が魏の将軍をこの術で欺き謀った事などは皆『証語抄』に記されている。

以上が陽忍・遠入の編であり、術理の深さを知るべきである。もっとも忍術は無限であり、その極致に到達する事は未来永劫有り得ない。智を無限に広げて理を求め、将来を見通した遠謀を画策する。勇将とは阿吽の呼吸で行動し、金銭は欲せず、命は天命に従う。帰する所は忠と義だけである。事に臨んで数多の秘術を駆使すれば、英雄名将の堅城であっても必ず忍び込む事が出来、さらに落城させる事さえも可能である。この書は文義を越えた多くの術理を内包しており、理解して以心伝心の理を知る事が出来る。千金の賂《まいない》があっても、絶対に他言無用である。

巻第九

陽忍（中）近入編

この巻では敵と対陣した時に陽術で忍び込む作法について述べる。よって近入《ちかいり》と言う。最良の謀略は未兆の内に仕掛けるのが一番よく、その意味では近入りは遠入りには及ばない。近くで対陣している時は敵も用心深くなっており、遠入の術で未兆の内に忍者を潜入させていない場合に、止むを得ず近入の術をつかうわけである。

略本術七カ条

一、敵の城陣の様子、敵方の老中、物頭、奉行、近習または出頭人、或は軍師、奏者、使番、門番などの姓名や住居までよく調べ尽くして熟知してかかる事

その他、上記衆の一族や因縁ある人なども他の国や里に居ても、家業は何か等詳しく前以て知っておく。『孫子』に「敵軍を討つ時、敵城を攻撃する時、そして敵要人を殺す時も、必ずまずその将の側近、取次人、門番、舎人〔高官付きの雑務係〕の姓名を知り、間者を放ってこれらを索知させる」とある〔『孫子』十三、用間編〕。

これらを知っておけば、第一に要時の智略に役立ち、第二にその親族などよりの使いに化けて忍び込むのにも利用出来、第三に讒奸《ざんかん》で敵方を疑心暗鬼にして結束を破壊するのにも役立つ。以上の情報が無ければ計策に足場がない。

二、右の様態を聞き出す術の事

先の様態を聞き出すには、敵方に背いて浪人になった者、敵方に出入する出家、商人、座頭、猿楽の類がよく、彼らに前以て近付いて問い、逐一書き記《しる》しておく。それでも覚束なければ彼の親類などが百姓、市人、または武家であっても他家に居ればその家まで行って上手に聞き出し、詳細を正確に記しておく。もしも前以て聞き出す事が出来なくて詳細が分からなければ、敵城近辺の市民や百姓、あるいは捕えた敵などから聞き出せばよい。また味方籠城中に敵が攻撃して来る時や、互に他国で対陣している時には、敵の城陣近くの村里にまで行って敵方の馬草刈の者や樵《きこり》などから計略を以て聞き出す。万年硯《すずり》を懐中に入れ持ち記録しておくことが大切である。

忍歌に

墨筆は万事の用に立つぞかし、忍びに行かば矢立放すな

とある。

三、自分の住所を偽る時の為に他国の風俗、方言をよく知り置く事

もし自分は伊賀や甲賀の者だと言えば敵は警戒するので、

他国の村里の事をよく知っている所を自分の住所と偽って行動する。しかし言葉風俗が合わなければ敵は益々怪しむので、風俗方言を熟知して身に付けておく事が必要である。

四、諸国の城主や領主の印形を携行する事

　すでに陽忍の上巻で述べたが、近入の術でよく使う手だから敢えてここにも記した。

五、仮の偽妻を連れ行くべきだが、出発時に無理なら道中で作る事

　口伝。

六、忍術では共通しているが、特に陽術で近入をする時は敵が納得する言葉、考え方、動作などを前以て熟慮し、謀略を練って行く事

『三略』に「端の無い輪の様な動き、すなわち周期的な動きは人が気にかけない。例えば天地である。人智を超えた霊妙さで刻々と万物と供にはっきりと推移し変化しているのに、人は気付かない。用兵もこのように形を見せずに流動し、敵の動きに応じて変化しなければならない」とあるように、この流れに乗って行動しなければ大失敗をする。

七、「将知二・期約の事」で記したが、近入の時は相図の約束を更に確実に定めておく事

　相図は、夜は飛脚火、入子火、一町一火などの類、昼は狼煙、旗、貝などである。約束というのは相図を見て、大将が太鼓を打ち鳴らし、凱声をあげ、一斉射撃などで攻める時に、忍者が行動する為の決め事である。この相図の約束事が無ければ、陽忍・陰忍で仕掛けても効果的な放火は出来ない。

相詞を合わす術四カ条

一、敵の足軽や雑兵から敵情を聞き出す事。付、陣屋と夜討ちと城中潜入の時の心得に三項目ある事

　侍は思慮が深くて危険である。下郎、賤卒は大抵は愚かで浅智恵だから敵の秘密を聞き出すには下賤な者が一番よい。中でも若輩者、酔っ払い、浮気者などは更によい。賤卒は高官から遠い所に居るので、訓示の見逃しや聞き漏らしがあっても止むを得ず、処罰も少ない。だから敵の賤卒に問うのがよい〔『正忍記』の「陣中に忍ぶ時の習」には「是忍びの大事なり。忍び行くにはまず味方に相図の狼煙、目付の灯火など帰るべき時の心あてを拵《こしら》えて行くものなり。敵へ入るべきは、雑兵四方に乱れて竹木切りとる時とか、陣屋を構ゆる時か終日戦い雑兵の労《つ》かれ夜の紛れ、大雨風。何れも下人よし。士《さむらい》の内へ紛るべからず。士は恐ろしき者なり」とある〕。

　籠城時は城外に出られないので、相詞の法は厳しくない。しかし敵が陣屋を掛けている時と夜討ちを始めようとする時は、相図の法は厳しく行っている。敵が陣屋をかけている時は陣屋の後や近くの山林に行き、敵の賤卒、夫役などに色々問えばよい。問い方は口伝。また敵が味方の陣を夜討ちする時、水月の術で入る時、また味方が敵陣を夜討ちする時などは、敵の賤卒と背中合わせで駆け回る事になるので、賤卒や夫役にも近付き易く簡単に問える。また陰忍で入る時は、そ

の前夜に相詞を聞き知っておくべきである。しばらく情況を見聞し、また、敵の雑兵の後を付けて行き、彼らの会話を全部聞き取るもよい。これも口伝あり。陣屋がけと夜討ち時の相詞には、心得に少し違いがある。

二、以上の計略で相詞を聞く事が出来なければ、敵がかけてくる言葉に対応する対言葉がある事

　例えば山は林、森は里、谷は水、水は波、海は塩、花は実、火は煙、松は緑、畳は縁《へり》などである。このように、言葉には対語が全て有るので、普段から熟考熟知しておく。敵が相詞を求めた時は、少し混乱して半忘れの様体で答えるのがよい。敵が間違いだという顔をしたら、煙は浅間、雪は富士、花は吉野、萩は宮城野、月は更科、松は高砂、梅は難波または鶯、蛙は井手、鶉《うずら》は深草などの心得で答え直せばよい。前述の如く、相詞を答える時に疎いように言えというのは、相詞は変える事が多いからである。以上の二段階の心得で臆せず答えると間違いは少ない。しかし場合によっては、手で耳を摑んだり鼻をかんだりして問いかけて来る事を知っておかないと、慌てて対語が出ない場合がある。その事を忘れずにして、賤卒や不敏な者に変装するのが一番よい。武道には危機的状況が常である。危難に瀕しても武士は動揺してはならない。

三、水月の術で忍び込む時は、城門で敵将が相詞をささやいた後を付いて城門を抜ければ相詞の前後を見聞き出来る。聞けなければ速やかに引き下がる事

　敵が夜討ちに出て帰陣する時に、味方が敵の後について忍び込む事もあるし、或は敵城と味方との間が遠ければ、門を入る時に諸卒に相詞をささやかせて入る事もある。すなわち味方より敵方に付いておいて入るようにする。或は城と陣の間が近い時は、この定法は通用しない事を知るべし。

四、何事も敵に習う事

　軍法には全て相詞・相印・相計という術がある。この三つは味方に敵が紛れこんだ時に見付けだす為の術であり、相詞と相印の事はすでに述べた通りである。相計というのは楠正成が編み出した立勝《たちすぐり》、居《い》勝《すぐり》のような術〔相計を受けて立つのが立勝、座るのが居勝〕である。立勝居勝だけではなく、この方法はいくらでも有る。例えば敵方が如何様にも相詞、相印、相計を約束していても、敵の動きに習って真似をし、敵が言ったように言う事は、忍術で危機を遁れるために緊要な方法である。河内国の赤坂城に和田と楠とが立て籠った時、寄手の結城の若党物部次郎が郡司を引取って敵に紛れて城内に入ったが、立勝居勝の相計を知らなかったので討たれた事が『階梯論』に詳しく書かれている。以上に口伝あり。

　相詞は五日に一度、三日に一度、或は時によっては毎日変えるものである。夜討ちなどでは朝に使っていた相詞を決行時に変える場相もあるので、前の相詞を知っていても役には立たない。故に、対の言葉に対する頓知を第一、鋭い知略弁口を第二として諸事に功者であって動揺をしない者でなければ、危機は遁れ難い。

相印を合わす術四カ条

一、胴肩衣を持ち行く事

　忍者は色々に染めた胴肩衣を何枚も作っておく。口伝〔胴肩衣の色がその時の相印と思われる〕。

二、見て急に製作する事

　籠城する敵を味方が攻める時に、敵城と味方の陣の距離が二、三十町或は四、五十町もある時には、敵は城の外張や蹴出に番守や外聞《とぎき》を出すものである。敵が陣屋をかけている時は陣屋の本篝火の外に張番を出して本篝火や捨篝火を焚かせ、嗅ぎ〔色々と嗅ぎ回る下人〕や物聞を送り出すものである。よって忍者は彼の外張や蹴出の番守または張番、夜回り、篝火焚き、外聞などが居る所まで忍び寄って状況を窺い、相印をしっかりと盗み知り、帰ってすぐにそれを製作して敵城内に潜入する。このような事を計るには第一に勇気があり、第二に弁才に長け、第三に計略頓知に聡明である者でなくては務まらない。

　忍歌に

　　忍びには三つの習い有るぞかし、不敵と論と又は知略と

　また雨の夜で篝火が消えた時にそっと忍び寄って、その篝火を焚く者を切り殺し、或は外聞に出合ってその者を討ち捕えなどする。このような事は昔からある事だが、その時の状況に応じて出来る事であり、無謀な匹夫の勇で無理な行動をしてはならない。敵を捕えてくるのは忍び込む計略に役立つとか、忍び込む事が出来ないと思った時には当然の事である。

前記の二カ条は敵が城を出ない時の事である。

三、敵の士卒の死体から印を取り、或は生きていれば密かに奪い取る事

四、後に居る敵に印はあるかと問う智略の事

　大坂の陣の時、藤堂和泉守殿〔楠正成や新田義興などの巨将にさえ「殿」を付けて呼んでいないのに、藤堂に関しては「殿」が付されている。これは筆者や伊賀忍者と藤堂氏との直接的または間接的な主従関係を示唆する為と思われる〕の家臣、この術を以て万死を免れたと言う。

　以上の二カ条は敵軍が味方と乱戦の時か、或は敵が後退する時の事である。口伝。

迎入術三カ条

一、敵が攻め来る間は二十里から三十里も外で出迎え、敵の旅宿に陽陰の両術で近寄って放火や讒奸をなす事

　三十里の外で出迎えれば、敵の不意を突いて入る事が出来る。或は敵が着陣する前に行って、その場所又は隣村で宿泊し、敵が着陣して忙しい時を狙ってその場を離れて裏道を行き、放火で兵糧、武具、馬具などを焼いて敵を疲弊させる。或は讒奸などで敵方互を疑心暗鬼にさせて内紛を生じさせる計を実行する。こんな時には在家、市店などに放火する術や讒奸の術など色々口伝がある。

二、その宿より五、六里離れて郷士と称して陪従を願い、従い行く事

三、敵勢に居る親族或は縁者の家からの使者に変装して行く事

この状況では大抵、偽印形の計略を行う。口伝。

妖者《ばけもの》術二カ条

一、山人犬幸丸彳亍・山又山家〔文字を分けた作字で再合成すると「山伏執行」すなわち山伏修行と「出家」〕・宮守・売買〔商人〕・犬袁弓一〔猿引すなわち猿回し〕・人がたつかい〔人形使い〕・宮参りの人・世捨て人・川頁示豊〔巡礼〕・物乞いなど何でもその時相応の姿に変装して術を仕掛ける。この術を使う時はその姿に変装しただけでは縫い糸の端に糸玉を結び忘れたような感じで良くない。故に山人犬〔山伏〕なら先達の手判、或は山を重ね〔出家〕なら本寺の手判などを所持して行く事が大切である。他もこれに準じる。その他でも、その道の道具を、その道の流儀で、その品々の芸なども身に付ける事は言うまでも無い。

昔、源義経ら十二人が俄《にわか》山伏の姿で奥州に逃避された時、武蔵坊弁慶が安宅の関で手持ちの巻物を勧進帳と偽って唱えたまでは頓知でよかったが、南都の勧めと謀って行くのなら、初めに勧進帳を作っていなかったのは危険な失態であり、謀の欠陥である。こんな術でも昔は上手く忍び込めたかも知れないが、今では不適である。とりあえず古法伝来の術だから記した。ただ敵と味方とが数千里を隔てているとか、或は逃亡者をたずねるとか、科人を討つ時などには相応する場合もある。昔、楯岡道順が佐和山城に忍び込んだ時や楠正成が赤坂城に恩地左近を入れた時の方法などは、今でも使える場合がある。また伊勢三郎義盛は土佐坊の陣に伯楽《はくらく》〔聾唖《ろうあ》〕に変装して行き、新堂小太郎は播磨の荒田城に瘖唖《いんあ》〔おし〕に変装して行った方法などは、敵の方が味方を討とうとしている時でなければ使い難い術である。また菊池の家臣の城越前守が松浦党の陣に入った術などは、対陣の初期なら今では少し相応しないが、袋飜術なら使える。

二、敵が陣屋に居る時は、入るべき前夜に忍び行き、敵の提灯の紋をしっかり見覚えて帰り、同じ形の提灯に同じ紋を入れてさりげなく陣屋近くに行き、速やかに火を付けて張番や夜回り、或は篝火焚きに変装して臨機応変な計略で潜入する事。

忍歌に

窃盗《しのび》には習いの道は多けれど、先ず第一は敵に近づけ

この様な事を行うには、不敵で鉄の如き精神力がなければ困難である。敵の姿を見て顔色を変えるような臆病では、却って謀が露顕してしまう。

忍歌に

驚かす敵の仕方に騒ぐなら、忍ぶ心の顕れぞする

参　差術《かたたがい》三カ条〔底本は項題欠。訳者補追〕

一、敵が夜討ちに出る事を物見の術で察知するのは勿論の事、敵の動きが無くても毎晩外聞の為に隠れ出て、出発の気配のある所に忍んで窺い、もし出陣すれば一人は味方の将に報告に行き、残りの忍者は片違いで入る事

まず敵が夜討ちに出ようとする時は、城中はいつもと異なる松明の火で察知する。或は犬馬が吠え嘶《いなな》き、或は拍子木の音なく夜番夜回りの声聞こえず、諸事が概して静かであるので察しがつく。また小物見〔物見すなわち偵察は物見番が行くか忍びや土地の者に案内させて行くのが普通だが、物見役が無い時は使番や目付が行く。大物見とは数十騎で、小物見とは単身または数人の足軽が行う〕、或は旗差物も動きなどからも察知して城近くの茂み、林、深草の中で敵の出発するのを待ち、敵が出たら片違いに入る。この時の忍び込みには利点が三つある。第一は、夜討ちは敵の不意を突く故に密かに城を出るが、敵は謀る事だけに気持を傾けており、まさか敵が仕掛けて来るとは思っていない。だから忍者がこの隙を突いて潜入するとは夢にも思いもよらないというわけである。第二は、夜討ちでの出陣時で何かと混乱しており、気持ばかりが焦って小さな穿鑿まで気がまわらない。第三は人が頻繁に城門を出入しているので紛れ込み易い。以上、三つの利で参差術がかけやすい。出陣でなくても、毎晩外聞に出ていて、その時に敵が門を出れば入れ違いに入る。口伝あり。

水月の術は昔から広く知られており、軍法には必ず対応する術が色々あるので危険である。参差術は敵全員の不意を突くので敵の相詞相計に引っ掛からなく、労せずして思いのままに入れる。かつ城中に敵が少ないので、第一に放火し易く、第二に敵も火を消し難い。第三にこの時に味方が攻め込むと敵には防ぐ者が少ないので勝利を失う。この様に参差術は水月の術を凌《しの》いでおり、特に近入の中では最も極秘の術である。

二、賤卒に変装し、或は離れ行きの術の利が有る事

変姿賤卒の術は利がある。まず甲冑の士《さむらい》は目立つので咎められる。またそれでなくても見知らぬ人は声をかけて咎められ易い。そこで狼狽すると尚更敵は不審に思う。だから紛忍が変装するのは賤卒が良い。今一度変装し易い雑人について注意点を説明すると、第一に雑人は下の下だから目立たない地味な存在である。第二に人は気にも留めない。第三に粗忽な風体でも人は疑わない。ただし雑人は受け容れられ易くても、敵の城陣が静かな時は、雑役は却って怪しまれる。とにかく臨機応変に行動すべきである。

昔、近江国の姉川の合戦では朝倉義景の家臣・遠藤喜右衛門という者が派手な甲冑を着、取った首を提《さ》げ、信長勢に紛れ込んで信長と刺し違えようとした。「大将は何処におられるや」と走り回っていたが、竹中久作という者が曲者と思って組打ちし、終に遠藤の首を取った。失敗は遠藤に紛忍は変姿賤卒の術の知識が無かった故である。また、こんな時は雑人に尋ねるものである。さらに敵将の馬印をよく見知っておき、人が円《まる》く集っている所へ行くべきである。口伝あり。

また離行の術の利もある。それは一団で行く時は怪しまれ見咎められるので忍び込めないが、集団から離れて一人一人で近付けば、見咎められ穿鑿を受けた者がいても、誰かが潜入出来るという理がある。この離行の術は我国〔伊賀または甲賀〕で数回試されている。

三、忍者は敵の陣屋近くに居て、味方が夜討ちに来た時、敵の騒動に紛れて潜入する事

敵が味方を夜討ちする時、忍者は先行して敵陣の外張、蹴出、張番、捨篝火などの側に近寄っておき、敵の混乱に紛れ込む。

水月術三カ条

一、敵が夜討ちや昼合戦で城から出た時には、敵が引き下がる時に敵中に入り込む事

敵が出陣して昼夜を問わず合戦をするなら、忍者は敵後退時に、太刀や槍で殺し合いをしないで、方々に走り回って敵の相詞や相印を見聞きする事が肝要である。

二、主将と確約して餌で敵を誘い出し、参差・水月の術などで入る事

香り良い餌で海川の魚を釣るように、城から出ようとしない敵を誘い出す術である。香りの第一は三方から城を攻めて一方は空《あ》けておく。その空けた地または海川から敵の後詰援軍を送る役割の大将の使者に化けて密かに城に行き、擬印で作製した謀書を差しだして、こちらで後詰をする事や兵糧を送る旨などを話し、その日限《にちげん》を決める。帰陣したらその日限の夜に牛馬に偽荷物を載せ、自分は馬士となって大勢を引き連れて行き、大将はその後から入って攻撃するという手はずである。口伝あり。楠正成が赤坂城で湯浅を落としたのはこの方法である。第二は味方が初めての攻撃なら日暮まで続け、敵城の直近に布陣する事。第三は味方が小勢で出張って夜戦をする事。第四は味方が小勢で出張って平坦地に布陣する事。第五は偽旗、偽幕、偽兵糧などの事。

このような方法を時と所を選んで、敵の術中に嵌《はま》ったように見せかけて敵を城から誘い出し、或は参差・水月の術で忍び込む。口伝あり。

ここで、この状況で参差・水月の術を用いて忍び込む時に専一に心掛ける事の四カ条を述べておく。第一は敵の城陣中では、方角が分からなくなり迷った時の為や、敵に尋問された時に動転しない為に、敵中で気安い人を作り覚えておく事。これは略本術も参考にされたい。第二は敵の相詞を忘れず、相印を失わずに敵の作法に順じて行動する事。第三は人の少ない所で相図の煙を早く揚げて、潜入成功を知らせる事。もし相図が遅くなれば味方の行動に支障をきたす事になる。知らせるのは早い程よい。これには口伝が多い〔原本、大原本、伊賀市上野図書館本その他某氏所有の本も、ここは「専一に心に用いるべき四カ条」とある。しかし全て三カ条で終わっており、元々が「三カ条」であったものを、最初か最初に近い写本で生じた誤記によるものと考えられる〕。

谷入の術五カ条

〔谷入の術とは合戦直前または合戦中に偽って敵の仲間となり、機を見て内側から攻撃する。〕まずは手始めが必要である。第一は捕縛されて入る。第二は味方の者を討って入る。第三は火事で入る。第四は敵の忍者風情と親交を持って入る。第五は前述の四カ条を行ってもまだ敵が疑う時は仮女仮子などの謀略が最もよい。

　まだ敵が不審がれば味方の陣近くに建てた新衆の小屋に放火して騙す術や味方を討って返る等の方法がある。この様な条々の口伝があるが、簡単に教えてはならない。昔、細川顕氏が一万三千余の勢で楠正行を攻撃する為に河内国藤井寺に布陣した時、正行、高安、本沢の者共五騎十騎ずつを一組にして三百人余りで顕氏の陣に谷入で送り込んだ。この者達は縁を頼って敵の諸陣に分散して群れの中に入り、正行の悪口を言ったり千破剣〔千早〕の浅はかさを笑ったりして敵を油断させ、その後に正行が旗を巻いて投降のふりをして使者を送って来た。それも計略であり、一団は折を見て急変し、旗を揚げて攻撃に転じた。その時に前以て入れて置いた三百余勢が敵陣内で敵を攻撃したので陣は落去した。このように昔からこの術は上手く使われており、仮子仮女などの謀略で谷入の術を用いると確実に入れるものである。

虜反術二カ条

一、虜を忍者とし、または虜の使いと成って敵を味方の忍者にする術が色々ある。虜に高禄を与えると約束して彼の同意の上で妻子や親族を引取り、かつ起誓文を書かせて味方の忍者として敵の城陣に戻し、或は虜の親か子その他知り合い友人の類が敵城陣に居れば虜の使者となって行き、虜の親類を忍者にする。或は敵の城陣が落去する時にその将を討ち取っても討ちもらしても、その将の親か子かが別城に居れば、その将を捕虜にした事を告げてその将の使者として行き、降参させ、機を見て新たな謀略を巧む。元暦《げんりやく》元年〔一一八四〕正月中旬に伊勢三郎義盛が阿波民部重能の嫡子田内左衛門教能を降参させたのも、この術である。

二、投獄した虜を秘かに逃げ返らせて味方の忍者にする事

　虜が獄中に居る時、大将は謀略で捕虜に聞こえる様な声で全て反対の軍令を発し、油断した振りをして捕虜を逃がす。虜は逃げ返って、我が陣営の状況を敵将に聞いた話を余すところなく報告する。味方は目付を送って敵が計略の乗ったか否かを確かめさせ、もし計略に乗っていれば事実は全て裏表正反対だから、討てば勝利する。口伝あり。

　中国の岑彭《じんぼう》という人が秦豊という人を攻撃した。秦豊は軍勢を西都に少し籠らせ、自分は鄧《とう》という要塞堅固な城に立て籠り、岑彭の攻撃を防いだ。岑彭は数日経っても動かなかったが、或る夜、岑彭の軍勢が頻《しき》りに騒動し始めた。彭は軍中に命令を出し、捕虜にも聞こえる様に「明日早朝に西都を攻めよと発令したので軍中が騒がしくなった」と話し、どさくさに紛れて油断の振りをして捕虜を逃がした。捕虜は秦豊に、

「敵は明日早朝に西都に攻め入るべしと戦の用意しております」と報告した。そこで秦豊はその夜に、「軍勢の大半を西都に返せ」と命じた。岑彭は監視を入れてこの様子を見届け、その寅刻〔午前三時から五時の間〕に潜に沔水《べんすい》という川を渡って鄧の城を急撃した。要塞堅固とはいえ防衛勢も少なく、不意を突かれて落城。そのまま軍勢に西都を攻撃させて秦豊軍を破ったという。

袋飜全術二カ条

一、敵将はもとより敵方の家老・物頭・平士の類に至るまで各その親族類縁の者が他国や他郷に居たら、敵からの書簡を作って親族の所に届けて返書を受け取り、そのついでに彼方此方を見聞きして帰る。帰ってもその返書は届けず、謀書を作製して敵方に持って行く術の事

二、籠城する敵を攻撃し、人質にした敵領民の親類・妻子・兄弟の所に行って袋飜の術を全員に行う事

以上の数条は謀計の大概であり、敵と対峙した時は心してこれを考える。すると心は術の要《かなめ》であり、身近な所に勝利の本源を見出すだろう。その後に術を使うべきであり、術は安易に使ってはならない。ただし過度な考慮は却って好機を失い、利も得られない。これを能く考え、物事の真理を審《つまび》らかにしなければならない。

巻第十

陽忍（下）目利きの編

山谷を見積る二カ条

一、山の形を知らないまま向かう時は、五方の神を参考にすればその山の険阻の概略を知る事が出来る。その五方は以下である。北高東平は玄武の水、南高北平は赤朱雀の火、西高東平は白虎の金、東高西平は青竜の木、中高四平は鈎陣騰蛇《まがりのじんとうだ》の土である。この外、その山、その所の時によって考えなければならない（『正忍記』に「知らぬ山路の習い」という項があり、「山道で迷えば、何でも一つの古歌を詠み、その字数を数えて半なら左、丁なら右を取る」として迷いを取り去り、行動先行で新情報を得て行動を調整する方法がある。忍者に迷いは禁物が鉄則。この五方神も占いに似て同じ目的で利用される）。口伝。

二、敵国の山の大小・高低・険易・草木の状態、或は沢谷の浅深・広狭・長短を尽く見積もる事

　敵城の近辺または戦闘予定地、または味方の陣取り地などは言うまでも無く、その他無用な地に至るまで、その地形、間数などを詳細に測っておくべきである。もしこの山を陣所とする時は、先陣はどの地、旗本はどの峰などと手落ちなく計画しておく。概略、大きい山に小勢の陣は不適であるし、小山に大勢も良くない。だから山の大小、間数を先ず測る。口伝あり。高山に陣取るのは良いが、低山は不適。山の高低の見積も重要である。険阻なら味方も小勢で守れる。この場合は歩兵を用い、騎馬は不適。平易な地形は大勢に良く、騎馬にも利がある。しかし小勢と歩兵には適さない。よって険易も考えるべきである。口伝あり。また森林、草むらなどが味方の陣の後方にあるのは良い。薪や馬草など自由に手に入り伏兵にも便利だ。さらに敵が味方の兵力を見極め難いのが良い。口伝あり。ただし、陣の前と左右に森林があるのは不利である。口伝あり。

　以上のように木立・草山などの見積りは重要であり、また渓谷の浅深、広狭、川沢の形の全てによって軍術が変化するので、詳細な見積りが必要である。

山による心得の八カ条

一、味方の人数の多少によって山を見積もる事

　味方の人数を考慮して山の間数を見積る事が肝要で、もしこの山に陣取れば、一、二の先、脇、後備、旗本はここにこうして布陣するなどと考え、山の地形で計略する事が重要である。詳細は軍法や調練なくして知る事は難しいので、ここでは詳細は省いて概略を記す。陣取りも地形の広狭・曲直・

険易によって異なる。陣屋は人数一万に付き三町四十間四方に柵を張る。柵と小屋との間は七〜九間とする。三町は小屋、四十間は小屋の内側の道に取る。ただし道はたいてい六筋あるので一筋について七間である。何万人布陣しても大抵この積りである。ただしこれには口伝が多い。だいたい小屋割りはまず大黒騎馬一人に二間ずつをあてる。知行割にする時は百石取り一間口と定めるが、狭くて住み辛ければ百石取り二人に二間半、二百石に二間、三百石に二間半、四百石に三間、五百石に三間半、六百石に四間、八、九百石に四間半、千石に五間。これより上の知行には三割引で千五百石は六間、二千石は七間と次々に割り振る。また備えは厚くても四方に騎馬二人、一間四方に歩立十二人以上を配してはならない。

二、水の有無を見計る事

　高山で良い陣所でも水が無い峰に布陣は不可。水の有無を知るのは非常に重要である。川水、池水などにも気を付ける。水筋を見計るには、山の尾根の地形を見れば大抵分かるものだ。また高山でも谷合には水がある。或る書に「水を求めるには低地に注目し、水葱《みずあおい》、面高《おもだか》〔オモダカ科の多年草で水田や沼に自生する〕、杜若《かきつばた》、葦など水草や柳のある所をさがす。その他、螻蛄《けら》の穴や蟻の穴を掘れば水が見付かる事がある。また水が有りそうな所に鳥の羽を土に二、三寸突き立てておくと、水が有れば曲がって羽に露が付く」とあり、また或る書は「水筋があれば、木綿を穴に入れて一夜置くと木綿の権目〔先端の編目か〕が重くなる。また二尺ほど土を掘って地に耳を当てて聴くと、水が近くにある時には鼓が鳴る様な音が聞こえる」という。

三、河の遠近を見計る事

　陣所の近辺では川の遠近、川瀬の浅深、広狭などは軍術に色々な心得があるので、陣所近くの川を考え見るのは当然である。陣所でなくても川は気を付けて見計るべきだ。陣所は小川でも近くにあれば都合がよい。口伝深し。

四、敵の蟠場《かまりば》、森林などの茂り盛り上がっている所に気を付ける事

　蟠場〔忍者や伏兵を置く所〕とは森林、藪、谷合、山影、堤溝川の中、葦《ひめよし》が繁っている中、深野、麦畑である。以上の所に気を付け、敵の蟠場となるか味方の蟠場にするかを考える。

五、取出場を見積もる事

　攻め手も籠城方も状況によっては取出場を構え、人数を籠らせて置く事がある。それは敵味方の境付近で取出場によい地形があれば拵《こしら》えるものであり、その場所を見積っておくべきである。口伝あり。

六、夜戦での火見せ場を見積る事

　夜戦では大将は松明《たいまつ》で指令を送る。だからその場所は四方から見える所がよい。口伝あり。

七、各所の地の利を見積る事

　地形、茂み、海川その他すべての環境が敵に利したり味方に利したりする。これをよく検討しなければならない。しか

しこれは時と所によるので、前以て記すことは難しい。口伝あり。

八、飛脚火・飛脚旗を立てる山の峰を見ておく事

忍者が敵城や敵の国里に忍び込んだ時に、主将に敵の状況を知らせる為に夜間は飛脚火、昼間は相図の旗を用いる。これには高山の峰を利用するが、相図を伝える山と峰の続き具合を見ておく必要がある。以上の条々に口伝あり。

山・川・地・沢を見て絵図に描いておくことは誰でも出来るが、軍術を知らずに漫然と描いても将の参考にはならない。絵図が重要な時もあるので、傍らに軍術の説明を略記するものである。忍者はあらゆる軍法を熟知しておかなければならない。

海川を見積る四カ条

一、海辺で船から上陸出来る所、出来ない所を見計るべき事

磯端に船から上陸出来るかどうかを見積るには、遠浅や洲崎の形を見計り、或は岸深くの波が静かな様子を見、本海や入海の様子も見分け、潮の干満の差を見分ける。これは自分で確認しておかなければならない。口伝あり。

二、川の深瀬、浅瀬を見計る事

川の浅瀬、深瀬を見計るには川の瀬の広狭や瀬が分れているかいないか、或は水の動静、或はその瀬に人の通った跡があるかどうか、或は海辺なら潮の干満の模様を見分け、自分で合点しなければならない。

太田道灌の歌に

そこいなき淵瀬はさわぐ山川の、浅き瀬にこそあだ浪はたて

また千鳥の声で潮の干満を知り、或は川瀬の浅深を察する。歌に

遠くなる近く鳴く海の浜千鳥、声にて潮の満干をばしる

また潮が満ちて川の浅深が分らない時は牛馬を追い込んでみる方法もある。これは木曽殿が始めたと言われている。口伝あり。

三、大水が出る川か出ない川か、鉄砲水が出る川かどうか、水が出てすぐに引く川かを知る事

これを知りたければ川上の長短、広狭、高低や水の落ち口を見計り、或は風の状態で知る。

四、大水が出た時に、川原で水に沈む場所を見察しておく事

河原の石の色、草木の様子で察知する。

田の浅深を見計る術四カ条

一、遠き所からさっと見て深田、浅田を知る事

遠い所からさっと見て浅深を知るには田のある地形の高低、田の周囲の状態、谷の浅深などを検討すれば大体違わず知る事が出来る。また田の上に堤、井手、井戸、溝などがあればかけ水の田と思ってよい。かけ水の田に深田はなく、逆に水が涌いて常に水がある田に浅田は希である。口伝あり。

二、四、五間内の稲の切り株の状態や畔《あぜ》の状態で田の浅深を知る事

　二通りある。一つは浅田の切り株は短く、均一に刈られている。深田の切り株は長短があり、少し傾いているように見えるが、肥料をやり過ぎた稲の切り株と見間違う事もあり、注意を要す。これを見間違わない為には切り株の大小で知ることが出来る。もう一つは、畔の勢を見て知るには秋冬と、まだ春の初畔を塗っていない時に見れば、深田の畔は低く撫《なで》肩《がた》であり、押し潰したようだが細く、また所々崩れた所もある。しかし畔を塗った春の末から夏の末までは少し違うが、全てをここで述べるのは困難である。浅田の畔は高く広く堅く作られており、崩れた所が無い。

三、近付いて土の色、くれが湧いているかどうか、また畔の色を見て浅深を知る事

　近寄って田の浅深を知る方法は三つある。第一は土の色が青黒く泥が割けやすければ深田。土が白く粘く強固であれば浅田である。第二は鉄分が多く茶褐色の水が湧出している田はとても深い。第三は深田の畔裏すなわち外側は湿って土は乾燥していないが、浅田の畔裏は土が乾燥して白い。また浅田の中に深い所や深田の中で浅い所は、鉄分が多い茶褐色の「くれ」が深い所から湧いている所と湧いていない所の状態や苗の肥疲《こえづかれ》〔肥料が集まる深い所は穂が重くなり倒れかかる〕の状態で知る。ただし旱魃の年は深い所で穂が繁り盛り上がる。雨が多く冷たい冷害の年は、深い所の穂は痩細る。

四、草田の時は苗の形を見て浅深を知る事

　これには二つある。第一は、深田の苗の立ち方は少ししなれ加減であり、根が歪んだように見える。これは泥が深いからである。浅田の苗は力強く立ち、安定している。第二は、深田では高く育った苗と痩せた苗とが混在している。これはその年の水の有無や旱《ひでり》の程度で心得が変わる。口伝あり。

　以上の見方を基本に、状況を重ね合わせて注意深く見識を深める事が必要である。

堀の浅深、広狭を知る術五カ条

一、敵の城外に忍び行き、平城の堀の浅深を向かいの土位で知る事

　夜は少しの水でも深さが七、八分もあるように見えるが、間違わない為には向かいの土位に目をつけて見計る。

二、縄で知り、或は敵の要害の製作で察し、あるいは水の色で知る事

　縄で知るというのは細糸に五寸、一尺と次々に白い木で浮きを付け、水中に入れて上から何番目の浮きまで水があるという事や、縄の濡れた位置で知ることも出来る。

　また敵の要害を以て知るという事は、堀水の浅い所は敵が用心して柵を振り、鹿垣を結い、逆茂木《さかもぎ》を引き、あるいは乱《らん》杭《ぐい》を打つものである。他にも敵の用心の仕方で知ることが出来るものがある。

　又水の色で知るというのは、深掘は水が青黒く見えるし、

水の色が浅堀は薄白くて漣《さざなみ》が立ち、浮草などが所々に見える。また水の深い所に水草を縄で編んで、生えたように敵に見せる事もあるが、それは草の葉の色を観察すれば分る。

三、堀の横の広さは堀の角で見計る事

堀の横の間の長さや広狭の見積りは、その堀の曲折でよく知る事が出来る。

四、闇夜に潜に忍び行き、堀の広狭の長さ、或は堀の底から向かいの屋根の突端までの距離を正確に知る為の矢糸の事

この糸矢は「うきす」〔浮き巣の意で、かいつぶりが湖沼で一本の茎を支柱にして逆錐体形の巣を水面に作る〕の形の矢にして、根〔根は鏃《やじり》の意味。この場合は逆錐体形に作る〕は「きはだもち」〔木肌もち。すなわち、もち木の樹皮を剥いで水に漬けて置き、繊維の部分を除去し、石で叩いて鳥もちを作り、それを逆錐体先端部分の平面に塗って矢を放つと音も無しに的にくっ付く〕、縒糸《よりいと》は三本縒の糸より少し細い糸を用いる。口伝あり。

五、石塁・土居の高さを知る事

立木を見積る術と同じである。立木を見積るには三角の鉄《かね》を以て見積る法がある。また内又から俯《うつむ》いて見積る方法が伝わっている〔例えば普段の練習で、背筋・頸・頭を真直ぐにしたまま腰を前方に倒し、屈曲した腹と脚とを四十五度にすれば、目線を水平にして股すれすれに立木の先端を見れば、立木と自分の立位置との距離が立木の高さになる〕。

城の堅固不堅固を知る条

一、城の堅固不堅固を推察する方法が色々ある事

この術を知る事は城地の選定や設計の作法、その他の近辺五、六、七里、または二十里、三十里の間の地形等を常に気を配っておくべきである。敵城を見れば、地形の概要、山の高低、水・薪・食糧の三つを注意して観察し、その他の事もよく考えて見なければならない。注目すべき点は多数あり、具《つぶさ》には書き難い。口伝とする。

地形の遠近、高低を見積る二カ条

一、遠近を見積るには四面の図、五寸の曲尺、裏間〔底本は「裏」、伊賀市上野図書館本は「裏間」〕三つの術で見積知る事

この術は鉄砲の書に記すので、ここでは省略する。

二、立位置と向かいの地の高低を見積る系曲尺《けまがりしやく》〔底本は「系曲尺」、伊賀市上野図書館本は「糸曲尺」すなわち糸製の巻尺〕の事

これを見積るには、縄を張ったり、歩いて一町測定をしたりして、まず両地点間の距離を知り、次に二筋の糸を上から下げて、二本の糸間が水平になる点を曲尺で求めてその各点に印を入れる。そして遠くの測量点の高低を曲尺で確かめ、糸の二点の高低差を測る。たとえば一尺の間で一寸高ければ、十間の距離では六尺高い事になる。口伝あり。図説する〔底本、大原勝井本、伊賀市上野図書館本、他二書に図無し〕。

高低を見積る目的は低い所は水攻め、高い所は火矢攻めなどの謀の為である。

敵の強弱を察知する三カ条

一、敵将の道理の有無、智愚剛臆の差別、軍法の正不正、以下物頭、物奉行、士卒などが武道を好んでいるかどうか、家中の風紀、勢の多少、隣国援軍の有無、兵糧の多寡、敵将が逸好〔好き嫌い〕の道、その他敵方の様子は些細な事でも見聞知識して大将に報告する事

敵将の考えを知るにはその出頭人〔近習出頭人で側近〕の立場になって察知し、敵将の逸好の道を参考にして考慮し、その国の政道を聴き制札で窺い知る。或は敵将に近付く座頭・猿楽などを騙して問い、或は敵国の士卒領民の話から推察する。昔、楠正成が恩地左近の質問に答えた例があるが、これは別巻で述べた。

二、敵の陣屋の作り方、備えの立て方などの形状を見て功不功を察知する事

陣屋は方円の作法で八方押しと見えるのは良い。一村全体に爰彼処《ここかしこ》と陣をかけるのは破軍と言って悪い作法である。詳細は陣取りの相伝が無くては理解し難い。また備え立ちの良し悪しは、方円の座備の作法を用いて次々に備を立て、一二三の合戦まで持てば良とする。また手分け・手配、或は結解という作法もなく、一重は悪である。詳細は軍法の相伝無しでは理解し難い。

三、敵軍の勝敗は士卒の気持や言葉で察知する事

『六韜《りくとう》』に「三軍の士卒が心底喜び、軍規を畏れ、将の命令を敬い、相喜んで敵を撃破し、皆勇猛で、武威を賢とするのは強い証拠である。一方、三軍の士卒が頻繁に驚き、個々ばらばらで、敵が強いと思に込んで皆が恐れ、口を開けば不利と言い、耳目に妖言が惑わしあい、軍規を恐れず、その将を尊敬していない等は弱い証拠」とある。

見分けの事

敵勢の大積り二カ条

一、敵の国、所または敵将の常々の心の動きに従って敵兵の人数の多少損益などを知る事

敵の領内に深山や海辺などがあって境界が広いか、或は敵の隣国に大きな市町などがある場合は、その山中や海辺に引籠っている隠者や隣国の市中に居る浪人などが集まっており、その勢は知行の分限よりは多いと心得るべきである。また敵将の常々の心の動きによって人数の多少と損益を察するというのは以下である。第一に良将は常に人数を多く召使っているもので、知行の分限よりは人数が多い事を知っておき、また悪将はこの反対である。しかし何事も勝負の様子にもよる。

軍書に「大抵は一万石に付き上将に上国では二十六、七騎、中将に中国では二十二、三騎、下将に下国では十五、六騎。また上将には総勢に足軽その他大将直属の雑兵が居るが、合

わせて騎馬一人に雑人二十五、六人、中将は騎馬一人に雑人二十一、二人、下将は騎馬一人に十五、六人。このように見積ると云々」とある。

またある軍書は、五十騎の人数積りして

一、馬乗五十騎で、各四人を連れて主君を入れて二百五十人。

一、弓鉄砲足軽五十人では、これの頭二人が各五人連れで主君ともで十二人。

一、長柄三十本、士大将の持槍二十本で、これを担ぐ者五十人。

一、槍奉行二騎、旗奉行二騎、組頭武者二騎〔原本は「一騎」だが「二騎」の誤記〕、合計六騎六人連れで主君ともに四十二人。

一、使番の武者四騎、各四人連れで主ともに二十人。

一、徒歩侍三十人、中間小者五十人。

一、まとい馬印合わせて二本持ち、小旗五本でこれを担ぐ者五人。

以上都合人数五百人。

これは皆動き、備場に出る者はこのようになる。

一、侍大将の台所人二騎。

一、小姓二、三騎。

一、右筆二騎。

一、同坊一騎

以上合計八人で、各人が供に二人を連れるので主君ともに二十四人。

一、侍大将の台所に使う人夫二十人。

一、惣侍衆の人夫百五十人。

一、侍大将の乗換馬三頭

一、惣侍の予備の馬十五頭。侍大将の予備馬五頭。

一、小荷駄数都合三十頭。この口付きの者三十人。

総数二百五十人前後、都合七百五十人余。

以上が五十騎の備であり、雑兵も含む。これは昔、戦国時代の頃の見積りで、今では相応しくない。この配置は戦国時代では一城あたりの兵が少なかった為と言われているが、私はこの人数割りは騎馬一人に対して雑兵十五人宛てであると考えている。見積りは天下泰平が続いた後の事始めの合戦時と、合戦が打ち続く時とは違うはずである。

二、以上のように人数を見積り、その上で留守居の人数は幾ら、陣所に来た人数は幾ら、戦場に出す人数は幾らと言う風に見積る事

留守居の人数は大概の三分の一である。しかし城が心配ならそれ以上になる。口伝あり。また陣所から出陣するのは大体三分の二の者である。ただし軍勢が少ない時は、その時により、また居城や支城の数にもよる。口伝あり。右の概算を考慮して、その上で備の人数や押し出しの人数を見積る。

備の人数を見積る四カ条

一、味方の人数を知って両陣の中間に出、互いの陣を見比べて勢の多少を見積もる事

二、十対十、百対百との事
敵の部分を見積って合計する。
三、地形、間数、坪割りを以て見積る事、並びに人数の厚い薄いを考える事
前述のように騎馬は二間四方に二騎、歩兵立ちは一間四方に十二人以上には立てられない。こういう風にして見積る。
四、敵の居所と割合によって見違いがあり、その考えをよくする事
山上や峰に居る人数や分散している人数は多く感じるものである。一方、谷合いや一カ所に集合している人数は小勢に見える。口伝あり。

備、押しの人数を見積り察する三カ条

一、普通の軍勢を見積るには前後の旗、差し物、馬印などを目印にしてその間の人数を数えて総数を算出する事
口伝。図あり〔付図欠〕。
二、押し通る道路の傾斜を考慮して、上と下の道の三段が一間では近く、二間では遠く、三間では大いに遠い。三段とも人数を見積もる事
三、騎馬数を数えて人数を見積る方法
前述した。将の上中下、国の上中下、太平の後の合戦と数年打ち続いた兵乱の時とは異なる。口伝あり。

城陣を外から窺う十カ条

一、二重塀の有無を窺う事
二重塀とは普通の塀の内側に、もう一つの塀や材木の柵を結んだような障壁がある構造の塀を言う。城門の傍らに隠《かく》曲輪《くるわ》を前以て構えた城もある。普段は無くても籠城の時は尚更で、隠曲輪を増築するものである。
二、釣塀の有無を見計る事
釣塀とは二重塀の外塀を崩して落すように根元を掘り込んでおき、その塀の内面に木や石の重りを載せ、塀その物は拘縄で内側の塀か杭などに固定しておく。敵が塀を蟻のように昇って来たら、拘縄を切って塀を落す。
三、石弓の有無を見考する事
石弓とは塀の棟木通りに六寸四方の窓を切り開け、その窓を通る石を釣り、敵が蟻のように登って来た時に拘縄を切って石を落とす構造物である。また上に木や石を釣ったものもある。
四、猿すべりの有無を見計る事
猿すべりとは坂の口に大石や大木などを車に積んで引き縄で固定しておき、敵が押し寄せて来たら縄を切って落とすようにした装備である。また石や材木を急な坂の上に固定縄で釣り、敵が坂を登って来た時に切り離して転がし落とす形もある。
五、掘抜き、駒返しの有無を見立てる事
掘抜きとは坂に深さ約二十六、七尺、幅はその地形の広狭

に応じて掘抜き、底に乱杭を打ち、上には細い竹を渡して土を薄くかけ、或は木の葉などで隠した仕掛けである。これを川の瀬などにも作り、馬の沓などを掛けておく。

六、柵、矢来、乱杭、底縄などの有無を見計る事

柵は地上高七尺五寸の木杭を三、四寸間隔で並べ立て、木の上から五寸の所を貫で連ねる。これに棘《とげ》の枳殻《からたち》などを結ぶ事もある。空堀の中や敵が渡河しようとする瀬などに設置する。矢来《やらい》は竹で高さ七、八尺、或は九尺一丈程に結んだ鹿垣である。逆茂木《さかもぎ》は枝が四方に蔓延《はびこ》った大木を敵の方に先を向けて置く。乱杭《らんぐい》は皆がしっている通りである。底縄は水流に順じて筋違いに水の中間から底にかけて張っておく。総じて敵要害の良い所はこんな防備は無いので、要害の状況からこれらの有無を推測する事は出来る。乱杭や縄の察知法は色々あるので注意深く見計る事。口伝あり。

七、引橋の有無を見計る事

引橋は本丸と二の丸との間の橋に仕掛けられる事が多い。作り方は橋の前の方に蝶番《ちょうつがい》を使う。図あり〔付図欠〕。

八、城中の水場、また敵が水に渇するかどうかを察知する事

城中の水場と水の多少を見知する必要がある事は言うまでも無い。また矢倉から堀の水を汲み上げる事もある。その堀の水を切り落とす所などは一つ一つ丁寧に見計っておく事。昔、楠正成が河内の赤坂城で水の道を切った事〔『太平記』巻第六〕や千早城では水を溜めた計〔『太平記』巻第七〕などがある。このような所に目を付けて水の手を見計ればよい。また水に渇した者は夜中に谷合の水や堀の水などを潜に汲み、或は汚水をもかまわず飲み、或はわざと馬の湯洗いをして見せる事もある。例えば因幡の鳥取城では白米を水に擬して馬洗いをして見せた。

九、敵は気持が弛んで締りが無いのか、餓えて疲れたのかを見る事

城中の兵糧が尽きると、飢えて疲れた士卒は野菜ばかり食べているので、辺りの草木の枝葉を見ればそれが分る。また食事を焚けないので、城中から煙が立つ事も少ない。馬を殺して食べるので、馬の嘶《いなな》きが次第に少なくなり、人の声弱く、顔色悪く、足はふらつき、杖を突き、面桶《めんつう》〔一人分の飯入れ〕を持ち歩き、禁制の乱暴をしているのも兵糧が少ない為である。以上は城外から見知る術であるが、城から夜討ちに出た者を討取った時に、その腹を割いて見ればよい。ただし夜討ちに出る前は食べて出るので、胃中の残渣のこなれ具合を注意深く見る事が重要である。味方が敵方に捕まった時に、敵が白米などを食べさせて戻した場合は、兵糧が少ないと判断する。城の塀側や城中に潜入して見聞きすれば、様子はすぐに分る。『孫子』にも「杖で立つ者は餓えている」とある。昔、越前の鐘ガ崎城に新田一族が籠った時、兵糧尽き、馬を殺して食べたので馬の嘶《いなな》きが聞こえなくなったという。

十、敵の強弱を察する事

備えが騒々しいのは軍令が行き届いていない為であり、大将・物頭共に軍功が無い無能な敵である。また士卒が右往左

往して統制が取れていないのは、将に威厳が無い為であり、概して上層も軽いと思ってよい。五人七人が彼方此方でひそひそ話をしているのは、味方内部で亀裂が生じている場合であり、その兆しは他でも色々と見取れる。強いのはこの反対である。この趣旨で敵の強弱を察すればよい。

夜の見間違い三カ条

一、夜に尺の木と人とを見分ける事

敵城近くに忍び寄り、月影で見ると尺の木なども敵が出たように見えるものである。それを見分けるには、尺の木は動かず、人は動く。尺の木は並び揃っている。人は並び揃わない。尺の木とは旗、長柄などを立てて置く木である。

二、夜に敵陣の火と味方の火とを見分ける事

夜、敵陣に火事がある時は、後ろから見れば味方の先陣が敵と合うのはまだ少し遠くても、火が移って城の近くまで攻め寄せた様に見える事がある。概して夜は火が近くに見える。

三、烽火と野火とを見分ける事

烽火は高く、野火は低い。

間見の編

この編は遠い所から間を隔て見て、敵の様態を察知する術を記す。

城陣の敵の進退を見分ける三カ条

一、敵が城陣から出るか否かは旗と人の気とで察知する事

敵が城陣から夜討ちや朝駆けに出る時は旗や馬印が動く。その子細は以下である。出陣の時は一番備、二、三番、脇、後備など段々に動く。これで敵が今夜夜討ちに出ると思った時は、夜になれば一番二番を正して、それぞれの待機場所に移動する時は物騒がしくなるので、その音を寄せ手が聞き咎めることとなり、それを防ぐために昼の内に一番二番を所定の待機場所に置くものである。だから旗や馬印のある所が換わる。旗を動かす時は、寄せ手が奪取するかも知れないと思う時は、旗を巻いて見えない事もある。または何時とはなしに、旗の在る所を換える事もある。いずれも旗の様子がいつもと違う事に気付くはずだ。軍書に「出戦の時、先陣の者は奥に行き、後陣の者は門口に行く。よって出陣するかしないかは旗の動きで察知する」と記されている。

また朝駆けに出る時は、功の無い敵は夜になって食物を調え始めるので煙や火や光などが見える。敵が功者なら明朝の出戦に備えて明日明後日の食物まで今晩の夕食時に調えるので、出動の気配を察知し難い。しかしよく見ると煙の数が何時もの夕食時よりは多く立っているので察知可能である。また夏陣には夏の考えがある。武田信玄ほどの名将でも川中島の合戦の時に、明日の合戦の食物をその前日に調えたので上杉謙信は西条山から信玄の出陣を察知したという。

二、敵が夜討ちに出るのを察知するには火、光、小物見、夜の戒め声、犬馬の声、人の声などの多少知る事

敵が夜討ちに出る時には、第一に、互いが打ち合わせの為に伝令を送り、諸道具を調えなど他にも諸用があり、提灯、松明、走り回る火の光がいつもより多い。第二に、前方に小物見を出し、足場、地形と敵の様体などを偵察するものである。第三に、いつもなら張番の夜回りが厳重で、拍子木を打ち、その番守の作法に則った式音が聞こえるが、夜討ち出陣の時は拍子木や夜番夜回りの定例の戒め声もしない。第四は、馬を引き出して一カ所に集めるので嘶く声がいつもより多く、犬も人が騒ぐ時は吠える。第五は、いつもとは違い、かえって敵城陣の声は静まり、沈黙の雰囲気に包まれる。これらを見て敵の出陣を察知する。

三、敵陣に敵の有無は鳥、旗、煙火などで察する事

敵が城陣から退散する時には、旗や差物を立て置き、明松、提灯、火縄などに火を灯して人が居る様に見せかけるのが常である。しかし無人になれば旗も火も動かない。また城陣に敵が居ないと櫓の上、小屋の上、その他人が居るべき所に鳥が居て、餌を啄《ついば》むなど安心しており、飛び方も穏やかである。調理の煙も立たない。

反対に敵が居る時は旗も火も動き、鳥は近寄らず、飛び方も下を警戒して上空を飛ぶ。鳥にもよるが、突然乱れ散り、警戒して飛ぶ事もある。一般に飼鳩、雀、鳶は人を恐れないが、これも居所と飛び方にもよる。もちろん煙も昇る。

陣取る敵と退く敵を見分ける二カ条

一、陣取る敵と退く敵を見分けるには、荷物と物見で察する事

荷物を降ろし、陣具を取り扱い、武士がたくさん物見に出て、馬に乗り廻って広範囲を偵察していれば陣取る敵である。一方、荷物も降ろさず、陣具にも触らず、そのままでいるなら退く敵である。あるいは物見も出さずに土井を築き、長柄などを立て置くための尺を付けるなどする時は此方を恐れている敵であり、吾方と戦うつもりでいる。

二、陣取る敵が味方待ちかを見分ける事

荷物も降ろさず陣具も取らずに動かない敵は退く敵と言ったが、味方勢がまだ到着していなくて備を乱してはならないと遠慮がある場合は、後備が到着するのを待っているので動かない。これを見分け方は、第一は諸卒が、まだかと後を振りむいて見るものである。第二は、後備に「早く来い」と切々に伝令を送るので、後備への往来で人の動きが激しい。

伏蟠の有無を見分ける五カ条

一、伏蟠《ふせかまり》が隠れ居る場所は森、林、藪、谷合、山影、堤の裏、溝川の中、葦の茂みの中、深野、麦畑などである。『孫子』に「険阻、水溜り、葦、森林、草木の茂みがある所は必ず丁寧にこれを捜索せよ。伏姦の居る所である」とある。

二、前記蟠場に伏蟠が居るかどうかは鳥獣、気、火色、草、旗、煙、木偶《もくごう》。偽鳥などを見て察する事

前にも述べたように、鳥が蟠場に居るか居ないか、また飛び方は、と観察して蟠の有無を察知する。『孫子』は「鳥が飛立つ時は伏兵がいる」と言い、『六韜』には「伏兵が野に居れば雁は乱れ行く」と記されている。獣は狐、狸、鹿、猪、兎、猫などで、その走り方で伏兵の存在を知る事が出来る。伏兵など襲撃隊がいれば、山野の獣は必ず走り出る。『孫子』には「獣が驚くのは伏兵なり」とある。伏兵が居る森林などの上を見ると動的な気があるものである。伏蟠が百人以上なら、必ずその気配がある。味方の支配地で伏蟠がいない森林の上と伏蟠がいると思う森林の上とを見比べれば、伏蟠の有無を気で知ることが出来る。また火縄の煙は少ないとは言いながらも、大勢が一緒に潜んでいるので煙が見える。或る人は「曇った夜でも伏蟠の上の雲が白く見え、晴れた夜なら伏蟠の上に星が多い」と言っていた。火の色とは、夜は火縄の火がちらちら見えるものである。しかしこの火が動かなければ、竹に挟んで置かれた偽火縄と察すべきだ。ところが、昔、或る者が火縄を風で揺れる柳の枝に懸けて置き、人がいる様に見せかけて退却した例が有る。これは少しでも人が保持している火縄に似せようと熟慮した結果である。しかし柳の枝は、一尺二尺は動いても五尺、一丈は動かない。その上、火の光が頻繁に見えたり隠れたりして動きが不自然である。

草の状態は伏兵が深草、麦畑、麻畑の中に隠れている場合の見分けに役立つ。そこに伏蟠がいる時は草が揃わず、例えば台風の後のように見えるが、もし居なければ草の上が揃っている。また深草の近辺を調べると、伏蟠が入った道は草の切れ間が出来て踏跡が出来ている。また雨の後や早朝などには草木の露が払われ落ちて無い。

旗とは、本物の伏蟠は旗・馬印を伏せて隠すが、これらを森林の中や木陰にさりげなく立て、そこに伏蟠がいるように見せる騙しもある。しかし山影から人がこちらの様子を窺い、また小指物などを確認出来ると、それは本物の伏蟠である。

煙とは、伏兵が潜んでいると思わせる為に、谷間や山で松葉を焚いて煙を立てることがある。これは偽工作であり、本物は煙など立てない。木偶とは伏兵を擬した人形で、敵を引き寄せる為に置く事がある。これは動かない。これが木陰や遠くの山に見えたら、そこに伏兵無し、と思えばよい。昔、楠正成の千早城での謀計が木偶である。また鳥とは、似せ物の鳥を作って伏兵の上に置く事である。これも動かない。昔はこんな事がままあったようだが、よく観察すれば、虚にして虚を示し、実にして実を語っているのが分かる。重々口伝。

三、前記蟠場に伏兵の有無を見聞する所の事

森林なら風下に忍んで行くと敵の物音は風に乗って聞え、火縄の臭いがする事がある。また谷合を見たければ谷向かいの野原や川原を行って谷の下から見上げて観察すればよい。海辺の谷際なら舟を出して谷間を見上げて確認する。また高山の頂上から見下ろすのも時には良く、臨機応変にすればよい。

四、敵が伏兵を置いて騙して逃げるのを察知する事

首尾を調えて作法を完全にして備を置いて逃げる場合は敗北とは言わない。『李靖』は「旗を調え、鼓に応じて号令一つで散り散りに逃げるのは敗北による逃走ではなく、必ず奇計がある」と記しており、まさに是である。また備が乱れて右往左往し、統制もとれてなく、逃げ出す者も居れば戦う者も居る。あるいは五人十人、二、三十人と散り散りに逃げているのは本当の敗退である。『李靖』にも「兵が本気で退却するなら、旗が入り混じって整然としてはいない。兵は鼓の大小の音に呼応せず、命令が騒々しく飛び交って一つにならない。これは真の敗退であって奇計ではない」とある。また退く敵が皆同じ方向を見るようなら、その目線の先に伏兵が居る事を察すべきである。

義盛軍歌に

逃げて行く足軽どもの脇を見ば、その見る方に伏有るものなり

五、敵の働き方や退き方を見てその心を察する事

午の刻〔昼十二時〕を過ぎて敵陣を攻撃する事は軍法に固く戒められている〔『楠正成一巻書』に「城をかこむ時刻は午の時すぎは三里をへだて陣すべし。翌日卯のこくに陣屋を立ち、城をかこむものなり。此の時刻延引せば城よりさかよせ、或は夜討ちにせられて必敗するものなり云々」とある〕。しかし日暮になって味方の陣を攻撃するのは、謀略ありと考えなければならない。また大勢小勢によらず敵の城陣近くに取り寄せれば、山の斜面を登るのが定法である。しかし小勢で野中に布陣する時は、これは謀略と思わねばならない。また敵が行くはずがない所に行き、退くはずがない所を退くなど、納得のゆかない行動は皆敵に謀略ありと考えるべきである。よく気を付け、よく明察して敵のその謀を知り、これに乗じて討つという知謀を廻らせなければならない。

敵が渡河するかどうかを見分ける事

一、敵が渡河する時は馬の泥障《どろよけ》を外し、革の矢入れを解く。河を渡る時は徒歩を連れないが、もし連れても少数である。また腰縄といって一丈五、六尺ある麻縄を軍勢の腰に付けさせる。歩行者が河を渡る時はこの縄を取出し、連なって結び付ける用意をする。これらで敵は渡渉すると察すべきである。

旗の塵で敵を察する七カ条

一、旗手を先に備えるのは隊列を整える敵、旗手を中程に後らせるのは進軍する敵と知るべき。

二、旗が少し乱れるのは備が定まらず、大きく乱れるのは敵方に内紛があると知るべき。

三、小符が前に傾くのは合戦を待ち、後に傾くのは進まないと知るべき。

四、先勢が動き、後勢が静かなら備えを立てると知るべき。

五、馬塵《うまぼこり》が前に起れば進み、後に起るのは退く敵である。また馬塵もなく、馬印も動かず、旗も動かないのは陣を固めた

と知るべき。

六、遠くから押し寄せて来た時、敵の旗の武者塵が多くて高い位置までかかって、旗印が隠れる程であれば騎馬武者が多く、歩兵は少ない。武者塵が少なく低ければ歩者多く、騎馬武者は少ないと知るべき。

七、人数の多少は居所と柵で察知する。森林の茂みに陣取るのは小勢であり、留まって引き退くと察すべき。

以上の条々に口伝あり。忍術の道を志す者は常に心を忍法に委ね、時が来たら動揺することなく、祥密に謀る事が肝要である。そうすれば敵の肺肝を見抜き、危険な事は少しも起らない。その虚と実を常に正確に使いこなす。実に絶妙至極である。

巻第十一

陰忍一　城営忍編（上）

大物の隠者は人里離れた山中にではなく、街の中に住んでいる。それと同じ様に、陰忍は陽忍を凌ぐ事はない〔この部分は著者訂正。底本と大原勝井本は「陽忍は陽忍に如かず」、伊賀市上野図書館本は「陽忍に如く事はなし」とある。底本前後の意味より、上記のように訂正す〕。しかし陽術のみに頼り、陰術を伴わない時は目的を全うし得ない。従ってこの巻は敵の隙を計って隠形の術をなし、道具で忍び入る方法を述べる。臨機応変に対応するには陰術と陽術の併用が必要である。陽術又は陰術だけの片頼りではなく、例えば時間が止まる事無く春夏秋冬へと変化するように、陽から陰が生まれ、陰から陽が生まれるわけだから、大きな流れに乗って行動するのがよい。すなわち先に陰術、その後に陽術で仕掛けるか、最初に陽術で仕掛け、次いで陰術かは流れによる。さらに述べるなら、陽術の中で陰術を使い、陰術の中で陽術を行うもよい。忍術は転変動作が無限であり、玉を盤中に転がす如く、あるいは水に浮かぶ瓢箪の様である。

昔、楯岡の道順が樵夫となって沢山城に忍び込んで床下に隠れた。始めは陽術、後で陰術である。また陶山と小見山という忍者が笠置城に忍び込んだ時は、風雨の夜を窺って打鈎で潜に岩石を越え、城内に入って夜廻りの跡をついて歩いた。敵の咎めに合って陶山吉次は取り敢えず、「私は大和勢であります が、今夜は余りに風雨が激しいので、夜討ちや忍者が入り込むかも知れないと思って夜廻りを致している処です」と答え、その後は忍ぶどころか堂々と「皆さま御用心あれ」と叫びながら次第に本堂の方へと行き、皇居の様子まで見聞した後、終に放火した。これは始めに陰術を用いて潜入し、終には陽術で目的を遂げた例である。また小太郎が伊賀の佐那具の城、峰下の城に忍び込んだが、敵に見咎められて追われて逃げた時に、石を井戸の中に投げ込んで敵に井戸に落ちたと思わせ、その間に逃げ去った。また孫太夫がある家に忍び入った時に、敵が聞き付けて鎗で突いてきた。その時、孫太夫は一人言で、「家の主が起きたようだ。さあ逃げよう」と言い、さらに自分で「もっともだ。さあ逃げよう」と一人芝居で返事をした。主人は壁の外に敵が居ると思って外に出た。その隙を狙って、孫太夫はどんどん家の奥に入って行った。この二つは陰術中に陽術を用いた例である。

また山田の八右衛門がある者と賭けをして、「お前の刀を取ってみせる」と断言すると、相手は「馬鹿な」と答えた。八右衛門は「それなら一宮の祭礼日の白昼に堂々と盗み取る」と言って賭け事にした。そして祭礼の日。八右衛門は田蓑・田笠の目立った姿で、相手に気付いていない振りをして、誘うように相手の前を歩いて行った。相手は八右衛門を見失わなければ刀は絶対に取られるはずがないと考えて、八右衛門を見失わないように歩いた。しばらくして八右衛門は長田村の在家に走り込んだ。これは計画していた事であり、前以てそこに自分と同じ姿の弟子を置いていた。走り込むと同時に自分は家の中に留まり、裏口から弟子を出して、一宮より五町ばかり此方の丘の上に留まらせた。刀の主は丘の上の者を八右衛門と思い込んだまま、丘の下から見ていた。ところが八右衛門は丘から下る気配も無い。終に退屈して供人に彼を見張らせ、自分は明神様に詣でた。すでに八右衛門は姥に変装して大綿帽子をかぶり、鰐口の下で群衆に紛れ込んで彼を待っていた。祭礼の日だから混雑を極め、鰐口の緒も奪い合いだった。相手は鰐口の緒を摑む為に刀から手を離し、鰐口を打ち鳴らして無心に祈った。両手が刀から離れた僅かな瞬間、賽銭箱の陰から刀身を抜き取った。相手は刀を取られた事に気付かず、そのまま群衆を押し分けて境内を出た。馬場で待っていた八右衛門は大声をあげ、盗んだ刀を誇らしげに見せたという。これは陽術中陰術の例である。

このように前陰陽後の術、始陽終陰の術、陽中陰・陰中陽の術など、古人の計略も多々ある。まず例を以て概略を記した。臨機応変に陰陽を自在に混ぜ合わせる事が大切であり、陰陽混合で勝利する事を知るべきである。

先考術十カ条

一、事前に敵の城郭・陣屋等の様子をつぶさに調べあげ、術や方便を工夫して潜入口や退出口等を練り上げる事

忍術を仕事とする者は、平和時に諸国の城、また各地を巡ってその虚実を調べ考えて、入り込む場所や出る場所、その他万端に気配りして工夫得心の上で絵図にしていくべきである。例え意図していなかった路でも、知らない国里に入れば抜け道、径路《こみち》等を専らに調査し、どこは険阻、どこが平地、その道の広狭、何処から何処までの距離が幾里あり、その国から某里への抜け路は何処より何方に出る等を調べるのはもとより、獣道も丁寧に見聞きして記録する。

二、忍ぶべきと思う前に、まず昼寝をする。人間の行動や睡眠は、自然に昼と夜があるのと同じである。心が逸り猛っていても、もし敵地で眠くなると大失敗する。

三、月の出と入りの時節をよく考え、月が出る前か、月が入ってから忍び込む。これを月の大事という。昔の忍者は、これを「地蔵薬師の前後」などと言って秘密にしていた。陰忍は月の夜を嫌う。月の出入の知り方は本書の「天時（下）天文編」で解説する。

四、忍び込む時に、刻限を知るには北極星、昴星、或は錘《おもし》、砂時計等で知る。詳細は「天時（下）天文編」に記す。鼻息が通り易いか通り難いかで時刻を知る、という人もおり、それは子の刻〔午前零時または午後十一時から午前一時の間〕に左の鼻穴が通るとして、一時《ひととき》〔現在の約二時間〕替わりに

片方ずつ通すと言う。私も試したが、まだ会得していない。
五、忍び込む時は飛脚火、入子火、狼煙等の相図はもとより、その他の手はず万端を大将と手違いのないように決めておき、その相図が他人に絶対洩れないようにし、その上で忍び込む事。決め事すなわち契約相図の事は「将知二　規約の事」に記す。
六、今忍び込むぞと思う時は、まず敵の城陣の近辺に陰陽の両術で行き、周囲を注意深く観察する。先に述べた様に、入る所と出る所を考えておくことが大切である。また城内では帰路に迷う場合があるので、目印を色々と残しておく。一町一火、入子銃などの相図の用意も当然である。一町一火の事は忍び「夜討ちの巻」にあるが、夜討ちと潜入では仕方が少し異なる。口伝。
七、忍び込みに連れて行く者の選択を間違うと、潜入が困難になる。忍びの組中では、相図約束を徹底しておく事は勿論、手はずの全てを一人残らず理解させておく事が成功の絶対的な条件である。
　また臆病者、軽率な者、未熟な者の類を連れて行ってはならない。勿論、仲間の内で相図約束の食違いがあってはならない。生死を共にする旨の誓紙を書き、それを互に取り交わして出発する。もしも止むを得ずに未熟者、臆病者、軽率者などを連れて行かざるを得ない状態であれば、彼らを相図役にする。万一、現場に連れて行く事になれば、入る時は仲間の後ろ、出る時は仲間の前とする。

忍歌に
　唯人を連れて忍びに行くならば、先ず退口《のきぐち》を記《しる》しおしえよ
〔底本は「退口を記し『覚えよ』」。『軍法侍用集』の「よしもり歌」（『義経書捨物語』）と伊賀市上野図書館本は「おしえよ」〕
又
　忍びには二人行くこそ大事《だいじ》なれ、独忍ぶに憂き事はなし
〔「忍びには二人行く云々」類似で、楠流軍学秘書の忍術伝書『正忍記』に「忍ぶには手練一人が一番良い」とある〕
八、城に忍び込む時は組中皆で一緒に入り、入った後に各所へと分散する。
九、山城、砦、附城、陣屋などは、組中は分散して入るべきである。相図の火に三つの印があるが、これは「将知二　規約の事」に記した。
十、必ず露顕するものだと思い、敵の様子を内々によく聴いておいて、敵の者から味方の大将に届いたとする偽密書を作製し、それを自分の宿泊所に一、二通残しておく。また味方の大将の密書も作り、一通を衣の襟の中に縫い込んで忍びに行く。この詳細は「陽忍（上）」に記した。
　忍歌に
　　目付者又は窃盗《しのび》に行く時は、書置きをせよ後の世の為
〔「書置きをせよ後世の為」は『軍法侍用集』引用の「よしもり歌」（『義経書捨物語』）には「書置をせよ後の名の為」

とある」

以上の条々に口伝有り。この偽文書は忘れないで必ず用意する事。

虚に付入る術二十カ条

一、敵将が味方の国を攻撃する為に居城を出た夜の事

城を攻めるよりは自分の城を堅守する方が大切という事は知っているものだが、第一にその国の城を大軍で出発する時は、色々と混乱しており、基本的な物事を忘れるものである。第二に、敵を撃破するという気持ちが先走り、微細に身の内を穿鑿《せんさく》する事まで気が回らない。第三に、その城を出入する者が必ず多くなる。第四に、この時に反忍が来るとは思いも寄らないものである。よって敵出陣の夜には、以上四つの利が有る。

二、敵の初攻撃後の一、二、三夜の事

第一は、敵の気力は初戦時には鋭いが、意外に何かと難儀な事に苦しむ結果となり、戸惑い気落ちして緊張が薄れる。これは長閑《のどか》な春には人や鳥獣も油断する事が多いのと同じである。第二は、まだ敵心に戦闘の志や覚悟が定着していない。第三は、小屋や陣具等の建設整理などで忙しい。第四は、まだ大々的な合戦には至っておらず、攻撃心の勢いも継続しており、恐れが無いので警戒心に乏しい。この三夜は以上四つの利点が続いている夜である。

三、春の長閑さと夏の炎熱の日に敵が長途を倍も行軍して来たり険阻な山坂道を越えて来た夜の事

四、強風の冬や大寒の時は、敵は氷雪を踏み深い水に浸かって凍え疲れる。そんな夜、あるいは艱難《かんなん》辛労したその夜の事

五、敵は日暮に着陣し、小屋掛けや食物の用意、馬の湯洗などで忙しく、まだ全ての手筈が定まっていない時分の事

六、終日合戦や争論で敵が疲労した夜の事

人間は生身であり、鋼鉄の体ではない。疲れると必ず油断する。

七、敵が味方の陣を攻撃する用意をしている夜の事

平生でも出て行く時は心が少し鬱になる。出陣の時は尚更だ。食事、武装、令命、契約、遺言など万事に心を奪われて非常に忙しく、忍者が来るなど夢にも思っていない。敵の出陣は貝の音でわかる。軍書に「行動の時を決めて陣貝を吹くのは、陣押や出馬の時の相図などである。例えば一番貝で飯を食い、二番貝で身 整《こしらえ》、三番貝で先手から次第に打出す。この時は一度に九つ宛吹き、三度では三九の二十七である。行動は陣貝の相図に従う」とある。

八、敵が味方の陣を夜討ちし、或は昼戦で敵が大利を得たその夜の事

敵が大勝利を得、味方は足腰が立たなくなるまで負けた時は、敵は必ず驕《おご》り慢心する。「勝って冑の緒をしめよ」という事を知らない者はいないが、人間の習慣として、その事を話し、心では知っていても、自分達が勝った時は勝に乗じて気持が浮足立っている。その機を狙うべきである。

九、味方が大勝利を得、敵が完敗して城に籠って混乱狼狽驚愕の渦中にいる時の事

十、静かな時は忍び難く、騒がしい時は忍び易い。その目利きの事

敵陣に火事が発生した時、或は馬が放たれた時、或は喧嘩・同士討の時、その他何れに依らず不慮の出来事が起きて衆心が驚き騒ぎ慌てふためく時は、必入の機会である。躊躇ってはならない。

忍歌に

大勢の敵の騒ぎは忍びよし、静まる方に隠れ家はなし

敵将が賢者で「乱れて取る」という謀略をするかどうかを見極めることが大切である。たとえ敵の謀であっても、忍者が功者であれば問題は生じない。

十一、大将と相図の上で、表を攻めて裏から入り、また裏を攻めて表から入る。相図がなくても、その心得で行く事

忍者は常に大局を見て行動すべきであり、一瞬たりとも匹夫の勇に走ってはならない。たとえ自分の傍で鎗合太刀討があっても無視し、眼は専ら目的の利を求め、敵の虚隙を突きつつ潜入して城を落とし、陣を破る。その為の調略を常に心懸けながら走り廻るべきである。でなければ、厳重堅固な城砦に入る事が出来るはずがない。

忍歌に

忍びには身の働きは非らずとも、眼の利《き》くを肝要とせよ

十二、小城では大勢が籠り集っている方へ、大城に小勢が籠った場合は険阻の方に行く事

大勢が小城に籠った時には、多勢が集っている方に行くのがよい。それは第一に、騒がしいので物音が聞こえない。第二に、敵に紛れ易い。第三に、人数が多ければ諸事に穿鑿《せんさく》をしなくなる。理由はこんな利点にある。

また小勢が大城に籠った時には険阻な方に行く。小勢だから要害堅固でない所ばかりを守り、険阻で要害堅固な所の番守は気が緩んでいるからである。これが利点である。

十三、大風大雨の夜の事

雨風の激しい夜は夜討窃盗が入るものである。知ってはいても雨に濡れ風に当たるのは嫌なものである。たとえ大将の下知が厳しくても、大抵は家内での番守だけで安心し、夜廻りの戒めも疎《おろそ》かになる。陰忍で潜入が困難な場合でも、雨風こそ秘法であり、潜入を決行する機会である。たとえ細雨微風でも同質だ。忍者が風雨を懸命に占うのは、こんな理由からである。風雨の占は「天時（下）天文編」で解説する。

忍歌に

大風や大雨の降る時にこそ、窃盗夜討ちの便りとはすれ

又

雨風も頻《しき》りなる夜は道暗く、窃盗夜討ちの働となる

十四、敵が和を請う時は実と計とを考えて大将と評議を重ねて対応する事

敵を討つと思う時は、必ず心が揺れ動く。だからその動揺を見破る目利きが肝要である。『孫子』に「約無くして和を

請うは謀なり」とある。

十五、敵城が強固で攻撃に失敗するか、又は敵の計略で味方が囲みを乱して退散する事がある。その夜の事

敵方は必ず戦の疲労で気が緩み怠るものである。

十六、将が居ない場合は勿論だが、将が居ても寄せ集め勢で守っている城陣の事

寄せ集め勢は、将が居ない時はいうまでもなく、将が居ても我儘《わがまま》で統率し難い。ただし一族が一緒に籠った城陣は入り難いのでそこは避け、大将が居る城陣でも寄合勢の集る所を見聞してそこから入るのが常法である。

十七、長陣で退屈している時分の事

人の気分は、初めは鋭敏で警戒心が強いが、それは長期間は続かない。次第に退屈し、怠慢になる。長期間かけて敵の状態を窺っていれば、何時か必ず撃つべき便隙を見付けることが出来る。

十八、敵将が武備才なく、多勢である事を頼りにし、侮りあり、戒めの心が少ないと見た時の事

兵法を慎んで重視する事が出来ない者は、忍者の能力を知っていない。高慢で人を侮り、味方の多勢を頼りに敵を軽視するので警戒心に乏しく忍び込むに易い。

十九、人間は生来怠惰である。この理を考え知っておくべき事

人間は勝てば奢り、敵を軽んじて侮る。敗れると苦しいので怠り、安楽なら楽ばかりを貪る。辛労で疲れて怠け、夏は暑くて怠ける。冬の厳寒霜雪凜風が厭で仕事を怠る。このように気が緩む事は多く、常に厳鋭で頑張り続ける者は少ない。この理合いを熟慮しなければ、忍びは成功しない。太刀を使う時に、敵の太刀筋をよく見てその虚隙を見極める者は勝ち、気付かない者は負ける。太刀で切結ぶ瞬時でさえ、虚実の理合いがある。いわんや大勢が集合し、またそれが数日を及ぶとなれは、敵の懈怠《けたい》を窺い、熟察謀計すれば必ず忍び込むことが出来るものである。

忍歌に

忍びには危き無きを良しとせよ、前《ま》え疑いは臆病の沙汰

二十、昼夜に限らず敵陣に援軍が着いた時の事

援軍が来た時は全員が勝利したような心地がし、心中に必ず怠が生じる。また着陣した軍勢はまだ城内の軍令がよくわからないので、あらゆる事において新参者であり、守りも強くはない。この時節をよく考えて計る。

以上が敵の隋衰の時と所であり、忍者が前疑いをして躊躇する事無く、思い切って忍び入るべき隙の機会である。忍者がその理を知っていても、この時に当たって前疑いが生じて決行に遅れを取るようであれば、千年経っても忍び込む事は出来ないだろう。せっかく敵の近くに居ても、必死の心がなければ疑惑の心が生じ、成功の機会を失って敵に見咎められ、生け捕れてしまう。『呉子』に「必死則生、必生則死」の戒がある。意味深い言葉である。時に当たって身命共に平生心でいたければ、「死生命有」と「不生不滅」の真理を堅く信

じて行動すればよい。そうすれば物事は必ず福に転じる。色々と人の事を考えてみれば、賢くて名を立てた人でも油断はあるものだ。いわんやそれ以下の人物は油断が多い。人の心は前を思えば後を忘れ、右を専にすれば左が疎かになる。これが必然の理である。殊に混乱して騒々しい時は、心が落ち着かず過失も多い。忍者は敵の実を避けて敵の虚を撃つ事を常とする。

忍歌に

窃盗には時を知るこそ大事なれ、敵の疲れと油断有るとき

惰気に入る術八カ条

一、忍術は時と所で臨機応変に行動するが、まず昼夜でその心得が変わる。昼は人が多くて騒がしい所、夜は敵が静かな方に近寄る。まず一人でひそひそ話の偽会話を仕掛けて番守の眠りを察知する。眠っているかどうかは、音が全くしないか鼾の程度や仕方を観察する。これには口伝あり。また敵は計略で静かにしているのか、または真の眠りであるかを見分ける為には半時も立ち聴きをする必要がある。偽睡眠であれば少しすれば怪しむ会話を必ず聞き取れる。また番守が厳重なら、忍者が小声でする偽話を怪しんで見破り、忍者の存在を知った時には、番守の小声や弓鎗刀などを手にして立ち上がる音など、また小声で会話しているのが聴こえる。そんな時は速やかに退散するべきである。

また小声で偽会話を仕掛けると、その小さな物音に驚いてあわてふためき騒動するなら、彼らは未熟者の寄合い番守である。このように番所は、一旦は彼らの鋭気を避けるが、頑張って覗い抜いて彼等が惰帰になった状態を確認した後に再び忍び入ればよい。人の気力には、初・中・終で三つの変が生じる。初めは勢いが盛んであり、中は気分も怠慢で緩み、終は退屈で帰りたくなったり、眠ったりする。故に功ある忍者は、敵の気の鋭が盛んな時を避け、敵が怠惰になって油断をして終に退屈して眠った時を見計らって其の機に瞬時に入る。故に必ず成功するというわけである。

『孫子』に「朝気は鋭、昼の気は惰、暮気は帰。其の鋭気を避けて其の惰気を撃つ」とある。この言葉は軍法に関する事のみであり忍者には関係ないなどと思って無視してはならない。忍術の要はこの理そのものであり、他に何の理があろうか。口伝あり。

二、番所を観察している時に、外聞の者が居ると気付き怪しみ、鎗・長刀・太刀などを持って塀や柵などを小楯《こだて》にして影に潜んで警戒をし、また番所の中から警戒している小声が聞こえたら、あるいは騒動が起こった時に番守が十人居ても二、三人だけが出て行く様なら、そこは必ず功有る者が守る厳重な番所である。忍者は速やかに立去るべきである。ただし退き方にも計略を廻らして、怪しまれない様にそこでは何も起こらなかったかのようにすべきである。例えば寒き夜に霜の音を聞くように、そっと自然に退くのである。

三、番所を見聞して、高声で談笑や酒宴の歌などが聞こえるのは、警戒心がない若輩者の集合であり、そこには老練功者の番守は居ない。これは即、必入の地である。躊躇してはならない。

四、以上の場所場合でも知っておくべき事がある。気ままで遊び気分が漂って守備が怠慢な様子でも、その実は忍びを騙し誘い込むべき逆の計略の場合がある。本物の怠慢か、又は忍びを誘い入れて捕える為の計略かをよく観察しなければならない。もし逆の計略であれば、どこかで厳格な番守が見張っている。特に外聞の者が密かに傍に居る場合もある。慎重に番守の真偽を確かめて潜入すべきであり、軽率な忍び込みをしてはならない。

五、忍者が敵の城陣の中に入った後は夜廻りの後をつけて行くべきである。これは古法にある。状態に応じて間隔を合わせて行動する事が大切である。これは「敵忍の潜入を防ぐ緻密な謀略（下）」の件で述べた「夜回り三カ条の事」をよく読んで工夫する事。

六、厳重な番所を擦り抜けて入る術の事

　第一が誘い出す、第二が同士太刀討、第三が抛銃火《なげじゆうび》である。いずれも口伝あり。古法に眠薬をかけるとあるが、私は未だ試みてはいない。

七、忍術は剣術の理合いと同じだ。敵に剣を打ち込む時は敵が自分の間合いで隙を作った場合であり、敵が間合いに居なければ切る事は出来ない。すなわち敵が自分の間合いに入る時に合せて刀を打ち込むのである。敵が剣を打ち出す時を避けてその剣の落ちた時か、またはその剣を上げる時の隙に付入るかである。これが、敵が入って来た時に剣を打ち入れる理合いである。愚者は敵が間合いに入る前に切り付けるので敵を討つどころか、却って切られてしまう。忍術もまた同じである。敵が自分の潜入する機会でない時には忍び込まない。敵が入り込もうとする時に生じる隙を狙い、この機会を外さないように計画どおりに忍び込み、敵が入って来ない時は隙が出来にくいので自分も入らない。これは巧者の技である。

　未熟者は敵が入らないのに忍び込もうとするので、忍び込めない。それのみか、却って身を亡ぼす事になる。故に敵が入らない時は忍び込まないのが道理であり、その時は全く忍び入る事は出来ない。また如何に堅城厳陣であっても、敵が入る時にその隙を突いて自分も動くので、忍び込む事が出来る。敵が入るか入らないか、すなわち敵が動いて隙を作るかどうかが成功の鍵というわけである。既に敵が入り込んだ時に忍び込む場合でも、理外の魔術に惑わされなければ、力む事無く、するりと潜入出来る。これは功者の技である。

八、忍術の三病は、一に恐怖、二に敵を軽んず、三に思案の過ぎ。この三つを取り除けば、忍者は電光の如く瞬時に入り込む事が出来る。第一に、敵を恐れて臆病となり意思が乱れ、日々習い工夫してきた事を見失って、手足が震え、顔色が変わり、弁舌も正しく作用しなくなるので、敵に咎められて露顕する事になる。第二に、敵を軽んじて人を愚と思うので、陰謀《いんぼう》が浅くなる。浮ついた気持で技を出せば失敗する。第三に、大げさに案じ過ぎると、その理の外まで余計に思案し過ぎるので、疑う必要がない物まで疑って心配が多くなり、方針が定まらない。迷いが多いと失敗する。よってこの三病を取り除けば謀計が深くなり、その機に臨んで速やかに入る事が出来る。恐れず、臆さず、そして電光の如く入る。『六《りく》韜《とう》』に「三軍の禍は狐疑より起る」とある。

忍歌に

得たるぞと思い切りつつ忍びなば、誠はなくも勝は有るべし

『陰経』に「隼が攻撃態勢で重林に入れば、その跡が無い。もし游魚が深潭に入ればその痕跡も無い。目の良い離婁《りろう》首を俛《たれ》て見ても、その形は見えない。耳の良い師曠《しこう》が耳を傾けてもその音は聴こえない。何も見えないが、纖塵が共に飛んでいる。勇ましく力の勝れた老将が、そこに居るイの亍イ〔行人を分解して並べている〕を見るはずがない〔乞食僧すなわち「行人」は目に留めない程の存在だから見えないという遊び心で文字の意味を消したのであろう〕」。

巻第十二

陰忍二　城営忍編（下）

利便地十二カ条

一、山城・平城は険阻な所、水辺の城は海川の方、泥沢を受けた城は泥沢の方の事

右の三カ所は敵の守りが疎かになる油断の所だから忍び込むに利便な地である。城陣もこれと同じ。

二、城門の屋根の事

城門は番守で厳重な所ではあるが、屋根や庇《ひさし》は掛梯を最も掛け易い。

三、門の傍の窃盗反《しのびがえし》の在る所の事

窃盗反に限らず敵が特に用心している所は要害の所ではなく、それはまた忍び込むには利便の地である。

四、外堀が城中の本丸や二の丸に食い込んでいれば、人馬や侵入を防ぐ為の柵である駒寄せ、或は二丸から本丸に架かる橋がある所は外堀から忍び込むには利便の所である。ただし駒寄せや二の丸と本丸間の橋がなくても、やはりこの様な外堀は利便である。

五、湖や海に面した城は勿論、堀がある程の城には石垣の台が有る。まずその台に行き、次いで時所の状況に従って次の行動を決める事。

六、水流し樋の中からの事

昔、下柘植《しもつげ》の小猿という者が、伊勢国の田倉の城に樋の中を通って入り、城に火を放って落城させた例がある。

七、石塁を登るには出隅はよくない。真平なる所も悪い。横矢、屏風折、或るは糞捨、塵落などいう入隅などは便利の地である。ただし所にもよる。

八、狭間より入る事

鉄砲狭間《てつぼうはざま》は潜入には適さないので矢狭間から入る事。

九、時には横矢、塵落、または塀の土木の下の石を取り除いて入る場合もある事

十、築城する時には籠城に備えて、領民の人質を入れる丸を造る。城にもよるが大抵は本丸より奥の険阻で離れた所にその丸がある。その場所が分かれば、そこは忍び込むには便利な所である。これは行く途中で村里に立寄り、その丸の事を聞いておけば紛れがない。

十一、城郭では、惣郭、三の丸などは叩き土居で竹などが生い茂り、また惣郭を囲む堀が空堀であれば忍び易いが、ここから忍び込んでも大きな成果は得られない。しかも三の丸から二の丸に行き、二の丸から本丸に行く様では尾根を切った難所を越える事が多く、疲労困憊《ひろうこんぱい》する。途中の諸具も調わず、手間ばかりで時間が経ち、最後は見付けられるのがおちであ

る。本丸と二の丸の中に直に忍び込む様に諸事工夫すべきだ。
十二、陣城は、前側は要害堅固で守りも厳しい。故に後より入る事
　以上が城陣の中に忍び込み易い利便の所である。「虚に付入る術二十カ条」の項で述べたように、忍び入る利便の理は敵の隋衰の時と所である。しかし隋衰の時と所のみばかり心得て、この十二カ条の利便の地を知らない場合は、「必入の術」にはならない。敵の隋衰の時、この利便の地から忍び込めば、陰陽の両術が上手く咬み合って成功する。

器を用いる術十五カ条

一、山が険しくて登り難い時は鈎梯を用いる事
口伝。
二、城門屋根には結梯、雲梯、飛梯などを掛けて登る事
ただし音がしない様にする事。口伝あり。

［図6『武備小学図考秘略』より］

三、門の傍の忍び返しや駒寄せ、或は橋、或は堀底から上の塀まで真っ直ぐ上に登るには蜘蛛梯を用いる事
口伝あり。
四、堀の外側から内側の塀の上まで横断越しで移るには飛行〔鈎縄で飛び移る〕を用いる事
口伝あり。登った後は焼薬その他の使用する道具を揚げる事〔巻第十八　忍器一　登器編九項の「長嚢」を使用する事もある〕
五、城内の小塀や屋形の屋根または木の上などへは忍杖を用いる事
　口伝あり。以上の道具を使えば高く険阻な所でも登る事が出来る。殊に蜘蛛梯、飛行、忍杖の三つの道具は、私〔藤林保義〕が数年かけて工夫製作した忍器である。この三器は持ち運びが手軽で、高塁や広堀でも自由に登る事が出来る。登器の種類は数が多い。しかし私の三器ほど小さくて完成度の高いものは無く、一般の忍器でこれ以上の物は見当たらない。ただし忍器を用いても、普段に充分練習をしていなければ成功はおぼつかない。忍術を学ぶ者は普段から手練しておく事が必須である。
六、海や川は水蜘蛛や軍船を用いる。水蜘蛛や軍船がない場合や大勢を渡す時は、葛籠筏《つづらいかだ》、甕《かめ》筏、蒲《がま》筏、竹筏、浮橋などをその場で有合せの筏を作って渡る。もし河の瀬が急で以上の筏では流されて役に立たない時は、水練達者の腰に細引を付けて川向こうに渡らせ、その細引の両端を向こうと此方で

竹木の少し高い位で結び付け、それを手に持って繰り越し渡る事。少し口伝あり。

七、水底を行こうにも発見されそうな時は鵜《う》を用いる事

白昼は敵に見咎められるので水底が良い〔鵜の剝製か作り物を頭から首まで被って立ち泳ぎで渡る。時々潜り、息継ぎで頭を出すのもよい。この方法なら小型で済む。『窃盗之秘書』には、袋の中の空気で呼吸する「息袋」の製法が図示されている。または気道抵抗が少なく呼吸がし易い太さで数センチの竹筒の節を抜き、先端に鵜を付けて空気取り入れ口とし、筒の長さは夏と冬とでは水の濁り具合が異なるが一メートル前後で調整し、吸い口を筒の側面にほぼ直角に刺し込んだ呼吸筒を作って水底を歩く。深みで鵜が沈む事に問題は無いが、浅い所は注意が必要である。以上、推測で紹介しておく。「陰忍編総目録」には鵜ではなく、「鸂鷘《けいぶ》」とあり、これは鴛《おしどり》より少し大きい水鳥である〕。口伝あり。

八、泥沢の地は橇《かんじき》を用いる事

以上の道具で海、川、泥沢は絶対に越え渡る事が出来る。鵜は私が工夫し作ったものである。水底を潜るに大変優れている。

九、古法だが、城に忍び込む時に堀を越すには浮橋を使う。その使い方は浮橋の端を水練の者に持たせ、城の石垣の竹木か、それが無ければ苦無《くない》を突き立てて浮橋端の縄を結び付け、こちらの端も結び付けて引き張り、その上を歩いて渡る。また一説に、長く大きな竹二本を間隔一尺四寸五分で梯状に絡めてそれを堀の中に突き遣り、或は竹を粗く編んだ簀《す》を次々と繋いで堀を越し遣り、またはこちら側から板を次々に結んで連ねてその上を渡るなどがある。猶、これらには解説が有る〔この項は巻第十九　水器編参照〕。

十、古法だが、石塁を登るには下は結梯を用い、結梯が届かない所は石の間に苦無を立てて越え、輪橋《まくりばし》二つと交互に掛けて登る。口伝あり。

十一、古法だが、石塁上の塀の下に取り付く時は苦無をよく刺し込み踏んで、次いで探鉄《さぐりがね》で塀を刺して試しに穿つべき所を決め、下に長嚢《ながぶくろ》を垂れて置き、苦無で塀を穿ってその土を長嚢の中に落し、塀に穴をあけて窃盗込む。または穴を穿たずに打鈎で登り越える事もあるという。前の長嚢を垂れ置く理由は、土が水に落ちて出る音が危険だからである。

十二、古法だが、石塁や塀などにいる時は高梯はそれをかけかえながら登る。これを繰取るという。また籠城の時の沈橋という物がある。これはよろしくないので口伝で述べる。

最後の四カ条は伊賀を我々が支配していた時代の術であり、要害が拙い城営の中に忍び込む作法である。昔の城は堅固ではなく、忍術や忍器は共にその理は拙い。且つ諸道具の数は多いが、残念ながら重くて実利に乏しい。故に当代の城に忍び込むには少し不向きかもしれない。所によっては、この術を使いたいと思う事があるかも知れないので記した。良し悪しの判断は「忍び問答」で述べた。

十三、他家の忍器に畳梯《たたみばしご》がある。これは巧みな様だが第一に、

重くて良くない。第二に、堀の外側に巌石がなければその梯は懸け難い。その上、梯の中間で曲がって登り難い。また継《つぎ》梯《ばしご》という物もある。これも窃盗の役には立たない。素晴らしくても重い道具を用いることは、忍術ではあり得ない。

〔畳梯は文意から折畳みの梯と考えられる。ここには「他家の忍器」という表現の面白さが内包されている。しかも忍具が如何なるものかを象徴的に表現しており、忍具は各自のアイデア品であり、我家の秘密という威厳を求めて考案された物も多く、殆んどが大きさ、重量、機能性などで非実用的道具であったようだ。詰まる処、多くの忍器は、単に恐怖心にかられた忍者が安心感を充足する為の道具と言える物が多い〕。

十四、笆《もがり》〔虎落《もがり》、竹の先を斜めに削ぎ、筋違いに組み合わせて結って柵にしたもの〕、柵、鹿垣〔枝付きの竹木で作った逆茂木《さかもぎ》〕、忍び反《がえ》しなどを切り破る事

　これは各別に方法があるわけではない。臨機応変に錏《しころ》〔一字欠。錏は訳者補足〕で締め切ったり引き切ったりすればよい。一般的に忍器は風下で用いて音が聞こえない様にする事が肝要である。とりわけ錏〔訳者補足。ここは一字脱落。忍者は両刃の鋸（錏）をよく使った。〕などで切る時は、以上の点を考慮しなければならない。

十五、塀、柵、笆、鹿垣などを越える、あるいは伐り抜いて入る時は、繰糸で印を付けておかなければ、帰り道で出口が分からなくなる。必ず繰糸を少し切っては目印として結び付けながら進む事。

口伝あり。

忍歌に

　道筋に目付をせんと心掛けよ、出処忘れて不覚ばしすな

以上の道具の用い方には口伝が色々ある。忍者は敵の隋衰の時と所を知り、城や陣屋の忍び入るに利便の地とをよく察知して忍び込む事が肝要であるが、道具の使い方を習熟していなければ、例えば禅僧が剣術の理はよく話しても、剣で戦う事は拙い事に類似している。調練の無い忍者は存在しないと断言しておく。『魯論』〔魯の論すなわち孔子の論語〕二万三千字の始章の一句に「悟りに入る」と古人が言うように、「唯学び、これを練習する。まさにしかりである」の一句を心掛けておく必要がある。名城に忍び込むか込めないかの分岐点は、平生から学習と練習に勤めていたかによるのみ。

着前の術二カ条

一、将の著前、一、二、三、四、五、六日までの事

　味方の軍勢が敵城に押掛けた後は忍び込み難い。故に大将が到着する六日前までに潜入しておくべきである。攻撃の兆が出る前に入るのである。この時に飛脚火、狼煙、入子火、相図の旗具などの時や折の約束事が重要である。

二、着前の術を為す時は影形、身虫、久ノ一などの陽計の人物と連絡をとる事

　各口伝は深く、また簡単に人に教えてはならない〔「影形、

身虫、久ノ一」は巻第八「陽忍（上）遠入の編」参照〕。

襲入術二カ条

一、入る予定の五〜八日も前から昼夜を分かたず襲撃した後の事

人の気力が疲れる時は諸事に無関心になり、油断するものである。ただし大将と内通の上で行くのは当然である。

二、火矢を連打して、その反対側から忍び込む。または毎夜打った後に潜入する事

口伝。

隠蓑の術

隠蓑の術は陽術中の陰術である。陰忍の極秘であり、その方便は述べない。口伝は深い。隠蓑の秘術で忍び込む時は桂男、久ノ一などの陽計に連絡を取り、或は妖者の術などを行う事。この術を使えば如何なる堅固な城陣にでも潜入可能である。

隠笠の術四カ条

一、敵の城陣に初めて入る時はまず厠《かわや》、藪、林、または人が集まって騒いでいる所、或は橋の下、屋根、木梢の事

初めて忍び込む時は右の所に一旦隠れておき、状況を見て敵の相詞を盗み聞き、あるいは人の名を聞いてそれに問うなどする術がある。

二、機会に見合った智略を以て奥に入る事

口伝。

三、敵が怪しんだ時の智略の事

口伝。

四、敵が追い迫った時は百雷銃、或は捕者の惣摩久利などの物を投げて敵を驚かし、その間に逃げる事

以上の条々は伝授する事が色々あり、百雷銃、捕者惣摩久利の道具の説明は火器の編に記す〔これらの記載欠〕。

放火術六カ条

一、将知期約の処で述べたように、たとえ敵城陣の中に忍び込んでも味方の大将との相図が出来なければ、火を放つに困る。相図なしに火を放っても敵がその火を消し、忍者も十中八九は捕えられる。注意しなければならない。また大将が攻めて来るにも遅速があり、その点を考慮し、放火を加減する事が肝要である。忍者が城から出る時に味方と合い討ちをしない為の約束事や相図を交わしておくことが重要である。たいていは、落城後に遅れて出ればよい。口伝あり。

忍歌に

忍び得ては敵方よりも同士討の、用心するぞ大事なりけり

又

同士討も味方の下知に因るぞかし、武者の印を兼ねて定めよ

二、時によっては放火出来ずに帰る場合があり、その時は帰りざまに潜入した証拠品を取って帰る事

適当な証拠が無い時は、城陣の柱や壁などに自分の氏名を書き残しておく事。

忍歌に

敵城に窃盗ぶ印を取るならば、紛れぬ物を肝要とせよ

又

敵方の旗馬印取りたらば、味方の為に悪きとぞ云ふ

又

敵方の城や陣屋に名を書きて、窃盗の印を人に知らせよ

〔史料によって少し記載が異なる忍歌がある。この「敵方の旗馬印取りたらば云々」も大原勝井本と伊賀市上野図書館では同じだが、『軍法侍用集』の「よしもり歌」では「敵かたの旗馬じるしとりくるは、味方のためにあしきとぞ聞く」とある。〕

三、消火されると思う時は、忍者の組仲間が方々に手分け分散して行う事

方々から火を出す事は当然である。また風が無い時に放火する所、風の順逆で放火する場所を変える事も大切である。また味方の大将と合意していても、敵の備の状態を内から見て放火に適切な場所を選ぶ事。

四、火を放つ所は言うまでもない事だが、火薬蔵、塩硝蔵、薪材木のある所、または兵糧荷物、または二の丸から本丸への橋などである。

五、城陣に放火する方法、火薬塩硝蔵、または橋に火を放つのに手立と見合とがある事

口伝。

元弘三年〔一三三三〕五月八日に赤松円心、足利尊氏、千種《ちぐさ》頭中将《とうのちゅうじょう》忠顕《ただかね》が六波羅を攻めた時に出雲国と伯耆国の兵が雑車に二、三百輛を取り集めて轅《ながえ》〔馬車や牛車の前方に並行する二本の長い柄〕を結び付け、その上に家を壊した木材を山のように積上げて櫓の下に指し寄せ、一方の木戸を焼き破ったという事が『太平記』に記されている。これもまた一術である。

六、町屋、在家の焼き方の事

町屋、在家を焼く時には、一村で一～二カ所の放火では燃えない事がある。また放火カ所が少なければ火を消されてしまう。村町の彼方此方でたくさん放火するよりも、放火カ所を大火事にするのが忍術の習《ならい》である。

巻第十三

陰忍三　家忍編

家の中には忍び込み易いが、間取など内部構造を知らなければ失敗する。忍び込んでも目標とした敵の寝所は分かり難く、迷っている内に時間が経ち、敵に覚られて逃げ出すなど大失敗をする。故に入る為にはまず敵の屋敷、門々、出入口々の様子、あるいは道路の広狭、曲直、家の作り、住居の形容、あるいは寝所、あるいは門戸の開閉の難易、鏁子《さし》、掛《かけ》鉄《がね》、枢《とぼそ》、尻差などの形、また床が鳴るかどうか等を前以て知る必要がある。

まず敵の智恵の浅深、平生の嗜み、普段よく利用する道、またその家の男女の名までも詳細に調べておくことが重要である。家の周囲から内部の状況を推察し、そして変姿妖言の術で家の中に入って概略を見識し、帰った後に仲間と相談工夫の上で謀を画策し、相詞や相印を確実に決めておく。散り散りになった時の集合場所その他不測の事態にも対応出来るように決め事をし、相図の約束も厳守するよう用意万端、泄《もれ》がない様にして忍び込む。雨鳥の術もよいだろう〔「必ず入ることが出来る夜の八カ条」の項参照〕。また身虫には賄賂を手厚くし、裏切る可能性の有無も観察する事も大事である。少しでも疑わしければ、妻子や親類を人質にし、且つ誓紙を書かす。「陽忍（上）」で述べた様に身虫に成す者の心の真偽を察知することは大切である。身虫を使う時は「水はよく舟を浮かべるが、またよく舟を覆《くつがえ》す」と言った李靖の言葉が趣深い。

四季の眠りの弁別概略

一、春の事

春の天気は暖かで長閑《のどか》である。人の心も解けたように悠々としている。体はけだるく、疲れもある。特に仲春より後はますます暖かくなるので眠気が強くなる。

二、夏の事

夏は昼が長く夜は短い。五月の末から六月にかけて昼はかなり暑い。故に人は疲労し気持がひどく弛んでいる。夏の末ともなれば夜でも熱気が凄い。故に宵の中《うち》は眠れないので短い夜が余計に短くなる。土用は湿度が高く、暑さも最悪である。人間は体が乾いていると眠りは少なく、湿っていると良く眠る。老人は睡眠時間が少なく、若者は多い。これは体の乾湿によるものである。故に夏の末は湿っているので、諸人が熟睡する時節である。特に夜の亥の刻〔午後十時頃〕からは涼気が生じるので心地よく、よく眠る。また雨がしとしと降る夜は湿度が高く、涼気も増すのでよく眠る。

三、秋の事
　秋は金気であり燥気である。故に草木の葉も黄色になって落ち、風も吹く。先に述べたように、体が乾燥すると眠りが少ない。秋は気候が涼しいので身体の筋骨が締まって疲労がない。よって体は健やかになる。おまけに昼が短く夜が長いので、人は夜でも眠気が来なくて眠りも少ない。ただし七月は残暑激しく、夏の末の六月と同じである。
四、冬の事
　冬は水気だから非常に寒くて、体も固く疲労がないので気も緩まない。夜が非常に長いので、眠りから覚めるのも早い〔江戸時代は暗くなると就眠していたので、冬のように夜が早いと夜中に目が醒める〕。
　以上が春夏秋冬の常法である。ただし人によって違うので、前以てよく調べて忍び込む次第がある。

年齢や精神状態で眠覚を察する三カ条

一、眠覚を察するには老少肥痩を見る事
　まず老人は体の湿りや暖気が少ないので、乾燥して冷たい。故に眠りは少ない。人にもよるが老人は大抵夜半まで眠るというが、丑寅の刻〔午前三時頃〕から覚め始める人が多い。年齢が四十以上の人はこんな状態である。少壮の人は盛気だから、夜は深い眠りであり、朝でもよく眠る。これが老人と若者の違いである。大抵は痩せた人の眠りは少なく、肥えた人の眠りは多い事には理由があり、それは痩せた人は湿気が少なく、肥えた人は湿気が多いからである。
二、心と行動で眠覚を察す事
　心と行動が敏くて性急かつ乾燥気味の人は眠りが少ない。また心が暗く、だらだらしている人はよく眠る。行動が毅然として、ほとんど膝立て座して、少しも志を惑乱しない人は、眠りが少ないものである。また行状が悪く、ごろ寝を好み、諸事に放逸な人は眠りが深い。普段から嗜《たしな》み深く、横臥しても帯を解かずに衣裳は薄くして寒さを厭わず、大酒大食を禁じ、婬乱を戒め、全てに慎み深い人は眠りが少なく、目覚めも早い。普段から慎みなく、夜は暖かいのを好み、大酒美食ばかりして、婬欲が深く、遊興に耽るなど本能に従って行動する人はよく眠る。
三、心の楽と苦にて眠りの浅深を察する事
　心に抱いている事は睡眠を左右する。安楽な人はよく眠り、心に苦労多く、憂愁が甚《はなは》だしい人は眠りが少ない。またよく学び、信実に心をつくす人は眠りが少ない。
　以上が睡眠を判断する為の概略である。

逢犬術

一、犬が居る家に忍び込む時は、犬が吠えるので忍び込み難い。そんな場合には忍び込む二、三夜前に家に行き、焼飯一つに馬銭《まちん》の粉を一分ほど混ぜ、犬の来る所々に投げて置く。これを犬が食べるとすぐに死ぬ〔馬銭はフジウツギ科の常緑高木で種子は馬銭子、ホミカ等と呼ばれて含有化学成分がアルカロイド系の猛毒だから殺鼠剤として用いられたこともある。服用すると痙攣を起こして呼吸出来なくなり、死ぬ〕。

歩法四カ条

一、深く広い泥地には橇《かんじき》を用い、小さな泥地は抜足で歩く事

橇の図説は「忍器二　水器」にある。抜足と云うは柳の枝の意である〔平足で踏み込み、抜く時に爪先を立てる〕。口伝あり。

二、敵の家屋敷に入った時は浮足の狐走りや犬通りという歩行法がある。浮足は木に登った猿が枝葉を伝わって移動するという意味である〔軒を伝い、庭木や石が多ければ木や石の上を行けば音がしないし、隠れる事も出来る。このように土を踏まずに足を土から浮かして移動する〕。狐走り犬通りと云うは電光の意なり〔咄嗟に隠れる場所をたどるように行く〕。一々口伝あり。

三、床を歩く時は板橇《いたぞり》、あるいは真草の兎歩を用いる事

橇の図説は「忍器編開器」に記した。真草の兎歩の術には葉が水に浮くという意味がある。兎歩の時は壁添いに歩く事〔うぐいす張りのように、床板を踏むと床が鳴ることがある〕。口伝あり。

四、座探しの事

敵の家に入り、敵が待ち伏せしているかどうか分からなくて心配な時に使う方法である。その方法は、座の左右の端のどちらでも状況に合せて入り、太刀を鞘から一、二寸ほど半抜きにして少し動かし、その鞘で敵の存在を探る。人に当たるかどうかを試み、当たる時は鞘を突き外して直に切る。これを座探しの術と言う。この術は下緒《さげお》の七術の内の術であるが、敵の家を歩く時には肝要な術であり、ここに記しておく〔一般に、これは忍者独特の方法であるかのように語られているが、武士は普通に心得ている方法である〕。

［図7『武備小学図考秘略』より］

除景術六カ条

一、月や火の光から影を隠す事

月光は外側から内側に差し込み、火の光は内から外に差し

出る。月夜は忍者の影が目立つ。よって忍ぶ時は月の側を歩いてはならない。例えば月が東方にある時は東を除《よ》けて歩く。また家の内から家の外を窺い狙う時は、火の光が外に差し出た所からは窺わない。これも月と同じ意味である。

二、月や火の光から足を除ける事

大意は前記と同じ。これを光足と言う。

三、風上を除けて風下を歩く事

敵の風上を行くと敵に音が聞こえるし、また敵の火縄の臭いを嗅ぎ付けることがある。風上に立てば、敵の物音や敵が眠ったかどうか等も聞き分ける事が出来ない。よって風上に寄るのは忌むべきである。風上からしか窺われない場合は、常に音を立てない様に注意する事。風下に立てば敵方の事はよく聞こえ、こちらの事は敵には聞えないので風下は何かに付けて利が多い。

四、風が無い時の家近くの藪や林を除ける事

風が吹いて騒がしい時は構わない。

五、乾燥した藁草の中や敵に近い灰の中は除ける事

ただし雨の後や夜が更けて露が着いている時は音はしない。

六、水の動きを厭《いと》う事

水溜まりを渉る時は敵から見えないと思っても波が立つので敵は波を見て怪しむ。波を立てない様に渉る事は勿論である〔水溜りが直接敵から見えなくて、波紋が岩壁などに映る事があるので注意を要す〕。

必ず入ることが出来る夜の八カ条

一、祝言明けの夜の事

祝言の夜は乱舞酒宴して夜更しをする。したがって明けの夜は人は必ず眠りこける。もし夜半八つ時分〔丑の刻午前二時頃〕に酒宴が終わって寝れば、その夜は非常に忍び込み易い状況となる。おまけに喜びの夜だから警戒心も極めて少ない。口伝あり。

二、病の後の夜の事

その家の主や妻子などが長病で夜詰めが続き、一旦回復して家人の心が緩んだ夜や、重篤な病状に回復の兆しが見えた夜、或は瘧疾《おこり》〔熱が出入する病〕で熱が一時的に下がった夜などは、敵の家人は熟睡する。窺い見る価値は十分である。

三、遊興で騒いだ夜の事

敵の家に乱舞、月待ち〔月の十三日、十七日、二十三日などの夜、月の出に御供えをし、飲食する等の風習の夜〕などの遊宴があり、子丑寅〔午前零時から四時〕の刻頃まで騒いで寝たら、その夜は熟睡する。必入の時である。ただし新茶の時分は避けた方がよい。

四、隣家で火事や異変が起こった明けの夜の事

前夜に隣家に火事や喧嘩その他何事でも大事があった時は、近所の人たちは眠る事が出来なく、その上に疲労があるので、明けの夜はよく眠る。この夜を注意深く観察し、虚実を見計らって忍び込む。口伝あり。

五、普請や労役の夜の事

普請で終日心労が続き、また力仕事で辛苦し、或は遠路を歩いて帰り疲れ寝た夜に忍び込む。特に春夏は暖かくまた暑いので、さらに疲労が増幅される。これらは必入の時である。

六、愁嘆に暮れた後の二、三夜の事

親、妻子などが死ねば悲嘆にくれて泣き明かすが、看病疲れでその後の二、三日はよく眠るはずである。一七日《いちなのか》〔初七日〕の中は親戚郎党が集い、宵は遅くまで起きて悲しんでいる。人間は金石ではないので、愁嘆しても夜半後は必ず熟睡する。下僕なら尚更で、よく寝る。また愁い事があった黄昏時は心が動揺しており、諸事に警戒が薄くなるので紛忍には絶好の機会である。ここでの虚実の見方は書で記し難いが、大事な窺い方がある。口伝あり。

七、風雨の夜の事

風雨の夜は物音が聞こえない。だから古来、風雨の夜に忍び込んでいた。且つ雨の夜は、夏は涼しく冬は暖かいので眠りが深い。この時こそ忍び込む好機だ。これを雨鳥の術という。雨鳥は風雨の時に出て来る鳥である。雨の夜に忍び込む時は笠などを被ってはならない。

八、騒動の夜の事

敵家の近所で何か慌てふためく騒動がある時に紛れ込む。この術は城営忍編（上）に詳細を記したのでここでは略す。

昔、伊賀国湯船村に久保右衛門という忍者がいた。ある家に忍び込もうとして黄昏時にその屋敷に行って見ると、広い庭に薪を沢山積んでいたので、まずこの薪の間に隠れて内の状況を窺っていた。ところが急に強い雨が降り始めたので家の男女が出て来て薪を次々に納屋に取り入れ始め、天井にも梯を掛けて揚げ始めた。久保右衛門これ幸いと思い、下男達の少し後から薪を担いで彼らに紛れて家の内に入り、すぐに天井に昇って持っていた柴を引被って伏していた。夜が更けて寝静まったので、時分良しと思って起きると、薪や天井の竹が鳴り響くから大変である。その時、家に起きていた者が一人居てこの音を怪しんで主人を起し、それを告げた。すると主人は鎗を持ち出して下から天井を突き廻った。そして終に久保の額の真中に鎗が突き刺さったが、そっと衣の袖で槍の塩首〔槍の羽と中茎との間〕を握って待ち、主人はそのまま鎗を引取った。主人は「手ごたえがあったが、人であれば鎗に血糊が付いているはず」と言って火を灯し鎗を見たが、久保が袖で拭《ぬぐ》っていたので血は少しも付いていなかった。そして「曲者ではない」と言って家に引き返した。家主も下人も寝たと思しき時、久保は天井から下りて家主親子主従五人を刺し殺し、目的を遂げた。後に額の鎗傷を例えて、人は彼を穴久保右衛門と呼ぶようなった。思いがけない出来事でも、このようにその異変に臨機応変に対応すべく智恵を絞り出すのが忍術の肝要である。

また雨の夜の事では、昔、当国に次のようにした忍者がいた。用心が厳しい家に雨の夜に、二人で忍びに出かけた。一人は傘をさして雨だれの落ちる所に立ち、一人は裏口に潜んで待った。番人は表で傘に雨が当たる音を怪しみ、飛び出て追懸けた。その騒ぎで、裏口の忍者は安々と入り込み、家主を刺し殺して目的を遂げたという。

　忍びの術は常に変を利用する事を第一とする。風雨月闇に限らず、その変術は敵の趣に依って上手に用いるのが忍びの妙意である。口伝あり。

必ず入ることが出来る所の四カ条

一、裏口よりの事
　裏口から忍び込む事は、利得が六つある。第一に、人の家屋敷は表に要害を堅くしているが、裏の守りは少し手抜きしている。第二に、裏口は人の出入が少なくて隠れ易い。第三に、表口には番守を置いて厳重に守らせるが、裏口には置かないか、もし置いていても気楽で油断している。第四に、裏口には暫《しば》らく身を隠す所がある。第五に、裏口の戸は表口よりは掛鉄《かけがね》を締め忘れて寝る事もある。第六に、表口から入ると家の奥は遠くなり、戸も沢山開け行かなければならない。これで咎められる事も多くなり、発見される原因となる。裏口からは奥が近いので、戸を開けると直である。いずれも裏口から入れば、怪しまれる事が少ない。そして敵の寝所も近い。この利得で裏口から忍び込む事が陰忍の常法である。
二、奥より口へ入る事
　以上のように、裏手から屋敷内に潜入して敵の寝所に直に入る事は三つの利得がある。第一に、前の条にも記したように、裏口からは戸を幾つも明けなくてもすぐに敵の寝所近くだから大きな利である。第二に、敵が予想外の所に寝ている場合があり、寝所を探すのに奥から表口に向って入る場合は掛鉄を外して進む手間が省ける。第三に、奥から表口に行く場合は、眠っていない者がいても咎めない。それは奥から表口に出る者に盗人や夜討ちはいないと思い込んでいる為である。この三つの利があるので、奥から表口に向かうのが常法である。口伝あり。
三、表よりは座敷よりの事
　表口から忍び込むのは悪いとはいっても、裏手から入る便がなければ座敷から入ればよい。それは座敷の戸は一重であり、その内大抵が襖や障子だから掛鉄や尻差があっても空け易い。座敷から入れば、忍者は色々と行動し易い。座敷はもう家内だから奥口に向かえば戸の口々の施錠も疎かである。また座敷には人が居る事は少ない。奥に入る所の戸締りが堅くて入り難い時は一旦退き、外からあらためて入る事も自由である。裏口から忍び込めない時は座敷から入るべしというのが、昔からの云い伝えである。勿論これも時と所による。口伝あり。
四、窓、筵《えん》、走りの下の事
　家内に入るには、これ等が入り易い所である。第一に下地窓〔壁の下地を残した窓〕、せんし窓〔連子窓。一定の間隔で格子をつけた窓。伊賀市上野図書館本は「連子窓」〕は、あるいは切って入り、あるいは外して入るとよい。また縁の下の犬防ぎは大抵簡単な作りだから外し易い。また台所の流しの樋や水棚の下などは入り易いようだが、物が有り戸を開けて入るよりは以上の処から入るのが陰忍の常法である。

陽中陰術四カ条

一、久ノ一をまず先に入れて、あるいは未兆に、あるいは敵将の鋭気を抜いて怠惰になった処を突いて入る事

陰忍の達人でも敵が高官の場合は家が広く、寝所が分らないことがある。また敵の用心が厳重で忍び込み難い事がある。こんな時は久ノ一の陽術でまず謀略を仕掛け、その後に忍び込む。この場合は陽謀で仕掛けて陰術で忍び込むから陽中陰の術と言う。第一に、久ノ一を先に入れるのは、前に述べたように敵が高官だから家が大きくて寝所が分からない。その上に番人が多くて陰忍で敵を討つのが難しいと思う時はまず久ノ一を上手な方便で敵が怪しまない所から入れて置いて、その後に久ノ一の引手で忍び込む。この術を上手に使って忍び込む時は、高官の家で要害の厳しい状況でも必ず入り込む事が出来る理合いが生まれるものである。およそ人が溺れ易いのは色と慾である。中でも大物は尚更に色に溺れ易い。だから久ノ一の術が陽術の中ではとても良い謀計である。「陽忍（上）」に記したが、この術は遠望深慮を以て仕掛ける。口伝あり。

未兆に入るというのは、敵が未だ気付いていない時に入る事である。まごまごしていると敵が慎重になり、潜入に気付くものである。気付かれれば諸事計略の成功は覚束ない。よって未兆の内に、敵が思いがけない頃に謀を仕掛けて忍び込むのが一番良い。「鋭を抜かして怠らしめ入る」というのは、敵が用心深く、あるいは昼夜の番を怠らず、あるいは門戸の戸締りを固くして、一晩に二度も三度も寝所を変える様に精神を集中する状態を鋭という。鋭を抜き去って怠惰にし、その後に忍び込むのが良いのは当然であろう。

昔、ある国の者が同僚を殺害して江戸に下って旗本衆の所に逃げ込んだ。旗本衆は用心して彼を屋敷の奥深くに隠してしまった。討たれた者の子は仇を追って江戸に下り、親の敵《かたき》を数年も窺い続けたが、屋敷の警護が余りに堅固で討つ機会は得られなかった。そこで一つ思案して、国元より差してきた脇差しに自分の鬢《びん》〔顔の左右側面の髪〕を添えて、自分の血で書いた手紙を古里の妻子老母の家に送り、自分は姿を隠した。手紙には「我等は数年間敵を窺い続けてきたが武運尽きて敵の行方を尋ね出す事が出来ませんでした。これでは討つ術もなく、また生きる甲斐もございません。残念で申し訳なく、腹を切ってお詫び申しあげます」と書かれており、手紙と形見を見た母妻子が非常に歎き悲しんだ。手紙の内容を隠す必要もなく、仇の親類が聞いて江戸にその事を言い伝えた。敵は仇持ちの計略とは夢に知らず、自害を聞いて気が緩み、油断して屋敷から外に出て方々を歩くようになった。その結果、仇討ちは容易く成功したという。これは鋭を抜いて怠惰にして忍び込む為の方便と同じである。この様な謀略を

基本として状況を分別すれば、鋭を怠惰にする謀は幾らでもある。忍術の極意は鋭気を避けて怠気を撃つにある。

二、二人で行き、一人は返って一人が留まり入る事

夜に二人で敵の家に行って、一人は敵の家の戸に添うように隠れ、一人は戸を叩いて案内を請う。その時に家の者が戸を開いて出なければならないので、案内を請う者は戸から二、三間離れて、「誰々からの使い」と言う。すると家の者は近くまで出て来て使者の話を聞くはずである。その時、戸に添って隠れていた者が家に忍び込む。この後はひとまず馬屋や諸道具の傍に隠れておくのが作法である。これは門が無い家に忍び入る時の方法である。また門のある家なら、敵の家の者が寝た後に二人で行き、一人は門に添って隠れ、一人は門戸を叩いて案内を頼む。家内から出て門の潜り戸を開いて誰だと問われると、都合のよい謀を思案し、門の外に出て話しを聞く様に仕向ける。敵家の者が外に出たら、門に添隠れていた者が潜に内に入り、次いで家の戸を開けて忍び込む。

取次の者が口上を受け取って家に戻ると戸を次々開けて奥に向かうので、その跡を付けて行く。家の者が主人に偽使者の話を告げ、次いで主人の返事を受け取って寝所を出た後に討つ。あるいは門戸のある家なら、一人が塀を乗り越えて前以て屋敷の中へ忍び込んでおき、その後に外のもう一人が案内を請う。取次役が戸を開けて出ている間に家の内に入り、後は前の様にする。その敵や時所の状況を熟知して頓知で行動する事が肝要である。一概に前以て決めるべきではない。

この術は夜更けの計である。宵のうちで敵の家中が寝ていない時は計り難い。家中がよく眠っている時に、この術を以てすれば必ず成功する。昔に、この術で利を得た例がある。

三、隠蓑、隠笠の術の事

この術は陽術の中に陰術を含む方法である。例えば妊娠してお腹が大きい女が来て、同じく腹の大きな他の妊娠した女が戻る時は、先に入って来た女が戻ったように見えるといった術である。ただし「城営忍編（上）」に記した隠蓑隠笠の術とこの術とは少し異なる。口伝あり。

四、驚忍の術の事

忍び込む裏口に潜かに人を遣って置き、屋敷の外の表口付近で味方同士で大声を出して偽喧嘩などし、または狂人に成って高声に狂い猛り、あるいは人を殴って騒ぎ、あるいはこの屋敷の親類が火事だなどと叫び回り、あるいはその親類が頓死した等と言い、あるいは屋敷の近所へ火を付ける等する。この様に人を驚かす術を用いると、家人は必ず表口に出て来る。その時に裏口から入る術を驚忍の術という。この他にも色々と恰好な口伝がある。

この術は夜に使うが、まだ寝ていない時分の方がよい。ただし時により、宵にもまた昼にも用いる事がある。この書の「城営忍編（上）」にもこの術を記した。この件の意と大抵同じ意味とは言っても、城営と家とは所作に違いがある。よってここにも記した。

鼾音を聴く術五カ条

一、大抵は聞筒を用いる事

聞筒の製作は他と同じである〔『忍秘伝《しのびのひでん》』に「小《さ》音聞金《おとききがね》」という聴音器があり、「真鍮か純金で厚さ約三ミリ、径三センチ、長さ三・六センチの将棋の駒状の板を糸で吊し、耳の傍で共振音を聞く」〕。敵家の壁、或は敵の寝ている隣の間まで忍び込んで熟睡したかどうかを聞き、さあ寝所に入るぞと思う時に、その鼾が本物かどうかを聞き分ける。敵の鼾が小さくて聞こえない事がある。また雨音などで外が騒がしいと鼾が聞え難い。そんな時は寝ている近くの物陰や窓などから聞筒を用いて聴く。口伝あり〔用語に「聞筒」と「聴筒」の二つがある。本来は平仮名「ききづつ」の当て字だが、前者は「聞くための筒」、後者は「筒で積極的に聴く行為」の意味があり、聴筒の方が切迫感がある。他にもこれに類する語法がよく見られる〕。

二、未眠を察する事

眠っていなければ、いずれ動く。夏は蚊の声、蚊帳《かや》、紙帳《しちょう》〔紙製の蚊帳〕の音、冬は襖の音、床の音、息の音などがする。鼾をしない人の眠りを耳で聴く時は、鼠やイタチが騒ぐ音を聞き違えて、敵はまだ眠っていないと勘違いする場合がある。根気よく聴き続けると、人と鼠やイタチとは聴き分けられる。口伝あり。昔、当国の水破《すっぱ》が探っていた家に六、七月頃に忍び込もうと思い、その家の前栽に入った時に周辺の虫が鳴き止んだ。これを亭主が聞き咎めて、ひそかに太刀を取って蚊帳を出た。蚊帳に取り付いた蚊の音に水破は気付き、潜に退散した。物音の変化に気を配る事が大切である〔忍者の耳は目以上に働かなければならない（『正忍記』）〕。

三、人の気配を感じ、眠った振りの偽鼾を区別する事

曲者が忍び込んだ事を知り、敵が暗い寝所で目を開け、偽鼾で眠った振りをする事がある。この偽鼾は不安定で長短大小がある。また鼾の音に息づかいの位を持っているものである。久しく味わい聴くと、唾液を飲む音や溜め息、吐息などをする。且つ音がしない様にそっと身を動かすので、体の節々がぐちぐちと鳴るだけの事もある。この様な点をよく考えればよい。

四、熟睡したかどうかを知る事

熟睡していると鼾は平穏で揃っており、他の音も無くしんしんと聞こえるものである。ただし、安楽な生活をした人と、終日辛苦して働く人とは鼾に違いがある。安楽な人の鼾は平穏に揃い、長短大小もない。しかし辛苦の人の鼾は不安定で時として止まる。これをよく考え、真偽を察知するようによく聞き分けるべきである。或人は「結核や梅毒、慢性副鼻腔炎などがある人の鼾は、安らかでも周期が不安定で動揺する」と言う。確かにその通りである。

五、鼾をしない時に熟睡不熟睡を察知する事

鼾をかかない人も居る。鼾をかく人でも不眠で鼾をかかない場合もある。鼾がない時は、忍び込んでいても心もとない。この真否を知る術がある。天婦以加於尓才人遠以礼高倍たか

り〔伊賀市上野図書館本は「く」〕女申言巳山亦山具か者其才人きり五免の如し〔難解である。「たかり女」は「遊女など」、「山亦山」は「出」、「人きり五免」は「武士」等解釈可能な部分もある〕。故に敵の顔にかけて目を開けていれば不審がるので分かる。第二には、厂火〔灰〕を右の物に入れてかける。第三には、八木西米禾木〔米、粟、稗〕等を吹筒で吹き込む。このようにすると、眠っているかどうかをよく識別できる。その他にも色々な方法があり、工夫次第で幾らでも見つかる。見敵の項も参考にされたい。

見敵術四カ条

一、火で敵の寝所内を見る時は前方の戸を閉じる事

敵の寝所に近い壁や仕切りの此方側まで忍び行き、敵が熟睡していると分かれば、火で敵の寝ている状態やその部屋に何人寝ていて、その座敷の形はどのようであるかをよく見る事が大切である。しかし火で敵の寝所を見る時は、敵がもし眠っていなければ、火を見て怪しむので謀は失敗する。敵は戸を開けて襲い掛かって来るので、火で敵を見る前には、「片戸閉じをする」と古忍の言い伝えがある。図はその作り方である。

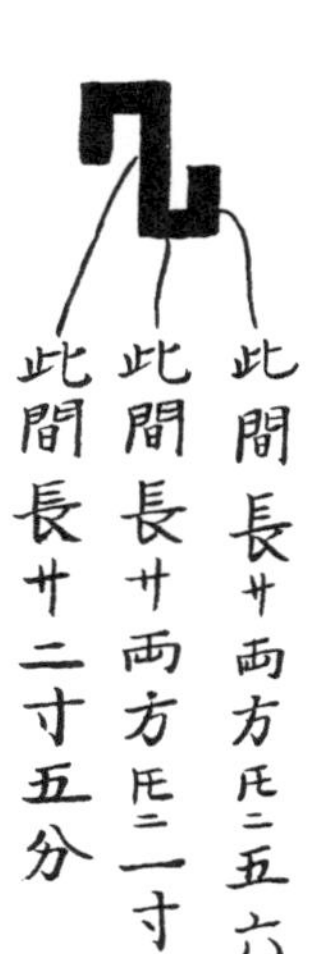

[図8]

【図中文章】 この間の長さ両方ともに五、六、七分。この間の長さ両方ともに一寸五、六分。この間の長さ二寸五分。

鉄をよく鍛えて太さを二、三分程にする。この道具を、一本戸なら戸尻を、追立戸なら戸の開いた所に掛けて閉じる。閉じ方は戸の隙間から右鉄の一方を刺し入れて鉤を戸尻に掛け、反対の一方を戸の間の隙間を埋める戸寄せの部分に杭のように方立《ほうだて》に掛ける。この道具を設置すれば、戸は急には開かない。焼き討ちにする時や味方の人数が少ない時は各戸口に人を配置出来ないので、これで戸閉めをしておき、片方から討入れば敵は逃げ出せない。また錐揉《きりもみ》をしてもよいが音がするので数多くは難しい。やはりこの道具を使うのがよい。

二、壁の外から敵の寝所を窺う四術。第一が吹矢、第二が違《たがい》見《み》、第三が竿火、第四が剛盗提灯《ごうとうちょうちん》である事

第一の吹矢とは、短い吹矢筒を作って吹矢に燃焼薬を塗り、火を付けて筒に入れ、物の間から敵の方に吹込んで寝所を見る。第二は違見である。火を出した方から内を見ても見えない物である。敵が目を開けている時は太刀や鎗で此方を突く事もある。この違見とは松明を出した反対側に行って違うように内側を見る事である。こうすると内側がよく見え、襲わ

れる危険もない。第三の竿火とは、細い竿の先に火を結び付けて見る事である。第四の剛盗提灯だが、これは大きな隙間が無ければ内が見えない。これは提灯の口を部屋の先へ出して見るが、嵩高いので使い勝手は良くない。「巻第二十一　忍器四　火器編」に図説あり。

三、敵の家中に入った後に寝所を火で見る四術として一に鳥の子見、二に入子見、三に窃盗松明見、四に不滅松明見がある事

敵の家に潜入しても、目指す敵の寝所の隣の間までは長くて重い道具は持っては行き難いので数多くを用意するべきではない。火類でも手軽な物を持つべきである。第一の鳥子の用い方は、鳥の子を掌の内に持ち、光が必要ない時は握って火を隠し、敵を見る時は手を広げて火を吹き立てて燃やし、掌を前の方に向けて見る。猶口伝あり。第二の入子火の使い方は火を消したい時は緒を持って引き上げればよい。また燃やしたい時は緒を下方に置く。また前方は見るが此方を見られないようにするには、元を持って先を敵方へ向ける。第三に窃盗松明の用い方は、刀の鞘でも何でもよいが、火口を当てて持てば火は燃え立たないという。燃やしたい時は振り上げるとよく燃える。この松明を「やわら松明」ともいう。口伝あり。第四に不滅松明である。香箱の口を先方に向けて持ち、振ると前方の様子を見ることができる。しかし私は未だこれを試していない。

以上の道具で見る時は暗所の敵を見る事が出来る。敵の家に入ろうと思う時は、以上のどれかを持って行けば、後悔なく家内の様子や敵の寝所をしっかりと見る事が出来る。以上の道具の図説は「忍器四　火器編」に記した。

四、敵の寝所が分からず、また火がない時は物真似の計で知るという伝えがある。これは犬狐猫などの鳴き真似を大声ですれば、敵は目を開けて声を立てるので、その声で敵の寝所を知るという。昔、下柘植の小猿が犬の唸り声を大声でする と敵が怒鳴った。それで敵の寝所を知り、討ち取ったという。

私は物真似に関しては否定的である。すなわち、第一に久ノ一などを最初に潜り込ませておく時は、敵の寝所は絶対に分るものである。第二に、物真似が下手な者はこの術は出来ない。古法といっても欺く事が出来なければ却って敵に討たれるきっかけになる。第三は、物真似上手でも、陰忍は敵をよく眠らせておくべきであり、敵の眠りを醒ます術では悪い方法である。第四に、敵を誘き出して討つ為であれば、驚忍の術で簡単に呼び出す事が出来る。以上の四点から、敵の寝所を知る為の謀略としての物真似術は好ましくない。

隠形術五カ条

一、初めて屋敷や家内に入った時に隠れる場所の事

初めて屋敷の中へ入った時は雪隠、縁の下、竹林の茂る所、植込みの中、材木や薪その他何でもよいから物影に一旦隠れて、ゆっくり機会を窺って家の内に忍び込む。基本的には雪隠は少し遠慮した方がよいかも知れない。家内に入った時は

厠、天井、大釜の下、中床の下、或は諸道具の間等にひとまず隠れて家内の様子を窺い、家人が眠るのを待つ。

　屋敷や家内に忍び入る時は黄昏の、人の顔がおぼろげで諸人が忙しく働く時分に屋敷に紛れ込み、前述の隠れ場に行く方法を見極める。敵家に火が灯る直前に、人の中に紛れ込み、さきの隠れ場でひとまず隠れて待つ場合もある。

二、観音隠れの事

　観音隠れとは、敵の番守が見廻って来る時は壁や垣、植木、材木、薪など何でもよいから間際まで行って袖で顔を被い、目だけ少し出し、息の音も出さず、息が敵に向けない様にして微動だにせず、ただ隠形の呪《まじな》いを心で唱えて立っている術である〔観音は菩薩だから衆生救済におもむくべく立位をとっている〕。

　また背中を敵の方に向けて立っているのもよい。このようにする時は、不思議に敵が気付かないものである。古からこの隠れ方で成功した例が多い。この理を知らない者は敵が近付いて来ると、突然逃げて隠れようとするので、足音、息の音、物に突き当たった音、塵を踏んだ音などで見付けられてしまう〔何時もの見慣れた風景にいれば、目で見るよりは先入観で見ている事が多く、動きや特殊な色の変化が無ければ、気付かない事が多い〕。

　隠形の大事

　宝篋印《ほうきょういん》〔正しくは摩利支《まりし》天隠形印《てんおんぎょういん》で左手を右手で覆う〕で次の呪をする

ヲン　ア　ニ　チ　マ　リ　シ　エ　イ　ソ　ワカ

口伝

［図9］

三、鶉隠れの事

　鶉隠《うずらがく》れとは手足を屈めて首を引込め、物の近くに摺り寄って、寒い夜に霜の音を聞くように伏せて隠形の呪を口の中で唱えて隠れる事である〔動体視力の弱い周辺視野に隠れる〕。敵の方に向いたり、仰向けはよくない。うつ伏せには五つの利点があり、仰向けには五つの損点がある。第一に、敵の方に顔を向けて仰向くと顔が白々と見える。うつ伏せで顔を隠すと顔の白さが見えないので、敵に見付からないという理で利点がある。第二に、男子は陽だからうつ伏せは順であり、仰向けは逆となる。仰向けでは息の音が荒くなり、敵に気付かれるのが理で損となる。うつ伏せの時は息の音が弱くなり、小さく速い呼吸になるので、よけいに聞こえ難いという理で利となる。第三に、人の息と自分の息とが通じる時は必ず人が気付くものだから、仰向けは損、うつ伏せは利となる。第四に仰向けでは体が縮まらずに広がる。うつ伏せは体を縮めて小さく、見付られ難い。以上のように、うつ伏せと仰向けでは損得がはっきりしている。第五に、うつ伏せで顔を隠せば敵が見えないので精神を統一し、心も鉄になれる。しかし仰向きでは敵が見える。「眼は臆病」という言い伝えがあり、敵を見れば臆病心が現れて、敵に見付かっていないのに早く逃げようと焦って動くので見付けられる理がある。もし仰向きにならざるを得なければ、袖で顔を隠して伏せればよい。もし敵が怪しんで火で見ようとすれば、その時に逃げ出せばよい。それでも良い隠れ場ならしぶとくそこに隠れ続けるべきである。いわんや敵が火を持たずに夜廻りをするなら、この術でしぶとく隠れればよい。この術で隠れて成功した例は多く、「伊賀の忍者は石になる」という言葉は、この術で言われるのであろう。以上の様にすれば心身が石のように固くなるので、敵も石と見間違う理がある。

　昔、当国の水破《すっぱ》が城に忍び込んで安心していたが、そこに夜廻りが来たので空堀の中に転び込んで鶉隠れの術でうつ伏せになった。夜廻りの者は堀底に居る水破をおぼろげに見付け、鎗で突いてみた。その鎗の刃先は忍者の腹を突き抜けたが、水破は少しも動かなかったので、夜廻りは「動かないので問題なし」と言って立ち去った。その後で水破はそっと出て、その城に火を放って焼き揚げたという。

　また大塔宮尊雲親王《そんうんしんのう》が南都の般若寺に潜に隠れていた時、一乗院の候人《こうにん》の按察法眼好専《あぜちほうげんこうせん》が如何にして聞き付けたのか、五百余騎を率いて未明に般若寺に押し寄せて来た。運悪く、宮側の味方は一人も居なかったので一防ぎして逃げ落ちる術もなく、その上、隙間もないほど兵が寺の境内に討入っていたので出る事も出来ず、もはやこれまで、と自害すべく帯上の衣服を脱いだ。考えて見ると、叶わないから腹を切るでは余りに簡単過ぎる。よし隠れてみよう、と思って引き返して仏殿内を見渡すと、読みかけの大般若の唐櫃〔六本脚の唐風櫃〕が三つあった。二つの櫃はまだ蓋は閉じたままで、残りの一つは御経の半分過ぎを取出して蓋が開いていた。親王は蓋が開いていた櫃の中に小さくなって隠れ、その上に御経を引っかけて隠形の呪《まじな》いを心の中で唱えた。見付かったらすぐに腹を切ろうと思い、氷のような刀を抜いて腹に指し当てて、兵共の「見付けたぞ」の一言を覚悟していた。兵は仏殿に乱入して仏殿の下、天井の上までも隅々まで捜し尽くした。終に「あの大般若の櫃が怪しい。開いて見よう」と言って蓋をしていた二つの櫃を開いて御経を取出し、底を翻したが宮は入っていなかった。不思議と命が続くものである。夢に道行の心地がして、なおも櫃の中でじっとしていたが、また兵共が引き返して詳しく捜すかも知れないと思って、前に捜した櫃に移り換えて隠れていた。案の上、兵共がまた来て仏殿に上り、先に蓋を開いた櫃は見去って、この蓋が開いている櫃は捜した覚えがないぞ、と言って中の御経を皆取り出した。突然、兵共はからからと笑って、「大塔宮ではなくて、大唐の玄奘三蔵がおられた」と戯れ、兵共は皆一同に笑って門外に出て行ったという。

四、曲者と思って敵が目覚めた時の方便三つ。一に物真似の術、二に偽言私語、三に示迯止の事。敵が不審に思った時、第一の物真似の術とは、物音を聞いて怪しいと思って頭をもたげて曲者の気配を聴き始めた時は、袖をはたはたと引く野鳥の羽音や鼠が木をかじる音を出す術、あるいは犬猫などの唸る声などをして犬猫と思わすことがある。口伝あり。

第二の偽言を私語《ささやく》は、家内に居ても外に居ると敵に思わせる偽言、あるいは壁より外に居ても内側に居ると敵に思わせる偽言、あるいは敵の後ろに味方が居なくても居ると思わせる偽言などである。偽言の内容は忍者の独り言だから、敵が忍者に都合がよい行動を取るような中味で囁《ささや》く事が大切である。これを陰中陽の術という。

昔、新堂の小太郎が佐那具の城で行った術がそれである。「正心」の編に「思い切れば、却って死は免れる」という所で記した逸話の術がこれである。また当国伊賀の忍者が去る家に忍び込み、その亭主を討とうと隙を窺っていた。主人は厳重に警戒し、寝ずの番を置いて奥の寝所で寝たものの、忍び込むには隙が無かった。久しく番守が眠るのを待っていると、丑の刻頃〔午前二時頃〕にとうとう疲れて眠ったようであり、付近はしんしんと静まりかえった。その上、火も消して何も見えないので、忍者は時節良し、と思って戸を開けて入ろうとしたが、鑰《かぎ》や尻差が堅くて開ける事が出来なかった。仕方なく門の敷居の下にある土を鋤で掘取って穴をあけ、さあ入ろうと頭を穴から少し差し出して家の内の様子を窺っていると、彼の番守が目を覚ましたようだった。すなわち密かに息をする音や骨節が鳴る音、床が鳴る音などがしたのである。忍者は番守が目覚めたか否かを音で聞こうと思い、寒夜に霜を聴くような体勢で静かに聴いていると、暫くして忍者の居る方に近付く足音がした。忍者はこれを聞いて、そのまま穴から外に出て待った。番守は彼の穴の近くで、忍者が穴に入る処を突いてやろうと思って構えている様に見えたので、忍者は取りあえず偽言を次のように囁《ささや》いた。「番守が目を覚ましたようだ。これから入るのは中止だ。一旦退いて、奥の物置の方から入ろう」。また仲間の返事のように見せかけて、「如何にも、尤《もっとも》だ」と言って聞かせ、さらに「さあ向こうへ移ろう。仲間の誰々はもう物置の方の戸を開けて入ったはずだ」と言ったので番守達は偽言を聞いて、忍者が大勢忍び込んでいると勘違いし、「これはみだりに追っても負けてしまう。忍者は奥から大勢で入るという。待ち請けて討とう」と思い、潜に行き、亭主を起してこの事情を知らせ、奥の口で待ち受けた。その様子を忍者は確認し、先程の穴からするすると這《はい》入り込み、主人の寝所を目指した。折節の有明の火が光り、亭主が起き出して身づくろいをする所に忍者は音も無く近付いて「急ぎ御出《おいで》下され」と囁くと、亭主は味方の番守と思って油断して出て来た。忍者は苦も無く主人を刺し殺し、火を放って逃げ去った。番守達はこれを知って、「狼藉者、出合え」と声を揚げた。家の者は勿論、隣の家の者までが飛び出して来た。忍者は前以て用意しておいた百雷銃を家の近くの竹林の端に置いて火を放ち、音に紛れて逃げる事が出来た。追手の者共はその百雷銃の鳴る音を聞いて、「敵は大勢だ。ここにいれば鉄砲で撃たれるぞ。どうしよう」と犇《ひし》めくだけで、追撃の時間を失っていった。その騒動の間に、忍者は一里先に逃遁れる事が出来たという。番守達は、そのまま彼の竹林で警戒して夜を明かし、夜が明けて「曲者は藪の中に居るはずだ」と隅々まで捜した。そこには百雷銃は残っていたが、人気は無い。「謀られた」と残念がって解散したという。

　また昔、去る者がある小身者に遺恨があるので討ちたいと思い、夜にその家に忍び行き、戸を音がしないようにそっと開けた。亭主はそれを聞き付けて潜に寝所より起き出て、戸の内側で待ち構えた。忍者は物音を聞いてそれに気付いて一計を案じた。そして「亭主が起き出したようで、今夜はだめだ。早々に立ち去ろう」「もっともだ」と独り言で囁《ささや》き、二人の足音である様に歩き、一間ばかり退く振りをして、そのままそっと引き返して戸の際に行き、壁に添って隠れた。亭主は偽りの退散とはつゆ知らず、逃がすものかと戸を開いて出た処を、戸際で待ち受けて一討ちに亭主を切り殺して目的を遂げたという。これも敵が待ち受けて不意に討とうとする計を、逆手に取った術である。昔からこのような方便は多い。事例が多いので、一つ二つだけを記すに留めた。

　三に、示逃止術《じとうしじゅつ》とは「逃げたと示して止まる術」である。すでに忍び込んでいる時に、敵が曲者に気付いて出て来たら、自分一人の時はそのまま逃げるが、ばたんと戸の音を立てて敵に戸から外に逃げたように思わせる。しかし実はそっと家の内に止まり、敵が追っ掛け出た隙に奥に入り込み、様子を窺って敵を討つ。また二人で忍び込んでいたら、一人は外に逃げて敵に追わせ、一人は奥に入り込んで行く。ただしこれは起きた敵が郎党番守などの場合であり、もし起き出た者が目標の敵であれば戸口に隠れて待ち、出て来た処を刺し殺す。忍び入る前に組仲間で大まかな打ち合わせをする時に、このように敵が起き出て来た時の事までもよく相談しておき、その時は誰が外に逃げ出し、誰が留まるなどを決めておくことが必要である。この方便は昔から利得が多い。

五、追掛けて来た敵と対決しても利がない時に、自分が退散する時の方便八つ。一に狸退《たぬきひき》、二に百雷銃、三に蒺藜《ひし》蒔退《まきひき》、四に木石を低い下水中に投げ入れる術、五に追手に変じて大音を揚げる術、六に珍事出来閉門を叫ぶ術、七に門閉じる則俄《にわか》に君御出なりと叫ぶ術、八に狸隠狐隠の事

　敵が大勢でも小勢でも追って出た場合に、対決しても利がない時は退散すべきである。その時の方便について述べる。

　第一の狸退というのは、敵が速く追いつき、もう背中を切られると感じた時には、急にひざまずいて体を縮めて座り込む。このようにすると敵が自分につまずいて倒れるので、その時に討てばよい〔豊臣家の二代秀次、三代秀頼の武術指南役・片山伯耆守久安を流祖とする片山流柔術に「老休《おいのやすみ》」という技がある。それは「敵が後に迫って来た時に間合いをよんで瞬時に相手の膝を背で打つように尻餅をついて座り込み、敵をつまずかせ、前方に投げ飛ばす」一手であり、この狸退き類似の技である。「本物の」忍術伝書も色々あるが、訳者はまだ具体的な柔術格闘技の記載がある忍術伝書に御目にか

かっていない。忍者は、普通の武士同様に、各人各様に柔術の手解きは受けていたと考えるべきである。「巻第十五　陰忍五　忍夜討ちの編」に「召捕二十カ条」があり、捕手柔術の存在を示唆している〕。もし敵が自分の左右の脇を追う時は、敵がつまずいて倒れなくても、敵は自分より先になるものである。その時に太刀で敵の腰を殴れば、敵は前方に倒れる〔片山流柔術の「突掛倒《つっかけだおし》」は、逃げる敵の背を鞘で突いて敵を前に倒す技がある〕。敵が自分を追い抜きざまに切り付けても、低くひざまずいているので敵の太刀が当たる事は少ない。また追って来る敵との距離が三〜五間もある時は、門戸の脇、あるいは道の傍らなど少しでも見つかり難い所に隠れていれば、追い掛けてくる敵が曲者はもっと先の方に行ったと思い込んで先へと走るものである。敵が自分の前を過ぎて四、五間も行くと、後に引き返す。もしその時に追って来た敵と出会えば、何とでも言いつくろって、例えば「敵はあちらに逃げ去りましたが、その後を一、二人が追掛けて行きましたので、もしその敵と追手とが出くわせば味方が難儀になります。急がれた方がよいです」などと言って横道に入って逃げればよい。古狸が犬に追われた時、この様にすると言われているので、この方便を狸退という。

第二の百雷銃である。これまで触れて来たように、敵との距離が十四、五間から二十間もあるか、あるいはそれより迫っていても、鶉隠で隠れたりすれば、敵は捜し続ける。そこで茂み藪などの端、あるいは人が住んでいない小屋や長屋の近辺に行って百雷銃を鳴らすと、敵は「夜討ちの者が居るぞ」と勘違いして移動するので、その隙に脇道を逃げるのをいう。百雷銃の用い方は色々ある〔百雷銃は中国の爆竹のような物だが、製作法は欠落している〕。

第三の蒺藜《ひし》蒔退《まきひき》とは、逃げる時に通ると思う道や戸の口々に、忍ぶ込む前に竹蒺藜を蒔いておく。退散の時は忙しくして蒔けないものである。また退散の時に蒔くこともあるが、昔は竹蒺藜を幾つも糸に繋いで、退く時に引きずりながら逃げた事もあるという。自分が菱を踏み立てない様にするには、蒔いた所では足を挙げないで、足の裏が土から離れないように行けばよい。

第四の木石を低い水中に投げ込む術とは、暗夜に敵が我を追掛けてくる時に低い所の水の中へ木や石を投げ落とし、その音を敵に聞かせて自分が落ちたと思わせて敵をそこに行かせる。その間に逃走する計である。新堂小太郎が佐那具の峰おろしの城で使った術である。また昔、忍者がある家へ忍び込んだが、その家の奴《やっこ》が怪しい音を聞付けて追い掛けてきた。逃げざまに茶碗大の石を担いで塀際まで走って行き、石を塀の外へ投げ越して、自分は塀の内側で鶉隠れの術で隠れた。追手は石の音を聞き、曲者は塀の外へ飛び出したと思い込んで門を開いて追いかけて行った。その間に忍者は引き返して家の奥に行き、家主が騒ぎを聞いて出て来た処を討ち取ったという。またさる忍者がある家に忍び込んだが、家主が起きて追い掛けて来たので、忍者はその家の前の藪の中に走り込んだ。家主は藪の中に追詰めたと思い、暫く立って安心していた。ところが忍者は藪の中から土の塊を藪の外に投げたので、家主は忍者が藪の外に出たと思い、脇の道を追い掛けて行った。その間に忍者は藪から出て家に忍び込んだという。

第五の追手に変わり大声を揚げる術とは、敵が自分に気付いて声高に騒ぐ時に、物をも言わずに潜に逃げれば、却って人は怪しむものである。少しも隠れようと思う素振りもなく、露わに追手を装って大声で、「夜討ちだ、出合え」と叫んで走る時は、敵は少しも怪しまないものである。この時に一つ方便がある。例えば自分が西に逃げれば、「曲者は東へ逃げたと言っている。皆さまも東へ追い掛けられたし」と人毎に告げ回ればよい。これを違《たがい》の術という。こんな時の為に羽織の表は柿色に、裏は薄鼠色に染めた物を着て、忍び込む時は柿色を上にし、追手になって逃げる時は鼠色を上にして着るものである。昔の忍者はこんな術を使って成功したという実例がある。

第六の「珍事出来《しゆつたい》 門を閉ざされよ」と叫ぶ方便とは、昔、さる者が城内で秘かに狙っていた敵を討った時に、近くの者が音を聞き付けて声をあげて迫って来た。忍者は急いで逃げ出したが、まだ宵の事だから門々は開いていたので、忍者は「もうすぐ追手が追い掛けて来るが、彼らを門の内に留めておけば簡単に逃げられる」と考え、門々で次のように叫んだ。「城中で喧嘩があり、門を閉じて一人も城外に出さないように上から厳重な御触れがあった。皆さまの相構えて油断なきように」と声高に言い回れば、番守は騙されて急いで門を閉じた。そうしてこの者は易々と逃走した。この方便は昼か又は宵などの門が開いている時、敵が追い掛けて来る時に使えばよい。

第七の、閉門時に急に君御出と叫ぶ術とは、高官の屋敷や城内などに忍び込み、そこを出る時に門が閉じていれば門々で次のように言う事である。「突然、主君が御外出される事になったので急いで門を開けよ」と堂々と声高に言う。あるいは「誰々方に御使を申し付けられたので門を開けよ」とか「外で火事が発生したので火の元を見分けて来る様に仰せ付けられた。開門せよ」などと言って門を開けさせる。この術には少し口伝がある。開門の理由には臨機応変な方便で対応すればよい。忍び込む前に、まず出る事をよく工夫しておく事が必要である。人を討つにしても、まず退く事を考えた後に討つべきである。口伝あり。

第八の狸隠狐隠というのは、敵が大勢で追掛けて来るので逃げられないと思った時に、木に登って隠れるのを狸隠という〔狸は木に登れないという先入観を利用する〕。これは大抵見付けられない。葉や枝が茂った大木はさらに良い。また敵が追い出て、方々から人が集まって逃げる事が困難になれば、水の中に飛び込んで水中に潜り、顔だけを水面に出し、頭を藻草、蓮葉、木の葉などで被って隠れる事を狐隠という。猟師が鉄砲で狐を撃った時に、玉は狐に当たったが死なかった。その狐は逃げたが傷が痛くて動けなくなったので、まだ猟師が見えない所に小川の淵があったので、その淵に飛び込み、淵の端にある洞に寄って身を水中に沈め、鼻と口だけを水より上へ出して藻草を被っていた。このような術を狐隠という。

昔、尾州名古屋でさる者がある大物に遺恨を持っていた。黄昏の時分にその人の屋敷に紛れ込み、夏だからきっと敵は行水に出るか、または小便などに出るだろうと考えた。その時に飛びかかって討てばよいと思い、湯殿の近辺に隠れて待った。案の上、敵は行水に出たので、難なく討って屋敷を出たが、その家の者は勿論、隣家隣町の人まで騒ぎ出して追掛けて来たので、これは逃げられないと思い、その堀の中に飛込んで柳の下で頭だけを水から出して柳の葉を頭に被り、体は水底に沈めて潜んだ。集った追手は松明で堀の端もしっかり見たが発見出来なかったので散会した。彼は暁まで待って堀を出て難なく遁れたという。昔にこんな事があったので、名将は堀の中の草、藻、蓮葉などを取り除かせ、柳なども伐って隠れる場所が全く無いようにするものである。

また狸隠の方便では、昔、盗人が二人でさる家に忍び込んだ時、家の者が目を覚まして叫んだ。そして大勢が方々から起き出して来たので、二人は一緒に逃げた。一人は早く塀より外に出たものの、もう一人はどうした事か逃げ出す事が出来なくなった。そこに大きな柚の木があったので、彼はその木に登って葉の中に隠れた。追手は、まさか棘のある柚の木に盗人が登っているとはつゆ知らず、屋敷の内外を捜したが盗人は発見出来なかったので、皆家に帰って寝た。屋敷の外に逃げた盗人は連れの一人を待っていたがなかなか来ないので心配してまた屋敷に戻り、屋敷の外から内の激を聴き入ったが、何の音もなく静かだったので、再び屋敷の中に入り、そっと捜していると柚の木の上で物音がした。彼は柚の木に登っているぞと思い、「急いで降りよ」と囁《ささや》いても柚の木の上の盗は評判通りの臆病者で、「急ぎ下りよと言っても嫌だ、嫌だ」と言って降りて来ない。そこで盗人は一つ思案して、「盗人は柚の木に登っているぞ、出合え、出合え」と声高に叫んだ。木の上の盗人は家の者共が「心得た」と声を立てたのを聞いて、柚の棘の痛みも忘れて飛び降り、二人連れ合って逃げ遁れたという。木の下の盗人の一刺。何とも賢い行為ではないだろうか。

家忍の人配三カ条

一、張《はり》の事

忍び込むつもりの家には、続きの長屋部屋や隣家など人に出会う道々毎に味方の見張人を配置する。これを張という。張役は未熟で調練がなくても務まるが、落ち着きある者が良い。概して如何なる役割でも、臆病で軽率な者はあと一息の辛抱が出来なくて不適である。中でも張には特に不適だ、と古忍の伝えがある。軽率で忍耐力が無い者を張に置くと、大損が三つある。第一に、落着きと忍耐力が無い者は、忍び込んだ者が出て来るのを待ちかねて、ごそごそして余所の方に行き、あるいはうろたえて相図の聞き落としや見落としがあるので諸事の打ち合せが無益になる。第二に、敵の家から出てきた味方の忍者に相詞をかける事を忘れ、敵と勘違いして同志討ちをし、相図もないのに、いち早く逃げ去るなどするものである。第三に、外より来た敵が居た時に、それを味方かと勘違いし、また外から来たる味方を敵と思い違いなどし、諸事に軽率で失敗する原因となる。一人でもこんな者が居ると、他の皆が、打ち合わせ通りにゆかなくて混乱する。こんな大損があるので、張は誰でも良いと言っても、落ち着きが無くて軽率で堪え性が少ない者を使えば、無益なだけに終わらず、却って味方大敗の元凶となる。慎むべきである、と古忍が伝える。忍ぶには人選を慎重にし、人々の気質を考慮して諸役を決め、その上で相図約束を重々堅くして合わす事が肝要である。性格は生まれつきと言うが、若者は血気盛んで強くても、大抵は軽率かつ未熟である。老人は落ち着いて功者だが、思案し過ぎて謀略を誤る事がある。ただ生れつき剛・強・才・智が備わった者の三十四、五歳から五十歳までの者は、仕手にも張にも良い。

二、仕手の事、並びに戸毎に人を置き、あるいは人数が少なければ戸閉をする事

　仕手は一番大切な役だから、絶対に勇・謀・功の三つに達した者が行う。この役二人の内の一人は鏁子《さし》、鑰《かぎ》、枢《からくり》、尻差等を外すなど色々と忍び込む仕事をする役割である。もう一人は敵の鼾や隙を窺い聴いて、仕事をする者に報告し、また内部の様子を通路人に告げ、また通路人の話を聞いて仕手に告げる役割である。通路人とは連絡人の事で、張の内の一人がその家の侍の間、あるいは仕手の近くまで行って仕手添の者の下知を聞いて、外で相図を待っている者に連絡し、外の相図待ちの者の話を仕手添に連絡する役である。口伝あり。

　戸毎に人を置く事に関しては、その家の戸口が幾つ有っても、戸毎に人を配置しなければならない。これは家人を一人残さず討つ為である。戸口に配置された者の謀計が三つある。第一は、地面より八、九寸の高さで戸口に縄を横に張っておく。敵が飛び出した時に縄に足が掛かって倒れるので、そこを討つ。第二に、蒺藜《ひし》を戸口毎に撒いておき、敵の足に踏立てる。第三に、戸口の近くに居て脇差で突く。勿論、これは刀でもよい。また待ち受けの場所は家内でも縁側などでもよく、そこで突けばよい。口伝が少しあり。戸閉めは既に説明したので略す。なお錐《きり》で穴を開け、錐を刺して戸の間が開《あ》かない様にする事もある。

三、相図持ち、並びに相図印の鈴火の事

　相図持ちの役人は四方から見える小高い所に居て、鈴と火で内の事を外に、外の事を内に連絡する役である。相図の印とは味方が分散した時に敵と味方とで混乱するので、一同が白い手拭で鉢巻をするような事をいう。相詞は陽忍の編に記したので略す。鈴と火というのは相図持ちが持っている道具で、鈴とは風鈴、火は紙燭火《しそくび》〔夜間の儀式などで用いられた明りで、松根や赤松を径約三分、長さ約一尺五寸の棒にして、

下を紙屋紙で左巻に巻き、焦がした先端に油を塗って点火し易くしたもの。また紙捻《こより》を油に浸した物もある〕である。紙燭火の詳細は「巻第二十二　続火器編」にある。紙燭火に種火で火を付け、長竹の先を一尺程割っておき、相図の次弟で幾つでもその竹に挟み付けて各所の見張に同じように見せる。相図の約束に手違いが無い様にする事。

　夜の相図は鳴物か火で行う。夜合戦などでは提灯、太鼓、陣貝などで相図するが、それは音が大きいので怪しまれ、あるいは鳴る音が彼方此方有って騒々しく、家忍の相図向きではない。故に鉄の風鈴や紙燭火を使う。風鈴の音は小さく家にもあるので敵に気付かれなく、また遠くまで聞えるので家忍の相図に良い。また紙燭火の色は少し青いので、敵も気づき難い。このように家忍の相図には風鈴と紙燭が一番良い。「相図は皆心を以てする」と『司馬法』にあるように、約束が大事である。とにかく相図の約束は、相違わないように重々堅く言い合せて行く事が肝要だ。

　以上の三カ条は大概である。臨機応変に行う事が大切である。書の他に口伝あり。

用心の術二カ条

一、寝間に明りを灯してはならない。火を生けて、前の紙燭を使うべきである。灯したければ火灯《かとう》〔下広がりで陶または土製の行灯〕、入子火《いりこび》、剛盗提灯などを使用する事

　寝間に明りを置けば敵に見すかされる。狙われている者は勿論、敵持ちでなくても良くはない。もし灯したければ灯火を生ける。灯火を生けるというのは、行灯《あんどん》の火を付ける火口の所に毛抜きの挟む処を置き、その上に板を載せ、火の方を壁の方に向けて置けば火の光が見えない。入子火、剛盗提灯の詳細は「巻第二十一　火器編」にある。この道具なら火はついていても光があたらないので寝姿を見透かされない。

二、眠りを厭うには苦労を厭わず、あるいは冷水で顔を冷やし、又醒心散を服用する事

　眠るまいと嗜む者は、まず身の苦労を厭わない事が専要である。帯をしめ、座して丸寝をし、寒くても衣を薄くし、或は飽食をせず、みだりに平臥せず、行儀よく座っておき、夏は蚊を厭わず、扇を使わず、諸事苦労を厭わなければ眠りは少ないものである。第一は虚脱感を避ける為に淫事を慎むことが肝要である。この慎みがない時は、体は疲労して眠りが深くなる。或は冷水で顔を洗い、唾で耳を濡らしたりするとよい〔眠らない努力を続けると眠りが少なくなる〕。醒心散の方は「忍器　火器編」に記す〔原本に記載なし。『万川集海』乙本は「醒心散の方。女松緑く影干にして大、リヤウカウ中、人参小、黄柏小、未通小、右を細末にして用いる」という〕。眠らない方便に猶口伝あり。

下緒利法七術

　第一に、敵に帯を切られた時か又は寝た時に、急事が起こって俄かに起きて帯が見付からなかった時に、下緒《さげお》を帯にす

る。これは八尺〔底本は「尺」だが、伊賀市上野図書館本は「尺」として「一に八の字あり」とある〕の下緒を下げておく。

第二に、旅枕と言って大小の下緒の端を結び合わせて平臥し、体の下に敷いて寝る。こうしておくと刀、脇差を盗人に取られない。また急な時でも結んだ下緒を取れば、首に懸けて帯を結びながら走る時に便利がよい。

第三に、坐探し。これはすでに述べた。

第四に、塀登り。これも陰忍上に記した。

第五に、野中の幕。これは捕者の巻に記す。

第六に、指縄に下緒を用いる。下緒で縛る方法は口伝。

第七に、鎗停《やりどめ》。これは小刀の下緒の先に小刀を結び付け、小刀を抜いて右に持ち、鞘を左に持って、突き出す鎗に下緒を絡み付けて鎗を取る術である。口伝あり〔鎗停は体を低くして的を小さくして突く部位を限定させ、巻き締め、鎗を引くに従って追掛けて小刀で切りつける。又は巻き取ってすぐに手で摑むなど〕。

用害術六カ条

一、脛払《すねはらい》の事

脛払は屋敷の内でも外でも敵の忍者が忍び込む様な道々に設置しておく。この脛払を設置した所に来た敵の忍者の脛を思いっきり打つ仕掛けである。敵忍は人に脛を打たれたと思って退散する〔底本は「腨払」。「腨」は正確には「せん」すなわち「ふくらはぎ」で腨《すね》後部の肉の膨らみを言う。底本の本文には「す子《ね》はらひ」とあり、現代用語の「脛払」を当てた〕。

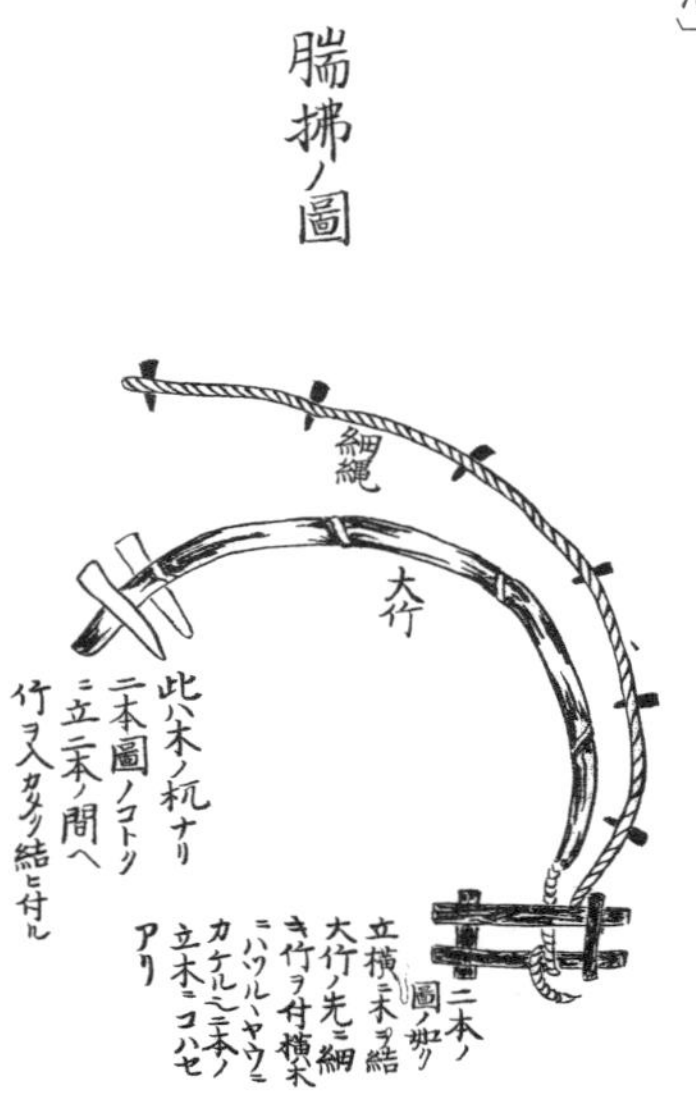

[図10]

【図中文章】　腨払の図　細縄　大竹　この木は杭なり。二本図のごとくに立て、二本の間へ竹を入れ、堅く結び付ける。二本図の如く立横に木を結び、大竹の先に細き竹を付け、横木にはずれるようにかけるなり。二本の立木にこはぜあり。

二、釣押《つりおもし》の事

釣押は用心する家の鴨居の上、あるいは敵忍が来るような道々にもする。これは敵忍が戸を開けると同時に上から押もし木などが落ち、敵忍は怪我をするか、大いに驚く。作り方はつき臼、石臼、石板、材木など重い物に縄を付け、戸の外の鴨居の上に釣り上げておき、その縄を内に回して戸の立詰の柱と戸縁に釘を打って、先の「押」を結び付けた縄の端に小はぜをしてその釘に懸けて置く。敵忍が戸を少しでも開けると同時に、小はぜが外れて重しの釣押が落ちる様にする。

［図11］

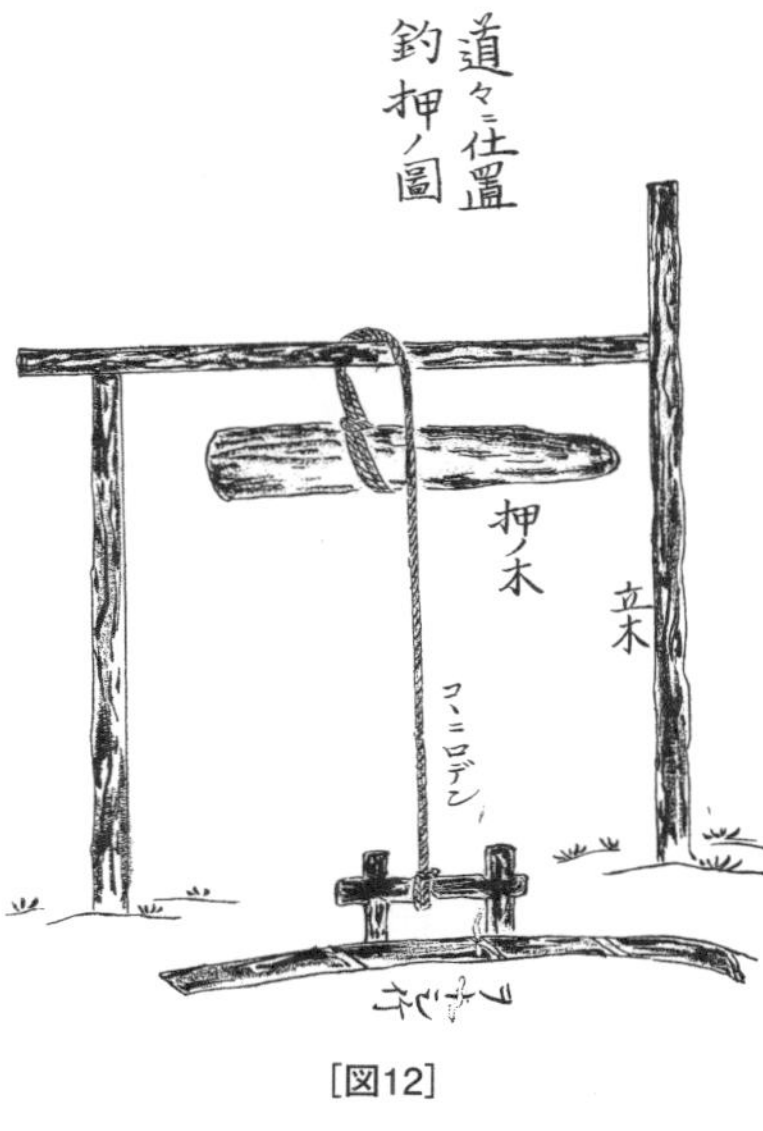

［図12］

【図中文章】　道々に仕掛ける釣押の図、おもしの木、立木、ここに口でん、おとし竹

三、蒺藜《まきびし》の事

これは敵忍が通る屋敷の外に撒いておく。

四、敵は驚き我は寝る事

この作り方は戸の立詰の栈に釘を打ち、それに細縄を付け、立詰の柱に廻して自分の枕元にその縄を引き込む。枕元に二〜四尺までの箱または桶などを置き、その上に図のように小さな桶に大豆でも小石でもよいが、こぼれ落ちれば大きな音が出る物を入れて置き、その桶に先の縄を付けて置く。敵忍が戸を開けると桶を引き落とすので、小石や大豆が落ちこぼれて、大きな音を出すので敵は驚き、我は眠っていても目が醒めるというわけである。この心もち微妙にして作り方は

色々ある。まずは一品を図示する。

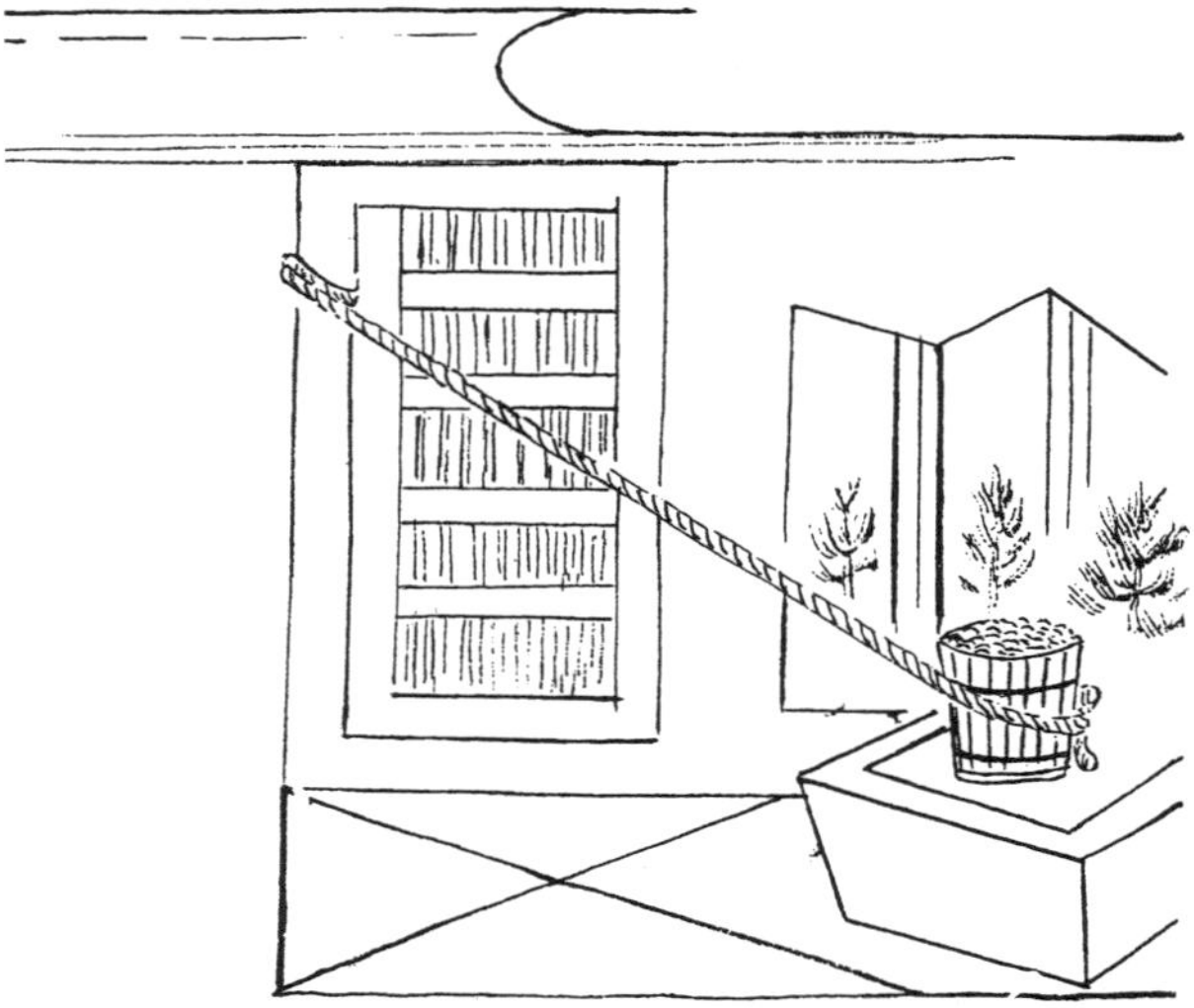

［図13］

五、大竹篦《おおたけべら》の事

この作り方は戸の内側で土に杭を二本立て、その上に横木を結び、その中に竹を差し込み、立詰の柱と戸の桟との間に竹の端を曲げて刺し込んで置く。また立詰の柱に、竹の中程に縄を付け、引張り曲げておく。敵忍が戸を開くと、この竹の「しっぺい」で顔を打つ。敵忍は人に打たれたと思って大いに驚く。

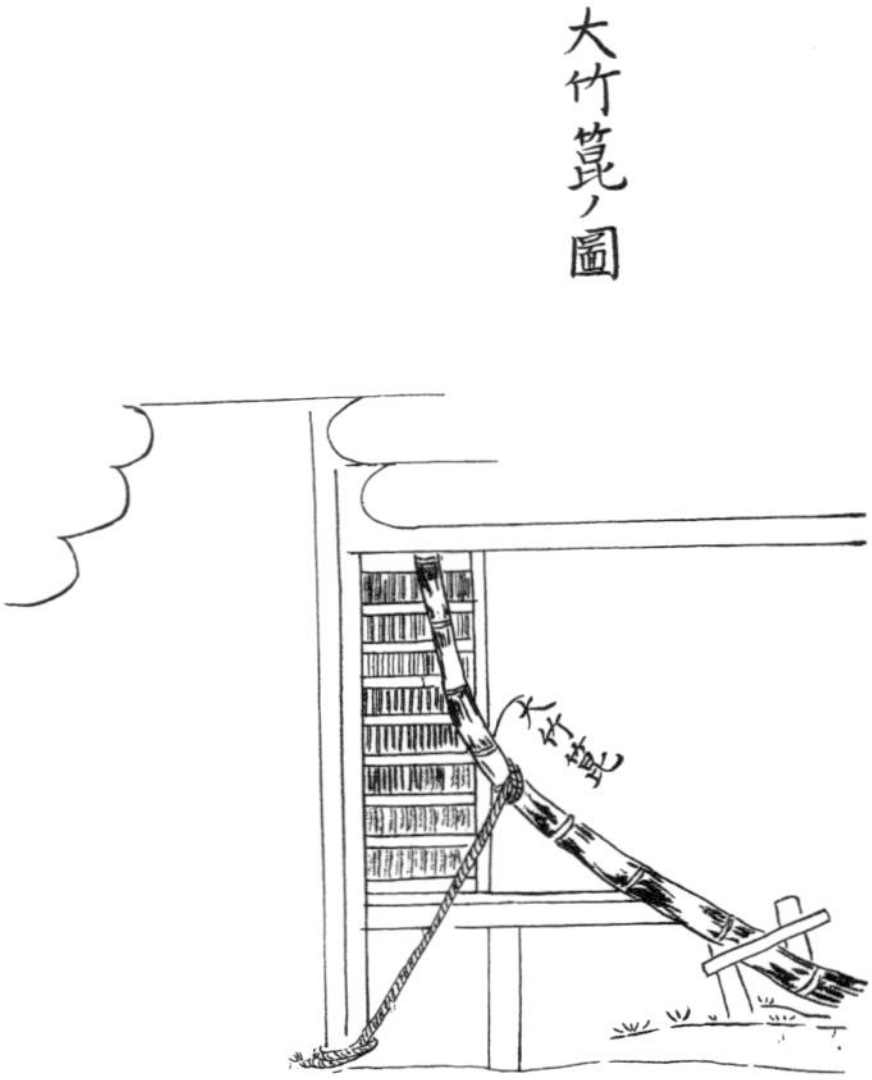

［図14］

【図中文章】大竹篦の図、大竹篦

六、縄張畳立の事

これは旅などに出て戸締りが出来ない所で、細引を張る、畳を揚げて戸障子のこちら側に持たせかける等をする事である。少し口伝あり。状況に合せて気転をきかす事。また戸を閉めるには錐揉《きりもみ》もよい。

巻第十四

陰忍四　開戸の編

開戸の始計三カ条

一、戸を開く事
問鍵《といかぎ》〔錠前を探ったり外したりする忍具で各家流によって異なる。「巻第二十　忍器三　開器編」参照〕という物があり、それを使って鏁子《さし》〔じょうし、かぎこ。鎖子ともいう。鎖の掛け錠〕、懸鉄《かけがね》〔掛金。受け壺を柱に取付け、受け壺に釘や錠をさして戸締りする〕、尻差《しりざし》〔戸締りで引戸の後ろに入れるつっかえ棒〕などの様子や、その在所を知る。また手掌で錠の様子を知る心得、また鏁子、懸鉄、枢《からくり》〔とぼそ、くるる。開き戸の回転軸を「枢」というが、一般的には軸の受け穴〕、尻差、栓〔穴に差し込んで戸を動かなくする〕などの様子や在所を知る術もあるが、前以てよく見聞しておく方がよい。故に忍び込もうとする家の様子を問い知り、見知って、その後に家の錠前の状況に応じて開器を携行する。

二、栓、掛鉄などのある処には、通り様《ざま》に爪跡を付けておく事

三、戸を開く事
受風の音に紛れて開戸の音を消す事が肝要である〔底本は「受風受音」とあるが、伊賀市上野図書館本では「受風受音」として「一に受の字なし」とあり、両書共、次に「可受風音無くば」と続くことから、「受風音」が正しい〕。もし風の音が無ければ閾《しきい》に小便をしてするりと開く。心地良いものである。また「わたあけ」と云う事もあるが口伝とする〔「わたあけ」は「綿開け」。肘壺が受けている戸の肘金に真綿を巻きつけて戸を開けると音がしない〕。特に開器を使って開く時は音が無い様にすることが肝要である。

手の感覚で尻差を知る六カ条

一、尻差に五種ある。少し動かし開けて見て、桟の路に止まれば尻差がある。五種の区別の心持は次の様に考えればよい。

二、閾の溝にある尻差は、少し開ければ下で詰まり、上は開く。

三、十文字尻差の場合は上下共に詰まり、開いて見ても戸に隙間が出来ない。

四、一般的に桟尻差は追立戸にあるものである。これは中央で詰まり、開いて見ると尻差がある所でごちごちと鳴る。但し竹木で作った尻差を中に懸ける事がある。その場合は開けて見ても音がしない。

五、追立戸の出牙《でば》尻差は中央で詰まり、強く押すとしわる心地がし、また戸を開いてみると音がする。

六、追立戸の尻差は中央で詰まり、押すと少し鳴る心地がする。

以上、各々に少し口伝あり。自ら開戸を試みなければ五種の区別は到底出来ない。くり返し修業を積んでおくべきである。

尻差外し術四カ条

一、閾の溝に尻差があっても、十文字尻差も問外《といはず》しでそれがある所を知り、問外しで撥ねて外す〔「巻第二十　忍器三　開器編」参照〕。尻差が強くて問い外しでは撥ね外す事が出来ない時は、鑷《ぬき》を添えて壁に差し込み、先で広げて突き外す。もし障子があって先に突き外せなければ、問外しや鑷等で障子をたて、その後に鑷で先の様にして外す。また戸尻板の時は壺錐を使い、その後、鑷で開ける。

二、追立戸の桟尻差は二枚の戸を引き広げ、問外しで上方に掛け上げ外し、戸を開く。

三、出牙尻差も同前。また鍵錐で上方に掛け上げ外し、あるいは指鍵でも外すことが出来る。

四、夢想尻差は問外しを使い、または鎗錐を用いる。こじって開けば外れる。

以上の条々に口伝あり。ただし口授だけでなく、自ら為して熟練しなければ難い。

手の感覚で懸鉄を知る五カ条

一、立詰で閊《つかえ》れば輪掛鉄、釣掛鉄である。輪懸鉄がある戸は開けて見れば強く詰まるので、その掛鉄を突いて見れば先へ行く感じがする。また強く突いても外れる事は無いものである。

二、釣掛鉄は開いて見ればごちごちと音がする。ただし口伝あり。特に釣掛鉄が有る戸は、立詰の内手に必ず桟が有る。

三、鏁子懸鉄は立詰の内手に桟が無く、懸け外そうとしても抜けない。

四、召合戸の栓掛鉄は戸を開けて見れば繋いであるような感じに緩み引っぱるものである。

五、釣懸鉄は戸の上で閊える。大抵輪掛鉄である。

以上の条々に各少し口伝あり。ただし自ら試さなければわかり難い。懸鉄の図に色々あるが記すほどではない。

懸鉄を外す術八カ条

一、輪掛鉄は立詰の透間があれば問外しの釘の方を使って栓の糸を掛け、上方に揚げて抜く。もし糸がなければ板の方を使って下から栓を叩き揚げて抜く。もし叩き揚げても抜けないか、又は栓が短くて栓の余りが下に出なくて、叩いても詮無い時は、板の内手の刃で前方に引き切り、銜《くわ》えさせて揚げて抜く。

以上の三術のいずれの方法でも栓を抜けば、前方に突くと輪掛鉄が外れるはずである。

二、輪掛鉄がある戸で立詰に透間が無いか、あるいは透間があってもそこから閂外しを入れると戸が閉まって外し難くなる時は、召合戸や追立戸なら延鍵《のべかぎ》を戸の上下左右から用いる〔「巻第二十　忍器三　開器編」参照〕。その使い方は閂外しの使い方と同様である。少し口伝あり。また一本戸なら立詰の柱の際の壁から刃曲を［図15］の様にして用い、先の釘三つで栓を抜き、その上で真の釘を抉《こじ》り外す。

［図15］

三、釣掛鉄を外す事
　立詰に透間があればよいが、桟などがあって透間が無ければ、召合戸や追立戸なら延鍵を用いる。用い方は延鍵の先の入子〔穴〕に釘を刺し込み、その釘にまた釘を刺し、その入れ残しの釘で掛鉄を打揚げて外す。もし一本戸なら、立詰の柱の際より刃曲を用いて打上げ外す〔「巻第二十　忍器三　開器編」参照〕。これは手鍵でも外すことが出来る。また立詰に桟があれば状態に応じて鑿《のみ》で抉り取る場合もある。

四、開き戸、揚戸の掛鉄は先方へ戸をごちごちと突き、引戸ならごちごちと開けてみれば外れる事がある。

五、釣掛鉄は戸、鴨居の上の壁から刃曲、閂外し、手鍵などを使えばよい。

六、召合戸の鎖掛鉄は桟がなければよいが、桟があれば延鍵を用いる。使い方は前に記した〔底本と大原勝井本は「サンナラバ不及云」、伊賀市上野図書館本は「サンナクバ不及云」とある。前後の文より、ここは「サンナクバ」〕。

七、鏁子掛鉄は近くが壁なら手鍵を用いる。板なら大坪錐を用いて穴を開け、そこから手鍵で外す。また板を焼抜く術もある。

八、紙や絹障子の掛鉄は切破り、または押分けて外す。また開かずに両方に押分けても入れる。

　以上、掛鉄を外して戸を開く方法の極秘である。記述の外にも口伝がある。気軽に行ってはならない。しかし目耳学問だけでは駄目であり、自ら習熟して上手にならなければ開戸の妙境に至らない。

枢を知る二カ条

一、戸をしくしくとあけて見て、下で閊《つか》えれば枢《とぼそ》と思ってよい。かつ枢があれば、しくしくとあけて見ると、下でごちごちと音がする。特に枢穴があれば間違いない。

二、枢は大抵戸の正中にある。また十本の内一本程度だが、後にある事もある。また前にある事も時にある。よく鳴る所や閊える所の具合で得心すべきだ。また枢の穴に次の三種がある。一つは、敷居と溝の穴とが一つになっているもの。二つは、敷居の峰にあるもの。三つに、敷居の下まで打ち抜きの穴があるもの。

枢外しの術三カ条

一、枢は鑿《のみ》を敷居と戸の間に入れ、こじ開けるような気持で戸をこじ揚げる事を十回も行うと、どんな打抜き枢でも外れる。ただし前、中、後ともに枢の有る所で確実にこじ揚げなければならない。戸の後に枢があるのに、前でこじ揚げたのでは枢は抜けない。概して後にある枢は抜き難い。また鴨居の溝に栈を打った戸の枢や、枢木の上で戸栈を外すのは外し難い。また鴨居の溝の中に栈を打ち、戸が上に揚がらない様にしたのもあるが、これはしゃくっても揚がらない。

二、前の術で万一開け難いか、または音を忌むなら刃曲を使えばよい。刃曲の使い方は鍵穴があれば刃鍵にして穴に差し入れて刃鍵で枢の木に切り込んで揚げ、戸を開ける。また鍵穴がなければ戸の左右の壁から針鍵にして長く延ばして入れ、針を枢の木に掛け、揚げて抜く。

三、大抵の枢は戸の真中にある。よく調べて真中にあるのが分かったら、藁や糸など長い物で戸の横の寸を取り、その寸糸を真中で二つに折って戸に当れば、そこが戸の真中である。その真中の所で下から一尺の以内の部位を鎗錐《やりきり》で揉錐《もみ》り、その錐で起こし揚げると枢は揚がって外れる。もとより小坪錐で揉んでも外れるのは勿論である。

以上の条々に字外の口伝がある。自ら試し覚え、さらに工夫すべきである。

栓《せん》の有無を察する二カ条

一、揚戸、開き戸には大抵は栓があると思ってよい。栓があれば戸を上に揚げて見ても揚がらない。また戸を先に推してみても動き難い感じがする。又ごちごちと先方に突いて見ても音がしない。もし音がしても木の音で和《やわら》かい。

二、揚戸、開き戸にも釣掛鉄、輪懸鉄があるものである。釣掛鉄がある戸は上に揚げてみれば揚がる感じがする。また先方に推してみても、少し撓《たわ》む気がする。また輪懸鉄のある戸は、戸を先方に揺さぶり押してみれば、ごちごちと音がするものである。皆それぞれに鳴り難くても、全て鳴る。中でも輪懸鉄が鳴る音は大きく、釣掛鉄は小さい。

以上、各々に口伝あり。これもまた自ら習熟して上手にならなければ、開戸の妙味を知ることはない。

栓を外す術二カ条

一、揚戸、開き戸の栓を外し抜くには立詰に隙間があれば小刀や鎗錐などで外す。隙間がない時は先方に揺さぶり押してみれば外れる事がある。

二、もし前の術で外れない時は、鎗錐の三つ四つを並べて戸板を揉み、その後で錐でこじ抜く。ただし口伝あり。また大坪錐も用いる事。

以上の条々に記載外の口伝あり。

鏁子を察知する術六カ条

一、鏁子《さし》の形には海老鏁子、耳付鏁子、捻《ひねり》鏁子、背鏁子、引出鏁子の五種がある。外し方も概略で五法ある。また鍵穴の開け様は色々あるが、羽の仕掛けは概略五様あり、一、二、四、六、八枚の五種である。少しずつ変わりはあるが、この五つの品を過ぎることはない。これを学ぶ者は、この外を心配する必要はない。

二、海老鏁子は［図16］のような形である。筒に仕付けにして耳がなく、羽の方に仕付けにして耳がある。この鏁子の形を海老鏁子という。この様に海老鏁子は特に大きな物が多い。中の羽は四羽である。六、八羽の事もある。四羽の鏁子は筒が極めて平たく、鍵穴の形はこの様なものである［図17］［図18］。この鍵に合うのは後の物は［図19］、前の物は［図20］の形である。また六羽の場合は筒の形が四羽より四角気味で、鍵穴の形は［図21］である。

こんな形の鏁子に針羽という羽がある。この鍵穴の形は少しずつ変わりはあるが、原理は前と同じである。また八羽の鏁子は筒の形が大抵四角だが少し菱形になっている。鍵穴の形は［図22］の形である。この鏁子は小型は稀である。

また大門の海老鏁子は閂《かんぬき》の木に仕付けられる。これは四方に四羽である。門の木の海老鏁子の形は［図23］の様である。

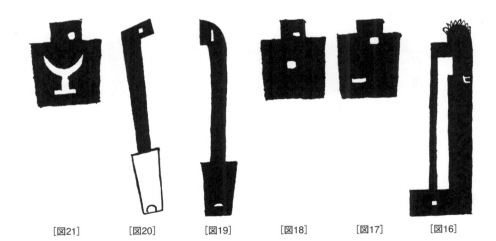

［図16］

［図17］

［図18］

［図19］

［図20］

［図21］

［図22］

［図23］

三、耳付鏁子の形は筒に仕付けて耳がある［図24］。この鏁子にも四、六、八つ羽がある。四羽の時は鍵穴の形は［図25］である。六つ羽の時は鍵穴の開け方は［図26］の感じである。八羽のときは鍵穴の形は［図27］の心持である。筒は薄く平らで四角気味である事で海老鏁子の所の記と同様である。

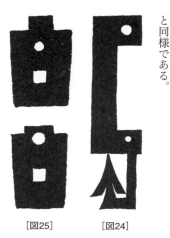

［図24］

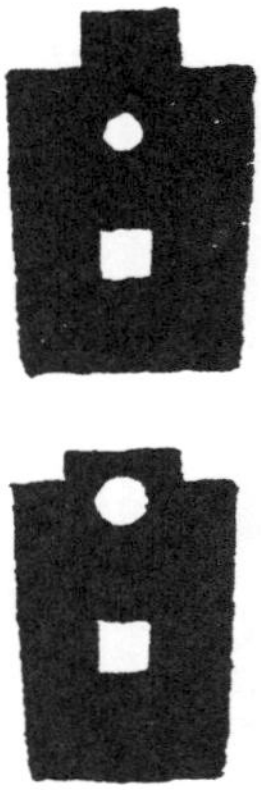
［図25］

［図26］

［図27］

四、捻鏁子は筒の平らの方に鍵穴がある。この鏁子は全て二つ羽である。掛硯文庫など手箱の鏁子も中の構造は同じであり、鍵を捻って開ける［図28］。

［図28］

五、背鏁子は筒の背に長い鍵穴があり、四つ羽と八つ羽があるが鍵穴の形は皆同じである［図29］［図30］。

［図29］

［図30］

六、引出鏁子は全て一つ羽である。鍵穴は羽の突き込みの方が少し丸くなっている［図31］。

［図31］

以上が鏁子筒と鍵とを見て内の羽の仕掛けを知る方法である。この他にも中の羽の仕掛けを少しずつ変えてはいるが、大抵はこの五つの理の外は鏁子が十万個あったとしても同類である。細心の注意を払って鍵穴の様子を見れば、如何に違った羽でも全て理解する事が可能である。

諸鏁子を開ける術八カ条

一、海老鏁子の開け方一拍子、或は楊枝開けの事。

ただし肘壺の打方に口伝あり〔肘壺。二つの金具をつなぐ時の雄雌で、鍵形の肘とそれを受ける壺の部分からなる〕。門の海老鏁子は一打で開けられるが、もし開かなければ楊枝《ようじ》や木竹の切れ端を使う場合もある。

二、海老鏁子に限らず突開鏁子の開け方は「わたがみ抜き」の事。

これは鏁子の大小、羽の強弱によって使い方に強弱がある〔底本と大原勝井本は「突開鏁子」、伊賀市上野図書館本は「撞明鏁子」とあるが意味は同じ。真っ直ぐに突き差す形の錠〕。

三、突開鏁子の開け方は木込抜きで行うが、これは鎖子の具合によって使い方に心得がある。

四、突開鏁子の開け方はその場にある物で俄《にわか》拵《こしらえ》に行う。これにはまだよく鍛えてない生鉄《なまがね》や錫などを用意しておく事。

五、捻鏁子は鑿《のみ》で菊座の釘先の蓋をこじ取り、菊座を抜き、その後釘で開ける。

六、背鏁子は鍵入れの首を鑷《くぎぬき》で挟み切り、その後で鑿でこじ離し、竹で開ける。

七、概して難しいのは鏁子の鍵穴に凸凹がある場合である。そんな時は鍵穴を鑿や鑷の類でこじ開け、その後に前記わたがみ抜きや木込抜きなどで開ける。

八、肘壺を広く打ち、詰まって鏁子の羽が抜けて出ない時は鏁子の手懸りの隙間に鑿を切り込み、押し出すようにする。また鑷も同じく使用する。

以上の条々には口伝が多い。要点を見過ごす事がないように注意する事。よく口伝授を受けて、自ら修練しなければ理解する事は出来ない。

諸鏁子を開ける極意二カ条

一、背鏁子、捻鏁子、突出鏁子ともに早速開けられる鉄楊枝の事

不整形の鍵穴への差し込み方に口伝がある。また掛硯文庫など箱物の捻鏁子には丁度合う細さの鉄楊枝を使う。

二、突出し鏁子と引出鏁子を開ける常鍵の事

これは、一は二であり、二は四である。

以上の条々に逐一口伝がある。鏁子開けの極意であり、前の道具で開ける時は如何なる鏁子でも開かないと言う事はない。開鍵はただ手練の浅深によるのみである。常々から修練を積んでおく事。

巻第十五

陰忍五　忍夜討の編

夜討は寡兵を以て多勢に勝つ為の軍法である。特に忍者の行う夜討は僅かな人数で多勢に勝つ事が出来、それも掌《たなごころ》を返すほどに簡単である。伊賀国がまだ国として独立していた時代には専らこれを用いていた。手組、手分、手配の事は昼戦の作法と同じである。忍術を学ぶ者で忍夜討の作法を知りたいと欲するなら、まず手組、手配、手分の方法をよく熟知しておく事が大切である。

物見二カ条

一、夜討に出ようとする時は、その前にまず忍びを入れて敵方の内情を探らせ、その上で万計を立てるべきである。また城や陣営でも、忍者をそのまま城陣に残留させておくと利が大きくなる。内応の相図は幾重にもしておくことが肝要である。また相図の火に口伝あり。

二、物見を出して城陣とその周辺の地形、敵勢の厚薄、城陣営の状態をよく探らせ、その地形の様子に依って策を練る事が肝要である。口伝あり。

忍歌に

夜討には忍び物見を先立てて、敵の案内《あない》を知りて下知せよ

出立の四カ条

一、上着は白小袖を着てはならない事

口伝あり。忍びやかに討つ時は二重の黒羽織を着用するとよい。

二、差物を差さない事

また出来れば具足も着てはならない。着込むのはそれなりに理由がある時である。

三、笠印の事

白い練絹《ねりぎぬ》一尺二寸を冑の後ろに付ける事

これも一度毎に替える事が大切である〔練絹は練って柔らかくした絹布〕。

四、遠路を馬に乗る事があれば、割口をし、轡《くつわ》を結ぶ事

馬も月毛〔桃花馬、葦毛のやや赤みがかった馬〕、葦毛〔白い毛に黒褐色の差し毛のある馬〕、鮫馬などは良くない。口伝あり。

令命七カ条

一、相詞の事

月、日、星、水、波、戸、障子など雑人までも言い易い対

詞を上手く教える事。
　また耳をつかむ、鼻をかむというような動作も時には用いる事
二、相詞は初めの決めとその折とで変え改める事
三、敵を討っても首を取らずに討ち捨てる様に命令しておく事
　また小さな木札に氏名を書き付け、行った場所に捨て置く事。矢印と同意である。
四、引取る時に何でも良いから其の場に有った物を持ち帰るように命令する事
五、たとえ敵と切り合っても引上げの相図があればすぐに引取るよう堅く命じる事
　口伝あり
　軍歌に
　　夜討をば、じだるく討たぬ物ぞかし、一村雨の降るごとくなり〔村雨とは、ひとしきり激しく降るにわか雨〕
六、忍び夜討では長柄の鎗は持ってはならない〔短い鎗として、駕籠の中に持ち込む事が出来る駕籠鎗がある〕。その他は各自が得意とする武器を使えばよい。もし長柄を持つ時は、鎗合では横に振って敵に当たると同時に引取り即突く事。
　軍歌に
　　夜討には、長柄の鎗を嫌うなり、太刀長刀に弓を用いよ
七、忍び夜討には掛け声をあげてはならない。
　口伝あり

　野間軍歌に
　　忍び取りの城も夜討も討閧を、早くあぐるは越度なりけり〔越度は落度の意〕

夜討前の謀略四カ条

一、境界に城営を構えて有能な侍大将と二心無き兵を籠城させ、敵が来攻する処を夜討する事
二、引取ると思わせた後に夜討をかける事
　これは常法ではない。また小屋や蟠《かまり》も同じ意味である。また小屋に火を付けて退く事もある。
　加藤軍歌に
　　敵へ寄らば昼は色々逃げ敗り、暮に掛りて一仕舞せよ
三、今夜討つべきと思う日に、夜討に参加する兵は休ませて置き、後備や遊軍にしておく。終日合戦は厳しくさせて、敵を疲れさせておくこと。
四、表裏で夜討の事
　味方の城陣を堅く警護し、伏蟠《ふしかまり》を適地に何カ所も配置して小勢で夜討し、早々にあっけなく引上げて敵に付け入らせるようにする。もし敵が付け入れば、難所や利便地で引掛け、包囲して討つ。これは常法ではなく、生半可な心得では引上げる時に味方が混乱するので注意。また敵の先手へ一夜に三度も気易く夜討する事がある。この時は全兵を度々替える事が大切である。

夜討の時分四カ条

一、忍びを入れた、その夜の事

　これを反討《かえしうち》という。この時は忍び込む者は入子火《いりこび》を用い、また飛脚篝《ひきゃくかがり》〔伊賀市上野図書館本は「飛脚火」ともある〕もこの時に用いればよい。城へは雲梯、飛梯、蜘梯《くもばしご》、天浮橋《あまのうきはし》〔梯類は「巻第十八　忍器一　登器編」参照〕などを多く持たせ、倍道〔「陪道」すなわち脇道〕も並行させて不意と不備を討つ事。

　飛脚火とは通信手段の一つである。これは敵地に行く途中で、味方の地と敵城との間の高山に一、二人の兵に提灯や松明を持たせて登らせておき、中継点とする。敵城に忍び込んで、相図の入子火を出せば、山上で待機していた者が松明に火を灯して次の山へと相図を転送する。故にあっと言う間に十里や二十里先の情報を知る事が出来るので、これを飛脚火と言う。口伝あり。

二、風雨の夜の事

　ただし口伝。また敵も思いがけないような静かな夜の事。

三、初めて対陣した後一～三日までの事

四、大敵が難所を越えて長陣を張り、諸勢が気疲れし退屈した処を討つ事

忍び夜討の作法十八カ条

一、城や陣営に初めから忍び込ませて置き、その後で夜討する。事前に入れる事が出来なければ、難所の方に忍びを待機させておき、攻め易い所を本隊で猛々しく陽動する事

二、敵の守りが厚い所を討ち、薄い所から引上げる事

三、控軍が出陣する事

四、一町一火と控軍の提灯や続明松の事

五、鉄砲の撃たせ方の事

六、勝鬨の声合わせ方の事

七、忍馬の事

八、一正面二裏の備の事、並にまわし備の事

九、火や鼓を多く用いる事

十、時により、火毛を用いる事

十一、勝利した後、味方の配所を決める事

十二、引取る時には屋守を用いる事

十三、引取った後、味方の中に紛れ込んだ敵を改め出す術に色々ある事

十四、続討《つづけうち》の事

　並びに初討《はじめうち》の時に火を付け残しておく事

十五、夜討して、また朝懸りを用いる事

十六、一隊の人数と備、鉄砲の打たせ方や戦い方の事

十七、手火矢を投げる役を多くする事

十八、小勢で大城に籠る時は険阻の方から入る事

　並びに結梯《ゆいばしご》、釣梯、蜘蛛梯を持って行く事

　以上いずれも口伝がある。忍び夜討の仕方は、大抵はこの様である。ただし城と陣屋では夜討の心得が変わる。口伝深

し。しかし夜討というものは、手段が良い時はたとえ敵に知れても味方が有利に運ぶものである。必ず備の締り、集り、治まりを重々打ち合わせて行動すべきである。たとえ身近な侍でも、内心が分からない者には夜討の旨を話してはならない。敵の不意を討つ事が重要である。

剛盗夜討ち十二カ条

一、目明しを先に遣わして敵の屋舗や家の作りから道路の様子までも詳細に探らせ、内情を何方向からも確認しておく事

二、方角をよく究めて、星・山・風・火の四つに目付をしておき、月の出入も測る事

　また尺八なども用いる。口伝あり〔「尺八」すなわち一尺八寸と固定された長さは、忍者がすでに知っていた三角法測量では恰好な測量具となる。目盛の代わりに穴があり、誰からも疑われない測量具だったと考えられる〕。

三、剛盗夜討も先に目明しや犬などを送り、敵の人数の多少や眠ったかどうかを探らせる事

　目明しは入子火や剛盗提灯などを携行すべきである。それで家内を見る事が出来る。もし普通の松明で家内を見る時には、松明の向こう側から見るようにする。入子火と剛盗提灯の図説は後巻で詳らかにする〔「巻第二十一　忍器四　火器編」参照〕。

四、裏手の戸口毎に隠し討手を置き、あるいは錐揉みで戸の固定、縄を張り、蒺藜を撒く事

　隠し討手の人は余り戸の際から少し離れて敵が出るのを待つ。四、五尺も離れていればよく、戸際に近過ぎると切り外す事もある。

五、大犬や小犬の戸の開き方の事〔この「犬」は下っ端の者を指す〕

六、火仕《こし》の事

　敵家より一、二町離れて胴の火を鳥の子に移し〔「巻第二十一　忍器四、火器編」参照〕、戸口に近付いて十二束の松明を脇壺に挟んで火の先を一所に寄せ、鳥の子の火を吹立てて火を付ける事。

七、火添の事

　火仕の右脇に立ち、火仕の右脇壺に挟んだ六束の松明を取って敵家内に投げ込み、火仕も我左脇壺の六束の松明を打込む。私に言わせれば、これは昔からある作法かも知れないが、当流では薬松明を用いる。時には先衆二、三人の鎗に薬松明を結び付けて飛び込む場合もある。

八、胴勢の事

　軽い柄の鎗、弓、刀などを持つべきである。家内の競り合いがあるので、絶対に長柄を持ってはならない。

九、見張の事

　これは外から来た敵を見聞して内に知らせたり、外の敵を防いだりする役である。故に道路の口々に置くべきである。忍び討ちの時もこれを使う。右の役はいずれも勇気があり、平常心の者を選んで使うべきである。特に見張ではこの沈静

で堪え性が重要である。見張りに不適格な者を使うと弊害が多い。この様な者は、第一に忍び込んだ者が出て来るのが遅くなれば、待ち兼ねて約束の場所に居なくなる。第二に、もし家内から逃げ出す事があった場合に慌てふためいて味方を討つ事がある。第三に、追われて家内から逃げ出すような事になれば、この者は敵も味方も構わずに己の身勝手に一目散に逃げる事がある。第四に、もし外から人が来た時に、家内の味方にそれを知らせる事や、敵を防ぐ事などしないものである。このような者を張に使うと弊害が大きくなり過ぎる。見張は慎重に選定しなければならない。

[問] 見張の役についての丁寧な解説だが、他の役柄なら平常心に乏しく堪え性が少ない者を使って良いだろうか。

[答] 目明し、大小の犬、火仕、火添などは敢えて言及するまでもない。しかし見張の役を丁寧に話すのは、一般に見張は外の役で簡単に考えていて、吟味をよくしていない。柔弱な者も選ばずに使うので、落度がある事が多い。故に見張の役はここで強く論じたというわけである。

十、敵の多少に依って伏兵を用いる事

十一、もしも分散した時の為に集合場所を前以てよく定めておく事

　並びに入子火、銃矢、火矢などの相図の事

十二、蒺藜を撒き、百雷銃を置く事

　以上に各口伝あり。

召捕二十カ条

召捕は忍者の役ではないが、当代の足軽や忍者は皆これを専らにする。当流を学ぶ者は召捕の役を受けて奉公してはならない。もしこれを受諾して奉公すれば、それは家伝の術の流れでは全くない。しかし召捕の役に専念するのではなければ、時には召捕をしてもよい。故にこの術は略す。しかし召捕は忍術の本道ではないので、召捕の微々たる理由で忍者の職名を露顕させてはならない。本書の哲理を知り、後世の忍者は重ねて考えるべきである。

一、まず問い知るべき六品の事

　知るべき六品とは、貴賤、人数、親疎、居所、科《とが》の軽重、持っている道具の六つである。

　第一の貴賤を問うのは、相手が侍と雑人との身分差で使う術が変わるからである。大抵、侍は召捕の好機を逃せば強くなるものである。これを挫《くじ》く術は即座に行えば利がある。その子細は、城攻めは急襲すれば敵の城備が間に合わなくなる事と同じ意味である。また雑人は時間がたてば気弱で及び腰になる。雑人は血気の勇で動いており、これを捕えるには緩を用いて血気を避けて謀ると利がある。

　第二の人数を問うのは、敵の人数の多少で此方の準備が変わるからである。籠っている者が一人か二人なら押し入って討つもよし、捕えるもよしである。ただしこれは相手による。また二人以上であれば、籠っている者の中で罪が軽い者を味

方として利用する知略もあって然るべきだ。もしその謀計が上手く行かなければ城攻めの心持で決行すればよい。

第三の親疎を問うのは、閉じ籠りの者が多数なら、その者達が親類同士か他人かで術が変わるからである。皆が親類なら同じ心意気で強いと心得て、慎重な計略が必要である。また他人同士なら互の志が違っており、敵の結束を隔てる計略が重要となる。軽罪の者に与える計略とほとんど同じ手順である。

第四の居所を問うのは、平敷の座、二階、その他要害の構え方に従って此方は術を変えるからである。二階ならば捕手を二つに取り分けて、一の勢で表から、その二倍の勢を裏攻めに回して梯で昇るのが良い。ただし大勢で籠っていれば城攻めと同じ手法でする。頭は大切だから鍋など被るのも一術である。

第五の罪科の軽重を問うのは、罪の軽重に依って智略が変わるからである。故に取籠る者が幾人も居れば、一人一人の科《とが》の品をよく問うべきである。軽罪なら彼に理があるなどと話し、彼を自分の方に誘導するように計る。もし重罪なら「赦免する」と言う謀事は絶対に良くない。ただ「武士として死なせてやる」と諌めるのがよい。また軽罪と重罪の者とが混在していれば、他人同士の混在例の謀計と同である。

第六の敵の持っている道具を問うは、その様体で用意を変える必要があるからだ。もし飛道具を持っていれば、楯や竹束などは勿論、衣楯を着ておくべきである。また畳を楯にする事も尤《もっと》もである。

以上は六つの品に従って術を変える事である。その外も時所で臨機応変に対応した計術がある。

二、人をあやめた者を送り入れる事

三、時柄を選んで座興を催し捕える事

以上の二カ条は、送り込んだ者の科を此方は知っているが彼方は知らない。これは時折の方便である。ただし敵に知人がいない時の交りで口伝がある。

四、寺院や強い武士の家に逃げ込み、その所の亭主が引き渡さないと思う時は、彼は狂人であると言えばよい。これは取り逃がして追う時も同じである。

五、取り逃がして追う時は、逃げる者のすぐ後を追ってはならない。筋交《すじか》いに追い掛ける事が肝要である。自分が刀であれば逃げる者の左後方を、鎗であれば逃げる者の右後方を追う〔これは武士の嗜みであり、豊臣家の御家流の片山流柔術でも、敵が振り返って突然抜刀した場合を考慮して間合いを測りながら左後を追掛ける。次いで敵の左腕を捕まえた時に突然敵が抜刀した時に、その剣筋を外して避ける鉾外《ほこさきはずし》、また敵の刀鞘をつかまえて引上げ倒す追駆通《おつかけどおし》、さらに左足首を取って倒す引掛倒《ひっかけたおし》、また自分の刀を鞘ごと抜いて逃げる敵の背中を突いて倒す突掛倒《つっかけたおし》等色々ある。右後は敵の逆襲を受け易い位置であり、また敵は右手抜刀で右廻りだから敵刀が長く伸びて来るので危険だが、槍なら安全で、右後から距離を少し離して追掛けて、突く、小尻で突き倒すその他ある。いずれも敵が急に振り向いて切り掛かる時の用心である」。

山本勘助の書に「追い掛ける者に二つの教えあり。追い討ちの時は浮足の習が有るので、下段を払う事。走り逃げているので必ず近くに見え、下段以外は打外す事がある。もし立廻る時は、一旦引いて敵の勢いを抜くことが肝要である」と記されており、これこそ進退の金言である。

六、他の人が追い掛けている者が自分の前に走って来た時、もし追い掛けている者が自分に「討ち留めてくれよ」と言えば、隠遊の術で斬らず逃さずにして、追う者に斬らせる。それは功者のする所作である。もし逃げる者が不意討の如くして鋭く切り掛ってきて、是非も無く切ってしまった時は、その二人が共謀していた可能性があり、「討ち留よ」と言った追手も捕えるべきである。

七、重罪人が籠った時、その者の確実に助かる方法を話してやっても、彼はなかなか引き下がらず、方便と気付いて智略が却って仇となる場合がある。そんな時は丸腰で行き、次のように言う。「其方《そちら》の罪科は非常に重くて助けようも無い。今、私は主君の命を受けて来た。私の言う通りに刀と脇指をお渡し下されば、寺院までお連れして切腹させて上げましょう。しかしもし従わなければ、重罪の身であるのみか、科の無い私共を道連れにして自分も死ぬつもりなら、それは大間違いである。今生《こんじょう》の恥辱を受けるのみならず、後世まで極悪人として語り継がれるのでよろしくない。間違いではあるが、其方の望みが通るのなら、よい事ではないか。しかし従わなければ壁を破り、四方から竹木を投げ込み、その上、突棒《つくぼう》・刺股《さすまた》・琴柱棒《ことじぼう》〔いずれも刺股の類であり、長い柄の先にT字形やU字形をした金属や木製の押えを付けて敵の首や腕、胴体などを押える。袖搦《そでがらみ》と言って鉄に棘を沢山付けて相手の袖や衣服を搦め止める型が多い〕などで捕えられるならば、其方の心は樊噲《はんかい》〔漢初の武将で高祖劉邦に仕え、鴻門の会では劉邦の危機を救った。諡《おくりな》は武侯〕をあなどるほど強くても、その甲斐は全く無く、終には叩き殺される事になる。もし生きても縄をかけられ斬首される。これは雑人下郎の死である。それは今生の恥辱であり、滅後は六道を浮沈する道理ではないか。ならば私の言う通りにして武士として死んで今生の誉れを受けるか、または私に従わずに我を捨てなくて雑人下郎の死に様で末代まで名を汚すつもりか。とにかく今は其方の分別次第である。同じなら目的も遂げられない我意を貫いて武士の身で雑人の死を選ぶよりは、武士の本意で死ぬのは如何でしょうか。もし又、其方が私の話に従わずに私を殺したとしても、其方の命は遁げられずに死ぬだけである。ならば恨みの無い私を殺す道理はますます無くなってしまいます」と正論を言い通し、彼の身になって詳しく丁寧に説得する。その上で、寺院で切腹させる約束を誓って真心で話すと、武士は義を勧められると十に八、九も武器を手渡すものである。ここには大事な心得の伝授がある。これは取り籠る者が幾人でも、親子兄弟など近親者で一緒に籠っているか、あるいは少しも言い分の無い人かの時の方便である。これが理を以て敵を制する事である。
八、罪人や他人同士が幾人も籠っていれば、科の軽重をよく聞届けて丸腰で行き、軽罪の者を呼び出してよく言い含め、彼と自分とで残りの者を内外より討ち取る。その後でその者も捕える事。口伝あり。
九、軽罪の者か、または主人以外は彼の科が重い事を知っていないものが籠った時は、彼が正しいという理屈を言い立て、とにかく自分は悪くないと主張すべきだと謀って誘い出し、出て来た処を捕える事
十、夜中に楯籠った者が居れば、鍵鎗の環に松明を結び付けて少しずつ先を見ながら行く。この松明は桜の皮を油に浸して、よく乾かし、廻り四寸に束ね、長さ約二尺にして持てばよいという。また敵の居所が分からない時は熊火を投げ入れる事もある。熊火の製法は火器の巻にある。ある書に「夜中の楯籠り者には玉火を敵中に撒く」とある。その通りである。玉火の製法も火器の巻にある。また剛盗提灯を用いる事もある〔「巻第二十一　忍器四　火器編」参照〕。
十一、火が無い時は座探しの術を用いる事
　口伝。ある書に「夜中の戦いは二刀上段の構《かまえ》を以てする。両腰の鞘は立てておき、敵が払う太刀を防ぐ」とある。
十二、戸入の事
　これは楯籠り者が戸の左右に居る時の場合である。また居るとも居ないとも分からない時の術がある。口伝。ある書は「門を入る時に二つの用意がある。敵が左に依っていれば、太刀は上段にある。右に依って居れば中段に構えて突こうとしている。前方に依っていれば遠近を見積って入る。これが未然に敵を見積る教えである」という。
十三、智略で上手く行かない時は、前方を脅かして後方から入り、左を脅かして右から入る術を用いる。いつも裏屋の方から入る心持でいれば良い。とにかく敵が大勢集って守備を固めている方から入ってはならない。
十四、白刃取りの事
　村雨の術を用いるべき事
十五、巌石崩しを用いるべき事
十六、虎の爪〔鷹の爪すなわち唐がらしと何かを混ぜた合せた眼潰しか〕を用いるべき事
十七、捕者玉の事
十八、絶入散の事
　鉄砲にて放ちかける事。製法は斑猫《はんみょう》〔毒があるのはマメハンミョウ、ツチハンミョウ〕五匁、砒霜《ひそう》〔砒素〕三匁。また蝮蛇《まむし》を土に埋めてその上に馬糞をかけておき、その上に生えた茸《きのこ》を取って粉にしても同じという。灰袋と霧檀《きりたん》は口伝。

　ある書は「右の薬を鼻紙の中に入れて敵に撒きかける」という。私は薬を撒くと自分にかかる事を恐れている。鉄砲が一番良い。
十九、早縄の事
　これは各口伝あり。ただし組打や切合の事はここに記す必要はない。ただ剣術、居合術などは常に練習する以外に上達

の道はない。謀計はその時所に依る事であり、ここではその概略を記した。

二十、捕物惣摩《そうま》久利《くり》の事

口伝。右、この武器を使えば、我一人で籠る者多数を捕える事が可能である。捕者の術は極々秘伝であり、千金莫伝、一子相伝の術であり、他言無用である〔記載なし〕。

巻第十六

天時（上）遁甲編

日取り、方取り惣捲りの事

日取り、時取り、方取りには方法がある。しかしこれに縛られて行動を決定すべきではないが、敢えて捨てる必要もない。専用すべきではないという理由は、日時は天下皆同じ日時だから、味方に吉日なら敵にも又吉日となる。故に『秘華経』に「仏法の中には日に善悪無し」と、又『涅槃経《ねはんきょう》』にも「如来の法に吉日、良辰の選択があろうはずがない」と記されているほどである。また方取りも同じ事で、専用するべきではない。その理由は孟子も「三里の城を七里の郭で囲んで攻めたが勝てず。それを囲んで攻めても、必ず天の時が得られなかったのだろう。こうして勝てなかったのは、天の時は地の利に及ばなかったからである」と述べているからである。囲碁を例にとっても、上手は悪い方角を向いても勝ち、下手は吉の方を向いても負ける。かといって日取り方取りの全てが無用と言うわけではない。何故なら兵法は詭道《きどう》〔騙し違える方法〕だからである。言える事は、日・時・方で吉凶を占う事を捨てると、臆病者に勇気を奮い立たせて進ませる方便も、愚痴な者を上手く使う方便も無くなる。孔子は「民は日時方で動かし、日時方の方法を分からせてはならない」と言う。そんな時は、ただ人事を正しく行う事が肝要である。所謂《いわゆる》『尉繚子《うつりょうし》』は「刑を以て之を伐り、徳を以て之を守る。天官〔天干すなわち十干〕・時日・陰陽・後背ではない」と言い、黄帝は人事のみと言う。よってその事物に対して当然の理で行動し、その時所の変化に応じて謀をする。これが人事である。人事の利も一固の理である。理すなわち天命である。よって『性理大全《せいりたいぜん》』は「天は理なり。人もまた理なり。理に従えば天と一つになり、我と我とではなくなるという理であり、理は理ではなく天命である」と言う。故に理に従えば吉日・良辰・吉方などを選用しなくても、自然に鬼神の加護を受けて安穏長久であるはずである。『李衛公問対《りえいこうもんたい》』に「事が天下に動けば天道が応じて善を為すので吉日である。悪を為せば悪日である。善を為せば吉方である。悪を為せば悪方である」とある、この言葉は言を尽くしている。忍術を学ぶ者は重々試みるべきである。

昔、唐の太宗が、「日・時・方の類は一切用いるに足らないものである。これを捨てては如何だろうか」と問うと、李靖は「これを廃してはなりません。何故ならこれらは兵法では策略の道であり、日取り・時取り・方取りを使って臆病者や愚痴な者を動かす事が出来るのです。彼らは吉日・吉方に迷っており、『今かかれば、大敵強敵もたちまち破る事が難無く出来る』などと言い聞かせ、勇気を奮い立たせる方便です。よってこれを捨てるわけにはゆきません」と答えている。太宗はまた「卿、あなたは常に『天官・日時の事を明将は用いない。暗将はこれに拘わり泥《なず》む』と何時も言われる。ならばこれを捨てるべきではないのか」と問うと、李靖は「昔、殷の紂王《ちゅうおう》は甲子の日に出戦して武王の為に討たれ亡ぼされました。また周の武王も甲子に出戦して大勝利を得て天下を治められました。出陣の日は各甲子の日です。また宋の武帝劉裕は往亡の日に軍を起こして南燕を攻めました。その時に諸将は『往亡は凶振です。軍兵を出してはなりません』と言うと、武帝は『往亡は吉日である。吾が往くので敵が亡ぶ日になるのだ』と言って終に軍を出して大勝利を得、燕を亡ぼしました。このように思えば、日取りや時取りなどはわざわざ廃さなくてもよいのは明らかです。田単〔宋の武帝〕は少勢で即墨という所の城を守っていたが、燕の大軍が来攻して城を包囲しました。墨軍の勇気は失せてしまい、燕軍に投降すべきか逃げるべきか、と慌てふためいたので、田単は工夫を廻らして一人に契約を固めて神の使いとし、謹んでその鬼神を祭るふりをしました。予めの約束事通りに、神の使いが口を開き、『時を移さずに攻撃すれば燕軍は必ず敗れる』と告げたので諸軍は尽く勇み立って進軍を始めました。田単はその勢いに乗じて、火牛の術〔牛の角に刃を結び付け、尾に葦の束を結んで油を撒いて火を付けて敵陣に向かって暴走させる術〕で燕軍を追い破り大勝利を得る事が出来ました。これこそ兵法は詭詐《きさ》の道なりの好例です。天官時日などを捨てずに利用すれば、この様な結果が得られるのです」と答えた。

太宗はまた、「田単は神怪を謀って燕軍を破り、太公は亀蓍《きし》〔亀の甲羅を焚いて亀裂で吉凶を占う〕を焚いて殷の紂王を亡ぼした。田単が神託に頼ったのと、太公が亀蓍を焼いて占ったのとの違いは何処にあるか」と問うと、李靖は「明将の機転は皆一つです。あるいは逆手に取り、順手で行うが、その実は皆同じ意味です。昔、太公が武王を助けて出陣し、牧野という所に行った時、急に雷雨振動して旌旗《せいき》も折れ、金鼓も壊れて気色が恐ろしき事この上有りませんでした。この時に散宜生《さんぎせい》〔周の文王と武王に仕えた名臣〕は『まず軍勢を引き返し、重ねて良辰を占い、軍を出すべきです』と言いました。散宜生がこの様に言った意味は、出陣の折柄に斯様な不吉の相があるのは軍中が疑い恐れた事でしょう。それでは戦は不吉となります。よって諸軍の惑いを解く為に亀甲や筮竹で卜筮し、鬼神に問うのも方法です」と答えた。太公は「腐りたる算木《さんぎ》〔占用の約十センチの正方柱体の六本の木〕や死んだ亀の甲で何故軍の吉凶が判断出来るのか。武王は下臣であり、紂王は君主である。だから家臣が主君を討つ事になり、家臣が主君に勝利するのは理に反する。よって占えば不吉の卦が出て、占に従って軍を引き上げて再出陣するとして、終に占わないで進軍しました。この二つは悪例とは言えません。散宜生は卜筮で吉日であるとして、前もって軍中に知らしめて惑いを解く為でした。太公は必ず勝つ為のものでした。この二人の話は極まる所、その理は同じです。皆、各士卒の惑いを解く為でした。よって日取り・時取り・方取りの事は皆同じ理です」と答えた〔以上は『李衛公問対』〕。以上、日取り方取りを総論的に述べたが、次にその各論の概略を説明する。

日の五行を知る事

一、遁甲〔身を隠す事。忍術という意味もある〕の時の事

　甲癸であれば、子より五つ目、乙壬は申より五つ目が吉日である。辛丙ならば、午より五つ目、戊己は寅より五つ目が吉日。丁庚なら、辰より五つ目が吉日。

　以上が最上の良辰〔吉日〕にあたる。

二、良辰の時刻の事

　甲乙は十目、丙丁は八つ目、戊辛は六つ目、庚申は四つ目、壬癸は八つ目。

　右の期日から数えていくつである。例えば甲子の日ならば酉の刻、乙丑の日ならば戌の刻が良辰すなわち吉時というわけである。

三、五掟の時の事

	木時	火	土	金	水
甲乙	立寅卯	命巳午	罸丑未辰巳	刑申酉	徳亥子
丙丁	徳同	立同	命同	罸同	刑同
戊己	刑同	徳同	立同	命同	罸同
庚辛	罸同	刑同	徳同	立同	命同
壬癸	命同	罸同	刑同	徳同	立同

　この解釈は以下の通りである。

（一）立の時は神を祭り、万事を思い立ち、兵具を作り、柱を立て、棟を上げる。

（二）命の時は神仏を祈り、主君へ出仕や拝礼に万吉である。但し罪人を討って殺生等するのは大凶である。

（三）罸の時は神仏に祈らず、訴訟を忌む。その外、万を忌む。但し殺生は良し。

（四）刑の時は万事すべて凶である。

（五）徳の時は万事が吉である。

四、五宝日の事

（一）十干

甲乙は木、丙丁は火、戊己は土、庚辛は金、壬癸は水が尊ぶべき宝の日である。

（二）十二支

寅卯は木、巳午は火、丑未辰戌は土、申酉は金、亥子は水が宝の日である。

　以上は十干十二支の相生相剋《そうしょうそうこく》による考え方である〔中国の五行では天地の間では、止む事なく万物を組成する五つの元気、すなわち木火土金水の循環がある。相生とは木から火を、火から土を、土から金を、金から水を、水から木を生じる事を言う。相克とは木は土に、土は水に、水は火に、火は金に、金は木に剋《か》つ事を言う。陰陽五行説では、これらを男女の性に配して相生の組み合わせは幸福を、相剋の組み合わせすな

わち相対すれば、不和で不幸になるとする〕。

五、天道神の吉方

　正月は南方、二月は西南方、三月は北方、四月は西方、五月は西方、六月は東方、七月は北方、八月は東北方、九月は南方、十月は東方、十一月は東南方、十二月は西方。

　以上が吉方である〔天道も吉方で、その方角はすべて大吉。『万川集海』には「五月は西方」とあるが、正しくは、五月は西北方である〕。万事に用いて吉。

六、歳刑《さいぎょう》、黄幡《おうばん》の二方に向いて軍法を行うと吉である〔歳刑とは歳刑神であり、八将軍の四番目に位置する神で水や星の精である。殺罰を司る凶神だが破壊的な事を行うには吉方とされている。また黄幡は黄幡神であり、土を司る凶神で摩利支天王ともいう。武芸始めなどには吉方とされる〕。

七、三鏡玉女《ぎょくじょ》の方を知る事

　正月乙・辛・乾方、二月甲・丙・庚方、三月乙・丙・丁方、四月丁・癸・乾方、五月甲・丙・庚方、六月甲・乙・丁方、七月坤・巽・艮方、八月壬・乾・巽方、九月亥・壬・癸方、十月坤・辰・巽方、十一月壬・坤・艮方、十二月庚・辛・癸方。

　以上の三鏡とは日・月・星の三つを意味し天・知・人でも表す。一切の吉方である〔玉女は三鏡宝珠形すなわち天星玉女、色星玉女、多願玉女であり、その方角が吉という意味と思われるが、『万川集海』では単純に仙女、天女の意で使われている。三人の玉女のいずれも玉の様に光る日・月・星にあてられている。易では十二支、四隅に十干のうち土（中央）にあたる戊、己を除いた八干（甲乙丙丁庚辛壬癸）を加えて、計二十四方角を用いている〕。

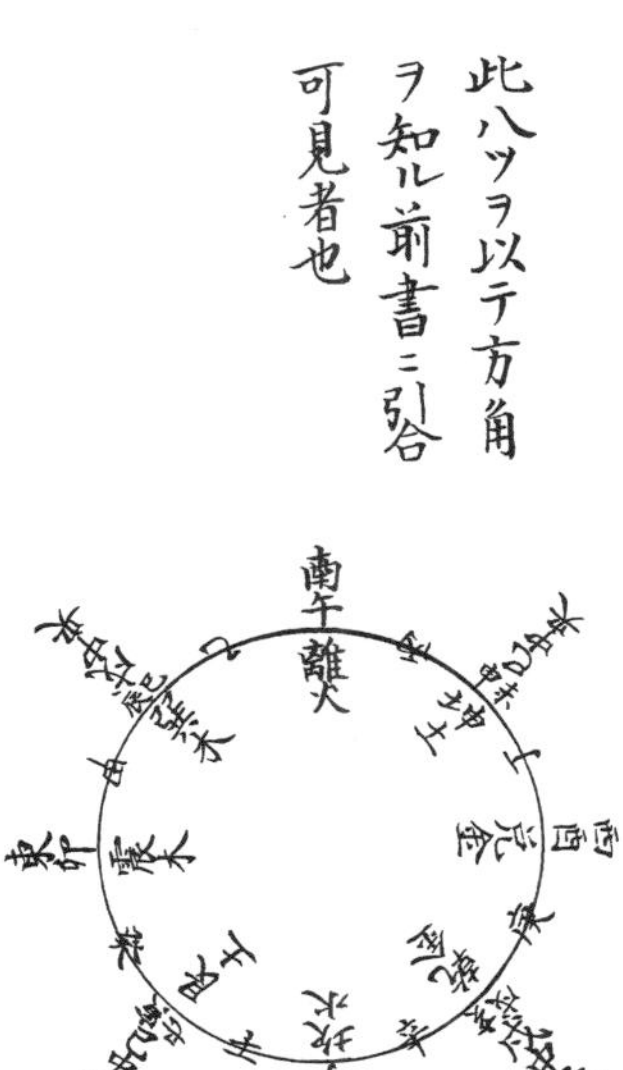
此八ツヲ以テ方角ヲ知ル前書ニ引合可見者也

[図32]

【図中文章】　この八つを以て方角を知る。前書と引き合わせて方角を見るべきである。

八、その日の玉女の方角は、その日より九つ目という説がある。子の日ならば申の方角がその日の玉女で吉の方角である。

相生相尅による日取り、方取りの事

日取りの習の事は、合戦勝負の吉凶はその方角に進むと勝つとか負けるとかを考え、大抵は勝に合った時日を選ぶ事になる。出馬、出船、門出の時は方角時日をよく変える。特に出船では忌む日が多い。

一、相尅相生《そうこくそうしょう》という事

木克土では土性の人は木性を深く忌み、木性の人は土性を忌む必要はない。相尅の相生となる。

(一) 水克火では火性の人は水性を深く忌み、水性の人は火性を忌まなくてもよい。

(二) 火克金では火性の人は金性を忌まないが、金性は火性を忌む。

(三) 土克水では土性の人は水性を忌む必要はなく、水姓は土性を忌む。

(四) 金克木では木性は金性を深く忌むが、金性は木性を忌む必要はない。

二、相生節気の論

(一) 木は火を生む。しかし木は、木より火を生じて好ましい様だが用いてはならない。ただし火は木を用いて利がある。

(二) 火は土を生む。火は、火より土を生じて好ましいが用いてはならない。ただし土は火を用いて吉である。

(三) 土は金を生む。それは好ましい様だが、土は金を用いてはならない。しかし金は土を用いて利がある。

(四) 金は水を生むが、金は水を用いてはならない。ただし水は金を用いれば吉となる。

(五) 水は木を生むが、水は木を用いてならない。しかし木は水を用いて吉である。

以上二カ条を熟考すべきである。陰陽五行説では敵より味方を相生は吉、味方より敵を相生は凶となる。また味方から敵が相剋なら大吉、敵から味方が相剋であれば大凶である。また敵と味方が比和〔「五行の比和」で、「金気は金気を盛んにし、土気は土気を盛んにする」と言う様に、同気が重なるとその気はますます盛んになり、良い場合は更によく、悪い場合はさらに悪くなるという考えで、丙午がその代表例である〕する時は、性の吉凶は使えない。

三、四季の王相の事

(一) 春は木の方角〔東〕が王にあたり、火〔南〕は相《たす》けられ、土〔中央〕なら死に、金の方角〔西〕に向かえば囚《とらわ》れ、水の方角〔北〕に向かうと老〔労で疲労困憊〕する。土用だけは、土の方角が王、金は相けられ、水は死に、木は囚われ、火に向かうと疲労する〔この「王」とは暦上の神である金神《こんじん》と思われ、その方角は大凶方である。尚、金神は太白星すなわち金星の精とされ、戦争や殺戮を支配するとされている〕。

(二) 夏は火王、土相、金死、水囚、木老である。

(三) 秋は金王、水相、木死、火囚、土老。

(四) 冬は水王、木相、火死、土囚、金老。

以上、敵が王の方角にあたれば敵対してはならない。大将の性《さが》が味方にとって王であれば吉。敵の大将の性が味方にとって王であれば凶。軍の日取りは、大将の吉凶を以て一軍の吉凶を定める。

四、孤・虚の方の事

(一) 甲子の日より十日の間、孤は戌亥に在り、虚は辰巳に在る。

(二) 甲戌の日から十日の間、孤は申酉に在り、虚は寅卯に在る。

（三）甲申より十日の間、孤は午未に在り、虚は子丑に在る〔伊賀市上野図書館本は「甲申より十日間、孤は寅卯に在り、虚は甲酉に在る」とある〕。

（四）甲寅より十日の間、孤は子丑に在り、虚は午未に在る。

以上、孤を後にして、虚を敵側にして向かうべし。勝利は疑い無い吉方である。

五、大将の性に因る出陣日の吉凶の事

（一）大将の性が木性なら、春冬は甲乙の日を選ぶ。夏は凶だが壬癸を選べばよい。秋は凶だが甲乙であればよい。

（二）大将の性が火性であれば、夏は丙丁の日が吉。春秋冬は甲乙の日を選ぶこと。

（三）大将の性が土性なら、四季の土用であれば吉。春は凶であり丙丁を選ぶ。夏は戊己が吉。秋は丙丁を撰ぶ。冬は凶だが戊己の日を選べばよい。

（四）大将の性が金性なら、秋冬は庚辛を選ぶ。夏は壬癸を選ぶ。春は戊己を選ぶ。

（五）大将の性が水性なら、秋冬春は壬癸を選ぶ。夏は凶だが壬癸であれば良い。土用は大凶であるが壬癸を選べばよい。

右の日月が相加わり、または月日から大将が相生であれば吉日とする。月の五行が相剋するのは凶とする。しかし急に用いる時は心得がある。例えば夏の三月は火であって、大将の性が木性の時になっていれば、その月が行き勝つので凶である。しかし壬癸の日の水を用いて月の性を弱くして水が木を生むと相生に、または秋は金で大将は木であれば、金は木に相克と月の行から相剋するのは凶である。そのような時は甲乙の日の木は相和して時の行を薄くし、大将の性を厚くする。この相和を利用して相尅を除けばよい。他も皆この方法で救う。また敵味方の心得も同じ事である。あるいは敵将が水姓で北に居ても、冬の壬癸の日の水で味方は南に居て、大将が火性の時は敵には相克で大凶となる。そんな時は土性の人をその時の大将とし、未申辰巳の土より辰未の時を用いる。或は丙丁の日は鬼宿日《きしゆくにち》〔二十八宿の二十三番目で最大吉日である〕、百事を行って大吉〕等を選んで攻撃すると敵を負かすという理である。他も皆、このように解釈すればよい。

六、進勝、進負の事

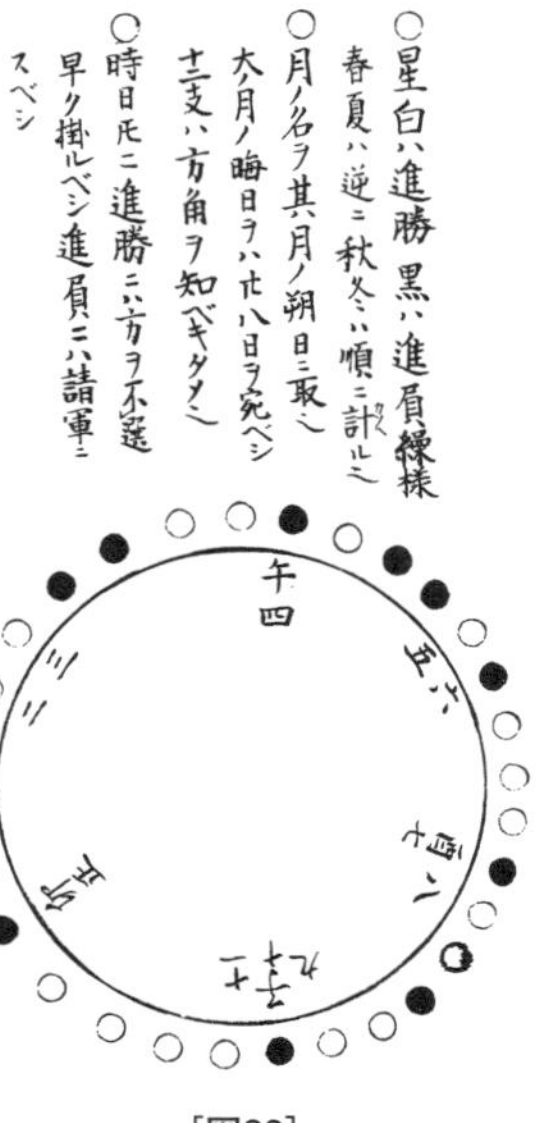

[図33]

【図中文章】　○白星は進んで勝ち、黒星は進むと負ける。繰方は、春夏は逆にし、秋冬は順に数える。
○月の名をその月の朔日〔始めの日〕に取る。十二支は方角を知る為である。大の月の晦日を二十八日に宛てる。
○時日ともに進んで勝つには方を選ばず、早く掛けるべし。進んで負に当たれば受け軍にすべし。

右の日は進んで勝つ時は進み、負けならば敵の攻撃に合わせてかかる。また時が進勝で日が進負ならば引く。この場合は方角の進勝を見て掛ればよい。口伝あり。

七、周の文王の日取りの事

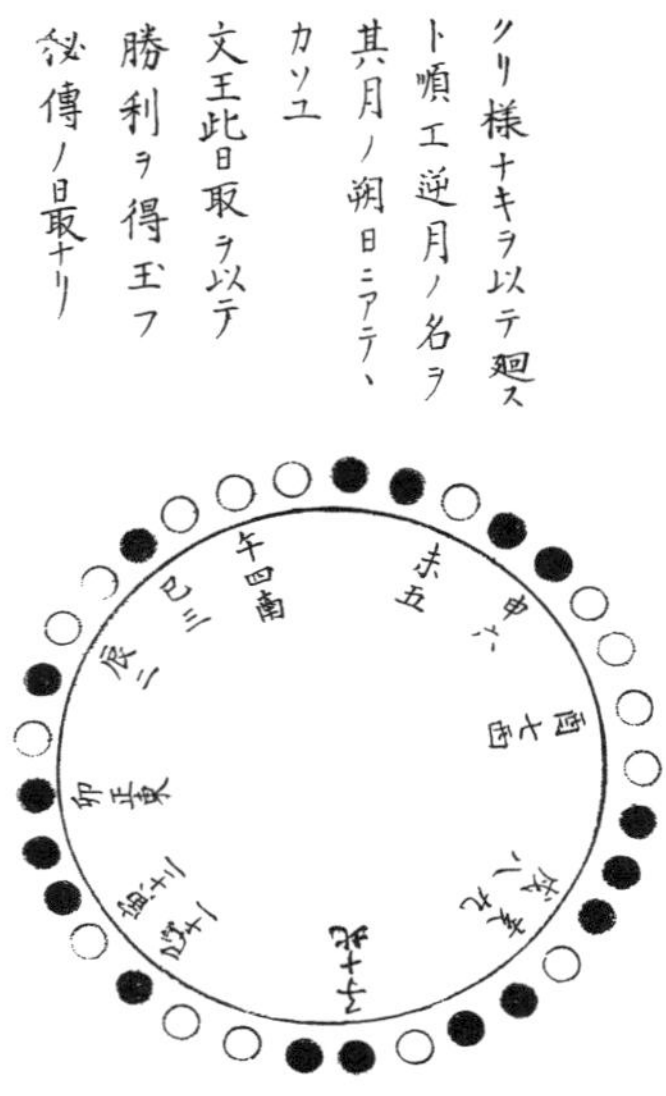

［図34］

【図中文章】繰様がない場合は順に回し、逆月の名をその月の朔日に当てて数える。文王はこの日取りで勝利しており、秘伝の日取りである。

八、義経の懐中日取りの事

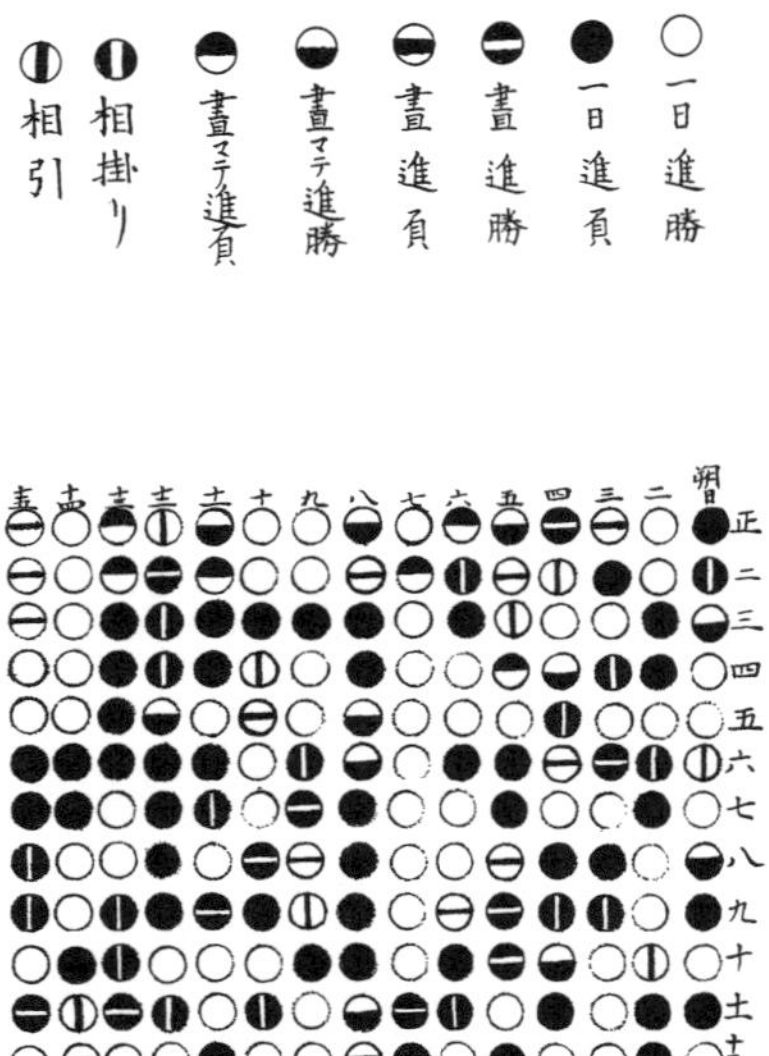

［図35］

【図中文章】○、一日進勝、●、一日進負、⊖、昼進勝、⊖、昼進負、◓、昼まで進勝、◒、昼まで進負、◑、相掛り、⦶、相引〔訳者一部修正〕

繰方は大の月の晦日が、はえの日なら前月の二日を当てて、との日なら五日を当てて決めればよい。軍の吉凶を知る事は日取りが一番であり、これは大極秘である。

九、漢の高祖の敵追討の日取りの事

正月は九、十二、二十、二十一、二十二日
二月は七、十、十八、十九日
三月は五、八、十六、十七、十八日
四月は三、六、十四、十五、十六日
五月は朔、三、四、十二、十三、十四日

六月は二、十、十一、十三、二十六日
七月は八、九、二十三、二十六日
八月は四、五、六、二十、二十三日
九月は二、三、四、十八、二十一、二十九、晦日
十月は朔、二、十六、十九、二十七、二十八日
十一月は十三、十六、二十四、二十五、二十六日
十二月は十一、十四、二十、二十三日

以上、この日は大吉である。三ケの悪日、すなわち天が網を四方に張りめぐらした十死百死の悪日であっても、この日は凶事が起こらない。出陣、武道の評定など万吉。

十、九天九地の方の事

（一）春は寅の方が九天で申の方が九地である。

（二）夏は午の方が九天で子の方が九地である。

（三）秋は申の方が九天で寅の方が九地。

（四）冬は子の方が九天で午の方が九地〔九天とは天を九つの方位に分けた思想で中央を鈞天、東方を蒼天、東北方を変天、北方を玄天、西北方を幽天、西方を顥天《こうてん》、西南方を朱天、南方を炎天、東南方を陽天という。九地は一番低い所〕。

十一、軍《いくさ》始めの大吉の時の事

甲己の日は寅卯の時、乙庚の日は戌亥の時、丙辛の日は申酉の時、丁壬の日は午未の時、戊癸の日は辰巳の時が戦始めの大吉である。

十二、門出の大吉時の事

子丑辰戌の日は酉の時、寅卯申の日は午の時、卯午酉の日は未の時、巳亥の日は寅の時、未の日は卯の時が門出や出陣の大吉である。

十三、軍神を祭るべき日の事

正月は甲寅の日〔『軍法侍用集』は「申丑」〕、二月は甲戌午、三月は甲戌　四月は丁卯、五月は丁巳〔底本は「五、丁巳」が欠。大原勝井本も欠。伊賀市上野市立図書館本より引用。『軍法侍用集』は丁丑〕、六月は丁巳、七月は庚寅、八月は庚子、九月は庚辰、十月は癸亥、十一月は丁未、十二月は癸巳の日である。

正月は寅、二月は卯、三月は巳、四月は未、五月は酉、六月は亥、七月は卯、八月は巳、九月は未、十月は酉、十一月は亥、十二月は卯。

右は性によって、この日を用いる事。

十四、夜討の吉日の事

正月から六月までは庚辰己巳。七月は午卯。八月は乙丑酉。九月は庚子午。十月は癸亥　十一月は甲申丙戌庚寅、十二月は壬寅甲酉癸酉がよい。

十五、摩利支尊天遊行《ゆうぎょう》の事

子午卯酉は九つ目、丑未辰戌は五つ目、寅申巳亥は一つ目。

以上、この方に向いて兵具を加時祈禱し、軍神を祭る。これは合戦の大吉方である。その日の十二支をあてて方角を知ればよい〔所々に他書から引用したと思われる文言があり、特に「日取り・方取り編」ではそれが多い。例えば底本「摩利支尊天遊行の事」も、『万川集海』が書かれる以前の版本

書『軍法侍用集《ぐんぽうじようしゆう》』の文脈「摩利支天游行の事　子牛卯酉は九つ目、丑未辰戌日は五つ目、寅申巳亥日は一つ目、右此の方の敵に向かうべからず。兵具加持軍神をまつるに向うて大吉あり。其の日十二支の方に当てて知るべし」とほぼ同じ文章である。尚、摩利支天は軍神である。本書読み下し文参照のこと〕。ただし敵に向ってはならない。またこの方角に矢を放ってはならない。

十六、敵の首を捨てる方角の事

　子の日は午の方角に捨てる。同じように、丑の日は巳、寅は申、卯は辰、辰の日は巳、巳の日は午未　申は巳、酉は未、戌は申、亥の日は寅の方角に捨てる事。

　以上、この方角に捨てるべし。ただし破軍星の方角は忌むべき方角である〔破軍星は北斗七星の第七星で北斗七星を剣に見立てて剣先にあたる星であり、この方向に向かって戦かう時は勝ち、逆らって戦うと負けるとされる。吉凶を占った星で剣先星とも呼ばれる〕。

十七、赤口日《しやっくび》の事

　正月は四、十二、二十、二十八日。二月は三、十一、十九、二十日。三月は二、十、十八、二十六日。四月は一、九、十七、二十五日。五月は八、十六、二十四日。六月は七、十五、二十四日。七月は六、十四、二十二、晦日。八月は五、十三、二十一、二十九日。九月は四、十二、二十、二十八日。十月は三、十一、十九、二十七日。十一月は二、十、十八、二十六日。十二月は一、九、十七、二十五日〔赤口日は陰陽道の六曜の歴史の中で、唯一変わっていない日で、凶日である。ただ、この日の午の刻だけは吉である。中でも祝い事は大凶であり、また刃物を持つ人は特に凶である〕。

十八、赤舌日《しやくぜつび》の事

　正月は三、十一、十九、二十七日。二月は二、十、十八、二十六日。三月は一、九、十七、二十五日。四月は六、十四、二十二、晦日。五月は五、十三、二十一、二十九日。六月は四、十二、二十、二十八日。七月は三、十一、十九、二十七日。八月は二、十、十九、二十六日。九月は一、九、十七、二十五日。十月は六、十四、二十二、晦日。十一月は五、十三、二十一、二十九日。十二月は四、十二、二十、二十八日。

　右の赤口、赤舌は忍者などが詭計を用いるには凶の日である〔赤口、赤舌ともに凶という事では同意である。赤舌は陰陽道の赤舌神で、太歳の西門を守護する番神あるいは第三番目の羅刹神《らせつしん》とされ、その日は凶日〕。ただし公事対決では凶にはならなくて、敵の詭計を見破る事が出来る日である。偽りを正す日だから、詭訴の道には凶となる。

十九、不成就日の事

　正月と七月は三、十一、十九、二十七日。二月と八月は二、十、十八、二十六日。三月と九月は一、九、十七、二十五日。四月と十月は四、十二、二十、二十八日。五月と十一月は五、十三、二十一、二十九日。六月と十二月は六、十四、二十二、晦日。

　以上は万事凶である。

二十、指神の方角の事

例えば子の日なら辰の方角が指神である。子は〔子から子丑寅卯辰と数えて〕五つ、丑は九つ、寅は十、卯辰は五つ、巳は六つ目である。午は八つ、未は六つ、申は八つ、酉は十、戌は五つ、亥は七つ目である。

右、全てに於いて凶の方角である。特に公事口論等に向かう事は大凶である。

二十一、友引の方角の事

指神の方角と数え方は同じである〔友引は凶事が友に及ぶ凶日。但し、本来は「勝負無き日と知るべし」であり、「この日は引き分け」の意味であった〕。

歌に曰く

子丑四つ寅卯も六つ目、辰八つ目巳の日も八つ目、午四つ目なり

未四つ申酉六つ目、戌八つ目亥の日も八つ目深くつつしめ

右、この方角は、宝を納めたり敵の首を埋めたりの事は、敵には凶事、味方には吉事となる。味方の手負い人、死人、病人などは、絶対にこの方角に遣る事は深く忌むべし。そちらに行くのも大凶となる。

二十二、破軍の方角の事

正月は五つ目、二月は六つ目、三月は七つ目、四月は八つ目、五月は九つ目、六月は十目、七月は十一目、八月は十二目、九月は一つ目、十月は二つ目、十一月は三つ目、十二月は四つ目。

右、正月は五つ目とは、その時が子の時なら子から数えて五つ目の辰の方角に向かってはならない、と言う事である。他も全てこれに準じて数え、九月は一つ目とは、その時が子の時だったら、破軍星〔北斗星の柄の先端星で、敵を撃破するとされている。揺光、斗柄ともいう〕は子〔北〕の方角にあると思えばよい。この方角に向かって勝負する事は万事忌むべきである。破軍の繰様は、本書の次に詳しく記す。

巻第十七

天時（下）天文編

風雨の占い十六カ条〔十六条目は「風雨の賦」の次に記されている〕、並びに風雨の賦

風雨を知る事は忍術の要である。その理由は、陰忍は風雨の夜に行動するのを上策としているからである。また放火の成否は専ら風雨に左右される場合が多いので、天気を予知する事が必要である。

一、星の光が揺らいで止まらず、眼のまばたきの様であれば三日以内に大風が吹く。

二、黒雲が夜に斗〔二十八宿の第八宿で北方の星宿。ひつぼし〕の口を渡り、あるいは黒雲が飛んで天の川を塞ぎ、魚《ぎょ》鼈《べつ》猪竜の状《さま》〔魚や亀が猪や竜の形のようになる〕に湧いた次の日は未刻には風雨となる。天の川に蜘蛛が這っているようで、黒い塊まりに成らずに流れて行く時は、風は長くは吹かない。

三、太陽に暈《かさ》がかかれば雨。月の暈は風。暈が欠けていると風雨になる。

四、日没に咽が腫れた様に紅くなれば、雨は降らないが風が吹く。

五、風が早朝から吹き、晩に和ぐ翌日は大風は吹かない。

気に黒蛇の様な雲があり、光がこれを貫いていたら雨が降る。

日の出、日の入りに黒雲が湧いて太陽の光がこれを貫くと、三日以内に暴風雨になる。

日の上部に黒気が生じて蛇竜の様になれば風雨になる〔底本では「日の上丁」で「天辺」すなわち上部、伊賀市上野図書館本は「日の上下」〕。

日の出に車がかりに雲気があれば必ず雨が降る。

日の光に勢いが無く、昼も暗く、暮になってもまだ暗ければ大水が出る。

孟月〔四季の始めの月で一、四、七、十月〕の十一日と、仲月〔季節の中の月で二、五、八、十一月〕の八日、季月《きげつ》〔季節の終りの月で、三、六、九、十二月〕の九日は皆その月に月が暈をかぶる。もし、暈をかぶらなければ三日以内に風雨となる。

月食が東側に起ると、その月には必ず強風が吹く。

六、春に風がよく吹く日に南風が吹き返すと、その日は北風が強くても晩は必ず静かになる。

南風の尾が北風の頭を押さえれば、南風が次第に強くなる。北風が吹き起ればさらに勢いが強くなる。

七、雲の形が砲車の様に湧くと大風が吹く。

八、雲が湧き、次第に下がって四方を被い、目に烟《けむり》や霧の様な状態を風化と言う。これは風が起る。

　雲が魚鱗の様であれば雨は降らないが、必ず風が吹く。

九、水際に藍が生《は》えれば風雨の事が多い。

十、秋空が雲に隠れても、風が無ければ雨は降らない。

十一、海燕が突然群になって来るのは風雨の兆しである。

十二、海猪〔海兎すなわちアメフラシか〕が乱れ起きるのは大風の兆しである。

十三、水蛇がまだ青い葦の高い所に登っていれば水位が上昇している。もし首を少し下に向けて下を見ていれば水が上って来ており、上を見ていれば水位の上昇が止まって落ち着いている。

十四、月が無くなって雨が無ければ、来る月初めに必ず大雨風がある〔旧暦では毎月の第一日目の月が三日月であり新月であり朔《さく》であった。しかし本来の新月の日は太陽・月・地球が一直線に並んでいるので二、三日間は肉眼で見えない。「月が無くなる」のはこの間である〕。

十五、月が箕壁翼軫《きへきよくしん》（『兵鏡』は「軫」を「参」としている）に宿れば風が起きる日である。月は一日一夜毎に十三度の天令を行う。二十八日で天空を一周するが、晦と朔の一日は天令が行渡らなくて読めない。但し中気〔「天保暦」以後は春分を黄径〇度として地球から太陽の位置が十五度移動する毎に一節気が進むという「定気法」に改められた。二十四節気は各月の前半を節気、後半を中気と呼ぶが正確に表現するために前半を正気、後半を中気としている〕を調べ、日月を二十八宿に合わせて風雨を予測する基礎とする。また必ずしも四七正度〔二十八宿暦法〕にとらわれる必要もない。ただし李筌《りせん》の大約の度数にも依る。

　日と月が合宿る時は雨水があり。

　第十三宿の室《しつ》は八度の春分。第十五宿の奎《けい》は十四度の穀雨。第十八宿の昴《ぼう》は二度の小満。第二十四宿の参《しん》は四度の夏至。第二十二宿の井《せい》は二十五度の大暑。第二十五宿の星《せい》は四度の小暑。第十七宿翼《よく》は九度の秋分。第一宿角は四度の霜降。第三宿の氐《てい》は十四度の小雪。第七宿の箕《き》は二度の冬至。第八宿の斗は二十一度の大寒。第十一宿の虚《きょ》は五度。

　大約度数は以下である。

（一）東方七宿、七十五度。

　第一宿の角は十二度。第二宿の亢《こう》は九度。第三宿の氐は十五度。第四宿の房は五度。第五宿の心《しん》は五度。第六宿の尾《び》は十八度。第七宿の箕は十一度。

（二）北方七宿、九十八度。

　第八宿の斗《と》は二十六度。第九宿の牛《ぎゅう》は八度。第十宿の女《じょ》は十二度。第十一宿の虚は十度。第十二宿の危《き》は十七度。第十三宿の室《しつ》は十六度。第十四宿の壁《へき》は九度。

（三）西方七宿、八十度。

　第十五宿の奎《けい》は十六度。第十六宿の婁《ろう》は十二度。第十七宿の胃は十四度。第十八宿の昴は十一度。第十九宿の畢《ひつ》は十六度。第二十宿の觜《し》は二度。第二十一宿の参《しん》は九度。

(四) 南方七宿、百二十度。

第二十二宿の井《せい》は三十三度。第二十三宿の鬼《き》は四度。第二十四宿の柳《りゅう》は十五度。第二十五宿の星《せい》は七度。第二十六宿の張《ちょう》は十八度。第二十七宿の翼は十八度。第二十八宿の軫《しん》は十七度。

例えば正月の雨水《うすい》〔正月は節気が立春、中気が雨水〕のように、第一日夜半に第十三宿の室八度にあり、第二日目に夜半に至って次の第十四宿は十三度少強を行く。よって壁まで五度を行き、第三夜半に第十五宿の奎九に行くことになる。

風雨の賦〔賦《ふ》は詩経大序の詩の六義《りくぎ》で賦・比・興・風・雅・頌《しょう》の一つで、賦は事象を素直に述べたもの〕

天空の明りが頭上を覆い、日・月・星は手が届く程に沈潜する。風雨雷神を北斗七星の光の明暗で占う。月が光り始めて、新たに魁星《かいせい》の脇に黒雲が識別されれば、ここに当夜の潤いを見る。魁星は北斗の第四星である。もし黒雲が北斗の斗の口を被う夜は雨である。罡《こう》の前に黄色の気があれば、雨風が増して来る事を知る。罡は北斗の第七星である。晨星《じんせい》〔二十八宿第四宿の房星でさそり座北西隅の星〕の辺がおぼろげであれば三日以内に雨。北斗星に雲が広くかかれば三日以内に雨。晨星だけが曇って暗ければ半日は雨。北斗七星の間の一、二星を雲が被うと三、五日間は雨である。戊巳の六竜に帯び物が棚引くと大雨が降る。戊辰己巳は六竜という。その日は暁に天下を占う。夜に占うと北斗に雲気が蒼潤にかかり、それが魚鱗の形であれば当日か当夜に必ず大雨が降る。北斗の間を五彩が、亀が泳いだ様に長い波を引く、すなわち斗間の五色の雲気が亀竜の形の様に動けば雨。南天に似た炎が中岳を暁くと、疾風に塵が舞う。南天は赤色気、中岳は黄気、斗間の赤気は日の主で干《しるし》し、熱の主は黄気であって斗の上下を完全に遮蔽しなくても密であれば天候が変化する兆しである事が多い。また占う時に、青竜が亥子壬癸に発動すると雨が降る徴である。杓《ひしゃく》の前が白気を帯びれば風雨に遭う。杓は北斗七星の後二星である。

節気内に赤い霞がかかるのは夜明けに働く人には大きな益がある。節気の日は早朝に赤い霞を見れば風雨になる。甲の時刻〔午後八時〕が空を一旬すること六回で、風雨雲の澱《よどみ》が消える。大体、一甲管一旬すなわち後午八時から翌後午八時の甲日に、雲が斗口を被わなければ、以後の十日間は天気がよい〔底本は「日斗口を掩《おおう》雲無くば、十日は時」だが、伊賀市上野図書館本は「斗口を掩う雲無くば十日は晴」〕。雲気が出る如く、五行の面に従う雲気がどの方角に出るかを見て雨を予測する。甲乙日〔月の一、二、十一、十二、二十一、二十二日目〕に雲気が東方に出れば雨、その他もこれにならって、青雲が甲乙日は雨、紅雲が丙丁〔月の三、四、十三、十四、二十三、二十四日〕は雨、黄雲が戊己〔月の五、六、十五、十六、二十五、二十六日〕は雨、白雲が庚辛〔月の七、八、十七、十八、二十八、二十九日〕は雨、黒雲が壬癸〔九、十、十九、二十、二十九、三十〕は雨となる。このように、五色が被う方面を見る。卯日〔月の四日目〕も同じく甲の四方の気象に因る為、五卯が六甲と組むのは雨である。甲子から甲子卯日に至る五というのは、五卯日に雲が斗口を掩うことが無ければ十日間は晴〔底本は「時《はれ》」〕る。且つ、夕方に益々蒼くなると、干の期間が変わってくる。暁に占うに、黒雲が何方に出るかを看、東方が甲乙日の類に応じる様なら干期が終わる。紫鳥〔鷙鳥で猛禽類〕が白兎を襲い、そのまま飛び立たない時は雨で潤う。日は紫、月は白く陰れば雨が降る兆候である。空が青い日に丹蟾《たんぜん》〔赤いヒキガエル〕が草木に登って下に降りなければ、炎旱。日が白く、月が赤い時は大炎旱の兆し。陽の色が碧くて陰〔月〕が緑にならなければ、近々寒くなる。天の気は下降しても、地気がまだ登らければ日は青く、月は緑でこれに気が交わらなければもうすぐ寒くなる兆。奇は黒で、耦は青みがかり、未だ密でない時は虹がかかる。奇は日、耦は月である。日が黒く月が青いのは将に雨か雨があがって虹を見る。もし、もう一度卯日を占い、雲が中央に集まれば寒風が地面を疾駆して樹も折れ、四方に雨が降る。頻回でなくても、他には災異が生じ、さらに兵乱が興ることがあって、人には痛ましい禍が降り掛かる。甲卯日は前の天の色の様に、もしも反応なくして雨が止まなければ、大凶である。必ず盗賊や戦が起こる兆しで、それまでに五日間ある。これは五音〔五音とは五つの音階で宮、商、角、徴《ち》、羽を言い、宮は七音のドにあたる〕の宮と羽の関係である。子午の時を宮とし、卯酉の時は羽、辰戌の時は商、巳亥の時は角、丑未寅申の時を徴とする。また土を宮と為し、水を羽と為し、木を角と為し、火を徴と為し、金を商と為す。徴日に徴風であれば、丑未寅申が加われば火災があり、角日で角風の時に、巳亥が加われば災病があり、商日で商風の時に辰戌が加われば兵乱が起こり、羽日で羽風の時に卯酉が加われば雨水がある。六義の柔剛を裁く。六義は六情である。寅午の日に心地よい風が南から吹いて来ると嘉慶楽事となる。巳酉の日に寛風が西から吹けば、酒色楽事の兆しである。丑戌に公風が西南より来れば、報事善相通和悦事の兆しである。甲子日に貪粮風が北から来れば、侵奪財貨賊盗兵起の兆しである。寅卯日に陰風が東より来れば七日で陰賊が入り込み、城営を奪われる兆しである。辰未日に奸邪風が東北より吹けば七日以内に隙がある所に驚姦悲事がある。風清く寒くない時は善。昏濁し破屋折木が起る様なら凶である。壬子より丁に至って、各三朝に轄《しめくく》り、雲を蔵《ぞう》している数を計る。壬子癸丑甲寅乙卯丙辰丁巳で一日を管《つかさどる》毎に、三日が陰暗、例えば壬子の日に雲が出て、気は濃黒で斗の上下左右にあると、戊午、己未、庚申の三日の内に、もし雲気が無くて晴明であれば、この三日は晴。他も皆、これに倣《なら》って占う。丙子終わり、辛が司る毎に五日が雲低く濃であれば、雨が諸郷に降る。天漢〔天の川〕をずっと観察してみると、霧や雲が集まって蛇の形で縦に長く留まり、銀河〔天の川〕に重なって猪が越える様であれば、風が雨を呼ぶ。天漢は銀河、即ち天河である。その雲が黒く潤って猪や蛇の形となり、天の川を流れる縦方向に越えて来往する時は、その時の期日の印で占えば必ず雨。雲が掩い、映え無ければ当旬の草木は繁らない気がある。高みを越えた向こう側の田園は潤って益がある天の川の中間に及んで五卯六甲に雲気が往来する時は風雨が止む。黒牛が夜半に竜の様に北辰にあれば、辰期である癸丑日の夜半、黒い雲気の状態が竜の様であれば震位であり、辰日に雨が降る。青竜が辰前に馬に似れば、辰を離れ午《うま》に当てて占う。日に早くから雲気があり、それが馬形であれば辰位を離れて午日に雨がある兆し。月初め、両曜に青〔五行配当表のように五色を配してみると、青は木、黒は水に当たる〕と黒が潤明ならば旬〔十日間〕は小雨になり、黄色は乾燥して晴。両曜は日と月である。月初め毎に日月を占い、青黒の時は月で多雨、黄赤の時は多干。明日に孤光があって、雲を中央に帯びて動かない日は、「三丈の木」すなわち間違いなく豪雨が頻回に四面を被う孤光は日光である。日の出の時に雲が日を蔽って見えず。それが続けば一日中雨が降る。朝に東方に積土の形をした雲があると、夕暮れには雨がふる。酉〔西〕の空に蓋を重ねたような形が見えるだろう。早朝に北方を見ると雲が多く、黄黒に焼けて南に流れるようであれば雨や雪が降る。猪気が山を走れば、七日の期限である。七子の応在は七日である。鬱々とした風が止んで乾が去るのは八辰の終わりになる。八辰はまた八日に応じる。雲が横に帯になって寅卯〔東北東から東〕に並ぶと、甲乙の名の日で、位を次に辰巳に当てて、丙丁の色に作る。午未〔南から南南西〕の間を見、戊巳の日に日光無く、坤申〔南西から西南西〕の中央の雲は庚辛の日には良くない。もし炎に当れば旱であり、この時は熒《けい》惑《わく》〔五星の一つの火星で戦乱の兆しとされる〕が少し天河の津を退く。火星は天河と河中を守る。星象が少なければ旱。長雨は辰象が照り、天河に繁く泊る。天河に星多く、皆雨水を生じる。東方の箕《き》星は悪君に対して天威以て雹《ひょう》を降らせ、神も怒って広範囲を雲雨で覆う。仁君には爽やかな風が遠近に軽く吹いて恵重し、君が正しく臣が忠であれば、まず風が吹き、後に雨を降らせる事がはっきりしている。上は驕り、下に悪が蔓延すれば、始めに雨を降らせ、終りは風が吹いて禍を生む。塡星が逆に天河に入ると長雨が降る。塡星すなわち土星が逆に河に入る。熒惑〔火星〕は木星〔歳星〕を犯し、政理が崩壊して旱炎となる。熒惑は火星なり。もし辰星すなわち水星を犯せば旱の兆し。陰陽が開闔《かいごう》〔開閉〕して節を明らかにし、璇璣《せんき》〔くるくる回る玉〕が運行の数に達して四《し》冲《ちゅう》に変化が起こり、朝中夕半に雲を起こす。四冲は子午卯酉である。凡《およ》そ四冲の年月日時、もし大乙が宮を移れば雲が覆い、太陽が青か黒なら明らかに潤いがあって、朝中は必ず雨が降る。晴れるのは午時〔正午〕になり、夕半ならば夜の子の時である。〔四冲は本書脚注に「子午卯酉」すなわち北南東西とある事から「四正」と同義と思われる〕。六壬《りくじん》〔中国式の時刻占いで、日本では天保年間まで使用されていた。これに対して日の占いが六曜である〕が伝えるには、竜が水を支配して雨を降らすという。干支はそれではないので、多くは記されていない。月の宿は十精を当て、この方で遍《あまね》し。春の三月《みつき》は丙と丁、夏三月は戊と己、秋三月は壬と癸、冬三月は甲と乙の日、土王に事をする時は庚と辛の日、各月が宿る十精の日には間もなく雲気が消える。この日には絶対に大風雨や陰雨は降らない。この土王に事を起す時は庚と辛の日に応じる様に、春の三月なら丙と丁の日に応じればよい。金星と水星が出入する日は、風が霧を起こして天まで続く。金星と水星の二星が初めて出、初めて入る日は風雨になる。月が畢《ひつ》〔畢星。二十八宿の西方第十九宿で、規準星はおうし座に含まれ、「あめふりぼし」とも呼ばれ、雨を降らす星とされる〕に宿る日は雲が湧き雷を落とす月が畢星に宿れば必ず雨の印。銅雀が遮蔽されて気が洩れ枯れ、徴鳥《ちちょう》が翅《つばさ》を張る。銅雀は鳥名で鳴く時は五穀が豊作だが、その気が覆われて鳴かないと旱の兆しである。また蜘蛛蛇に四つの翼がある物の名は徴雨という。そんな事が起こると三年間が大旱魃の兆しである〔蜘蛛蛇とは山椒魚であろう。山椒魚の手足に水掻があるので、この四肢を羽に見立てたと思われる〕。石燕が高く飛んで川に溢《あふ》れ、商羊が鼓舞する。石燕は薬名で水面に飛び上る時は雨の兆し。商羊は一足の鳥で羽を拡げて跳び舞う時は水災の兆し。

君の徳を載せるのに五つの徴が足らない場合でも、維新を担う相である賢き十義が揃っていれば、古から天を尊ぶ貴地の徴とされている。秘法を用いて誠を推し進め、鬼さえも敬って神を重ね、深い道理を掌握して規律を定める。

十六、四七〔二十八日、一カ月〕の査《しらべ》で風雨の歌が雷門〔この場合は浅草寺の雷門か。雷門は左右に風雨を支配する風神雷神が守護している〕に掛っている。二十四節気が掲示されるが、天候は概して前の風雨の賦の域を外れる事は少ない。但しこの賦を熟読し、賛美して五行を定めば、相生相尅の理が必ず応じるものである。

以上は『兵衡《ひょうこう》〔兵の謀〕』、『兵鏡』などの書物から風雨を占う専要の処を抄出したものである。この外にも風雨を占う術は多いが、口伝もある。

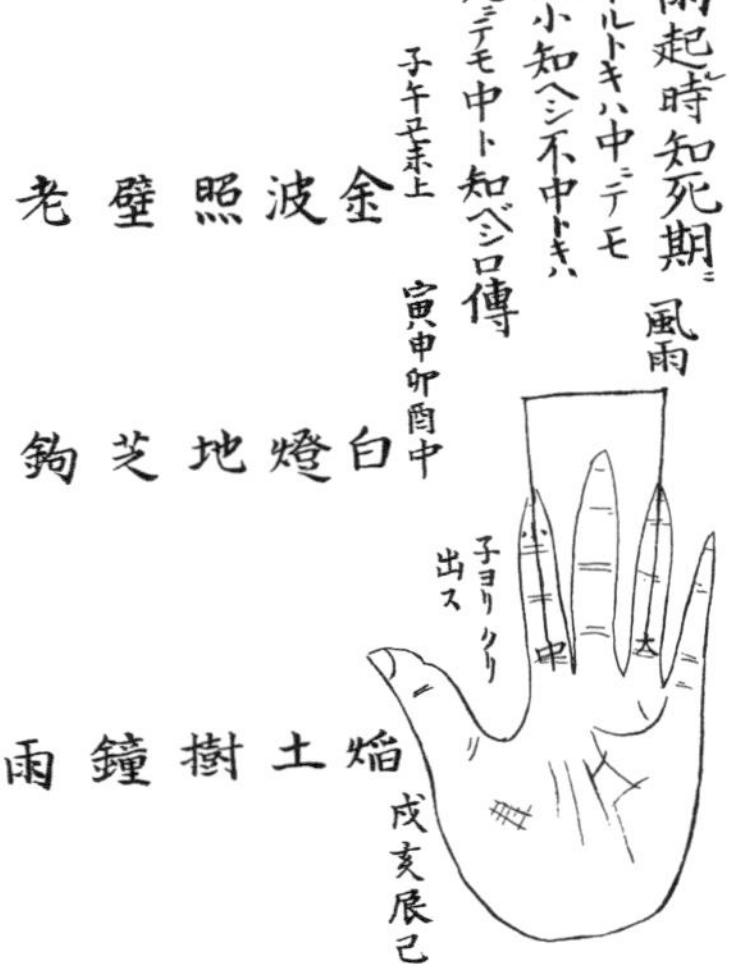

[図36]

【図中文章】　雨起こる時を知る。死期に中《あた》るときは中であっても大小で知るべし。中《あた》らない時は大でも中とすればよい。口伝あり。

風雨。大。中。子より繰り出す。子午丑未上。金波照壁

老。寅申卯酉中。白灯地芝鉤。戌亥辰巳下。稲土樹鐘雨。

月の出入を知る三カ条

一、定める法

一時《いっとき》〔夜明けから日暮までと日暮から夜明けまでを、それぞれ六等分した時間が一時であり、季節によって、また日中と夜間とで一時の長さに差が生じる。なお、一日二十四時間は百刻であり、日の出前と日没後の二刻半すなわち三十六分間を夜明け・日暮れという〕の間を十に割って十貶《へん》とし、一貶を十合わせて一時とする。

二、算法

幾日でも、四の声を加える法がある。いつも辰〔午前八時〕から歩数して月の出る時を知る。月の入りは出た時から六時〔半日〕目である。

例えば八日なら四八の三十二と唱え、三時二貶と知り、辰巳午未と数えて未の上刻に出ると思えばよい。また二十四日なら、四二が八、四四の十六と数え、八に十六の一を加えて九時となり、十六の六は六貶となるので九時六貶である。よって、辰巳午未申酉戌亥丑と数えて丑の中刻より月が出て、半日後の翌日の未の中刻に入る。自分もこれに倣って十五日の月、二十日の月を数えてよく知った。

三、時の鼓を鳴らす作法

上旬は卯の首を打つので、辰の鼓の鳴るまでが卯の刻である。中旬は卯の腰を打つので、鼓の鳴る前半時、後の半時までが卯の刻である。下旬は卯の尾を打つので、鼓が終わる時が辰の上刻となる。

潮の満干を知る図説、四カ条

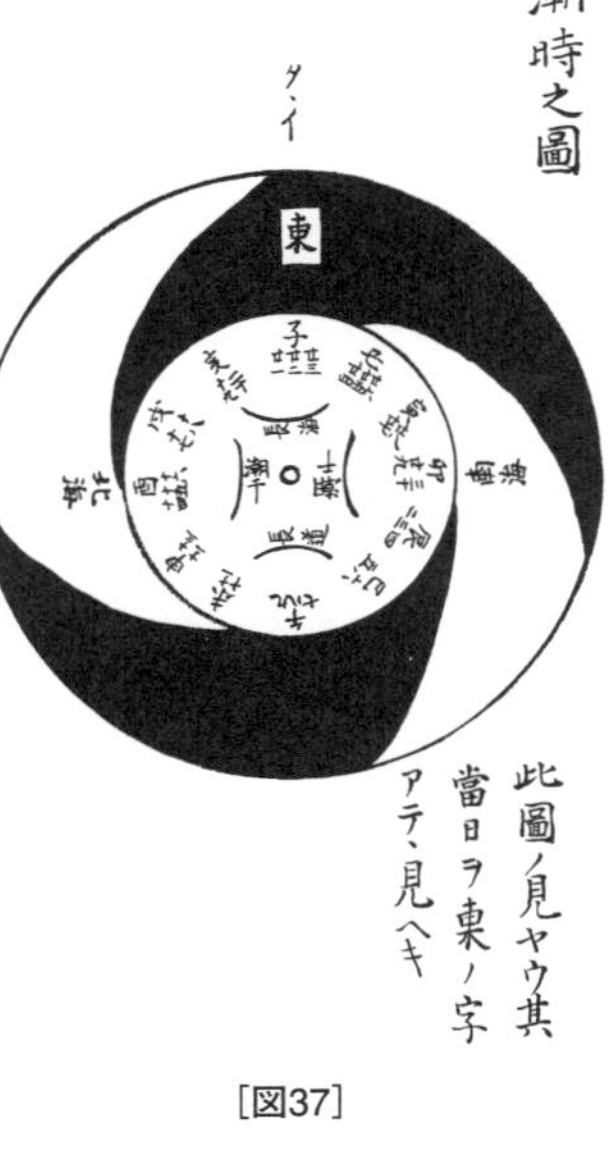

［図37］

【図中文章】　潮時の図

此の図の見方は、其の当日を東の字にあてて見る。タ、イ

一、大潮十日、小潮五日の事

図示するも口伝あり。

二、大潮で死期を知る繰様で汐の満干を大概を知る事が出来る。

一二九十日は子午《九なり》卯酉《六なり》。

六七八日は寅申《七なり》巳亥《四なり》。

三四五日は丑未《八なり》辰戌《五なり》。

潮大中小の歌

大潮は十四日より十八よ、二十九よりも三日までなり

中潮は四日よりして八日まで、二十五日よりも二十八日

小潮とは九日よりして十三日、十九日して二十四日ぞ

〔大潮とは潮差が最大となる潮汐で月と太陽と地球が一直線になる時であり、満月や新月の頃にあたる。中潮とは干満の差が中程度で、大潮を小潮の中間の潮。小潮とは月と太陽が地球に対して互に直角に位置して起潮力を打消し合って潮差が最小となる潮汐〕

三、月の出る時と潮の満ちる時とは同じ時刻である。故に月の出入を繰って潮の満干を知る事が出来る。

一日に二回の潮の事。月の出の時を入れて数えると七時目に又同じ満潮または干潮となる。口伝あり。右の図では満干が少しずつ相違する事がある。この繰りで相違があってはならない。試みるべし。

四、太田道灌の塩の歌

遠くなる、近く鳴く海の浜千鳥、声にぞ潮の満干をば知る

方角を知る二カ条

一、北斗星を見て東南西を知る

常に天体図を掛けて置き、二十八宿その他諸星の形を知り、天を仰ぎ見て試み、覚えておくべきである。『兵鏡』に「四隅が漠然とした広大な野原の中や、夜の暗闇の中では北斗星や候中星を見つけて方角を正しく知る」とある。

正月夜は昴中且心中

二月夜は井中且箕中

三月夜は柳中且南斗中

四月夜は氐《てい》中且牽牛中

五月夜は角中且危中

六月夜は南斗中且壁中

七月夜は尾中且婁中

八月夜は虚中且畢中

九月夜は牛中且井中

十月夜は虚中且室中

十一月夜は室中且軫《しん》中

十二月夜は奎《けい》中且亢中

二、耆著屈《きしゃく》〔鉄を焼き、すぐに冷やすと磁性を持つ。その性質を利用して作った当時のコンパス〕を携行すれば月星が見えない雨の夜でも東西が分わる事

『兵鏡』に曰く。もし空が砂塵や霧霞で曇って見えない状態や夜に星が見えなければ方角を判断出来ない。そんな時は老馬を自由にさせて前を歩かせ、その後をついて行けば道が分かる。さて耆著屈であるが、これは指南針や指南魚とも言い、南の方角を指す。指南魚の作り方は、まず薄い薄片を長さ二寸、広さ五分、前後を尖らせて魚の形に作る。次いで、それを灰に置いて火で焼く。真赤に焼き、次いで冷やしながら削って頭の部分を作り、また火に入れて尾を頭と真反対側に作り、水盆の中に尾を数分沈めて揚げれば秘密の忍器の完成で

ある。使い方は椀に水を入れ、風が無い所に平に置いて、指南魚をゆっくり置けば水面に浮かんでいる。その頭の向く方角が真南である。このように指南針は羅盤内で用いるものである。

時刻を知る二カ条

一、罡魁《こうかい》星を以て時を知る事

北斗星の罡魁〔北斗星の柄杓を成す四つの星〕は一時《いっとき》〔二時間〕に一支を行く。その繰り様は、時四つを去って月の数と繰る。この星の動きで刻限を知るには、例えば正月なら、何日の夜でもよいが、もし寅の方角に剣先〔北斗の柄の部分の第六〜七星で破軍の剣先〕が向いていれば、酉の刻〔底本は「刻」欠〕には丑の方に向かっているはずで、丑から寅は二つ目だから、酉戌と歩数《すすみかぞ》えて戌の時である事を知る。又、卯の方へ向かって丑寅卯と数えて酉戌亥と数え、亥の刻である事を知る。十二支ともに同じで、十二の月々も皆この様にすればよい。

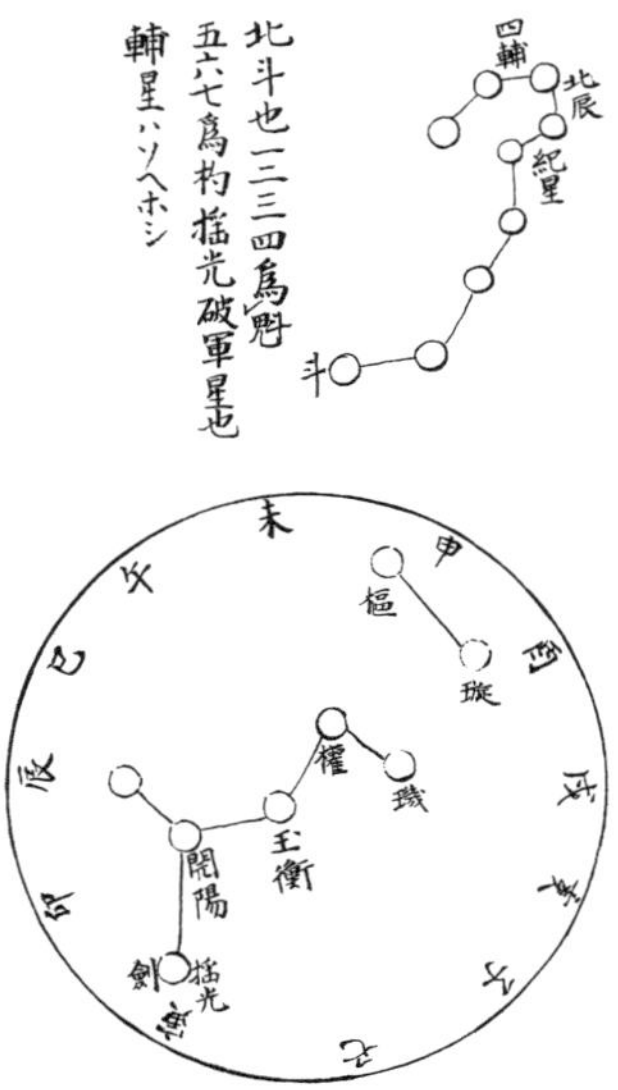

[図38]

【図中文章】　四輔。北辰。紀星。斗。北斗なり。一二三四は魁を為す。五六七は杓を為し、揺光は破軍星である。輔星は添え星〔北斗七星の柄の先端から二番目の星で固有名はミザール〕。

二、雨の夜で星がない時は砂時計や錘〔分銅〕を使う。

余談であるが、歌に

猫の眼歌に六つ丸く、五八はたまご、四つ七つ柿の実にて、九つは針

というのもある。

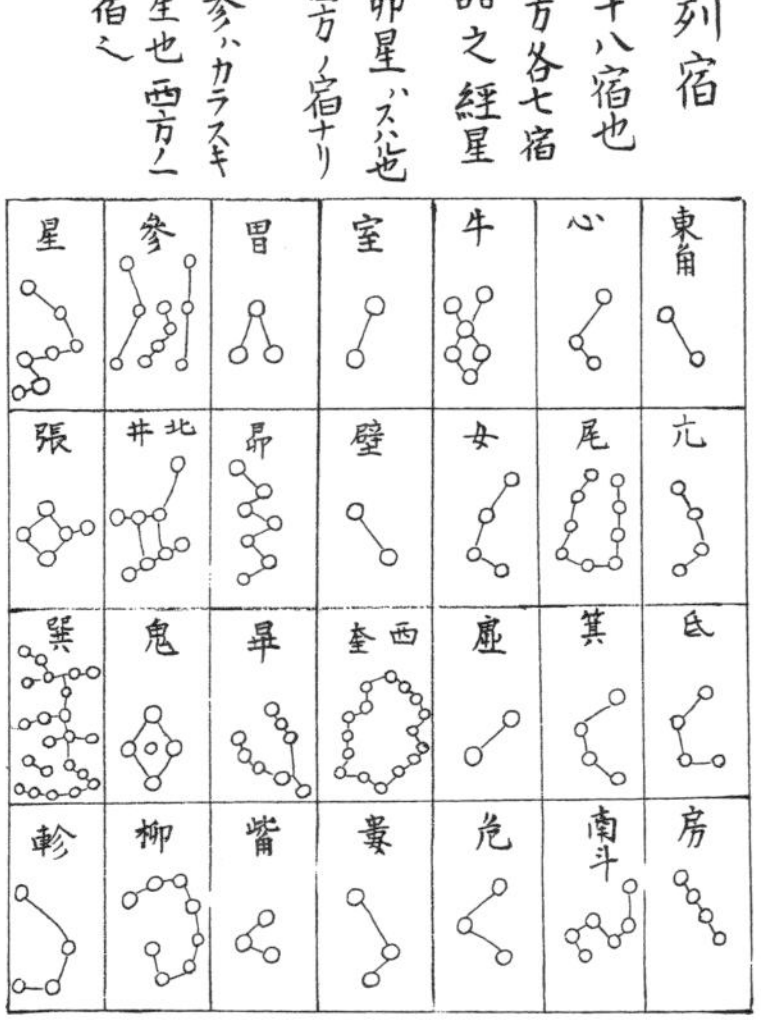

［図39］

【図中文章】 列宿の図

二十八宿なり。四方各七宿。之を謂うに経星と。昴星は西方の宿でなり。参はからすき星なり。西方の一宿なり。

以上が風雨占いの要術、潮の満干、月出の候、北斗二十八宿の図説である。普段から自分で観天望気を実行して之を認識しておく事が必要である。そうすれば自ずと諸事象が彷彿するものである「二十八宿は月の天球上の位置を示すための古代中国の天文学だったが、これが年・月・日に当てられ、さらに吉凶が付され、我が国に伝来した時にはすでに吉凶を占う為のみのものとなっていた。二十八の宿は太陽が天球上を運行する黄道上にあり、一周天を二十八に分割し、各星座を割り当てたものである。月は一日に一宿ずつ宿を変えながら移って行く。その月の宿る星座で吉凶が左右されるというわけである。たとえば「角《かく》」。これは二十八宿の第一で東方の星宿「すぼし」で、結婚、井戸掘り、柱立て、酒造り、柱立て等は吉、葬式には凶、といった具合である」。

巻第十八

忍器一　登器編

忍器は登器に限らず、全て網の目のようなものに過ぎない。億兆ある網目でも、鳥が引っ掛かる箇所は一、二目である。忍器もその類いである。忍び込む度に手持ちの忍器を全部使うわけではない。前以て敵方の様子をよく考え、工夫し、その時の状況に合った物を持って行く事が肝要である。必要以上の携行は無駄である。忍びの功者は一つの忍器を多目的に使いこなすものである。

一、結梯の図説

結梯《ゆいばしご》には真梯と草梯の二種がある。真梯とは常備している梯であり、草梯とは怪しまれないように竹を二本だけ持って行き、忍び込む時に現場で作る梯である。

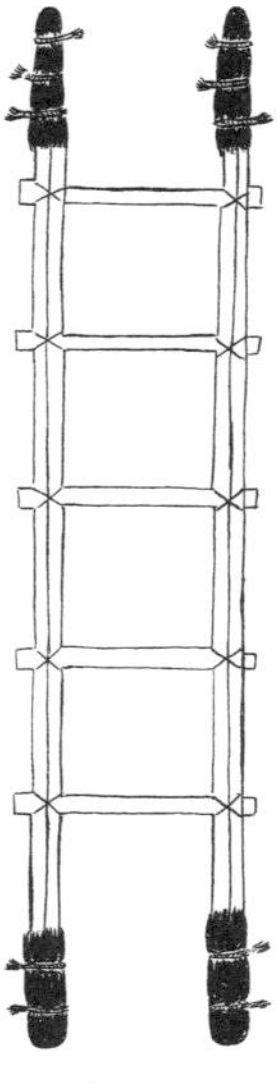
[図40]

この作り方は以下である。大竹を割って鎗の打柄の様にし、曲がらなければいくらでも長く作れる。梯の横木も竹にして、細縄で結び付ける。結び付け方に少し口伝がある。

古の人は二本の竪竹の間は横八寸、或は六寸にして、竪の長さはその所に準じて長さは決めていない。ただ、私は縦竹の間の寸法は人々の好み次第で良いと思っている。縦竹の上と下は端から二～三尺の間を菰《こも》で包み、音が出ない様にする。音さえ出なければ、菰でなくても柔らかければ何でもよい。しかし、記載通りと一途に心得えてはならない。

二、飛梯図説

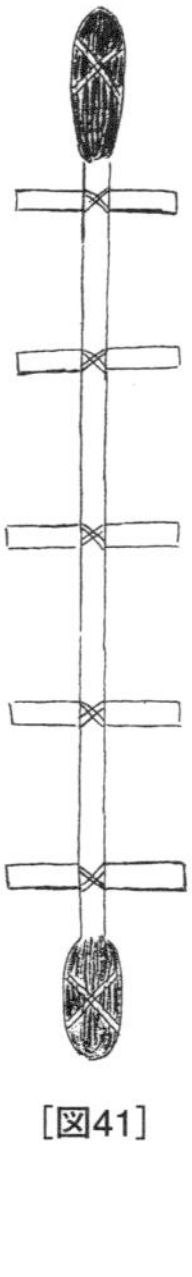
[図41]

この製法は大竹を割合わせて結梯の様に作る。音がしないように上下を包むことも同じ。

三、雲梯図説

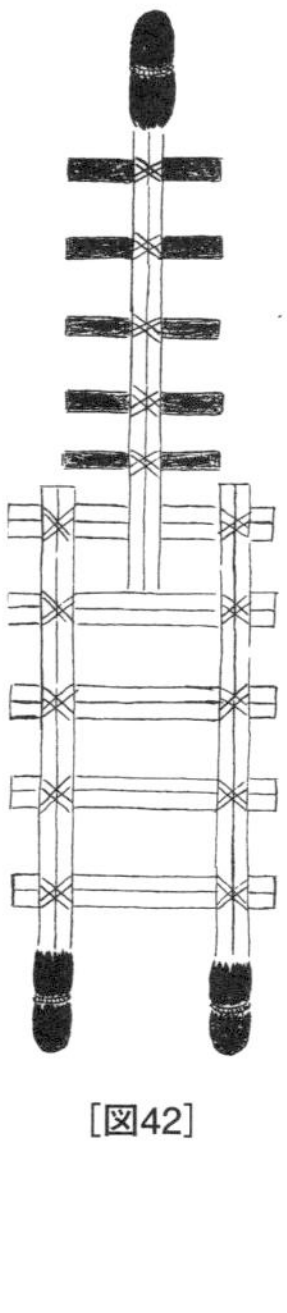
[図42]

これは特別に作るのではない。結梯や飛梯では高すぎて入り込めない所に、図のように結梯の上に飛梯を結び付けて登る。これを名づけて雲梯と言うが少し口伝がある。

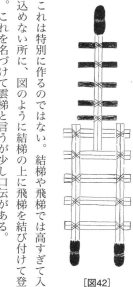

四、巻梯図説

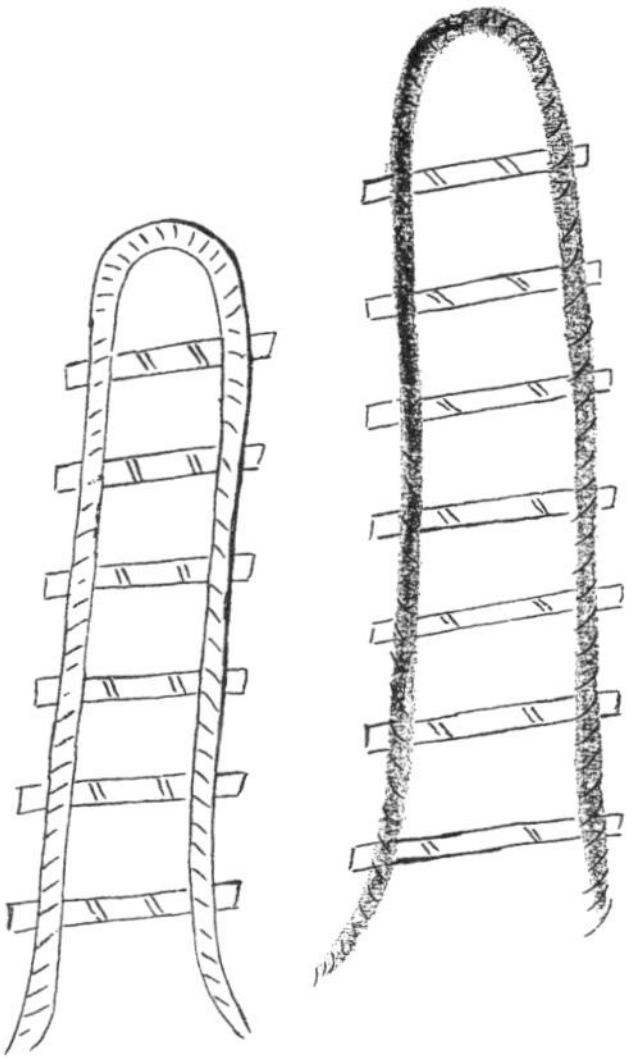

［図43］

これは麻縄で作る。長さは起立して手を延ばした手首の所の長さにする。口伝あり。梯の横木は竹で作る。

五、鉤梯《かぎばしご》図説

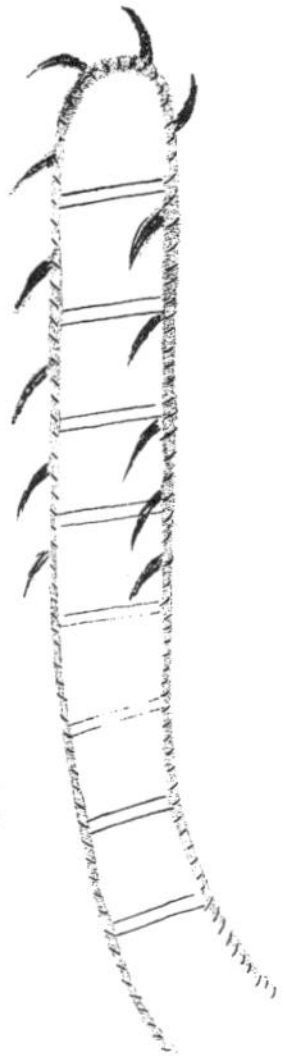

［図44］

この製作は長さ二丈五尺横六寸、麻縄か蕨縄《わらび》を使用し、鉄鉤は図の様に作る。梯の横木は竹でも縄でもよい。口伝あり。これは岩などで峻険な、上に木立などがある所で使う。

六、高梯図説

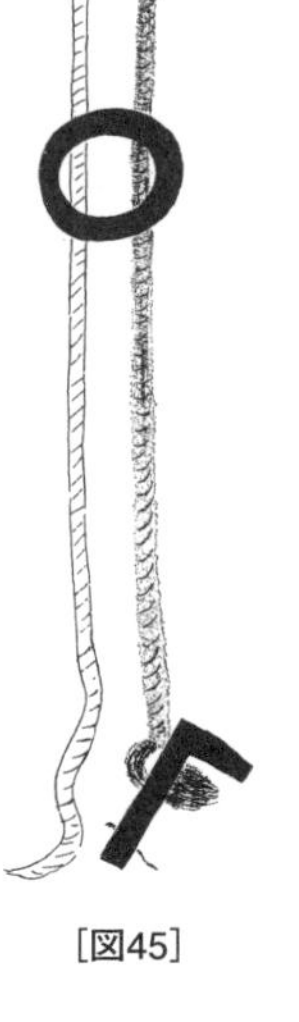

［図45］

鉄の輪を図の様にして、縄と付けて一本は輪の中を通して使う。

この高梯は忍器を送る道具である。口伝あり。

七、苦無《くない》図説

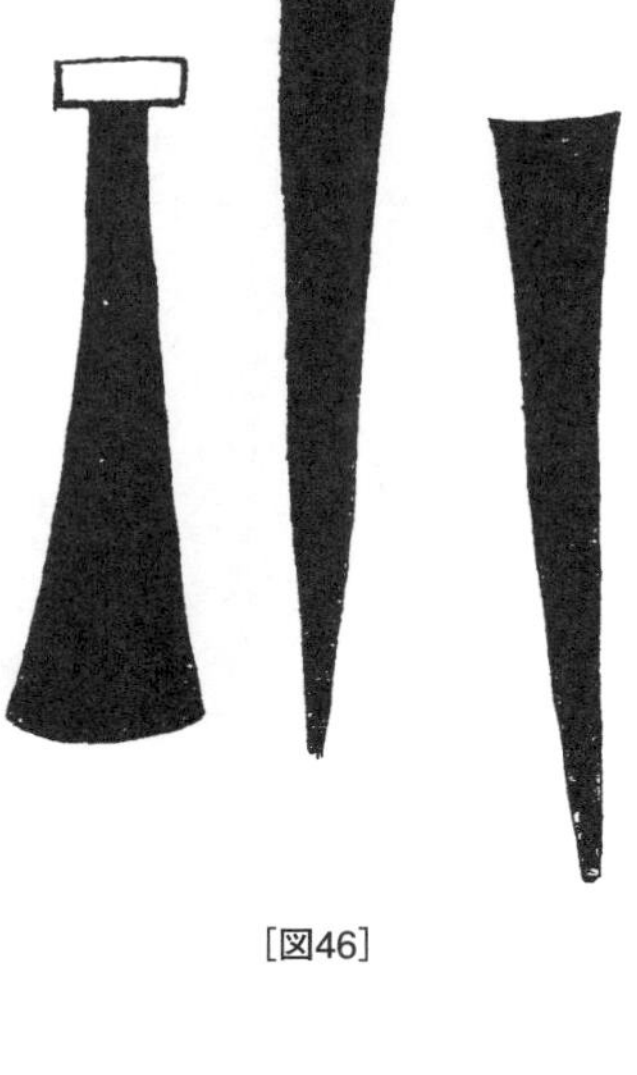

［図46］

この製法は長さ一尺二寸、或は一尺六寸の大きさである。鉄で作る。図左端の篦《へら》苦《く》無《ない》も同じ〔握りやすく、操作しやすい約二の腕長の両刃の尺鉄。投げたり、打ったり、掘ったり、岩間に打込んで支えにして登ったり、また召捕で挫術《ひしぎ》などでも使える〕。

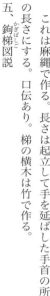

八、探鉄《さぐりがね》図説

「つきはぎ」とも言う。

［図47］

鉄で作る。長さ一尺五寸、或は一尺二～三寸、柄長六寸口伝あり〔障害物に穴を開けたり、鍵を探ったりする忍器だが、苦無同様に隠し武器としても万能で強力。「開戸の編」参照〕。

九、長嚢図説

［図48］

この製作は布木綿で作る。長さ三丈、或は二丈で、二幅合縫《あわせぬい》にする。上の口には半月の輪を縫い包んで、鉄釘を付ける。異説もあって下に玉を下げるという。しかし私には信じられない。

十、打鉤図説

［図49］

この打鉤《うちかぎ》は鉄を鍛えて鈎《かぎ》を四個作り、鉄の輪で四個の鈎を締めよせて一つにする時は、鉄の輪で締め寄せる。縄の長さは一丈五尺、麻縄を使用する。私は縄は処によると思っている。口伝あり。

十一、蜘蛛《くも》梯図説

これは八～十間も登る事が出来る〔伊賀市上野図書館本より〕。

縄付但是ヨリ
一尺置テ口傳
是ハ木ノ外ガハ
ノ巻金ナリ
是ハ木ノ中ヘ入ル輪ナリ

［図50］

【図中文章】 縄付け。ただし是より一尺置いて。口伝あり。これは木の外側の巻金である。これは木の中を通した輪である。軸を綿で四、五反巻く。ただし漆で付ける。縄の綯い方は「しらめ」のようにする。二尺間隔で探り〈探りとは弓弦の矢筈をかける部位を麻で巻いて太くした所で、ここでは結び玉の意〉する。

十二、竜登《りゅうとう》の図説

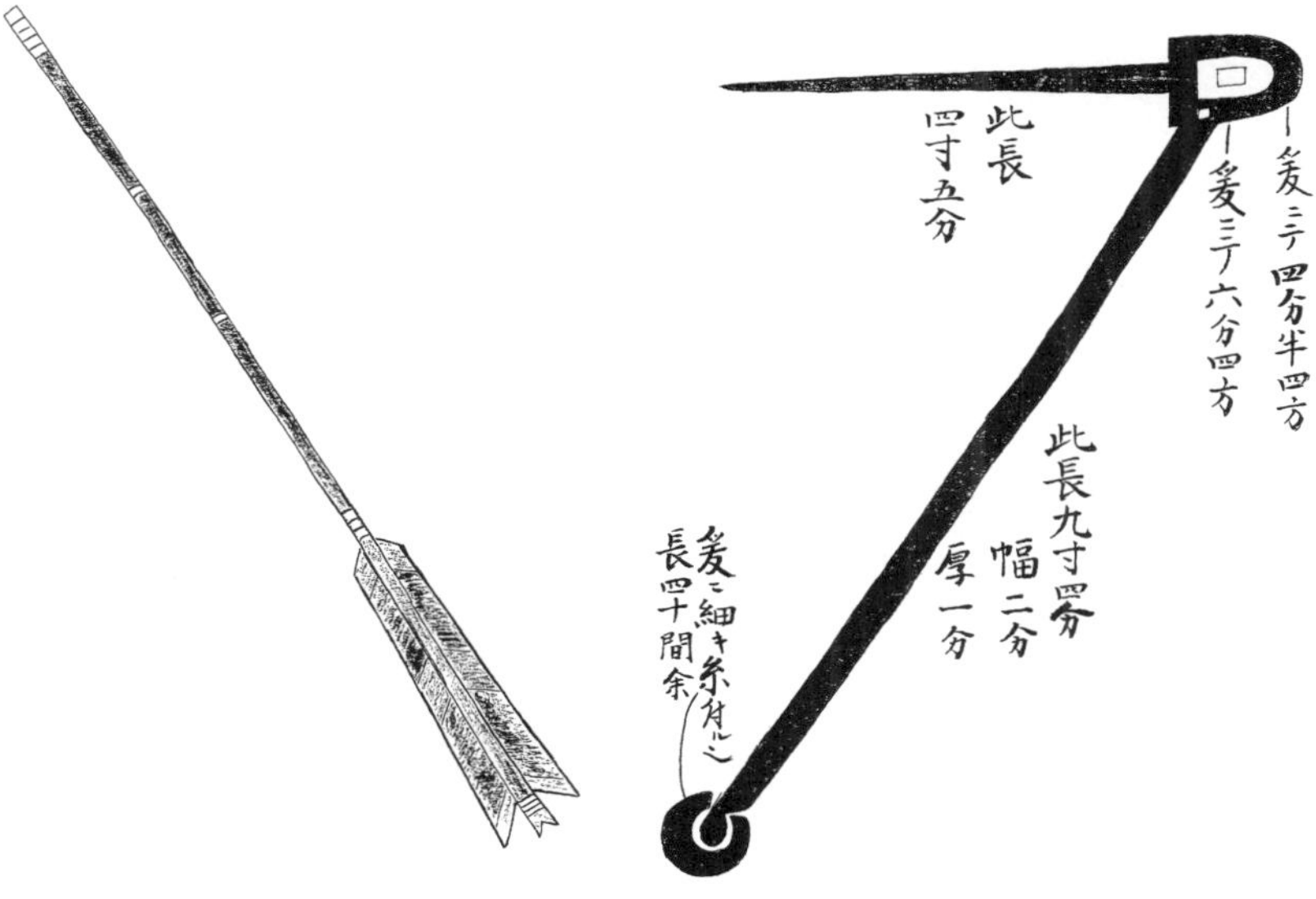

［図51］

【図中文章】 ここで四分半四方。ここで六分四方。この長さ四寸五分。この長さ九寸四分、幅二分、厚一分。ここに細い糸を付ける。長さ四十間余。

十三、大鑰《おおかぎ》図説

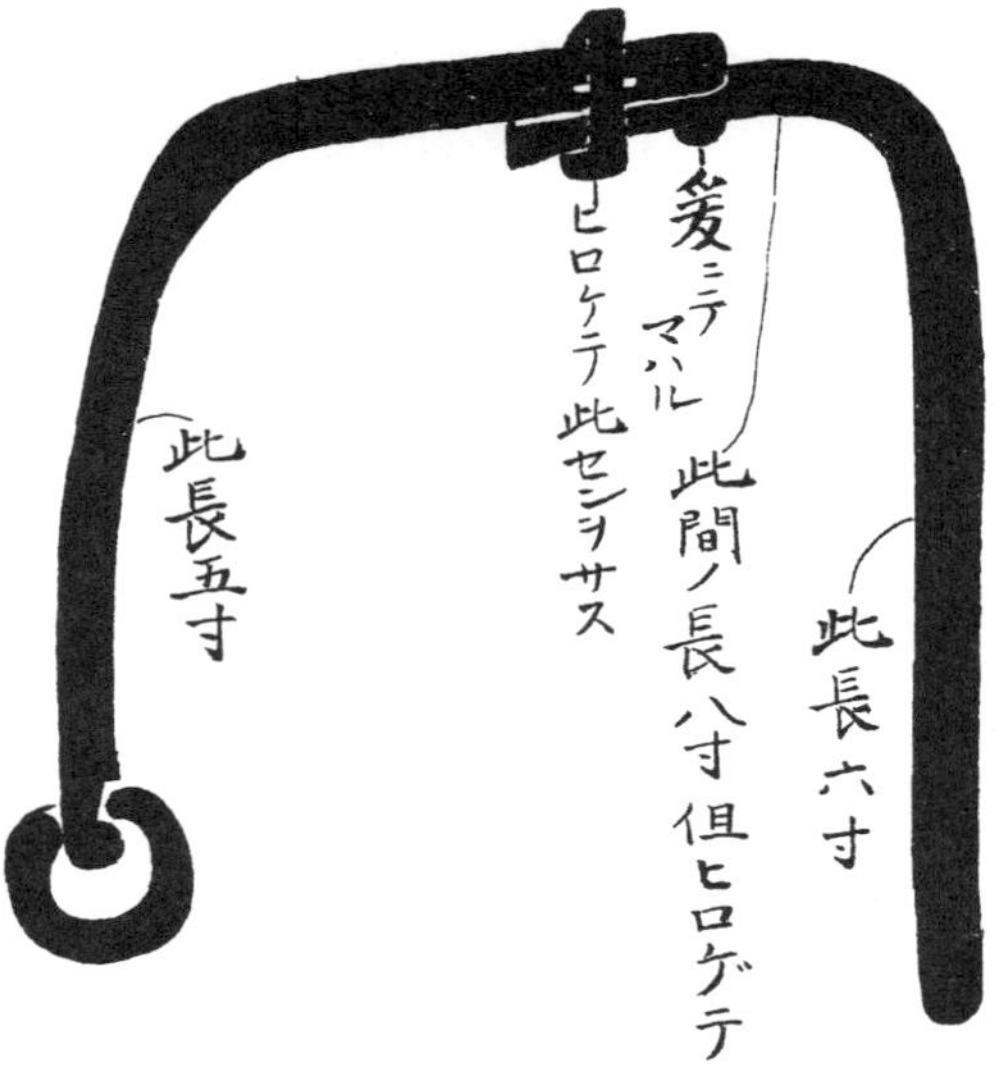

［図52］

【図中文章】 この長さ六寸。この間の長さ八寸、但し拡げてここに嵌《は》まる。拡げてこの栓を差す。この長さ五寸。

十四、三つ鑰《かぎ》の図説

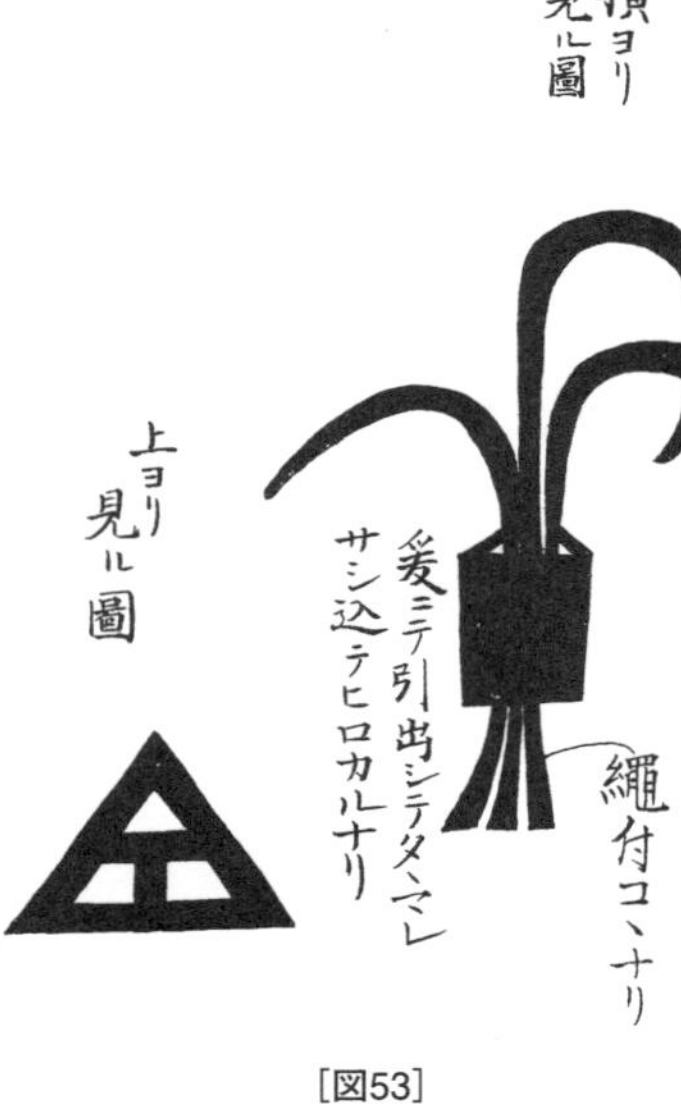

［図53］

【図中文章】 横より見る図。縄をここに付ける。ここで引出して畳まれ、差し込んで拡がる。上より見た図。

十五、その他

一、太刀登りの事

これは七～八尺までの塀の時に使う〔足首に下げ緒を結び付け、その足を塀に立て懸けた刀の鍔に掛けて乗り越え、その後に下げ緒を足で引っ張って刀を引き上げる〕。

二、草の鎗登りの事

これは一丈一尺までの高さを登る時に使う。

三、真の鎗登りの事

これは二間柄で二間半から二間四尺くらいまで登れる。ただし石突〔柄で鎗刃と反対側の端の覆鉄〕の方に仕掛けがある〔鎗の長さより更に肩の高さまで余分に登れるので、石突の鉄に小さな鈎があり、それを引っ掛けて登ると考えられる。また石突の鈎は武器の一部になる〕。口伝。もちろん蜘蛛梯などの道具や縄などの利点が多いが、これまた口伝がある。

巻第十九

忍器二　水器編

水を渉る忍び道具すなわち水器があるが、急な時には用意していない事もある。そんな時には竹、木、篠、薄、桶、甕、杵、臼やその他何でもよいが、有り合わせの物で筏を作って渉る。この概略を図説する。昔から大軍が在家を壊し、その材木で筏を組んで川を渡った例は多い。当流の水蜘蛛、舟などは川、堀などを渡るには最上の水器であり、また忍術の大要でもある。これは最も手軽で、水上移動に安全である。こんな水器は世には希であり、秘すべき事である。ただし大軍を渡すには役に立たなく、忍者の為の秘密の水器と思えばよい。

一、浮橋図説

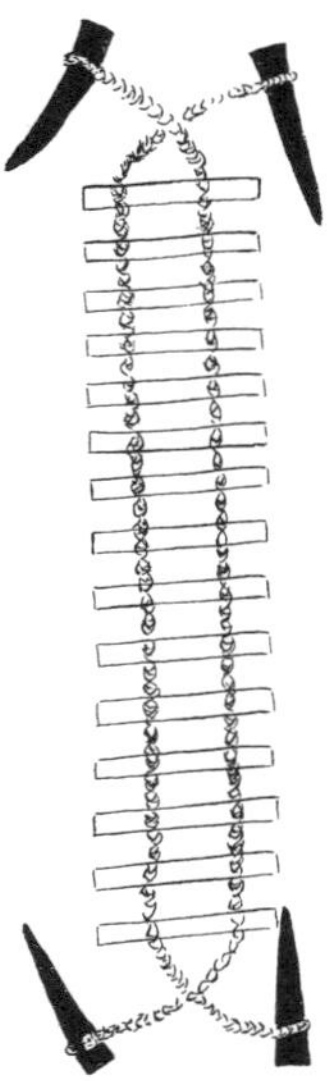

［図54］

浮橋の製作では長さが決まっておらず、渡る所の長短に応じて作る。口伝あり。横幅は一尺二寸、両端に縄を二尺余り残しておき、その各縄の端に鉄の掘串〔本来は竹木製の土を掘る道具だが、ここでは鉄を使用〕を付ける。尚々口伝あり。割竹を編んで図の様に作る。

二、蒲筏図説

蒲筏は蒲草を束に結んで横木をあてて図のようにする。また蒲筏は蒲草を編む事もある。

三、甕筏図説

甕筏は図の如くする。また釜、桶、杵、臼などでも同じである。

［図55］

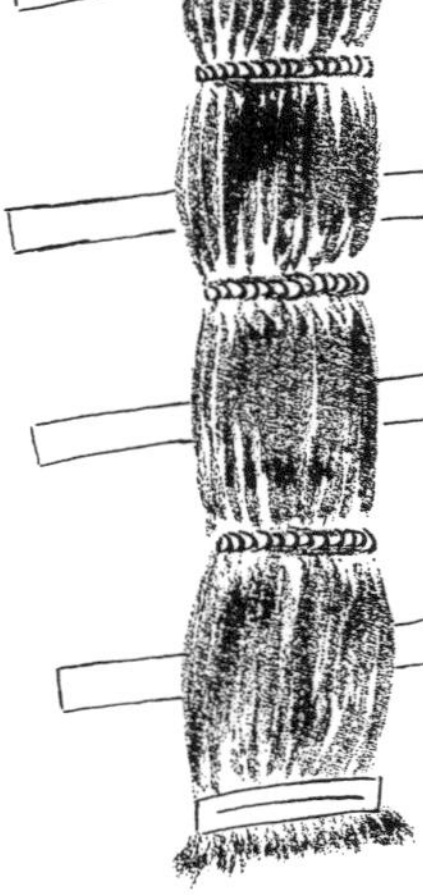

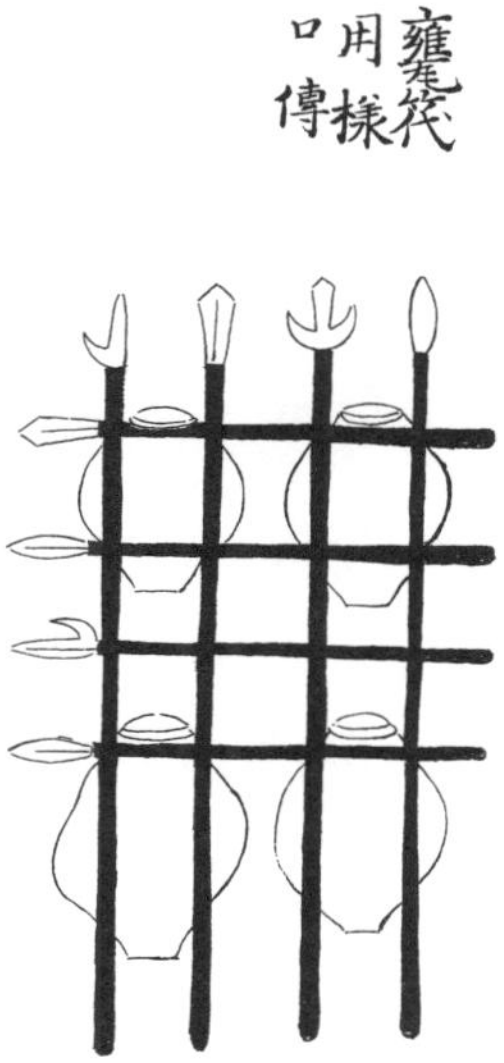

［図56］

【図中文章】　甕筏の使い方に口伝あり。

四、葛籠筏図説

葛籠筏《つづらいかだ》は皮葛籠に肘壺〈肘壺とは鈎鉄の肘とそれを受ける壺金から成り、二つの物を繋ぐ用具〉を付けておき、水に入る時に肘壺を合せて繋ぎ、四つの身蓋を合せて乗る。忍術を志す者は皮葛籠を嗜《たしな》むべきである。

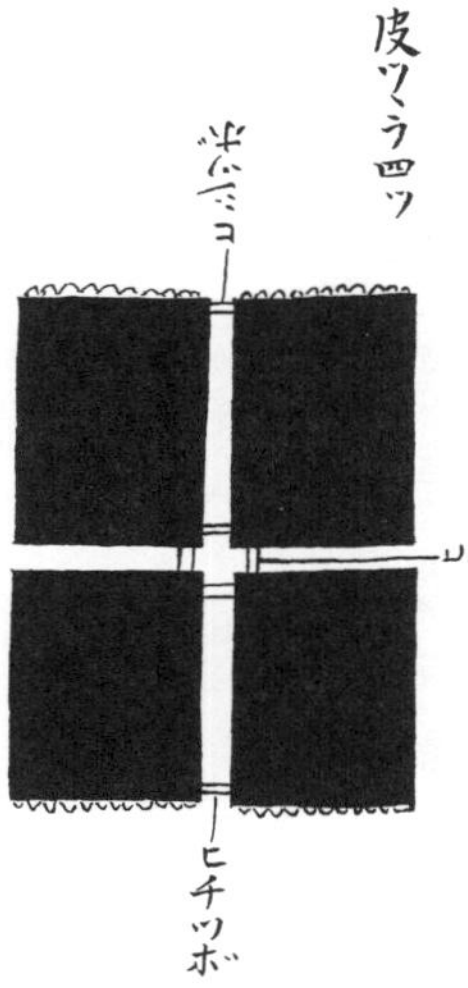

［図57］

【図中文章】　皮葛籠四つ。肘壺。肘壺。肘壺。

五、水蜘蛛図説

水蜘蛛《みずぐも》の形は円形で、外径を二尺一寸八分にして内径を一尺一寸八分に円く抜く。縦幅〈厚さ〉は各五寸である。

（一）中の四角い板の厚さは二分五厘。

（二）蝶番《ちょうつがい》　地板の厚さは二厘、長さ二寸二分、横幅は八分。ただ一方に釘を五カ所ずつ打つ。

（三）受け壺に入れる掛鉄は羽掛鉄である。

（四）開鉄《ひろげがね》の外側は差し渡しで長さ三寸五分、内側は法で三寸。ただし釘は先端を太くし、もとを小さくする。口伝あり。

（五）敷皮は牛皮を使う。長さ八寸、横四寸五分。長方形の四隅に細い皮を二つ折りで輪を作って縫い付け、その四つの皮紐の輪に組緒を付ける。

（六）惣皮は馬皮を用いる。薄くて上質の皮に松脂を塗っておく。口伝あり。

開いた水蜘蛛の上面図

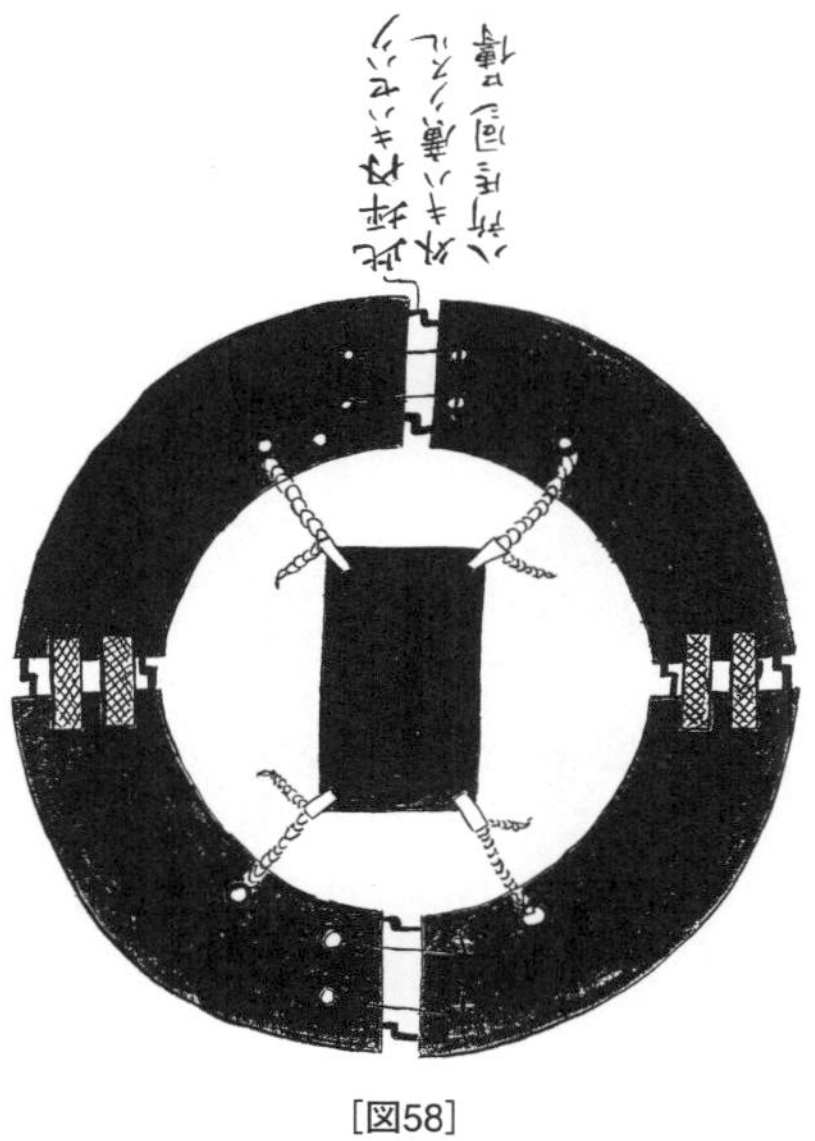

［図58］

【図中文章】この坪は内際を狭く、外際を広くする。八カ所皆同じ。口伝あり。

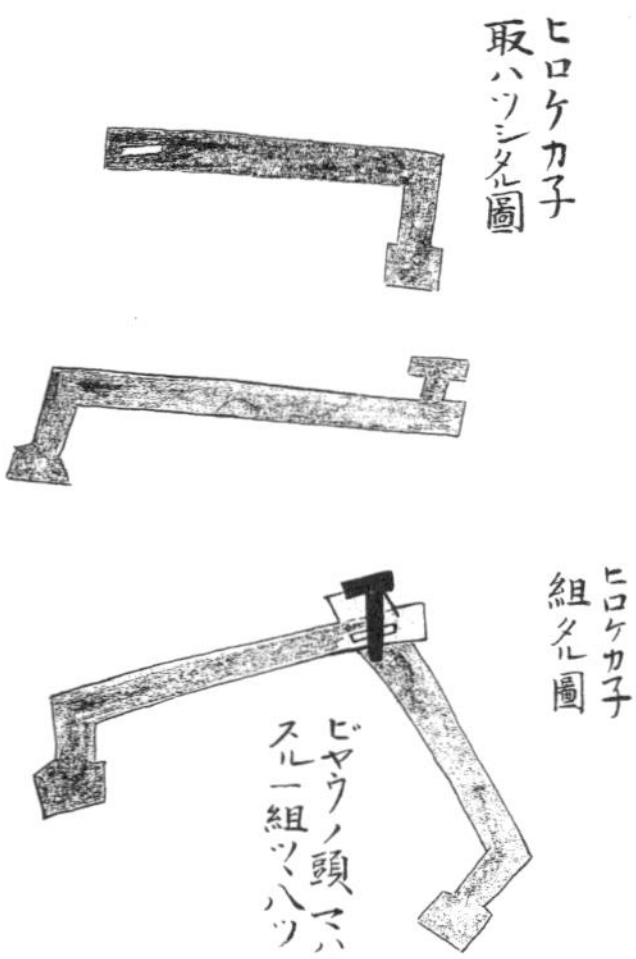

［図59］

【図中文章】開鉄《ひろげがね》、取り外した図。開鉄、組んだ図。鋲の頭は回転する様にする、一組ずつ八つ。

六、水掻図説

水掻《みずかき》の作り方。片歯の真木下駄の様であるが、裏に轆轤《ろくろ》〔水中で水を蹴る時、水圧で一本歯が開いて鰭《ひれ》になる仕掛け〕があり、上に鼻緒を付けて履く。

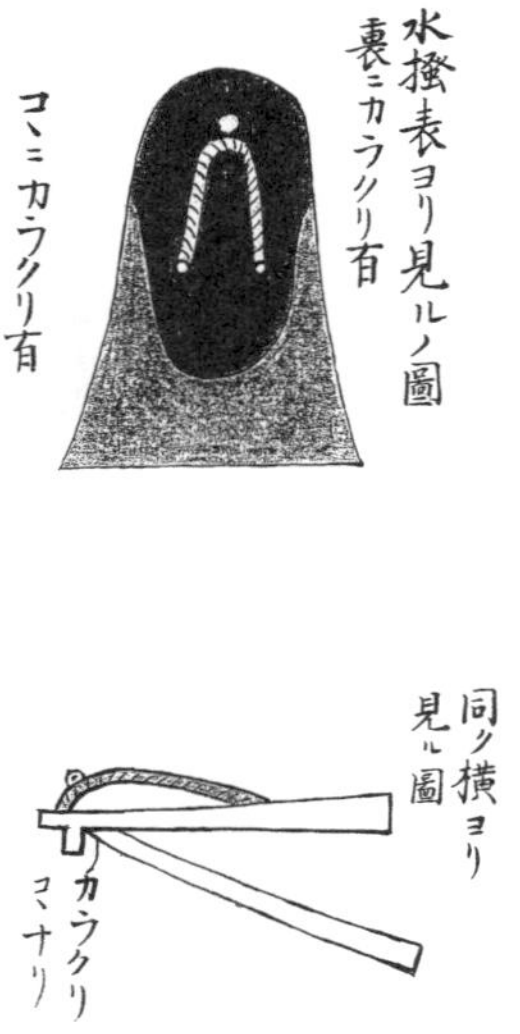

［図60］

【図中文章】水掻を表から見た図。裏に枢《からくり》がある。ここに枢がある。

同じく横から見た図。枢はここにある。

七、他流の水蜘蛛図説

この水蜘蛛の製作は質の堅い竹や鯨《くじら》の髭などを細く円く削って輪を作り、糸で三、四ヶ所を編んで提灯の骨組の様にして両端に厚さ約四寸の銅板を円くして補強し、上を馬皮か鹿皮を漆で貼り付ける。これは鋲で打付けてもよい。そして板に息出し口を開けて、捻じり管を挿しておく。尚口伝あり。一説に、十文字紙に張って渋を塗ってもよいという。水蜘蛛の用い方は息を吹き込んで膨らませ、捻子を差し込んで中に空気を籠らせて、臍の下に付けて泳ぐ。口伝あり。

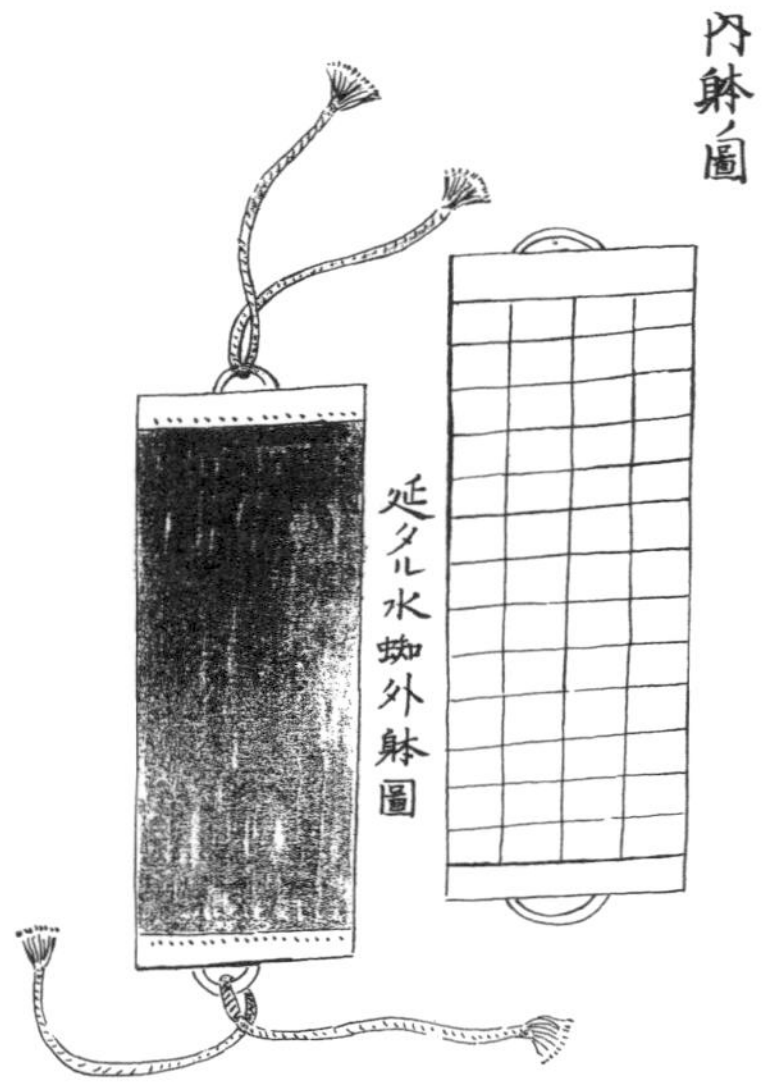

［図61］

【図中文章】内面の図。拡げた水蜘蛛の外形図。

八、挟箱舟《はさみはこふね》図説

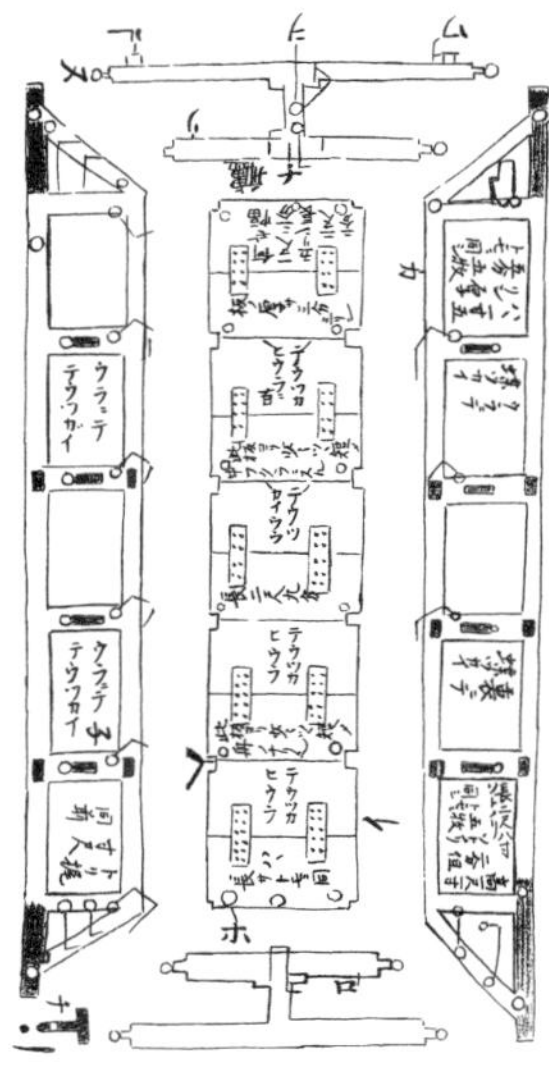

［図62］

【図中文章】（中の列下より）

幅、長さ共に同じ。蝶番を裏に付ける。

この板より少しずつ短くする。舟の成行き次第である。

蝶番を裏に付ける。

長二尺九分。蝶番裏にあり。

この板から少しずつ短くして中央をふっくらする。

板の厚さ三分三厘。何れも幅一尺三分五厘。長さ二尺二分。

艫

（右の列下より）

外の法《のり》、長さ二尺八寸。

高さ一尺一寸二分、ただし外の法は五枚共に同じ。

裏に蝶番。

裏に蝶番。

幅一寸五厘、厚さ五分、五枚共に同じ。

（左の列下より）

左舷寸尺同前。

裏に蝶番。

裏に蝶番。

以下は図のイロハの説明文である。

㋑蝶番は板を彫って金具と板の面とを同じにする。

㋺長さ一尺二寸四分。押え刺を差すと上が開くので両方の臍を片削ぎにする。幅八寸、厚さ六分。

㋩凸の長さ六寸八分。ただし臍と下の横木との間での長さである。

㋥長二尺一寸五分、ただし両方の臍を除いて。幅一寸五厘、厚六分。凸を差す所で繋ぐ。

㋭壺板を彫って打つ。板の面と同じ脇金の金具が懸る相印をしておく。何れも同じ。

㋬臍幅は二寸五分五厘。同押え刺の穴幅六分、長四分四厘。

㋣両方の合目の中に壺がある。押え刺の鈎鉄が懸る。

㋠この栓は際の臍に差す。四方共にこの懸鉄は艪の押え刺の中の壺に懸ける。

㋷長一尺九寸四分、幅一寸、厚七分五里。樫の木で作る。

㋦この臍の先に返し金を打つ。臍の穴に差し込み、拡げて抜けないようにする金具である。

㋸艪の杭が二つある。

㋾凸の所で繋ぐ。

(ワ)長二尺一寸、幅一寸二分、厚八分五里。樫の木で作る。

(カ)舟傍が開くので板を載せる所で片下《さが》りに削る。何れも脇立も同じである。

(ヨ)この金物の幅は脇立ての木幅と同じで長さは二寸五分。ただし穴の際より脇立の間である。もっとも金具は二枚である。脇立は四方共に同じ。この板は金具も同じ様にする。平素は脇立の木に折返しておく。

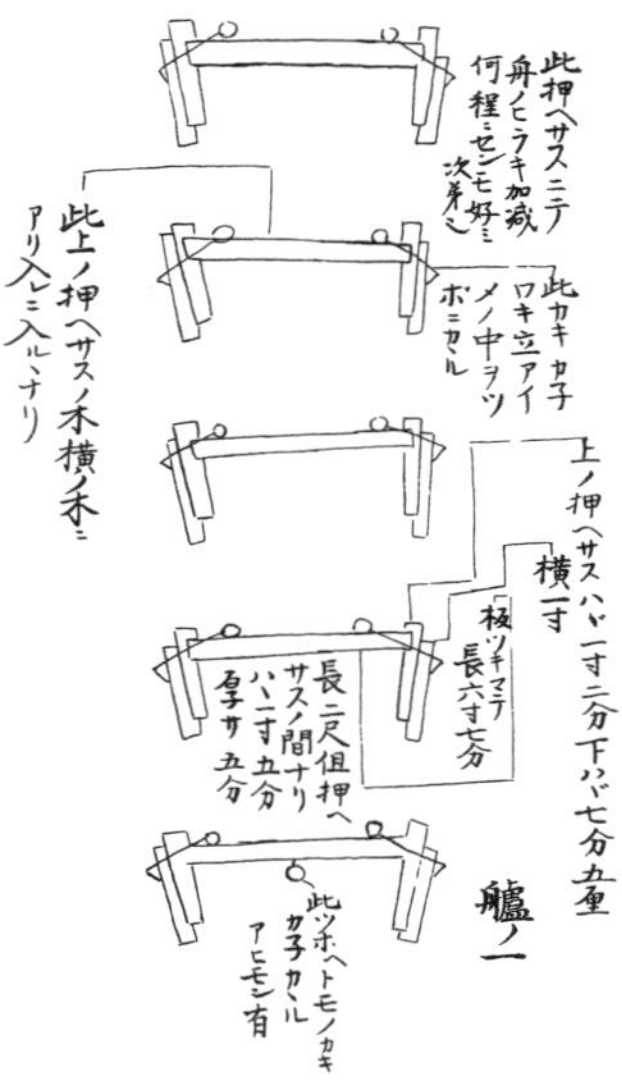

[図63]

【図中文章】　艪の一

ここに押え刺を差すので舟の開き加減を何程にするかは好み次第である。

この鈎鉄は脇立の合い目の中で壺に掛かる。

この上の押え刺の木は横木に、蟻入れに入れる。

上の押へ刺は幅一寸二分。下の刺は幅七分五厘。

横一寸。

板継まで長六寸七分。

長二尺、但し押え刺の間である。幅一寸五分、厚さ五分。

この壺に艫の鈎鉄を懸ける。合紋がある。

糸付けは裏に丸革を当てる。ただし四方を閉める。裏革の差し渡しは一寸。革の継ぎ方は風呂敷き縫にする〔挟箱舟には各種あり、山本勘助の『老談集』に「早船」、村上水軍の『合武三島流船戦要法』は「挟箱舟」の記載がある。前者は板を肘壺で繋ぎ合わす方法、後者は箱を四つ作っておき、それを繋いで船にする形式をとっている〕。

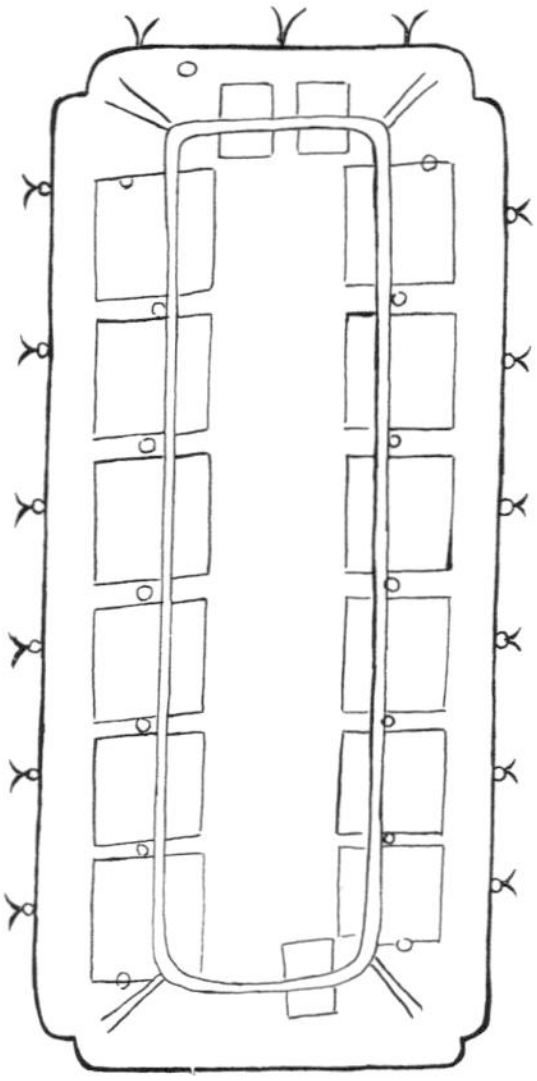
[図64]

九、舟革の下染の事

まず混ざりけのない荏胡麻《えごま》の油一升に小麦三合をそのまま入れ、樒《しきみ》の葉三十枚を薬缶《やかん》で煎じる。そして藁蘂《わらしべ》を中に立てて仕上がり加減を見るが、丁度良くなれば藁蘂が立つ。皮に塗る時は丹《たん》〔硫黄と水銀が化合した赤土で辰砂ともいう〕を一合入れる。これは油を早く干す為の物である。革の塗様は塗師の使う刷毛《はけ》で薄く、斑が無い様に塗る。塗りの溜った処を塗師の竹片《たけへら》ですくい取り、また後を薄く摺っておく。その上を、吉野漆を布で濾し、漆百匁にに水二十匁を混ぜた物を革の上に二度塗る。またその上を上等な漆で二三回ほど塗る。漉《こ》し方は前と同じで、布で一回濾す。舟の下は開かずに漆を一度塗る。

また漆ではなく松脂だけを塗ってもよい。薬鑵の中に藥を直に入れると、丁度良い加減であれば、稾藥は倒れずに真っ直ぐ立っている。

十、艪の図説

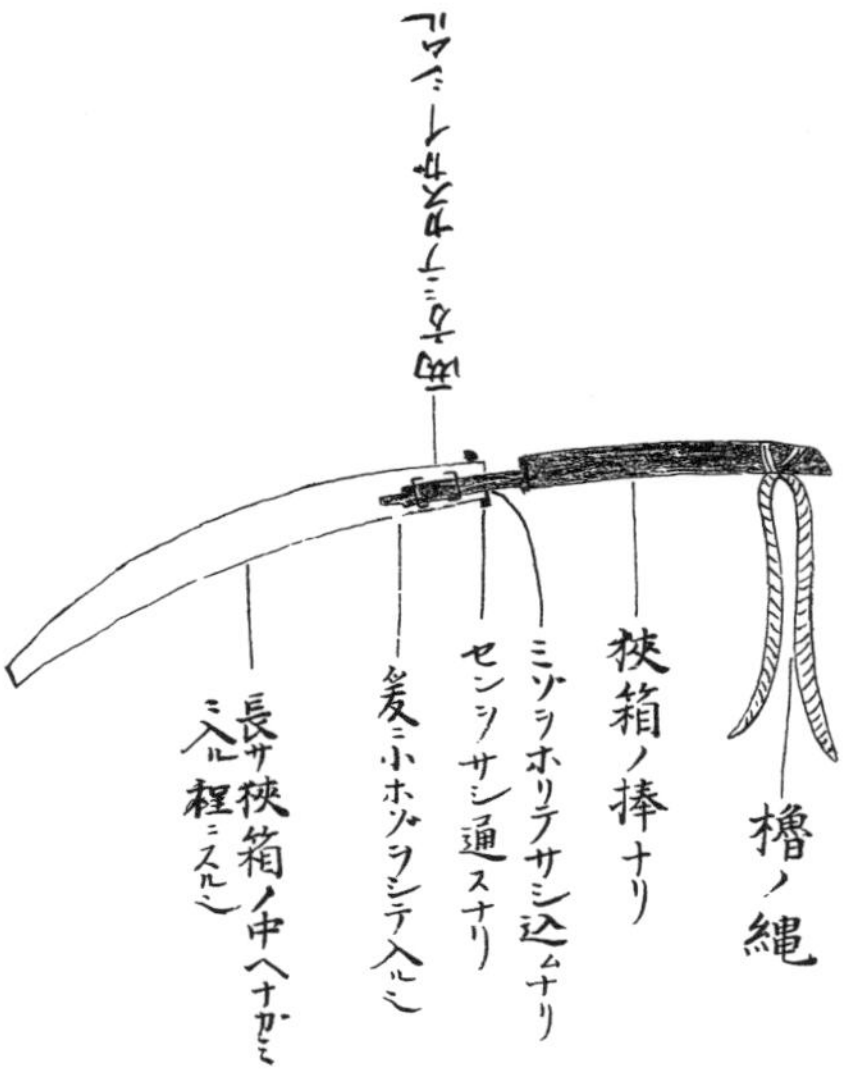

[図65]

【図中文章】　両方で鎹《かすがい》を締める。櫓の縄。挟箱の棒である。溝を掘って差し込む。栓を差し通す。ここに小臍を入れる。長さは挟箱舟の中で長めに入る程度にする。

巻第二十

忍器三　開器編

開器は敵家の戸を開き難いのを容易に開く道具だから、これを使う時は敵に非常に近づくことになる。道具に関しては、第一にかさばる物は悪い。第二に数が多いのも悪い。第三に具合が悪くて音が出るのも悪い。私が昔から有った道具を見ていると、どれもかさばって数が多く、おまけに一器で諸用に対応出来る便利な物がなく、物毎に不自由なのが嫌になった。そして数年間も工夫した結果、昔の物とは全く違った新しい道具を作り上げた。それを以下に述べる。

これは伸縮自在だから長短に応じて使えばそれぞれに利があり、巻けば全長六寸と小さいので便利である。長短・大小・高下・広狭が自由であり、一器多用途である。とにかく手軽であり、皆もこの開器を懐袖に納めている。私の流派を継承する人々は工夫を重ねて、更に軽小にして自由になる様に改良すべきである。しかし柔弱では撓《たわ》んで折れる様では悪い。良く計算熟考しなければならない。ただしこの道具の鉄は十分鍛える必要がある。一般に鉄は刃金ばかりでは折れ易く、生鉄ばかりでは撓み曲がる。刃鉄と生鉄とを合わせて鍛錬すれば非常に良くなる。

一、問外の図説

問外《といはずし》〔戸締りの状態を調べる探り鉄と戸を開ける開器の両方の機能を兼ね備えた道具〕について説明する。問外先端の釘は一寸二〜三分で、釘先から二〜三分の所に穴をあける。問外の幹の長さは六寸で出来る限り細く作る。手元の板は長さ一寸二〜三分、横五分でとても薄くして内側に刃を付ける。

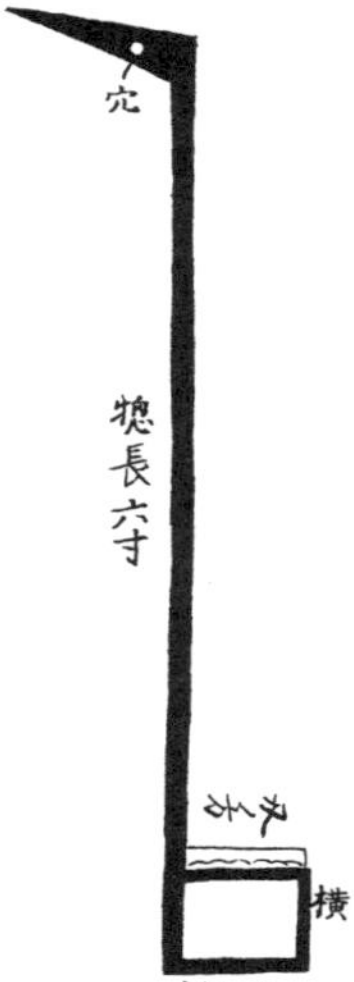

[図66]

【図中文章】 穴。総長六寸。刃の方。横。手本の板。

この問外に五つの利点がある。

第一に釘先の方で尻差《しりさし》や掛鉄《かけがね》が有る所と無い所とを探って知る事が出来る。

第二に釘先で尻差を刎ねて外す。

第三に輪《わ》懸鉄《かけがね》の鑿《せん》を釘先に掛けて外す。もしそれで外れなければ、釘先の穴に釘を差してこれに掛けて外す。

第四に釘先で鑿が抜けない時は板の方で輪懸鉄の栓を下から叩き揚げて抜く。

第五に釘先でも板の方でも鑿が抜き難い時は板の内側の刃で鑿の釘先の頭を切って抜く。口伝あり。

二、刃曲の図説

（一）刃曲《はまがり》の製作法

厚さも幅も薄くて細い小刀程度で長さ六寸の鉄板四枚を繋いで蝶番様にする。ただし先方の二本は前を刃、背を錏《しころ》〔鋸〕の刃〔底本は「忍」、伊賀市上野図書館本は「刃」〕の様にする。第一の板には先端から二、三分離れて釘穴を明ける。これを畳む時は六寸になる。拡げると二十四寸〔底本は二尺四寸と誤記〕になる。二つの角の鉄釘の釘穴は少し長方形に明ける。釘の差し方に口伝がある。

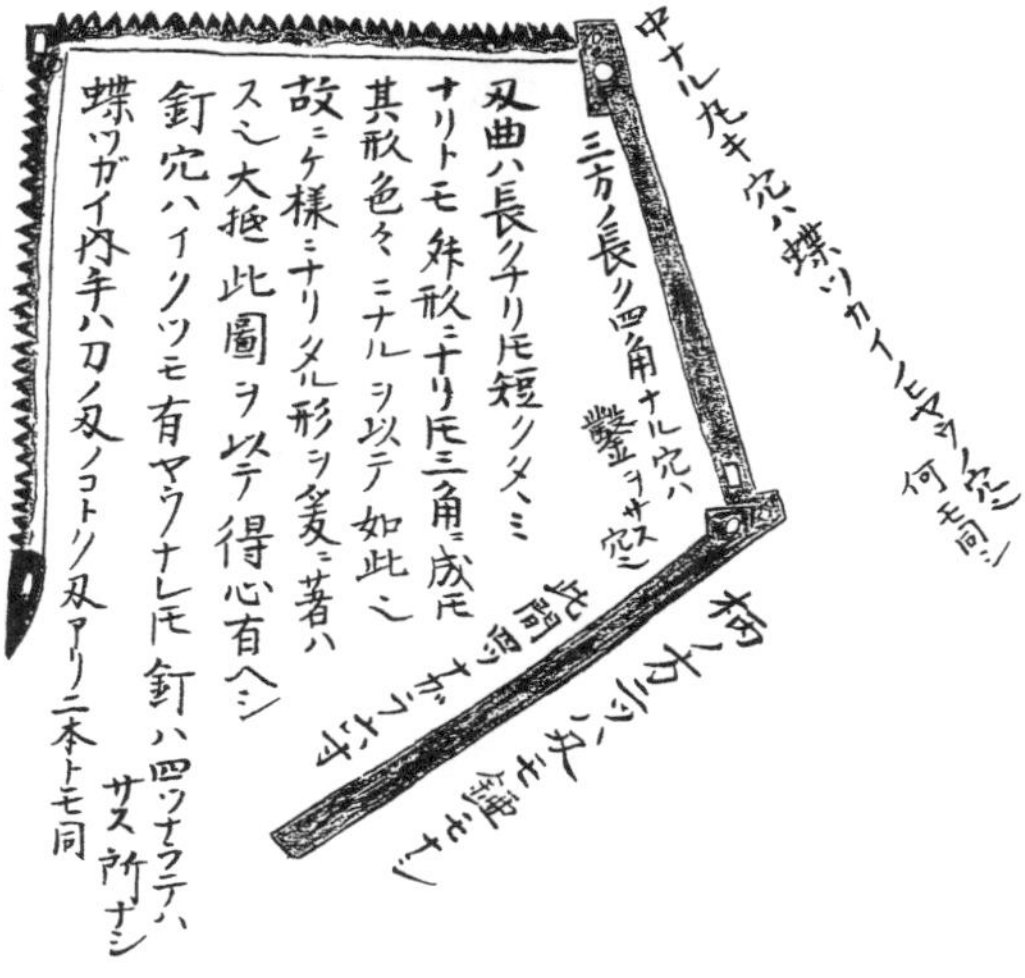

［図67］

【図中文章】　中の丸い穴は蝶番の鋲の穴。皆同じ。

柄の方の二つには刃も錏も無い。

三方の長方形の穴は鑿を差す穴。

この長さは四つが皆同じで六寸。

刃曲は長くも短くも、また外形にも三角にもする事が出来る。他にも色々な形になるので、このような図で示した。大抵はこの図で理解出来るはずである。釘穴は幾つあってもよさそうだが、釘は四ヶ所しか刺す所がない。

蝶番の内側には刀が刃ある。先方の二本共同じ。

背の方は鋸の刃の様にする。二本共同じ。

（二）刃曲の五つの利点

第一に鑰穴《かぎあな》がある枢《とぼそ》の時は鑰穴から入れて、刃鑰に用いて開ける。六寸でも一尺二寸でも自由なのは利点である。

第二に鑰穴もなくて刃鑰に使い難い時は、戸越しに釘鑰に用いて開ける利がある。

第三に掛鉄がある戸に立詰に桟などが打たれて透間が無い時は、立詰の柱の際から［図68］の様にして入れ、こじり外すという利点がある。

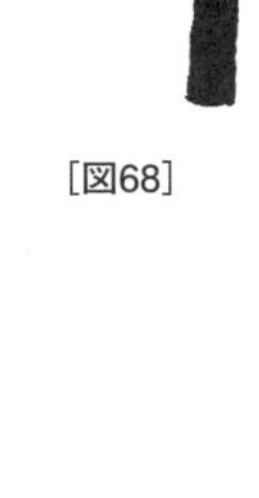
［図68］

第四に輪掛鉄の鑿も［図69］の様にして三つの釘先か鋸刃に引っ掛けて抜き、且つこじり外せる利点がある。

［図69］

第五に取り置きが自由であり、六寸の忍器だが一尺二寸、一尺八寸、二尺四寸など長短・大小・高低・広狭などに対応出来る。だから真っ直ぐにすれば問外しはもとより武器その他に利用出来る。その利は非常に大きい。

三、延鑰の図説

（一）延鑰《のべかぎ》の製作

厚さ八厘、幅一分三厘、長さ六寸の鉄片をよく鍛えて計九枚作り、いずれも蝶番にする。ただし先端の一枚は、小間に四角い穴を明け、鏨《せん》の穴を平の方に繰抜く。出来る限り薄い鉄で長さ一寸七、八分、横一寸程度の板にして、それに長さ七～八分の小さな柄を作り、この延鑰の一つ先の小間の穴に差し込むようにする。また長さ一寸四、五分の釘を作り、二つの平に穴を二つ明けて小間の穴に差し込むようにし、二品にして取り外して持つ。

いずれも柄は差し込みにし、釘穴を彫る。延鑰の柄の方の二つは、刃曲の要領で曲がるようにする。延鑰は軽く、折れず、撓《たわ》まないように製作する事が重要である。

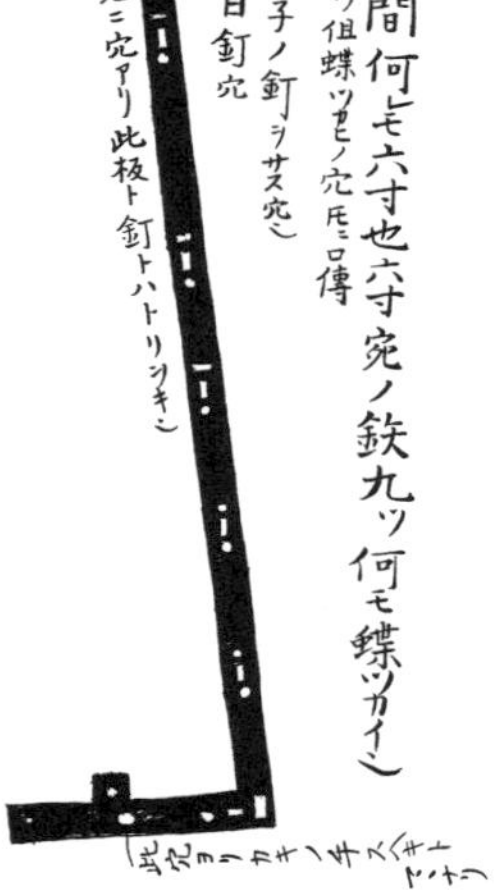

［図70］

【図中文章】　この一継ぎの間はいずれも六寸になる。そして六寸の鉄九枚で何れも蝶番になっている。

先の七枚は穴が二つ。ただし蝶番の穴共に口伝。

この二つの穴は掛鉄の釘を差す穴である。目釘穴。

一つ先に穴がある。この板と釘とは取り外しておく。

この穴は鈎の手の止めである。

（二）延鑰の五つの利点

この延鑰には五つの利点がある。戸外で戸を上・下・左・右から開けられるので、これで四つの利点となる。第五に、五尺四寸から六寸下りに六寸までなるので、長短共に用いる事が出来るという利点がある。

一の鉄の先端の釘は輪鑰《わかぎ》の栓を引っ掛けて抜く為である。板は栓に糸が無い時に、下から叩き上げて抜く為の物である。針〔底本は「釘」、伊賀市上野図書館本は「一に針に作る」という添書きがある〕の横釘は栓を抜き、輪鑰をこじり外す為の物である。栈を打ってある戸の掛鉄も、この延鑰で開けられる。とにかく手練が無ければ戸は自由にはならない。口伝あり。

四、入子鑰の図説

入子《いれこ》鑰《かぎ》の製作

柄は八寸で打ち延べである。入子の入れ筒の部分の長さは二尺。内空の根元の曲がりの所は角《かど》の五分を打延べにする。柄から内空の部分までは真鍮で作れば良くなり、太さ二分五厘で四角にする。内側の巣穴は一分五厘である。出来る限り歪みなく、入子が滑らかに走るようにする。入子は、長さ一尺九寸五分、入子の太さは一分で、鉄を叩いて四角に作る。入子の先端に笠穴を作り、錐子の様に穴を明け拡げる。また延鑰のような板と釘とを別々に持ち、必要な時に釘や板を入れて繋ぐ。入子巣すなわち中空筒の先端と、入子の根元とに目釘穴を明けておく。尚口伝あり。

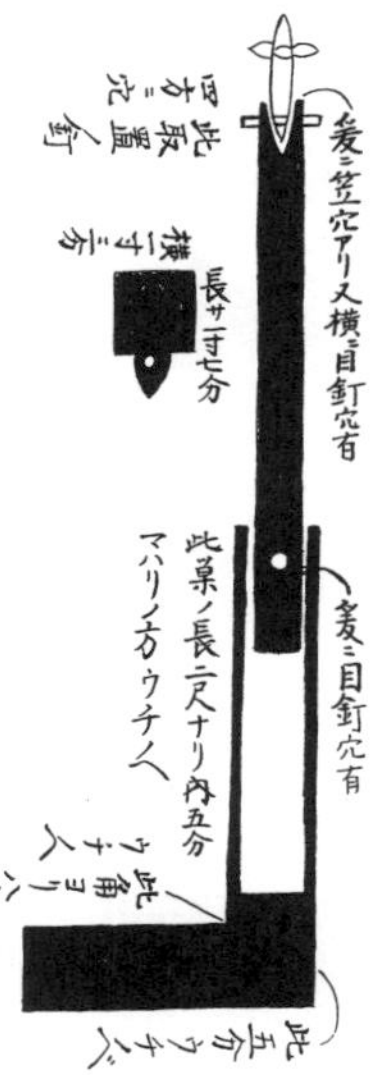

［図71］

【図中文章】 ここに笠穴が、そして横にも目釘穴がある。

ここに目釘穴あり。

この五分は打ち延べである。

この分離結合用の釘には四方に穴がある。

横一寸三分。長さ一寸七分。

この内空の長さは二尺、内五分は曲がりの所まで打ち延べ。

この角から八寸は打ち延べ。

五、鋏の図説

（一）鋏の製作

長さ六寸、南蛮鉄を良く鍛えて鉄が切れる様に打つ。

［図72］

（二）鋏の利点四つ

第一に小さな鉄を挟み切る。

第二に小さな竹や木などで、小刀や鎌などで切れない時に切れる。

第三に尻差のある戸が外し鉄《かね》で外れない時に、これで突き外す。

第四に戸などを抉《こじ》りたい時に、これを透間に入れて抉る事がある。

六、鑿の図説

（一）鑿《のみ》の製作

長さ六寸ずつの鉄を二つ作って蝶番にする。厚さ一分余、横幅二分五厘、先端は刃鉄《はがね》を鍛えて鉄が切れるように打つ。また蝶番の際《きわ》に打つ釘穴を明ける。口伝あり。

［図73］

（二）鑿の利点四つ

第一に鉄を削る。

第二に肘壺の詰まり、鏁子《さし》〔掛鉄〕を開いても抜けない時は透間に入れて切りくわせ、押し抜く。

第三に枢《とぼそ》を開ける時に抉じ開けるのに良い。

第四に立詰の桟やその他を抉り外す時に有効である。尚口伝あり。

七、錐の図説

（一）錐《きり》の製作

長さ六寸で三種ある。図を見て製作すればよい。

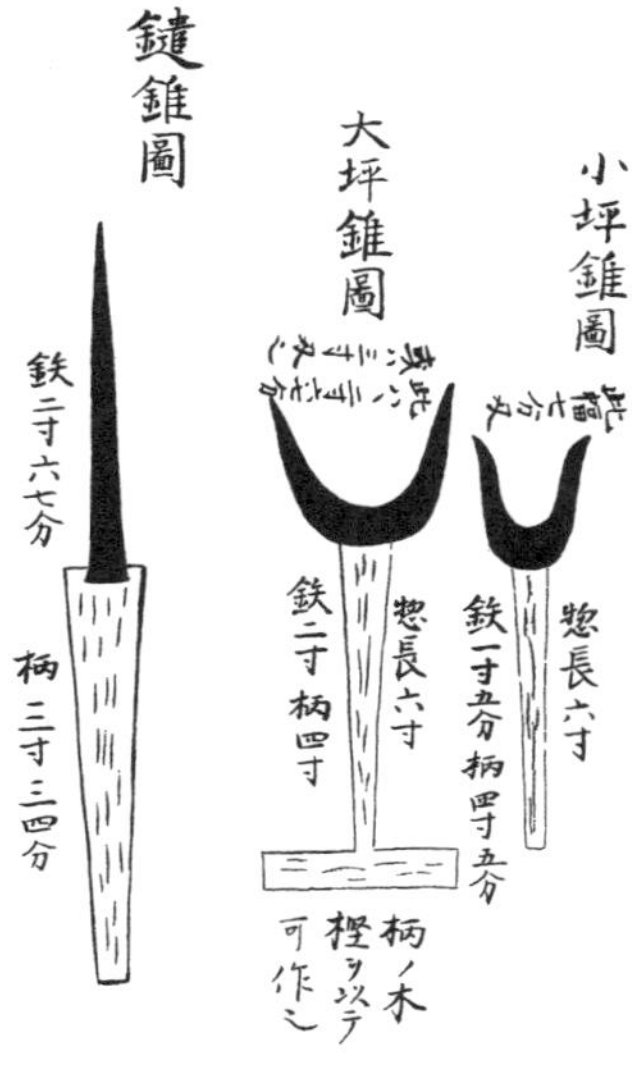

［図74］

【図中文章】小坪錐《こつぼきり》図。この幅七分で刃あり。全長は六寸。鉄一寸五分、柄四寸五分。

大坪錐《おおつぼきり》図。この幅二寸六、七分または三寸で刃あり。全長六寸。鉄二寸、柄四寸。柄の木は樫の木で作る。

鎗錐《やりきり》図。鉄二寸六、七分。柄三寸三四分。

（二）この錐三種の利点三つ

第一に戸の立詰に少しも透間がなく、戸の前後が板の場合には開器が使えない。そんな時にはこの小さな繰抜き錐で穴を明け、開器を入れて戸を開く。

第二に大きな繰抜き錐は、内側から鎖子《かけがね》などを下ろし、その他色んな開器で失敗した時に、この錐で穴を明けて開器を用いる。この繰り抜きは開器の惣《そう》摩《ま》久《く》利《り》として利益が大きいので詳しく記した。しっかり鉄を鍛えて、上等な刃を付けなければならない。

第三に鎗錐《やりきり》は牙尻差、桟尻差などに用いる。その他にも用いる所が有るが、預《あらかじ》めどうこうと説明し難い。

八、錏の図説

（一）錏《しころ》〔先端が尖り加減の両刃の鋸〕の製作

長さ六寸。内二寸は柄、四寸は鉄である。巾は三〜四分または五分でもよい。それは好みに任す。刃は両刃である。一方は竹用の鋸刃、他方は木用の鋸刃である。

［図75］

（二）錏の利点二つ

第一に窃盗返し《しのびがえし》・筰《さく》・笆籬《はり》・矢来など、鎌では伐り難に場合に鉦で伐る。この伐り方は陰忍・中で述べた。

第二に戸の脇板などを伐り抜いて入る時、錐で揉んでその後にこの鉦を使って回り引きにする。口伝あり。

九、鎌の図説

（一）鎌の製作

古法は鎌四寸、柄五寸の仕上げである。今製作する物は鎌も柄も六寸ずつで、柄は蝶番にして必要な時に目釘を差して使う。懐に入れる時は柄と鎌を真っ直ぐにする。但し鎌は両刃である。しかし片刃の鎌も作っておくべきである。口伝あり。

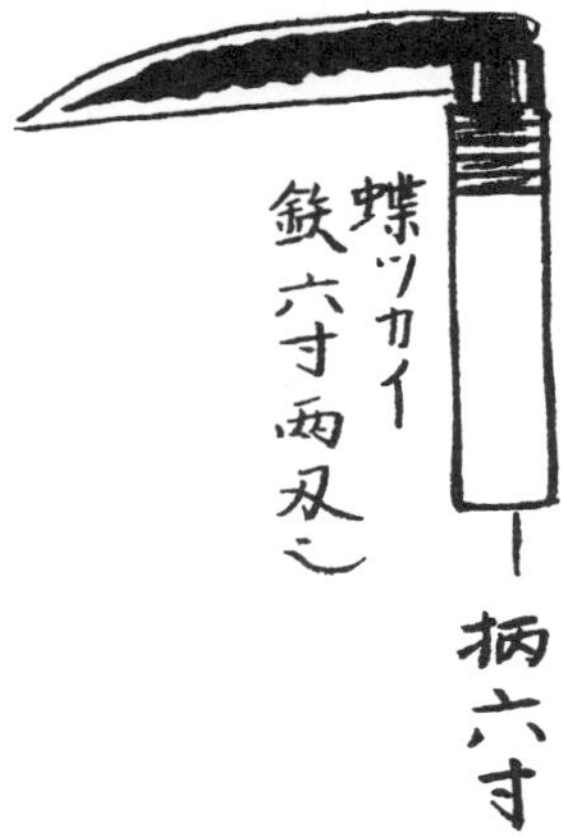

［図76］

【図中文章】　柄六寸。蝶番、鎌の鉄は六寸で両刃にする。

（二）鎌の利点三つ

第一に普通の鎌として使える。
第二に棟〔刀背〕の方で押し切る。
第三に分離して手軽にかつ密かに懐袖に入れておける。

十、釘抜の図説

（一）釘抜の製作

外に秘密の部分はない。長さ六寸。少し細くすれば良い。

［図77］

（二）釘抜の二つの利点

第一に肘壺だが、大抵の鉄類を捻り切り、抜き取る事が出来る。
第二に竹木などで作った物が抜けない時に捻じり切り取る。

十一、鎖子《さし》抜の図説

（一）鎖子抜の製作

長さ六寸で薄さは厚紙程にして横幅は五厘。これを鉄で作る。鎖子〔掛鉄〕の大小に対応出来るようにする事が肝要である。口伝多し。

［図78］

（二）鎖子抜の利点五つ

この曲げ方で、突出し鎖子、捻り手鎖子、背鎖子、引出鎖子など何でも開けられる。これで利は四つである。しかし成否は手練次第である。第五に掛鉄のある戸に隙間がある時は、これで刎ね開ける。

（三）その他の鎖子抜

背鎖子抜の図

［図79］

【図中文章】 この間一寸。この間五分。この間四分。ここに口伝あり。

突開鎖子抜の図

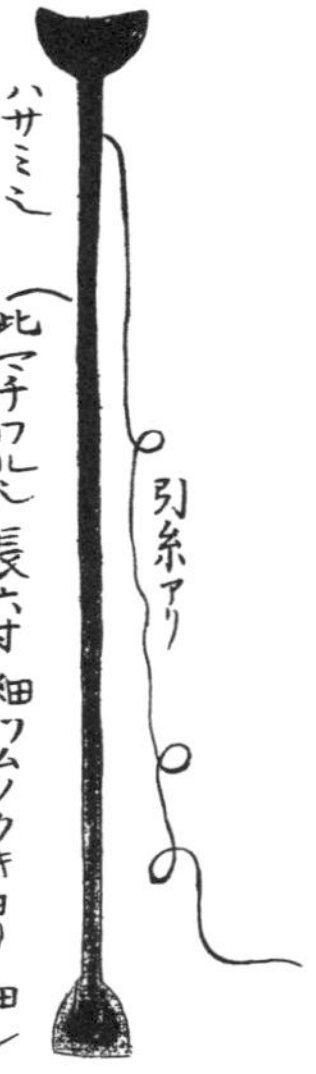

［図80］

【図中文章】 引き糸あり。ここは二枚で挟むようになっている。ここまで割る。長さ六寸で小さな紡錘の芯より細い。この様な作りで、大小幾つも用意すべきである。

引出鎖子抜の図

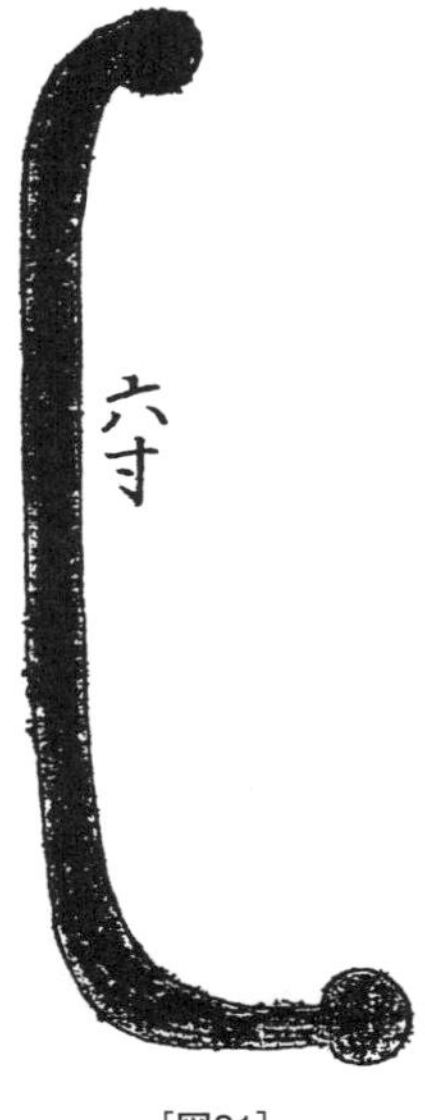

［図81］

【図中文章】 六寸

以上の三品の鎖子抜は一つの用途だけだから利点が少ない。ただし口伝あり。最初に示した鎖子抜をひたすら練習し上達すべきである。

十二、板橇の図説

板橇《いたぞり》の製作

桐板で長さ一尺二寸、巾幅八寸。下駄のような歯が無い木《ぼく》履《り》のようにして、隅を丸くし、裏に布を当てて薄く綿を入れ、その布を板に縫付けて鼻緒を付けて用いる〔朝鮮の同類の物で「毛麻鞋《もまえ》」がある。忍術は、兵法はもとより、民俗学的な面でも大陸との関係を示唆するところである〕。口伝あり。

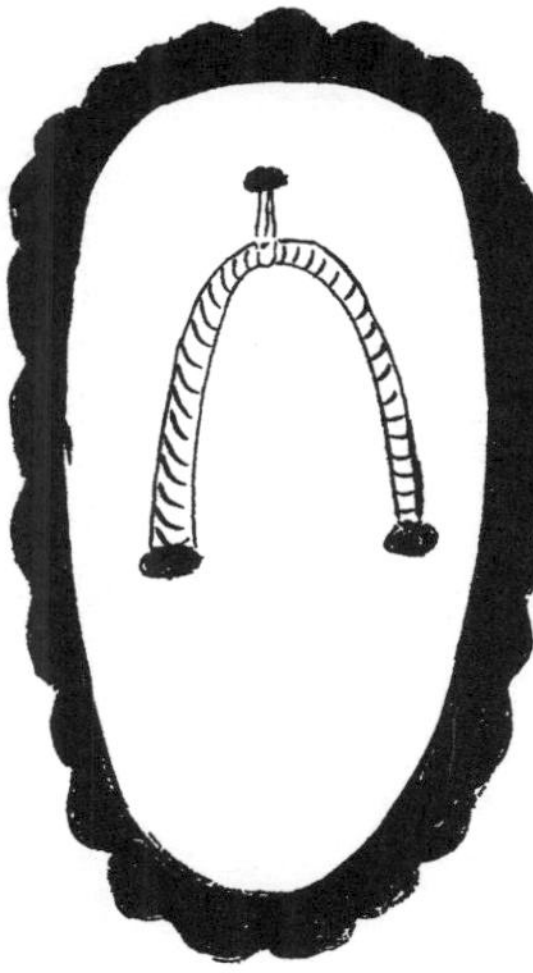
［図82］

この板橇は敵の家に入ると床が鳴る時に使う。また蝶番にして懐中に入れるようにする事もある。これは口伝。

巻第二十一

忍器四　火器編

世間では火器が忍術要道の根本である、と考えている。確かにその通りかも知れない。火器が忍術の要という第一の理由は、堅固な城郭や陣営でも放火して焼失させる術は大きな利である。第二に昼夜を問わず、味方との相図に火器に利がある。第三に風雨でも消えない炬火で味方の難を救うという利もある。従って忍術を学ぶ者は火器をよく訓練し、時期到来を待ってこれを使う。

今では、忍者という号は火器の五三法を修得して得られる号と思われている程である。しかし忍術の本源を知らずに枝葉を語って、火器こそ忍術の本源であるかのように勘違いして火器を使っているのは嘆かわしい。言いたい事は、我が家流の本源は陰陽両術の深い理を以てたやすく敵城に忍び込み、忽然《こつぜん》と敵を挫《くじ》く術をいう。『孫子』にも「軍術の中で火攻めを以てするは下策である。しかし止むを得なければ火術を用いる」とある。よって火器の編をこの万川集海の巻末に置いたわけである。

一、卯花月夜《うのはなづきよ》の方

肥松・二十匁、挽茶・二匁、鼠糞・六匁、硝〔硝石〕・百匁、黄〔硫黄〕・四十匁、樟脳・九匁五分、艾葉《よもぎ》・十二匁、麻灰・十匁、松脂《まつやに》・六匁。

右、粉末にして麻油で練り、竹筒に込め、筒を出来る限り薄く削り、茶糊で貼り、火口《ほぐち》に火を付ける。

二、秋月の方

硝石・二十匁、硫黄・十四匁五分、樟脳・十八匁、麻灰・一匁五分、肥松・一匁七分、鼠糞・一匁五分、牛糞・二匁。

右、粉末にして麻油で練って竹筒に入れる事、上に同じ。

三、花の曙《あけぼの》の方

硝石・二十匁、硫黄・十二匁、松脂・一匁、麻灰・二匁、艾葉・六匁、消灰・三百匁、唐の土〔陶土〕・四匁、樟脳・十二匁。

右、粉末にして麻油で練って布を巻き、竹筒に入れ込む。

四、天火照火者の方

硝・八十匁、砒霜《ひそ》石・五匁、漆・二十匁、木蠟《もくろう》〔ハゼの実から作った和蠟〕・十匁五分、硫黄・三十匁、丹礬《たんばん》〔正しくは胆礬。含水硫化銅からなる鉱物で各種採鉱時の二次生成物〕・十匁、牛蠟・二十匁、麻灰・五十匁、斑猫《はんみょう》〔鞘翅目昆虫の斑猫であるが、ここでは猛毒の豆斑猫をいう〕・八匁、唐蠟・八匁、明礬〔明礬石。カリウムと硫酸アルミニウムの硫酸塩鉱物〕・八匁、挽茶・十一匁、松脂・三十匁、艾・百五十匁、鉄砂・二十匁、鼠糞・三匁、番椒《ばんしょう》〔とうがらし〕・

百二十匁、小砂・二十匁、牛糞・八匁、松挽粉〔松の木を挽く時に出る木屑〕・五十匁、楊梅皮〔やまもの皮〕・百匁、いぼた〔イボタロウカイガラムシの雄幼虫が分泌した蠟。艶出し、強壮剤、止血剤などに使われた〕・二十匁、榧《かや》〔榧の油。榧はイチイ科の常緑高木で、種は油、食用、薬用に利用された〕・十五匁、炭・八十匁、榧木挽粉・二十八匁、雷丸《らいがん》〔竹の根に寄生する菌類〕・八匁五分。

右を細末にして油でねばねばと練り、布に包み、火口に火を付けて敵の小屋または取籠り者などの居る所に投げ込む〔眼、鼻、肺を強烈に刺激する〕。

五、梅花月の方

明礬・五匁、松脂・十二匁、犬蓼《いぬたで》粉・八匁、硝石・八匁、松挽粉・二十八匁、牛糞・十匁、挽茶・三匁、艾《よもぎ》・五十匁、樟脳・六匁、木蠟・五匁、鼠糞《そふん》・三匁五分、硫黄〔硫黄〕・九匁。

六、千里新々関口流炬火《きよか》

硫黄・三匁五分、硝石・一匁二分、樟脳・十三匁、松挽粉・三匁、艾・五匁八分、松脂・二匁、鼠糞・二匁、鉄砲薬〔硝石九匁、硫黄四匁五分、炭二匁の比率は「巻第二十二続火器編　鉄砲打薬」より〕・二匁、麻灰・一匁七分、牛糞・少、白粉・少。

右、粉末にして前のように固めて詰める。

七、衣炬火の方

葦五〜六本を木綿に巻き、松脂・樟脳・油を入れてねばねばに解いた物を二〜三辺塗り、干して乾かして用いる。風雨で消えず、光明炬火ともいう。

八、五里炬火の方

櫟《くぬぎ》を細かく割って油を塗り、一寸程間隔で堅く結ぶ。廻り八寸、長さ三尺にして用いる。口伝あり。

九、雨炬火の方

硝石・二匁、硫黄・一匁五分、松節・三匁、樟脳・二匁、艾・三匁、松脂・二匁、鼠糞・三匁。

右、粉末にして竹筒に込め、筒を薄く削って薬紙を張り、火口〔火花を火に変える口〕を立てる。

十、同方

硝石・八十匁、硫黄・七匁五分、樟脳・七匁、灰・七匁、肥松・七匁、艾・十匁、苧屑《おくず》〔麻屑〕・二匁五分、鼠糞・四分。

右、末にして常の如く製し、筒に入れ、上に油を引く。

十一、柔等〔やわら〕松明の方

硝石・二匁、硫黄・三匁、樟脳・三匁、竜〔竜脳、フタバガキ科の常緑高木で果実は薬用。テルペン系アルコールであり、一般的には樟脳からつくられる。ここは竜脳菊と考えられる〕・一匁、いぼた・三匁。

以上を麻油で練って前と同じように竹筒に込める。

十二、風雨火炬の方

苧屑《おくず》・百匁、硝石・五匁、艾・百匁を白くなるまで揉み、一晩水に浸す。硫黄・十匁、樟脳・五十匁、榧《かや》・十五匁、胡《ご》麻《ま》・八匁、松脂《まつやに》・二十匁、いぼた・五匁、竜脳・三匁、松挽粉・二十五匁、挽茶・八匁。

以上、製法は同じ。

十三、同方

未年に試みたところ、火足が早過ぎた。

硝石・八十匁、樟脳・七匁、肥松・七匁、硫黄・七匁五分、灰・七匁、艾・十匁、鼠糞・四分。

右、炬火の製作はいずれも同じ。

十四、一里一寸炬火の方

雨でも消えない。

胡桃《くるみ》皮・百二十匁の細末と樟脳・四十匁の二味を乾燥させる。焼酎・二合を煎じた物、竜脳・五分、いぼた・五匁、松脂・二匁、鼠糞・五分、牛糞・一匁、硫黄・八匁、艾・五十匁、硝石・三匁。

以上、製法同じ。

十五、生滅の方

硝石・百二十匁、硫黄・五十匁、竜脳・九匁、いぼた・三十匁、樟脳・八十匁、鉄屑・五十三匁、小砂・三十匁、麻灰・二百匁、榧・五十匁、松挽粉・八十匁、炭・百五十匁、榧木挽粉・八十五匁、髪毛・六十匁、長命草〔牡丹防風。海辺に自生するセリ科の大形多年草〕・二百五十匁、番椒・二百匁、苧屑《おくず》・三百匁、艾・百五十匁、楊梅皮・二百匁、寒水石〔塩の苦汁の固まり〕・十五匁、爐甘石・十八匁五分、石灰・百二十匁、小糖・一升五合、明礬・三十二匁五分、鼠糞・十五匁、牛糞・十二匁、白粉・二十匁、丹礬・百五十匁。以上を細末にする。さらに、松脂・八十五匁、木蠟・百五十匁、雷丸・百匁、漆・三十五匁、マンテイカ〔動物性脂肪〕・二十八匁、牛蠟・二十五匁、膠《にかわ》・百匁。以上の八味〔「八味」とあるが一味欠。あるいは「七味」の誤記か〕を油一升に入れて、ぐらぐらと煎じ、さらに前の二十七味の薬を入れて練り合わす。もし堅ければ油を加えて丁度よい加減にして布に包み、火口を立てる。栖籠り者や敵の小屋に打込む明松である。

十六、南蛮山の方

樟脳・七十匁、灰・三匁、いぼた・三匁、鼠糞・一分、硝石・五匁、硫黄・五匁。

これも製法は同じ。

十七、三たい方

樟脳・五十匁、鼠糞・二分、いぼた・三匁、硫黄・三匁、灰・三匁。

製法は同じ。

十八、水の松明の方

手の内松明ともいう。明礬・五匁、鼠糞・一匁、松脂・五分、灰・一匁、艾・一匁、樟脳・五匁、硝石・五分、丹礬・五分。

右、いずれも竹筒に堅く突き込み、口薬を立てる。五〜六寸程度が良い。杉板を割って硫黄を付けて持つ。節抜きや窓の内側から見る時に使う。

十九、同方

硝石・二十匁、樟脳・十五匁、硫黄・十匁、麻灰・三十匁、松脂・十匁、牛糞・八匁、明礬・三匁、竜脳・一匁、松挽粉・八匁、艾・二十匁。

右、粉末にして同じように練る。製法は同上。

二十、秘伝雨松明の方

樟脳・二十匁、硫黄・十匁、松脂・五匁、艾・五十匁、古布・二十匁、木蠟・十匁、硝石・三匁、いぼた・五分、鼠糞・五分、牛糞・八匁、鹿角粉〔鹿の角の粉〕・五分、榧《かや》・一匁、松挽粉・二十五匁、挽茶・十匁、油・三合。

製法は同上。

二十一、義経水火炬の方

樟脳・五分、硫黄・二十五匁五分、灰・二匁五分、硝石・二十五匁、艾・五分、松挽粉・三匁五分。

右、製作同じ

二十二、上々水炬火極秘の方

硝石・七匁、硫黄・七匁、丸葉柳の灰・五分。

以上を厚紙で袋を作り、この三味をよく突き込み、平緒で巻いてその上に厚紙を貼り、蠟をかけて乾かす。

二十三、打松明の方

硝石・五匁、灰・二匁、松挽粉・七匁、鼠糞・二匁〔底本は「二匁」欠。大原勝井本、伊賀市上野図書館本より補充〕、艾・一匁。

右を竹筒に入れて薄く削り、上に紙を貼る。

二十四、振り松明の方

女竹を十五日ほど水に曝《さら》した後によく乾かして、中に硫黄を粉にして入れ、竹を十五本程束ね合わせて敵の方に向けて振る。長さ一尺程度が良い。

二十五、薬等《やわら》松明の方

これは私が試みた結果、振れば火が消えるが、息を吹きかけると燃えた。火の先を小刀で落とせば、また燃えた。

硝石・十五匁、樟脳・十五匁、灰・二匁、硫黄・八匁、馬糞・二匁、麻布・五匁。

吹き消しても消えない様にするには、樟脳・五分、松挽粉・十匁とすれば吹いても消えない。

二十六、又同方

硝石・十五匁、硫黄・十一匁、樟脳・十匁、馬糞・二匁、麻布・六匁。

以上いずれも硝石、硫黄十匁ずつを加えると吹き消す時には良い。

二十七、削火の方

熊野火口・三匁、硝石・一匁二分、竜脳・一匁二分、硫黄・一匁二分、ぜんまい・一分、水晶・五分、灰・一匁五分、樟脳・一匁五分、松挽粉・三分、松脂・三分。

以上を細末にして松の甘膚《あまはだ》〔松皮の深部の柔らかい部位〕を煎じ、その汁で練り堅めてよく干し、小刀で切って使えばよく火が出る。

二十八、袖火の方

硝石・十匁、硫黄・五匁、灰・二匁。

右をよく混ぜ合わせて、竹の節を錐で明けた長さ六〜七寸程度の竹筒に入れて筒の上を巻く。これは袖の内から火を立てる。

二十九、付火の方

硝石・二十匁、硫黄・五匁、灰・五匁、樟脳と鼠糞を各三分。

右、粉末にして筒に入れ、皮を取り去って紙で張る。矢の長さ一尺五寸で、鏃を付ける。内部を見たい時は、これを狭《はざ》間《ま》から射込んで見る。

三十、敵討薬の方

硝石・十匁、硫黄・五匁、灰・二匁、番椒・三匁。

右、粉末にして四寸程度の筒に入れ、敵に振り掛ける。

三十一、夜討ち天文火の方

硝石・十匁、竜脳・一匁一分三厘、古酒・二十匁、蓬《よもぎ》煎汁・二十匁。

右、細末にして袋に入れ、火を付け、矢に付けて射る。

三十二、義経火の方

不滅松明ともいう。牛角の白い所を極力薄く削り、鵜の羽の茎五本を下に差し、鵜の羽の茎に水銀を入れて蓋をして持つ。

三十三、胴の火極秘の方

非常に古い麻布を小さく刻み、鍋炭を糊に混ぜてよく練り合せ、先の刻んだ布を混ぜてしっかり堅く練り合わせて竹の筒に突き込み、土で蓋をして籾の火で蒸し焼にする〔胴火は懐炉のような物で、暖もとれるが、何よりも火をすぐ取る事が出来るのが最大の利点である〕。口伝に、布は細い物を小さく同じ大きさに切って洗い晒し、酒に浸して使えばよいという。

一説に、筒に入れて上を赤土で塗り包んで黒焼にすれば良いという。

三十四、同方

挽茶を重湯でこねて筒に堅く押し込み、籾の火の中に入れて蒸焼きにし、その後竹を削り捨てる。ただし焼かずに日に干すのも良い。

三十五、火口の方

長命草・黒焼で五匁、樟脳・一匁。

これを細末にする。

三十六、又方

山《やま》牛《ご》蒡《ぼう》の葉・十匁、樟脳・二匁、硝石・五匁、硫黄・一匁。

これを細末にする。

三十七、又方

栗の木に生えた茸を雨露にあたらない様にして陰干し、黒焼にして塩硝〔硝石〕を少し加えて用いる。

三十八、又方

艾の葉をよく揉んで二晩水に浸し、それを乾燥させた艾十匁と硝石二匁に水を少し加えてかき混ぜながら煎じ、そしてよく乾燥させて用いる。前方よりも、この方が良い。

三十九、火筒の作り方

明礬を続飯《そくいい》〔飯粒を潰して作った糊〕に三分一量を入れてよく押し合せ、何度も筒に塗り、その表面に挽茶を掛けて衣とする。

四十、ならず薬の方

硝石・百匁を煎って七十匁にし、硫黄・十一匁を、続飯を塗った大きな紙を二回貼って百日百夜雨露に晒し、灰・八匁、内《うち》〔鷹または鳥の糞〕三匁五分、虎の皮黒焼・三匁・鵜の糞黒焼・一匁、鯛骨の白焼〔焦げないように焼く〕・五分。

四十一、白薬の方

硝石・八匁、朱〔辰砂。硫化水銀〕・一匁、鯛骨を焼いて三匁、裏白《うらじろ》の葉・三匁陰干し。

前記の二方共に鉄砲薬である。

四十二、眠薬の方

赤犬の首を夜に切り落とし、その血を陰干にして使う。一説に赤犬の生胆《なまきも》を取って陰干にして用いるともいう〔薬理学的には全く無効であり、暗示効果を狙った製法である〕。

四十三、水篝《みずかがりび》の方

栗の木を陰干にして麻油で煎ったもの・五十匁、樟脳・二十匁。

右の二品を焼酎二合で練り合わせて火で焙《あぶ》り固めて火を付ける。水中で火を燃やす事が可能であり、妙味がある。

また水中に入る時は蟇《がま》の油を九穴〔体の九つの穴で九竅《きゅうきょう》ともいう。両眼、両耳、両鼻、口、後陰、前陰〕に塗って槿《むくげ》の青葉を口にくわえて入れば良いという。これは未だ試していない。

四十四、水鉄砲の方

三匁五分筒に薬を二匁込め、その上に挽茶二匁を込めてしっかり突き込んでおき、さらにその上に水を一合入れて打つ。当たれば気を失う。

四十五、水火縄の方

硝石・七十匁を天目茶碗二盃の水に入れ、その中に火縄一曲〔二丈四尺〕を入れて煎じる。樟脳・七十匁、松脂・五十匁を椿油で粘く解いて、先の火縄の上に塗り、さらに解けた蠟を何度も塗って用いる。

四十六、又方

薄い糊に明礬の粉を混ぜ、樟脳を加えて火縄に何度も塗って用いる。

四十七、一寸火縄の方

松脂・二匁と樟脳・一分。

以上を菜種油に粘りがある程度に混ぜ、火縄に何度も塗る。これを乾燥させて使う。

四十八、濡《ぬれ》火縄の方

火縄一曲を水に三夜漬けるが毎晩取出しては日に干し、また夜は漬ける。今度は蕎麦の灰汁に三日三晩漬けるが、前の様に毎日取出しては日に干す。その後鉄汁に漬け、内部まで染み込ませる程何度も漬け、よく染み込んだ時、もう一夜鉄汁に五倍子〔付子《ふし》ともいう。ヌルデの若芽や若葉に生じた虫《ちゅう》癭《えい》という瘤でタンニンを含んでいる〕を加えて漬け、そしてよく干す。そうして土の中に二〜三日埋めて取出し、干して用いる。

私は、先、火縄を綯《な》う前にこの様にし、その後に綯う方がよいと思う。

四十九、暗薬《くらみぐすり》の方

鉄砲に薬を込め、その上にひはつ〔コショウ科の植物で成分はヒペリン〕を粉にして、口薬を加減して撃つ。楯籠り者などに用いる。これで目は全く見えなくなる。一つの伝書には、ひはつ又はヒ芭豆とある。

五十、明松の方

硝石・二十五匁、硫黄・十二匁、炭・二匁、肥松・七分、松脂・一匁二分、引茶・二分、鼠糞と艾・各三匁、樟脳・五分。

これを酒で練り固めて竹筒に込める。

五十一、同方

硝石、四十匁、硫黄・九匁九分、炭・四匁四分、樟脳・四匁二分、塩・三匁、鼠糞・五分、蠟・一匁。

以上を油で練って、同じ様に竹の筒に入れる。

五十二、刻み火の方

馬糞・二匁で古い程良い。ぜんまいの綿・黒焼一匁、灰・五分、硫黄・五分、硝石・五分、水晶・一匁五分を荒目で。

以上を鉄汁で練り固めて日に干し、塩硝紙に刻んでかけておく。

五十三、胴火《どうのひ》の方

古布・一匁を黒焼、蓬の粉・三分五厘、ぜんまい・黒焼で五分、古くて脆《もろ》い縄・二分五厘、古茶・五分、犬蓼《いぬたで》・一匁を黒焼、塩硝・二分五厘、杉原紙・黒焼で五分。

以上を鉄汁に解いて固め、右の粉を餅の糊に混ぜる〔伊賀市上野図書館本の題は「明の火方」で、「右を鉄汁で練り固め、日に干して煙硝紙にきざみかける」とある　大原勝井本「胴火」、藤林本も「胴火」〕。

五十四、狼煙《のろし》の方

塩硝・十三匁、硫黄・一匁、灰・二匁を鉄砲の薬の様に混ぜ合わせて竹筒に込めて突き固め、玉を入れてまた突き固めるとよい。少しでも隙間があれば、竹筒が破れる。

五十五、不眠薬の方

鷹糞の白い所を集めて臍に入れ、紙をその上に貼っておけば眠らないという〔有り難い高貴な鷹の白糞である故の暗示効果であろう〕。

五十六、阿呆薬の方

大麻の葉を乾燥して粉末にし、薄茶三服ほど用いれば心が空虚な阿呆になるという。大麻の葉は七月に取るのが良い。

五十七、中蠟燭《なかろうそく》の方

普通の蠟燭の芯の中に水銀を入れて火を付け、上に木の枝でもあればそれに蠟燭の火先を付けてゆっくり手を離せば蠟燭は木にくっ付いており、蠟燭の中で火が灯る。

五十八、角蠟燭《つのろうそく》の方

鹿の角を馬糞の中に二〜三日程度入れておけば、かなり柔らかくなる。そこで角の歪んだ所を真っ直ぐにして表面を削って菜種油でよく揚げ、更に荏胡麻《えごま》油でよく揚げて紙を貼る。燃やせば七寸で七夜も灯るという。

五十九、不滅明松の方

鴇《とき》の羽の茎二〜三十本を長さ一寸程に切って中をよくすき、そこを水銀で一杯にして蓋をし、糸で一束にする。それを金箔敷きの香箱の中に入れて抜け落ちない様にしておく。鴇の羽は老鳥の羽でなければ、よく光らない。また鳶《とび》の羽の茎でもよいという。ある書に「梟の風切りの羽を集め、其の中へ汞《こう》〔水銀滓である〕を入れて隣家の灯火の影を消し取る」とある。これを太刀の先〔底本は「太刀の光」とある。伊賀市上野図書館本で「先」に訂正〕に付けて振るという。また鏡で写して取るも妙である。

六十、義経明松の方

水牛の角をよくすき、内側も繰り抜いて透けて見える程にしておく。それに鴇《とき》の羽茎の内側をよく剥いて牛の角に差し込む。隙間を、水も洩らない程に、漆を流し込み、その後に汞を角の中に一杯に入れておく。赤牛の角が尚良いという説もある。

この明松を使えば闇夜も月夜の様に明るくなる。特に赤い老牛の角が良いという。

六十一、剛盗提灯製作図説

これは袖香爐の形で、製作は以下である。麻桶大の曲物の底に鉄で取っ手を付ける。図の様に中に鉄の輪を三個付ける。端の輪は曲物に付けており、動かない。中の輪はくるくると回る様に三方から鉄の針で釣り、正中にあるようにする。蠟燭を釣っておき、その中に油を入れて灯す。曲物の底には空気抜きの穴を明けておく。

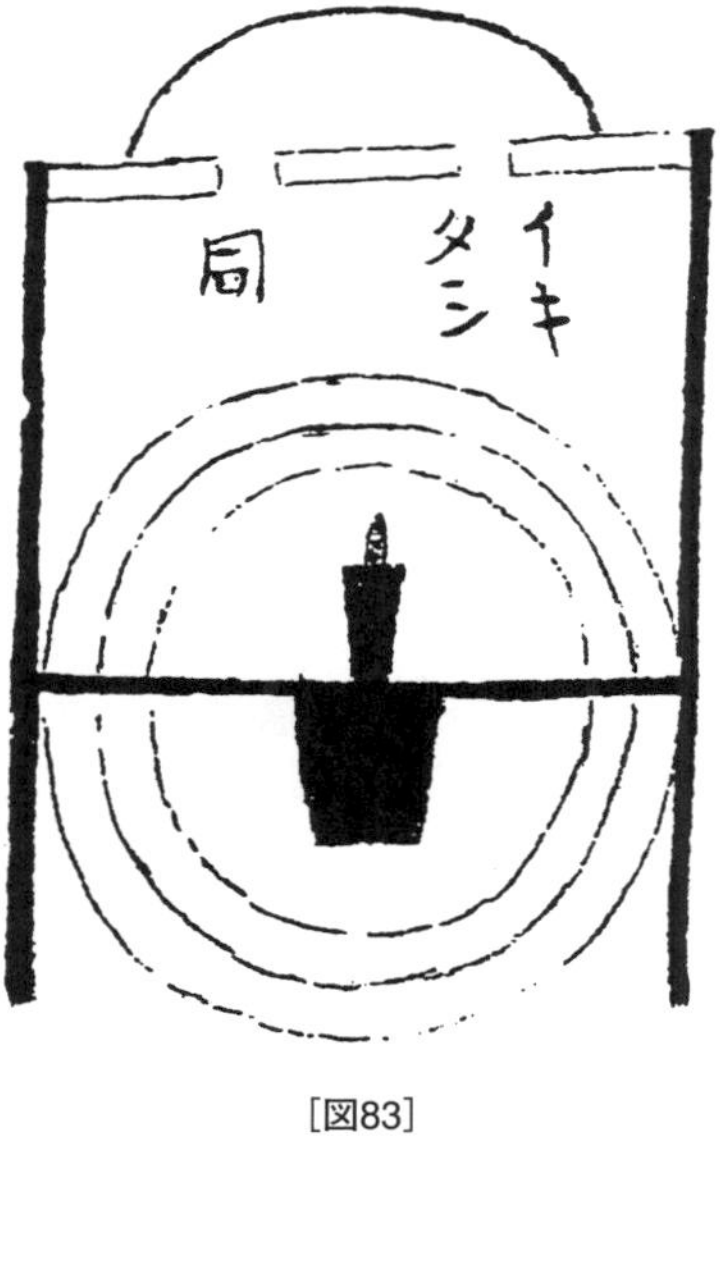

[図83]

【図中文章】　息出し。同。

六十二、入子火《いりこび》図説

入子火の製作は銅を薄く延べて、直径二寸、長さ三寸に作り、中に蠟燭を立てておく。その銅筒の外側にまた銅を曲げて、長さ同寸、直径は少し大きい物を作る。これは抜き差しが自由になる作りで、丁度先の筒にはまり込む様に底無しにする。

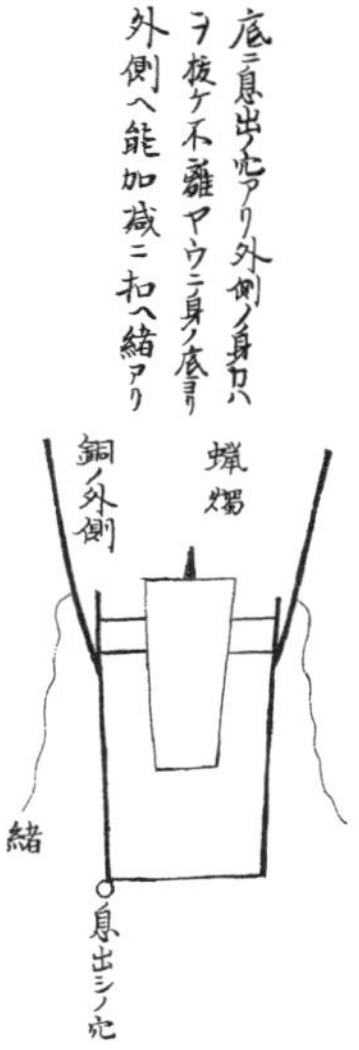

［図84］

【図中文章】 本体の底には息出しの穴〔通風孔〕があり、外側の器具は抜け落ちない様に狭い口近くの外側に良い加減の控え緒をつける。

蠟燭。銅の外側。緒。息出しの穴。

六十三、狼煙薬の方

狼糞、艾、硝石、硫黄、灰を混ぜ合わせ、細末にして用いる。ある書に、狼糞・三分一、松葉・四分一、藁・大、とある。この三分一とは藁三束とすると、狼糞を藁の三分一入れるという意味である。また右の中に鉄砲薬を四分一入れると更に煙が高く上るという。この方法は楠 正成《くすのきまさしげ》の法である。

口伝は以下である。土地を掘り、底の周りを固く叩き付けて右の薬を入れ、火縄で自然に火を付ける様にする。その上を桶や鍋の底に一寸四方程度の穴を明け、蓋にして周りに煙が出ないように土をかければよい。また松葉を火焼きにし、廻りに柴を立てて正中に青竹を一本建て、周りに筵《むしろ》を張って煙を揚げる。筵は内側が細くなるように巻く。この時は鉄砲薬を入れれば、勿論良い。

六十四、又方

狼糞・十両、艾・三両、鉄砂・五両、牛糞・三両、松葉・十両、灰・十五両。

以上を粉末にして七、八寸周りに丸く束ねて火口を付ける。

六十五、又方

藁・三束、狼糞・三分一、松葉・四分一の割合で混ぜ合わし、鉄砂三分一を加えれば良い。

六十六、風雨炬火の方

樟脳・五十匁、硝石・二十匁、硫黄・三十匁、灰・二十匁、松脂・二十匁。

右を粉末にし、鳥餅を油に混ぜた物を入れて練り合わせて適度に堅め、日に干す。手の内の火炬という時は、五十匁の鉄砲玉の大きさに堅めて手の中に持って火を付け、暗所に投げ込む。火炬の時はこれを衣に塗り包んでおく、その衣を藁で包んで縄を捲き、火炬のように竹をその藁の中に差し込んでおく。

六十七、生滅火炬の方

硝石・二十五匁、硫黄・十二匁五分、灰・二匁五分、松挽粉・七匁、松脂・一匁五分、艾・三匁。

以上を筒に堅く突込んで使用する。これを試みた結果は、振れば消えて吹けば燃える。また先の火を落としても、また燃え始める。

六十八、同方

これも前方と同じである。

硝石・二十匁、硫黄・十五匁、樟脳・八匁、薫陸《くんろく》〔樹脂が固まって石の様になった物。コハク色で香料に用いる〕・一匁五分、灰・五分、鼠糞・一匁、松脂・一匁、古衣・一匁五分、艾・一匁、牛糞・一匁。以上を筒に堅く突込んで用いる。

六十九、一寸三里火炬の方

硝石・十五匁、硫黄・同、灰・一匁、樟脳・三匁五分。以上を粉末にして麻油で練る。製法は前方と同じ。

七十、梅田流籠火炬の方

これは梅田武助流である。竜脳・一分、樟脳・四分〔底本は「四分」欠。伊賀市上野図書館本、大原勝井本より引用〕、勝すなわち木賊《とくさ》・二厘、大砂石・二厘、硝石・一分、硫黄・二厘、松脂・八厘、さいかちの実〔マメ科の落葉高木で、秋には長さ三十センチの莢実を落とす。実にはサポニンが含まれている〕・一厘五毛〔毛は一厘の十分の一〕、雄黄〔石黄で硫化ヒ素を主成分とする黄色鉱石。有毒〕・一厘。

右を粉末にして泡盛で練る。もし泡盛がなければ焼酎でもよい。

七十一、切火口の方　梅田流

硝石・三匁、樟脳・十匁、硫黄・一分五厘、灰・同、大砂石・三分、竹の粉・三厘、ぜんまい・七厘、松脂・五匁、艾・五匁、竜脳・二分、松挽粉・五匁、熊野火口・一分五厘。

右を粉末にして松の甘膚を入れて煎じ固める。試みた処、良かった。

七十二、籠火炬の方

竜脳・一両、樟脳・二十匁、硫黄・三十匁、硝石・二十匁、密陀草〔塩化鉛のこと。色相の濃度で金密陀、銀密陀などとも呼ばれる〕・一両。

右を粉末にして泡盛で練る。もし泡盛が無ければ糊で練ればよい。練り加減に口伝あり。鶏卵を解いて塗る。針金網に入れて継ぎ棹《さお》でも灯す。雄黄〔石黄〕百匁を加えると六町四方に光り、同じ匁で道を三里歩けるという。

七十三、同方

これは柘植弥五右衛門流であるが、強火は長く続かない。硝石・百匁、硫黄・五十匁、灰・三匁、樟脳・三十匁、艾・十五匁、竜脳・二匁五分、松脂・十二匁、松挽粉・七匁。

右を固めるが、汁は前と同じである。

七十四、取火の方

硝石・十匁、硫黄・五匁五分、灰・二匁五分、銑鉄の屑や屑鍋鉄を粉にした鉄砂・二匁、鼠糞・一匁。

右を混ぜ合せて道明寺〔餅米を蒸して天日で干した携行兵粮食〕程の粉にし、長さ六、七寸、回り五、六寸の銅筒を作り、一方に底金を付ける。図の様に底金の方に三分程度の穴を明け、その筒の中にこの薬をよく突き込み、底金の穴から口薬を紙縒《こより》で入れて、それから手に持つ所にする。捕者や喧嘩で使用すれば必ず勝てる。

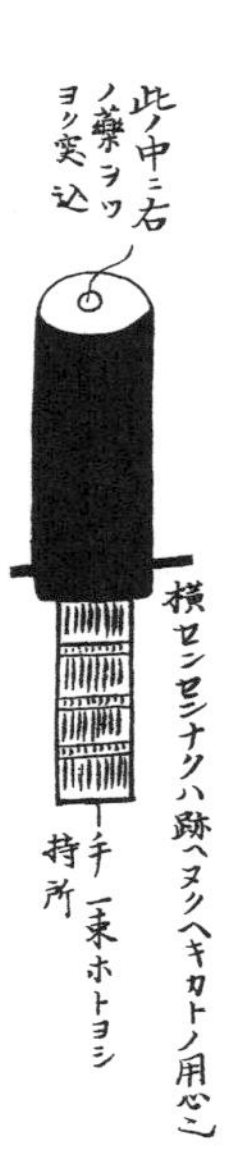

[図85]

【図中文章】　この中に先の薬を強く突き込む。横栓。栓が無ければ後ろに抜けない様に用心する事。ひと握り程度が良い。持つ所。

七十五、夢想火の方

硝石・十二匁、硫黄・十匁、雄黄〔石黄〕・四分、樟脳・五分。

以上を長さ八寸、回り四寸余りの、片端に節を残した竹筒の外側を細縄で巻き、右の薬を堅く突き込み、口に紙を貼って細縄を取り除いて竹を薄く削り、その上に紙を貼って使う。

七十六、胴の火の方

水火縄を五寸程に切って明礬《みょうばん》を混ぜた糊を塗り、更に明礬を塗った新しい紙で包んで火を付けて持つ。

七十七、打火炬の方

硝石・十匁、竜脳・二匁、灰・二匁、樟脳・五分〔伊賀市上野図書館本は「樟脳・五匁」〕、松脂・一匁五分、松挽粉・七匁、鼠糞・二匁。

回り二寸九分、長さ五寸の大きさの竹筒を用意し、片方の節を残す。台尻は長さ四寸、鳥の舌の様に八角にする。それは刃鉄が良い。右の薬を粉末にして筒に強く突き込み、竹を薄く削って上に紙を貼り、これを用いる。

七十八、飛火炬の方

これを大国火矢という〔他の忍術伝書でも、最もよく見られる火器の一つ〕。硝石・二十二匁、硫黄・五匁、灰・六匁、鼠糞・四分、樟脳・三分、鉄砂・二匁。

以上を道成寺程にする。図の様に、矢長四尺二寸、筈《はず》の方は九寸、羽の長さ六寸、矢に付ける竹筒は長さ六寸で、先の薬を合せてこの筒に強く突き込む。口薬を紙縒にして火を付ける。

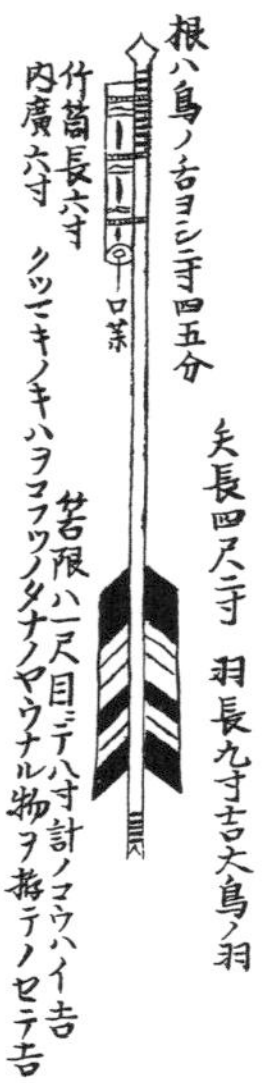

[図86]

【図中文章】　根〔鏃〕は鳥の舌〔鏃の一種〕の八角が良い。長さ二寸四、五分。

矢の長さ四尺二寸、羽の長さ九寸が吉、大鳥〔鷲〕の羽。

竹筒の長さ六寸。口薬。

内径六寸〔底本、大原勝井本、伊賀市上野図書館本等は「六寸」とあるが、『窃盗秘密手鑑』では「飛び明松」として「八町飛ばす時は竹筒の長さを六寸とし、差渡し六分」とある。約八百メートルを飛ばすので六寸長で六寸径の可能性が高いが、「六分」説も紹介しておく〕。

沓巻〔鏃を差し込んで糸を巻き付けた部分〕の際に小物置の棚様の物を作って乗せるのも良い。

弓の上下にある弦を付ける筈の傾斜だが、一尺目で八寸すなわち十対八の勾配がよい。

七十九、猿火の事

細引に白礬と塩をよく塗り込み、縄の先に石を布で包んで括《くく》り付け、その細引に銅の管を付けて水明松を括りつけて堀底や櫓の下などを見る。上へ下へと自由に動かせるので猿火という。

八十、付竹《つけたけ》の方

硫黄・五十匁、硝石・三十匁、樟脳・二十匁、松脂・五匁、焼酎・少。

右を細末にして薄い糊で練って奉書紙に塗り、乾かして切って使う。

八十一、当国の方

肥松を細かに割って前記薬糊を二〜三回塗る。小竹を細かに割って湯で煎じてよく干し、その松を真中に通す。小竹を外側にして一寸間隔で束ね、薬糊で紙を一度貼り、その上に硫黄、硝石、樟脳、木蠟、脂の五品を同量で布に包んで油をかけて火で焙《あぶ》った物をよく塗り付ける。更に渋紙を貼り、手元を五寸程度竹皮で包む。長さ二尺五寸、径七〜八寸程である。ここに秘事口伝あり。これで道を六里は行け、屋内では三刻は明るい。

八十二、南気明松の方

竹を細かに割り、前記同様に松の木を芯にして束ね、長さを三尺程度にする。五〜六寸釘を根元に刺して敵の小屋や取籠り者などの所に投げ込む〔「南気」は「南木」すなわち「楠《くすのき》」流か〕。

八十三、竹本明松の方

女竹を細かく割り、清水に十日ばかり漬けて取出し、よく干して束ねて使う。束ね方は口伝。

八十四、風雨夜火炬の方

胡麻・八匁、松関・二十匁、いぼた・五匁、竜脳・三匁、松挽粉・二十五匁、麻屑・百匁を水に晒す、硝石・五匁、艾・百二十匁をよく揉む、硫黄・十匁、樟脳・五十匁、榧《かや》・十五匁、挽茶・八匁、明礬・十二匁、桐灰・百二十匁、木蠟・五十匁、雷丸油〔竹類に寄生する菌で出来た瘤の油〕・十五匁、椿実・二十匁、マンテイカ・五匁五分、やしほ油〔ユキノシタ科落葉小低木の天梅〕・八匁、鹿角粉・六匁、荏胡麻・三十匁。

右を粉末にして油で練り、よく絡めて竹の筒に堅く詰め込む。

八十五、風雨火炬の方

姥桜の皮を厚く削いで、その上に焼酎と樟脳二品を合わせた汁を二〜三回塗ってよく干し、一寸間隔で巻いて次々に束ねて長さ三尺、回り八寸程度にする。束ねる縄に口伝あり。

八十六、玉中火炬の方

硝石・十匁、硫黄・五匁、灰・三匁、鍋鉄・四匁。

右をよく調《ととの》えて敵中に投げ込む。口伝あり。

八十七、雷火炬の方

硝石・百匁、硫黄・八十匁、灰・二十五匁、鉄砂・二十五匁。

右を粉末にして前の様に作る。

八十八、又方

硫黄・三十匁、硝石・二十匁、樟脳・五十匁、松脂・二十匁、灰・二十匁。

以上を各粉末にして鳥餅樫の油で練り、布の幅一尺五寸、長さ三尺五、六寸ばかりに練り付けて直に麻殻二十本程度を束ね合せて、藤や葛の蔓《つる》で束ね、三方に丸竹を差して持つ。

八十九、玉こがし火の方

鉛・二百匁を玉ほどの大きさにし、それを割球にして中に薬を入れ、火の通る穴を明けて水火縄を差して船中で持つ。口伝あり。それを舟の中に投げ込む。

九十、筒さき薬の方

硝石・二十匁、硫黄・六匁、灰・九匁五分だがその内五匁は蜂の巣で四匁五分は蛇皮。

九十一、きり薬の方

硝石・四十匁、硫黄・二十匁、灰・二十匁〔組成と「霧薬」から煙幕か〕。

九十二、いぬき薬の方

硝石・四十匁、硫黄・二匁、灰・三匁〔組成から息貫薬で呼吸困難にする煙薬〕。

九十三、付け火の方

硝石・十三匁、硫黄・五匁、松挽粉・二匁。

細末にして竹筒に入れて持つ。口伝あり。

九十四、天宮火の方

硝石・二十三匁、硫黄・五匁、灰・五匁、樟脳・三分、鼠糞・三分。

以上を混ぜて三寸の竹筒に入れ、竹の表面を削って紙を貼る。矢の長さ一尺五寸、鏃《やじり》を抜いておく。屋内を見たい時に、この松明を狭間より射込むと屋内で散って周囲を照らす。口伝あり。

九十五、鉄砲二つ鳴りの事

普通に鉄砲に薬を込めて玉を入れ、その上に紙を濡らして入れ、またその上に早薬を込めて少し緩い玉を込め、火縄を一寸に切って火を付けて入れる。火縄に移って上の玉が出るが、その後が本玉であり、何時でも普段の様に打てる。

九十六、籠火《かごひ》の図説

栖籠り者に対して効果的である。鉄で作り、籠の穂は厚さ一分半から二分にする。剛盗提灯のように上手く仕掛けをして、中に灯す蠟燭は炬火の中から選ぶ。これは取籠り者を攻める時によい。油断すると囚人に火を掛けられて奪われる事がある。例え才覚ある者でも闇の中では力量も発揮できないし、また同士討ちもする。だからこの火で内部の様子を見るべきである。それで囚人に火を奪われないという利、消えない火などの利がある〔本書は各所で『軍法侍用集《ぐんぽうじようしゅう》』と極めて類似した文面や図で忍器の解説がされている。例えば「籠火」では「取りこもりなどの時よし。鉄にて丸く作るなり。但し好かごの厚さ一分にても二分にも、はしは二分ばかり。但し好み次第なるべし」とし、次いで全く同じ図示と説明文があり、さらに「右は取りこもり者の時よし。常式の松明は用心あしく、或は油断のものなどは、囚人にうばわれ、たとい才覚の人なりとも、うかうかとして闇きには働きなるまじ。また暗くしては味方討ち多きものなり。この火にて内のありさまを見るべし。また囚人《めしうど》火を消されざる徳と、うばわれざる徳あり」と書かれている。盾松明、投げ火矢、埋火なども説明や図はほとんど同じである。『軍法侍用集』の第六、七、八巻が窃盗巻。窃盗巻は各所で服部治部右衛門という人物との関わりを示唆しており、巻第八には「右窃盗は服部治部右衛門氏信、其外勇士発明の言語を以て如如也」とはっきり記されている。巻六には「甲陽武田信玄公御内、服部治部右衛門工夫を以て、予是を書《しるす》者也云々」とある。「予」は小笠原昨雲。『軍法侍用集』の刊行は承応二年（一六五三）、『万川集海』はその二十三年後の延宝四年（一六七六）である。信玄に仕えた服部治部右衛門が伊賀の者であったとしても、『万川集海』が『軍法侍用集』を参考にしたと考えるのが自然であろう」。

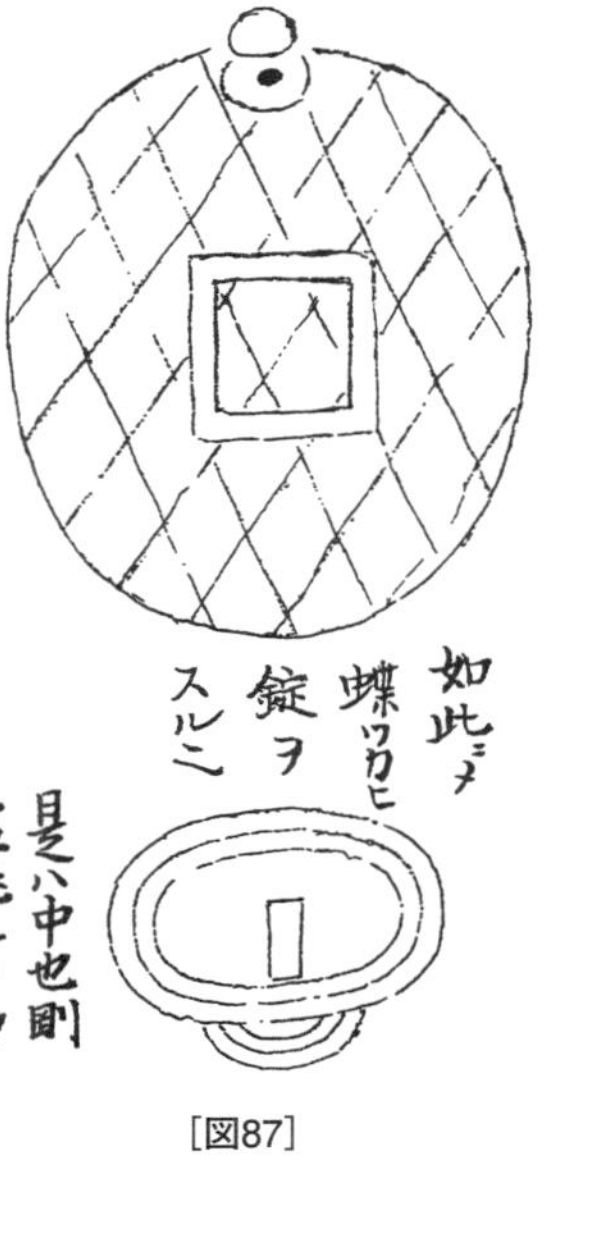

［図87］

【図中文章】 このようにして蝶番、錠をする。
　これは中の構造で剛盗提灯と同様である。

九十七、楯火炬の図説

　楯籠りを攻める時や夜討に用いる。楯板は柳の木がよい。〔長さ二尺（『軍法侍用集』）〕厚さ二寸で横六寸が普通である。あまり大きいと不便である。

［図88］

【図中文章】　鎖網の長さ一尺九寸。ただしこれは持つ人の好みに依る。小手に巻く鎖のように鉄で作る。

持ち手は覗き窓から六寸下に作る。また内側に内蠟燭に立てるが、外側横桟を覗き窓より一尺下に付ける。

九十八、投げ火矢の図説

これは夜討の時に敵が集っている所に投げ込んで騒動を起こさせて討つ。

［図89］

【図中文章】　口薬。口薬。

この穴の数は好み次第。

右、こんな形の土器を作って中に鉄砲の強い薬を入れる。鉄砂を加えると言う人も居り、これを上下に挟んで敵が集る所に投げ込む、忍者が緊急事態に陥った時に使っても良い。口伝あり。

右、周りの穴には炭火を入れ、中の穴より口薬を通し、玉を込めて強力な鉄砲薬を入れて上に紙を貼る。人が集る所に投げ入れる。ここにも口伝あり。

九十九、埋火《うずみび》の図説

この箱の大小は設置場所次第である。板は薄いほど良い。その上に竹を二つに割り、節を抜いてまた合せ、竹の下に火縄を置く。箱の中には鉄砲薬を入れ、小石を混ぜておく。火縄を差して火〔底本は「穴」で意味不明。伊賀市上野図書館本で「火」に修正〕の通る道にし、箱の上には古筵や古菰などを掛けて、その上に薄く土を掛けて敵が寄せ来る所に設置しておく。敵がその上を踏むと火が移るようにする。口伝あり〔全く同じ図説が『軍法侍用集』にあり、以下のように説明がある。「右、大きさは所によるべし。箱の板は薄き程然るべし。其の下に竹を割り伏せて竹の下に火縄を置くなり。箱の中には鉄砲の薬に小石を交ぜて置き、火縄に差し、火の通い道をして箱の上には古菰をかけ、其の上に薄く土をかけて敵のよすべき方にするなり。扨、敵其の上を踏む時、火の移るようにするなり。口伝」。本書読み下し文と比較して頂きたい〕。

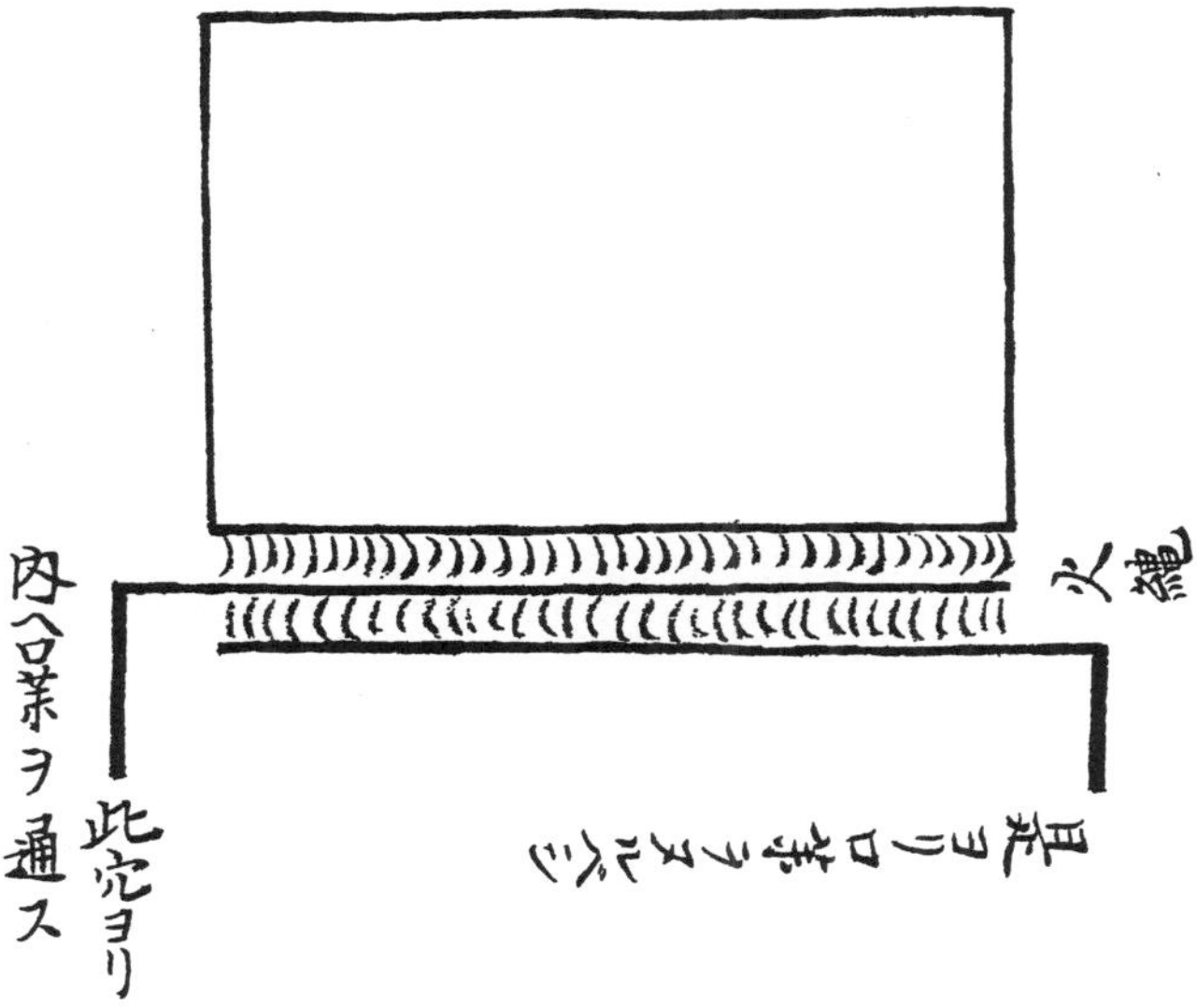

［図90］

【図中文章】 火縄。これより口薬を塗る。この穴より内に口薬を通す。

百、巻火矢の図説

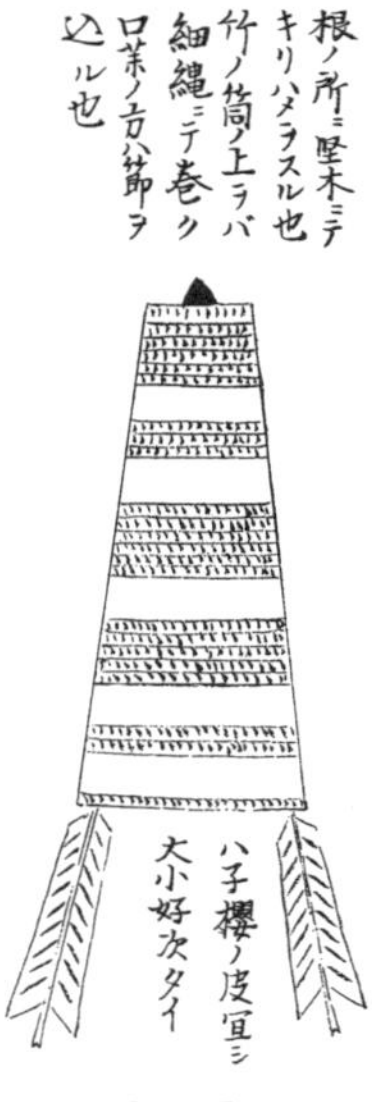

［図91］

【図中文章】　根の所に堅木にてきりはめをする。竹の筒の上を細縄で巻く。口薬の方は節を込める。はね。桜の皮がよい、大小は好み次第。

百一、鳥の子の事、並びに図

藁薬の先の穂をしごき取り、木臼でよく突いて日で乾かし、長さ四寸の藁苞《わらづと》〔藁束で物を包む〕を作り、その前後を結んで中を編み、その中に入れて持つ。夜討鳥子と忍鳥子の作り方と用い方は口伝。

また一説に、藁薬の先の穂を木臼で突き、油を浸して煎り乾かし、この様な藁苞にして用いるという。また硫黄を解いて付けるのも良いという。

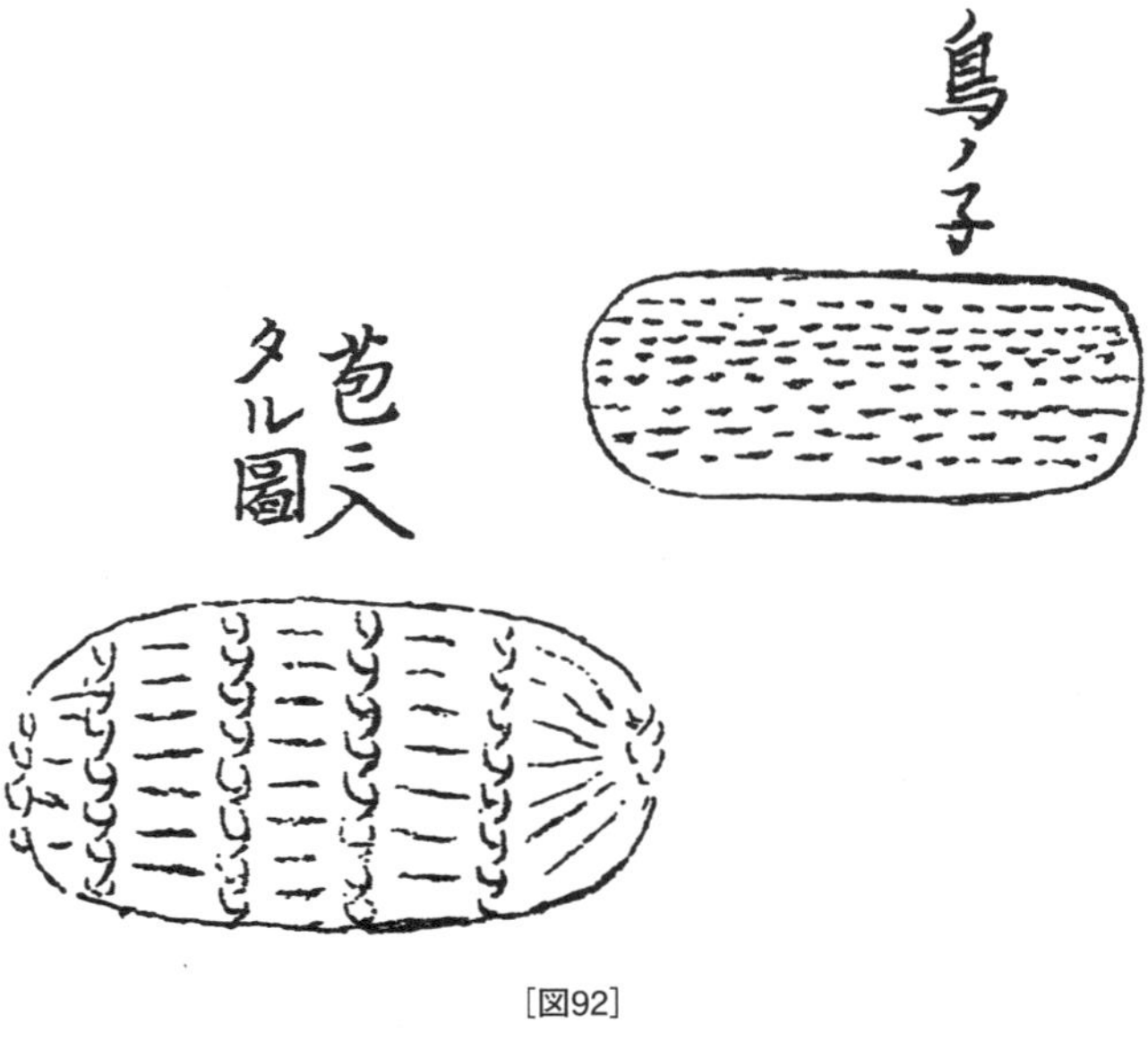

［図92］

【図中文章】　鳥の子。苞に入れた図。

百二、車火炬の事

車火炬の製作は六、七寸四方の車を作ってその上に風雨火炬の光が強い物を立てて置く。車には細縄を付け、山城などに籠る時には縄を伸ばし転がして、谷底が怪しい時に見る。

この製作に口伝がある。

百三、胴火の七方、並びに図

（一）火が一昼夜も生きる胴火の製法は以下である。晒し布の極めて古いものを、長さも周りも六寸の大きさの縄に固く綯《な》い、火壺に入れて上に灰を二、三寸程度おいて、その上で火を燃やし、蒸焼きして取出し、今度は蒸消しにして藁蘂《わらしべ》で薄く包み、糸で八〜九カ所を堅く結ぶ。これを懐中に入れ、また腰に付けるなどして使う。だから胴火というわけである。また腰胴火とも言う。

懐中する時の図

[図93]

【図中文章】竹の筒に入れてもよい。

（二）二夜三夜も火が残る胴火の製法は以下である。古い麻や葛の布か木綿を極細に刻み、鍋炭を程良く入れ交ぜて糊で固める。竹筒の節の間で、太さ六寸周りのものを長さ六寸に伐りとり、その中に堅く突き込んで、前の様に唐火〔籾殻の火〕に入れて蒸焼きする。それを取出し、竹の表面の焼けた所を削り去り、竹の皮で包んで六〜七カ所を堅く結んで用いる。

（三）古い麻布や木綿を蒸焼きにして細末にし、重湯か柿渋で練り固めて竹筒に堅く突き込み、よく乾かした後に竹を取り去って中身を竹皮に包み、竹筒に入れて懐に入れておく。これを竹胴火という。

（四）茄子の茎の黒焼の製法は前方に同じ。

（五）杉原紙を塩水に一夜浸し、乾燥させて細かに引き裂き、それを竹筒に堅く込めて蒸焼きにする。そして礬砂《どうさ》〔膠液に明礬を少し加えたもので、紙や布に引いて墨がにじむのを防ぐ。どうさ紙〕を紙に引いて火で焙り、先の杉原紙の蒸焼きを包む。また薄いなめし革に礬砂を引いて小さな袋を作り、これに入れて懐中に入れておく。

（六）杉原紙の黒焼を布海苔《ふのり》〔フクロフノリを板状に干し固めたもので、煮て糊を作る。鹿角菜とも言う〕で練り堅め、火を付けて板に挟んで持つという。

（七）池田《いけだ》炭《ずみ》〔兵庫県川西市一庫付近で作られたクヌギの黒炭。一庫炭〕を砕いて微細にし、杉原紙をよく揉んで細かに裂いたものと混ぜ合せ、糊で粘りが強くなるまで捏《つく》ねて竹筒に堅く突き込んで日に乾し、その後、竹筒を削り去って竹の皮に包み、固く結んでおく。

（八）杉原紙一枚を二日間口で咬み、紙の味が完全に消えたら日に乾して火を付ける。また厚い杉原紙をよく揉んで火を包み持てば、火は消えないという〔底本は「胴火七方」とあるが、八方が記されている〕。

百四、懐中火の事

唐竹の笹を黒焼にして糊で固め、表面を挽茶で包んで日に干して火を付ける。紙に礬砂を塗り、これを包んで懐に入れておく。

百五、小電の方

硝石・四十匁、硫黄・十一匁、灰・六匁。

製法は口伝。

百六、無二の方

月・三十匁、日・六十匁五分、星・七匁五分。

製法は口伝〔月、日、星の意味を、他で使用された薬用量から推測すると、月は硝石、日は硫黄、星は灰と思われる。前法の小電に比べて硫黄が六倍も使用されている。これは燃焼後の二酸化硫黄の毒ガス作用を意識した品と思われる。文字の違いは、各家流の記載をそのまま載した為であろう〕。

百七、水火縄の事

普通の火縄を五倍子で煎じ、次いでよく引っ張って乾燥させ、蠟をかけ、これを唐竹《からたけ》の葉の灰汁《あく》〔灰を水に浸して集めた上澄み水。炭酸イオン、アルカリ金属イオン等を含んでおり、汚れの洗い落としや染色に使われる〕で煮る。仕上げは無臭であれば良いという。

百八、草火縄の事

槿《むくげ》の皮を晒して火縄に用いる。その外に伏火縄として洗い布も良い。出来上がりは無臭である。

百九、洗玉の事

麻布袋を長さ二寸程に縫い、その袋に細かな砂に明礬を等分に混ぜて鉄砲筒に込めて発射する。筒の中の炭や灰がよく洗い出せる。

百十、焙烙火箭《ほうろくびや》の事

これには数種類あるが皆同じである。敵を焼失させるには少量でよい。

(一) 石竜法

硝石・二百匁、樟脳・十匁、硫黄・六十匁、松脂・六十匁、灰・四十匁。

(二) 鉄竜法

硝石・百匁、硫黄・三十匁、灰・二十五匁、樟脳・十五匁、松脂・十匁。

百十一、胴火の事

洗布とぜんまいを各等分、樟脳・少。これを糊で練る。また粟の蘂《しべ》〔実を除いた茎や葉〕を用いる。また洗麻布一尺四方を蒸焼きにし、切艾の様に潰して竹の皮で包んで用いる。長さ五寸でも、火は十二時《とき》〔二十四時間〕も生きている。

百十二、檜火炬の方

檜を細かく割り、硫黄を塗って明松の中に入れる〔伊賀市上野図書館本は、「これを敵中に投げ付ける」とある〕。

百十三、鼠糞と艾とを合わせても良い

巻第二十二

忍器五　続火器編

一、筒の火の方
晒《さら》した麻布を川の瀬でさらに三十日間晒し、三つ練りにして太さ三寸、長け五寸に綯《な》い、同じ寸法の竹筒を二つに割ってその中に入れ、竹を合わせてその上を縄で巻き、更にその上に赤土を塗り、土が割れる程黒焼にする。そして取出して土を除き、早稲藁《わせわら》に包み、その上を油縄で結ぶ。ただし右の黒焼の火の消し方は、米の中に埋めて消すと良い。

二、又方
茄子の茎・黒焼□〔一字欠〕、艾火口・十匁、硝石・十匁、紙火口・十枚。

右を各細末にして混ぜ合わして使う。

三、又方
杉原紙を細かく切って五日ほど水に晒し、その後取上げて日に干し、黒焼にする。さらに竹を細かく刻み、これと混ぜ合わして竹筒に入れて用いる。

また杉原紙を五日程度水に漬けて晒し、細かく刻んで粉にして竹筒に入れて用いる。

四、又方
茄子の茎の黒焼と檜の挽粉を等分に混ぜ合わし、酒で固めて使う。

五、又方
水火縄を五寸ずつ切って懐中に入れておく。

六、鳥の子の方
藁蘂《わらしべ》を逆さにして扱《こ》ぎ臼で突き、その粉を突き残りの屑で包み、少しずつ藁苞《づと》にして用いる。

七、檜火炬の方
檜を削って長さ八寸、太さ三寸程にして、左巻きの縄で三カ所結ぶ。結び方もこれまた左結びに結ぶ。左は陽であり、また笑って帰れるという意味合いもある。

どの火炬もこの様に、左巻き縄で左結びにする。火炬の尻に長さ四寸の釘を打つ。これは手裏剣にも良い。四角に拵《こしら》えて持つ。その中の芯には口火の為の焼薬を結込む。口伝あり。

八、又方
長さ一尺二寸の木を三本、根本側に一寸ずつ余裕を残して束ねて結び、五寸程度の鉄を叩いて形を鳥の尖った舌の様にして火炬の尻に付ける。

九、又方
檜の赤い部分を三角に削り、長さは一尺二寸にする。この手本側三寸を透綾《すきや》結びで三カ所結び、先の方は茶筅《ちゃせん》の穂の様にし、根元に台尻を付ける。

十、火炬の方
　硝石・十匁、松挽粉・七匁、炭・二匁、茱《しゅ》〔単語としては「にわかはじかみ」「ぐみ」。これは落葉低木で実は球形で薬用になり、九月九日重陽の節句にはこの木枝と菊花、酒を持って山に登り、この木の実を頭に差し挟んで厄除けとした。赤いぐみの実の種子か。ただし茱を使用した薬には艾が使われておらず、茱は枯れかけた艾の可能性も否定出来ない〕・一匁、鼠糞・二匁、硫黄・二匁。

　作り方は次と同じ。これは打火炬にも良い。
十一、又方
　硝石・十匁、樟脳・五匁、硫黄・二匁、炭・五匁、竜脳・二十五匁、松脂・一匁五分、艾の粉・一匁、松挽粉・七匁、鼠糞・二匁。

　右をそれぞれ粉末にして竹筒の中に固く突き込み、竹の上皮を削り去って上に紙を貼る。製法は前の火炬も同じ。
十二、又方
　硝石・五匁、硫黄・二匁、松脂・一匁五分、炭・二匁、樟脳・二匁五分、松挽粉・七匁、鼠糞・二匁、艾・〔分量欠。一匁?〕。

　製法はいずれも同じ。打火炬の時は根本に鉛を込めて用いる。
十三、又方
　硝石・五匁一分、硫黄・二匁六厘、樟脳・五匁一分、灰・一匁五分、檜の粉・四匁。

　右を細かくしてだまの油〔タブノキの油。別名ヤブニクケイ、犬樟〕で練り、長さ三寸程度にする。製法は同じ。
十四、又方
　硝石・五匁、炭・二匁、松挽粉・七匁、鼠糞・二匁、艾・一匁。

　製法はこれまでの物と同じ。打火炬に用いる。
十五、大火炬の方
　硝石・百匁、硫黄・二十匁、炭・三匁、樟脳・五十匁、竜脳・二匁五分、艾・五匁五分、松挽粉・七匁。

　右を固めて用いる。
十六、櫟《くぬぎ》火炬の方
　長さ一尺で一里を行ける。風雨に用いるとよい。櫟を長さ三尺に切って筋を立て、打挫ぎ、塩硝百匁を粉にして水を三升入れ、この櫟を七~八日程度浸す。次いで乾燥させて硫黄五十匁の粉を振り込んで太さ一尺程度に結ぶ。早稲藁を塩水に浸して少し日に干し、打って柔らかくして火炬を包む。
十七、十里火炬の方
　櫟を長さ三尺に切り、石で叩いて細かく潰す。硝石を細かくして水で煮立てて櫟に塗って二十四~五日程度干して固める。これに硫黄二十匁と樟脳五十匁とを粉にして振りかけて藁で包む。
十八、櫟火炬の方
　櫟を出来るだけ細かく打ち挫ぎ、節を取って綺麗に結び、樟脳、硝石、五倍子を鉄汁に入れてこの櫟を一昼夜漬け、その後に取出して、また先の汁と一緒に鍋に入れてよく煮、紙に包んで土中に一日埋めておく。

十九、手火炬の方

櫟を長さ三尺にして細かく叩き砕き、硝石粉百匁を水三升に入れて、この櫟を浸す。そして取出して七～八日間干す。その後に硫黄の粉五十匁を振り掛け、太さ六寸程度に束ねて結び、その上に紙を貼って漆を塗る。火口として打火炬の薬を二寸程度の長さを結び込む。すなわち、硝石・二十五匁、硫黄・二匁五分、樟脳・五分、炭・二匁五分、茱・三匁五分、松脂・一匁五分、鼠糞・三粒、番茶・少である。

二十、手木《てぎ》薬の方

硝石・十匁、硫黄・九匁、炭・二匁、番椒〔とうがらしの果実を乾燥させた物〕・三匁。

これを四寸の竹筒に入れ、手木〔挫（ひしぎ棒）、十手の類か〕に鍔を付け、この鍔の中にこれを装着し、火を付けて敵に掛ける。手木の作り方や寸法は口伝〔武術でも秘伝とされる挫術では約一尺の棒で戦う〕。また胡椒五分、竜脳三分を加えると良い。

二十一、又方

硝石・七十匁、硫黄・十匁、胡椒・十匁、番椒・十五匁、樟脳・十匁、鉄砂・十匁。

これを荒く粉末にして竹筒に堅く押し込み、口に艾を糊で付けて火を付け掛ける。口伝あり。

二十二、懐中火の大事

白礬〔熱して白くなった明礬〕を粉にして糊に混ぜて厚紙に塗り、太さ二寸の竹筒に薬を詰め、日に干し固め、火を付けて懐紙の間に入れて置く。ただし必要時に竹を割り、火を取出して使うのも良いという。

二十三、十二火炬の方

檜を削って長さ六～八寸にして束ねて太さ三寸にし、左結いの縄で三カ所結ぶ。これも左結びにするのが吉である。理由は左回りが皆陽に現れるからである。台尻には四寸の釘を四角に刃鉄で打つ。これは手裏剣に利用出来るようにする為である。この括った火炬の長さを一寸、太さを五分に小さくした時は、先の懐中火から火を直に移せばよい。相手側の前方に打って火を立てる。

これを十二火炬と名付けておいたが、二つ明り、三つ明りにしてもよい。口伝あり。

二十四、打火炬の方

硝石・二十五匁、硫黄・二十二匁五分、炭・二匁五分、樟脳・五分、茱・十匁五分、松脂・一匁五分、鼠糞・三粒、挽茶・少。

右をそれぞれ粉末にして長が五寸の竹筒に詰め込み、竹の上皮を削って紙を貼り、火口を明けて口薬を差し込み、筒火をこれに移す。敵に投げ打つ時に火が立つ。台尻は通常通りにする。台座の付け方は口伝。

二十五、又方
硝石・十匁、炭・八匁、硫黄・二匁、樟脳・八匁、松脂・一匁五分、松挽粉・七匁、鼠糞・二匁。

以上を粉細にして竹筒に入れて前の様にして製作する。竹筒は長さ五寸、径二寸九分で片方の節を残す。火炬の台尻は長さ四寸で鳥の舌の様に先が尖った八角にする。鍛えた刃鉄なら更に良い。
二十六、筒火の方
袖火ともいう。硝石・十匁、硫黄・五匁、灰・二匁。

以上をよく調合する。六寸程度の、節を残した竹に薬を固く突き込む。そして丸めた紙を竹の口に詰めて蓋とし、節の方に穴をあけて口火を差し、袖の内から火をたてる。
二十七、取火の方
硝石・二十匁、硫黄・九匁五分（五匁六分）、炭・七匁五分（二匁四分）、鉄砂・四匁、鼠糞・一匁。

以上を粗い粉末にして混ぜ合わせ、片方に節がある長さ六寸、径四寸二分の竹筒に堅く突き込む。その後に木を入れ、抜けない様に栓をして節の方に穴を明け、そこに口薬を紙縒んに包んで差し入れ、手の内から火をたてる。
二十八、人取火の方
樟脳、硝石、松脂を等分に調合し、敵の顔に振り掛けて火をつける。
二十九、生捕火の方
鉄・四匁、硝石・十匁、硫黄・五匁、炭・四匁、番椒・三匁五分、胡椒・三匁。

これを粉末にする。作り方は口伝。
三十、鉄砲打薬の方
これは普通の薬である。玉には硝石・九匁、硫黄・四匁八分、炭・二匁。

これらを綺麗な粉末にして綿に直接包み、その上を糸で巻いて使う。
三十一、袖火付入の方（『大原勝井本』より補足）
硝石・十匁、硫黄・五匁、炭・二匁、鉄砂・四匁。

これを粉にして油で煎じる。
三十二、付入取火の方（『大原勝井本』より補足）
硝石・十匁、硫黄・五匁、炭・二匁。

これを調合し、その半分を擂りおろして全部を混ぜ合わせて、前の袖火付入と同様にして作る。
三十三、鉄砲の大事（『大原勝井本』より補足）
玉に秘密がある。皮を長さ五寸の袋にし、その中に小さな砂を堅めに入れ、これを鉄砲の筒に込める。大捕物で打てば早く召捕れる。
三十四、天狗火の方
硝石・二十三匁、硫黄・五匁、灰・十匁、鼠糞・三分、樟脳・三分。

この薬を長さ三寸の竹筒に入れ、上皮を削り取って紙を貼る。矢の長さ一尺五寸を使うが仕掛け方は口伝。この火炬は城中に忍び込めない場合に、外から内側の状況を見たい時に狭間から射入れる。

三十五、鉄砲生捕火の方

普通の鉄砲に薬を込め、玉は綿で鉄砲玉の大きさに丸くして細い糸で巻き、水に入れて引上げ、それに番椒の粉をよく塗《まぶ》して玉の衣とし、鉄砲に詰めて打つ。

三十六、忍火炬の方

硝石・二十二匁五分、硫黄・十八匁、牛糞・古く発酵した物・一匁、松脂・一匁、灰・二匁五分、艾・二匁五分、鼠糞・一匁五分、古布・五分。

以上を合わせて筒に込める。

三十七、忍焼薬の方

灰・十匁、硝石・百匁、硫黄・三十匁、松脂・二匁、鼠糞・一匁、熊胆・三分。右の口薬は硝石・九匁、硫黄・三匁、灰・二匁である。

これらを筒に入れて用いる。

三十八、忍火炬の方

煙硝・三匁三分、硫黄・十二匁、灰・五匁五分、艾・二匁五分、牛糞・古い発酵した物を一分、松脂・一分、鼠糞・一匁五分、古衣・麻布か綿を五分。

以上を調合し、筒に込めて用いる。

三十九、又方

硝石・一匁、灰・八匁、樟脳・三十五匁、竜脳・一匁二分五厘、松脂・一匁一分五厘、鼠糞・五分五厘。

以上を調合して筒に込めて用いる。

四十、又方

灰・十匁、硝石・百匁、硫黄・五十匁、松脂・二匁、鼠糞・一匁、熊の胃・三分。

これを調合する。

口薬は硝石・九分、灰・二分、硫黄・三分である。

以上を竹筒に入れて用いる。

四十一、又方

硝石・二十五匁、硫黄・二十二匁五分、炭・二匁五分、松脂・一匁、麻布・五匁。

以上を合わせて竹筒に入れて用いる。

四十二、忍焼薬の方

硝石・百匁、炭・十匁、硫黄・二十匁または五十匁、松脂・二分、鼠糞・一匁、熊の胃・三分。口薬は硝石・九匁、硫黄・二匁、炭・二匁である。

以上を粉末にして竹筒に込めて用いる。

四十三、忍隼火《しのびたかのひ》の方

硝石・二十三匁、硫黄・五匁、炭・三分、鼠糞・三分。

右を各粉末にして長さ五寸、径六寸ばかりの竹筒に込め、上皮を削ぎ去って紙を貼る。長さ一尺五寸の矢の羽を付け、屋内に矢を射入れると、周囲に飛び散って敵に火を付ける。羽の拵え方は口伝。

四十四、手の内火の方

硝石・二匁、硫黄・三匁、灰・二匁、樟脳・五匁、松脂・二匁。

右を各粉細して薄糊と焼酎で固め、よく干して手に持つ。これは投げる時に火を付ける。どんな遠くに投げても燃える。

四十五、又方

これは船中火ともいう。鴇《とき》と鵜《う》の羽の茎に水銀、朱〔水銀と硫黄の化合した赤土〕、虎の歯・一分五厘を入れる。ただし薬を入れない茎三本だけでも白い糸で二カ所結んで手の内に持てばよい。

四十六、夢想火の方

硝石・十二匁、硫黄・七匁または十匁、竜脳・四分、生脳・五分、灰・一匁。

右を各調合する。一方に節を残した竹筒を、長さ八寸、径四寸にして周囲を細縄で巻く。右の薬を竹筒に堅く突込んで細縄を解き、上皮を削り、紙を貼る。節に明けた口から火を付ける。

四十七、又方

硝石・十二匁、硫黄・三匁、竜脳・四分、樟脳・五分、灰・一匁、番椒・四分。

これも製作法は同じ。

四十八、又方

塩硝・十匁、硫黄・十匁、竜脳・四分、樟脳・五分、灰・一匁。

作り方は同じ。

四十九、無明火の方

硝石・九匁五分、硫黄・五匁、土・四匁。

各を調合する。天火《てんか》〔出火が分かり難い火〕に良い。

五十、水火縄の方

普通の火縄をよく揉んで五倍子を入れた鉄汁に一昼夜漬け、日に干して紙に包んで土の中に一昼夜埋めて取出し、また日に干して用いる。

五十一、水火炬の方

硝石・二十七匁、硫黄・二十匁、灰・一匁、松脂・二匁、松挽粉・二匁、艾・二匁。

これを調合する。作り方は前に同じ。

五十二、水中燃火の方

煙硝〔硝石〕・十匁、硫黄・十匁、樟脳・十匁。

これを各等分して明松に塗って雨の中でこれを灯す。

五十三、水火炬の方

煙硝・五分、樟脳・五分、灰・七分。

右をだまの油で捏《こね》る。雨の中で用いるのは上に同じ。

五十四、水火の方

硝石・二十五匁、炭・四匁五分、硫黄・十二匁五分、樟脳・一匁、茱・三匁、松脂・三匁、鼠糞・三分、挽茶・五分。

右の作り方は口伝。

五十五、水火炬の方

塩硝・二十七匁、硫黄・十匁、灰・五匁五分、樟脳・五分、松脂・一匁、松挽粉・二匁、艾粉・二匁。

以上を筒に込めて、同じ方法で製作する。火を緩くしたければ、硝石を抜けばよい。

五十六、義経水火炬の方
硝石・二十五匁、硫黄・二十五匁五分、灰・九匁五分、樟脳・一匁五分、艾・三匁五分、松脂・一匁五分、鼠糞・三粒、上茶・少。
五十七、又方
硝石・十四匁五分、硫黄・四匁六分、炭・一匁五分、馬糞・一匁七分、樟脳・十九匁、松脂・三匁四分、鼠糞・一匁七分、茱・一匁七分、布・一匁四分、挽茶・五分、松挽粉・五分、火口・四分。

以上を各粉末にして胡麻油で練り、焼酎を等量入れると良い。
五十八、陣中雨火炬の方
硝石・二十匁、硫黄・三十匁、炭・二十匁、松脂・二十匁、樟脳・五十匁。

これを各粉にして、鳥餅紙の油でねばく練り合せ、麻布か木綿を広さ一尺、長三尺ばかりにして練り付ける。直に麻殻を二十本程束ねて藤葛で巻く。これに三方から丸竹を差込んでおく。
五十九、風雨火炬の方
樟脳・五十匁、硝石・二十匁、硫黄・三十匁。

右を粉末にして麻油で練り、長さが一尺ばかりの木綿に延べ付けて、直に麻殻を加えて葛で結び、竹の簾で巻いて更にその上を結んで使う。
六十、義経陣中雨火炬の方
煙硝〔硝石〕・二十五匁、硫黄・十二匁五分、灰・二匁五分、樟脳・五匁、艾・三匁五分、松挽粉・三匁五分。

作り方は前に同じ。
六十一、陣中風雨大火炬の方
小さな竹を川で百日間晒して打ちひしぎ、太さ三尺、長さ二尺五寸程度にして結び束ねて用いる。
六十二、一本火炬の方
弱竹や真竹の節々を潰して七日間干し、次いで水に漬け、また七日間干す。製作には二十一日かかる事になる。その間に雨露に濡らさない様にする。一本で一里半ばかり歩けるという。
六十三、削り火の方
熊野火口・三匁、煙硝・一匁二分、鞍馬石〔閃緑岩〕・五匁四分、ぜんまいの蔦・少、灰・一匁五分、松脂・二十匁、松挽粉・二十匁。

作り方は次の方と同じ。
六十四、又方
熊野火口・三匁二分、鞍馬石・五匁四分、煙硝・一匁五分、ぜんまい黒焼・二十匁、杉原火口・二十匁、硫黄・一匁二分、竜脳・一匁二分、灰・五分、松挽粉・一匁二分、松脂・一匁二分。

それぞれ細末にして五葉松の甘肌を加えて水に浸して、量が半分になるまで煎じ詰める。膠《にかわ》を普通の濃さで練って松の煎じ汁程にし、両者を混ぜ合わす。作り方は削り火と同じ。

六十五、一寸三里風雨火の方

硝石・十五匁、硫黄・十五匁、炭・一匁、馬糞・二匁、松脂・三匁、松挽粉・三匁、樟脳・十匁、鼠糞・二匁、艾・一匁七分、麻布・一匁五分。

各粉末にして麻油で練り、竹筒に突き込み、後で取出して紙を貼って大筒に入れて用いる。

六十六、一寸三里火の方

煙硝・十五匁、硫黄・十五匁、灰・一匁、鼠糞・二匁、松脂・三匁五分、艾・十一匁七分、松挽粉・三匁。

各粉末にして練り、竹筒に入れ、後で取出して前方の様にして用いる。

六十七、一寸三里火の方

煙硝・十五匁、硫黄・十五匁、樟脳・三匁五分、麻布・一匁五分、艾・一匁七分、松挽粉・三匁。

製方は前と同じ。

六十八、三寸火の方

唐竹の甘肌を削り捨て、その残りを黒焼にして粉末にし、薄糊で固めて竹筒に入れ、その竹筒を薄く削って五日ほど日に干し、大筒に入れて用いる。火は半日以上持つ。

六十九、五寸火の方

檜を焼いて灰にするが、製作は前方の三寸火と同じ。竹筒の長さ三寸で前方のような薬をこの筒に固く入れ、尻に鉛玉を皮で縫い付ける。これは投げ散らしても火は消えない。また長さ八寸に作る方法も前と同じ。

七十、矢倉落火《やぐらおとしび》の方

硝石・十四匁、硫黄・八匁、鉄・三匁、炭・四匁、竜脳・三分。

以上を径三寸の竹筒に入れる。

七十一、魔王火の方

硫黄・一匁二分、火口・十匁だがこれは朽木〔字義どおりであれば腐った木のことだが、これは滋賀県高島市朽木のことか〕にある。竜脳・一匁二分。

以上を荏胡麻油と古酒に入れて調合して用いる。

七十二、熊坂火の方

硫黄の粉・二匁を麻の中へ入れて五十本ほどを結んで束にする。

七十三、又方

硝石・十五匁、挽茶・一匁二分、ぜんまいの綿・一匁、炭・一匁一分、麻布・一匁九分、馬糞・一匁九分、松脂・一匁五分、紙火口・一匁、牛糞・一匁五分。

以上に油〔荏胡麻油〕と焼酎を入れる。結び方は口伝。

七十四、付火の方

硝石・十匁、硫黄・五匁、松挽粉・二匁〔松挽粉は杣の国伊賀を彷彿させる木屑である〕。

以上を竹筒に入れて用いる。ただし四方に穴を明ける。

七十五、又方

硝石・十匁、硫黄・五匁、松挽粉・二匁、松脂・二匁。

製法は前に同じ。

七十六、又方

硝石・十匁、硫黄・五匁、灰・三匁、土・三分、松挽粉・三匁。

製法は前に同じ。

七十七、菉等《やわら》火炬の方

三種の方法がある。前巻と同じ方法だから略す〔甲賀、伊賀の忍術諸流を収載した『万川集海』の特徴として、術名の重複や術にも類型が多い〕。

七十八、火炬の方

硝石・五匁、硫黄・二匁、松挽粉・七匁、鼠糞・二匁、艾・一匁。

以上を粉にして筒に入れ、固く突き込む。製法は前と同じ。打火炬にするなら、根本に鉛を込めておく。

七十九、焙烙火の方

この玉の製作は鉛を薄く延べ、大きさは三升程入る壺のように作り、これを割って玉にして内に鉄砲薬一重敷き、その上にまた石を一重敷き入れ、重過ぎないように注意して作る。この玉の上を包み、火通《ひみち》の穴を三つ明け、この穴に水火縄を差し込む。

城中に忍び込み、火を付けて狭間から落とすのも良い。陣中や敵が忍び込む道に置いても良い。船に投げ込むと、一艘は打砕ける。敵が城に寄せて来れば狭間から落とす。敵が追い掛けて来る道に置き、また敵の陣中に投げ込んでも良い。

八十、多勢の敵に向かう時、鎗に付ける火の方

硝石・七匁五分、硫黄・五匁五分、炭・十一匁五分、鉄・十匁内五匁は油で煎る、乾し生姜・四匁、胡椒・四匁。

以上を調合し、竹筒を薄く削って製作する事は同じ。

八十一、右同時振り火炬の方

女竹を七日間川に晒《さら》し、その竹に硫黄の粉を入れ、十四本程結び束ねる。長さは二尺五寸程度にして、敵の方に向けて振る。尚、前方の口薬も麻布一尺に塩硝十五匁を水に入れ、よく煮て引き裂き、その口に付火をする。

八十二、夜討ち天文火の方

硝石・十匁、硫黄・二匁二分五厘、竜脳・九分七厘、古酒・二十匁、茱〔本来はぐみの実だが、ここは葉か〕のゆで汁・二十匁。

以上を粉にして少しずつ袋に入れ、矢に付けて用いる。口伝あり。

八十三、又方

硫黄・二匁二分五厘、硝石・十匁、樟脳・一匁八分六厘、竜脳・一匁七分、古酒・二十匁。

以上をよく干して少しずつ入れ、火を付けて矢で射る。

八十四、玉火の方

杉原紙を黒焼にして、重湯で固めて用いる。

八十五、忍下天狗火の方

硝石・二十三匁、硫黄・五匁、灰・五匁、樟脳・三分、鼠糞・三分。

右を三寸の筒に入れて紙を貼り、長さ一尺五寸の矢の鏃を外し、内の様子を狭間から射入れて見る。

八十六、敵討薬の方

前に同じだから略す。筒口を敵の方に向けて振る。

八十七、狐火の方

硝石・二十匁、炭・二匁三分、樟脳・十六匁、馬糞・二匁、硫黄・九匁二分、麻布・五匁四分、ぜんまいの綿・五分、松挽粉・八分、鼠糞・少、挽茶・少。

以上を粉末にして油を加える。製法欠落。

八十八、蛍火の方

麻布・五匁、硫黄・八匁、竜脳・三匁または十匁、硝石・八匁、馬糞・二匁。

右の製法は口伝。水中で灯るか。

八十九、有明火の方

硝石・十五匁、炭・二匁、硫黄・十一匁、麻布・十四匁、樟脳・十匁、馬糞・一匁八分。

右の製法は口伝。古酒を入れる。

九十、楠名火の方

硝石・十四匁、硫黄・十五匁、樟脳・九匁二分、麻布・五匁二分、炭・一匁八分、挽茶・八分、馬糞・一匁八分、茱・一匁。

各粉末にする。製法は口伝。

九十一、これは地焼埋火《じやきうずめび》の方であろう。また二重薬とある

硝石・十匁、硫黄・五匁。

ただし固め薬はないが、鉄汁と焼酎で延べ固めてもよい。地に敷くという〔この項目は諸流を寄せ書きした編者が、その理解に苦しんでいる雰囲気が伝わってくる〕。

九十二、火炬の方

硝石・百匁、硫黄・二十匁だが精選品は五匁、炭・三匁、樟脳・三十匁だが十匁減す、茱・十五匁、竜脳・二匁五分、松脂・十二匁、松挽粉・七匁。

右の固め方は口伝。昨年に試してみたが調子は良かった。

九十三、飛火炬の方

一町飛ばす時の薬用量は、硝石・十五匁、硫黄・四匁一分、灰・七匁、鉄・四分、樟脳・三分。

三町飛ばす時は、硝石・二十三匁、硫黄・五匁、灰・六匁、鉄・四匁、樟脳・三匁。

四町飛ばす時は、硝石・五十六匁、硫黄・十五匁三分、灰・十七匁三分、鉄・六分、樟脳・五分。

五町飛ばす時は、硝石・百八十匁、硫黄・四十五匁、灰・五十五匁、鉄・七分、樟脳・六分。

五町五反の時は、硝石・九十匁、硫黄・五十三匁五分、灰・二十七匁五分、鉄・四分、樟脳・三分。

六町飛ばす時は、硝石・四十匁、硫黄・三十一匁、灰・三十五匁、鉄・五分、樟脳・四分。

七町飛ばす時は、硝石・三十二匁、硫黄・二十一匁、灰・二十六匁、樟脳・一匁、鉄・一匁五分。

八町飛ばす時は、硝石・二十三匁、硫黄・二十匁、灰・五

匁、鼠糞・四分、樟脳・三分、鉄・五分。

ただし町に口伝あり。右の薬は各半卸《はんおろし》〔まだ粒が残っている状態の荒い粉〕である。筒の長さ六寸、口径六分。ただし概略である。口火の所は四角錐で揉んで三カ所に穴を明けておく。口薬は紙縒にして差し込んでおく。

九十四、飛火炬の方

硝石・十三匁、硫黄・五匁、灰・六匁、鼠糞・四分、樟脳・三分、鉄・二匁。

右を各半卸にして、矢の長さ四尺二寸、筈の方は五寸、羽の長さ六寸、筒の長さ六寸、口径六分。

また矢長さ四尺二寸、羽の長さ八寸、筈の長六寸、筒の長六寸、口径六分にしてもよい。

両方とも火口は四角錐で三つ〔底本は「四方錐にて三寸」とあるが「三つ」の誤記と思われる〕に明けておく。この火道薬は硝石・二十匁または三十匁、炭・七匁五分または四匁一分、硫黄・五匁、樟脳・三分、鼠糞・三分である。

九十五、火口の方

艾・十匁、硝石・十匁、杉原火口・十枚。

各よく摺り潰して用いる。

九十六、焼薬の方

硝石・四十匁、硫黄・五十匁または二十匁、樟脳・二十匁、松挽粉・四匁、炭・四匁、松脂・三匁、鼠糞・二匁。

右、製法口伝。

九十七、矢倉の事

一町五反までは矢倉は二寸でよい。

二町二反は三尺三寸。

補助の矢倉は二寸。

三町は二尺六寸。

四町は三尺一寸。

補助の矢倉は五反までは三寸。

九十八、狼煙火の方

硝石・二十三匁、炭・八匁六分、硫黄・十匁五分、鼠糞・四分、樟脳・三分。

右を粉末にして混ぜ合わせ、竹筒に詰め込んで上皮を削ぎ、紙を貼って矢に付ける。口伝あり。

九十九、大村雨の方

これも狼煙火である。硝石・二十匁、硫黄・三匁、樟脳・十二匁、炭・一匁五分、鼠糞・一匁、茱・二匁、松挽粉・四匁、麻布・二匁。

右をよく摺りおろし、製法は前と同じ。

この筒の作り方は、筒の長さ八寸、径八分で竹の上皮を削って紙を一度貼り、その上を麻糸で巻き、更にその上に紙を一度貼る。口薬を差す方は皮を糊で貼り、深さ二寸五分に四角錐で口薬の穴を明けて紙縒にして口薬を差し込む。鏃には檜を石突〔槍などの地面に着く所を金属で補強した部分。小尻〕の形にして付ける。矢は長さ四尺三寸、羽は六寸二分、この筒を付ける。

百、同引下薬の方
　硝石・十一匁、硫黄・二匁五分、炭・九匁四分、鼠糞・二分、樟脳・二分、鉄・四分を油にて煎る。以上を混ぜて作る。

百一、玉狼煙《のろし》の方
　硝石・十四匁四分、硫黄・七匁四分または三匁四分、炭・七匁または四匁、鼠糞・二分、樟脳・二分。

　これは狼煙にも用いる。

百二、同引下薬
　この引火薬〔口薬〕は、硝石・三匁八分、硫黄・八分五厘、炭・一匁、鼠糞・六分、樟脳・六厘、銅砂・一分を油で煎る。

　以上を半卸にして筒に込める。詰め方は玉にして綿で包み、それを二でも三でも自由に入れれば良い。

百三、同玉合込薬の方
　硝石・十匁、炭・一匁八分、硫黄・一匁九分。

　これを各粉末にして芥子の大きさに丸めて玉の間に詰める。これは普段の薬でも良い。これには三町昇り、尾を一町引く作り方と四町昇り、尾を一町引く作り方がある。

百四、大国火矢の方
　一町を飛ばすには、硝石・十五匁、鉄・四分、硫黄・三匁五分、灰・四匁三分、樟脳・三分。

　二町は、硝石・十三匁、樟脳・三分、鉄・四分、硫黄・三匁五分、灰・七匁五分だが二分でもよい。

　三町は、硝石・三十三匁、樟脳・三分、鉄・四分、硫黄・五匁、灰・六匁。

　四町は、硝石・三十六匁、樟脳・三分、鉄・四分、灰・十一匁二分、硫黄・九匁。

　四町五反は、硝石・九十匁、樟脳・五分、鉄・四分、硫黄・四十五匁、灰・八十五匁。

　五町は、硝石・九十匁、樟脳・五分、鉄・四分、硫黄・二十三匁五分、灰・二十七匁。

　五町五反は、硝石・百八十匁、樟脳・六分、鉄・七分、硫黄・四十五匁、灰・八十五匁。

　六町は、硝石・二百匁、樟脳・四分、硫黄・三十一匁、灰・三十五匁、鉄・五分。

　七町は、硝石・七十二匁〔「二百七十二刄」の誤か〕、鉄・一匁一分、樟脳・一匁、硫黄・二十一匁、灰・五十一匁。

　以上、摺り具合は半卸である。各いずれも筒の長さ六寸、口径は内径で六分。火の口は四角錐で穴を三つ明け、その一つに口火を差す〔煙硝の量から推測して、五町と五町五反の薬用量が入れ違っており、訂正した〕。

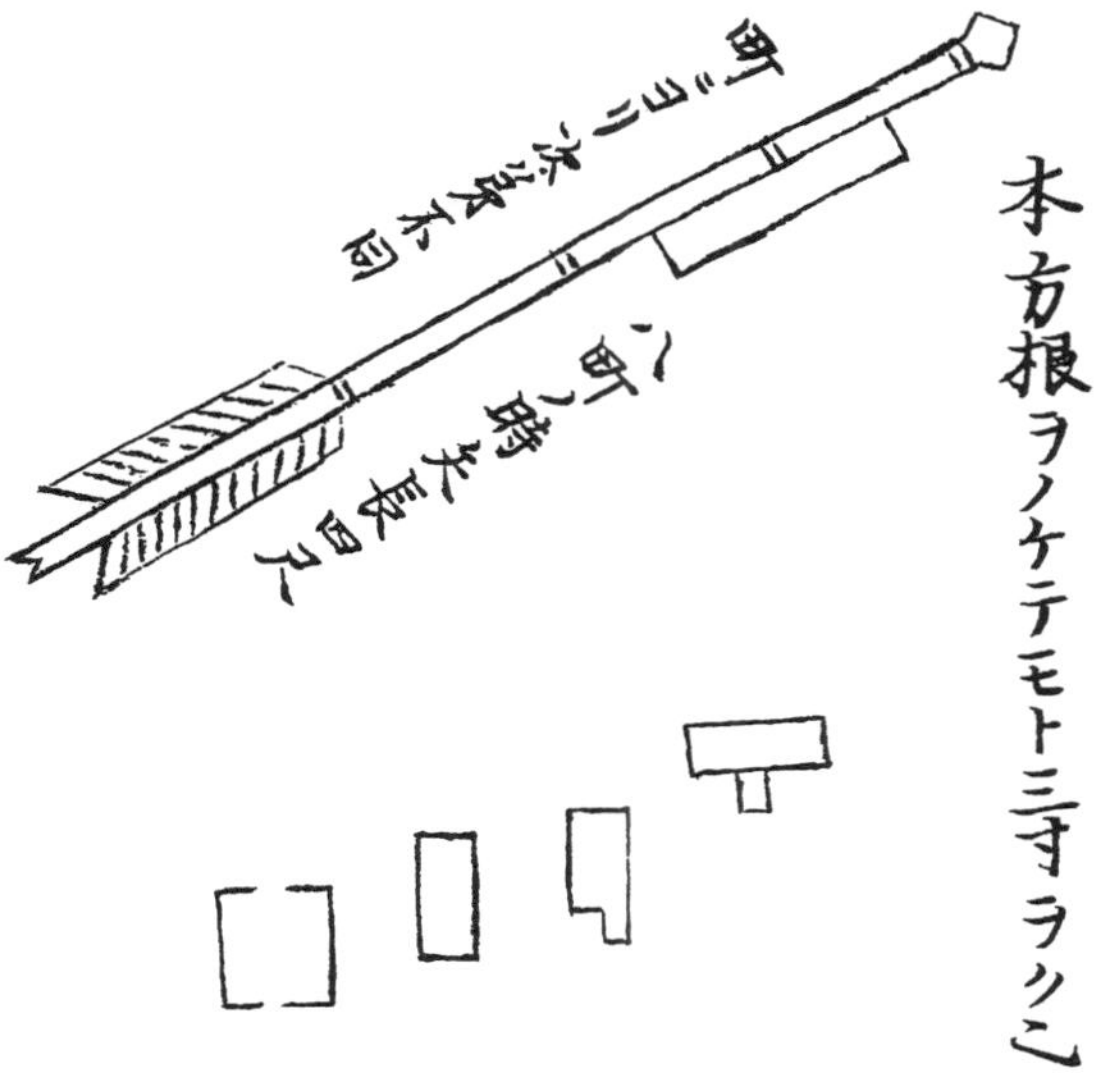

[図94]

【図中文章】　本の方の鏃を除いて手元を三寸あける。八町の時は矢長四尺。矢の長さは飛距離によって違う。

(一) 火矢の口薬
硝石・十匁、硫黄・七匁、炭・一匁五分。
以上を、松脂を紙にひいて塗り付ける。

(二) 火矢の火薬
硝石・十匁、灰・十匁、硫黄・六匁。

(三) 又方
硝石・六十匁、硫黄・四十匁、灰・四匁、樟脳・三十匁。
右の四種を合わす。この火薬は水中に射込んでも消えない。

百五、松浦火薬の方
硝石・五匁、樟脳・二匁、硫黄・五匁、鉄・一匁、灰・一匁、松脂・一匁。
以上の六種を合せて用いる。

百六、筒火矢の火道薬の方
硝石・二十匁、硫黄・二十匁、灰・五匁。

百七、筒火矢の焼薬の方
硝石・十匁、硫黄・九匁、灰・一匁五分。
以上、卸方に口伝あり。矢の筈は木を三分一程入れる。矢の羽を濡らせば良い。

百八、又方
硫黄・五匁五分、灰・十一匁、干し生姜・四匁、硝石・七匁五分、胡椒・四匁。
以上を粉にする。さらに鉄・十匁が必要である。この鉄十匁の内、五匁をそのまま花火の様に作り、残りの五匁を普通の油で煎る。そして先の粉と鉄を混ぜて竹筒に入れる。竹筒の表面を薄く削り、紙を一度貼る。これは大勢の敵に対する時に使う。

百九、付木火の方
樟脳・三分、硫黄・四匁、硝石・一匁五分。
以上を薄い糊で練り合わせ、紙に塗付けて二枚合わせ、丁度良い大きさに切って用いる。

百十、紙燭火《ししょくび》の方

硝石・二十匁または十匁、硫黄・七匁五分または七匁三分、丹〔硫黄と水銀が化合した物。辰砂〕・五匁、樟脳・九匁または八匁九分。

以上を薄い糊で練り、紙に練り付けて細い竹に紙燭〔松根や赤松と長さ一尺五寸、径約三分の棒にして先を炭火で焦がし、その上に油を塗って点火する。手元を紙屋紙で左巻に巻いていていた〕の様に巻き、竹を抜いて日に干して灯す。

百十一、雨大火炬の方

だまの油に樟脳とだまの実とを練り混ぜて明松に塗り、雨の中で灯す。

百十二、狼煙の方〔題欠〕

この狼煙は四〜五町も昇る。ただしこれは昇る薬ばかりを込める。これは己年に試した結果である。各少しずつ調剤してみた。

薬方は硝石・十四匁四分、硫黄・三匁四分、炭・四匁、鼠糞・二分、樟脳・三分。

右の薬の擂り卸加減は鉄砲の薬よりも荒く、指で揉んでみて硝石と炭とがさらさらする程が良い。筒の長さ八寸、口径八分とあったが、試みに少し小さくして長さ六寸、口径七分、竹筒の尻に節を残し、薬を少しずつ二匙程入れた。七分の筒口に径約五分の樫《かしのき》の杵を置き、鉄槌で四十回も打ち込み、巻いていた縄を解いて筒の節の方から二寸五分程表皮を削り、これより次第に薄く削った。口の辺りでは紙の様に薄くした。また皮を節の上に貼った。これは口伝で秘密だから詳細は記載しない。美濃紙で二回貼り、日に干し、その上を麻紐に糊を付け、詰めて堅く隙間なく巻く。また紙を三重に貼り、その後に口薬の穴を深さ二寸六分揉み明けて口薬を紙縒に捻って柔らかくする。口薬の穴が歪んではならない。

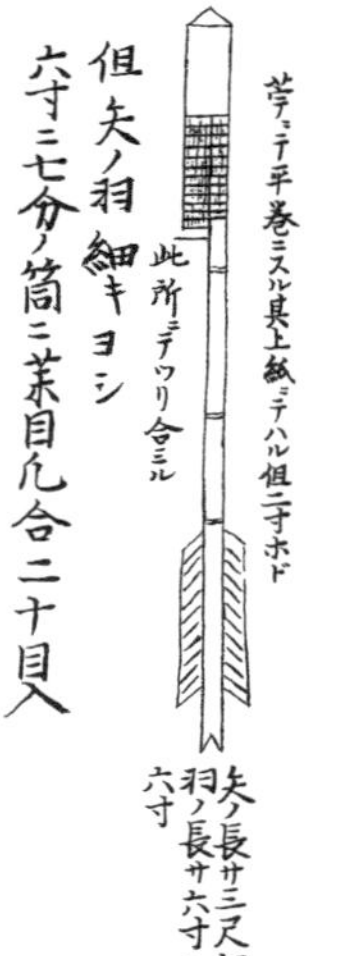

［図95］

【図中文章】　麻紐で平巻きにし、その上に紙を貼る。但し二寸程。

この所で矢の釣合をみる。

矢の長さ三尺七寸五分。

羽の長さ六寸。筈の方六寸。

ただし矢の羽は細い方が良い。長さ六寸に口径七分の筒に、薬を約二十匁入れる。

百十三、飛火炬の方

硝石・三十匁、炭・四匁一分、硫黄・五匁、樟脳・三分、鼠糞・三分。

この薬の擂り加減は前の狼煙よりは少し荒く、竹筒の長さは六寸、口径六分にする。前の狼煙の製作と同じ様に薬を入れ、節の処は表皮だけを削り、節から遠ざかるに連れて次第に薄く削り、紙を二重に貼る。その上を麻紐で平巻きにし、また紙を二回貼り付け、図の様に矢に付ける。
火薬を入れた矢倉の長さが三尺二寸で二町半飛ぶ。矢を土に射て、三寸刺さるには六分の筒に薬十七匁三分程入れる。狼煙、飛火ともに引薬と焼薬は筒の後の方に込める。

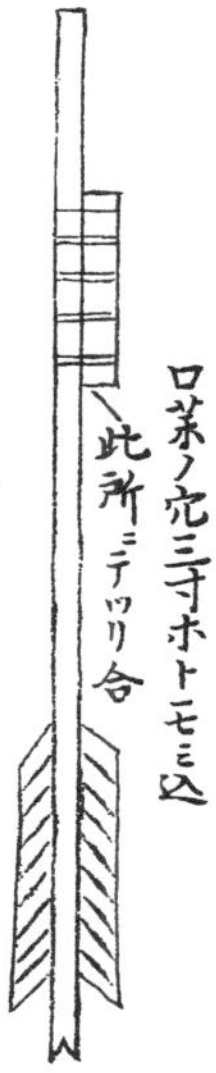

［図96］

【図中文章】 口薬の穴は三寸ほど揉み込む。この所で釣合う。
口薬は柔らかに差す。

百十四、全明松の薬方概略
これは伊賀の長井亦兵衛流である。
(一)硝石を増すと火力が強くなる。
(二)馬糞を増すと火は消えず火持ちが良い。
(三)硫黄を増すと火は青く強く燃える。
(四)松脂と松挽粉はよく燃やす為の物である。
(五)樟脳を増すと火が弱く長時間燃える。
(六)麻布、牛糞、茱は火持ちを良くする為だが火力は弱くなる。
(七)灰を増すと火は和らかく弱くなる。
(八)鼠糞は増すと火は弱くなるが、全体をつつが無く燃やす為の物である。

薬方は以上の通りである。よく考えて各量を加減すれば、どんな明松でも作れる。明松の製法は竹を二つに割り、上を縄で巻き、中に薬を入れてしっかり突き込んで固くし、縄を解いて竹筒を除き、薬だけにして紙を三回貼る。水火炬、取火は竹筒に入れ、そのまま用いる。口伝あり。

百十五、小川新兵衛伝
煙硝・六十匁、硫黄・十一匁二分、灰・十三匁八分。
右の三品を混ぜて一度に調合する方が良い。三品を一つずつ砕くと、必ず調和し難くなる。始めから一緒にして砕く時に、灰が立てば茶筅で水をうてば良い。この薬は細かくするほど良い。これを摺り卸す時は精を出して休止する事無く摺らなければならない。もしこれを怠ると、薬力が弱くなって気が抜けてしまう。富岡一分薬というのは、他の薬を一匁用いる処を、この製法の薬なら三分で良いからである。故にこの様に注意しておくのである。

百十六、雨火炬の方
五里火炬ともいう。
(一)硫黄・十三匁、内三匁は小米大に砕き、十匁は細末にする。
(二)煙硝・二十一匁、内一匁は小米大に砕き、二十匁は細末にする。
(三)樟脳・九匁を細末にする。
(四)松挽粉・二匁。ただしよく肥えた所を小口挽きに挽いた粉を日に干して乾かし、二匁を用いる。完全に乾燥させなければ火が持たなくて悪い。

(五) 灰・七分を細末にする。

(六) 松脂・二匁。ただし女松の松脂が良い。
熱湯の中に入れ、その後取出して日に干し、薬研で極細末にする。

(七) 艾《よもぎ》・一匁五分。よく揉み抜いて堅く縒り、艾《もぐさ》にして用いる。ただし小口切りにする。

以上七つの成分を混ぜる。竹筒は大きな女竹でもよいが、大明松なら唐竹でもよい。竹の皮を削り、その竹を二つに割って使う所の節を一つだけ残しておき、その外の節は取り除く。割った竹を渋か布海苔《ふのり》で貼り合わせ、所々に筆の軸ほどの穴を明ける。この穴は水抜きの穴という。またこの上に紙を一枚貼り、漆で一度拭《ぬぐ》う。固い筒はこの様に作る。

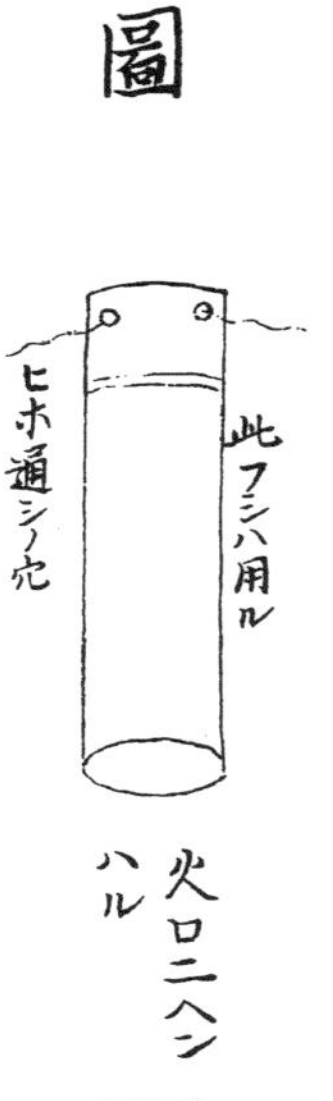

[図97]

【図中文章】 図。この節は用いる。紐通しの穴。火口は二回貼る。

薬の込め方に秘伝がある。この筒を細引で小口巻きに巻いて、竹筒と同じ太さに作る。薬を匙で少しずつすくい入れる。そして槌で突固めてはまた薬を入れ、筒を倒して固まっていない薬を払い落とし、その後また薬を入れ、また打ち固める。

長さ一尺五寸、径五寸、この筒は五里行きと名付ける。明松の火の立て方に秘伝がある。

百十七、伝火《つたいび》の方

硝石・十匁、硫黄・二匁、灰・一匁五分、樟脳・五分。

これを混ぜ合わして調合し、薬研で細末にする。これを伝火というのは、薬がある所まで火が伝い燃えるからである。

この火の流れは実に絶妙である

万川集海　終

万川集海　軍用秘記

大原氏笹山景直、書写す

守備と合戦の心得

一、篝火《かがりび》を焚く所

これは足軽大将の役目であり、前以て柴を用意する事。足軽は一時〔二時間〕交代、あるいは半夜交代で篝火を焚く。焚く所は陣屋や大手の土居の外である。土居が東西にあれば南北の風で焚くと良い。東西の風の時は焚き難いが、その時は風下に戸や畳を立てて焚けば良い。篝場の土居は高さを約一丈にする。普通は木がある沢や山ではないので、柴や藁などを焼く。都で焼く場合は、釜ではよく焚けないので、鋳物師に四尺四方の鉄籠を鋳させればよい。また野合戦でたった一宿の陣であっても、低くてよいから陣前に土居を築いて篝火を焚くべきである。その場合、陣の少し後方に焚かねばならない。近ければ、敵から陣内が見えてしまう。

一、捨燎《すてかがりび》

これは敵が攻撃してくる道が分かっている所で、味方には火先が見えないようにし、敵方に見えるように、前に土居を作って敵方に向いて焚く。何段にも作り、敵が来た時に先ず焼き捨て、後にまた退いて焼き、また退いては焼く。故にこれを捨燎と言い、非常に深い理合がある。

また桜の皮を剝いで幅約一寸にし、煮立ててよく乾かし、松明に結び付けて投げ出して敵を見る。長さ三尺なら、先から一尺下に木を二本ほど十文字に松明に差し、一尺の方形にして火を付ければ火の側が土につかない。

一、乱杭《らんぐい》を設置する所

設置する場所は海、川、堀の三カ所である。入江では潮が満ちた時に、水面下一尺に先が隠れる程度に打ち込む。柱の間は一間半、或は二間に打つ。あまり間隔を縮めると味方に障害となる。しかし間隔は状況に応じれば良い。上下に二本を通して縄を引き、後先を止める。ただし味方が通れる様に印をしておく事。また沖の方で常に水がある所にも、一応は設置しておく事。これは潮が引いた時の為である。河でも水が曲って流れる所は瀬の上流に、杭が水面下に隠れるようにして大きな網を付けておき、下は流れにまかせて止めない。水が二筋も三筋も流れるようにする。またその下にも杭を打ち、前の様にする。下側を結び付けたら網が切れやすくなる。石が多い川で杭を立てられない時は、蛇籠〔鰻を捕る長い罠籠〕を長く作って石を入れ、網を付けて流す。

堀には杭を三角に打つ。この時も外から見えない様に水面より一尺も二尺も下になる様に打ち立て、二枚の網を張る。また杭は碁盤の目のように打つ〔乱杭とは敵の侵入を防ぐため、無秩序に打ちこんだ杭〕。

一、川梯の掛方

川はさほど広くなく、深くて徒武者を渡す事が出来ないような所に掛ける。手前の浅い所に石を積み上げ、木竹を伐り集め、あるいは家が在れば家を崩して材木を集めて中と両端とを三本で骨組みを作り、それに横木を十分にあみ付けながら長くする。その先に縄を結び付け、縄の先に蛇籠を三つ付けて川上から流して届いた処で蛇籠に石を入れて塚を作る。川幅によっては、二つ継ぐ事もある。歩兵を渡す為に、所々受けを付ける。

一、荊朶

もがり〔虎落〕は荊枝《いばらえだ》と書く。敵を防ぐのには昔は荊《いばら》〔にんじんぼく〕を用いた。以後は枝が繁った木を馬の胸や腹に届く程度に枝先を切って、根本を味方の方に向けて置くが、これは味方から乗出をするのには悪い。大竹があれば枝の先を切り、二本ずつ木を結び、横竹に括り付け、所々に杭を打って結び付けて引いておく。これは味方が出入し安く、敵には難儀になる。川などには木を使う。

一、早縄

これは異国の虎落〔もがり〕である。虎をつかまえるのに用いる。敵が夜討ちに来る道に竹杭を帯の長さにしっかりと打ち並べ、上と下に縄を二本張っておけば、敵は潜る事も越える事も出来ない。〔図98〕の様に打っておけば、味方は自由に通れる。浅智恵の技だが理は深い。

［図98］

一、横杙《よこぐい》

敵の接近が速くて早縄を用意出来なければ、急場に簡単に設置する時にこれを用いる。竹三本を三叉に結んで所々に立てて置き、その上に竹か木を渡し、それに竹や棒を集めて結び付ておく。

一、竹抱《たけだき》

竹を束ねるが、大き過ぎると重くて取扱難い。普通は太さ二尺にして、五カ所を結んで長さ七尺程にする。小さな竹は、そのまま使い、大きな竹を割って混ぜても良い。城の近くは長い束を用いる。念を入れて、三カ所をくるくると巻いてしっかり束ね巻き、五カ所を結びつけておけば丈夫である。木は三本結び合わせ、地を掘って立てずに、沢山作って地面に並べて置く。その上に横木を渡し、所々を縄で結び付けて、これに竹抱を立ててもたせかける〔要は竹の束を並べた塀であり、弓矢や鉄砲玉も通し難い〕。ただし外側〔敵側〕から内に向けて立てて置けば出て行き易い。雨降りの時は上に陣ばりを掛けて雨を防ぎ、鉄砲を打つことが可能である。場所によっては外へ靡かせる方がよい場合もある。

　また竹抱に二本足を付ける手付という方法もある。いずれも土俵《つちだわら》を先に置き、先には一俵並べ、前には二表も三表も置けば良い。また鞍掛のように木を刺し、それに竹抱を並べ、結び付け、大勢にて担いで置いても良い。所によっては丈夫な木に立てて、横を結び、竹抱を結び付る。向いに険しい山や土手などがあれば、重々《じゅうじゅう》高く組みあげて、向かいの山や土手と対等に役立つように積み上げるべきである。竹抱には色々な付け方がある。その内で一番良い方法で設置すべきである。自分で勝手に作るのではなく、何でも良く作り慣れた者に聞いて、利がある方法を選ぶべきである。とにかく、これは一言では説明出来ない。また竹抱に狭間を切り開けなくても、竹抱の上から弓や鉄砲を打つ事は出来る。また大きな竹を切って筒にし、それを竹抱に差し込んで、その上下の隙間は竹か軟らかい壁土で塞ぐ。その竹筒から打てばよい。虎《こ》口《こう》〔危険な所〕に依って色々な付け方があるので熟考すべきである。

　概略はこの図のようにする。

［図99］

一、仕寄《しより》
　昼は弓や鉄砲が脅威になるので、仕寄は総じて夜に仕掛けるものである。まず傍示《ぼうじ》を差して、闇夜に用いる白縄を引く。直線に掘れば矢をまともに請けるようになるので、千鳥掛けでじぐざぐに溝を掘る。これを「ひのきの仕寄」という。幅は四尺ほどでよい。味方同士が突き当たらないように、所々を広くして人避けを掘る。これは地形の遠近にも依るが、五尺は掘り拡げた方がよい。深さは三尺。その土を向かいに揚げれば、二尺の高さに成る。以上の五尺で人の背丈は隠れる。城の近くなるほど、次第に深く掘るべきである〔仕寄とは城攻めの手立てであり、ここでは塹壕である仕寄道の掘り方が述べられており、この規模になると足軽隊が鋤、鍬、斧、鎌等を持って土木作業を行う。『軍法侍用集』の仕寄では、丸太を組んだ臨時の櫓である釣井楼、車井楼、組上井楼などの記載がある〕。

一、引橋
　普通に橋を掛けるが、その真中の板を二間ばかり手前の板の下に引き込む様に作る。その板に縄を三本付けておき、それを左右に手元まで引き伸ばしておく。二本を引けば手前板の下に引き込み、通路を絶つ。また中の一本を引くと元の橋に戻って自由に渡れる様に作る。

一、付塀
　紙張りの塀も付塀である。また普通の簾《すだれ》の様な塀も付ければよい。これは皆石弓の向こう側に付けるべきである。形や土居の長短など万事細心の注意を払って付けなければならない。石弓は土居の上から縄を巻き取る糸わくを出し、その糸わくに石を積み、図〔図欠〕のように木を引く控え柱を立て、つっかい棒でこれを止めておく。ただしこの轄《くさび》を抜く時は、弓がはねる様にする。

一、刎塀《はねべい》

石を付けるべし。石弓の下に大きな入れ物を竹で編んで作り、その前と後に横木を結びつけ、四角《すみ》に縄を図のように結びつけておく。控え杭にその向側の縄二本を引き結んでおく〔図欠〕。敵が塀に乗るとこの縄を切って落とし、次に石弓で討つ。入れ物は竹を重ねて強く作ること。

一、釣塀

一間程塀を切るが、その時は柱を二本ずつ並べる。それは外から見えないよう隠して、敵からは一面に見える様にする。もちろん土台も間を仕切っておく。控柱は図のようにする〔図欠〕。仮に轄《くさび》で止めておき、敵が乗り越えて来た時に、轄を抜いて塀を落す。

一、具足箱に入れるべき物の事

櫛、鋏、毛ぬき、白布一匹でも半疋《びき》でも、剃刀、砥石、白粉、鏡、磁石、五色の糸、針、薬、膠《にかわ》、干し鰹、のし鮑、紙《こ》縒《よ》り、松明、道明寺〔もち米を蒸して乾燥させたもので、熱湯を注ぐと食べられる〕、葛粉。

一、鼻紙袋に入れるべき物

万妙薬〔万能薬〕、遠眼鏡、自分の名前・官職を書いた札を何枚も入れ持つ。戦で、人が自分に証人になって欲しいと頼む時、「もし命があれば心得ました」と答える。この時に、相手が「必ず」と言うなら、「思召しに寄り、私も満足の至でございます。命がございましたら、確かに私がこの場の証人になります。もし討死致しましたら、これを証拠になさって下さい。これは自分達が自筆で調えた札でございます。この様な事も起ろうかと思い、札を用意しておりました」と言って先の姓名・官を書いた札を手渡しておく。

一、証人を取るべき事

「色々と有りますが、事が多過ぎてお忘れになる事も御座いましょう。ここで貴方様にお会いできましたのは幸運で御座いました。是非、何か証拠の品を所望いたしたく存じます。あ、これで十分で御座います」と言って、その者の甲の内の何でも良いから切り取って置く。「私が討死いたしますと、これもせんない事になります。後の御話しの為に」と言って自分の札を手渡しておく。

一、下帯の事

下に安っぽい下帯を一筋着用し、その上に化粧下帯をしておく。討死した時は、下帯は必ず諸人が注目して剝ぎ取る事が多い。人々はそれを心配して悪い下帯を付けておけば、それを取る者も居ないので恥をかかなくて済む。死後に恥をかかない事は、侍が嗜《たしな》む第一の事である。

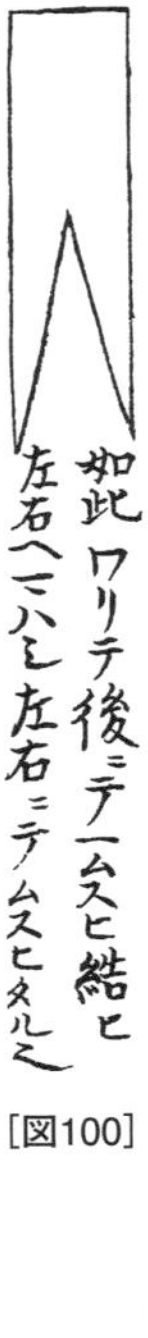

[図100]

【図中文章】　この様に割って後ろで一回結び、左右に回して左右で結ぶ。

一、名を上げて帰る時は、人が多い道は避ける事
帰る時にも用心する者もあるが、越度《おちど》がある者も多い。ただし避ける道がない時は仕方なく、その時は人に合った時は、絶対に謙遜の言葉が大切である。

一、下に装束の事
陣羽織やその他着る物は裏を白、表を黒く、紋は家々の法度《はっと》通りにする。黒にするのは夜討ち等で目立たないからで、紋は黒い紙を切って薬入を付けて隠す。裏を白くする事の理は多い。自分の下々共に羽織を着る者共にも、右の通りに支度させる。

一、馬芝維《うましばい》〔戦場の馬〕の事
種々あると言っても、首掛《こうがけ》〔馬の首上で横に渡し掛ける革〕を前に引掛けて置けば動かないものである。また馬の鬣《たてがみ》を上に撫で上げ、一捻じりして紙縒りでそっと結んで置けば、じっとしているものである。

一、鎗付の事
これも種々有るが、三尺手拭を帯で挟んで槍をそれに結んでおけば竪横ともに良い。ただ蝶番《ちようつがい》を付けるのは大そうである。

一、腰手縄の事
繰締《くりじめ》〔幾重にも輪にして括《くく》る〕にして腰に巻き付け、左から右に回し、前で片手縄に掛けて、結び目を右側にして止める。

一、泥障《あおり》の事
なめし革が良い。裏に袋を付けて兵粮などを入れる様に拵えると良い。また川を渡る時に馬の体につける浮沓《うきぐつ》を利用することも出来る〔泥障は鞍の下に敷いて馬の腹脇に垂らす物〕。

一、武者押の時の甲持ちの事
馬の口取りに甲をかぶらせておくのが良い。世間は用立てに指物その他を持たせれば良いと言っているが、匹夫の者はそうは行かない。あるいはその役人を召し連れているといっても、急変があれば甲が遅れて間に合わない事があるので、この方法がよい。

一、馬上の弓・鉄砲・鎗納の事
鉄砲は右の力革《ちからがわ》〔武具や馬具の補強などに使う細長い革。馬具では鞍骨の居木に懸けて鐙《あぶみ》の締め具の頭に繋いでいる革緒で、水緒革とも言う〕の間に台尻を後ろに向けて挟む。長ければ筒先を鞍の前輪に持ち揚げて調える。槍は武者押の時は立てて動いた方が良い。その時は鐙の中に石突きを入れて立て、肩で把持する様に納める。弓は左後で尻の下に敷く。

一、馬浮沓の事
俄《にわか》に馬浮沓が必要になって、もし浮沓がなければ泥障《あおり》を内へ巻上げ、鐙で押さえ空気を入れるようにして乗る。または前後に沓をなめし皮で作って付ける。付け方に口伝がある。二つに折って、長く拵えると良い。

〔図101『浅見伝浮沓之巻』
より馬の浮沓の例〕

一、潮水で食焼の事

鍋の底に土器や呉器《ごき》〔朝鮮の飯茶碗（御器）で素朴で大ぶりな撥形の高台がある〕などを伏せて置き、その上に米を置いて焼くと塩気が無くなる。塩は皆、その器の下に溜まるという。

一、鍋が無い時の食焼の事

方法は色々あるが、米を菰や藁苞《わらづと》などで包んで水に浸し、土を掘って少し埋め、土の上で火を焚くと飯が炊ける。米をよく洗って浸した方が良い。また米をよく洗って桶に入れ、石を焼いて桶の中に入れても飯が炊ける。

一、潮を水にする事

舟中で水が無い時は潮を使う。舟の底に赤土を塗り付け、それに潮水を溜めて置けば、塩気は赤土に吸収〔火山灰の赤土は陰イオンを吸着する〕されて真水になる。

一、泥から水を取る事

少し掘り、紙を敷いて取ればよい。

一、凍えない薬の事

蜜柑の油を取って手足を始めに全身に塗っておく。普通は酒を塗っておけば絶対に凍えない。

一、飢えた人に食を与える事

赤土を水で煮たてて呑ませ、その後で食を与えると良い。また厚朴《こうぼく》〔モクレン科ホウノキ属。樹皮を乾燥させて生薬とし、健胃、腹痛、腹満、虫下しなどに用いた〕の皮を煎じて飯椀に一杯飲ませる。食事を始めるのはその後で、少しずつ食べさせる。

一、水渇丸《すいかつがん》

梅干の肉を打ち潰《つぶ》した物・一両、氷砂糖・二匁、麦門冬《ばくもんどう》〔やますげ、ユリ科ジャノヒゲ、竜のひげ。根の塊状部を乾燥して咳止め、消炎滋養強壮などに用いた〕・一匁。

右の三味を細末にして丸めて用いる。水に渇した時の妙薬である。

一、飢渇丸《きかつがん》

人参・十両、蕎麦粉・二十両〔腹持ちが良い〕、小麦粉・同、薯蕷〔ながいも〕・同、甘草《かんぞう》・一両、よくい仁〔はと麦の種。生薬としては緩下、鎮痛、鎮痙、消炎、利尿などの作用がある〕・十両、糯米粉・二十両。

以上を各粉にして三年物の古酒三升に浸し、乾燥したら桃の大きさに丸めて一日三粒程用いる。
この種の緊急食は食物が全くない時の助けとして用いる。右を三粒程服用すれば、心身共に疲労しない。

一、馬上首付の事

首を取付ける緒の長さは二尺五寸で、緒の先に畳刺針の様に削り尖らせた針を差し挟んでおく。それで首を突通して、馬に付ける。取付というのは鞍の後の四方手〔鞍の前後の紐〕の事である。追付というのは鞍の左後の緒をいう。その首を付ける時は深く刺して動かない様に心掛ける。その時は鼻を切り取っておき、その首を馬に付ける。匹夫には下々までよく気を付けないと、首を奪われる事が多い。その心得で鼻を切り取って印とするのである。

軍法備《そなえ》の次第

一、雑兵備、小荷駄奉行、物見

急事で無い場合は遠くまで押し続けない事。大体一日に三《み》時《とき》〔六時間〕が定めである。勿論それは時と状況による。未明と極晩に押す事は堅く禁忌である。

一、大鼓に二通りに定

押太鼓は径一尺八寸、これで陣中の時刻をも打つ。掛太鼓は一尺二寸である。持ち方は二人で担ぐ。また山路では一人にて背負ってもよい。打役人は道明けの役である。数は三、四と打って四、三と返す。道押しにこれを用いると、足並を揃え、心も定まる為である。打止むと、押す事をやめる。掛太鼓はこれとは異なり、打役人も侍で特に功者を選んで使う。「鼓を打って気を益し、兵の動きは血気を以てする。気が盛んな時は進んで利がある。息《やむ》の鼓は速く打ち、また引く時には遅く打つ」と言う。

一、角鐘《かくしょう》

角は貝である。口を角にして吹くので角という。吹くのは騎馬兵の役である。大方は朝晩の三時に用いる。朝は東の太陽に向いて吹く。一番貝で起き、二番貝で支度し、三番貝で出る。ただし定めは将の心次第である。また先手、打立二、三、四、五と段々に出す次第を貝で定める事がある。昼は南に向いて吹く。太陽の方向の南である。晩にはまた東に向いて吹く。北西は陰だから除く。何れも数は五々に吹いて、五つ流し〔五つ程吹かずにおき〕、最後を長く吹く。すべて朋《どう》音すなわち同じ強さで対をなして吹き、目立つ表音は忌む。

鐘は本〔底本は「木」。大原勝井本は「本」〕は鉦《どら》、鐘《つりがね》、鈬《ちょうはん》〔大鈴、鐸〕の三つがある。しかし我が国では鉦を用いる。色は黄色で鎚目があり、真中の打つ所は三寸四方程が大きく膨らんだ物が吉である。鼓は掛ける時に用いる。鉦は引く事を示す。鐘は敗乱の兵を集め、または夜討ちなどに用いる。皆、その数は常に約束事をして打つ。急時には早く突く。鼓、鉦、角は以上が大概の定めである。

一、陣取

陣取は四方に物見や忍びを遣わして、先に備を立てる。備えは環亀の地すなわち中央が高く、周囲が低い地形を選ぶ。しかしそこで薪、草、水の三品が得られなければ他をさがす。悪地大河の辺、高山の下、村里、森林の辺、後が険阻などの地は備には適さない。前が険阻は良い。

一、備

備と言っても元来は形が無い物である。敵により、地形によって備を変える。しかし定法を決めなければ合戦し難い。その大概をここに記す。備の基本は五から始まる。これは東西南北中央の五行の形を以て備とする。一より陰陽の二気が始まり、五行が顕われ、五行の中から万物を生じ、また五行に戻り、五行は陰陽の二気に返り、二気は一に返る。諸葛孔明の八陣に関して色々な説があるが、五より発して八に備える。

[図102]

【図中文章】 この如き五人であり、中の一人は大将である。

右の五人に伍々の声をかけて五人を軸に、二十五人の一組とする。大備で百千万人でも、これから作り始める。さて二十五人を二組合わせて五十人の騎馬を一備とする。侍大将一人、鎗奉行を二人、旗奉行を二人、武者奉行を一人、小荷駄奉行を二人、都合五十八騎である。これを一備と定める。五十騎の備には侍大将が武者奉行の役を兼ねるので、武者奉行の有無は決めない。この時は五十七騎で定める。五十騎一備の時は、雑兵共は小荷駄を除いて三百余人である。馬上が六十騎集めれば、総数は下々までで四百二十人程である。この時は、一行に備えると押の時は長さ八町、二行の時は四町となる。これで横を見積もればよい。右の一備が五十騎より上であれば、必ず武者奉行を二人ずつ配置する。侍大将一人では合戦や後退などの指揮は困難である。

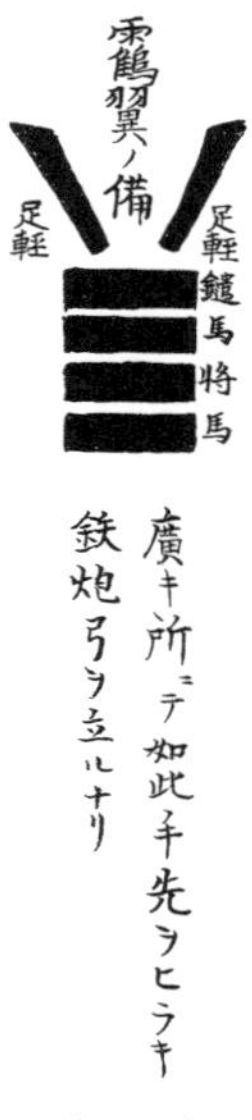

[図103]

【図中文章】 靏翼《かくよく》の備

足軽。鎗。馬。将。馬。足軽。

広い所ではこの様に手先を開いて、鉄砲や弓を立てる。

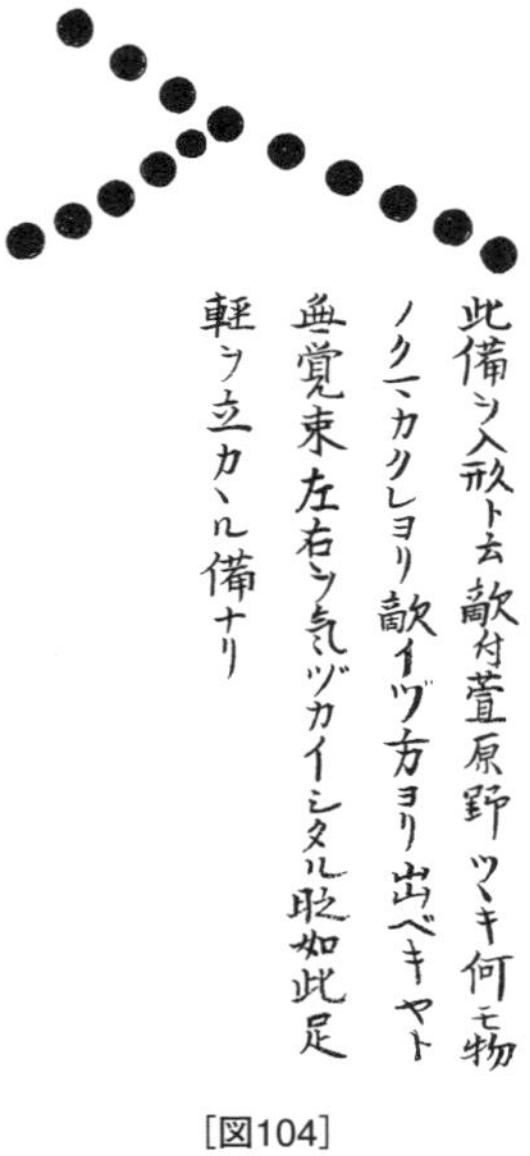

[図104]

【図中文章】この備を人形《ひとがた》という。敵には有利な萱原野が続いて何か物の隈に隠れる事が出来、何処から敵が現れるだろうかと無覚束《おぼつかなく》思って左右を気遣う時は、この様に足軽を立掛ける備である。

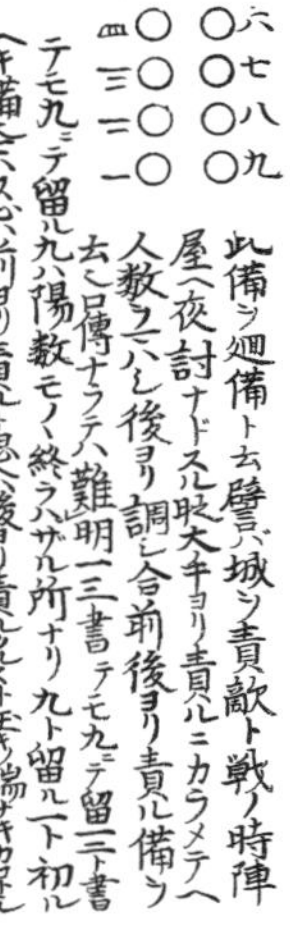

[図105]

【図中文章】この備を廻備という。例えば城攻めで敵と戦う時や陣屋に夜討ちなどをする時には、大手から攻めるのだが、まず後方の搦手に人数を回して調子を合わせ、大手搦手の前後から攻める備である。これは口伝でなければ説明が難しい。一、三と書いても九で止め、一、二と書いても九で止める。九は陽の数で、物に終りが無い数である。九と止め、一と始まる備である。回すという心は、前より攻めると思えば後から攻める。くるくると玉器に端が無いように動くのである。

一、大輪の備

この一備で前の備もその次第を教えるべき為である。大輪というのは、心を廻り廻らす道理を用いて名付けたものである。天下国家山林阻沢《そたく》河海平易など万物一切がこの備に漏れる事はない。口伝あり。太陽は地に光を落して規則正しく行く。勝利に乗れば、太陽の車は坂を迅雷の如く下り、また不利で仕掛けられない時は太陽の車は坂を登る必要がない様になる。動く動かないは、風の如く、また山の如くである。

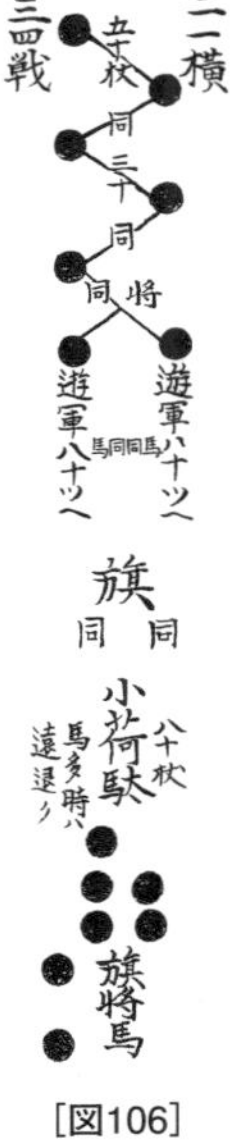

[図106]

【図中文章】二一横。三四戦。遊軍八十枚。遊軍八十枚。五十枚。同。三十。同。同。将。馬。同。同。馬。旗。同。同。八十枚。小荷駄。馬多き時は遠く退く。旗将馬。戦奉行一人と証拠奉行は旗奉行に付く。大鼓、貝が付くのは勿論である。横目使も同じ際《きわ》積は旗奉行に付く。部隊の間の遠近は、その時の人数と地形に応じる。敵の強弱を見積る。あるいは先峰の一隊が敗れて後に乱れ掛ると掛らないのとは、一隊を救い、四隊が三隊を救うように変わる。先手を強い部隊で備え、二、三に剛い部隊で備えるものである。互角の戦では気鋭の勝負であり、一陣が敗れると残りも敗れる。気は気に移るというわけであり、敵の二、三隊の気力に依ることが大きい。味方が多いのは吉とする。もし別手の一手にする時は倍々で勢を増す。また大手に備を置いて、手数が少ないと言って大手の備を分けて使い後詰めに移すと勢を失う。敵の鎗が近くなって備を替えるとか、あるいは前後の入れ替えなどをすると必ず敗れる。横攻めを入れるには、地の利と順逆とを考えて行うべきである。

［図107］

この様に五色の旗で備を定めて、金鼓を打って進退、疾徐を知らせれば、節目に応じて良い結果が得られる。五色の旗は敗乱の兵が備を惑わなくする為である。

一、懸口、かかり口

平生の様に静かな方法を基本とする。これは位を以て押し寄せる時の事である。静かなら号令や相図が届いて足並が揃い、勢力を保つことが出来る。掛る時は必ず早くなるものである。早い時は足並が揃わず、ばらばらになって虚の部分が生じる。人は三息を使えば必ず疲労する。初掛りという時は一息を発する。掛る間相が遠く速い時はまた一息を使う。戦う時に一息を使う。この三息を使いきれば、完全に疲労する。故に掛る足を静かにし、初と後で二息を使い、一息を残しておくのが良い。鎗合の時の一気を鋭に用いる為である。息の見積りは、重々心得ておくべきである。

一、凱

大方、四道に定まる。鎗前。これは一段《か》である。「えいえいい」と言う時は、「おう」の声につづけて全員があげる。槍がバラバラに揚ったのでは、らの□〔シミ〕合事を嫌う。勢い次第の勝負だから勢を添えるためにも、一度に合わせるべきであり、兵士は頃合を見合わせて凱を揚げなければならない。鎗合わせで一戦に勝つ。敵の地味方を奮励すべく凱を揚げる。まずその日の戦で初を勝とし、後の勝利を残しておく。第一に初戦の勝負が大事で、これに深理がある。城を乗り切った凱は二段である。侍頭または兵卒でも、「えいえいおう」と言って、諸兵が「えいえいおう」と揚げる。全員が揚げなければ、また「えいえいおう」と返す。首実検の時や、実検を過ぎて大将が始めれば、全員が揚げる心味がある。凱を合わす事は諸勢の力を一致させる為である。凱の前後に口伝があり。

一、懸け引

軍では掛と引は二つの大事である。掛《かか》るは勝利を見つけて掛り、引く所は引いて利がある時である。そうは言っても理不尽な勇将は、掛る事だけを好んで引く事を知らない。これは滅亡の始まりである。思慮深い智将は始終の勝負を計って一時の負を厭わない。また一時の勝を貪らず、引くのは敵の備が堅固だから位を正したわけであり、地の利を計算して布陣する事が重要である。味方が敵を攻撃しても落とす事が無理な時は、引取ると見せて敵が付込んで来る処を見計らって敵を浮足立たせ、その隙を討つ。これは方便で引くと心得てもよい。乱れて勝を取るという。進む時は退く事を思い、退く時は進む事を思うのは軍術の定法である。進と退は勝利を目指した同じ事であり、掛と引とは風と潮との様な関係である。掛は風のようなものである。風には形がないが、吹いて来れば物に厳しく当たる。引は潮の如く、満々としていても自然と潮の動きが一致しているので、引く様に見えない。潮は繰引である。引潮は自然と一致して騒ぐ事なく、速《すみやか》である。前後の次第が全て速な所は、敵は討つ事が出来ないものである。討取る隙が無いからである。それを討とうとすると、却って被害を受けることになる。

一、懸り待

受けて戦う事が良いか、先手を取って戦を仕掛けるのが良いか、この二つを見分ける事が肝要である。不意や虚を突くのは各別であり、大方は将、地、間、小の四つである。

○将

重く愚鈍な敵将には、先手を取って大軍を仕掛けて威圧する。口伝あり。軽快で鋭勇の将には、鋭気を避けて堕気を討つ事が肝要である。

○地

仕掛けて利を得る地、受けて利がある地を見分ける事が大事である。口伝あり。

○間

間が五町なら敵に四町程掛からせて、来敵の一町手前で味方が攻撃を開始する。敵は四町の疲労があり、乱れもある。また敵が威圧して詰め寄せて来れば、三十間以内なら攻撃して利がある。敵が掛かろうと動いた所には弱点がある。それは敵の未発の勢だからである。また四十間五十間と言っても、敵の気勢の強弱に従って掛る所は、風の如く円石を転がすかのように敵の気勢を一気に打ち砕くように仕掛ける。敵が掛って来るのに志がある時は、敵は下知をして変化しながら掛かって来るので、敵の戦術を外すのが良いから、敵の動きの拍子取りが大事である。

○小

味方が大勢で平地の小勢の敵を攻撃するのが定法である。しかし一概にそう思ってはならない。「懸待は勢の衆寡によらず、権《はかりごと》に随う」と言う。口伝あり。

一、先鋒を加勢する方

敵の先手が大勢で、味方の先手の備えが薄い時には、敵の剛弱によって加勢と遊軍の二つを両側面より出し、軍奉行をつけて、その下に別動隊の一手を置く。三、四軍が協同して詰め、また五軍と旗本が一つに成って少し詰める。しかし旗本と小荷駄は動かない。

一、堅固な敵に手合《てあわ》せ方

敵が堅固な時は足軽を掛けて誘い出し、体を変じて動静によって戦を始める事を専らとするが、これはさほど益が無い事である。何よりも本隊の第一戦を始める時が大事である。敵を引き寄せるのは、その敵の動静を見て剛弱を知るためである。一手の人数を倍して二備を付け、守りを堅くして二陣に備えて待つ。これは先陣が敗れると、第二手が討つためである。敵の威勢が弱ければ二、三軍で左右に備え、味方が勝つた時は左右の備で追撃する。もし味方が敗れて敵が追って来るなら、左右の備で敵の横を討って出る。この時は味方の後備が幾手も凱を発して掛る。敵の二、三隊を破った時は、残党は全く追って来ない。追撃の目付は口伝である。また敵が誘い出すのは、誘い出して混乱させ、その隙に乗じて味方を討つためである。誘いに乗って追い出すと、敵は小勢の餌だから簡単に破れる。先陣でしっかり討ち取った後は、全軍が備えて味方が負けない様にしなければならない。この様な備には武頭《さむらいがしら》を三人立てるのが良い。敵が誘い出す時は、誘いに乗ったふりをして敵の意表を突けば連戦連勝である。敵の手立てに乗って変を討つ方法は、重々口伝である。

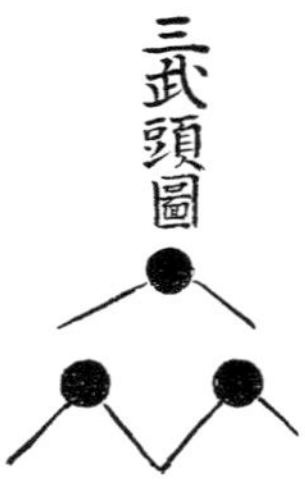

［図108］

【図中文章】　三武頭の図

一、人数を繰り引く

敵が遠いといっても、隊列を乱して引くのは危険である。不利になって引く気持は、隊列に現れる。いずれの備を引くにも、後備を急いで立て直し、鎗襖を取って居る時は、後備から相図の太鼓を打ち鳴らし、その時に先陣を引きあげる。いずれの備もこの様にする。備の遠近の心得は、重々ある。まず旗本を引き、先備、二備を引く。その一つは守備にあて、一つは外す。これも所に寄る。前のように後に備える。三備を引いて、また四、五を引いて備える。そして両翼の遊軍を引いて、もとの備に成る。

一、人数の払引き

これは敵が間近になって急に引く場合である。旗本は後に引く。将を早く引くと必ず備も狼狽して弱くなるものである。そんな時に敵が掛って来れば、味方は必ず敗れる。まず二を払い、前のように後に備えて、その後に将を引く。四、五の備からは、右に同じである。この様に急を要する処では、旗本を早く引いてはならない。心得ておくべき事は、いずれも後備を利地に残して、戦をする事が肝要であるという。

一、四調の備

勇将は掛るが愚将は掛らない。これは味方が大軍で敵が小勢の時に用いる備である。先峰と二備を両翼に押し出し、それに武者奉行を二人ずつ付ける。威勢を見て敵が掛って来なければ、遊軍の二備が両脇より詰める時に、前の二備が敵の両脇に出る。奉行は残り、後備に付く。まだ敵が掛って来なければ、先手の後で遊軍が詰る中に中備《あて》が出る。その後に旗本が少し詰める。四調で旗本が詰るのは、敵の遠近による。

一　敵多勢で味方少勢の時

大が少に勝つのは定理である。しかし小勢で大軍と戦う時には勝つ為の見付けが大切であり、これは小が大に対する時の権謀である。敵の不意や堕気を討つのは勿論である。大方は、将の愚、人の不和、地の利との三つを見付けるようにする。大軍に愚将は大なる害である。人の不和も敵の弱であり、敵内の味方である。また地の利は要である。地の利は兵を助ける。小勢で大勢に勝つのは、険阻な地形の要地を取って敵の虚を謀る。あるいは夜討・昼暮朝掛けなど、いずれも方便を用いて権謀に余りある時は大軍を恐れてはならない。

一、敵小勢で味方は大勢の時

敵が小勢で味方の多勢に向かって来た時は、敵には勝算があるからである。だから小勢を侮ってはならない。第一に小勢は下知が自由にして確実である。多勢は纏まり難い。また兵は多勢を頼みにして、怠る。また多勢は小勢を侮るという利がある。これは大事である。戦場を広げて備えると、敵には倍の手数がかかる事を利用して敵を疲れさせるとよい。そして荒手を繰り出して敵の勇気を奪うのも良い。また小勢が必死で攻撃して来たら、鉄砲を並べ、その内側に騎馬を、そして前に弓を置き、敵が掛って来たら厳しく打ち散らし、さっと引き取る。二、三、四、五の備も右に同じである。敵の攻撃が数度に及ぶなら、敵は強くても疲労が激しく、味方は必ず勝利する。

一、敵の地形が良い時の掛かり方

これは山攻め戦である。敵が高い所に布陣して味方の虚実を見下すと得である。また下に向かって攻撃すると思うと、勇気が湧くという徳もある。平地から高い場所に登る場合は疲労するが、さらに重い武具甲冑などの装備で登る時は尚更である。これは害ありだ。あるいは敵が木や石を落として来るので被害が大きくなる。敵を高い所から低い所に降させて討つと利がある。このように山での合戦では上って悪く、下っても悪い。詰まる所、戦はこれと言うものが無いのが道理であるが、敵を誘い出し、敵の虚に応変して上り、あるいは下る。敵の区域に忍び込む必要は無い。

敵が山より下りて麓の一町ばかりの間では弱い。騎馬兵が馬を降り、船は陣を離れて川を上るなどは、見付けに口伝がある。また追う時は山際を切るように追い上げ、退く時は左か右かの一方に引くようにする。真中を直に引き下がると、矢道になり易いので危険である。山続きで峰が多い時は、尾根を登り、峰を登れば利がある。陣を離して用い、また山林の茂みに引掛陣を備えるのに心得がある。その内の小勢で行動すれば人数を敵に知られない。これはまた敵の勇気を削ぐのにも利がある。兵法は詭《いつわり》の道である。大を小に見せ、小を大に見せる一術がある。大勢を茂に引掛けて、小勢で襲撃し、小勢でも茂みを離れて備える計略がある。敵の総数を知る口伝がある。忍者を送って、前以て敵数の多少を知っておかなければ、敵に計られはしても、敵を計る事は出来ない。山林に利便を求めるが、弱点ある利便を離れては虚となる、という。口伝あり。臨機応変に利便地を離れて討つのが大事である。

一、地形によって敵の備を直す習い

互に押出して対陣する時、敵の地形は良くて味方の地形が悪い事がある。こんな不利な地形で戦う時は、敵の動きは味方の動きで定まる事を意識しておくべきである。故に仕掛けてすぐに敵への備を変えなければ、たちまち崩されてしまう。左右共に先陣はそのままにして置き、二備と三備とを左にでも右にでも地形によって立て直す。一備を直すと、それに応じて次々に備を直してゆき、すべての備を変える。旗本を直し、遊軍の一つを直す。小荷駄を直し、後に先手を直し、最後は本備にするというわけである。幾度も、この様に先手を最初に直せば、その動に応じて敵が討って来るからである。先手を残し、二、三備を直した所には、敵が討って来た時は、直した備を横槍〔側面攻撃〕に用いる。一般に不利な悪地に備える事は、名将はしない。もしこんな事がある時は、この流れを知っておく事が敵に対する仕掛の心得である。また時が移って、三剣すなわち日月風に向かう時にも用いると良い。

一、敵が挑戦してくる時の心得

戦を挑むというのは両陣が互に進み合って戦う事である。敵ばかり挑んで来るのなら、裏を読まなければならない。挑発は進軍を意味する。敵が勇み、威武が盛んで進んで戦を急ぐ時は、その心を察して対応すべきである。地の利によって裏をかくか、兵を増派するか、後詰があるか、あるいはその家の吉事などが有るのか、いずれも利便あっての挑戦である。敵の方便を理解していなければ、戦わないのが定法である。敵が挑む手立てを知って、敵の変に対応すべきである。退く時は弓鉄砲をまず倍に増やして、手前の守りを堅固にし、後に戦を行う。治を以て乱を待つ、というわけである。敵が掛かって来たら、弓や鉄砲で敵の鋭気を奪い、敵の乱れを討って利を得る。

一、勝軍に備を直す習

一戦に勝てた場では、後戦をしないものである。一度勝った場だからこそ、危険な地となったわけである。敵はその場を良く知っているので、そこは早く立ち去って別の適地で備を立てる。後陣を先にし、先陣を後にする。先の戦で疲労した兵を休ませ、勝戦だから疲れていない後兵は勇んで進むという利がある。勢力を保つ得があり、またこの地で戦うという新しい気持と気分転換との利もある。戦は勝っても負け、負けても勝ちという利がある。勝てば、そこには必ず負けが潜んでいる。あるいは驕り、あるいは怠る。また一旦は負けでも、恐れる必要はない。兵をますます励まし、敵への怒を膨らまさせる。

一、味方が負け戦の時の旗の立て方

前述したように大竜が証拠というのは、大軍は自由に下知し難いので、旗で目に、金鼓で耳に指示するから、大軍でも進退が自由になる。ある時は備えの、ある時は敗れた兵を集めるのに旗で下知するので、一軍存在の証である。もし破れ乱れた時は大竜を目当てに集める法など、出す旗の利用法は、旗奉行が前以て管轄する所である。故に旗奉行を選び、奉行は前以て後で戦場になる地の利を見知っておく。それには前以てあるいは郷人を使い、あるいは忍者を用いるというわけである。これは重々心得ておくべき事である。負けた時は高い所に旗を立て、あるいは鉦を用いる。諸卒は旗に従って、あるいは勇み、あるいは臆する。だから旗奉行には器量が必要である。城を攻める時に、旗が城に近付けば兵卒は勇み、退けば臆する。だから潮時を見計らって城に旗を入れるのは、大きな戦功である。平場で敵に旗を奪われるのは奉行の恥である。城乗りで奪われるのは、時として止むを得ない。急所では旗を巻き、あるいは竿を取り去って旗を旗持人の帯などにさせるなど、奉行には相当な才智が要求される。

一、味方勢の誤揺を制する方

良将の兵は動揺しない。しかし万一誤って騒動する時、奉行や武頭が馬に乗り廻って下知すればますます大事が起こったと誤解して騒ぎが大きくなる。そんな時は申し渡す事がある。下馬して下知をし、乗馬していれば将は早く下馬して、この騒動は無用で不謹慎である事を下知して止めさせる。これは敵との間が遠くて、まだ事が起こっていないのに動揺した場合である。馬に乗って大きく立つのは陽だから騒ぎも大きくなり、騒ぎを治めるには同じ目線の静かな陰で静まるという道理である。徒歩達の騒動にもこの方法で対応する。

一、鎗前の下知

人の気は時によって盛衰する。すなわち気持が乗るか乗らないかがある。敵の気持を察する事よりは、第一に味方の気持を察する方が重要である。勝ち負けは味方の内にあり、敵の強弱によるものではない。味方を堅固にし、落ち着いて敵の虚実を計るのが勝利への道である。味方の武者の威勢が弱まった時は、勇気を出さすのは下知次第である。口伝であるが、心は色に出て、形になる。戦場では将は弱音や弱色を表してはならない。仮であっても、常に頼りになる強い内容で兵を動かすべきである。そうすれば士卒の心が、将の心に移って来るはずである。将が発する是非の一言が士卒の是非となる。

一、敵が残勢を張る時の心得

敵が残勢を張る第一は、味方の心を奪う為である。これは重々心得ておく事である。味方も、戦の備えで戦う事だけを考えてはならない。敵の心を察して勝負を計る事が戦の本源である。敵の方便を知らない時は戦わない。これは自分の力を出しきる大事な定法である。敵の残勢は味方の気持をその方に注目させ、敵が側面から兵を回し、突いてくる方便かどうかを見極める事が大切である。味方の軍の弱点を牽制して味方の心を押え込み、そうして敵が引き取る為なのか、あるいは味方の備を分散させて行動を押えこむ工作に出たのかを窺って討入る為かなど、いずれも地形や変化する敵の備の状態などから考えなければならない。勝つべき戦で勝たず、負けざる戦に負けるのは、その根本が分かっていないからである。味方は戦の備に大輪の備をするというのは、左ならば左の遊軍を二の備の通りに出す。後陣には五備に奉行を付けて、間を見積って備える。遠近は備えを置く地による。一備を以て当たってはならない。二重に厚く備えて奉行を付け、先手にも武功の誉れある兵士を付けて備えると、諸卒の気持がまとまる。

一、曇霞の合戦

霞の中は夜と同じだから、互に自由には動けない。危険な時は戦わないのが定法である。しかしそれは場合や時に依る。霞は風上から晴れる。故に曇霞の合戦は風に向かえば良い。これはまさに闇の中の灯に等しい。敵方の方は雲霞が早く消えて、敵の備や手賦《てくばり》がはっきりと見え、味方の状況は敵方には見えない。この虚実を以て利が有るというわけである。また小を以て大を討つ場合にも利がある。また城を攻めて敵の近くに寄れるという得もある。敵の鉄砲も役に立たない。将が敵の心と備と場とを明確に知る事が出来れば、その行動は霞に縺《もつ》れず闇夜に縺れず、という。

一、三剣に背を向ける

三剣すなわち日月風の三つに向かいてはならない。大損害を受けるので、敵に向わせる様に計る。

一、夜討の用心

戦は昼夜ともに敵の術を逆手に取って味方の術にすれば勝利する。故に謀を深く秘密にするはこの理由である。例えば敵が兵員を置く所を知り、敵が不意討ちをする事を知り、敵が夜討する事を知り、敵が城に攻め込む所を知る。敵の謀略の全てに通じる事が出来るのは、名将が忍者を上手に使うからである。伊賀甲賀が自分の国であった頃は、忍者をよく使ったので、最後まで敵の不意討ちにあう事も無く、安心して敵の不意を討った事は幾らでもある。これは皆、忍者を良く使ったからである。夜討ちは不意を討つものだから、忍術は敵に通じては情報を得ているので、敵は落とし穴に落ちるようなものである。常に忍者を用いて、夜毎に物見を付けて敵を窺うことが必要である。いつも配置する人数を決めておき、夜討ちに来てもそれには構わずに敵の返り道を遮断して、逆にそれに乗じて敵の城に付け入る事も肝要である。

一、川を隔てた戦

川を隔てて対陣する時に、互が勝ち負けを計算して利に乗じて動くのは勿論の事である。敵が後備えに勝軍に備えずに川端まで全軍で押し詰めて来れば、敵の虚実を計るまでもなく、その敵を渡しさえすれば勝利する。故に川から離れて、敵をこちら岸に渡らせ、敵が疲労し部隊も乱れている間を見積って戦に備えればよい。これには夏冬の見積りがある。また川の浅深・広狭もある。これには伝授がある。備は人数の多少にも依り、また地形にもよる。また敵が川端に鉄砲隊を上中下に分けたり、上、あるいは下に変化させたり、後備、馬筏を組み、歩卒を中または下に立てて渡って来る場合や、渡って来ても味方を攻撃しないで川端に引いて備えた場合は討つべきではない。

一、船で渡行する方法

これは隊列を少しも乱さない様に堅く戒めておく。この意味は深く、小さな一時の乱れが諸事の大乱に繋がってしまう。国から村の五人組に至るまで、すべて整然としているが最上である。船で渡る時は、必ず行列を乱して騒動するものである。最悪、わっと乗り込んで船を沈める事さえある。また敵に近づくと慌てるので、第一に半端な討ち方だけは特に注意しなければならない。両方に長柄を立て、その中を通って船に乗せる為の下知人を定めて、その指図に従って乗船させる。勿論、物見は最初に渡し、その次に物見押、鉄砲を渡して対岸を固める。備は地形に依る。二番に武者奉行一人、使番、その外は、普通の行列と同じでよい。ただし敵が遠い時は、唯船の乗り際だけは下知が必要だが、行列は普段通りでよい。

一、先鋒から旗本に通ずる相図

先鋒とは先手の事である。大軍は前後で遠く隔たるから、急変すれば緊密に旗本に注進する事が難儀になる。この件に関して前以て物頭などと約束事を交わしておく事が肝要である。すなわち五色の抛旗を仕手のように拵《こしら》え、色で相図の約束を定め、その旗を振る。最初の触れが次の旗に受け継がれ、最後は旗本に届くというわけである。竿が短ければ槍の柄に結び付けて長くして用いる。

一、諸相図

城中と陣中と共に騒動する事がある。故に前以て相図を決めておき、鳴り物で夜討ち、喧嘩、火事その外の騒動を伝える個々の音を約束し、それで変事の内容を知らせる。相図のきまりは自由にすればよい。用事で侍頭などが集る時は貝で知らせる。鐘は時を打ち、夜廻りには鈴を用いるが、唐でも鈴を振る。日本では鈴の半字を取って鈴の代わりに令という字を用いるという。自分の役所の領域内の用心では、拍子木を打つ。これは足軽大将の役である。色々な事の相図には打ち方を定めておき、諸手で相図を合わせる。拍子木は柊《ひいらぎ》を用いる。また赤樫も音が良く響く。大きさは長さ八寸、横一寸二分、厚さ八分である。右の鳴物で相図を定めておけば、騒動も起る事が無く、兵が揃う事も早い。また城や野原に限らず放火する時には、火や狼煙を使った相図を定めておく。

一、半途の軍

敵味方共に半途〔途中と言う意味だが、ここでは奇襲〕な兵の扱いを切にする。勝負で不意討ちするのも奇襲である。隊列を組んでいて攻撃がし難い場合は、そこから遠く隔たった道で襲う。平穏な行列を攻撃しなくても、敵の気力を奪えば行列は形だけの物になる。特に他国の不案内の地では疑心暗鬼を生じる。自国では地利の詳細が分かっているので、掛引が自由に出来る。これだけで敵を討たなくても勇気が出、大きな利得である〔大原勝井本で虫食い補足〕。敵が近づくと、さらに行列を正して諸卒の心を自覚めさす。兵は自ずと気を引きしめて堅固になる。故に近い所を討ち、敵のやる気を崩すという。また奇襲の夜討に関しては、少数で大軍を討つのは不意と半途であると言われる。故に相図を定めて忍者を送り、あるいは遠近の物見の報告を考慮し、不意と半途で適切な謀計が肝要である。このように、忍び物見は戦《いくさ》における必勝の深理を内包しており、忍びを使う事は軍の基本でもある。大将の首実検は諸書で皆同じだから省略する。大将の首実検ばかりして、その外の首を実検しない者もいる。しかし諸士でも高名で称賛される者もいるので、首の数が多くても残らず実検すべきである。太閤秀吉、織田信長など古今の名将は、首数がどんなに多くても残らず実検されたという。もっともな心得である。

一、将意三慎

智が前面に出るような行動は、軍がどんなに賢く動いても越度《おちど》が生じるものである。よって智恵を表に出す事は慎むべきである。また智力を内に秘めた場合は、軍に越度がなくても、謀が深過ぎると眼前の急変に対応し難いので、これも慎む。勇猛果敢な将は必ず敵を見下して奢り付くものである。よってこれも慎む。以上の様に自分も慎み、敵を深く察する。これによって謀を設ける。これが勝負の根本である。

一　把団采配《はだんさいはい》の取り方

順逆の二つがある。敵を指差す時は剣先で指し、味方を指差す時は柄の方で指す。鞭や扇も同じである。敵を招く時は手を仰向け、指先で招く。すなわち逆手である。味方を使う時は順手で掌を俯《うつむけ》けて指示する。また味方に掛かれと命令する時は、軍配を射向《いむき》〔鎧の左側〕の脇から打ち上げ、下に回して引取る。引けの采配は上から左の脇に打ちこむ。止まれの相図は軍配を高く揚げ、手古舞《てこまい》の真似〔軍配で扇ぐ〕をする。

一、地勢による権謀〔底本は「権因他制」〕

地形の広狭で二つの権《はかりごと》がある。兵員がその地に余る程いても、また反対に少な過ぎても虚である。これは皆、権謀に違う。狭い所で幾手も兵を分けて用い、また大軍に険阻な地を利用するのも、戦術が稚拙である。小勢なら険阻を頼りにするが、大勢ならその大戦力を利用すべきである。再度言うが、小勢は険阻を利用する。十夫を上手に守れば、それは百夫に相当する。地の利は兵には援軍である。しかし険阻な地に居て、その険阻を頼みにしていれば、油断して険阻が不険に変る。不険に居て、そこを不険と思う時は、その不険を注意しているので険にするという利がある。これを険易の用い方を知るという。

一、勝ち負けによる剛弱の重要性

嵩高い勇盛な将は勝てば必ず奢る。

尋常の将は勝って安堵する。

愚将は勝って怠る。

賢将は勝って慎む。

嵩高い勇猛な将は、負けて益々勇猛になる。

智将は負けて、益々謀が深くなる。

愚かで臆病な将は、負けたらおろおろして何をすべきか分からない。

以上は敵を計り、また我を反省する源である。

一、戦では敵に勝つ詮索ばかりしてはならない

ただ自分の非を知り、自分の虚をよく考えて負けない様にし、手前を堅固に守り、物にかたよらずに敵の虚を計る時は、勝は手の内にある。少しも勝を意識しないで勝易い時に勝つのが良将である。吾を全うし、以て敵の非に討勝。勝つべき

事は敵中にあり、負けない事は吾にある。例えれば上手の碁打である。手前を堅固にして、敵の石の弱い所を取る。これである。人は物に偏るので、智力を失う。例えば慾に偏れば賞罰は正しく行われない。恐懼《きようぐ》〔恐れおののく〕に偏れば、鵲《かささぎ》を敵の旗と見誤る。喜怒哀楽憂愁その外何に偏っても、その正なる部分を得られず、心が暗愚になる。心が暗い時は敵の虚実の変化に対応し難い。偏りを離れれば、謀略が自然に生じる。例えば明鏡が万形を残らず写すのと同じである。この様にして身を慎み、吾を以て敵を察し、敵を以て吾を知るべきである。

一、後詰がある城は猶更だが、なくても籠城した時は、城外の十町、あるいは二十町、あるいは一里の内は、相図を徹底して忍者の四〜五人を配置する

これには色々な利益がある。敵の大勢に取り囲まれ〔底本は「取り籠られ」〕、味方の後詰の大将に諸事を伝達する事が難しい場合は、城内から城外に相図で自由に指令や情報を伝達出来る。その外、これには口伝が多い。例えば三河の長篠合戦で織田方は奥平九八郎を籠城させた時に、武田勝頼の大軍が取り囲んだ。後詰の信長公や家康公に物事を伝達する方法も無く、おまけに兵粮が尽きて難儀をした。その時に鳥井強右衛門が城から忍び出て、信長公に後詰と兵粮を願った。しかし終には敵に捕まってしまった。この場合は、先に述べた謀を知らなかったので難儀し、大切な侍を殺されてしまったわけである。この様な事を、当流では心を一つにして身を分ける謀と言う。秘事である。

一、武者揃え〔訳者補足〕

第一、武者奉行二人

これは常に諸士が下知を請い、尊敬して来た者を用いる。功者が最も良い。

第二、旗奉行二人

一人は証拠、一人は際積である。証拠は第一功者を用いる。戦場の是非を考え、適地に旗を立てる。故に証拠という。際積は間を積むという事である。一軍の旗の数は九本、あるいは七本である。これを立て、次に家中の総旗を立てる間を良く見積る役である。故に際積と言う。

第三、鎗奉行二人

一軍の足軽は千三百を見積る。内、八百が鉄砲、三百が弓、二百が鎗である。

右を六奉行という。器量ある人を選んで役に当てる。この次に殿後と小荷駄奉行を定める。殿後は前以て定め置かず、臨時に定める。小荷駄奉行は主にこれ以上の適任者は居ないという程の者を任命する。

【図中文章】

先一備　物見　控人　人手引　大竜　人手引　控人　証拠　年廻　押太鼓
　　　　旗　全　全　全　全　押　徒立　家中　　　　鉄砲頭　鎧愛柔　同断
　　　　旗　全　全　全　全　旗　全　家中　　　　　鉄砲頭　　　　　鉄砲頭
　　　　旗　全　全　全　全　　　　　　　　　　　　同断
弓大将　　　　　　　　　鑓奉行　　　　　　　　　　鎧奉行　武者奉行
　番頭順次第二　弓　全　全　　同全全全　　　　　　全全全全　全全全全
騎馬　　　　　　　　　　　　　弓備　　　　　　　　鎧奉行　武者奉行
角証　袋ニ納テ不可顕　　　　　鉄砲先ニ同　　　　　同全　全
　　　　供廻　小姓込　　　　　弓備　同　　　　　　小馬験　押太鼓
将　像番横目　　　　　　　　　　　　　　　　　　　騎馬百十六百積リ
　　　　供廻　小姓込　　　　　持鑓　　　　　　　　後奉行六人
右同　　　　　　　　　　　　　　左旗

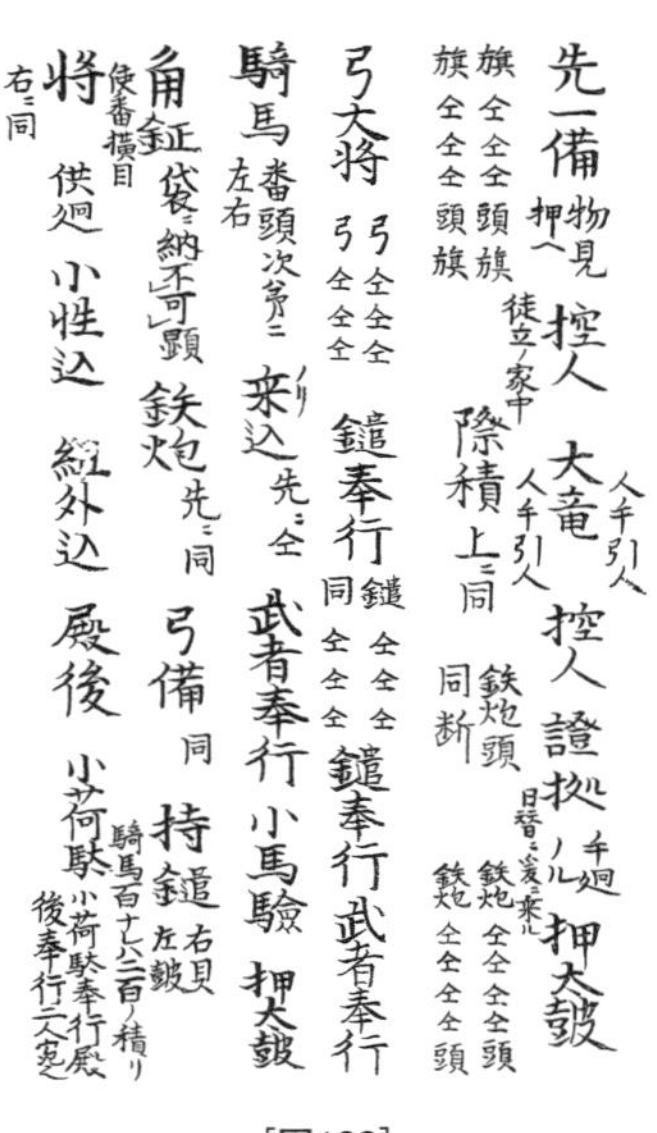

［図109］

【図中文章】先一備。物見。押え。控人。徒立の家中。大竜。人を手引する人。人を手引する人。控人。証拠。手廻。年廻。押太鼓。馬に乗る。日替に爰に来る。押太鼓。同じ。同。同。同。頭旗。同。旗。同じ。頭旗。同。同じ。鉄砲頭。同断。旗。同。同。頭旗。鉄砲。同。同。同。同頭。弓大将。弓。同。弓。同。同。同。同。奉行。鑓。同。同。同。同。同。同。槍奉行。騎馬。鑓。同。同。同。同。同。武者奉行。小馬験。押太鼓。番頭次第に左右に並べる。乗込。角証。同。同。先に同じ。弓備。袋に納めて顕わすべからず。鉄砲。先に同じ。同。持鑓。右貝。左鼓。騎馬が百騎なら二百の積り。将。使番横目。右に同じ。供廻。小姓込。組外込。殿後。小荷駄。小荷駄奉行と殿後奉行は各二人ずつ。

一、押前の大物見の事
　敵地に押行く時は、前以て通使を用いて通路の安否を確認

すべきである。山林の険阻な場所の伏兵を探すには、物見忍びを用いる。一組から二〜三人を選び出し、あるいは十騎以上で二十騎を越えないようにし、一騎に足軽五人を付け、さらに三人を添える。道程が三里以内で道の左右の山林に潜み伏兵を探す事を繰返す。また旗本から使番を二〜三騎出し、一騎につき使番の歩兵を二人添える。これは中小姓の内から達者を選び、一日交代で物見に遣わす。いずれも相印を一緒にしておき、敵と遭遇しても自分勝手な行動を禁じておく事は勿論である。彼らをさきの物見の間に居させ、先方の様子を旗本に注進させる。平地では騎馬が速く、山路では歩兵が速い。道の険易で騎馬と歩兵で速度の違いがあるから、騎馬と歩兵の両方を用いる。

一、行列して軍を他国に出し、着陣した時の行列を定める事
　これは不意半途の為である。門戸を出てから敵がそこにいる様に振舞い、未だ兆がなくても安心を慎む時は、凶事を避ける事が出来る。

〈忍術伝書としての『万川集海』は第二十一巻と第二十二巻の「火器」を「大尾」すなわち終わりとしている。この「軍用秘記」は軍法の概略であり忍術ではない。しかし江戸期には、兵法は忍者の必法となっており、底本の編者は家一流として『万川集海』の別帖として「万川集海　軍用秘記」を追加したと考えられる〉

万川集海　読み下し

巻第一

序

凡《およ》そ兵は国の大事、死生存亡の道なり。国家安危の基にして極めて大事、細少にあらず。

甚《はなは》だ深重の義にして、軽率の利あらざらんや。故に詳密にはかりごとを始め、五事七計*を明察し、よく衆の心を執り、権謀をもって奇正*を使わば、智、仁、信、勇、厳の五材叶い、天地人の三利そろわざれども、すなわち千卒*をもって億万の敵に当たるといえども、百たび戦いて百たび勝つべし。なんぞ危うかるべけんや。然りと雖《いえど》も、主将の聖智、世に希なるを知るべし。孫武子《そんぶし》出て闔閭《こうりょ》*を相《たす》け子房《しぼう》*を貴び、沛公《はいこう》*、天下を合す。

その外、主、賢将の明智を愛でて国を執り、家を斉《ひとしく》するは、大国も拖《ひく》にたらず。これ皆、主、周備《しゅうび》*にして、将また賢ならざるはなし。往昔、我が国の名将多からんや。然りと雖も、あるは治を以て天下を、あるは威を以て国を取るのみ。誰か仁義を止《とど》む人あらんや。楠 正成《くすのきまさしげ》等、その機に応ずると雖も、主また徳なきなり。ゆえに義の一篇を守り、戦死し畢《おわん》ぬ。爾《じ》来《らい》*、誰ぞや。

今、末世に及び、人心姦曲にして徒《いたずら》にその言《ことば》を好み、その実を用いるあたわざるのみ。往古に於いて周*の民、殷*の民に如かず。殷《いん》の民、夏后氏*の民にしかず。夏后氏の民、虞《ぐ》*氏の民にしかず。末代の衆民、争《いかでか》この時の人におよばんや。然らば、事に臨んで義を守り、将の命令を重んじて、ことごとく臨機応変の忠戦する者はいくばくぞや。もし名将ありて謀計甚だ巧なれども、万卒その機に応ぜざれば、すなわち勝利少なかるべけんや。それ戦は、その虚に乗りて速やかにその不意を撃つ。その理を察し、謀計多しと雖も忍術にあらざれば、すなわち敵の密計、陰謀《いんぼう》をつまびらかに知ることあたわず。

それ呉子、孫子の兵法を探り、張良《ちょうりょう》、韓信《かんしん》*等の秘書軍法を閲《けみす》るに、間諜なくして敵の虚実を知り、数里の長城を抜き、三軍を稲井*に堕《おとし》め、全勝の功なすあたわず。一人の功を以て千万人を亡ぼすは、忍術にあらずして何ぞや。学ばざるべからず。その成就に至りては、鉄牢を墻《かきべい》*に築くと雖も、士卒をこの城に入れるべからざるはなきなり。その術は神通妙用の術にあらざれば、すなわち剣術の討に似て討のみに隋《おち》いり、返って不意を撃るるなり。故に間林精要《かんりんせいよう》*の綱領、忍術書二十有余巻並びに或は問、凡例等を挙げて軍事の奥義を記すものなり。仍《かさね》て序す。

干時《ときに》　延宝四年辰仲夏*日

江州甲賀郡隠士　藤林保武　序す

【註】
○**五事**　『孫子』(始計)の兵法の大事で、道、天、地、将、法を指す。○**奇正**　奇襲と正攻『孫子』(兵勢)。○**卒**　下級の兵士や雑兵。○**闔閭**　呉王。○**子房**　張良。○**沛公**　漢の高祖。○**周備**　周到な備え。○**爾来**　それ以降。○**周**　殷を滅ぼして武王が建立した中国古代王朝の一つ。○**殷**　湯王が夏を滅ぼして建てた中国古代王朝。○**夏后氏**　夏末期の氏すなわち桀《けつ》王。○**虞**　舜《しゅん》が帝位にあった時の中国古代王朝。○**韓信**　項羽を孤立させて天下を定めさせた漢の三傑の一人。「韓信の股くぐり」で知られる。○**稲井**　田の水溜め。○**鉄牢**　鉄の守り。○**墻**　垣塀。○**間林精要**　忍者社会重要事項の詳細。○**仲夏**　夏の三か月間の中間で陰暦五月にあたる。

万川集海凡例

一、是書を万川集海と名づくる事

始めより終りに至るまで間林精要の綱領を挙記して用《もちい》るに、伊賀甲賀十一人の忍者の秘せし忍術忍器、並びに今代の諸流の悪しきを捨てて善きを撰んで取り、又和漢の名将の作れる忍術の計策等、偏《あまねく》これを集め、殊に前人未発の旨を開顕し、義理を正しくし、邪義を誣《しい》らず、*この術の至極に帰し、序次を乱さずして畢《ことごと》くこれを著すものなり。然らばすなわち、天下の河水　儘《ことごとく》大海に流入して広大なるごとくなる故をもって、是書を万川集海と号す。故に他の忍者等の伊賀の名を借りて漸《つ》ぐ、二得一両句の類にあらず。そのうえ、万計万功の手熟多し。その甚だ深くなる事、世の人の知る所にあらず。然れども言を簡略にして、敢えて分明に述べざる事は尋常の人の口弄《こうろう》*とすまじき為なり。学ぶ者は師の口授を受けて熟《つらつら》翫味《がんみ》する事久しからば、おのずと蘊奥《うんのう》*知れぬべし。もし師の口伝を受けずしてこの書を見れども、奥義に徹すること、これあるべからざるのみ。

一、是書を正心、将知、陽忍、陰忍、天時、忍器の六篇と作して、正心を第一とする事

正心とは万事万作の本深なる故なり。抑《そもそも》忍芸は智謀計策を以て或は塀石垣などを登り、或は鏁子《とじこ》*、枢《くるる》、掛鉄《かけがね》、尻差《しりさし》*を外す事なれば、略《ほぼ》盗賊の術に近し。もし天道の恐るべくも知らず、無道の者を手熟して悪逆をなさば、予がこの書を作述するは畢竟《ひっきょう》、盗賊の術を開くにもなりなんと。欲して正心を第一に置くなり。故に忠義の道を先とし、生死の道利を記して、正心する所の階梯*とするなり。誠の道を知る人の嗤《わらい》を招く処なりといえども、志趣正しく行うときは、大なる補《おぎな》いあらんか。然れども、初学の士、この篇を階梯として、二六時中、行住坐臥ともに、大いに勇猛の志を発し、眼を忠貞*の源につけ、用力怠らずして久しくこの術に熟せば、自然に開悟して正心の意を知るなり。この術に明らかならば、柔弱の人も剛強になり、姦佞《かんねい》の人も忠義を守り、愚者も智恵明らかなるべし。勇知の義を知らば忍び入らざるなし。もし心正しからざる時は淵源の謀、成るべからず。譬《たとい》謀を運《めぐらす》とも、その計

おのずと機に顕れ、敵に洩れ聞うべし。武勇有ても剛をなさず。故に正心を第一とするなり。

一、将知を第二に置くこと

忠勇謀功に達したる忍者たりと雖も、軍将用いざるときは謀成り難し。謀成らざる時は、忍術の利あることを知らず。軍将知らざるときは狐疑*の心起きて、忍者を敵陣につかわすべき慮なし。もしまた忍者を入れざるときは、敵の秘計等を知る事あたわず。敵の秘計等を知るあたわざるときは、軍の手分け謀略定めがたし。手分け謀略定め難きときは、即ち敗軍の基いなり。もしまた忍びを用いずして敵の様体*を推量して謀などを運し、或は手分けなどして備え等をなす時は、暗夜に飄石《ひょうせき》*飛ばすが如くにして、外れがちにして謀備的に中る事難し。故に東に備えるときは敵西より来りて、俄《にわか》に転倒し、南に備える時は北より来りて忽《たちま》ち周章し、敗を取る事儘《まま》多しとす。且つ将たる人、忍びを用いる術をよく知らざるときは、喩《たと》え忍者を敵の城営へ入れるといえども、外より応じて攻むるには、はり合いなし。はり合いなきときは合戦の勝利なからんか、或は忍者不慮の死をなすべし。故に将知を第二とするなり。将知の下篇には忍者を我陣へ入れざる軍法を記して、その術を軍将へ知らしめ、敵忍者を我陣へ入れざる法を知りて、その上にて忍者を入るるの術を著す者なり。

一、陽忍を陰忍の前に置くこと

陽は始まり、陰は終わるの理もっての故なり。陽忍は才知の人その術を聞くとも、平素の修練なくては成すべからざるなり。この術に志有らん人は、平生懈《おこたら》ず修練すべきなり。

一、陽忍の下篇に視観察の簷猿《のきざる》の術を記す事は、忍者は敵の様子を見聞せざるべからざるの職なり。学は忍事の外なりと思い、これを疎かにする事なかれ。陰忍の下篇に忍び夜討剛盗*等の事を記す。これまた忍事にあらずと云いて、疎かにする事なかれ。夜討と忍びの体用《たいゆう》*のものなり。故に忍術を知らざる夜討は、夜討の理に疎く、夜討を知らざる忍者は忍術の理に至らざるの義なり。また捕者*の事はこの道の本意にあらずといえども、近代忍術の所作の様に成り行きたれば、古よりの作法の荒増《あらまし》を記すものなり。この術の本意にてはなし。いかがとなれば、忍者の術にてなく、雑色《ぞうしき》*の職なればなり。

一、天時、天文を第五に置く事

天時は地の利に如かず、地の利は人の和に如かず*と先賢の教えに元づきてなり。但し天時の篇の中に、忍術の専要たる事多し。これを疎かにする事勿《なか》れ。強いてこれに泥《なず》む事なかれ。

一、忍器は陰忍の階梯なりといえども、器物制作の伝授にて忍びの理はなき故、第六に記す。忍器は自ら為し覚えて、その可否を試むべし。若《なん》じ試さずして行う事なかれ。兎角一器を以て多用に応ずる様に、専ら肝要に制作するを善とす。その製法は巻の題の下に審《つまび》らかなり。

万川集海　序　凡例　終

【註】

○誣らず　ないがしろにせず。**○口弄**　口さき話。**○蘊奥**

奥義。○**鏁子**　鏁は鎖、鍵の意で、鏁子はちょっとした錠前。○**枢、掛鉄、尻差**　巻第十四「開戸の篇」参照。○**階梯**　手引き。○**忠貞**　忠節と貞節。○**狐疑**　事に臨んでためらう。○**様体**　様態。○**飄石**　当たらない飛礫《つぶて》。○**剛盗**　強盗。○**体用**　本体とその派生。原本は休用とあるが、恐らく誤字。○**捕者**　捕物。○**雑色**　その他の雑多雑役。○**天時は地の利に如かず、地の利は人の和に如かず**　原本は「天時不知地利知利不如」で誤記脱字あり。伊賀市上野図書館本にて修正。

万川集海目録

見分の事
敵勢の大積二箇条／備の人数を積る四箇条／備押しの人数を積察する三箇条／城営を外より窺うべき十箇条／夜に至り見過つ三箇条
間見の篇
城陣の敵の進退を見分く三箇条／陣取る敵の見分け二箇条／伏幡の有無の見分け五箇条／敵河を渡す渡さざるを見分くる事／旗の塵を以て敵を察す七箇条

巻第十一　陰忍一　城営忍篇（上）
先考術十箇条の事／虚に入る術二十箇条の事／惰帰に入る術八箇条の事

巻第十二　陰忍二　城営忍篇（下）
利便地十二箇条の事／器を用いる術十五箇条の事／着前の術二箇条の事／襲入術二箇条の事／隠蓑の術の事／隠笠の術四箇条の事／放火術六箇条の事

巻第十三　陰忍三　家忍篇
四季弁眠の大概／齁と心行に因りて眠覚を察す三箇条／逢犬術／歩法四箇条／除景術六箇条／必ず入るべき夜八箇条／必ず入るべき所四箇条／陽中陰術四箇条／鼾音を聴く術五箇条／見敵術四箇条／隠形術五箇条／家忍の人配三箇条の事／用心の術二箇条／下緒利法七術の事／要害術六箇条の事

巻第十四　陰忍四　開戸の篇
開戸始計三箇条／掌位を以て尻差を知る六箇条／尻差外し術四箇条／掌位を以て掛鉄を知る五箇条／懸鉄を外す術八箇条／枢を知る二箇条／枢外しの術三箇条／鑿の有無を察する二箇条／鑿を外す術二箇条／鏁子を察知する六箇条の事／諸鏁子を開ける術八箇条の事／諸鏁子を開ける極意二箇条の事

巻第十五　陰忍五　忍夜討の篇
物見二箇条／出立四箇条／令命七箇条／夜討前の謀四箇条／夜討の時分四箇条／忍び夜討の作法十八箇条／剛盗夜討十二箇条／召捕二十箇条

巻第十六　天時の上　遁甲篇
日取り方取り惣摩久利の事／日の五行を知る事／相生相尅日取り方取りの事

巻十七　天時の下　天文篇
風雨の占十六箇条、併、風雨の賦／月の出入りを知る三箇条／潮の満干を知る図説四箇条／方角を知る二箇条／時刻を知る二箇条

巻第十八　忍器一　登器
巻第十九　忍器二　水器
巻第二十　忍器三　開器
巻第二十一　忍器四　火器

巻第二十二　忍器五　火器

万川集海軍用秘記

忍術問答

或は問いて曰く。忍術と云う事は何れの代より始まれるや。

答えて曰く。それ軍法は上古伏羲*帝より始まり、その後黄帝*に至りて盛んに行われたり。それより後代に伝わり、*心ある人、崇用せざるはなし。然れば忍術は軍用の要術たり。初め伏羲、黄帝の時に起こると云えども、忍術の事、書にはなし。唯、質のみなり。この義は、往々、古書に見えたり。

問いて曰く。忍術は軍法の要用とする謂れは如何《いかん》。

答えて曰く。それ孫子十三篇の中《うち》、用間*の篇に忍術を載す。その外、歴代の軍書、又吾邦《わがくに》の兵書にも、略この術、雑《ま》じり出でざるはなし。これ用兵の至用にあらずんば、争《いかで》か歴代の明哲、この術を書し伝えんや。かつ、汝、聴かざらんや。軍書に曰く。兵法は内を治め外を知る。いうは、敵の内計、密事等を委曲《いきょく》*知るをいうなり。敵方の様体をよく知るは何の術を以て知るとなれば、地形の模様、敵の進退、人数の多少、敵合の遠近等を遠所より速やかに見察し、主将へ告ぐるは、これ物見武者の役なり。又、敵の塀端、柵端まで近々と忍び行き、その様体を見聞きし、或は□城中*、陣中へ忍び入りて万ず模様、陰謀、密計等まで審かに聞き、審かに見て主将へ告げ知らせ、方円曲直の備を定め、よく奇正を使い敵徒を征伏せしむるは忍術の所以《ゆえん》なるなり。もしこの術無きときは、敵の計略を知り勝利を天下に全うする事難し。これを以て忍びの術は軍《いくさ》の要用たるを知るべし。

問いて曰く。中華にてもこの術を忍びと名づくるや否や。

答えて曰く。忍びとは吾邦の号なり。呉国には間《かん》と云い、春秋の時分には諜《ちょう》と云い、戦国より以来、細作《さいさく》、遊偵《ゆうてい》、姦細《かんさい》など号するも忍術の事なり。又、六韜《りくとう》には遊士《ゆうし》と云い、李全が陰経には行人《こうじん》*と云えり。かくの如く、時代により、主将の意によってその名ことなり、吾邦にて忍び、夜盗、すっぱ、簷猿《のきざる》、三者《みつもの》、饗談《きょうだん》など云う類なり。

問いて曰く。忍術の名の中華にて間、諜、遊偵、細作、姦細、遊士、行人などと名づけたるその謂れはなきや。

答えて曰く。孫子の用間の篇、間の字の註に間は罅隙《かげき》*なり。人の来敵の罅隙に入れせしめ、以てその情を探り知るなりと云々。言う心は間とはすきま、ひまと云う意なり。人を以て敵のひますきまを窺い乗じめて、敵の城陣へ入りて敵の陰謀密計万端の事を探り知らせてこの方へ告げさせ、或は便隙《びんげき》を窺いて敵の城陣へ入らしめて、その城営を焼き、夜討などを謀る職なり。又、間の字にへだつると云う読みあり。故に忍術に隔つるの術あり。敵の君臣の中を讒言を以て隔て、又はその隣国の君と和合の間を隔てさえぎり、援兵などのなき様にこしらえ、或は敵の大将とその士卒との中を隔てて相害する様の術をなすに依りて、へだつると云う訓有る故なり。和漢とにも往古より敵方の内乱を謀り、勝利を得たる先蹤《せんしょう》*甚だ多し。間の字義或は説に、門の中に日を入れる。この術の実理には敵の城陣へ間断無く突き入る事、譬えば日光の門戸にさし映し、少しも虚隙あるときは直ちにさし入るが如く速やかに入るの義なり。この理甚だ深く、微妙にして庸人の難き所とするなり。又、諜の字、偵の字二つながらうかごうと訓なり。凡《すべ》て忍びの術、遊ぶ体《てい》にしてその間に敵の便隙を窺い入りて、その模様を見聞きする職なるによって、遊偵などと云えるものなり。楠正成の忍術に四十八人の忍者を三番に分かち、十六人宛《ずつ》*いつも京都に置きしとなり。この者ども種々の密計を用いて京中の様体を窺い知り、楠に告げしとなり。これ遊偵の意に有らずや。又細作と云うは、忍者、敵方へ行きて様体をよく見聞きし、大将に告げ知らするに依りて、大将の謀略の術を細かに作ると云う意なり。姦細と云うは、姦は姦曲の姦、或は佞姦《ねいかん》などの意なり。凡そ忍術は表面には尋常の体にして裏面必ず姦曲甚だしく深きたくみ*有る故なり。元より忠義の道とは云いながら心地に曲細にして姦なる故に、姦細と名づくるなり。又遊士と云うも遊ぶ姿にて心に慮深きゆえ名付くるか。行人と云うは敵と味方との間を往来し、又行の字に「たてつたう、たいらぐ」と云う訓あり。かくの如き理を以て行人と名づけたると見たり。

問いて曰く。中華にかくの如く色々に名を替えたる、如何。

答えて曰く。孫子に間と名づけ爾《に》しより、この役人を間者と云う。故に間と云えば世々その役人の名声顕《あきら》かなり。皆人これを知る。抑《そもそも》この術の奥義、名と芸術とともに人の知る事を禁ず。人の知らざるを以て大切をなす所以なり。故に深く秘するを本とす。去《さる》によって、中華代々名を改めて世にその職たるを秘する理を以て替えると見えたり。

問いて曰く。中華にては名を改め、吾邦にて忍びと名づけたるも、定めてその謂れ有るべし、如何。

答えて曰く。中華にてこの術の名を間諜、遊偵、細作、姦細の遊士、行人などと云いしは右に答うるごとく、敵の便隙を窺い入り、或は敵の君臣、隣国の交わり等を隔つる職なりと云う義を以て名づくるなり。これ皆忍術の末の理を取りて名づくるなり。吾邦にて忍びと号たるは、即ち刃の心と書きたる義によってこの術の号とす。これ偏く術の本を以て名づくるなり。この意を考えずしては術の遠源*を知る事難しとす。

曰く。願わくばその子細を聞かん。答えて曰く。敵の便隙を窺い、危険の計を用いて忍び入る。その根本は皆一心堅貞にして、喩《たと》えば刃の堅く鋭きがごとくなり。如何となれば、一心、刃のごとく鋭く堅きにあらずして鈍く柔ならば、譬《たと》え如何なる謀ごとをこの方にて巧み行うとも、敵へ近づく時は心臆して謀計行われず。もし近寄ると云えども、その心安静ならず、言葉煩躁《はんそう》*にして、その謀略外面に顕れ、終に敵の為に捕われ、その身死するのみならず、大将の眚《わざわい》*となる事瞭然たり。この故に敵の便隙を窺い忍び入る事は、一心の堅貞なる事、刃のごとくなる心より出るによって、吾邦に於いて異邦よりの名を改めて刃の心と書ける字を以てこの術の名とす。又敵に近づくを以て肝要とす。故に伊勢三郎義盛百首*の忍

歌にも

　忍びには習いの道は多けれど、先ず第一は敵に近づけ

と読めり。

　問いて曰く。汝、右に謂う所の忍びの名、本邦にても色々変わり、夜盗、スッパ、簷猿、三者、饗談などとあるなり。スッパ、夜盗などと云うは、伊賀甲賀にて古より云い習わしたる事なればしかなり。簷猿と云うも敵の内証を見る役なるに依りて、忍びとは云わずして簷猿と云うのみ。三者、饗談とは如何なる義にて名づけたるや謂れ如何。

　答えて曰く。昔、甲斐国の守護武田信玄晴信は名将なり。忠勇謀巧みに達したる者を三十人抱え置きて、禄を重くし賞を厚くして間見、見分、目付と三つ〔以下脱落、［］内は別写本より訳者補足〕［に分け、その惣名を三者と名付けて、常々入魂ありて軍事の要に用い給い、隣国の強敵と戦いて一度も不覚を取らざること、全く三者の功なりと、もてなし玉いしなり。信玄詠歌に

　合戦に三者なくば大将の、石を抱いて渕に入るなり

　戦いに日取方取さし除き、三者を遣兼《つかいかね》て計へ

　織田信長公は饗談と名付けて用い玉い、今川家の大軍に微妙の勝利を得玉いしこと、尾州犬山、三河鵜殿の城、其の外隣国他国の堅城強敵共を力をも入れず、士卒をも屈せずして手に入れ玉いしこと、勝《あげ》て計《かぞう》べからず。是皆きょうだんの功なりき。越後の謙信なんども、全勝の功は是にありと、重く用い玉いしとなり。此如くの名将、其名を言わずして色々の異名を以て召遣はれし事、誠に微妙の利あることなり。大将たらん人は肝要とし玉うべき事必せり。

　問いて曰く。忍びの道は伏儀に始まり黄帝に盛んになりたりと汝云えり。黄帝より後、此道今に至るまで伝わり来る由来は如何。

　答えて曰く。我、不学短才なれば、細には知らずといえども、有増《あらまし》きき伝えたるは、黄帝より後、知る者寡なり。此道を用る者、希なりと雖も殷の代に至て伊尹《いいん》*と云人此道に達して殷の湯王《とうおう》に事《つか》えて、夏の桀王《けつおう》へ忍び入り、桀を亡ぼせり。其の証文は孫子に曰く、殷の興る也、伊摯《いし》夏に在りと註に云わく、殷は湯の」天下を有《たも》つの号なり。伊摯即ち伊尹なり。夏は夏王桀を謂うなり。昔、殷の初めて興るや、人皆、暴王の南巣《なんそう》*に放たれるを知るのみ。然れども伊尹五つたび桀に就き五たび湯に就くを知らず。伊の間《かん》を為せばなり。其の後、周の太公望*と云人に伝わりて、忍術の書七十一篇を著し世に伝う。其の証処は太宗問対《たいそうもんたい》*に、太子靖*曰く、「太公が言《げん》七十一篇なり。兵を以て究むべからずと云々」。註に「言とは間の事なりと云々」。間の事は則ち爰《ここ》に云う忍びなり。然れども其の書、吾邦へ渡らず。併せて芸文志*には太公望が謀、言《げん》、兵の三つは六韜の中に皆載りてこれありと云えり。此の語を取らば六韜の忍びの事の無きにあらざるに依りて、六韜の中に七十一篇の間の事もこれあるべきなり。且つ太公望、商の紂王《ちゅうおう》へ忍びを入れ、紂王を亡ぼしたる事正しく、孫子の用間の篇に見えたり。

用間篇に曰く。「周の興るや、呂芽、商に在り云々」。註に云。「周は武王、天下を有《たもつ》の号なり。呂芽は太公望なり。商は商王紂を謂うなり。言うは周の初めて興るや、人皆牧野の独夫を誅するを知るのみ。然れども呂芽の商に在りて始め女貨を献じ、経修の陰謀の間を為す事なりと云々」。是、証拠なり。其の後、呉の孫武子に相伝わり、五間と云いて五つの忍術を巧み出し、則、用間の篇に著したり。其の外、春秋、戦国、三国、六韜、唐五代、北宋、南宋国朝などの名将何れも忍の術を用いざるなし。然れども太公望、孫武子が忍びの術を伝わりたるは、前漢の張良、韓信この二人と見えたり。其の証拠は太宗問対に李靖曰く。張良が学ぶ所、太公、六韜、三略是なり。韓信が学ぶ所、穰苴《じようしよ》、孫武是なり。然れども大《たい》凡《はん》三門四種を出ざるのみと云々。この三門の中一門は忍術の事なり。

問いて曰く。吾邦にて此の道、何れの代より始まれるや。

答えて曰く。人皇三十九代の帝、天智天皇の御弟〔著者改。底本は「第」〕の尊をば天武天皇と申し奉る。此の御代に当たりて、清光の親王、逆心企て山城国愛宕郡に城郭を構え籠城しける所に、時に天武天皇の御方より多胡弥《たこや》と云ふ者を忍び入れしかば、多胡弥忍び入りて城内に放火しければ、天武天皇、外より攻め玉いしに依りて其の城忽ちに落すとなり。是、吾邦、忍術を用いるの始めなり。この事、日本紀に見えたり。後世の将たる人、この術を用いざるはなし。天下に〔著者補足。底本は「天」のみ〕専に用いられしは伊勢三郎義盛、楠正成父子、武田信玄、毛利元就、越後謙信、織田信長公と見えたり。中にも、義盛は忍びの事を歌百首に詠じ置き、今に伝う。楠正成は軍法の極意幷に忍びの術を六つに分かち、書一巻となして深く秘密にしけるが、兵庫にて討死の時、正行に伝えよとて、恩地左近太郎に渡し相伝しけるなり。故にこの書を『楠が一巻の書』と云うなり。義盛、楠父子、信玄、元就、信長公、秀吉公、惣じて吾邦の名将、忍術を用いて勝利を得し事、勝《あげ》て計べからず。

問いて曰く。此の如く、忍術普《あまね》く天下に用いしと聞く。然れども専ら伊賀甲賀は殊に忍びの名、諸州に冠たるを何ぞや。〔以下、［］内は伊賀市上野図書館本から著者補足〕［答えて曰く。汝が云うる如く、忍びの道、古より諸国にあることなれども、専ら伊賀甲賀を忍び所と諸国に人の云いならわすに其の故あることなり。問いて曰く。其の由緒をきかん。］

答えて曰く。昔、足利将軍尊氏卿、天下を領せし後、其の子孫相続きて天下の武将に備わりしかども、朝政其の所を得ずして上下の序次も定かならず。官職既に乱れ、兵革止む時無く、或は征罰諸侯より出で、或は太夫より出て海内安き時なし。殊に尊氏より十三代の将軍光源院義輝公の時に至りて、弥序次に則《のり》無く、綱常治法も皆泯没《みんぼつ》して壊乱爰に極まりぬ。五畿七道悉く争い、四夷八蛮《しいはちばん》に至るまで乱れざるなし、所として争わざるなし。然れども余国は皆守護有りて其の国民相順うといえども、伊賀甲賀の者どもは守護有る事なく、各我持にして面々が知行の地に小城を構え居て、我意を専らとせり。守護、大将なき故に政道する者もなきによって、互いに人の地を奪い取らん事を思いて闘争に及ぶ事幾何《いくばく》や。故に旦《たん》暮《ぼ》*に合戦の事をのみ業として武備を以て心とせり。互いに便宜を窺う代わりなれば、忍びを入れて城郭を焼き、或は敵の内意を知り、譏《そしり》などを以て敵の和合を妨げ、或は襲うて夜討などをなし、或は敵の不意に出て千変万化の謀計を心として、士《さむらい》はいつも馬の鞍を放たず。雑人*は常に足半《あしなか》*を太刀の鞘にさして一日も心を安んずる事なし。されば小勢を以て多勢に勝ち柔弱を以て剛強に勝つ事、忍びを入るるにしくはなしとて、何れの士も平生忍びの手段を工夫し、陰忍をば下人どもに習わせり。去によりて下人どもの中に十一人、陰忍の上手出来して自国他国を撰ばず忍び入り、人の邑《むら》を掠め、人の城を抜きて勝を取る事、掌を廻す如し。茲《ここ》に因り、隣国多勢にして威強き大名多しと云えども、伊賀の地を奪い取る事なし。信長公ほどの強将*たりと云えども、伊賀に於いては敗北し玉うなり。まして其の余の大名、各此の国には望みをかけず。小国にして人数少なきのみならず、大将もなき寄合勢と云い、旁々《かたがた》以て頼みなき様なれども、隣国の大将のある多勢に一度も負けたる事なし。勝利を得しは何故ぞ。是、皆忍術の功にあらずや。斯かる故を以て、伊賀を忍びの本とするなり。

問いて曰く。十一人の陰忍の上手の名を聞かん。

答えて曰く。野村の大炊孫太夫、新堂の小太郎、楯岡の道順、下柘植の木猿、小猿、上野の左、山田の八右衛門、神部の小南、音羽の城戸《きど》、甲山太郎四郎、同太郎左衛門。是等十一人ならではこれ無しと云えども、道順が一流、四十八流になる故に当代忍びの事を云うは、伊賀甲賀に忍びの流義四十九流有と云えり。

問いて曰く。道順が一流、四十八流に成りたる由来、如何。

答えて曰く。佐々木義賢入道抜関斎承禎*といわるるは近江国の守護たり。其の幕下の士に百々《どど》と云う者あり。逆意を企て同国沢山の城に盾籠りしを、承禎数日是を攻めると云えども、彼の城堅固の地なるに依りて落城すべき様なかりければ、伊賀の忍びの名人を雇い忍び入れんと謀りて、彼の道順を語らわれたり。是に於り、道順、伊賀の者四十四人、甲賀の者四人、都合四十八人召連れて承禎の居城森山へ赴きけり。時に伊劦*に、湯船と云う里に平泉寺*有り。其の傍らに宮杉と云う陰陽師あり。道順、彼が宿所に立寄りて忍びの吉凶を占わしめければ、宮杉、吉と占う。其の上、門出を祝いせんとて腰折歌*一首詠ぜり。

沢山に百々となる雷も、いかざき入れば落ちにける哉《かな》

と詠じて道順に贈る。道順が名字を伊賀崎と云いし故、かくしけるとなり。道順目出たしと喜びて、鳥目《ちょうもく》*百匹、宮杉に与え立ちけり。其の後、承禎の御前に行きて相図の約束を定め、少し程経て妖者と云う術を以て沢山の城へ忍び入り、内より火を放ちければ、承禎外より急に攻め入りけり。百々勢ども火を消さんとすれば敵乱れ入り、敵を防がんとすれ〔底本は「る」〕ば火愈《いよいよ》盛んになり、叶わずして終に敗亡しけるとなり。其の後、道順が召連れ行きたる四十八人の者ども、皆、

己が一流を立て、何流角《か》流と云いしに依りて、道順が一流、四十八流に分かれたりと聞えたり。

問いて曰く。古今の間に於いて、伊賀甲賀にて忍びの上手と云える者は右十一人幷に四十八人の者ともなるや否や。

答えて曰く。大抵他の芸には上手なれば、必ず其の名、外に顕るるものなり。其の名、世に知られたる程の者は必ず上手なるものなれども、此の術は他の芸と違い、上手という名の有るは中吉の忍者としてよきにはあらず。只、上手も下手も人の知る事なくして功者なるを上ノ忍とするなり。古語に「水は浅きに依りて声有る」と云うごとく、淵の水には音なきものなり。谷川などの浅き水に声有ると云う如く、反って謀深からず。中分の忍者に却って名あるものなり。其れゆえ如何となれば、謀深き上手の忍者は、先ず平生の忍者なりと云う名を深く隠して顕さず。只、平士《ひらざむらい》のごとくして居るか又は隠者、浪人等の如くして忍術などを知りたる色を見せず。只、尋常の人のごとし。もし事ある時に至りて、家老、出頭人へも其の事を知らせずして大将一人とのみ、如何にも密に窃《ひそ》*かに謀り、相図を定め、敵城へ入りて淵源微妙の謀を運《めぐ》らし、自ら敵方の気勢の衰える様にするなり。敵の亡びて後も武功をも語らず、忍び入りて陰謀を運らしたる事も語らず。故に敵の亡びたる、其の人の功なる事を人知らずして、運尽きて自然の道理にて敗亡した様に人々思うものなり。茲に因り、能き忍者は抜群の成功なりと云えども、音もなく臭いもなく、智名もなく、勇名もなし。其の功、天地造化し、天地の春は長閑《のどか》にして草木長生花咲き、夏は熱くして草木茂長し、秋は冷ややかにして草木黄ばみ落ち、冬は寒くして雪霜降り、草木枯槁《ここう》*して根に返る。是のみならず四時の間には色々様々の事あれども、是は誰かするやらん。知る者なきが如く、能き忍者の智は其の広大なる事天のごとし。故に人の探り知るる事に有らざるに依りて、却って智なき様にみえるものなり。其の謀厚く深き事、地の如く淵の如くなる。故に人の思慮の及ばざる所なるを以てなり。此の忍術の源は右に所謂十一人の者幷に四十八人の者どもの及ぶ所にあらず。此の五十九人の者どもは皆浅きに因りて名あるものどもなり。世に顕れずと云えども五十九人の者どもの主人等は能く忍術を知りたる故なればなり。是等は又深きに因りて却って名なしとなり。

問いて曰く。我城堅固にして五行方円の備えを乱さず、相詞相形の約を定め、夜は篝火《かがりび》を下知し、諸手の番所厳しく守り、夜廻り交々行けり。細かに姦人の紛らわしきを正さば、多くは忍術の者を閉ざすべし。此の時、如何にして忍び入るべしや。

答えて曰く。将たる人、如何ほど城を堅固に築き、兵を五行方円に備え、用心厳しく守り、姦人の紛れを禁ずと雖も、是皆末を守る拒《ふせ》ぎなり。それ忍術は平素無《ぶ》じの時に始計を以て万国の政を視、将の五材*十禍を窺い、君臣の間の是非、或るは平士以下君を重んずるや否やを察し、事の急なるに臨んで至霊微妙の謀を以て敵の心、未発の初頭に自然として入るなり。然して後に始終の謀計自由なる事、環の端なきがごとし。兵法に曰く。微乎々々《びなるかなびなるかな》、間を用いざる所無し云々。陰経に曰く。もし撃隼《げきしゅん》*の重林に入るや其の跡無く、もし遊魚の深潭《しんたん》*に入るや其の跡無きなり。離婁《りろう》*首を俛《たれ》るも其の形を見ず、師曠《しこう》*耳を傾けるも其の音を聴かず。微乎々々、纎塵《せんじん》*は与《あたえ》ども飛ぶ。豈《あに》力で勇み、命を軽んずるの将の行人の事を見るや云々。

問いて曰く。汝、右に謂う所の忍術を拒《ふせ》ぐ事難くば、我城営へ敵の忍びを入れんか。又敵の忍びを入れざる術これあるべけんや。答えて曰く。此の術至りて高し。忍者、如何ほど敵忍を拒ぐ術有りといえども、君道なき時は徒《いたずら》事ならん。故に主将は先ず群臣を教え、仁を以て万民を愛す。故に軍兵、万死の地に臨むと云えども、聊《いささか》も君命に違う事なし。是、平生、道を以て教愛するが故なり。斯くのごとく道に立ちて、譬《たと》えば事の急なるに臨むと云えども、軍将入る事叶わず。大謀の忍術を以て城営堅固にして五行方円の備を用い、上巧の忍者、小謀を入れざるの術を以て軍政を出し、新旧の士を改分し、手組、手分、手配をなし、相詞、相形時々に定め、夜中篝火を下知し、夜廻り、陰廻りの役を定め、敵忍の入るべき所には釣塀をし、菱*を蒔《ま》き伏兵を置き四面の小口油断なく守る時は、敵忍入ることあたわず。斯くのごとく将と忍びと其の道明らかにして、此の方よりは敵へ忍び入り易く、此の方へは敵忍窺い易からず。

問いて曰く。忍者静謐《せいひつ》*代に当りて、何れの国君なりとも仕えん事を求むるに、其の主君の宣《のたま》わんに、試みに城内へ兵を集め、小口々を堅固に守らしめ、用心厳しく、実に戦闘に臨んで敵忍を禁ずる如く汝を拒ぐべし。斯くの如く相守る予が居城へ速やかに忍び入らんや否や。もし速やかに忍び入らば、汝が望に任せ、俸禄を与うべし。如何《いかが》。

答えて曰く。それ忍術は信実既妄《きもう》*より起こる謀にして、苟《いやし》くも君を欺く術なし。故に集海正心の下に云うごとく、此の術に志有り。毛頭も私欲の為に忍術をなさず、又、無道の君の為に謀らずと云々。但、平生静かなる時、味方の城内に忍び入る術なきにあらず。然れども太公望も、謀の道は周密*なるを実とす。治世の時、忍術の微妙を著して功名を求むる事、大いに嫌うものなり。もし君たる人、他邦の城内の案内を知らんとならば、忍び入る事も可なり。何ぞや味方を欺き功名をなし、忍術の実理を失わんや。至極の理を以て、掌をさすよりも易く忍び入る事を知る。其の実を見て其の至理《しり》*を知らざる時は益なし。正道を知らざる愚将には初めより事を為さざるべき事可なり。是則ち忍士《しのびざむらい》の法なり。兵書に曰く。聖智*あらざれば間を用いるあたわず、仁義あらざれば間を使うあたわず、微妙あらざれば間の実を得ることあたわずと。然れば、此の意を以て平素治世たる時、忍術を著さざる事を考知すべきや。此の理に至るときは、乱世に臨みて主将の国家を治むるを補《たすけ》、大功を建てること必や。

忍術問答　畢

【註】

○**伏羲帝、黄帝**　中国古代の伝説上の皇王で漢民族の始祖とされる。○**それより後代に伝わり**　日本忍者の歴史、忍器の基本が底辺生活者の苦無や鋸など生活用具の変形、山岳修験や薬方、山賊、盗賊などの手法その他から、一部を除いて大陸伝来とは考え難い。恐らく江戸時代に職を望んでの箔付けと考えられる。○**用間の篇**　『孫子』に記されている五種ある間者の使い方。○**委曲**　こと細かに。○**□城中**　大原勝井本に敵城中とある。○**行人**　「ぎょうにん」は仏法の修行者だが、ここでは「こうじん」で旅人、道行く人の意。○**罅隙**　隙間。○**先蹤**　先人の足跡。○**十六人宛**　原文は宛に似せて「穴」を冠にして「死」をはめ込んだ作字であり、「死を覚悟した穴牛《あなうし》（敵地に在住して探る忍者で俗にいう草）」。○**たくみ**　巧、くわだて。○**遠源**　淵源、根源。○**煩躁**　煩わしく浮つく。○**眚**　災い。○**伊勢三郎義盛百首**　義経の家来で、これは忍歌の基本ともされる百首。○**伊尹**　程伊川とその弟子の尹焞《いんとん》の両名。○**南巣**　現在の安徽省巣湖の西南にあり、夏の桀王が殷の湯王に追放された地。○**太公望**　周代の斉の始祖。武王を助けて殷を倒し、天下を治めた。○**太宗問対**　『李衛公問対』で唐の太宗と李靖との問答。○**太子靖**　李靖。太子は天子、諸侯の長男をいうが金、元時代には庶子も含まれた。○**芸文志**　当時の書籍名の集成書。○**経修**　非の打ち所ない。○**太公**　周の太公望。○**三略**　ここでは六韜三略すなわち『六韜』と『三略』で『三略』は黄石公の撰とされる上中下の三巻だが、後代の偽作。○**穰苴**　春秋時代の斉の将、司馬穰苴のこと。○**孫武**　孫子。○**天智天皇の御弟の尊**　舒明天皇の皇子。○**兵革**　戦。○**綱常治法**　遵守すべき大綱。○**五畿七道**　山城、大和、河内、摂津、和泉の五畿と東海、東山、北陸、山陽、山陰、西海、南海の七道。○**旦暮**　朝夕。○**雑人**　雑兵。○**足半**　草履の前半分の大きさで土踏まずにかからなく、滑り止めにもなって水中や苔道などで役立つ。○**信長公ほどの強将**　天正年間に二度にわたる信長の伊賀攻め（天正伊賀の乱）をいう。底本は「弱将」。訳者訂正。○**佐々木義賢入道抜関斎承禎**　近江国南半国の守護職佐々木六角承禎で知られ、甲賀武士団を配下に置いていた。長享元年（一四八七）に足利義尚は六角氏の本城観音寺城を攻略した時、承禎は甲賀山中に逃走して甲賀武士団と共に抗戦を続けた。将軍足利義尚が鈎《まがり》の安養寺に布陣した時に甲賀武士が潜入し、将軍に切りつけ、その後三年間も戦が続き、義尚は鈎の陣で他界した。○**伊劦**　伊賀国。○**平泉寺**　西湯船にあった浄土宗の寺。○**腰折歌**　本来は和歌の第三句（腰の句）と第四句との間が続かない腰折れ状態の歌をいうが、謙遜して下手な歌の意。○**鳥目**　銭。○**窃**　せつ、ひそかに、ぬすみ。○**枯槁**　かれる。○**五材**　智・仁・勇・忠・信。○**撃隼**　底本は誤字で「集」とある。○**深潭**　深い淵。○**離婁**　百歩離れたところから毛髪が見えたという視力抜群の伝説の人物。○**師曠**　音をよく聞き分けた春秋時代の音楽家。○**繊塵**　こまかい塵。○**菱**　撒いた菱の棘で足裏を刺す。○**静謐**　静かで平和な状態。○**既妄**　錯誤やいつわり、欺罔。虚妄。○**周蜜**　周密。きめ細やかな。○**至理**　至極もっともな道理。○**聖智**　聖人君主の智恵。

巻第二

正心・第一

正心の概略

それ忍の本は正心なり。忍びの末は陰謀佯計《いんぼうようけい》なり。是故に、其の心正しく治まらざる時は臨機応変の計を運《めぐ》らす事ならざるものなり。孔子曰く。「その本乱れば、末治まるは否なり」。所謂《いうところの》正心とは仁義忠信を守るにあり。仁義忠信を守らざる、則、強く勇猛をなす事成《な》らざるのみにあらず、変に応じて謀計を運らす事成らざるものなり。故に大学*に曰く。「心に焉《えん》*在らざれば視れども見えず、聴くに聞こえず、食《くら》うに其の味知れず」。焉とは仁義忠信を指して云うなり。学ぶ者は本を外し、末を内《なか》とすること勿れ。鄭友賢《ていゆうけん》曰く。「古人、大事に立ちて大業に就くに、未だ嘗《かつ》て正を守らざるはなし。正しく意を擭《もた》ざれば、未だ嘗て権《はかりごと》を以て道を済《な》す仮《いたら》ず。それ、事に権を用いるに至りて、則、何が所を為さざらんや。但、これを処するに道ありて、卒《つい》に正則に帰す。権して害無きは、則、聖人の徳なり。兵家に在りては名づけて間《かん》と曰く。聖人に在りては之《これ》を権と謂う。湯《とう》*、伊*を得ざれば夏《か》王の悪を悉《つ》くすことあたわず。伊、夏に在らざれば湯の美に就くことあたわず。武*、呂*を得ざれば武王の徳を成すことあたわず。此の二人にあらざれば、天に順じ、人に応じて、民を吊し罪を伐りて立つことあたわず。之則、間を夏商に成すにあらざれば、何ぞ惟れ其の処の道有りて、終に正に帰すのみや。此の文意を見るときは、忍の方術曽《かさね》て私欲の為ならず。無道の君の為に謀らざる事を知るべし。若し此の旨を背き、私欲の為に忍術を行い、無道の君を補佐して計る時は、譬《たとえ》ば如何なる陰謀を運らすとも、其の陰謀必ず露見すべし。若し顕れずして一旦利潤ありとも、終に身の害となること必然の理なり。謹まざるべからず。忍歌に曰く。

忍びとて道に背きし偸《ぬすみ》せば、神や仏のいかで守らん
ものの士《ふ》は常に信心いたすべし、天に背かばいかでよからん
偽りも何か苦しき武士《もののふ》は、忠ある道をせんと思わば

【註】
○**大学**　儒教の経書だが、元は『礼記』の一編。項目に正心もある。○**焉**　あでやかさ。○**湯**　湯王。○**伊**　殷の湯王の賢臣。○**武**　武王。○**呂**　太公望。

正心の条目

一、此の道を業《なりわい》とせん者は最も顔色をやさしく和らかにして、心底尤《もっと》も義と理を正しくすべき事。法曰く、「和顔は奇計の始めなり」と。古語曰く、「樊噲《はんかい》*の怒りは楊貴妃の笑うて関

門を破るが如し」。
一、人の真偽を黙識して人に欺からるべからざる事。語曰く、「人の己を知らざるを患《うれ》えず、也《ただ》、人を知らざるを患う」と。
一、平生固く真実を守り、戯言《ざれごと》或は小事にも偽りを言い行うべからず。若し是に違い言には、実信を述ぶれども言と行と合わざる時は、衆人、曰うに「例の偽りものなり。用いるべからず」とて之を捨つるか。
法に曰く。「常に妄言せざる者は一戦の時に要言を為す。唐の羊祜は晋の大将なりしが、敵の大将陸孫、軍中になん煩《わずらい》ければ、羊祐聞きて我が旧友なりとて薬を贈りしを、陸孫疑う気色もなく受けて服しけり。されば如何に旧友の仙薬なりとも、敵の送り侍らば計略かと思うべきに、羊祐常に真実至て深き故に陸孫飲みけり。敵将すら斯く有りければ、軍中の士卒羊祐が言行を渇仰し、察し知るべし。

子路は常に信深くして、約束は云うに及ばず卒《そつ》と云い出したる事も急に其の事を合わせ行い、少し遅き事もなく、万事に付きて真実誠のみなる人により、子路、一言云い出せば、其の云う事の未だ畢《おわ》らざる先に、人心服してけり。故に孔子も「片言以て獄を折《さだむ》べきは其の由なり」と宣《の》べば、或とき小邾《しょうちゅう》国*の射と云う者、魯国と会盟する時、射曰く。「子路と我約束するならば魯国と小邾国の盟約を止めん」と云えり。盟を信じずして子路が一言の約を信ずる事有り難き事にあらずや。是平生、子路真実深きに因りて少しも偽りなき者と人見付たる故なり。然れども真実とは云えども尾生が真実の様なるは悪し。尾生或女と橋下に待たんと約束して汐満ちぬれど橋下を去らずして溺れて死しけり。橋上に待てば男の言《こと》ばの色をかえざる信なり。
一、此の道を業とする者は、一戦の折から主君の為に大忠節を尽くし、大功を立てんとのみ欲して主君の安否、国の存亡、我一人の重任と心得るべし。功を成し、名を遂《と》げて身退くこそ臣の道ならしめ、若し小節にかかわり小恥を忍ばずして私の為に身を亡ぼさば、是を禄賊とも匹夫の勇とも云いつべし。故に禄を君に受くる者は、常に二人と語る毎に云え。我命、我恣に或は生き或は死する道にあらず。主君にうりて置きたる故なり。是故に、譬い我をふみ打つ者これ有れども、堪忍すべし。然らば比丘尼同然の我なり。此の如く常に申す事、少しも違うべからず。然るをふみ打ち給わば、比丘尼を打《ちょう》擲《ちゃく》し玉うなり。士《さむらい》として比丘尼を打擲したるは会稽《かいけい》にてはあるまじき故に、我をふみ打ち玉うまじきと常に真実に云うべし。
法に曰く。「小節を規《ただ》す者は栄名を成すあたわず。小恥を悪む者は大功を立てるあたわず」と云々。孔子曰く。「小を忍ばざれば則大謀乱る」と云々。韓信《かんしん》は淮陰の人なり。若き時、常に好みて長剣を帯ぶ。淮陰の少年ども集いて云う。「ようは彼の韓信は長剣を好めども心は臆病なり。市の中にて恥を与えん」とて、一人の少年韓信に向いて、「汝死なんと思わば我を刺せ、死すまじきと思わば吾が胯《また》をくぐれ」と云いければ、韓信仰ぎ見て頭《こうべ》をたれ、伏して胯の下をくぐる。

諸人是を見て大いに笑う。韓信は大きなる志し有るに依りて、纔《さん》なる卑しき者と死なん事を思わざる故なり。後、果たして漢の高祖に事《つかえ》て数万の大将となり、少勢の敵に逢うに一度も敗らずと云う事なく、楚の項羽を亡ぼし斉の国の候に封ぜらる。杜牧《とぼく》*が詩に、「羞《はじ》を包み恥を忍ぶ。是、男子」と作りしも此の意なり。

一、常に酒、色、欲の三つを堅く禁制し、ふけり楽しむべからず。酒色欲の三は元我本心を奪う敵なり。古来、酒色欲にふけり、或は陰謀を泄《も》らし、或は害を蒙《こうむ》りし先蹤《せんしゅう》勝計*すべからざるなり。

法に曰く、表を見て裏を察せざるなかれ。察して之を疎むことなかれ。語曰く。人の遠慮なくは必ず近憂有り。太〔底本は「大」〕公曰く。利を好む者には財珍《ざいちん》を与えて之を迷わせ、色を好む者には美女を与えて之を迷わす。

刃心

是所を忍びと題する事、中華にては此の術をなづけて間と云い諜と云い細作と云い遊偵とも云い、又姦細とも云うなり。本邦に於いて華名を引き替えて、刃の心と書ける字を以て名とせしに深意あり。此の意を悟らずしては是の道の門に入り難し。故に忍と名づけたる義を著して忍の心の題とす。それ忍びの一字、刃の心と書けり。此の如きの字を以て此の術の名とする事は何ぞや。全体武勇*を宗とする故なり。されば此の術に志す者は、先ず武勇を専ら心掛くべきなり。武勇をこころがくるに、かけようあり。其の心のかけようを知らざる時は心がけても益無となるなり。其の心がけようと云うは、血気の勇を去りて専ら義理の勇を心掛けるべし。同じ武勇と云いながら、義理の勇なき時は君子の勇にあらず。血気の勇と云うは一旦の忿怒に依りて、剛強を働くと云えども次第に忿怒薄くなるに随いて、後々まで剛強の働き根元に通じがたし。若し根元に達し剛強を働くとも、元来血気に乗じ起したる武勇なれば、一概に己が志を立てて勝たんと思う憤りのみにて、始終の思慮もなく、身を全うする備えもなき故に、己が身のみ損亡して敵を亡ぼす事成らざるものなり。古人を考へ見るべし。血気の勇を起こす人、一人として難を遁れ、全敵を亡ぼしたる人あるや。是故に仲尼、子路*が血気の勇を戒めて曰く。「暴虎馮河《ぼうこひょうが》*して死すとも悔やみ無き者には、吾与《とも》とせざるなり。必ずや事に臨みで懼《おそ》れ、謀を好みて成さん者なり」。学ぶ者は祥《あきらか》に之を察すべし。扨《さて》義理の勇と云うは義理重々つまりつまりて已む事を得ずして起こす勇なり。此の勇はいつまでもさめる事なく、殊に私心なき故に先ず己が欲心に克ち、前後思案し定め、且、必至なる則生すと云うを心の守りとして働くによって、吾身全うして敵を亡ぼすものなり。是故に軍讖《ぐんしん》*にも「柔能く剛を制し、弱能く強を制す」と云えり。さて義理の勇を心に掛けるに道あり。仁義忠信を能く知り能く行わんと思わずしては義の勇起こるべからず。仁の道は言うに及ばず、義忠信の道も広大なる事なれば、筆舌の及ぶ所にあらざると云えども、初学の階梯にあらあら書き侍るなり。

一、仁と云うは温和慈愛の道理とて心まろらかにうるおい、和にして物毎にあわれみ恵みの心を云うなり。然れども罪ある人を殺すも、一人を切断して万人を助くと思う心より起こる。故に是もまた仁は人なりと註して、仁心なき者は人にてはなきなり。人の恩を忘れず、親に孝行するも是仁の心なり。

一、義と云うは断制裁割の道理にして、時の理に当ってきれはなれ、*時所の宜しき道理に順い行うを云う。また恥を知るも義なり。少しも二心なく、主君に奉公し、主人の困窮なる時もつきまとい、或は主人の身危うき時先ず立ちて討死などするは義の大きなる処なり。然れども非義の義とて、義に似て義にあらざる事あり。時の理に当てきれはなるる事は義なりと云えども、或は利欲に任せ或は非理なる事にきれはなるるは義に似て義にあらず。時の宜しきに順い行うは義なりと云えども、私なる事の宜しきに順がい、困窮なる時偸盗《ちゅうとう》などして、時の宜しき道なりと云うは義に似て義にあらず。恥を恥と知るは義なりと云えども、恥まじき事に恥るは義にあらず。主人に二心なく奉公して一戦の時討死するは義なりと云えども、無道の君に二心なく奉公して討死するは、義に似て義にあらず。子路が衛の出公輒《でこうちょう》と云う無道人に仕えて後に討死したる類なり。凡《およ》そ軍法と云うも剣術と云うも其の外人を殺す術芸は、何れも皆無道の者の勢力強きを討ち亡ぼす術なるに、何ぞ無道の人の味方をして其の人を助けんや。

問う。いかに無道の君たりとも、仕えて居る折から君の一大事出来しに、其の時死を致ずんば、諸人臆病者と云うべし。かようのとき如何にすべきや。答えて曰く。無道の君たらば初めより仕えるべからず。若し無道を知らずして仕えたらば、即退くべし。是如くならば争《いかで》か無道の君の為に討死せんや。

問いて曰く。其の無道の君、行く末の奉公をかまわば如何。

答えて曰く。道無ければ死に至る。変わらず強なるや、矯《きょう》たりと云う。孔子の言を守りて伯夷叔斉《はくいしゅくせい》*を師とすべし。かほどなる所存なくば忍の正道に至る事成るべからず。猶口伝。古人曰く。「死生自らの命なり。貧窮自らの時なり。天の折《さだめ》を怨む者は命を知らざるなり。貧窮を怨む者は時を知らざる者なり」。

一、忠と云うは己が心を尽くしつくすを云う。喩《たとえ》ば君に事《つかえ》るに、其の身を委《ゆだ》ね、己が心を尽くしつくして心底を少しも残さず、君の為に身を死せん事も、世帯を失わん事も、恩愛の道をも打ち忘れ、忠節のみに無二無三なるを云う。親子兄弟夫婦明友*ともに、何《いず》れもかくあるを忠と云うなり。然れども忠と云う字は中心と書くにより、理の当然ならずして妄《みだら》に心底を尽くすも又忠にあらざるなり。

一、信と云うは毎《つね》に物に真実誠有りて、毛頭偽り妄なる事なきを云うなり。若し上面《うわつら》は真有りて心底に少なりとも偽り飾り有るは信にあらず。信は五行の土の理なり。四季に何れも土用あるが如く、仁にも義にも忠にも信なき時は仁に非《あら》ず、義に非ず、忠に非ず。右、此の仁義忠信は外より求め行うものにあらず。人々、五行の理を受得して身に具足し、心に固く有するものなり。天に在りては是を理と云う事、人に受けては是を性《さが》と云う。聖賢も愚人も少しの替りなく、同じ具足*をしあるなり。然れども聖賢は心正しく道明らかにして、愚人は心正しからず道明らかならざる事は何ぞや。聖賢は天より受け得て具《そな》わりある性の、正しき所に厚き随いて行う故に心正しく道明らかなり。愚人は六根の私欲に随いて行う故に心暗く道不正なり。されば心は同じき物なれども、人心と云うと道心と云うと二色あり。人心と云うは眼に見ては色にそみ、耳に聞きては声に執着し、鼻にかいでは香にふけり、舌に味おうては五味にふけり、身は男女の欲にふけり、凡《おしなべ》て六根の私欲に任せ、不道ながら当分身の為にさえよきようなる事なれば、是をなさんと思う、即ち人心と云うものなり。此の人心にまかせ行う時は身の為によきようなれども、後来必ず身の害と成り行き、末は大悪事となるなり。

古歌に、

身を思う心と中をたがわすは、身には心があだとなるもの

と詠ぜしも是心なり。身を思う心が返りて讎《あだ》となるは、何故ぞと云うに、天理に背く故なり。愚人は我身は天理に背きながら神仏を祈る。是、不可なり。其れ故如何と云うに、子曰く。「罪を天に獲《とり》て祈る所無きなり」。朱註曰く。「天即ち理なり。其の尊、対する無きこと奥竈《おくそう》比すべきにあらず。理に逆らえば則罪を天に獲る。豈《あに》奥竈に媚び、能く祈りて免れる所なるや」と云々。神は正直の頭《こうべ》にやどるなれば、非礼を争か受けんや。

又、道心と云うは眼に色を見ても不道の事は視まじと思い、耳に声を聞きても不道の事は聴くまじと思い、身に触れん事を思い都《い》て皆道に叶わず、礼*を以てせざる事は堅く是を為さず。凡て当分、身の為によからざるとも、少しも私欲に拘わらず天性の正しきの儘《まま》に随いて、私心なきを道心と云うなり。天理に叶う時は神仏にも契《あ》う故になり。是故に北野天神も「心だに誠の道に叶いなば、祈らずとても神やまもらん」と詠じ玉えり。されば人として形のなき者はなき故に、賢人にても人心無と云う事なし。天性を具足せざる者なき故に、下愚も道心なき事なし。是故に聖賢下愚不肖人も少しもかわりなく、人々胸中方寸の間に、道心と人心との二つの心雑《ま》ざり或る間、道に志さんと思う人は諸事万端につき、心の転ずる毎《たび》に、是は道心か吾身のあだとなる人心かと精察して、人心を道心に雑ぜざるように禁制して、一に本心の正しき道の心を我が主人として道心の下知法度を人心に聴かせ随わするように平生努め励ますときは人欲の心衰えて次第に私欲うすく成り行きて、彼の露《あらわ》れ難き道心、浮雲の晴れたる月のごとく明らかに露るる。故に自ずと仁義忠信の道に通達するときは、我心、忍の一字となるなり。心、忍の字となる時は、更に外物の為に犯さるる事なきに因りて、万端につき、聊《いささか》も倒顛《どうてん》する事なくして義理の勇にとるなり。且つ心明らかなるに依りて、機に望み応変する事、玉の盤上を還《めぐ》るが如し。此の如くならば、如何なる城営の堅固なるも忍び入る理なり。入りて大功を成さずと云う事なし。

昔、秦の世に趙盾《しょうしゅん》知伯と云う二人の者、趙の国を諍《あらそ》う事、年久し。ある時、知伯已《すで》に趙盾に取り巻かれ、夜明けなば討死せんとしける時、知伯が臣、程桜《ていおう》、杵臼《しょきゅう》と云う二人を呼び寄せて、「我已に運命極まり尽くす、夜明けは必ならず討死すべし、汝ら我に真実の志深くば、今夜潜かに城を逃出て我が三歳の孤《みなしご》を陰《かく》し置きて、長とならば趙盾を亡ぼして我が生前の恥を雪《そそが》むべし」とぞ宣いける。程桜杵臼是を聞きて、臣等と主君と共に討死仕《つかまつ》らん事は近にして易し、三歳の孤を陰して命を全くせん事は遠にして難し。然りと云えども臣の道を為すに、豈易きを取りて難きを捨てんや。必々君の仰せに随うべしとて、程桜杵臼は潜かに其の夜に紛れて城を落ち遁れけり。夜明ければ知伯忽《たちま》ちに討死す。残兵もなかりければ、多年諍《あらそい》し趙の国、終に趙盾に随いけり。爰《ここ》に程桜杵臼二人は知伯が孤を陰さんとするに、趙盾是を聞きて討たんとする事頻《しき》りなり。程桜是を恐れて杵臼に向かいて云いけるは、旧君三歳の孤を以て二人の臣に託したり。されば死して敵を欺かんと命を生みて孤を取り立つと何れが難しかるべき。杵臼曰く。「死は一心の義に向かう所に定まり、生は百慮の智を尽くす中に全し、然れば我、生を以て難とす」。程桜、「さらば吾れは難に付きて命を全うすべし。御辺は易に付きて討死せらるべし」と云う。杵臼悦びて許諾す。さらば謀を回すべしとて、杵臼我が子の三歳に成りけるを旧君の孤なりと披露して是を抱きかかえ、程桜は主の孤の三歳になるを我が子なりと云いて朝夕是を養育しける。角て杵臼は山深き栖《すみ》かに隠れ、程桜は趙盾が許《もと》に行きて降参すべき由を申すに、趙盾猶も心を置きて是を許さず。程桜重ねて曰く。「臣は元知伯が左右に仕えて其の行跡《ふるまい》を見しに、遂に趙国を失わん人と知れり。遥かに君の徳恵を聞くに、知伯に勝たる事千里を隔てたり。故に臣、苟《いやしく》も、趙盾に仕えん事を乞う。亡国の先人の為に有徳の賢君を謀らんや。君、若し我に臣たる道を許さば、亡君知伯が孤三歳になる、此に在る杵臼が養育し、深く隠し置たる所具《つぶさ》に知れり。君、是を失い玉いて、趙国を永く安んざせ玉え」とぞ申したりける。趙盾是を聞きて、さては程桜偽らず。吾臣と成らんと思いて来たると信じて程桜に武官を授け、近習に召仕われけり。其の後、杵臼が隠したる所を普《あまね》く尋聞いて、数千騎の兵を差し遣わして是を召捕えんとする。相謀し事なれば、未だ膝の上なる三歳の孤を差殺して、亡君知伯の孤の運命拙《つたな》くして、謀已顕れぬと喚《わめ》き号《ごう》して、杵臼も腹切りて死にけり。趙盾今より後は吾子孫の代を願わんとする者非《あら》じと悦びて、愈《いよいよ》程桜に心を置かず。剰《あまつさ》え大禄を与え高官を授けて国政を司《つかさど》らしむ。爰に知伯が孤、程桜が家に長となりしかば、程桜忽ちに兵を発して趙盾を亡ぼし、遂に知伯が孤に趙国を保たせり。此の大功、程桜が謀より出しかば、趙王是を賞して大禄を与えんとせらる。程桜是を受けず。我、官に昇り禄を得て、苟も生を貪《むさぼ》らば杵臼と倶に計りし道に非ずとて、杵臼が屍を埋めし古墳の前にて自ら剣に伏して同じ苔の下に埋もれける。右此の如くなるを、道心に任せ行いたる義理の勇者とは云うなり。忍者たらんは、かく有らまほしき事なり。人心に任せ行ふ血気の勇者は、豈、是如き働きなるべきや。予が流れを汲む者、程桜杵臼を師とすべし。

【註】

○**攀噲**　漢初の武将で劉邦に仕えて武功をたてた。諡名《おくりな》は武侯。○**小邾国**　邾は山東省内の国で、後の鄒。（原本は「制」とある）○**杜牧**　唐の詩人で字は牧之、号は樊川《はんせん》。杜甫に対して小杜と呼ばれる。○**勝計**　数えあげる。○**全体武勇**　原本は「全休武勇」○**子路**　魯の人で孔子十哲の一人。直情にして勇であったという。○**暴虎馮河**　暴れ虎が歩いて黄河を渡るすなわち無謀な事をする。○**軍讖**　兵法書三略の上略。○**きれはなれ**　切れ離れ。○**伯夷叔斉**　伯夷と叔斉は兄弟。父の死後、互いに王位継承を譲り合って国を去った。周が天下を統一した後は、その禄を食むことを恥じて餓死したという。○**明友**　盟友。○**具足**　甲冑で当世具足の略。五行の理を甲冑になぞらえた。○**礼**　社会生活すべての道徳的規範。

巻第三

正心・第二

二字の事

是所を二字と題する事も、或る書に曰く。「士《さむらい》の二字と云うは生死の二字を指して云うなり。その故如何となれば、士として生死の窟宅《くったく》*を離れざるときは有相の行*にのみ執着して無上の武勇に至る事なし。因りて士たる者、生死を出離せずんば有るべからず。故に二字と云うなり」。是に依りて思い見れば、士として二字を抱えたりとなど云いながら、生死の落とし処を知らざるは恥ずべきの甚しきなり。故に二字と題す。然れども是を知るに真偽あり。口に述ぶると云えども、心に徹し、身に行せざるは、猶鸚鵡《おうむ》是を知らざると同前なり。*

それ生死を出離せんには、我一心の源を悟るにあり。我一心の源を覚《さと》らんと思わば、先ず能々万物の本源と我身の心の根元を悟り知るべし。万物の本は我身の心の根元なり。如何となれば、天地の間に一の理と云うもの有り。此の理というものは無形にして空なるのものなり。空なる故に目にも視えず、手にも取れずと云えども、無始《むし》*より以来、儘未来際《じんみらいぎわ》*に至るまで、敢えて不生、敢えて不滅にして天地の間に充満して至らざる所もなく、明々歴々として在るものなり。手に取れず、目に見えざればとて無き物に非ず。是一心の眼にて見ずしては見附られざるものなり。故に知者は空の一理を知り、凡夫は是を知らざるなり。是、空の一理を感じ、動きて一気と云うものに変ずるなり。此の一気の始まり動くを陽と云い、動く事終わり静なるを陰と云う。日は陽気の凝れるなり。月は陰陽の二気を発し行わるる時、五つに別れて木火土金水の五気と成るなり。是を五行と云う。木火は陽気なり。金水は陰気なり。土は陰なりといえども陽にも属するなり。此の五行の気、相生相剋して年を流行するなり。然るにより春は木気行わるる故に暖にして長閑《のどか》なり。夏は火の気行わるる故に炎熱甚《はなは》だし。秋は金気行わるる故に西風吹き、金の性を顕し、草木の葉金色になり、根に帰り枝葉落つ。冬は水の気行わるる故に霜雪降り、いて寒るなり。以上四気ともに七十二日宛司るなり。土用は四季の末十八日ずつ司て合せて七十二日司るなり。五季都合三百六十日、更々《かわるがわる》一年を歴《ふ》るなり。土は方に取るときは中央なる故に夏の末の土用尤《もっと》も主たり。故に夏の季、究めて温湿の気行わるるなり。此の五行の気、大海に水の充満したるごとく、天地の間上下四方に行きわたらざる方なく、僅かに粟一粒の内と云えども入り、大盤石の内へも通るなり。雲を起こし、雨雪を降らし、風を吹かせ震動雷電し、或るは虹霓《こうげい》*あらわれ、種々の不審有る事は皆是五行の相生相剋に非ずと云う事なし。此の五行和合して万物生ずるなり。人物の差別億兆ありと云えども、元来一理より生じたる五行なり。五行より生じたる人物なる故に、一体分身なり。猶、水の凝りて雪霜雨露霧霰《あられ》雹《ひょう》氷となり、各分々別々に見ゆれども解ければ皆同じ水に成るがごとし。是故に人の一身に五行の具《そな》わざる所、毛頭もなし。大抵を云わんとならば、身の内の肉は五行の土の如く、身の内の湿《うるお》うものは五行の水の如く、身の内の暖なるは五行〔底本「行」欠〕の火のごとし。身の内の堅きものは五行〔底本は「行」欠〕の金のごとし。五臓六腑五体の内の五行司る所を〔伊賀市上野図書館本は「処を細かに云えば」〕、肝胆眼筋爪は五行の木の司る所なり、心小腸舌血毛は五行の火の司る所なり、腎膀胱耳骨歯は五行の水これを司るなり、肺大腸鼻皮息は五行の金の司る所なり、脾胃唇肉乳は五行の土の司る所なり。命門は右腎にて水なり。三焦《さんしょう》*は口伝に述ぶべし。その外、十二経、十五絡も皆五臓六腑の司る所なれば、五行に非ずと云う事なし。

此の如く五行の気、形を成すにつれて一度に天理具わるなり。天理、人に具わりたるを性と云う。天に在りては理と云い、人に在りては性と云う。難波のあしは伊勢の浜荻の心なり。其の性、物に感じて発起するを情と云う。性も情も一つなれども、静なるを水と云い、動くを波と云うと同意なり。此の情、五つに別れて発するなり。仁義礼智信、是なり。仁は五行の木の理なり。義は五行の金の理なり。礼は五行の火の理なり。智は五行の水〔底本は「金」〕の理なり。信は五行の土の理なり。右、人の身心は五行の気と理とにて、なき所は一つとしてなき事を云う。正に知るべし、人の心は五行の分身にして五行は則我が身心なり。我が身心は則五行なることを、又五行の理を指して理の天と云い、五行の気を指して形の天と云う。天道と云うも此の外に別に非ず。正に、天則我が身心なり、我が身心則天なる事を知るべし〔底本に四文字欠あり、大原勝井本で補足〕。是によって、我が行跡我が心を理に契る事を天道に契りたると云い、我が心、理に背くを天にそむくと云うなり。性理《せいり》大全《たいぜん》*に曰く。「天は理なり。人また理なり。理に循《したが》えば則、天と一に為り、我は我に非ざるなり。理なり、天なり」と云々。それ天地陰陽五行の気は春にして夏になり、夏にして秋になり、秋にして冬になる。冬にしてまた春になる。自然の道理なり。万物生じては長《ちょう》じ、長じては化し、化しては収まり、収まりては蔵《かく》る、蔵れては亦生ず。環の端なきが如し。是故に万物有りとも通じざるには一物もなきものなれば〔底本は「通しには一物もなき」〕、万物ともに死に枯れずと云う事なし。死すれば又本の五行に帰るなり。其の証拠は人の死せるを見よ。水は本の水に帰りて五体燥《かわ》きて湿いなし。火は本の火に帰りて徧身《へんしん》*冷て煖気なし。金は本の金に帰りて力なくなり、全身すくみて働かず。然る後、或るは焼き、或るは埋むれば本の土に帰るものなり。縁気*の性は、気分離する時ともに散するなり。正に知るべし、我が一身は五行に帰り、五行は陰陽に帰り、陰陽は一気に帰り、一気はまた一理に極まれる事を。極まりて又始まる事、環の端なきが如し。是故に空の一理が一気陰陽五行の気と変じて、譬《たとえ》ば水の雪と成り氷となるが如くに、暫《しばらく》人の形をなすにてこそあれ、全く実に生ずるに非ず、不生の生なり。死するに似たりと云えども全く実に滅するに非ず、不死の死なり。死すれば本来、空の一理に帰るものなり。能々此の理に徹せば、生滅するに似たりとも、更に生滅にあずからず出生入死千生万却を歴《ふ》るとも、終に転変の理なし。只、是性にまかせ、縁《えにし》に随う事のみなり。此の如くの理に契《あ》い徹せば、是則大道の本元、幽玄の理を悟るなり。不生不滅の田地に至りたるなり。迷倒の凡夫は是如くの理を知らず。此の五行かりに和合するを実に生ずと思い、一身は皆五行なるを我物と思いて執着し、我ふかし。五行本に帰るを実に滅すと思いて愁苦浅からず。故に更に生死なきに、実に生死ありと思い、諸《もろもろ》の相なきに実に諸相ありと思うにより、其の心迷いて死を悪《にく》み、生を好み貪るなり。其の心迷いある時は平生は忠義の意ありて、口に武勇を強くせんと説くと云えども、対敵の時に至りては平生と違い忠義をも忘れ臆病甚《はなは》だしきものなり。平生の意は忘れ、心の意なる故なり。是故に士《さむらい》の本意に達する事ならざるのみに非ず、万代其の名を汚し、人の嘲《あざけ》りの種と成り、剰《あまつさ》え一族までその恥辱を蒙《こうむ》らしむるなり。憐れまざるべしや、哀れまざるべしや。

それ死も生も母の胎内にやどる時、天命定まりあるものなり。やどる時分、不時分、五行の相生の順逆あるによってなり。是故に死を恐れずして、進み先んずるとても死するに非ず。生きん事を好み、死せん事を悪み嫌いて退き逃げるとても生きるに非ず。然れば、進み先んじても退き逃げても生きる。我、天命ならば退き逃げて生きんより、進み先んじて生きんには如かず。同じく死する天命ならば退きて死せんよりは、一陣に進みて死せんには如かず。同じく高名をする天運ならば、後陣にて高名せんよりは先陣にてせんには如かず。故に孔子曰く。「死生に命有り、富貴に天在り」と宣えり。右は是死するも生きるも母の胎内にやどる時、天命の定めある事を云う。然れども、人事干*下に動いて天道干*上に応ずるの道理なれば、いかに有生の始めに天命定まり有りても、養生もなく要害もなく生きらん術《あ》てもなく、忙然として天命に任せ居るときは必ず非法の死あり。見ざらんや、彼の苗を。二三月に種を蒔き、四五月に植え、養いを能しく水を入れ草を取り、牛馬鹿獣の食わざるやうに要害を能くし置く時は、九十月に至りて自然の道理にて成熟するなり。是、有生の初めに定まり有り、天命を育て置きたるものなり。若し養いをも能くせず、水をも入れず、草をも取らず、牛馬鹿獣などの喰らわざるようの要害なく、墻《かきべい》をもせず、植えたる儘《まま》にて置きながら、天命定まり有りと云えども、争《いか》でか九十月の霜枯を保ち侍《はべ》らんや。

人の寿命も亦是如し。それ人の自然の霜枯の死して〔底本は「て」。大原勝井本で訂正〕待つ。要害養生の術、平生の事は誰も知りたる事なれば云うに及ばず、事の急なるに臨んでは思い切り必ず死せんと思い定むるに如くは無し。思い切り必ず死せんと思い定むれば、反って其の難を遁《のが》れて生きるものなり。故に呉子も、「必ず死せんと、則生きる」と云えり。亦、身をかばい生きんと思えば、反って死するものなり。故に呉子に、「必生則死」と云えり。此の理、誠に見るべけんや。忍びの道のみかは、軍法、剣術、鑓、太刀の術にも多し。がけ、溝を飛び越えるようなる儀にもまま有る事なり。故を如何と云うに、此の身に執着せず、三忘の鉄心を以て思い切り死せんと思えば更に意識分別の調義の心もなく、余念もなく成りて、其の心、了々分明にして定まり動ざるゆえに、事物の理、鏡に物の対するが如く分明に知れるに依りて、外物に掩《おお》われず、且つ目前の魔に恐れざるに依りて、一念不生の本心と成る故、機の始終を暗まさず、動きを変ずること理に契《あ》う。臨機応変の事、譬えば玉の盤上を廻るが如く、水上の胡蘆子《ころこ》*の如く自在なる故に、勝利を求めずして自ら至り、死すべき所をも遁れて、反りて生きるのみならず、其の功莫大にして名を万天の下に揚げるものなり。

是故に空海も

思い切る心の剣《つるぎ》だにあらば、浮世のつな*は叶うものなり

と詠みし玉えり。

亦、身をかばい生きんと思う心は意識分別の調義*の心なる故に、忘心となりて其の心動いて定まらざるにより、事物の理暗し。事物の理暗き故に外物の為に心迷う。且つ目前の魔に恐るるによって其の心顛倒《てんとう》迷忘して手足乱差し、面色変じ、弁舌正しからず。故に忍べば其の陰謀《いんぼう》自ずと機に顕れ、戦は勝利を失う事少なからず。能々心得べし。それ心は水の如く、鏡の如し。水と鏡の本体は本来不動にして清明なるものなり。然れども外物の塵芥泥土の類に汚さる。或るは風や人、外より動かすときは、本体の清明不動を失いて、万物対すと云えどもうつる事なし。本心も亦此の如く清明不動にして、向かう者の善悪邪正、是非の情、万境《ばんきょう》*〔底本は「鏡」〕に順《したがい》て水の物にうつるが如く、鏡の物に応ずるが如く、分明に顕れずと云う事なし。然れども六塵六色を眼耳鼻舌身意の六根に引き入るる時は、必ず心濁り動きて清明ならずして万境に応じて能くうつる事なし。猶、濁水曇鏡を動かすが如し。是故に妄《みだ》りに心の外に更に敵無く、本心の外に別に味方なし。此の理に能く徹して本心ならずと云う事なし。心理に契う時は忍びて入れずと云う事なく、入りて大功を成さずと云う事あらんや。

古哲、死を恐れざる証拠の歌

過去よりも未来へわたる一やすみ、雨降らばふれ風吹かば吹け　一休

借りおきし五つの物を四つ返し、今は空にぞおもむきにけり　同

今までは生まらるる程生きにけり、死なるる程に今は死にけり　同

生れける其の暁に死にければ、今日の夕べは松風の音

蜷川新右衛門

かかる時さこそ命のおしからめ、兼ねて無き身と思いしらすば　太田道灌

此の歌は道灌合戦の時、敵道灌をやりつけて云いけるには、道灌と見つけたり、此の時一首なくてはと云いけり。其の言葉の下より、道灌とりもあえず、かくなん。

露の身の消えても消えぬ置き所、草葉のほかに又も有りけり　聴松

心にも任せざりける命にて、たの目もおかし常ならぬ世に　藤原元真

歌の序曰く

天公といえども浅ましく人のわずらいはまぬがれず。何の益なし、すべて身の生れ出てさらぬにはしかじ。まして賤ましく貧しからんは云うにたらず。されば死は目でたきものなり。二たび彼の故郷へ立ち返り、始めもなく終りには楽を得る。此の楽を深く覚らざるともが*らは還りて憂い歎く。愚ならずや。是如く生死を出離したる人は生死の境を思う事、牧童の笛を吹きて前山を過ぎるがごとし。

昔或る盗っと在りて、其の子思うようは、我終に盗みの法とても習わず。親の死して後は盗をして過ぐべきようなしと思い、或るとき親に此の由を語り、盗の法、教え玉えと云いけり。親盗云うは、さらば今夜教えるべしとて或る家に忍び入り、長持を開けて中に在る財宝を取出して親盗云いけるは、此の長持の中へはいれと云う。其の子、親の命に任せて中へ入りぬれば、蓋を本の如くにして外より錠をおろし、親盗はぬすみ出したる物共を取り持ち、剰《あまつさ》え盗よと呼ばわりて逃げにけり。其の家主聴き付けて出て見けれども逃行きければ、物を取られぬる事をも知らずして亦家主は臥《ふ》しにけり。彼の長持の中の子盗思う様、我が親は何事にかくはしたるぞ、我も今夜の中《うち》に逃げずしてはいつ逃げらるべきようや有らじと思い、迷惑の余りに一つの思案し出して、鼠の物をかぶる音をあらげ、なくしけり。家主聞きて云う様は、今夜は物騒しきなり。起きて看《み》よと人を起こし見さすれば、其の人の云う様、長持の中に鼠こそあれと云う。開いて看よと云いければ、其の儘あけける処に、中より身をひそめ、つと飛出して蓋をあけたる人をつき倒して走りけり。やれ盗人よとて追いけるに、ひたもの逃げて井のある端へ逃げつきたり。暫《しばら》く息つき、井の中へ大なる石のはたに在りけるを、つきはめて逃げたり。追ゆえたる人、井の中へ石を落としたるを聞きて、盗人は井へ落ちたりと思い、周章たる間に盗人は我家へ返りぬれば、親盗人問いて曰く。何として帰りたるぞと云うに、其の子ありの儘に語りける。親聞きて、汝は盗をなしえんと云いけり。是を看るにも親は子を捨てたるにより、子盗人謀略を悟りたり。子は身を捨てきりて捕えらるるが一つ、逃げすますが一つにして、命を遁れたり。身を捨て切りて出ぬればこそ側に居る人をつき倒せども、其の人しらず。とかくかばう心は意識分別の調義の心なり。捨て切れぬれば意識分別の心なく成りて、本心になるにより事理明らかに知れて、時節に相応の智略も出る故に、反って身を遁るるものなり。

唐の王鎮悪と云う者、秦の国を征伐のため数千人を引率し、兵船に取り乗り、遥かの海上を経て秦に赴*〔底本は「起」〕

く。秦国の清橋と云う所に着きて、船より上がり、兵粮、衣類をば其の儘舟に入れ置き、甲冑、器械ばかりを舟より取上げ、山に登り、其の夜の風に任せて舟を放つ。其の後、王鎮悪、軍勢に向いて曰く。「船楫《せんしゅう》、衣類、兵粮、儘《ことごと》く流れたり。我が長安城へは万里の海上なり。此の上は進み、戦いて勝たざるときは二たび本国へ返る事叶うまじ」と云う。是より軍勢ども臆病者武偏《ぶへん》*になり、死武者に成りて身を捨て切り、先に先にと争い進みければ、終に秦の大国に大いに勝つ。

昔、去る大剛の者云いけるは、「人と戦わんと思う時、必ず脇指の目くぎを抜くべし。目釘を抜かば必ず勝利あるべし。若し目釘を抜かざるは人に勝つ事成まじき」と。斯く云いたる処に能々考えをつけ案じ見るべし。忍の一字の心、是にて合点ゆくべし。

問う。汝、儒仏の奥義を以て死を恐れ嫌うまじき事を述べ断り、且つ古人の言行を記して重々其の旨を開く。一々肺肝に当たれり。然れども其の旨を能く心得ながら、時として臆病起る事あり。是をやめん事、如何すべきや。

答。是皆心のさびなり。日々に琢磨《たくま》すべし。汝、約《つづまやか》に会得せずんば、陰陽の道理を観得*し了《おわ》るべし。それ年に春冬あり、草木春は生まれ冬は蔵《かくれ》る。日月に出入り有り、日に昼夜あり、人に覚寝あり生死あり。春は年の陽生なり。冬は年の陰死なり。日月出るは陽生なり。入るは日月の陰死なり。人の覚めるは陽生なり。寝は陰死なり。生は人の陽、死は人の陰なり。若し死を簡《え》らび恐れば、年の冬をきらい恐れ、日月の入るを恐れ、夜をきらい、人の寝るをきらい恐れんや。それ寝るは人の小陰なり。死は人の大陰なり。何《いずくん》ぞねむるを嫌わずして独り死をきらう理あらんや。死するをかまわず、何をか恐れんや。

【註】

○**窟宅**　住み家。○**有相の行**　相棒と一緒の行動で、この場合、生と死の心が同居したまま活動すること。○**猶鸚鵡是を知らざると同前なり**　「猶鸚鵡の人語を語るが如し」の写本もある。○**無始**　無限の過去、どこまで遡っても始のないこと。○**儘未来際**　永遠。○**虹霓**　虹の外側にできる薄い虹を「霓」と言い、虹は雄虹、霓を雌虹の雌雄の思想があった。霓は降雨の兆しともされている。○**三焦**　六腑の一つで上中下に分かれ消化吸収と排泄に関わる概念的なもの。『黄帝内経霊枢』に「上焦如霧、中焦如漚、下焦如瀆」とあり、上焦は胸、中焦は上腹部、下焦は下腹部で臍の下に位置するという。○**性理大全**　宋学諸家の性理、理気の説を集成した全七十巻の書。○**偏身**　遍身、体中。○**縁気**　これまで縁があった気。○**干下、干上**　干は五行の干支《えと》の幹。○**つな**　綱。物事の大要。○**調義**　調略、もくろみ。○**胡蘆子**　ふくべ。○**万境**　あらゆる境遇、あらゆる場所。○**ともがら**　輩。○**武偏**　武辺。武勇の人。○**観得**　感得。

巻第四

将知一　忍宝の事

それ世に伯楽《はくらく》*なき時は千里を馳する馬なし。騮膝《げつしつ》、乗旦《じょうたん》*の名馬も傭人*が乗るときは千里の遠きを馳する事なし。万里を凌ぐ隼鴻《しゅんこう》*も逆風に向かう時は迅速に飛び難し。大壑《だいがく》*に縦《ほしいまま》なる巨魚も小水に迫るときは鮫鰌《こうしゅう》*にも劣れり。故に謀功に達したる忍者は愚将に事《つかえ》る事なし。愚将に事る時は万心に叶い難し。故に忍び入り大功を成す事なし。故に三略にも「智者は暗君の為に謀らず」と云々。亦、謀功の者は明将に遇ては伯楽が馬の俊足なるを知りて是を愛するが如し。王良、漢哀*が騮膝、乗旦の名馬に其の道を尽くし乗るに依りて人馬相得て千里の遠きを馳せるが如く、将能き時は忍者の思う儘《まま》に謀を運《めぐ》らし安く、成功出し安し。勢い振い安き事、譬《たと》えば隼鴻の順風に逢うが如く、巨魚の大壑に入りて悠然たるが如くならん。此の如く、将と忍を相得て忍者の心の儘ならば、如何に要害堅固なる城営なりとも、豈《あに》忍び入らずと云う事有らんや。孫子曰く。「明君賢将、上智を以て間《かん》と為さば必ず大功為る」と云々。是故に主将、忍びを用いる要道を露《あら》わして、此の篇を将知と題号す。

【註】

○**伯楽**　馬をよく見た孫陽であるが、転じて馬をよく知る人。○**騮膝、乗旦**　名馬の名。○**傭人**　凡人、雇人。○**隼鴻**　隼や鷹、鷲、雁のような大鳥。○**大壑**　大きな谷。○**鮫鰌**　鮫はサメ、鰌はドジョウ。鮧鰌《ていしゅう》の誤りで鮧はナマズ。○**王良、漢哀**　周代の乗馬の達人。

凡十箇条

忍利　此の篇には将たる人、忍びを能く用いるときは、其の利広大にして必ず戦功ある事を記して、忍びは兵術の要法たる事を書す。

一、主将忍びを用いる時、敵国の地と城との要害を尽《ことごと》く知りて計謀始めに定めて、事に臨みて転倒する事なく、其の謀略の中《あた》るべき利有る事

言口〔底本は「口」、大原勝井本は「心」〕は、主将敵国へ攻め入らんとする時、内概《うちならし》*以前に先ず功者なる忍者を敵の国郷に入れ、或るは城中へ遣わす時は、忍者敵地の様体、敵城の堅否、或るは路程の遠近の法に至るまで万端子細に見聞し、敵地の中にて絵図を作り、持ち返って後、土図*に写し、主将の前に之を備え披露すべき作法なり。主将、其の土図を見考えて人数の手配り、備えを定め、陣の取るべき所又は取るべからざる所、敵の伏兵の在るべき所、或るは味方のかまり*を置くべき所、城の攻めよう、攻め支度、万計略これ有り。後、

軍を出し、兼ねての計略の如くする。故に時に当りて迷惑する事なくして、其の計略に中る。此の利、諸々に於いてあるべき事なり。

孫子曰く。「地形は兵の助けなり。敵を料《はか》り勝ちを制するに険阨《けんあい》*遠近を計るは上将の道なり。此れを知りて戦に用いる者必ず勝ち、此れを知らずして戦に用いる者必ず敗れる」。又曰く。「山林の険阻沮沢《しょたく》*の形を知らざるは軍を行《や》るあたわず云々」。

義経の軍歌に曰く。

忍び者に敵を問ひつつ下知をせよ、只危きは推量のさた

と詠めり。能々考えるべきものなり。

二、忍びを用いて敵の強弱、尤《もっと》も敵の大将の心底を主将能々存知するときは、是則ち万計の根源なり。之に依り、其の利甚だしき事

言う心は、忍者敵の郷国城中へ忍び入りて、敵将の道有道無の軽重、或るは智愚剛おく*等の差別、或るは軍令の正不正等、其れ以下、物頭、奉行、卒等に至るまで、軍術調練の然否、其の家臣の風俗の善悪、又は人数の多少、又は隣国の城主から援兵等の有無、兵粮の多寡、或るは敵将の平素性の好き嫌いある道等、其の外敵方の万端何事によらず記し、返りて是を主将へ告げ聞かする。故に味方の計略、其の利ある事を勝《あげ》て計るべからず。

義盛の軍歌に

計りごとも敵の心によるぞかし、忍びを入れて物音を聞け

軍《いくさ》には忍び物見を遣わして、敵の作法を知りて計らえ

孫子に曰く。「兵の事を為すや、詳《つまびらか》に敵の意に順《したが》い在り、力を合わせて一向千里にして将を殺す。これ巧みよく事を成す」という。兵鏡に曰く。「凡《およ》そ征伐を欲せば先ず間諜を用い、敵の衆寡、虚実、動静を覘《うかご》うて然る後に師《いくさ》を興さば則ち大功を立つべし。戦いて勝たざるなし」と云々。

三、忍びを用いて敵の陣取備え定め、或るは蟠《かまり》の有無等を主将能存知し、手配り始めより定めて乱るる事なく、之に依りて敵方より不意を以て味方を侵《おか》す事なし。斯くの如く利甚だしき事

言口〔底本は「口」、大原勝井本は「心」〕は、主将出陣以前は敵の陣取備え等の要害、其の外蟠の有無等を見聞し、還りて主将へ告聞するに、之に依りて其の陣取備の模様、蟠等の有無に随い、合戦の手配り等工夫の利甚だし。

義盛軍歌に

心がけ深く有する武士は、忍びにひかれて道筋を知れ

或る人問う。敵の陣取備え其の蟠《かまり》の有無等は物見の者を以て見分けせしむるにより、忍者の見るに及ばざる事なるを、爰《ここ》には物見役の業までも忍びの所作なりと云い、忍びの利なりと云うは如何。答え。物見と云うは遠所より望み見て推量の分なり。故に其の見よう疎にして大抵の事なり。忍者は敵の近所へ行き、直に能く見聞するなり。故に其の見よう子細

にして違う事なし。是、忍びの利は物見の利とは又各別なり。

四、味方籠城の時敵これを囲む折から、忍者を以て城内より城外へ通じ、又、城外より城内へ通ずる、其の利ある事

言口は、味方籠城し敵十重二十重に取り囲み、飛ぶ鳥ならでは囲みを出るべからざるの時、忍者は近国の援兵味方を請わんが為に囲みを出て内通し、又国の外より城中へ入りて、万の相図等まで通ずるの利あり。此の段、逐一左に記すなり。但し口伝。

五、敵の不意不備の所を忍者味方に告ぐるに依りて破竹の勝利を得る、其の利ある事

言口は、忍者、大抵主将着陣これ無き以前より敵の城営中に居る故に、不意不備の地を、彼、敵陣中より内通し告げ来るに依りて主将其の不意不備に乗じて撃つ。故に力を用いること少なく、人数を損する事少なくして、破竹の勝利を得る事これ有り。

孫子に曰く。「其の趨《おもむ》かざる所に出でて、其の意《おもわ》ざる所に趨く。千里を行きて労せざるは無人の地を行きて攻め、必ず取る者は其の守らざる所を攻めるなり」と云々。六韜《りくとう》に曰く。「疾雷耳を掩《おおう》及ばず、迅電目を瞑《とじ》るに及ばず」と云々。

六、敵の進退を忍者味方へ密通するに依りて圧卵の勝計*出るの利有りの事

言口は、敵の進むと〔大原勝井本による。底本は「進下」〕進まざると、退くと退かざるとを知りて、何方より進む何方より退くと、其の進退の道路、方角等を通じ告ぐるに依りて、敵の計略は皆味方の計略と成りて圧卵の勝計の利是より出るなり。此の事、先蹤《せんしょう》*多し。武書に曰く。「其の往く所に乗ずるなり」と云々。

七、忍者敵方に居て讒奸《ざんかん》*を以て敵の和合を隔て、敵の内乱に乗じて之を討つの利ある事

言口は、忍者敵方に居て種々の智謀計策を運らして敵の君臣の間を隔たるようにし、或るは敵の軍勢互いに疑を含みて和合せざる様に巧、或るは隣国の城主と敵将と互いに憤りを含み不和なる様に計り、敵の大将を独夫と成すようにする時は、其の弊*に乗じ、敵の衰えるを討ちて大いに勝利を得るものなり。

孫子に曰く。「親しうして之を離す」。亦曰く。「交わりて伐《うつ》」。

八、忍者敵の陰謀《いんぼう》密計等を窺聞して主将へ告げ聞かする時は、力を入れずして大功を成す利の事

言口は、忍者敵陣へ入りて敵の隠謀密計等を窺聴して主将へ密に告げ聞かするによって、隠謀密計相違する時は力を入れずして大功を得るべし。其の利甚《はなは》だ大なり。

孫子に曰く。「上兵は謀りて伐」と云々。

九、忍者敵の城陣へ入りて放火するときは力を用いる事寡にして全勝の利を獲る事

言う心は、城営へ陰陽の両術を以て忍び入り、内より火を放ちて焼くとき、味方外より攻撃する時は力を用いる事少なくして勝利甚だし。

『司馬法』*に曰く。「我、其の外より使うは其の内より」と云々。或るは問いて曰く。弓火矢鉄砲火矢等を以て外より火を放たん。何ぞ忍者を以て内より焼く事を頼まんや。答。火矢等を以て城外より火を放つと、忍者の城内に入りて焼草の在る所を考えて時分宜《よろ》しきを窺い放火し焼くとは、大いに勝劣の有る事を知らざらんや。其の上、忍者は火を自由にする者なれば、火矢の類は能く調練するなり。

十、忍術を以て敵将を殺す事有るべし、其の利甚だ大なる事

言うは、忍術の極意にして敵の大将を殺す術あり。忍者もし敵将を殺す時は戦を用いずして敵国自伏するの利大なり。三略に曰く。「譎奇《けつき》*に非ずして以って奸を破り冦息《あだとど》む事無し。陰計に非ずして以て功成る無し」と云々。或るは問う。敵将を殺す術有りと云う事、其の言、虚誕《きよたん》*に似たり。其の方便、如何。答。甚妙の理あり。玆に因り、口を閉ざす。

右十箇条の趣によって間林精要《かんりんせいよう》に曰く。「それ忍びは兵法の眼耳にして計略の幹とし、全勝の枢要なり。将、之を用いざれば、敵の地形、衆の多寡、虚実、陰謀等を知ることあたわず。之を知らざれば則ち勝計を指《めざ》す所無きなり。若し推して*之を計らば闇夜の飄石《ひようせき》*の如し。其の計、外れ安く中《あた》り難し。故に其の戦、危きなり。恰《あたか》も盲人の利剣を持ち敵を撃つに似たり。是故に良将、征伐せんと欲するに、先ず忍びを用いて敵の地形、衆の多寡、虚実、進退、陰謀等を覘《うかご》うて、然る後に師を興し陣を出す。故に謀を計り、動を変ずるに的に当たらざる無し。且つ忍者内に居て以て火を放ち、将、外より之に応ず。内の火を消す為《な》れば則ち外の敵に乱され、外敵を防ぐ為れば城営に孑遺《けつい》*有ること無く敵敗れる事、疑い無きなり。是故に城を攻むるに則ち抜き、戦わば則ち皆勝つ。敵、破れ敗《くず》るるに勝つのみ。喩《たと》えば竹を破《わ》る如く、卵を圧するが如くなり。其の力を用いること少なくして無上の大功を立てんや。所謂《いわゆる》千人門を推さんより関を抜くに如かず。是、之を謂うなり」と云々。是に依りて右の名将軍の、始終、各戦毎、忍びを用いざると云う事なし。故に孫子に曰く。「微なるや微なるや、間を用いざる所無し。明君賢将動きて人に勝ち功を成す事衆より出でる所以は、先ず知るなり。先に知るは鬼神に取るべからず、事に象《かたど》るべからず、度《ど》に験《ためし》むべからず、必ず人を取りて敵情を知る者なり。五間、倶に起こりて其の道を知り莫《はか》る。是を、神紀《しんき》*の人と謂う。人は君の宝なり。是、兵の要にて三軍の*倚《よりかかり》て動く所なり」と云々。愚将暗将は忍びを用いて勝利有る事を知らずして之を用いず。之を用いざる時は勝つ事稀なり。故に孫子に曰く。「相守ること数年、以て、一日の勝ちを争いて爵禄百金を*愛でて敵の情を知らざる者は仁の至らざるなり。人の将に非ず、主の佐《たすけ》に非ざるなり。勝ちの主に非ざるなり」と重ねて言いて、忍びを用いざる事を深く戒めるなり。之に依り和漢ともに古の名将、忍びを用いて其の利有りし事を諸書に記す。人の将として忍謀を用いず、却って嘲《あざけ》りなどするは能々の愚将なりと知るべし。或るは問う。汝、前に忍びを用いて勝利ある事を記し、且、将たる人は忍びを用いざるべからずと古人の語を引きて証として

云う。然れども猶、予《わ》れ信じ難し故にいかにとなれば今世堅固の城郭要害の守り厳しき所へ豈忍び入るべからんや否や。太宗問対に李靖曰く。「按に孫子を用間最も下策と為り、臣嘗《かつ》て論を其の末に著して云う。水能く舟を載せ亦能く舟を覆す。或るは間を用いて以て功を成し、或るは間を憑《たの》んで以て傾敗す」と云々。此の語を以て思うに、忍びは軍配の上策たるべからず。答え。今世の堅固なる城郭を見て、忍び入る事難しと思う。庸忍びはさも在らんや。それ忍術の大綱は陰忍陽忍の両術を本として、其の枝葉千変万化千差万別にして勝《あげ》て言うべからず。理有り所作あり。理に闇き時は所作枯れず、所作枯れざる時は理を知る事明なりとも、上《か》みの上みに非ず。此の如きの道理なるに依りて、今其の善悪を論決するあたわず。大概、死を必として太刀を以て切り結ぶ時だも、其の実は二三にして其の虚は七八なり。切り出す所は鋭実なれども其の太刀落ちる所、又上がる所、是則ち虚なり。忍術の大抵は実を避け虚に入る。其の術数諸書に記すと云えども、庸人には其の利を解く事を戒め、企の及ぶ所に非ず。さて汝、李靖が語を引きて忍びは軍敗の上策ならずと云うと雖も、上策なること必然たり。それ李靖が言は愚将の忍びを用いる道理を云うによって下策なりと云えり。李靖が言の如く、愚将の為には下策なり。明将の為には上策なり。其の故は、暗将は忍者の忠佞《ちゅうねい》をも弁ぜず、謀功の有無をも知らず、且、仁恩薄く万計に疎《うと》く、相図を疎《おろそ》かにして妄《みだ》りに用いる。故に万一幸いに当りては忍びを用いて功を成す事有れども、然らざる時は却って自ら傾敗するの理なり。是故に忍びは愚将の為の下策なり。又明将は謀功に達し、忠義の厚き者を撰び、忍職等に任じ、恩賞厚く宛行《あてが》い、若し主将卒去などの折からは殉死をも為すべき程に忠義を思わしめ、其の上妻子新族を人質に取りおき、深き謀を定め、相図を堅くし、さて敵陣へ遣わすに依りて、味方傾敗の事は云うに足らず、忍びを用いるごとに忍び入らずと云う事なく、大功を立てずと云う事なし。之に依りて忍びは明将の為には上策なり。喩えば水火は世の宝なりと云えども、悪しく用うる時は却って寇《あだ》となる事、水火に越えたる物なきが如く、又太刀、刀、鑓、長刀は人を伐る凶器なれども、其の持ちたる人、愚かにして人に奪い取らるる時は却って己が身を斬りて害するが如し。其の用いる人の善悪によるものなり。且、忍術の至理は微妙にして小人愚人の量り知る所にあらず。重々口伝。

【註】

○**内概**　内部調整。○**土図**　地図。○**かまり**　蟠　忍び、斥候など。○**険阨**　険しくて狭い。○**沮沢**　急峻な沢。○**おく**　臆。○**圧卵の勝計**　卵を握り潰すように簡単に勝てる計。○**先蹤**　先例。○**讒奸**　人を讒言する者。○**弊**　つかれ、たるみ。○**司馬法**　司馬穰《よう》苴の兵法。○**譎奇**　謀略。○**虚誕**　大うそ。○**推して**　推量で。○**飄石**　迷子石。ガレ。ここでは飛礫。○**孑遺**　残り。○**神紀**　神機。誰にも気づかれない、神のなせるような計り事。○**三軍**　全軍。○**爵録百金**　位や褒賞金。

巻第五

将知二　期約の篇

忍術禁忌三箇条

一、忍者の号を深く隠密にすべき事

言うは将たる人、忍者を召し仕うとも、忍者と云う号を必ず顕すべからず。是則ち一乱に及ぶ時、忍びを用いるべき平素の始計なり。始計なき時は其の利を得る事少なきのみに非ず、却って味方の害となる理あり。之に因りて平士、遁士、離士なんど云う忍術あり、其の約重々口伝。孫子に曰く。用いて之に用いざる事を示すと云々。

二、忍計の泄《も》るる事を主将厳しく禁制すべき事

言うは、忍びの計泄るる時は其の計成らざる已《のみ》に非ずして、却って味方傾敗する事有るものなれば、深く隠密にし、老中たりと云えども知らせざる事は忍術の掟なり。孫子に曰く。「事は間より密なるはなし」。直解に云う。「口より出て耳に入り、将と間と与し、其の事を聞き知るのみ」。法曰く。「声有らば響き有り、言を以てせずに書を以てす」と云々。

三、忍計を取り沙汰する者は速やかに死罪を行い、見すべき事

言うは忍びの計を知らせざる者は云うに及ばず倶に密談に与かる者の中にても、若し忍計の事を人に語り知らるる者これ有らば、告ぐる者も聞きたる者、共に即時に刑を行う事の掟なり。天下安寧の世と成りたる後にも、忍びを用いたる事を隠密にし、人に語らざる作法なるに、況や乱に及び未だ忍び入らざる折からをや。孫子に曰く。「間の事未だ発せられざる先に聞く者有らば、則ち聞くと告げる所の者とともに皆死なせ」。易に曰く。「其の機の事を密ならずば則ち害成る」。史記に曰く。「事は密を以て成り、語は泄れるを以て敗れる」と云々。

隠書二箇条

一、主将と忍者との内通の隠書、水火灰の事

言うは隠書の事、古より色々書き様有りと云えども、早く得心なり難し。忍びの隠書は水火灰の当座書きにして、封ぜずして主将より忍者に与う。忍者より主将へ捧げる約なり。聖智なりと云うとも隠書なりと云う意のつく事なし。其の文理など見る事愈々《いよいよ》なるべからず。*水は鉄汁、火はしん、灰は大豆汁、からえの実なり。*右の内、其の時所に有る、おうたる物を以て書くなり。尚、口伝あり。法に曰く。「形有らば影有り、墨を以てせず、以て墨見えず」と云々。

二、他と心*通じの事

隠書一通を三つに分離して三使を以て取りやる。将と忍者と合体の上一体として理を明らかにする。文字分離等は其の時に当りて用うべし。尚、口伝。

六韜《りくとう》に太公の曰く。「諸、隠事に大慮有らば、当るに書を用いて符を用いず。主、書を以て将に遣わし、将、主に問うに書を以てす。皆、一合して再離し、三発して一知す。再離とは書を分かちて三部に為す。三発して一知するとは、言うは三人、人ごとに一分を操りて相参《まじ》え、情を知らしめざるなり。此れを隠書と謂い、敵聖智と雖《いえど》も之を能く知ること莫《な》し」。私に曰く。符は八符の符にて用いる事繁多なる時は、埒《らち》明らか*ならざるものなり。故に隠書を用いるとぞ。

一、当家流の隠書　大秘事口伝

［図4→七四頁参照］

右、敵の戈《か》どめ*ざる事は、常の文字にて書くべし。口伝。

【註】

○愈々なるべからず　素早く読まなければならない。**○からえ**　唐荏（トウゴマ）。**○埒明らか**　物事がはかどる。**○戈どめ**　戈どめく、才能がある。

矢文二箇条

一、矢文の事

其の向かいを射る約なり。矢の製作羽を符とし、羽の間〔大原勝井本にて修正。底本は「問」〕に氏名を書付けて、文は箟《きん》*の中へ入れ、或るは矢を巻く約束なり。口伝。

二、其の前に射て居所を知らしむ事

言うは、敵城へ忍び入りて主将に事を通ずるとき、主将よりの返簡を他の前へ射させぬようの相図に、我が居処を知するの事なり。幾度も其の前を射て、後へ退いて反簡を待つなり。時、所の宜しき見合わせ有る事肝要なり。

【註】

○箟　矢竹。

相図四箇条の事

一、昼は相図の旗、夜は飛脚火の相図の事。是は主将、五里も十里も遠所に在陣する時の事なり。口伝。飛脚火の製作は忍器篇に火器の部に有るなり。

二、昼は狼煙《のろし》火、夜は入子火、又は貝の相図の事

主将の方にも貝の約これ有る事。口伝。貝の相図の事。相図はかりの時は三ゆり何度、五ゆり何度と約あるべきなり。相図の貝吹くべき前に鐘、貝、鼓、此の三つの鳴りものを夥《おびただ》しく吹き交え、唯今相図の貝を吹くぞと云う事を城中陣中の忍者に示し知らせ、其の後相図を吹く約束これあるべきなり。凡て城陣ともに常の貝の声絶えざるものなれば、例に替わる物なき時は別の貝に紛れ、忍者の心の付かざること有るによりてなり。右の相図を忍者聞きすましたる時、何の相図を揚ぐべきかと堅き約束有るべきこと重々口伝。

言葉通ずる貝の約の事［図5→七六頁参照］

文字の頭に当る時は一つをとりの●を吹く。仮○地○々は地の○々は是如く吹くなり。

知らせ貝をつづけ吹くに頻に吹き、暫らく有りて三ゆり三度吹き、其の次に言葉を通ずる貝を吹き極むるなり。同じくは前に云う如く、鐘貝太鼓の三つを以てしきりに鳴らし告ぐる事なり。左なき時は常の貝に紛れて心つかぬ事あればなり。頭を長く吹く。下へ下すを短く吹き切る。言葉頭へ当たる時一つゆる。言葉頭にてをとる時は三つゆる。下へさがる言清艶とき一つゆる。

右、貝を以て言ばを通ずる大秘事なり。同じくは頭に鐘か太鼓よし。若し頭鐘ならば頭をとる言葉に太鼓よし。頭太鼓ならば頭をとる言ばに鐘よし。下へさげる言ばに何も貝然るべきなり。右、何も口伝あり。此の道に心をかくる人は常に稽古なくては急なる時に言葉通じがたかるべし。能々鍛練する時は一坐*にて人の話を聞くがごとし。

三、一町一火の相図の事

口伝。

四、相図の火三つの印の事

言うは火一つにては、或るは烽火或るは旅人の松明等に紛るる道理あり。又外々の相図の火も有るまじきものにてなし。去《さる》によって其の火の数を定めて相図なすべき理に因りて三つの印と云うなり。

法に曰く。「相図は皆心を以て心を伝るなり」。古法を守るに非ざるなり。

【註】

○**一坐にて**　いながらにして。

約束六箇条の事

一、参差《かたがい》、水月等の術にて入らんと思う時、主将と談し、餌《えば》を以て敵をおびき出す約の事

言口は、初より忍び入り難き時は此の術を用う。或るは暮れに及びて城営を囲み、跡に奇伏の兵を隠し置き、弱兵を以て急に攻むるに、敵強く追わせ令《し》むるの時、或るは参差、水月と移り行く術を以て入るべし。餌兵には強士は宜しからず。誘い出す術なれば、逃ぐる事不実に見えては敵察し知るべし。然れば弱兵をいかにも励まし、是非に此の門を敗るべしと下知をなす時、敵突き出れば自ずと逃げるべし。強士をば伏兵となし、弱士をも伐つべからず。計略は将と忍者と約を定むる条々、厳重為るべきの事。

二、参差*水月*の術を以て入りたる時、急攻の事

言うは忍者入りたりと相図を以て主将へ知らし召し時は強く攻むべし。然る時は敵兵防ぐに隙なくして、忍者は心の儘に計略すべきなり。

三、驚忍の時出入りともに約の事

言うは驚忍〔底本は「入」、伊賀市上野図書館本は「忍」〕の術を以て忍び入んと思う時、主将鼓を操り、凱声荒く、鉄砲の響き夥《おびただし》き時、味方打ちのなき期約*これ有るべきの事。

言うは、私に曰く。忍者敵の城陣を出る時、敵勢に紛れざる印を付くべし。入る時は懐中に隠し、出る時に用うべし。主将其の印の下知を其の時に当りて軍中へ触れ知らすべきの事。

四、味方夜討ちの時、忍者は残り留まり、二度討ちの時火を放つべき約の事

言うは敵方に於いて忍びを防ぎ守る謀略深きゆえ、忍び入り難き時は此の術を以て暫く残り留まりて火を放つべきの事。

五、仮陣屋と本陣との間遠く作る約の事

言うは右の術を以て忍び入る時、或るは顕れ、敵の虜となる時に色々の反言を以て敵を訛《あざむ》き敵と同意の由を謀りて、味方を討つの事を為すべし。其の時の証拠に味方の小屋を焼きなんどする為なり。この謀反言は時到りて応ずべきなり。

六、真偽の判形割符は、真は順半、偽は逆丁の事

言うは、敵の虜となる時、主将へ書を送るべし。斯のごとく認めよなどと云う時、此の約を将と定め置くべき事。兼々然るべきなり。此の如くなれば、其の時に至りて敵を亡ぼす計略は何程も有るべきなり。

私曰く。敵忍者を虜とし、搦《からめ》て味方の門へ連れ来り、此の如く云えとて謀を云い為す事あり。其の時は実は半咳、偽は丁咳たるべし。重々口伝。

【註】

○**参差の術**　敵陣や城の近くで敵方を観察し、同じ提灯の紋や合印、相詞、挨拶など用意して、後日その姿をして潜入する。○**水月の術**　ミスディレクションで敵の注意をそちらに向けさせ、その隙を突いて術をかける。○**期約**　規約。

将と相応ず三箇条の事

一、忍者敵城へ入りて後、印を出し主将へ告聞し、風上より放火する法なり。主将は風を追って攻むべき事。孫子に曰く。「火、順風に発す。則ち其の勢い炎上して遏《さえぎる》べからず。逆風に攻む。則ち其の勢い焚《や》き難くして久しかるべからず」。私曰く。此の語を以て勘知すべきものなり。

二、風なき時は放火すべき方を主将は旗、貝を以て忍者へ示すべきなり。旗は東西南北の色、貝は五姓の数たり。言うは、放火の方角は風の順逆に因りて知るべき事。風なき時は主将の備え定める旗貝の約を定めて火を放つ約の事。但し時と所とにより口伝。

三、忍者、放火の印を出す時に応じて攻める事、割符を合わするがごとし。言うは、火を放つべきようなきに依りて、忍者相図の狼煙、弓火矢等の相図を見せ聞かせざるに、妄《みだ》りに攻める時は勝利なし。とかく攻むべき方角を得心し、慎みて相図に応じて攻める時は遅速無き事、毫髪《ごうはつ》を交えずして*互いに割符を合わするがごとし。孫子に曰く。「凡《およ》そ火攻めは必ず五火の変に因りて之に応ず。火、内に発せば即ち早く之に外より応ぜよ。火発して其の兵静かなるは、待ちて攻むること勿《なか》れ。其の火、力を極めて従うべくんば之に従い、従うべからざれば則ち止む。内に発すべきに外に待ち無くば時を以

て之を発す。火、上風に発す。下風に攻め無し」と云々。

【註】

○**毫髪を交えずして**　寸分のくるいもなくぴたりと。

忍者、恙無き約束二箇条

一、落城の折から城中より出る時、忍者味方討ちなき約束は昼は何にても相図次第、夜は紋付きの挑灯*たるべし。攻むべき少し前に此の事諸卒に下知有るべし。早きは宜しからず。言うは、忍者は落城の時、敵退散の間は閑所潜り居て事静まりて後出るべし。若し止むこと得ざれば、則ち敗軍の士とともに紛れ出るべし。其の時の相図の事なり。

二、大凡忍者は事静まりて後出る作法なり。

忍歌に

忍び得ては敵方よりも同士討ちの、用心するぞ大事なりけり

同士討ちも味方の下知によるぞかし、武者の印しを兼て定めよ

此の篇には将の忍者と相期約の事を記す。将と忍者、相期約束定まらざれば則ち忍び入り難く、若し忍び入ると云えども、勝利すべくも無く、剰《あまつさえ》、害を求むるの本たるべし。慎まざるべからずや。孫子に曰く。「五間の事は主必ず之を知る」と云々。此の二十二箇条の外、忍び入りの時、精粗に因らず皆将と忍者と堅約〔底本は「堅約」が脱落。大原勝井本で補追〕無きことあらずと雖も、其の変化の術なるは予《あらか》じめ之を言うべからざるなり。爰《ここ》に相図約束の定法を記し、此の道の門に入れしむるのみ。

【註】

○**挑灯**　提灯。

忍者を召し仕うべき次第の事

第一、忠勇謀功信の五つ有りて、其の身健なる者。

第二、平素柔和に義理甚《はなは》だしくして、欲少なく、理学を好んで、行い正しく、恩を荷《にな》いて忘却せざるもの。

第三、弁舌博覧にして智謀深く、平生の物語も当話《とうわ》早く、人の言う所の理に乗じて欺かるる事を実に嫌うもの。

第四、天命を知りて、儒仏の理を兼備し、死生に命《めい》ある事を常々心にかけ、人欲の私に離れん事を平生嗜《たしな》み学び、先哲の古語に心に入るる者。

第五、武士の法を知る事を好み、古の士の忠勇ありて義に因りて主命に代わり、或るは智謀を有りて敵を亡《ほろぼ》したる和漢の名士の風を聞き伝え、軍利戦法に心を寄せ、英雄の気象備わりたる者。

第六、平素は人と諍論《そうろん》する事を好まず、柔和にして然れども威有りて義深く、善人の名有りて表裏なき者と、自他の国邑を云わす風説あるもの。

第七、妻子或るは親族等正しくこれ有り、反り忍の害有るまじき者。

第八、諸国を流行して諸所の国風を能く存じ知りたる者。

第九、忍術を能く学び、謀計に敏く、文才有りて書を能くし、
最も忍術を手錬し、軍利に志厚き者。

第十、軍術は言うに及ばず、諸芸に達し、詩文或るは諷《うたい》*、舞、小歌、拍子、物真似等の遊芸に至るまで、時の宜しきに随い用いるに事を闕《あやまた》ず、差し当る間《ま》を合する者。

右十件を兼ね備えたる者は最も希有るにしてこれなきものなり。是を上忍と云う。是如くの者を尋ね探して召し仕うべき事は、先ず其の主君の智恵深くして、誠に人の己を視、其の肺肝を見る如しと。然らば非聖知よりは求め得られず。故に孫子に、「聖智に非ざれば間の実を知ることあたわず」と云々。集海の諸書に載するごとく、暗主の忍びを用いる事は必勝の功を得る事難し。又明将の忍びを用いて勝利を得る事は、掌を打つが如く百たび発して百たび中《あた》る。勝利は若し少なきも危きことなし。右件《くだん》の上忍は求め得難し。然れども中下の忍者も、其の時に至り、其の事に当て用いて功をなす事難に非ず。其の用い様の手段、一々集海の諸書に載す。且つ和漢の古語を引きて証し、謀略の根元とする事、勝計あるべからざるなり。明将、中下の忍者を使う事、譬《たと》えば二逸の鷹をば鷹追の上手に与えれば一逸となすに等し。奚《いずれよ》り捨てるべけんや。又いかに四達の忍者たれども独り立つには飛鳥の術も行われず。其の能く達せる者、中下の傭忍を徧《あまね》く導き得て能く使い、その職分に任せて功を取る已。然らば則ち忍者を召出すべき事、右の件を以て能々吟味の上にて上忍を尋ね求べし。中下の傭忍も全《また》捨てるべきにあらず。集海の諸書に著すごとく、平士、離士、遁士にしく事なし。之を用い其の徳莫大なる事悉く記すこと及ばず。重々口伝。

柳　揚　褒《ほう》*　時　檎《ご》*　縦　与　奪　　口伝

【註】

○**諷**　謡。○**褒**　ほめる。○**檎**　リンゴ。

巻第六

将知三*　大謀を入れざるの章

一、上の理学を好む事厚く、諸事の理明らかなるときは、下また理学を好みて、心理明らかになること水上清くして下水濁らざるが如し。上下の理明らかなるときは道正し。道正しきときは能治まるなり。よく治まるときは不忠邪欲の者なし。不忠邪欲の者なきときは敵忍窺いがたし。

二、君、四民の恩を報ぜんことを思い玉い、民を憐れみ玉うこと子の如く、士卒を思い玉うこと渇くが如し。戦死の跡をとむらい玉うこと、愛子の死をいたむが如く、其の子孫の禄を代々に伝うること違わざる時は、士民の居を思うこと父母の如くなる。故に敵忍、窺うこと成り難し。

三、君、諸臣を親近し、臣の心を能く知り玉い、賢愚、能不能、忠佞《ちゅうねい》を弁別し、賢、能、忠を挙げ用い、愚、不能、佞を退くる時は、諸人恥を知り、我がちに賢を嗜み、能忠のもの多し。賞罰に信ある時は諸人上《かみ》をうたごう心なし。賢忠の者多く、諸人、上を疑う心なき時は敵忍窺いがたし。

四、上におごりの費《ついえ》無き時は財常に足るなり。財足る時は吝《やぶさか》の失なし。やぶさかの失なくして功の疑わしきも、重きに順いて与うる時は諸人心服するなり。諸人心服する時は敵忍うかがうことあたわず。

五、罪あるものを懲すこと義の当然にして万人をたすくる道といえども、古人も疑がわしきは、かろきに随うと云えり。総じて義のみに順い行う時は、慈悲と云うものなし。然れども慈悲のみ専らにして重罪をも助ける時は、悪人たしなむ事無きものなれば、諸人是を殺すべしと云いて殺すときは、人の恨みなし。恨み無き時は、敵忍の道に墻《かきべい》をするなり。凡て万人の智とすることよきと云えり。

六、君、道を好む事厚く、孝悌《こうてい》*の者を貴び、小事にても道の正しきを感じ給はば、或るは賞禄、或るは褒美、夫々に宛《あてが》いて行い、不道なるをばいたく悪み玉う時は、諸人恥を知り、我がちに嗜み、仁義の道を行うものなり。国家の本立つときは、敵忍窺いがたし。

七、君、常に武略智略の道に心がけ、能く、物頭、もの奉行、物見武者、使番等人を撰びて其の役に任じ、其の役々相応の道を足軽以下まで常々調練させ、且つ軍用の用意常に足る時は、是強き先表なり。此の如くなる時こそ、敵忍の心を防ぐ本となるべし。

八、大将、礼を専らとして士卒と共に安危飢飽を同じくし給ふ時は、士卒心服する。故に敵忍の道なし。

　右八箇条は敵忍を入れざる本源なり。是を金科とし、道を専らと仕給う時は、「湯王《とうおう》の東征すれば西夷うらむ、南征すれば北狄《ほくてき》うらむ」の心地にして、此の方よりはいかようにも忍びは入れられ、此の方へは忍びの入る道は成り難し。若し敵一旦の智謀を以て忍びを入れ、味方災難ありとも後道までの禍は無きものなり。右の道を将行い給わずしては敵忍を入れざる道に賢しと云うとも、その詮なきに近からんか。唯、常に道を専らとして、其の上にて忍びを入れざる方便の賢きに如くは無からんもの歟《や》。

【註】

○将知三　底本と大原勝井本には「巻第六　将知三」の脱落がある。目録にも無く、意識的に除去したか、写本する時に書き落としたか、もともと存在していなかったものか不明である。ここでは参考資料として伊賀市上野図書館本の「将知三」を紹介しておく。将知三は「入れざる大謀の章」であり、小謀とは「敵に気づかれないほど小さくて露顕し難い緻密な謀略」であり、戦術の要である。従って「大謀」の解釈には困る処があり、さらに大謀と小謀の区別も困難である。量と内容の稚拙さからして、後世で本来の『万川集海』に敢えて「我家の流義は別格だよ」と付加した可能性も否定できない。

○孝悌　父母や目上の人によくつかえる。

将知四　小謀を入れざるの篇（上）

それ忍びを入れざる軍配の術は、皆、是の忍術の徹上徹下〔底本は「徹上」欠。大原勝井本で補足〕の正理を知らざる者を入れざる法術なり。全く忍びの正理を能悟り知りたる忍者の眼より之を見る時は、仮《たと》えば堀深く広きにして石垣高く聳《そび》えたるは恰も平地のごとく、塀高くして升《のぼ》り難きも原野に縄引きたるがごとし。伍法を以て人数を行きし昼夜の守り厳しくして人を改むる事は隣家の穿鑿《せんさく》の如し。合詞、合印し、手判等を以て紛れ来るを禁ずる事は敵の味方に似たり。是に依りて其の忍び入り易き事は味方の陣へ入るが如し。故に法に*四句の文字を引きて曰く。「迷う故に三界の城、悟る故に十方空」と。誠なるや。然れども愚将の下知に随いて良将の城営に忍び入りて功をなす事は寔《まこと》に難し。故に愚将は忍びを用いる道を知らざるに因りて、たとい忠勇謀功の四達にして、十たび十方空の道理に悟り入りたる忍者も、羈《ほだせ》る麒麟《きりん》の犬羊に劣るがごとし。若し忍びを用いるといえども奴隷の人の千里の馬を御するが如し。故に忍者、万死の地に陥ると云えども、其の功なし。又良将の明智、忍びを用いる時は其の敵方に忍び入り易き事は味方の陣へ入るが如くなるに依って、百万の敵軍を縦横に駈け廻すれども一人として見知るものなし。其の大功を成し、大忠を尽くす事必ずせり。良工の作所、人其の故を知らざる事、譬えば五行造化の誰がするとも知らざるが如し。是故に大将の武威を遠国遠郷に振るわん事、遠からざるべし。敵を滅ぼさん事は、譬えば日の出に霜雪に忽《たちま》ち消えるが如し。故に兵鏡に曰く。「間者《かんじゃ》は兵家の妙要」と云々。然れども中下の傭忍の忍び入り難き法を書き記し、軍将の亀鑑となし、一つには此の道を学ぶものの心得のため耳《のみ》。*

【註】

○四句　四つの句からなるという「偈《げ》」、すなわち仏の徳を賛嘆して教理を説いたもの。「易・乾・文言・疏、比四句、天の徳明らかなり」とある。**○耳**　読みは「のみ」で「である」の意。

敵忍を抱えるべからざる術六箇条

一、新たに出仕人を吟味の事

　新たなる出仕人は其の国郷一族等の穿鑿《せんさく》を遂げ、妻子あらば引越さしめ、妻子無き時は新たに妻子を授け、是を質とし取り置くべし。猶又慥《たしか》なる看請人《みうけにん》を取り、疑うべき事これ無き時は召出し仕うべし。但、其れ以前に仕えたる主人を、とくと穿鑿し、其の主人の可否、其の家を辞したる体様〔底本は「休様」〕迄、委《ことこまか》く尋ね探り、深く考えるべき事。

二、降人に用心の事

　降人を若しや敵の忍者にても有らんかと思案して、隠し目付をつけ、深く思慮を運《めぐ》らし、用心あるべき事なり。附。籠城の時は、味方の構えこれ無き丸に入置くべし。陣を掛け居る時は、外張に出し置く時は一二の先丸〔底本は「丸」欠。大原勝井本で補追〕に置くべし。猶又詰《きつ》と隠謀等これ無き誓紙を致さすべし。加様の時、備の大事これ有り。若し又偽り降参する時は、顕るる謀あり。口伝。

三、商人、出家、遁世者、山伏、陰陽師、神主、神子、猿舞、其の所の地下人、乞食等凡て疑わしき者は堅く城営へ入れるべからず。此の旨、口々に守り候え。詰《きつ》と〔伊賀市上野図書館本は「番所々々へ堅く」〕厳令有るべき事

軍歌に

　商人を数多く作りて敵陣へ、つかいて内の体を能看よ

義盛

　番所などへ乞食非人来りなば、荒くもてなし追返すべし

同　番所にて心のよわき人はただ、不覚を取らん基ひなりけり

同　他国より来る人ならば、親類も番所へ近くよすべからざれ

四、商人は自国より召し連れ行くべし。若し其の所の者を置くには吟味の上、慥《たしか》なる請人を取るべき事

或る書に、商人陣中に置く事、自国より連れて来るなり。若し所の商人を置くには吟味を堅くし、其の上、慥なる請人を取るべし。妄《みだ》りに商人入り込むときは、敵忍商人に紛姿を学び、内を看るなり。又、商人陣外に置く時は、敵商小屋に火を放ちて其の騒ぎに夜討ちするものなり。

芝田軍歌に

　商人や一銭剃《ぞり》*の屋根あつく、小部屋構わば火付かばみよ

又　敵陣の外に掛けたる町小屋は、火付なるかと心ゆるすな

五、若し疑わしき者これ有る時、其の隠謀を露顕せしむる法の事

敵方より手引有るべき者、其の外紛らわしき者これ有らば、時の宜しき［計略をもって其の隠謀を露顕せしむるべし。其の計略は大体其の者の］（［］内は伊賀市上野図書館本より補足）入魂《じっこん》の被官か、又親類縁者などに便り問い、其の言葉の虚実を穿鑿し、或るは有りていを日す時は、譬えば同類たり共、其の科を免じ、其の上重禄を与えんと云い、或るは酒宴などを設けて其の本心を顕し、或るは君臣、父子、夫婦、兄弟、同類を分ちて別居せしめ、計略を以て隠謀を露わす事、其の時、所、其の人によって様々替えるべき事。

六、傾城*、白拍子*等は云うに及ばず、下女はしたに至る迄、陣中へ入れるべからず。籠城にも自国の慥《たしか》なる者なりと云えども、女は入れるべからずと厳令の事。私曰く。軍士は陽気を以て本と為し、女は陰なるものなり。故に軍中に女あれば陰気に侵《おか》されて陽気たわむの理なり。孔明陣を張るに、朝に高山に登り兵気を窺えば陽気は陰気に閉じられてたわむ。是を疑いて陣中を探り尋ぬるに、隠し置きし処の女を引き出して三百人を殺して兵気忽ち顕れしとなり。

【註】

○**一銭剃**　いっせんぞり、床屋。○**傾城**　美女、遊女。○**白拍子**　舞妓、遊女。

軍制七箇条の事

一、旧仕新仕《こさんしんざん》を交えて五位の法正すべき事

それ伍々は五人より始めて一万二千五百人を一軍と挙る。五と始まる事は東西南北中央と五行の形を以て備えとす。一より陰陽の二気始まりて五行顕れ、五行の中より万物顕れ、万物亦五行に帰り、五行亦陰陽に返り、二気亦一に帰す。孔明が八陣*も五より八に備える。合して一に帰す。口伝有り。五色の旗を以て備えを定め、金鼓を以て進退疾徐し、節に応ずる事を示すなり。五色は敗乱の兵、備えを惑《まどわ》（底本は「感」。伊賀市上野図書館本にて訂正）ざる為なり。往昔より夫々の印を用いて分《わ》かつは此の故たるべし。又曰く。五人を伍と云い伍長あり。五人組五つ合せて二十五人を一組とす。是を両と云い、両に長あり。二十五人の組を四つ合して百人を一組とす。是を卒と云い、卒に長あり。百人組を五つ合して五百人を一組と云い、是を旗に長あり。五百人組を五つ合して二千五百人を師とす。師長あり。二千五百人を五つ合して一万二千五百人を軍と云い、大将あり。又、伍二つは十人なり。是を什《じゅう》と云い、什長あり。什の十は百人なり。是を卒と云う。三軍とは三万七千五百人なり。是、伍法の大抵なり。私に曰く。旧仕新仕を交えて伍位の法を正すべきなりと言うは、新士には、若し敵忍の有らんかと疑うなれば、旧仕譜代の者を交えて法を定むべきなり。上は六奉行、下は足軽、中間、小人、新衆、小身の士の被官、諸浪人に至るまで、残らず堅く此の法令を置くべきなり。

二、五人組の厳令は一に、若し疑わしき者これ有る時、見隠し、聞き隠しすべからず。若し他組より顕れたる時は逆心同前の罪科たるべき事。二に、五人の内一人にても制法を敗る者有る時は、其の組中同罪たるべきの令。三に、組中互いに諸道具、人物の中を改むべしの令。四に、組切るに歩居るべしとの令。五に、用有りて行く時は其の頭人へ断りの上、手判を取り行くべしとの令。六に、胡乱《こらん》の者有る時は其の主人組頭を訪《と》い、其の所へ送り行くべしの令。七に、紛らわしき者と相知れたるか、又は敵忍陣所へ来るを知らば、知らざる真似をして潜かに告げ来るべしとの令。八に、仮令《たとえ》隠謀の者の近き親類たりとも、告訴するに於いては重禄を与うべきの令。

以上八箇条は其の大概を記す。愈《いよいよ》心を用いて軍掟を甚重にすべき事。

三、両組には目付に横目*を隠し置くべき事

言うは組々に隠し横目を付け置くべき事、目付の人品は第一に私欲少なく義理厚き者。第二に主君の為に依怙贔負《いこひふ》*等のなきもの。第三に親族の慥なる者を撰ぶべし。さて禄を厚く与え、心機を合すべき事。

四、軍評判、備定等敵忍の知らざる様に制作の術の事。是は其の時に因りて色々変に応ずるべし。第一は士卒将の下知を重くし、軍卒静かなれば、備え等并びに城責夜討其の外万端の下知速やかに調練し、進退は変に応ずべきなり。三略に曰く。「将の謀は密ならんと欲し、将の謀密なれば則ち姦心閉ざす」と云々。孫子に曰く。「兵の形の極まりて無形に至り、無形なれば則ち深き間も窺うあたわず。智者も謀る事あたわず」と云々。私曰く。忍は隠計には非ず。陽に猶以て忍ぶべし。陰忍は浅し。陽忍は深しと知るべき事、入れざるの大抵なり。

五、隠れて到り着く付様、何にてもの事。重々口伝。

六、若し忍者敵方に虜となる時、敵将召抱えんと云う時は、一味同心の答をして早々密に告げ来るべし。兼て此の如きの例には敵方より与うべしと云う。禄の一倍の恩賞を宛行《あてがう》べしと、互いに交わり厚き者許《ばかり》に潜《ひそ》かに令あるべき事。

七、敵の進退、密計を三日以前に告げ来たらば、其の忠節の軽重に随い恩賞厚く宛行べき旨、士卒は言うに及ばず、町人百姓に至るまで潜かに令有るべき事。

元弘年中に楠《くすのき》正成《まさしげ》、千破剣《ちはや》の城に盾籠《たてこも》りし時、関東勢の大将の中に金沢右馬助、様々の謀を廻らして落城の方便有りければ、是を止めさせせんと謀りて正成の家人木沢平次、胸井小藤の両人を商人に仕立て、武具、馬具、其の外芳野の紙漆等以下を売らせて寄手の城陣の内ともに自由に商うて自然に金沢に近づく。右馬助此の両人を便りとして恩地左近に裏切りの密談をぞなしにけり。是に於いて謀りて金沢の内、一人当千の士四十人を城内に引き入れて残らず討ち取りけり。これに依り金沢の方便、空《むなし》くなる。又、楠の家の子早川告太と云う者に大仏《おさらぎ》陸奥守より反忠の催し有りて、二千貫*の領地の御教書に黄金千両*給わりぬ。此の由を正成へ早川訴えければ、

則ち五千貫の領地に当座の黄金二千両とらせたり。是を楷《かい》*として、即、早川を忍に用い、敵を数多《あまた》亡くしたりと云々。

【註】

○**八陣**　奇門八卦の陣。○**横目**　監視密偵。○**依怙贔負**　誘惑や脅迫に屈する。○**二千貫**　一貫は銭百文。○**千両**　一両は銭四貫。○**楷**　手本。

巻第七

将知五　小謀を入れざるの篇（下）

篝火三箇条の事

一、陣城に本　篝《かがりび》*、捨燎《すてかがりび》焼くべし。其の焼く所、焼き様の事

本篝と云うは陣屋の惣郭に柴垣有り、其の柴垣の内門の両脇にて焼くかがりなり。捨燎と云うは陣屋より五六七町も外にて焼く篝なり。捨燎の焼き様は穴を掘り、其の中に這入り居て焼くなり。或る書に、本篝は柵ぎわより三拾間先に左右と味方の方とに三方に火がこいの土手高さ七尺計《ばか》りに築くなり。本篝は日暮より焼くなり。捨燎は本燎より三十間先に在り、此の燎は人さしくべなどせぬ故にむずかし。静かなる夜は如何ようにしても苦しからず。風雨の夜は燃えかね、又風強く吹く夜は明けるまで無きものなり。風烈しき夜は風なりより、少し筋違いに長みに薪を積み、風上より火を付ける。捨燎は夜半より火を付くべし。亦曰く。本燎捨燎ともに夜廻りの人、心を用いる事勿論なり。雨の夜、本燎には藁を多く添えたが吉。本燎は燃えにくきものなり。心得有るべし。風の夜は焼き捨ての燎は火先を風下に向けるが宜し。但し味方へ吹付ける風ならば木〔底本と大原勝井本は「本」〕を筋違いに積むべし。本燎の間は常式より置たるが吉。

軍歌に

押寄せて先手に陣を取るならば、燎をたかせ夜を明かすべし

芝田軍歌に

敵近き里に陣取る夜な夜なは、表に活と燎火をたけ

二、門々に大灯籠を掛け置くべき事

言うは、其の所によって灯籠を置くべし。是には大将の紋は付くべからず。外に付けざる紋を付くべきなり。少しの謀の補《たすく》*をとなるなり。口伝。

三、堀下へ提灯《ちょうちん》を下し、或るは猿火*、車火*、水松明《みずたいまつ》*等を以て堀底を見る事

籠城の時は城内の吟味は云うに及ばず、右の火を以て塀より下ろし、敵忍の来たるや否やを見る事。石垣は入隅《いりすみ》*を取分け用心すべし。要害のあしき城、又、陣屋などは云うに及ばず、仮令《たとえ》要害能しき城なりとも毎夜用心厳しく相守るべし。殊に風雨烈しき夜は尤《もっと》も厳重に為すべき事。

義経軍歌に

大風や大雨しげき時にこそ、夜《よ》*詰忍びは入るものぞかし

或る書に、「敵忍の来たるを知る事。燎火より外か、篝通りに広さ二間計りに土手を凹くして、其の中へ細かなる砂を蒔《ま》き、忍び入りたる足跡にて見る事。忍者も賢く、足跡を隠すべし。箒目を能く付け、切々見るなり」。誠に浅き謀なが

ら、用心厳しきと敵忍に思わせば、忍びを防ぐ少しの助けにもなりなん。

【註】
○篝　篝火。○補を　補緒。敵の謀を助ける手がかり。○猿火　火器編参照。○車火　火器編参照。○水松明　火器編参照。○入隅　石垣や壁などがある角度をもって出合う内隅で、二方向から矢を射る事が出来る横矢掛《よこやがかり》の構造。○夜誥　底本、大原本は「誥」とあるが、「夜討」の誤か。

相詞相印相計六箇条の事

一、相詞は時により耳をとり鼻をかむ様なる事を巧み出し云わする事もあれども、先ず定まる法は、対《つい》したる言葉は雑人まで云い能き事を云う。奉行巧み出し、切々易くて云わするなり。時により毎夜も更《かわ》る事。対したる言葉と云うは、月が星、日が月、水が波、火が煙、花が実等の如くなる。雑人まで云い易き言葉を巧み出し、毎夜にかえ、云わするなり。口伝。

二、合験《しる》*しは古法に有りと云えども時々に易からざれば、敵方に似せ物をして紛るる。故に一度々々に更る事。古法の合験は白き練《ねりぎぬ》*を一尺二寸にして、甲《かぶと》の後ろに付けるなり。但し古よりの作法は此の如くなれども、時の宜しきに随いて木綿にても布にても一度々々に更る事口伝。或る書に、「陣中にては相言葉相印は日々夜々に改むべし。二日ともつづく時は敵是を知るものなり。半日半夜にも更るなり。言葉の縁を取り、百日は百様にちがえるなり。山が林、谷が水、森が里、海が波などのやうなる誰も知れる古き語《ことば》は宜しからず。月が更科、花が吉野、萩が宮城野、雪が富士などの類、いくらも有り、又、耳をとり鼻をかむようの相詞もするなり」と云々。

三、味方夜討する時、人数残らず胴肩衣をきすべき事。胴肩*衣の製作は白き布か木綿にて二幅にして長さ腰たけ、袖なしなり。口伝。

四、味方夜討して返りたる時か、又敵忍び入りたりと思う時分は、楠正成《くすのきまさしげ》の立勝居勝《たちすぐりいすぐり》*を本として如何ようにも相計の術あるべき事。口伝。

五、味方夜討する時、手判を持たせ出し、返る時、門にて改め、或るは合詞をかけて云わするなり。但し是は味方大勢の時か敵近き所にては成すべからざる事。

忍歌に

夜討には敵の付入る事ぞあり、味方の作法兼ねて定めよ

又

我が方に忍びの入ると思いなば、味方をかぞえせんさくをせよ

六、敵方より味方の陣に夜討して引退かば、その後にて吟味すべき事〔六は底本欠。伊賀市上野図書館本にて補充〕

軍歌に

夜討来て引き退くとも油断すな、火付を残し陣を敗るぞ

【註】
○合験　相印。○練　練絹。生糸や絹布を灰汁で煮て柔らか

く白くしたもの。○**胴肩衣**　袖無し胴衣。○**立勝居勝**　たとえば「座れ」と言えば立ち、「立て」と命じたら座るなどを約束しておき、合図で敵を見抜く。

番所の作法六箇条の事

一、城中陣中門々番の事。昼夜によらず手判にて往来の令これ有るべし。敵近き時は合印合詞を定め、上下ともに能々云い含めらるべし。番所々々にて右三の吟味、厳重たるべし。若し油断の輩これ有るに於いては厳科に処すべき旨の令これ有るべきなり。但し番は一時代わり、夜は上に大将の御紋、下に我紋を書きたる挑灯を家中残らず持たせらるべし。

二、陣中城中の塀端に間《ま》をかり、楽《がく》の堂*、昼夜ともに番厳重たるべし。取分け石墻《いしがき》の入隅の所、水門の樋の中、塵捨場、城内の森林藪等以下隠るるに便有る処々は尤も用心専一なり。右は忍びの入る所なり。譬い要害能所たりと云えども、手あきの所とて油断する事なかれ。風雨の夜は尚を以て番夜廻り厳重たるべし。若し油断の輩あらば厳科に処す旨の令の事。

軍歌に

　手あきとて油断ばしすな、夜討火付此の方よりぞ入るぞとは云う

三、陣中張番の事。本燎と捨篝との中程に、歩《か》ち行の者十人計り、騎馬の侍一二騎相添え、所々に番厳重たるべし。夜は敵相紋の挑灯、時交わりの事、右同前。但し番交わりの時は敵間の物見をして帰るべき事。

四、城中陣中は云うに及ばず、外張*、蹴出し*にもひしと番の者厳重たるべし。籠城、或るは陣中にても夜番の時は内の番も外張蹴出しの番も、人数を分けて昼夜寝させらるべき事。外張と云うは構の外三十間、五十間のあいだの番の事なり。蹴出しと云うは五町も七町も間を隔て置く番のことなり。

〔以下、伊賀市上野図書館本で補足

義盛軍歌に

　窃盗《ぬすみ》にも夜詰番衆の草臥《くたび》れは、不覚をとらんもといなりけり

同

　つかれより油断起れる物なれば、かはりがはりに夜詰番せよ

五*、仮令《たとえ》いかようなる騒ぎごとありとも、下知なくして番所を立去るべからず。いかにも静まり居て、面々請取の番所を用心専一に為すべし。勿論番所にて高咄《はな》し、小歌、謡《うたうたい》、酒宴、博奕等堅く禁制の令有るべき事。〕

忍歌に

　さわがしき事ありとても番所をば、立ち退ぞか去りし物とこそきけ

同

　夜廻りや大事の番をする時は、静まり居つつ物音をきけ

六、昼夜とも遠候*の物見を置く事。口伝。

【註】

○**楽の堂**　額の堂とも言い、陣所に設けた番小屋。○**外張**

陣の外の三十間から五十間の間の見張り。○**蹴出し**　陣の外数町あたりの警固番。○**五**　原本は、大原本勝井もだが、「番所の作法六箇条の事」の「五」の記載漏れがあり、前後の文脈からしても、意識的に省いたとは考え難いので、脱落個所を伊賀市上野図書館本から引用補足した。○**遠候の物見**　敵陣近くに置く遠物見。

夜廻り三箇条の事

一、内は歩行の士三人宛、時交わりに燎の内を廻るなり。但し図子、局子《つぼね》、雪隠《せっちん》、万隠れ家に成るべき所をば一に念を入れて見入るべきなり。篝より外は騎馬五六人宛、是も時交わりにひたと廻らせ、何れも紋付の提灯を持つべし。又、夜廻りの衆の内、火を持たずして四五人、火持ち衆より跡に段々と引きさがり廻るべし。口伝。

歌に

夜廻りの心掛けには物音や、敵のさわぎと火事と油断と

二、蟠《かまり》つけの事。夜廻りの跡より火を持たずして曳きさがり、段々に間をかり成程潜かに廻り、かまり者を改むべき事。

義盛歌に

夜廻りの通る跡より廻わすをば、蟠り付とぞいう習なるせよ

同

夜廻りの通る跡こそ大事なれ、かまり付をばいくたりもせよ

同

蟠り付は段々に行きまわるこそ、敵の忍びを見つくるときけ

三、夜廻り衆、かまり付の者、胡散《うさん》〔底本は「胡乱」。伊賀市上野図書館本は「うさん」〕なる者を見付たる時、合詞或るは我と我名の事。愈《いよいよ》不審なる者ならば、心をゆるし味方と合点したる体をして謀り生捕るべし。即時に討つ事なかれ。

忍歌に

夜廻りに不審の者を見付なば、知略を廻らし生捕にせよ

同

夜廻りに討捨てぬるぞ大事なれ、はやまり過ぎて味方討ちすな

【註】

○**図子**　路地、横道。○**間をかり**　間を開けて離れて。

外聞二箇条の事

一、外聞《とぎき》は三十間目に歩行の士一人宛、二町めに騎馬の士一人宛の事

二、かぎ、物聞の心掛けには一に敗鬼神の方へ行き、二に心覚え、三に縄を張る、四に犬聞の事。言うは籠城、或るは陣屋の時、毎夜、かぎ、物聞を幾人も出し玉うべし。かぎ、物聞と云うは敵の襲い来たるべき道路、或るは敵忍の入り来たるべき所に前後左右ともに潜かに人を出し、敵の忍び来たるを、或るは捕え、大勢ならば大将へ早々告げしらしむる役なり。但し、かぎは先へゆき、物聞はかぎより二三十間も跡に

行くべきなり。口伝あり。是を外聞とも云う。外聞に行く時は、返り道の知れまじきと思う時は、或るは草を結び、竹をさしなんどして、心覚えをする事あり。又、風雨烈しく真黒にして、殊に道広く、敵忍の通るも知れまじきと思う時は、縄を張り手に持ち居る時は、忍び来たらば縄に行きあたり知るる者なり。付り。外聞に行く時は敗鬼神の方へ行くべきなり。此の方より夜討、忍び等の来たる方なり。是は外聞に行く者の功者なり。敗鬼神の方は子午卯酉は十二め、丑未辰戌は八め、寅申巳亥は四つめなり。或る書に、外聞を置く事は敵あいより旗本までの間、段々に三十間め宛に歩行の者を一人宛、又、二町めに騎馬一人宛置き、先々の様子を本陣へ次第々々に云いつぐと云々。

軍歌に

夜ごとに忍びの者をつかわして、敵の来たるを告げしらすべし

器を用い敵忍を拒む二箇条の事

一、敵忍の来るべき道路に竹蒺藜《たけじるい》*、鉄菱、鉄蒺藜*等を蒔く事。

二、腨払《はらわたはらい》*をし、或るは塀につり*おしをかくる事。言うは付城、向城、取出、陣屋、又は要害さして能なき出城等にて、敵忍の来るべきと思う道路に右の器を用いる事。城中、水門の樋の中、大きにして人のくぐらんと思わば鉄縄を張るべき事。以上の器、図説別書在り。

右は敵忍を入れざる軍配の極秘なり。蓋《けだ》し時折の変に依りて宜しきに随い之を用いる。術は予め記し難し。常に定め置く処の法は、如何なる名将たりと雖も、豈《あに》是に勝れる事有らんや。見ざるや、将の謀り事泄るる、則ち軍に勢なく、外を闚《うかが》*えば内、則ち禍制せられずと。太公望が云いし如く、敵忍味方の陣に在る時は敗亡の源。何事かこれに過ぎんや。喩《たとえ》ば人の腹心疝気積り褧《けい》*の在るがごとし。故に大将たらば右の術を拳拳服膺《けんけんふくよう》*し、厳密に制法を行い玉うべし。然れば則ち中下の備忍、争《いかで》か我陣へ忍び入らんや。凡《およ》そ忍びの術、其の微妙の処は千変万化千差万別にして勝ちを計るべからずと云えども、大綱は謀、佯《よう》*、紛、隠、帰、此の五行の術の外なし。謀忍を防ぐべきには、将に事有る時に人数の多勢を好んで、妄《みだり》に人をかかえ仕うことなかれ。知らず抱仕う事なからんには、敵を味方として多勢を引率せんよりは、小勢の味方を引率せんには如かず〔底本は「不知」〕。然りと雖も、人数小寡なれば大敵に勝つべくようなければ、只、常々無益の金銀を費やし無用の人を扶持する事、却って宜しからず。万の費を止めて、其の代わりに人数を多くかかえ置き、一乱に及びてむだと人を抱えずんば、謀忍の道、大半絶つべし。佯忍を防がんには、来る者の云うを真とし行う事なかれ。反って此の方より佯《いつわり》て反間とし、紛忍をば手判、相詞、合印、胴肩衣、立勝、居勝等の五術を以て是を防ぐべし。山城、付城、取出、陣等へは隠れ忍ぶものなり。是は夜番の件数を以て防ぐべきなり。返《そ》り忍を防がんには、基本を探り、或るは不審を立て乗る事なかれ。

それ忍びは少なりとも油断の所より窺い入るものなり。是故に間の一字は、まとも、あいだとも、へだつるとも訓みて、諜の字偵の字ともに、うかごうと訓む。兎角、忍びは油断より涌き出ると悟り入らせよ。毎事、万端油断なく、厳格に制法正しくせば、中下の忍者忍び入る事成すべからず。然れども人として少しも油断なき事はなし。其の上、制すと云えども制せられざる空地あり。故に四達の忍者は油断無きの油断を諜《うかが》い入り、且つ制して制せられざる空隙より入るによりて、忍び入らざる無く、入りて其の功を成さずと云う事有るべけんや。

小謀を入れざるの篇（下）終

【註】

○**蒺藜**　じるい、はまびし。海岸の砂地に生え、夏には黄色い小さな花を咲かせて実には十本の棘がある。木や鉄でこの形を作り、防御用の武器とした。○**腨払**　すねはらい。ふくらはぎを討ち払う。○**つり**　釣り。引っかけ針。○**闚**　窺う。○**褻**　透けて見えるような薄いうちかけ。○**拳拳服膺**　胸中に銘記して決して忘れない（「中庸」）。○**佯**　いつわる。

巻第八

陽忍（上）遠入の篇

それ忍術に陽術あり陰術あり。陽術と云うは、謀計の知慮を以て其の姿を顕しながら敵中へ入るを云う。陰術と云うは人の目を忍び姿を隠すの術を以て忍び入るを云うなり。此の巻には千変万化の計略を為して、敵の鐻隙《きょげき》*を計り忍び入る術を記す。故に陽忍と号す。されば必入の秘術は臨機応変の佯《よう》計《けい》*なれば、古昔の名将の忍びを本として、時の宜しきを以て変に応じて用*を新たにすべし。愚かなる忍者は此の理を弁《わきま》えずして直に古法に拘《こだ》わり、更に円玉の低きに転《ころがる》の意に通ぜず。故に堀、深広にして石畳の高く聳えたるを見ては、早あきれて忍び入るべからずなどと云う。誠に、舟を刻み剣を求め、*柱に膠して瑟《おおごと》を鼓《うつ》*の類なり。

【註】

○**鐻隙**　微かな隙。○**佯計**　嘘偽りの計略。○**用**　用法。○**舟を刻み剣を求め**　「舟から剣を落としたので舟の舷に刻みをつけ、この下に落ちたと言い張って剣を探す」が転じて、愚かな人間は時勢が移ったことに気づかず、頑固に旧法を行うこと（『呂覧』）。○**柱に膠して瑟を鼓**　「琴柱《ことじ》に膠を付けて瑟を鼓」、転じて融通がきかない（『史記』）。

始計六箇条

一、四方髪《よもがみ》は逢う所に随いて髪を変じるの始計なるべき事

言うは時と所との宜しきに随い、出家、山伏、鳩のかい、根来もの、又は女の姿、半丁野郎*等其の外国々に替わる月《さか》額《やき》*の剃様、種々様々変ずる事。皆是四方髪を基として変に応じ改むるの始計なり。赤坂の城に籠りし湯浅孫八入道を、楠《くすのき》正成《まさしげ》攻め亡ぼせし時、恩地左近正俊が謀略の事を細かに証拠に記す。

又、高倉宮御謀叛の時、長谷部信連が計略にて宮を女の姿に作り奉り、鶴丸と云う童に袋に物を入れて載せ、六条助大輔宗信傘を持ちて御供して、道にて怪しむ者もなく、三井寺に落着き玉うとなり。

二、諸《もろもろ》の生業の芸、或るは物真似などに至るまで手練《てだれ》する事は変言化姿の計なるべき事

言うは妖術などにて忍び入る時、其の姿言葉計りを似せても其の生業の芸を知らず、則、謀略顕れ易し。故に其の像《に》せんと思う者の姿言葉は云うに及ばず、其の生業の芸術を平生より習学すべきなり。喩《たと》えば出家に像せんと思わば其の宗旨の学を習い、其の寺へ往来し、近習して後、時至りて謀略の事を起こすとき、僧と密談し、若し敵方に於いて此の計略に因りて我身の真偽を知らんため、探り来て穿鑿などあらば、

紛れ無しの由、堅く答え玉わるべしなど契約を定め、始終の計略を全備して後に行い為す事勿論なり。又、虚無僧ならば尺八を能習い、禅話を学ぶべき事なり。斉の孟嘗君、秦の昭*王にとらわれて白狐の裘《かわごろも》*を后妃に賄《まいな》いて献せんに依りて禁を遁れて夜潜かに逃げる。夜深くして函谷関《かんこくかん》*未だ開かざる。夜を明かさば追手来る事を憂う。爰《ここ》に三千の客の中に鶏の鳴を能する人、其の名を田甲と云う。木に登りて鶏の鳴をなす。其の時、関路の鶏も儘《ことごと》く鳴く。是に於いて関守、夜明けと思い関を開きて通す。

秦の始皇崩じて二世皇帝天下を治め、其の威、未だ盛ならざりし時、陳勝と云う者、魚の腹中に陳勝王と書くる札を入れ海へ放し、又、呉広と云う者、狐の鳴き真似を能為しければ、夜々高山に登りて狐の真似をして大楚起りて秦亡ぶ。陳勝、王たらんと啼号《ていごう》*せりければ、人々奇異の思いをなし、秦の世傾かん瑞相なりと思い合えり。是の時、楚の項羽、漢の高祖、旗を揚げて終に秦を亡ぼす。又、当国にて物真似をしたる忍術に利を得たる事多し。後に記す。

三、常々に諸国の風俗、地形の模様を知るべき事

言うは常々に国々の風俗方言地理等、何処には山林川沢あり、何処には険阻或るは平易なりなど、又は里程の長短、路の広狭等、鹿路、細路、径道《こみち》*までも能々知り覚うべきなり。兼ねて是如く能記得する時は、譬《たとえ》ば周章《しゅうしょう》*の時に当りても、人に後れても、必ず其の所に至り易し。又、他国の人の風を似せて敵方へ入る時、敵、其の国の地理風俗を問いし時、審《つまび》らかに答を為さん為なり。

四、兼ねて諸方の城主の印を貌写《にせうつし》置くべき事

言うは常々諸方の城主、大将がたの印を求め置くべきなり。計略の品に入れる事あり。某の人の印書を作り、謀に用いる事有り。印の相違有りては計敗る。又能書の擬筆を能為せる者に近づくべし。大将以下の筆を擬するに自由なるべし。

五、兼々諸大将の旗、まとい*、指物*、立物《たてもの》*、幕紋等を能覚うべき事

言うは右の事を能覚えて計略を以て忍び入りたる時、敵色々の事を尋ね問うに、其の言を合せ、又陰忍紛忍等にて忍び入り、爰彼《ここかしこ》に潜行する折柄、敵見怪しむる時、当分の抜け言の用の便あるなり。

六、兼ねて名と芸とを深く隠すべき事

言うは忍者たらん者は兼ねて大将へ訴え、治世の時にても常の忍者の号を深く隠すべし。親しき輩なりと云えども、仮《かり》初《そめ》にも此の術の勝劣を言う事勿れ。乱世になれば敵が味方にもなり、味方が敵にもなる有り。計略を以て忍び入りたる時、常に我を知りたるもの敵方に在りて、あれこそ誰が忍者よなどと唱える時は、畢竟《ひっきょう》*、其の謀詮無きのみに非ず、且つ身を亡ぼし、主将の害となる者なり。故に、常に名と芸とを深く隠して、遁士、平士の如くなる事は乱世に及んで忍術を用いる始計なり。六韜《りくとう》に曰く。「鷙鳥《しちょう》*の将《まさ》に撃たんとするや、早く飛びて翼を斂《おさ》む。猛獣将《まさ》に搏《うた》んとするや、耳を弭《た》れ俯伏す。聖人将に動かんとするや、必ず愚色有り」と云々。老子曰く

〔底本は「曰」欠〕。「大智は智無く、大謀は謀無し」。孫子曰く。「善戦する者に智名無く勇名無し」と云々。忍者たらん者は此の語を意味して専ら心とすべし。

【註】

○**半丁野郎**　博打うち。○**月額**　月代。男の額の髪を半月状に剃り落としたもの。○**裘**　皮衣。○**禁**　禁獄。○**函谷関**　中国河南省北西部の交通の要衝。洛陽から潼関《どうかん》に至る隘路にある。○**啼号**　啼き吠える。○**径路**　こみち。○**周章**　あわてふためく。○**まとい**　纏。馬標《うまじるし》の一種。○**指物**　具足の背の筒に指す旗（背旗）。○**立物**　威容を誇示するために付けた兜の鉢の装飾。○**畢竟**　結局。○**鷙鳥**　鷙、鷹など猛禽類。

桂男の術三箇条の事

一、桂男《かつらお》の術と云うは月中に桂男の有る意にたとうべき事

　言うは、叛逆すべき者、敵に成るべき者を常々の時より能見付置きて、其の城中陣中家中などへ、譬えば桂男の月中に在るが如くに、つねに忍者を入れ置くべきなり。其の忍者たらん人には、兼々親しみのなき者、智の深からざるもの、信少なき者などには中々其の任を授くべからず。親子兄弟、又は甚親しみ厚き者の中で智信勇の備わりたる者を撰ぶなり。其の上、其の人の人質を取り、且つ誓紙をかかせ重々約を定め遣わすべきなり。秦の張儀を魏に相たらしむる事数年にして終に魏を亡ぼすと云々。

二、少女《むすめ》生まれていそ穴丑《あなうし》*を入れ置く事

　言うは親しき者の中に容顔美《よ》き児童あらば、深き計を以て手を廻し、時節到来の時を窺い、言免*免*王*母禾殳等尤もなり。但し此の術は蟄虫《ちつちゆう》*遁士にてこれ無きときは顕るるものなり。蟄虫と云うは、君に禄を受けながら君臣期約の上にて仕うる事を深く隠し、喩えば都の辺、大坂などの様なる所に何となく初より居住し、時に至りて窃《ひそか》に君臣評定の上にて敵の中へ入れ置くを云うなり。此の計略の人、片夷中《かたいなか》*の人寡《すくな》き所に住居しては却《かえつて》人怪しみて宜しからず。人多く集まる所は人怪しみとがめざるなり。遁士と云うは片田舎の草深き所に引籠り居たる者の、才知有りて信厚く偽らざる者を聞き立て、高知*の約束を以て潜かに召し出し、末頼もしく云い聞かせて、其の時に至りて俄《にわ》かに敵内へ入れ置くを云うなり。或るは穴丑と成りて敵城近辺に町屋、在家等に住し、常々敵の家中と共に親しみ、味方寄り来たる折柄は、当地に居合わせたるこそ幸なれなどと云いて敵に奉公の身とならん事を望む時、鴆《ちん》毒《どく》*とはゆめゆめ知らず、喜び合える事疑い無きものなり。信長公の家臣に十五六の児童の勝れて手跡《しゆせき》*の器用なるを、今川新介方へ奉公に出し玉い、新介が手跡に少しも違わず能似せて、後に謀書を認《したた》め、主君義元と不和になし、今川家を乱して終に義元を亡ぼす。是、証跡なり。

三、相談人、通路人を置くべき事

　言うは、右謂う所の者は敵の中へ入れ置きても、味方の大将へ通路なくては相図なり難し。故に商人出家等に姿を変じ

て、一人は敵城の近辺に居て諸事談合し、敵中に入れて仕える児童の言葉に様体を見聞し、委曲《いきょく》*に事を内通する者なり。又一人は味方へ往来して、其の様体を主将へ通告するものなり。殊に児童なるを奉公させ置くときは、親が兄がと称して敵城の近辺に置く事勿論なり。

【註】

○**いそ穴丑**　穴丑は敵地に長期間生活しながら防諜活動を行う忍者。「いそ」は磯で「未熟な」「子供の」の意。○**言免免**　「讒」を分解した作字。讒言などの謀略。○**王母**　「毒」を分解した文字。○**杀殳**　「殺」を分解した作字。○**蟄虫**　冬は土の中に籠っている虫。いざという時まで静かにしている忍者。○**片夷中**　片田舎。○**高知**　高禄。○**鴆毒**　鴆という鳥の毒羽を酒に浸せば猛毒となるという。○**手跡**　筆跡。○**委曲に**　詳細に。

如景術三箇条の事

一、如景の術と云うは形あれば影の応ずる如き事

言うは敵叛逆の兆ほのかに聞くと等《ひとし》く、影の形に応ずるが如く、速やかに敵の城下へ行きて奉公を望むべし。敵の謀計未だ起きざる前なり。若し行く事遅ければ、敵の心を付け、不審を起すに縁《より》て望み叶うべからず。是も初より諸人の知る所の士は宜しからず。蟄虫遁士よろし。

二、通路人を置くべき事

言うは組の中へ何人にても道心者《どうしんじゃ》*、商売人等に姿を変じて城の近辺に置き、主将へ注進の為、又は時の宜しきを見計り引き入れん為なり。

三、若し敵方より不審を起し怪しむ事有る時、仮女仮子の術を行う事

仮女仮子の術と云うは計略をなして仮に妻子を調え合してつれ行き、敵中に入れて人質とするなり。質なくては入る事叶わずと敵の云う時、此の術を用いるべし。口伝。

【註】

○**道心者**　十三歳以上で仏門に入った人。

久の一の術の事

一、久の一の術と云は三字を一字と*したる者を忍びに入れるを云うなり。たぢからは*入れ難く思う時、此の術を用うべきなり。凡《およ》そくの一は、一つは其の心姦拙にして智も口も浅き者なれば、喩《たとえ》ば●○○二つ●●●●○●●●●●*にても見届けざる者は無用なり。況や余をや。若し見届けたる者あらば誓紙を堅く致させ、能々相図約束を云いきかせ、其の後、宜しき方便〔底本は「分便」。大原勝井本は「方便」〕を以て敵方の奥深く遣わし、或るは其の従者の従者になりとも事《つか》えを望む時は成らざる無し。

二、隠蓑の術を以て入るべき事。言うは彼のくの一と相図をなしての上なり。くの一奥方へ申すべきは、宿に預け置きたる木櫃を取寄せ度《たし》と浅々と云わば、此の者陰謀《いんぼう》あらんとは、喩えば智謀殊に世に勝れたる勇士にても、聊《いささ》かも思わず。ま

して奥方をや。故に必ず其の事を免《ゆる》すものなり。其の時、門々の番人へも初より断《ことわり》を述べ置き、彼木櫃を入るる時、其の中に入り行くべきなり。但し木櫃は二重底にして上は衣裳を入れて、下の重き宜しきなり。二人して荷《にな》う様にするぞ。孫子に曰く。始には処女の如く、後には脱兎の如く、敵拒むこと及ばずと云う。此の意なり。

右隠蓑の術は敵方に我を見知りたる者多くして、別の方便行い難き時の謀計なり。至極の秘なり。口伝あり。右の術を能用いて忍ぶ時は、守り厳しき名城にても忍び入らずと云う事なし。

【註】

○**三字を一字**　「久の一」は「くノ一」の三字で「女」という一字になる。○**たぢから**　「田」に「力」で「男」。○●○○**二つ**●●●●○●●●●　伊賀市上野図書館本は、この節を「その心底の実を一つにても二つにても」としている。

里人の術二箇条の事

一、敵国の里人を入るる事

言うは敵の城へ忍び入らんと思う時、味方の勢未だ寄せざる以前に、先ず敵国へ行きて其の国の無足し居る者*の中にて気がさ*有りて武勇の名を得んと兼々思う者、又は其の国の大将、頭人*、奉行等を曽《かつ》て恨みに憤るもの有りて、未だ時至らざるに因りて黙止居る者、或るは味方に親族縁者など有る人等を聞き調え、其の時に当り、宜しき方便を廻らし、此の如くの人を味方に召し寄せるか、又は彼の宿所へ行きてなりとも、先ず金帛《きんぱく》*を厚く賄《まいな》い、若し軍功あるに於いては知行何程宛行わるべしと約して主将の朱印を取り与うべし。其の上にて人質を取り、誓紙を固め、如何にも深き計を以て彼れを敵城へ入れるべし。敵将元より自国の者なれば疑う事なし。故に其の入り易き事、我家に入るが如し。

二、里人の従者と成りて入る事

言うは里人が不功者か又は若輩者かの時は、我彼の里人の従者と成りて敵城へ入り、諸事談合して味方の大将と相図を定めて能き時分に放火すべきなり。楠正成、相模入道の下知に随いて紀州安田の庄司を退治の時、勝尾山に陣を取って敵の位を見る事三日。其の後、吾扶持しける野伏どもを召して、此の辺に知りたる野伏や有ると問う。或る野伏の申すには、某《それがし》が存知の者候とて八人連れ来たる。正成金銀を多く与え、此の方の野伏を連れて敵陣の中を見来たらんや。有りければ、安き程の事とて、楠が野伏六人連れて敵陣へ忍び入りて、一日紛れ居て、次の夜返りて敵の様体を見来たる由を申す。正成、十四人の者一人宛別けて問うに、何れも同じき口なり。さては疑うべからずとて、夜討にして利を得たり。是等も里人の術に似たり。

【註】

○**無足し居る者**　無足人。鎌倉室町時代は無禄の武士、江戸時代は知行なく扶持米を支給された下級武士。無足とは知行すべき所領がないこと。○**気がさ**　気嵩。気位が高い。○**頭**

人　家老。○**金帛**　黄金と布帛。

身虫の術二箇条の事

一、身虫と成るべき者を見定める事

身虫と云うは敵に事《つか》え居る者を味方の忍者となす故に、敵の腹中の虫の其の身を喰らうに似たるを以てなり。故に身虫と名づく。此の者を目利きする事、至って大事なり。若し目利き違う時は、却って災い起こる事明らかなり。

其の見定めよう、一つには其の人の前代、罪無くして刑罰を蒙り、或るは小科《とが》有りて大科の刑を受けて歿したる其の子孫なれば、心底に主を恨むる事深き者か、二つには高位に昇進すべき筋目の者にして然も才智ある人なれども、傍輩の妨げに依りて下に位し、口惜しく残念に思い事も哉《かな》と思う折柄。三つには、大なる忠義功名有りと云えども、知行薄く、あわれ他の主君に事えて立身をもすべき者を、何の忠功もなく、阿諛《おもねへつら》う讒臣をば愈《いよいよ》厚く幸し、去りとは暗主哉と常々思う者。四つには智恵賢く才ある者なれども大将と和合せず、動《やや》もすれば忿《いかり》を蒙り且つ賤《いやし》き官に仕わる者。五つには芸能世に勝れたるもの、賤官に役せらるに依りて仕を致《かえさん》と願えども許されず、若し他の君に仕えるならば障《さわ》り防ぐべき様体なり。之に因り是非無く、黙止居る者。六つには父子敵味方に別れ、戦いに及わば親子兄弟共に対敵と成らん事を悲しむもの。七つには欲心甚深く、金銀高知を望み願い、又は翻覆変許*にして兼々忠義の心なく二心ある者。八つには父の名跡あしく立て、外《がい》聞《ぶん》宜しからず口惜しく思う処有る者。

右八箇条の見定めは大概なり。是を基として能々工夫を重ね、其の人の心底を考え、謹みて之を定め、其の上にて時の宜しきの方便を行うべきなり。

二、身虫となすべき術の事

上に所謂身虫と成すべき者を見定めたれども、此の方の計事を知らすべき術なし。若し妄《みだ》りに其の密事を通ずる時は大なる災眚《さいせい》*となるべし。故に其の身虫と成すべき者と見定めて後、身虫とならでは叶わざるように計る事肝要なり。其の方便区々*なりと云えども、心得の為一二を記す。

其の一。主将と相議《はかり》して金銀多く給わり、富める浪人と姿を改め、其の見定めたる者の近邑五六里の間に居住を定め、其の上にて彼と縁を結んで、此の方の世帯彼より富めるならば縁を結ぶに速やかなり。さて交わりを厚くし、彼れが好事を察して其の好む道を以て便りとし、金帛を厚く賄ない、如何にも交わりを深くし、其の内万物語を序《の》べて戯言などを以て漸々に彼が心底を誘い見て密談に及び、高知の朱印など取り与え、父母妻子等を人質に取り、誓紙を堅め、約束相図を能定めて用うべきなり。凡そ人は老少に限らず、色と欲とを離れて忠義を思う者は世に希なり。可様なる者を計るに傾かずと云う事なし。酒色を以て交を求むるに実を顕さざる無し。

【註】

○**翻覆変許**　裏切り変心する。○**災眚**　わざわい。○**区々**　こまごま。

蛍火術三箇条の事

一、敵方に猛威を振う謀臣ある時、偽りて其の人の謀叛の廻文の隠書の反翰*を持ち行き、或るは彼謀臣の方へ味方の大将よりの相図の書札、又は味方に背き敵方に成りたる者あれば幸いとして、此の者を隠謀を以て入れる者に作して、相図の書札を調え持ち行かすべき事

言うは、喩《たとえ》ば漢の韓信《かんしん》、唐の玄宗の安禄山《あんろくざん》、日本にては義経などの如く計略智謀の人、敵将の中に在りて、若し此の人など謀叛せば天下危うかるべしなど敵方の諸人あやぶみ思う折から、能き時節を窺い考えて偽りて其の人の謀叛の廻文の隠書を調え、又味方の内に其の人の一族か若しくは朋友か、兼々親しみたる人か、さも徒党もすべき程の人と諸人思うべき人の方へ内通の隠書を調え、一人の男を忍者に仕立て、彼隠書の反翰を衣の襟などに封じ入れ、敵城の近辺にあやしげなる体にて行く時、敵是を見咎め、忍者なりとして訴え出るに、直ちに捕えて是を責問えども、一応二応にては答えず。強て是を責め問う時、是非無く白状して彼隠書反翰など取出し其の上にて此の人の謀叛の企てを顕す。此の術に付きて隠書の書きよう、文義、又敵に咎めらたる時の模様、白状する時の模様は書面に著し難し。重々口伝あり。

或るは袋飜《ふくろがえし》の術にて、敵将と其の謀臣と両家へ二人別れ仕えて、謀臣の家に仕うる者に謀臣の隠書を懐中させ、味方の将へ持ち来たらしめ、途中にて捕われ、敵将へしかじかと云い、又味方の将より謀臣の方への書札にして裏伐の相図重々丁寧に書き尽くし、衣の襟の中などに入れて、敵城の近辺をのたれあるき、捕られ、敵責め問う時も亦右件《くだん》に云う所の如し。或るは味方を背き敵の旗下に成りたる者有る時、其の者の方へ隠書を調え、裏伐〔底本は「後伐」〕の相図の書を持たせ遣わして、あやしき体を見せ、敵に捕えさせ、敵せめ問うとも一応にては答えず、責の度重なって後、隠書を取出し、其の上にて此の人降参の事、実の降参に非ず、後に裏切をし、又火を放たさんが為なり、此の計一定なりと云うべし。大抵此の蛍火の術は敵方の様体心腹までを能知りて後、如何にも人の心に応じて此の術を著《あらわ》す者なり。宋の国と元の国と揚子江に於いて戦う時、元の軍勢三百万人まで亡びければ、元の皇帝気を屈し黙止されけるに、西蕃の帝師が謀にて再び勝利を得たり。是即ち其の証跡なり。

二、紛忍陰忍等にて窃盗《しのび》*入る時は、いつも敵の謀臣の方へ名あてに*して裏切相図の隠書を製り、衣の襟の中に入れて行くべき事

言うは蛍火術の心なくして紛忍陰忍等にて敵城へ忍び入る時は早晩《いつも》敵の謀臣へ名あてにして裏伐*の相図の隠書を調え、衣の襟の中などに縫込み行くべし。其の故は随分密計を廻らすと云えども、若し顕れ捕わるる時、敵必ず窃盗来たる旨を問うべし。如何に責め問われども白状すべからず。責め問う事頻になる時に至りて云わんに、我一命を宥《ゆるし》給わらば御方の一大事を顕すべし。この事、我身がもし露さざれば御方の危

難、墻壁《しょうへき》の中より起*こるべし。只今起こらんも計り難し。我一命さえ御赦免これ有らば、只今白状すべし。但し殁刑に行わるる上は、如何に責めらるるとも白状すべからずと云いて止むべし。是に於いて敵必ず曰わん、汝が一命宥すべし。一大事を有りの儘《まま》に白状すべしと。此の者、又答えて曰く。一命御赦免の事、御誓紙を以て虚言無き通り漾知《ようち》*仕《し》度《たく》と申すべし。是に於いて敵も一大事の由なれば、多くは我申す所に随うべし。其の時、人なき処へ連れ行き、彼の封じ込めたる襟の隠書を取出し、御方の誰々に反忠致すべしとの約束にて候故、何月何日攻めらるべきの間、其の時節相構えて裏伐これ有るべしとの使いに忍び入り候と、前後相違無きように申すべし。但し此の術、何れも敵方の形容を内々にて能聞き届け、如何にも似たる事を隠書にも載せ、言葉にも述ぶべきなり。万一敵に漾知されずして、誰々に何ぞ左様の事のこれ有るべけんや、中々偽りなるべしなど云う事これ有らば、答えて云わんに、左候らわば、我等が使いとして人を遣わされ候え。其の誰々方より内々に遣わしたる密書、誰にこれ有り、取寄せて御覧に入れるべしなど云うに、兼て敵方の印書少しも違わざる様に似せ、反忠の書を認め置き、若し要用の節は人を使わし取るべしと兼て約ある事なれば、此の時に当り其の計を合すべし。此の如くならば、多くは殁を遁れ、又敵の内乱を起こす事有るべし。若し此の謀成就せずと云えども、敵軍互いに疑いおうて、敗軍《まけいくさ》の前表と成るべし。

三、大将の恩賞薄き者を蛍火の術を以て忍ばするときは表裏を以て忍びを使うべき事

凡そ蛍火術に使わす者は大将の恩賞厚く蒙り、殉殁にても為すべき程の者か、或るは子を多く育んで貧なる者かを使わすべきなり。若し恩の薄き者或るは義命を知らざる者を使わす時は、必ず心変わりして却って味方を亡ぼすべき計略をなすものなり。故に大事なり。

孫子に曰く。「聖智に非ざれば間*を用いるあたわず。仁義に非ざれば間を使うことあたわず。微妙に非ざれば間の実を得ることあたわず。三軍の事、間より親なるは莫《な》く、賞は間より厚く莫く、事は間より密なるは莫し」と云々。

是故に恩賞薄き者を忍ばする事は大いに宜しからざる事なれども、然れども恩の厚き者有りと云えども忍者となす事叶わざる事の有る故に、恩の薄き者を以て忍者に使う時は、其の人其の性躁剛にして、言わば多く事に堪えず移り易き者を撰んで使わすべし。其の時其の者に向けて計事《はかりごと》を授くるには、万端計略の裏を云聞かすべし。譬えば西に向きて攻むる事は東に向かうと云い、北は南と云う如く、諸事何事も裏を示し告ぐる事、さも誠しやかにすべし。是に於いて右の忍者元より性躁急なる者故に、必ず敵中に入りて捕わるるべきように調え使わすべし。故に此の者敵地に入り卒爾《そつじ》*として捕わるるなり。此の時、敵必ず責問して味方の様体を白状する様を計るべし。之に依り直ちに敵方に反覆して味方の様体を白状する時は、一命を宥《ゆる》され、高知を領し、若し又白状せざるときは高知を領さざるのみに非ず、其の身殁刑に行わるる事なれ

ば、主の恩恵厚きものすら義足らざる者は大抵反間と成るべきに、況や恩薄く、事に堪えず、意浅く、多言なる者は味方の予備其の外何事に依らず、儘く白状せざると云う事なかるべし。敵又是を信実とする故に、敵方の計略は皆反間の反間となるべし。故に合わせて味方の勝利となる事燦然《さんぜん》たり。

【註】

○反輸　反逆の書簡。**○名あてに**　名宛に。**○裏伐**　裏切り。**○窃盗**　忍び。**○墻壁の中より**　城壁の内側、味方の裏切りで。**○漾知**　全てを分かり易く知らせる。**○孫子に曰く。「聖智に非ざれば…」**　正しくは「三軍…間より密なるは莫し。聖智に非ざれば…微妙に非ざれば間の実得る事あたわず」と続く。**○卒爾**　軽率な。

袋飜の術二箇条の事

一、袋飜《ふくろがえし》と云うは、心を反覆する事、袋を裏表に覆すが如くなる事

言うは忍者、敵方へ往きて因縁を求め城中に入りて、某は伊賀国の者にて幼少の時より多年忍術を手練仕《つかまつ》り、如何なる城陣へも忍び入る事、鵜の水に入るより容易《たやすく》覚え候。召仕われ候わば如何様の城陣へ忍び入り申すべし、と云いて奇特なる事共顕し見する口伝あり。奥深き事は秘密なれば御覧入れ難く候などと夥《おびただ》しく云いなし、仕えを望まんに、乱世ならば其の望み叶わずと云う事なし。後、味方寄せ来たる時、元来味方の将と兼て約の上なれば、味方の陣屋等に無用の小屋などを掛けさせ置きて、それを放火などして愈敵に心を緩《ゆる》す計略など廻らし、味方へ往来の度ごとに敵方の事思う儘に主将に告げ知らせ、宜しき時節に臨みて敵城に放火し、又方便を以て夜討などし、或るは待伏せの反り討等をし、或るは付入りに敵城に入りて即時に攻落とすべきなり。

是の術、袋を裏へ反して又表へ反すに似たる術なれば、袋飜の術と号す。是らの方便を行わん為なれば、とかく忍者は常に人に見知られぬようにする事肝要なり。畢竟*は遁士にしくはなし。

二、右に謂う所の術成り難きときは、兼ねて敵の城陣へ出入する者の従者と成りて出入すべき事

凡そ敵の城陣へ出入する者は出家、医者、座頭、猿楽、職人、商人の類なり。其の外敵城へ出入する者を聞き定め、其の者の従者と成りて打つれ、敵中へ入りて後、色々の計略を廻らし、或るは讒言等を以て敵の家中の内乱を起し、互に疑いの生ずるようにし、時至りて後、兼ねて主将と契約の如く放火すべきなり。康安*元年に筑紫の博多にて菊池肥後守の家子城越前守が方便にて松浦党を夜討にして大いに勝利を得し事、委曲証拠あり。是等の術すら昔は讒など構えしに、況や平生敵の陣へ出入する者の従者と成り入る時は、入られずと云う事あらんや。讒と云えども敵信実と思う断りなるべし。

【註】

○畢竟　結局。**○康安**　南北朝時代、北朝の後光厳天皇朝の年号で、延文六年三月二十九日（一三六一年五月四日）改元、

康安二年九月二十三日、貞治に改元。

天唾術二箇条の事

一、天唾術と云うは天に向きて咳唾する時は反りて我身に降るごとく、敵より味方へ入れたる忍者、却って敵の害となる事

敵より味方へ入るべきかと兼て軍政を正し、夜番術其の外色々の忍びを制し禁ずる術を以て吟味を遂げ、若し敵方より忍者入り来たりて味方是を捕うるに於いては則忍者に向きて告ぐべきは、汝若し反忠《かえりちゅう》*などの志あらば汝が一命を宥すべし。其の上高知*を与うべしなど色々言を尽《つ》くし問うに、彼忍者之を肯《うけが》うとき、則大将の知行朱印等を与え、且つ彼が妻子等を窃に召取り、誓紙を書かせ、彼が心中全く疑いなきに至りて敵方の様体を審らかに問い知るべし。敵の様体を能知るときは万の計略是より出るなり。且つ彼者を以て敵へ忍びに遣《や》る時は、敵は吾忍者なりと思いて油断するが故に万の計略思ふ儘に能く中《あた》り、敵を亡ぼす事容易《いれやす》き者なり。此の術を孫子反間と名づけ、反間ほど能き術はなしと云えり。孫子に曰く。「反間は其の敵間に因り之を用う」。又曰く。「必ず敵人の間来たりて我を間《うかが》う者を索《もとめ》、因りて之を利し導きて之を舎《やどし》おく。故に反間を得て使すべきなり。是に因りて之を知る。故に郷間*、内間*を得て使うべきなり。是に因りて之を知る。故に歿《ぼっ》間《かん》*誑《たぶらかし》を為して事を敵に告げ使うべし。是に因りて之を知る。故に生間は期の如く*なら使うべし。五間の事、主必ず之を知る。之を知るは必ず反間に在り。故に反間は厚からざるべからず」。直解に云う。「五間の事、固《もとより》皆人、主知るべき所なり。然らば郷内歿生の四間は皆反間により用う。故に反間は四者に比して尤も知を当る所、尤も厚く当る所なり。大抵間を遣るに、之の間を以《もちう》る。人の間に因りて以て間を為すに若かず。何ぞ則上智の人は常に少なく、不才の人常に多しや。慷慨*の事常に難しく、苟《いやしく》も免の事常に易し。間は敵に至らば良金美女其の前に在る有り、後に刀鋸、鼎鑊《ていかく》*其の左右に在る有り。歿を畏れ、財を貪り、二心交并す。則将に儘隠諱《いんき》*を吐き、以て人に告げる者これ有り。縦《たとい》人の過ちて口才有り、降伏に至らずとも、敵人の巧詞を受けて鉤致の言語既に多かれば、隙無きにあらずして形跡露る。是則、之の人を間せん事を以て反らせて、之を以て之に報するなり。間を用うるに難と為す所以《ゆえん》は、惟此れに在り。孫子深く其の患*を知る。故に人に示すに、反間の重きを為すなり」。此の語至理に叶えり。是に依りて忠勇謀功の四つに達したる忍者をば、大将是を厚く賞すべきものなり。

【註】

○**反忠**　寝返った忍者。○**知**　知行。○**郷間**　敵領に居住している者を間者にする。○**内間**　敵方の者を間者にする。○**歿間**　死間。謀略を成功させるために死ぬ忍者。○**期の如く**　いつもの様に。○**慷慨**　憤り嘆く。○**鼎鑊**　人をゆでる大釜。○**隠諱**　隠して話さない秘密。○**患**　弱点、問題点。

二、敵の忍者味方の城陣屋の中へ来たり、或るは塀下の石塁《せきるい》の辺へ来たるとき、知らざる体にて城中の計略等を偽り聞かせて反りて味方の忍者となすべき術の事

敵忍味方の城陣へ忍び入りたるを見聴きたるとき、わざと偽りて知らざる風を作り、軍中の事ども諸事見聞するように計るなり。彼れ其の事を実と心得て返り、敵中に其の儘告知するなり。敵将是を誠と思い、其の言葉に相応なる軍の用意、計略等を調え相催すものなり。然れども此の事、元来敵忍と知りたる故に、わざと知らざる体にて軍中の事ども裏は表へ、表は裏にかえ、譬えば東と云わんは西、南と云いしは北なる如く、儘く間違いを以て計りし事なれば、敵の志す処皆転々として敗軍《まけいくさ》疑いなかるべし。右此の術は敵の忍者、味方の城外陣外の塀下、石垣の辺まで来たると云えども捕うる事のなり難きか、又は城陣の中へ忍び入る事は知れども、其の忍者を何れやらん、しかと知らざるとき、右の謀言を高声に云い聞かせ、或るは其の形容を見するものなり。此の術と事とは別にして心は同じきなり。秦の将軍、閼与《えんよ》と云ふものを攻むる時、閼与と趙奢《ちょうしゃ》とは金蘭の交あるにより、趙奢、閼与を救わんとして行く事二十里程にして一城を構え、堀を深くし、壁を堅めて留むる事二十八日。時に秦より間者来りて趙奢が様体を窺い見けり。趙奢是を知りつつ知らぬ体をして、閼を救う事は中々及び難しと、弥《いよいよ》塁を高くし籠城の用意を専一とする様体を示す。秦の間者返りて秦の将に斯くと告げれば、将大いに喜んで曰く。趙が閼を救わざる事必定なり。心易く閼を攻めんとて軍を出す。趙は秦の間者の返ると等しく、甲を巻き、旗を伏して趨《おもむく》る事三十里許引きて北山に攀登《はんとう》して数万人の秦軍の来たるを待ちかけたり。秦将此の事思いがけなく来たる所を、其の不意に趙奢が勢、討て出る。秦軍終に敗軍せしも、敵忍を反らせて味方の忍者となしたるぞ。か様の事、古来多し。孫子に曰く。「兵は詭道なり。故に能なるも之を能ならざるに示し、用いるも之を用いざるに示す。近くとも之に遠きを示し、遠くとも之に近きを示す」と云々。

弛弓の術二箇条の事

一、弛弓の術は弓を張るときは三日月の形になると云えども、弛《ゆるま》す時は元の如く反りかえる意なりて、此の如くすべき事なり

凡そ忍者敵に捕われたる時は、表面は如何にも敵に身を委ね順《したが》うと云えども、裏面は心底に堅義を守り反間を為さずなり。弛したる弓の如くなるに依りて、此の術の名とす。初め忍者虜《とりこ》となりし時、敵方より反間の事を告げなば之を幸とせん。若し告げざる時は此の方より其の程を計て願うべきは、某《それがし》渡世の営み成り難き故に、口伝爾々《しかじか》の訳に因りて一旦彼方に奉公の身と罷《まかり》成りと云えども、彼方の所行天理に背き、其の上、士たる者の主人と仰ぐべき人に非ず。行く末頼母《たのも》しからず、且つ我々への命令儘く表裏のみにして信実に非ず。某、不肖《ふしょう》なりと云えども、向後御為に忠説を致すべし。一命を宥助し給わんやと云うべし。是に於いて敵必ず喜んで、然

らば則一命を宥助すべし。但し汝逆臣無き誓文書き、人質を窃に召し越すべしと云わんに、其の時申すべきは人質の事は味方の大将に取られ上げ候らえば、早速には召し取る事難し。行末計って召し取り相渡すべし。然るに某此の度二心の事少にても、味方へ風聞これ有り、向後此の方の計略の妨げとなるべし。誓文の事は某固く所望なりと云うべし。大行細勤を顧みず*と云う事なれば、忠義の神文は神罰はさておき、利生を蒙る理なれば、少しも臆すべからず。将知の篇に云いたる、新衆*の小屋を本陣と隔てて作るべしと云うは此の時の為なり。又敵方に対して申さんには、某二心なき証拠には彼方の陣屋に火を放つべしと。敵此の計に乗したる、則往きて兼て計り置たる小屋などを放火し、或るは新衆〔「衆」は訳者補足。〕等の首などを取りて返るべし。此の如くする時は、敵方心を緩めずと云う事なかるべし。さて折柄を見合わせ、味方へ往来の度ごとに、主将と兼て深く相図を定め置きて、敵城に放火すべき時節到来せば、終には敵の大将を討つ事も有るべし。

二、味方の忍者を敵方より捕り搦《から》めて味方の城の近辺まで連れ来たり、謀を云わしむる事あり、其の時の心得の事

敵我を搦め捕りて味方の城陣の塀際柵際などへ引き来て計略を白状さする事有り。其の時は敵の令の通りに随いて逐一云う事、妙要の大事あり。此の如き事、曽《かつ》て敵陣へ忍び行くとき、主将と契約して出る事固《もとより》に定法なり。敵の令に順うと云えども、兼て相図の事なれば、此の時に当りて、味方動転すべきなし。此の如くにして敵に心を緩めさせ、時節到来せば、敵の城陣へ放火し、又讒などを構え、或るは敵の首などを取り退き去べし。

【註】
○大行細勤を顧みず　大事の前には小事をかえりみてはならない。**○新衆**　新参者。

谽谺の術の事

一、谽谺《やまびこ》は実は手を打つ所より起ると云えども響の音は此と彼とにあり、君臣の間此の如くにして忍ぶべき事

初めより此の君に事《つかえ》る事、世人皆知るゆえ、敵方に行きて出仕の望をなす事成り難きものなり。又、一旦の計略を以て敵方へ出仕するも終には隠謀露顕して身を歿するのみならず、却って味方の害となる事、これより大なるはなし。此の故に此の君に仕うる事世人能知りたる故に、君臣密談の上にて佯《いつわ》りて、臣大きなる咎をなし、君これを聞きて大いに厳責し牢獄に下し、或るは家宅を没収し追放などして君臣鉾楯に及び一合戦して五人も七人も雑兵等を打殺し退きなどして、其の上にて敵方へ行き、此の如く様体佯りを調繕《ちょうぜん》*し、如何にも直実の情を見せ、疑の無きようにして敵の方へ出仕を望む時は、敵も事《つかえ》る事を許さずと云う事勿るべし。さて敵の臣と為りて後、色々の忠節ぶりを尽くし、老中出頭人等を種々財宝を賄ひ、其の人々の逸《はしり》好む道を以て敵の腹心に取入り、或るは敵将と密談し、味方へ忍び入り放火などをし、其の往来の次で毎に味方の大将へ敵方の様体を万相通じ、時至らば敵将を討

ちて退くか、或るは味方に外より攻めさせて城陣の内より放火するか、兎角《とかく》其の時の宜しきに随いて為すべきなり。新田義興を竹沢右京亮が謀りて討し事、又は呉魏の両国互に戦う時、呉の孫権の臣、魏の将を欺き謀りし事委《つまびらか》くは皆証語抄に之を記す。

　右陽忍遠入の篇にて其の理甚深し。しかれども忍術の極致、焉《いずく》にか止まん。智を尽くし、理を徼《もとめ》て遠くを謀り、猛勇の将と忍者と能く符号し、金銭を愛惜せず、命を天に聴《まか》す。期する所は忠与義のみ。時に至りて所謂《いわゆる》許多《きよた》*の秘術を用いれば則英雄名将の堅城と雖も忍び入らざるなく、抜かざる事なからん。此の書、文義の外、許多の理を含み、所謂以心伝心の理あり。千金の賂《まいない》と雖も、伝えることなかれ。

【註】

○**調繕**　取り繕う。○**許多**　数多。

巻第九

陽忍（中）近入の篇

此の巻には敵と対陣の時、陽術を以て忍び入る作法を記す。故に近入と名づく。されば能謀る者は謀るに未だ兆しなしと云う道理なれば、遠入の術に如《し》く事はなし。互に近々と対陣の時は用心厳しきに因りて危うき事なりと云えども、遠入の術を以て兼て入れ置かざる故に、止むを得ず此の術を用いるものなり。

略本術七箇条

一、敵の城陣の様体は言うに及ばず、敵方の老中、物頭、奉行、近習又は出頭人、或るは軍者、奏者、使番、門番等の姓名、又居宅の在所まで能々尋ね問い識すべきなり。其の外右の衆中の一族因縁の人の筋め、何れの国里の者にして如何様なる家業等に至るまで兼々能識すべき事。

孫子に曰く。「凡《およ》そ軍の撃を欲する所、城の攻めるを欲する所、人の殺すを欲する所、必ず先ず其の主将の左右*、謁者*、門者、舎人《とねり》*の姓名を知り、吾間をして之を索知せしむ」と云々。

此の如くなる事を知る時は、一つには時の智略の用ともなり、二つには其の親族等の方よりの使いなどに変じて入る時の用ともなる。三つには讒奸《ざんかん》*を構え敵方を間隙するにも用うるなり。之を知らざるときは計策の基いなし。

二、右の様体を問うべき術の事

右此の如く件《くだん》の様体を問うべきに於いては、敵方を背き浪人となる者か、又敵方へ出入する出家、商人、坐頭、猿楽の類に兼々近づき問い、逐一書記し置くべし。猶、未だ覚束なき事あらば何某の親類等は百姓、市人、又は武家にても他家ならば兼々其の在所へ行きて能々窺い審《つまびら》かに問い、如何にも慥《たしか》にしるすべし。若し兼てより問い知らざる時は敵城近辺に市人、百姓、或るは虜などに能問うべきなり。又味方籠城して敵攻める時か、或るは互に他国にての対陣ならば、敵の城陣近き山村へ行きて、敵方の芻《くさ》*かりの者、樵夫*等に便り、宜しき計略を以て問い定むべきなり。如何にも計略を以て詳密に問い知る事専要なり。万年硯*を懐〔「懐」の字脱落、伊賀市上野図書館本から補足〕中にして書記する事宜しきなり。

忍歌に

墨筆は万事の用に立つぞかし、忍びに行かばやたて*放すな

三、吾在所を偽る時の為に他国の風俗方言までを能識すべき事

凡そ伊賀甲賀の者なりと云う時は敵用心すべき事なれば、

他国の邑里の能知たる所を住所なりと偽る事なり。然れども其の言葉風俗合わざる時は、敵愈怪しみ不審をなすものなり。故に其の国風方言を能々知るべき事なり。

四、諸国の城主領主等の印形を持ち行くべき事

是は上に仮に記すと云えども、近入の術に専ら用いる事あれば、復爰に記す。

五、仮妻を連れ行くべし。若し曳き行かざるときは旅中に於いて相求むべき事

口伝。

六、凡そ忍術は何れも同じ意なりと云えども、別けて陽の近入には敵の欲する所の言、思、動作等を初めより能考え計りて行くべき事なり。

三略に曰く。「端末だ見ざる人は能知らず。天地神明にして物と推し移り、変動して常無く、敵に因りて転化す」と云々。此の語のごとくならざる時は災害至らざる無し。

七、将知の篇、期約の巻に記す如く、近入の時は尚更に相図の約束を能定むべき事

凡そ相図と云うは、夜は飛脚火、入子火、一町一火等の類なり。昼は狼煙、旗、貝等なり。約束と云うは、相図を見する時、大将、鼓譟《こそう》*、凱声、鉄砲の声 夥《おびただ》しく攻める時の相契なり。凡そ放火の時、陽忍陰忍に限らず右の術なくしては放火叶い難きものなり。

【註】

○**左右**　側近。○**謁者**　取次。○**舎人**　高官付きの雑務係。○**讒奸**　そしる人。○**芻**　まぐさ。○**樵夫**　きこり。○**万年硯**　矢立。○**やたて**　矢立。携帯用の筆墨。○**鼓譟**　太鼓を打ち鳴らし。

相詞を合わす術四箇条

一、敵の賤卒に敵方の事を問い知る事、付、陣屋《じんや》と夜討の時と城中へ入る時との三つの心得在るべき事

凡そ士たる者は思慮深し。下郎賤卒は凡そ愚にして浅知なる者なれば、敵の隠事等を吐かしむるには下賤に如くはなし。中にも若き輩か、又は酒に酔いたる者か、浮気者かの類猶宜し。賤卒は上に遠き者なれば見遁し聴き遁し在りて、沙汰有る事希なり。故に敵の賤卒の類に問うべきなり。さて相詞と云うは、籠城の折柄は外へ出ず。故に其の法厳しからざるものなり。只、陣屋をかけ居る時と夜討など為さんと思う時、其れ厳に行うべし。敵、陣居を掛け居る時は其の陣屋の後ろ、又は近辺の山林などへ行きて敵の賤卒、夫役等に問うべし。但し其の問い様、口伝。又敵、味方の陣へ夜討する時、水月の術にて入る時か、或るは味方より敵陣へ夜討する時は、敵の賤卒と背を交え駈け廻るゆえ、右の如くなる者に問うもあるなり。又陰忍等に入りたるときは前夜に是を聞き置くべし。或るは暫く位を見聞する時、或るは敵の雑人の跡につけ入りて万話の序《ついで》に問うべきなり。口伝あり。是、陣屋と夜討との時の心得、変わる所なり。

二、若し此の如くなる計略にても相詞を聞き出せざるときは、敵の云いかくる言葉に対したる言あり。

譬《たと》えば山が林、森が里、谷が水、水が波、海が塩、花が実、火が煙、松が緑、畳が縁《へり》、凡て此の如くなる言を常々いくらも有うる事を思案し置き、能識しめ敵の云いかくる時に及びて、少し疎《うと》きように答うる意、勿論なり。若し此の如くなる対言にて相違したる気色に見えば、煙が浅間、雪が富士、花が吉野、萩が宮城野、月が更科、松が高砂、梅が難波又は鶯、蛙が井手、鶉《うずら》が深草等の心持に答うる事宜しなり。前に記すごときの相詞を答うる時、疎きように云えと云う事は、凡そ相詞はかかる変ある故なり。右、両段の心得を以て臆せず答うる時は違うことなし。然し敵の意によって耳を採り鼻をかむようなる言を云い、かくべきも知らず、忪《あわ》て対言出まじきも知らざる事なれば、兎角姿を変えて賤卒、不敏の者に為るに宜し。凡そ武道は危うき事のみ多し。危難に臨み心を動ずるなかれ。

三、水月の術にて忍び入る時、門にて敵将相詞を私語《ささやか》せて後城門に入るる事有らば、前に聞き後に聞くべし。若し聞くこと成らざる時は、速やかに退くべき事

凡そ敵、夜討に出て引き退く時、味方、敵の跡より付け入らん事もあらんか、或るは敵城と味方との間、道の程遠き時は、門を入る時諸卒に相詞を私語させ入る事有り。味方より敵方へ付け入らんとし、或るは城と陣との間、近き時は更に此の掟てなきと知るべし。

四、何事にても敵に習う事

凡そ軍法に相詞相印相計と云う術あり。此の三つの術ともに味方の勢に敵方より紛れ入るを択《えらび》出さん為の術、相詞相印は上に記すごとし。相計と云うは楠が作りたる立勝《たちすぐり》、居勝《いすぐり》の如くなる術なり。立勝居勝のみに限らず、此の術いくばくも有りと知るべし。喩えば敵方より如何様の相詞相印相計を為すとも、是に習い敵の為すように順い、言うように順う事は忍術にて危きを遁るる緊要の所なり。河内国赤坂の城に和田、楠が楯籠りし時、寄手の結城が若党、物部の次郎郡司引き取り、敵に紛れ城内に入りたれども立勝居勝の相計を知らずして討たれし事、審に階梯論に之を見《あらわ》す。右に著す所口伝これ有り。然るに相詞と云うは五日に三度、又は三日に一度、或るは時により日々にも変る物なり。夜討など為さんと思う時、今朝の詞を其の時に至りて替えるものなれば、旧《ふる》き相詞を知りても何の詮なし。故に第一、対言の頓知、第二、知略の弁口するどく、諸事巧者にして心を動かさざる人にてこれ無き時は、其の難遁れ難かるべし。

相印を合わす術四箇条

一、胴肩衣を持ち行く事

凡そ忍者は胴肩衣を幾等も製し、色々に染め置く心得勿論なり。口伝。

二、見て急に製作の事

凡そ敵方籠城して味方より之を攻むる時、敵城より味方の

陣迄の間、或るは二三十町、或るは四五十町も有るとき、敵より城の外張蹴出へ番守を出し、又は外聞《とぎき》*を出す者なり。敵陣屋をかけ居る時は、陣屋本燎《かが》りの外へ張番を出し、或るは本燎り、捨燎を焼かせ、又はかぎ*、物聞を出すものなり。然るに忍者は彼外張蹴出の番守又は張番、夜廻、燎たき、外聞等の居る所迄近々と窺い寄り、相印を能見識り、返りて急に製作して入るべし。此の如くの事を計る事は、第一に勇気逞《たくま》しく、第二に弁才敏く、第三に計略頓知発明なる人ならでは中々為し難きものなり。

忍歌に

忍びには三つの習の有ぞかし、不敵と論と又は智略と

又、雨の夜にて燎燃えかね消えたる間のあるとき、除々《そろそろ》と窺い寄り、彼燎焼者を伐り、或るは外聞に出逢て其の者を討捕などする事も昔より其の式様《ためし》多し。是は時により成すべき事なりと云えども、匹夫の勇ならば不可なり。但し忍び入る計略にも為すべき道理あるか、又は迚《とて》も忍び入る事成らざると思わば、討捕ても然るべきか。右の如き二箇条は敵、城を出ざるときの事なり。

三、敵卒の死したる印を取り、或るは潜かに奪取る事

四、跡なる敵に、あるかと問う智略の事

大坂陣の時、藤堂和泉守殿の家臣、此の術を以って万歿を遁れたりと云々。

右二ヶ条は敵軍味方へ乱れ合戦の時、或るは合戦終わりて敵引き退く時の事なり。口伝あり。

【註】

○**外聞**　「とぎき」とルビが付されており、従来の「そとぎき」は誤読であることが分かる。○**かぎ**　嗅ぎ。嗅ぎ回る人。

迎入術三箇条

一、敵寄り来る間は二十里三十里の外に出迎い、敵の旅宿へ陽陰両術を以て行きて、或るは放火し或るは讒姦《ざんかん》の事

凡そ三十里の外に出迎わば敵の不意に入るべきなり。或るは敵の着陣の以前に往きて其の所に宿し、或るは隣村に宿し、敵着陣して騒動する折柄、組中を離れ、裏道より行くべし。さて放火して兵糧、武具、馬具等を焼きて敵を疲労し、或るは讒姦など構えて敵方に互いに疑惑を起し、内乱を生ぜしむるの計を為すべし。斯《か》くのごとくなるとき、在家市店等を放火する術、又讒姦の術色々口伝あり。

二、其の宿より五六里隔て、郷士と称して陪従*を願い、打連れゆく事

三、敵勢の中の親族或るは縁有る者の許《もと》よりの使いと変じ行くべき事

凡そ此等の如き折柄は擬《にせ》印形の計略を用いるなり。口伝。

【註】

○**陪従**　偉い人の供をする。

妖者《ばけもの》術二箇条

一、山人犬幸丸ｲ亍*山又山家の宮守*売買*犬袁弓一*人がたつか

い*、或るは詣宮人世*すて人*、或るは川頁示豊*、凡《すべ》て物乞等何にても其の時に相応の事を用うるべきなり。凡、此等の術を為すとき、其の姿を変じたる許《ばか》りにては宜しからず。喩えば末を結ばざる糸のごとし。故に山人犬とならば先達の手判、或るは山を重ねる家ならば本寺の手判等を持ち行くべし。余は之に效《ならう》べし。其の外、其の道の道具、其の道の風流、其の品々の芸は云うに及ばざる事なり。昔義経十二人の作り山伏と成りて奥刕《おうしゅう》へ下り玉いしとき、武蔵坊が安宅の関にて往来の巻物を勧進帳と名づけ誦《となえ》たるは頓智の働きなれども、南都の勧めと謀て下るならば、始よりして勧進帳を製作せざるは危き事なり。謀の足らざる所なり。此の如くなる術にて昔は忍び入りたる事多しと云えども、当代にては相応しからざるなり。然りと雖も古来の遺法なれば、爰に記す。然れども敵味方数十里を隔てたる時か、或るは逃亡を尋ねる時か、科人を討つ時かにには相応する事もあらん。昔、楯岡の道順佐和山の城へ忍び入りし事、楠正成赤坂の城へ恩地左近を入れし事なんど、当代たりと云えども相応すべきか。又伊勢三郎義盛が土佐坊が陣へ伯楽《はくらく》*に変じて行き、新堂の小太郎が播磨のあらたの城へ瘖瘂《いんあ》*に変じて行きたる様なる事は、敵より味方を討つべしとすることならでは用い難きなり。又菊池が家の子城越前守が松浦党の陣へ入りし術などは近々と対陣の時分なれば、当代は中々相応しからず。然れども袋翻ならば相応かるべきか。

二、敵陣屋に居る時、入るべしと思う前夜に潜かに行きて敵の提灯《ちょうちん》の紋を能見届け、返りて此の如き提灯を製し、陣屋近処へ潜かに行きて速やかに火を揚げ、張番夜廻り、或るは燎たき等の姿に変じ、時の宜しき計略を以て入るべき事。

忍歌に

窃忍《しのび》には習の道は多けれど、先ず第一は敵に近づけ

凡そ此の如くなる事を行うには不敵第一の鉄心ならでは中々及び難かるべし。敵を見て色を変ずる。臆病にては却って其の謀顕れ災害至る事必せり。

忍歌に

驚かす敵のしかたに騒ぐなば、忍ぶ心のあらわれぞする

【註】

○**山人犬幸丸ィ丁**　山伏執行すなわち山伏修行。○**山又山家の宮守**　出家の宮守。○**売買**　商人。○**犬袁弓一**　猿引すなわち猿回し。○**人がたつかい**　人形使い。○**詣宮人**　宮参り人。○**世すて人**　世捨人。○**川頁示豊**　順礼（禮）すなわち巡礼。○**伯楽**　馬医。○**瘖瘂**　聾《ろう》瘂《あ》。

参差《かたたがい》　術三箇条*

一、敵夜討に出るを、物見の術を以て見知りたらば云うに及ばず、又未だ見知らずとも毎夜外聞に出て隠るるに便りある処に忍び、若し敵出なば一人は将へ告げ、余はかたたがひに入るべき事

凡そ敵夜討せんと思ふ時は、城中常式と違ひ火の光にて察し、或るは犬馬の嘶《いなな》き吠ゆるにて知り、或るは拍子木の音な

く、凡そ夜番夜廻りの戒めの声聞こえず、諸事静かなる処にて察し、又は小物見*、或るは旗指物の動乱の体など察し知り、城近き茂林深草の中に敵の出るを待ち居て、敵出ばかたたがいに入る事宜しきなり。此の時に入りたるに利三つ有り。一には凡そ夜討は敵の不意を計る故に、潜かに城を出るものなれば、兎角敵を謀るのみ心得て却って敵に謀らるる事を考えざるものなり。故に此の時忍者の来るべしとはゆめゆめ知らず。二つには夜討出陣の時なれば、事繁多にして遽《あわて》る故に取乱し微細の穿鑿《せんさく》までに及ばざるものなり。三つには、城門出入の者多きものなれば、何やうにも入り易し。此の三つの利有るに依りてなり。敵の出る事、兼て知らざるとも、毎夜外聞に出て、若し敵出なば片たがいに入るべきなり。口伝。

水月の術は古より世人之を知るゆえに、軍法有るときは必ず相計るの術色々有るに依りて危うし。参差の術は全敵の不意なれば、敵の相詞相計に逢わざるによって、労せずして思いのままに入り易し。且つ城中敵寡き時なれば、第一に放火し易し。故に〔第二に〕敵方、火を消し難し。第三に、此の時に味方より攻むるときは敵方拒《ふせ》ぐ者少なくして利を失うべし。然れば斯かる利多き故に、参差の術は水月の術の如かざる所にして近入の中、最上の極秘なり。

二、姿を変じて賤卒と為し、或るは離れ行きの術の利有る事

凡そ変姿賤卒の術の利と云うは、甲冑の士は人の目に立つものなれば必ず見咎めらるるの理なり。〔以下、底本に三行の誤写あり、訳者整理す〕又人見知らずとも詞をかくる理なれば、見咎めらるるに近し。又周章たる風情あれば猶敵不審に思うものなり。此の如くの損有るによって紛忍には変姿賤卒の術を用うべきなり。第一に雑人は人の目に立たず。第二に人は心を付けず。第三に卒忽《そこつ》なる体有ると云えども人許すものなり。此の如き理に依りて雑人は諸人容れ易くに思うものなり。然りと雖も敵の城中陣中に事無く静謐《せいひつ》なる時は、却って雑人を怪しむるものなり。兎角、各時の宜しきを能察して変に応じて為すべきなり。昔、近江国姉川合戦の時、朝倉義景の臣遠藤喜右衛門と云う者、目に立たる甲冑を着し、首を提《さ》げ、信長公の勢に紛れ入り、信長卿と指し違えんと志し、大将は何処に御坐《おわす》やと駈け廻りけるを、竹中久作と云う者是を見て得たりやと引組み、終に遠藤が首を取りたりける。去れば此の遠藤、紛忍には変姿賤卒の術を用うる事を知らざるが故なり。此の如き時も敵の雑人に訪《と》うものなり。且つ敵将の馬印を常に能見識り置き、又人数の円《まどか》に集まりたる所へ志すものなり。口伝。又離行の術の利と云うは、一連に行く時は若し見咎めらるる故入る事叶わず。離れ行くときは見咎められたる者ありても妨げなく入るものも有る理なればなり。此れ等の事、当国に於いて数度様《ためし》あり。

三、敵陣屋に居て夜討に来る時、忍者は先立ちて行きて敵の騒動に紛れ入るべき事

凡そ味方夜討する時、忍者は先行して敵陣の外張り、蹴出し、張番、捨燎等の近辺まで近々と窺い寄りて、敵の周章に紛れ入るべきなり。

【註】
○**参差三箇条**　底本は項題欠。訳者補足。○**小物見**　物見は物見役（番）か忍者、土地の者に案内させて（郷導）行くなどだが、物見役が無ければ使番や目付が数十騎を引き連れて行く場合が大物見、足軽が単身または数人で行くのを小物見と言う。

水月術三箇条*

一、敵城中より夜討か昼合戦なりと云えども、敵の引退く時移るべき事

敵、軍を出すに、昼夜に限らず味方と入り乱れ戦いて、其の後敵の引退の時に当りて、忍者は太刀合せ鑓合せをば少しも構わず、只方々へ走り廻り、敵の相詞相印を聞き付け見付する事肝要なり。

二、主将と契約の上、餌を以て敵を誘い出し、参差水月等の術を以て入る事

凡そ餌は香《かんばし》き餌を付けて海川の魚を釣るごとく、出ざる敵を出す術なり。一つには城を攻むる時、三方より攻めて一方は空《あけ》おくなり。其の虚たる地、或るは海川の方より敵の後詰め援兵を遣るべき大将の方よりの使者と成り、所謂擬印を用いたる謀書を製し潜かに行きて、後詰すべき由、又は兵粮等を遣るべき旨を述べて日限などを定め、返りて其の日限の夜、牛馬に似せ荷を服《つけ》遣り、自ら馬士と成り、大勢を引き入れ、主将其の跡より入り攻める約の事。口伝あり。正成赤坂の城に於いて湯浅を降せしめたるも此の意なり。二つには味方初め寄するとき日暮に及び、敵城に近々と陣する事。三つには味方小勢出張て夜軍の事。四つには味方小勢出張て平易の地に陣する事。五つに、似せ旗、似せ幕、似せ兵粮等の事。斯くの如くなる術を時と所の宜しきに順い、敵の意の応じたる様にし、敵を城中より誘い出し、或るは参差水月の術を為すべきなり。口伝。

右、此の如くの参差水月の術にて忍び入る時、専一に心に用いるべき事四箇条。*

一には敵の城陣の中、東西南北にて迷える時の為に心あての人を聢《しかと》識覚へ、若し敵方より尋問とき倒転すまじき為なり。略本の巻に記すは此の時の為なり。二には敵の相詞を忘れず、相印を失わずして敵の作法に随い敵の詞に随い行う事専一なり。相詞を合わせ、相印を合すの術は此の時の為なり。三には人の少なき地にて相図の煙を早く揚げて忍び入りたる験《しるし》を味方へ告げるべき事肝要なり。遅く相図を揚げる時は災害出来する事有るものなればなり。早き程宜し。此の時の事、色々口伝あり。

【註】
○**水月術三箇条**　記載は二箇条である。「三、右、此の如くの参差水月の術…」と考えられる。○**参差水月の術にて忍び入る時、専一に心に用いるべき事四箇条**　底本、大原勝井家本、伊賀市上野図書館本等も三箇条で四箇条目欠。「右、此の如く…用いるべき事三箇条」の誤記か。

谷入の術五箇条

一に縛に搦む事。二に人を討たる事。三に火を出したる事。四に忍風情に交わるの事。五に右の術を為する時、敵不《いぶ》審《かし》く思うべきなれば、仮女仮子等の謀略尤も然るべきなり。

猶覚束なく思う体に相見えば、味方の新衆の小屋等放火の術或るは人を討て返る術の事。此の如くの条々口伝あり。容易に見る事勿れ。昔細川顕氏一万三千余の勢にて楠正行を退治の為、河内の藤井寺に陣せし時、正行、高安、本沢の者共五騎十騎ずつ一与《ひとくみ》にして三百余、顕氏の陣へ谷入に遣わしぬ。此の者ども因縁に随いて諸陣に打群れ居て、正行を謗《そし》り、千破剣の浅間《あさま》なる体を語る。其の後正行旗を巻き降参の体にて偽りて使いを遣り、俄《にわ》かに旗を挙げて討かかりし時、彼入置し三百余の者ども内より切り崩しけるとなり。此の如く、術さへ古《いにし》えは乗じたるなり。況や仮子仮女などの謀を以て右の術を行わば、入らずと云う事あらんや。

虜反術二箇条

一、虜を忍者となし、或るは虜の使いと成り、敵を忍者となす術色々有る事

凡そ虜有らば賞禄を厚く宛行うべしと誓い、彼れ同心の上にて妻子親族を引取り、且つ起誓文を書かせ、其の上にて忍者と成して敵の城陣へ入れ、或るは虜の便と偽り行きて、虜の親か子か其の外知音朋友の類敵陣に有らば其の虜の使いとなり行きて、虜の親類を忍者となし、或るは敵の城陣落去の時、其の将を討取たりとも又将逃去りぬとも、其の将の親か子が別城に在らば、其の将を虜にしたる由を云い、其の将の使いと成りて行き降参せしめ、其の時の宜しきによって新たに謀略を巧むべきなり。元暦《げんりやく》*元年正月中旬に伊勢三郎義盛、阿波民部重能が嫡子田内左衛門教能を降参せしめしも此の術なり。

二、虜を縲絏《るいせつ》*に置くとき潜に虜を逃がし返らしめ、忍者となす事

凡そ虜を縲絏に置く時、大将の謀略万事皆裏を以て軍中に令し、其の事を虜の能潜に聴くようにし、さて油断の体にてわざと虜を逃げ去らしめ、虜逃げ返りて敵将に尽く告げ知しむ。さて又味方より目付を出し、敵計略に乗るか否か、若し乗る時は、事皆表裏反覆して討つに利多し。口伝。唐土の岑《じん》彭《ぼう》と云う人、秦豊と云う人を攻めん。秦豊、軍勢を西都*にも少々籠め置き、己は鄧《とう》と云う要害堅固の城に楯籠り岑彭を拒ぐ。岑彭数日を経れども進み攻めず。或る夜、岑彭が軍頻《しき》りに騒動す。彭、軍中に令して曰く。明日早天*に西都を攻むべしとの令故さわぎけり。其の折柄、取り紛れたる風情にて虜を逃がし返らしむ。彼虜、鄧へ逃げ返りて秦豊に謂いて曰く。敵明旦《みようたん》*、既に西都へ攻め入るべしと用意せりと告ぐ。秦豊其の夜軍中に令して曰く。軍勢の大半を西都へ還す。然るを岑彭、監を入れて是の有様を見届け、其の寅の刻許に潜に沔《べん》水《すい》*を渡り鄧の城を襲い攻む。鄧の要害堅固なりと云えども拒

ぐ勢少なく、其の上不意の事なれば終に落城しけり。其の勢に西都へ攻めかけしかば、秦豊敗軍せり。

【註】
○**元暦元年**　一一八四年。○**縲絏**　獄中。○**西都**　周の都、鎬京。○**早天**　明け方。○**明旦**　早朝。○**沔水**　漢水系の川。

袋飜全術二箇条

一、敵将は云うに及ばず敵方の家老、物頭、平士の類に至るまで、各其の親族類縁の者、他国他郷に在りて、其の敵よりの書簡を製し、右親族類縁の人の許へ持ち行き、返書を取り、其の序《のべる》に思う儘《まま》に見聞きし、返りて其の返書をば持ち行かずして謀書を製し、敵方へ持ち行くの術の事

二、敵籠城の時、味方より押寄せ、彼の領内の人民を質に取りたる者の親類妻子兄弟の方へ行きて袋飜の術、全《ことごと》く行うべき事

　右の数条は謀計の大概なり。若し至りて敵に対すれば則謹みてこれを考す。心は術の要にして左右に逢原《ほうげん》す。しかる後、宜しく之を用うべし。容易に行う勿れ。しかりといえども過度に思うは則ち返りて宜しき時を失い、しこうして事成らず。宜しく之を審らかにすべし。

巻第十

陽忍（下）目利きの篇

山谷を見準《みつもる》＊二箇条

一、凡そ山の形を知らずして向かう時は、五方の神を以て見分くるとき、其の山の険易自ら知るべき事

所謂五方は北高南平は玄武水、南高北平は赤朱雀火、西高東平は白虎金、東高西平は青竜木、中高四平は鈎陣騰蛇《とうだ》土なり。此の外、其の山其の所の時の宜しきに順いて工夫有るべき事なり。口伝。

二、敵国の山の大小高低険易、草木の姿、或るは沢谷の浅深広狭長短を凡そ尽く見準べき事

敵城近辺、又は戦闘すべきの地、又は味方の陣取るべき地などは言うに及ばず、其の外無用の地に至るまでも其の形容間数等を審《つまびら》かに計り置くべきなり。若し此の山を陣所とする時は、先備は何れの地、旗本は何れの峰など万工夫を廻らし、凡そ大なる山には小勢にて陣するは宜しからず、又小さき山に大勢にて陣するも宜しからず。故に山の大小間数を先ず計るべし。口伝。又高山は陣取るに宜し、低き山は陣取るに宜しからず。故に山の高低を積《つもる》べきなり。又険阻は味方小勢にて守るに宜し。歩兵を用い、騎馬の兵を用うるに宜しからず。平易は大勢を用いるに宜し。騎兵に利有り、小勢と歩兵とは宜しからず。故に険易を考えるべきなり。口伝。又森林、叢《くさむら》等、味方の陣の後ろに在るは宜し。其の故は薪、飼馬等の自由、或るは伏兵の便宜、或るは虚にして実を示すにも宜しき事多し。口伝。又陣の前、左右に森林あるは宜しからず。口伝。故に木立草山等を見準べきなりと。又諸《もろもろ》の渓谷の浅深、広狭、長短、川沢の形容に依りて軍術各変化ある事なれば、能々見準べき事なり。

【註】

○見準　「みはかる」。大原勝井本に「みつもる」とルビあり。伊賀市上野図書館本は「見積」。

山に因り心得るべき八箇条

一、味方の人数の多少によって山を見準事

凡そ味方の人数の多少に因りて山の間数を積る事肝要なり。若し此の山に陣取りては一二の先、脇、後備、旗本それぞれの陣取り、そこそこのと各工夫すべし。山容の形容により計略肝要なり。審かなることは軍法調練なくては知り難し。故に爰《ここ》に詳《つまび》らかにこれを記さず。凡そ陣取りも地形の広狭曲直険易によって相違ありと云えども、先ず陣屋は人数一万に付きて三町四十間四方に柵を振るなり。柵と小屋との間は七八九間なるべし。三町は小屋、四十間は小屋の内の道を取るな

り。但し道は大抵六筋あるものなれば、一筋に付き七間のものなり。幾万人有るとも大抵此の積りなり。但しここに口伝多し。凡そ小屋割は先ず大国騎馬*一人に二間程あてに心得るべし。知行割にする時は百石取に一間口と定むれども狭くして住居なり難ければ、百石取二人に二間半、二百石に二間、三百石二間半、四百石に三間、五百石に三間半、六百石に四間、八九百石に四間半、千石に五間。是より上の知行には三割引きて千五百石には六間、二千石には七間と次第たるべし。又備は厚き時は四方に騎馬二人、一間四方に歩立十二人より厚くは成すべからずと云々。

二、水の有無を見計るべき事

　高山の善き陣所なりとも、水なき峰には陣を取るべからず。故に水の有無を見計ること肝要なり。河水池水等に心を付くべし。水筋を見計ること、山の尾伝の位を見て大抵知るるものなり。又高山にても谷合には水あるものなり。或る書曰く。「水を求むるには低き地に心を付け、なぎ*、皃茈《おもだか》*、杜若《とじゃく》*、葦、何れも水草或るは柳などの有る処を見るべし。其の外、尨《けら》*の穴、蟻の穴を尋ね穿つべし。水あるものなり。又水の有りそうに見えたる地に鳥の羽を土に二三寸突き入れ置かば、水有れば頓て《ぬかずき》鳥の羽に露をあぐるものなり」。又或るは曰く。「水筋を知るには、木綿を穴に入れて一夜置くときは木綿の権目重く成るものなり。又二尺程土を掘りて地に耳を当て聞く時は水近くある所は鼓の鳴るごとく音あるものなり」と云々。

三、河の近き遠き見計るべき事

　言うは陣所の近辺、川の遠近の位、或るは其の河瀬の浅深広狭の位にて軍術に心得あることなれば、陣所の近辺の川を考見る事宜しきなり。喩《たと》え陣所にてなくとも、心を付け見計るべきなり。陣所には小河にても近辺にこれ有りてよきなり。口伝深し。

四、敵味方の蟠場、森林等の茂盛に心を付くべき事

　凡そ蟠場と云うは森林、藪、谷合、山影、堤溝川の中、蒹《けん》葭《か》*の茂りたる中、深野、麦畑等なり。右、此の如くなる所に心を付け、敵の蟠場に成るべきか味方の蟠場に成すべきかを考え計るべきこと。

五、取出場を見準るべき事

　凡そ城を攻めるにも又籠城方よりも、時により取出しを拵《こしら》え、人数を籠め置くこと有り。それは敵味方の境に地形の利方を見計り、拵えるものなり。其の場を見積るべき事なり。口伝。

六、夜合戦の火見せ場を見積るべき事

　凡そ夜合戦の時、大将続松《つづきまつ》*に火をとぼして、それにて下知せらるるなり。此の場は四方の見ゆる地よきなり。口伝。

七、此の方彼の方の儀見積もる事

　凡そ地形の利、茂みの利、河海の利、万敵方の利になる所と味方の利になる所とあるものなり。其を能見計ること肝要なり。其の時と所とによることなれば、預《あらかじ》め記し難し。口伝。

八、飛脚火飛脚旗を立てる山の峰を見置くべき事
　凡そ忍者敵城へ忍び入り、或るは敵の国里へ忍び行きたる折柄、主将へ其の様体を告ぐるに、夜は飛脚火、昼は相図の旗の術を用うなり。是皆、高山の峰にてなければ成らず。故に高き山と高き峰とのつづきを見置くこと肝要なり。口伝。
　右条々口伝あり。山川地沢を見て絵図に写すことは同じと云えども、軍の手段を知らずして茫然として画図《え》のみをする時は将の心得に成らざるものなり。また画図することも時により有るものなれば、旁《かたわら》以て軍術の様体を略記すものなり。是のみに非ず、忍者たらんば軍法を能手練するに如くはなし。

【註】
○**大国騎馬**　大黒鼠は大国主命が遣わした白鼠だから大国馬は白馬の意であり、大国主命は本来は軍神だから、ここでは二百石前後の騎馬指揮者か。○**なぎ**　菜葱、水葱。ミズアオイ。○**臯茈**　沢瀉、面高。オモダカ科の多年草で水田や沼に自生する。食用のクワイはこの変種。○**杜若**　カキツバタ。○**彤**　螻、螻蛄。バッタ目ケラ科の体長三センチメートル程度の昆虫。モグラのような手を持って土を掘って生きている。○**蒹葭**　ヒメヨシ。○**続松**　大きな松明。

海川を見積る四箇条

一、海辺へ舩にて上らるべき所、上らるまじき所を見計るべき事
　凡そ海の磯端へ舩にて上らるべき所、上らるまじき所を見計ることは遠浅洲崎の形容を見計り、或るは岸深くして波静かなる体を見、本海入海の様子を見分けし、又は汐の満干の分料を見分する時は自ら得心あるべきなり。口伝。

二、川の深瀬浅瀬を見計るべき事
　凡そ河の浅瀬深瀬を見計ることは其の川の瀬の広狭、或るは瀬の分かち分かたず、或るは水の動静、或るは其の所の人通りつけたる瀬を見計り、或るは海辺ならば汐の満干の模様を見分けし、自ら心得るべきなり。
　太田道灌の歌に
　　そこいなき淵瀬はさわぐ山川の、浅き瀬にこそあだ浪はたて
又千鳥の声にて汐の満干を知り、或るは川瀬の浅深を察す。歌に
　　遠くなる近く鳴く海の浜千鳥、声にて汐の満干をばしる
又汐満ちて河の浅深知らざるときは、牛馬を追込み試みる法も有り。是は木曽殿はじめ玉えりとなり。口伝。

三、水大きに出るべき河、出まじき川、或るは俄《にわか》水の出る出ざるの様子、或るは水出ても其の水速やかに引くべし又は久しく引かまじき川の知り様の事
　凡そ右の様子を知らんと欲せば、川上の遠近広狭の大小高低、水の落ち口を見計り、或るは風を以て知るべき事。

四、大水の出たる時、川原の水の乗る所乗らざる所を見察する事
　凡そ川原の石の色、草木の体を以て察知すべき事。口伝。

田の浅深を見計る術四箇条の事

一、遠き所より颯《さつ》と見て深田浅田を知るべき事

　凡そ遠き所より颯と見て浅深を知るは、地形の高下、田所の前後左右の位、谷の浅深等を見て大図違わず知るものなり。又田の上に堤、井手、池、井、溝等あらば掛水の田と知るべし。かけ水の田に深田は無きものなり。水の涌く常水の田に浅田は希なりと知るべし。口伝。

二、四五間の中にて芟《かり》かぶの様子、畔《あぜ》の位を見て田の浅深を知る事

　凡そ二色あり。一に、浅田は其の刈株短くしてひとしきものなり。又深田は刈かぶ長短あって斉《ひとし》からず、其の株少し横に見ゆるものなり。但し肥過ぎし稲の芟かぶと見違えることあり。それを見違いまじきは刈株の大小を以て知るるなり。

二つに、畔の位を見て知りようは、秋冬の時分と春の初畔をぬらざる時、深田の畔は低く、なでがたにしてひしゃげたるようにて細く、又所々落入たる所もあるものなり。春の末、畔をぬりて後、夏の末に至るまでは少し違うなり。是等の事、書に尽くしがたし。又浅田の畔は高く広く堅くして落入る所もなく見ゆる者なり。

三、近く寄りて土色、くれ*の涌く涌かざるの様子、畔色を見て浅深を知る事

　凡そ近くに寄りて田の浅深をみること、三つ有り。一つには土の色、黒青。泥さくく*あらば深田なり。土色白く、泥ねばって強くは浅田なり。二つに、くれの涌田は大いに深田なり。三つに、深田の畔裏は湿りて土乾かず、浅田の畔裏は土乾燥して白き物なり。又浅田の中にて深き所、深田の中にて浅き所は、くれの涌くと涌かざるとの様子、苗の肥疲の品にて見ゆるなり。但し、旱《ひでり》の年は深き所穂茂り盛るなり。雨しげき冷かなる年は深き所の穂、痩せかじくるものなり。

四、草田の時、苗の形を見て浅深を知るべき事

　凡そ二つあり。深田の苗の立様は少ししなたれたる心地有りて、根ゆがみたる様に見ゆるものなり。泥の深き故なり。

又浅田の苗の立様はしゃんとして慥《たしか》なる心地見ゆるものなり。

二つに、深田の苗は高く出来たる苗と痩せたる所と有るものなり。但し是は其の年の水旱の位にて心得かわる事、口伝。

　右の見様を以て互に交合して常に心を用い見習うべし。

【註】

○くれ　田の中の涌水で、土は常に濡れて黒い。**○泥さくく**　泥が割れやすい。

堀の浅深広狭を知る術五箇条

一、敵の城外へ忍び行き、平城の堀の浅深を向かいて土位の位にて見知るべき事

　凡そ夜は少しある水にても七八分も有るように見ゆるもものなり。それを見過ごさざるには、向かいの土位に目を付け見計るべし。

二、縄にて知り、或るは敵の要害の製作によって察し、或るは水の色を以て知るべき事

言は、縄にて知ると云うは細糸に五寸、一尺と段々に白き木にてうけを付け、水中に入る。上より何番めのうけまで水あると知る。又其の網のぬれたる位にて知るものなり。又敵の要害を以て知ると云うは、堀水の浅き所には敵用心して柵をふり、鹿垣をゆい、逆茂木《さかもぎ》を引き、或るは乱杭《らんぐい》を打つものなり。是のみに非ず。敵用心の体にて知るべきなり。又水の色を以て知ると云うは、深堀は水青黒く見ゆる。浅き堀は水色薄白く漣《さざなみ》うち、或るは浮草など所々に見ゆるなり。又水深き所に水草を縄にてあみ、生たる様に敵に見せ置くこと有り。是如くなるは草の葉色を以て知るべきなり。

三、堀の横の広さは堀の角にて見計るべき事

凡そ堀の横の間尺広狭を見準るには其の堀の曲折にて能知るる者なり。

四、暗夜に潜に忍び行きて堀の広狭の寸尺、或るは堀底より向いの屋根鼻までの間の寸尺少しも違わず知る糸矢の事

凡そ右の糸矢はうきす、根はきはだもち、わ糸は三のわより少し細きなり。口伝。

五、石塁《せきるい》土居の高さを知る事

立木を積《みつも》る術と同前なり。凡そ立木を積もるに三角のかねを以て積むる算法あり。又うち又よりうつむきになりて積むる算、伝え受有るなり。

【註】

○**うけ**　浮き。○**うきす**　カイツムリの浮き巣で、円錐形の頂点に茎を付け、逆さにした形。○**根**　鏃《やじり》。○**きはだもち**　モチの木肌で作った鳥モチ。○**わ糸**　底本は「○糸」で把糸《わいと》すなわち縒糸《よりいと》の意になる。

城の堅固不堅固を知るの条

一、城の堅固不堅固を見知りよう色々の事

凡そ是術を知ることは城取縄張の作法、其の外城の近辺五六七里、又は二十里三十里の間の地形等常々心懸け知るべし。其の所に至りても地形の形容、山の高低、水、薪、粮の三つ以下工夫を以て考えるべきなり。其の事しげきに因りて具《つぶさ》に記し難し。口伝。

地形の遠近高低を見積る二箇条

一、地の遠近を積るには四面の図、五寸の曲尺、裏間三つの術にて積り知るべき事

此の術は鉄砲の書に記す。依りて略す。

二、此の地と彼の地と高低を見積るに系曲尺《けまがりしゃく》の事

凡そ是を知るは其の間の間尺を縄を張り、或るは町見等にて能これを知るなり。さて、一尺の間に糸を二筋、上よりさげ、ろくを曲尺にて知り、其《そこ》に印を付け置く。其の後、高低を曲尺にて能たして、其の間の寸分にて知るなり。譬えば一尺の間にて先ず一寸高ければ六尺にて六寸高し、十間にて六

尺高し。尚口伝。図説にも之を記す。此の如くなる事を見積ることは、低き地は水攻めのつもり、高き城へは火矢等のつもり、其の高低を知るに利ある者なり。

【註】

○裏間　底本は「裏」のみ。伊賀市上野図書館本は「裏間」。

敵の強弱を察知する三箇条

一、敵将の有道無道、或るは智愚剛臆の差別、或るは軍法の正不正、其れ以下物頭、物奉行、士卒等迄武道の嗜みの有無、家中の風俗、或るは勢の多少、或るは隣国援兵の有無、兵粮の多寡、又敵将の逸好*の道、其の外敵方の様子を何に依らず見聞知識して大将へ告ぐべき事

凡そ敵将の心を知るべきには其の出頭人の心にて察し知り、或るは逸好の道にて考え計り、又は其の国の政道を聴き、制札を見て窺い知り、或るは敵将へ近づく坐頭《ざとう》*、猿楽等をすかし問い、或るは敵国の士卒人民の物語にて察知すべし。昔、恩地左近、楠正成に問う。正成、之に答う。別巻にこれ有り。

二、敵の陣屋の作り様、備の立て様、其の外の形容にて功不功を窺い知るべき事

凡そ陣屋は方円の作法を以て八方をしとみたる*を良しとす。一村がかりに爰彼しこにかけたるを破軍と名付けて悪とするなり。審かなることは陣取相伝に非《あらざれ》ば知り難く、又備立の善悪は方円の座備の作法を用いて段々に備えを立て、一二三の合戦まで持ちて見ゆるを善とす。又手分手配、或るは結解など云う作法もなく、一重なるを悪とす。審かなることは備立相伝なくては得難し。

三、敵軍の勝べき敗るべきは士卒の心言葉にて察すべき事

六韜《りくとう》に曰く。「凡そ三軍、悦懌《えつえき》*の士卒、法を畏《おそ》れ、其の将の命を敬い、相喜びて以て敵を破り、相陳《ならぶ》る*に勇猛を以てし、相賢とするに武威を以てするに、此れ強き徴《しるし》なり。凡そ三軍、数《しばし》ば驚き、士卒斉《ひとし》からず。相恐るるに敵強きを以てし、相語るに不利を以てす。耳目相属《つ》け妖言止まず、衆口相惑わす。法令を恐れず、其の将を重《おもん》ぜず。此れ弱き徴なり」。

【註】

○逸好　好き嫌い。**○坐頭**　座頭。**○八方をしとみたる**　八方押し止めたる。**○悦懌**　心底から喜ぶ。**○陳るに**　陳列するに。

見分の事

敵勢の大積*二箇条

一、敵の国、所又は敵将の常々の心術*に随いて人数の多少損益を知る事

言うは、敵の領内に深山海辺など在りて境内広く、或るは隣国に大なる市町など有る敵は、其の山中海辺に引籠り居る隠者、或るは隣国の市中に居る浪人など集りて、其の勢は知行の分限よりは多しと知るべし。又敵将の常々の心術によって人数の多少、損益を察すと云うは、第一良将は常に人数多

く召し仕う者なり。故に知行の分限よりは人数多しと察すべし。悪将は之に反す。又勝負の体にも縁《よ》るべしか。

　軍書に曰く。「大抵一万石に付き上将上国は二十六七騎、中将中国には二十二三騎、下将下国には十五六騎。又上将、惣勢は足軽其の外、大将直の雑兵、合せて騎馬一人に雑人二十五六人、中将は騎馬一人に雑人二十一二人、下将は騎馬一人に十五六人。此の如く積《みつも》る」と云々。又或る軍書に五十騎の人数積りして曰く。

「一、馬乗五十騎、四人連れにて主とも二百五十人

一、弓鉄砲足軽五十人。此の頭二人、五人連れにて主とも拾二人。

一、長柄三十本、士大将《さむらいだいしょう》の持鑓二十本、是をかつぐ者五十人。

一、鑓奉行二騎、旗奉行二騎、組頭武者二*騎、合わせて六騎六人連れにして主ともに四十二人。

一、使番の武者四騎、四人連れにして主ともに二十人。

一、歩行の侍三十人、中間小者五十人。

一、まとい馬印合せ二本持ち、小旗五本。是をかつぐ者五人。

　右都合人数五百九人なり。是は皆働く。備の場へ出る者此の如し。

侍大将の台所人二騎、一、小姓二三騎

　右筆二騎、一、同坊一人

右合わせて八人なり。二人連れにて主ともに二十四人。

一、侍大将の台所に使う人夫二十人。

一、惣侍衆の人夫百五十人。一、侍大将の乗替三匹。

一、惣士の夫馬《あきうま》十五匹。侍大将の夫馬五匹。

一、小荷駄数都合三十匹。是の口付の者三十人。

惣合二百五十人前後、都合七百五十人余」。

　右は五十騎の備、雑兵ともに此の如し。是は古《いにし》え戦国の時分の人数準《ばか》りなり。当代には相応《ふさわし》からずと云えども、戦国の時は人寡《すくな》きゆえ此の如し。私曰く。此の人数積りは騎馬一人に雑兵十五人宛なり。右の説と相違したり。太平の後事始めの合戦の時と年々打続きて合戦の有る時とは違うべきか。

二、右の如くにして人数を積り、其の上にて留守居に如何ほど残すべき、陣所へ来たる人数は如何程、戦場へ出て戦う人数は如何程有るべきと積る事

　凡そ留守居を残すこと大抵は三分一の者なり。然れども跡に心許すなき事有る時は格別なり。口伝。又陣所より働の場へ出る者は大抵三分二の者なり。但し少なき時は時によるべし。又居城、枝城の数にもよるべし。口伝。右の大積りを考え、其の上にて備えたる人数、おし通りの人数を準《はか》るべきなり。

【註】

○**大積**　おおみつもり。概算で見積る。○**心術**　心の動き。伊賀市上野図書館本は「心掛け」。○**二**　底本は「一騎」。伊賀市上野図書館本は「二騎」。

備の人数を積る四箇条

一、味方の人数を知りて両陣の半途に出て、互いの陣を見合わせて勢の多少を積る事

二、十を十、百を百との事

凡そ積りと都合を勘定する事。

三、地形、間数、坪割を以て積る事、付、人数の厚薄を考えるべき事

前に云う騎馬は二間四方に二騎、歩兵立は一間四方に十二人より厚くは立られずと云々。

四、敵の居所と分合とによって見違いの有るべきなり、其の考え専たるべき事

凡そ山上峰などに取上りたる人数と分散したるは多く見ゆるものなり。谷合に居ると一所に聚《あつま》りたるは小勢に見ゆる者なり。口伝。

備押しの人数を積察する三箇条

一、尋常の軍勢を積るには前後の旗、差物、馬印等を目験にして其の間の人数を算《かぞ》えて都合を計り知る事

口伝、図あり。*

二、押し通る道路の法《のり》*を知りて、上下道三段一間は近し、二間は遠し、三間は大いに遠し、三段ともに人数を積るべき事。

三、騎馬の数を算えて人数積ようの事

前に見えたり。将の上中下、国の上中下、太平の後の合戦と数年打続きたる兵乱の時と変るべきなり。口伝。

【註】

○図あり　底本は図欠。**○法**　さしわたし、斜面。

城陣を外より窺うべき十箇条

一、二重塀の有無を窺うべき事

凡そ二重塀と云うは、常の塀の内てに一塀、或るは材木にて柵を結びたるを云うなり。城門の傍らに隠曲輪と云うを常に構へたる城も有るものなり。常にはなくとも籠城の時は猶以て隠曲輪を為すと知るべし。

二、釣塀の有無を見計るべき事

釣塀と云うは二重塀の外側に在る塀を根のくじくる様にしおき、さて塀の内手に木石を重《おも》りに付け、塀に拘縄を付け、内側の塀、又は杭などにひかえ置くなり。敵塀へ蟻付きする時、拘縄を切り落とす様にしたる物なり。

三、石弓の有無を見考すべき事

石弓と云うは塀の棟木通りに六寸四方に窓を切あけ、其の窓相応なる石をつり、敵蟻付きする時拘縄を切り、彼の石を落とす様にしたるものなり。又上に木石をつりたるものあり。

四、猿濘《さるすべり》の有無を見計るべき事

猿濘と云うは坂口に大石大木などを車に積み、引縄を取り、敵寄りたる時扣《ひか》え縄を切離すようにしたる物なり。又石材木を急なる坂の上に扣え縄をつり置き、敵坂を上る時、縄を切り、転がすようにしたるものなり。

五、堀抜き、駒返しの有無を見立るべき事

堀抜きと云うは坂中を深さ二十六七尺計《ばか》り、横は其の所の広狭に応じて堀抜き、底には乱橛《らんぐい》＊を打ち、上には細き竹を渡し、其の上に薄く土を置き、或るは木葉などを掛けて置くものなり。此の穴を川の瀬などにも掘り、落くつ＊を掛け置く事。

六、柵、やらい、乱橛、底縄等の有無を見計るべき事

柵と云うは木にて地の上七尺五寸、間三四寸宛置きて立て、木の上より五寸通りに貫をさし置くものなり。或るは是に、からたち、棘《いばら》などを結ぶも有り。空堀の中、或るは敵の渡さんと思う河瀬などにあるものなり。やらいと云うは竹にて高さ七八尺、或るは九尺一丈程＊に詰めたる鹿垣なり。逆茂木《さかもぎ》と云うは枝の四方へはびこりたる大木を敵の方へ先をなして置くを云うなり。乱杭は世間に云う処なり。底縄は流れに順い、筋違いて水の半より底に張置くなり。惣じて敵の要害悪き所ならでは、か様の防はなき物なれば、此等の事の有る所は大概しるる者なり。乱橛、縄の知り様重々有り、能々見計るべし。口伝。

七、引橋の有無を見計るべき事

引橋は本丸と二の丸との橋に有る者なり。其の作り様は橋の前の方を蝶つがいにして、橋の製作は図有り。＊

八、城中水の手の所、又敵水に渇せるか渇せざるかを見るべき事

城中、水の手の有る所、其の水の多少の位を見る事は云うに及ばず、或るは矢倉より堀の水を汲むこと有り。其の堀の水を切落とす所など一々能見計るべし。

昔、楠正成、河内の赤坂の城にて水を取りたる謀、又千破屋の城にて水を溜めたる計、かようの処に心をつけ、水の手を見計るべし。又水に渇せる者は夜中に谷合の水、堀水等を潜に汲み、或るは汚水をも構わず飲み、或るは馬の湯洗などをわざとして見せなどする者なり。因刕《いんしゅう》鳥取の城にて白米にて馬湯洗したこと有り。

九、敵飽伕《ほういつ》＊せる形か又餓え疲れたる形か見るべき事

凡そ城中に兵粮尽き、人餓え疲れたる。士卒は野菜を専一に取るにより、其の辺の草木の枝葉を見て知るべし。或るは城中に食を炊くことなければ煙の立つこと寡し。或るは馬を殺して食らうことによって、馬の嘶《いなな》き漸々に少なく、或るは人の声色柔《よわく》、面色あしく、足もとたどつき、動《やや》もすれば杖をつき、めんつなどを持ち、或るは軍法の禁制の乱妨を好むは粮米少なきなり。是は外より見る術なり。又城より夜討などに出たるもの討ちとめたる時、腹を開きて見るもよし。然れども夜討に出る前方には食をくい出るものなれば、腹中にてこなれたる食に心を付け見ること尤《もっとも》なり。敵方へ味方捕えられたる者ある時、いかにも白き食を喰わせ反しなどするは、兵粮少なしと知るべし。城の塀側へ行き、或るは城中へ入りて其の様子を見聞せば知らずと云うことなし。

孫子に曰く、「杖立つ者は餓えなり」。昔、越前鐘ケ崎城に新田一族籠りし時、兵粮尽きて馬を殺し食するに因りて、後に馬の嘶くことなかりしとなり。

十、敵の強弱を察すべき事

凡そ備なりわたる*は軍令正しからずして、大将物頭ともに不功の敵なり。又士卒右往左往にして一致せざるは、将の威軽き故に、上を重からずと知るべし。五人七人ばらばらに寄り集まり、私《ひそか》に語る*は味方疑い有ると知るべし。其のか様の変は色々有るべし。強きは之に反す。此の趣を以て敵を察すべきなり。

【註】

○乱橛 乱杭。**○落くつ** 捨てた馬沓。**○丈** 尺の十倍で約三メートル。周尺なら約一・七メートルで成人男子の身長。**○図有り** 底本は図欠。**○飽佚** 気持が緩んでまったくしまりがない。**○なりわたる** 鳴りわたる、騒々しい。**○私に語る** こそこそと囁く。

夜に至り見過つ三箇条

一、夜、尺の木と人と見分ける事

凡そ敵城近く忍び寄る時、月かげに見れば尺の木なども敵の出たる様に見ゆるものなり。それを見過《あやま》つまじきには、尺の木は動かず、人は動く。尺の木は並び揃う、人は並び揃わざるものなり。尺の木は旗、長柄等を立て置く木なり。

二、夜、敵陣の火と味方の火と見分ける事

凡そ夜、敵陣に火事などある時、跡よりみしは味方の先備敵に合い、未だ遠からずと云えども、火に移りて城近くまで攻め寄りたる様に見ゆるものなり。惣じて夜は火近くに見ゆるなり。

三、烽火と野火と見分ける事

凡そ烽火は高く、野火は低き者なり。

間見の篇

此の篇には遠所より間を隔て見て敵の形を察知する術を記す。

城陣の敵の進退を見分く三箇条

一、敵城陣より出る出ざるは旗と人気とを以て察知すべき事

敵、城陣より夜討にても朝懸にても出る時は、旗、馬印し動くものなり。其の子細は出陣の時は一番備、二、三、脇、後ろ備等段々なり。之に依り、敵今晩夜討せんと思う時は、夜に至りて一番二番を正し、其の居所々々に置く時は、物騒がしくして其の音を寄手聞き尤《とが》めんと思うにより、昼の中に一番二番と正し置くものなり。故に其の旗、馬印の有る所替るものなり。又旗を動かす時は寄手がとらんと思う時は、旗を巻き、見せざる事も有る。或るはいつともなしに旗の有る所替え置くなり。何れともに旗の様子、常式と違う心持あるべし。軍書に曰く。「出戦の時、先陣の者は奥へ行き、後陣の者は門口へ行くものなり。故に出る出ざるは旗にて知る」と云々。又朝掛などに出る時は、不功の敵は夜に至りて食物を調えるによって、煙、火、光等見ゆるものなり。功者の敵

は明朝の出戦に明日明後日の食物まで今晩の夕食に一度に調え置くものなれば、其の人気知り難しと雖も、能心を止めて考え見る時は、常式の煙よりは多く立つにて知るべきなり。又夏陣には考えあり。武田信玄程の名将にも河中嶋合戦の時、明日の合戦の食を前日に調えられしに、謙信西条山より見付けられしと云々。

二、敵、夜討に出るを察し知るには、火の光、小物見、夜の慎み聞こえず、犬馬嘶き吠える、声静かなる等にて知る事

言うは敵夜討に出んとする時は、一つに、互いの云い合せの使いを遣り、或るは諸道具等を尋ね、其の外様々の故に付き、提灯、明松、はやり火の光常よりは多き者なり。二つに、前方に小物見を出し、足場、地形の敵の形等を見するものなり。三つに、常には張番の夜廻り厳しくして拍子木などを撃ち、其の番守其のしき*音聞こゆるものなり。又夜討せんと思う時は拍子木打たず、夜番夜廻り等の戒の声せざるものなり。四つに、馬も引き出し、一所に集めるにより、嘶く声常より多し。又犬は人の噪《さわ》ぐ時は吠ゆるものなり。五つに、常式とは違い、反って敵の城陣声静まり、沈々とするものなり。是等の様子を見聞して夜討に出る出ざるを察すべきなり。

三、城陣に敵の有無は鳥、旗、煙火にて察すべき事

言うは敵立退き、城陣屋に居ずして居る真似して旗、指物を立て置き、或るは明松、挑灯、火縄等に火をとぼし、人を見る様にしおくこと。それは旗も火も動かざるなり。又城陣に敵居ざるは、櫓の上、小屋の上、人近き所に鳥居て餌《ついば》みなどする心安き体なり。又飛鳥の心易き飛びやうまでも知るるものなり。又煙立たざるなり。又敵居る時は旗も火も動き、鳥も近よらず、飛びようも下を見、上へ飛ぶものなり。或るは乱れ散り、気遣いしたる体なり。但し鳥にもよるべし。飼鳩、雀、鵄《とび》等は人を恐れず。然れども此等の鳥も居処と飛びようにもよるべし。又煙もたつなり。

【註】

○しき音　式音。規則通りの常用の声や音。

陣取る敵退く敵の見分け二箇条

一、陣取る敵、退く敵の見分けは荷物と物見とにて察すべき事

言うは荷物を下ろし陣具を取りあつかい、武士多く物見に出て乗廻るは陣取る敵と知るべし。又荷物をも下さず、陣具をも取らず、其の儘居るは退く敵なり。或るは物見をも懸けず、土井を築き尺を付けなどするは此の方に恐れたる敵なり。此の方を引受けて戦わんとなり。

二、陣取る敵、味方を待つ色の見分けの事

言うは荷物をも下さず又陣具をも取らずして動かざる敵は退く敵と云えども、同勢も続かざるに備を乱してはと遠慮ある敵は後備の来たるを待ちて動かざるものなり。それを見分くべきには、一に諸卒跡《うしろ》をかえりみるものなり。二に後備急に来たれと切々に云い遣わすによって、後備へ往来する人しげきなり。

【註】

○底本はこの項で文章配列に大きな間違いがあり、訳者が修正した。

伏蟠*の有無の見分け五箇条

一、伏蟠《ふしかまり》の居るべき所々の事

言うは伏蟠の居るべき所々は森、林、藪、谷合、山影、堤の向う、溝川の中、蒹葭《けんか》の茂りたる中、深野、麦畠等は是蟠の隠れ所なり。

孫子に曰く。「険阻、潢井《こうせい》*、蒹葭、林木、翳薈《えいわい》*有るは必ず謹んで之を覆索《ふくさく》せよ。此れ伏姦の所なり云々」。

二、右の蟠場に伏の有無を知るべきには、鳥獣、気、火色、草、旗、煙、木偶《くぐつ》*、偽鳥等を見て察すべき事

鳥と云うは前に云う如く鳥の居ると居ざると、又は飛びようにて蟠の有無を察すべきなり。孫子に曰く。「鳥、起《たつ》は伏なり」と云々。六韜に曰く。「兵の野に有る、則雁乱れ行く」と云々。獣は狐狸鹿猪兎猫等の如き獣の走り様にても知るべし。伏兵襲勢など有る時は、山野の獣必ず走り出るなり。孫子曰く。「獣、駭《おどろく》*は覆なり」と云々。「気と云うは、伏ある森林等の上を見れば気あるものなり。百人以上は必ず気有り」と云々。味方地の伏蟠なき森林の上と蟠有るべしと思う森林の上とを見くらべ見考えば、伏の有無は気にて知れぬべし。又火縄の煙も少しとは云いながら、大勢一所に居ることなれば、見ゆるべきなり。或る人曰く。「夜曇たる時も伏の上雲白く見ゆるものなり、晴たる夜は星多し」と云えり。火色と云うは夜などは火縄の火ちろちろ見ゆるものなり。然れども此の火動かざれば竹にはさみ置きたる火縄なりと察すべし。昔去る者、火縄を柳の枝にかけ置きて人居ると思わせ、退きたることこれ有り。是は少し人の持ちたる火縄のようにも似せんか。然りと云えども、一尺二尺は動けども五尺一丈も有るべからず。其の上、火の光り見えつ隠れつすることなり。草と云うは深草の中、麦畠麻畠の中に隠れ居ること有り。伏、其の中に居るは草揃《そろ》わずして、喩《たとえ》ば大風の後の如く見ゆるものなり。居ざるは草の上揃うなり。又深草の近辺を行見れば、伏入りたる道は、草たたれ、道を分け行きたる跡つき、其の上雨の後、或るは早朝などなれば、草木の露落ちて無し。旗と云うは実の蟠は旗馬印などをふせ置くものなり。然るを森林の中、木陰に旗馬印など立てある時は、伏を置かずして伏ありと思わせん偽り旗なり。然れども山陰より人闚《うかがい》居るか、或るは小指物など見れば、是実の伏なり。煙と云うは伏ある様に思わせん為に谷間、山のあなたなどに松葉をくすべ、煙を立てること有り。是偽なり。実の伏は煙を立てることあらず。木偶と云うは人形を作り伏兵の様に見せ、又敵を引き寄せん為に立て置くことも有るべし。これは動かざるなり。木の木陰、山のあなたなどに見えば却って伏なしと知るべし。昔、正成千破屋の城にて為したる謀なり。又鳥と云うは伏の上に似せ鳥を作りて上げ置くことあり。是亦動かざるなり。此の下には伏ありと察すべし。昔、加様の事儘《まま》に有りと云伝

えたり。然れども虚にして虚を示し、実にして実を示す。重々口伝。

三、右の蟠場に伏の有無を見聞する所の事

此の術は森林なれば風下へ忍び行くべき。敵の物音風につれて来るを聞き、或るは火縄の匂い鼻に入るものなり。又谷《たに》際《あい》を見んと思わば谷の向かいなる野原河原を行き、谷下より見揚げて見るべし。或るは海辺の谷際なれば舟に乗り、谷あいを見揚げて見るべし。又高山の頂上へ登り見ることも其の時の宜しきによって分別あるべし。

四、敵、伏兵を置きて詭迯《いつわりにげ》るを察知の事

言うは、首尾調り作法能備を以て迯るは、是は実の敗北に非ず。李靖曰く。「旗斉《ととのい》、鼓応じて号令一の如く紛々として退走すと雖も、敗に非ず。必ず奇有り」と云々。是なり。又、其の備乱れ、右横左横*にして一ならず。退くもあれば反し合て戦うも有る。或るは五人十人、二三十人ずつ散々になって退くは真の退迯《たいとう》なり。李靖*曰く。「兵却《しりぞく》に旗参差《しんし》*として斉からず。鼓大小応ぜず、令喧囂《けんごう》*にして一ならず。是、真の敗却なり。奇に非ず」と云々と、此の如し。又退く敵の何れも一同に目を付かば、其の見る所に伏有るものなり。

義経軍歌に

迯て行く足軽どもの脇を見ば、其の見る方に伏ありと知れ

五、敵の働き様退き様を見て其の心を察する事

言うは午の刻*過ぎて敵陣へ取り寄することは、軍法に堅く戒めたり。然るを日暮に至って味方の陣へ取り寄するは、是謀有りと知るべし。又大勢小勢によらず敵の城陣近く取り寄らば、山の坂へ取り上ること是定法なり。然るに小勢にて野中などに陣するは、是謀有りと知るべし。又敵行きまじき所へ行き、退まじき所を退き、凡そすまじきことをするは皆是謀有りと知るべし。此の如く心を付け、能明に察して其の謀を知りて又是に乗る智謀を運《めぐら》すべきなり。

【註】

○底本は本項も文章配列に大きな間違いがあり、訳者が修正した。○**伏蟠**　「ふせかまり」とも言い、忍びの斥候。伏屈（『甲陽軍鑑』）。○**潢井**　水たまり。○　**翳薈**　草木の茂み。○**木偶**　「もくぐう」とも。人や動物を形どった木製品。○**覆**　伏兵。○**右横左横**　右往左往。○**李靖**　『李衛公問対』に「旗斉鼓応、号令如一、紛々紜《うん》々雖退走非敗也。必有奇也」「夫兵却、旗参差而不斉、鼓大小而不応、令喧囂《けんごう》不一、此真敗者也。非奇也。」○**参差として**　ちぐはぐに。○**喧囂**　騒々しく。○**午の刻**　昼十二時。

敵河を渡す渡さざるを見分くる事

一、敵馬の泥障をはずす体、手靫《うつぼ》*を解くものなり。凡そ河を渡す敵は歩者を連れず。若し連るるとも寡きものなり。又腰縄とて一丈四五尺ある麻縄を以て軍勢の腰に付けさするなり。歩行者川を渡す時、此の縄を取り出し連なり取り付く用意するなり。其の風情あらば渡る敵と知るべし。

【註】
○靫　革の矢入れ。

旗の塵を以て敵を察す七箇条

一、旗手先に備えば位を取る敵なり。旗手中に後るるは進まんとする敵と知るべし。
二、旗小乱は備定まらず、大乱は敵方争論有りと知るべし。
三、小符前に傾くは戦を持つなり。後に傾くは進まずと知るべし。
四、先勢動き、後勢静かなるは備を立てると知るべし。
五、馬塵前に起らば進むなり。後ろに起るは退くなり。又馬ぼこりもなく印しも動かず、旗定まりたるは陣を堅めたると知るべし。
六、遠く押し来り。敵武者ぼこり多く高く立て脱なるは馬上多く、歩者少なし。武者ぼこり寡くして低く立つは、歩者多く馬上寡しと知るべし。
七、人数の多少は居所と笧《さく》等にて察すべし。又森林の茂みに陣取るは小勢にて頓《とどまり》て引退くと察すべし。

　右の条々口伝これ有り。此の道を嗜《たしな》まん者は常に心を此の道に委ね、其の時に至らば心動かさず、祥密に謀るべきなり。然らば則、敵の肺肝を見る如く何の危きこと有らんや。其の虚実を正すこと之微妙なり。

巻第十一

陰忍一　城営忍篇（上）

それ大隠者は必ず市朝*を辞さずと云えり。然れば陰忍は陽忍に如かず。*然りと雖も陽術のみにして陰術なき時は其の利全あらず。*ゆえに此の巻には敵の空隙を計り、隠形の術をなし、道具を以て忍び入る法を記せり。其の時に臨んで変を行うに及んでは、陽のみに泥《なじ》む事なく、又陰のみにもよる事なし。喩《たと》えば春夏秋冬の推移するがごとし。是故に前には陰を設け、後には陽を用う。始めには陽を行い、終には陰を施す。或るは陽中陰を用い、陰中陽を行う。其の転変動作に極まりなく、玉の盤中に転ずるが如しと。又猶水上の胡盧子《ふくべ》*の如しと云うべし。昔、道順樵夫となって沢山の城へ忍び入り、後には床下に隠れ居れり。前には陽を用い、後陰に投ずるなり。陶山、小見山、笠置城へ忍び入りし時、風雨の夜を窺い、打鈎を以て潜に巌石を登り、城内へ入りて、夜廻りの跡をついて歩む。敵の咎めに逢い、陶山吉次取り敢えず是は大和勢にて候が、今夜余り風雨烈しく候間《そうろうあいだ》、夜討や忍び入り候らわんと存じ候て、夜廻り仕るなりと答え、其の後は中々忍びたる体もなく、面々の御陣御用心候えと呼ばわって閑々《しずしず》と本堂の方へ行き、皇居の体まで見済まして後終に放火したること、始めには陰を用い、終わりには陽を行うたるなり。又小太郎、当国佐那具の城、峰下の城へ忍び入りしとき、敵見咎め追し折柄、逃げざまに石を井の中へ投げ入れ、敵に井へ落ちたると思わせ、其の間に迯去りし事。孫太夫、或るは家へ忍び入りし時、敵聞き付けて鑓を以て突きたり。其の時、孫太夫私語《ささやき》て曰く。家の主起きたると見えたり。いざ退くべしと云い、自ら、尤《もっと》もと答えければ、扨、壁より外に敵居ると心得、外へ出たる折柄、愈《いよいよ》家の奥へ入りたる事。右両事は陰中に陽を用いたるなり。

又山田の八右衛門、去る者とかけつく*にして、汝が刀を取るべしと云い、取られまじきと云う時、八右衛門、左《さ》あらば一宮祭礼の日、白昼に取らんと堅くかけに約を定め、扨、祭礼の日に成りければ、八右衛門、田蓑田笠を着て彼者を誘引し先立ちて行く。彼者思う様、八右衛門をさえ見はなさずんば刀を取らるべき様なしと思いて、八右衛門に目を放さず行きたり。其の時八右衛門、長田と云う村の在家へ走り込みけり。元より巧み置きたる事なれば、己が形の如くには弟子を拵《こしら》え彼家に置き、走り込むとひとしく己は留まり、裏口より彼弟子を出し、一宮より五町ばかりこなたの小山の上に居させけり。彼刀の主、山上に居るを八右衛門と思い山下に良久《ややひさ》しく守り居けれども、終に山より下りざるによって退屈して固く人に守らせ置き、己は明神へ社参したり。其の間に八右衛門は姥と化し、大綿帽子を蒙《かぶ》り、鰐口の下に群衆とともに紛れ居て彼者を待居たり。祭礼の日の事なれば鰐口の緒奪い合い折柄、彼刀の主も来て鰐口の緒を取り付け、何心もなく鰐口をうちならす処を、賽銭箱の向こうより刀の身ばかりを抜き取りたり。取られたることを知らずして群衆を押し分けて出たるに、馬場にて刀を見せ高言したりと云々。是は陽中に陰を用いたるなり。前陰陽後、始陽終陰の術、陽中陰陰中陽の術、古人の為したる謀計多しと云えども、先ず大概を記して時の宜しきに随い陰陽交々《こもごも》用いて一偏にかたよらず、全く勝を取ることを知らしむるものなり。

【註】

○**市朝**　市中。○**陰忍は陽忍に如かず**　著者訂正文。底本と大原勝井本は「陽忍は陽忍に如かず」、伊賀市上野図書館本は「陽忍に如く事はなし」とある。底本前後の意味より、上記のように訂正す。○**全あらず**　全う出来ない。○**胡盧子**　ひょうたん。○**かけつく**　賭けをする。

先考術十箇条の事

一、敵の城郭陣屋*等の様子を能々問い知り又は見考えて、扨術方便を工夫し、忍び入るべき所、退くべき地等を能考えるべきなり。凡そ此の道を業とする者は静謐《せいひつ》*なる時、諸国の城地を廻り、其の虚実を窺い考え、入るべき地、出るべき地、其の外万を端を心を用い工夫得心して絵図にし置くべし。譬《たと》いつつい通りにも知らぬ邦里に入りなば、ぬけ道、径路《こみち》等を専らに通り、何処は険阻、何処は平地、其の道の広狭、或るは何処よりは何処までは道の程幾数里有り、某邦より某里へぬけ路は何処より何方に出るなどと猪《しし》道までも念比《ねんごろ》に問い知り見記すべき事。

二、忍ぶべしと思う前、昼寐《ひるね》すべきなり。凡そ人間の営作寝寐は天の昼夜有るがごとし。心にはやたけ*に思うとも眠りは為す方なし。

三、月の出るべき時節、入るべき刻限を能考え、月出ざる前か月の入りて後かに忍び入るべきなり。是を月の大事と云うなり。昔の忍者、地蔵薬師の前後などと名付けて是を秘しけり。兎角《とかく》陰忍には月の夜を嫌う故なり。月の出入を知る事、天時篇天文の処に記せり。

四、忍び入る時の刻限を知るには北計星*、昴星、或るは錘《おもし》、砂時計等を以て知るべきなり。右の説、何れも天文の篇に記せり。或る人曰く。「鼻息の通、不通にて刻限を知ると云えり。子の時を左として一時替わりに通す」と云えり。試さんと云えども、未だ会得せず。

五、忍び入る時は飛脚火、入子火、狼煙等の相図は云うに及ばず、其の外万端大将と堅く契約を定め、重々泄《も》るることなきようにして、其の上にて忍び入るべき事。契約相図の事、将知の篇の所に記すなり。

六、既に忍び入るべしと思う時は敵の城陣の近辺へ陰陽の両術を以て行きて能々覗《うかが》い見て入るべし。入るべき出るべきの地を能考えるべきなり。退く時、輒《ややもすれば》、帰り道を迷うものなれば、色々の目印しをし、或るは一町一火、或るは入子銃の相図を尤たるべき事なり。一町一火の事は忍び夜討の巻に記すと云えども、彼れと忍びの時のとは替わるなり。口伝。

七、味方の吟味寡き時は忍び入りの道疎し。忍びの組中相図約束は云うに及ばず、内槊《うちならし》*専要なり。且つ臆病たらんと見えたる者、或るは卒忍者*、或るは手練無き者の類は撰び出し、同じく行くべからず。其の上倶に行く者は相図約束相違わすべからず。生死一同たるべき旨の誓紙を書き、互に取りかわし行くべき事。付、若し手練無き者、臆病者、卒忍者は連れ行かで叶わざる事あらば、相図の役人にすべし。万一、其の場へ連行く事あらば、入る時は跡、出る時は先たるべし。

忍歌に

唯人を連れて忍びに行くならば、先ず退口《のきぐち》を記《しる》し覚えよ*

又

忍びには二人行く*こそ大事なれ、独忍ぶにうき事はなし

八、城忍は組中一所寄り、尤なり。入りて後は手を分け分散すべし。

九、山城、取出*、附*、陣屋等へ、組中分散し入るべきなり。付、相図火三つの印の事。相図の火三つの印の事は将知二規約の事にこれを記す。

十、必ず顕るると分別して敵方の様子を内々に能く聴きおき、敵方の者より味方の大将へ遣りたる隠書を製し、我宿に一、二通残し置く。又味方の大将の隠書を作りて一通を衣の襟の中に入れ行くべき事。此の事、陽忍上に審にこれを記す。

忍歌に

目付者又は窃盗に行く時は、書置をせよ後世の為*

右の条々口伝有り、容易に見過《あやま》る事なかれ。

【註】

○**陣屋**　陣屋。○**静謐**　太平。○**はやたけ**　逸猛。はやりたける。勇み立つ。○**北計星**　北斗七星。○**内槊**　打合せ。○**卒忍者**　落着きがなく軽率な者。○**退口を記し覚えよ**　『軍法侍用集』の「よしもり歌」（『義経書捨物語』）は「おしえよ」。伊賀市上野市図書館本も「おしえよ」。○**忍びには二人行く**　楠流軍学の忍術伝書『正忍記』は「忍ぶには一人が一番良い」とある。○**取出**　砦。○**附**　付け城。○**書置きをせよ後世の為**　『軍法侍用集』引用の「よしもり歌」（『義経書捨物語』）は「書置をせよ後の名の為」。

虚に入る術二十箇条の事

一、敵将味方の国へ押入るべしとて居城を出たる夜の事

凡《およ》そ人の城を攻めんよりは我城を堅く守るに如じと云う事は大抵の人知りたると云えども、一に其の国城を大軍の押し出る時は事繁多にして騒がしき故に、万取り紛るるものなり。二に敵に打勝つの思いのみにして微細の穿鑿《せんさく》までに及ばざるものなり。三に其の城内出入の者必ず多きものなり。四に常に此の時かえり忍の来るべしとは思い寄らざるものなり。此の四つの利有るものなり。

二、敵初めて来たる時の一二三までの夜の事

凡そ人の気、初来は鋭なりと云えども、事煩冗《はんじょう》*に苦しむ故に、迷いて失う有り。喩ば春は人倫鳥獣*とも和するが如し。二つには心志覚悟未だ定まらず、三に小屋陣具等に事繁く忙しく、四に物に恐るる事なきに依りて、戒心少なし。此の四つの利有るに因りてなり。

三、春夏の長閑炎熱の日、敵長途の跋渉し、倍道兼行*し、或るは険阻など陵ぎ来りし夜の事

四、迅風、或るは隆冬大寒の時、敵氷雪を蹈《ふみ》、又は深水など渉り来りて、其の勢凍《こごえ》、又は艱難《かんなん》辛労せし其の夜の事

五、敵、日暮て着陣し、或るは小屋掛けなどの用意、或るは食物の用意、或るは馬の湯洗等に万の作法未だ定まらざる時分の事

六、終日合戦争論有りて敵労疲《つかれ》たる其の夜の事

凡そ人身金鉄にあらざるが故に、疲るる時は必ず油断起こるものなり。

七、敵味方の陣へ取懸るべしとて用意の夜の事

凡そ平生すら出行くは心の動き暗やむものなり。況《いわん》や出陣の時をや。食事、征衣*、令命、契約、遺言等万事に心移り動き、必ず急忙し、且つ此の時に至りて反って忍びの来るべしとは思いよらざるものなり。扨敵の出るを知るべきには貝の声を以て知るべきなり。或る軍書に云わく。「時を定め吹くことは或るは陣押出馬の用なり。喩《たとえ》ば一番貝に飯を食い、二番貝に身整《こしらえ》、三番貝に先手より次第に打出るなり。此の時は一度に九つ宛吹く。三度には三九二十七なり。時は相図次第なり」と云々。

八、敵勢味方陣へ夜討し、或るは昼戦にも敵大利を得たる其の夜の事

凡そ敵大利を得、味方立つ足もなく負けたる時は、敵必ず驕《おご》りて慢心生ずる者なり。世話に勝て冑の緒をしめよと云う事を知らざる者はなしと云えども、人間の習いにて其の事を口にも云い心にも知りながら、己が勝手になる時は勝に乗り浮気に成るものなり、其の機を外《はず》すべからざる事

九、味方大利を得、敵立つ足もなく負け、城へ込み入り上を下へと周章し驚く時の事

十、静かなる時は忍び難し、騒ぐ時は忍び易し、其の目利の事

凡そ敵陣に火事有る時、或るは馬の放れたる時、或るは喧嘩同士討の時、其の外何れに依らず不慮の事出来て、衆心驚き騒ぎ周章ふためく時は是必入の時節なり。前疑すべからず。

忍歌に

大勢の敵の騒ぎは忍びよし、静まる方に隠れ家はなし

若し敵賢将にて、乱れて取ると云う謀略をするか〔否か〕を能勘弁すべき事尤なり。喩敵其の謀なりとも忍者功有れば苦しからず。

十一、大将と相図の上にて表を攻めるは裏、裏を攻めるは表たるべきなり。若し相図なくとも、其の心得たるべき事

凡そ忍者は少しとも匹夫の勇を心に戒《いましむ》べし。譬い我傍らに

て鑓合太刀討ありとも、其れをば見捨て、専一に目を利すべき敵の虚隙を計り忍び入りて城を落とし陣を敗る調略をのみ心に懸けて走り廻るべきなり。此の如くならでは争《いかで》か厳陣堅固へ入る事を得んや。

忍歌に

忍びには身の働きは非ずとも、眼の利《き》くを肝要とせよ

十二、大勢の小城に籠りたるは集る方、小勢の大城に籠りたるは険阻の方なり

凡そ大勢の小城に取り込みたるは、人数多く聚《あつま》りたる方へ行くが宜しとは、一に騒がしければ物音聞こえず、二に敵に紛れ易し、三に人数多ければ諸事穿鑿せざるなるべし。此の利有るゆえなり。又小勢にて大城に籠りたる時は険阻の方へ行けと云うは、小勢なれば要害堅固ならざる所許《ばか》りを専一として、険阻にて要害堅固の方えは番守懈怠《けたい》*するものなり。其の利ある故なり。

十三、大風大雨の夜の事

凡そ風烈しき夜は夜討窃盗の入る者なり。知らざる者はなしと云えども、雨にぬれ風に当たるを好く人はなき者なり。喩大将の下知厳しきなりとも、家内にての番守許りにては夜廻りなどの戒め疎《おろそ》かなる者なれば、陰忍易からざる秘法此の時なり。譬え細雨微風にても然るべきなり。是に因りて忍者たらんは風雨を占う事専要なり。風雨の占、天時の下　天文篇に記すとおり。

忍歌に

大風や大雨の降る時にこそ、窃盗夜討の便りとはすれ

又

雨風も頻《しき》りなる夜は道暗く、窃盗夜討の働となる

十四、敵和を請う時、実と計とを挍《かんが》え、大将と評判の上にての事

凡の人を討たんと思う時、必ず惰気あるものなり。目利肝要なり。孫子に曰く。「約無くして和を請うは謀なり」と云々。

十五、城攻めの時、或るは城強きか又は計略の為に囲みを解き乱して味方退散する事有るものなり。其の夜は敵方必ず疲労の後なれば、緩み怠るものなり。

十六、将なきは云うに及ばず、将有りとも寄会勢の持ちたる城陣の事

凡そ寄会勢は将なきは云うに及ばず、将有りても我儘《わがまま》にして治まり難きものなり。只、一家中一所に籠りたる城陣は入り難し。故に大将有る城陣なりと云えども、寄合勢の聚る所を見聞して其の所より入る事勿論なり。

十七、長陣にして人数退屈の折柄の事

凡そ人の気、初めは鋭厳にして、久しき時は退屈し懈怠の生ずるものなり。且つ久しき中に敵の様体を窺えば、其の間に必ず便隙あるものなり。

十八、敵将平生武備の才なく、或るは己が大勢を頼み、敵を侮り、戒めの心寡しと見たる時の事

凡そ兵法を専要として慎み守らざる者は人の賢きを知らず。

其の心、高慢にして人を侮り、只勢の多きを頼み人を軽んずる故、戒めの心なきものなり。

十九、凡そ人間は怠る事多きものなり。其の理を能考え知るべき事

凡そ世の人の習、勝てば奢り、敵を軽んじ侮り、敗れては苦しくして怠り、安楽なれば楽に耽りて怠り、辛労すれば疲れて怠り、夏は炎熱によって怠り、冬は玄寒霜雪凜風を厭《いと》うに依りて怠り緩むが如く、厳鋭の遂《とぐ》る者は少し。此の理を能考えずしては窃盗は為《なる》べからず。故に太刀をつかうに、敵の太刀筋を能見て其の虚を知る者は勝ち、知らざる者は負ける。太刀にて切結ぶ時だに虚実はこれ有り。況や大勢の集会と云い、又数日を積の久しき事なれば、懈怠を能計り考えば、忍び入れずという事有らんや。

忍歌に

忍びには危きなきを良しとせよ、前《ま》え疑いは臆病の沙汰

二十、昼夜に限らず敵陣へ援兵の着きたる時の事

凡そ援兵来たる時は惣軍利を得たる心地して、必ず怠の生ずる事有り。然れども只今来たる勢は兼て軍令をも聞かざるによって、万新々《ういうい》しく防ぐに強からず。此の時節を能考え計るべき事。

右は敵の隋衰の時所にして、忍者前疑いで蹰《ちゅう》*を為さず思い切りて忍び入るべき空隙の地位なり。嗚呼、忍者其の理は知ると云えども、此の時に当りて前疑いを生じ盤桓《ばんかん》*せば、譬《たと》えば千歳を経るとも入る事有るべからざるなり。若し敵の近きに有りても必死の心なければ疑惑の心生じて機を取り失い、却って敵に見咎められ生捕らるるものなり。誠なるや。呉子の「必死則生、必生則死」の戒の深しや。此の時に当りて、身命ともに何となく常のごとくにせんとならば、死生有命の語と不生不滅の理を堅く相守るべきなり。此の如くならば、庶幾福《こいねがわくは》無からんや。倩《つらつら》世の人を考えるに、賢にして名有る人だも油断なき事なし。況や其れ以下の人をや。凡そ人の心、前を思えば後を忘れ、右を専にすれば左疎かなり。必然の理なり。殊に煩擾《はんじょう》*と騒しき時は、心動いて誤失多し。兎角忍者は其の実を避けて其の虚に乗ずるものなり。

忍歌に

窃盗には時を知るこそ大事なれ、敵の疲れと油断有るとき

【註】

○**煩冗**　煩わしく、くどい。○**人倫**　人間。○**兼行**　行軍。○**征衣**　甲冑や武具、鎖帷子をつけるなどの軍装。○**懈怠**　任務を怠って無責任な状態。○**蹰**　足が止まる。○**盤桓**　徘徊。○**煩擾**　ごたごた乱れて。

惰帰に入る術八箇条の事

一、凡そ忍術は時所により行うといえども、大抵、先ず昼夜の心得変わるべし。昼は人多く騒がしき所、夜は敵の静かなる方に寄るなり。先ず微声の表裏*をかけ、番守の眠りを考えるに、眠りたるは一向に音なかるべきが、鼾の位に口伝有り。

又謀に態《わざ》と寂《しずか》にして居るか、但真の眠りと半時の中《うち》立聴きすべきなり。偽の眠りなれば少し程経《へ》て不審を立てる声必ず聞ゆるものなり。又番守厳重にして表裏の微声を強いて怪しみ知るときは、私語《ささやき》の声、又は弓鑓刀等を取りしらべ、或るは立居の音など互に微声の聴うるは速やかに立退くべし。又表裏を掛けるに、少しの物音にも驚き周章騒動する体ならば、是則未練の寄会たる番守なり。是如くの番所は一旦鋭気を避けて後、彼れが惰帰の気を覗い堪えて窺う時は、終には忍び入る事有るものなり。凡そ人の気に初中終の三つの変生ずるものなり。初めは勢い鋭く盛んなり。中ばは惰《おこた》り緩まるなり。終には退屈して帰りたき意、又は眠り生ずる者なり。故に功ある忍者は敵の気の鋭盛んなる時を避けて、其の惰りて油断し、又は退屈して眠りの生ずる時を窺いて、其の機に及んで直ちに速やかに入るものなり。故に中《あた》らずと云う事なし。

孫子に曰く。「朝気は鋭、昼の気は惰、暮気は帰。其の鋭気を避けて其の惰気を撃つ」と云々。此の語軍法の事のみにして忍者の用に非ずなどと心得て必ず忽《ゆるがせ》にする事なかれ。* 忍術の要は此の理の外か又他の理有らんや。猶口伝。

二、凡そ番所を見聞するに、外聴の者と覚しく鑓長刀太刀等を持ち、塀柵などを小楯《こだて》に取り潜に撿見し、或るは番所の中微声の戒め聞え、若し、或るは騒動の事起ると云えども番守十人有れば二三人程立出る体ならば、是必ず功有る守りにして厳重なる番所なり。忍び速やかに立去るべし。且つ退く体にも計略を設け、怪しめ見られずにようにすべし。* 喩ば寒き夜に霜を聴くが如し。

三、凡そ番所を見聞するに、高声の談笑又は酒宴の歌唱などの声有りて、警戒なく若輩相会せる所にして老功なる番守なき故なり。是必ず速に入るべきの地なり、躊躇すべからざるものなり。

四、右に謂う所は佚遊《いつゆう》*にして予備の守り懈怠せる風情にして、実は忍びを計り誘わんが為の表裏計略も有るべし。実に戒めずして怠るか、又は忍びを入れて捕えんが為の計かを能々察すること審なるべし。若し表裏計略なれば、一片*には厳格の番守有るものなり。殊に外聞の者傍に居るものなり。慎みて真偽を考え、妄《みだ》りに入る事勿れ。

五、忍者敵の城陣の中に入りて後、夜廻りの跡につき行くべし、古法に在り。段々其の間を考える事
入れざるの件*に夜番の所を見て工夫すべき事。

六、厳重の番所を通り入る術の事
一に誘追*、二に同士太刀討、三に抛銃火《なげじゆうび》何れも口伝。附、古法に眠薬を掛けると云々。未だ試みず。*

七、凡そ忍術は剣術の理に殊ならず。敵へ剣を打込む事、敵の入らざる時には剣を打入れる事成らず。其の敵の入る時、打込むなり。譬ば敵の剣を打出す時を避けて其の剣の落ちたる所を討つか、又は其の剣の上がる時に付入るかするは、是敵の入るる時に剣を入るるの理なり。愚かなる者は敵の入らざる時に打入れんとするによって、敵を討つ事成らざるのみに非ず、却って自《み》伐らるるなり。忍術も亦然り。敵の入らざ

るときには入らず。其の入る時の図《はかり》を外さずして忍び入り、入らざる時には入らず。是巧者のする所なり。不巧者は敵の入らざるに忍び入らんとするに依りて、忍び入る事成らざるのみに非ず、却って身を亡ぼすなり。故に敵の入らざるには忍び入らるべき道理なければ、全く忍び入るべき事能《あた》わず。又如何なる堅城厳陣なりとも、敵の入るるには忍び入るに依りて、全く忍び入ること成らずと云う事なし。只敵の入るると入らざるとに依るゆえなり。既に敵の入るる時に至りて忍び入る時は、理外の魔に惑わざれば、りきみなくすらすらと入る。是則功者の業なり。

八、忍術の三病は、一に恐怖、二に敵を軽んず、三に思案過ごす。此の三つを去りて、電光《いなずま》の如く入る事速やかなり。第一敵を恐懼《きょうく》*するに依りて心臆し、意騒がしく前後を取乱し、日比《ひび》習い置き工夫したる事をも放失し、手足ふるい、面色変じ或るは弁舌正しからずに依りて、見咎めさとらるるなり。其の二に敵を軽んじ人を愚に思うに依りて陰謀浅し。浮気の工《わざ》を以て為損《しそん》ずる事有るものなり。三に余りに大切に案じ過ごし、其の理外までも思うに依りて、却って疑うまじきまで疑いて危ぶみ多く、故に其の心決定せず、却って度々に迷い為損ずる事有るなり。然れば此の如くなる三病を去りて謀計を深くし、其の機に臨んで速やかに入る。懼れず臆さざれば電光のごとく入るべきものなり。

六韜《りくとう》に曰く。「三軍*の禍狐疑より起る」と云々。

忍歌に

得たるぞと思い切りつつ忍びなば、誠はなくと勝は有るべし

陰経に曰く。「撃隼《げきしゅん》の重林に入るが若《ごと》く、其の跡無し。若し游魚の深潭に入る、其の迹《あと》無し。離婁《りろう》*首を俛《たれ》ども其の形を見ず、師曠《しこう》*耳を傾けども其の音聴けず」。微なるや、繊塵と倶に飛ぶ、豈に勇力軽命の之将にしてイの于イ之事*を見んや。

【註】

○**表裏** 反対の。偽りの騙し。○**必ず怱にする事なかれ** 底本、大原勝井本共に「なかれ」欠。著者補足。○**怪しめ見られずにようにすべし** 杳《よう》にすべし。深く広い暗がりのようにする。○**佚遊** 気ままに遊ぶ。○**一片** どこか一か所。○**入れざるの件** 巻七「番所の作法六箇条の事」参照。○**誘追** 誘い出す。○**眠薬を掛けると云々。未だ試みず** 万川集海の編者は眠薬の製法を知らないか、または疑問視していると思われる。○**恐懼** 恐れおののく。○**三軍** 全軍。○**離婁** 視力に勝れた中国古代の伝説の人物。○**師曠** 晋の音楽師で聴力に勝れていた。○**イの于イ之事** 底本は「イの于イの之の之事」。伊賀市上野図書館本で修正。「イの于イ」は「行人」すなわち修行中の乞食僧。

巻第十二

陰忍二　城営忍篇（下）

利便地十二箇条の事

一、山城平城等険阻なる所、水辺の城は海川の方、泥沢を受けたる城は泥沢の方

凡そ右三つの地は敵守り疎かにして油断の地なり。城陣も此の意なり。

二、城門、宇《やね》の事

凡そ城門は番守厳重なりと云えども、又宇《やね》は是れ掛梯の最上の便利の所なり。

三、門の傍ら窃盗反《しのびがえし》の在る所の事

凡そ窃盗反のみに限らず、勝れて用心の有る所は要害の不利地にして、忍び入るに利便の地と知るべし。

四、外側の堀、城中本丸、二の丸へさし込み有らば駒寄せ、或るは二丸より本丸への橋ある所、是利便の所なり。但し駒寄せ、橋なくとも の事*

五、湖海を受けたる城は云うに及ばず、凡そ堀有る程の城には石垣の台有る物なり。それへ行きて後、時所の宜しきに順うべき事

六、水樋の樋の中よりの事

往昔、下柘植の小猿と云う者、勢州田倉の城へ此の所より入りて城を放火し落したりと云々。

七、石塁を登るには出隅宜しからず。真平なる所も宜しからず。横矢、屏風折、或るは糞捨、塵落など云う入隅、是便利の地なり。但し所にもよるべき事。

八、狭間より入る事

鉄砲狭間はあしし、矢狭間より入るべき事。

九、時により横矢、塵落、又は塀の土木の下の石を取り、入る事も有るべき事。

十、城取り縄張をするに、籠城時其の国の民の人質を入れ置く丸を作り置くものなり。但し城によるべけれども、大抵本丸より奥なる険阻にして離れたる所に此の丸有るものなり。是を知らば此の所は便利なるべきものなり。凡そ其の国に至るとき、村里などへ立寄り、其の丸を問うときは紛れ無きものなり。

十一、凡そ城郭は惣郭、三の丸などはたたき土居にて竹なんど生い茂り、又堀なども干堀《から》なる惣なれば、忍び易しと云えども爰《ここ》に忍んでも、させる功なきなり。*且つ三より二へ行き、二より本へ行くようにては、切つ所を越えること多きに依りて、力屈し疲れ、又は諸具調わず、其の上手間をかかり、時刻移り、竟《つい》に見付らるるの理なり。只本二の両丸の中へ直にと志し、諸事工夫すべき事。

十二、陣城へは前は要害堅固にして守り厳しきものなり、故に後よりの事
　右は城陣の中にて窃盗入り易き利便の所なり。虚に入るの件に云うごとく、忍び入る利便の理は敵の隋衰の時所なりと云えども、隋衰の時処のみと許心得て此の十二箇条の利便の地を知らざるときは、必入の術に非ず。只敵の隋衰の時、此の利便の地より窃盗入るときは陰陽の両術に相叶うものなり。

【註】

○橋なくともの事　伊賀市立上野図書館本は「橋なくともこの事あり」。**○させる功なき**　さして功無し。

器を用いる術十五箇条の事

一、山険しくして登り難きはつり梯を用うべき事
　口伝。
二、城門、宇《やね》へは結梯、雲梯、飛梯等を掛け登るべき事
　但し鳴《な》らざるやうにする事。口伝有り。
三、門傍の窃盗返、或るは駒寄せ、或るは橋、或るは堀底より上なる塀まで真直《まっすぐ》に上へ舛《のぼ》るには蜘蛛梯を用うべき事
　口伝。
四、堀の外側より内側の塀上まで横げたに打越すには飛行を用うべき事
　口伝。付、舛りて後、焼薬其の外用うべき道具を上ぐべき事。
五、城内の小塀、或るは屋形の宇《やね》、或るは木の上などへは窃盗杖を用いるべき事
　口伝。各、右の道具を以て登り越える時は、高く険阻なる所なりと云えども登り越さざると云う事なし。殊に蜘蛛梯、飛行、窃盗杖の三つの道具は、予が数年の工夫を以て製作する所のものなり。此の三器は手軽くして高塁、又は広堀たりと云えども登り越える事自由なり。登器数多く有れども是如く微少にして達し尽せる物はなし。忍術の器の中に於いて立過ぎたる物なし。然りと雖も常々手練無くば其の功少なし。之を学ぶ者、手練怠る事なかれ。
六、海川には水蜘蛛、或るは軍船を用いるべきなり。若し蜘蛛、軍船なき時は、或るは大勢を渡さんと思う時は葛籠筏《つづらいかだ》、甕《かめ》筏、蒲《がま》筏、竹筏、浮橋等其の時に有合わせたる筏を用意し渡るべきなり。若し河瀬急にして右の術にては筏押し流されて用い難き時は水練の達者に腰に細引を付て一人川向こうに遣わし、右の細引を小高く竹木に結び付け曳かせ、此の方の端をも向うの如く小高く木に結び付け引張り、それを手に持ち、くり越し渡るべき事。少し口伝。
七、水底を行かて叶わざるときは鵜《う》を用いるべき事
　白昼には敵に見咎めらるる故、水底宜し。口伝。
八、泥沢の地は橇《かんじき》*を用いるべき事
　右の道具を用いて海川泥を越渡る時は、越さずと云う事なし。右の道具の中、鵜は予が工夫を以て仕出したり。水底をくぐるに甚《はなはだ》妙なり。
九、古法に曰く。城へ忍ぶ時、堀を越すは浮橋を用う。其の

用いよう浮橋の端を水練の者に持たせ、城の向かい石塁の側へやり、竹木あれば云うに及ばず、無くば苫無《くない》を能打立て、浮橋端の余り縄を結び付けさせ、扨此の方も結び付け引張り、其の上を渡ると云々。又一説に長く大なる竹を二本、横の間一尺四寸五分にからみ、堀の向へつきやり、或るは竹の簀《す》の編みたるを繰《くり》越しやり、又は此の方より連々に板をあて結び付け、其の上を渡ると云々。猶子細有り。

十、古法に曰く。石塁を舛《のぼ》るは下は結梯を用い、結梯の及ばざる所は石間に苫無を立、輸橋《まくりばし》二つを互に掛けて登ると云々。口伝。

十一、古法に、石塁の上なる塀下に付く時は苫無を能さし込み蹈《ふ》み、さて探鉄《さぐりがね》を以て塀をさし試み、穿つべき所を考え定めて、下に長嚢《ながぶくろ》を垂れ置き、苫無を以て塀を穿ち、其の土を彼の長嚢の中へ落とし、塀に穴をあけ、其れより内へ窃盗入ると云々。又は穴を穿たずして打鈎にて舛り踰《こえ》る事も有りと云えり。右の長嚢を垂れ置く事は、土の水へ落ちる音を忌むが故なり。

十二、古法に曰く。石塁塀等に居る時は高梯を以て入らず。道具を以て繰返し入り、道具は繰取ると云々。又籠城のとき沈橋と云う事有り。是は其の理、覚つかなし。口伝に述ぶべし。

右四箇条は当国我持の時代、*要害拙き営《かきあけしそ》中へ窃盗入りたる作法あり。昔は城、不堅固なるに依りてなり。忍術忍器ともに其の理拙し。且つ諸道具数多しと云えども、重きに依りて利方少なし。故に当代の城へ忍び入るには益少なからんか。然れども所に依って是術を用いたき事も有らんかと、爰に記すものなり。善悪く評判は忍び問答に記す。

十三、他家の忍器に*畳梯《たたみばしご》*と云う有り。是は巧みなる様なれども第一重き道具にして宜しからず。第二、堀の外側に巌石なき時は其の梯懸け難し。其の上、梯の中にてしわりて*登り難し。又継梯《つぎばしご》と云うも有り。是も窃盗の為には成り難し。兎角巧みなりとも重き道具を用いる事これ有るべからざらんや。

十四、笆《もがり》*、柵、鹿垣、窃盗反等を伐よう*の事

是又各別に法有るに非ず。其の時の宜しきに随い錏《しころ》*にてしめ切り引き切るなり。凡そ忍器を用いる時は風音を受ける事を肝要とす。取分錏*などにて伐る時、右の心得有るべきことなり。

十五、塀、柵、笆、鹿垣等を打ち越す、或るは伐り抜き入る折柄、繰糸を用いざる時は帰り道を迷うこと有るものなり。必ず繰糸を用うべき事。

口伝。

忍歌に

*道筋に目付をせんと心掛けよ、出処忘れてふかくばしすな

右道具の用い様、口伝色々有り。凡そ忍者敵の隋衰の時所と城陣屋の利便の地とを能知りて忍ぶこと肝要なりと云えども、道具を用いる事習熟せざる時は、喩《たとえ》ば禅僧の剣術の理は能云えども、剣を取りて人と戦う事拙きが如し。故に忍者た

らん者は、調練せずんば有るべからず。魯論二万三千字、始章一句中「悟入と古人の言の如く、唯学んで時に之を習う、亦説からざらんや」の一句に心を付くべし。兎角名城へ忍び入ると入り得ざる事をとは、平生勤むと勤めざるとにあるべきなり。

【註】
○**橇**　「そり」だが、底本は他所で「かんじき」とルビあり。○**当国我持の時代**　群雄割拠の戦国時代。○**他家の忍器**　この一節は忍具の有効性を象徴的に表現している。忍具は我家の秘密で作成した物が多く、その殆どが大きさ、重さ、機能性などで非実用的と断言している。現在、忍器の実物や贋作を見て実感するところだが、その効果は安心感に終るようである。○**畳梯**　文意から折畳み梯と考えられる。○**しわりて**　撓りて。たわんで。○**笆**　かき、いばらだけ。いばらだけを絡ませて作った垣。○**伐よう**　伐り破る。○**鋸**　二字欠。大原勝井本も欠。訳者補足。○**ふかくばしすな**　底本の忍歌は「ふかくばしるな」だが、「ふかくばしすな」と訂正す（『万川集海』大原勝井本、伊賀市上野図書館本『軍法侍用集』より）。

着前の術二箇条の事

一、将の着前一二三四五六までの事
　凡そ味方の軍勢を敵城へ押掛けて後は忍び入り難し。故に大将着前に、一二三四五六も以前に忍ぶべきなり。是則未兆に入るなり。是等の時、飛脚火、狼煙、入子火、相図の旗具等の相期約束専要なり。

二、右着前の術を為《なす》時、影形、身虫、久ノ一*等の陽計に便りを取るべき事
　右各口伝深し。容易に見せる事勿れ。

【註】
○**影形、身虫、久ノ一**　巻第八「陽忍（上）遠入の篇」参照。

襲入術二箇条の事

一、入るべしと思う五六七八も前より昼夜襲いし其の後の事
凡そ人の気疲るる時は諸事に疎く油断起るものなり。但し大将と内通の上行くべき事尤《もつとも》なり。

二、火矢連打し、打たざる方よりか、或るは毎夜打ち其の後かの事
　口伝。

隠蓑の術の事

一、隠蓑の術は陽中の陰なり。陰忍の極秘にして其の方便はのべず。口伝深し。
　扨、隠蓑の秘術を以て窃盗時、桂男、久ノ一等の陽計に便り、或るは妖者の術等を軒とする事。此の術を能為《な》して窃盗ときは、如何なる堅固の城陣にても入るべからずと云う事なし。

隠笠の術四箇条の事

一、敵の城陣へ初めて入る時は先ず厠《かわや》、藪、林、又は人聚《あつま》り騒動の所、或るは橋下、宇《やね》、木梢の事

凡そ初入の時は右の所に、一ど先ず隠し井て、位を窺い見、相詞を聴き取り、或るは人の名を聞きて其れに問うなどする術あること。

二、時の宜しきの智略を以て奥へ入るべき事

口伝。

三、敵怪《あやしめ》たる時の智略の事

口伝。

四、敵急に追う時は百雷銃、或るは捕者の惣摩久利等の物を抛《な》げ、敵を驚かし、其の間に退く事

右の条々伝授色々これ有り。百雷銃、捕者、惣摩久利の道具の説は火器の書に記す〔これらの記載欠〕。

放火術六箇条の事

一、将知に期約の件にも記すごとく、喩《たと》い敵城陣の中へ忍び入るをも、大将と能々相図なくしては火を放つ事成り難きものなり。若し相図なくして火を放ちても、敵其の火を消し、剰《あまつ》さえ忍者捕わるる事、十に八九なり。慎むべし。且つ大将来て攻むるの遅速の考え、放火の加減肝要なり。又忍者城より出る時、味方討ちなき約束相図専一たるべきなり。大抵落城以後、緩寛《ゆるり》と出る者なり。口伝。

忍歌に

忍び得ては敵方よりも同士討の、用心するぞ大事なりけり

又

同士討も味方の下知によるぞかし、武者の印を兼ねて定めよ

二、若し時により火放つ事を得ずして帰る事有らば、其の時は帰りざまに紛れ無き印を取り帰るべし。若し能き印なき時は城陣の柱壁等に我が氏名を書き付くべき事

忍歌に

敵城に窃盗ぶ印を取るならば、紛れぬ物を肝要とせよ

又

敵方の旗馬印取りたらば、味方の為に悪きとぞ云う*

又

敵方の城や陣屋に名を書きて、窃盗印を人に知らせよ

三、*火を放さんと思う時は、組中方々手分散して放つ事

方々よりの事尤なり。付、風なき時の放火所、又は風の順逆に依りて放火の所替えるべきなり。又大将と相図の上なりとも、備の様体を内より見て放火の所を分別有るべき事。

四、火を放つ所々は云うに及ばずと云えども、薬蔵、塩硝蔵、薪材木の有る所、又は兵粮輜重蔵、*又は二より本への橋などへ放つべき事

五、城陣へ放火のしよう、又は薬塩硝蔵、又は橋へ火を放つに、手立と見合とある事

口伝。

元弘三年五月八日、赤松円心、足利高〔尊〕氏、千種頭中将《ちぐさとうのちゅうじょう》忠顕《ただかね》、六波羅を攻められしに、出雲伯耆の兵ども雑車二三百輛取り集めて轅《ながえ》*を結合せて其の上に家を壊して山の如く積上げて櫓の下へ指し寄せ、一方の木戸を焼き破りたりと太平記に見えたり。是も亦一術なり。

六、町屋在家を焼きようの事

凡そ町屋在家を焼く事、一村にて一所二所より火を出す時は輒《ややもすれば》其の火燃へ立たざる事も有り。又焼付ても付所少なければ、其の火を消すものなり。但し村町の東西南北の数多き所より、只一度に焼上げるようにする事忍術の習なり。

【註】

○**敵方の旗馬印取りたらば…**　この忍歌は大原勝井本と伊賀市上野図書館とは同じだが、「よしもり歌」（『軍法侍用集』）では「敵かたの旗馬じるしとりくるは、味方のためにあしきとぞ聞く」となっている。○**三**　この項は底本と大原勝井本は「方々よりの事」、伊賀市上野図書館本では「方々…事尤なり」。○**兵粮輜重蔵**　食料荷物蔵。○**轅**　馬車や牛車の前方に並行する二本の長い柄。

巻第十三

陰忍三　家忍篇

凡《およ》そ家内へは忍び入り易しと云えども、能案内を知らずしては仕損じ多し。且つ忍び入りても敵の臥所容易に知り難し。故に彼是疑惑する中、時刻移り却って敵にさとられ、忍び入りても益なき事有るものなり。故に入らんと思わば先ず敵の屋敷、門々、口々の様子、或るは道路の広狭、曲直、家作り、住居の形容、或るは寝所、或るは門戸の開閉の難易、鏁子《かぎこ》*、掛鉄《かけがね》、枢《とぼそ》*、尻差*等の形ち、又床の鳴や否。

第一には敵の智の浅深、平生の嗜み、用いるの道、又其の家の男女の名まで逐一審かに問い知るべし。その家の辺へ行き、余所ながら見計り、亦変姿妖言の術をなし、家内へ行き、見考え、返りて後組中談合工夫して謀を定め、相詞相印しを究め、若し分散したる時の会所を定め、相図約束を堅くし、万泄《も》れなき様に覚悟して忍び入るべし。同じくは雨鳥の術尤なり。又身虫あらば賄賂を入れ、厚くし、表裏の有無を能察すべし。若し少しにても覚束無《おぼつかなき》事あらば、妻子親類を羇《き》*して且つ誓紙をさすべきなり。陽忍上にも記す如く、其の身虫に成すべき者を察する事肝要なり。水よく舟を泛《うか》べ、亦よく舟を覆《くつがえ》すと李靖が言の如し。愚《おろそ》かに心得べからず。

【註】
○鏁子　鎖、かぎこ。**○枢**　穴にはめ込む扉の回転軸。**○尻差**　引戸の後に差して開戸を防ぐ。**○羇して**　余所に身を寄せる。人質に入れる。

四季弁眠の大概

一、春の事

春は天気暖かに長閑《のどか》なれば、人の心も解けて悠々たり。身体たるみ、草臥《くたび》れあるものなり。殊に仲春より末は愈《いよいよ》暖かなるにより眠り多し。

二、夏の事

夏は昼長く夜短し。中にも五月末より六月昼の炎熱甚だし。故に人草臥れたゆむ事甚だし。且つ夏の末は夜に入りても炎蒸の気、夜に入りても尚熱す。故に宵の中《うち》は眠られざるものなり。短夜に、いとど尚更《なおさら》短し。其の上土用の湿熱の気、行わるるなり。凡そ人の身燥《かわ》く時は眠り少なく、湿う時は眠り多し。大抵老人は眠り少なく若き人は眠り多きも、此の意なり。故に夏の末は諸人熟睡する時節なり。殊に夜亥の刻*より涼気生ずる故、人身安逸になる故、愈能眠るものなり。又雨などしずしずと降る夜は湿も益し、涼気も益す故、よく眠るなり。

三、秋の事

秋は金気にして燥気行わるるなり。故に草木の葉も黄落し、風動揺するなり。右に云う如く、人燥く時は眠り少なし。時気冷なれば、身体筋骨堅く成りて草臥れなし。故に身健やかになるなり。況や昼短く夜長ければ、人の眠り少なし。但し七月は残暑甚《はなは》だしき故に夏の末に等し。

四、冬の事

冬は水気行わるる故に、至って寒ければ、人身堅固にして草臥れたゆむ事なし。夜至って長き故、人の眠りも覚ること早し。

右春夏秋冬の常法なり。然れども人により次第有るなり。

【註】

○**亥の刻**　午後十時頃。

齢と心行に因りて眠覚を察す三箇条

一、老少肥痩に依りて眠覚を察すは、老人は身の湿い身の暖気と少なくして燥き冷る。故に眠り少なし。但、人にもよるべけれども、大抵老人は夜半まで眠ると云えども丑寅の刻より覚むる事多し。年齢四十以上の人は此の如くなるものなり。少壮の人は盛気なる故、夜深く朝に至りても能眠るものなり。是老少の違いある所なり。大抵痩せたる人は眠り少なく、肥えたる人は眠り多きの理なり。痩せたる者は湿少なく、肥えたる者は湿多き故なり。

二、心行嗜に因りて眠覚を察す事。大抵、心敏く性急燥なる人は眠り少なし。又心暗くして緩々たる人は眠り多し。行体堅く多くは距《こしか》き坐し、少しも心志を惑乱せざる人は眠り少なきものなり。亦、行体不正にして仮にも平臥を好み、諸事放逸なる人は眠る事深きのもなり。平生の嗜み深く、臥すと云えども帯を解かず衣裳を薄く着て寒を厭わず、大酒大食を禁じ婬乱を戒め、万慎みある人は眠り少なきものなり、覚むること早し。平生の慎みなく夜の暖なるを好み、大酒美食*に長じ、婬楽深く、遊興を専一として気随の人は能眠るものなり。

一、心の楽と苦にて眠りの浅深を察する事。心に思ふことなり。安楽なる人は能眠り、心に苦労多く、憂愁甚だしき人は眠り少なし。亦、学ぶ事有りて信実心を尽くす人は眠り少なし。

右、察眠の大概なり。

【註】

○**食**　底本「食」欠。

逢犬術

一、犬有る家へ忍ぶ術。忍び入らんと思うに、犬吠える因りて敵用心する故、入り難し。故に入らんと思う前方二三夜も先に行きて、焼飯一つに馬銭《まちん》*一分粉にして混じ、犬の来るべき所々に投げ置くべし。是を犬喰らふ時は、速時に死す。

【註】

○**馬銭**　フジウツギ科の常緑高木。種子は馬銭子、ホミカ等と呼ばれ、アルカロイド系の猛毒を含んでおり、殺鼠剤として用いられたこともある。服用すると痙攣を起こして死ぬ。

歩法四箇条

一、大泥には橇《かんじき》*を用い、小泥には抜足を用いる事。橇の図説は忍器篇水器の件に有り。抜足と云うは陽柳*の枝の意なり。口伝。

二、敵の家屋へ入りたる時は浮足の狐走り、犬通りと云う事あり。浮足と云うは木猿伝枝葉の意なり。狐走り、犬通りと云うは電光の意なり。一々口伝。

三、床を歩するには板橇、或るは真草の兎歩を用いる事。橇の図説、忍器篇開器に記す。真の兎歩の術に葉水に浮くの意有り。兎歩の時、壁端を歩む事。口伝。

四、座さがしの事。是は敵の家内へ入り、敵人の待ち居るも知らず、無心計る時の法なり。其の為しようは坐の左右端、何れなりとも時の宜しきに随いて歩み、太刀を抜きかけ、鞘を一二寸ほど明け其の鞘にて探り、人のあたるを試み、あたる時は鞘を突きはずし直に切るなり。是を座さがしの術と云う。此の術は下緒*の七術の内術なりと雖も、敵家を歩する時の肝要の術故、今爰《ここ》に記すものなり。

【註】

○**橇**　そり。底本は「かんじき」とルビあり。○**陽柳**　ヤナギ。○**下緒**　鞘の栗形孔に通して刀をさげるための緒。

除景術*六箇条

一、月光、火の光に姿を除くべき事

月光は外より内へさし入り、火の光は内より外へさし出る物なり。月の夜に忍ぶ時は必ず月の方を歩する事なかるべし。月東方に有る時は東を除《よ》けて歩すべし。又家内より家外へ窺いねらう時、火の光外へさし出たる所よりは窺わざる者なり。是も月と同意なり。

二、月、火の光に足を除ける事

大意右に同じ。是を光足と云う。

三、風上を除けて風下を歩するべし

敵の風上を通り或るは処《よ》る時は、此の方の物音を敵聴きつけ、又火縄の匂いなどを敵かぎ付る事有り。亦、敵方の物音、眠りたるや否やも風上より聞く事ならぬ者なり。故に風上に処《よ》る事を忌む。歩処《あゆみより》せずして叶わざることあらば、音なき様に敬《つつし》んで守るべし。風下を歩処する時は敵方の事は能聞え、此の方の事は聞こえざる故、風下は利多し。

四、風なき時の軒の藪*、林を除けるべき事

風吹きて騒がしき時は苦しからざること。

五、日葉焼きの藁草の中、或るは敵近き灰の中を除けること。

但し雨の後、或るは夜更けて露の浮かぶ時分は音せざるものなり。

六、水の動きを厭うべき事

溜まり水を渉る時、敵より見えずと云えども浪立行くに依りて、敵浪を見て怪しむものなり。浪の立ちざる様に渉る事

勿論なり。

【註】

○**除景**　影を避ける。○**軒**　家の意。

必ず入るべき夜八箇条

一、祝言の明夜の事

祝言の夜は乱舞酒宴等にて夜深しす。明夜は必ず人々能眠るものなり。若し夜半八つ時分に*埒明《らちあ》け寝たらば、其の夜は尚以て忍ぶに宜し。此の夜は悦《よろこび》の心ばかりにて、戒めの心すくなき物なり。口伝。

二、病後の夜の事

其の家の主妻子等の病にて久しく夜詰めし、一旦快気有りて家人心を緩めたる夜、或るは大切なる病有りて快気の験ありし夜、或るは瘧疾《おこり》*の間日などの夜は敵家の者能眠るものなり。窺うべき事。

三、遊興の夜の事

敵家に乱舞、月待ち*何れにても遊宴有りて、子丑寅の刻までも起き居て後寝たる夜は能眠る物なり。必ず入るべきの時なり。但、新茶の時分は遠慮有るべし。

四、隣家火事、或るは怪事*ありし明夜の事

前夜に隣家に火事喧嘩其の外何事にても大事これ有る時は、其の近辺まで眠る事なく、其の上労疲する物なれば、明けの夜は能眠る理なり。此の夜、能虚実を見計り入るべきなり。口伝。

五、普請労役の夜の事

普請をし終日心労し、其の外力を労し辛苦し、亦は遠路を歩み還りて草臥《くたび》れ寝たる夜は窺うべきなり。殊に春夏は温熱なる時なれば弥《いよいよ》草臥れ甚だし。此等の時は必入の時なり。

六、愁嘆ありし後二三夜の事

親妻子等死し愁苦たえ難く、其の切は泣き明かすと云えども、病中のあつかいに草臥れ疲れ、其の後二三日の後は能眠るなり。一七日《いちなのか》*の中は一族の男女さしつどい、宵は久しく起きて悲しむものなり。其の愁嘆金石にあらざれば、夜半後は必ず熟眠するものなり。況や其の下部《しもべ》をや、尚以て能寝るものなり。亦愁い有し黄昏は人々騒ぎ諸事守り薄し。紛忍の見あるなり。爰に於いて虚実の見様、書に著し難し。大事窺い有り。口伝。

七、風雨の夜の事

風雨の夜は物音聞こえざる故に、古来より風雨の夜を忍びに用い来たれり。且つ雨の夜は夏は涼しく冬は暖かなる物なれば、人身安眠深し。此の時忍び入りの地位なり。是を雨鳥の術と云う。雨鳥は風雨の時出るものなり。雨の夜に忍ぶとも笠など蒙《かぶ》る事有るべからず。

八、騒動の夜の事

敵家近所何事にても周章騒動ある時、紛れ入るなり。此の術城営忍の章に審かなれば、爰に略す。昔、当国*湯船村の里に久保右衛門と云うすっぱ*あり。或る家へ忍び入るべしと黄昏時に其の屋敷へ行き見れば、大庭に薪を多く積み置きけれ

ば、先ず此の薪の間に隠れ居て内を窺いける折節、急に雨頻りに降りければ、家内の男女此の薪を手々《てんで》に取り入れ天井へ梯を掛けて上げたり。久保右衛門幸いひと思い、下部どもの少し跡より薪をかつぎ、打紛れて家内へ入り、直に天井へ上がり、持ちたる柴引かつぎ伏居たり。夜更け、人静まりければ、時分よく成りぬと起き出んとしければ、薪もなり、亦天井の竹も鳴りたり。其の時家内一人眠らずして居たる者ありて、此の音を怪しみて主人を起こして其の由を告げたりければ、主人鑓を持ち出して下より天井を突き廻りければ、久保が額の正中*に其の鑓あたりけるを、其の儘衣の袖にてやりのしお首*を握りけり。主鑓を引取りて云いけるは、手ごたえしたり。人ならば鑓に血が付くべきぞとて火を以て鑓を見けれども、袖にて拭《ぬぐ》い取りければ、血少しも付きてなし。扨は人にてもなしとて、家主も下人も寝たりと思しき時、天井より下りて家主親子主従五人をさし殺し退きたり。此の疵《きず》癒えて後、諸人、穴久保右衛門と云うなり。

　惣じて初めより思いがけなき事なれども、時の宜しきに随い、其の時に押し移り、頓知を出す事忍者の肝要とする所なり。亦雨の夜の事に、昔当国に忍者あり。用心厳なる家へ雨夜に傘をさして忍び行き、一人に傘をささせ雨だれ落ちに置きて、我身は裏口に忍び居たり。傘に雨のあたる音を番人聞き咎め、追出たり。其の騒ぎに安々と入りて家主をさし殺し本望を遂げたりと云々。

　凡そ忍びの術には変を用いる事を第一とす。風雨月闇に限らず、其の変術、敵の趣に依りて用いるは忍びの妙意なり。口伝。

【註】

○**夜半八つ時分**　丑の刻、午前二時頃。○**瘧疾**　熱が出入する病。○**月待ち**　月の十三日、十七日、二十三日などの夜、月の出に御供えをし、飲食する等の風習の夜。○**怪事**　思いがけない事。○**一七日**　初七日。○**当国**　伊賀国。○**すっぱ**　素破。忍者。○**正中**　真ん中。○**やりのしお首**　螻首《けら》。鑓の刃と中茎《なかご》との間。

必ず入るべき所四箇条

一、裏口よりの事

　凡そ裏口より忍び入るに其の利六つ有り。一には、凡そ人の家屋敷ともに表には要害堅くすれども、裏には要害の表程には非ざる物か。二には、裏口は人の出入も寡きものなれば隠れよし。三には、表口には番をも置くとも、裏はこころ易く思い、番を置けども油断する事多し。四には、裏口には暫く身を隠す所も有るべし。五には、裏口の戸は表口よりは掛鉄のしまりなくて寝る事、動《ややもす》ば有るものなり。六には、表口より家内の奥へは遠く、其の上、戸をいくつも明けて入らねばならぬものなり。是、咎められ見付らるるはしなり*。裏口より奥へ近きものなれば、戸をあくると直なり。何れ裏口は咎めらるる事少なき理なり。且つ敵の臥処へも近し。此の利ある故に、裏口より入るを陰忍の常法とするなり。

二、奥より口へ入る事

右の如く裏手より屋敷の内へ入り敵家の寝所へ其のまま入るに、其の利三有り。一に、上の条にも記す如く、裏口よりは戸を幾つも明けずして直ちに敵の寝所近く入る事、是大なる利なり。二に、敵若し思いの外なる所にふしおる事有りて、寝所を尋ねる時、奥より口へ入る時は、かけがねをはずし入るべきのせわもなし。三に、奥より口へ行くは、若し眠らずして居る者も咎めざるの理なり。子細は、奥より口へ出る者は盗人夜討にてもなき理なればなり。此の三つの利あるゆえに、奥より口へ入るを常法とす。口伝。

三、表よりは座敷よりの事

表口より忍ぶはあしと云えども、若し裏手より入るべき便なき時は、坐しきより入る事利なり。子細は、坐敷の戸は一重にて其の内大抵襖障子なるものなれば、たとい掛鉄《かけがね》尻差《しりさし》ありてもあけよきものなり。故に坐敷よりは忍び入り易し。ざしきはもはや家内なる故、奥口へ入り、戸口々のしまりもおろそかなる物なり。亦坐しきには人の子居る事まれなる物なれば、奥へ入る所の戸のしまりも強くて入り難き時は、退き出て外より入るにも自由なるゆえ、裏口より忍び入る事叶わざる時は坐敷より入るべしと昔より云い伝へり。然れども時所によるべきことなり。口伝。

四、窓、筵《えん》*、はしりの下*の事

家内へ入るに右の所はよき所なり。第一、したち窓*、せんし窓*は、或るは切入り、或るははなし入り易し。亦筵《えん》の下の犬防ぎの所は大抵簾相《れんそう》*なれば放《はず》し入りよし。又はしり、水棚の下などは入りよき様なるが、物有るなれば戸をあけ入らんよりは、右の如くなる処あらばそれより入る事陰忍の常法なり。

【註】

○**はしなり**　端なり。○**筵**　縁。○**はしりの下**　走り。台所の流しの下。○**したち窓**　下地窓。壁の下地を残した窓。○**せんし窓**　連子窓。○**簾相**　簡単な作り。

陽中陰術四箇条

一、久ノ一を先へ入れ、或るは未兆に入り、又は鋭なるを抜かして怠しめ入る事

陰忍の道に賢き者たりと云えども、敵大身《たいしん》*にて家内広く、何れの間に臥居るとも案内知れざる事有り。亦敵用心厳しくして入り難き事有り。かかる時、右陽術の謀略を先きに用い、後に忍び入る事なり。此の術は陽謀の中に陰入りの術あり。故に陽中陰の術と云うなり。第一に久ノ一を先に入るると云うは、右云う如く敵大身にして寝たる所も知れず、亦番人も多く、陰忍にて討つ事成り難く思う時、久ノ一を能方便を以て敵の思いよらざる所より入れ置き、其の後それを引手にして入るを云うなり。此の術を能して忍び入る時は、大身の家にして要害厳しくすると云えども、入らざると云う事なき理なり。凡そ人の溺れ易きは色と慾となり。中にも大身なるものは愈色に溺れ易き物なれば、此の久ノ一の術、陽術の中の

能謀計なり。陽忍上にも云う如く、此の術に付きて深き遠慮有り。口伝。

　未兆に入ると云うは敵の未だ気の付かぬ時入るを云うなり。凡そ事を延べては思案出る物なれば、敵気づくものなり。心付けてより後は諸事計らい成らざるものなれば、成程急ぎ敵の思案のなき内に計を以て入る事第一なり。鋭をぬかして怠らしめ入ると云うは、敵用心厳しく、或るは昼夜の番怠らず、或るは門戸のしまりを固くし、寝所を一夜に二三度も変えるようなるを鋭と云うなり。加様の用を抜かし怠らしめて後入るなり。昔去る国の者、傍輩*を殺して江戸へ下り旗本衆を頼みければ、頼られたる人用心し奥深く隠し置かれたり。討たれたる者の子も江戸へ下り、親の敵を数年窺いけれども、用心堅固なれば討つべきようなし。是によって一つの思案をしいだし、国本よりさし下りし脇指に鬢《びん》*の髪を相添え血を以て文を書けるは、我等数年敵を窺うと云えども武運尽きて敵の行えを尋ね出す事なければ、討つべきようなし。然れば生きてかいなき身を口惜しく思い、腹を切り相果て候と書き認め、古郷の老母妻子の許《もと》へ送り、我身は深く隠れ居ければ、其の父のかたみを見て母も妻子も強く愁い歎きけり。其の事隠れなければ、かたきの親類きくより江戸へ其の事云い遣しけり。かたき持ち、たばかりとは夢にも知らず、それより心を緩し油断して方々とあるきけるにより、容易に敵を討たりと云えり。是鋭をぬきて怠らしめ入るの方便なり。加様の謀を本として分別せば、鋭を怠らしむる謀はいくつも有るべし。忍術の極意、鋭気を避け怠気を撃つにあり。

二、二人行き一人返り一人留まり入る事

　夜に至りて二人往きて一人は敵家の戸に添居、一人は案内を請うべし。其の時家内の者、戸を開き出るべきなれば、案内を請いたる者は戸より二三間も外に居て、誰よりの使いとなりと云わば、其の近所へ寄りて口上を聞くべし。其の時戸に添いたるもの、家内へ入るべきなり。此の時は馬屋諸道具の際に一先《ひとまず》隠れ居るものなり。是は門なき家へ忍び入る作法なり。又門の有る家ならば、敵家寝て後二人行き、一人は門に添居て、一人は門の戸を扣《たた》き案内を請うべし。内より出て門のくぐりを開き誰ぞと問う時、能謀を以て出、口上を聞く様に云いかけ、出たらば頓《とどまり》て門に添居たる者、内へ入り、家の戸をも入るべし。

　扨、取次の者、口上を受け取りて入り、奥の戸どもをあけ入りて、主人へ口上を申す内に、奥へ取り次ぎ返事を受け取り出たる跡にて討つべきなり。或るは又門戸の有る家なるときは、一人塀を踰《こし》、最前より屋敷の中へ入りて居、其の後一人案内す。奏者、戸をあけ出たるとき、跡にて家内へ入り、右の如くにも謀るなり。其の敵、其の時所の宜しきに順い、頓知次第にする事肝要なり。一槩に分別すべからず。

　右の術は夜更けての計なり。宵の中にて敵家に未だ寝ざる時は計り難し。能眠りたる時、右の術をなす時は必ず適中すべし。昔此の術を以て利を得たる様しあり。

三、隠蓑、隠笠の術の事

此の術は陽中に陰を孕《はら》む事なり。譬《たとえ》ば孕む女来て、其の女返る時は返りたるとみえたるが如し。但し上巻城営忍の章に隠蓑隠笠の術と、爰に記すとは、其の器違うなり。口伝。

四、驚忍の術の事

忍び入る裏口へ潜かに人を遣わし置きて、扨、屋敷の外表口にて、或るは偽て同士と喧嘩などして高声に号《さけ》ばり、或るは狂気人に成りて高声に狂い呼び、或るは人を打擲《うちなげ》しおめき*、又は其の親類の他所に有れば、其の家に火事などと呼ばわり、或るは其の親類頓死などと云い、或るは近所へ火を付ける。凡そ加様に人の驚く術をする時、必ず其の家内の人、表口へ出るものなり。其の時に至りて裏口より入るを驚忍と云うなり。此の書面のほか、かかる時の恰好*口伝有り。

此の術は夜に至りて人未だ寝ざる時分が宜し。但し時にもより、宵にも亦昼もすること有るべし。此の書の上巻城営忍の篇にも、此の術有り。此の件の意と大抵同意なりと云えども、城営と家とは所作の違い有る故に、爰に記すなり。

【註】

○**大身**　身分の高い人。○**傍輩**　同僚。○**鬢**　顔の左右側面の髪。○**しおめき**　騒ぎ。○**恰好**　身なり。

鼾音を聴く術五箇条

一、大抵聞筒*を用いる事

聞筒の製作はかわる事なし。凡そ敵家の壁辺、或るは敵の臥したる次の間まで忍び入りて、敵の熟睡したるか否かを聞き届け、弥《いよいよ》入らんと思う時、鼾を聞く事尤《もっとも》なり。其の時敵の音、鼾の声微少にて聞こえざる事有るものなり。雨音などの音にて外騒がしくなる、鼾も聞こえざる事有り。其の時は物際窓などより聴筒*を用いて聴くべき事。口伝。

二、未眠を察する事

未眠は何れ動き有るものなり。夏は蚊の声、蚊帳《かや》、紙帳《しちょう》*の音、冬はふすまの音、床の音、息の音などするものなり。鼾のなき人の眠りを聴く時、鼠鼬《そゆう》*の騒ぐを聞きて、敵未だ眠らずしているかと思い過ごする事有る物なり。是は久しく聴き居れば、人と鼠鼬とは聴き分けらるる物なり。口伝。昔当国のすっぱ心掛け有る家へ、六七月のころ忍び入らんと其の家の前栽へ入ると、其の辺の虫も鳴き止めたり。是を亭主聞きとがめて、潜に太刀を取りて蚊帳を出たり。蚊帳に取り付きたる蚊のなく声をすっぱ聴き付けて、潜に退しなり。此の如く、物音に心を付くべきなり。

三、人をかとめ*偽りて鼾をかくを知る事

人の来たるをさとり、目をあき居るもの、偽て鼾をかき睡りたる形をする事有り。其の偽の鼾はうわさして長短大小*あるものなり。亦鼾の声の中に、いきとおしき位*有るものなり。久しく味て聴くときは、津液《つば》を呑む音、亦はため息、といきなどするものなり。且つ音なきように身を動かすゆえ、身骨節ぶちぶちなるものなり。加様の所を能考えるべし。

四、熟眠したるを知る事

熟睡は鼾ろくに揃い*、何の音もなくしんしんと聞こゆるものなり。然れども安楽に身を持つ人と終日辛苦する人との鼾に替わり有り。安楽なる人の鼾はろくに揃い長短大小なく、辛労の人の鼾はしどろにして行きづまりを能考え量《はか》りて、右二品を聞き分けて真偽を試し知るべし。或る人曰く。「痰病*ある人、鼻くさり*の人などの鼾は安楽なりと云えども、ろくになき物なり」と。さも有るべし。

五、鼾なき時、熟睡不熟睡を察知する事

鼾を元来かかぬ人も有り。鼾をかく人にても不眠に依りて鼾をかかざるも有り。鼾なき時は心元なし。此の時実否を知る術有り。天婦以加於爾才人遠以礼高倍たかり女良申言巳山亦山具か者其才人きり五免*の如し。故に敵面にかかりて目をあきいれば、不審を立るものなれば知るなり。二つには厂火*を右の物に入れかくる。三には八木西米*禾木*等を吹筒にて吹き込むものなり。此の如くする時は眠りたると不眠とは能知ると云々。其の外にも術様々有るべし。深く工夫せば、いくつも出るべし。尚見敵の件にて知るべきなり。

【註】

○**聞筒　聴筒**　二つの表記あり。「ききづつ」の当て字。前者は「聞くための筒」、後者は「筒で積極的に聴く行為」の気持で使用されている。○**紙帳**　紙製の蚊帳。○**鼠鼬**　ネズミとイタチ。○**人をかとめ**　人を感じ取り。○**うわさして長短大小**　おちつかなくて長短出大小。○**いきとおしき**　息通しき。息づかい。○**ろくに揃い**　陸に揃い。凸凹なく平たく揃っている。○**痰病**　結核。○**鼻くさり**　梅毒や慢性蓄膿症。○**「天婦…人きり五免」**　意味不明。「礼高倍」は神主、「たかり女良」は集り女郎、「人きり五免」は武士か？　○**「厂火」**　灰。○**八木西米**　米、粟。○**禾木**　禾（稲）の木で稗か。または桑の実か。

見敵術四箇条

一、火を以て敵の臥所を見ん前方の戸閉じの事

敵の寝所の近き壁しきりの此の方迄忍び行き、敵能眠りたるを知らば火を以て敵の臥様、亦は其の間に幾人臥しておる、其の座敷の住居の形容何かを能見るものなり。然れども火を以て敵の寝所をみるとき、敵もし眠らずしている時は、火を見とがむるに依りて、謀もならず。敵戸を開き出、此の方の害となること有れば、火を以て敵を見む前、かた戸閉じと云うことをする物なりと古忍の云伝えけり。其の製作は［図8→一五三頁参照］鉄にてきたえ、太さ二三分程にしたるがよし。此の器を以て一本戸ならば戸尻、追立戸ならば戸の開きたる所にて閉じるなり。とじようは戸のすき間より右鉄の一方を入れ、かぎを戸尻にかけるなり。鉄の一方をば戸よせのほだて*にかくるなり。此の器を用いる時は急に戸を開く事ならず。焼討にせんと思う時か、或るは此の方の人数少なき故、戸口々に置くべき人なき時は、右の戸閉め為し置きて、扨一方より討入る時は、敵迯出る事なし。また錐揉《きりもみ》*などして

もよかるべけれども、其の鳴る音あり。数も成り難き故に、右の器宜し。

二、壁外より敵の寝所を見る四術は、一に吹矢、二に違見《たがいみ》、三に竿火、四に剛盗提灯《ごうとうちょうちん》の事

吹矢と云うは、短き吹矢筒を拵《こしら》え、扨吹矢に燃え薬を塗り、それに火を付けて筒へ入れて物あいより敵の方へ吹やりて臥所を見るなり。違見を云うは、火を出したる方より内を見る時は第一見えぬ物なり。敵目をあき居る時は太刀鐔にて此の方を突く事有るべし。松明を出したる向《むかい》の方へ行き、違うて内を見る事なり。此の如くする時は内能見えて、此の方危きことなし。三に竿火を云うは、細き竿の先に火を結び付けて見るを云うなり。四に剛盗提灯と云うは、大きなる透間なくては成らず。是は提灯の口を先へ出し見るなり。火器の巻に図説あり。かさ高にして用方に宜しからず。

三、敵の家内へ入りて後、敵の寝所を火を以て見る四術。一に鳥の子見、二に入子見、三に窃盗松明見、四に不滅松明見の事

敵家へ入りて敵の寝間の次などへは長く重き道具は持ち行かれざるものなり。又数多くも持ち行くべからず。かようの火類にても手軽きを持つべし。一に鳥子の用い様は、鳥の子を掌の内に持ち、光の入らぬ時は握り居、敵を見る時は手をひろげ火を吹き立て燃やして掌を先へ向けて見るべきなり。猶口伝。二に入子火の用い様は、火を消したき時は緒を持ち引上ぐべし。又燃やしたき時は下に置くべし。又先を見て此の方を見らるまじきと思う時は本を持ち、先を敵方へ向けるべきなり。三に窃盗松明の用い様は、刀の鞘になりとも、又何なりとも、火口をあてて持ちては火燃え立たずしてあるなり。又燃やしたき時は振り上げれば能燃えるなり。此の松明をやわら松明とも云うなり。口伝。四に不滅松明の用い様は、香箱の口を先に向け持ちて打ふりふりする時は、其の先にて先の様子見ゆるとなり。是は予、未だ試さず。

右の道具を以て見る時は暗所に敵居ると云えども、見えずと云う事なし。敵家に入らんと思う時、右の内何れなりとも持ち行き、家内の様子、敵の伏所を能見おおせて後疑いを止め、忍び入るべきなり。右の道具の図説、忍器篇・火器の類に記。

四、敵の臥所初よりも知らず、又火にて見んも火なき時は物真似の計をして知ると云え伝し事と言うは、犬狐猫などの鳴き真似を高声にする時は敵目をあき、声を立てるに依りて、其の声にて敵の臥所を知ると云うなり。昔、下柘植の小猿、犬のいがむまねを高声にしければ、敵怒りしに依りて臥所を知りて討ちたりと云い伝たり。

私曰く。とかく久ノ一なんどを初めより入れ置く時、敵の臥所知れまじき様なし。且つ物真似を能せざる者は此の術は成らざるなり。古法とて似もせぬ事をせば、却って敵に討たるるはしたるべし。且つ又能似すると云えども、陰忍には敵を能眠らせたき事なるに、敵の眠りを覚ます術なれば、悪き方便なり。若し敵をおびき出し討つ為ならば、驚忍の術にて

如何様にも呼び出すべきなり。然らば敵の臥所を知るべきための謀略には、物真似の術は能もなき事なり。

【註】

○ほだて　方立《ほうだつ》、杖の様に立てる。○錐揉　錐で穴をあける。

隠形術五箇条

一、初めて屋敷と家内とへ入りたる隠家《かくれが》の事

言うは初めて屋敷の中へ入りたる時は云うに及ばざることなれども、雪隠、筵《えん》の下、竹林の茂りたる所、植込みの中、材木薪なんどある中、凡そ何によらず物影に一ど隠れて能時分を窺い、家内へ忍び入るべきなり。只雪隠は少し遠慮有るべし。又家内へ入りたる時は厠、天井、大釜の下、中床の下、或るは諸道具の間に一先《ひとまず》隠れて家内の様子を窺い、人の眠るを待つべきなり。

屋敷へも家内へも忍び入る時、黄昏の人の面も定《しか》と知らず、諸人うざつく*時分紛れ入り、右の隠所へ行き様を*窺い、敵家に未だ火を灯さざる時分紛れ入りて右の隠所に一先隠れる事も有るべきなり。

二、観音隠れの事

観音隠れと云うは、敵の番の者廻る時、少しも騒がず壁垣等、或るは植木材木薪など凡そ何の近辺へなりとも立寄り、袖にて顔を蓋《おお》い、目ばかりを少し出し、息ざしの音をせず、息の敵にかからぬ様にして、少しも動かず、隠形の呪《まじない》を唱えて立居を云うなり。又背を敵方へ向けて立ちたるもよし。此の如くする時は敵見付る事なき物なり。古より此の隠れ様にて利を得たる事ためし多し。此の理を知らざる者は、敵の来たるを知ると俄《にわ》かに迯隠れ動くに依りて、却って足音、息ざしの音、あるいは物に行きあたり、或るは塵芥などをふみ、彼是と見付らるる事有るものなり。

隠形の大事　宝篋の印《いん》にて呪に曰く

ヲン　ア　ニ　チ　マ　リ　シ　エイ　ソ　ワカ　口伝。

［図9→一五五頁参照］

三、鶉隠れの事

鶉隠れと云うは手足を屈め、首を引込め、物の近所へ寄り、寒夜に霜を聞く如くうつむきに伏し、隠形の呪を口の中にて唱え居るを云うなり。敵の方へ前向きて仰《あお》むけに俛《ふす》事勿れ。踞《きょ》*に俛に五つの利あり、仰むけに俛に五つの損有り。一には、敵の方へ顔を向けて仰《あおむく》時は面白々と見ゆるものなり。踞になり、顔を隠し俛すときは面の白き見えざる故、敵見付ける理なし。是利なり。二に、男子は陽なれば俛は順なり、仰《あおむけ》は逆なり。故に仰ぐは息出て息ざし荒くなり、敵に見聞き付けらるるの理なり。是損なり。又俛なる時は、息ざし弱く息ざしの音も早ければ、聞ゆることなき理。是利なり。三に、人の息と我息と通ずる時は、必ず人知るものなり。故に仰は損、俛は利なり。四に、仰になるときは人体*約《つづまや》*かならずして打ひろがるなり。踞しては身躰約にすぼる物なれば、見付られざる相有り。故に損得のあるに有らずや。五に、踞に面を隠し俛時は敵見えざる故、精一の気鉄石の心志有り、仰むきふ

す時は敵に見ゆるなり。眼は臆病なる物と云伝えて、敵を見れば心臆病の気出、敵の見付ざるにも早く逃んと思うて驚き動く故、見付けらるるの理なり。若し仰むき、ふす事叶わざるときは袖にて顔を隠し俛すべし。若し敵怪しみ火を以て見るならば逃《にげる》べし。其れとても能隠所ならば、しぶとく隠れるべきなり。況や敵火をも持たずして夜廻りするばかりならば、此の術をなしてしぶとく隠れるべきなり。昔より此の術を以て隠れすましたる事多し。「伊賀の忍者は石になる」と云う事は、此れを謂んや。右の如くなれば身心石の如し。故に敵も石かと思う理なり。

昔、当国の水破《すっぱ》去る城へ忍び入り立ちやすらい居る処に夜廻りの者来りければ、頓《とどまり》て空間堀の中へこけ入り、鶉隠れの術にて俛し居たり。夜廻りの者堀底なる水破を朧《おぼろ》に見付けて鑓にて突き見たり。其の鑓刃先なし腹を突き抜けれども、彼水破少しも動かず居たりければ、夜廻りの者人にてはなきものにて動かぬと云いてそこを立去りけり。其の後水破そろそろ出て、其の城に火を放ちて焼き揚げけりと云々。

又大塔宮尊雲親王、南都の般若寺に忍びて御坐在りける時、一乗院の候人按察法眼好専《あぜちほうげんこうせん》、如何して聞きたりけん、五百余騎を率して未明に般若寺に寄りたり。折柄宮に附き奉る人一人も無かりければ、一防ぎ防ぎて落ち給うべきようもなき上、透間もなく兵ども寺内へ打入りたれば、紛れて御出有るべき方もなし。去らばよし、自害せんと思し召し、既に押肌ぬがせ玉いけるが、事の叶わざる期に臨んで腹を切らん事は最も安かるべし。若しやと隠れて見ばやと思し召し、返して仏殿の方を御覧ずるに、人の読みかけ置きたる大般若の唐櫃*三つ有り。二つの櫃は未だ蓋を開けず、一つの櫃は御経を半過取出して蓋をもせざりけり。此の蓋をあけたる櫃の中へ御身を縮めて臥せ玉い、其の上に御経を引っかつぎて隠形の呪を御心に唱えておわしましける。若しさがし出しなば頓《とどまり》て突立んと思召して、氷の如くなる刀を抜き御腹に指し当て、兵どもの爰にぞと云わんとする一言を待ち玉いける。去程に兵ども仏殿に乱入し、仏壇の下、天井の上まで残りなくさがしけるが、余りに求めかねて是体の物こそ怪しけれ、あの大般若の櫃を開いて見よとて蓋したる櫃二つを開いて御経を取出し、底を翻して見れども、宮は御坐しまさず。誠に不思議の御命を続かせ玉う。夢に道行の心地して猶櫃の中におわしけるが、若し亦兵ども立返りて委《くわ》しくさがす事もやと御思案有りて、頓て前にさがしたる櫃に入替わりてぞおわしける。案の如く、兵共又来りて仏殿に立かかり、先に蓋を開きたる櫃をみさりつるが、覚え無くぞかとて、御経を皆引き移して見けるが、からからと打笑いて大塔宮は入らせ玉わで、大唐の玄奘三蔵こそおわしけれと戯れて、兵どもは一同に笑いて門外へ出けりと云々。

四、敵かどめ起*きたる時の方便三つ。一に物真似の術、二に偽言私語、三に示迯止の事

言うは敵かどめたる時、一に物真似の術と云うは、敵、物音を聞き胡散《うさん》なりと枕を揚げて聴く時は、袖引木かみ等の術、

或るは犬猫等のいがむ声などして犬猫なりと思わする事有り。口伝。二に偽言を私語《ささやく》と云うは、家内に居ても家内の居より外なりと敵に思わする偽言、或るは壁より外に居ても内なりと敵に思わする偽言、或るは敵の後ろに味方居ずとも居ると思わする偽言、凡そ我が云う事偽言なる故に、敵其の言を実と思い、皆うらはらの働きをする様に、私語謀るなり。是を陰中陽の術と云うなり。

　昔、新堂小太郎が佐那具の城にて行いたる術、又正心の篇に思い切る時は却って死を遁るると云う所に記したる古事などの様なる術、是なり。又当国の忍者去る家に忍び入り、其の亭主を討たんと窺う。主、堅く用心して寝ずの番を置きて奥の寝所に寝たりければ、忍び入るべき隙もなきにや。久しく番守の眠りを待ち居ければ、丑の刻*許《ばかり》に草臥《くたび》れて眠りたると覚えてしんしんと静まり、其の上火も消して見えざれば、忍者時節よしと思い、戸を開き入らんとすれども、鑰《かぎ》、尻差堅くして開かず。故に閾《しきみ》*の下なる土を鋤にて掘取り、穴をあけて既に入らんとして頭を穴より少しさし出し、家内の体をうかがい見る処に、彼番守目をあきたると覚えて窃《ひそか》に息ざしの音、骨節のなる音、床のなる音などしければ、愈《いよいよ》実否を聞かんと寒夜に霜を聴くがごとく静まり聴ければ、暫く有りて忍者の居る方へ来たる足音してけり。忍者是を聞き其の儘穴より出て居たり。番守彼穴の近所にて穴に入る処を突くべしと思い、構へ居る体に覚えければ、忍者取りあえず敢えて偽言を私語て云うは、番の者目を覚ましたりと見えたり。此れよりは入りまじ。いざとよ爰をば立退き、奥の物置の方より入るべしと云い、又同類の者の云う様にして、如何にも尤なり、いざ巻くべきなり、其の上、誰々は最早《もはや》物置の方をば戸をあけ入るべしと云いければ、番の者ども偽言聞きて、扨は忍入る者大勢にてと見えたり。猥《みだり》に追出ては叶わまじ、さらば奥より大勢にて入るべし、待ち請けて討つべしと思い、潜に行き、亭主をも起して此の由を言い聴かせ、奥の口に待ち居たり。其の有様を忍者合点して、彼掘たる穴よりするすると這入り、亭主の寝所をさして行き見たりければ、折節有明の火光り、亭主起き出て身づくろいする所へ忍者するすると行き、急ぎ御出《おいで》あれと私語《ささや》きければ、亭主は味方の番守なりと何の思いがけも無かりしを、其の儘さし殺し、火を打消し迯出たり。番の者どもは是を聞き、狼藉あり出あえと声を揚げれば、家内の者は云うに及ばず隣家の者まで走り出たり。忍者兼ねて工《たくみ》たる事なれば、百雷銃を其の家の近所の竹林の端に置き、火を放ち、退きたり。追手の者共此の百雷銃の鳴る音を聞きて、扨は敵大勢なり、爰に居て鉄砲を放つぞ、如何せんとひしめき、時刻を移す。其の中に忍者は一里も迯て遁れたり。其の夜は彼竹林を守りて夜を明かし、夜明けて、藪に敵籠り居るべしと子細に尋ねけれども、百雷銃は残り有りて人はなし。扨は愈謀れたり、口惜しさよとて各立退きしとなり。又昔去る者、或る小身なる者に遺恨有りて討つべしと思い、或る夜其の家へ忍び行きて、戸をしめあけ*にしたり。亭主聞き付け、潜に寝所より起き出て戸の内てにまち居たり。

それを彼忍者外より聞き付け知りて私語きけるは、亭主起き出したる物なり、今夜は成らじ、早々に退くべしと云い、尤なりと自答して二人の足音の様にして一間許り退くていをして、其のままそろりと立返り、戸の際へ行き、壁に添いて居たり。亭主偽りに退くとは知らずして其の戸を開き、のがさじと追出る所を戸際にて待ち受け、一討ちに亭主を討ちて本望を遂げたりと云々。是も敵の待ち居て不意に討たんとす計を、反って我としたる術なり。昔より此の如くなる方便多しと雖も、事多ければ略して其の一二を記す。

三に示迯止術と云うは、初めより入り居る時、敵かどめて起き出たらば、此の方一人の時は其のまま迯て、戸を出たる鳴る音をして敵に戸より外へ出たると思わせ、家内に止まり、敵追い出たる跡にて愈《いよいよ》奥へ入り窺うて敵を討つべし。又二人入りたる時は一人は迯させて敵に追わせ、一人は奥へ入るべし。但し是は窺う敵の郎従番守などの起き出たる時、此の如し。若し其の起き出たる者、思う敵ならば戸口にて待ち居て刺し殺すべき理なり。忍び入る前に組中内髤の時、加様の敵かどめて起き出たるの事までを重々云い合せ、左様の時、誰は迯べし誰は留まるべしと定め置くなり。此の方便の事を以て、昔より利を得る事多し。

五、敵追い出て対当しても利なき時、我退散する時の方便八つ

一に狸退《たぬきひき》、二に百雷銃、三に蒺藜《ひし》蒔退《まきひき》、四に木石を卑*下水中へ抛入《なげいれ》、五に追手に変じ大音揚げる術、六に珍事出来閉門を呼《さけ》ぶ術、七に門閉じる則俄に君出御なりと呼ぶ術、八に狸隠狐隠の事。

言うは敵大勢にても小勢にても追出る時、敵対しては利なき時は退散すべし。其の時の方便なり。

一に狸退と云うは、敵急に追出て既に後を切らるると思う時は、跪《ひざまず》いて止まるべし。此の如きする時は、敵我に行き当りつまずきて倒るる時討つべし。若し敵我左右の脇を追う時は蹶《つまずき》て倒れずと云えども、敵競いて我より先へ行く物なり。其の時は太刀にて敵の腰をなぐるべし。敵我脇を踰《こえ》ざまに切ると云えども跪きて居れば太刀あたる事少なき理なり。又追う敵と三五間も有る時は門戸の脇、或るは道の側の少しにても身の隠れ有るべき所に暫く立寄り居る時は、追い掛ける敵、迯る者は先へ行きたりと心得、先へ走るものなり。敵我前を過ぎること四五間ならば頓《とどまり》て跡へ引き返し、其の時跡より出合う敵に会う時は如何にも言葉拵《こしらえる》に、敵はあなたへ迯行きたり、一二人追掛け行きたり、敵もし反合せば味方難儀に及ぶべし、急ぎ玉えと云い廻り、横道を退くべきなり。旧《ふる》き狸の犬に追われたる時、此の如くすると云う。故に此の方便を狸退と云うなり。

二に百雷銃退きと云うは、前々の箇条の引言に記すごとく、追う敵と間十四五間二十間も有るか、或るはそれより迫ると云えども、暫く鶉隠をして居るに依りて敵見付ずして走り廻るなどする時は、頓まりて茂み藪などの端、或るは人なき小屋長屋の近辺へ行きて百雷銃を鳴らす時は、敵、爰に夜討の

者は居るぞと思いそこへ寄る処を、其の間に脇へはずし退くを云うなり。百雷銃の調《ととのえ》よう忍器四　火器の件に記す〔記載欠〕。百雷銃の用い様種々伝え有り。

三に蒺藜蒔退と云うは、竹蒺藜を持ち行きて退くべしと思う道、或るは戸口々に、いまだ入らざる前に蒔き置くべし。退散の時はいそがわしくして蒔かれざるものなり。又退散の時蒔く事も有り。昔は竹蒺藜を幾つも糸につなぎ、退く時引きずりて退きたる事も有りと云えり。我、菱を踏立《ふみたて》ざる様は、其のまきある所にては足をあげずして、足の裏を土を離れず歩むべし。

四に木石を卑水中に抛《なげ》る術と云うは、暗夜に敵我を追掛ける時、卑き水の中へ木や石を抛落とし、其の落ちたる音を敵に聞かせ、我なりと思わせ、敵そこへ行く処を其の間に迯退かん為の計なり。新堂小太郎佐那具の峰おろしの城にて行うたる術なり。又昔、忍者或る家へ忍び入りけるを、其の家の奴聞付けて追掛けたり。迯ざまに茶釜程なる石の有りしを引かついで塀ばたへ走り行き、彼石を塀の外へ抛こし、己は塀より此の方へ鶉隠れをして居ければ、追手の者此の石の音を聞きて、敵は塀の外へ飛び出たると思い、門を開きて追い出たり。其の間に忍者跡へ戻り、彼家の奥へ行ければ、其の家の主、其の騒ぎを聞き出けるを討ちたりと云々。又去る忍者或る家へ忍び入りける。家主起き出し追いければ、忍者其の家の前なるやぶの中へ走り込みたり。家主、藪の中は追詰めたりや有りけん。暫く立やすらい居る処に、忍者藪の中に固まりたる塊《つちくれ》の有りしを取りて、藪の外へ抛たり。家主扨は藪の外へ忍びは出たると心得、脇道より追い行く。其の間に忍者藪より出て彼家へ忍び入りしと云々。

五に追手に変わり大音を揚ぐ術と云うは、敵我をかどり声*高をして騒ぎける時、物をも云わずして潜に迯る時は、却って人怪しむ物なり。少しも隠れるべしと思う心なく、あらわに追手の風俗《ふり》して大声を揚げて、夜討入りたり出合えと罵《ののしり》走る時は、敵怪しむ心なき物なり。此の時一つの方便あり。譬《たとえ》ば我西へ退かば、盗人は東へ行きたりと聞きたり、何れも東へ追掛け玉えと人毎に告げ呼ばわるものなり。是を違《たがい》の術と云う。カ様の時の為に羽織の表は柿色に、裏は薄鼠色に染めたるを着て、忍び入る時は柿を上になし、追手になり迯る時は鼠を上になして着る物なり。昔の忍者カ様の術をなして利を得たる験《しるし》あり。

六に珍事出来《しゅつたい》門を閉ざされよと呼ばわる方便と云うは、昔去る者城内にて窃に思う敵を討ちたりしに、近所の者聞き付け声を立て出合いければ、彼者は急ぎ迯出たり。宵の事なれば門々開きありしかば、彼者思う様、唯今追手の者ども追いかくべし、此の者どもを門にて留めさせば心易く退くべしと思案して、門々にて云いけるは、城中に喧嘩出来たり、門を閉じて一人も城外へ出すまじき旨、上《か》みより御触れなり、相構えて油断すべからずと声高に云い走りければ、番の者ども実と心得、急に門を閉じたり。兎角する間に是者は心易く退去りしとなり。此の方便昼か又は宵などの門開き有る時、敵追掛けるべしと思う時、此の計然るべきなり。

七に門閉じ有る則俄に君出御と呼ばわる術と云うは、大身の屋敷、又は城内などへ忍び行きて後、出る時門閉じて有らば門々にて云うべきは、俄に君何地へ出御あり、急ぎ門を開けと権高《かんだか》*に云うべし。或るは何方へ御使いを様*と云うか、又は火事出来、火の元見分けと仰せ付けらるなど云いて門を開かすべし。此の術に少し口伝あり。其の外其の時相応の方便有るべし。先ず出る事を能工夫して、扨入るべし。人を討つとも先ず退く事を考えて後に討つべし。口伝。

八に狸隠狐隠と云うは、敵大勢追出して迯去り難く思う時、木へ升《のぼ》り隠るるを狸隠と云うなり。是如くする時は大抵見付られざる物なり。葉などの茂りたる大木は愈よろし。又敵追出て方々より人起り、迯る事難き時は水の中へ飛び込み、惣《たちまち》身を水中に入れ、面ばかりを出し、頭に藻草蓮葉木の葉等を蒙《かむ》り隠るるを狐隠と云うなり。猟師が鉄砲にて狐を討ちけるに、其の玉狐にあたりけれども則時に死する程にも匇りければ、狐迯けれども其の疵《きず》痛うて迯去りがたかりけるにや、猟師の見えぬ所に小川の淵の有りければ、狐頓《とどま》りて其の淵へ飛び込み、淵の端なる洞へ寄りて身を水中に入れ、鼻と口許りを水より上へ出して、藻草を蒙り居たり。此の如くの術を狐隠と云うなり。

昔尾州名護屋にて去る者大身なる人に遺恨ありければ、黄昏の時分、其の屋敷へ紛れ入りけり。夏の事なれば、敵定めて行水をしに出るか、又小便などに出るべし。其の時飛掛り討つべしと思い、湯殿の近辺に隠れ居たり。案の如く敵行水に出たるを難なく討て其の屋敷を立出しに、其の家の者は云うに及ばず隣家隣町の人まで騒ぎ出して追かけければ、討たる者迯遁れ難く思いければ、其の傍に水堀の端に柳の生茂りたるが有りければ、其の堀の中へ飛込み柳の下より頭ばかりを水より出し、柳の葉を頭に蒙り、身は水底に沈み居たり。寄合したる敵ども、火炬をとぼし堀端をも能々見けれども、見出さずして退散しければ、其の暁に至りて堀を出、難なく遁れたりと云々。昔も箇様のためし有りしにや、名将は堀の中の草藻蓮葉などを取らせ、柳などを伐りて少しも隠れ方なき様にする物なりと云々。

又狸隠の方便に昔盗人二人つれて去る家へ忍び入りしに、敵家の者目をあき声を立て、大勢方々より起き出たりければ、二人ながら迯出したり。其の時一人は早く塀より外へ出たり。今一人は何とかしたりけん、迯出る事成らずして、大きなる柚の木有れば其の木へ舛《のぼ》りて葉の中に隠れ居たり。追手の者ども柚の木に盗人の居る事は知らず、屋敷の内外尋ねけるに盗人居ざりければ、皆々家内へ返りて寝たり。然る処に屋敷の外へ迯たる盗人、今一人の盗人を待ち居たれども終に来たらざりければ、心元なく思い又立返り、屋敷の外より内のげきを聴けれども何の音もなく静まりければ、屋敷の中へ入りてそろそろ尋ねければ、柚の木の上に物音しける。扨は柚の木の上に升り居るぞと心得、急ぎ下よと私語《ささや》きければ、柚の木の上の盗云いけるは、先程より下んとしけれども柚の刺《とげ》、身に立ちて下られずと云う。下なる盗人云いけるは、沙汰の限り臆病なる事なり、急ぎ下りよと云いけれども、いやいやと云いて得下りざりしければ、盗人一つの思案を出して、盗人は柚の木に上り居るぞ出合え出合えと高らかに呼わりければ、家内の者ども心えたりと声を立つを聞きて、柚の木の盗人、柚の刺の疼《いた》む事をも忘れて飛び下り、二人連れで逃遁れたりと云々。下なる盗の刺、尤もかしこしかしこしかしこし。

【註】

○**うざつく**　忙しくしてる。○**行き様**　行き方。○**踞**　うずくまる。○**約か**　縮まる。○**すぼる**　すぼめる。小さくなる。○**唐櫃**　六本脚の唐風櫃。○**かどめ**　感じる。○**丑の刻**　午前二時頃。○**閫**　門のしきい。○**戸をしめあけ**　音がしないように戸をそっと外して開ける。○**卑**　樋。○**かどり**　気取り。気づき。○**権高に**　威厳をもって。○**御使いを様**　御使いの御用。

家忍の人配三箇条の事

一、張《はり》の事

　言うは忍び入るべしと思う其の家に続きたる長屋部屋隣家などの、人の出合うべき道々毎に人を置くものなり。是を張と云うなり。此の張の役にする者は手熟の調練なくても苦しからず。只心の落ち付きたる者よし。惣じて何れの役人も憶病にして卒忽に怺情《こらえじょう》のなきものは悪しといえども、取分《とりわけ》張には卒忽にして怺情のなき者を置く事大いに悪しと古忍も云い伝えたり。卒忽にして怺情なき者を張に置く大損三つあり。

一に落着かずして怺情のなき者は、忍び入りたる者の出るを待ち兼ねてわざつきて余方へあるき、或るはうろたえて相図を聞くも見もせずして居るによって、諸事云合《いいあわせ》*無益となるものなり。二に家内へ忍び入りたるもの退散する時、相詞をかけず敵かと思誤して味方討ち、或るは敵かと思い、相図もなきに逸早《いちはや》く逃去などする物なり。三に外より来たる敵方の者有る時、味方かと思いあやまり、又外より来たる味方を敵かと思いなどして、諸事卒忽にして定まらざるものなり。一人左有るときは惣勢も迷いて云合せたる事皆々違乱する物なり。ケ様の大損有る故に、張は何者にても苦しからずなどと云いて、落ち著かずして卒忽怺情の少なき者を置く時は、何の無益のみに非ず、却って味方大敗の基なり。慎むべきと古忍云い伝えたり。兎角其の人を撰み、人々の気質に隋応して諸役を定め、其の上にて相図約束を重々堅く、互に云合すべき事肝要なり。人の生まれ付きによると云えども、大抵若きは血気盛んにして強にはあれども、卒忽不功者なり。老人は落ち付き功者なる物なれども、輙《ややもすれ》ば思案し過ぎて図《はかりごと》をはずす事有り。只生得《うまれつき》の剛強才智なる者の三十四五より五十までの者、*仕手にも張にもよし。

二、仕手の事。附、戸毎に人を置き、或るは人数少なくば戸閉をする事

　仕手の役は一大事の役なれば、勇謀功の三つに達したる者ならでは大いに悪し。此の役人二人内一人は鑷子《さし》、鑰《かぎ》、枢《からくり》、

尻差等をはずし、其の外色々の忍び入るべき所作をなす役人なり。今一人は敵の鼾声、其の外げきを窺い聴きて*所作をなす者に告げ知らせ、又内の様子を通路人に告げて、通路人の口を聞きて仕手に告げる役人なり。通路人と云うは張の内一人其の家の士の間、或るは仕手の者の居る近所まで行きて、仕手添の者の下知を外の相図持ちの方へ通路し、外の相図持ちの者の云う所を仕手添に通ずる役人なり。口伝。附、戸毎に人を置くと云うは、その家の戸口幾つも有るとも、戸毎に人を付け置くべし。是は家内の者を一人も残さず討つべき為なり。

　戸口に付居る者の計三つ有り。一には地より八九寸の高さに戸口に縄を横に張り置き、敵飛び出る時は其の縄足にかかりて倒るる物なれば、そこを討つべし。二に、蒺藜《ひし》を戸口毎にまき置き、敵の足に踏立さするなり。三に、戸口近くに居て脇指にて突くなり。惣じて刀にても家内縁側などにて突きてよし。口伝少し有り。戸閉めの事、前に有る故に爰に略す。錐《きり》にて戸の間開《あ》かざる様にするもよし。

三、相図持ち幷、相図の印、鈴火の事

　相図持ちの役人は四方より見ゆる小高き所に居て、鈴火を以て内の事を外へ通じ、外の事を内へ通ずる役人なり。扨相図の印と云うは、分散したるとき敵と味方と紛るる物なれば、一同白き手拭にて纐巻《はちまき》をするようなる事なり。相詞は陽忍の篇に記しければ、爰に略す。鈴火と云うは相図持ちのもつ器なり。鈴は風鈴なり。火は紙燭火《しそくび》*なり。薬方火器に在り。其の紙燭火に明火の火を付け、長き竹の先を一尺程批《わ》り置き、相図次弟幾つ成りとも其の竹に挟み付け、諸の張同勢に見せて、相図約束違乱なき様にする火なり。凡そ夜の相図は鳴物か火にてならでは成らざるものなり。夜合戦などには挑灯、太鼓、貝などにて相図をすると云えども、それは大にして人怪しめ、或るは鳴る音夥《おびただ》しき故に、家忍の相図には宜しからず。故に右の器を用いるなり。風鈴の音は少なきなれば、敵かどる*事なき物にして、又遠く聞ゆる物なれば、家忍の相図に能きなり。又紙燭火は少しく青くして人見ても気づく事なき物なり。故に家忍の相図に風鈴紙燭より能はなし。相図は皆心を以てすると法にも云いけん様に、其の時の約束次第なり。兎角相図約束相違いなきように、重々堅く云合する事肝要なり。

　右三ケ条は大図*の事なり。其の時により恰好《こうこう》*あんばい肝要なり。書外口伝。

【註】

○**云合**　うちあわせ。○**仕手**　中心的な実行者。○**げきを窺い聴きて**　隙《すき》を窺い聴きて。○**紙燭火**　ししょくび。夜間の儀式などで用いられた明りで、松根や赤松を径約三分、長さ約一尺五寸の棒にして、下を紙屋紙で左巻に巻き、焦がした先端に油を塗って点火し易くしたもの。また、こよりを油に浸したものもある。○**かどる**　怪しむ、気づく、感づく。○**大図**　大略。○**恰好**　ちょうどよい。

用心の術二箇条

一、寝間に在明を灯すべからず。火を生けおいて右の紙燭を嗜むべし。とぼさば火とう入子火、剛盗挑灯等を置くべきこと

言うは寝間に在明を置く時は敵に見すかさるるに依りて、敵持ちたる者は云うに及ばず、常の者もあしき理なり。若し灯さば灯火を生けると云うは、行灯《あんどん》の火のとぼし有る火口の処へけぬきのはさむ処を置き、其の上に板を載せて、扨火の方を壁の方へなし置くときは、火の光見えざるものなり。入子火、剛盗挑灯の事、火器の件に記す。此の道具皆火有りながら火光見へぬ故、臥姿見せまじき為なり。

一、眠りを厭うには苦労を厭わず、或るは冷水にて顔を冷やし、又醒心散を服すること

言うは眠りまじと嗜む者は、先ず其の身の苦労をかまわぬ事専要なり。帯をしめ、丸寝をし、寒くとも衣を薄くし、或るは飽食をせず、妄《みだ》りに平臥せず、行儀堅く跪《ひざまず》き居、夏蚊を厭わず、扇をつかわず諸事苦労を厭わざれば則は眠り少なきものなり。第一婬事を慎むこと肝要なり。此の慎みなき時は体草臥《くたび》れ、何としても眠り深きものなり。或るは冷水にて顔を洗い、又唾にて耳を濡らしたるがよし。醒心散の方は忍器の篇火器の件に記す。眠らざる方便猶口伝。

下緒利法七術の事

一に、敵に帯を切られたる時か又は寝たる時、急事有りて俄《にわか》に起きて帯を置くを知らざるとき、帯にするなり。是は尺の下緒《さげお》*をさぐべきなり。二に、旅枕と云いて大小の下緒の末を結び合せ、平臥の身の下に布《しき》て臥す事。此の如くする時は、刀脇指を盗に取らるる事なし。又急なる時は結たる下緒を取り、首にかけ帯を結び結び走る時は便宜し。三に坐さがし。是は右件に記せり。四に、塀に升《のぼ》り、是も陰忍上に記す。五に、野中の幕。是は捕者の巻に記す。六に指縄に下緒をするなり。下緒にての縛よう口伝。七に、鐺停《とめ》と云うは、下緒の先に小刀を結び付け、刀を抜き右に持ち、鞘を左に持ちて、付き出す鐺に下緒をからみ付けて鐺を取る術あり。口伝。

【註】

○尺の下緒　八尺の下緒。底本、大原勝井本では「是ハ尺ノ下緒」とあるが、伊賀市上野図書館本には「一二八ノ字アリ」と付されている。

要害術六箇条の事

一、脛払《すねばらい》*の事

凡そ脛ばらいは、屋敷の内にても外にても、敵忍の来るべき道々にすべし。此のすねばらいを為し置きたる処へ敵忍び来たる時は大きに脛をなぐる物なり。敵忍は人有りてすねを払うと思い退散するなり。

二、釣押*の事

［図10↓一六四頁参照］

凡そつり押は用心する家の鴨居の上、或るは敵忍の来たる

べき道々にもする物なり。是を為し置くときは敵忍戸をあくるとひとしく上より押し落ちるに依りて敵忍疵《けが》を蒙るか、大きに驚くか、其の為《なし》ようはつき臼石臼又は石板材木など重き物に縄を付け、戸の外の鴨居の上へつり上げ、其の縄を内へとり戸の立詰の柱と戸ぶちに釘を打置き、右の押しを結び付けたる縄の端にこはぜをして其の釘へかけ置くなり。敵忍戸を少しなりとも開くとひとしく、こはぜはずれるに依りて彼のつり押落ちるようにする。図のごとし。

[図11→一六五頁参照]

道々に仕置く釣押の図

[図12→一六五頁参照]

三、蒺藜《まきびし》の事

是は敵忍来たるべき屋敷の外に蒔き置くなり。

四、敵驚我寝の事

此の為し様は戸の立詰のさんに釘を打ち、夫に細縄を付け、立詰の柱に廻し、我枕本へ其の縄を取るべし。扨我枕本に二尺より三、四尺までの箱なりとも桶にても置き、其の上に又図の如き小さき桶に大豆にても或るは小石にてもこぼれ落ちれば音の高き物を入れ置き、其の桶に右の縄を付置くなり。敵忍戸を開くと右の桶を引き落す故に、小石大豆落ちこぼれ、大きなる音する物なれば、敵驚き我は眠りても目醒るなり。此の心もちの為し様色々有り。先ず一品を図に記す。

[図13→一六六頁参照]

五、大竹篦《おおたけべら》*の事

此の為し様は戸の内に、土に杭を二本立、其の上に横木を結び、其の中へ竹をさし込み、立詰の柱と戸のさしとの間へ竹の末をたわめかせ置くなり。又立詰の柱へ竹の中程に縄を付け撓《たわ》むるなり。敵忍戸を開く時、此のしっぺいにて面をうつなり。人にうたるると思い大いに驚くなり。

[図14→一六六頁参照]

六、縄張畳立の事

是は旅などへでて戸のしまりもすべき様なき時は、細引をはり、或るは畳を揚げて戸障子の此の方にもたせ置く事なり。少し口伝。其の時の宜しきに依りて気転あり。又戸閉に錐《きり》もみなどよし。

【註】

○**腨払**　腨は「せん」すなわち「ふくらはぎ」で、臑《すね》後部の肉の膨らみ。底本には「す子《ね》はらひ」とあり、ルビはそれに従った。○**押**　重し。○**竹篦**　一般的には禅の修行で使用される長さ一尺五寸の打ち篦型の杖で、師家が修行者を叩いて指導する法具だが、ここでは大きな竹の鞭。

巻第十四

陰忍四　開戸の篇*

開戸始計三箇条

一、戸を開く事
問鑰《といかぎ》*有りて鏁子《さし》*、懸鉄《かけがね》*、尻差《しりざし》*等の様子、其の在所を能知り、或るは手の内の心得、又こだわる位を以て愈《いよいよ》鏁子、懸鉄、枢《からくり》*、尻差、せん*等の様子、其の在所を知る術有りと云えども、始めより能見置き聞き置きたるに如くはなし。故に忍び入らんと思う家の様子、或るは問い知り、或るは見知り置きて、後に其の器に応じ随いて開器を持ち行くべきなり。

二、せん、懸鉄等の有る処には通りざまに爪あとをし置くべき事

三、戸を開く事
　受風、受音の事肝要なり。若し受風の音なくば閾《しきい》に尿をし颯々《さつさ》と開く。心持よきなり。また、わたあけと云うこと有り。但し口伝。殊に開器を用いて開く事、音無き様にする事肝要なり。

【註】
○**開戸の篇**　底本は「門戸の篇」。伊賀市上野図書館本にて修正。○**問鑰**　錠前を探ったり外したりする忍具で流派によって異なる。忍器篇参照。○**鏁子**　じょうし、かぎこ。鎖子。鎖の掛け錠。○**懸鉄**　掛金。受け壺を柱に取付け、受け壺に釘や錠をさして戸締りする。○**尻差**　引戸の戸締りで戸の後ろに入れる突っかえ棒。○**枢**　とぼそ、くるる。開き戸の回転軸を「枢」というが、一般には軸の受け穴をいう。○**せん**　栓。穴に差し込んで戸を動かなくする。

掌位を以て尻差を知る六箇条

一、尻差に五つ様有り。しくしくと*あけ見て路にてつまらば尻差と知るべし。五つ様の知り様、心持左の如し。

二、閾のみぞにある尻ざし。是はあけ見れば下にてつまり、上は開くものなり。

三、十文字尻差。是は上下ともにつまりて、開き見ても戸のくつろぐ事なきものなり。

四、凡《およ》そ、さん尻差*は追立戸に有る物なり。是は中にてつまり、開け見れば其の在所にてごちごちとなるものなり。それは開けみても竹木にて作りたる尻差を中にかう事有り。但し鳴らざるものなり。

五、追立戸の出牙《でば》尻差。是は中にてつまり、強く押さばしわる心もち有り、又戸を開きみれば鳴るものなり。

六、追立戸の尻差。是も中にてつかえて押さば少し鳴る心も

ち有り。
右、各少しずつの口伝有り。手自《てずから》之を開き試みざれば則涇《けい》滑《い》*の味いを知りがたし。能々試さるべし試さるべし。

【註】
○しくしくと　粛々と。**○さん尻差**　桟尻差。**○涇滑**　物事の区別が分かること。

尻差外し術四箇条

一、閾《しきみ》のみぞに尻差在るも十文字尻差も、問い外しを以て其の在所を知り、問い外しにてはねすつ*べし。尻差強くて問い外しにてははねはずされざる時は、鑷《ぬき》*をすえて壁へ差し込み、先にてひろげ、先へ突きはずすべし。若し障子有りて先へつきはずされざる時は問い外し、鑷等にて障子をたて、其の後鑷にて右の如くにして外すべきなり。又戸尻板なる時は壺錐を用いて、其ののち鑷にてあくべきなり。
二、追立戸のさん尻差は、二枚の戸を引き強いて、問い外しにて上へ掛け上げ外して戸を開くべき事。
三、出牙尻差も右同前なり。又鍵錐にて上へかけ上げ外し、或るは指鑰にてもはずすべきなり。
四、夢想尻差。是は問い外しを用い、又鑽錐を用いるなり。又こぢこぢと開きみれば、外れるべきなり。
以上右条々口伝あり。但し口授許にして手自《てずか》ら為し覚えたる手熟なくば、快く外しがたし。

【註】
○はねすつ　撥ね捨てる。放つ。**○鑷**　けぬき、かんざし、くぎぬき。

掌位を以て懸鉄を知る五箇条

一、凡そ立詰にてつかえば輪掛鉄、釣掛鉄と知るべし。輪かけ鉄の有る戸は、あけみれば強くつまりて、其の掛鉄を突きみれば先へゆく意あるものなり。又強くつけども外るる事なきものなり。
二、釣掛鉄。是はあけみればごちごちとなるものなり。但し口伝有り。殊につり掛鉄の有る戸の立詰の内手に必ずさん有るものなり。
三、鏁子懸鉄。是は立詰の内手にさんもなく、掛け外せども抜けざるなり。
四、召合戸*のせん掛鉄。是はあけ見れば繋ぎたる意ありて緩み、引っぱる物なり。
五、釣懸鉄。是は戸の上にてつかゆるものなり。大抵輪掛鉄の物なり。
以上、右の条々各少しずつ口伝あり。但し、手自から試みざれば得心しがたし。懸鉄の図品々有りと云えども記すにおよばず。

【註】
○召合戸　障子のような二枚立の戸。

懸鉄を外す術八箇条

一、輪掛鉄は立詰の透間あらば問外の釘にて釘の方を用い、せんの糸を掛け、上へ揚げ抜くべし。若し糸なくば、板の方を用い、下よりせんをたたき揚げ、抜くべし。若したたき揚げても抜けずか、又はせんしるくして*、せんの余りの下へ出ずして、たたきても詮なき時は板の内手なる刃にて前へ引ききり、くわせ揚げて抜くべし。

右三術の内、何れに成りともせんを抜きたらば先へつくべし。輪掛鉄外れるべきなり。

二、輪掛鉄の有る戸、立詰に透間なき時か、或るは透間有りても其れより問外しを入れる時は、戸しめて外し難き時は、召合戸追立戸ならば延鑰《のべかぎ》を戸の上下左右より用うべし。其の用い様、問外しの用い様と同前なり。少し口伝。又一本戸ならば立詰の柱の際の壁より刃曲を、［図15↓一六九頁参照］かくの如くにして用い、先なる釘三つにてせんを抜き、其の上にて真の釘をこじ外すべきなり。

三、釣掛鉄を外す事。

立詰の透間有らば云うに及ばず、さんなど有りて透間なくば、召合戸追立戸ならば延鑰を用いるべし。用い様は延鑰の先の入子*へ釘をさし込み、其の釘に又釘をさし、其の入れさしの釘にて掛鉄を打上げ外すべし。若し一本戸ならば、立詰の柱の際より刃曲を用いて打上げ外すべし。又手鑰にても外すべきなり。又立詰にさんあらば、時所により鑿《のみ》にてこじ取る事も有るべし。

四、開戸、揚戸の掛鉄は先へ戸をごちごちと突き、引戸ならばごちごちとあけみれば外るる事有るものなり。

五、釣掛鉄は戸、鴨居の上なる壁より刃曲、問外し、手鑰を用うべきなり。

六、召合戸の鎖掛鉄は、さんなくば云うに及ばず*、さんあらば延鑰《のべかぎ》を用うべし。用いよう右に記す。

七、鏁子掛鉄は近所壁ならば手鑰を用うべし。板ならば大坪錐を用いて手鑰たるべし。又板を焼抜の術も有り。

八、紙、絹障子の掛鉄は切破り、又は押分け外すべし。又開かずして両方へ押分けても入るものなり。

右、掛鉄を外して戸を開く極秘なり。字外に口伝あり。容易に行う事勿れ。然りと云えども是亦口授計にて、手自ら習熟の功なくんば争《いかで》か妙境に至らん。

【註】

○**せんしるくして**　栓が短くて。○**入子**　穴。○**さんなくば云うに及ばず**　底本と大原勝井本は「サンナラバ不及云」。伊賀市上野図書館本は「サンナクバ不及云」。

枢《とぼそ》を知る二箇条

一、戸をしくしくとあけ見れば、下にてつかえば枢と知るべし。且つ枢のあれば、しくしくとあけ見れば、下にてごちごちと鳴るものなり。殊に枢穴あれば愈知れたる事なり。

二、大抵戸の正中に在るものなり。又十本の内一本などは跡に在るもあり。又は前に在るも少々有り。能鳴る所、つかゆる所を得心すべし。又枢の穴に三様なり。一には閾とみぞと穴と一つなる有り。二つには閾の峰に在るもあり。三には閾の下まで打ちぬきの穴あり。

枢外しの術三箇条

一、枢は鑿を閾と戸の間へこじ入れあける心地にて戸をこじ揚げる事十度に及ばば、如何なる打抜きの枢なりとも外るるべし。但し初中終ともに枢の有る所にてこじあぐべし。跡に枢あるに、前にてこじあげば枢ぬけざるなり。惣じて跡に在る枢は抜きがたきなり。又鴨居のみぞにさんを打たる戸の枢、又は枢木の上にて戸さんをはずるるは、外れがたし。又鴨居のみぞの中にさんを打ち、戸の上へ揚がらぬようにしたるあり。是もしゃくりにてはあがるべからず。

二、若し右の術にて万一開き難きか又は右の術にては鳴るを忌ならば刃曲を用うべし。刃曲の用い様、鑰穴有らば刃鑰になして入れ、枢木に切りくわせて揚げ、戸を開くべし。又鑰穴なくば戸の左右の壁より針鑰になして長く延べ入れ、針を枢木に掛け上げ抜くべきなり。

三、大抵の枢は戸の両方の正中に在るものなれば、能試みて後、大概中に在るを知らば、藁にても糸にても長き物にて戸の横の寸をとり、其の寸糸を中より二つに折り、其れを戸に当れば是戸の正中なり。其の正中の処を下より一尺の内を鑓《やり》錐《きり》にてもみ、錐をこち上げる時は、枢揚り外るるものなり。本より小坪錐にて揉《も》む時は外るる事言うに及ばず。

右の条々字外の口伝有り。手自から為し覚え工夫すべきなり。

鑿《せん》*の有無を察する二箇条

一、揚戸、開戸には大抵せん有るものなりと知るべし。鑿あれば戸を上へ揚げて見ても揚がらざる物なり。又戸を先へ推しみても耳《くつろ》がざる意あり。又ごちごちと先へ突き見るに、鳴らざるものなり。若し鳴るは、木のなる声にして和《やわら》かなり。

二、揚戸、開戸にも又釣掛鉄、輪懸鉄も有るものなり。釣掛鉄の有る戸は、上へ揚げみれば揚るきみあり。又先へ推しみても、たわむきみ少しあり。又輪懸のある戸は先へしくしくと戸を押しみれば、ごちごちと鳴るものなり。皆其の鳴り難きも全て鳴るなり。中にも輪懸鉄の鳴るは大なり。釣掛鉄は小なり。

以上各口伝有り。是亦手自から習熟の功なくんば味を知る事なからん。

【註】

○**鑿**　栓の意。

鑿を外す術二箇条

一、揚戸、開戸の鑿を外し抜く事。立詰に透間有らば小刀、鑓錐等にて外すべし。透間なき時は先の方へしくしくと推し見れば外るる事有るべきなり。

二、若し右の術にても外れざる時は、鑓錐を三つ四つ並べて戸板を揉み、其の後錐にてこじ抜くべきなり。但し口伝。又大坪錐にても用いる事。

右条々言外の口伝あり。

鏁子を察知する六箇条の事*

一、鏁子の外体《がいたい》の事五様なり。海老鏁子、耳付鏁子、捻《ひねり》鏁子、背鏁子、引出鏁子なり。外し様にも大抵五様あり。又鏁穴のあけ様は色々有りといえども、羽のからくりは大図五つ様、一二四六八なり。少し宛の替わりはありとも、此の五つの品を過ぎず。之を学ぶもの、心をまどわす事なかれ。

二、海老鏁子、此の図の外体筒にしつけにして耳なく、羽の方にしつけにして耳あるなり。此の鏁子の体を海老鏁子と云うなり〔図16→一七一頁参照〕。箇様の鏁子は取分大きなる鏁子に多きものなり。中の羽は四つ羽なり。六八も有るなり。四つの鏁子は筒究《きわ》めて平たくして鑰穴のあけ様は箇様なるものなり〔図17→一七一頁参照〕〔図18→一七一頁参照〕。此の鑰にあうは箇様なるものなり〔図19→一七一頁参照〕〔図20→一七一頁参照〕。又、六羽の時は筒四羽より少し四方なる心地有りて、鑰穴のあけ様此のごとくなるものなり〔図21→一七一頁参照〕。箇様の鏁子に針羽と云う羽あり。此の鑰穴のあけようと少し宛替りはあれども、意は同前なり。又八羽の鏁子は筒の外体、大抵四方に少し櫁形《ひしがた》に見ゆるものなり。鑰穴のあけ様は此のごとくなる物なり〔図22→一七二頁参照〕。此の如き鏁子は、小さきはまれなる物なり。又大門の海老は関《かん》の木にしつけにして有る物なり。是は四方へ四つ羽なり。関の木の海老鏁子の図大概左の如し〔図23→一七二頁参照〕。

三、耳付鏁子の外体は筒にしつけして耳有るなり。此の鏁子にも四六八の羽有るなり〔図24→一七二頁参照〕。四羽のときは鑰〔穴〕のあけよう此の如くなる物なり〔図25→一七二頁参照〕。六羽のときは鑰穴のあけよう此の心もちなり〔図26→一七二頁参照〕。八つ羽のときは鑰穴のあけ様此のこころもちなり〔図27→一七二頁参照〕。平たく薄平たく四方なる位は、右海老鏁子の所に記すと云う意なり。

四、捻鏁子。是は筒の平らの方に鑰穴あり。此の鏁子いくつ有ても二つ羽のものなり。掛硯《すずり》* 文庫等の鏁子も中のからくりは同前にして、鑰を以て捻あけるなり〔図28→一七二頁参照〕。

五、背鏁子。是は筒の背に鑰穴長く有り、是にも四つ羽、八つ羽ともに有ると云えども、鑰穴のあけ様は何れも同意なり〔図29→一七二頁参照〕〔図30→一七三頁参照〕。

六、引出鏁子。是は何れも一羽のものなり。鑰穴は羽のつき込みの方に少し丸く有るものなり〔図31→一七三頁参照〕。

右は鏁子筒と鑰〔穴〕とを見て内の羽のからくりを知る道なり。此の外、中の羽のからくり少しずつ替わりは有れども、大抵此の五つの理の外は鏁子十万有りとも各別有るべからず。常に心を付け、鑰穴の様子を見ば、いか様の違うたる羽ありとも皆以て得心あるべし。

【註】
○六箇条の事　底本は「十六箇条の事」と誤記あり。**○掛軸物。**

諸鏁子を開ける術八箇条の事

一、海老鏁子の開けよう一拍子、或るは楊枝開けの事。但しひじつぼ*打様に口伝有り。門の海老鏁子は尚以て右の術にてあけらるると云えども、若し開かざる時は、楊枝《ようじ》にても木竹のはつれにてもあくる事。

二、海老鏁子に限らず凡そ突開鏁子の開け様、わたがみ抜きの事。是は鏁子の大小、羽の強弱によって用い様に強弱あり。

三、突開鏁子*の分、惣じての開けやう、木込抜きの事。是はぐわいに心得あるなり。

四、突開鏁子の開けよう、俄拵《にわかこしら》えのこと。是は生鉄《なまがね》*、錫等を索《もと》*め置くべきなり。

五、捻鏁子は鑿《のみ》にて菊坐の釘先の蓋をこじ取り、菊坐を抜き、其の後釘にて開くべきなり。

六、背鏁子は鑰入れの首を鑷《くぎぬき》にてはさみ切り、其の後鑿にてこじはなし、竹にてあくべきなり。

七、惣じて六《むず》けしき*鏁子の鑰穴は出入あるものなり。左様の鑰穴をば鑿、鑷の類を以てこじ開け、其の後に右にわたがみ抜きになりとも、木込抜きになりともすべきなり。

八、肘壺ひろく打ちあり、つまりて鏁子の羽抜け出ざる時は、鏁子の手がかりの透間へ鑿を切りくわせ、押し出すべきなり。又鑷にてもの事。

右の条々口伝多し。容易に見過ごする事なかれ。能口授を受け、手自に手練する事なくんば心に得る事有らんや。

【註】
○ひじつぼ　肘壺。二つの金具をつなぐ時の雄雌で、鍵形の肘とそれを受ける壺の部分からなる。**○突開鏁子**　大原勝井本は底本と同じだが、伊賀市上野図書館本は「撞明鏁子」とある。真っ直ぐに突き差す形の錠。**○索**　底本は「索」欠。**○生鉄**　よく鍛えてない鉄。**○六けしき**　難しき。

諸鏁子を開ける極意二箇条の事

一、背鏁子、捻鏁子、突出鏁子ともに早速開けらるる鉄楊枝の事

是は不正の様*、込めように口伝あり。掛硯文庫などの捻鏁子には如何にも細くすべきなり。

二、惣じて突出し鏁子、引出鏁子を開ける常鑰の事

是は、一は二にして二は四なり。

右の条々逐一口伝有り。鏁子開けの極意なり。右の器を以て開く時は、如何様なる鏁子にても開かずと云う事なし。然りと云えども手練の浅深によるのみ。故に常々平常の手熟せずんば有るべからず。

【註】
○不正の様　変形している様。

巻第十五

陰忍五　忍夜討の篇

凡《およ》そ夜討は寡《すくな》きを以て衆に勝の軍法なり。殊に忍夜討は微々の勢を以て衆多の勢に勝つ事、掌を反す如し。故に伊賀時代の折柄、専ら之を用う。手組、手分、手配の事は昼戦の作法に異ならず。之を学ぶ者、忍夜討の作法を知らんと欲せば、先ず手組、手配、手分の法を能く学び知るべきなり。

物見二箇条

一、夜討に出んと欲せば、前方《さきがた》へ先ず忍びを入れ、敵方の内証を能聞き、其の上にて万計を考えるべきなり。又、城にても陣営にても其の儘《まま》入れ置き、内応の相図、幾重もこれ有るべき事。付、相図の火、口伝。

二、物見を出し、其の地形の様子、或るは敵の厚薄、城陣営の体を能見せ、其の地形の様子に依りて概《なら》し肝要なり。口伝。

忍歌に

夜討には忍び物見を先《まず》立てて、敵の案内《あない》知りて下知せよ

出立四箇条

一、上着、白小袖これ無き事

口伝。但し忍びやかに討つ時は二重黒然るべき事。

二、指物を差すべからざる事

附、同じくば、具足も着けず。着込み然るべき事。

三、笠印の事

白き練《ねりぎぬ》*一尺二寸にして冑の後ろに付くべき事。付、一度々々に替える事。

四、道路遠くして馬に乗る事有らば、わり口をし、轡《くつわ》を結ぶべき事

付、月毛*、葦毛*、鮫馬を嫌うなり。口伝。

【註】

○**練**　ねりぎぬ、練絹、練って柔らかくした絹布。○**月毛**　桃花馬、葦毛のやや赤みがかった馬　○**葦毛**　白い毛に黒褐色の差し毛のある馬。

令命七箇条

一、相詞の事

月・日・星、水・波、戸・障子などの如くなる雑人までも云易き対したる詞を巧み能教うべき事。付、耳を取り鼻をかむようなる事も時により用いる事。

二、相詞、初めと其の砌《みぎり》*と変える事。又改むる事

三、敵を討ちたりとも首を取るべからず、討ち捨てにすべしと令すべき事

付、小さき木札に氏名を書き付け、行きたる地に捨てる事。箭印《やじるし》*と同意の事。
四、引取る時、何の道具にても其の場に在り合わせたる物を取り返るべしと申し付く事
五、喩《たと》え敵と切り結びたりとも、引上げよとの相図あらば早速引取るべしと堅く令あるべき事
　口伝。
軍歌に
　夜討をば、じだるく*討たぬ物ぞかし、一村雨*の降るごとくなり
六、忍び夜討には長柄の鑓を持つべからず。其の外は面々の得たる道具*を持つべし。若し長柄を持つ時は、鑓合の時、横になぐりて敵にあたると等しく引取り突くべき事。
軍歌に
　夜討には、長柄の鑓を嫌ふなり、太刀長刀に弓を用いよ
七、忍び夜討には曳々《えいえい》声を揚ぐべからざる事。口伝。
野間軍歌に
　忍び取りの城も夜討もうちどきを、早くあぐるは越度*なりけり

【註】
○**砌**　折、頃あい。○**箭**　矢竹。○**じだるく**　だらだらと。○**村雨**　ひとしきり激しく降るにわか雨。○**得たる道具**　得意な武器。○**越度**　落度。

夜討前の謀《はかりごと》四箇条

一、境目に城営を構え、能き士《さむらい》大将、二心無き兵を*籠らせ置き、敵来りて攻むる所を夜討にすべき事。
二、引取ると見せて後、夜討を用いる事なり。是は常法にはあらざるなり。又小屋蟠《かまり》も同意なり。又小屋に火を付け退く事もあり。
加藤軍歌に
　敵へよらば、昼は色々逃げ敗り、暮に掛りて一しまい*せよ
三、今夜討つべきと思う日、夜討させん人々は分け置きて、後備遊軍として働かせず。終日合戦、せり合い*厳しかるべき事。
四、表裏の夜討の事。
　我城陣を堅く用心し、伏蟠《ふしかまり》*を能き地に幾所にも〔置き〕、少勢にて夜討軽々と引き、敵付け入るを望むなり。若し敵付け入りせば、難所功所へ引掛押し包みて討つべし。是は常法に非ず。なま心得*にては引きざまに味方乱るるなり。又敵先手へ、一夜に三度も軽々と夜討する事有り。此の時は惣勢も度々替えるべき事。

【註】
○**能き士大将、二心無き兵を**　伊賀市立図書館本は「能侍大将並びに心つり合いよき兵を」。○**一しまい**　一仕舞。○**せり合い**　競合い。○**伏蟠**　伏兵。○**なま心得**　生心得。

夜討の時分四箇条

一、忍びを入れたらば、着きたる夜の事
　是をかえし討と云なり。此の時、元の者は入子火《いりこび》*を用い、飛脚篝《ひきやくかがり》*をも此の時用うべきなり。城へは雲梯*、飛梯*、蜘梯《くもばしご》*、天浮橋《あまのうきはし》*等を多く持たせ、倍道兼ね行かして不意不備を討つ事。

　飛脚火と云うは、味方の地より敵城への間の高山に行きざまに、提灯、松明を持たせて、一二人ずつ上げ置く。扨《さて》、敵城へ忍び入りたる相図の入子火を出す時は、城近くの山の者、松明を揚げれば、其の次々の山の者見付て火を出す。故に片時の間に十里二十里の事は知るるに依りて、飛脚火と云。口伝。
二、風雨の夜の事
　但し口伝。又敵、思いがけもなき静かなる夜の事。
三、初めて相逢う一、二、三日までの事
四、大敵、切所を越へ、長陣を張り、諸勢の気疲れ退屈の所を討つべき事

【註】
○**入子火、飛脚篝（飛脚火）**　巻第二十一　忍器四　火器参照。○**雲梯、飛梯、蜘梯**　巻第十八　忍器一　登器編参照。
○**天浮橋**　巻第十九　忍器　二水器編の浮橋参照。

忍び夜討の作法十八箇条

一、城にても陣営にても、初めより忍びを入れ置き、後に夜討すべし。若し前方《まえかた》より入れ置かざるときは、難所の方へ忍びを遣り置き、攻めよき地より万《よろず》夥《おびただ》しくすべき事。
二、厚きを討ちて*薄きに出る事
三、扣《ひか》え軍*、出るべき事
四、一町一火、或は扣軍提灯続松《たいまつ》*の事
五、鉄砲うたせ様の事
六、凱の声合せ様の事
七、忍び馬の事
八、一向二裏の備の事、幷《ならびに》まわし備の事
九、火鼓多く用いる事
十、時により、火毛を用いる事
十一、勝て後、味方をしむる所を定むる事
十二、引取る時、屋守を用いる事
十三、引取りて後、味方の人数の中、敵の紛れ来たるを改め出す術色々有る事
十四、続《つづけ》討の事
　付、初討の時、火付残し置く事。
十五、夜討して又朝懸りを用いる事
十六、一隊の人数備、幷鉄砲打たせ様、又戦様の事
十七、手火矢*を投げる役人多かるべき事
十八、小勢、大城に籠る時は険阻の方たるべき事
　附、結梯《ゆいばしご》*、釣梯*、蜘梯持ち行くべき事。

右何れも各口伝あり。忍び夜討の為様《なしよう》、大抵此の如し。但し、城へ夜討すると陣屋を討つとは心得変るなり。口伝深し。然るに夜討と云ものは、其の手段よき時は、喩《たと》え敵知りても

味方の利運《りはこび》になるものなり。必ず備のしまり、*集り、治まりを幾重にも内槩《ないがい》*をして働くべし。譬《たとえ》近き人にても志の程見届けざる士《さむらい》には、夜討の槩《むね》*聞かすべからず。敵の不意を討つべきなり。

【註】
○**薄き**　少人数で。○**扣え**　控え。○**続松**　伊賀図書館本も「続松」、大原本は「明松」。○**手火矢**　忍器四　火器編参照。○**結梯、釣梯、蜘梯**　忍器一　登器編参照　○**備のしまり**　備の締り。○**内槩**　味方の打合わせ。○**槩**　旨。

剛盗夜討十二箇条

一、目あかし*を先へ遣わし、敵の屋舗、家作、道路の体までを能見せ、内槩を幾重にも能すべし。

二、方角を能究め、星山風火と四つの目付すべきなり。幷《ならびに》月の出入を準《はか》るべき事。付、尺八*等をも用いるなり。口伝。

三、其の砌《みぎり》も先へ目あかし、犬等を遣わして、人数の多少、眠りたるか否やを見さすべき事

付、目あかしは入子火、剛盗提灯*等を持ち行くべきなり。内を見ん為なり。若し常の松明にて内を見る時は松明の向いより見ゆるなり。入子火、剛盗提灯の図説、後巻に詳らかなり。

四、裏の手の戸口毎に隠討手を置き、或は錐《きり》を揉みおき、縄を張り、又は蒺藜《ひし》*を蒔くべき事

付、隠討手の人、敵の出るを待つには余り戸際には居るべからず。四五尺も隔てて待つべし。近すぐれば切り外す事有るものなり。

五、大犬*、子犬*、戸の開き様の事

六、火仕《こし》の事

敵家より一二町の外にて胴の火*を鳥の子*にうつして、戸口にて十二続《たい》の松明を脇つぼに挟み、火先を一所に寄せて鳥の子の火を吹立て、火を付ける事。

七、火添の事

火仕の右の脇に居て、右の方の六続の松明を取り込めば、火仕も我左の脇なる六つの松明を打込むなり。私に曰。昔よりの作法は此の如くなりと云えども、当流は薬松明を用い、或は先衆二、三人、鑓に松明を結び付け、飛び込むなり。

八、胴勢の事

軽き柄の鑓弓刀等を持つべきなり。必ず長柄を持つ事なかれ。家内のせり合いある故なり。

九、張の事

是は外より来たる敵を見聞きて内へ知らせ、或は外の敵を防ぐ役なり。故に道路の口々に置くべし。忍び討ちの時も、是を用いるなり。右の役々、何れも勇にして心静定なる者を撰み用いると云えども、取分け張には性気落着き怺《こら》え情の有る者を撰用すべし。張には宜《よろ》しからざる者を置く時は害多し。忍び入りたる者、出る事の遅き時は、待ち兼ねて約束の場所に居ざるものなり。

二に、若し内より逃げ出る事これ有る時、周章*して味方を

討つ事有るものなり。三つに、内より追出され、退き出る事これ有る時、敵にも味方にも構わず逸散*に逃げる事有り。四に、若し外より人来たるとき、内の味方へ知らする事もなく、敵を防ぐ事もなき者なり。此の如くなる者を張においては、大なる害なり。故に張をば能々撰ぶべきなり。

　或は問う。張の役に付き丁寧を致す。余の役は少々心静定ならず、或は怺え性*少なくも用いるに足らざるや。答。目あかし、大小の犬、火仕、火添等は云うに及ばざる所なり。然るに、張の役に付くは丁寧に断る事。如何となれば、世人皆、張は外の役にして心易き様に思うて、吟味を遂げざるに依りて、柔弱者をも選ばずして使うが故に、必ず越度《おちど》*を取りし事多し。故に張の役は強てこれを論ず。

十、敵の多少に依りて伏兵を用いる事

十一、若し分散したる時の会所を、兼て能定め置くべき事

　付、入子、銃矢、火矢等の相図の事。

十二、蒺藜を蒔き、百雷銃*を置くべき事

　右各口伝。

【註】

○**目あかし**　目明かし。○**尺八**　普化（禅）宗の竹笛で長さが一尺八寸。○**剛盗提灯**　忍器四　火器参照。○**蒺藜**　菱の種。○**大犬、子犬**　犬は下っ端の嗅ぎ者。○**胴の火、鳥の子**　忍器四　火器参照。○**十二続**　十二本を束ねた。○**周章**　あわてふためく。○**逸散**　一散に。○**怺え性**　堪え情。○**越度**　落度。○**百雷銃**　忍器四　火器参照。

召捕二十箇条

　凡そ召捕者をする事は忍びの役にあらずと云えども、当代の足軽、忍びの者、皆之を専らにす。当流を学ぶ者、其の役を受けて奉公する事勿《なか》れ。若し是を受けこんで奉公せば、全く家伝の流に非ず。然れども其の役に具せずしては、時により、捕えても苦しからず。故に之を略す。然りと雖《いえど》も其の道にあらざるなれば、微々の理に徴する事有るべからず。後人は重ねて考えるべきなり。

一、先ず問い知るべき六品の事

　言うは貴賤と人数と親疎と居所と科《とが》の軽重と持ちたる道具との六つなり。

　第一に貴賤を問うは、士と雑人との位に付き、術も易《かわ》る故なり。大抵、士は時を移せば強くなるものなり。是を挫《くじ》くの術は急ぐに行《おこな》うに利あり。其の子細は、城を攻めるに急を用いる時は備の設《もうけ》及ばざると云、城攻めの同意なり。又雑人、時を移せば弱くなるものなり。彼、血気の勇なる故なり。故に是を捕うるには緩を用いて謀るに利あり。

〔第〕二に人数を問うは、人数の多少に付いて此の方の用意変わるなり。取籠る者一人か二人ならば押し込みて、或は討ち、或は捕うべし。但し、人によるべし。又二人より多くは、籠る者の中、軽罪の者を味方とする知略然るべし。若し其の計成らざる時は、城攻めの心持にすべし。

　第三に親疎を問うは、取籠り者いく人も有る時、其の者共

親類か他人かに付きて術変わる故なり。皆親類ならば同一気と心得ての計略然るべきなり。又他人交わり居らば互に志の相背き、隔たる計略然るべきなり。軽罪の者に与ゆる計と恰《あたか》も同じ事なるべし。

　第四に居所を問うは平坐、二階、其の外要害の構えやうに随いて此の方の術替わるなり。二階ならば取分け一向二裏*の心を以て梯より昇る事然るべし。但し大勢籠らば城責*の如く然るべきなり。鍋などを蒙《かぶ》るも一術なり。

　第五に罪科の軽重を問う事は、罪の軽重に依りて智略変わる故なり。故に取籠り者幾人も有らば、一人一人の科の品を能問うべし。軽罪ならば、彼が理を立て判断有るべし、と計るべし。又重罪ならば、助けるの救うのと云い計るは一切宜しからず。只、士の死を致せと諫むべし。又軽罪と重罪の者と交り居らば、他人どし*交り居る計と同じ事なり。

　第六に持ちたる道具を問う事は、其の体に因りて用意替わる故なり。若し飛道具を持ちたらば、楯、竹たば等は云に及ばず、衣楯を用うべし。又畳を楯にする事尤もなり。

　右は此の六つの品に随て術変の事なり。其の外、時所の宜しきに随て計術有るべきなり。

二、人をあやめたる者入る事

三、時の興を催し捕うるべき事

　右二箇条は彼が科、此の方には知ると云えども、彼知らざる時の方便なり。但し知音《ちいん》*にてこれ無き時の交り口伝。

四、寺院の中、或は強て武士の家へ科人走り込み、其の住持《じゆうじ》*亭主出すまじきと思う時は、狂人と称すべきなり。但し取逃し追う時も同前なり。

五、取逃し追う時、逃る者の跡を直に追う事なかれ。筋交《すじか》いに追うべし。我刀を持たば逃る者の左の方、我鑓を持たば逃る者の右の方を追うべきなり。

　山本勘助の書に曰く。「追掛者には二つの教あり。追討ちの時は浮足の習有るを以て、下段を払うべし。必ず近く見て打はずす事あり。若し立廻る時は、退きて其の勢いを脱ぐべし」。爰《ここ》に進退の金あり。

六、余人の追かくる者、我前へ走り来たる時、追かくる者の云、我に討留くれよと言葉を掛なば、隠遊の術を以て斬らず逃さずして追者に斬らする事、功者のする所なり。若し逃る者鋭《するど》に切り掛り、是非に及ばずして切りたらば、討留よと云たる追手を捕うべきなり。

七、重罪の人取籠りたる時、助かる道の智略を述べても、彼漾引《よういん》*せず、却って方便と知りて、智略が却って勺讎《しやくしゆう》*になるものなれば、丸腰にて行きて云わんには、「汝の罪科重し、如何にも依る道あるべからざるなり。今、我君命を蒙りて来れり。然らば我申す処に随い、刀脇指を渡し玉わば、寺院へ連れ行き切腹さすべし。若し我申す処に随わず、重罪の身にて科無き我等を殺し、其の後汝も死せんとならば、是大なる辟事なり。今生《こんじよう》の恥辱を受るのみならず、且つは後世までもよかるべからず。辟事ながらも汝の望を達せば、よくも有るべきか。なれど壁を破り、四方より竹木を抛《なげ》入れ、其の上、つく棒*、さすまた*、ことじ*等を以て捕るならば、汝の心攀噲《はんかい》*を欺くとも、其の甲斐更になくして、終にはたたき殺さるべし。左なくば縄をかけ、首を刎《はね》ぬべし。是則、樊《はん》人下郎の死なり。是如くならば今生にては恥辱を受け、未来にては六道に浮沈する道理に非ずや。然れば我云処に随て士の死を致し、今生の誉れを受けんか、又我言ばに随わずして、我意を捨てずして雑人下郎の死を致し、末代までの其の名を汚さんか。兎角《とにかく》、汝の分別次第なり。同じくば、末も遂げざる我意を起こし、士の身にて雑人の死をせんよりは、如かざる本意にて死なんには、若し又、汝我言に随わずして我を害したりと云ども、汝の命、遁《に》げられずに全く死するなり。然らば恨み無き我を害すべき道理愈なし」と、理正しく言葉を尽くして、彼が身に成り替わり、審《つまび》らかにこれを説く。其の上にて寺院にて切腹致さすべき事を誓い、真実に云わば義をすすめられて、士たるものは十に八九も道具を渡す事有るべきか。爰には大事の心得伝授あり。右は取籠り者幾人にてもあれ、親子兄弟等の近き者どもより合籠りたるか、或は少しも云分のなき人かの時の方便なり。是れ、理を以て敵を服する処なり。

八、罪人他人どし幾人も籠り居らば、科の軽重を能聞届けて丸腰にて行き、軽罪の者を呼び出し、云含めて、其の者と我として、残りの者を内外より討ち、其の後其の者も捕る事。

　口伝有り。

九、軽罪の者取籠る時か、又は其の科の重き事未だ顕れず、潜に主人一人知りたる様なるは、彼が理を云い立て、強く道理を付け、兎角云い断るべしと云計って捕べき事。

十、夜中の取籠者には鍵鐺のかん*に松明を結び付けて、次第に先を見て行くべし。此の松明は桜の皮を油に浸し、能乾かし付て、廻り四寸にくくり、長さ二尺許《ばかり》にして持ちて宜しと云々。又敵の居所知らざる時、熊火*を抛《なげ》入るる事も有り。熊火の方、火器の巻に在り。或書に、夜中の取籠り者には玉火を敵中へまくと云えり。さも有りなんと覚ゆ。玉火*の方、火器の巻に在り。又剛盗提灯を用いる事も有り。

十一、火なき時は座さがしの術を用いる事

　口伝。或書に曰く。「夜中の戦いには二刀上段の構《かまえ》を以てすべし。両腰の鞘を竪《たて》ざまに直して、敵のはらう太刀を防ぐべし」と云々。

十二、戸入の事

　是は取籠り者、戸の左右に居る時の事なり。又居るとも居ざるとも知らざる時の術あり。口伝。或書に曰く。「門を入るに三つの準《はかり》有り。敵左に便り*を取らば、太刀上段に有り。右に便りを取らば、中段に構えて突かんとするなり。前に便らば遠近の積《つもり》を以て入るべし。是未然に敵を積る教えなり」と云々。

十三、智略にて叶わざる時は、前を驚かし後ろに入り、左を驚かし右に入るの術を用うべし。いつも裏屋の方より入る心もちよし。兎角人大勢集りたる方よりは、入るべからず。

十四、白刃取の事。村雨の術用うべき事

十五、巌石崩し用うべき事

十六、虎爪用うべき事
十七、捕者玉の事
十八、絶入散の事
　鉄砲にて放ちかくる事。

　方に斑猫《はんみょう》*五匁、砒霜《ひそう》*三匁、又蝮蛇《まむし》を土に埋み、其の上に馬糞をかけ置き、其の上に生たる茸《きのこ》を取り、粉にしても同じ事なりと云々。灰袋、霧檀《きりたん》、口伝。

　或書に曰く。「右の薬を鼻紙の中に入れて敵にまきかくる」と云なり。私に曰く。薬をまきては我にかからん事を畏る。鉄砲に如くはなし。
十九、早縄の事
　右各口伝有り。但し取組切戦の事、爰《ここに》記すべき様なし。只、常に剣術居合等は手練するに有り、謀計は其の時所による事なれば、先ず大概を記すものなり。
二十、捕者惣摩久利《そうまくり》の事
　口伝。

　右此の器は一人の業を以て籠る者を捕え、大勢小勢に限らず捕えざると云事なし。捕者の術は極々秘伝にて千金莫伝、一子の外亦伝える事莫《な》かれ。


【註】
○**一向二裏**　正面は少数で陽動し、裏から本隊で攻める。○**城責**　城攻め。○**他人どし**　「他人同士」(伊賀上野図書館本)。○**知音**　知り合い。○**住持**　住職。○**漾引せず**　すんなりとは引き下がらない。○**勺雛**　あだを酌む。○**つく棒、さすまた、ことじ**　突棒、刺又、琴柱。棒でいずれも刺又の類。○**攀噲**　漢初の武将樊噲。○**かん**　鐶。○**熊火**　忍器四火器参照。○**玉火**　忍器四　火器参照。○**便り**　便利。○**斑猫**　ハンミョウ科の甲虫の総称。ここでは毒があるマメハンミョウ、ツチハンミョウだが、これは別科。○**砒霜**　砒素。

巻第十六

天時の上*　遁甲篇

日取り方取り惣摩久利の事

凡《およ》そ日取り、時取り、方取りは専らに用いるべき事にあらず。又捨てるべきにも非ず。其の専らに用いるべき事にあらずと云事如何となれば、日時は天下の日時なるに因りて、味方吉日なれば敵も亦 良辰《りょうしん》*なり。故に秘華経に曰く。「仏法中に於いて日に善悪無し」と。又涅槃経にも、「如来法中、吉日良辰の選択は有ること無し」と云うなり。又方取りも専らに用いるべき事にも非ずと。其の故は孟子曰く。「*三里の城、七里の郭を環《めぐ》らせて之《これ》を攻むるも勝てず。それ環りて之を攻むも、必ず天の時を得る者有らんや。而して勝たざるは、是れ天の時地の利に如かざるなり」と云うなり。囲碁を見ざるや。上手は悪しき方を向いても勝ち、下手は吉方を向いても負けるなり。故に皆無用と云うべきにも非ず。如何となれば、兵法は詭道《きどう》*なり。実に日時方の吉凶を捨つる時は、臆病を勇して進ませ、愚痴《ぐち》*なる者を使う便なし。子*曰く。「民は之に由《よ》らしむべし、之を知らしむべからず」と云々。然る時は、只、人事を正しく行う事肝要なり。尉繚子《うつりょうし》に曰く。「刑を以て之を伐り、徳を以て之を守る。所謂《いわゆる》天官時日陰陽後背に非ず。黄帝は人事のみ」と云々。故に、其の事物に付きて当然の理を能尽くし行い、其の時所の変に応じて其の権《はかりごと》に中《あた》る。是、人事なり。人事の功なるは一箇の理なり。理即ち天なり。故に性理大全《せいりたいぜん》に曰く。「天は理なり。人、亦理なり。理に循《したが》えば則ち天と一つを為し、我と我とに非ざるなり。理なり。理は理に非ざるなり、天なり」と云々。故に循理、則、吉日良辰吉方等を撰用せずとも、自然と鬼神の加護を蒙り、安穏長久なるべきなり。大公曰く。「事〔天〕下に動かば、天道応じて善を為すに於いて吉日なり、悪を為さば悪日なり、善を為さば吉方なり、悪を為さば悪方なり」と云々。此の言、能尽くせり。之を学ぶ者、能々試すべし。昔、唐の大宗曰く。日時方の類は一切用《もち》いるに足らざるものなり。之を捨てるは如何《いかん》。李靖、対《こたえ》て曰く。之を廃すべからず。それ兵法は詭詐《きさ》*の道なるに依りて、日取り時取り方取り有るに因りて臆病又は愚痴なる者を使うなるなり。此の如くなる者は吉日吉方に迷うに因りて、今かかれば、大敵強敵も忽挫《たちまちくじ》くに難無き事と云う事を知らせ、勇を進むるの方便なり。是故に之を捨るべからざるなりと。大宗*又曰く。卿常に言う、天官日時の事は明将は用ず。暗将は是にかかわり泥《なず》む。然らば愈《いよいよ》 之を捨るか。李靖曰く。昔殷の紂王《ちゅうおう》は甲子の日に出戦して武王の為に討たれ亡《ほろ》ぶ。又周の武王も甲子に出戦して大いに勝利を得て天下を治め玉う。出陣の日、各甲子の日なり。又宋の武帝劉裕、往亡の日に軍を起こして南燕を伐つ。諸将曰く。往亡は凶辰なりに、軍を出すべからずと。武帝曰く。往亡は吉日なり。吾往くに因りて敵の亡ぶる日なりと云いて、終に軍を出して大いに勝て燕を亡ぼしたり。此の如くの事に因りて思えば、日取り時取りは廃すべき事に非ざる事、明《あきら》けし。又田単少勢にて即墨と云う所の城を守り防ぐに、燕人大軍を卒〔率〕して城を取巻ければ、墨が軍勢勇気衰えて見えければ、定めて燕軍へ降るか又は落ち行くかで有らんと周章しけるに、単、工夫を廻らし、一人に契約を固めて神史〔使〕となし、謹みて鬼神を祠《まつ》る。兼て約なれば、神史〔使〕が云う。時日移さざれば燕軍必ず敗れるべしと云々。是を聞きて、諸軍尽く勇み進みければ、田単其の勢いに乗じ、火牛の術をなし出て燕軍を追い敗り、大いに勝利を得たり。是則兵家は詭詐の道なり。捨てずして用いること此の如くに因りて、大宗曰く。田単は神怪を謀りて燕軍を敗り、太公は亀著《きし》*を焚いて殷の紂王を亡ぼす。単が神に拠ると、太公亀著を焼きたると、此の二事の違うは如何。李靖曰く。明将の機、皆一つなり。或は逆にして取り、順にして之を行う。其の実は皆同じ意なり。古、太公、武王を相《たすけ》て出陣し、牧野と云所へ行ける時、俄に雷雨震動して旌旗《せいき》*も折れ、金鼓*も敗れ気色おそろしき事限り無し。散宜生曰く。先ず軍勢を引き返し、重ねて良辰を占い、軍を出すべしと云うなり。此の如く散宜生の言いし意は、出陣の折柄、かかる不吉の相あるは、軍中の疑い懼《おそ》れたるべし。然れば戦の不吉とならん。故に諸軍の惑いを解かん為に、亀著を以て卜筮して鬼神に問うなり。太公曰く。腐りたる算木《さんぎ》*、死にたる亀が何ぞ軍の吉凶を知るべしや、と。武王は臣なり。紂王は君なり。然らば君を討する程なる事なれば、勝ては理に逆う。故に、若し之を占えば則不吉なりとて、占を守り軍を引きて再出陣せんやとて、終に占わずして行けり。右両《ふたつ》ながら宜しからずに非ず。散宜生は卜筮をして吉日なりと、前より軍中にならして惑を解くべきが為なり。太公は必定勝たんが為なり。此の二人の言、極まる所は其の理一つなり。皆、各士卒の惑を解かんが為なり。然るに右の日取り時取り方取りの事、皆理なり。此の如くなれば、爰《ここ》に其の大概を著する事、左の如し。

【註】

○**天時の上**　伊賀市上野図書館本は「天時編上」。○**良辰**　吉日。○**環りて**　ぐるりを囲んで「環而攻之」（孟子・公下）。○**詭道**　騙し違える方法。○**子**　孔子。○**詭詐**　あざむく。○**大宗**　太宗。○**亀著**　亀の甲羅を焚いて亀裂で吉凶を占う。○**旌旗**　色鮮やかな旗。○**金鼓**　軍用の鐘と太鼓。進軍は太鼓、止まる時は鐘を使う。○**算木**　占用の木で、約十センチメートルの正方柱体の六本。

日の五行を知る事

一、遁甲*の時の事

甲癸は子より五つ目。乙壬は申より五つ目。辛丙は午より五つ目。戊己は寅より五つ目。

丁庚は辰より五つ目。
右最上の良辰なり。

二、良辰の事

甲乙は十め、丙丁は八つめ、戊辛は六つめ、庚申は四つめ、壬癸は八つめ。

右、其の日より数えていくつと知るべし。喩《たとえ》ば甲子の日ならば酉《とり》の刻、乙丑の日ならば戌《いぬ》の刻と知るべし。吉時なり。

三、五掟の時の事

	木時	火	土	金	水
甲乙	立寅卯	命巳午	罰丑未辰巳	刑申酉	徳亥子
丙丁	徳同	立同	命同	罰同	刑同
戊己	刑同	徳同	立同	命同	罰同
庚辛	罰同	刑同	徳同	立同	命同
壬癸	命同	罰同	刑同	徳同	立同

立の時は神を祭り万事を思立、兵具を作、柱立、棟上げ。
命の時は神仏を祈り、主君へ出仕拝礼万吉なり。但し罪を討し、殺生等を大に凶なり。
罰の時は神仏を祈らず、訴訟を忌。其の外、万に忌。但し殺生に用う。
刑の時は万事ともに凶なり。
徳の時は万事に吉なり。

四、五宝日の事

十干
甲乙は木　丙丁は火　戊己は土　庚辛は金　壬癸は水

十二支
寅卯は木　巳午は火　丑未辰戌は土　申酉は金　亥子は水
右十干十二支の相生《そうじよう》相剋*によるなり。

五、天道神*吉方　正　南　二　西南　三　北
四　西　五　西　六　東
七　北　八　東北　九　南　十　東
十一　東南　十二　西
以上吉方なり。万事に用て吉。

六、歳刑《さいぎょう》*、黄幡《おうばん》*の二方に向て軍法を行うに吉なり。

七、三鏡　玉女《ぎょくじょ》*　の方を知る事
正、乙・辛・乾方　二、甲・丙・庚方　三、乙・丙・丁方　四、丁・癸・乾方　五、甲・丙・庚方　六、甲・乙・丁方　七、坤・巽・艮方　八、壬・乾・巽方　九、亥・壬・癸方　十、坤・艮・巽方　十一、壬・坤・艮方　十二、庚・辛・癸方
右三鏡は日月星の三つなり。また天知人にても表す。一切の吉方なり。

八、其の日の玉女の方は、其の日より九つめと云説有り。子の日ならば申の方が其の日の玉女、吉方なり。
［図32↓一八七頁参照］

【註】
○**遁甲**　人を紛らわし、体を隠す忍術。○**相生相剋**　中国の五行では天地の間では、止む事なく万物を組成する五つの元気、すなわち木火土金水の循環がある。相生とは木から火を、

火から土を、土から金を、金から水を、水から木を生じる事を言い、相克とは木は土に、土は水に、水は火に、火は金に、金は木に剋《か》つ事を言う。これらを男女の性に配して相生の組み合わせは幸福を、相剋の組み合わせすなわち相対すれば、不和で不幸になるという哲理である（陰陽五行説）。○**天道**　吉方であり、底本は「五月は西方」だが、正しくは五月は西北方。○**歳刑**　歳刑神。八将軍の四番目に位置する神で水や星の精。殺罰を司る凶神だが、破壊的な事を行うには吉方。○**黄幡**　黄幡神。土を司る凶神で摩利支天王。ただし武芸始めなどでは吉方。○**玉女**　三鏡宝珠形（天星玉女、色星玉女、多願玉女で吉方）。

相生祖剋日取り方取りの事

一、日取の習の事は、合戦勝負の吉凶は方角と進勝て進負けるを考え、大抵、時日を撰み出すべし。出馬、出舩、首途《かどで》には方角時日を能改るなり。殊に出舩に忌む日多し。

二、相剋相生《そうこくそうしょう》と云事

木克土　土姓の人、木性を深く忌むべし。木の人、土をば忌むべからず。相剋の相生なり。

水克火　火の人、水をば深く忌むべし。水の人、火をば忌まず。

火克金　火の人、金をば忌まず。金は火を忌む。

土克水　土の人、水をば忌まず。水は土を忌むべし。

金克木　木は金を深く忌むべし。金は木を忌まず。

一、相生泄気《せつき》*の論

木は火を生む。木より火を生じ、好むと云えども用うべからず。火は木を用て利あり。

火は土を生む。火より土を生じ、好むと云えども用ゆるを忌む。土は火を用て吉。

土は金を生む。土は金を用ゆるべからず。金は土を用いて利あり。

金は水を生む。金は水を用ゆるべからず。水は金を用う。*

水は木を生む。水は木を用うべからず。木は水を用う。

以上二ケ条、能々考るべし。敵より味方を相生は吉、味方より敵を相生は凶なり。又、味方より敵を剋*するは大吉。敵より味方を剋するは大凶。又、敵味方、比和するは共に用うべからず。

三、四季王相の事

春は木王し。火相土死し、金囚《とらわれ》し、水老す。土用ば、土王、金相、水死、木囚、火老。

夏は火王、土相、金死、水囚、木老。

秋は金王、水相、木死、火囚、土老。

冬は水王、木相、火死、土囚、金老。

以上王する方へ向いて敵すべからず。大将の姓を以て味方王するは吉。敵の大将の姓を王するは凶。凡そ軍の日取は、大将の吉凶を以て一軍の吉凶を定るなり。

四、孤虚の方の事

甲子の日より十日の間、孤は戊亥に在り、虚は辰巳に在る。

甲戌より十日の間、孤は申酉に在り、虚は寅卯に在る。
甲申より十日の間、孤は午未に在り、虚は子丑に在る。*
甲寅より十日の間、孤は子丑に在り、虚は午未に在る。
以上、孤を後にして、虚に敵を置て向かうべし。勝利、疑い無き吉方なり。

五、大将の姓に因りて首途《かどで》日の吉凶の事

大将　木姓　春冬は甲乙の日を用う。夏は凶、壬癸を用う。秋凶、甲乙を用う。
火姓　夏は丙丁の日吉。春秋冬は甲乙の日を用う。
土姓　四季の土用吉。春は凶、丙丁を用う。夏は戊己吉。秋は丙丁を用う。冬は凶、但し戊己の日を用うべし。
金姓　秋冬、庚辛を用う。夏は壬癸を用う。春は戊己を用う。
水姓　秋冬春、壬癸を用う。夏凶、但し壬癸を用うべし。土用大凶、但し壬癸を用う。

右日月相加又は月日より大将を相生は吉日とするなり。月の五行を以て剋するを凶とす。然れども急に用る時は心得有り。仮令《たとえば》夏三月は火、大将の姓木姓の時は月の行勝つ故に凶なり。然れば壬癸の日の水を用て月の姓を弱くし、水は木を生むと相生に、又は秋は金、大将は木なり。金は木に克と月の行より剋するは凶なり。然る時は甲乙日の木相和を用い、時の行を薄くすべし。大将の姓を厚くするなり。是相和を用い、相尅を除くなり。余は皆之に效《なら》う。又、敵味方の心得も同じ事なり。或は敵将、水姓にして北に居る。然も冬の時、壬癸日の水にて味方は南に在りて大将、火姓の時は敵より相克にて大凶なり。然る時は土姓の人を時の大将とし、未申辰巳の土より辰未の時を用う。或は丙丁の日、鬼宿等の用て駈る時は敵を克するの理なり。他皆准知すべし。

六、進勝進負の事

［図33↓一八九頁参照］

右の日は進勝時は進負ならば相掛り、又、時は進勝日は進負ならば相引なり。此の如きをば方角の進勝を見て掛るべし。口伝。

七、周の文王の日取の事

くり様なきを以て廻すと順へ、逆月の名を其の月の朔日にあててかぞゆ。文王、此の日取を以て勝利を得玉う。秘伝の日取なり。

［図34↓一九〇頁参照］

八、義経懐中日取

［図35↓一九〇頁参照］

繰よう、大の月の晦日をば、えの日ならば前の月の二日をあて、との日ならば五日をあてて知るべし。軍の吉凶を知る事、皆日取に勝れたるはなし。大極秘なり。

九、漢の高祖、敵追討の日取の事

正　九、十二、二十、二十一、二十二
二　七、十、十八、十九
三　五、八、十六、十七、十八

四　三、六、十四、十五、十六
五　朔、三、四、十二、十三、十四
六　二、十、十一、十三、二十六
七　八、九、二十三、二十六
八　四、五、六、二十、二十三
九　二、三、四、十八、二十一、二十九、晦
十　朔、二、十六、十九、二十七、二十八
十一　十三、十六、二十四、二十五、二十六
十二　十一、十四、二十、二十三

右、此の日は大吉なり。三箇の悪日、天綱四張、十死百死の悪日たりども、凶事なし。出陣、武道の評定、万吉。

十、九天九地*の方の事

春　寅の方九天、申の方九地
夏　午の方九天、子の方九地
秋　申の方九天、寅の方九地
冬　子の方九天、午の方九地

十一、軍始め大吉時の事

甲己の日は寅卯の時、乙庚の日は戌亥の時、丙辛の日は申酉の時、丁壬の日は午未の時、戊癸の日は辰巳の時

十二、門出の大吉時の事

子丑辰戌の日は酉の時、寅卯申の日は午の時、卯午酉の日は未の時、巳亥の日は寅の時、未の日は卯の時

十三、軍神を祭るべき日の事

正、甲寅　二、甲戌甲午　三、甲戌　四、丁卯　五、丁巳*　六、丁巳　七、庚寅　八、庚子　九、庚辰　十、癸亥　十一、丁未　十二、癸巳

正、寅　二、卯　三、巳　四、未　五、酉　六、亥　七、卯　八、巳　九、未　十、酉　十一、亥　十二、卯

右姓に由て此の日を用うべし。

十四、夜討に吉日の事

正、二、三、四、五、六、庚辰己巳　七、午卯　八、乙丑酉　九、庚子午　十、癸亥　十一、甲申丙戌庚寅　十二、壬寅甲癸酉

十五、摩利支尊天遊行の方

子午卯酉九つめ、丑未辰戌五つめ、寅申巳亥は一つめ

以上此の方に向て兵具を加時〔持〕し、軍神を祭るなり。大吉の方なり。其の日十二支を方に当て知るべし。但し敵に向かうべからず。矢を向けて放つべからず。

十六、敵の首捨る方の事

子の日は午、丑は巳、寅は申、卯は辰、辰は巳、巳は午未

十七、赤口日の事

正　四、十二、二十、二十八
二　三、十一、十九、二十
三　二、十、十八、二十六
四　一、九、十七、二十五
五　八、十六、二十四
六　七、十五、二十四
七　六、十四、二十二、晦

八　五、十三、二十一、二十九
九　四、十二、二十、二十八
十　三、十一、十九、二十七
十一　二、十、十八、二十六
十二　一、九、十七、二十五

十八、赤舌日の事

正　三、十一、十九、二十七
二　二、十、十八、二十六
三　一、九、十七、二十五
四　六、十四、二十二、晦
五　五、十三、二十一、二十九
六　四、十二、二十、二十八
七　三、十一、十九、二十七
八　二、十、十九、二十六
九　一、九、十七、二十五
十　六、十四、二十二、晦
十一　五、十三、二十一、二十九
十二　四、十二、二十、二十八

申は巳、酉は未、戌は申、亥は寅
右、此の方へ捨るべし。但し破軍を忌む。
右赤口赤舌は忍び等詭《き*》の為には凶なり。但し公事対決等には凶ならず。敵の詭を顕わすなり。偽《いつわり》を糺《ただ》す日なる故、詭訴の道には凶なり。

十九、不成就日の事

正七　三、十一、十九、二十七
二八　二、十、十八、二十六
三九　一、九、十七、二十五
四十　四、十二、二十、二十八
五十一　五、十三、二十一、二十九
六十二　六、十四、二十二、晦

以上万事凶。

二十、指神の方の事

縦令《たとえ》ば、子の日ならば辰の方指神なり。子は五つ、丑は九つ、寅は十、卯辰は五つ、巳は六つめなり。午は八つ、未は六つ、申は八つ、酉は十、戌は五つ、亥は七つなり。

右万凶方なり。公事口論等に向かう事、大凶。

二十一、友引の方の事

指神の方とかぞえよう同事なり。
歌に曰く
子丑四つ寅卯も六つめ、辰八つめ巳の日も八つめ、午四つめなり
未四つ申酉六つめ、戌八つめ亥の日も八つめ深くつつしめ
右此の方は、宝を納め、敵の首を埋み、敵の悪事、味方の吉事をなすべし。必ず味方手負死人病人などを、此の方へ遣る事を深く忌むべし。移徙等にも深く凶。

二十二、破軍の方の事

正、五つめ　二、六つ　三、七つ　四、八つ　五、九つ
六、十　七、十一　八、十二　九、一つ　十、二つ　十一、

三つ　十二、四つ

右正月五つめとは、子の時ならば、子より五つめ辰の方に向かうべからず。他もこれに准ず。九月一つめとは、其の時に在りて子の時にならば、子の方に在ると知るべし。此の方に向かい、勝負万事を忌むべし。破軍くり様、此の書の次に詳《つまびらか》に記す。

【註】

○泄気　気が漏れ減少する。**○水は金を用う**　大原勝井本は同じ。伊賀市上野図書館本は「水姓金姓を用て吉」「木姓、水姓を用て吉」。**○比和**　五行の「木気は木気を盛んにし」という具合に、同気が重なるとその気は益々盛んになり、また反対に不可なら益々不可となる。**○甲申より十日の間、孤は午未に在り、虚は子丑に在る**　伊賀市上野図書館本は「甲申より十日間、孤は寅卯に在り、虚は甲酉に在る」。**○九天九地**　天を九つの位に分けた思想で、極めて高い所と極めて低い所。**○五、丁巳**　欠。大原勝井本も欠。伊賀市上野市立図書館本より引用。『軍法侍用集』は「正、申丑」「六、丁丑」。**○詭**　だます、いつわる。

巻第十七

天時の下　天文篇

風雨の占十六箇条、併、風雨の賦

凡《およ》そ風雨を知る事は忍術の要なり。其の故は陰忍は風雨の夜を以て上策とす。且つ火を放つは専ら風雨に校《かせ》*、審《つまびらか》に之を察せざるべからず。

一、星光揺《ゆら》ぎて定まらず、眨《まばたき》て眼状の如くは三日の内、大風有り。

二、黒雲、夜、斗口を渡りて、或は黒雲飛て天河を塞ぎ、魚《ぎょ》鼈《べつ》猪竜の状《さま》*の如く生ずる次の日は未刻に于《いたり》て風雨交作する。天河に惟雲の来往有るのみにて、黒塊無く相接し行くは、其れ風久しからず。

三、日の暈《かさか》るは雨。月の暈は風。闕《かけ》の方、風雨為る有り。

四、日没、胭脂《えんせき》*の如く紅きは雨無きなり、風なり。

五、風早く起こって晩に和ぐは、明日大風防ぐ。

　気、黒蛇の如く日を貫くは雨水有り。

　日の出入、黒雲有りてこれを貫くは三日を出ずして暴雨有り。

日の上丁*に黒気有り、蛇竜の如きは風雨の主《しるし》。

日出始め、車蓋の如きは必ず雨《あめふ》る。

日に光無く、昼昏《くら》く、暮に到りて解けざるは大水有り。

孟月*十一日、仲月八日、季月九日、皆当月に月暈有り、若し暈《かさかぶら》ざれば三日を出ずして風雨主す。

月蝕東方はその月に必ず悪風あり。

六、春風報い易く、一日、南の風は必ず還りて、一日、北の風、早き風有りと雖も晩に向いて必ず静むなり。

　南風の尾、北風の頭を防ぎ、南風は漸《ようや》く吹きて漸く急なり。北風吹き起きて便に大なり。

七、雲、砲車の形に若《わ》き起きて大風主す。

八、雲起き、下り散して四野に満ち、目に烟《けむり》の如く霧の如くは名づけて風化と曰う。風起こる事を主す。

九、水際に靛青《てんせい》*生《はえ》るは風雨の主《しるし》。

　雲、魚鱗の如し、雨ふらず必ず風。

十、秋天に雲隠る。若し風無きは則雨無し。

十一、海燕忽《たちまち》て群を成して来たらば、風雨を主す。

十二、海猪《かいちょ》乱れ起つ。大風を主す。

十三、水蛇蟠《かまり》て蘆《あし》青く高き処に在る。水の高き、若干首を回らし下を臨めば水即ち至り、上を望めば稍《ようや》く慢《ゆるむ》を主す。

十四、月尽きて雨無し。則、来月の初め、必ず大雨風有り。

十五、月、箕壁翼《きへきよく》（兵鏡作参）軫《しん》*に在り。此の四宿は乃ち風起の日なり。月、一日一夜毎に、十三度の有令行わる。二十八日一周の天に晦朔一日其の行渡を見ず。但し中気を査《しら》べ、日月を合宿し、首《しるし》と為して之を推す。又、必ずしも四七正度*に拘《とらわれ》ず。但し李筌《りせん》が大約の度数に依る。

日月合宿るは雨水有り。室《しつ》、八度春分。奎《けい》、十四度穀雨。昴《ぼう》、二度小満。参、四度夏至。井《せい》、二十五度大暑。星《せい》、四度処暑。翌、九度秋分。角、四度霜降。氐《てい》、十四度小雪。箕《き》、二度冬至。斗、二十一度大寒。虚、五度

大約度数は

東七宿七十五度。角、十二。亢《こう》、九。氐、十五。房、五。心《しん》、五。尾《び》、十八。箕、十一。

北七宿、九十八度。斗、二十六。牛《ぎゅう》、八。女《じょ》、十二。虚、十。危《き》、十七。室《しつ》、十六。壁《へき》、九。

西七宿、八十度。奎、十六。婁《ろう》、十二。胃、十四。昴、十一。畢《ひつ》、十六。觜《し》、二。参《しん》、九。

南七宿百二十度。井《せい》、三十三。鬼《き》、四。柳《りゅう》、十五。星《せい》、七。張《ちょう》、十八。翌、十八。軫《しん》、十七。

仮令《たとえ》ば正月雨水の如きは、第一日夜半に室八度に在り、第二日夜半に至りて一十三度*少強行く、即ち壁五度に至り、第三夜半に奎九に至らんや。

【註】

○**校**　足かせ。○**魚鼈猪竜の状**　魚や亀が猪や竜の形のようになって。○**胭腊**　腫れた咽のように。○**日の上丁**　日の上頂。伊賀市上野図書館本にて訂正。底本は「日の上下」。○**孟月**　四季の始めの月で一、四、七、十月をいう。○**靛青**　藍。○**箕壁翼軫**　二十八宿の四つの宿。○**正度**　暦と度量、正しい法則。○**一十三度**　伊賀市上野図書館本は「干二度」として「一に一十三度に作」とある。

風雨の賦

高明にして上に覆い、日月星辰下に沈潜し、風雨雷神を載せて斗光の明暗を占い、月色の初新に魁畔《かい》*黒雲を弁じ、滋《しげま》す事を于当夜に沾《うるお》い見る。魁星は北斗の前四つ星是なり、若し黒雲斗口を掩《おおう》は是雨。罡は北斗の七星是なり。罡《こう》*前に黄気あらば、潤沢に以て来たる事を知る。罡は北斗の七星是なり。晨《じん》遍に掩映《えんえい》*なるは三日。北斗に雲遍《あまね》く掩らば、三日の中、雨の主。独溟濛《ひとりめいもう》*として半日、斗間十二星、雲蔽は三五日雨有り。戊巳六竜に魚行くごときにして大に灑《そそぐ》は戊辰己巳は名けて六竜という。其の日平且日下を占う。夜占は斗若し雲気蒼潤にして魚鱗の形の如くは、当日或は当夜必ず大雨の主。斗間五色、亀の動くが如く、長洋を以て斗間の雲気、亀竜の形の如く、動かば亦雨。類南天炎、中岳を焵《や》き、以て飄*塵。南天は赤色気、中岳は黄気、斗間赤気は日の主《しるし》にて干、熱の主は黄気にして斗の上下に蔽《おお》い広がらずとも密にして風土の象多し。又占うに但青竜亥子壬癸発動するは雨有る主。杓《ひしゃく》前、白気にして風雨に逢。杓は北斗の後二星の名なり。節内に丹霞あるは晨人に甚益あり。節気の日に交《あ》う毎に早くして丹霞を見、風雨、時に順《したがう》。六甲時空*一旬、澱《よどみ》を竭《つくす》。凡そ一甲管一旬、甲日、日の斗口を掩《おおう》雲無くば、十日は時。*雲気出る如く五行、面を逐《おう》。雲気、何れの方に出るかを看《み》て雨を定。東方、甲乙日に応ずる如きは雨、

其の余、此れに倣《なら》い、青雲甲乙は雨、紅雲丙丁は雨、黄雲戊己は雨、白雲庚辛は雨、黒雲壬癸は雨、五色方面に逐《おう》。卯日同甲四方の気象に因る為、五卯六甲と与は雨なり。甲子従り甲子卯日五に至る、言ば五卯日に雲、日の斗口を掩う無くば十日晴《はれ》るなり。且つ、夕は滋《ますます》 蒼なるは諸干《これ》の期程、変を立つ。平旦占うに黒雲、何方に出るかを看、東方、甲乙日の類に応じるが如くは断なり。紫鳥白兎降りて未だ夗《のぼら》ざるは雨霑《うるお》う。日は紫、月は白くは陰雨有る主《しるし》。青日、丹蟾《たんぜん*》升《のぼり》て未だ降りざれば炎旱。日白く、月赤くは大炎旱の主。陽碧陰緑未だ交わらざれば景色将《まさ》に寒ならんとす。天気下降、地気未だ升らざる日色青月色緑、是に気交わらずは将に寒の兆なり。奇黒耦青、未だ密ならざるは虹霓《にじ》を見んと欲す。奇は日、耦は月なり。日黒く月青きは将に雨、不雨《あめあがりて》 虹を見る。若し乃《なんじ》重ねて卯日を占うに、雲中央に聚《あつま》らば寒風、土《ど》に列《つらな》り、樹折れ、四方に雨瀉《そそ》ぎ、頎頻《きひん*》にこれ無き則《とき》、別に災異生じ攢《あつま》りて兵賊興ることこれ有り。則、人、凶殃《きようおう*》起こる。甲卯日、前の天色の如く、若し応ぜずして雨止ざれば、災殃《さいおう》あり、亦、必ず盗賊兵起の主なりて、応ずるに五日有り。此れ五音*の宮羽なり。子午の時宮を為し、卯酉の時は羽を為し、辰戌の時は商を為し、巳亥の時角を為し、丑未寅申の時徴を為すなり。又、土を宮と為し、水を羽と為し、木を角と為し、火を徴と為し、金を商と為す。徴日徴風の如き時は丑未寅申加われば火災有り、角日角風の時に巳亥加われば災病有り、商日商風の時辰戌加われば兵起有り、羽日羽風の時卯酉加われば雨水有り。六義の柔剛を裁く。六義は六情なり。加えるに寅牛の日は廉貞風を為し、南より来たるは嘉慶楽事の主。巳酉は寛風を為し、西より来たるは酒色楽事の主なり。丑戌は公風を為し、西南より来たるは報事善相通和悦事の主なり。甲子日に貪粮風を為し、北より来たるは侵奪財貨賊盗兵起の主なり。寅卯日に陰風を為し、東より来るは七日にして陰賊入界して営塞を偸劫《ちゆうきよう*》の事の主なり。辰未日に奸邪風を為し、東北より来れば七日中に虚驚姦非事有り。風清く寒からざる如き事は善。昏濁し破屋折木の如きは則凶なり。壬子より丁に至り、各三朝に轄《しめくく》り、雲の蔵《ぞう》するを計り数う。壬子、癸丑、甲寅、乙卯、丙辰、丁巳一日管《つかさどる》 毎に三日陰暗。喩《たとえ》ば壬子の日の如くに出る雲有りて、気濃黒にして斗の上下左右に在らば則、戊午、己未、庚申の三日の内に若し雲気無く晴明ならば、此の三日は晴。余は皆之を倣《ならい》て之を占う。丙子終辛、管毎に五日低濃なる則雨諸郷に遍る。天漢を連窺ふに虵経《だけい》の霧、雲集まりて屯累《かさね》して銀河を観、猪越るは風を調え雨に順う。天漢は銀河即ち天河なり。其の雲、黒く潤り、猪蛇の形の如くして経を越え天河の間を来往するは、当時期日の主を以て占うに必ず雨。雲掩い映無くば当旬の草木滋《しげ》らざる気有り。侵《しん》麦《りよう*》して逐限*の田園は潤い益あり。言うは、天河の中に及び、五卯六甲に雲気往来するは風雨断つ。黒牛夜半に竜の如き震に在らば、以て辰に期。癸丑日の夜半、黒雲気の状竜の如きは震位在り、辰日雨有り。青竜辰前に馬に似るは離れて当て午《うま》信ず。辰日早く雲気有り、状、馬形の如きは離位在り、午日雨有る主。月初、両曜青黒潤明ならば旬、数雨当る。黄色は乾晴、両曜は日月なり。月初毎に日月を占、青黒の如きは則月多雨、黄赤の如きは則多旱。旦《あした》に孤光候うに、雲を中央に帯び動かず、日高き事三丈は雨四面に施し、以て頻《しきり》に行う。孤光は日光なり。日の出の時、雲日を蔽《おおい》見えず、散移らざるは日中時、雨即降るなり。朝、東方を見るに積土の雲形は暮に瀉《ふりそそぐ》の便にして、西上を窺うに累盖《るいがい》*の象傾く事を尋んぬ。晨《あした》に北方を候うに、雲多く黄黒に焼け南行を望まば雨雪立に見る。躍々猪気山に奔《はしれ》ば、七子の期なり。七子の応在七日なり。鬱々《うつうつ》たる離風乾去は八辰の索を以てす。八辰亦八日に応ず。雲横に帯び寅卯に列を為すは甲乙の名の日。位を次の辰巳に当、丙丁の色に作す。午未の間見、戊巳の日に差す無く、坤申の土行雲庚辛日は易からず、若し炎旱に当れば熒惑《けいこく》*少し干河津を退く。火星、天河及び河中を守る。星象稀少なれば旱の主。或は霖霪《りんいん》*遇る。辰象曜《てり》て干、漢*泊繁し。天河に星多く、皆雨水を生ず。天威を兼以て*雹《ひょう》を凍らせ、神怒りて雲奄いて漫洒《まんせい》*す。軽く遠近に吹きて仁君恵重し、君正臣忠は先風後雨を以て詳審《つまびら》かなり。上驕り、下諂《こび》るは、始めに雨、終りに風。而《しこう》して禍を占う。頃*逆に河に入り、法令急にして淋潦《りんろう》*。塡星土星逆に河に入るなり。熒惑木を犯し、政理卒《おわり》て早*炎。熒惑は火星なり。若し辰星を犯せば旱を主す。陰陽開闔《かいごう》*の節を明らかにして璇璣《せんき》*運行の数《ことわり》に達し、四冲《しちゅう》変を加え朝中夕半に以て雲を興す。四冲は子午卯酉なり。凡そ四冲の年月日時、若し大乙宮を移り雲有りて掩い、日青黒く明潤するは必ず雨。朝中は日午時なり、夕半は夜子の時なり。六壬伝え発して竜水干支して雨を致す。支干の位、其の所に非ざれば以て多くは無し。月宿十精を是方に当て遍《あまね》し。春三月丙丁、夏三月戊己、秋三月壬癸、冬三月甲乙日、土王用事時庚辛日。各月宿十精日に間《しばらく》も有らずして雲気無し。ただ此の日に逢えば必ず大風雨、或は陰雨応ぜず。是土王事を用う時庚辛の方に応ずる如く、春三月は丙丁応ずるなり。畢《ひつ》*月に相逢て雲は雷を干《かん》下《げ》して土に布《しく》。月畢星を犯すは必ず雨の主。金水出入は風霧を起こし、以て天に連なる。金水二星の初出初入の日は風雨有り。*銅雀屛《おおい》て気泄《もれて》枯れ、徴《ち》鳥《ちょう》翅《つばさ》を張る。銅雀は鳥名。鳴く則《とき》は五穀熟《うれ》、屛気は鳴かざるなり。旱の主。又蜘蛛蛇に四翼有るは徴雨の名《あきらか》なり。見る処、三歳大旱す主。石燕翺《こう》*して川溢《あふ》れ、商羊*鼓舞す。石燕は薬名。飛則雨の主。商羊は一足の鳥。羽を舒《ひろげて》跳び舞うは水災の主。君の徳を載せるに五徴足らざるは以て維新任相の賢、十義虧《かける》無きは古《いにしえ》に効《なら》いて尊天貴地を徴《ちょう》*す秘法を以て推誠敬鬼重神して玄機*を握りて譜を定む。

十六、四七*の査《しら》べ、風雨の歌雷門*に掛榜*す。二十四*、欻《たちまち》天、大率して前賦*出ず。但し此の賦を以て熟読細玩し、五行生尅《しょうこく》の理を定める則《とき》、応ぜざる有るは無し。

右は兵衡《ひょうこう》兵鏡等の書より、風雨を占う専要の所を抄出して記すなり。此の外、風雨を占う術多し、と云えども口伝あり。

雨起こる時を知る。死期に中《あた》るときは中にても大小知るべし。中らざるときは大にても中と知るべし。口伝。

［図36↓一九九頁参照］

【註】

○**魁**　北斗七星の器にあたる部分。○**罡**　北斗七星の柄にあたる部分。○**掩映**　おぼろげに隠れ加減になる。○**溟濛**　曇って暗い。○**飄塵**　つむじ風。○**六甲時空**　伊賀市上野図書館本は「六甲晴空」。○**斗口を掩《おおう》雲無くば、十日は時**　伊賀市上野図書館本は「斗口を掩う雲無くば十日は晴」。○**丹蟾**　赤カエル、赤いヒキガエル。○**頎頻**　ひっきりなしに。○**凶殃**　痛ましい禍　○**五音**　五つの音階で宮、商、角、徵《ち》、羽を言い、宮は七音のドにあたる。○**偸劫**　盗み脅かす。○**侵夌**　高みを越えて侵行く。○**逐限**　限界を広げるような。○**累盖**　蓋を重ねたような。○**熒惑**　五星の一つの火星で戦乱の兆しとされる。○**霖霤**　長雨。○**漢**　天河。○**兼以**　伊賀市上野図書館本は「箕以」。　○**漫洒**　広範囲に洗う。○**頃逆**　正しくは大原勝井本、伊賀市上野図書館本の「塡逆」。塡は塡星。○**淋潦**　しとしと長雨。○**旱炎**　旱炎。○**開闔**　開閉。○**璇璣**　くるくる回る玉。○**畢**　畢星。二十八宿の一つで規準星はおうし座にあり、雨を降らす星。○**畢月に相逢て雲は雷を干下して土に布。月畢星を犯すは必ず雨の主。金水出入は風霧を起こし、以て天に連なる。金水二星の初出初入の日は風雨有り**　正しくは「金水出入は風霧を起こし、以て天に連なる。金水二星の初出初入の日は風雨有り。畢月に相逢て雲は雷を干下して土に布。月畢星を犯すは必ず雨の主」。○**翺**　高く飛ぶ。○**商**　五音の一つ。○**徵す**　もとめる。○**玄機**　深い道理。○**四七**　二十八日、一か月。又は四字、七字の韻文。○**雷門**　浅草寺の雷門は左右を風神雷神が守護している。○**榜**　立て札、標札、札。○**二十四**　二十四気、二十四節気。○**賦**　漢詩の六義《りくぎ》の一つで、事物をそのまま表現すること。

月の出入を知る三箇条

一、定める法

一時の間を十に割りて十貶とし、一貶を十合わせて一時とするなり。

二、算法

幾日にても四の声を加える法にして、いつも辰より歩数し、月の出る時を知るなり。入るは出たる時より六時めと知るべし。

喩《たとえ》ば八日なら四八三十二と唱え、三時二時〔貶〕と知り、辰巳午未と数えて未の上刻に出ると知るなり。又、二十四日ならば二四八四々十六と唱へ、九時六貶と知るなり。扨、辰巳午未申酉戌亥子丑と数えて丑の中刻より出て明る日の未の中刻に入ると知るべし。余も之に效《なら》い、十五日の月、二十日の月を算《かぞえ》て能知るるなり。

三、時の鼓をならす作法

上旬は卯の首をうつ故、辰の鼓の鳴るまで卯の刻なり。中旬は卯の腰をうつ故に、鼓の鳴る前半時、後の半時まで卯の刻なり。下旬は卯の尾をうつ故に、鼓終わる時、則辰の上刻なり。

潮の満干を知る図説四箇条

潮時の図

〔図37→二〇〇頁参照〕

一、大潮十日、小潮五日の事

図有りと云えども口伝あり。

二、大知死期のくり様にても汐の満干の大図知るるなり。

一二九十　子午卯酉《九なり六なり》

六七八は寅申巳亥《七なり四なり》

三四五は丑未辰戌《八なり五なり》

潮大中小の歌

大潮は十四日より十八よ、二十九よりも三日までなり

中潮は四日よりして八日まで、二十五日よりも二十八日

小潮とは九日よりして十三日、十九日して二十四日ぞ

三、月の出る時と潮の満る時と同じものなり。故に月の出入をくりて潮の満干を知るべし。

一日に両度の潮の事。月の出より七時めに又さすべし。口伝。右の図にては満干少しずつ相違の事有るべし。此のくりにては相違有るべからず。試むべし々々。

四、太田道灌の塩の歌

遠くなる、近く鳴く海の浜千鳥、声にぞ潮の満干をばしる

方角を知る二箇条

一、北斗星を見て東南西を知るべし。惣じて常に天体図を掛置き、二十八宿其の外諸星の形を知り、天を仰ぎ見試し、記得*すべきなり。兵鏡に曰く。広野の如く四隅莫弁《ばくべん》とし、又夜晦《つごもり》*に値《あい》ては北辰及び候中星を見当て正為す。

正月昏*　昴中且心中

二月昏　井中且箕中

三月昏　柳中且南斗中

四月昏　氐《てい》中且牽牛*中

五月昏　角中且危中

六月昏　南斗中且壁中

七月昏　尾中且婁中

八月昏　虚中且畢中

九月昏　牛中且井中

十月昏　虚中且室中

十一月昏　室中且軫《しん》中

十二月昏　奎《けい》中且亢中

二、耆《き》著屈《しやく》*を持ち行く時は雨の夜にても東西知るべき事

兵鏡に曰く。若し天景曀霾《えいばい》*して夜色瞑黒に遇い、又方向弁《わきまえる》あたわざる則《とき》は老馬を当縦《あてはなち》て前に行かせ、道路を識《しら》しめす。或は指南針及び指南魚を以て向く所を弁。魚法の用は薄き鉄の葉を剪裁《せんさい》し、長二寸、潤《ひろ》さ五分、首尾鋭にして魚形の如きに置き、灰火にて之を焼く。候《うかがう》に通赤し、以て鉄、鈴々と莫首火を出す。尾を以て正対《せいたい》の子の位に醮《まつり》*、水盆の中に尾

を没すること数分、則上げ、以て密器に之を収む。用う時、水椀を置き、風無き処に於いて、平に魚を放つに水面に在り。其の頭を浮かしむに、南向午に当たるなり。指南針は即ち羅盤内に用う所のものなり。

【註】
○**記得**　覚えおく。○**晦**　月の無い闇夜。陰暦各月の最終日。○**昏**　暗闇。○**牽牛**　底本は「牽午」。○**耆著屈**　方位磁石。○**曀霾**　砂塵や霧霞で曇って見えない状態。○**正対に子の位**　真反対十二時の位置に。

時刻を知る二箇条

一、罡魁《こうかい》*星を以て時を知る事

罡魁は一時に一支を歩行するなり。其のくり様、時四つ去りて月の数とくるなり。扨、此の星を以て刻限の知りようは、仮令《たとえ》ば正月ならば、幾日の夜にてもあれ、寅の方へ剣先を向ひあらば、酉の刻*には丑の方へ向かい有るはずなれば、丑より寅は二つ目なれば、酉戌と歩数《すすみかぞえ》す、戌の時なりと知るべし。又、卯の方へ向かい、丑寅卯と計《かぞ》え、酉戌亥と計えて亥の刻なりと知るべし。十二支ともに同断なり。十二月《つき》ともにこれを倣《なら》う。

［図38→二〇二頁参照］

二、雨気の夜にて星なき時は砂とけい。錘。

猫の眼歌に

六つ丸く、五八はたまご、四つ七つ柿の実にて、九つは

針

列宿

二十八宿なり。四方各七宿。謂うに、これを経星と。昴星はすばるなり。西方の宿なり。参はからすき星なり。西方の一宿なり。

［図39→二〇三頁参照］

右、風雨占いの要術并潮の満干、月出の候、北斗二十八宿の図説、各平常より天象を自観して之を翫味《がんみ》すべし。則、殆度庶幾《ほとんどもろもろ》彷彿乎《や》。

【註】
○**罡魁**　北斗七星の器と柄の部分。○**酉の刻**　底本は「刻」欠。

巻第十八

忍器一　登器

凡《およ》そ忍器は登器のみに限らず、何れの忍器にても譬《たとえ》ば網の目のごとし。其の目、億兆有りとも鳥のかかる所は只一二目に過ぎず。忍器も亦其のごとく、忍び入る毎に*衆器を皆用いるに非ず。兼て敵方の様子を能考え、工夫し、其の時の宜しきに相応したるを持ち行くべし。多く持ち行く事なかれ。是故に一器を以て諸用に達するを功者の忍びとするなり。

【註】

○衆器を　それら全ての忍器を。

一、結梯の図説

凡そ結梯に真と草あり。真と云は常に作り置きたるを云うなり。草と云は忍ぶ折柄、人の怪しむるを忌む故えに、竹を二本持ち行き、其の至る所にて調《ととのえ》るを云うなり。

［図40→二〇四頁参照］

此の製作は大竹を割り、鑓の打柄の如くにし、しわる事なくば如何ほど長く拵《こしら》え、*梯の子をも竹にてし、細網を以て結び付けるなり。結び付けよう、少し口伝。

古人二本の竪竹の間は横八寸、或は六寸。竪の長さは其の所に準ず。故に之は定めず。私に曰く。竪竹の間の寸法は人々の好み次第たるべし。上と下と共に二三尺の間を菰《こも》にて包み、物音をさすまじき為なれば、菰のみに限らず何なりとも其の時に有合せたる柔らかなる物にて然るべきなり。是のみに限らず、一概に心得るべからず。

【註】

○梯の子　梯段用の横木。

二、飛梯図説

［図41→二〇四頁参照］

此の製法は大竹を割合わせ、結梯の如く作るなり。上下を包むこと同じ。

三、雲梯図説

［図42→二〇四頁参照］

此の製作は別に作るに非ず。結梯にても飛梯にても又高くして、及ばざる所には結梯の上に飛梯を結び付け、此の如くなして昇る。名づけて雲梯と云。少し口伝。

四、巻梯図説

［図43→二〇五頁参照］

此の製作は麻の縄を以て作るなり。長《た》け、人の立ちて手を延ばし、手首のたけなり。口伝。梯の子は竹を以て作るなり。

五、鉤梯図説

[図44↓二〇五頁参照]

此の製作長け二丈五尺、横六寸なり。或は麻縄、或は蕨《わらび》縄を以て之を製す。鉄鉤図の如し。梯の子は竹にてもよし、又縄にても作るなり。口伝。右は巌石など険しく、上に木立など在る所に之を用う。

六、高梯図説

[図45↓二〇五頁参照]

鉄輪を図の如く縄を付け、一筋は輪の中に入るるなり。

右高梯は忍器を通ずる器なり。口伝。

七、苦無《くない》*図説

[図46↓二〇五頁参照]

此の製作は長一尺二寸、或は一尺六寸なり。鉄を以て製す。

へら苦無も同じ。

【註】

○**苦無**　握りやすく、操作しやすい約二の腕長の尺鉄であり、それを使う挫《ひしぎ》術としても強力な武器である。

八、探鉄《さぐりがね》*図説　一名つきはけと云

[図47↓二〇六頁参照]

右鉄を以て製す。長一尺五寸、或は一尺二三寸、柄長六寸。口伝。

【註】

○**探鉄**　障害物に穴を開けたり、探ったりする忍器だが、苦無同様に隠し武器としても強力である。

九、長嚢図説

[図48↓二〇六頁参照]

此の製作は布木綿を以て作るなり。長三丈、或は二丈。二幅合縫《あわせぬい》なり。上の口には半月の輪を縫くくみ、鉄釘を付けるなり。又異説に下に玉をさげると云。未だ信じられず。

十、打鉤図説

[図49↓二〇六頁参照]

右打鉤《うちかぎ》の製作は鉄をきたえ、鉤《かぎ》四つを取おき、四つを一つにする時は鉄輪を以てしめよするなり。縄の長さ一丈五尺、麻を以てするなり。私に曰く。縄は所によるべし。口伝。

十一、蜘蛛《くも》梯*図説

[図50↓二〇七頁参照]

【註】

○**蜘蛛梯**　糸にぶら下がった蜘蛛の姿からの命名。

十二、竜登《りゅうとう》*の図説

〔図51→二〇七頁参照〕

【註】

○竜登 弓矢で細糸を枝や横木に送り越し、木登りなどの補助具として使用したものか？

十三、大鑰《おおかぎ》図

〔図52→二〇八頁参照〕

十四、三つ鑰の図

〔図53→二〇八頁参照〕

十五、その他〔この条項題なし〕

一、太刀登りの事

是は七尺八尺までの塀の時に之を用う。

二、草の鐺登りの事

是は一丈一尺までの高みへ登る時、之を用う。

三、真の鐺登りの事

是は二間柄にて二間半、或は二間四尺計《ばかり》まで登るなり。但し石突*の方にからくり在り。口伝。勿論、蜘蛛梯の道具、縄在りの徳、数多し。是亦口伝。

【註】

○石突 柄で鐺刃と反対側の端。

巻第十九

忍器二　水器

凡《およ》そ水を渉《わた》る事、其の器有りと云えども、事の急なるに臨んで水器なき事在り。是如くなる時は竹、木、篠《しのだけ》、葦、薄《すすき》、桶、甕《かめ》、杵、臼等其の外何にても有合わせたる物を筏《いかだ》として渉るべきなり。故に其の図説の大概を此の書に著す。古の大軍にも在家を毀《こぼち》＊て筏に組み、川を渉したる様《ためし》多し。当流の水蜘蛛、挟箱舟《はさみはこぶね》等は川堀など渉る最上の器にして忍術の大要なり。尤も手軽くして、水の上少しも危き事なし。此の如くなる水器、世に希なり。秘すべきなり。然りと云えども此の器は大軍を渉すには益無く、唯《ひとり》忍術の密器なり。

【註】

○毀　壊す。

一、浮橋図説

［図54↓二一〇頁参照］

浮橋の製作は長定まらず、其のわたりの長短尺に応じて作るべし。口伝。横一尺二寸、両端に縄を余す事二尺余。縄の端に鉄のほぐせ＊を付けるなり。割竹を編み、図の如く作る。尚々口伝。

【註】

○ほぐせ　掘串。竹木製の土を掘る道具だが、ここでは鉄を使用。

二、蒲筏図説

［図55↓二一〇頁参照］

蒲筏《がまいかだ》は横に木をあて、蒲草を束に結びて図の如し。又編む事も有り。

三、甕筏図説

甕筏《かめいかだ》、図の如し。或は釜、桶、杵、臼なども此の如し。

［図56↓二一一頁参照］

四、葛籠筏の図説

葛籠筏《つづらいかだ》は皮つづらにひじつぼ＊を拵《こしら》え置き、水に入るる時ひじつぼを合わせ、身蓋四つを合わせ乗るなり。凡そ此の道に志在る人は皮つづらを嗜《たしな》むべきなり。

［図57↓二一一頁参照］

【註】

○ひじつぼ　肘壺、壺状に作った蝶番。

五、水蜘蛛《みずぐも》の図説

水蜘蛛は物円く、身の指し渡し二尺一寸八分、内は一尺一寸八分。中を円くとるなり。外側は幅一方にて五寸ずつなり。

（一）板の厚さ二分五厘。

（二）蝶つがい。地板の厚さ二厘、長二寸二分、横八分。但し一方に釘五つ所ずつなり。*

（三）掛鉄は羽掛鉄なり。

（四）ひろげかね*の事。外法《そとのり》*にて三寸五分、内法にて三寸。但し釘先太く本《もと》を小さくする。口伝。

（五）敷皮は牛皮なり。長八寸、横四寸五分。四つの隅に皮にて乳《ち》*を付け、其の乳に四つのかん*より組緒を付けるなり。

（六）惣皮は馬皮なり。薄き古《よ》き皮にちゃん*をぬる。口伝。

［図58→二一一頁参照］

［図59→二一二頁参照］

【註】

○**五つ所ずつなり**　五つ所ずつ打つなり（伊賀市上野図書館本）。○**ひろげかね**　開げ鉄。○**外法**　外側の差し渡し。○**乳**　小さな輪。○**かん**　環。○**ちゃん**　松脂。

六、水掻の図

水掻の製作。かたはまのき履*の如くにして、裏にろくろ*有り、上にはな緒を付け、はくなり。

［図60→二一二頁参照］

【註】

○**かたはまのき履**　片歯真木履、一本歯の真木の下駄。○**ろくろ**　轆轤、ここでは一本歯が開く仕掛け。

七、他流水蜘蛛の図説

水蜘蛛の製作は性の堅き竹、或は鯨鯢《くじら》の髭等を細く円くけずり、輪にして糸にて三四箇所編み、挑灯《ちょうちん》の中輪の如くにして、両端に厚さ四寸計《ばかり》の銅板を円くしてあて、上に馬皮或は鹿皮を漆にてはり付ける。或はびょうにて打付けてもよし。扨《さて》、板に息出しをほり置き、捻じりかん*をさすなり。尚口伝。一説に十文字紙にてはり、渋を引き用いてもよしとなり。

水蜘蛛の用いよう、息を吹き込み、ねじを入れ、息を籠らせ、臍の下に付ける。口伝。

［図61→二一二頁参照］

【註】

○**捻じりかん**　捻じり環。

八、挟箱舟の図説

［図62→二一三頁参照］

［図63→二一四頁参照］

糸付は裏に丸革をあつる。*但し四方を閉る。裏革の差しわたし一寸。革の継ぎよう、風呂敷き縫なり。

［図64→二一四頁参照］

【註】
○**丸革をあつる**　欠けた所がない革をあてる。

九、舟革下染の事
能く交《まじ》りなきえごまの油一升に、小麦三合其のまま入れる。樒《しきみ》の葉三十枚を薬鑵《やかん》にて煎ずるなり。藁蘂《わらしべ》＊を中に立て、加減を見るなり。宜しき時は藁しべ立つなり。皮にぬる時は丹＊を一合入るるなり。是は油干しかねるゆえ、早めの為に丹を入るなり。革の塗様は塗師のつかう刷毛《はけ》にて薄々と村《むら》のなきように塗る。溜りたる所を、塗師の竹片《たけへら》にてすくい取り、又跡を薄く摺《す》るなり。其のうえを芳野漆を布にてこし、漆百目＊に水二十目合するなり。其の漆を以て右の上を二遍塗るなり。又其の上を上々の漆にて二三遍程塗るなり。漉《こ》しようは右の如く、布にて一遍こすなり。舟の下、ひらかせずに漆にて一遍塗るなり。又漆にて塗らずに、ちゃん＊計《ばか》りにて塗りたるも苦しからず。薬鑵の中に蘂を直＊に入れるによき加減の時は、藁蘂倒れずして直に立つなり。

【註】
○**藁蘂**　稲穂のシン、藁くず。○**丹**　赤土、辰砂。○**漆百目**　漆百匁。○**ちゃん**　松脂。○**直に**　真っ直ぐに。

十、櫓〔底本に項題なし〕
［図65→二一五頁参照］

巻第二十

忍器三　開器

それ開器は敵家の戸の開き難きを容易に開く為なれば、其れに之を用いるに至りては、敵と甚《はなは》だ近づくの業なり。第一、かさ高なる道具は忌む。第二、数多き、忌。第三、ぐわい悪しく音のあるを忌む。

　故に予昔より有り来たる器物を見るに、かさ高にして数多く、一器を以て諸用に通じ便する事なく、物に毎に不自由なるを嘆きて、数年工夫を尽《つ》くし、昔の製法を取捨てし。新たに巧み出す事左の如し。是故に之《これ》を伸ばすときは長きに用いるに利し、之を屈《ちぢむる》時は短に用いて利す。之を巻く時は、皆六寸となる。長短大小高下広狭ともに自由にして、一器を以て多用に合う。如何にも手軽くして、其の開器 儘《ことごと》く皆これを懐袖の中に納むるなり。予が流を汲む人、愈《いよいよ》 工夫を究め尽くし、形容軽小にして自由なるやうに是を製《つく》るべし。然りと雖《いえど》も、又柔弱にして撓《たわ》み折るる様なれば凶きなり。唯、程よく之を計り、之を考えるべきなり。但し、其の鉄は能々是を練釗《きたう》*べし。凡《およ》そ鉄は、刃がねばかりなる時は折易し。生鉄計りは撓むなり。只、刃鉄と生鉄とを合わせ練釗こと甚だ宜し。

【註】

○**練釗**　鍛える。

一、問外*の図説

問外の事。先の釘は一寸二三分なり。釘さきより二三分置きて穴をあくるなり。中の長さ六寸、随分細く作るべし。本《もと》の板の長さ一寸二三分、横五分。如何にも薄くし、内の方に刃を付くるなり。

［図66→二一六頁参照］

一に、釘先の方を以て尻差《しりさし》、掛鉄《かけがね》の有る所と無き所とを試み識るなり。

二に、釘先を以て尻差を刎《は》ね外すなり。

三に、輪懸鉄《わかけがね》の鏨《せん》*を釘先にてかけ外すなり。若し其の儘《まま》にて外れざる時は釘先の穴に釘をさし、是にて掛外すなり。

四に、釘先にて鏨抜けざるときは、板の方を以て輪懸鉄のせんを下よりたたき揚げ、抜くなり。

五に、釘先にても板の方を以てでも鏨抜きがたき時は、板の内手の刃の方にて鏨の釘先かしら*を切りくわせ、抜くなり。口伝。

【註】

○**問外**　といはずし。門の外から鍵や閂の状態をこの忍具で探りを入れ（問う）て外し開けることからの命名と思われる。

○鑿　ほぞ穴。**○釘先かしら**　釘先頭。

二、刃曲*の図説

刃曲の製作

薄みも幅も薄細き小刀ほどにして、六寸ずつ四継ぎにして蝶つがいなり。但し先の二つには前の方は刃有り、背の方は錏《しころ》*の刃*のごとくすべし。一の先二三分置きて釘穴有り。是をたたむ時は六寸になる。舒《のぶ》る時は二尺四寸。二角の鉄釘の釘穴のあけよう、少し長く四角にあけるなり。釘のさしように口伝。

[図67→二一七頁参照]

右刃曲に五つの利有り

一に、鑰穴《かぎあな》の有る枢《とぼそ》*の時は、鑰穴より入れ、刃鑰に用いらるるなり。但し六寸になりとも一尺二寸になりとも、自由の利あり。

二に、鑰穴もなくて刃鑰用い難き時は、戸越より釘鑰に用いらるるの利あり。

三に、掛鉄の有る戸に立詰にさんなど打ちて透間なき時、立詰の柱きはより[図68→二一八頁参照]此の如くになして入れ、こじ外す利あり。

四に、輪掛鉄の鑿をも[図69→二一八頁参照]斯のごとくになして三つの釘先、又は鋸刃を以てかけぬき、且つこじ外す利あり。

五に、其の取り置く自由にして六寸に成るとも、一尺二寸、一尺八寸、二尺四寸長短大小高下広狭ともに能叶う。故に譬い直にして用いたき時も用いらるる。利大なるなり。

【註】

○刃曲　はまがり。**○錏**　鋸の一形。**○刃**　底本は「忍」。
○枢　とぼそ。からくり。

三、延鑰の図説

延鑰《のべかぎ》の製作。薄さ八厘に広さ一分三厘、長さ六寸ずつに能鉄を練《きたえ》、都合九つにして何れも蝶つがいなり。但し先き一つにはこまに穴を四角にあけ、鑿《せん》の穴を平の方へくりあけ、扨如何にも薄き鉄にて、長さ一寸七八分、横一寸計に板をし、其れに長さ七八分の少さき柄を作り、是を右の延鑰の一つ先のこまの穴へさし込むようにし、又長さ一寸四五分に釘を拵《こしら》え、二つの平に二つ穴をあけ、右こまの穴にさし込むようにしてと、二色取置きにして持つなり。何れもさし込みの柄にして釘穴を彫るべし。扨、延鑰の柄の方二つは刃曲の如く曲がるようにするなり。凡そ延鑰は軽く、折れず撓《たわ》まざるように製作する事専要なり。

[図70→二一八頁参照]

右延鑰に五つの利あり。

戸外の上下左右より開かるる。故に是、四つの利有り。五に、五尺四寸より、六寸劣りに六寸までに成りて、長短ともに用いらるる利あり。一の先の釘にては、輪鑰《わかぎ》のせん*を掛け抜くべき為なり。板はせんに糸なき時、下よりたたき上げ抜くべき為なり。釘の横釘はせんをも抜き、輪鑰をこじ外すべき為なり。さん*の打ちある戸の掛鉄も、是延鑰にてあけらるるなり。兎角手練なき時は不自由なり。口伝。

【註】

○せん　栓。○さん　桟。

四、入子鑰《いれこかぎ》の図説

入子鑰の製作。柄は八寸、打ちのべなり。入子の内打巣*は二尺なり。内本の蟠《めぐり》*の処、角五分は打延べなり。柄より巣までは、しんちゅうにて作りて吉。但し大きさ二分五厘、方《しかく》にすべし。中の巣穴は一分五りんなり。尤もひずみなく、入子のするすると走るようにすべし。又入子の長さ一尺九寸五分、入子の大きさ一分に方《しかく》に鉄を釟《きた》えて為すべし。入子の先、笠穴あり。きり子の如く穴をあけ、はる*べし。扨、延鑰の如くなる板と釘とを取り置きにして、其の時の宜しきに順て釘なりとも、板なりとも入れるなり。入子巣の先と、入子の本とに目釘穴をあくべし。猶口伝。

[図71→二一九頁参照]

【註】

○**打巣**　打ち延べした筒の部分。○**蟠**　めぐり、曲がり。○**穴をあけ、はる**　穴を開けて拡げる。

五、鋏《はさみ》の図説

鋏の製作は長さ六寸、南蛮鉄にて能釗《よくきた》え、鉄を切るように打つべし。

[図72→二一九頁参照]

右の鋏に四つの利在り。

一に、少さき鉄をはさみ切るなり。

二に、少さき竹木等を、小刀鎌などにて切れざるを切るなり。

三に、尻差の有る戸の、外し鉄《かね》にて外れざる時、是を以て突き外すなり。

四に、戸などのこじたき時、透間へ入れ、こずる事有るなり。

六、鑿《のみ》の図説

鑿の製作。長六寸ずつの鉄二つ、蝶つがいなり。厚さ一分余、横幅二分五厘、先は刃鉄《はがね》を練釗《きたえ》、鉄の切るるように打つなり。但し蝶つがいの際《きわ》に用いる時の釘穴有り。口伝。

[図73→二二〇頁参照]

右鑿に四つの利有り

一に、鉄を削る。

二に、肘壺詰まり、鏁子《さし》*を開いても抜けざるときは、透間へ入れ、きりくわせ、押し抜くなり。

三に、枢《とぼそ》*をあくる時、こじあけに用いてよきなり。

四に、立詰のさん、其の外こじ外す時用いてよろし。尚口伝。

【註】

○鐶子　かけがね。○枢　本来は扉の軸受けだが、転じて扉または戸。

七、錐《きり》の図説

錐の製作。長六寸なり。三品あり。図を見て製すべし。

[図74→二二〇頁参照]

右の三つ*の錐に三つの利有り

一に、小さきくりぬき錐は、戸の立詰に少しも透間なく、戸の跡先にともに板なる時は、開器を用うべき様なし。其の時、此の錐を用いて穴をあけ、開器を入れ用いるなり。

二に、大きなるくりぬき錐は、内より鎖子《かけがね》などおろし、其の外何にでも開器にて手詰まりたる時、此の錐を用いて穴をあけ、手鑰を用いるなり。凡そ此のくりぬきは開器の惣摩久《そうまく》利《り》として、其の利広大なれば、大数を挙げて記すなり。能々鉄を釗《きた》うに、刃を能つくべし。

三に、鑓錐は牙尻差、さん尻差等に用い、其の外用いる所有ると云えども、預《あらかじ》め定めがたし。

【註】

○三つ　底本は「二つ」。

八、錏の図説

錏《しころ》の製作。長さ六寸なり。内二寸は柄、四寸は鉄なり。横三四分、或は五分にも宜し。好みに任す。刃は両刃なり。一方は竹、一方は木*錏なり。

[図75→二二〇頁参照]

右錏に二つの利有り。

一には、窃盗返《しのびがえ》し、箣《さく》、笆籬《はり》、やらい*等の鎌にて伐難きものを伐るなり。但し伐り様は陰忍中に記す。

二に、戸の脇板などを伐りぬき入る時、錐にて揉みおき、其の跡に、此の錏を以て廻りびきにするなり。口伝。

【註】

○木　底本は「本」。○やらい　矢来。

九、鎌の図説

鎌の製作

古法は鎌四寸、柄五寸にしてしつけなり。今製作する処は鎌も柄も六寸ずつにして、柄は蝶つがいにして、用いる時は釘をさしつかい、懐に入れる時は鎌と同じ様に直になる様にするなり。但し鎌は両刃なり。又片刃をも拵置《こしらえおく》べし。口でん。

此の鎌に三つの利有り

一つに常の鎌の如く伐る。二つにむね*の方にて押切る。三つに取おき手軽く、懐袖に密に納むなり。

[図76→二二一頁参照]

【註】

○むね　棟。

十、釘抜の図説
釘抜の製作
外に秘する所なし。長六寸。少し細くしてよし。
釘抜に二つの利有り。一に肘壺。凡そ鉄類を捻りて切抜きとるなり。
二に、竹木等にて作りたる、抜けざる物を捻じ切りとるなり。
〔図77→二二一頁参照〕

十一、鎖子《さし》抜の図説
鎖子抜の製作
長さ六寸、薄さ厚紙ほどに、横幅五厘、鉄にて作るべし。鎖子の大小に応ずる様に為る事肝要なり。口伝多し。
〔図78→二二一頁参照〕
右の鎖子抜に五つの利あり
此の枉《まげ》よう*に依りて突出し鎖子、捻りて鎖子、背鎖子、引出鎖子、何れもあけらるるなり。是四つの利なり。然れども手練不手練によるべし。五に掛鉄の有る戸の隙間有る時は、是にて刎《はね》あくるなり。
その他の鎖子技
背鎖子抜の図
〔図79→二二二頁参照〕
突開鎖子抜の図
〔図80→二二二頁参照〕
此の如く大小何ん数も有るべきなり
引出鎖子抜の図
〔図81→二二二頁参照〕
右三品の鎖子抜*は一用にのみ叶う許《ばかり》にて、利少なし。但し口伝あり。偏《ひとえ》に最初に著す鎖子抜を能々手練すべきなり。

【註】
○**鎖子**　さし、かけがね。○**枉よう**　曲げ様。

十二、板橇《いたぞり》の図説
板橇の製作は桐の板を以て長一尺二寸、横八寸にして、はまちぎ木履《ぼくり》*の如くに隅を丸くし、裏に布をあて、薄く綿を入れ、布を板に縫付け、はな緒をつけ、用いるなり。口伝。
〔図82→二二三頁参照〕
右板橇は敵家に入る折から、床のなる時の用なり。又蝶つがいにして懐中へ入れ置くようにするも有り。是は口伝。

【註】
○**はまちぎ木履**　歯間の無い木履。

巻第二十一

忍器四　火器

凡《およ》そ世上《せじょう》*、火器を以て忍術要道の根元と為す。其の要と為す第一は城郭陣営の堅固を為すと雖《いえど》も、火を放ち、焼失の術に利有り。第二は昼夜を分かたず味方と与《くみ》し、合相図の利有り。第三に風雨に消えざる炬火を以て味方の難を救うの利有り。是故に、学ぶ者これを能手練し、則、時に臨んでこれを用うべし。今世は忍者と号すは火器の五三方を以て忍術を得たりと為す。苟《いやしく》も其の本源を知らずに、枝葉を以てこれを取り、これを用うるは、豈《あに》歎くべからざらんや。著す所の吾家流の源は則、陰陽両術の深理を以て輙《たやす》く敵城へ忍び入り、忽《こつ》然《ぜん》として敵を挫《くじ》くの術なり。孫子曰く。「軍術の中、火攻を以てするは下策なり。然りと雖も止むを得ざれば則これを用う」。故に此の篇を以て忍書の巻末に附すのみ。

【註】
○**世上**　世間

一、卯花月夜《うのはなづきよ》の方
肥松二十匁、挽茶二匁、鼠糞六、硝*百、黄*四十、樟脳九匁五分、艾葉《よもぎ》十二匁、麻灰十匁、松脂《まつやに》六匁。
右、末にして麻油にて練り、竹筒に込め、筒を随分薄く削り、茶糊にてはり、ほぐちにて火を付ける。

【註】
○**硝**　硝石。○**黄**　硫黄。

二、秋月の方
硝二十匁、黄十四匁五分、樟脳十八匁、麻灰一匁五分、肥松一匁七、鼠糞一匁五、牛糞二匁。
右、末にして麻油にて練り、竹筒に入れる事、上に同じ。

三、花の曙《あけぼの》の方
硝二十匁、黄十二匁、松脂一匁、麻灰二匁、艾葉六匁、消灰三百、唐の土*四匁、樟脳十二匁。
右、末にして麻油にて練り、布を巻き、竹筒に入れ込むなり。

【註】
○**唐の土**　陶土、粘土。

四、天火照火者の方
硝八十匁、砒霜石《ひそ》*五匁、漆二十匁、木蠟《もくろう》*十匁五、黄三十匁、丹礬《たんばん》*十匁、牛蠟二十匁、麻灰五十匁、斑猫《はんみょう》*八匁、唐蠟八匁、明礬*八匁、挽茶十一匁、松脂三十匁、艾《よもぎ》百五十匁、鉄砂二十匁、鼠糞三匁、番椒《ばんしょう》*百二十匁、小砂二十匁、牛糞八匁、松挽粉*五十匁、楊梅*皮百匁、いぼた*二十匁、榧《かや》*十五匁、炭八十匁、榧木挽粉二十八匁、雷丸《らいがん》*八匁五。

右細末にして油にてねばねばと練り、布に包み、ほくち*に火を付け、敵の小屋又は取籠り者などの時に抛《な》げ込む。

【註】

○**砒霜石**　砒素。○**木蠟**　ハゼの実から作った和蠟。○**丹礬**　正しくは肝礬。含水硫化銅からなる鉱物で各種採鉱時の二次生成物。○**斑猫**　ここでは猛毒の豆斑猫（鞘翅目昆虫）をいう。○**明礬**　明礬石でカリウムと硫酸アルミニウムの硫酸塩鉱物。○**番椒**　とうがらし。○**松挽粉**　松の木を挽く時に出る木屑。○**楊梅**　ヤマモモ。○**いぼた**　イボタロウカイガラムシの雄幼虫が分泌した蠟。艶出し、強壮剤、止血剤などに使われた。○**榧**　榧の油。イチイ科の常緑高木で、種は油、食用、薬用に利用された。○**雷丸**　竹の根に寄生する菌類。○**ほくち**　火口。

五、梅花月の方

明礬五匁、松脂十二匁、犬蓼《いぬたで》粉八匁、硝八匁、松挽粉二十八匁、牛糞十匁、挽茶三匁、艾《よもぎ》五十匁、樟脳六匁、木蠟五匁、鼠糞《そふん》三匁五、黄九匁。

六、千里新々関口流炬火

黄三匁五、硝一匁二、樟*十三匁、松挽粉三匁、艾五匁八、松脂二匁、鼠糞二匁、鉄砲薬*二匁、麻灰一匁七、牛糞少、白粉少。

右、末にして前の如く固め詰めるなり。

【註】

○**樟**　樟脳　○**鉄砲薬**　硝石九匁、硫黄四匁五分、炭二匁の比率（「巻第二十二　忍器五　火器　三十　鉄砲打薬」参照）

七、衣炬火の方

葦五六本を木綿に巻き、松脂、樟脳、油を入れ、ねばねばに解き、二三遍塗り、干し乾かして用う。風雨消さず、光明炬火とも云う。

八、五里炬火の方

くぬぎ細かに割り、油を塗り、一寸程に間をかり、堅く結り、廻り八寸、長三尺にして用う。口伝あり。

九、雨炬火

硝二匁、黄一匁五、松節三匁、樟脳二匁、艾三匁、松脂二匁、鼠糞三。

右、末にして竹筒に込め、筒を薄く削り、薬紙にて張り、ほぐち*にて立てるなり。

【註】
○ほぐち　火口。

十、又方
　硝八十匁、黄七匁五、樟脳七匁、灰七匁、肥松七匁、艾十匁、苧*屑《おくず》二匁五、鼠ふん四分。
　右、末にして常の如く製し、筒に入れ、上に油を引く。

【註】
○苧　麻。

十一、第等《やわら》松明
　硝二匁、硫*三匁、樟三匁、竜*一匁、いぼた三匁。
　以上麻油にて練り、竹筒へ込める事右に仝《おな》じ。

【註】
○硫　硫黄。○竜　竜脳、フタバガキ科の常緑高木で果実は薬用。テルペン系アルコールであり、一般には樟脳からつくられる。ここでは竜脳菊と考えられる。

十二、風雨火炬
　苧屑百匁、硝五匁、艾百匁白くなる程に揉み一夜水にひたす、黄十匁、樟五十匁、榧《かや》十五匁、胡麻《ごま》八匁、松脂《まつやに》二十匁、いぼた五匁、竜三匁、松挽粉二十五匁、挽茶八匁。

十三、同方　未年に試みるに火早し*
　硝八十匁、樟七匁、肥松七匁、黄七匁五、灰七匁、艾十匁、鼠ふん四分。
　右、炬火製作は何れも同断。

【註】
○未年に試みるに火早し　伊賀市上野図書館本は「九月に試み、火足早し」。

十四、一里一寸炬火　雨にも消えず
　胡桃《くるみ》皮百二十匁細末にして、樟四十匁。以上二味乾す。焼酎二合但し煎じ、竜脳五分、いぼた五匁、松脂二匁、鼠ふん五分、牛糞一匁、硫八匁、艾五十匁、硝三匁。

十五、生滅の方
　硝百二十匁、黄五十匁、竜九匁、いぼた三十匁、樟八十匁、鉄屑五十三匁、小砂三十匁、麻灰二百匁、榧五十匁、松挽粉八十匁、炭百五十匁、榧木挽粉八十五匁、髪毛六十匁、長命草二百五十匁、番*椒二百匁、苧屑三百匁、艾百五十匁、楊梅皮二百匁、寒水石十五匁、爐甘石十八匁五、石灰百二十匁、小糖一升五合、明礬三十二匁五、鼠ふん十五匁、牛ふん十二匁、白粉二十匁、丹礬百五十匁。
　右、細末にしてさて
　松脂八十五匁、木蠟百五十匁、雷丸百目、漆三十五匁、マンテイカ*二十八匁、牛蠟二十五匁、膠《にかわ》*百匁。

右八味を油一舛入れ、ぐらぐらと煎じ、合わせて前の二十七味の薬を入れ、練り合わす。若し堅くば、油を加え能程なる時、布に包み、ほぐちにて立てる。取籠り者、又は敵の小屋へ打込む明松なり。

【註】

○**寒水石**　塩の苦汁の固まり。○**マンテイカ**　動物の脂肪。

○**膠**　動物の皮を石灰水に入れ、熱湯で溶かし出して固めたもの。

十六、南蛮山の方　是亦製は右に同じ

樟七十匁、灰三匁、いぼた三匁、鼠糞一分、硝五匁、黄五匁。

十七、三たい方

樟五十匁、鼠糞二分、いぼた三匁、黄三匁、灰三匁。

十八、水の松明　手内松明ともいう

明礬五匁、鼠ふん一匁、松脂五分、灰一匁、艾一匁、樟五匁、硝五分、丹礬五分。

右何れも竹筒へ堅く突込み、口薬にて立てる。五六寸計よし。杉板を割りて硫黄を付け持つなり。節抜き、まどの内より見るに用う。

十九、同方

硝二十匁、樟十五匁、黄十匁、麻灰三十匁、松脂十匁、牛糞八匁、明礬三匁、竜脳一匁、松挽粉八匁、艾二十匁。

右、末にして常の如く練る。

二十、秘伝雨松明

樟二十匁、黄十匁、松脂五匁、艾五十匁、古布二十匁、木蠟十匁、硝三匁、いぼた五分、鼠ふん語分、牛ふん八匁、鹿角粉五分、榧《かや》一匁、松挽粉二十五匁、挽茶十匁、油三合。

二十一、義経水火炬

樟五分、黄二十五匁五分、灰二匁五分、硝二十五匁、艾五分、松挽粉三匁五分。

右製作同じ。

二十二、上々*水炬火極秘の方

硝七匁、黄七匁、丸葉柳灰五分。

以上厚紙にて袋を作り、右の三味能突込み、平緒にて巻き、其の上厚紙にてはり、蠟をかけ、持つなり。

【註】

○**上々**　普通の水炬火より上等の。

二十三、打松明

硝五匁、灰二匁、松挽粉七匁、鼠糞二匁*、艾一匁。

右竹筒に入れ、薄く削り、上を紙にて張るなり。

【註】

○鼠糞二匁　大原勝井本、伊賀市上野図書館本より。内閣文庫本では「二匁」落字。

二十四、振り松明

女竹を十五日ほど水に曝《さら》し、能乾かし、中に硫黄を粉にして込み、竹十五本ほど束ね合せ、敵方へ振る。長一尺程吉。

二十五、薬《やわら》等松明の方

此の方、予試すに、ふれば消え、吹けば燃ゆるなり。火先を小刀にて落とせば又燃える。

硝十五匁、樟十五匁、灰二匁、黄八匁、馬糞二匁、マ布*五匁。

右、吹消しても消えざる様にする時は、樟五分、松挽粉十匁。吹けども消えざるなり。

【註】

○マ布　麻布。

二十六、又同方

硝十五匁、黄十一匁、樟十匁、馬糞二匁、マ布六匁。

右、何れも塩、硫十匁ずつにて合わすれば吹消すに吉。

二十七、削火の方

熊野ほぐち三匁、硝一匁二分、竜脳一匁二分、黄一匁二分、ぜんまい一分、水晶五分、灰一匁五分、樟一匁五分、松挽粉三分、松脂三分。

右細末にして、松の甘膚《あまはだ》*を煎じ、其の汁にて練り堅め、能干し、小刀にて切れば火出るなり。

【註】

○松の甘膚　松皮の深部の柔らかいところ。

二十八、袖火の方

硝十匁、黄五匁、灰二匁。

右能合して、竹の筒六七寸程に節を込《こ》え錐もみして薬を入れ、筒の上を巻き、袖の内より立てるなり。

二十九、つけ火の方

硝二十匁、黄五匁、灰五匁、樟・鼠糞各三分。

右、末にして筒に入れ、皮を去り、紙にて張り、矢の長一尺五寸、根をすげ*、内を見んと欲する時、狭間《はざま》より入《い》*て見るなり。

【註】

○根をすげ　鏃をつけて。**○入て**　射て。

三十、敵討薬

硝十匁、黄五匁、灰二匁、番椒三匁。

右、末にして四寸ばかりの筒に入れ、敵にふり掛る。

三十一、夜討てんもん火の方

硝十匁、竜脳一匁一分三りん、古酒二十匁蓬《よもぎ》煎汁二十匁。

右、細末にして袋に入れ、火を付け、矢に付けて射るなり。

三十二、義経火　不滅松明とも云

牛角の白きを随分薄く削り、鵜の羽の茎五本下にさし、鵜の羽の茎に水銀を入れ、蓋をして持つなり。

三十三、胴の火極秘の方

麻布の随分古きを刻み、鍋炭を糊におしまぜ、能ねり合わせ、右の刻みたる布に交《まじ》え、随分堅く練合わせ、竹の筒に突込み、土にて蓋をして糖にて*蒸し焼にするなり。口伝に曰く。布は細きを節々*し、洗い晒して吉というなり。一説に、筒に入れ、上を赤土にて塗り包み、黒焼にして吉。

【註】

○糖にて　稲《とう》すなわち籾の火で。**○節々**　切々。

三十四、同方

挽茶を食のとり湯*にてこね、筒に堅く押し込み、糖火*の中へ入れ、蒸焼きにして其の後竹を削り捨つるなり。但し焼かずに日に干して吉。

【註】

○食のとり湯　重湯の類。**○糖火**　稲籾の火。

三十五、北地《ほくち》*の方

長命草黒焼五匁、樟脳一匁。

細末。

【註】

○北地　火口。

三十六、又方

山牛《やまご》蒡《ぼう》の葉十匁、樟二匁、硝五匁、黄一匁。

細末。

三十七、又

栗の木に生えたる茸を陰干にして、雨露にあたらぬ様にして、黒焼にして塩硝*少し入れ用う。

【註】

○塩硝　硝石。

三十八、又

艾葉を能々揉み、二夜水に浸して干した艾十匁、硝二匁入れ、水少しかき立て煎じ、能乾して用う。前方より此の方吉。

三十九、火筒の拵《こしら》え様

明礬をそくい*に三分一入れ、能押合わせ幾たびも筒へ塗り、衣に挽茶を掛けるべし。

【註】

○**そくい**　続飯。飯粒をつぶして作った糊。

四十、ならず薬

硝百目七十目になる程いりて、黄十一匁。そくいにて大きなるを二遍はり、百日百夜雨露に晒し、灰八匁、内《うち》*三匁五分、虎の皮黒焼三匁、鵜の糞黒焼一匁、鯛骨白焼*。

二方*ともに鉄砲薬なり。

【註】

○**内**　うち。鷹または鳥の糞。○**鯛骨白焼**　鯛骨を焦げないように焼く。○**二方**　右の二方。次項「四十一、白薬」説明文の後ろに移すべき文。

四十一、白薬

硝八匁、朱*一匁、鯛骨焼きて三匁、裏白《うらじろ》*の葉三匁陰干し。

【註】

○**朱**　辰砂。硫化水銀　○**裏白**　ウラジロ科のシダ。

四十二、眠薬

赤犬を夜に首を切り、其の血を取り、陰干にして用う。一説に赤犬の生胆《なまぎも》を取り、陰干にして用う。

四十三、水篝の方

栗の木、陰干にして麻油にて煎る五十匁、樟脳二十匁、焼酎二合。

右二品を焼酎にて練り合せ、火にて焙《あぶ》り堅め、水中にて火を燃やす事妙なり。

又水中に入る時、蟇《がま》の油を九穴にぬり、扨、木槿《むくげ》の青葉を口にくわえて水に入れば吉と云。未だ試さず。

四十四、水鉄砲

三匁五分筒に薬を二匁込め、其の上に挽茶二匁込め、能々突込み、其の上に水を一合入れて打ちかくれば、人気を失うなり。

四十五、水火縄

硝七十匁匁、水天目に二盃、其の中に火縄一曲入れて煎じ、樟七十匁、松脂五十匁、椿の実の油にて、ねばねばと解き、火縄の上に引き、扨、蠟を解き、何べんも引て用いるなり。

四十六、又

薄糊に明礬の粉を交え、樟脳を加え、火縄に何べんも引いて用うなり。

四十七、一寸火縄

松脂二匁、樟脳一分。

上二味を火縄になもみの油*にて以て、ねばねばと何べんも塗り干してかわかす。

【註】

○なもみの油　菜揉みの油。菜種油。

四十八、濡《ぬれ》火縄

火縄一曲を水に三夜漬け、一夜一夜に取上げ、日に干し、扨、蕎麦《そば》のあくに三日三夜つけ、前の如く一日一日取上げ、日に干す。其の後鉄汁につけ、内までしむ程に幾度も漬け、能々入《しみ》たる時、又一夜鉄汁に五倍子*を交え漬け、能干し、扨、土に二、三日埋《うず》め、取出し干して用う。

私に曰く。先《まず》なわざる前*に此の如く製し、後にないたがよし。

【註】

○五倍子　付子《ふし》ともいう。ヌルデの若芽や若葉に出来た瘤(虫癭《ちゅうえい》)。タンニンを含み薬用。**○なわざる前**　縄を編む前に。

四十九、暗薬《くらみぐすり》

鉄砲に薬を込め、其の上にひはつ*を粉にして、薬を加減して放つべし。取籠り者などの時、用う。目、少しも見えざるなり。一本に、ひはつ又ヒ芭豆とあるなり。

【註】

○ひはつ　コショウ科の植物で成分はヒペリン。

五十、明松の方

硝二十五匁、黄十二匁、炭二匁、肥松七分、松脂一匁二分、引茶二分、鼠ふん艾三匁、樟五分。

上を酒にて練り堅め、竹筒に込む。

五十一、同方

硝四十匁、黄九匁九分、炭四匁四分、樟四匁二分、塩三匁、鼠ふん、五分、蠟一匁。

以上油にて練り、常の如く筒に入れる。

五十二、きざみ火

馬糞二匁古き吉、ぜんまいのわた黒焼一匁、灰五分、硫黄五分、硝五分、水晶一匁五分あらく。

右、鉄汁にて練り堅め、日に干し、塩硝がみにきざみかくるなり。

五十三、胴火の方

古布一匁黒焼、蓬の粉三分五りん、ぜんまい黒焼五分、古きもち縄*二分五りん、古茶五分、犬蓼一匁黒焼、塩硝二分五りん、杉原*黒焼五分。

右、鉄汁にて堅め、石の粉*を餅の糊に合わするなり。

【註】

○古きもち縄　伊賀市上野図書館本には「古きもろ縄」とある。古くて脆い縄。**○杉原**　杉原紙。**○石の粉**　「右の粉」

の誤。

五十四、狼煙《のろし》の方

塩硝十三匁、硫黄一匁、灰二匁。

以上、鉄砲の薬のごとく合せ、竹の筒に込み、能打ち込み、玉を入れ、亦能々打ち込みたるが宜し。少しもくつろぎあれば、竹破るるなり。

五十五、不眠薬

鷹の糞の白き所ばかりを取り、臍に入れ、紙にて上をはり居れば眠らずと云う。

五十六、あほう薬

麻の葉日に干し、末にして薄茶三服ほど用いれば、心虚《うつ》けてあほうに成ると云う。麻の葉、七月に取りて宜し。

五十七、中蠟燭

常の蠟燭の心《しん》の中へ水銀を入れて火を付け、上に木の枝なりとも有る所にて、火先きを木に付けて、そろそろと下せば、中にて止まり、灯《とぼ》るなり。

五十八、角蠟燭

鹿の角を馬糞の中に二、三日程入置けば、随分柔らかになる時、ゆがみたる所を直《す》ぐし、上を削り、なもみの油にて能油あげにして、又其の上を荏《え》の油*にて能あげ、紙にて張り燃やす。七寸にて七夜ありと云。

【註】

○荏の油　エゴマ油。

五十九、不滅明松

鴇《とき》の羽の茎を二、三十本、長一寸程に切り、中を能すき、其の中へ水銀を一盃入れ、蓋をして一つに糸にて結び、扨、香箱の中に金箔を置き、其の内へ入れ、抜け出ざる様にして置くなり。鴇の羽は老鳥の羽でなければ、光りなし。又梟《とび》*の羽の茎も宜しとなり。或る書に、梟の風切りの羽を集め、其の中へ汞《こう》*を入れて隣家の灯火の景を取ると云う。是を太刀の先*に付けて振るとなり。又鏡を以て取るも妙なり。

【註】

○梟　字はフクロウだが、ルビは「とび」。○汞　水銀のかすのこと。○太刀の先　底本は「太刀の光」、伊賀市上野図書館本は「太刀の先」。

六十、義経明松

水牛の角の能すきたるを、内を能くり、見え透くようにし、さて、鴇《とき》の羽の茎を、内を能すき、右の角にさし込み、透間を漆にて水の洩らざるように繕《つくろ》い、其の後汞《こう》を角の中へ一盃入るるなり。或説に、犛牛《あか》*の角、尚能すきて宜しとなり。右は明松を持たば、闇夜も月の夜の如く明きなり。殊に赤き老牛の角、尚よしと云えり。

【註】

○**犛牛**　「から」うし、だが「あか」とルビあり。

六十一、剛盗挑灯製作図説　袖香爐の形の如し

製作は苧《お》桶《おけ》ほどなる曲物の底に鉄にて手あり、図の如く中に鉄輪三つ有り。端なる輪は曲物に付けて動かず。中なる輪はくるくると廻る様にし、三方より鉄針を以てつり、正中*に在るなり。蠟燭をつり置き、其の中に油を入れ、とぼす。曲物の底に息出しの穴をあくるなり。

[図83→二三一頁参照]

【註】

○**正中**　せいちゅう、真ん中。

六十二、入子火図説

入子火の製作は銅を薄く延べ、丸さは指渡し二寸、長さ三寸にして中に蠟燭を為し付けにし、其の銅の曲物の外側に又銅の曲げたる、長さ同寸、指し渡しは少し広き物をすべし。是は抜き差しの自由に、ぐあいよき底なしにすべきなり。

[図84→二三二頁参照]

六十三、狼煙薬方

狼糞、艾、硝、硫、灰。右細末にして用うなり。

或書に狼糞三分一、松葉四分一、藁大。右三分一とは藁三束ならば其の三分一狼糞を入れる意なり。又右の中に鉄砲の薬を四分一入れたるは猶以て煙高く上ると云々。此の方、楠正成《くすのきまさしげ》の法なり。口伝に曰く。地を掘り、底まわりを堅くたたき付け、右の薬を入れ、火縄にて自然に火を付ける様にす。其の上に桶にても鍋にても、底一寸四方ばかり穴をあけ、蓋にして、まわりへ煙の出ざるように土をかけて宜し。又松葉を焼き半分燃やし、廻りに柴を立て、正中に青竹を一本建て、廻りに筵《むしろ》を張りて煙を揚げる。筵は内の方、細くなるように巻くべし。此の時は鉄砲薬を入れて勿論宜しきなり。

六十四、又方

狼糞十両、艾三両、鉄砂五両、牛ふん三両、松葉十両、灰十五両。

右、末にして七、八寸廻りに丸め、ほぐちにて付ける。

六十五、又方

藁三策、狼糞三分一、松葉四分一。合して鉄砂三分一を加えて宜し。

六十六、風雨炬火

樟脳五十目、硝二十匁、黄三十匁、灰二十匁、松脂二十匁。

右末にして鳥もちを油に交え、右の薬を練り合わせ、能ほどに堅め、日に干し置くなり。手の内の火炬と云時は、或は五十目の鉄砲の玉ほどに堅め、手の中に持ち、火を付けて暗

所へ抛《なげ》るなり。火炬の時は右の分を衲《ころも》に塗り包みて、扨、其の衲を藁に包み、縄にて捲き、火炬の如く竹を藁の中へさし込みて置くなり。

六十七、生滅火炬

硝二十五匁、黄十二匁五分、灰二匁五分、松挽粉七匁、松脂一匁五分、艾三匁。

此の方試みるに、振れば消え、吹けば燃ゆるなり。又先の火を落とせば愈々《いよいよ》燃ゆるなり。

六十八、同方　此の方も前の如くなるべし。

硝二十匁、黄十五匁、樟八匁、薫陸《くんろく》*一匁五分、灰五分、鼠糞一匁、松脂一匁、古る衲《ころも》一匁五、艾一匁、牛ふん一匁。

右、両方とも筒に堅く突込み用う。

【註】

○**薫陸**　樹脂が固まって石の様になった物。コハク色で香料に用いる。

六十九、一寸三里火炬　製法常の如し

硝十五匁、黄同、灰一匁、樟三匁五分。

上、末にして麻油にて練るなり。

七十、籠火炬　梅田流*

竜脳一分、樟四分*、勝*二りん（とくさなり）、大砂石二りん、硝一分、硫二りん、松脂八りん、さいかちの実*一りん五毛、雄黄*一りん。

右、末にして泡盛にて練る。若しあわもりなくば、焼酎も苦しからず。

【註】

○**梅田流**　梅田武助流。○**樟四分**　底本は「四分」欠。伊賀市上野図書館本、大原勝井本より引用。○**勝**　木賊。とくさ。○**さいかちの実**　マメ科の植物。○**雄黄**　石黄。

七十一、切火口の方　同人方

硝三匁、樟十匁、硫一分五りん、灰同、大砂石三ふん、竹の粉三りん、ぜんまい七りん、松脂五匁、艾五匁、竜脳二ふん、松曳粉五匁、熊野ほぐち一分五りん。

右、末にして松の甘膚を煎じ固めて試みる吉。

七十二、籠火炬

竜脳一両、樟二十匁、硫三十匁、硝二十匁、密陀草一両。

右、末にして泡盛にて練る。若しなき時は糊にて練る。練り加減に口伝。鶏の卵をとき、塗るなり。針がね網に入れ、継ぎ棹《さお》にても灯す。雄黄百目にては六町四方光る。同目にて道三里有りと云う。

七十三、同方　柘植氏流*　強火は久しからず

硝百匁、硫五十匁、灰三匁、樟三十匁、艾十五匁、竜脳二

匁五分、松脂十二匁、松曳粉七匁。

右固め汁は前のごとし。

【註】

○**柘植氏流**　柘植弥五右衛門流。

七十四、取火方

硝十匁、硫五匁五分、灰二匁五分、鉄砂二匁せんくず*鍋がねを粉にして、鼠糞一匁。

右、道明寺*程に末にして合し、長さ六、七寸、廻り五、六寸の銅の筒に、一方に底あり、底の方三分程の穴をあけ、其の筒の中に薬を能突込み、底の穴より口薬を小よりにて入れ、其れより手に持つ処にするなり。図の如し。

[図85→二三四頁参照]

【註】

○**せんくず**　銑鉄の屑。○**道明寺**　もち米を蒸して天日に干したもので、携行食、兵粮食にも利用された。

七十五、夢想火

硝十二匁、硫十匁、雄*四分、樟五分。

以上長八寸、廻り四寸余りの竹の筒に、一方に節を込め、上を細縄にて巻き、右の薬を堅く突込み、口を紙にてはり、細縄を取り、竹を薄く削り、上を紙にてはりこれを用いる。

【註】

○**雄**　雄黄。

七十六、胴の火

水火縄を五寸程に切り、火縄の上に明礬《みようばん》を糊に交え、上を張り、新しき紙に明礬を塗りて火を付け、包み持つなり。

七十七、打火炬

硝十匁、竜二匁、灰二匁、樟五分*、松脂一匁五分、松挽粉七匁、鼠ふん二匁。

右、竹の筒廻り二寸九分、長五寸、一方に節を込む。だい尻長四寸、鳥の舌のごとく八角にしてはがねにて宜し。右の薬、何れも末にして筒に強く突込み、竹をうすく削り、上を紙にてはり、これを用う。

【註】

○**樟五分**　伊賀市上野図書館本は「生五匁」。

七十八、飛火炬　是を大国火矢と云う

硝二十二匁、硫五匁、灰六匁、鼠ふん四分、樟三分、鉄砂二匁。

右、道成寺程にして矢長四尺二寸、筈《はず》の方九寸、羽の長六寸、筒の長六寸にして、右の薬を合せ、筒へ強く突込み、口薬を小よりにして火を付ける。図の如し。

[図86→二三四頁参照]

七十九、猿火の事
細引に白礬と塩とを能ぬり込み、縄先に石を布で包みくくり付け、其の細引に銅のかんを付け、水明松をくくり付け、堀底、櫓の下などを見る。上げ下げ自由なる故に猿火と云う。
八十、付竹《つけたけ》の方
硫五十匁、硝三十匁、樟二十匁、松脂五匁、焼酎少。

右、細末にして薄糊にて練り、奉書紙に塗りて切り、用ゆ。
八十一、当国の方
肥松細かに割りて二、三遍塗りて、小竹細かに割り、湯にて煎じ、能干し松を直に入れ*、竹を外に出し、一寸まぜに*束ね、薬糊にて紙一遍はり、其の上へ硫、硝、生*、蠟、脂、此の五味を等分に布に包み、油をかけ、火にて焙《あぶ》り、能塗り付け、又渋紙にて張る。秘事口伝これ有り。本五寸計《ばか》り竹の皮に包み、扨、長二尺五寸。丸さ七、八寸計なり。道を行くに六里、内に居るに三刻有なり。

【註】
○**干し松を直に入れ**　乾燥した松を真中に芯として入れ。
○**一寸まぜに**　一寸間隔に。○**生**　樟脳。
八十二、南気*明松
竹を細かに割り、松木の製り右に同じ。束長三尺計にし、五六寸程の釘を本にさし、敵の小屋或は取籠り者などの時に投込むなり。

【註】
○**南気**　南木、楠流。
八十三、竹本明松
女竹を細かに割り、清水に十日計漬け、取出し能干し、束ね様口伝。
八十四、風雨夜火炬の方
胡麻八匁、松関二十匁、いぼた五匁、竜三匁、松挽粉二十五匁、麻屑百匁水飛、硝五匁、艾百二十匁能もみ、硫十匁、樟五十匁、榧十五匁、挽茶八匁、明礬十二匁、桐の灰百二十匁、木蠟五十匁、雷丸油十五匁、椿実二十匁、マンテイカ五匁五分、やしほ*の油八匁、鹿角粉六匁、荏胡麻三十匁。

右、末にして油にて練り、能々からめ、竹の筒へ入れ、堅め詰るなり。

【註】
○**やしほ**　ユキノシタ科落葉小低木の天梅。
八十五、風雨火炬
姥桜の皮を厚く片《そ》ぎ、焼酎、樟脳二色合わせ汁をとき、二、三遍塗り、能干して一寸宛に巻おき、しかと束ね、長三尺計に、廻り八寸計。束ね縄に口伝あり。

八十六、玉中火炬の方
硝十匁、黄五匁、灰三匁、鍋鉄四匁。

右能調《ととの》え、敵中へ投げ込む。口伝。

八十七、雷火炬の方
硝百匁、黄八十匁、灰二十五匁、鉄砂二十五匁。

右、末にして前の如し。

八十八、又（方）
硫三十匁、硝二十匁、樟五十匁、松脂二十匁、灰二十匁。

右各末にして鳥もち樫のあぶらで練り、布幅一尺五寸、長三尺五、六寸計にねり付け、直に麻殻二十本計束ね合わせ、藤や葛にて束ね、三方に丸竹を指し持つなり。

八十九、玉こがし火の方
鉛二百匁、玉ほどにして、割球にして、其の中へ薬を入れ、火の移る穴をあけ、水火縄をさし、船中に持つなり。口伝。舟中へ抛込むるなり。

九十、筒さき薬
硝二十匁、硫六匁、灰九匁五分内五匁ははちのすなり、四匁五分はじゃひ*なり。

【註】
○じゃひ　蛇皮。

九十一、きり薬
硝四十匁、黄二十匁、灰二十匁。

九十二、いぬき薬
硝四十匁、硫二匁、灰三匁。

九十三、つけ火の方
硝十匁、黄五匁、松挽粉二匁。

細末にして竹筒へ入れ持つ。口伝。

九十四、天宮火の方
硝二十三匁、硫五匁、灰五匁、樟三分、鼠糞三分。

右何れも三寸の竹の筒に入れ、上を削り紙にて張る。矢の長一尺五寸、根を抜き、内を見んと欲する時、右松明を以て狭間より入れ、内を見るなり。口伝。

九十五、鉄砲二つなりの事
常の如く薬を込め、玉を入れ、其の上に紙を濡らして入れ、又其の上に早薬を込めて、扨、少し甘《くつろ》ぎたる*玉を込め、火縄を一寸に切り、火を付けて入るなり。火縄移り玉出る。其の後本玉を何程なりとも常の如く打つべし。

【註】
○甘ぎたる　鉄砲の口径より少し小さめで緩い玉。

九十六、籠火《かごひ》の図説

取籠り者に吉。鉄にて作り、籠の穂、厚さ一分半又は二分にもすべし。能程にして中に灯す蠟燭は炬火の中に有り。是は取こもり者の時よし。或は油断の者は、囚人に火を掛け奪わるるなり。喩《たと》い才覚の者たりとも、うろうろとして闇には働《うご》くもなるまじ。又暗うしては味方討ちあり。此の火にて内の様子を見るべし。囚人に火を奪われざるの利有り、消えざるの利あり。

［図87→二三七頁参照］

九十七、楯火炬の図説

取籠り者、夜討に用いる楯板は柳木宜し。厚さ二寸、横六寸、大方なり。余り大なるは利方に宜しからず。

［図88→二三八頁参照］

九十八、抛火矢の図説

［図89→二三八頁参照］

是は夜討の時、敵の集る所を見て投げ込み、騒がして討つ。

九十九、埋火《うずみび》図説

此の箱の大小は所によるべし。板は薄きほど宜し。其の上に竹を割り、合せて、竹の下に火縄を置く。箱の中には鉄砲の薬を入れ、小石を交え置く。火縄をさし、穴の通る道をして、箱の上には古筵《ふるむしろ》古菰《ふるごも》などを掛け、其の上に薄く土を掛けて敵の寄来る方に作る。敵其の上を蹈《ふむ》とき火移るようにする。口伝。

［図90→二三九頁参照］

百、巻火矢図説

［図91→二四〇頁参照］

百一、鳥の子の事　幷図

藁蕊の先なる穂をすごき取り、木臼にて能つき、日に乾し、長四寸の藁苞《わらづと》*を作り、跡先を結び、中を編み、其の中へ入れ持つなり。夜討鳥子、忍鳥子の作り様、幷用い様に口伝。

又一説に、藁蕊の先の穂を木臼にてつき、油を浸し、煎り乾かし、此の如く藁苞して用いる云々。又硫黄を解きつけ、用いるも宜しと云。

［図92→二四〇頁参照］

【註】

○**藁苞**　藁束で物を包む。

百二、車火炬の事

車の製作は六七寸四方の車を作りて、其の上に風雨火炬の光強きを立て置き、車に細縄を付け、山城などに籠る時、縄を延べ転がし、谷底の不審なる時見るなり。此の製、口伝これ有り。

百三、胴火八方*、幷図

（一）火の有る事昼夜の製法は晒し布の極めて古きを、長さも廻りも六寸に縄に堅くない、火壺に入れ、上に灰を二三寸程置きて、其の上にて火を燃やし、蒸焼きして取出し、蒸消しにして、扨、藁のしべにて薄く包み、上を糸にて八九箇所も堅く結ぶべし。或は懐中に入れ、或は腰に付けるなり。故に是を胴火と云。又は腰胴火とも云なり。

懐中する時の図

［図93→二四一頁参照］

（二）二夜三夜の火の有る胴火の製りは、古き布か木綿を極めて細かに刻み、鍋ずみを加減して程よく入れ交ぜて糊にて固め、扨、竹の筒のよの中六寸*廻りなるを長六寸に伐り、其の中に堅く突込み、糖火*に入れ、蒸焼きに右の如く焼くなり、扨、取出し、上の焼けたる竹を削り去り、竹の皮にて包み、六七ケ所も随分堅く結び用うなり。

（三）古き布木綿を蒸焼きにし、細末し、飯の取湯又は柿渋にて練り固め、竹の筒に堅く突込み、能乾かし、其の後竹を去り、竹皮に包み、竹の筒に入れて懐中するなり。是を竹胴火と云。

（四）茄子の木黒焼の製法、右に同じ。

（五）杉原の紙を塩水に一夜浸し、能乾かし、細かに引きさき、竹の筒に堅く込め、蒸焼きにす。扨、どうさ*を紙に引き、火にて焙り、右の蒸焼きを包み、又薄きなめし革にどうさを引き、小さき袋を作り入れて、懐中するなり。

（六）杉原紙の黒焼をふのり*にて練り堅め、火を付け、板に挟み持つと云う。

（七）池田炭《いけだずみ》*を極めて細かに砕き、杉原紙を能揉み、細かにさき、交あわせ、糊にてねばねばとなる程につくね、竹筒に堅く突込み、日に乾して後、竹筒を削り去り、竹の皮に包み、固く結なり。

（八）杉原紙一枚を二日計り口にてかみ、少しも味のなき時、日に乾し、火を付ける。又杉原の厚きを能々揉み、火を包み持ちては火消えずと云う。

【註】

○八方　底本の項題は「胴火七方幷図」とある。**○よの中六寸**　節と節の中央の六寸。**○糖火**　籾殻の火。

○どうさ　礬砂。膠液に明礬を少し加えたもので、紙や布に引いて墨がにじむのを防ぐ。どうさ紙。**○ふのり**　布海苔。フクロフノリを板状に干し固めたもので、煮て糊を作る。鹿角菜とも言う。**○池田炭**　兵庫県川西市一庫付近で作られたクヌギの黒炭。一庫炭。

百四、懐中火の事

唐竹の篠《ささ》を黒焼にして糊にて固め、挽茶を衣にして日に干し、火を付ける。紙にどうさを塗り、是を包み懐中するなり。

百五、小電
硝四十匁、硫十一匁、灰六匁。

百六、無二
月*三十匁、日*六十匁五分、星*七匁五分。各口伝

【註】
○月、日、星　これらに関しては、分量を考慮すれば、月は硝石、日は硫黄、星は灰と考えられる。前法の小電に比して硫黄が六倍も使用されており、燃焼後の二酸化硫黄の毒ガス作用を意識した品と思われる。遊び心の秘文字であろうか。

百七、水火縄の事
常の火縄を五倍子にて煎じて、能張り乾かし、摺《ろう》*を掛くべし。又唐竹《からたけ》の葉をあくにして煮るなり。香なくして宜しと云。草火縄の事、木槿《むくげ》の皮を晒し、火縄に用いるなり。其の外、伏火縄、洗い布も宜し。臭気なきものなり。

【註】
○摺　蠟。

百八、草火縄の事
木槿《むくげ》の皮を晒《さら》し、火縄に用いるなり。其の外、伏火縄、洗布も宜し。臭気なりものなり。

百九、洗玉の事
布袋を長二寸程に縫い、其の袋に細かなる砂に明礬を等分に交え入、筒*に込み、打つ。能洗い出るなり。

【註】
○筒　鉄砲の筒。

百十、ほうろく火箭《びや》の事
数方ありと雖も皆同じ。敵を焼失する事は多く用いるに及ばず。

(一) 石竜法
硝二百匁、樟十匁、黄六十匁、松六十匁、灰四十匁。

(二) 鉄竜法
硝百匁、硫三十匁、灰二十五匁、樟十五匁、松十匁。

百十一、胴火の事
洗布、ぜんまい各等分、樟少、糊を以て練る。又粟の蕊《しべ》を用いる。又洗布一尺廻りにして、蒸焼きにし切艾のごとくにして、竹の皮に包み用う。五寸の長《た》けにして十二時あるなり。

百十二、檜火炬
檜を細かく割り、硫を塗、中へ入れる。*

【註】
○硫を塗、中へ入れる　硫黄を塗った面を内側にして束ねる。

百十三、鼠糞と艾と合わせて吉。

巻第二十二

〔忍器五〕　火器

一、筒の火

晒し布を川の瀬に於いて三十日程晒し、三つ練にして廻り*三寸、長け五寸に索《ない》、同じ寸法の竹の筒を二つに割り、其の中に入れ、竹を合わせ、其の上を縄にて巻き、復《また》其の上を赤土を以て塗り、土の破る程黒焼にするなり。後に取出し、土をとり、早稲藁に包み、其の上を油縄にて結《ゆわえ》るなり。但し右の黒焼の火消しよう、米の中に埋み消して吉。

【註】

○三つ練にして　灰などで煮て柔らかくした布三枚で。

二、同方

茄子の茎黒焼図、艾火口十匁、硝十匁、紙火口十枚。

右、各細末にして合わせ用う。

三、又方

杉原紙細かに切り、五日ほど水に晒し、其の後取上げ、日に干し、黒焼にして又竹を細かに刻み入れ、各合わせ、竹筒に入れ用う。

又杉原紙五日ばかり水に漬け晒し、細かく刻み、粉にして竹筒に入れ、用う。

四、又方

茄子の茎黒焼、檜の挽粉、各等分。酒にて固めこれを用う。

五、又方

水火縄五寸宛に切り、懐中に入れ用う。

六、鳥の子

藁の蕊《しべ》をさかさまにこぎ、臼にてつき、其の粉をつき屑で包み、少し宛藁の苞《つと》にして用う。

七、檜火炬

檜の木を削り、長八寸、廻り三寸計にして、左り縄を以て三所結《ゆわ》ゆるなり。是亦、左り結《ゆい》にするなり。左は陽なり。又笑い反ると云う義もあり。

何れも火炬は此の如く結うなり。扨、火炬の尻に長さ四寸の釘を打つ。しゅり剣にも宜しきなり。方《かく》に拵《こしら》えもつべし。

其の中の真《しん》には口火の為、焼薬を結込むなり。口伝。

八、又

一、長さ一尺二寸の木三本を、本を一寸宛余し、束ね結び、火炬の尻に付けるなり。五寸計の鉄を鍛《きた》え、形を鳥の舌のごとくす。

九、又

　檜の木の赤みを三角に削り、長一尺二寸、本三寸の間三ヶ所、すきや結びにむすび、先は茶筅の穂のごとくにして、本にだい尻を付べし。

十、火炬

　白*十匁、松挽粉七匁、黒*二匁、茱《しゆ》*一匁、鼠ふん二匁、黄二匁。

　但し打火炬にも吉。

【註】

○白　硝石。○黒　炭。○茱　にわかはじかみ。落葉低木で実は球形で薬用になり、九月九日重陽の節句にはこの木枝と菊花、酒を持って山に登り、この木の実を頭に差し挟んで厄除けとした。ぐみ。

十一、又方

　白十匁、樟五匁、黄二匁、黒五匁、竜脳二十五匁、松脂一匁五分、艾の粉一匁、松挽粉七匁、鼠ふん二匁。

　右各末にして竹の筒の中に固く突込み、竹の上皮を削り去り、上を紙にてはるなり。前の火炬も同じ。

十二、又

　白五匁、黄二匁、松脂一匁五分、黒二匁、樟二匁五分、松挽粉七匁、鼠ふん二匁、艾□*。

　製法何れも同じ。打火炬の時は本に鉛を込め用うなり。

【註】

○艾□　分量欠。

十三、又

　白五匁一分、黄二匁六りん、樟五匁一分、灰一匁五分、檜の粉四匁。

　右細かにしてだまの油*にて練り、長三寸計りにして。

【註】

○だまの油　タブノキの油。別名ヤブニクケイ、犬樟。

十四、又

　白五匁、黒二匁、松挽粉七匁、鼠ふん二匁、艾一匁。

　製法前の如し。打火炬に用う。

十五、大火炬

　白百匁、黄二十匁、黒三匁、樟五十匁、竜二匁五分、艾五匁五分、松挽粉七匁。

　右、固め用う。

十六、くぬ木火炬
一尺一里、風雨に用いる吉。くぬ木を長さ三尺に切り、筋を立て、打ひしぎ、塩硝百匁粉にして水三升入れ、右のくぬ木を浸し、扨、七、八日程に干し、硫五十匁粉にしてふり込みて、廻り一尺程に結い、早稲藁を塩水に浸し、少し日に干して柔らかに打ち、右の火炬をつつむなり。

十七、十里火炬
一　くぬ木長三尺に切り、石を以て細に打ひしぎ、硝を細かにして水にたて、右のくぬ木に付け、二十四五日程干し固め、硫、樟を前の両目のごとく粉にして、くぬ木に振りかけ、藁にて包むなり。

十八、くぬぎ火炬
くぬ木を随分細かにひしぎ、節を取り、乱れぬ様に結り、樟、硝、五倍子を鉄汁に入れ、右のくぬ木を一日一夜ほど漬け、其の後取出し、又右の汁と共に鍋に入れ、能々煮つけて紙に包み、土に埋む事一日。

十九、手火炬
くぬ木長三尺にして細かにたたき砕き、白百匁粉にし水三升入れ、右のくぬ木を浸し、七八日程日に干して、黄五十匁粉にしてふり掛け、廻り六寸程結込むなり。上を紙にてはり、漆をはき、火口に打火炬の薬を二寸程にして結込むなり。白二十五匁、黄二匁五分、青*五分、黒二匁五分、茱三匁五分、松脂一匁五分、鼠ふん三つぶ、番茶少。

【註】
○青　樟、樟脳。

二十、手木《てぎ》*薬
白十匁、黄九匁、黒二匁、番椒三匁。
右、四寸の竹筒に入れ、手木に鍔をかけ、鍔の中に為し込に用ゆなり。手木の作りよう、寸法口伝。又云。胡椒五分、竜脳三分加えて吉。

【註】
○手木　挫、十手の類。

二十一、又方
白七十匁、黄十匁、胡椒末十匁、番椒十五匁、樟十匁、鉄砂十匁。
右荒く末にして竹の筒に堅く込み、口に艾を糊にて付け、火を付け掛る。口伝。

二十二、懐中火の大事
白礬を粉にして糊に和し、厚紙に塗り、二寸廻りの竹筒に薬を能つめ、日に干し固め、懐紙の間に置くなり。但し竹を割り、取火を移すも宜しと云う。

二十三、十二火炬
　檜木を削り長さ八寸か六寸にして、廻り三寸、左縄にて三所結ぶ。左り結びにして吉。皆陽に象ずるなるべし。だい尻に四寸の釘を四角に刃鉄にてうたせ、しゅり剣にもする為なり。右のくくり火炬長一寸、五分の廻りに差す時は、右の懐紙火を直に移す。向へ打、火立つるなり。

　右十二火炬とは名付け置き候えども、二明三明にても苦しからずそうろう。口伝。

二十四、打火炬
　白二十五匁、黄二十二匁五分、黒二匁五分、青五分、茱十匁五分、松脂一匁五分、鼠糞三粒、挽茶少。

　右、各末にして長五寸の竹筒に込め、上皮を削り、紙にてはり、口をあけ、口薬をさし込み、筒の火移すなり。向へ打つ時、火立つるなり。だい尻、常のごとくにして、ざを付けよう口伝。

二十五、又方
　白十匁、黒八匁、黄二匁、樟八匁、松脂一匁五分、松挽粉七匁、鼠ふん二匁。

　右、竹筒長五寸、廻り二寸九分。一方に節を込む。火炬尻長四寸、鳥の舌のごとく八角にして刃鉄に釗いて吉。右細にして竹筒に込め、前の如く製る。

二十六、筒火　又袖火とも云う
　白十匁、黄五匁、灰二匁。

　上能調合し、六寸程の竹に節を込め、右の薬を固く突込み、口より紙を丸め、節の方に穴をあけ、口薬をさし、袖の内より火立つるなり。

二十七、取火
　白二十匁、黄九匁五分撰五匁六分、黒七匁五分撰二匁四分、鉄砂四匁、鼠ふん一匁。

　右、荒々と末にして合せ、竹の長六寸、廻り四寸二分、一方に節を込み、右の薬を固く突込む。其のあとに木を込み、抜けざる様にせんをさし、節の方に穴をあけ、口薬を小よりに包み入れ、手の内より火を立つる。

二十八、人取火
　樟、白、松脂、各等分に調合し、面《つら》へかけるなり。

二十九、生捕火
　鉄四匁、白十匁、黄五匁、黒四匁、番椒三匁五分、胡椒三匁。

　各末にして、結りよう口伝。

三十、鉄砲打薬は常の薬なり
玉には白九匁、黄四匁八分、黒二匁。

各能粉にして直に綿に包み、其の上を糸にて巻き、これを用う。

三十一、袖火付入
白十匁、黄五匁、黒二匁、鉄砂四匁。

内にして*油にて煎ずる。


【註】
○内にして　「粉にして」の誤。

三十二、付入取火
白十匁、黄五匁、黒二匁。

各調合し、半分おろし*。前の付入とくくり様*同じ。


【註】
○半分おろし　半分をすりおろし。**○くくり様**　製法、纏め方。

三十三、鉄砲の大事
玉に有り。皮を長さ五寸袋にして、其の中に小砂を固め込み、是を筒*の中に込む。大事の捕者、打つなり。早く捕るべし。

【註】
○筒　鉄砲の筒

三十四、天狗火
白二十三匁、黄五匁、灰十匁、鼠ふん三分、樟三分。

此の薬を長さ三寸の筒に込め、上皮を削り、紙にてはり、矢の長一尺五寸。しかけ様口伝。此の火炬、城中へ忍び入られざる時、外より内の形容を見んと欲するとき、狭間より入れる。

三十五、鉄砲生捕火
常に筒に薬を込め置き、玉には綿を以て玉ほどに丸くし、細き糸にて巻きて水に入れ、引上げ、番椒の粉を能まめし*て衣とし、込め打つなり。

【註】
○まめし　塗《まぶ》し。

三十六、忍火炬
硝二十二匁五分、黄十八匁、牛ふん古きを一匁、松脂一匁、灰二匁五分、艾二匁五分、鼠糞一匁五分、古布五分。

右合わせ筒に込むなり。

三十七、忍焼薬
灰十匁、硝百匁、黄三十匁、松脂二匁、鼠ふん一匁、熊肝三分。

右口薬、硝九匁、黄三匁、灰二匁。

筒に入れ用う。

三十八、忍火炬

塩三匁三分、黄十二匁、灰五匁五分、艾二匁五分、牛糞一分古き、松脂一分、鼠ふん一匁五分、古袮《つづれ》五分布にても綿にても。

右調合し筒に込め用うなり。

三十九、又方

硝一匁、灰八匁、樟三十五匁、竜一匁二分五りん、松脂一匁一分五りん、鼠ふん五分五りん。

右調合し同じく用う。

四十、又

灰十匁、硝百匁、黄五十匁、松脂二匁、鼠ふん一匁、熊の胃三分。

口薬白九分、灰二分、黄三分。

右、竹筒に入れ用う。

四十一、又

白二十五匁、黄二十二匁五分、黒二匁五分、松脂一匁、麻布五匁。

右合わせ、竹筒に入れ用う。

四十二、忍焼薬

白百匁、黒十匁、黄二十匁又は五十匁、松脂二分、鼠ふん一匁、熊の胃三分。

右口薬、白九匁、黄二匁、黒二匁。

以上末にして竹筒に込め用う。

四十三、忍隼火《しのびたかのひ》

白二十三匁、黄五匁、黒三分、鼠ふん三分。

右各末にして長五寸、渡り六寸計の竹の筒に込め、上皮を削ぎ去り、紙にてはり、長一尺五寸の矢の羽を付く。内へ矢を入るとき、外飛《とびち》入りて敵に取するなり。羽の拵えよう口伝。

四十四、手の内火

硝二匁、黄三匁、灰二匁、樟五匁、松脂二匁。

右各細かにし、薄糊と焼酎とにて固め、能干し、手に持ちて投げざまに火を付く。何程先へ投げても燃えるなり。

四十五、又方

舩中火とも云う。

ときとうの茎*ばかりに水銀、朱、虎のは一分五りん入れる。但し、たき三つにても*、白き糸にて二所結え、手の内に持つなり。

【註】

○ときとうの茎　鴇と鵜の羽の茎。**○たき三つにても**　茎三本にても。

四十六、夢想火
硝十二匁、黄七匁十匁、竜四分、生脳五分、灰一匁。

右各調合し、竹筒に長八寸、廻り四寸。一方に節を込み、上を細縄を以て巻き、右の薬をかたく突込み、細縄を解き、上皮を削り、紙をはり、口より火を付けるなり。

四十七、又方
白十二匁、黄三匁、竜四分、樟五分、灰一匁、番椒四分。

是亦製同じ。

四十八、又方
塩硝、硫各十匁、竜四分、樟五分、灰一匁。

又製同じ。

四十九、無明火
硝九匁五分、黄五匁、土四匁。

各調合し天火《てんか》に吉。

五十、水火縄
常の火縄にして能揉み、五倍子、鉄汁に一日一夜漬け、日に干し、紙に包み、土に一日一夜これを埋め、取出し、復《また》日に干して用ゆなり。

五十一、水火炬
硝二十七匁、黄二十匁、灰一匁、松脂二匁、松挽粉二匁、艾二匁。

各合わせ製上に同じ。

五十二、水中燃火
塩硝十匁、黄十匁、樟十匁。

各等分にして明松にぬりて雨中にこれを灯す。

五十三、水火炬
塩五分、樟五分、灰七分。

右、だまの油にてこね、雨中の用、上に同じ。

五十四、水火
白二十五匁、黒四匁五分、黄十二匁五分、青一匁、茱三匁、松し*三匁、鼠ふん三分、挽茶五分。

右くくり様口伝。


【註】
○松し　松脂。

五十五、水火炬
塩硝二十七匁、硫十匁、灰五匁五分、樟五分、松脂一匁、松曳粉二匁、艾粉二匁。

右、筒に込め、常の如く製作し、火ゆるくせんと欲する時は、硝を略すべし。

五十六、義経水火炬

硝二十五匁、硫二十五匁五分、灰九匁五分、樟一匁五分、艾三匁五分、松脂一匁五分、鼠ふん三粒、上茶少。

五十七、同方

白十四匁五分、黄四匁六分、黒一匁五分、馬糞一匁七分、青十九匁、松脂三匁四分、鼠ふん一匁七分、茱一匁七分、布一匁四分、挽茶五分、松挽粉五分、火口四分。

各末にして胡麻の油にて練り、焼酎等分入れて吉。

五十八、陣中雨火炬

白二十匁、黄三十匁、黒二十匁、松脂二十匁、青五十匁。

各粉にして、とりもち紙の油にて滑《ねばく》して練り合わせ、布か木綿の広一尺、長三尺計りにして練り付くるなり。直には麻がらを二十本程束ね、藤葛を以て巻き、扨、三方に丸竹を差込みおくなり。

五十九、風雨火炬

樟五十匁、硝二十匁、黄三十匁。

右、末にして麻油にて練り、木綿の長一尺計りなるに延べ付け、直に麻がらを入れ、葛にて結び、竹のすだれを以て巻き、また其の上を結り用う。

六十、義経陣中雨火炬

塩硝二十五匁、黄十二匁五分、灰二匁五分、樟五匁、艾三匁五分、松曳粉三匁五分。

製、上に同じ。

六十一、陣中風雨大火炬

小竹を川にて百日晒し、打ちひしぎ、三尺廻り、二尺五寸長ばかりに結り束ね用う。

六十二、一本火炬

なよ竹にても、ま竹にても、節々をひしぎ七日干し、扨水に漬け、取上げ又七日干し、以上二十一日製す。其の間に雨露にぬらさぬ様にし、一里半ばかり火あると云々。

六十三、削り火

熊野火口三匁、塩一匁二分、鞍馬石*五匁四分、ぜんまいのつた少、灰一匁五分、松脂二十匁、松挽粉二十。

【註】

○**鞍馬石**　閃緑岩。

六十四、又方

熊野火口三匁二分、くらま石五匁四分、塩一匁五分、ぜん

まい黒焼二十匁、杉原火口二十、硫一匁二分、竜一匁二分、灰五分、松の挽粉一匁二分、松脂一匁二分。

各細末にして、五葉松の甘肌水にひたひたに入れ、半分に煎じつめ、膠《にかわ》を濃も薄きもなき様にして練り、松の煎じ汁程にして後に入れる。製り削り火と同じ。

六十五、一寸三里風雨火

白十五匁、黄十五匁、黒一匁、馬ふん二匁、松脂三匁、松曳粉三匁、青十匁、鼠ふん二匁、艾一匁七分、麻布一匁五分。

各末にして麻油にて練り、竹の筒に突込み、後取出し、紙にてはり、大筒に入れ用う。

六十六、一寸三里火

塩十五匁、黄十五匁、灰一匁、鼠糞二匁、松脂三匁五分、艾十一匁七分、松挽粉三匁。

各粉末にして練り、竹筒に入れ、後取出し、前の如く用ゆ。

六十七、一寸三里火

白、硫各十五匁、樟三匁五分、麻布一匁五分、艾一匁七分、松挽粉三匁。

製、前の如し。

六十八、三寸火

唐竹の甘肌を削り捨て、其のあとを黒焼にして末し、薄糊にて固めて竹の筒に入れ、竹筒を薄く削り、五日ほど日に干し、扨大筒に入るる。火を持つ事、朝より晩まで消えず。

六十九、五寸火

檜木を焼いて灰とし、製作、前の三寸火に同じ。竹筒長さ三寸にして、前の如くの薬を右の筒に固く込め、尻に鉛玉を皮にて縫い付け、投げちらしても火消えず。又長八寸に結びよう、前に同じ。

七十、矢倉落火《やぐらおとしび》

白十四匁、黄八匁、鉄三匁、黒四匁、竜三分。

右各三寸廻り、竹筒に入れる。

七十一、魔王火

黄一匁二分、火口十匁朽木に在り、竜一匁二分、荏の油。

各古酒に入れ、調合し用う。

七十二、熊坂火

黄粉二匁。麻の中へ入れ、五十本ほど結ぶなり。

七十三、又方

白十五匁、挽茶一匁二分、ぜんまいのわた一匁、黒一匁一分、麻布一匁九分、馬ふん一匁九分、松脂一匁五分、紙火口一匁、牛ふん一匁五分。

右に油、焼酎を入れて結びよう口でん。

七十四、付火

塩十匁、硫五匁、松ひき粉二匁。

各竹筒に込め用う。但し四方に穴あく。

七十五、又

白十匁、黄五匁、松曳き粉二匁、松脂二匁。

前に同じ。

七十六、又

塩十匁、黄五匁、灰三匁、土三分、松ひき粉三匁。

前に同じ。

七十七、薬等《やわら》火炬

三方これ有り。前巻と同方故、これを除す。

七十八、火炬

塩五匁、硫二匁、松曳粉七匁、鼠糞二匁、艾一匁。

各粉にして筒に入れ、固く突込む。製法前の如し。打火炬にせんと思う時は、本に鉛を込むなり。

七十九、ほうろく火

玉の製作は鉛を薄くのべ、大きさ三升程入る壺ほどに作り、是を割り玉にして内に鉄砲の薬一重、又石一重入れ、重く損なわざるように製。扨右の玉の上を包み、火通《ひみち》の穴を三つあけ、此の穴に水火縄をさし込み、火を付け、城中などへ行くとき、はざまより下《おと》して吉。陣中、敵の忍道に置いても吉。又船中へ投げ入れる。一艘は打砕くものなり。又敵が城へ臨むとき、さまより下るなり。又敵の追い来たる道、陣中へ抛入れて吉。

八十、敵大勢の向かうとき鑓に付くる火

白七匁五分、黄五匁五分、黒十一匁五分、鉄十匁内五匁油でいる、乾姜《かんが》*四匁、胡椒四匁。

各調合し、竹を薄く削り、製常の如し。

【註】

○**乾姜**　干し生姜。

八十一、右同時振火炬

女竹を七日、川に晒し、其の竹の中へ黄粉にして入れ、十四本程結り束ね、長さ二尺五寸計りにして、敵方へ向け振るなり。

前に口薬、布一尺に塩硝十五匁水に入れ、能煮付け、引き裂き、其の口に付火をしかけるなり。

八十二、夜討天文火

白十匁、黄二匁二分五りん、竜九分七りん、古酒二十匁、茱ゆで汁二十匁。

各粉にして少し宛袋に入れ、矢に付け用う。口伝。

八十三、又方
黄二匁二分五りん、塩十匁、樟一匁八分六りん、竜一匁七分、古酒二十匁。

各能干し、少しずつ入れ、火を付け、矢に付け、射かくるなり。

八十四、玉火
杉原紙黒焼にして、食のとり湯にて固め用う。

八十五、忍下天狗火
硝二十三匁、黄五匁、灰五匁、樟三分、鼠ふん三分。

右各三寸筒に入れ、紙にてはり、矢の長一尺五寸。根をはげ、内の見たき時、さ間より入れ見るなり。

八十六、敵討薬
前に同じ。これを略す。筒口を敵の方に向け、ふる。

八十七、狐火
白二十匁、黒二匁三分、青十六匁、馬二匁、黄九匁二分、麻布五匁四分、ぜんまいの綿五分、松挽粉八分、鼠少、挽茶少。

各末にして油を入れ、結りよう□*。


【註】
○□　一字欠。「口伝」か？。

八十八、蛍火
麻布五匁、黄八匁、竜三匁十匁、白八匁、馬二匁
右詰りよう口でん。水中にて灯るか。

八十九、有明火
白十五匁、黒二匁、黄十一匁、布十四匁、樟十匁、馬一匁八分、
右結り様口伝。古酒入る。

九十、楠名火
白十四匁、黄十五匁、青九匁二分、麻布五匁二分、黒一匁八分、挽茶八分、馬ふん一匁八分、茱一匁。

各末にし、結りよう口伝。

九十一、地《じ》焼埋火《やきうずめび》の方なるべし。又二重薬と有り
白十匁、黄五匁。

但し固め薬はなしと云えども、ふし鉄*、焼酎にてのべ固めて宜し。さて地にしくとなり。


【註】
○**ふし鉄**　鉄汁

九十二、火炬
白百匁、黄二十匁撰五、黒三匁、青三十匁十滅、茱十五匁、竜二匁五分、松脂十二匁、松挽粉七匁。

右固め様口伝。末年に試みるに調よし。

九十三、飛火炬
塩十五匁、黄四匁一分、灰七匁、鉄四分、樟三分。是一町の薬なり。

又三町のとき。塩二十三匁、黄五匁、灰六匁、鉄四匁、樟三匁。

又四町のとき。塩五十六匁、黄十五匁三分、灰十七匁三分、鉄六分、樟五分。

又五町のとき。塩百八十匁、黄四十五匁、灰五十五匁、鉄七分、樟六分。

五丁〔町〕五反の時。塩九十匁、黄五十三匁五分、灰二十七匁五分、鉄四分、樟三分。

六町のとき。塩四十匁、黄三十一匁、灰三十五匁、鉄五分、樟四分。

七町のとき。白三十二匁、黄二十一匁、灰二十六匁、樟一匁、鉄一匁五分。

八町のとき。白二十三匁、黄二十匁、灰五匁、鼠四分、樟三分、鉄五分。

但し町に口伝。右各半おろしなり*。筒の長六寸、口のさし渡し六分。但し大概なり。口火の所は四方錐にて三箇所揉み、口薬、こよりにして込むなり。


【註】
○**半おろし**　半卸。まだ粒が残っている状態の荒い粉。

九十四、飛火炬
塩十三匁、黄五匁、灰六匁、鼠四分、樟三分、鉄二匁。

右各半おろしにして、矢の長さ四尺二寸、筈の方五寸、羽の長さ六寸、筒の長さ六寸、すの広*六分なり。

又、矢長さ四尺二寸、羽の長さ八寸、筈の長六寸、筒の長六寸、さし渡し六分、火口四方錐にて三寸。

右の道薬、白二十匁又は三十匁、黒七匁五分又は四匁一分、黄五匁、青三分、鼠三分。


【註】
○**すの広**　巣の広。差渡し。

九十五、火口
艾十匁、白十匁、杉原火口十枚。

各能おろし用う。

九十六、焼薬
白四十匁、黄五十匁又は二十匁、青二十匁、松挽粉四匁、黒四匁、松脂三匁、鼠二匁。

右くくり様口伝。

九十七、矢倉の事
　一町五反まで矢倉二寸。
○二町、二尺三寸。
○益矢倉、二寸。
○三町、二尺六寸。
○四町、三尺一寸。
　益五反まで三寸。

九十八、狼煙火
　白二十三匁、黒八匁六分、黄十匁五分、鼠四分、青三分。
　右末にして合せ、竹筒に突込み、上皮を削ぎ、紙にて張り、矢に付ける。口でん。

九十九、大村雨
　是も狼煙火なり
　白二十匁、黄三匁、青十二匁、黒一匁五分、鼠一匁、茱二匁、松曳粉四匁、麻布二匁。
　右能おろし、くくり様前の如し。右の筒製造は、筒の長さ八寸、差し渡し八分、上皮を削り、紙にて一遍はり、其の上を平苧《ひらお》にて巻き、又其の上を紙にて一遍はり、口薬をさす方に皮を糊にてはり、深さ二寸五分に四方錐にて皮の方より口薬の穴をもみ、小よりにして口薬をさす。根には檜木を石突なりにして付ける。矢の長四尺三寸、羽六寸二分にして筒に付けるなり。

百、同引下薬
　白十一匁、黄二匁五分、黒九匁四分〔底本は「九匁四匁」とある〕、鼠二分、青二分、鉄四分油にている。

百一、玉狼煙
　塩十四匁四分、黄七匁四分又は三匁四分、黒七匁又は四匁、鼠二分、青二分。
　右狼煙にもこれを用う。

百二、同引下薬
　白三匁八分、黄八分五りん、黒一匁、鼠六分、青六厘、銅砂一分油にている。
　右半おろし、筒に込め、玉にして上に付け、綿にて包み、二つなりとも三つなりとも望み次第なり。

百三、同玉合込薬
　白十匁、黒一匁八分、黄一匁九分。
　各能末にして芥子程に丸し、玉の間に入る。常の薬にても吉。上り三町、引尾一町の結りようあり。上り四町、引尾一町の結りようあり。

百四、大国火矢
一〔町〕塩十五匁、鉄四分、硫三匁五分、灰四匁三分、樟三分。

二〔町〕塩十三匁、青三分、鉄四分、黄三匁五分、灰七匁五分二分よし。

三〔町〕塩三十三匁、青三分、鉄四分、黄五匁、灰六匁。

四〔町〕塩三十六匁、青三分、鉄四分、灰十一匁二分、黄九匁。

四〔町〕五反　塩九十匁、青五分、鉄四分、黄四十五匁、灰八十五匁。

五〔町〕五反　塩九十匁、青五分、鉄四分、黄二十三匁五分、灰二十七匁。

五〔町〕塩百八十匁、青六分、鉄七分、黄四十五匁、灰八十五匁。

六〔町〕塩二百匁、青四分、黄三十一匁、灰三十五匁、鉄五分。

七〔町〕塩七十二匁、鉄一匁一分、青一匁、黄二十一匁、灰五十一匁。

右半おろしなり。各何れも筒の長さ六寸、口のさし渡し六分。但し内のりなり。火の口四方錐にて揉み三ケ。一つに口火さす。

［図94→二五五頁参照］
（一）火矢口薬
白十匁、硫七匁、黒一匁五分。以上松脂にて紙にぬり付けるなり。
（二）火矢薬
塩十匁、灰十匁、黄六匁。
（三）又、塩六十匁、黄四十匁、灰四匁、樟三十匁。
右四種合す。此の薬、水中に射込みても消えざるなり。

【註】
○**青**　樟脳。○**五〔町〕五反**　「五〔町〕五反」と「五〔町〕」とは火薬の量からして誤記。逆と思われる。

百五、松浦火薬
塩五匁、樟二匁、黄五匁、鉄一匁、灰一匁、松脂一匁。
各六種合せ用ゆ。

百六、筒火矢道薬
塩二十匁、黄二十匁、灰五匁。

百七、同焼薬
塩十匁、黄九匁、灰一匁五分。
上おろし様に口伝。矢の筈、木を三分一ほど入れるなり。矢の羽をぬらして吉。

百八、又方
硫五匁五分、灰十一匁、干姜四匁、塩七匁五分、鉄十匁、胡椒四匁、鉄十匁を内五匁、其の儘花火の様に製し、五匁は常の油にて煎りて入るなり。粉にして、筒に入れて鉄を交るなり。其の後筒の上を薄く削り、扨上を一遍はるなり。是大勢の敵に向かう時に付けるなり。

百九、付木火

樟三分、黄四匁、塩一匁五分。

上、薄糊にて練り合せ、紙に塗付け、二枚合せ、扨程よく裁《きり》て用う。

百十、紙燭火《ししょくび》

塩二十匁又は十匁、黄七匁五分又は七匁三分、丹五匁、樟九匁又は八匁九分。

右、薄糊にてねり、紙にねり付け、細き竹にて紙燭のごとく巻き、竹を抜き、日に干し灯す。

百十一、雨大火炬

だまの油*に樟とだまの実とを練りまぜて明松に塗り、雨中に灯す。

百十二、此の狼煙、四、五町も上る。但し是は上る薬計りを込む。心見に己年これを試す。各少し宛これを調す。

白十四匁四分、黄三匁四分、黒四匁、鼠二分、青三分。

右の薬おろし加減、鉄砲の薬より荒く、ひねり見て白黄のさらさらとする程吉。筒の製は長八寸、口八分。これ有りと云えども、試にする故、長六寸、口の渡り七分、尻に節を込み、薬を匕《さじ》にて少しずつ二匕ほど入る。扨、七分の筒口に五分ばかりに樫木の杵にて四十度も鉄槌《てっつい》にて打ち込み、扨、縄を解き、筒の節の方より二寸五分程は上皮を削り、是より漸々《じわじわ》次第に薄く削り、口の方に至りては紙の薄みにして、皮を節の上にはり、此口伝秘密なる故書かず。美濃紙を以て二遍はり、日に干し、其の上を苧《お》にて糊を付け、詰めて堅く巻くなり。又紙にて三遍はり、其の後口薬の穴二寸六分もみあけ、口薬小よりにひねり、やわらかにさす。口薬穴ゆがみては不。

[図95↓二五六頁参照]

百十三、飛火炬

白三十匁、黒四匁一分、黄五匁、青三分、鼠三分。

右の薬の合せ加減は前の狼煙より少し荒く、筒長さ六寸、口のわたり六分。前の狼煙製作の様に薬を込み、節の処は上皮計り削り、次だい薄くに削る。紙を以て二遍はる。平苧にて巻き、又紙にて二遍はり、矢に付様。

矢倉三尺二寸にて二町半行。矢土に入事三寸に、六分の筒に薬十七匁三分ほど入る。狼煙、飛火ともに引薬、焼薬は筒に込める。おわりの方に込むなり。

[図96↓二五七頁参照]

百十四、惣明松加減
（一）白倍は火強くなる。
（二）馬倍は火消えず火持ち吉。
（三）黄倍は火青強くなる。
（四）松脂挽粉は燃るため。
（五）青倍は火弱くなる。
（六）布、牛糞、茱は火持ちの為。弱くなる。
（七）灰倍は火和ぎ弱くなる。
（八）鼠倍は火弱し。諸の導かしめ薬。
右の通り、各能考え加減いたすときは、如何様の明松も製作成り申しそうろう。明松の製法は竹を二つに割り、上を縄にて巻き、中に薬を入れ、能々付込み、扨、縄を解き、竹を放し、薬ばかりを紙にて三遍はるなり。水火炬、取火は竹の筒に入れ、其の儘用るなり。口伝あり。右は伊州長井亦兵衛流なり。

百十五、小川新兵衛伝
塩硝六十匁、硫黄十一匁二分、灰十三匁八分。
右三品を調合して一つに粉にして吉。三品一つひとつに砕く時は、必ず調和し難し。始めより一つに合せ砕く時、灰立たば茶筅を以て水を打ちて吉。此の薬、随分細末とするに如く事はなし。是をおろす時、精を出し、ひまなくおろすべし。若し怠る時は薬性弱くなり、気ぬくべし。富岡一分薬と云うは、他の薬一匁用いる所、三分用いるときは宜し。故に此の如く申すなり。

百十六、雨火炬　五里火炬と云う
（一）硫黄十三匁内三匁は小米ほどに砕き、十匁は細末にするなり。
（二）塩硝二十一匁内一匁小米ほどにくだき、二十匁細末にするなり。
（三）樟脳九匁、細末。
（四）松挽粉二匁　但し能肥たる処を小口びきに挽きたる粉を日に干し乾かし、二匁用ゆべし。未乾宜しからず、火を持たざるなり。
（五）灰七分。細末。
（六）松脂二匁。但し女松の脂よろし。熱湯の中に入れ、其の後取出し、日に干し、薬研にて極細末にす。
（七）艾《よもぎ》一匁五分。能揉みぬきたるを堅くより、艾《もぐさ》にして用る。但し小口切りにするなり。
右各七味。製法は女竹の大なるにても、又は大明松なれば唐竹にても宜し。竹の皮を削り、竹を二つに割り、用いる所の節を一つ残し、其の外の節は皆尽く削り去り、扨、竹を渋又はふのり*にて張り、所々に筆の軸ほどの穴をあける。此の穴、水ぬけの穴と云。又此の上を一遍はり、漆にて一遍拭《ぬぐ》うなり。堅き筒の製、此の如し。
[図97→二五八頁参照]

薬の込め様に秘伝あり。此の筒を細引にて小口巻きにして、此の太《ふとみ》、筒と同じ程に製す。薬を匕《さじ》にて少しずつすくい入れるなり。扨、槌にて突固め、また薬を入れ、筒を倒《さかさ》にして固まらざる薬を払い出し、其の後また薬を入れ、亦打ち固めるなり。惣じて長一尺五寸、廻り五寸の筒は五里行と名づくるなり。明松火の立て様に秘でんあり。

【註】

○ふのり　布海苔

百十七、伝火

硝十匁、黄二匁、灰一匁五分、樟五分。

各一つに調合し、薬研にて細末にする宜し。右伝火と云うは薬の有る所まで伝え燃ゆるに依りて、是を妙《たえ》なりとす。

万川集海　大尾

万川集海　軍用秘記

大原氏笹山景直写正

守備と合戦の心得

一、篝《かがりび》焼所

是は足軽大将の役なり。兼て柴を用意しべし。足軽一時替り或は半夜替りに焼くべき。箇所は陣屋、大手の土居の外なり。土居*東西なれば、南北の風に焼いて吉。東西の風には焼きにくし。其の時は風下に、戸にてもたたみにても立てて焼くべし。篝焼所の土居は高さ一丈ほどに築き上げる。木、沢山になき故、つねには柴わらなどを焼く。都にて焼くには釜はあしし。四尺四方にいもの師にいさせてよし。*又野合にて一宿の陣前にも土居を、卑《ひき》く成りとも築きて焼かせるを吉とす。少し退きて焼くべし。近きは内見ゆるなり。

【註】

○**土居**　防御用の土塁。○**いさせてよし**　鋳させてよし。

一、捨燎

是は敵寄り来たる道定まりたる所にて、味方へは火先見えずして敵方は見ゆるように前に土居をかたどりて、向きの方に焼くなり。幾だんにも拵《こしらえ》置きて、敵来たる時、先ず焼捨て、後へ退きて焼き、又退きては焼くなり。故に捨燎《すてかがりび》と云うなり。重々深き理ある事なり。

亦桜の皮をはぎ幅一寸計、にたち、能乾かし、松明に結び付け、投げ出して見るなり。長さ三尺あらば一尺下に木を二本、十文字に松明へさして、一尺の方に火をなぐればころばず。*

【註】

○**ころばず**　松明が転び落ちない。

一、乱杭《らんぐい》*振所

海川堀の三箇所なり。入江には潮みちる時は一尺下にかくるる程に振なり。柱の間一間半或は二間に打つなり。しげき時は味方の害となる。され共、様子によるべし。上下二通りに縄を引て、後先をとむる。但し味方は通る様に印をするなり。又沖の方、常に水ある所にも一通りふるべし。是は潮の引たる時の為なり。河にも水曲りて流るるならば、瀬の上に、上へ見えざる様に杭を打ち、大綱を付け、下は流れ次第にしてとどめず。二筋三筋も流るべくす。又其の下にも杭を打ち、右の如くす。下を結び付る時は、切れよし。石川にて杭立たざる時は蛇かごを長くして、石を入れ、網を付けて流すなり。堀には杭を三角に打ち、見えざる様に水一尺も二尺も下になる様に打ち、二通り網をはるべし。又杭を五《ぐ》の目に打つなり。

【註】

○**乱杭**　敵の侵入を防ぐため、杭を無秩序に打ちこんだもの。

一、川梯掛様

川さして広からずして水深く、徒武者渡す事成らざる時、手前のあさみに石を積上げ、木竹を伐り集め、家在らば家を崩し、材木を集め、中と両の端と三本にして、横木をしげく木をあみ付け、長うして先に縄を付けて控え、先に蛇籠を三つ程付け、川上より流し、届く処に蛇かごに石を入れて塚にする。川幅により、ふた次にもする。所々にうけを付ける。歩卒渡すためなり。

一、荊朶《もがり》*

もがりはいばら枝と書くなり。敵を拒むに、古はいばらを用いたり。其の後枝のしげき木を以て馬のむねへ腹へととどく程に枝先を切りて、本を味方の方へなして置けども、味方より乗出に悪し。大竹あらば枝先をきり、二本ずつ木を結び、横竹にくくり付け、所々に杭を打ち、結び付け、引くべし。味方出入によく、敵のためには悪く、川々には木を用う。

【註】

○**荊**　ニンジンボク。

一、早綱

是は異国の虎落しなり。虎を埒《らち》に是を用い、敵夜討に来るべき道に竹の杭にひしと打ち、長さ帯の通りなり。上下二通りに縄を張りてくぐる事もならず、越る事も成らざる様にするなり。味方は自由に通る様に道を明け、箇様に打べき事。

浅きわざなれども深き理なり。

［図98→二六〇頁参照］

一、横杙《よこぐい》

敵近くして早綱なりがたき時、俄《にわ》かに軽くする時に是を用う。竹を三本三つまたに結い、所々に立置く。其の上に竹にても木にても渡し、其の竹木棒にても取集め、立て、結い付ておくなり。

一、竹抱《たけだき》

大にたばねては重くして自由ならず。大法《おおかた》*は二尺まわりにして五つ所を結い、長さ七尺程にす。小竹ならば、ありたけにすべし。但し大竹はわり竹を交ぜて良し。城近きは長きを用ゆ。念を入れれば三所編みてくるくると巻、五所結《ゆ》うて吉。木を三本結い合わせ、地をほらず、地の上に置きて、いくつも並べ置く。其の上に横木を渡し、所々を縄にて結い付け、竹抱をもたせかけおく。但し外より内に置くべし。自由なり。雨降る時は上に陣ばりを掛け、鉄砲を打つ徳あり。又所により、外へなびかせ、能所ありと云り。又竹抱に二本足を付けるを手付と云。何れも土俵を先に置き、先には一俵並び、前には二表も三表も吉。又くら掛の如く、木をさし、其に竹抱を並べ、結い付け、大勢にてかきて置くもよし。所により、丈夫に木を立て、横を結い、竹抱をゆい付るなり。向だき山、土手などなれば、重々《じゅうじゅう》高く組あげ、向とたいように付上る所あるべし。色々付ようあり。其の内、宜しきを取て用うべし。是すなわち己に限らず、何れも鍛錬の者に聞き、利ある方を用うべし。必ず一がいに定むべからず。又竹抱のさまは切らずとも、上よりも打るるものなり。又大竹を筒に切りてさし込み、上下を竹か又はかべ土のじるきを以てふさぎ、其より打つべし。其の虎口に依りて付様色々あり。

凡そ此の如し。[図99→二六一頁参照]

【註】

○**大法**　大方。

一、仕寄《しより》

惣じて夜仕寄ものなり。昼は弓鉄砲をいとえばなり。傍示《ぼうじ》*をさし置き、闇夜に用《もちい》る白縄、直に掘らば矢請けに成る故、ちどり掛けに地を掘るものなり。是を、ひのきの仕寄と云。幅四尺ほどよし。所々に人よけをほる。但し地形の遠近に依りて五尺にも掘るべし。深さ三尺。其の土を向かいへ上げれば、二尺の高さに成るなり。以上五尺なれば、人のせい隠る。城近く成るほど、次第に深く掘るべきなり。

【註】

○**傍示**　境杭。

一、引橋

常の如く橋を掛け、其の真中の板、二間計《ばか》り手前の板下に引き込む様にすべし。其の板に縄三筋付くべし。左右に引き、二筋引けば則手前へ引き込み、通路を絶ち、又中の一筋を引く時は、則本の如く成りて橋自由に渡る様に拵《こしら》ゆべし。

一、付塀

紙張りの塀も付塀なり。亦、常の如く簾《すだれ》相にする塀も付くべし。是皆石弓の先に付くるべきなり。此の見様、土居長短、万事に心を付くべし。同石弓の事は土居の上より籰《わく》*を出し、其の籰に石を積み、図の如く*木を引く、引《ひか》え柱*を立て、轄《くさび》*を以てこれをしむべし。但しこの轄をぬく時は、刎《はね》る様に用うべし。

【註】

○**籰**　糸を巻き付ける道具、糸巻のわく。○**図の如く**　図、脱落。○**引え柱**　控柱、つっかい用の柱。○**轄**　枠が外れないようにする止金。

一、刎塀《はねべい》

石を付くべき。石弓の下に檻《おり》を大竹で編み、このあと先に横木を結び、その四角に縄を図の如く付く*。引《ひか》え杭に其の向の二縄を以て引き縮《むす》ぶ。敵のる則先ず是を切り落とす。次に石弓を以て討つべし。竹強く拵《こしらえ》るべきなり。

【註】

○**図の如く**　図、脱落。

一、釣塀

一間切りたるべし。然るときは柱を二本ずつ並ぶべし。外より見ゆる所、其の品を隠す。故に一面に見ゆる様にすべし。尤も土台、間切たるべし。ひかえ柱、図の如し。*かりに轄を以てしめ、敵乗きたる時、轄を抜き落とすなり。

【註】

○**図の如し**　図、脱落。

一、具足*箱に入れるべき物の事

櫛、鋏、毛ぬき、白布一匹*も半疋《びき》も、剃刀、砥石、白粉、鏡、磁石、五色の糸、針、くすこ*、膠《にかわ》、しん鰹、のし、かんぜより*、松明、道明寺*、葛粉。

【註】

○**具足**　戦場などに持参する完全な携行品。○**白布一匹**　白布三枚。○**くすこ**　薬。○**かんぜより**　かぜこより。紙こより。○**道明寺**　もち米を蒸して乾燥させたもので、熱湯を注ぐと食べられる。

一、鼻紙袋に入れるべき物

万妙薬*、遠眼がね、我姓名官を書きたる札何枚も入れ持べし。軍中に於いて、人の証人にと云う時は、命も存し候わば心得たると言べき時、是非と言わば、思召し寄り私も満足の至に存じそうろう、命候わば慥《たしか》に見申し通り証拠に立つべし、若し討死仕らば、是を証こになさるべし。我等自筆に調《ととのえ》置き候。自然《おのずから》箇様の節も有るべしと存じ、此の如くと云て、右の姓名官を書きたる札を遣わすべきなり。

【註】

○**万妙薬**　万能薬。

一、証人を取るべき事

色々有りと雖《いえど》も、事多くして御失念も有るべし。御仁体を見掛け候得者《そうらえば》、証拠を下さるべし、これを過ぎずと云い、其の者の甲の内、何成り共切りて取べし。私討死せば、是もせんなかるべし、以後の御物語りのために進むべしと云いて彼の札を遣すべきなり。

一、下帯の事

下に廉相《れんそう》なる下帯を一筋して上に化粧下帯をすべし。討死したる時、下帯は必ず諸人心を付け、はぎ取事多きに依りて、人々心に掛け、あしき下帯を下にすれば、恥をかかざるなり。第一侍の嗜《たしな》みの一なり。

［図100→二六二頁参照］

【註】
○**廉相**　安っぽい。

一、高名をして返る時は、人多き道は除くべし
用心の者もあり、又は越度《おちど》時々多きなり。但し、よけ道なき時は是非も及ばず、其の時、人に逢たりとも、必ずひげの言*肝要なり。

【註】
○**ひげの言**　卑下の言、謙遜の言葉。

一、下に装束の事
陣羽織、或はきる物なりとも、裏を白、表を黒く、紋は家々の法度の如し。黒にするは夜討などの時、目に立たず、紋は黒き紙を切りて、くすこにて付かくす。裏を白くする事の理多し。自分下々共に羽おり着る物共に右の通り支度すべし。

一、馬芝維《うましばい》*の事
種々有りと云えども、こう掛*を前へ引掛け置かば、働かざるものなり。又四足共に竜の毛を上へなで上げ、一もじりもじりて、こよりにてそっと結び置かば働かざるものなり。

【註】
○**芝維**　芝居、仕場、戦場。○**こう掛**　首懸《こうがけ》、馬の首上で横に渡し掛ける革。

一、鐙付の事
是も種々有りと云えども、三尺手拭を帯にはさみ、夫に付けたるが、竪横共に宜し。又ちょうつがい*付も大形《おおぎょう》なり。

【註】
○**ちょうつがい**　蝶番。

一、腰手縄の事
くりじめ*にして腰に巻き、左より右へまわし、前にて片手縄に掛け、右にて止めるなり。

【註】
○**くりじめ**　繰締、幾重にも輪にしてくくる。

一、泥障《あおり》*の事
なめし革宜し。裏に袋を付け、兵粮などを入るように拵てよし。亦、浮沓をしかけ用いるなり。

【註】
○**泥障**　鞍の下に敷いて馬の腹脇に垂らす物。

一、武者押の時、甲持の事
馬取に着せたるがよし。世間に用立に指物以下持たせよしと云えども、四夫の某は左もならず。或は其の役人召連るといえども、不意の事ありて後《おく》るる時は間に合わざる事あれば、馬取にきせる道理最もよし。

一、馬上弓鉄砲鑓納の事

鉄砲は右の力革《ちからがわ》の間へ臺尻を跡へなしはさみ、長は筒先を鞍の前輪に持ち調るなり。槍は武者押の時は立てたるが吉。其の時は鐙《あぶみ》の中に立て、肩に持する様に納なり。弓は左の後の尻の下へしくなり。

一、馬浮沓の事

俄の時、浮沓なくば泥障《あおり》、内へ巻あげ、鐙にて押え乗るなり。又は跡先共に沓をなめし皮にて拵《こしらえ》付るなり。付け様口伝あり。二つにして長くこしらえて吉。

［図101→二六四頁参照］

一、潮にて食焼の事

鍋の底に土器にても、ごき*にてもふせて置き、其の上に米を置き焼かば、汐気失《うせ》るなり。皆其の器の下へ塩寄となり。

【註】

○**ごき**　呉器、朝鮮の飯茶碗（御器）で素朴で大ぶりな撥形の高台がある。

一、鍋なき時、食焼の事

色々ありと云ども、米をこもなりとも或はわらづとになりとも包み、水に浸し、土を掘り、少し埋め、上より火を焼きかける時は、食になるなり。米を能々洗い浸したるが吉。又米を能あらいて桶に入れ、石を焼きて桶の内へ入るれば、食になるなり。

一、潮を水とする事

舟中にて水なき時は潮をつかうなり。舟の底に赤土をよくすませたるをぬり付け、夫に潮水を汲みためて置ば、汐気其れに止まるなり。

一、泥にて水とれる事

少しほり、紙をしきて取てよし。

一　こごえざる薬の事

蜜柑の油をとり、惣身手足に塗り用う。惣じて常に酒をぬれば必ずこごえず。

一、飢人に食を与える事

赤土を水にたて*呑ませ、其の後、食を与えてよし。又、厚《こう》朴《ぼく》*の皮を煎じ、食宛に一杯程用う。其の後に食少し宛与うべきなり。

【註】

○**水にたて**　水煮たて。○**厚朴**　モクレン科ホウノキ属。樹皮を乾燥させて生薬とし、健胃、腹痛、腹満、虫下しなどに用いた。

一、水渇丸《すいかつがん》
梅干の肉を打ちひしぎ一両、氷砂糖二匁、麦門冬《ばくもんどう》*一匁
右三味を細末にして丸し用う。水に渇したる時の妙薬なり。

【註】
○麦門冬　やますげ、ユリ科ジャノヒゲ、竜のひげ。根の塊状部を乾燥して咳止め、消炎滋養強壮などに用いた。

一、飢《き》渇丸《かつがん》
人参十両、蕎麦粉二十両、小麦粉同、薯蕷*同、甘草一両、よくい仁十両、糯米粉二十両。
右各粉にして三年酒三升に浸し、酒皆かわき付きたる時、桃程に丸め、一日三粒程用ゆ。此の如き類い皆、余残無き時の助とす。右三粒程服すれば、心力労*する事なし。

【註】
○薯蕷　ながいも。**○労する**　疲労する。

一、馬上首付の事
取付の緒二尺五寸、先にたたみさしの針*の様によく剗《けず》り、はせ付置なり。其にて首を突通し付くなり。取付と云うは跡のしほで*なり。追付と云は左のあとなり。同首を付くる時は深く、働きを心に掛ける時は、鼻をかきて其の首をば馬に付くるなり。匹夫は下々よく付けざれば、首奪う事多し。故に其の心得を以て印をとるなり。

【註】
○たたみさしの針　畳刺の針。**○しほで**　四方手、鞍の前後の紐。

軍法備の次第

一、雑兵備　小荷駄奉行　物見
急事なき時は遠く押すべからず。大体一日に三時《みとき》の定めなり。時の宜しきに依るべし。未明と極晩には押す事を堅く忌なり。

一、大鼓二通りに定
押太鼓は指し渡し一尺八寸、是にて陣中の時をも打なり。又、掛太鼓は一尺二寸なり。持ち様は二人して荷《にな》うなり。又、山路は一人にて背負てよし。打役人はどう明の役なり。数は三、四と打ちて三、四と返す。道押に是を用いば、足並揃え、心を定むべきためなり。打止ならば、押留むべし。掛太こは是に異なり、打役人も侍の取分け功者を撰ぶなり。曰く。鼓を以て気を益す、兵の働きは血気を以てなす。気盛んなる則《とき》は、進みて利あり。息《やすむ》の鼓は速く、亦、引く時に遅く用う。

一、角鐘《かくしょう》
角は貝なり。口を角を以てする故角と云うなり。吹く事は騎馬の役なり。大法、朝晩三時に用う。朝は東陽に向きて吹くなり。一番に起きて二番貝に支度し、三番に出る。然りと

雖も、其の定は将の心によるべし。又、先手打立二、三、四、五と、だんだん次第を貝にて定る事あり。昼は南に向きて吹く。和南なり。晩には又東に向かう。西北は陰なれば除く。何れも数五々に吹き、五つながし*、後を長く吹くなり。朋《どう》音に吹く。表音は忌なり。

鐘は本*、鉦《どら》・鐘《つりがね》・鐸の三なり。和朝にては鉦を用う。色、黄にしてつちめあり、中の打所三寸四方程高くふくれたるを吉とす。鼓は掛ける時用う。鉦は引を示すなり。鐘は敗乱の兵を集め、又は夜討等に用う。皆、其のかずは常に約束を以てす。急ぐ時は早くつくなり。曰く。鼓、鉦、角ともに右の大法の定なり。

【註】

○五つながし　五つ程吹かずにおき。**○鐘は本**　底本では「鐘は木」。

一、陣取

陣取は四方へ物見忍びをつかわし、先に備を立る。環亀の地*を用い、中高く、八方*卑《ひく》き地なり。然れども薪、草、水の三種、調《ととのわ》ざるは用いず。

大河の辺、高山の下、村里、森林の辺、後険阻、此の分、備に悪地なり。険阻を前にはくるしからず。

【註】

○環亀の地　中央が高く丘になった地。**○八方**　周囲。

一、備

備と云ども元来形なき物なり。敵により、地形に依りて宜しく制《さだ》む。然りと雖も法を定めざれば合戦なりがたき。其の大概をしるすなり。備は元、五より初るなり。是則、東西南北中央五行の形を以て備とす。一より陰陽の二気始めて、五行顕れ、五行の中より万物生じ、又又五行に返り、五行阴《いん》阳《よう》*の二気に返り、二気又一に返す。孔明が八陣も色々の説あれども、五より発して八に備う。

[図102↓二六六頁参照]

右五人に伍々の声をかけて五人、二十五人一組なり。大備百千万も是より初める。さて二十五人二つ合せて五十人の騎馬を一備として、侍大将一人、鑓奉行二人、旗奉行二人、武者奉行一人、小荷駄奉行二人、都合五十八騎なり。是を一備に定む。五十騎の備には侍大将、武者奉行の役をも一人にてするにより、武者奉行の有無定めず、此の時は五十七騎なりと定む。五十き一備の時は、雑兵共小荷駄を除きて三百人の余なり。馬上六十騎積れば、惣下々まで四百二十人程なり。此の時は一行に備、押の時は長さ八町、二行の時は四町。是を以て横も積るべし。右一備五十きより上は、必ず武者奉行二人ずつ有るべし。侍大将一人にては合戦、さし引き危かるべし。

[図103↓二六六頁参照]
[図104↓二六六頁参照]
[図105↓二六七頁参照]

是を大輪の備と云う。此の一備を以て、前の備も次第を教るべきためなり。夫大輪と云うは、心をめぐりめぐらす道理を用いて名付くものなり。天下国家山林阻《そ》沢《たく》河海平易、万物一切備にもるる事なし。口伝。日車《にっしゃ》*は地に依りて制行し、勝利にのっては車の坂を下るが如く、不利にして掛けざる事は車の坂を登らざるが如し。動くと働かざると風の如く山の如し。

[図106→二六七頁参照]

戦奉行一人と証拠奉行は旗奉行に付く。大鼓、貝は勿論なり。横目使も同じ。際《きわ》積は旗に付くなり。間の遠近は人数に応じ、地に応ずべし。強弱の積り、又は先敗して後へ乱れ掛ると掛らずとには、一を救い四は三を救い変るなり。先手強吏を備、二、三に剛を備る物なり。合勝負は鋭があり、一陣《じん》敗れて残党全《たもた》ず、気は気に移る。敵の二、三の依なり。閫《みかた》*の多きを吉とす。若し別手一手にする時は倍々の勢を益す。亦、大手に備おきて、手数少なきとて後に分かるは勢を失う。鑓近く成りて備を替え、或は前後などするは必ず敗るものなり。横を入るに、地の利と順逆とを考えるべし。

[図107→二六八頁参照]

此の如く五色の旗を以て備を定め、金鼓を以て進退疾除し、節《ふしめ》に応ず事を示す。色は敗乱の兵備をまどわざるためなり。

【註】

○日車　太陽。**○閫**　我方、味方の意。**○陰陽**　陰陽。

一、懸口　かかり口

常の如く静なるを本とす。是は位を以て押寄る時の事なり。静なれば足並揃い、勢力をたもつ。掛る時は必ず早くなるものなり。早き時は足並揃わず、ばらばらに成るを虚とす。人は三息も遣ぬれば、必ず労す。初掛ると云時に一息を発す。掛間遠く早き時は又一息を遣う。戦時に一息を遣う。この三息をつかいぬれば悉《ことごと》く労するものなり。故に掛る足を静にして初後の二息をつかい、一息を残すをよしとす。鑓合の時の一気を鋭に用うべきためなり。息の積りに重々心得在べし。

一　凱

大法四道に定る。鑓前。是は一段《か》なり。えいえいと云う時、おうの声に付《つけ》付て惣方あぐるなり。鑓のここかしこにてはらの□*合事を嫌う。勢次第の勝負なれば、勢を添え、一度に合々て吏士《りし》*塩合を見合、凱を揚るなり。扨鑓合せて一戦に勝、敵のふまえたる場を少にても閫へふまえて勝凱《かちどき》を揚るなり。先ず其の日の戦は初を勝とし、後世にも残すものなり。第一初の勝負を大事とするに深理あり。城をのりての凱は二段なり。武頭又は平人にても、えいえいおうと云いて、扨、諸兵えいえいおうと揚なり。惣方揚ずは、又えいえいおうとかえすべし。扨実検の時、実検すぎて大将初めれば、惣方揚る心味あり。凱を合する事、諸勢の力を一致に合すべきためなれば、凱前後に口伝あり。

【註】

○□　シミあり。○**塩合**　潮時。

一、懸引

　軍の掛引二つ大事なり。掛《かか》るは勝利を見付て掛り、引所は引て宜しき利あればなり。然りと雖も偏《へん》勇の将は掛る事を好みて引く事を知らず。是終に亡の端なり。慮智の将は始終の勝負を計りて、一旦の負を厭ず。一旦勝を貪らず、引くは敵の備堅固にして、位正く或は地の利に陳し、味方掛て無理の時、味方引取る所を、敵付き来たらば、其の乱《みだれ》を討つべきなり。方便に引くと心得てよし。乱れてこれを取ると云り。進む時は退く事を思い、退く時は進む事を思うは法なり。進退は一致、懸引は風と潮との如し。掛は風なり。風に形なきなれども、来りて物にきびしくあたる。引は潮の如し。まんまんたれども自然にして一致なる故、引く形見えざるものなり。潮は繰引なり。一致にして騒ぐ事なく、速《すみやか》なり。前後次第全して速なる所は、敵討たざるものなり。討取べき非なければなり。それを討たんとすれば、却って害あり。

一、懸待

　うけて戦と、先を取て掛て戦と二つの見付を肝要とす。不意、虚のつては各別なり。大法は将、地、間、小の四なり。

○将

重くじだるき将には、先を取て軍を大きにかさをかけて掛る。口伝在り。軽く鋭勇の将には、鋭気をさけて堕気を討なり。

○地

掛て利在る地、請て利ある地。口伝。

○間

間五町ならば四町かからせ、一町にして味方を発す。敵は四町の疲あり、乱あり。又、来るに位を以てつめよせ、三十間の内ならば掛りて利あり。敵かからんと動ずる所に弱あり。未発の勢なればなり。亦、四十間五十間たりと云えども、敵閫の気勢の強弱に依て、掛所は風の如く円石を下すが如し。掛るに志ある則《とき》は敵の下知に依て色をなおすものなれば、図《はか》るをはずす故に拍子を専とす。

○小

平地にて小勢の敵を、味方大勢にて掛る事を法とす。然りと雖も一偏に*心得べからず。

曰く。懸待は勢の衆寡によらず、権《はかりごと》に随う。口伝。

【註】

○**一偏に**　いちがいに。

一、先鋒へ加勢入れ様

　敵の先手大勢にて、閫の先手備薄き時、剛弱に依りて加勢、遊軍二つを両方より出し、軍奉行をつけて下に加える別手一手、扨三四、一に成りて詰める。五と旗本一に成りて少し詰める。旗本と小荷駄動かず。

一　堅固の敵に手合《てあわせ》

敵堅固成る時は足軽を掛て呼び曳き出し、変体動静に依りて戦を始る事を専とすれども、さして益なき事なり。第一軍を始る所を大事とす。統《すべ》て呼曳を掛るは、敵の動静の色にて剛弱を知るべきためなり。一手に人数を倍して出し、二備を付け、堅くして二陣に備て待つ。若し先陣敗せば二にて討つべきためなり。扨、敵の位、弱ならば二三左右を備、味方勝つ時は左右の備にて追う。閫敗して敵追来らば、左右の備より横を討依るなり。味方の後備いく手、凱を発して掛る。敵の二三敗す則《とき》は、残党全く追来ず。追目付口伝なり。又、敵より呼曳を出す心を計るに、呼曳出し、乱を討つべきためなり。呼曳にのって、おいひかれ、敵、呼曳勢なれば軽く敗る。先陣にてきびしく討取る後は、全《たけ》く備て味方の敗を救う。箇様の備には三武頭《さむらいがしら》を良とす。敵の呼曳は心の相違を討たば、戦毎に用利なり。敵のてだてにのり、変を討つ。重々口伝。

［図108→二七〇頁参照］

一、人数を繰引

敵遠しといえども行列正さずして引く時は危し。不利にして引く心持は右に顕す。何れの備を引にも後備を急度立てかため、鑓ぶすまを取て居る時、後備より相図の太鼓を打ち、其の時先陣を引くべし。何れの備も此の如し。備の遠近の心持、重々在るなり。先ず旗本を引きて先二の備を引く。一は中、一は外すべし。所に寄るべし。扨、前の如くに後に備る三を引き、又四、五を引きて備る。さて両の遊軍を引き、本《もと》の備に成るなり。

一、同払曳

敵間近くして急に曳く時の事なり。旗本を後に曳くなり。将早く引かば、必ず備も周章し弱に成る物なり。敵掛り来れば、味方必ず敗す。先ず二を払い、前の如く後に備、其の後に将を引く。四、五の備よりは右に同じ。箇様の急成る所にて旗本を早く曳ざる事、心得あり。曰く。何れも後の地利に備を残し、軍を持つ事、戦の肝要とす。

一、四調備

勇将は掛る、愚将は掛らず。味方大軍、敵小勢成る時用う。先二を両方へ押出し、それに武者奉行二人共に付け、位を見て敵掛らざれば、遊軍二備、両脇より詰める時、前の二備敵の両脇へ出る。奉行は残り、後備に付く。未だ掛ざらば、先手の後へ遊軍詰める中へ中備出る。其の跡へ旗本少しつめる。四調に成せ、旗本詰めるは遠近によるべし。

一、敵多勢、閫少勢

大は少に勝の定理なり。然るに小勢を以て大軍に戦は、勝べき見付有りて、小大に対するの権《はかりごと》なり。敵の不意、堕気を討は勿論なり。大法、将の愚と人の不和と地利と三つの見付を以てす。愚将の大軍は大いに害あり。人和せずして弱なり、敵の内の味方なり。地利を要とす。地の利は兵の助。小を以て大に勝は険なり。要地を取て敵の虚を計る。或は夜討、昼暮朝掛け、何れも方便を以て権《とき》に乗ずる則は、大軍を恐るるべからざるなり。

一、敵小勢、闖大勢

小勢を以て大勢に向かい来たるは、一つの勝利を見付ざれば来らず。あなどる事なかれ。第一、小勢は下知自由にして堅し。大勢は、しまりにくし。又、大勢を頼む心在て、怠りあり。又、小勢をあなどるの利あり。是を以て大事とす。地の広きを用う。備は敵に倍し手数多くして、敵に労を与えよ。荒手を以て勇気を奪うべし。又、小勢必死に来たらば、鉄砲を叚々《かか》に立、其の内に騎馬、前に弓、敵かかり来たらばきびしく打立掛け散して、軽く曳取る。二三四五の備も右に同じ。数度に及ばば強兵を為すと雖も、勢労する所に必勝在り。

一、敵の地形能時の懸り様　山手の戦なり

高きに陣して虚実を見下す徳。又、下《ひき》きへ討下すは、勇が鋭の徳。平地よりは上るに労す。或は木石の害ある。故に高へは下きを引上らせ、平地よりは高を引下して討に利あり。然りて上りて悪しく、下りて悪しく、卑竟《ひつきよう》*、軍はこれなき道理なれども、呼曳をかけ、虚に乗じ、変化を以て上り、或は下る。有所*に忍ばず、敵山より下りては麓一町の間に弱き在り、馬上の下り、立舩《ふね》上る見付口でん。又、追るは山際を巧に追上げ、退にも左か右かの一方へ引くべし。中を直に引くは、矢道多し。山続き峰多きは、尾根を取て上り峰を取て利あり。離陣を用い、又、山林の茂みに引掛け陣を備るに心得あり。小勢は人数を見すかされまじき為、又は敵の勇気を押《おさ》ゆるの利在り。兵は詭《いつわり》の道、大を小に見せ、小を大に見するの一術あり。大勢を茂に引かけ、小勢にて出、小勢なれども茂を離れて備る計略あり。統人数*の根を知るべし。口でん。兼て人数の多少を忍者を以て知らざるは、敵に計られて敵を計る事なし。曰く。山林の便を求め、弱ある便をはなれては虚なり。口でん。便を離れて討なり。

【註】

○**卑竟**　畢竟、つまるところ。○**有所**　侵入禁止区域内。○**統人数**　総人数。

一、地形に依り敵の備を直す習

互に押出し対陣する時、敵の地形は能て味方の地形悪き事あり。止むを得ざる事。戦時、敵は味方を以て定る故に、仕掛以て敵備を直さざるは、忽《たちまち》害在る故なり。左右共に先陣は其の儘《まま》置き、二と三とを左にても右にても地形に依てなおす。但し、一備なおし、都《つい》で又次の備を直すなり。旗本を直し、遊軍一つを直す。小荷駄を直し、後に先手を直し、本の備になるなり。何ケ度も此の如く先手を一番に直せば、其の動きを敵討てばなり。先手を残し、二三を直したる所、敵討時は直したる備を横鑓に用う。箇様の悪地に備るは、名将の上にはなき事なれども、若し左様の事ある時は、此の心を以て敵への仕掛を心得べきためなり。又時移り、日月風に向かう時用うなり。

一、敵挑戦の時の心得

挑戦を挑むと云は両陣互に進合て戦を云う。是にては、敵ばかり挑むなれば、反りて挑まば進むの意を読むべし。敵勇み、威武盛にして進戦を急ぐ時は、其の心を察すべし。地の利に依り裏切るか、人数をまわすか、後詰有るか、或は其の家の吉例など云事有るか、何れも便を以てせざれば、挑まざるものなり。敵の方便を知らずんば戦わざるが法なり。敵の挑む行《てだて》を知る則《とき》は、其の変に応ずべし。退く則は弓鉄砲を先に倍して、手前を堅固にして後に軍を持ち、治を以て乱を待つ。敵掛来たらば、弓鉄砲を以て鋭気を奪い、乱を討に利あり。

一　勝軍《かちいくさ》に備を直す習

一戦に勝たる場にて、又後戦をせざる物なり。一度勝たる場なれば、危地なり。敵能案内を知ればなり。早く去りて別地の宜きに備を立る。後陣を先にし、先陣を後にす。以前の労ある兵を休まし、後兵は勇み進むの利あり。勢の保の徳なり。是地と心を改むるの利あり。軍は勝て負、負て勝の利なり。勝に必ず負あり。或は驕り、或は怠る。又、一旦負たりとも、恐るべからず。兵をいよいよはげまし、怒を進むべし。

一、味方敗軍の時の旗の建様

前に云る如く大竜を証拠と云うは、大軍は自由に下知ならざる故、旗を以て眼に示し、金鼓を以て耳に示す。故に進退自由なり。或は備、或は敗兵を集るに旗を以てす。故に一軍の証拠なり。若し敗乱の時は、大竜を証拠に集る法を兼て出す。旗の用利は、旗奉行の知る所なり。故に奉行を撰み、奉行かねて後の地利を見おき、或は郷人を用い、或は忍者を兼て用う。重々心得あるべき事なり。敗する時は高地に旗を立て、或は鉦を用い、諸卒旗に付きて或は勇み、或は臆す。是を以て奉行の器量を撰べしとなり。或は城を攻るにも、旗、城に近付かば勇み、退けば臆するものなれば、塩合を見合、城へ旗を入るを功とす。平場にて敵に旗を取るれば、奉行の恥なり。城のりに取られては苦しからず。急所にて旗を巻、或は竿を取て旗持人の帯などにさせ、重々奉行の才智あるべし。

一、味方の勢の誤揺の制し様

良将の兵に動揺する事はなきものなり。然れども若し誤りて騒動する時、奉行武頭乗り廻り下知すれば、弥《いよいよ》事ある様に見えて騒ぐものなり。然る則は申渡す事あり、下馬をいたしおりしけど、下知して将早く下馬して物前の騒動不慎《ふしん》の下知を示すべし。是は敵間遠き時、事なきに動揺する時の事なり。立は陽にして、騒ぎ居るは陰《いん》にして静まるの道理なり。

かち達*の内の騒動も是に同じ。

【註】

○かち　徒歩。

一、鑓前の下知

人の気、時に盛衰あり。気に乗ずると乗らざると、敵の気を察するよりは、第一、闘の気を察するを根とす。勝負は味方にあり、敵に有らず。味方を堅固にして、以て敵の虚実を計るを法とす。味方の武者の色弱く成る時、勇気を進るは下知にあり。口伝。心は色に移り形に移る。戦場にて、将は弱音弱色を顕さず。仮にも強き事を用うべし。士卒、将の心に移るものなり。将の一言の是非に依り、士卒に是非あり。

一、敵の残勢を張る時の心得

敵残勢を張るは、第一闘の心を奪べきためなり。けれども、重々心得ある事なり。味方も対軍を備て、戦べきと計り心得べからず。其の心を察し、勝負を計る事を本とす。敵の方便を知らざるときは戦ず。我を全くするの法なり。残勢は味方の心を奪い置きて、脇より数を廻す方便か、位を見て横を入んためか、或は吾弱在る時、敵の心を押えて引取るべきためか、味方の備を分けさせ動き静まらせるの変を窺い討べきためか、何れも地の形粧《けいしょう》或は備の模様を以て考るべし。勝べき戦に勝たず、負けざる戦に負けるは其の本を察せざる故なり。闘対軍を備に大輪の備を以て云うは、左ならば左の遊軍を二の備の通りへ出し、後陣に五備に奉行を付て、間積りを以て備る。遠近は地によるべし。一備を以て当るべからず。二重に厚く備て奉行を付、先手にも武功の誉れ有る吏士を付て拵《こしらえる》に、諸卒の気全《みつ》べきなり。

一、曇霞の合戦

霞の中は夜に等しけれども、互に自由ならず。危に戦ざるが法なり。然れども場により、時による。戦に霞は風上より晴るものなり。故に曇霞の合戦ばかりは、風に向くを良とす。闇に灯にいるが如しと云えり。敵方は早く消て、備、手賦《てくばり》明に見え、味方は見えず。此の虚実を以て利有とす。又、小を以て大を討に利あり。又、城を攻て近く寄に徳有り。鉄砲きかず。曰く。将の心と備と場と明に知らば、霞にもつれず闇夜にもつれず。

一、三剣向背

日月風の三つに向かうべからず。大きに利を失う。敵は向かう様に計るべし。

一、夜討用心

軍は昼夜ともに敵の術を取て闘の術にする所を勝とす。故に謀を深く密にするは是なり。譬《たとえ》ば人数を置く所を知り、不意に来るを知り、夜討を知り、城はのる所を知り、万事敵の謀略に通ずるは、名将の忍者を能つかう故なり。伊賀甲賀、我持の時、忍者を遣用るに依りて、終に敵に不意を討るる事なく、敵の不意を討事いくばくなり。是皆、忍《しのび》を能用いたる故なり。夜討は不意を討ものなり。敵に通じては求めて、おとし穴に入るが如し。常に忍を用い、夜々に物見を付け窺べし。いつも人数を定め置き、夜討来てもかまわずして、帰り道をさえぎり、城へは付入る事肝要なり。

一、川を隔る戦

川を隔て対陣するに、互に勝負を計り、其の利に乗ずるは勿論なり。後に勝軍を備えず、川端へ一偏に押詰たらば、虚実を計らず渡して勝利あり。是故に川を遠ざけ、敵渡して労乱の間を積りて備べし。夏冬の積りあり。又、川の浅深広狭あり。備は人数の多少により、地理によるべし。伝授あり。又、敵する事、川端に鉄砲人数を上中下にわけ、或は上、或は下の変化、後備、馬筏をくみ、歩卒或は中、或は下に立て渡す。又、敵渡りても、味方を追わず、川端に引え備たるは討べからず。

一、舩渡行法

法には少にても行烈乱るる事を堅く戒に深意あり。一旦の少乱、諸事の乱に移るものなり。自国伍に至るまで全するを上とす。舩渡にては必ず行列を乱し、騒動する物なり。椳《わい》に乗込み*、舩をのり沈むる事あり。又敵近くにては、第一半途を討の用心有り。両方に長柄を立て、其の中を通して舟にのするに下知人を定め、其の指図に随うべし。物見は勿論一番に渡し、其の次に物見押、鉄砲を渡して向《むかい》を堅む。備は地によるべし。二番に武者奉行一人、使番、其の外は行列常の如し。但し敵遠き時は、唯舟のり際の下知ばかり、行列は常の如し。

【註】

○**椳に乗込み**　わっと乗り込み。

一、先鋒旗本へ通ずる相図

先鋒とは先手の事なり。大軍は前後遠くへだたる故、急事ある時、密に旗本へ注進する事難義なり。兼て物頭等へも約し置き、五色の抛旗をしての如く拵へ、色を以て約を定て、其の旗をふる。触《ふる》時、其の次へ触て、旗本へ通ずるなり。竿短くば、鑓の柄に結付、長きを用う。

一、諸相図

城中陣中共に騒動する事あり。故に兼て相図を約し、なり物を以て夜討、喧嘩、火事其の外騒動それぞれの品を約し、知せしむべし。用意作意によるべし。用事有て武頭など集るは、貝を以てす。鐘は時を打ち、夜廻りには令を用い、唐には鈴をふる。日本には鈴の半字を取て令を用うとなり。我役所の分内の用心には拍子木を打つなり。足軽大将の役なり。事の相図には打ちようを定めおき、諸手に相図を合する。拍子木は柊《ひいらぎ》を用う。又赤樫も音よし。長八寸、横一寸二分、厚さ八分。右の鳴物を以て相図定る時は、騒動無くして其の調う事早し。又、城野によらず、放火相図の火、狼煙を以て相図を定む。

一、半途の軍

敵味方共に半途*を大切にする所なり。勝負は不意半途にあり。行列正しと云えども、救難きは隔路を討なり。平地にても行列をうたざれども、気を奪う時は行列はうつほ*に成るものなり。殊に他国は不案内の地なり〔て〕疑い、自国は案内を知て掛引自由の地なり。敵を討たざれども、勇気を具し妥《やす》くに大徳あり*。敵近くなりては弥《いよいよ》行列を正し、諸卒の心にも自らしめ出来て堅固になる物なり。故に近きを討て敵のしめをほぐす。又、半途の夜討に曰く。少を以て大を討は不意半途なり。故に相図を定め、忍者をつかわし、或は遠近の物見を以て不意半途を正す所を肝要とす。是を以て忍び、物見は軍の必勝の深理とす。又軍の根本とす。大将の実検は諸書皆同きに依て、これにしるさず。人により大将の首計りを実検して、其の外の首を実検せず。然れども諸士の高名を賞するなれば、首数多くとも、残らず実検あること最なり。太閤、信長、古今の名将なりしに依て、首いか程有ても残らず実検あるなり。尤《もっと》も心得あるべき事なり。

【註】

○**半途**　途中と言う意味だが、ここでは奇襲の意。○**うつほ**　空。○**具し妥くに大徳あり**　大原勝井本より「妥」補充。

一、将意三慎

智、外へ発したるは軍賢く働くとも、越度《おちど》有るものなり。これを慎む。智の内に含たるは、軍に越度なく、謀深けれども、眼前に急の変化移り難く、これを慎む。勇盛にかさの有る将は、必ず敵を思こなして、おごり付物なり。是を慎む。以上、吾は慎み、敵は察せよ。これに依りて謀を設く。是を勝負の本とす。

一、把《は》団采幷《だんさいはい》*を取様

順逆の二つあり。敵を指すには、剣先にて指し、閫を指すには柄方にて指す。鞭、扇も同じ。敵を招くには、手をあおむけ、先にて招く。逆手なり。味方をつかうには、順に手をうつむけてなり。又、味方掛れと云うには、射向《いむき》*の脇より打ちあげ、下へまわして引きとるなり。引くさい幷は上より左の脇へ打こむなり。とまれと云うは高くあげ、てこまねにするなり*。

【註】

○**采幷**　采配。○**射向**　鎧の左側、弓手。○**てこまねにする**　手古舞の真似をする。扇ぐ。

一、権因他制*

広狭二つの権《はかりごと》有り。人、地に余る時は虚なり。不足する則《とき》は虚なり。是皆、権に違う。狭き所にては幾手にも分てて用い、大軍に険を用いる則は戦拙《つたな》し。険を頼むに依てなり。大は大の力を以て仕うべし。小勢は険を用ゆ。十夫守れば則百夫に当たる。地の利は兵の助なり。然りと雖も、険に居て険を頼むは不険なり。不険に居て不険を思うは不険を険にする利なり。是を険易の用いを知ると云なり。

一、勝負に依る剛弱重々
○かさ在りて*勇盛の将は、勝て必ず奢り付くものなり。
○尋常の将は勝て安堵するものなり。
○愚将は勝て怠るなり。
○賢将は勝て慎むなり。
○かさ有り勇ある将は、負けて弥《いよいよ》勇出るものなり。
○智将は負けて、弥謀深く成ものなり。
○愚と臆ある将は負けて行を失う。
　是又敵を計り、我をかえり見るの源なり。

【註】
○権因他制　権因地制の誤。**○かさ在り**　嵩ある、見た目に豪快な。

一、軍は敵に勝せんさくばかりを致すべからず
　唯、自分の非を知り、自分の虚をよく考えて負けざる様にと、手前を堅固に守りて、物にかたよらず敵の虚を計る時は、勝は其の中にあり。少しも勝を含まず勝安き時に勝を良将とす。吾を全うして以て敵の非に勝。勝べき事は敵にあり。負けざる事は吾にあり。譬えば上手の碁を打が如し。手前を堅固にして、敵の石弱き所を取る。是なり。人は物にかたよるに依りて、智を失うなり。譬えば慾にかたよれば、賞罰正しからず。恐懼《きょうぐ》*にかたよれば、鵲《かささぎ》を敵の旗と見る。喜怒哀楽憂愁其の外何れにかたよりても、其の正を得る事無うして、心暗し。心暗き時は敵の虚実変化移り難し。是を離るるときは、謀自ら生ず。譬えば明鏡に万形残らず移るが如し。此の如にして身を慎み、吾を以て敵を察し、敵を以て吾を知るべきなり。

【註】
○恐懼　恐れおののくこと

一、後詰など有る城は猶以ての事、左なくとも籠城の時は城外十町、或は二十町、或は一里の内に能々相図を極め、忍者四、五人置くべし。是に色々益あり。自然敵大勢に取籠られ、味方の後詰の大将へ諸事通ずる事成り難き時、城内より城外へ相図を以て自由に通ず。其の外、是に口伝多し。譬えば三州長篠合戦に奥平九八郎を籠め置れし時、大軍にて勝頼取巻しに依りて、後詰の信長公、家康公へ物事通ずべきようなき故、既に兵粮尽きて難儀に及ぶ。其の時、鳥井強右衛門、城中より忍び出て信長公へ後詰兵粮を乞う。終に敵に生捕れたり。是、斯如き謀を知らずして難儀に及び、大事の士を殺されたり。箇様の事を、当流には心を一つにして身を分る謀と云。秘すべきなり。

一、武者揃え〔訳者補足〕

第一武者奉行二人

是は常に諸士の下知を請い、尊敬仕来たる者を用るなり。功者最も吉。

第二旗奉行二人

一人は証拠、一人は際積なり。証拠は第一功者を用う。戦場の是非を考え、宜しき地に旗を立てるなり。故に証拠とす。際積は間を積むるなり。一軍の旗数九本、或は七本なり。是を立て、次に家中の惣旗を立てる間を能見積る役なり。故に際積と云うなり。

第三鑓奉行二人

一軍の足軽千三百*の積りなり。内、八百鉄砲、三百弓、二百鑓なり。

右を六奉行と云う。記量を撰みて役とすべし。この次に殿後と小荷駄奉行を定む。殿後は兼て定め無き時に臨みて、小荷駄奉行は主に替えざる程の者を任ずるなり。

〔図109→二七八頁参照〕

【註】

○**千三百**　底本は「千二百」。

一、押前大物見の事

敵地へ押行く時は、兼て通使を用い、通路の安否を知るべし。山林の険阻の伏を顕すに、物見忍びを用ゆ。一組より二人三人撰み出し、或は十騎二十きには過ず、足軽を一騎に五人。三人指そえ道の程三里に過ず、道の左右の山林の伏を顕す。又、旗本より使番二、三騎に歩達《かち》の使番、一騎に二人程添える。是は中小姓の内、達者を撰み、一日替に遣す。何れも相印を一同にして、敵出たりとも自分の働を禁ずは勿論なり。右の物見の間に居て、先の様子を旗本へ注進す。平地は騎馬早し。山路は歩達早し。故に険易二道のために騎歩の両様を用うなり。

一、行列軍を他国へ出し、著陣《ちやくじん》*の行列を定む不意半途のためなり。門戸を出るより敵を見るが如くし、未兆を敬む則《とき》は能凶事を除くなり。

【註】

○**著陣**　着陣。

資料　万川集海　原本

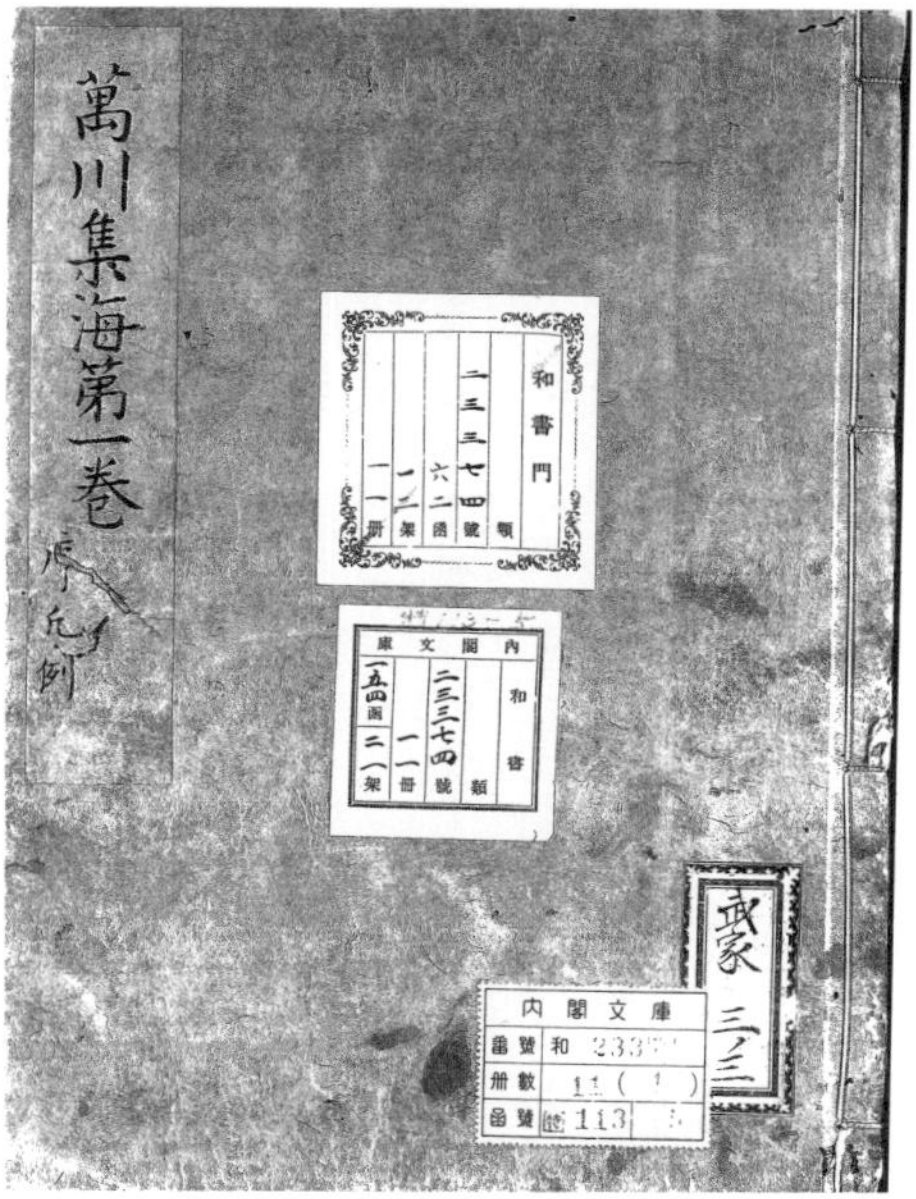

序
凡例
目録
忍術問答

凡兵者國之大事死生存亡之道也國家安危之基極大事而非細少也甚深重之義而非軽卒之利矣故詳審始計明察五事七計而能執衆之心以權謀而使奇正叶〻智仁信勇嚴之五枚不皆天地人三利則以千卒雖當億萬之敵百〻戦テ可百〻勝ツ矣可危哉雖然主將之聖智希世可知孫武子出相闔閭貴子房而沛公合天下其外主愛賢將明智而執國齊家大國不足挫是皆主周備而將亦莫不賢往昔吾邦名

將多矣雖然或以治於天下或以威取國而已誰有止仁義人哉楠正成等雖應其機主亦無德也故守義之篇而戰死畢爾来誰ッ哉今及末世人心毎曲徒好其言不能用其實而已於往古周之民不如殷之民殷之民不如夏后氏之民夏后氏之民不如虞氏之民末代之衆民争及此時之人哉然者臨事守義重將之命令而盡ク臨機應變之忠戰者幾何ヤ若有名將而謀計甚巧萬卒不應其機則可少勝利矣夫戰者乗其虚速撃其不意察其理雖多謀計非忍術則敵之密計隱謀不能審知矣

夫探呉子孫子之兵法閲張良韓信等之秘書軍法無間諜則知敵之虚實抜數里之長城堕メ三軍於陥井而不能成全勝之功矣以一人之功亡千萬人者非忍術而何哉不可不學至其成就則雖モ築クト鉄牢ッ籠士卒ヲ之城郭無不可入之術也其術者非神通妙用之術則似劍術之討隋討皈撃不意也故舉間林精要之綱領忍術書二十有餘巻并或問凡例等而記軍事之奥義者也仍テ序ス

于時延寶四年　辰仲夏日

江州甲賀郡隱士藤林保武序

萬川集海凡例

一 是書ヲ萬川集海ト名クルヿ始ヨリ終ニ至ルマテ間林精要ノ綱領ヲ舉記シ用ルニ伊賀甲賀十一人ノ忍者ノ秘セシ忍術忍器并ニ今代之諸流ノ悪キヲ捨テ善キヲ撰ンテ取リ又和漢ノ名將ノ作レル忍術ノ計策ホ偏ク集メ之ヲ殊ニ前人未発ノ旨開顕シ義理ヲ正クシ邪義ヲ不誣此術ノ至極ニ歸シ序次ヲ不乱メ畢ク著之モノ也然則天下ノ河水盡ク大海ニ流入テ廣大ナルゴトクナル故ヲ以テ是盡ヲ萬川集海ト号ス故他ノ忍者ホノ伊賀ノ名ヲ借テ漸ク二得一兩句ノ類ニ非ス其ウヘ萬計萬功ノ手熟多シ其甚深ナルヿ世ノ人ノ知ル所ニ非ス然モ言ヲ簡略ニシテ敢テ分明ニ不述ヿハ尋常ノ人ノ口弄トスマシキ為ナリ學者師ノ口授ヲ受ケ熟翫味スルヿ久シカラハ自蘊奥知レヌベシ若シ師ノ口傳ヲ不受メ此書ヲ見モ奥義ニ徹スル事不可有之ノミ

一 是書ヲ正忍將知陽忍陰忍天時忍器六篇ト作メ正心ヲ第一トスルヿ正心トハ萬事萬作ノ本深ナル故也柳忍藝ハ

智謀計策ヲ以テ或ハ塀石垣ナトヲ登リ或ハ鑰子樞掛鉄尻差ヲハツス事ナレハ略盗賊ノ術ニ近シ若天道ノ可恐ヲモ不知無道ノ者ヲ手熟シテ悪逆ヲナサハ予カ此書ヲ作述スルハ畢竟盗賊ノ術ヲ開ニモナリナント欲ノ正心ヲ第一ニ置ク也故ニ忠義ノ道ヲ先トシ生死ノ道利ヲ記メ正心スル所ノ階梯トスル也誠知道人ハ嗤ヲ招ク処也ト云𪜈志趣正シク行フトキハ大ナル補アランカ然レ𪜈初學ノ士此ノ篇ヲ階梯トシテノ二六ハ時中行住坐臥トモニ大勇猛ノ志ヲ発シ眼ヲ忠貞ノ源ニツケ用カ不怠而久シク此術ニ熟セハ自然ニ開悟ノ正心ノ意ヲ知ン此術ニ明カナラハ柔弱ノ人モ剛強ニナリ共侮ノ人モ忠義ヲ守リ愚者モ智恵明カナルヘシ勇知ノ義ヲ知ラハ無不忍入若シ心不正時ハ淵源ノ謀不可成譬謀ヲ運ストモ其計自機ニ顕ハレ敵ニ洩レ聞フヘシ武勇有テモ剛ヲナサス故ニ正心ヲ第一トスル也

一将知ヲ第二ニ置コト忠勇謀功ニ達シタル忍者タリト云𪜈軍将不用トキハ謀成カタシ謀不成トキハ忍術ノ利アル事ヲ不知軍将不知トキハ猜疑ノ心起テ忍者ヲ敵陣ニツカハスヘキ慮ナシ若又忍者ヲ不入トキハ敵ノ秘計ホヲ知ヿ不能敵之秘計ホヲ不能知トキハ軍ノ手分謀略定メカタシ手分ケ謀略難定トキハ即チ敗軍ノ基イ也若又忍ヒヲ不用メ敵ノ様躰ヲ推量メ謀ナトヲ運シ或ハ手分ナトメ備ホヲナス時ハ暗夜ニ飄石ヲ飛スガ如クニメ外ツレカナニメ謀備的ニ中ルヿ難シ故ニ東ニ備ル時ハ敵西ヨリ来テ俄ニ轉倒シ南ニ備ル時ハ北ヨリ来テ忽チ周章シ敗レヲ取ルヿ侭多シトス且ツ将タル人忍ヲ用ル術能不知トキハ喩ヒ忍者ヲ敵ノ城営ヘ入ルト云𪜈外ヨリ應メ攻ルニハリ合イナシハリ合ヒナキトキハ合戦ノ勝利ナカランカ或ハ忍者不慮ノ死ヲナスヘシ故ニ将知ヲ第二トスル也将知ノ下篇ニハ忍者ヲ我陣ヘ不入軍法ヲ記メ其術ヲ軍将ヘ知シメ敵忍者ヲ我陣ヘ不入法ヲ知テ其上ニテ忍者ヲ入ル丶ノ術ヲ著ハス者也

一陽忍ヲ陰忍ノ前ニ置コト陽ハ始リ陰ハ終ルノ理ヲ以テ之故ナリ陽忍者大智ノ人其術ヲ聞クトモ平素ノ習練ナクテハ不可成此術ニ志有ン人ハ平生不懈習練スヘキナリ

一陽忍ノ下篇ニ視観察ノ簷猿ノ術ヲ記ス事ハ忍者ハ敵ノ様子不可不見聞職ナリ學者忍事ノ外也ト思是ヲ疎カニスルヿナカレ

陰忍ノ下篇ニ忍夜討剛盗ホノ亊ヲ記ス是亦忍事ニ不有ト云テ疎カニスルヿ勿レ夜討ト忍ノ休用ノモノ也故ニ忍術ヲ不知夜討ハ夜討ノ理ニ疎ク夜討ヲ不知忍者ハ忍術之理ニ不至ノ義ナリ又捕者ノ亊此道ノ本意ニ非ス云乇近代忍者ノ所作ノ様ニ成行タレハ古ヨリノ作法ノ荒増ヲ記スモノ也此術ノ本意ニテハナシ如何トナレハ忍者ノ術ニテナク雑色ノ職ナレハナリ

一天時天文ヲ第五ニ置亊天時不知地利地利不如ト先賢ノ教ニ元ツキテ也但天時ノ篇ノ中ニ忍術ノ専要タルヿ多シ是ヲ疎カニスルヿ勿レ又強テ是ニ泥亊ナカレ

一忍器ハ陰忍ノ階梯也ト云乇器物制作ノ傳授ニテ忍之理ハナキ故第六ニ記ス忍器ハ自ラ為覺ヘテ其可否ヲ可試若シ不試シテ行フ亊ナカレ兎角一器ヲ以テ多用ニ應スル様ニ専ラ簡要ニ制作スルヲ善トス其ノ製法ハ巻ノ題ノ下ニ審カナリ

萬川集海序凡例　終

萬川集海目録

巻第二十二　忍器五　火器

萬川集海大尾

忍術問答

或問曰忍術ト云事ハ何レノ代ヨリ始レルヤ　答曰夫軍法ハ上古伏羲帝ヨリ始リ其後黄帝ニ至リテ盛ニ行ハレタリ夫ヨリ後代ニ傳ハリ心アル人無レ不レ崇用然レハ忍術軍用ノ要術タリ初メ伏羲黄帝ノ時ニ起ルトストモ忍術ノ事書ニハナケシ惟質ノミ也此義ハ往々古書ニ見ヘタリ

問曰忍術ハ軍法ノ要用トスル謂レハ如何　答曰夫孫子十三篇ノ中用間ノ篇ニ忍術ヲ載ス其外歴代ノ軍書又吾邦ノ兵書ニモ畧無不雑出此術是用兵ノ至要ニ

有スンハ争カ歴代ノ明哲此術ヲ書シ傳ンヤ且涉不雖哉
軍書曰兵法ハ治内知外云ハ敵ノ内計密事ホヲ委曲
知ルヲ云ナリ敵方ノ様体ヲ能知ルハ何ノ術ヲ以テ知ルトナレハ
地形ノ摸様敵ノ進退人數ノ多少敵合ノ遠近ホヲ遠所ヨリ
速カニ見察シ主將ヘ告ルハ是物見武者ノ役ナリ又敵ノ塀端
柵端ニミテ近ミト忍ヒ行其様体ヲ見聞シ或ハ言城中陣中エ
忍ヒ入テ萬ツ摸様陰謀密計等ニミテ審カニ聞審ニ見テ
主將エ告知ラセ方圓曲直ノ備ヲ定メ能ク使奇正而征
伐敵徒セシムル者忍術ノ所以成ナリ若シ無此術トキハ知
敵之計畧而勝利ヲ天下ニ全スル事難シ是ヲ以テ忍ノ
術ハ軍ノ要用タルヲ可知　問曰中華ニテモ此術ヲ忍ト
名クルヤ否ヤ　荅曰忍トハ吾邦ノ号ナリ呉國ニハ間ト云ヒ
春秋ノ時分ニハ諜ト云ヒ戰國ヨリ以来細作遊偵𦭄細ナト
号スルモ忍術ノ事ナリ又六韜ニハ遊士ト云イ李全カ陰經
ニハ行人ト云ヘリ如此時代ニヨリ主將ノ意ニヨツテ其名コト
ナリ吾邦ニテ忍夜盗スツハ簷猿三者饗談ナト云類也
問曰忍術ノ名ノ中華ニテ間諜遊偵細作𦭄細遊
士行人ナト、名ケタル其謂レハナキヤ　荅曰孫子

用間ノ篇間ノ字ノ註ニ間ハ罅隙也令人ノ来敵罅
隙入以テ探リ知ル其情ヲ也ト云ヽ言心ハ間トハスキマヒマト意
也人ヲ以テ敵ノヒマスキマヲ窺イ来シメテ敵ノ城陣エ入テ
敵ノ陰謀密計萬端ノ事ヲ探リ知セテ此方エ告サセ
或ハ使隙ヲ窺テ敵ノ城陣エ入ラシメテ其城営ヲ焼キ
夜討ナドヲ謀ル職ナリ又間ノ字ニヘダツルト云讀アリ故ニ
忍術ニ隔ルノ術有敵ノ君臣ノ中ヲ讒言ヲ以隔テ又ハ
其隣國ノ君ト和合ノ間ヲ隔テサヘキリ援兵ナドノ
ナキ様ニコシラヘ或ハ敵ノ大將ト其士卒トノ中ヲ隔テ、
相害スル様ノ術ヲナスニ依テヘダツルト云訓有ル故ナリ　和漢ト
モニ往古ヨリ敵方ノ内乱ヲ謀リ勝利ヲ得タル先蹤甚タ
多シ間ノ字義或説ニ門ノ中ニ日ヲ入ル此術ノ實理ニハ敵
ノ城陣エ無ク間断突入ルヿ譬ハ日光ノ門戸ニサシ映シ
少シモ虚隙アルトキハ直チニサシ入ルカ如ク速カニ入ルノ義也
此理甚深微妙ニメ庸人ノ所難トスルナリ又諜ノ字偵ノ字
ニツナガラウカゴウト訓ナリ凡テ忍ノ術遊ノ体ニメ其間ニ敵
ノ使隙ヲ窺イ入テ其摸様ヲ見聞スル職ナルニヨツテ遊偵
ナト、云ル者ナリ楠正成ノ忍術ニ四十八人ノ忍者ヲ三番

ニ分チ十六人宛イツモ京都ニ置シト也此者𪜈種々ノ窃計ヲ用テ京中ノ様体ヲ窺ヒ知リ摘ニ告シト也是遊偵ノ意ニ有ズヤ又細作ト云フハ忍者敵方エ行テ様体ヲ能見聞シ大将ニ告知スルニ依テ大将ノ謀畧ノ術ヲ細ニ作ルト云意ナリ微細ト云ハ微ハ微曲ノ微或侮微ナトノ意ナリ凢忍術ハ表面ニハ尋常ノ体ニメ裏面必ス微曲甚シク深キタクミ有故ナリ元ヨリ忠義ノ道トハ云ナガラ心地ニ曲細ニメ微ナル故ニ微細ト名ツクル也又遊士ト云モ遊フ姿ニテ心ニ慮深キユヘ名付ルカ行人ト云ハ敵ト味方トノ間ヲ往来シテ又行ノ字ニタニテツタウタイラクト云訓アリ如此ノ理ヲ以テ行人ト名ケタルト見タリ　問曰中華ニカクノ如ク色々ニ名ヲ替タル如何　荅曰孫子ニ間ト名ケ尓シヨリ此役人ヲ間者ト云フ故ニ間ト云ヘハ世々其役人ノ名声顕ラカ也皆人是ヲ知ル柳此術ノ奥義名ト藝術𪜈ニ人ノ知ルヿヲ禁ス人ノ不知ヲ以テ大切ヲナス所以也故ニ深ク秘スルヲ本トス去ニヨツテ中華代々名ヲ改テ世ニ其職タルヲ秘スル理ヲ以テ替ルト見エタリ　問曰中華ニテハ名ヲ改メ吾邦ニテ忍ビト名ツケタルモ定テ其謂レ有ヘシ如何　荅曰中華ニテ此術ノ名ヲ間諜遊偵細作微細遊士行人ナト、云シハ右ニ荅ルコトク敵ノ便隙ヲ窺ヒ入リ或ハ敵ノ君臣隣國ノ交リ等ヲ隔ル職也ト云義ヲ以テ名ルナリ是皆忍術ノ末ノ理ヲ取テ名クル也吾邦ニテ忍ト号タルハ即チ刄ノ心ト書タル義ニヨツテ此術ノ号トス是偏ク術ノ本ヲ以テ名クル也此意ヲ不考シテハ術ノ遠源ヲ知ルヿ難シトス　曰願クハ其子細ヲ聞ン　荅曰敵ノ便隙ヲ窺ヒ危険ノ計ヲ用テ忍ヒ入ル其根本ハ皆一心堅貞ニメ喩ハ刄ノ堅ク鋭キガコトク也如何トナレハ一心刄ノコトク鋭ク堅キニ非スメ鈍ク柔ナラハ譬ヒ如何ナル謀コトヲ此方ニテ巧ミ行フ𪜈敵エ近ツク時ハ心臆シテ謀計行ハレズ若シ近寄ルト云𪜈其心安静ナラス言葉煩躁ニメ其謀畧外面ニ顕ハレ終ニ敵ノ為ニ捕ハレ其身死スルノミナラス大将ノ青トナルヿ瞭然タリ是故ニ敵ノ便隙ヲ窺ヒ忍ヒ入ル事ハ一心ノ堅貞ナルヿ刄ノゴトクナル心ヨリ出ルニヨツテ吾邦ニ於テ異邦ヨリノ名ヲ改テ刄ノ心ト書ケル字ヲ以テ此術ノ名トス又敵ニ近ツクヲ以テ肝要トス故ニ伊勢三郎義盛百首ノ忍歌ニモ

忍ビニハ習ヒノ道ハ多ケレド先ッ第一ハ敵ニ近ツケト
讀リ　問曰泔右ニ所謂ノ忍ビノ名本邦ニテモ色々
変リ夜盗スツハ簷猿三者饗談ナト、アル也スツハ
夜盗ナト、云ハ伊賀甲賀ニテ古ヨリ云習シタル事
ナレバシカナリ簷猿ト云モ敵ノ內證ヲ見ル役ナルニ依テ
忍ビトハ不云シテ簷猿ト云ノミ三者饗談トハ如何ナル
義ニテ名ツケタルヤ謂レ如何　答曰昔シ甲斐國ノ守護
武田信玄晴信ハ名將也忠勇謀巧ニ達シタル者ヲ三十人
抱ヘ置テ祿ヲ重シ賞ヲ厚クシテ間見見分目付ト三ッ

有天下之號也伊摯即伊尹也夏謂夏王桀也昔殷之
初興也人皆知暴王於南巢放而已然レトモ不知伊尹
五ッタビ就キ於桀ニ五タビ就ク於湯ニ伊之爲間也其後周太公
望ト云人ニ傳ハリテ忍術ノ書七十一篇ヲ著シ世ニ傳フ其證
拠ハ太宗問對ニ太子靖曰太公言七十一篇也不可以テ兵ヲ窮ト
云ヽ註ニ言トハ間事也ト云ヽ間事ハ則チ爰ニ云フ忍ビ也
然トモ其書吾邦ニ不渡併藝文志ニハ太公カ謀言兵
ノ三ツハ六韜ノ中ニ皆載テ有之ト云リ此語ヲ取ラハ六韜ノ
忍ノ事ノ無ニ有サルニ依テ六韜ノ中ニ七十一篇間事モ

可有之ナリ且ッ太公望商ノ紂王ヘ忍ビ入リ紂王ヲ亡シタル事
正シク孫子用間篇ニ見タリ用間篇曰周之興也呂牙
在商云ヽ註ニ云周者武王有天下之號也呂牙太公望
也商謂商王紂也言周之初興也人皆知牧野之誅獨
夫而已然不知呂牙之在商始獻女貨經佟陰謀之
爲ヲ間也ト云ヽ是證拠也其後呉ノ孫武子相傳リ五
間ト云テ五ッノ忍術ヲ巧ミ出シ則用間ノ篇ニ著シタリ
其外春秋戰國三國六韜唐五代北宋南宋國朝
ナトノ名將何レモ忍ノ術ヲ不用ナシ然ト云𪜈太公望孫

武子カ忍ノ術ヲ傳ハリタルハ前漢ノ張良韓信此二人ト
見ヘタリ其證拠ハ太宗問對ニ李靖曰張良所學太公
六韜三略是也韓信所學穰苴孫武是也然トモ大凡
不出三門四種而已ト云々此三門ノ中一門ハ忍術ノ事
ナリ　問曰吾邦ニテ此道何レノ代ヨリ始レル哉
答曰人皇三十九代ノ帝天智天皇ノ御第ノ尊ヲハ天武
天皇ト申奉ル此御宇ニ當テ清光ノ親王逆心企テ山
城國愛宕郡ニ城槨ヲ構ヘ篭城シケル所ニ時ニ天武
天皇ノ御方ヨリ多胡弥ト云フ者ヲ忍ビ入レシカハ多

胡弥忍ヒ入テ城内ニ放火シケレハ天武天皇外ヨリ攻玉ヒ
シニ依テ其城忽ニ落シト也是吾邦忍術ヲ用ルノ始メ也
此事日本紀ニ見ヘタリ後世ノ将タル人此術ヲ不用ナシ天
專ニ用ラレシハ伊勢三郎義盛楠正成父子武田信玄
毛利元就越後謙信織田信長公ト見ヘタリ中ニモ義盛
ハ忍ノ事ヲ歌百首ニ詠シ置キ今テニ傳フ楠正成ハ軍法
ノ極秘并ニ忍ノ術ヲ六ツニ分カチ書記一巻トナシテ深ク
秘密シケルカ兵庫ニテ討死ノ時正行ニ傳ヘヨトテ恩地
左近太郎ニ渡シ相傳シケルナリ故ニ此書ヲ楠カ一巻ノ書
ト云ナリ義盛楠父子信玄元就信長公秀吉公惣シテ
吾邦ノ名将忍術ヲ用ヒテ勝利ヲ得シ事不可勝
計　　問曰如此忍術普ク天下ニ用ヒシト聞然レトモ
專ラ伊賀甲賀ハ殊ニ忍ヒノ名諸州ニ冠タルヲ何ソヤ
答曰昔足利将軍尊氏卿天下ヲ領セシ後其子孫
相續テ天下ノ武将ニ備リシカ𪜈朝政不得其所上下
ノ序次モ定カナラス官職既ニ乱レ兵革無止時或ハ征罰
諸侯ヨリ出或ハ太夫ヨリ出テ海内安キ時ナシ殊ニ尊氏
ヨリ十三代ノ将軍光源院義輝公ノ時ニ至テ弥序次

無則綱常治法モ皆泯没シテ壊乱爰ニ極リヌ五畿七
道悉ク争ヒ四夷八蛮ニ至ルマテ不乱ナシ所トメ不争
ナシ然レ𪜈餘國ハ皆守護有テ其國民相順フト云𪜈伊賀
甲賀ノ者トモハ守護有ルヿナク各我持ニメ面々カ
知行ノ地ニ小城ヲ構ヘ居テ我意ヲ專トセリ守護大将
ナキ故ニ政道スル者モナキニヨツテ互ニ人ノ地ヲ奪ヒ取ンヿ
ヲ思テ闘諍ニ及フ事幾何ヤ故ニ旦暮ニ合戦ノ事ヲノミ
業トメ武備ヲ以テ心トセリ互イニ便宜ヲ窺フ代リナレハ忍ヲ
入テ城郭ヲ焼キ或ハ敵ノ内意ヲ知リ謀ナトヲ以テ敵ノ和
合ヲ妨ケ或ハ襲フテ夜討ナトヲナシ或ハ敵ノ不意ニ出テ
千変萬化ノ謀計ヲ心トメ士ハイツモ馬ノ鞍ヲ放メス雜人
ハ常ニ足半ヲ太刀ノ鞘ニサシテ一日モ心ヲ安ンスル事ナシ
サレハ小勢ヲ以テ多勢ニ勝チ柔弱ヲ以テ剛強ニ勝ツヿ
忍ヲ入ル、ニシクハナシトテ何レノ士モ平生忍ノ手段ヲ工夫
シ隠忍ヲハ下人𪜈ニ習ハセリ去ニ依テ下人𪜈ノ中ニ十一人隠忍
ノ上手出来メ自國他國ヲ不撰忍ヒ入リ人ノ邑ヲ掠メ人之
城ヲ抜テ勝ヲ取ルヿ如廻掌ヲ因茲隣國多勢ニシテ威
強キ大名多シト云𪜈伊賀ノ地ヲ奪取ルヿナシ信長公ホトノ

弱将タリト云𪜈伊賀ニ於テハ敗北シ玉フ也一ニシテ其餘ノ大名各
此國ニハ望ミヲカケス小國ニメ人數少キノミナラス大将モナキ
寄合勢ト云ヒ旁ニ以テ頼ナキ様ナレ𪜈鄰國ノ大将ノアル
大勢ニ一度モ負タルヿナシ勝利ヲ得シハ何故ソ是皆忍
術ノ功ニアラスヤ斯ル故ヲ以テ伊賀ヲ忍ノ本トスル也
問曰十一人ノ隱忍ノ上手ノ名ヲ聞ン　答曰野村之
大炊孫太夫新堂ノ小太郎楯岡ノ道順下柘植ノ木猿小猿
上野ノ左山田ノ八右衛門神部ノ小南音羽ノ城《キ》戸《ト》甲山
太郎四郎同太郎左衛門是等拾壹人ナラテハ無之ト云ヘトモ

道順ガ一流四十八流ニナル故ニ當代忍ノ事ヲ云者伊賀甲賀
ニ忍ノ流義四十九流有ト云リ　問曰道順カ一流四十八
流ニ成タル由来如何　答曰佐々木義賢入道抜関齋
兼禎ト云ルハ近江國ノ守護タリ其幕下ノ士ニ百々ト云
者有リ逆意ヲ企テ同國澤山ノ城ニ楯籠リシヲ兼禎
數日是ヲ攻ルト云𪜈彼城堅固ノ地ナル依テ落城スヘキ
様ナカリケレハ伊賀ノ忍ヒノ名人ヲ雇イ忍ヒ入レント謀テ
彼ノ道順ヲ語ハレタリ於是道順伊賀ノ者四十四人甲賀ノ
者四人都合四拾八人召連テ兼禎ノ居城森山江赴キケリ

時ニ伊賀ニ湯舩ト云里ニ平泉寺有リ其傍ラニ宮杉ト
云陰陽師アリ道順彼レカ宿所ニ立寄テ忍ノ吉凶ヲ占
ハシメケレハ宮杉吉也ト占フ其上門出ヲ祝セントテ腰折哥一
首詠セリ　沢山ニ百々トナル雷モイカサキ入レハ落ニケル哉
ト詠ノ道順ニ贈ル道順カ名字ヲ伊賀ハ崎ト云シ故カ
クシケルト也道順目出タシト喜テ鳥目百疋宮杉ニ与立
ケリ其後兼禎ノ御前ニ行テ相圖約束ヲ定メ少シ程經テ
妖者ト云術ヲ以テ澤山ノ城ヘ忍ヒ入リ内ヨリ火ヲ放チケレハ
兼禎外ヨリ急ニ攻入ケリ百々カ勢𪜈火ヲ消ントスレハ敵乱

入リ敵ヲ防ントスルハ火愈盛ニナリ不叶メ終ニ敗亡シケルト也
其後道順召連行タル四十八人ノ者トモ皆己カ一流ヲ立テ
何流角流ト云シニ依テ道順カ一流四十八流ニ分レタルト
聞エタリ　問曰古今ノ間於テ伊賀甲賀ニテ忍ノ上手ト
云ル者ハ右拾壹人并ニ四十八人之者トモナルヤ否哉
答曰太抵他ノ藝ニハ上手ナレハ必ス其名外ニ顕ルヽ者也其名
世ニ知レタル程ノ者ハ必ス上手ナル物ナレ共此術ハ他ノ藝ト違ヒ
上手ト云名ノ有ハ中吉ノ忍者トメヨキニハ非ス只上手モ下手
モ人之知ヿナクメ功者ナルヲ上ノ忍トスル也古語ニ水ハ浅ニ依テ

有声ト云コトク淵ノ水ニハ音モナキモノ也、谷川ナトノ浅キ水ニ声アルト云コトク反テ謀深カラス中分ノ忍者ニ却テ名アルモノナリ其故何如ントナレハ謀深キ上手ノ忍者ハ先平生忍者也ト云名ヲ深ク隠テ不顕只平士ノコトク〆居ルカ又ハ隠者浪人ホノ如クニシテ忍術ナトヲ知リタル色ヲ不見只尋常ノ人コトシ若事アル時ニ至テ家老出頭人エモ其事ヲ知ラセス〆大将一人トノミ如何ニモ竊カニ謀リ相圖ヲ定メ敵城エ入テ淵玄微妙ノ謀ヲ運ラシ自ラ敵方ノ氣勢ノ衰フル様ニスル也敵ノ亡テ後モ武功ヲモ不語忍入テ陰謀ヲ運シタル事ヲモ不語故ニ敵ノ亡タル其人ノ功ナル事ヲ人不知シテ運尽シ自然ノ道理ニテ敗亡シタ様ニ人々思フモノ也因茲能キ忍者ハ抜群ノ成功ナリト云圧音モナク臭モナク智名モナク勇名モナシ其功天地造化シテ天地ノ春ハ長閑ニシテ草木長生花咲キ夏ハ熱〆艸木茂長シ秋ハ冷カニ〆草木黄ミ落チ冬ニハ寒ク〆雪霜降リ草木枯槁〆根ニ皈ル是ノミナラス四時ノ間ニハ色々様々ノヿアレ圧是ハ誰カスルヤラン知ル者ナキカ如ク能キ忍者ノ智ハ其廣大ナルヿ天ノコトシ故ニ人之探リ知ル、事ニ有サルニ依テ却テ智ナキ様ニ見ユルモノ也

其謀厚ク深キヿ地ノコトク淵ノコトクナル故ニ人ノ思慮ノ不及所ナルヲ以也此忍術ノ源ハ右ニ所謂十一人者并ニ四十八人ノ者是之及所ニアラス此五十九人ノ者圧ハ皆因浅名アルモノ圧也世ニ不顕ト云圧五十九人ノ者圧ノ主人ホ能ク忍術ヲ知リタル故ナレハ也是等ハ又因深却テ名ナシト也

問曰我城堅固ニ〆五行方圓ノ備ヲ不乱相詞相形之約ヲ定メ夜ハ篝火ヲ下知シ諸手ノ番所嚴シク守リ夜廻リ交々行リ細カニ毎人ノ紛ハシキヲ正サハ多クハ忍術ノ者ヲ閑ヘシ此時如何ノ可忍入ヤ

答曰將タル人如何ホド城ヲ堅固築キ兵ヲ五行方圓ニ備ヘ用心嚴シク守リ雖禁毎人ノ紛是皆末ヲ守ル拒キ也夫忍術ハ平素無ジノ時ニ始計ヲ以テ萬邦ノ政ヲ視將ノ五材十過ヲ窺ヒ君臣ノ間ノ是非或ハ平士以下君ヲ重ンスルヤ否哉ヲ察シ事ノ急ナルニ臨ンテ至靈微妙ノ謀ヲ以テ敵ノ心未発ノ初頭ニ自然ト〆入ル也然シテ後ニ始終ノ謀計自由ナルヿ環ノ端ナキカゴトシ兵法曰微乎々々無所不用間云々陰經曰若撃集之入室林無其蹤若游魚ノ入深潭無其跡也離婁俛首不見其形師曠傾耳不聽其音微乎々々與纖塵倶飛豈勇力輕命之將而見行人事哉ト云々

問曰汝右

所謂ノ忍術ヲ拒クノヿ難ハ我城営ヘ敵忍ヒヲ入シカ又敵忍ヒヲ不入術可有之乎　答曰此術至テ高シ忍者如何ホト敵忍ヲ拒クノ術有ト云圧君道ナキ時ハ徒ヿナラン故ニ主将ハ先群臣ヲ敎エ仁ヲ以テ萬民ヲ愛ス故ニ軍兵萬死之地ニ臨ムト云圧聊モ君命ニ違フヿナシ是平生道ヲ以テ敎愛スルカ故也斯ノコトクノ道立テ譬ヘハ事ノ急ナルニ臨ムト云圧軍将入ルヿ不叶大謀ノ忍術ヲ以テ城営堅固ニメ五行方圓ノ備ヲ用ヒ上巧ノ忍者不入小謀ノ術ヲ以テ軍政ヲ出シ新舊ノ士ヲ改分シ手組手分手配ヲナシ相詞相形時々ニ定メ夜中篝火ヲ下知シ夜廻リ陰廻リノ役ヲ定メ敵忍可入所ニハ釣屛ヲシ菱ヲ蒔キ伏兵ヲ置キ四面ノ小口油断ナク守ル時ハ敵忍不能入ヿ斯ノコトクノ将ト忍ト其道明カニメ此方ヨリハ敵エ忍入リ易ク此方ヘハ敵忍不易窺　問曰忍者靜謐ノ代ニ當テ何レノ國君ナリ圧仕ンヿヲ求ムルニ其主君ノ宣ハシニ試ニ城内エ兵ヲ集メ小口々々ヲ堅固ニ守ラシメ用心嚴シク實ニ戰闘ニ臨ンテ敵忍ヲ禁スル如クノ泄ヲ可拒斯ノ如クノ相守ル予カ居城ヘ速カニ忍ヒ入ンヤ否哉若シ速カニ忍ヒ入ラハ泄カ望ニ任セ俸禄ヲ可與如何　答曰夫忍術ハ信實无妄ヨリ起ル謀ニメ苟モ君ヲ欺クノ術ナシ故ニ集海正心ノ下ニ云ゴトク此術ニ志有毛頭モ私欲ノ爲ニ忍術ヲナサス又無道之君ノ爲不謀ト云々但平生靜ナル時味方ノ城内忍入ル術ナキ非ス然レトモ太公望モ謀ノ道ハ周密ナルヲ寶トス治世ノ時忍術ノ微妙ヲ著メ功名ヲ求ルヿ大ニ嫌フモノ也若君タル人他邦ノ城内ノ案内ヲ知ントナラハ忍ヲ入ルヽヿモ可也何ソヤ味方ヲ欺キ功名ヲナシ忍術ノ實理ヲ失シヤ至極ノ理ヲ以テ掌ヲサスヨリモ易ク忍ヒ入ル事ヲ知ル其實ヲ見テ其至理ヲ不知時ハ益ナシ正道ヲ不知愚将ニハ初ヨリ不爲事ヲヘキヿ可也是則チ忍士ノ法ナリ兵書曰不在聖智不能用間不在仁義不能使間不在微妙不能得間之實矣ト然レハ此意ヲ以テ平素治世タル時忍術ヲ不著ヿヲ可考知乎至此理トキハ臨乱世補主将治國家建大功必乎

忍術問答　畢

目録

萬川集海巻之二

正心第一

夫忍ノ本ハ正心也忍ノ末ハ陰謀佯計也是故ニ其心正ク不治時ハ臨機應変ノ計ヲ運ス事ナラサル者也孔子曰ソノ本乱而末治者否也所謂正心トハ仁義忠信ヲ守ルニアリ仁義忠信ヲ不守則強勇猛ヲナス事不成ノミニアラス應変謀計ヲ運ス事ナラサル者也故大學曰心不在焉視𪜈

而不見聴而不聞食而不知其味焉トハ仁義忠信ヲ指テ云也學者勿外本内末

鄭友賢曰古人立大事就大業未嘗不守於正正不獲意未嘗不假權以濟道夫事至於用權則何所不爲哉但處之有道而卒歸於正則權而無害則聖人之徳也在兵家名曰間在聖人謂之權湯不得伊不能悉夏王之悪伊不在夏不能就湯之美武不得呂不能成武王之徳非此二人者不能立順天應人弔民伐罪之利非爲間於夏商而何惟其處之有道而終歸於正耳此文意ヲ見トキハ忍ノ方術曾テ私欲ノ爲ナラス無道ノ君ノ爲ニ不謀イヲ知ヘシ若此旨ヲ背キ私欲ノ爲ニ忍術ヲ行無道ノ君ヲ補佐メ計ル時ハ譬ハ如何ナル陰謀ヲ運ストモ其陰謀必露顕スヘシ若不顕シテ一旦利潤アリトモ終ニハ身ノ害トナル事必然ノ理也不可不謹

忍歌曰　忍トテ道ニ背キシ偷セハ神ヤ佛ノイカテ守ラン

モノヽ士ハ常ニ信心イタスヘシ天ニ背カハイカテヨカラン

偽モ何カ苦シキ武士ハ忠アル道ヲセント思ハヾ

正心條目

一此道ヲ業トセン者ハ最モ顔色ヲヤサシク和ニメ心底无モ義ト理ヲ可正事　法曰和顔ハ奇計之始古語曰攀噲之怒ハ如楊貴妃之笑テ破関門

一人ノ真偽ヲ黙識シテ人ニ欺ルヘカラサル事語曰不患不知於人之已也患不知於人

一平生固ク真實ヲ守リ戯言戒ハ小事ニモ偽リヲ言行ヘカラ若是ニ違言ニハ實信ヲ述ルヒ言ト行ト不合時ハ衆人曰例ノ偽リモノ也不可用トテ捨之カ

法曰常不妄言者一戰之時爲要言　唐ノ羊祜ハ晋ノ大將ナリシカ敵ノ大將陸孫軍中ニナン煩ケレハ羊祜聞テ我カ旧友ナリトテ藥ヲ贈リ

シヲ陸孫疑氣色モナク受テ服シケリサレハ如何曰友ノ仙藥也トモ敵ノ送リ侍ラバ計畧カト可思ニ羊祜常ニ信實至テ深キ故ニ陸孫飲ケリ敵將スラ斯有ケレハ軍中ノ士卒羊祜カ言行ヲ渇仰シ可察知子路ハ常ニ信深メ約束ハ云ニ不及卒ト云出シタル事モ急ニ其事ヲ合セ行ヒ少シ遅キヿモナク万事付テ眞實誠ノミナル人ニヨリ子路一言云出セハ其云事ノ末ダ畢先ニ人信服シテケリ故孔子モ片言可以折獄者其由也ト宜ベハ或トキ小邾國ノ射ト云者魯國ト會盟スル時射曰子路ト我約束スルナラハ魯國ト小邾國ノ盟ヲ止ントト云リ盟ヲ不信シテ子路カ一言ノ約ヲ信スルヿ有難キヿニ非ズヤ是平生子路眞實フカキニ因テ少モ僞リナキ者ト人見付タル故也然トモ眞實トハ云ヘ𪜈尾生カ眞實ノ様ナルハ悪シヽ尾生或女ト橋下ニ待ント約束シテ汐滿ヌレト橋下ヲ不去シテ溺レテ死シケリ橋上ニ待テハ男ノ言バノ色ヲカヘサル信也

一此道ヲ業トスル者ハ一戰ノ折カラ主君ノ為ニ大忠節ヲ盡シ大功ヲ立ントノミ欲メ主君ノ安否國ノ存亡我一人ノ重任ト可心得功成名遂テ身退コソ臣ノ道ナラメ若小節ニカヽハリ小耻ヲ不忍メ私ノ為ニ身ヲ亡サバ是ヲ祿賊𪜈匹夫ノ勇𪜈云ツヘシ故ニ祿ヲ君ニ受ル者ハ常ニ人ト語ル毎ニ云ヘ我命我恣ニ或ハ生キ或ハシスル道ニ非ズ主君ニウリテ置タル故也是故ニ譬ヒ我ヲフミ打者有之𪜈堪忍スベシ然ハ比丘尼同前ノ我也如此常ニ申ス事少モ不可違然ヲフミ打給ハヾ比丘尼ヲ打擲シ玉フ也士トメ比丘尼ヲ打擲シタルハ會誓ニテハアルマシキ故ニ我ヲフミ打シ玉フマシキト常ニ眞實ニ云ベシ

法曰規小節者不レ能レ成二栄名一悪ヲ小恥者不レ能レ立二大功一トニ云々　孔子曰小不レ忍則乱大謀ト云々韓信ハ淮陰ノ人也若キ時常ニ好テ長剣ヲ帯ブ淮陰ノ少年𪜈集テ云ヤウハ彼韓信ハ長剣ヲ好トモ心ハ臆病也市ノ中ニテ耻ヲ与ントテ一人ノ少年韓信ニ向テ汝死ナントト思ハヾ我ヲ刺セ死スマシキト思ハヽ吾カ胯ヲクヾレト云ケレハ韓信仰キ見テ頭ヲタレ伏テ胯ノ下ヲクヽル諸人是ヲ見テ大ニ笑フ韓信ハ大キナル志シ有ニ依テ縦ナル卑キ者ト死ナンヿヲ不レ思故ナリ後果メ漢ノ高祖ニ事テ数万ノ大将トナリ少勢ノ敵ニ逢フニ一度モ敗ラスト云ヿナク楚ノ項羽ヲ亡シ斉ノ國ノ候ニ封セラル

杜牧カ詩ニ包羞忍耻是男子ト作リシモ此意ナリ

一常ニ酒色欲ノ三ツヲ堅禁制シフケリ楽ムヘカラズ酒色欲ノ三ハ元我本心ヲ奪フ敵ナリ古来酒色欲ニフケリ或ハ陰謀ヲ泄シ或害ヲ蒙シ先蹤不レ可二勝計一也

法曰見表而知レ不レ察レ裏也察メ而知レ疎レ之諺曰人而無遠慮必有近憂大公曰好利者与賊珎迷之好色者与美女惑之

刃心　是所ヲ忍ト題スルヿ中華ニハ此術ヲ名テ間ト云諜ト云細作ト云游偵トモ云又女ハ細𪜈云也

本邦ニ於テ華名ヲ引替刃ノ心ト書ル字ヲ以テ名トセシニ深意アリ此意ヲ不悟シテハ是ノ道ノ門ニ入リ難シ故ニ忍ト名ケタル義ヲ著メ題ス二刃ノ心ヲ一

夫忍ノ一字刃ノ心ト書リ如此ノ字ヲ以此術ノ名トスルヿハ何ソヤ全休武勇ヲ宗トスル故也サレハ此術ニ志ス者ハ先武勇ヲ専可二心掛一也武勇ヲ心カクルニカケ様アリ其心カケヤウヲ不レ知時ハ心カケテモ無益トナル也其心カケ様ト

云ハ血氣ノ勇ヲ去リテ専ラ義理ノ勇ヲ心掛ヘシ同シ武勇ト云ナカラ義理ノ勇ナキ時ハ君子ノ勇ニアラズ血氣ノ勇ト云ハ一旦ノ忿怒ニ依テ剛強ヲ働ト云ヘ𪜈次第ニ忿怒薄クナルニ随テ後々マテ剛強ノ働キ根元ニ通シガタシ若シ根元ニ達シ剛強ヲ働トモ元来血氣ニ乗シ起シタル武勇ナレハ一槩ニ已カ志ヲ立テ勝ント思憤リ而已ニテ始終ノ思慮モナク身ヲ全スル備モナキ故ニ已カ身ノミ損亡シ敵ヲ亡ス叓不成モノ也古人ヲ考ヘ見ベシ血氣ノ勇ヲ起ス人一人トメ難ヲ遁レ全敵ヲ亡シタル人アルヤ是故ニ仲尼子路カ血氣ノ勇ヲ誡テ曰暴虎馮レ河メ死トモ而無悔者吾不レ與セ也必也臨レ事而懼レ好レ謀而成サン者也學者祥ニ可察之扨義理ノ勇ト云ハ義理重々ツマリ〻テ不レ得レ已ヿシテ起ス勇也此勇ハイツマテモサメル叓ナク殊ニ私心ナキ故ニ先已カ欲心ニ克チ前後思案シ定メ且必死ナル則生スト云ヲ心ノ守リトシテ働ニヨッテ我身全メ敵ヲ亡スモノ也是故ニ軍識ニモ柔能ク制レ剛弱能ク制レ強ト云ヘリサテ義理ノ勇ヲ心ニ掛ルニ道アリ仁義忠信ヲ能知リ能行ハント不思シテハ義ノ勇不レ可レ起仁ノ道ハ不及言義忠信ノ道モ廣大ナル叓ナレハ筆舌ノ非所及ト云𪜈初學ノ楷梯ニアラ〻書待ル也

一仁ト云ハ温和慈愛ノ道理トテ心マロラカニウルヲヒ和ニメ毎物アハレミ恵ノ心ヲ云ナリ然トモ罪アル人ヲ殺スモ切断メ一人ヲ助万人ト思心ヨリ起ル故ニ是モ亦仁ハ人ナリト註メ仁心ナキ者ハ人ニテハナキ也人ノ恩ヲ不レ忘親ニ孝行スルモ是仁ノ心也

一義ト云ハ断制裁割ノ道理ニメ時ノ理ニ當ツテキレハナレ時所ノ宜キ道理ニ順ヒ行フヲ云又耻

ヲ知モ義也少モ二心ナク主君ニ奉公シ主人ノ困窮ナル時モツキマトイ或主人ノ身危キ時先立テ討死ナトスルハ義ノ大キナル処ナリ然レ𪜈非義ノ義トテ義ニ似テ義非ルヿアリ時理ニ當テキレハナル、ヿハ義也ト云ヘ𪜈或ハ利欲ニ仕セ或ハ非理ナル㕝ニキレハナル、ハ義ニ似テ義ニ非ス時ノ宜キニ順ヒ行フハ義也ト云𪜈私ナルヿノ宜キニ順ヒ困窮ナル時偸盗ナトシテ時ノ宜キ道也ト云ハ義ニ似テ義ニ非ス恥ヲ恥ト知ルハ義ナリト云𪜈恥マシキ㕝ニ恥ルハ義ニ非ス主人ニ二心ナク奉公メ一戦ノ時討死スルハ義也ト云𪜈無道ノ君ニ二心ナク奉公メ討死スルハ義ニ似テ義ニ非ス子路カ衛ノ出公輒ト云無道人ニ仕テ後ニ討死シタル類也凡軍法ト云モ劍術ト云モ其外人ヲ殺ス術藝ハ何レモ皆無道ノ者ノ勢力強キヲ討亡ス術ナルニ何ソ無道ノ人ノ味方ヲシテ其人ヲ助ンヤ問フイカニ無道ノ君タリ𪜈仕テ居ル折カラ君ノ一大㕝出來ンニ其時死ヲ不レ致《シハ》諸人臆病者ト云ヘシカヤウノトキ如何スヘキヤ荅曰無道ノ君タラハ初ヨリ不レ可レ仕若無道ヲ不知シテ仕タラハ即退クヘシ如是ナラハ争カ無道ノ君ノ為ニ討死センヤ問曰《テ》其無道ノ君行末ノ奉公ヲカマハヾ如何荅國無レ道至レ死不レ變強《ル》哉矯タリト云孔子ノ言ヲ守リテ伯夷叔齊ヲ師トスヘシカホトナル所存ナクハ忍ノ正道ニ至ルヿ不可成猶口傳

古人曰死生自命也貧窮自時也愁天ノ折者不レ知命也愁貧窮者不知時者也

一忠ト云ハ已カ心ヲ盡シツクスヲ云喩ハ君ニ事ルニ其身ヲ委子已カ心ヲ盡シ〻テ心底ヲ少モ不残君ノ為ニ身ヲ死セン㕝モ世帯ヲ矢ハン㕝モ恩愛ノ道ヲモ打忘レ忠節ノミニ無二無三ナ

ルヲ云親子兄弟夫婦明友トモニ何モカクアルヲ忠ト云也然トモ忠ト云字ハ中心ト書ニヨリ理ノ當然ナラスメ妄ニ心底ヲ尽スモ又忠ニアラサル也

一信ト云ハ毎物真實誠有テ毛頭僞リ妄ナル事ナキヲ云也若上面ハ真有テ心底ニ少ナリトモ僞リ飾リ有ハ不レ信信ハ五行ノ土ノ理ナリ四季ニ何レモ土用アルガ如ク仁ニモ義ニモ忠ニモ信ナキ時ハ仁ニ非ス義ニ非ス忠ニ非ス

右此仁義忠信ハ外ヨリ求メ行フモノニ非ス人々五行ノ理ヲ受得テ身ニ具足シ心ニ固有スルモノ也天ニ在テハ是ヲ理ト云ヿ人ニ受テハ是ヲ性ト云フ聖賢モ愚人モ少ノ替リナク同具足シアル也然トモ聖賢ハ心正シク道明カニシテ愚人ハ心不正道不明ヿハ何ソヤ聖賢ハ天ヨリ受得テ具リアル性ノ正シキ所ニ厚キ随テ行フ故ニ心正ク道明也愚人ハ六根ノ私欲ニ随テ行フ故ニ心暗ク道不正也サレハ心ハ同シキ物ナレトモ人心ト云ト道心ト云トニ色アリ人心ト云ハ眼ニ見テハ色ニソミ耳ニ聞テハ声ニ執着シ鼻ニカイテハ香ニフケリ舌ニ味フテハ五味ニフケリ身ハ男女ノ欲ニフケリ几テ六根ノ私欲ニ任セ不道ナガラ當分身ノ爲ニサヘヨキヤウナル事ナレハ是ヲ爲ント思フ即人心ト云モノ也此人心ニマカセ行時ハ身ノ爲ニヨキヤウナレトモ後來必身ノ害ト成リ行キ末ハ大悪事トナル也古歌ニ 身ヲ思フ心ト中ヲタガハスハ身ニハ心ガアダトナルモノ ト詠ゼシモ是心ナリ身ヲ思心カ反テ讎トナルハ何故ソト云ニ天理ニ背故也愚人ハ我身ハ天理ニ背キナカラ神佛ヲ祈ル是不可也其故如何ト云ニ子曰獲二罪ヲ於天一無レ所レ祈也朱註曰天即理也其尊無對非奥竈之可比逆理則獲罪於天矣豈媚

於奥竈ニ所能禱而免乎ト云々　神ハ正直ノ頭ニヤトルナレハ非礼ヲ争カ受ンヤ又道心ト云ハ眼ニ色ヲ見テモ不道ノヿハ視マシト思耳ニ声ヲ聞テモ不道ノヿハ聴マシト思身ニ觸ンヿヲ思都テ皆道ニ不叶礼ヲ以テセザルヿハ堅ク是ヲ為サス凡テ當分身為ニヨカラサルトモ少私欲ニ不拘天性ノ正シキノ侭ニ随テ私心ナキヲ道心ト云也天理ニ叶フ時ハ神佛ニモ契フ故ニナリ是故ニ北野天神モ心タニ誠ノ道ニ叶ナハ祈ラストテモ神ヤマモラント詠シ玉ヘリサレハ人トシテ形ノナキ者ハナキ故ニ聖賢ニテモ人心無ト云ヿナシ天性ヲ具足セサル者ナキ故ニ下愚モ道心ナキヿナシ是故ニ聖賢下愚不肖人モ少モカハリナク人々胸中方寸ノ间ニ道心ト人心トノ二ツノ心雑リ在ル间道ニ志サント思フ人ハ諸支萬端ニツキ心ノ轉スル毎ニ是ハ道心カ我身ノアタトナル人心カト精察メ人心ヲ道心ニ不レ雑ヤウニ禁制シテ一ナニ本心ノ正キ道ノ心ヲ我主人トシテ道心ノ下知法度ヲ人心ニ聴セ随スルヤウニ平生務メ励マストキハ人欲ノ心衰テ次第ニ私欲ウスク成行テ彼露レ難キ道心浮雲ノ晴タル月ノコトク明ニ露ハルヽ故ニ自仁義忠信ノ道ニ通達スルトキハ我心忍ノ一字トナル也心忍ノ字トナル時ハ更ニ外物ノ為ニ犯サルヽヿナキニ因テ万端ニツキ聊モ倒顛スルヿナクメ義理ノ勇ニトル也且心明カナルニ依テ臨レ機應変ヿ玉ノ盤上ヲ還ルカ如シ如此ナラハ如何ナル城営ノ堅固ナルモ忍入ノ理ナリ入テ大功ヲ不成サト云ヿナシ

昔秦ノ世ニ趙盾知伯ト云二人ノ者趙ノ國ヲ諍フヿ年久シ或時知伯已ニ趙盾ニ被レ取養夜明ナハ討死セントシケル時知伯カ臣程嬰杵臼ト云

二人ヲ呼寄テ我已ニ運命極リ尽ス夜明ハ必討死スヘシ汝ホ我ニ真實ノ志深クハ今夜潜ニ城ヲ逃出テ我三歳ノ孤ヲ隠シ置テ長トナラハ趙盾ヲ亡メ我生前ノ恥ヲ雪ムヘシトソ宣ヒケル程嬰杵臼是ヲ聞テ臣ホ主君ト共ニ討死仕ラン事ハ近メ易シ三歳ノ孤ヲ隠メ命ヲ全クセンヿハ遠メ難シ然ト云モ為臣之道豈易ヲ取テ難ヲ捨ンヤ必々君ノ仰ニ可随トテ程嬰杵臼ハ潜ニ其夜ニ紛レテ城ヲ落道レケリ夜明レハ知伯怨ニ討死ス残兵モナカリケレハ多年諍シ趙ノ國終ニ趙盾ニ随ヒケリ爰ニ程嬰杵臼二人ハ知伯カ孤ヲ隠サントスルニ趙盾是ヲ聞テ討ントスル事頻リ也程嬰是ヲ恐テ杵臼ニ向テ云ケルハ旧君三歳ノ孤ヲ以テ二人ノ臣ニ託シタリサレハ死シテ歓ヲ欺ント命ヲ生テ孤ヲ取立ト何レカ難カルヘキ杵臼曰死ハ一心ノ義ニ向フ所ニ定リ生ハ百慮ノ智ヲ尽ス中ニ全シ然レハ我生ヲ以テ難シトス程嬰サラハ吾レハ難ニ付テ命ヲ全フスヘシ御邊ハ易ニ付テ討死セラルヘシト云杵臼悦テ許諾スサラバ謀ヲ回スヘシトテ杵臼我子ノ三歳ニ成リケルヲ旧君ノ孤也ト披露シテ是ヲ抱キカヽエ程嬰ハ主ノ孤ノ三歳ニナルヲ我子也ト云テ朝夕是ヲ養育シケル角テ杵臼ハ山深キ栖カニ隠レ程嬰ハ趙盾カ許ニ行テ可降参由ヲ申スニ趙盾猶モ心ヲ置テ是ヲ不許程嬰重テ曰臣ハ元智伯カ左右ニ仕テ其行跡ヲ見シニ遂ニ趙國ヲ失ハン人ト知リ遙ニ君ノ徳恵ヲ聞ニ智伯ニ勝タルヿ千里ヲ隔テタリ故ニ臣苟モ趙盾ニ仕ン事ヲ乞亡國ノ先人ノ為ニ有徳ノ賢君ヲ謀ンヤ君若我ニ臣タル道ヲ許サハ亡君智伯カ孤三歳ニナル此ニ在杵臼カ養育シ深隠シ置タル所具ニ知レリ君是ヲ矢ヒ玉イテ趙國ヲ永

令㆑安王ヘトソ申タリケル趙盾是ヲ聞テサテハ程嬰不偽吾臣ト成ント思テ来ルト信メ程嬰ニ武官ヲ授ケ近習ニ召仕ハレケリ其後杵臼カ隠シタル所ヲ普ク尋聞テ數千騎ノ兵ヲ差遣メ是ヲ召捕ントスル相謀シ叓ナレハ未タ膝ノ上ナル三歳ノ孤ヲ差殺シテ亡君智伯ノ孤運命拙メ謀已顕レヌト嘆キ號テ杵臼モ腹切テ死ニケリ趙盾今ヨリ後ハ吾子孫ノ代ヲ頼㆑ントスル者非シト悦テ愈程嬰ニ心ヲ不置剰ヘ大禄ヲ与ヘ高官ヲ授テ國政ヲ令㆑司爰ニ智伯カ孤程嬰カ家ニ長トナリシカハ程嬰忽ニ兵ヲ發メ趙盾ヲ亡シ遂ニ智伯カ孤ニ趙國ヲ保タセリ此大功程嬰カ謀ヨリ出シカハ趙王是ヲ賞メ大禄ヲ与ヘントセラル程嬰是ヲ不受我官ニ昇リ禄ヲ得テ苟モ生ヲ貪ラハ杵臼ト倶ニ計リシ道ニ非ストテ杵臼カ尸ヲ埋シ古墳ノ前ニテ自劍ニ伏シテ同シ苔ノ下ニソ埋レケル右如此ナルヲ道心ニ仕セ行フタル義理ノ勇者トハ云ナリ忍者タランハカク有ラマホシキ叓也人心ニ仕セ行フ血氣ノ勇者豈如是働ナルヘキヤ予カ流レヲ汲ム者程嬰杵臼ヲ師トスヘシ

萬川集海巻之三

正心第二　　二字之事

是所ヲ二字ト題スル㕝モ或書曰士ノ二字ト云ハ生死ノ二字ヲ指テ云也其故如何トナレハ士トメ生死ノ宻宅ヲ不離トキハ有相ノ行ニノミ執着シテ無上ノ武勇ニ至ルヿナシ因テ士タル者生死ヲ出離セスンハ不レ可レ有故ニ二字ト云也是ニ依テ思見レハ士トメ二字ヲ抱ヘタリトナト云ナカラ生死ノ落処ヲ不ハレ知可恥ノ甚ナリ故ニ題ニ二字然𪜈是ヲ知ルニ真偽アリ口ニ述ルト云ヘ𪜈心ニ徹シ身ニ行セサルハ猶鸚鵡是不レ知ト同前也

夫生死ヲ出離センニハ我一心ノ源ヲ悟ルニアリ我一心ノ源ヲ覚ント思ハヽ先能々萬物ノ本源我身心ノ根元ヲ悟リ可レ知万物ノ本我身心ノ根元如何ニトナレハ天地ノ間ニ一ノ理ト云モノ有此理ト云物ハ無形ニメ空ナルノ物也空ナル故ニ目ニモ不視手ニモ不レ取ト云ヘ𪜈無始ヨリ以来盡未来際ニ至ルマテ敢テ不生敢テ不滅ニシテ天地ノ間ニ充満シテ不至所モナク明々歴々トシテ在モノ也手ニ不レ取目ニ不レ見ハトテ無キ物ニ非ス是一心ノ眼ニテ不レ見メハ見附ラレサルモノ也故ニ智者ハ空ノ一理ヲ知リ凡夫ハ是ヲ不知ナリ是空ノ一理感シ動テ一氣ト云

物ニ変スル也此一氣ノ始リ動ヲ陽ト云動ヿ終リ静ナルヲ陰ト云日ハ陽氣ノ凝レル也月ハ陰陽ノ二氣発シ行ハル、時五ツニ別レテ木火土金水ノ五氣ト成也是五行ト云木火ハ陽氣也金水ハ陰氣也土ハ陰ナリ云𪜈陽ニモ属スル也此五行ノ氣相生相尅メ年ヲ流行スル也然ニヨリ春ハ木氣行ル、故ニ暖ニシテ長閑ナリ夏ハ火ノ氣行ハル、故炎熱甚シ秋ハ金氣行ハル、故ニ西風吹キ金ノ性ヲ顕シ草木ノ葉金色ニ成根ニ帰リ枝葉落ツ冬ハ水ノ氣行ハル、故ニ霜雪降リイテ寒ル也以上四氣𪜈二七十二日宛司ル也土用ハ四季ノ末十八日ツ、司テ合テ七十二日司ル也五季都合三百六十日更々一年ヲ歴ル也土ハ方ニ取トキハ中央ナル故ニ夏ノ末ノ土用尤主タリ故ニ夏ノ季寛テ温湿ノ氣行ハル、也此五行ノ氣大海ニ水ノ充満シタルコトク天地ノ間上下四方ニ行キワタラザル方ナク僅ニ粟一粒ノ内ト云𪜈入大盤石ノ内ヘモ通ルナリ雲ヲ起シ雨雪ヲ降シ風ヲ吹セ震動雷電シ或ハ虹霓アラハレ種々ノ不審有ヿハ皆是五行ノ相生相尅ニ非スト云ヿナシ此五行和合シテ万物生スル也人物ノ差別億兆アリト云𪜈元来一理ヨリ生シタル五行也五行ヨリ生シタル人物ナル故ニ一躰分身ナリ猶水ノ凝テ雪霜雨露霧霰雹氷トナリ各分々別々ニ見ユレ𪜈解レハ皆同シ水ニ成カコトシ是ユヘニ人ノ一身五行ノ不具所毛頭モナシ大抵ヲ云ントナラハ身ノ内ノ肉ハ五行ノ如土身ノ内ノ湿フ者ハ五行ノ如水身ノ内煖ナルハ五ノ火ノコトシ身ノ内ノ堅キ物ハ五ノ如金五臓六腑五躰ノ内ノ五行所司処ヲ肝胆眼筋爪ハ五行ノ木所司也心小腸舌血毛ハ五行ノ火ノ所司也腎膀胱耳骨歯ハ五行ノ水司

」之也肺大腸亀皮息ハ五行ノ金ノ所」司也脾胃唇
肉乳ハ五行ノ土ノ所司也命門ハ右腎ニテ水也
三焦ハ口傳ニ可述其外十二經十五絡モ皆五臓
六腑ノ所」司ナレハ五行ニ非スト云イナシ如此
五行ノ氣形ヲ成スニツレテ一度ニ天理具ル也
天理人ニ具リタルヲ性ト云天ニ在テハ理ト云
人ニ在テハ性ト云難波ノアシハ伊勢ノ濵荻ノ
ノ心ナリ其性物ニ感メ発起スルヲ情ト云性モ

情モ一ツナレトモ静ナルヲ水ト云動ヲ波ト云ト
同意也此情五ツニ別レテ発スル也仁義礼智信
是也仁ハ五行ノ木ノ理也義ハ五行ノ金ノ理也
礼ハ五行ノ火ノ理也智ハ五行ノ金ノ理也信ハ
五行ノ土ノ理也右人ノ身心ハ五行ノ氣ト理ト
ニテナキ所ハ一ツトシテナキ事ヲ云正ニ知ベシ
人ノ心ハ五行ノ分身ニメ五行ハ則我身心也我
身心ハ則五行ナルイヲ又五行ノ理ヲ指テ理ノ

天ト云ヒ五行ノ氣ヲ指テ形ノ天ト云大道ト云モ
此外ニ別ニ非ス正ニ可」知天則我身心則天ナルイヲ是ニ
ヨツテ我行跡我心理ニ契イヲ天道ニ契タルト
云我心理ニ背ヲ天ニソムクト云也性理大全曰
天ハ理也人亦理也循理則与天為」一我非我也理也
天也ト云々夫天地陰陽五行ノ氣ハ春ニメ夏ニ
ナリ夏ニメ秋ニナリ秋ニメ冬ナル冬ニメマタ
春ニナル自然ノ道理也万物生メハ長シ長メハ

化シ化シテハ収リ収リテハ藏ル藏レテハ亦生
ス環ノ端ナキカ如シ是故ニ万物有リ通シニハ
一物モナキモノナレハ万物トモニ死枯レスト云イ
ナシ死スレハ又本ノ五行ニ帰ル也其証拠ハ人
ノ死セルヲ見ヨ水ハ本ノ水ニ帰リテ五体燥キ
テ湿イナシ火ハ本ノ火ニ帰リテ偏身冷テ煖氣
ナシ金ハ本ノ金ニ帰リテカラナクナリ全身ス
クミテ不」動然後或ハ焼或ハ埋ハ本ノ土ニ帰ル

モノナリ縁氣ノ性ハ氣分離スル時𪜈ニ散スル也正ニ知ヘシ我一身ハ五行帰リ五行ハ陰陽帰リ陰陽ハ一氣ニ帰リ一氣亦一理ニ極ルヿヲ極テ又始ルヿ環ノ端ナキカ如シ是故ニ空ノ一理カ一氣陰陽五行ノ氣ト変〆譬ハ水ノ雪ト成氷トナルカ如ニ暫人ノ形ヲナスニテコソアレ全實ニ生スルニ非ズ不生ノ生也死スルニ似タリト云𪜈全實ニ滅スルニ非ス不死ノ死也死スレハ本来空ノ一理ニ帰ルモノ也能々此理ニ徹セハ生滅スルニ似タリトモ更ニ生滅ニアヅカラス出生入死千生万劫ヲ歴ル𪜈終ニ轉変ノ理ナシ只是性ニマカセ縁ニ随ヿノミ也如此ノ理ニ契ヒ徹セハ是則大道ノ本元幽玄ノ理ヲ悟ルナリ不生不滅ノ田地ニ至リタル也迷倒ノ凡夫ハ如是ノ理ヲ不知此五行カリニ和合スルヲ實ニ生スト思ヒ一身ハ皆五行ナルヲ我物ト思ヒテ執著シ我フカシ五行本ニ帰ルヲ實ニ滅スト思テ愁苦不浅故ニ更ニ生死ナキニ實ニ生死アリト思諸ノ相ナキニ實ニ諸相アリト思ニヨリ其心迷テ死ヲ悪ミ生ヲ好ミ貪ル也其心迷ヒアル時ハ平生ハ忠義ノ意アリテ口ニ武勇ヲ強クセント説ト云𪜈對敵ノ時ニ至テハ平生ト違ヒ忠義ヲモ忘レ臆病甚キモノ也平生ノ意ハ忘レ心ノ意ナル故ナリ是故ニ士ノ本意ニ違スルヿナラサルノミニ非ズ萬代其名ヲ汚シ人ノ嘲リノ種ト成剰ヘ一族マテ其耻辱ヲ蒙ラシムル也可ㇾ不ㇾ憐哉可ㇾ不ㇾ哀哉

夫死モ生モ毋ノ胎内ニヤトル時天命定リアルモノ也ヤトル時分不時分五行ノ相生ノ順逆アルニヨツテ也是故ニ死ヲ不恐〆進ミ先ンスルトテモ死スルニ非ス生ンヿヲ好ミ死ンヿヲ悪ミ嫌テ退キ逃ルトテモ生ルニ非ズ然ハ進ミ先

ンメモ退キ逃テモ生ル我天命ナラハ退キ逃テ生ンヨリ不如進ミ先メ生ンニハ同ク死ル天命ナラハ退テ死センヨリハ不レ如二一陣ニ進テ死センニハ同高名ヲスル天運ナラハ後陣ニテ高名センヨリハ先陣デセンニハ不レ如故ニ孔子曰死生有命富貴在レ天ト宣ヘリ右ハ是死スルモ生ルモ母ノ胎内ニヤトル時天命ノ定メアルヿヲ云然𪜈人事動二于下一而天道應二于上一ノ道理ナレハイカニ有生ノ始ニ天命定リ有テモ養生モナク用害モナク生ラン術テモナク忙然トシテ天命ニ任セ居ルトキハ必非法ノ死アリ不レ見ヤ彼苗ヲ二三月ニ種ヲ蒔四五月ニ植養ヒヲ能シ水ヲ入草ヲ取牛馬鹿獣ノ不レ食ヤウニ用害ヲ能シ置トキハ九月十月ニ至テ自然ノ道理ニテ成熟スル也是有生ノ初メニ定リ有天命ヲ育置タルモノ也若シ養ヲモ能セズ水ヲモ不レ入草モ不レ取ニ牛馬鹿獣ニテ

トノ不レ喰ヤウノ要害ナク墻ヲモセス植タル以ニテ置ナカラ天命定リ有ト云𪜈争カ九十月ノ霜枯ヲ保チ待ンヤ人ノ壽命モ亦如レ是夫レ人之自然ノ霜枯ノ死テ待ツ要害養生ノ術平生ノヿハ誰モ知リタル事ナレハ不レ及レ云事ノ急ナルニ臨ンテハ思ヒ切必死ント思ヒ定ルニ無レ如ハ思切必ス死ント思定レハ反テ其難ヲ遁レテ生ルモノ也故ニ呉子モ必死セント則生ルト云ヘリ亦身ヲカバヒ生ント思ヘハ反テ死スルモノ也故呉子ニ必生則死ト云リ此理誠ニ可レ見忍道ノミカハ軍法剣術鑓太刀ノ術ニモ多シカケ溝ヲ飛越ルヤウナル儀ニモマヽ有ヿ也故ヲ如何ト云ニ此身ニ執着セス三忘ノ鐵心ヲ以テ思切リ死セント思ヘハ更ニ意識分別ノ調義ノ心モナク餘念モナク成リテ其心了々分明ニメ定リ不動ユヘニ事物ノ理鏡ニ物ノ對スルカ如ッ分明ニ知レルニ依テ

外物ニ掩ハレズ且目前ノ魔ニ恐サルニ依テ一念不生ノ本心ト成故機始終ヲ不暗変動契理臨機應変ヿ譬ハ玉ノ盤上ヲ廻ルカ如ク水上ノ胡《コ》蘆《ロ》子ノ如自在ナル故ニ勝利不レ求メ自至リ死スヘキ所ヲモ遁レテ及テ生ルノミナラズ其功莫大ニシテ名ヲ万天ノ下ニ揚ルモノ也是故ニ空海モ思切ル心ノ劍《キ》ダニアラバ浮世ノツナハ叶フモノナリト詠シ玉ヘリ亦身ヲカバヒ生ン思心ハ意識分別ノ調義ノ心ナル故ニ忘心ト成リテ其心動テ不レ定ニヨリ支物ノ理暗シ事物ノ理暗キ故ニ外物ノ為ニ心迷フ且目前ノ魔ニ恐ル、ニヨッテ其心顚倒迷妄シテ手足乱差シ面色変シ辨舌不正故ニ忍ベハ其陰謀自機ニ顕レ戦ハ勝利ヲ失フヿ不少能々可レ心得夫心ハ水ノ如ク鏡ノ如水ト鏡ノ本体ハ本来不動ニシテ清明ナルモノ也然レ𪜈外物ノ塵芥泥土ノ類ニ汚サル或風ヤ人外ヨリ動カストキハ本体ノ清明不動ヲ失テ万物對スト云𪜈ウツルヿナシ本心モ亦如此清明不動ニメ向フ者ノ善悪邪正是非ノ情万鏡ニ順テ水ノ物ニウツルカ如ク鏡ノ物ニ應スルカ如ク分明ニ不顕ト云ヿナシ然レ𪜈六塵六色ヲ眼耳鼻舌身意ノ六根ヘ引入ル、時ハ必心濁リ動テ清明ナラスメ万境ニ應メ能ウツルヿナシ猶濁水曇鏡ヲ動カスカ如シ是故ニ妄リニ心ノ外ニ更ニ無敵本心ノ外ニ別ニ味方ナシ此理ニ能ク徹メ本心ナラズト云ヿナシ心理ニ契フ時ハ忍テ不入ト云ヿナク入テ大功ヲ不成ト云ヿアランヤ

古哲不恐死証據之歌

○過去ヨリモ未来ヘワタル一ヤスミ雨降ハフレ風吹バ吹ケ　一休

○借リヲキシ五ツノ物ヲ四ツ皈シ今ハ空ニゾヲモ今キニケリ　同

○今マデハ生ラル、狸生ニケリ死ナル、狸ニ今死ニケリ　同

○生レケル其ハ暁ニ死テケレハ今日ノ夕ベハ松風ノ音　蜷川新右衛門

○カヽル時サコソ命ノヲシカラメ兼テ無身ト思シラズハ　太田道観

此歌ハ道観合戦ノ時敵道観ヲヤリツケテ云ケルニハ道観ト見ツケタリ此時一首ナクテハト云ケリ其言葉ノ下ヨリ道観トリモアヘスカクナン

露ノ身ノ消テモ消ヌ置所草葉ノホカニ又モ有ケリ　聴衾

心ニモ任セサリケル命ニテタノ目モヲカシ常ナラヌ世ニ　藤原元真

歌ノ席曰

天公トイヘモ浅マシク人ノワツラヒハマヌカレズ何ノ益ナシスヘテ身ノ生レ出テサラヌニハシカジマシテ賤シク貧シカランハ云ニタラスサレハ死ハ目デタキモノ也ニタヒ彼故郷ヘ立皈リ始モナク終ニハ樂ヲ得ル此樂ヲ深ク覚ラサルトモカラハ還テ憂歎ク愚ナラスヤ

如是生死ヲ出離シタル人ハ生死ノ境ヲ思フ事牧童吹「笛過前山」カコトシ

昔或盗ト在テ其子思フヤウハ我終ニ盗ノ法トテモ習ハス親ノ死テ後盗ヲシテ過クヘキヤウナシト思ヒ或トキ親ニ此由語リ盗ノ法教ヘ玉ヘト云ケリ親盗云ハサラハ今夜教ヘシトテ或家ニ忍入リ長持ヲ開テ中ニ在財宝ヲ取出シテ親盗云ケルハ此長持ノ中ヘハイレト云其子親ノ命ニ任セテ中ヘ入ヌレハ蓋ヲ本ノ如ニシテ外ヨリ錠ヲヲロシ親盗ハヌスミ出シタル物共ヲ取持チ剰ヘ盗ヨ々ト呼ハリテ逃ニケリ其家主聴付テ出テ見ケレモ逃行ケレハ物ヲ取ラレヌル事ヲモ不知シテ亦家主ハ臥ニケリ彼長持ノ中ノ子盗思フ様我親ハ何事ニカクハシタルゾ我モ今夜ノ中ニ逃ズメハイツ逃ラルヘキヤウヤ有シト思ヒ迷惑ノ余リニ一ツノ思案シ出

シテ鼠ノ物ヲカブル音ヲアラケナクシケリ家主聞テ云様ハ今夜ハ物騒キナリ起テ沓ヨト人ヲ起シ見スレハ其人ノ云様長持ノ中ニ鼠コソアレト云聞テ看ヨト云ケレハ其侶アケヽル処ニ中ヨリ身ヲヒソメツト飛出テ蓋ヲアケタル人ヲツキ倒シテ走リケリヤレ盗人ヨトテ追ケルニヒタモノ逃テ井ノアル端ヘ逃ツキタリ暫息ツキ井ノ中ヘ大ナル石ノハタニ在ケルヲツキハメテ逃タリ追ヘタル人井ノ中ヘ石ヲ落シタルヲ聞テ盗人ハ井ヘ落タリト思周章タル間ニ盗人ハ我家ヘ皈リヌレハ親盗人向テ曰何トメ帰リタルソト云ニ其子アリノ侶語リケル親聞テ汝ハ盗ヲナシエント云ケリ是ヲ看ルニモ親ハ子ヲ捨タルニヨリ子盗人謀畧ヲ悟リタリ子ハ身ヲ捨キリテ捕ヘラル丶カ一ツ逃スマスカ一ツニメ命ヲ遁レタリ身ヲ捨切テ出ヌレハコソ側ニ居ル人ヲツキ倒セトモ其人シラストカクカハウ心ハ意識分別ノ調義ノ心也捨切ヌレハ意識分別ノ心ナク成テ本心ニナルニヨリ事理明ニ知レテ時節ニ相應ノ智畧モ出ル故ニ及テ身ヲ遁ル丶モノ也

唐ノ王鎮悪ト云者秦ノ國ヲ征伐ノタメ數千人ヲ引率シ兵舩ニ取乗リ遥ノ海上ヲ経テ秦ニ起ク秦國ノ清橋ト云所ニ著テ舟ヨリ上リ兵粮衣类ヲハ其侶舟ニ入置甲冑器械ハカリヲ舟ヨリ取上ケ山ニ登リ其夜ノ風ニ任セテ舟ヲ放ツ其後王鎮悪軍勢ニ向テ曰舟楫衣类兵粮盡ク流レタリ我カ長安城ヘハ万里ノ海上也此上ハ進ミ戦テ不勝トキハ二タヒ本國ヘ皈ルコト叶フマシト云是ヨリ軍勢モ臆病者武偏ニナリ死武者ニ成テ身ヲ捨切リ先々ト争ヒ進ミケレハ終ニ秦ノ大國大ニ勝ツ

昔去ル大剛ノ者云ケルハ人ト戦ハント思フ時必腸指ノ目クキヲ抜ヘシ目釘ヲ抜ハ必勝利アルヘシ若目釘ヲ不抜ハ人ニ勝〆成マシキト斯ク云タル処ニ能々考ヲツケ案シ見ベシ忍ノ一字ノ心是ニテ合点ユクベシ

問汝儒佛ノ奥義ヲ以テ死ヲ恐レ嫌マジキ〆ヲ述ヘ断リ且ツ古人ノ言行ヲ記メ重々其旨ヲ聞ク一々肺肝ニ留㆑リ然レ𪜈其旨ヲ能心得ナカラ時トメ臆病起ル〆アリ是ヲヤメン〆如何スヘキヤ荅是皆心ノサビナリ日々ニ硺磨スヘシ汝約ニ不會得陰陽ノ道理ヲ觀得シヌルベシ夫年ニ春冬アリ草木春ハ生シ冬ハ藏ル日月ニ出入有日ニ昏夜アリ人ニ覚寝アリ生死アリ春ハ年ノ陽生也冬ハ年ノ陰死也日月ノ出ルハ陽生也入ルハ日月ノ陰死也人ノ覚ルハ陽生也寝ハ陰死也生人ノ陽死ハ人ノ陰也若死ヲ簡ラヒ恐レハ年ノ冬ヲキラヒ恐レ日月ノ入ヲ恐レ夜ヲキラヒ人ノ寝ルヲキラヒ恐ンヤ夫寝ハ人ノ小陰也死ハ人ノ大陰也何ゾ子ムルヲ不㆑嫌メ獨リ死ヲキラウ理アランヤ死スルヲカマハズ何ヲカ恐レン哉

萬川集海巻之第四

将知之一

忍宝事

夫世ニ伯樂ナキ時ハ千里ヲ馳スル馬ナシ絜《ケツ》膝《シツ》乗且ノ名馬モ庸人カ乗ルトキハ千里ノ遠キヲ馳スル事ナシ萬里ヲ凌ク隼鴻モ逆風ニ向フ時ハ迅速ニ飛カタシ大壑ニ縦ナル巨魚モ小水ニ迫ルトキハ鮫鰌ニモ苦レリ故ニ謀功ニ達シタル忍者ハ愚将ニ事ヿナシ愚将ニ事ル時ハ万ツ心ニ

叶難シ故ニ忍入リ大功ヲ成スヿナシ故ニ三略ニモ智者ハ不下為二暗君一謀上ト云々亦謀功ノ者明将ニ過テハ伯樂カ馬ノ俊足ナルヲ知テ是ヲ愛スルカ如シ王良漢哀カ騮驥乗且ノ名馬ニ其道ヲ盡シ乗ニ依テ人馬相得テ千里ノ遠キヲ馳スルカ如ノ将能キ時ハ忍者ノ思フ侭ニ謀ヲ運シ安ク成功出シ安シ勢ヒ振ヒ安キ叓譬ハ隼鴻ノ順風ニ逢カ如ノ巨魚ノ大壑ニ入テ悠然タルガ如クナラン如此将ト忍ト相得テ忍者心ノ侭ナラハ如何ニ要害堅固ナル城営ナリトモ豈忍入スト云ヿ有ンヤ孫子曰明君賢将以二上智一為レ間ト必為大功ト云々是故ニ主将忍ヲ用ル要道露ハメ此篇将知ト題号ス

忍利

此篇ニハ将タル人忍ヲ能用ルトキハ其利廣大ニメ必戦功アル叓ヲ記メ忍ハ兵術ノ要法タル叓ヲ書ス

凡十箇條

一主将忍ヲ用ル時敵國ノ地ト城トノ要害ヲ尽ク知テ計謀始ニ定テ事ニ臨テ轉倒スル叓ナク其謀畧ノ中ルヘキ利有叓言ロハ主将敵國ヘ攻入ントスルトキ内緊以前先功者ナル忍者ヲ敵ノ国郷ニ入或ハ城中ニ遣ス時ハ忍者敵地ノ様体敵城ノ堅否或路程ノ遠近ノ法ニ至ルマテ万端子細ニ見聞シ敵地ノ中ニテ繪圖ヲ作リ持皈テ後土圖ニ寫シ主将ノ前ニ備レ之披露スヘキ作法也主将其土圖ヲ見考ヘテ人數ノ手配リ備ヲ定陣ノ可レ取所又ハ不レ可レ取所敵ノ伏兵ノ可レ在所或ハ味方ノカマリヲ可レ置所城ノ攻ヤウ攻支度万ツ計畧有レ之後軍ヲ出シ兼テノ計畧ノ如クニスル故ニ時ニ當テ迷惑スルヿナクメ其計畧ニ中ル此ノ利諸所ニ於テアルヘキ叓也

孫子曰地形者兵之助也料レ敵制レ勝計二険阨遠近一上将之道也知レ此而用レ戦者必勝不レ知レ之而用戦者必敗ルト又曰不レ知二山林險阻沮澤之形一者不レ能レ行レ軍ト云々

義盛ノ軍歌曰 忍ヒ者ニ敵ヲ問ハヽ下知ヲセヨロハ危キハ推量ノサタト詠メリ能々考ヘキモノ也

二忍ヲ用テ敵ノ強弱尤敵ノ大将ノ心底ヲ主将能々存知スルトキハ是則萬計之根源也依之其利甚キ支 言心ハ忍者敵ノ郷國城中ヘ忍入テ敵将ノ有道無道ノ輕重或ハ智愚剛ナク等ノ差別或ハ軍令ノ正不正等其以下物頭物奉行諸卒ホニ至ルマテ軍術調練ノ然否其家臣ノ風俗ノ善悪又ハ人数ノ多少又ハ隣國ノ城主カラ援兵ホノ有無兵粮ノ多寡或敵将ノ平素性ノ好キ嫌ヒアル道等其外敵方ノ万端何支ニヨラス記シ皈リテ是ヲ主将ヘ告聞スル故味方ノ計畧其利アルヿ不可勝テ計

義盛ノ軍歌ニ ○計コトモ敵ノ心ニヨルゾカシ忍ヒヲ入テ物音ヲ聞ケ ○軍ニハ忍ヒ物見ヲ遣ハメ敵ノ作法ヲ知テ計ラヘ

孫子ニ曰為兵之事也在順詳ニ敵ノ意合力一向千里ニメ殺将是謂巧ミ能成支

兵鏡ニ曰凡欲征伐ヲ先用間諜ヲ覘ニ敵之衆寡虚實動静ヲ然後ニ興師《すい》則大功可立戦無不勝ト云々

三忍ヲ用テ敵ノ陣取備定メ或ハ蟠《カヽリ》ノ有無ホヲ主将能存知シ手配リ始ヨリ定テ乱ルヽヿナク依之敵方ヨリ不意ヲ以テ味方ヲ侵ス支ナシ如斯ノ利甚シキ支

言ロハ主将出陣以前ハ敵ノ陣取備ホノ要害其外蟠ノ有無ホヲ見聞シ還リテ主将エ告聞スルニ依之其陣取備ノ模様蟠ホノ有無ニ随ヒ合戦ノ手配リ等工夫ノ利甚シ

義盛軍歌ニ 心ガケ深ク有スル武士ハ忍ニヒカケ道筋ヲ知レ

三略曰不為支先動テ而則随フ

或人問敵ノ陣取備其蟠ノ有無ホハ物見役ノ者ヲ以テ見分セシムルニヨリ忍者ノ見ルニ不及支ナルヲ爰ニハ物見役ノ業ヘテモ忍ヒノ所作ヘト云忍ノ利也ト云如何

答物見ト云ハ遠所ヨリ望ミ見テ推量ノ分也故ニ

其見揲踈ニメ大抵ノ事也忍者ハ敵ノ近所ヘ行
直ニ能ク見聞スル也故ニ其見ヤウ子細ニメ違
ヿナシ是忍ノ利ハ物見ノ利トハ又各別也
四味方籠城ノ時敵圍レ之折カラ忍者ヲ以テ城内ヨリ
城外ヘ通シ又城外ヨリ城内ヘ通ズル其利アル事
言ロハ味方籠城シ敵十重廿重ニ取圍ミ飛鳥ナ
ラデハ圍ミヲ不レ可レ出ノ時忍者ハ近國ノ援兵味
方ヲ請ンカ為ニ圍ヲ出テ内通シ又圍ノ外ヨリ
城中ヘ入テ万ツノ相圖ホ一テ通スルノ利アリ
此段逐一左ニ記レ之但口傳
五敵ノ不意不備ノ所ヲ忍者味方ニ告ルニ依テ破
竹ノ勝利ヲ得ル其利アル事　言ロハ忍者大抵主
将着陣無レ之以前ヨリ敵ノ城営中ニ居ル故ニ不
意不備ノ地ヲ彼敵陣中ヨリ内通シ告来ルニ依テ
主将其不意不備ニ乗メ撃ツ故ニ用レ力少人數ヲ
損スルヿ少メ破竹ノ勝利ヲ得ルヿ有レ之

本書「卒」乗カ

孫子ニ曰出ニ其所レ不レ趨ク趨ニ其所レ不レ意行ニ千里ニ而不レ労
者行ニ於無人之地ニ攻而必取者ハ攻ニ其ノ所レ不レ守也
ト云々六韜曰疾雷不レ及レ掩レ耳ヲ迅電不レ及レ瞑レ目ニト云々
六敵ノ進退ヲ忍者味方ヘ密通スルニ依テ壓卯ノ
勝計出ルノ有利ノ事　言ロハ敵ノ進下不レ進ト
退ト不退トヲ知テ何方ヨリ進ム何方ヨリ退ト
其進退ノ道路方角ホヲ通シ告ルニ依テ敵ノ計
略ハ皆味方ノ計略ト成テ壓卯ノ勝計ノ利是ヨリ
出ル之此事先蹤多シ武書曰卒ニ其ノ所レ往也ト云々
七忍者敵方ニ居テ讒奸ヲ以テ敵ノ和合ヲ隔テ敵
ノ内乱ニ乗メ討レ之ノ利アル事　言ロハ忍者敵方
ニ居テ種々ノ智謀計策ヲ運メ敵ノ君臣ノ間隔
メルヤウニシ或ハ敵ノ軍勢互ニ疑ヲ含テ和合
セサル様ニ巧或ハ隣國ノ城主ト敵将ト互ニ憤
リヲ含ミ不和ナル様ニ計リ敵ノ大将獨夫ト成
ヤウニスルレ時ハ其弊ニ乗シ敵ノ衰ルヲ討テ大ニ

勝利ヲ得ルモノ也
孫子ニ曰親フメ而離之亦曰伐ッ交

八忍者敵ノ隠謀密計等ヲ窺聞テ主将ヘ告聞スル時ハ力ヲ不入メ大功ヲ成ス利ノ事　言ロハ忍者敵陣ニ入テ敵ノ隠謀密計ホヲ窺聴テ主将ヘ密ニ告聞スルニヨツテ隠謀密計相違スル時ハ力ヲ不入シテ大功ヲ可得其利甚タ大ナリ
孫子曰上兵伐謀ト云々

九忍者敵ノ城陣ヘ入テ放火スルトキハ用力事寡メ全勝ノ利ヲ獲ル事　言心ハ城営ヘ陰陽ノ両術ヲ以テ忍入リ内ヨリ火ヲ放テ焼トキ味方外ヨリ攻撃時ハ力ヲ用事少メ勝利甚シ
司馬法ニ曰我自其外使ハ自其内ト云々　或問曰弓火矢鉄炮火矢ホヲ以テ外ヨリ火ヲ放タン何ゾ忍者ヲ以テ内ヨリ焼事ヲ頼ンヤ　答火矢ホヲ以テ城外ヨリ火ヲ放ツト忍者ノ城内ニ入テ焼草ノ在ル所ヲ考テ時分ノ宜キヲ窺ヒ放火シ焼ト有大ニ勝劣ノ有事ヲ不知ヤ其上忍者ハ火ヲ自由ニスル者ナレバ火矢ノ类ハ能調練スル也

十忍術ヲ以テ敵将ヲ殺ス事有ベシ其利甚大ナル事
言ハ忍術ノ極意ニメ敵ノ大将ヲ殺ス術アリ忍者若敵将ヲ殺ス時ハ不用戦ミテ敵国自伏スルノ利大ナリ
三略曰非譎奇無以破奸息寇非陰計無以成功ト云

或問敵将ヲ殺ス術有ト云事其言虚誕ニ似タリ其方使如何　答甚妙ノ理アリ因茲問曰右十ヶ條ノ趣ニヨツテ間林精要ニ曰夫忍者兵法之眼耳計略ノ斬トシ全勝枢要也将不用之不能知敵之地形衆ノ多寡虚実陰謀ホ不知之則無所措於勝計也若シ推而計之《ラハ》如闇夜之隠石其計外レ安クモ中リ難シ矣故ニ其戦危也恰盲人持利剣似撃敵是故ニ良将欲征伐先用忍覘《フラ》敵ノ地形衆ノ多寡

虚實進退陰謀ホナ然後興師出陣故計謀変動無
不的當也且忍者居内而以放火將自外應之為消
内火則外敵乱為防外敵城営無有孑遺敵敗ヿ無
疑也是故ニ攻城則抜戦則勝皆勝敵破敗而已喩
如破竹如壓卵也其用刀少而立於無上之大功矣
所謂千人推門不如抜関是之謂也ト云々是ニ依テ
古ノ名将軍ノ始終各毎戦忍ヲ不用ト云ヿナシ
故孫子ニ曰微哉々々無所不用間明君賢將所以動而
勝人成功出於衆者先知也先知者不可取於鬼神
不可象於事不可驗於度必取於人而知敵情者也
五間俱ニ起テ莫知其道是謂神紀人君ノ宝之是
兵之要三軍所倚テ而動也ト云々愚將闇將ハ忍
ヲ用テ勝利有叓ヲ不知メ不用之不用之耴ハ勝
事希之故ニ孫子ニ曰相守數年以爭一日之勝而愛
爵禄百金不知敵之情者不仁之至也非人之將非
主之佐也非勝之主也ト重テ言テ忍ヲ不用叓ヲ

深ク戒之依之和漢𪜈ニ古ノ名將忍ヲ用テ其利
有シ事諸書ニ記ス人ノ將トメ忍謀ヲ不用却テ
嘲リナトスルハ能々ノ愚將ナリト可知　或問汝
前ニ忍ヲ用テ勝利アル叓ヲ記シ且將タル人ハ
不可不用忍ト古人ノ語ヲ引テ證トシテ云然レ
𪜈術尽レ難信故イカニトナレハ今世堅固ノ城郭
要害ノ守リ嚴シキ所ヘ豈可忍入乎否ヤ大宗問
對ニ李靖曰按ニ孫子ヲ用間最モ爲下策臣嘗テ著
論ヲ於其末ニ云水能載舟亦能覆舟或用間以成功
或憑間以傾敗スト云々此語ヲ以テ思フニ忍ハ
軍敗ノ上策タルヘカラス　答今世ノ堅固ナル城郭
ヲ見テ忍入ヿ難シト思庸忍ハサモ在ン乎夫忍
術ノ大綱ハ陰忍陽忍ノ兩術ヲ本トメ其枝葉千
変万化千差万別ニメ不可勝テ言理有所作アリ
理ニ闇キ耴ハ所作不枯所作不枯時ハ理ヲ知事
明ナリ𪜈上ノ上ミニ非ス如此ノ道理ナルニ依テ今

其善悪ヲ不能論決大槩死ヲ必トメ太刀ヲ以テ切結フ時ダモ其實ハ二三ニメ其虚ハ七八ナリ切出ス所ハ鋭實ナレ𪜈其太刀ノ落ル所又上ル所是則虚ナリ忍術ノ太抵ハ避実入虚其術數諸書ニ記スト云𪜈庸人ニハ其利ヲ解ヿヲ戒企非所及サテ汝李靖カ語ヲ引テ忍ハ軍敗ノ上策ナラズト云ト雖モ上策ナルヿ必然タリ夫李靖カ言ハ愚将ノ忍ヲ用ル道理ヲ云ニヨツテ下策ヽト云リ

李靖カ言ノ如ク愚将ノ為ニハ下策也明将ノ為ニハ上策也其故ハ暗将ハ忍者ノ忠佞ヲモ不弁謀功ノ有無ヲモ不知且仁恩薄ク万計ニ疏ク相圖ヲ疎ニメ妄リニ用ル故ニ万一幸ニ當テハ忍ヲ用テ功ヲ成スヿモ有レ𪜈不然トキハ却テ自ラ傾敗スルノ理ナリ是故ニ忍ハ愚将ノ為ノ下策ヽ又明将ハ謀功ニ達シ忠義ノ厚キ者ヲ撰ヒ忍職ホニ任シ恩賞厚ク宛行ヒ若シ主将卒去ナトノ折カラハ殉死ヲモスヘキ程ニ忠義ヲ思ハシメ其上妻子親族ヲ人質ニ取ヲキ深キ謀ヲ定メ相圖ヲ堅クシサテ敵陣ヘ遺スニ依テ味方傾敗ノ叓ハ不足云ニ用忍ゴトニ不忍入ト云ヿナク大功ヲ不立ト云ヿナシ依之忍ハ明将ノ為ニハ上策也喩ハ水火ハ世ノ宝ナリト云𪜈悪シク用ル取ハ却テ冦トナル事水火ニ越ヘタル物ナキカ如ク又太刀刀鑓長刀ハ人ヲ伐ル凶器ナレ𪜈其持タル人愚ニメ人ニ奪ヒ取ル、取ハ却テ己カ身ヲ斬害スルカ如シ其用ル人ノ善悪ニヨルモノ之且忍術ノ至理微妙小人愚人ノ量リ知ル所ニアラス重々口傳

萬川集海巻第五

將知之二

忍術禁忌三箇條　期約之篇

一忍者ノ号ヲ深可隠密事　言ハ將タル人忍者ヲ召仕フモ忍者ト云号ヲ必顕スベカラス是則一乱ニ及フ故忍ヲ可用平素ノ始計ニ始計ナキ時ハ其利ヲ得ルヿ少キノミニ非ス却テ味方ノ害トナル理アリ因之平士適士離士ナント云忍術アリ其約重々口傳　孫子曰用而示之不用ト云々

二忍計ノ泄ル、事ヲ主將嚴ク可禁制事　言ハ忍ノ計泄ル、時ハ其計不成而已ニ非ス却テ味方傾敗スルヿ有モノナレハ深隠密ニシ尭中タリト云トモ不為知ヿハ忍ノ掟也

孫子曰事莫密於間直解ニ云出口入耳將与間聞知其事而已法曰有声有響不以言以書ト云々

三忍計ヲ取沙汰スル者ヲハ速ニ可見行死罪事

言ハ忍ノ計ヲ為知サル者ハ云ニ不及倶ニ密談ニ預ル者ノ中ニテモ若シ忍計ノ事ヲ人ニ語リ知ラル、者有之ハ告ル者モ聞タル者共ニ即時ニ刑ヲ行フノ掟也天下安寧ノ世ト成タル後ニモ忍ヲ用タルヿヲ隠密ニシ人ニ不語作法ナルニ況ヤ乱ニ及ヒ未忍入折カラヲヤ　孫子曰有間事未発先聞者則聞ト与所告者皆死セ　易曰其機事不密則害成ル　史記曰事ハ以密成語ハ以泄敗ルト

云々

隠書二箇條

一主將ト忍者トノ内通ノ隠書水火灰ノ叓　言ハ隠書ノ叓古ヨリ色々書様有ト云𪜈早ク得心ナリ難シ忍ノ隠書ハ水火灰ノ當坐書ニシテ不封メ主將ヨリ忍者ニ与フ忍者ヨリ主將エ捧ルノ約也聖智也ト云フ𪜈隠書ニ〻ト云意ノツクヿナシ其文理ナト見ルヿ愈々ナルヘカラズ

水ハ鉄汁火ハシン灰ハ大豆汁カラエノ賓ナリ

右ノ内其時所ニ有アフタル物ヲ以テ書ナリ尚ヲ口傳アリ

法ニ曰有秘有影不以墨而以テ不見墨ト云々

二他心通之事　隠書一通ヲ三ツニ分離メ三使ヲ以テ取ヤル將ト与忍者合躰ノ上一体トメ明理ヲスル文字分離等當其時用ヘシ尚口傳　六韜ニ太公ノ曰諸有隠叓大慮當用書不用符主以書遣將將以問主書皆一合シテ而再離シ三發シテ而一知スル一知ス再離ト者分書為三部三發メ而一知スルト者言ハ三人人ゴトニ操一分ヲ相参ヘ而不使知情也此ヲ謂隠書歟雖聖知莫之能識ト　私曰符ハ八符ソ符ニテ用ルヿ繁多ナル時ハ不ル埒明カ者也故ニ隠書ヲ用ルソ

一當家流ノ隠書　大秘事口傳

拖炮地鉇沲佗鮑

精焟堉錆清倩鯖

横熿墴鐄潢債鱑

捄烼埭鋉浗俅鯐

柏炲垍鉑泊伯鮊

檦熛墂鏢潶儤鰾

襟燦墚鏢潫傺鰶

右歒ノカトメザル叓ハ常ノ文字ニテ書ヘシ口傳

矢文二ケ條

一矢文ノ叓其向ヒヲ射ル約ナリ矢ノ製作羽ヲ屑トシ羽ノ間ニ氏名ヲ書付テ文ハ箆ノ中ヘ入レ或ハ矢ヲ巻紛束ス口傳

二射〓其前〓使〓知〓居所〓事　言ハ敵城ヘ忍入テ主將ニ事ヲ通スルトキ主將ヨリノ返簡ヲ他ノ前ヘ射サセヌヤウノ相圖ニ我カ居處ヲ知スルノ叓也幾度モ其前ヲ射テ後ロヘ退イテ反簡ヲ待也時所ノ宜キ見合セ有〆肝要ス　口傳

相圖四ケ條ノ叓

一晝ハ相圖ノ旗夜ハ飛脚火ノ相圖ノ叓是ハ主將五里モ十里モ遠所ニ在陣スル時ノ叓也口傳飛脚火ノ製作ハ忍器篇ニ火器ノ部ニ有之

二晝ハ狼煙火夜ハ入子火又ハ貝ノ相圖ノ叓主將ノ方ニモ貝ノ約有〓之叓口傳貝ノ相圖ノ叓相圖ハカリノ時ハ三ユリ何度五ユリ何度ト約〓可〓有也相圖貝吹ベキ前ニ鐘貝鼓此三ツノ鳴モノヲ

夥シク吹交ヘ唯今相圖ノ貝ヲ吹ソト云叓ヲ城中陣中ノ忍者ニ示シ知セ其後相圖ヲ吹約束可〓有〓之也凡テ城陣𪜈ニ常ニ貝ノ声不絶モノナレバ例ニ替ル物ナキ時ハ別ノ貝ニ紛レ忍者ノ心ノ不〓付〆有ニヨリテ也右ノ相圖ヲ忍者聞スマシタル時何ノ相圖ヲ揚ヘキト堅約束有ヘキコト重々口傳

言葉通ズル貝ノ約ノ事

標 乾　艳 謙　烌 離　搩 夬　清 臨　甲 中孚
䠓 坤　熼 豫　赫 咸　垍 姤　泊 漸　乙 小過
熙 屯　鰾 隨　潔 遯　鏢 恒　鏆 困　丙 既濟
熕 蒙　精 蠱　潢 萃　舶 豐　鮑 旅　丁 未濟
贖 需　鉋 賁　墴 晋　僙 井　沵 巽　庚 帰妹
俺 師　縹 剥　鉑 睽　色 蹇　浥 革　辛 明夷
垍 比　儒 復　烌 冉　濡 兌　縈 觀　戊 大壮

(柏)履　(鉥)頤　(鏢)損　(伯)震　(擴)渙　(己)大過
(椓)泰　(熇)坎　(錆)益　(熿)艮　(炮)節　(壬)大畜
(倩)否　(亨)升　(元)解　(利)家　(貞)噬　(癸)小畜
(陽)夻　(陰)同人　(冬)噬嗑　(秋)无妄　(夏)理　(春)氣

文字頭ニ當ル時ハ一ツヲトリノ●ヲ吹ク　假○
地○々ハ地ノ○々ハ如是吹之
○知セ貝ヲツヽケ吹ニ頻ニ吹キ暫ク有テ三ユリ三度吹キ其次ニ言葉ヲ通スル貝ヲ吹椓ムル之同クハ前ニ云如ク鐘貝太皷ノ三ツヲ以テシキリニ鳴シ告ルヿ也左ナキ所ハ常ノ貝ニ紛レテ心ツカヌ事アレハナリ
○頭ヲ少長ク吹　○下ヘクダスヲ短ク吹切ル
○言葉頭ヘ當ル所一ツユル　○言葉頭ニテヲトル時ハ三ツユル
○下ヘサガル言葉清艶トキ一ツユル
右貝ヲ以テ言バヲ通ズル大秘事也同ハ頭ニ鐘カ太皷ヨシ若頭鐘ナラバ頭ヲトル言葉ニ大皷ヨシ頭太皷ナラバ頭ヲトル言バニ鐘ヨシ下ヘサゲル言バニ何モ貝可然也右何モ口傳アリ此道ニ心ヲカクル人ハ常ニ稽古ナクテハ急ナル時ニ言葉通シガタカルベシ能々鍛錬スル時ハ一坐ニテ人ノ話ヲ聞カゴトシ

三　一町一火ノ相圖ノ事　口傳

四　相圖ノ火三ツノ印ノ事　言ハ火一ツニテハ或ハ烽火或ハ旅人ノ松明等ニ紛ル、道理アリ又外々ノ相圖ノ火モ有ヿジキモノニテナシ去ニヨツテ其火ノ数ヲ定メテ相圖ナスベキ理ニ因テ三ツノ印ト云ナリ

法ニ曰相圖ハ皆以心傳心也非守古法ヲ也

約束六箇條之事

一　參差水月策ノ術ニテ入ント思フ時主將ト談シ餌《エバ》ヲ以テ敵ヲナヒキ出ス約ノコト言ロハ初ヨリ

難忍入時ハ此術ヲ用或ハ及暮囲城営ヲ跡ニ奇伏ノ兵ヲ隠シ置キ弱兵ヲ以テ急ニ攻ルニ敵強ク令追ノ時或ハ参差水月ト移リ行ク術ヲ以テ可入餌兵ニハ強士ハ不可宜誘イ出ス術ナレハ逃ル丁不實ニ見ヘテハ敵可察知ル然レハ弱兵ヲイカニモ励《ハゲ》マシ是非ニ此門ヲ可敗ト下知ヲナス時敵突出レハ自可逃ル強士ヲハ伏兵トナシ弱士ヲニモ不可伐計略将ト忍者ト約ヲ定ル条々可為厳重ノ事

二参差水月ノ術ヲ以テ入タル時急攻ノ事　言ハ忍者入タリト相図ヲ以テ主将知シ召トキハ強ク可攻然ル時ハ敵兵防クニ隙ナク〆忍者ハ心ノ侭ニ可計略ス也

三驚忍ノ時出入所ニ約ノ事　言ハ驚入ノ術ヲ以テ忍ヒ入ント思フ取主将鼓操凱声荒ク鉄炮ノ響夥キ時味方討ノナキ期約可有之ノ事　言ハ私ニ

曰忍者敵ノ城陣ヲ出ル時敵勢ニ不紛印ヲ付ベシ入時ハ懐中ニ隠シ出ル時用ベシ主将其印ノ下知當其時軍中ヘ可觸知スノ事

四味方夜討ノ時忍者ハ残リ留リ二度討ノ時可放火約ノ事　言ハ敵方ニ於テ忍ヲ防キ守ル謀略深キユヘ難忍入所ハ此術ヲ以テ暫残リ留テ可放火ノ事

五假陣屋ト本陣トノ間遠ク作ル約ノ事　言ハ右ノ術ヲ以テ忍入時或ハ顕レ敵ノ虜トナル時色々ノ反言ヲ以テ敵ヲ訛キ敵ト同意ノ由ヲ謀テ味方ヲ討ノ事ヲ可為其時ノ證據ニ味方ノ小屋ヲ焼ナントスル為也コノ謀反言到時可應ナリ

六真偽ノ判秘割符ハ真ハ順半偽ハ逆丁ノ事　言ハ敵ノ虜トナル時主将ヘ書ヲ送ルベシ斯ノコトク認ヨナト、云トキ此約将ト可定置事兼々可然也此ノ如クナレハ至其時敵ヲ亡ス計略何

理モ可有也
私曰歒忍者ヲ虜トシ搦メ味方ノ門ヘ連来リ如此云ヘトテ謀ヲ為云叓アリ其時ハ實ハ半喫偽ハヿ喫タルベシ重々口傳

将相應三箇條ノ事

一忍者歒城エ入テ後卯ヲ出シ主将ヘ告聞シ風上ヨリ放火スル法ナリ主将ハ風ヲ追テ可攻叓
孫子曰火発於順風則其勢必上而不可過攻逆風則其勢雖焚而不可久矣　私曰以此語可勘知モノナリ
二風ナキ時ハ放火スヘキ方ヲ主将旗貝ヲ以テ忍者ヘ示スヘキ也旗ハ東西南北ノ色貝ハ五姓ノ數タリ　言ハ放火ノ方角ハ風ノ順逆ニ因テ可知ルヿ風ナキ時ハ主将ノ備定ル旗貝ノ約ヲ定テ放火約ノ叓但時ト所トニヨリ　口傳
三忍者放火ノ卯ヲ出ス時應シテ攻ルヿ割府ヲ合スルカコトシ　言ハ火ヲ可放ヤウナキニ依テ忍者相圖ノ狼煙弓火矢等相圖ヲ見セ聞セザルニ妄リニ攻ル時ハ勝利ナシトカク可攻方角ヲ得心シ慎テ相圖ニ應シテ攻ル叓無遲速ヿ毫髪ヲ不交互ニ割符ヲ合スルカコトシ　孫子曰凡火攻ハ必因五火之変而應之火発於内即早應之於外火発メ而其兵静者待テ而勿攻極其火力可従而従之不可従則止可発於内無待於外以時發之火発上風無攻下風ト云々

忍者無恙約束二ケ條

一落城ノ折カラ城中ヨリ出ル叓忍者味方討ナキ約束ハ晝ハ何ニテモ相圖次第夜ハ紋付ノ挑灯タルベシ攻ヘキ歩シ前ニ此叓諸卒ニ下知有ルベシ早キハ不宜言ハ忍者ハ落城ノ時歒退散ノ間ハ閑所ニ潜リ居テ事静リテ後可出若不得止則敗軍ノ士トモニ可紛出其時ノ相圖ノ事也
二大凡忍者ハ事静リテ後ニ出ル作法也

忍歌ニ　忍得テハ歒方ヨリモ同士討ノ用心スルゾ大事之ケリ
同士討モ味方ノ下知ニヨルゾカシ武者ノ印シヲ兼テ定ヨ

此篇ニハ将与忍者相期約之事ヲ記ス将与忍者相期約束不定則難忍入若忍入ルト云トモ無可勝利剰ヘ求害之本タルヘシ不可不慎矣孫子曰五間ノ事ハ主必知之ト云々此二十二箇條之外忍入之時不因精粗皆将ト忍者ト雖不有無其変化之術ナル者豫シメ不可言之也爰ニ記相圖約束之定法ヲ而入於此道ノ門而已

忍者可召仕次第ノ事

第一忠勇謀功信ノ五ツ有テ其身健ナル者　第二平素柔和ニ義理甚ノ欲少ク理學ヲ好ンテ行ヒ正ク恩ヲ荷テ不忘却モノ　第三弁舌博覧ニノ智謀深ク平生ノ物語モ當諾早ク人ノ言所ノ理ニ棄メ欺カルヽヿヲ實ニ嫌フモノ　第四天命ヲ知テ儒佛ノ理ヲ兼備シ死生有命ヿヲ常々心ニカケ人欲ノ私ニ離シヿヲ平生嗜ミ學ビ先哲古語ニ心ニ入ル者　第五武士ノ法ヲ知ルヿヲ好ミ古ノ士ノ忠勇アリテ義ニ因テ主命ニ代リ或智謀有テ歒ヲ亡シタル和漢ノ名士ノ風ヲ聞傳ヘ軍利戦法ニ心ヲ寄セ英雄ノ氣象備リタル者　第六平素ハ人ト諍論スルコトヲ不好柔和ニメ然モ威有テ義深善人ノ名有テ表裏ナキ者ト自他ノ国邑ヲ云ズ風説アルモノ　第七妻子或ハ親族等正シク有之反忍ノ害有ヿシキ者　第八諸國ヲ流行メ諸所ノ国風ヲ能存知シタル者　第九忍術ヲ能學ヒ謀計ニ敏ク文才有テ書ヲ能シ最モ忍術ヲ手練シ軍利ニ志厚キ者　第十軍術ハ不及言諸藝ニ達シ詩文或諷舞小哥柏子物真似ホノ遊藝ニ至ルマテ時ノ宜キニ隨ヒ用ルニ事ヲ不闕差シ當ル間ヲ合スル者

右十件ツ兼備タル者ハ尤希有ニメ無之者也是ヲ上忍ト云如是ノ者ヲ尋探テ可召仕事ハ先其

主君ノ智恵深メ誠ニ人之視己如見其肺肝ト然ハ非聖知ヨリハ不得求メ故ニ孫子非聖智不能知間ノ實ト云々集海ノ諸書ニ載スルゴトク暗主ノ忍ヲ用ルヿハ必勝ノ功ヲ得ルヿ難シ又明將ノ忍ヲ用テ勝利ヲ得ル叓ハ如歩掌百ヒ発メ百ヒ中ル勝利若シ少キモ危キコトナシ右件ノ上忍ハ求得ガタシ然ト云𪜈中下ノ忍者モ至其時當其事用テ功ヲナスヿ非難其用ヒ様ノ手段ヽ集海ノ諸書ニ載ス且和漢ノ古語ヲ引テ証シ謀畧ノ根元トスルヿ不可勝計也明將中下ノ忍者ヲ使フヿ譬ハ二逸ノ鷹ヲハ鷹匠ノ上手ニ与レハ一逸トナスニ等シ矣可捨ヤ又イカニ四達ノ忍者タレ𪜈獨立ニハ飛鳥ノ術モ行ハレズ其能達セル者中下ノ庸忍ヲ偏ニ導キ得テ能使任ソノ職分取功而已然則忍者ヲ可召出事右之件ヲ以テ能々吟味ノ上ニテ上忍ヲ可尋求中下ノ庸忍モ全非可捨集海ノ諸書ニ著ス

コトク平士離士遁士ニシクヿナシ用之其徳莫大ナルヿ不及盚記重々口傳

柳揚褒貶擒縱與奪　口傳

本書ニ盚
悉カ

萬川集海巻第七　不入小謀之篇上

將知之四

夫忍ヲ不レ入軍配ノ術ハ皆是忍ノ徹下ノ正理ヲ不レ知者ヲ不レ入ノ法術ナリ全ク忍ノ正理ヲ能悟リ知タル忍者ノ眼ヨリ見レ之時ハ假ハ堀深廣ニメ石垣高縦タルハ恰モ平地ノゴトク塀高メ升リ難キモ原野ニ縄引タルカコトシ伍法ヲ以テ人數ヲ行シ晝夜ノ守リ嚴クシテ人ヲ改ル事ハ隣家ノ穿鑿ノ如シ合詞合印シ手判等ヲ以テ紛レ来ルヲ禁スル叓ハ敵ノ味方ニ似タリ是ニ依テ其忍入リ易キヿハ味方ノ陣ヘ入カ如シ故ニ法ニ四句ノ文ヲ引テ曰迷故三界城悟故十方空ト誠ナル哉然トモ愚将ノ下知ニ随テ良将ノ城営ニ忍入テ功ヲナス叓ハ寔ニ難シ故ニ愚将ハ忍ヲ用ル道ヲ不レ知ニ因テタトヒ忠勇謀功ノ四達十十方空ノ道理ニ悟リ入タル忍者モ羈《ホダセ》ル麒麟ノ犬羊ニ劣ルカゴトシ若忍ヲ用ルト云𪜈奴隷ノ人ノ千里ノ馬ヲ御スルカ如シ故ニ忍者万死ノ地ニ陥ルト云𪜈其功ナシ又良将ノ明智忍ヲ用ル時ハ其敵方ニ忍入易キヿハ味方ノ陣ヘ入カ如ナルニ依テ百万ノ敵軍ヲ縦横ニ駈廻レ𪜈一人トメ見知モノナシ其大功ヲ成大忠ヲ尽ス叓必セリ良工ノ所作人其故ヲ不知ヿ譬ハ五行造化ノ誰カスル𪜈不レ知カ如シ是故ニ大将ノ武威ヲ遠國遠郷ニ振ハシ

㕝不遠ヘシ敵ヲ亡サンヿハ譬バ日ノ出ニ霜雪
ノ忽消ルカ如シ故ニ兵鏡曰間者兵家之妙要ト
云々然𪜈中下ノ庸忍ノ難忍ノ法ヲ書記シ軍将
ノ亀鑑トナシ一ツニハ此道ヲ學フモノヽ心得ノ
タメ耳

敵忍不可抱術六ヶ條

一新ニ出仕人吟味ノ㕝　新ナル出仕人ハ其國郷
一族ホ穿鑿ヲ遂妻子アラハ引越サシメ妻子無
時ハ新ニ妻子ヲ授ケ是ヲ質トシ取置ヘシ猶又
慥ナル肴請人ヲ取疑ヘキヿ無之時ハ可召出仕
但其以前ニ仕ヘタル主人ヲトクト穿鑿シ其主人
ノ可否其家ヲ辞シタル休様迄委ク尋探リ深ク
可考㕝

二降人用心ノ事　降人ヲ若敵ノ忍者ニテモ有ン
カト思案メ隠シ目付ヲツケ深思慮ヲ運シ用心
有ヘキヿ也附篭城ノ時ハ味方ノ構無之丸ニ入
置ヘシ陣ヲ構ケ居ル時ハ外張ニ出シ置ク時ハ
一二ノ先ニ置ヘシ猶又訖ト隠謀等無之誓紙ヲ致
サスヘシ加様ノ時備ノ大㕝有之若又偽リ降参
スル時ハ顕ルヽ謀アリ口傳

三商人出家遁也者山伏陰陽師神主神子猿舞其所
ノ地下人乞食等ニテ疑シキ者ハ堅ク城営ヘ入ル
ヘカラズ此旨口々守リミヘ訖ト可有厳令事

軍歌ニ　商人ヲ数多作テ敵陣ヘツカイテ内ノ体ヲ能看ヨ

義盛　番所ナドヘ乞食非人来リナハ荒クモテナシ追返スヘシ

同　番所ニテ心ノ弱キ人ハタヽ不覚ヲ取ン基イニケリ

仝　他國ヨリ来ル人ナラハ親類モ番所ヘ近クヨスヘカラサレ

四商人ハ自國ヨリ召連行ヘシ若其所ノ者ヲ置ニハ
吟味ノ上慥ナル請人ヲ取ヘキ㕝或書ニ商人陣
中ニ置㕝自國ヨリ連テ来ル也若所ノ商人ヲ置ハ
吟味ヲ堅クシ其上慥ナル請人ヲ取ヘシ妄リニ
商人入込ムトキハ敵忍商人ニ紛姿ヲ學ヒ内ヲ看ルヘ

又高人陣外ニ置ク貯ハ歙高小屋ニ火ヲ放テ其
騒ニ夜討スルモノ也
芝田軍歌ニ　高人ヤ一銭剌ノ屋根アツク小部屋構ハ火
付カハミヨ
又
我陣ノ外ニ樹タル町小屋ハ火付ナルカト心ユルスナ
五若疑シキ者有之時其隠謀今ニ露顕法ノ事
歙方ヨリ手引有ヘキ者其外紛ハシキ者有之ハ貯
ノ宜キ入魂ノ被官カ又其親类縁者ナドニ使リ問ヒ
其言葉ノ虚實ヲ穿鑿シ或ハ有テイヲ曰ス貯ハ
譬ハ同类タリ共其科ヲ免シ其上重禄ヲ与シト云ヒ
或ハ酒宴ナトヲ設テ其本心ヲ顕シ或君臣父子
夫婦兄第同類ヲ分テ別居セシメ計畧ヲ以テ隠
謀ヲ露スヿ其時所其人ニヨツテ様々可替事
六傾城白拍子等ハ云ニ不及下女ハシタニ至ル迄陣
中ヘ不可入篭城ニモ自國ノ慥ナル者也ト云モ
女ハ不可入厳令ノ事私曰軍士ハ以陽氣為本女
ハ陰ナルモノ也故ニ軍中ニ女アレハ陰氣ニ侵
サレテ陽氣タハムノ理也孔明陣ヲ張ニ朝ニ登
高山窺兵氣陽氣陰氣ニ閉ラレテタハム是ヲ疑
テ陣中ヲ探リ尋ルニ隠シ置処ノ女ヲ引出メ三
百人ヲ殺メ兵氣忽チ顕レシト也

軍制七箇條之事

一舊仕新仕ヲ交テ五伍ノ法可正事
夫伍々ハ五人ヨリ始テ一萬二千五百人ヲ一軍ト
挙ル五ト始ルヿハ東西南北中央ト五行ノ形ヲ以
テ備トス一ヨリ陰陽ノ二氣始テ五行顕レ五行
ノ中ヨリ万物顕ハレ万物亦五行ニ帰リ五行亦
陰陽ニ皈リ二氣亦一帰ス孔明カ八陣モ五ヨリ
八ニ備ル合メ一ニ帰スロ傳有五色ノ旗ヲ以テ備
ヲ定メ金鼓ヲ以テ進退疾徐シ節ニ應スルヿヲ
示ス也五色ハ敗乱ノ兵備ヲ不惑為ヘ往昔ヨリ
夫々ノ印ヲ用テ分ハ此故タルヘシ又曰五人ヲ伍ト云

伍長アリ五人組五ツ合テ廿五人ヲ一組トス是ヲ両ト云両ニ長アリ廿五人ノ組ヲ四ツ合テ百人ヲ一組トス是ヲ卒ト云卒ニ長アリ百人組五ツ合テ五百人ヲ一組ト云是ヲ旗ニ長アリ五百人組五ツ合テ二千五百人ヲ師トス師長アリ二千五人組ヲ五ツ合テ一万二千五百人ヲ軍ト云大将アリ又伍ニツハ十人也是ヲ什ト云什長アリ什十八百人也是ヲ卒ト云三軍トハ三万七千五百人之是伍法ノ大揔ナリ　私ニ曰舊仕新仕ヲ交テ五伍ノ法可正也ト言ハ新士ニハ若シ歒忍ノ有シカト疑ナレハ舊仕普代ノ者ヲ交テ法ヲ可定ナリ上ハ六奉行下ハ足軽中間小人新衆小身ノ士ノ被官諸浪人ニ至ルマテ不残堅此法令ヲ可置也

二五人組嚴令ハ一ニ若疑シキ者有之時見隱シ聞隱シスヘカラズ若シ他組ヨリ顕レタル時ハ逆心同前ノ罪科タルヘキ事二ニ五人ノ内一人ニテモ制法ヲ敗ル者ノ有時ハ其組中同罪タルヘキノ令三ニ組中互ニ諸道具入物ノ中ヲ可改ノ令四ニ組切ニ歩居ヘシトノ令五ニ用有テ行時ハ其頭人エ断リノ上手判ヲ取可行ノ令六ニ胡乱者有時ハ其主人組頭ヲ訪ヒ其所ヘ送リ可行ノ令七ニ紛ハシキ者ト相知レタルカ又ハ歒忍陣所エ来ルヲ知ラバ不知真似ヲメ潜ニ可告来トノ令八ニ假令隱謀ノ者ノ近キ親類タリ𪜈告訴ルニ於テハ重禄ヲ与フヘキノ令以上八ケ條ハ其大概ヲ記ス愈心ヲ用テ軍掟ヲ甚重ニスヘキ事

三両組ニハ目付横目ヲ可隱置事　言ハ組々ニ隱シ横目ヲ付置ヘキ事目付ノ人品ハ第一私欲少ク義理厚キ者第二主君ノ為ニ依怙贔屓等ノナキモノ第三親族ノ慥ナル者ヲ擇フベシサテ禄ヲ厚ク与ヘ心機ヲ合スヘキ事　四軍評判備定等歒忍ノ不知様ニ制作ノ術ノ事是ハ其時ニ因テ色々可

應変第一ハ士卒将ノ下知ヲ重シ軍卒静ナレハ備ホ并ニ城責夜討其外万端ノ下知速ニ調練シ進退可應変ニ也　三略曰将ノ謀欲密将謀密則姦心閉ト云々　孫子曰形兵之極リ至於無形無形則深間不能窺智者モ不能謀ト云々　私曰忍ハ隠計ニハ非ス陽ニ循以テ可忍陰忍ハ淺シ陽忍ハ深シト知ベキヿ不入ノ大抵ナリ

五隠着到付様何ニテモノ事　重々口傳　六若忍者敵方ニ虜トナル時敵将召抱ント云時ハ一味同心ノ答ヲナシテ早々密ニ可告来兼テ如此ノ例ニハ敵方ヨリ可与フト云禄ノ一倍ノ恩賞ヲ可宛行ト互ニ交リ厚キ者詐リニ潜ニ可令事　七敵ノ進退密計ヲ三日以前ニ告来ラハ其忠節ノ軽重ニ随ヒ恩賞厚ク可宛行旨士卒ハ不及言ニ町人百姓ニ至ル迄潜可有令叓

元弘年中ニ楠正成千破劔ノ城ニ楯篭シ時関東勢ノ大将ノ中ニ金澤右馬助様々謀ヲ廻メ落城ノ方便有ケレハ是ヲ止メサセント謀テ正成ノ家人木沢平次胸井小藤両人ヲ商人ニ仕立武具馬具其外芳野ノ紙漆ホ以下ヲ賣セテ寄手ノ城陣ノ内所ニ自由ニ商フ自然ニ金澤ニ近ツク右馬助此両人ヲ使リトメ恩地左近ニ裏切ノ密談ヲソナシニケリ於是謀テ金沢ノ内一人當千ノ士四十人城内ニ引入テ不残討取ケリ依之金沢ノ方便空クナル又楠ノ家ノ子早川告太ト云者ニ大佛陸奥守ヨリ反忠ノ催シ有テ二千貫ノ領地ノ御教書ニ黄金千両給リヌ此由ヲ正成ヘ早川訴ケレハ則五千貫ノ領地ニ當坐ニ黄金二千両トラセタリ是ヲ揩トメ即早川ヲ忍ニ用イ敵ヲ數多亡シタリト云々

萬川集海巻第七

将知五　　不入小謀篇下

篝火三箇條之事

一陣城本篝捨燎可」焼其焼所焼様ノ叓

本篝ト云ハ陣屋ノ惣郭ニ柴垣有其柴垣ノ内門ノ両脇ニテ焼クカヽリ也捨燎ト云ハ陣屋ヨリ五六七町モ外ニテ焼ク篝之捨燎焼ヤウハ穴ヲ堀リ其中ニ這入リ居テ焼クナリ或書ニ本篝ハ柵キハヨリ三拾間先ニ左右ト味方ノ方トニ三方ニ火カコイノ工手高サ七尺計リニ築ツ之本篝ハ日暮ヨリ焼クヘ捨燎ハ本燎ヨリ三十間先ニ在リ此燎リハ人サシクヘナトセヌ故ニムツカシ静ナル夜ハ如何ヤウニノモ不」苦風雨ノ夜ハ燃カ子又風強ク吹ハ夜ノ明ルマテ無モノ之風烈キ夜ハ風ナリヨリ少シ筋違ニ長ミニ薪ヲ積ミ風上ヨリ火ヲ付ル捨燎ハ夜半ヨリ火ヲ可」付亦曰本燎焼捨モニ夜廻リノ人心ヲ用了勿論也雨ノ夜本燎ニハ藁ヲ多添タルカ吉本燎ハ燃ニクキモノ也心得有ヘシ風ノ夜ハ焼捨ノ燎ハ火先ヲ風下ニ向ケタルガ宜シ但味方ヘ吹付ル風ナラハ本ヲ筋違ニ積ヘシ本燎ヨリノ間常式ヨリ置タルカ吉

軍歌ニ　押寄テ先手ニ陣ヲ取ナラハ燎ヲタカセ夜ヲ明スヘシ

芝田軍歌ニ敵近キ里ニ陣取ル夜々ハ表ニ沽ト燎火ヲタケ

二門々大燈籠ヲ拵置ヘキ㕝　言ハ其所ニヨツテ
燈籠ヲ置ヘシ是ニハ大將ノ紋ハ不レ可レ付外ニ不レ付ル
紋ヲ可レ付乄必シノ謀ノ補ヲトナル也　口傳
三堀下ヘ挑灯ヲ下シ或ハ擲火車火水松明等ヲ以テ
堀底ヲ見ル事　篭城ノ時ハ城内ノ吟味ハ不レ及
云ニ右ノ火ヲ以テ扉ヨリ下シ敵忍ノ来ルヤ否ヤ
ヲ見ル事石垣ハ入隅ヲ取分ケ用心ズベシ要害
ノアシキ城又陣屋ナドハ不レ及レ云緞令要害能キ
城ナリトモ毎夜用心厳シク可ニ相守殊ニ風雨烈キ
夜ハ尤可レ為二厳重一
義經軍歌ニ　大風ヤ大雨シゲキ時ニコソ夜詰忍ハ入者ソカシ
或書ニ敵忍ノ来ルヲ知ヿ燎火ヨリ外ニ篝通リニ
廣サ二間計リニ土ヲ凹クノ其中ヘ細カナル砂ヲ
蒔忍入タル足跡ニテ見ルヿ忍者モ賢ク足跡ヲ
隠スヘシ篝目ヲ能ク付切々見ル也誠ニ淺キ謀
ナカラ用心厳キト敵忍ニ思ハセバ忍ヲ防ク也

ノ助ニモナリナン

相詞相印相計六箇条之事

一相詞ハ時ニヨリ耳ヲトリ鼻ヲカム様ナル㕝ヲ
巧ミ出シ云スル㕝モアレトモ先定ル法ハ對シメ
ル言葉雜人マテ云能事ヲ云奉行巧ミ出シ切々
易テ云ハスル之時ニヨリ毎夜モ更ル㕝對シタル
言ト云ハ月カ星日カ月水カ波火カ煙火、花カ實
ホノ如クナル雜人マテ云易キ言葉ヲ巧出シ毎
夜ニカヘ云ハスル也口傳　二
二合驗シハ古法有ト云ヘトモ時々ニ易ザレハ敵方ニ
似セ物ヲシテ紛ルヽ故ニ一度々々ニ更ル㕝古法ノ
合驗ハ白キ練ヲ一尺二寸ニメ甲ノ後ニ付ル也
但古ヨリノ作法ハ如此ナレトモ時ノ宜ニ隨テ木
綿ニテモ布ニテモ一度々々ニ更ルヿ口傳或書ニ
陣中ニテハ相言葉相印日々夜々ニ可レ改二日トモ
ツヽク時ハ敵是ヲ知ルモノ也半日半夜ニモ更ル

也言葉ノ縁ヲ取百日ハ百様ニチガユルナリ山ノ
林谷カ水森カ里海カ波ナドノヤウナル誰モ知
レル古キ語《コトバ》ハ不宜月カ更科《サラシナ》花カ吉野萩カ宮城
野雪カ冨士ナドノ類イクラモ有又耳ヲトリ鼻
ヲカムヤウノ相詞モスル也ト云々
三味方夜討スル時人数不残胴肩衣ヲキスベキ事
胴肩衣ノ製作ハ白キ布カ木綿ニテ二幅ニメ長サ
腰タケ袖ナシ也　口傳
四味方夜討ノ皈リタル時カ又敵忍入タリト思フ
時分ハ楠正成ノ立勝居勝ヲ本トメ如何ヤウニモ
相討ノ術アルヘキ事　口傳
五味方夜討スル時手判ヲ持セ出シ皈ル時門ニテ
改メ或合詞ヲカケテ云ハスルヘク但是ハ味方大
勢ノ時カ敵近キ所キニテハ成ベカラサル事
忍歌ニ　夜討ニハ敵ノ付入事ゾアリ味方ノ作法兼テ定メヨ
又　我方ニ忍ノ入ト思ヒナバ味方ヲカゾヘセンサクヲセヨ

軍歌ニ　夜討来テ引退𪜈油断スナ火付ヲ残シ陣ヲ敗ルゾ

番所作法六ヶ條之事

一城中陣中門々番ノ事昼夜ニヨラズ手判ニテ往来ス
令可有之敵近キ時ハ合印合詞ヲ定メ上下𪜈ニ皆々
云含ラルベシ番所々々ニテ右三ノ吟味厳重タルベシ
若油断ノ輩於有之可処厳科旨令可有之也但番ハ
一時代リ夜ハ上ニ大将ノ御紋下ニ我紋ヲ書タル挑
灯ヲ家中不残持セラルベシ
二陣中城中ノ屏端ニ間ヲカリ楽ノ堂昼夜トモニ番
厳重タルベシ取分石墻入隅ノ所水門ノ樋ノ中塵捨
場城内森林藪ホ以下隠ルヽニ使有ル處々尤用心
専一也右ハ忍ノ入所也譬ヒ要害能所タリト云𪜈
手アキノ所トテ勿油断ニ風雨ノ夜ハ尚以テ番夜
廻リ厳重タルベシ若油断ノ輩アラハ可処厳科ニ旨
令ノ事
軍歌ニ　手アキトテ油断バシスナ夜討火付此方ヨリソ入ゾトハ云フ

三陣中張番之叓 本燎ト捨篝トノ中程ニ歩行ノ者
十人計リ騎馬ノ侍一二騎相添所々ニ番嚴重タ
ルベシ夜ハ相紋ノ挑灯時交リノ叓右同前但番交
リノ時ハ敵間ノ物見ヲメ可帰事
四城中陣中ハ云ニ不ㇾ及外張蹴出シニモヒシト番ノ者嚴
重タルベシ篭城或陣中ニテモ夜番ノ時ハ内ノ番モ
外張蹴出シノ番モ人數ヲ分テ晝夜寐サセラルヘキヿ
外張ト云ハ構ノ外三十間五十間ノアイダノ番ノ
事也蹴出シト云ハ五町モ七町モ間ヲ隔テ置番ノ
コトヘ
忍歌ニ サハカシキ叓アリトテモ番所ヲハ立退去リシ物トコソキケ
同 夜廻リヤ大叓ノ番ヲスル時ハ静リ居ツヽ物音ヲキケ
六晝夜トモニ遠候ノ物見ヲ置叓 口傳
夜廻三箇條之叓
一内ハ歩行ノ士三人宛時交リニ燎ノ内ヲ廻ル也
但圖子局子雪隱萬ツ隱レ家ニ可成所ヲハ一入念ヲ
入見ヘキ也篝ヨリ外ハ騎馬五六人宛是モ時交リ
ニヒタト廻ラセ何レモ紋付ノ挑灯ヲ持ベシ又夜
廻リノ衆ノ内火ヲ不持メ四五人火持衆ヨリ跡ニ
段々ト引サカリ可ㇾ廻 口傳
歌ニ 夜廻リノ心掛ニハ物音ヤ敵ノサハキト火事ト油斷ト
二蟠ツケノ事 夜廻リノ跡ヨリ火ヲ不ㇾ持メ曳サガリ
段々ニ間ヲカリ成程潛ニ廻リカヽリ者ヲ可ㇾ改叓
義盛歌ニ 夜廻リノ通跡ヨリ廻ハスヲバ蟠リ付トゾイフ習ナル
同 夜廻リノ通ル跡コソ大叓ナレカヽリ付ヲハイクタリモセヨ
同 蟠リ付ハ段々ニ行カヽワルコソ敵ノ忍ヲ見ツクルトキケ
三夜廻リ衆カヽリツケノ者胡乱ナル者ヲ見付タル
時合詞或ハ我ト我名ノ叓兪不審ナル者ナラバ
心ヲユルシ味方ト合点シタル躰ヲシテ謀リ生
捕ルベシ即時ニ討ヿナカレ
忍歌ニ 夜廻リニ不審《フシン》ノ者ヲ見付ナハ知畧ヲ廻シ生捕ニセヨ
同 夜廻リニ討捨ヌルゾ大叓ナレハヤヽリ過テ味方討スナ

外聞二ケ條之事

一外聞ハ三十間目ニ歩行ノ士一人宛二町メニ騎馬ノ士一人宛ノ事

二カキ物聞心掛ニハ一ニ敗鬼神ノ方ヘ行二ニ心覚三ニ縄ヲ張四ニ大聞ノ事　言ハ籠城或ハ陣屋ノ時毎夜カキ物聞ヲ幾人モ出シ玉フベシカキ物聞ト云ハ敵ノ襲ヒ来ルヘキ道路或敵忍ノ入来ルベキ所ニ前後左右モニ潜ニ人ヲ出シ敵ノ忍来ルヲ或ハ捕ヘ大勢ナラハ大将ヘ早々告シラシムル役也但カギハ先ヘユキ物聞ハカギヨリ二三十間モ跡ニ行ヘキ之口傳アリ是ヲ外聞モ云外聞ニ行時ハ皈リ道ノ知レマシキト思フ時ハ或ハ草ヲ結ヒ竹ヲサシナントメ心覚ヘヲスルヿアリ又風雨烈シク真黒ニメ殊ニ道廣ク敵忍ノ通ルモ知レマシキト思フ時ハ縄ヲ張手ニ持居ル時ハ忍来ハ縄ニ行アタリ知ル、者ナリ附リ外聞ニ行時ハ敗鬼神ノ方ヘ可行ナリ

此方ヨリ夜討忍ホノ来ル方ヘ是ハ外聞ニ行者ノ功者也　敗鬼神ノ方ハ子午卯酉ハ十二メ丑未辰戌ハ八メ寅申巳亥ハ四ツメ也或書ニ外聞ヲ置事ハ敵アイヨリ旗本マテノ間段々ニ三十間メ宛ニ歩行ノ者ヲ一人宛又二町メニ騎馬一人宛置先々ノ様子本陣ヘ次第々々ニ云ツクト云々

軍歌ニ　夜ルコトニ忍ノ者ヲツカハシテ敵ノ来ルヲ告シラスベシ

用器拒敵忍二箇條之事

一敵忍ノ可来道路ニ竹蒺藜鉄菱鉄蒺藜ホヲ蒔事

二端《ハシタ》拂ヲシ或ハ扉ニツリヲシヲカクル事　言ハ附城向城取出陣屋又ハ要害サシテ能ナキ出城ホニテ敵忍ノ可来ト思フ道路ニ右ノ器ヲ用ルヿ城中水門ノ樋ノ中大キニメ人ノクヾランド思ハヽ鉄縄ヲ可張事　以上ノ器圖説別書在

右者敵忍ヲ不入軍配ノ極秘也蓋時所ノ變ニ依テ随

宜用之術ハ預メ記シ難シ常ニ定置處ノ法ハ如何ナル雖為名将豈是ニ勝レル事有シヤ不見ヤ将ノ謀事泄ル、則軍無勢外闘ハ内則禍不制ト太公望カ云シ如ク敵忍味方ノ陣ニ在ル時ハ敗亡ノ源何事カコレニ過シヤ喩ハ人ノ腹心症氣積聚ノ在カコトシ故ニ大将タラハ右ノ術ヲ拳々服膺シ嚴密ニ制法ヲ行ヒ玉フベシ然則中下ノ庸忍争カ我陣ヘ忍ヒ入ンヤ凡忍之術其微妙ノ処ハ千変万化千差万別ニ而不可勝計ト云𪜈大綱ハ謀佯紛隠帰此五行之術ノ外ナシ謀忍ヲ防クヘキニハ将ニ有事時ニ人數ノ多勢ヲ好ンテ争ニ人ヲカヽエ佐コトナカレ敵ヲ味方トシテ多勢ヲ引卒センヨリ不知抱ヘ事仕ナカランニハ敵ヲ味方トシテ多勢ヲ引卒センヨリハ不知小勢ノ味方ヲ引卒センニハ雖然人數少寡ナレハ大敵ニ可勝ヤウナケレバ只常々無益ノ金銀ヲ費シ無用ノ人ヲ扶持スル事却而

宜シカラズ万ノ費ヲ止テ其代リニ人數ヲ多クカヽエ置一乱ニ及テムタト人ヲ抱ヘズンバ謀忍ノ道大半可絶佯忍防ンニハ来者ノ云事ヲ真トシ行フ事ナカレ反テ此方ヨリ佯テ反間トシ紛忍ヲ、手判相詞合卯胴肩衣立勝居勝ホノ五術ヲ以テ是ヲ防クベシ山城付城取出陣ホヘハ隠レ忍フ者ヘ是ハ夜番ノ件數ヲ以テ防ヘキ之破リ忍ヲ防ンニハ其本ヲ探リ或ハ不審ヲ立テ棄ル事ナカレ夫忍ハ少ナリ𪜈油断ノ所ヨリ竊入者也是故ニ間ノ二字ヲトモアイダトモヘタツル𪜈訓テ諜ノ字偵ノ字𪜈ニウカゴフト訓ム鬼角忍ハ油断ヨリ涌出ルト悟入セヨ毎事万端油断ナク嚴密ニ制法正シクセバ中下ノ忍者忍入ル事不可成然トモ人トメ少モ油断ナキ事ハナシ其上制スト云𪜈制セラレザル空地アリ故ニ四達ノ忍者無油断ノ油断ヲ諜ヒ入リ且制ノ制セラレサル空隙ヨリ入ニ

ヨリテ無レ不ニ忍入一入テ其功ヲ不成ト云叓可有哉

不レ入ニ小謀一下篇終

萬川集海第八九十巻

萬川集海巻第八

陽忍上　　遠入之篇

夫忍術ニ陽術アリ陰術アリ陽術ト云ハ謀計ノ智慮ヲ以テ其姿ヲ顯ハシナガラ敵中ヘ入ヲ云陰術ト云ハ人ノ目ヲ忍ヒ隱レ姿ノ術ヲ以テ忍入ヲ云也此巻ニハ千變萬化ノ計畧ヲ為テ敵ノ罅隙ヲ計リ忍入ノ術ヲ記ス故ニ陽忍ト号スサレバ必入ノ祕術ハ臨機應變ノ佯計ナレハ古昔ノ名將ノ忍ヲ本トメ時宜ヲ以テ

變ニ應メ用ヲ新ニスベシ愚ナル忍者ハ此理ヲ不辨メ
直古法ニ拘ハリ更ニ圓玉ノ坻ニ轉ノ意ニ不通故ニ
堀深廣ニメ石疊ノ高ク聳ヘタルヲ見テハ早アキレテ
不可忍入ナト云誠ニ刻舟求劍膠柱鼓瑟ノ類也

始計六箇條

一 四方髪ハ隨ヘ所逢變髪ノ始計ナルヘキ叓　言ハ時ト所トノ
宜ニ隨ヒ出家山伏鳩ノカヒ根來モノ又ハ女ノ姿半項
野郎等其外國々ニ晉ル月額剃樣種々樣々變スル事
皆是四方髪ヲ基トメ應變改ルノ始計也　赤坂ノ城ニ
籠リシ湯淺孫八入道ヲ楠正成攻亡セシ時恩地左近正
俊ガ謀畧ノ丁細カニ証拠ニ記ス又高倉ノ宮御謀叛之
時長谷部信連ガ計略ニテ宮ヲ女姿ニ作リ奉リ鶴丸ト
云童ニ袋ニ物入テ戴セ六條助太輔宗信傘ヲ持テ御供
シテ道ニテ怪ム者モナク三井寺ニ落着玉フト也

二 諸ノ生業ノ藝或ハ物真似等ニ至ルマデ手練スルコハ變
言化姿ノ計ナルベキ叓　言ハ妖術ナドニテ忍入時其姿言
葉計リヲ似セテモ其生業ノ藝ヲ不知則謀畧顯レ易シ
故ニ其像《ニセシ》ト思フ者ノ姿言葉ハ云ニ不及其生業ノ藝術
ヲ平生可習学ナリ喻ヘハ出家ニ像セント思ハヽ其宗旨
ノ学ヲ習ヒ其寺ヘ往來シ近習シテ後時至テ謀畧ノ事ヲ
起ストキ僧ト密談シ若敵方ニ於テ此計畧ニ因テ我身
ノ真偽ヲ知ンタメ探リ來テ穿鑿ナドアラバ無紛ノ由堅ク
荅玉ハルベシナド契約ヲ定メ始終ノ計畧ヲ全備メ後ニ行ヒ為スコ勿
論ナリ又虛無僧ナラバ尺八ヲ能習ヒ禪話ヲ学フベキコ也
齊ノ孟嘗君秦ノ昭王ニトラハレテ白狐ノ裘ヲ后妃ニ賄ヒテ
献セシニ依テ襟ヲ遁レテ夜潛ニ逃ル夜深メ函谷關未開夜
ヲ明サバ追手來ンコヲ憂フ爰ニ三千ノ客ノ中ニ雞鳴ヲ能ス
ル人其名ヲ田甲ト云フ木ニ登テ雞ノ鳴ヲナス其時關路ノ雞
モ盡ク鳴ク於是關守夜明ト思開關テ通ス
秦ノ始皇崩メ二世皇帝天下ヲ治メ其威未盛シ時陳勝
ト云者魚ノ腹中ニ陳勝王ト書ル札ヲ入海ヘ放ニシ又呉廣ト
云者狐ノ鳴真似ヲ能為ケレハ夜々高山ニ登テ狐真似ヲメ

大楚起テ秦亡陳勝王タラント啼號リケレハ人々奇異ノ思ヲナシ秦ノ世傾ン瑞相ナリト思合リ是ノ時楚ノ項羽漢高祖旗ヲ揚テ終ニ秦ヲ亡ス

又當國ニテ物真似ヲシタル忍術ニ利ヲ得タルコト多シ後ニ記ス

三常々諸國ノ風俗地形ノ模様ヲ可知事　言ハ常々ニ國々ノ風俗方言地理等何処ニハ山林川澤アリ何処ニハ険阻或ハ平易ナリナド又ハ里程ノ長短路ノ廣狹ホ鹿路細路徑路ニデモ能々知覚ベキナリ兼テ如是能記得スル時ハ譬バ周章ノ時ニ當テモ人ニ後レテモ必其所ニ至リ易シ又他國人ノ風ヲ似セテ敵方ヘ入時敵其國ノ地理風俗ヲ問シ時審ニ答ヲナサン為ナリ

四兼テ諸方ノ城主ノ印ヲ貌寫《ニヤクウツシ》置ベキ事　言ハ常々諸方ノ城主大将ガタノ印ヲ求メ置ベキ也計畧ノ品ニ入ル事アリ其ノ人ノ印書ヲ作リ謀ニ用ルコト有印ノ相違有テハ計敗ル又能書ノ擬筆ヲ能為ル者近ツクベシ大将以下ノ筆ヲ擬スルニ自由ナルベシ

五兼々諸大将ノ旗ニトヒ指物立物幕紋等ヲ能覚フベキ事　言ハ右ノ事ヲ能覚ヘテ計畧ヲ以テ忍入タル時敵色々ノ事ヲ尋問ニ其言ヲ合セ又隠忍紛忍等ニテ忍入リ爰彼ニ潜行折柄敵見怪シムル時當分ノ抜ケ言ノ用ノ便アル也

六兼テ名ト藝トヲ深ク可隠事　言ハ忍者タラン者ハ兼テ大将ヘ訴ヘ治世ノ時ニテモ常ニ忍者ノ号ヲ深ク隠スベシ親シキ輩迠ト云ヒ假初ニモ此術ノ勝劣ヲ言フコト勿レ乱世ニナレバ敵ガ味方ニモアリ味方ガ敵ニモナル有リ計略ヲ以テ忍ビ入タル時常ニ我ヲ知タルモノ敵方ニ在テアレコソ誰ガ忍者ヲナド唱ル時ハ畢竟其謀無詮ノミニ非ズ且身ヲ亡シ主将ノ害トナル者也故ニ常ニ名ト藝トヲ深ク隠シ遁士平士ノ如ナル事ハ乱世ニ及デ忍術ヲ用ル始計也　六韜曰鷙鳥将撃早飛斂翼ヲ猛獸将搏弭耳俯伏聖人将動必有愚色ト云ヽ老子大智ハ無智大謀ハ無謀孫子曰善戰者無智名無勇名ト云ニ忍者タラン者ハ此語ヲ意味メ専ラ心トスベシ

桂男之術三箇條之事

一　桂男ノ術ト云ハ月中ニ桂男ノ有意タトフベキヿ　言ハ叛逆スベキ者敵ニ成ヘキ者ヲ常々ノ時ヨリ能々見付置テ其城中陣中家中ナドヘ譬ハ桂男ノ月中ニ在カ如クニツ子ニ忍者ヲ可ニ入置一也　其忍者タラン人ニハ兼々親ミノナキ者智ノ不レ深モノ信少キ者ナドニハ中々其任ヲ授クベカラズ親子兄弟又ハ甚親シミ厚キ者ノ中テ智信勇ノ備リタル者ヲ撰ミ其上其人ノ人質ヲ取リ且誓紙ヲカヽセ重々約ヲ定可レ遣也

二　少女生レテイツ穴丑ヲ可入置事　言ハ親シキ者ノ中ニ容顔美《ヨキ》兒童アラバ深《キ》計ヲ以テ手ヲ迴シ時節到來ノ時ヲ窺ヒ言兔兔王毋汞爻等尤ナリ但此術ハ蟄虫遁士ニテ無レ之トキハ顯ハルヽモノ也　蟄虫ト云ハ君ニ禄ヲ受ナガラ君臣期約ノ上ニテ仕フル事ヲ深ク隱シ喩ヘハ都ノ邊大坂ナドノ様ナル所ニ何トナク初ヨリ居住シ時ニ至テ竊ニ君臣評定ノ上ニテ敵ノ中ヘ入置ヲ云也此計畧ノ人片《カタ》夷《イ》中《ナカ》ノ人寡キ所ニ住居シテハ却勺人怪ミテ不宜人多ク集ル所ハ人怪ミトガメザル也　遁士ト云ハ片田舎ノ草深キ所ニ引篭リ居タル者ノ才智有テ信厚ク不偽者ヲ聞立高知ノ約束ヲ以テ潛ニ召出シ末頼モシク云聞セテ其時ニ至テ俄ニ敵内ヘ入置ヲ云也或ハ穴丑ト成テ敵城近邊ニ町家在家等ニ住シ常々敵ノ家中ト共ニ親ミ味方寄來折柄ハ當地ニ居合タルコソ幸ナレナド、云テ敵ニ奉公ノ身トナラン事ヲ望ム時鴆毒トハユメ〳〵不レ知喜ヒ合ヘルヿ無疑モノナリ　信長公ノ家臣ニ十五六ノ兒童ノ勝レテ手跡ノ器用ナルヲ今川新介方ヘ奉公ニ出シ玉ヒ新介カ手跡ニ少モ不違能似セテ後ニ謀書ヲ認メ主君義元ト不和ニナシ今川家ヲ乱ダメ終ニ義元ヲ亡ス是證跡也

三　相談人通路人可置ヿ　言ハ右所謂者敵ノ中ヘ入置テモ味方ノ大將ヘ通路ナクテハ相圖ナリ難シ故ニ商人出家ホニ姿ヲ變メ一人ハ敵城ノ近邊ニ居テ諸事談合シ敵中ニ入テ仕ル兒童ノ言葉ニ様体ヲ見聞シ委曲ニ事ヲ内通スル者也又一人ハ味方ヘ往來メ其様体ヲ主將ヘ告通スルモノ也殊ニ兒童ナルヲ奉公サ

セ置トキハ親カ兄カト称メ敵城ノ近邊ニ置コ勿論也

如景術　三箇條之事

一　如景ノ術ト云ハ形アレハ影ノ應スル如キ事　言ハ敵叛逆ノ兆ホノカニ聞ト等《ヒトシ》ク影ノ形ニ應スルガ如ク速カニ敵ノ城下ヘ行テ奉公ヲ望ムベシ敵ノ謀計未起前若シ行コ遅ケレハ敵ノ心ヲ付不審ヲ起スニ縁テ望叶ヘカラズ是モ初ヨリ諸人ノ知ル所ノ士ハ不宜蟄虫遁士ヨロシ

二　通路人可置事　言ハ組ノ中何人ニテモ道心者商賣人等ニ姿ヲ變メ城ノ近邊ニ置主将ヘノ注進ノ為又ハ時ノ宜キヲ見計リ引入レン為ナリ
若シ敵方ヨリ不審ヲ起シ怪ムコ有時假女假

三　子ノ術ヲ行フ事　假女假子ノ術ト云ハ計略ヲナシテ假ニ妻子ヲ調ヘ合テツレ行敵中ニ入テ人質トスル也質ナクテハ入コ不叶ト敵ノ云時此術ヲ可用　口傳

久ノ一ノ術ノ事

一　久ノ一ノ術ト云ハ三字ヲ一字トシタル者ヲ忍ニ入ルヲ云也タヂカラハ入難ク思フ時此術ヲ可用也凡くノ一ハ其心姦拙ニメ智モロモ浅キ者ナレバ喩ハ●○○ニツ●●●●○●●●●●ニテモ不見届者ハ無用也況餘ヲヤ若見届タル者アラバ誓紙ヲ堅ク致サセ能々相圖約束ヲ云キカセ其後宜キ分便ヲ以敵方ノ奥深ク遣シ或ハ其従者ノ従者ニナリ氏事ヘヲ望ム時ハ無不成

二　隠蓑ノ術ヲ以テ可入事　言ハ彼ノくノ一ト相圖ヲナシテノ上也くノ一奥方ヘ申スベキハ宿ニ預ケ置タル木櫃ヲ取寄セ度ト浅々ト云ハ此者陰謀アラントハ喩ハ智謀殊ニ世ニ勝レタル勇士ニテモ聊モ不思ニシテ奥方ヲヤ故ニ必ス其事ヲ免スモノ也其時門々ノ番人ヘモ初ヨリ断ヲ述ヘ置彼木櫃ヲ入ル丶時其中ニ入行ヘキ也但木櫃ハ二重底ニメ上ニハ衣裳ヲ入テ下ノ重キ宜也二人ヘシテ荷フ様ニスルソ　孫子曰始ニハ如ニ處女後ニハ如ニ脱兎ニ敵不及拒ト云此意ナリ
右隠蓑ノ術ハ敵方ニ我ヲ見知リタル者多フメ別ノ方便難行時ノ謀計也至極ノ秘也口傳アリ右ノ術ヲ能用テ

忍時ハ守リ厳キ名城ニテモ不忍入ト云ヿナシ

里人ノ術二箇條之叓

一敵國ノ里人ヲ入ルヽ事　言ハ敵ノ城ヘ忍入ント思フ時味方ノ勢未寄以前ニ先敵國ヘ行テ其國ノ無足シ居ル者ノ中ニテ氣ガサ有テ武勇ノ名ヲ得ント兼々思フ者又ハ其國ノ大将頭人奉行ホヲ曽テ恨ミ憤ルモノ有テ未至時ニ因テ黙止居ル者或ハ味方ニ親族縁者ナド有人ホヲ聞調ヘ當ニ其時宜キ方便ヲ廻シ如此ノ人ヲ味方ニ召寄ルカ又ハ彼カ宿所ヘ行テナリ𪜈先金帛ヲ厚ク賄ヒ若軍功アルニ於テハ知行何程宛行ルヘシト約メ主将ノ朱印ヲ取与フベシ其上ニテ人質ヲ取リ誓紙ヲ固メ如何ニモ深計ヲ以テ彼レヲ敵城ヘ入ルベシ敵将元ヨリ自國ノ者ナレバ疑フヿナシ故ニ其入リ易キヿ我屋ニ入ルガ如シ

二里人ノ從者ト成テ入叓　言ハ里人不功者カ又ハ若輩者カノ時ハ我彼里人ノ從者ト成テ敵城ヘ入諸叓談合メ味方ノ大将ト相圖ヲ定テ能時分ニ放火スヘキ也楠正成相摸入道ノ下知ニ随テ紀州安田ノ庄司ヲ退治ノ時勝尾山ニ陣ヲ取テ敵ノ位ヲ見ルヿ三日其後吾扶持シケル野伏𪜈ヲ召シテ此邊ニ知リタル野伏ヤ有ト問フ或野伏ノ申ハ某カ存知ノ者候トテ八人連來ル正成金銀ヲ多ク与ヘ此方ノ野伏ヲ連テ敵陣ノ中ヲ見來ランヤ　有ケレハ安キ程ノヿトテ楠カ野伏六人連テ敵陣ヘ忍入テ一日紛レ居テ次ノ夜皈テ敵ノ様躰ヲ見來由ヲ申ス正成拾四人ノ者ヲ一人宛別テ問フニ何レモ同キ口也サテハ不可疑トテ夜討シテ利ヲ得タリ是等モ里人ノ術ニ似タリ

身虫之術二箇條之叓

一身虫ト可成者ヲ見定ル叓　身虫ト云ハ敵ニ事ヘ居ル者ヲ味方ノ忍者トナス故ニ敵ノ腹中ノ虫ノ其身ヲ喰ニ似タルヲ以テ也故ニ身虫ト名ク此者ヲ目利スル叓至テ大事也若シ目利違フ時ハ却テ災起ルヿ明也其見定メヤウ一ツニハ其人ノ前代無罪メ刑罰ヲ蒙リ或ハ小科有テ大科ノ

刑ヲ受テ死タル其子孫ナレハ心底ニ主ヲ恨ムルヿ深キ者カ二ッニハ高位ニ升進スベキ筋目ノ者ニメ然モ才智アル人ナレ𪜈傍輩ノ妨ニ依テ下位シ口惜ク残念ニ思ヒ事モ哉ト思フ折柄三ッニハ大ナル忠義功名有ト云ヘ𪜈知行薄クアハレ他ノ主君ニモ事ヘテ立身ヲモスベキ者ヲ何ノ忠功モナク阿諛フ讒臣ヲハ愈厚ク幸シ去トハ暗主哉ト常々思フ者　四ニハ智恵賢クオアル者ナレ𪜈大将ト和合セズ動《ヤヽモ》スレハ忿リヲ蒙リ且賤キ官ニ仕ハル　者五ッニハ藝能世ニ勝レタルモノ賤官ニ役セラルニ因テ致《カ(サン)》レ仕ヲト願ヘ𪜈不レ許若シ他ノ君ニ仕ルナラバ障リ妨ヘキ様体也因レ之無ニ是非一黙止居ル者　六ッニハ父子敵味方ニ別レ戦ヒニ及ハヾ親子兄弟共ニ對敵ト成シヿヲ悲ムモノ七ッニハ慾心甚深ク金銀高知ヲ望ミ願ヒ又ハ翻覆變詐ニメ兼々忠義ノ心ナク二心アル者八ッニハ父ノ名跡アシク立テ外聞不レ宜口惜ク思フ処有ル者　右八ヶ條ノ見定メハ大槩也是ヲ基トメ能々工夫ヲ重子其人ノ心底ヲ考謹テ定レ之其上ニテ時宜ノ方便ヲ行フベキ也

二　身虫トナスベキ術ノ叓

上ニ所謂身虫ト可成者ヲ見定メタレ𪜈此方ノ計ヿヲ知ラスベキ術ナシ若シ妄リニ其密事ヲ通ズル時ハ大ナル災害トナルベシ故ニ其身虫ト可成者ト見定メテ後身虫トナラデハ不レ叶ヤウニ計ルヿ肝要也其方便區々ナリト云𪜈心得ノ為一三ヲ記ス也其一　主将ト相議メ金銀多給リ富メル浪人ト姿ヲ改メ其見定タル者ノ近邑五六里ノ間ニ居住定メ其上ニテ彼ト縁ヲ結ニテ此方ノ世帯彼ヨリ富ルナラバ縁ヲ結フ速カ也サテ交リヲ厚クシ彼レカ好叓ヲ察メ其好ム道ヲ以テ便トシ金帛ヲ厚ク賄ヒ如何ニモ交リヲ深クシ其内万ッ物語ノ序テ戯言ナトヲ以テ漸々ニ彼カ心底ヲ誘ヒ見テ密談ニ及ヒ高知ノ朱印ナド取與ヘ父母妻子等ヲ人質ニ取リ誓紙ヲ堅メ約束相圖ヲ能定テ可レ用也凡人ハ老少ニ不レ限色ト欲トヲ離レテ忠義ヲ思フ者ハ世ニ希也加様ナル者ヲ計ルニ不レ傾ト云ヿナシ酒色ヲ以テ交ヲ求ルニ無レ不レ顯二實一ヲ

螢火術三箇條之叓

一 敵方ニ猛威ヲ振フ謀臣アル時偽テ其人ノ謀叛ノ廻文ノ隠書ノ反翰ヲ持行キ或ハ彼謀臣ノ方ヘ味方ノ大将ヨリノ相圖ノ書札又ハ味方背キ敵方ニ成タル者アレハ幸トメ此者隠謀ヲ以テ入者ニ作メ相圖ノ書札ヲ調ヘ可持行叓 言ハ喩ハ漢ノ韓信唐ノ玄宗ノ安禄山日本ニテハ義經ナドノ如ク謀計智略ノ人敵将ノ中ニ在テ若此人ナト謀叛セハ天下危カルヘシナド敵方ノ諸人アヤブミ思フ折カラ能時節ヲ窺考ヘテ偽テ其人ノ謀叛ノ廻文ノ隠書ヲ調ヘ又味方ノ内ニ其人ノ一族カ若クハ朋友カ兼々親ミタル人カサモ徒黨モスベキ程ノ人ト諸人モ思ヘキ人ノ方ヘ内通ノ隠書ヲ調ヘ一人ノ男ヲ忍者ニ仕立彼隠書ノ返翰ヲ衣ノ襟ナドニ封シ入敵城ノ近邊ニアヤシゲナル躰ニテ行時敵是ヲ見咎メ忍者也トメ訴ヘ出ルニ直ニ捕テ是ヲ責問ヘ𪜈一應二應ニテハ不荅強テ是ヲ責メ問時無ニ是非白状メ彼隠書返翰ナド取出シ其上ニテ此人謀叛ノ企ヲ顯ス此術ニ付テ隠書ノ書ヤウ文義又敵ニ咎ラレタル時ノ模様白状スル時ノ模様ハ書面ニ著難シ重々口傳アリ

或ハ袋緘ノ術ニテ敵将ト其謀臣ト両家ヘ二人別リ仕ヘテ謀臣ノ家ニ仕フル者ニ謀臣ノ隠書ヲ懐中サセ味方ノ将ヘ持來ラシメ途中ニテ捕ハレ敵将ヘシカヽト云ヒ又味方ノ将ヨリ謀臣ノ方ヘノ書札ニメ裏伐ノ相圖重々丁寧ニ書尽ニシ衣ノ襟ノ中ナドニ入テ敵城ノ近邊ヲノタレアルキ捕ラレ敵責問時モ亦右件ニ云フ所ノ如ク或味方ヲ背キ敵ノ旗下ニ成タル者有時其者ノ方ヘノ隠書ヲ調ヘ後伐ノ相圖ノ書ヲ持セ遣テアヤシキ躰ヲ見セ敵ニ捕ヘサセ敵セメ問フトモ一應ニテハ不荅責メ度重ツテ後彼隠書ヲ取出シ其上ニテ此人降參ノ叓實ノ降參ニ非ズ後ニ裏切ヲシ又火ヲ放サンカ為也此計一定也ト云ヘシ大抵此螢火ノ術ハ敵方ノ様体心腹マデヲ能知テ後如何ニモ人ノ心ニ應メ此術ヲ著ス者也宋ノ國ト元ノ國ト楊子江ニ於テ戰フ時元ノ軍勢三百万人マデ七ビケレハ元皇帝氣ヲ屈シ默止サレケルニ西蕃ノ帝師カ謀ニテ再得勝利ヲタリ是即其證跡ナリ

二 紛忍陰忍等ニテ竊盗入時ハイツモ敵ノ謀臣ノ方ヘノ名ア

テニメ裏切相圖ノ隠書ヲ製衣ノ襟ノ中ニ入可行事
言ハ蛍火術ノ心ナクメ紛忍隠忍等ニテ敵城ヘ忍入ル時
ハ早暁《イツモ》敵ノ謀臣ヘ名アテニメ裏伐相圖ノ隠書ヲ調ヘ衣
ノ襟ノ中ナドニ縫込ミ行ベシ其故ハ随分密計ヲ廻スト云
ドモ若シハ顕ハレ捕ハルヽ時敵必竊盗来ル旨ヲ可問如何
ニ責問ドモ白状スベカラズ責問ヿ頻ニナル時ニ至テ云ンニハ我
一命ヲ宥給ラハ御方ノ一大事ヲ可顕此事我身若於
不披露バ御方ノ危難牆壁ノ中ヨリ起ルベシ只今起

ニモ難計我一命サヘ御赦免有之ハ只今白状スベシ但奴
刑ニ行ハルヽ上ハ如何ニ責ラルヽドモ不可白状ト云テ止ベシ於是
敵必ス曰ン汝カ一命ヲ宥スベシ一大事ヲ有ノ儘ニ可白状ト此
者又答テ曰命御赦免ノ事以御誓紙無虚言通承
知仕度ト可申於是敵モ一大事ノ由ナレバ多ハ我申ス所ニ可
随其時人ナキ処ヘ連行彼封シ込タル襟ノ隠書ヲ取出シ御
方ノ誰々反忠可致トノ約束ニテ候故何月何日可被攻ノ
間其時節相構テ裏伐可有之トノ使ニ忍入候ト前後

無相違ヤウニ可申但如此ノ術何レモ敵方ノ形容ヲ内々
ニテ能聞届如何ニモ似タル事ヲ隠書ニモ載セ言葉ニモ可
述也万一敵ニ不兼知メ誰々何ンゾ左様ノ事可有之中々
偽ナルベシナト云ヿ有之ハ答テ云シニ左候ハバ我ホガ使トメ人
ヲ被遣候ヘ其誰々方ヨリ内々ニ遣シタル密書誰ニ有
之取寄テ可入御覧ナト云ミ兼テ敵方ノ印書少モ不違
様ニ似セ反忠ノ書ヲ認メ置キ若要用ノ節ハ可使人取ト
兼約アルヿナレバ當此時其計可合如此ナラバ多クハ奴ヲ適レ

又敵ノ内乱ヲ起スヿ有ベシ若此謀不成就ト云ドモ敵軍
互ニ疑アフテ敗軍ノ前表ト成ベシ
三大将ノ恩賞薄キ者ヲ蛍火ノ術ヲ以テ忍ハスルトキハ表
裏ヲ以忍ヲ使ヿヘキ事　凡蛍火術ニ使ハス者ハ大将ノ恩
賞厚ク蒙リ殉奴ニテモ可為程ノ者カ或ハ子ヲ多メ育シテ
貧ナル者カヲ使ハスベキナリ若シ恩ノ薄キ者或ハ義命ヲ
不知者ヲ使ハス時ハ必心変リメ却テ味方ヲ亡スベキ計略ヲ
ナスモノ也故ニ大事也　孫子曰非聖智不能用於間ヲ非

仁義ニ不レ能レ使レ於レ間ヲ非ニ微妙ニ不レ能レ得ニ於間之實ヲ三
軍之事莫レ親ニ於間ヨリ賞ハ莫レ厚ニ於間ヨリ事ハ莫レ密ナルハ於間ヨリ
ト云〻是故ニ恩賞薄キ者ヲ忍ハスルコハ大ニ不レ宜コナレ𪜈然
レ𪜈恩ノ厚キ者有ト云𪜈忍者トナスコ不レ叶コノ有故ニ恩ノ薄
キ者ヲ以テ忍者ニ使フ時ハ其人其性躁剛ニメ言バ多ク事ニ
不レ堪移リ易キ者ヲ撰ミテ使スベシ其時其者ニ向テ計コヲ授
ルニハ万端計畧ノ裏ヲ云聞スベシ譬ハ西ニ向テ攻ルコハ東ニ向フ
ト云北ハ南ト云ゴトク諸事何コモ裏ヲ示シ告ルコ　サモ誠シヤ
カニスベシ於レ是右ノ忍者元ヨリ性躁急ナル者故ニ必敵中ニ
入テ捕ハルベキヤウニ調ヘ使ハスベシ故ニ此者敵地ニ入リ卒尓トメ
捕ハル丶也此時敵必責問メ味方ノ様体白状スル様ヲ計ルベシ
依レ之直ニ敵方ニ反覆シテ味方ノ様体ヲ白状スル時ハ命
ヲ宥サレ高知ヲ領シ若又不ニ白状一トキハ高知ヲ不レ領ノミニ非ズ
其身纔刑ニ行ハル丶事ナレバ主ノ恩恵厚キモノスラ義不足
者ハ大抵反間ト成ルベキニ況ヤ恩薄ク事ニ不レ堪意淺多
言ナル者ハ味方ノ預備其外何事ニ不レ依盡ク不ニ白状一ト云コ
ナカルベシ敵又是ヲ信實トスル故ニ敵方ノ計畧ハ皆反間ノ
反間トナルベシ故ニ合セテ味方ノ勝利トナルコ粲然タリ

袋飜術二箇條之事

一袋飜ト云ハ心ヲ反覆スルコ袋ヲ裏表ニ覆スガ如クナ
ルコ　言ハ忍者敵方ヘ往テ因縁ヲ求メ城中ニ入テ其ハ
伊賀國ノ者ニテ幼少ノ時ヨリ多年忍術ヲ手練仕リ如何
ナル城陣ヘモ忍ヒ入ルコ鵜《ウ》ノ水ニ入ヨリ容易《タヤスク》覚ヘ候召仕ハレ候
ハヾ如何様ノ城陣ヘ忍入可レ申ト云テ竒特ナルコ共顯シ見
スル口傳アリ奥深キコハ秘密ナレハ難レ入ニ御覧一候ナド、夥シ
ク云ナシ仕ヘヲ望シニ乱世ナラハ其望不レ叶ト云コナシ後味方
寄來時元來味方ノ将ト兼約ノ上ナレバ味方ノ陣屋等ニ
無用ノ小屋ナドヲ掛サセ置テソレヲ放火ナドメ愈敵ニ心ヲ
緩《ユル》ス計畧ナト廻シ味方ヘ往來ノ度ゴトニ敵方ノ事思フ儘ニ
主将ニ告知セ宜キ時節ニ臨テ敵城ニ放火シ又方便ヲ以テ
夜討ナドシ或待伏ノ反リ討等ヲシ或ハ付入リニ敵城ニ入テ
即時ニ攻落スベキ也是術袋ヲ裏ヘ反テ又表ヘ反ニ似タル術

術ナレバ袋翻ノ術ト号ス是等ノ方便ヲ行シ為ナレバトカク忍者ハ常ニ人ニ見知レヌヤウニスルヿ肝要ナリ畢竟ハ適士ニシクハナシ

二右ニ所謂ノ術難成トキハ兼テ敵ノ城陣ヘ出入スル者ノ従者ト成テ出入スベキ事　凡敵ノ城陣ヘ出入スル者ハ出家醫者座頭猿樂職人商人ノ類也其外敵城ヘ出入スル者ヲ聞定メ其者ノ従者ト成テカツレ敵中ニ入テ後色々ノ計畧ヲ廻シ或ハ讒言ナトヲ以テ敵ノ家中ノ内乱ヲ起シ互ニ疑ノ生スルヤウニシ時至テ後兼テ主将ト契約ノ如ク放火スヘキ也康安元年ニ築紫ノ博多ニテ菊地肥後守ノ家子城越前守カ方便ニテ松浦黨ヲ夜討ニヌ大ニ得勝利事委曲證據アリ是等ノ術スラ昔ハ讒ナド構ヘシニ況ヤ平生敵ノ城陣ヘ出入スル者ノ従者ト成入時ハ入ラレズト云ヿアランヤ讒ト云ドモ敵信實ト思ヒ断リナルベシ

天唾術二箇條之事

一天唾術ト云ハ天ニ向テ咳唾スル時ハ反テ我身ニ降ゴトク敵ヨリ味方ヘ入タル忍者却テ敵ノ害トナル事敵ヨリ味方ヘ可入カト兼テ軍政ヲ正シ夜番術其外色々ノ忍ヲ制禁スル術ヲ以テ吟味ヲ遂ケ若シ敵方ヨリ忍者入來テ味方是ヲ捕フルニ於テハ則忍者ニ向テ告ベキハ汝若シ反忠ナドノ志アラハ汝ガ一命ヲ可宥其上高知ヲ與フヘシナド色々言ヲ盡シ問ニ彼忍者肯《ウケガフ》之トキ則大将ノ知行朱印ナトヲ與ヘ且彼カ妻子等ヲ竊ニ召取リ誓紙ヲ書セ彼カ心中全疑ヒナキニ至テ敵方ノ様体審カニ問ヒ知ベシ敵ノ様躰ヲ能知ルトキハ萬ノ計畧是ヨリ出ル也且彼者ヲ以テ敵ヘ忍ニ遣ル時ハ敵ハ吾忍者也ト思テ油断スルカ故ニ萬ツノ計畧思フ儘ニ能中リ敵ヲ亡ス事容易キ者也此術ヲ孫子反間ト名ケ反簡ホド能キ術ハナシト云リ孫子曰反間者因其敵間而用之又曰必索テ敵人之間來間《テウカヾフ》我者因而利之導而舍之故反間可得使也因是而知之故ニ郷間内間可得而使也因是而知之故ニ死間ハ為誑事可使告敵因是而知之故生間ハ可使如期五間之事主必知之知之必在反間故反間不

可不厚直解ニ云五間之事固皆人主所可知然郷内死生ノ四間皆因反間而用故反間比四者尤所當知尤所當厚也大抵遣間以間之不若因人之間以為間何則上智之人ハ常少不才之人常多慷慨之事常難ク苟免之事常易間者至敵有良金美女在其前後有刀鋸鼎鑊在其左右畏死貪財二心交并則將嘘畫隠諱以告人者有之縦有過人才不至降伏受敵人巧詞鈎致言語既多ハ不無隙露形跡是則以之間入ヲ而反テ以之報之也用間所以為難惟在於此孫子深知其患故示人反間之為重也此語至理ニ叶ヘリ因是忠勇謀功ノ四ツニ達シタル忍者ヲハ大将是ヲ厚ク賞スヘキモノナリ

二 敵ノ忍者味方ノ城陣屋ノ中ヘ来リ或ハ塀下石塁ノ邊ヘ来ルトキ不知体ニテ城中ノ計畧ホヲ偽リ聞カセテ反テ味方ノ忍者トナスヘキ術ノ叓

敵忍味方ノ城陣ヘ忍入タルヲ見聴タルトキワザト偽リテ不知風ヲ作リ軍中ノ事ドモ諸事見聞スルヤウニ計ル也彼其事ヲ實ト心得テ皈リ敵中ニ其儘告知スル也敵將是ヲ誠ト思ヒ其言ハニ相應ナル軍用意計畧等ヲ調ヘ相催スモノ也然レドモ此叓味方元來敵忍ト知タル故ニワザト不知体ニテ軍中ノ事ドモ裏ハ表ヘ表ハ裏ニカヘ譬ヘバ東ト云ンハ西南ト云ンハ北ナル如ク盡ク間違ヲ以計シヿナレバ敵ノ忍ス処皆轉々シテ敗軍無疑ベシ右此術ハ敵ノ忍者味方ノ城外陣外ノ塀下石垣ノ邊ニテ來ルト云ドモ捕ルヿノナリ難キカ又城陣中ヘ忍ヒ入事ハ知レドモ其忍者ヲ何レヤランシカト不知トキ右ノ謀言ヲ高聲ニ云聞セ或ハ其形容ヲ見スルモノ也此術ト事トハ別ニメ心ハ同シキ也秦ノ將軍閼與ト云モノヲ攻ル時閼與ト趙奢トハ蘭金ノ交アルニヨリ趙奢閼與ヲ救ントメ行ヿ二十里程ニメ一城ヲ構堀ヲ深シ壁ヲ堅メ留ルヿ二十八日時ニ秦ヨリ間者來テ趙奢カ様体ヲ窺見ケリ趙奢是ヲ知リツヽ知ラヌ体ヲメ閼ヲ救フヿハ中々及難シナト彌畧ヲ高クシ篭城ノ用意ヲ

専一トスル様体ヲ示ス秦ノ間者欺テ秦ノ将ニ斬ト告ケレハ将大ニ喜シテ曰趙カ闘ヲ不救ヿ必定セリ心易ク闘ヲ攻シトテ軍ヲ出ス趙ハ秦ノ間者ノ欺ルト等ク甲ヲ巻旗ヲ伏テ趨ルヿ三十里許リ引テ北山ニ攀登テ數万人秦軍ノ來ルヲ待カケタリ秦将此叓思ヒガケナク來ル所ヲ其不意ニ趙奢ガ勢討テ出ル秦軍終ニ敗軍セシモ敵忍ヲ反テ味方ノ忍者トナシタルゾケ様ノ叓古來多シ孫子曰兵者詭道也故能而示之不能用而示之不用近而示之遠遠而示之近ト云々

弛弓之術二箇條之叓

一弛弓之術ハ弓ヲ張トキハ三日月ノ形ニナルト云𪜈弛ス時ハ本ノ如ク反《ソリ》カヘル意也如此スヘキ事也　凡忍者敵ニ捕ハレタル時ハ表面ハ如何ニモ敵ニ身ヲ委子順フト云𪜈裏面ハ心底ニ堅義ヲ守リ反間ヲ不為哉弛シタル弓ノ如クナルニ依テ此術ノ名トス初忍者虜トナリシ時敵方ヨリ反間ノ事ヲ告ケナハ幸之《トセシ》若不告時ハ此方ヨリ其程ヲ計テ願フベキハ某シ渡世ノ営難成故ニ口傳爾《シカ》々ノ譯ニ因テ一旦彼方奉公ノ身ト罷成ト云𪜈彼方ノ所行天理ニ背キ其上士タル者ノ主人ト可御人ニ非ズ行末頼毋シカラズ且我々ヘノ命令盡ク表裏ノミニテ信實ニ非ス某不肖也ト云𪜈向後御為ニ忠節ヲ致スベシ一命ヲ宥助シ給ンヤト云ベシ於是敵必喜シテ然則一命ヲ宥助スベシ但シ汝無逆心誓文ヲ書人質ヲ竊ニ召越ベシト云ンニ其時申ベキハ人質ノ叓ハ味方ノ大将ニ取ラレ候上ヘハ早速ニハ召取ヿ難シ行末計ッテ召取相渡スベシ然ルニ某此度二心ノヿ少ニテモ味方ヘ風聞有之向後此方ノ計畧ノ妨トナルベシ誓文ノ叓ハ某固所望ナリト可云大行不顧細勤ト云叓ナレバ忠義ノ神文ハ神罰ハサテヲキ利生ヲ蒙ル理リナレハ少モ聴スベカラズ将知ノ篇ニ云タル新衆ノ小屋ヲ本陣ト隔テ作ルベシト云ハ此時ノ為ナリ又敵方ニ對シテ申ンニハ某二心ナキ證拠ニハ彼方ノ陣屋ニ放火ベシト敵此計ニ兼シタル則往テ兼テ計リ置タル小屋ナドヲ放火シ或ハ新等ノ宿ナドヲ取テ欺ルヘシ如此スル時ハ敵方心ヲ不緩ト

云ヿナカルベシサテ折柄ヲ見合セ味方ヘ往來ノ度ゴトニ主将ト兼テ深ク相圖ヲ定メ置テ敵城ニ放火スベキ時節到來セバ終ニハ敵ノ大将ヲ討ヿモ有ベシ

二味方ノ忍者ヲ敵方ヨリ捕搦テ味方ノ城ノ近邊ニテ連レ來リ謀ヲ云ハシムル叓アリ其時ノ心得ノ事　敵我ヲ搦捕テ味方ノ城陣ノ屏際柵際ナトヘ引來テ計畧ヲ白状サスルヿ有其時ハ敵ノ今ノ通ニ隨テ逐一云ヿ妙要ノ大事アリ如此叓曽テ敵陣ヘ忍行トキ主将ト契約メ出ルヿ固ニ定法ナリ敵ノ令ニ順フト云ドモ兼テ相圖ノ事ナレバ當訖時ニ味方動轉スベキナシ如此ニメ敵ニ心ヲ緩サセ時節到來セハ敵ノ城陣ヘ放火シ又讒ナドヲ構ヘ或ハ敵ノ首ナトヲ取リ退キ去ベシ

一谽《ヤマ》谺《ヒコ》ノ術之事

谽谺ハ實ハ手ヲ打ツ所ヨリ起ルト云ドモ響《ヒヾキ》ノ音ハ此ト彼トニアリ君臣ノ間如此シテ忍フヘキ叓

初ヨリ此君ニ事ルコト世人皆知ルユヘ敵方ニ行テ出仕ノ望ヲナスヿ難成モノナリ又一旦ノ計略ヲ以テ敵方ヘ出仕スルドモ終ニハ隠謀露顯メ身亡スルノミナラズ却テ味方ノ害トナルヿ是ヨリ大ナルハナシ此故ニ此君ニ仕ルヿ世人能知タル故ニ君臣密談ノ上ニテ佯テ臣大キナル咎ヲナシ君コレヲ聞テ大ニ嚴責シ牢獄ニ下シ或ハ家宅ヲ没收シ追放ナドメ君臣鉾楯ニ及一合戰メ五人モ七人モ雜兵等ヲ打殺シ退キナドシテ其上ニテ敵方ヘ行キ如此樣体佯リヲ調繕シ如何ニモ直實ノ情ヲ見セ疑ノ無ヤウニメ敵ノ方ヘ出仕ヲ望ム時ハ敵モ事ルヿヲ不許ト云ヿ勿ルベシサテ敵ノ臣ト為テ後色々ノ忠節ブリヲ盡シ老中出頭人等ヲ種々財宝ヲ賄ヒ其人々ノ逆好ム道ヲ以テ敵ノ腹心ニ取入リ或ハ敵将ト密談シ味方ヘ忍入放火ナドヲシ其往來ノ次デ毎ニ味方ノ大将ヘ敵方ノ様体ヲ万ツ相通シ時至ラハ敵将ヲ討テ退クカ或ハ味方ニ外ヨリ攻サセテ城陣ノ内ヨリ放火スルカ兎角其時ノ宜ニ隨テ可為ナリ　新田義興ヲ竹澤右京亮カ謀テ討シヿ又ハ

呉魏ノ両國互ニ戰フ時呉ノ孫權ノ臣魏ノ将ヲ欺キ謀リシヿ委クハ皆證語抄ニ記之

右陽忍遠入之篇其理甚深而然モ忍術之極致止焉盡智微理遠謀リ猛勇ノ将ト與忍者能符合シ不愛惜金錢而聽ス命於天所期者忠與義而已矣至時用所謂許多ノ秘術則雖英雄名将之堅城無不忍入無不抜此書文義之外含許多理所謂以心傳心之理アリ雖千金賂莫傳也

萬川集海巻第九

陽忍中　近入之篇

此巻ニハ敵ト對陣ノ時陽術ヲ以テ忍入作法ヲ記ス故ニ名ニ近入ト一サレハ能謀ル者ハ謀未兆ト云道理ナレハ遠入ノ術ニ如ク𠀋ハナシ互ニ近々ト對陣ノ時ハ用心嚴キニ因テ危キ𠀋ナリト云ヘ𪜈遠入ノ術ヲ以テ兼テ不入置故ニ不得止此術ヲ用ルモノ也

畧本術七箇條

一敵ノ城陣ノ様体ハ不レ及レ言ニ敵方ノ老中物頭奉行近習又ハ出頭人或ハ軍者奏者使番門番等ノ姓名又居宅ノ在所マテ能々尋問ヒ識スベキ也其外右ノ衆中ノ一族因縁ノ人ノ筋メ何レノ國里ノ者ニメ如何様ナル家業等ニ至ルマテ兼々能識スベキ𠀋　孫子曰凡軍之所欲撃城之所欲攻人之所欲殺必先知ニ其主將之左右謁者門者舎人之姓名ニ令ニ吾間索知之ト云々如此ナルコヲ知ル時ハ一ツニハ時ノ智略ノ用トモナリ二ツニハ其親族等ノ方ヨリ使ナドニ変メ入時ノ用トモナル三ツニハ讒奸ヲ構ヘ敵方ヲ間隙スルニモ用ル也不知之トキハ計策ノ基ヒナシ

二右ノ様体ヲ問ヘキ術ノ事右如此件ノ様体ヲ問ベキニ於テハ敵方ヲ背キ浪人トナル者カ又敵方ヘ出入スル出家商人坐頭猿樂ノ類ニ兼々近キ問ヒ逐一書記シ置ベシ猶未メ覚束ナキコアラバ何某ノ親類等ハ百姓市人又ハ武家ニテモ他家ナラハ兼々其在所ヘ行テ能々窺ヒ審ニ問ヒ如何ニモ憶ニシルスベシ若兼テヨリ問知ザル時ハ敵城近邊ノ市人百姓或虜

ナドニ能問ヘキ也又味方籠城メ敵攻ル時カ或ハ互ニ他國ニテノ對陣ナラハ敵ノ城陣近キ山村ヘ行テ敵方ノ蒭《クサ》カリノ者樵夫等ニ便リ宜キ計畧ヲ以テ問定ムベキ也如何ニモ計畧ヲ以詳密ニ問知ルヿ專要ナリ万年硯ヲ　中メ書記スヿ宜ナリ忍歌ニ　墨筆ハ万事ノ用ニ立ツカシ忍ヒニ行ニハヤタテ放スナ

三五ロ在所ヲ偽ル時ノ為ニ他國ノ風俗方言マテヲ能識スヘキ事　凡伊賀甲賀ノ者也ト云時ハ敵用心スベキヿナレハ他國ノ邑里ノ能存知タル所ヲ住所ナリト偽ルヿナリ然レモ其言葉風俗不合時ハ敵愈怪ミ不審ヲナスモノ也故ニ其國風方言ヲ能々可知ヿナリ

四諸國ノ城主領主等ノ印形ヲ持行べキ事是ハ上ニ既ニ記スト云モ近入ノ術ニ専ラ用ルヿアレハ復爰ニ記ス

五假妻可連行若シ不叶行トキハ旅中ニ於テ可相求事口傳

六凡ソ忍術ハ何レモ同シ意也ト云モ別テ陽ノ近入ニハ敵ノ所欲言思動作等初ヨリ能考計テ可行ヿナリ

三略曰端未見人能ッ無知天地神明與物推移ル變動無常因敵轉化スト云々　此語ノゴトクナラサル時ハ災害無不到

七将知ノ篇期約ノ巻ニ記ス如ク近入ノ時ハ猶更ニ相圖約束ヲ能定ムべキ事　凡相圖ト云ハ夜ハ飛脚火入子火一町一火等ノ類也晝ハ狼煙旗貝等也約束ト云ハ相圖ヲ見スル時大将鼓譟《ソウ》凱聲鉄炮ノ聲夥シク攻ル時ノ相契也凡放火ノ時陽忍陰忍ニ不限右ノ術ナクメハ放火難叶モノナリ

合相詞術四箇條

敵ノ賤卒ニ敵方ノ事ヲ問知ル事附陣屋ト夜討ノ時ト城中ヘ入ル時トノ三ツノ心得可有事　凡士タル者ハ思慮深シ下郎賤卒ハ凡ソ愚ニメ淺知ナル者ナレバ敵ノ隱事等ヲ吐シムルニハ下賤ニ如ハナシ中ニモ若キ輩カ又ハ酒ニ醉タル者カ浮氣者カノ類猶宜シ賤卒ハ上ニ遠キ者ナレハ見遁シ聞遁シ在テ沙汰有ヿ希也故ニ敵ノ賤卒ノ類ニ可問也サテ相詞ト云ハ

篭城ノ折柄ハ外ヘ不出故其法不厳モノ也只陣屋ヲカケ居ル時ト夜討ナド為ント思フ時其厳ニ行フベシ敵陣居《ヤ》ヲ掛居ル時ハ其陣屋ノ後ロ又ハ近邊ノ山林ナドヘ行テ敵ノ賎卒夫役等ニ問ヘシ但其問様口傳又敵味方ノ陣ヘ夜討スル時水月ノ術ニテ入時カ或ハ味方ヨリ敵陣ヘ夜討スル時ハ敵ノ賎卒ト背ヲ交ヘ駈廻ルユヘ右ノ如クナル者ニ問フモアル也又隠忍入タルトキハ前夜ニ是ヲ聞置ヘシ或ハ暫位ヲ見聞スル時或ハ敵ノ雑人ノ跡ニツケ入テ万ツ詁ノ序ニ問フヘキ也口傳アリ

是陣屋ト夜討トノ時ノ心得變ル所也

二若シ如此ナル計畧ニテモ相詞不聞出ルトキハ敵ノ云カクル言バニ對シタル言アリ譬ハ山カ林森カ里谷カ水水カ波海カ塩花カ實火カ煙松カ緑疊カ縁（ヘリ）凡テ如此ナル言ヲ常々イクラモ有ユルヿヲ思案シ置能ツ識メ敵ノ云カクル時ニ及テ少シ踈キヤウニ答ル意勿論也若シ如此ナル對言ニテ相違シタル氣色ニ見ヘハ煙カ淺間雪カ富士花カ吉野萩カ宮城野月カ更科松カ高砂梅カ難波又鶯蛙カ井手鶉カ深草等ノ心持ニ答ルヿ宜ナリ前ニ記スコトキノ相詞ヲ答ル時踈キヤウニ云ヘト云ヿハ凡相詞ハカヽル變アル故也右両段ノ心得ヲ以テ不臆答ル時ハ違フヿナシ然シ敵ノ意ニヨツテ耳ヲ採リ鼻ヲカムヤウナル言ヲ云カクベキモ不知忩《アハテ》テ對言出マシキモ不知ヿナレバ兎角姿ヲ變テ賎卒不敏ノ者ニ為ルニ宜シ凡武道ハ危キ支ノミ多シ臨危難莫動心

三水月ノ術ニテ忍入トキ門ニテ敵将相詞ヲ私語《サヽヤカ》セテ後城門ニ入ルヽヿ有バ聞前聞後ヘシ若聞コト不成時ハ速カニ可退支凡敵夜討ニ出テ引退ク時味方敵ノ跡ヨリ付入ンヿモアランカ或ハ敵城ト味方トノ間道ノ程遠キ時ハ門ヲ入時諸卒ニ相詞ヲ私語セ入ルヿ有味方ヨリ敵方ヘ付入ントシ或ハ城ト陣トノ間近キ時ハ更ニ此掟テナキト知ベシ

四何事ニテモ敵ニ習フヿ凡軍法ニ相詞相印相計ト云術アリ此三ツノ術トモニ味方ノ勢ニ敵方ヨリ紛レ入ヲ擇出サン為ノ術相詞相印ハ上ニ記スコトシ相計ト云ハ楠カ作リタル立勝居勝ノ如クナル術ナリ立勝居勝ノミニ不限如此ノ術イクバクモ有ト

可知喩ヘハ敵方ヨリ如何様ノ相詞相印相計ヲ為トモ是ニ習ヒ敵ノ為ヤウニ傾ヒ言ヤウニ傾ク事忍術遁危緊要ノ所也河内國赤坂ノ城ニ和田楠カ楯篭リシ時寄手結城カ若黨物部ノ次郎郡司引取敵ニ紛レ城内ニ入タレモ立勝居勝ノ相計ヲ不知シテ討レシ事審ニ梯揩論ニ見之《ス》右ニ所著口傳有之然ルニ相詞ト云ハ五日三度又ハ三日ニ一度或ハ時ニヨリ日々ニモ変ル物也夜討ナド為ント思フ時今朝ノ詞ヲ其時ニ至テ替ルモノナレハ舊キ相詞ヲ知リテモ何ノ詮ナシ故ニ第一對言ノ頓知第二智畧辨口スルドク諸事功者ニメ心ヲ不動人ニテ無之時ハ其難可難遁

合相印ノ術四ケ條

一胴肩衣ヲ持行事　凡忍者ハ胴肩衣幾《イクラ》ホモ製シ色々ニ染メ置ク心得勿論ナリ口傳

二見テ急ニ製作ノ事　凡敵方篭城ノ味方ヨリ攻ル之時敵城ヨリ味方ノ陣迫ノ間或二三十町或ハ四五十町モ有トキ、敵ヨリ城ノ外張蹴出ヘ番守ヲ出シ又ハ外聞《トギ》ヲ出ス者也敵陣屋ヲカケ居ル時ハ陣屋本燎リノ外ヘ張番ヲ出シ或ハ本燎リ捨燎ヲ焼セ又ハカギ物聞ヲ出スモノ也然ルニ忍者ハ彼外張蹴出ノ番守又張番夜廻燎タキ外聞等ノ居ル所迫近々ト窺ヒ寄相印シヲ能見識リ皈テ急ニ製作メ入ルベシ如此ノ事ヲ計ル事第一勇氣遅ク第二辨才敏ク第三計畧頓智發明ナル人ナラデハ中々難為モノ也

忍歌ニ　忍ニハ三ツノ習ノ有ゾカシ不敵ト論ト又ハ智略ト

又雨ノ夜ニテ燎燃カ子消タル間ノ有トキ徐々《ソロヽ》窺ヒ寄リ彼燎焼者ヲ伐リ或ハ外聞ニ出逢テ其者ヲ討捕ナトスルコトモ昔ヨリ其式様《タメシ》多シ是ハ時ニヨリ可成コト也ト云ヒ匹夫ノ勇ナラハ不可也但忍入ル計畧ニモ可為道理アルカ又ハ迚モ忍ヒ入ル事不成ト思ハヽ討捕テモ可然カ如右二ケ條ハ敵城ヲ不出トキノ事ナリ

三敵卒ノ死タル印ヲ取或ハ潛奪取ルコト

四跡ナル敵ニアルカト問フ智畧ノ事大坂陣ノ時藤堂和泉守殿家臣此術ヲ以万死ヲ遁ト云々

右二ヶ條ハ敵軍味方ヘ乱レ合戰ノ時或ハ合戰終テ
敵引退ク時ノ事ナリ口傳アリ

迎入術三箇條

一敵寄來ル間ハ二十里三十里ノ外ニ出迎ヒ敵ノ旅宿ヘ
陽陰両術ヲ以テ行テ或ハ放火シ或讒姦ノ支凢三
十里ノ外ニ出迎ハヽ敵ノ不意ニ入ヘキ也或ハ敵ノ着陣
ノ以前ニ往テ其所ニ宿シ或ハ隣村ニ宿シ敵着陣シテ
騒動スル折柄組中ヲ離レ裏道ヨリ行ベシサテ放火シテ
兵粮武具馬具等ヲ焼テ敵ヲ疲労シ或ハ讒姦ナド
構テ敵方ニ互ニ疑惑ヲ起シ内乱ヲ生ゼシムルノ計ヲ為べ
シ斯ノゴトクナル時在家市店等ヲ放火スル術又讒姦ノ術
色々口傳アリ
二其宿ヨリ五六里隔テ郷士ト称メ陪従ヲ願ヒ打連レ
ユク支
三敵勢ノ中ノ親族或ハ縁有者ノ許ヨリノ使ト変シ行ヘキ
支凢如此等ノ折柄擬《ニセ》印形ノ計畧ヲ用ル也 口傳

妖《バケ》者術二箇條

一山伏幸丸イテ山又山家ノ宮守賣買犬袁弓ー
人ガタツカヒ或ハ詣宮人世ステ人或川頁ヘ示豊凢テ物乞
等何ニテモ其時ニ相應ノ支ヲ可用也凢此等ノ術ヲ為トキ
其姿ヲ変シタル許リニテハ不宜喩ハヾ末ヲ不結ヾ糸ノゴトシ故ニ
山伏トナラバ先達ノ手判或ハ山ヲ重ル家ナラバ本寺ノ手判
等ヲ可持行余ハ效之ベシ其外其道ノ道具其道風流
其品々ノ藝ハ云ニ不及事也昔義經十二人ノ作リ山伏ト成テ
奥州ヘ下リ玉ヒシトキ武藏坊カ安宅ノ關ニテ往來ノ巻物
ヲ勧進帳ト名ツケ誦タルハ頓智ノ働ナレ𪜈南都ノ勧メト
謀テ下ルナラハ始ヨリメ勧進帳ヲ製作セサルハ危キヿ也謀ノ
所不足也如此ナル術ニテ昔ハ忍入タルヿ多シト云𪜈當代ニハ不
相應也雖然古來ノ遺法ナレハ爰ニ記ス然トモ敵味方數十
里ヲ隔テタル時カ或ハ逃亡ヲ尋ル時カ科人ヲ討時カニハ相應ス
ルヿモ有シ昔楯岡ノ道順佐和山ノ城ヘ忍入シヿ楠正成赤坂
ノ城ヘ恩地左近ヲ入シヿナンドハ當代タリト云𪜈相應スベキカ又伊勢

三郎義盛カ土佐坊カ陣ヘ伯樂ニ変メ行新堂ノ小太郎カ
播磨ノアラタノ城ヘ瘖唖ニ変メ行タル様ナルヿハ敵ヨリ味方ヲ
討ベシトスル時ナラデハ難用ナリ又菊地カ家ノ子城越前守
カ松浦黨ノ陣ヘ入シ術ナドハ近々ト對陣ノ時分ナレハ當代ハ
中々不相應然氏袋鼈ナラハ可相應カ
一敵陣屋ニ居ル時可入ト思フ前夜潜ニ行テ敵ノ燈灯ノ紋
ヲ能見届ケ皈テ如此ノ燈灯ヲ製シ陣屋近キ処ヘ潜ニ行テ
速ニ火ヲ揚ケ張番夜廻リ或ハ燎タキ等ノ姿ニ変シ時宜ノ
ノ計畧ヲ以テ入ベキヿ
○忍歌ニ　竊忍ニハ習ノ道ハ多ケレト先第一ハ敵ニ近ツケ
凢如此ナル叓ヲ行フニハ不敵第一ノ鉄心ナラデハ中々難
及カルベシ敵ヲ見テ色ヲ変スル臆病ニテハ却テ其謀
顕レ災害至ルヿ必セリ
○忍歌ニ　驚カス敵ノシカタニ騒ナバ忍フ心ノアラハレゾスル
一敵夜討ニ出ルヲ物見ノ術ヲ以テ見知タラハ云ニ不及又未
見知トモ毎夜外聞ニ出テ隠ルヽニ便リアル処ニ忍ヒ若敵出

ナハ一人ハ将ヘ告ケ餘ハカタヽガヒニ可入叓　凢敵夜討セント思フ
時ハ城中常式ト違ヒ火ノ光リニテ察シ或犬馬ノ嘶キ吠
ユルニテ知リ或柏子木ノ音ナク凢夜番夜廻リノ戒ノ声不
聞諸事静ナル処ニテ察シ又ハ小物見或ハ旗差物ノ動乱
ノ体ナト察シ知リ城近キ茂林深草ノ中ニ敵ノ出ルヲ待
居テ敵出ハカタヽガヒニ入事宜也此時ニ入タルニ利三ツ有一ニハ
凢夜討ハ敵ノ不意ヲ計ル故ニ潜カニ城ヲ出ルモノナレハ兎角
敵ヲ謀ルノミ心得テ却テ敵ニ謀ラルヽヿヲ不考モノ也故ニ
此時忍者ノ可来トハユメヽ不知二ツニハ夜討出陣ノ時ナレバ
事繁多ニメ遽《アハテ》ル故ニ取紛レ微細ノ穿鑿マデニ不及モノ
也三ツニハ城門出入ノ者多キモノナレハ何ヤウニモ入リ易シ此三
ツノ利有ニ依テ也敵ノ出ルヿ兼テ不知トモ毎夜外聞ニ出
テ若敵出ナバ片タガヒニ入ベキトナリ口傳水月ノ術ハ古
ヨリ世人知之ユヘニ軍法有トキハ必相計ルノ術色々有ニ
依テ危シ参差ノ術ハ全敵ノ不意ナレハ敵ノ相詞相
計ニ不逢ニヨツテ不労シテ思ノマヽニ入易シ且城中敵寡キ

キ時ナレハ第一放火シ易シ故ニ敵方火ヲ消シ難シ第二此時ニ味方ヨリ攻ルトキハ敵方拒ク者少クシテ利ヲ可失然レハ斯ル利多キ故ニ参差ノ術ハ水月ノ術ノ所不如メ近入ノ中最上ノ極秘也

二変姿為賤卒或離行ノ術ノ有利事凡変姿賤卒ノ術ノ利ト云ハ甲冑ノ士ハ人ノ目ニ立モノナレハ必ス見咎メラルヽノ理也又人不見知トモ詞ヲカクル理ナレハ見尤メラルヽモノ也如此ノ損有ニヨッテ紛忍ニハ変姿賤卒ノ術ヲ用ヘキ也第一雑人ハ人ノ目立モノナレハ必見咎メラルヽノ理也又人不見知トモ詞ヲカクル理ナレハ見咎メラルヽニ近シ又周章タル風情アレハ猶敵不審ニ思モノ也如此ノ損有ニヨッテ紛忍ニハ変姿賤卒ノ術ヲ可用也第一雑人ハ人ノ目ニ不立第二人心ヲ不付第三卒忽ナル体有ト云ドモ人許スモノ也如此ノ理有ニ依テ雑人ハ諸人容易リ思フモノ也雖然敵ノ城中陣中ニ無事静謐ナル時ハ却テ雑人ヲ怪ムルモノ也兎角各時宜ヲ能察メ應変可為也昔近江國姉川合戦ノ時朝倉義景ノ臣遠藤喜右衛門ト云者目ニ立ル甲冑ヲ著シ首ヲ提ケ信長公ノ勢ニ紛レ入リ信長卿ト指違ント志シ大将ハ何処ニ御坐《ヲハス》ヤト駈廻リケルヲ竹中久作ト云者是ヲ見テ得タリヤト引組ミ終ニ遠藤カ首ヲ取リタリケル去レハ此遠藤紛忍ニハ変姿賤卒ノ術ヲ用ルヿヲ不知カ故也如此ノ時モ敵ノ雑人ニ訪フモノ也且敵将ノ馬印ヲ常ニ能見識リ置又人數ノ圍カニ集リタル所ヘ志ザスモノ也口傳又離行ノ術ノ利ト云ハ一連ニ行時ハ若シ見咎メラルヽ故入ルヿ不叶離レ行トキハ見咎メラレタル者アリテモ妨ナク入ルモノモ有理ナレハ也此等ノ事當國ニ於テ數度ノ様《タメシ》アリ

三敵陣屋ニ居テ夜討ニ来ル時忍者ハ先立テ行テ敵ノ騒動ニ可紛入事　凡味方夜討スル時忍者ハ先行テ敵陣ノ外張リ蹴出シ張番捨燎等ノ近邊マテ近ゝト窺ヒ寄テ敵ノ周章ニ紛レ入ルヘキ也

水月術三箇條

一敵城中ヨリ夜討カ昏合戦也ト云ドモ敵ノ引退ク時移ルヘキ事
敵軍ヲ出スニ昏夜ニ不限味方ト入乱戦テ其後敵ノ引退

ノ時ニ當テ忍者ハ太刀合セ鎗合セヲハ少モ不構只方々ヘ走リ
廻リ敵ノ相詞相印ヲ聞付見付スルヿ肝要ナリ
二ニ主将ト契約ノ上餌ヲ以テ敵ヲ誘ヒ出シ参差水月ホノ術
ヲ以テ入ル㕝　凢餌ハ香キ餌ヲ付テ海川ノ魚ヲ釣ルコトクノ
不出敵ヲ出ス術也一ニハ城ヲ攻ル時三方ヨリ攻テ一方ハ空《アケ》ヲク
也其虚タル地或ハ海川ノ方ヨリ敵ノ後詰メ援兵ヲ可遣ル
大将ノ方ヨリノ使者ト成リ所謂擬印ヲ用タル謀書ヲ製シ
潛ニ行テ後詰スヘキ由又ハ兵粮等ヲ可遣旨ヲ述テ日限ナ
トヲ定旣テ其日限ノ夜牛馬ニ似セ荷ヲ服《フク》遣リ自ラ馬士ト
成大勢ヲ引入レ主将其跡ヨリ入攻ル約ノ㕝口傳アリ
正成赤坂ノ城ニ於テ湯淺ヲ降セシメタルモ此意也二ニハ
味方初メ寄スルトキ日暮ニ及ビ敵城ニ近々ト陣スル事三ニハ
味方小勢出張テ夜軍ノ㕝四ニハ味方小勢出張テ平易
ノ地ニ陣スルヿ五ニ似セ旗似セ幕似セ兵粮等ノ㕝斯ノ如ツ
ナル術ヲ時ト所ノ宜キニ順ヒ敵ノ意ノ應シタル様ニシ敵城
中ヨリ誘ヒ出シ或ハ參差水月ノ術ヲ為ヘキナリ口傳

右如此ノ参差水月ノ術ニテ忍入ル時専一ニ心ニ用ヘキ㕝
四ケ條一ニハ敵ノ城陣ノ中東西南北ニテ迷ル時ノ為忍アテノ人
ヲ眡《シカト》識覚ヘ若敵方ヨリ尋問トキ倒轉スマジキ為也畧本ノ巻ニ
記スハ此時ノ為也二ニハ敵ノ相詞ヲ不忘相印ヲ不失シテ敵作
法ニ隨ヒ敵ノ詞ニ隨ヒ行フ事専一也合相詞合相印ノ術ハ此時ノ
為也三ニハ人ノ少キ地ニテ相圖ノ煙ヲ早ク揚テ忍ビ入タル驗ヲ
味方ヘ可告㕝肝要也遲ク相圖ヲ揚ル時ハ災害出来スルヿ
有モノナレバ也早キ程宜シ此時ノ㕝色々口傳アリ

谷入ノ術五箇條

一ニ縛搦ムルヿ　二ニ人ヲ討タルヿ　三ニ火ヲ出シタルヿ　四ニ交忍風
情ノヿ　五ニ右ノ術ヲ為スル時敵不審ノ思ヘキナレハ假女假
子等ノ謀畧尤可然也猶覚束ナク思フ躰ニ相見ヘハ味方
ノ新衆ノ小屋等放火ノ術或ハ人ヲ討テ旣ル術ノヿ如此ノ
條々口傳アリ容易ニ見ルヿ勿レ昔細川顯氏一万三千
余ノ勢ニテ楠正行ヲ退治ノ為河内ノ藤井寺ニ陣セシ時
正行高安本澤ノ者共五騎十騎ヅヽ一手ニメ三百餘顯氏

ノ陣ヘ谷入ニ遣シヌ此者𪜈因縁ニ隨テ諸陣ニ折群レ居テ正行ヲ謗リ千破剣ノ浅間ナル体ヲ語ル其後正行旗ヲ巻キ降参ノ体ニテ偽テ使ヲ遣リ俄ニ旗ヲ挙テ討カヽリシ時彼入置シ三百余ノ者𪜈内ヨリ切崩シケルト也如此術サヘ古ヘハ来シタル也況ヤ假子假女ナドノ謀ヲ以テ右ノ術ヲ行ハヾ不入ト云ヿアランヤ

虜反術二箇條

一虜ヲ忍者トナシ或ハ虜ノ使ト成リ敵ヲ忍者トナス術色々有叓　凢虜有ラハ賞禄厚ク宛行ヘシト誓ヒ彼レ同心ノ上ニテ妻子親族ヲ引取リ且起請文ヲ書セ其上ニテ忍者ト成メ敵ノ城陣ヘ入レ或ハ虜ノ親カ子カ其外知音朋友ノ類敵陣ニ有ラハ其虜ノ使ト為リ行テ虜ノ親類ヲ忍者トナシ或ハ敵ノ城陣落居《去カ》ノ時其将ヲ討取タリ𪜈又将逃去ヌ𪜈其将ノ親カ子カ別城ニ在ラハ其将ヲ虜ニシタル由ヲ云ヒ其将ノ使ト成テ行降参セシメ其時宜ニヨツテ新ニ謀畧ヲ巧ムヘキナリ　元暦元年正月中旬ニ伊勢三郎義盛阿波民部重能カ嫡子田内左衛門教能ヲ降参セシメシモ此術ナリ

二虜ヲ縲絏ニ置トキ潜ニ虜ヲ逃皈ラシメ忍者トナス叓　凢虜ヲ縲絏ニ置時大将ノ謀畧万叓皆裏ヲ以テ軍中ニ令シ其叓ヲ虜ノ能潜ニ聴ヤウニシサテ油断ノ躰ニテワザト虜ヲ逃ケ去ラシメ虜逃皈テ敵将ニ尽ク告知シムサテ又味方ヨリ目付ヲ出シ敵此計畧ニ乗カ否カ若シ乗ル時ハ事皆表裏反覆メ討ニ利多シ口傳　唐土ノ岑彭ト云人秦豊ト云人ヲ攻秦豊軍勢ヲ西都ニモ少々籠メ置巳ハ劉ト云要害堅固ノ城ニ楯籠リ岑彭ヲ拒ク岑彭數日ヲ経レ𪜈進ニ不攻或夜岑彭カ軍中頻リニ騒動ス彭軍中ニ令シテ曰明日早天ニ西都ヲ可攻トノ令故サハキケリ其折柄取紛レタル風情ニテ虜ヲ逃皈ラシム彼虜鄧ヘ逃皈テ秦豊ニ謂テ曰敵明旦既ニ西都ヘ攻入ヘシト用意セリト告秦豊其夜軍中ニ令メ曰軍勢大半西都ヘ還ス然ルヲ岑彭覧ヲ入テ是有様ヲ見届ケ其寅ノ刻許リニ潜ニ沔水渡リ鄧ノ

城ヲ襲ヒ攻ム鄧ノ要害堅固也ト云氏拒ク勢少ソ其上不意ノヿナレバ終ニ落城シケリ其勢ニ西都ヘ攻カケシカハ秦豊敗軍セリ

袋飜全術二箇條

一 敵将ハ云ニ不及敵方ノ家老物頭平士ノ類ニ至ルマテ各其親族類縁ノ者他國他郷ニ在テ其敵方ヨリノ書簡ヲ製シ右親族類縁ノ人ノ許ヘ持行返書ヲ取リ其序ニ思フ侭ニ見聞シ皈テ其返書ヲハ不持行シテ謀書ヲ製シ敵方ヘ持行ク術ノ事

二 敵籠城ノ時味方ヨリ押寄セ彼領内ノ人民ヲ質ニ取タル者ノ親類妻子兄弟ノ方ヘ行テ袋飜ノ術全ク行フヘキ事

右之數條者謀計ノ大槩也若至對敵者則謹考之心術之要左右逢原而后宜用之勿容易行也雖然思過度則反失時宜而事不成宜審之焉

萬川集海巻第十

陽忍下

目利之篇

見分之篇

間見之篇

目利之事

一山谷ヲ見準二ケ條有就山之形容配心八箇條

凡山ノ形ヲ不知向フ時ハ五方ノ神ヲ以テ見分ルトキ其山ノ險易自可知ヿ所謂五方ハ北高南平ハ玄武水南高北平ハ赤朱雀火西高東平ハ白虎金東高西平ハ青龍木中高四方平ハ勾陳騰蛇土也此外其山其所ノ時宜ニ順テ工夫有ヘキヿ也口傳

二敵國山ノ大小高低險易草木ノ姿或澤谷ノ淺深廣狹長短凡尽ク見準ルヘキヿ

敵城近邊又ハ可戰鬪ノ地又味方可陣取地ナドハ不及言ニ其外無用ノ地ニ至ルマテモ其形容間數等審ニ計リ可置也若シ此山ヲ陣所トスル時ハ先備ハ何ノ地旗本ハ何レノ峯ナド、方ヅ工夫ヲ廻シ凡大ナル山ニハ小勢ニテ陣スル不宜又小サキ山ニ大勢ニテ陣スル不宜故ニ山ノ大小間數ヲ先可計口傳又高山ハ陣取ニ宜シ低キ山ハ陣取ニ不宜故ニ山ノ高低ヲ可積也又險阻ハ味方小勢ニテ守ルニ宜シ歩兵ヲ用騎馬ノ兵ヲ用ルニ不宜平易ハ大勢ヲ用ルニ宜騎兵ニ利有少勢ト歩兵トハ不宜故ニ險易ヲ可考也口傳又森林叢等味方ノ陣ノ後ニ在ハ宜シ其故ハ薪飼馬等ノ自由或ハ伏兵ノ便宜或ハ虚ニシテ實ヲ示ニモ宜事多シ口傳又陣ノ前左右ニ森林アルハ不宜口傳故ニ木立草山等ヲ可見準也ト又諸ノ溪谷ノ淺深廣狹長短川澤ノ形容ニ依テ軍術各變化アルヿナレハ能〻見準ルヘキヿナリ

因山可心得八箇條

味方ノ人數ノ多少ニヨツテ山ヲ見準ル叓　凡味方ノ人數ノ多少ニ因テ山ノ間數ヲ積ルヿ肝要也若此山ニ陣取テハ一二ノ先脇後備旗本ソレゝノ陣取ソコゝノト各工夫スベシ山谷ノ形容ニヨリ計畧肝要也審ナルヿハ軍法調練ナクテハ難知故ニ爰ニ詳ニ不記之凡陣取モ地形ノ廣狹曲直險易ニヨツテ相違アリト云𪜈先陣屋ハ人數一万ニ付テ三町四十間四方ニ柵ヲ振ル也柵ト小屋トノ間七八九間ナルヘシ三町ハ小屋四十間ハ小屋ノ内ノ道ヲ取也但道大抵六筋アルモノナレハ一筋ニ付七間ノモノ也幾万人有𪜈大抵此積リ也但コヽニ口傳多シ凡小屋割ハ先大圖騎馬一人ニ二間程アテニ可心得知行割ニスル時ハ百石取ニ一間口ト定ム𪜈挾クメ住居ナリ難ケレハ百石取二人ニ二間半二百石ニ二間三百石二間半四百石ニ三間五百石ニ三間半六百石ニ四間八九百石ニ四間半千石ニ五間是ヨリ上ノ知行ニハ三割引テ千五百石ニハ六間二千石ニハ七間ト此次第タルヘシ又備ハ厚キ時ハ四方ニ騎馬二人一間四方ニ歩立十二人ヨリ厚クハ不可成ト云ゝ

二水ノ有無ヲ見計ルヘキ叓　高山ノ善キ陣所也𪜈水ナキ峯ニハ陣ヲ不可取故ニ水ノ有無ヲ見計ヿ肝要也河水池水等ニ心ヲ付ベシ水筋ヲ見計ヿ山ノ尾傳ノ位ヲ見テ大抵知ルヽモノ也又高山ニテモ谷合ニハ水アルモノ也或書曰水ヲ求ルニハ低キ地ニ心ヲ付ナギ鳧茈《ヲモダカ》杜若芦何レモ水草或ハ柳ナトノ有処ヲ可見其外螻《ケラ》ノ穴蟻ノ穴ヲ尋穿ツベシ水アルモノ也又水ノ有ソウニ見ヘタル地ニ鳥ノ羽ヲ土ヘ二三寸突入置ハ水アレハ頓テ鳥ノ羽ニ露ヲアグルモノ也又或曰水筋ヲ知ルニハ木綿ヲ穴ニ入テ一夜置トキハ木綿ノ權目重ク成モノ也又二尺程土ヲ掘テ地ニ耳ヲ當テ聞時ハ水近クアル所ハ皷ノ鳴ルコトク音アルモノナリト云ゝ

三河ノ近キ遠キ見計ルヘキ支　言ハ陣所近邊川ノ遠近ノ位或其河瀬ノ淺深廣狹ノ位ニテ軍術ニ心

得アルヿナレバ陣所ノ近邊ノ川ヲ考見ル事宜ナリ喩ヘ陣所ニテナク𪜈心ヲ付可見計也陣所ニハ小河ニテモ近邊ニ有レ之テヨキナリ　口傳深シ

四敵味方ノ蟠場森林ホノ茂盛ニ心ヲ可付叓

凢蟠場ト云ハ森林藪谷合山影堤溝川ノ中蒹葭ノ茂リタル中深野麥畠麻畠等也右如此ナル所ニハ心ヲ付敵ノ蟠場ニ可成カ味方ノ蟠場ニ可成カヲ考ヘ可レ計ヿ

五取出場見準ルヘキ叓　凢城ヲ攻ルニモ又篭城方ヨリモ時ニヨリ取出ヲ拵ヘ人數ヲ篭置ヿ有ソレハ敵味方ノ境ニ地形ノ利方ヲ見計リ拵ル者也其場ヲ見積ルヘキ事ナリ口傳

六夜合戰ノ火見セ場ヲ見積ルヘキ叓　凢夜合戰ノ時大将續松ニ火ヲトボシテソレニテ下知セラルヽ也此場ハ四方ノ見ユル地ヨキナリ口傳

七此方彼方ノ儀見積ル叓　凢地形ノ利茂ミノ利河海ノ利万ツ敵方ノ利ニナル所ト味方ノ利ニナル所トアルモノ也其ヲ能見計ルヿ肝要也其時ト所トニヨルヿナレハ預メ記シ難シ　口傳

八飛脚火飛脚旗ヲ立ル山ノ峯ヲ見置ヘキ事

凢忍者敵城ヘ忍入或ハ敵ノ國里ヘ忍行タル折柄主將ヘ其様体ヲ告ルニ夜ハ飛脚火晝ハ相圖ノ旗ノ術ヲ用也是皆高山ノ峯ニテナケレハ不成故ニ此高キ山ト高キ峯トノツヽキヲ見置ヿ肝要也口傳

右條々口傳アリ山川地澤ヲ見テ繪圖ニ寫スヿハ同シト云ヘ𪜈軍ノ手段ヲ不知メ茫然トメ畫圖ノミヲスル時将ノ心得ニ不成モノ也又畫圖スルヿモ時ニヨリ有モノナレバ旁以テ軍術ノ様体畧記スモノ也是ノミニ非ズ忍者タラハ軍法ヲ能手練スルニ如クハナシ

見積海川四ケ條

一海邊ヘ舩ニテ上ラルベキ所上ラルマジキ所見計ルヘキ事

凢海ノ礒端ヘ舩ニテ上ラルヘキ所上ラルマシキ所ヲ見計ヿハ遠淺洲崎ノ形容ヲ見計リ或ハ岸深メ波靜ナル躰ヲ

見本海入海ノ様子ヲ見分シ又ハ汐ノ満干ノ分料ヲ
見分スル時ハ自得心アルヘキナリ　口傳
二川ノ深瀬浅瀬ヲ見計ルヘキ叓　凡河ノ浅瀬深瀬ヲ
見計ルヿハ其川瀬ノ廣狹或ハ瀬ノ分ケ不分或ハ水ノ動
靜或ハ其所ノ人通リツケタル瀬ヲ見計リ或ハ海邊ナラハ
汐ノ満干ノ模様ヲ見分シ自心得ヘキ也　太田道観ノ歌ニ
○ソコイナキ淵瀬ハサハク山川ノ浅キ瀬ニコソアダ浪ハタテ
又ナ鳥ノ声ニテ汐ノ満干ヲ知リ或川瀬ノ浅深ヲ察ス歌ニ
○遠クナル近ク鳴海ノ濵千鳥声ニテ汐ノ満干ヲハシル
又汐満テ河ノ浅深不知トキハ牛馬ヲ追込ミ試ル法モ有
是ハ木曽殿ハジメ玉ヘリト也　口傳
三水大キニ可出河出マジキ川或ハ俄水ノ出ル不出ノ様子
或ハ水出テモ其水速ニ可引又ハ久シク引マジキ川ノ知様ノ
事凡右ノ様子ヲ欲知ント川上ノ遠近廣狹ノ大小高低
水ノ落口ヲ見計リ或ハ風ヲ以テ可知ヿ
四大水ノ出タル時川原ノ水ノ乗所不乗所見察スル叓

凡川原ノ石ノ色草木ノ体ヲ以テ可察知ヿ　口傳
田ノ浅深ヲ見計術四ケ條ノ叓
一遠キ所ヨリ颯ト見テ深田浅田ヲ可知叓　凡遠キ所ヨリ
颯ト見テ浅深ヲ知ルハ地形ノ高下田所ノ前後左右ノ位谷
浅深等ヲ見テ大圖違ハズ知ルヽモノ也又田ノ上ニ隄井手
池井溝等アラハ掛水ノ田ト可知カケ水ノ田ニ深田ハ無キモノ也
水ノ涌常水ノ田ニ浅田ハ希也ト可知　口傳
二四五間ノ中ニテ茇カブノ様子畔ノ位ヲ見テ田浅深
ヲ知ルヿ凡二色アリ一ニ浅田ハ其刈株短メヒトシキモノナリ又
深田ハ刈カブ長短アツテ不齊其株少シ横ニ見ユルモノ也
但肥過シ稲ノ茇カブト見違ルヿアリソレヲ見違マシキハ刈
株ノ大小ヲ以テ知ル、也二ニ畔ノ位ヲ見テ知ヤウハ秋冬ノ時分
ト春ノ初畔ヲヌラザル時深田ノ畔ハ低クナテカタニ乄ヒシヤゲ
タルヤウニテ細ク又所々落入タル所モアルモノ也春ノ末畔ヲヌ
リテ後夏ノ末ニ至ルマテハ少シ違也是等ノ叓書尽シカ
タシ又浅田ノ畔ハ高ク廣ク堅ク乄落入ル所モナク見ユル者也

三近ク寄テ土色クレノ涌不レ涌ノ様子畔色ヲ見テ知二淺深一叓　凢近ク寄テ田ノ淺深ヲ見ルコト三ツ有一ニハ土色黒青泥サクアラハ深田ナリ土色白ク泥子バツテ強クハ淺田也二ニクレノ涌田ハ大ニ深田也三ニ深田ノ畔裏ハ湿テ土不レ乾淺田ノ畔裏ハ土乾燥メ白キ物也又淺田ノ中ニデモ深キ所深田ノ中ニテノ淺キ所ハクレノ漏ト不レ漏トノ様子苗ノ肥瘦ノ品ニテ見ユルナリ但旱ノ年ハ深キ処穗茂リ盛也雨シゲキ冷カナル年ハ深キ所ノ穗瘦カジクルモノナリ

四草田ノ時苗ノ形チヲ見テ淺深ヲ可レ知叓　凢二ツ有深田ノ苗ノ立様ハ少シナタレタル心地有テ根ユカミタル様ニ見ユルモノナリ泥ノ深キ故ナリ又淺田ノ苗ノ立様ハシヤントメ慥ナル心地見ユルモノ也二ツニ深田ノ苗ハ髙ク出來タル苗ト瘦タル所ト有モノ也但是ハ其年ノ水旱ノ位ニテ心得カハル叓口傳

右ノ見様ヲ以テ互ニ校合シテ常ニ用心見習ベシ

知堀之淺深廣狹術五箇條

一敵ノ城外ヘ忍行平城ノ堀ノ淺深向テ土位ノ位ニテ可二見知一叓　凢夜ハ少シアル水ニテモ七八分モ有ヤウニ見ユルモノ也ソレヲ不二見過一ニハ向ノ土位ニ目ヲ付可レ見計

二縄ニテ知リ或ハ敵ノ要害ノ製作ニヨツテ察シ或ハ水色ヲ以可レ知コト　言ハ縄ニテ知ト云ハ細糸ニ五寸一尺段々ニ白キ木ニテウケヲ付水中ニ入ル上ヨリ何番メノウケニデ水アルト知又其縄ノヌレタル位ニテ知ルモノ也又敵ノ要害ヲ以テ知ト云ハ堀水ノ淺キ所ニハ敵用心シテ柵ヲフリ鹿垣ヲユイ逆茂木ヲ引或ハ乱杭ヲ打モノ也是ノミニ非ズ敵用心ノ体ニテ可レ知ナリ又水色ヲ以テ知ト云ハ深堀ハ水青黒ク見ユル淺キ堀ハ水色薄白ク漣ウナ或ハ浮草ナト所々ニ見ユル也又水深キ所ニ水草ヲ縄ニテアミ生タル様ニ敵ニ見セ置コト有如是ナルハ草ノ葉色ヲ以テ可レ知也　三堀ノ横ノ廣サハ堀ノ角ニテ見計ルヘキ叓　凢堀ノ横ノ間尺廣狹ヲ見準ルニハ其堀ノ曲折ニテ能知ル道

四暗夜ニ潜ニ忍ビ行テ堀ノ廣狹ノ寸尺或ハ堀底ヨリ向ノ屋根鼻ニテノ間ノ寸尺少モ不レ違知ル糸矢ノ叓　凢右ノ糸矢ハウキス根ハキハタモナ○糸ハ三尺ヨリ少シ細キ

ナリ口傳
五石疊土居ノ高サヲ知ル叓　立木積ル術ト同前也凢立
木ヲ積ルニ三角ノカネヲ以テ積ル筭法アリ又ウテ股ヨリ
ウツムキニナリテ積ル筭有傳受也

知城之堅固不堅固之條

一城ノ堅固不堅固ヲ見知ヤウ色々ノ叓　凢是術ヲ知ルナ
ハ城取繩張ノ作法其外城ノ近邊五六七里又ハ二十里
三十里ノ間ノ地形等常々心懸可知其所ニ至テモ地ノ形容
山ノ高低水薪粮ノ三ツ以下工夫ヲ以テ可考ナリ其叓
シゲキニ因テ具ニ難記口傳

見積地形遠近高低二箇條

一地ノ遠近ヲ積ルニハ四面ノ圖五寸曲尺裏三ツノ術ニテ積リ
知ヘキ叓　此術ハ鉄炮ノ書ニ記ス依テ畧ス
二此地ト彼地ト高低ヲ見積ルニ系曲尺ノ事　凢是ヲ知ルハ
其間ノ間尺ヲ繩ヲ張リ或ハ町見等ニテ能ク知之サテ一尺ノ間ニ
糸ヲ二筋上ヨリサゲロクヲ曲尺ニテ知リ其《ソコ》ニ印ヲ付置其
後高低ヲ曲尺ニテ能タメ其間ノ寸分ニテ知ル也譬ハ一尺
ノ間ニテ先一寸高ケレハ六尺ニテ六寸高シ十間ニテ六尺高シ高
口傳圖說ニモ記之如此ナル叓ヲ見積ルコハ低キ地ハ水
攻ノツモリ高キ城ヘハ火矢ホノツモリ其高低ヲ知ルニ利アル者也

察知敵之強弱三箇條

一敵将ノ有道無道或ハ智愚剛臆ノ差別或軍法ノ
正不正其以下物頭物奉行士卒ホ迄武道嗜ノ有無
家中ノ風俗或ハ勢ノ多少或ハ隣國援兵ノ有無兵粮ノ
多寡又敵将ノ逸好ノ道其外敵方ノ様子何ニ不依
見聞知識メ大将ヘ可告事凢敵将ノ心ヲ可知ニハ其出
頭人ノ心ニテ察知リ或ハ逸好ノ道ニテ考計リ又ハ其國
ノ政道ヲ聴キ制札ヲ見テ窺ヒ知ツ或ハ敵将ヘ近ツク坐
頭猿樂ホヲスカシ問ヒ或ハ敵國ノ士卒人民ノ物語ニテノ
窺知ベシ昔恩地左近問楠正成正成荅之別巻ニ有之
二敵ノ陣屋ノ作リ様備ノ立様其外敵ノ形容ニテ功不功ヲ
可察知叓　凢陣屋ハ方圓ノ作法ヲ以テ八方ヲシトミタ

ルヲ良トス一村カヽリニ爰彼コニカケタルヲ破軍ト名付テ悪トスル也審ナルコハ陣取相傳ニ非ハ難知又備立ノ善悪ハ方圓座備ノ作法ヲ用テ段々ニ備ヲ立一二三ノ合戰ニテ持テ見ユルヲ善トス又手分手配或ハ結解ナド云作法モナク一重ナルヲ悪トス審ナルコハ備立相傳ナリテハ難得

三敵軍ノ可勝可敗ハ士卒ノ心言葉ニテ可察事　六韜ニ曰凡三軍悦懌ノ士卒畏法敬其将命相喜テ以破敵相陳ルニ以勇猛相賢トスルニ以武威此強キ徵也凡三軍數驚キ士卒不齊相恐ルヽニ以敵強相語以不利耳目相屬妖ケ言不止衆口相惑不ハス恐法令不重其将此弱キ徵也

見分之事

敵勢大積二箇條

一敵ノ國所又ハ敵将常々心術ニ随テ人數ノ多少損益ヲ知事　言ハ敵ノ領内ニ深山海邊ナト在テ境内廣ク或ハ隣國ニ大キナル市町ナド有敵ハ其山中海邊ニ引篭リ居ル隠者或ハ隣國ノ市中ニ居ル浪人ナト集リテ其勢知行ノ分限ヨリハ多シト可知又敵将常々ノ心術ニヨツテ人數ノ多少損益ヲ察スト云ハ第一良将ハ常ニ人數多ク召仕フ者也故ニ知行ノ分限ヨリハ人數多シト可察悪将ハ反之又勝負ノ躰ニモ可縁ヲ軍書ニ曰大抵一万石ニ付上将上國ハ廿六七騎中将中國ニハ廿二三騎下将下國ニハ十五六騎又上将惣勢ハ足軽其外大将直ノ雑兵合テ騎馬一人ニ雑人廿五六人中将ハ騎馬一人ニ雑人廿三人下将ハ騎馬一人ニ十五六人如此積ルト云々又或軍書ニ五十騎ノ人數積リメ曰

一馬乗五十騎四人連ニテ主従二百五十人
一弓鉄炮足軽五十人此頭二人五人連ニテ主従拾二人
一長柄三十本士大将ノ持鎗二十本是ヲカツク者五拾人
一鎗奉行二騎旗奉行二騎組頭武者一騎合六騎六人連ニメ主従ニ四十二人
一使番ノ武者四騎四人連ニメ主従ニ三拾人
一歩行ノ侍三十人中間小者五十人
一マトイ馬印合二本持小旗五本是ヲカツク者五人

右都合人數五百九人也是ハ皆働備ノ場ヘ出ル者如此
侍大将ノ臺所人二騎　一小姓二三騎
右筆二騎　一同坊一人
右合八人也二人連ニテ主従ニ廿四人
一侍大将ノ臺所ニ使フ人夫二拾人
一惣侍衆ノ人夫百五十人　一侍大将ノ乗替三匹
一惣士ノ夫馬拾五匹侍大将ノ夫馬五匹
一小荷駄數都合三十匹是ノ口付ノ者三十人
惣合二百五十人前後都合七百五十人余
右ハ五十騎ノ備雜兵共ニ如此是ハ古ヘ戰國ノ時分ノ人數準リ也當代ニハ不相應ト云共戰國ノ時ハ人寡キユヘ如此私曰此人數積リハ騎馬一人ニ雜兵十五人宛也右ノ説ト相違シタリ太平ノ後事始ノ合戰ノ時ト年々打續テ合戰ノ有時トハ可違カ
二右ノ如ニメ人數ヲ積リ其上ニテ留守居ニ如何ホト可殘陣所ヘ來ル人數ハ如何程戰場ヘ出テ戰フ人數ハ如何程可有ト積ル事　凡留守居ヲ殘スコ大抵ハ三分一ノ者也然共跡心許ナキ事有時ハ各別也口傳　又陣所ヨリ働ノ場ヘ出ル者ハ大抵三分二ノ者也但少時ハ時ニヨルベシ又居城枝城ノ數ニモヨルベシ口傳　右ノ大積リヲ考其上ニテ備タル人數ヲ以通リノ人數ヲ可準也

積備人數四箇條

一味方ノ人數ヲ知テ兩陣ノ半途ニ出テ互ノ陣ヲ見合テ勢ノ多少ヲ積ル事
二十ヲ十百ヲ百トノ事　凡積ト都合ヲ勘定スル事
三地形間數坪割ヲ以積事附人數ノ厚薄ヲ可考事
前云騎馬ハ二間四方ニ二騎歩兵立ハ一間四方ニ十二人ヨリ厚クハ立ラレストエヽ
四敵ノ居所ト分合トニヨツテ見違ヒ可有也其考專タルベキ事　凡山上峯ナドニ取上リタル人數ト分散シタルトハ多見ユルモノ也谷合ニ居ルト一所ニ聚リタルハ小勢ニ見ユル者也口傳

積ニ察ス備押人數三箇條

一尋常軍勢ヲ積ルハ前後ノ旗差物馬印等ヲ目驗ニメ其間ノ人數ヲ筭テ都合ヲ計リ知叓 口傳圖アリ

二押通ル道路ノ法ヲ知テ上下道三段一間ハ近シ二間ハ遠シ三間大ニ遠シ三段𪜈ニ人數ヲ可積叓

三騎馬ノ數ヲ筭テ人數積ヤウノ叓　前ニ見ヘタリ

將ノ上中下國ノ上中下大平ノ後ノ合戰ト數年打續タル兵乱ノ時トハ可變ル也 口傳

城陣自外可窺十箇條

一二重屏ノ有無可窺ヿ　凡二重塀ト云ハ常ノ屏ノ内ニテ一屏或ハ材木ニテ柵ヲ結タルヲ云也城門ノ傍ニ隠曲輪ト云ヲ常ニ構ヘタル城モ有モノ也常ニハナク𪜈篭城ノ時ハ猶以テ隠曲輪ヲ為ルト可知

二釣屏ノ有無可見計叓　釣屏ト云ハ二重屏ノ外側ニ在ル屏ヲ根ノクジクル様ニシヲキサテ屏ノ内手ニ木石ヲ重リニ付屏ニ扣縄ヲ付内側ノ屏又橛ナトニヒカヘ置ナリ敵屏ヘ蟻付スル時扣縄ヲ切リ落ス様ニシタル物ナリ

三石弓ノ有無可見考叓　石弓ト云ハ屏ノ棟木通リニ五寸四方ニ窓ヲ切アケ其窓相應ナル石ヲツリ敵蟻付スル時扣縄ヲ切リ彼石ヲ落ス様ニシタルモノ也又上ニ木石ヲツリタルモノアリ

四猿濘《スベリ》ノ有無可見計叓　猿濘ト云ハ坂口ニ大石大木ナドヲ車ニ積引縄ヲ取リ敵寄タル時扣ヘ縄ヲ切放スヤウニシタル物ナリ又石材木ヲ急ナル坂ノ上ニ扣ヘ縄ヲツリ置敵坂ヲ上ル時縄ヲ切リ轉スヤウニシタルモノナリ

五堀抜駒返有無可見立叓　堀抜ト云ハ坂中ヲ深サ六七尺計リ横ハ其所ノ廣狹ニ應シメ堀抜キ底ニハ乱橛ヲ打上ニハ細キ竹ヲ渡シ其上ニ薄ク土ヲ置キ或ハ木葉ナドヲ掛テ置モノ也此穴ヲ川ノ瀬ナドニモ堀落クツヲ掛置叓

六柵ヤライ乱橛底縄等ノ有無可見計叓　柵ト云ハ木ニテ地ノ上七尺五寸間ニ四寸宛置テ立テ木ノ上ヨリ五寸通リニ貫ヲサシ置モノ也或ハ是ニカラタチ棘ナドヲ結フモ有空堀ノ中或敵渡サント思フ河瀬ナドニアルモノナリ

ヤライト云ハ竹ニテ高サ七八尺或ハ九尺ヘ一丈程ニ結タル
鹿垣也逆茂木ト云ハ枝ノ四方ヘハビコリタル大木ヲ敵ノ方ヘ先
ヲナシテ置ヲ云也乱杭ハ世間ニ云處也底縄ハ流ニ順ヒ筋
違テ水ノ半ヨリ底ニ張置也惣メ敵ノ要害悪キ所ナラデハ
ケ様ノ防ハナキ物ナレハ此等事ノ有所ハ大概シルヽ者也乱概
縄ノ知様重々有能々可見計　口傳
七引橋ノ有無可見計叓　引橋ハ本丸ト二ノ丸トノ橋ニ有
者也其作リ様ハ橋ノ前ノ方ヲ蝶ツガヒニシテ橋ノ製作ハ有圖
八城中水ノ手ノ所又敵水ニ渇セルカ不渇カヲ可見叓
城中水ノ手ノ有所其水ノ多少ノ位ヲ見ル叓ハ不及云ニ
或ハ矢倉ヨリ堀ノ水ヲ汲ムコト有其堀ノ水ヲ切落ス所ナ
ト一々能可見計昔楠正成河内ノ赤坂ノ城ニテ水ヲ取
タル謀又ハ千破屋ノ城ニテ水ヲ溜タル計カヤウノ処忌ヲツケ水ノ
手ヲ可見計又水ニ渇セル者ハ夜中ニ谷合ノ水堀水ナヲ潜
ニ汲或汚水ヲモ不構飲ミ或ハ馬ノ湯洗ナトヲワザトシテ
見セナトスル者也因茲鳥取ノ城ニテ白米ニテ馬湯洗シタル有

九敵飽佚セル形カ又饑疲レタル形カ可見叓　凡城中ニ兵
粮尽ヽ人饑疲レタル士ハ士卒野菜ヲ専一ニ取ニヨリ其邊ノ
草木ノ枝葉ヲ見テ可知或ハ城中ニ食ヲ炊クコナケレハ煙
ノ立コ寡或ハ馬ヲ殺メ食フニヨツテ馬ノ嘶キ漸々ニ少ク或
ハ人ノ声色柔《ヨハツ》面色アシク足モトタトツキ動《ヤ》モスレハ杖ヲツキ
メシツナドヲ持或ハ軍法ノ禁制ノ乱妨ヲ好ムハ粮米少キ也是
ハ外ヨリ見ル術也又城ヨリ夜討ナドニ出タルモノ討トメタル時腹ヲ開テ
見ルモヨシ然レトモ夜討ニ出ル前方ニハ食ヲクイ出ルモノナレハ腹中ニ
テコナレタル食ニ心ヲ付見ルコ尤也敵方ヘ味方捕レタル者ア
ル時イカニモ白キ食ヲ喰セ反シナドスルハ兵粮少シト可知城ノ
屏側ヘ行或ハ城中ヘ入テ其様子ヲ見聞セハ不知ト云コナシ
孫子曰杖立者饑也昔越前鐘ケ崎ノ城ニ新田一族篭リシ
時兵粮盡テ馬ヲ殺シ食スルニ因テ後ニハ馬ノ嘶フナカリシト也
十敵ノ強弱ヲ可察叓　凡備ナリワタルハ軍令不正ニシテ
大将物頭トモニ不功ノ敵ナリ又士卒右往左往ニメ一致セザ
ルハ将ノ威軽キ故ニ上ヲ不重ト可知五人七人ハラヽヽニ寄

集リ私語ルハ味方疑有ト知ベシ其ケ様ノ變ハ色々有ヘシ強ハ叉之此趣ヲ以テ敵ヲ可察ナリ

至夜見過ツ三箇條

一夜尺ノ木ト人ト見分ル支　凡敵城近ク忍寄ル時月カゲニ見レバ尺ノ木ナドモ敵ノ出タル様ニ見ユルモノ也ソレヲ見過ツマジキニハ尺ノ木ハ不動人ハ動ク尺ノ木ハ並揃フ人ハ並不揃モノ也尺ノ木ハ旗長柄等ヲ立置木ナリ

二夜敵陣ノ火ト味方ノ火ト見分ル支　凡夜敵陣ニ火事ナトアル時跡ヨリミレバ味方ノ先備敵合未遠ト云ヘドモ火ニ移テ城近クデ攻寄タル様ニ見ユルモノ也惣メ夜ハ火近ク見ユル也

三烽火ト野火ト見分ル支凡烽火ハ高ク野火ハ低キ者也

間見ノ篇

此篇ニハ遠所ヨリ間ヲ隔テ見テ敵ノ形ヲ察知ノ術ヲ記ス

城陣敵進退見分三箇條

一敵城陣ヨリ出不出ハ旗ト人氣トヲ以テ可察知支

敵城陣ヨリ夜討ニテモ朝懸ニテモ出ル時ハ旗馬印シ動リモノナリ其子細ハ出戰ノ時ハ一番備二三脇後口備等段々ナリ依之敵今晩夜討セント思フ時ハ夜ニ至テ一番二番ヲ正シ其居所々々ニ置時ハ物騒シクシテ其音ヲ寄手聞尤メシト思フニヨリ昏ノ中ニ一番二番ト正シ置モノナリ故ニ其旗馬印ノ有所替ル也又旗ヲ動カス時ハ寄手カトランシト思フ時ハ旗ヲ巻不見支モ有或ハイツトモナシニ旗ノ有所替置也何レモ旗ノ様子常式トハ違フ心持アルベシ軍書曰出戰ノ時先陣ノ者ハ奥ヘ行後陣ノ者ハ門口ヘ行モノ也故出不出ハ旗ニテ知ト云々又朝掛ナトニ出ル時ハ不功ノ敵ハ至夜食物ヲ調ルニヨツテ煙火光ホ見ユルモノ也功者ノ敵ハ明朝ノ出戰ニ明日明後日ノ食物マテ今晩ノ夕食ニ一度ニ調置モノナレバ其人氣雖難知能心ヲ止テ考ヘ見ル時ハ常式ノ煙ヨリハ多立ニテ可知ナリ又夏陣ニハ考アリ武田信玄程ノ名将ニモ河中嶋合戰ノ時明日ノ合戰ノ食ヲ前日調ラレシニ謙信西条山ヨリ見付ラレシト云々

二敵夜討ニ出ルヲ察シ知ニハ火光小物見夜ノ愼不聞犬馬嘶吠ル声静ナル等ニテ可知支　言ハ敵夜討ニ出ント

スル時ハ一ニ互ノ云合セノ使ヲ遣リ或ハ諸道具ホヲ尋其ハ
外様々ノ故ニ付燈灯松明ハヤリ火ノ光常ヨリハ多キ者也
二ニ前方小物見ヲ出シ足場地形ノ敵ノ形等ヲ見スルモノ也
三ニ常ニハ張番ノ夜廻リ嚴シクメ拍子木ナドヲ撃其番
守其シキ音聞ユルモノ也又夜討セントスル思フ時ハ拍子木不打
夜番夜廻リ等ノ戒ノ声セザルモノ也四ニ馬モ引出シ一
所ニ集ニヨリ嘶ク声常ヨリ多シ又犬ハ人ノ噪ク時ハ吠ルモノ
也五ニ常式トハ違ヒ反テ敵ノ城陣声静リ沉々トスルモノ也
是等ノ様子ヲ見聞テ夜討ニ出不レ出ヲ可レ察也
三城陣ニ敵ノ有無ハ鳥旗煙火ニテ可レ察叓　言ハ敵
立退キ城陣屋ニ不レ居シテ居ル真似シテ旗指物ヲ立
置或ハ松明挑燈火縄ホニ火ヲトボシ人ヲ見ル様ニシヲリ
コトソレハ旗モ火モ不レ動ナリ又城陣ニ敵不居ハ櫓ノ上
小屋ノ上人近キ所ニ鳥ノ居テ　餌ニナトスル心安キ体也又
飛鳥ノ心易キ飛ヤウニテモ知ル丶モノ也又煙不立也又敵
居ル時ハ旗モ火モ動キ鳥モ近ヨラズ飛ヤウモ下ヲ見上ヘ
飛モノ也或ハ乱レ散リ氣遣シタル体也但鳥ニモヨルベシ飼
鳩雀鵯等ハ人ヲ不レ恐然圧此等ノ鳥モ居処ト飛ヤウ
ニモヨルベシ又煙モタツナリ

陣取敵退敵見分二箇條

一陣取敵退敵ノ見分ハ荷物ト物見トニテ可レ察叓　言ハ
荷物ヲ下シ陣具ヲ取アツカイ武士多物見ニ出テ　来廻ルハ
陣取敵ト可レ知又荷物ヲモ不レ下陣具ヲモ不レ取其侭居
ルハ退敵也或ハ物見ヲモ不レ懸土井ヲ　築キ尺ヲ付ナドスルハ
此方ニ恐ルル敵也此方ヲ引受テ戦ハントナリ
二陣取敵味方ヲ待色見分ノ叓　言ハ荷物ヲモ不レ下又
陣具ヲモ不レ取メ不レ動敵ハ退敵ト云ヘ圧同勢モ不レ續ニ備
ヲ乱シテハト遠慮アル敵ハ後備ノ来ルヲ待テ不レ動モノ也
ソレヲ見分ベキニハ一ニ諸卒跡ヲカヘリミルモノ也二ニ後備急ニ来
レト切々云遣スニヨツテ後陣ヘ往来スル人シゲキ也

伏蟠之有無見分五箇條

一伏蟠ノ可レ居所々ノ叓　言ハ伏蟠ノ可居所々ハ森林

藪谷合山景堤ノ向溝川ノ中蒹葭ノ茂リタル中深
野麥畠等ハ是旙ノ隠レ所也孫子曰有險阻潢井
蒹葭林木翳薈者必謹覆索之此伏姦之所也ト云々
二右ノ旙塲ニ伏ノ有無ヲ可レ知ニハ鳥獸氣火色草旗
煙木偶偽鳥等ヲ見テ可察叓鳥ト云ハ前ニ云如リ
鳥ノ居ルト不居ト又ハ飛ヤウニテ旙ノ有無ヲ察スベキナリ
孫子曰鳥起者伏也ト云々六韜曰兵有野則雁乱
行ト云々獸ハ狐狸鹿猪兎猫等ノ如キ獸ノ走リ様ニテモ
知ベシ伏兵襲勢ナト有時ハ山野ノ獸必走リ出ル也
孫子曰獸駭者覆也ト云々氣ト云ハ伏アル森林等ノ上
ヲ見レハ氣アルモノ也百人以上ハ必氣有ト云々味方地ノ伏
旙ナキ森林ノ上ト旙有ベシト思フ森林ノ上トヲ見ク
ラベ見考ハ伏ノ有無ハ氣ニテ知レヌベシ又火縄ノ煙モ少シ
トハ云ナガラ大勢一所ニ居ルコナレハ可見也或人曰夜曇タル
時モ伏ノ上雲白ク見ユルモノ也晴タル夜ハ星多シト云ヘリ
火色ト云ハ夜ナドハ火縄ノ火チロヽ見ユルモノ也然ㇳモ此火

不動ハ竹ニハサミ置タル火縄也ト可察昔去ル者火縄ヲ
柳ノ枝ニカケ置テ人居ルト思ハセ退タルコ有之是ハ少シ人
ノ持タル火縄ノヤウニモ似シカ然ㇳモ一尺二尺ハ動ケㇳモ五尺一丈
モ不可有其上火ノ光リ見ヘツ隠レツスルコ也草ト云ハ深草ノ
中麥畠麻畠等ノ中ニ隠レ居ルコ有伏其中ニ居ハ草不
揃シテ喩ヘハ大風ノ後ノ如ク見ユルモ也不居ハ草ノ上揃フ
也又深草ノ近邊ヲ行見レハ伏入タル道ハ草タンレ道ヲ
分行タル跡ツキ其上雨ノ後或早朝ナドナレハ草木ノ露
落テ無シ旗ト云ハ實ノ旙ハ旗馬印等ヲフセ置モノ也
然ルヲ森林ノ中木蔭ニ旗馬印ナト立或時ハ伏ヲ不置
メ伏アリト思ハセン偽リ旗ナリ然ㇳモ山蔭ヨリ人闚居ルカ
或ハ小指物ナド見ハ是實ノ伏也煙ト云ハ伏アル様ニ思
ハセン為ニ谷間山ノアナタナトニ松葉ヲクスベ煙ヲ立ルコ有
是偽ナリ實ノ伏ハ煙ヲ立ルコアラズ木偶ト云ハ人形ヲ作
リ伏兵ノ様ニ見セ又敵ヲ引寄シ為ニ立置コモ有ベシコ
レハ不レ動ナリ木ノ蔭山ノアナタナドニ見ヘハ却テ伏ナシト知ベシ

昔正成千破屋ノ城ニテ為タル謀也又偽鳥ト云ハ伏
ノ上ニ似セ鳥ヲ作リテ上ケ置コトアリ是示不動也此下ニハ伏ア
リト可察昔加様ノ事終ミ有リ云傳ヘタリ然トモ虚メ虚ヲ示シ
實ニメ實ヲ示ス重〻口傳
三右ノ蟠場ニ伏ノ有無ヲ見聞スル所ノ事　此術ハ森林ナレ
ハ風下ヘ忍行ヘキ敵ノ物音風ニツレテ來ルヲ聞或ハ火縄
ノ臭ヒ鼻ニ入モノ也又谷際《アイ》ヲ見ント思ハヽ谷ノ向ヒナル野
原河原ヲ行谷下ヨリ見揚ケテ見ルベシ或ハ海邊ノ谷際
ナレハ舟ニ乗リ谷アイヲ見揚テ見ベシ又高山ノ頂上ヘ
登リ見ルコモ其時宜ニヨツテ分別アルベシ
四敵伏兵ヲ置テ詭リ逃ルヲ察知ノ事　言ハ首尾調リ
作法能備ヲ以テ逃ルハ是實ノ敗北ニ非ス李靖曰旗
齊鼓應メ號令如一紛〻雖退走非敗必有奇ト云〻
是也又其備乱レ右横左横ニテメ一ナラズ退モアレハ反シ合テ戰
フモ有或ハ五人十人三三十人ツヽ散〻ニナツテ退クハ真ノ退逃
クルナリ李靖曰兵却旗参差不齊鼓大小不應
令喧囂ニメ而不一是真之敗却也非奇ニト云ヽト如此
又退ク敵ノ何レモ一同ニ目ヲ付ハ其見ル所ニ伏有モノ也
義經ノ軍歌ニ
　逃テ行足輕トモノ脇ヲ見ハ其見ル方ニ伏アリト知レ
五敵ノ働キ様退キ様ヲ見テ其心ヲ察スル事　言ハ午ノ
刻過テ敵陣ヘ取寄スルコハ軍法ニ堅ク戒メタリ然ルヲ日
暮ニ至テ味方ノ陣ヘ取寄スルハ是謀有ト知ベシ又大勢小
勢ニヨラズ敵ノ城陣近ク取寄ハ山ノ坂ヘ取上ルコ是定法
ナリ然ルニ小勢ニテ野中ナドニ陣スルハ是有謀ト知ヘシ
又敵行マジキ所ヘ行退マジキ所ヲ退キ凡スマジキコヲ
スルハ皆是有謀ト知ベシ如此心ヲ付能明ニ察メ其謀
ヲ知テ又是ニ乗ル智謀ヲ可運ナリ
　　敵渡河不渡見分ル事
一敵馬ノ泥障ヲハヅス躰手轂ヲ解クモノ也凡河ヲ渡ス敵ハ
歩者ヲ不連若連ルヽトモ寡キモノ也又腰縄トテ一丈四五尺アル
麻縄ヲ以テ軍勢ノ腰ニ付サスル也歩行者川ヲ渡ス時此縄

ヲ取出シ連リ取付用意スルナリ其風情アラハ渡ル敵ト知ヘシ

以旗ノ塵ヲ察敵七箇條

一旗手先ニ備ヘハ位ヲ取敵ナリ　旗手中ニ後ルヽハ進ント
スル敵ト可知

二旗小乱ハ備不定大乱ハ敵方爭論有ト知ヘシ

三小簱前ニ傾スクハ戰ヲ持ナリ後ニ傾クハ不進ト可知

四先勢動キ後勢靜ナルハ備ヲ立ルト知ヘシ

五馬塵前ニ起ラハ進ム也後ロニ起ルハ退クナリ又馬ボコリ
モナク印シモ不動旗定リタルハ陣ヲ堅メタルト可知

六遠ク押來リ敵武者ボコリ多ク高ク立テ脫《ダツ》ナルハ馬
上多ク歩者少ナシ武者ボコリ寡クメ低ク立ハ歩者多ク
馬上寡シト可知

七人數ノ多少ハ居所ト旆等ニテ可察又森林ノ茂ミニ陣取
ルハ小勢ニテ頓テ引退クト察スベシ

右ノ條〻口傳有之此道ヲ嗜ム者ハ常ニ心ヲ委此道ニ
至其時不動心祥密ニ可謀也然則如見敵之肺肝

何ノ危キコノ有ンヤ正ニ其虚實ヲ微妙之

萬川集海巻第十一
陰忍上
城營忍篇
先考術十箇條之叓
一歒家平生ノ様子ト其城陣ノ様子トヲ見聞メ
術方使工夫内ナラシノ叓
一忍ヒ入ヘシト思フ前ヘ晝寐ノ事
一月ノ出入ヲ考ヘ忍フ丁月ノ出入ヲ知ル丁天時篇天
文ノ所ニ記之ナリ

一夜ノ刻限ヲ知ル丁一ニ北計ニ昴《ホウ》ニ三ニ砂時計四ニ
五ニ鼻息等ヲ考テ可レ知叓
一忍ヒ入ニト思ヲ時ハ飛脚火入子火狼煙旗具陰書陰
箭等ノ相圖ハ常法ナレハ云フニ不及其外諸叓違ヒキ
様ニ大將ト重々契約ヲナスヘキ叓相圖約束ノ丁ハ將知
篇ニ審ニ載ス
一歸リ道ヲ不レ迷ル法一繰《クリ》系二色〳〵ノ心印シ三山林四星五
風六一町一火七ツ入子銃ノ叓
一臆病卒忽無調錬ニノ失アル者ハ連レ行ク丁ナカレ若シ
不レ得レ止ツレ行ク時ハ道々ノ相圖ノ役トスヘシ万一其場ヘツレ
行ク丁有バ入時ハ跡ニ出ル時ハ先タルヘキ叓　歌ニ　只今ヲ
ツレテ忍ニ行ナラバ先退口《ノキ》ヲシルシ敎ヘヨ　又忍ニハ二人行
コソ大事ナレ一人忍フニ憂《ウキ》叓ハナシ
一城エ忍ハ組中一所ニ行丁宜シ入テ後ハ手ヲ分ケ分散スル丁
一山城取出城陣屋等ヘハ組中分散シ入ヘシ此等ノトキ
相圖ノ火三ツ印シヲ用ル丁有相圖ノ火三ツ印ヲ用サレ

将知ノ二期約ノ所ニ記之
一味方ノ大将ヨリ敵方ノ者エ遣ル張書ノ返書ヲ製シ衣ノ
襟ノ中エ入行ヘキヿ此術ノ解モ陽忍ノ巻上ニ記之
歌ニ目付モノ又ハ忍ヒニ行ナラハ書置ヲセヨ後ノ世ノタメ

敵虚二十箇條之事

一敵将味方ノ國エ押入ヘキトテ居城ヲ立出ル其ノ夜ノ叓
一敵初來ノ時一二三マデノ夜ノ事
一春夏長閑《ノドカ》炎熱ノ日敵長途ヲ來リ或ハ長程抜渉
シ険阻ノ難路ヲ凌タル夜ノ事
一敵日暮テ著陣シ或ハ小屋掛ノ用意或ハ食時ノ
用意或ハ馬ノ湯浴《ユアライ》等ニ心ヲ付見ヨ又ガツノ作法未定
時ノヿ一終日合戦争論有テ敵方労疲《ツカレ》タル夜ノ事
一敵方ヨリ味方ノ陣ヘ取掛ヘキトテ用意ノ夜ノ叓
一味方大利ヲ得敵立足モナク打負テ城エ込入リ上ヲ下ヘト
周章《アハテ》騒ク時ノ事
一迅《トキ》風或ハ隆冬大寒ノ時敵氷雪ヲ蹈冷水ヲ歩リ來テ
其人數凍《コヘ》疲レタル其ノ夜ノ叓
一敵勢味方ノ陣ヘ夜討シ或ハ晝合戦ニモ敵大利ヲ得タ
ル其ノ夜ノ叓
一静ナル時ハ忍ヒ難シ騒ノ時ハ忍ヒ易シ其目利《キ》ノ事
歌　大勢ノ敵ノ騒キハ忍ヒヨシ静ナ方ニ隠家ハナシ
一大将ト相圖ノ上攻表裏攻裏表タルヘシ若シ相圖ナクハ
トモ其心得タルヘキ叓
歌ニ忍ニハ身ノ働キハアラズトモ
眼ノ利《キツ》ヲ肝要トセヨ
一大勢ノ小城ニ籠リタルハ集ル方小勢ノ大城ニ籠リタルハ
険阻ノ方ナルヘキ叓
一大風大雨ノ叓哥ニ大風ヤ大雨ノ降時ニコソ竊盗夜
討ノ使トハスレ
一敵和ヲ乞フ時實カ計カヲ挍《カンカヘ》テ大将ト評判ノ上ノ叓
一晝夜ニ不限敵ノ城陣エ援《スクイ》ノ勢ノツキタル時ノ叓
一城攻ノ時城堅固ニテモ又ハ計畧ノ為ニテモ味方ノ圍
ヲ解キ崩レ退クヿ有モノ之其ノ夜ノ事

一将無キハ云ニ不及譬ヒ将有テモ寄會勢持タル城陣ノ㕝
一歒陣久シク人數退屈ノ折柄ノ㕝
一歒将常ニ武道ノミ智少ク或ハ我勢多キヲ頼ミニシ歒
ヲ侮《アナドリ》戒メノ心少シト見エタル時ノ㕝
一凡人間ボト懈怠多キモノハナシ其理ヲ能ク可考㕝
右之條件ハ歒ノ隋衰ノ所ニメ忍者速ニ可忍入
空隙ノ地ナリ
歌ニ　忍ヒニハアヤブミナキゾヨカルベシ前疑ハ臆病ノワザ
又　忍ヒニハ時ヲ知コソ大事ナレ歒ノツカレト油断スル時
入墮歸ニ術八箇條ノ㕝
一凡忍術ハ時所ニヨルト云𪜈先ツ大抵晝夜心得変スル
晝ハ人數騒動スル方夜ハ人静ニ無音方ニ立寄リ先ツ
微声ノ表裏ヲカケ番守ノ眠覺ヲ試ムヘキ㕝
一凡番所ヲ見聞スルニ外聞潜カニ或ハ番所微声ノ戒
聴ヘ若シ騒キ事有テモ番守ノ者三分一立出ル躰ナラ
ハ是切者ノ番所ナリ速カニ可去事

一凡番所ヲ見聞スルニ高声ノ話《ハナシ》或ハ酒宴小歌ノ類ヒ
良《ヨキ》頭人ナク戒ノナキ若輩ノ寄會ナリ前疑スベカラス
一右ノ如クナル番所之トモ表裏為ニ奥アル躰ヲスル事
有物ナリ其目利尤ノ㕝
一忍者歒城陣エ入テ後夜廻リノ跡ヲ付テ行傳授
數多《アマツ》有段〻其間ノ㕝ヲ考ルハ不入小謀之篇中番
所作法ノ件ヲ見テ工夫吟味スヘキ㕝
一嚴重ノ番所ヲ入術ハ一誘退ニ同士太刀討三抛銃《ナゲジフ》
火ノ㕝古法ニ眠薬ヲ撒ルト云〻未試
一凡忍術ハ劍術ノ理ニ異ナラザル㕝ヲ能知テ理外ノ
魔ニ不惑カ《サキ》ミナク可入㕝
一忍術ノ三病ハ一ニ恐怖二ニ歒ヲ侮リ三ニ思案過ルナ此三ヲ
知テ如ク電光ニ入ヘキ㕝　六韜云三軍ノ禍起ニ狐疑トネ
歌ニ得タルゾト思ヒ切ツヽ忍ナニ誠ハナクト勝ハアルヘシ
右ノ條〻口傳多シ

萬川集海巻第十二

陰忍二　　　城營忍之篇下

利使地十二箇條之事

一山城平山城等ハ險阻ノ所水邊ノ城ハ海川ノ方泥澤ヲ受タル城ハ泥澤ノ方ノ事

一城門守《マ子》ノ事　一門屏上傍ラ竊盗《シノヒ》返シノ有所ノ事

一外郭堀城中本丸二ノ丸エ差圧込アラハ駒寄或ハ二ノ丸ヨリ本丸ヘノ橋有所是利使ノ所ナリ駒寄橋ナリ圧ノ事

湖海ヲ受タル城ハ云ニ及ハズ凡堀有程ノ城ハ石垣ノ臺有モノナリ其レエ行テ後時所ノ宜キニ隨フ事

一水通シノ樋ノ中ヨリノ事

一石垣ヲ登ルニハ出隅《テズミ》不宜平ナル処モ不宜横矢屏風折或ハ糞《フン》捨ルト云ル入隅是利使ノ地ナリ但所ニモ寄ヘキ事

一狭間《サマ》ヨリ入ル事　鉄炮狭間ヨリハ不宜矢狭間ヨリ入ヘキ事

一時ニヨリ横矢塵落シ或ハ屏ノ出木下ノ石ヲ取リ入ルヿモ有ルヿ

一城取縄張ヲスルニ篭城ノ時其國民ノ人質ヲ入置ノ丸ヲ作リ置モノナリ城ニハヨルヘケレ圧大抵本丸ヨリ奥ナル險阻ナル離タル所ニ人質ヲ入置ク丸アルモノナリ是ヲ知タラハ此所利使ナル事

一凡大抵ノ城ハ惣郭《カラ》三ノ丸等ハタヽキ土井ニテ上ニ竹ナト生ヒ茂リ或ハ堀ナドモ空堀ナル物ナレハ忍ヒ易シト云圧是ニ忍入テモサシテ益ナキモノナリ且ツ三ヨリ二エ行二ヨリ本エ行テハ切要ノ所ヲ越ルヿ多ケレハカラ屈シ或ハ諸道具調ハズ其上手間《テマ》ヲカヽリ時刻移リ且ツ見付ラルヽ理有只ハ本テノ両丸ヘノ中エ直ニト心カケ諸事工夫スヘキ事

一城陣エハ前ハ要害用心圧ニ嚴重ナルモノ之後ヨリノ事

右ハ城陣ノ中ニテノ竊盗《シノヒ》入易キ利使ノ地ナリ入處ノ件ニ所謂忍入利使ノ理ハ敵ノ惰衰ノ時所ヨリ入ルト云圧惰衰ノ時所トノミ心得テ此十一箇條ノ利使ノ地ヲ不知トキハ必入ノ術ニ非ス唯敵ノ惰衰時此利使ノ地ヨリ忍ヒ入ル時ハ陰陽ノ術和合ノ道ナルヘシ

一山嶮岨《ケハシク》メ登リ難キ時釣梯《ツリハシコ》可用事

一城門ノ宇《ヤネ》エハ結ヒ楞飛楞等ヲ用ルナリ但無レ音キ様
一門ノ傍忍ヒ返シ或ハ駒寄セ或ハ橋或ハ堀或ハ底ヨリ上ナル屏
マミテ直直《マツスク》ニ登ルニ蜘蛛楞ヲ用ヘキ丁一堀ノ外側ヨリ
内側ノ屏ノ上エ横ケタニ打越ニハ飛行或ハ龍登ヲ可用丁
一城内ノ小屏或ハ屋形宇《ヤネ》或ハ木ノ上ナトヘハ楞或ハ竊盗《シノヒ》
枝ヲ用ヘキ叓　右ノ道具ヲ以テ登越ル時ハ高ク嶮岨《ケハシキ》
所ナリトモ越ラレズト云丁ナシ然レモ手練ナクハ其切ナキモ之
一海川ニハ水蜘或ハ挟箱舟ヲ可用ナリ若シ右ノ道具ナキ時
ハ或ハ大勢ヲ渡サントト思フ時ハ葛籠筏甕筏蒲筏浮
橋等其時ニ有合タル筏ヲ用フベシ若川瀬早クシテ右術
ニテハ筏推レ流サレント思フ時ハ水練ヲ遣シ細引ヲハル叓
一水底ヲ行クニハ鵜鶩ヲ可レ用叓
一泥澤ノ地ハ橇《カンジキ》ヲ可レ用叓　如此ノ道具ヲ以テ海川泥
等ヲ越渉《ワタ》ルニ越エラレストス丁ナシ
一古法ニ云城エ忍フ時ハ堀ヲ越ル時ハ浮橋ヲ用フ其用ヒ様
一ニ水練ノ者ヲ遣シ編簀《アミス》ヲ引張ニ竹木渡シノ叓

一古法ニ云石垣ヲ登ルハ下ハ結楞ヲ用結楞ノ不届時ハ石
間ニ苦無《クナイ》ヲ立テ踰《コ》ヘ橋ヲ互ニカケ舛ル叓
一古法ニ云石垣ノ上ナル屏下ニ付時ハ探鉄《サクリカネ》ヲ以テ屏ヲ刺《サシ》
試ミ下ニ長蓑《ミノ》ヲ垂《タレ》置苦無《クナイ》ヲ以テ穿穴ヲアケ入ル丁附
打鈎《カキ》ヲ以テモアケルト云ナリ
一古法ニ云向ヒエ著ヒテ後ハ高楞ヲ以テ諸道具ヲ取返ス
事附沉橋ヲ味方籠城ノ時用ルト云ヘ此理無シ覚束ニ
右古法四箇條ハ古ヘ當剣稅ト持時要害拙キ
カキアケ城エ忍ヒ入タル作法丁當伐ニ不ニ相應
トモ云若此術モ用タキ叓モ有ニカト爰ニ記シ畢ス
善悪ノ評ハ忍間答破邪ノ所ニ記レ之
一他家ノ當流ニ畳橋ト云丁有是ハエノ様《タタミ》ナレモ重クシテ
アシ、勿レ用ル丁ノ叓
一笆柵《モカリサク》鹿垣竊盗《シノヒ》反等ヲ伐《キリ》様ノ叓各別ニ有ニ非ス其
時宜ニ随ヒ綱ニテシメ切リ引切リ几忍器ヲ用ル時風音
ヲ請ル丁肝要トスル叓

一屏柵笆鹿垣等ヲ切ヌキ入折柄ノ糸ヲ不用ハ歸リ道ヲ惑フ事有ト云傳ヘタル事　歌ニ道筋ニ目印シセン卜心懸ヨ出戸ヲ忘テフカクハシスナ　右道具ノ用ヒ様ハ口傳色々有凡忍者敵ノ惰衰ノ時所ト城陣屋ノ利便ノ地トヲ知テ忍フ丁肝要タリト云ド道具ヲ用ルニ手練ナクハ喩ハ禪僧ノ劔術ノ理ヲ能云ナガラ劍ヲ取テ人ト戰フ時ハ其術拙キガゴトシ

著前ノ術二箇條ノ事

一將ノ著前一二三五六マデノ事　法ニ曰能入者ハ未非ニ入ルト云々　是等ノ時飛脚火狼煙火入子火旗貝等ノ相圖ヲ用ル事

一右著前ノ術ヲ用ル時形影身虫久ノ一等ノ陽術ニ使リヲ可レ取事

襲《ヲソヒ》入術二箇條ノ事

一可レ入卜思フ五六七八モ前ヨリ昼夜惑ヒシ其後ノ事

一火矢連レ放ニシ不放方ヨリカ或ハ毎夜放ツ其後ノ事

隱蓑ノ術之事

一隱蓑ノ術ハ陽中ノ陰ナリ陰忍ノ極秘ニメ其ハ方便不レ一口ナラ傳深ニシ然ド隱蓑ノ術ヲ以テ忍フ時桂男久ノ一等ノ陽計ニ使リ或ハ妖者術等ヲ專トシ行フ是定法ナリ此術ヲ能行ブテ忍フ時ハ如何ナル要害堅固ノ城郭ナリド不レ入ト云丁ナカランヤ秘々

隱家術四箇條ノ事

一敵ノ城陣エ初テ入タル時ハ先ツ雪隱藪林或ハ人數騒動ノ所或ハ橋ノ下或ハ屋根木ノ上ナドニ隱レ居テ位ヲ窺フ事　一與エ入智略ノ事　一敵ニ見ラレ奇怪《アヤシメ》タル時ノ智略ノ丁

一敵急ニ追ヒ付カハ百雷銃或ハ捕者惣摩久利等ノ物ヲ拋《ナケ》付敵ヲ驚カシ其間ニ迯退ク事

放火術六箇條ノ事

一大將卜相圖約束重々有ヘキナリ將知ノ期約ニ記シケレハ是ニ畧スル事

一若ニシ時ニヨリ火ヲ不レ放歸ル時ハ忍入タル印ヲスヘキ事、

一火ヲ放サント思フ時ハ組中方々手分メ分散メ放ツ事
付 風ナキ時ノ放火ノ所又ハ風ノ順逆ニヨリテ放火ノ所易《カハ》ルヿ
一火ヲ放ツ所ニハ不レ及レ云ニヿナレ𪜈薬篭鹽《ヱン》消《セフ》篭薪栈木等
ノ有ル処兵ハ粮輜《シ》重篭又ハ二ノ丸ヨリ本丸ヱノ橋ナトヘ放ツ定法ノヿ
一城陣放火ニシヤフ又ハ薬鹽硝篭或ハ橋ヘ火ヲ放ツ手立見合ノヿ
元弘三年五月八日ニ赤松圓心足利高氏頭中將忠顕等
六波羅ヲ攻ラレシ時出雲伯耆ノ兵𪜈ノ為シタル術モ能計ナリ
一市店在家放火ノ為シ様ノ事　右ノ條々何レモ口傳多シ

萬川集海巻第十三

隂忍三　家忍篇

四季眠之大凡四箇條之事

一春ノ事　一夏ノ事　一秋ノ事　一冬ノ事 各口傳

因ミテ年ト與トニ心行ヲ察スル眠覺ノ三箇條ノ事

一老若肥瘦ニヨツテ眠覺ヲ察スルヿ

一心行ノ嗜ミニヨツテ眠覺ヲ察スルヿ

一心ノ安樂ナルト苦患ナルトニテ眠ノ淺深ヲ察スルヿ

犬逢術二箇條ノ事

一犬有ル家ヘ忍フ術ノ事　一犬逢ノ呪咀ノ事

歩法四箇條ノ事

一大泥ニハ橇ヲ用ヒ小泥ニハ桟足ヲ用ル事

一敵ノ屋敷ノ中ヘ入タルトキハ浮足狐走リ犬通リト云事

一床ヲ歩スルニハ板橇或ハ真草ノ兎《ウサキ》歩ヲ用ル事

一床サガシノ事

除景《カケ》音術六箇條ノ事

一月火ノ光ヲモテヲヨケヘキノ事

一月火ノ光足ヲヨケヘキ事

一風上ヲ除《ヨケ》テ風下ヲ歩スヘキ事

一風ナキ時ノ軒ノ藪林ヲ除《ヨク》ヘキ事

一日葉焼ノ藁艸ノ中或ハ敵近キ灰ノ中ヲ除《ヨク》ヘキ事

一水ノ動クヲ厭《イトフ》ヘキ事

可必入ル夜八箇條ノ事

一祝言ノ明夜ノ事　一病後ノ夜ノ事
一遊興ノ夜ノ事　一隣家火事或ハ珍事有レ明夜ノヿ
一普請労役ノ夜ノ事　一愁歎ノ有シ後ニ三夜ノ事
一風雨ノ夜ノ事　一騒動ノ夜ノ事
可ニ必入一所四箇條ノ事
一裏口ヨリノ事　一奥ヨリ口エ入事
一表ヨリハ座敷ヨリノ事　一エンノ下ハシリノ下ヨリノ事
陽中陰術四箇條ノ事
一久ノ一ヲ先ヘ入或ハ未兆ニ入又鋭ナルヲスカシ怠シメ入事
一二人行一人歸リ一人留リ入事
一隠蓑隠笠ノ術ノ事　一鶩忍ノ術ノ事
聴ニ音鼾《イビキ》一ヲ術五箇條ノ事
一大抵先聞箇ヲ用ル事　一未レ眠ヲ察スル事
一人ヲカドメ偽テ鼾ヲカクヲ察スル事　一鼾ナキ時能眠覚ヲ知ル術ノヿ
一熟睟シタルヲ知ル事
見敵術四箇條ノ事
一火ヲ以敵ノ臥所ヲ見ニ前カタノ戸閉開ノ事
一壁外ヨリ敵ノ臥所ヲ見ル四術ハ一ニ吹矢見二ニ違見三ニ
竿火見四ニ剛盗挑燈見ノ事
一敵ノ家内エ入テ後敵ノ臥所ヲ火ヲ以テ見ル四術ハ一ニ鳥
ノ子火二ニ入子火三ニ竊盗松明四ニ不滅松明ノ事
一敵ノ臥所初ヨリモ不レ知又火ヲ以テ見ニモ火ナキ時ハ物真
似ノ計ヲ以テ知ルト云傳ヘシ事
隠形術五箇條ノ事
一初テ屋敷ト家内エ入タル時隠レ家《カ》ノ事
一観音隠レノ事　一鶉《ウヅラ》隠ノ事
一敵カトメ起タル時ノ方使三ツ一ニ物真似ノ術二ニ偽リ言ヲ
私語《サヽヤキ》三ニ迯止ノ事
一敵追ヒ出テ對當シテモ利ナキ時我退散スルノ方使八ツ
一ニ狸退二ニ百雷銃退三ニ蒺藜ツ蒔キ退四ニ木石ヲ耳ヒ
下《カ》水中ニ抛《ナク》ル術五ニ変シ追ニ手揚二大音ヲ術六ニ珍事出
来號《ヨバル》閉《トヂコト》門ヲ方使七ニ門有ル閉ルヿトキハ俄ニ君出御ヲ

號ハルノ術八ニ狸隠レ狐隠レノ叓

家忍人配リ三箇條ノ叓

一張ノ叓　一仕手ノ叓 付 侖レ戸《トビ》人ヲ置或ハ人數ナク分閉ヿ

一相圖持并相圖ノ印シ鈴火ノ叓

用心術二箇條ノ叓

一寢所ニ有明ヲ燈スヘカラズ若シ燈サバ燈火ヲイケ置或ハ入

子火剛盗挑灯ナトヲ置ベキ叓

一眠ヲ厭《イトフ》ニハ不厭苦身或ハ冷水ニテ顔ヲ冷シ又醒散ヲ

用ヒ服スル叓

要害術六箇條ノ叓

一スチ拂ノ叓　一ツリヲシノ叓　一菱《ヒシ》ノ叓

一歒驚我眠叓　一大竹箆叓　一縄張疊立ノ叓

右ノ條々口傳多シ

萬川集海巻第十四

陰忍四　開戸之篇

開戸始計三箇條ノ叓

一戸ヲ開ク了問鑰《カギ》有テ鏁子懸鉄尻差等ノ様子其有所ヲ知ル叓

一セシ懸鉄等ノ有ル所ニハ通リカケニ印シヲ付置叓

一戸ヲアクル心得ノ叓

以テ掌ノ位ヲ知ル尻差ヲ六箇條ノ叓

一尻差ニ五ツ様ノ叓

一十文字尻差ノ叓

一追立戸出走《ハシリ》尻差心得ノ叓　一同尻差心持ノ叓

一閾《シキミ》ノミゾニ有ル尻差ノ叓

一几ツサシ尻差ハ追立戸ニ有物ノ叓

右少々口傳有リ手ヅカラ開キ見テ常ニ不試ハ涇渭《ケイイ》ノ味ヒ知リ難カラン乎能々可キ手練ナリ

外尻差術四箇條ノ叓

一閾《シキミ》ノミゾニ有尻差モ十文字尻差モ間外ヲ以テ其ハ有所ヲ知ル了　一追立戸ノサシ尻差ハ二枚ノ戸ヲ引アクル心得ノ叓　一夢想尻差ハ間外鑓錐ヲ用ル叓

以テ掌ノ位ヲ知ニ懸鉄ヲ五箇條ノ叓

一几ツ立詰ニツカエバ輪懸鉄釣懸鉄ト知ヘキ叓

一釣懸鉄ノ叓　一鏁子懸鉄ノ叓　一居合戸ノ鏁懸鉄ノ叓　一釣懸鉄是ハ戸ノ上ニテツカユルモ之其ハ心得ノ叓

外懸鉄ノ術八箇條ノ叓

一輪懸鉄戸ノ立詰ニ透間アル時ノ叓

一同戸ノ立詰ニ透間ナキ時ノ叓　一釣懸鉄ヲ外《ハツス》叓

一開戸楊戸ノ懸鉄心得ノ叓　一居合戸鎖懸鉄ノ叓

一鏁子懸鉄ノ叓　一懸鉄戸鴨居ノ上ヨリノ叓　一紙小袖障子開様ノ叓

知樞《クル》二箇條ノ叓

一戸ヲ開キ見ルニ下ニテツカヘハ樞ト知ヘキ叓

一大抵樞ハ戸ノ正中ニ有物之又十ニ二ハ前後ニモ有ヘシ其ハ知ヤフ心得ノ叓

外樞術三箇條ノ叓

一梱ハ鑿ヲ閾《シキミ》ト戸ノ間エコヂ入レアクベキ拍子ノ事
一若シ右ノ術ニテ不㆑開又音ヲ嫌《キラウ》ハヾ刃曲《マガリ》ヲ可㆑用事
一梱ニ鑢ノ錐小坪ノ錐ヲ用ル事
察㆓スル鑿ノ有無ヲ㆒二箇條ノ事
一楊ト戸開ト戸ノ鑿ヲ外《ハヅ》シ拔ク事戸ニ透間有《マ》ハヾ小刀鑢
錐ヲ可㆑用ヿ若シ透間ナキ時開キヤフ手練ノ事
若シ右ノ術ニテ不㆑開トキハ鑢錐三四ノ事
察㆓シ知ル㆑鑠子ヲ㆒六箇條ノ事

一鑠子外カ躰ノ事　二海老鑠子ノ事　三耳付鑠子ノ事
四捻《ヒチリ》鑠子ノ事　五背《セナカ》鑠子ノ事　六引出シ錠ノ事
開㆓諸鑠子ヲ㆒術八箇條ノ事
一海老鑠子ヲ開キ様一拍子ノ事并楊枝門ノ事
一海老鑠子不㆑限凢ソ撞明ケ鑠子ワノメカミ拔ノ事
一木込拔ノ事グワヒミ心得アル事
一懺カ捬ノ事生《ナマ》鉄《カナ》錫《スヾ》等ヲ求メ置事
一背錠ハ鋏《ハサミ》ヲ用ル事　一凢ソ六ケ鋪錠鑿鋏ヲ用ル事

一脣ツホ廣ク打テワツマラハ鑿ヌ鋏ヲ用ル事
一撚《ヒチリ》錠ハ菊坐ヲ拔ク事
開㆓ク諸鑠子ヲ㆒極意二箇條ノ事
一鉄楊子用様ノ事　一常鑰ノ事
右ノ條〻口傳有右ノ器ヲ以テ開ク時ハ不㆑明ト云コト
ナシ雖然ト手熟ノ浅深ニ在ノミ

萬川集海巻第十五

隠忍五

忍夜討ノ篇

夫レ夜討ハ寡キヲ以衆ニ勝ツ軍敗ノ法ナリ殊ニ忍ヽ夜討ハ微少ノ勢ヲ以テ衆多ノ勢ニ勝ツ事如シ反レ掌ヲ故ニ伊賀伐ノ折柄専ニ要之ヲトメノ手組手分手配リノ事昼ハ戦ヒニ不レ殊《コトナラ》學者忍ヒ夜討ノ法ヲ知ント欲セハ先ツ手組手分手配ノ法ヲ學フヘキモノナリ

物見二箇條ノ事

一夜討ニ可出前方先忍ヲ入レ敵ノ内躰ヲ能ク聞キ其上ニテカノ謀工夫スヘキ事　一物見ヲ出シ其地形ノ様子敵ノ厚薄城陣ノ躰ヲ見計ヒ其模様ニヨツテ内ナラシ肝要ナルヘキ事

歌ニ　夜討ニハ忍ノ者ヲ先立テ敵ノ案内知テ下知セヨ

同　忍者ハ敵ヲ間ツヽ下知ヲセヨロハ危キハ推量ノサタ

同　計モ敵ノ心ニヨルソカシ忍ヲ入テ物音ヲ聞ケ

出立四箇條ノ事

一上著白小袖ナシノ事　一指物ヲ差スヘカラサル事

一笠印シノ事　一馬ニ乗ル時ノ支度ノ事

令命七箇條ノ事

一相詞ノ事　一相詞スル時ニ至テ攸事

一敵ヲ討タリトモ首ヲ取ヘカラサル事

一引取時何ニテモ其場ニ有合タル物ヲ取帰ルヘキ事

一喩ヒ敵ト切結ヒタリトモ下知アラハ早速ニ可キ引取ノ事

歌ニ　夜討ヲハシタルク討タ物ソカシ一急雨《ムラサメ》ノ降ルゴトクニ之

一忍夜討ニハ柄長キ道具持ヘカラサル事
歌ニ　夜討ニハ長柄ノ鎗ヲ嫌フナリ太刀長刀ニ弓ヲ用ヒヨ
一忍夜討ニハ声ヲ揚クヘカラズ凱《ガイ》歌《カ》ハ将ノ令命ニ可任《ス》事
歌ニ　忍取城モ夜討モウチ鯢《トキ》波ヲ早ク揚ルハ越度之ケリ
一境目《サカイメ》ニ城營ヲ構エ良士《ヨキ》大将ヲ入置敵来リテ攻ル処ヲ夜討ニスベキ事　一引取《キ》ルト見セテ後夜討ヲ用ル事
歌ニ　敵ヘヨラハ昼ハ色々逃敗リ暮ニカヽリテ一ト仕廻《イ》セヨ
一今夜可討ト思フ日ハ夜討ノ人數ハ遊軍ト終日戦ノ可嚴シカルノ事

夜討時分四箇條ノ事

一忍ヲ入タラバ著タル夜ノ事　一風雨ノ夜ノ事
一初メテ相逢時一二三マデノ事　一大敵切ノ所ヲ越ニ長陣ヲ張リ諸勢疲レ退屈ノ時ノ事

忍夜討作法十八箇條ノ事

一城陣ニ不限初ヨリ忍ヲ入置後ニ夜討スベキ次第ノ事
一厚ヲ討テ薄ニ出ル事　一控《ヒカヘ》軍可出事
一壹町壹火或ハ控軍挑灯松明ノ事　一鉄炮ウタセ様ノ事　一凱合セ様ノ事　一向二裡備ノ事并迴備ノ事
一太鼓ヲ多ク用ル事　一忍馬ノ事
一勝テ後味方シムル所定ル事
一引取時ヤモリ用ル事　一引取テ後忍紛《マキレ》ヲ撰ヒ出ス
一續ケ討ノ事付火付残ス謀ノ事　一夜討メ又朝懸ヲ用ル事　一二隊《タイ》ノ人數備ヘ并鉄炮ウタセ様戦様ノ事
一手火矢ヲ投ル役人多カルヘキ事
一小勢大城ニ籠ル時ハ險阻ノ方クルヘキ事

右何レモ口傳有之忍夜討ノシヤウ大抵如此但シ城ヲ討ト陣屋ヲ討トハ心得替ルナリ口傳深シ然ルニ夜討ト云モノハ其手段ヨキ時ハ喩ヒ敵和リテモ味方ノ利運ニナルモノナリ必ス備ノシマリ集リ治リヲ重々内ナラシヲメ可シ働譬ヒ近キ人ニテモ志シノ程ヲ不見届者或ハ契約ノナキ人ニハ夜討ノナラシ聞スルヿ勿レ敵ノ不意ニ出テ可討也

萬川集海巻第十一

陰忍一　城營忍篇上

夫大隠者必不レ辟二於市朝《ヲ》一トエヘリ然レハ陽忍ハ不レ如二陰忍ニ一雖レ然陽術ノミニメ陰術ナキ時ハ其利全アラズエヘニ此巻ニハ敵ノ空隙ヲ計リ隠形ノ術ヲナシ道具ヲ以テ忍入作法ヲ記セリ其時ニ臨ニテ変ヲ行フニ及ニテハ陽ノミニ泥ムヿナク又陰ノミニモヨルヿナシ喩ハ春夏秋冬ノ推移ルカゴトシ是故ニ前ニハ設レ陰後ニハ用ッノ陽ヲ始

六行レ陽終ニハ施レ陰或ハ陽中用レ陰陰中行レ陽其轉変動作無レ極可レ謂レ如三王之轉《シド》二盤《スルガ》中一又猶三氷上之胡盧子一トエヘシ昔道順撫夫トナツテ澤山城ヘ忍入リ後ニハ床下ニ隠レ居レリ前ニハ陽ヲ用ヒ後陰ニ投スルナリ陶山小見山笠置城エ忍入シ時風雨ノ夜ヲ窺ヒ打鈎ヲ以テ潜ニ巖石ヲ登リ城内エ入テ夜廻リノ跡ヲツイテ歩ム敵ノ外ロメニ逢ヒ陶山吉次取敢ス是ハ大和勢ニテ候カ今夜餘リ雨風烈シク候間

夜討ヤ忍入リ候ハンスラント存候テ夜廻リ仕ルセト答ヘ其後ハ中ミ忍ヒタル躰モナク面ミノ御陣御用心候ヘト呼ハハツテ閑《シツ》ニト本堂ノ方ヘ行キ皇居ノ躰マテ見済シテ後終ニ放火シタルヿ始ニハ陰ヲ用ヒ終ニハ陽ヲ行フタルナリ又小太郎當國佐那具ノ城峯下ノ城エ忍入トキ敵見外ロメ追ニ折插逃ゲサマニ石ヲ井ノ中ヘ投入レ敵ニ井エ落タルト思ハセ其間ニ逃去リシ㕝孫太夫或ハ家エ忍ヒ入シ時敵

聞付テ鎗ヲ以テ突タリ其時孫太夫私語《サヽヤキ》テ曰家ノ主起タルト見ヘタリイザ退ヘシト云ヒ自ラモト答ヘケレバ扨壁ヨリ外ニ歇ハ居ルト必得外エ出タル折柄愈家ノ奥エ入タルヿ右両吉叉ハ陰中ニ陽ヲ用タルニ叉山田八右衛門去ル者トカケツクニメ汝ガ刀ヲ可取ト云ヒ取ラルマシキト云時八右衛門左アラバ一宮祭禮ノ日白昼ニ取ント堅クカケニ約ヲ定メ扨祭禮ノ日ニ成ケレバ八右衛門田蓑田笠ヲ著テ彼者ヲ誘引シ先立テ行彼者思フ様八右衛門ヲサヘ見ハナサズニハ刀ヲ取ラルヘキ様ナシト思フテ八右衛門ニ目ヲ不放行タリ其時八右衛門長田ト云村ノ在家エ走リ込ケリ元ヨリ巧ミ置タルヿナレハ己カ形ノ如クニ八房子ヲ拵ヘ彼家ニ置走リ込ト匕トシク己レハ留リ裏口ヨリ彼房子ヲ出シ一宮ヨリ五町バカリコナタノ小山ノ上ニ居サセケリ彼刀ノ主山上ニ居ルヲ八右衛門ト思ヒ山下ニ良久シク守リ居ケレドモ終ニ山ヨリ下リザルニヨツテ退屈メ固ク人ニ守ラセ置キ己ハ明神ヘ社参シタリ其間ニ八右衛門ハ姥ト化シ大綿帽子ヲ蒙《カフ》リ鰐《ワニ》口ノ下ニ群集トモニ紛レ居テ彼者ヲ待居タリ祭禮ノ日ノ吉叉ナレハ鰐口ノ緒奪ヒ合ニ折柄彼刀ノ主モ來テ鰐口ノ緒ヲ取リ付何心モナク鰐口ヲウチナラス処ヲ賽銭箱ノ向フヨリ刀ノ身バカリヲ抜取タリ取ラレタルヿヲ不知メ群集ヲ押分テ出タルニ馬場ニテ刀ヲ見セ高言シタリト云々是ハ陽中ニ陰ヲ用ヒタルナリ前陰後陽始陽終陰ノ術陽中陰陰中陽ノ術古人ノ為《ナシ》タル謀計多シト云ドモ先大概ヲ記メ時宜ニ随ヒ陰陽交《コモ》〻用テ一偏ニカヽヨラス全ク取勝ヿヲ知シムルモノ也

先考術十箇條ノ事

一歒ノ城郭陳屋等ノ樣子ヲ能〻問知リ又ハ見考ヘテ扱術方便ヲ工夫シ可忍入所可退地等ヲ能可考之凡此道ヲ業トスル者ハ静謐ナル時諸國ノ城地ヲ廻リ其虚實ヲ窺考ヘ可入地可出地其外万端ヲ心ヲ用ヒ工夫得心ノ繪圖ニシ置ヘシ譬ヒツイ通リニモ知ラヌ邦里ニ入リナバヌケ道徑《ユ》路等ヲ專ニ通リ何処ハ險阻何処ハ平地其道ノ廣狹或ハ何処ヨリハ何処マデハ道ノ程幾數里有某邦ヨリ某里エノヌケ路ハ何処ヨリ何方ニ出ルナド、猪《ミヽ》路マデモ念比ニ問知リ見記ヘキ事

二可忍ト思フ前晝寐スヘキナリ凡人間ノ営作寢寐ハ天ノ晝夜有カゴトシ心ニハヤメケニ思フトモ眠リハ為方ナシ

三月ノ可出時節可入刻限ヲ能考月不出前カ月ノ入テ後カニ可忍入ナリ是ヲ月ノ大事ト云ナリ昔ノ忍者地藏藥師ノ前後ナド、名付テ是ヲ秘シケリ兒角陰忍ニハ月ノ夜ヲ嫌フ故ナリ月ノ出入ヲ知ルヿ天時篇天文ノ処ニ記セリ

四忍入ル時夜ノ刻限ヲ知ニハ北計星昴星又ハ鐘砂時計等ヲ以テ知ヘキナリ右ノ説何レモ天文ノ篇ニ記セリ或人曰鼻息ノ通不通ニテ刻限ヲ知ルト云リ子ノ時ヲ左リトメ一時替リニ通スト云ヘリ試ケ云トモ未會得

五忍入時ハ飛脚火入子火狼煙等ノ相圖ハ云ニ不及其外萬端大將ト堅ク契約ヲ定メ重〻泄ルヿナキヤフニメ其上ニテ可忍入事契約相圖ノ事將知ノ篇朝約ノ所ニ記之

六既ニ可忍入ト思時ハ歒ノ城陣ノ近辺エ陰陽ノ兩術ヲ以テ行テ能〻覘《ウカヽヒ》見入ヘシ可入可出ノ地ヲ能可考ナリ退ク時輙《ヤヽモスレハ》歸リ道ヲ迷フモノナレハ色〻ノ目印シヲシ或ハ一町一火或ハ入子銃ノ相圖モ尤タルベキ事ニ一町一火ノ事ハ忍夜討ノ巻ニ記スト云トモ彼レト忍ヒノ時ノトハ替ルナリ口傳

七味方ノ吟味寡キ時ハ忍入ノ道踈シ忍ノ組中相圖約束ハ云ニ不及内既槩《ナラシ》専要ナリ且臆病タラントヽ見ヘタル者或ハ卒忽者或ハ無手練者ノ類ハ撰ニ出シ同ク行ヘカラス其上倶ニ行ノ者ハ相圖約束相違スヘカラズ生死一同タルヘキ旨誓紙ヲ書互ニ取カハシ可行事　付　若シ無手練者臆病者卒忽者ハ連行デ不叶ヿアラバ相圖ノ役人ニスヘシ万一其場ヘ連行ヿアラバ入時ハ跡出時ハ先タルヘシ

忍歌ニ　唯人ヲ連テ忍ニ行ナラハ先ツ退口ヲ記ニシ覚ヘヨ

又　忍ニハ二人行コソ大叓ナレ独忍ニウキヿハナシ

八城忍ハ組中一所ニ寄リ尤ナリ入テ後ハ手ヲ分ケテ分散スベシ

九山城取出附陣屋等ヘハ組中分散シ可入ナリ　附　相圖火三ツノ印シノ叓　相圖ノ火三ツノ印ノ叓ハ將知ノ二期約巻ニ記之

十ハ必ス顯ルヽト分別メ敵方ノ様子ヲ内ニ能ク聴ヲキ敵方ノ者ヨリ味方ノ大將エ遣リタル隠書ヲ製シ我宿ニ二三通残シ置又味方ノ大將ノ隠書ヲ作リテ一通衣ノ襟ノ中ニ入行ヘキ叓此叓陽忍上ニ審ニ記之

忍歌ニ　目付者又ハ竊盗ニ行時ハ書置ヲセヨ後世ノ為

右ノ條々口傳有容易ニ見過ルヿナカレ

入ル虚術二十箇條ノ叓

一敵將味方ノ國エ可押入トテ居城ヲ出タル夜ノ叓

凡ソ人ノ城ヲ攻ンヨリハ我城ヲ堅ク守ニ如シト云事ハ大抵ノ人知ルト云𪜈一ニ其國城ヲ大軍ノ押ニ出ル時ハ事繁多ニメ騒カシキ故ニ方ツ取紛ルヽモノ之二ニ敵ハ討勝ツノ思ヒノミニメ微細ノ穿鑿マデニ不及モノナリ三ニ其城内出入ノ者必ス多キモノ之四ニ常此時カヘリ忍ノ可来トハ不思寄モノ之此四ツノ利有モノ之

二敵ノ初來ノ時一二三マテノ夜ノ叓　凡ソ人ノ氣初來ハ鋭ナリト云𪜈事煩冗ニ苦ム故ニ迷テ失有喩ハ脊ハ人倫鳥獣𪜈和スルカ如シ二ニハ公志覚悟未定三ニハ小屋陣具等ニ事繁ク忙シク皿ニ物ニ恐ルヽヿナキニ依テ戒心少シ此四ツノ利有ニ因テナリ

三春夏長閑炎熱ノ日敵長途ノ跋渉シ倍道兼行シ或ハ嶮岨ナド陵キ来リシ夜ノ事

四迅風或隆冬ノ大寒ノ時敵氷雪ヲ蹈又ハ深水ナド渉リ来リテ其勢凍《コヘ》又ハ艱難辛労セシ其夜ノ事

五敵日暮テ著陣シ或ハ小屋掛ナドノ用意或ハ食物ノ用意或ハ馬ノ湯洗等ニ萬ノ作法未定時分ノ事

六終日合戦争論有テ敵労《ワカレ》疲タル其夜ノ事凡人身不ルガ二金鉄一故ニ疲ル、時ハ必ス油断起ルモノナリ

七敵味方ノ陣ヘ可二取懸一トテ用意ノ夜ノ事凡ソ平生スラ出行ハ心ノ動暗ムモノ之況ヤ出陣ノ時ヲヤ食事征衣令命契約遺言等万事ニ心移リ動必ス急忙シ且此時ニ至テ反忍ノ可レ来トハ思ヨラザルモノ之扨敵ノ出ルヲ可レ知ニハ貝ノ声ヲ以テ可レ知之或ル軍書ニ云時ヲ定テ吹ヿハ或ハ陣押出馬ノ用ナリ喩ハ一番貝ニ飯ヲ食ヒ二番貝ニ身整《コシラヘ》三番貝ニ先手ヨリ次第ニ打出ルナリ此時ハ一度ニ九ツ宛吹ク三度ニハ三九廿七ナリ時ハ相圖次第ナリト云々

八敵勢味方陣エ夜討シ或ハ昼戦ニモ敵大利ヲ得タル其ハ夜ノ事　凡敵大利ヲ得味方立足モナク負タル時ハ敵必ス驕リテ慢心生スル者ナリ世話ニ勝テ冑《カブト》ノ緒ヲシメヨト云ヿ不レ知者ハナシト云ヘ氏人間ノ習ヒニテ其事ヲ口ニモ云心ニモ知ナガラ已レガ勝手ニナル時ハ勝ニ乗リ浮氣ニ成モノ之其機ヲ不レ可レ外《ハツス》事

九味方大利ヲ得敵立足モナク負城エ込入リ上ヲ下ヘト周章シ驚ク時ノ事

十静ナル時ハ難レ忍騒ク時ハ易レ忍其目利ノ事凡敵陣ニ火事有時或ハ馬ノ放レタル時或ハ喧嘩同士討ノ時其外何ニ不レ依不慮ノ事出来テ衆心驚キ騒キ周章フタメク時ハ是必入ノ時節ナリ前疑スベカラス忍歌ニ　大勢ノ敵ノ騒キハ忍ヨシ静マル方ニ隠家ハナシ　若シ敵賢将ニテ乱レテ取ルト云謀略ヲスカヲ能勘弁スヘキ事尤之喩敵其謀ナリ氏忍者有レバ切不苦

十一大將ト相圖ノ上ニテ攻表裏攻裏表タルヘキナリ若シ相圖ナクトモ其心得タルヘキヿ之凢忍者ハ少ニモ匠夫ノ勇ヲ心ニ可戒譬ヒ我傍ニテ鎗合太刀討アリトモ其レヲバ見捨テ專一ニ目ヲ利ヘキ敵ノ虛隙ヲ計リ忍入テ城ヲ落シ陣ヲ敗ル調畧ヲノミ心ニ懸テ走リ廻ルヘキナリ如此ナラデハ爭カ嚴陣堅城エ入事ヲ得ヤ

忍歌ニ　忍ニハ身ノ働ハ非スモ眼ノ利キクヲ肝要トセヨ

十二大勢ノ小城ニ籠リタルハ集ル方小勢ノ大城ニ籠リタルハ險阻ノ方ナリ凢大勢ノ小城ニ取込タルハ人數多ク聚リタル方ヘ行カ宜シトハ一ニハ騷シテレハ物音不聞二ニ敵ニ紛レ易シ三ニ人數多ケレハ諸事不穿鑿セナルヘシ此利有ユヘナリ又小勢ニテ大城籠リタル時ハ險阻ノ方ヘ行ケト云ハ小勢ナレハ要害不堅固所許リヲ專一トメ險阻ニテ要害堅固ノ方エハ番守懈怠スルモノ之其利アル故ナリ

十三大風大雨ノ夜ノ事凢風烈シキ夜ハ夜討竊盜ノ入ル者ナリ不知者ハナナシト云トモ雨ニヌレ風ニ當ルヲ好ク人ハナキ者之喩大將ノ下知嚴之トモ家内ニテノ番守許ニテハ夜廻リナトノ戒踈カナル者ナレハ陰忍不易ノ秘法此時ナリ譬細雨微風ニテモ可然之是ニ因テ忍者タランハ風雨ヲ占フヿ專要也風雨ノ占天時篇天文ノ件ニ記ストヲリ

忍歌ニ　大風ヤ大雨ノ降時ニコソ竊盜夜討使リトスレ

又　雨風モ頻リナル夜ハ道暗ク竊盜夜討ノ働トナル

十四敵和ヲ請フ時實ト計トヲ按ヘ大將ト評判ノ上ニテノ事凢ノ人ヲ討ントスル時必惰氣アルモノ之目利肝要ナリ孫子曰無約而請和者謀也ト云〻

十五城攻ノ時或ハ城強キカ又ハ計畧ノ爲ニ圍ヲ解乱シテ味方退散スルヿ有モノ之其夜ハ敵方必ス疲労ス後ナレバ緩ミ怠ルモノ之

十六將ナキハ云ニ不及將有モ寄會勢ノ持タル城陣ノ事凢ソ寄會勢ハ將ナキハ云ニ不及將有テモ我侭ニメ治

リ難キモノナリ只一家中一所ニ籠リタル城陣ハ難入故ニ
大将有城陣ナリト云モ寄合勢ノ聚ル所ヲ見聞シテ
其所ヨリ入ルヿ勿論ナリ

十七長陣ニシテ人數退屈折揷ノ事　凡ソ人氣初ハ鋭
罷厳ニメ久シキ時ハ退屈シ懈怠ノ生スルモノ也且ツ久シキ中ニ
敵ノ様体ヲ窺ヘハ其間ニ必ス使隙アルモノナリ

十八敵将平生武備ノ乏ナク或ハ已レカ大勢ヲ頼ミ敵
ヲ侮リ戒ノ心寡シト見タル時ノ事　凡兵法ヲ専要
トメ不慎守者ハ人ノ賢キヲ不知其心高慢ニメ人ヲ侮リ
只勢ノ多キヲ頼ミ人ヲ軽シスル故戒ノ心ナキモノナリ

十九凡人間ハ怠ル事多キモノ也其理ヲ能可考知ヿ
凡世ノ人ノ習勝テハ奢リ敵ヲ軽シ侮リ敗レテハ苦ミテ怠
安樂ナレハ樂ニ耽リテ怠リ辛労スレハ疲レテ怠リ夏ハ
炎熱ニヨツテ怠リ冬ハ玄寒霜雪漂風ヲ厭フニ依
テ怠リ緩ルカ如ク厳鋭ノ遂ル者ハ少シ此理ヲ能不
考シテハ竊盗ハ不可為《ナル》故ニ太刀ヲツカフニ敵ノ太刀筋ヲ

能見テ其虚ヲ知ル者ハ勝チ不知者ハ負ル太刀ニテ切結フ
時ゞニ虚實ハ有之況ヤ大勢ノ集會トニモ又數日ヲ
積ノ久シキヿナレハ懈怠ヲ能計リ考ヘハ有《ニヤ》不忍入乎
忍歌ニ　忍ニハ危ナキヲ良トセヨ前ヘ疑ヒハ臆病ノ沙汰

廿晝夜ニ不限敵陣ヘ援兵ノ著タル時ノ事　凡援兵
來ル時ハ惣軍利ヲ得タル心地メ必怠ノ生スルヿ有然モ
只今來ル勢ハ兼テ軍令ヲモ不聞ニヨツテ万ツ新《ウイ》〻
シク防クニ不強此時節ヲ能可考計事

右ハ敵ノ惰ノ衰ノ時ノ所ニメ忍者前疑蹰ヲ不為《ナサ》思切テ
可忍入空隙ノ地ノ位也嗚呼忍者其理ハ知トモ當テ
此時前疑ヲ生シ盤栢セハ譬ハ経ルトモ千歳ヲ不可有入ルヿ
若シ敵ノ近キニ有テモ必死ノ心ナケレハ疑惑ノ心生メ機ヲ
取失ヒ却テ敵ニ見咎メラレ生捕ルヽモノナリ誠ナル哉呉子
必死則生必生則死ノ戒深哉當此時身命トモニ何トナ
ク常ノコトクニセシトナラハ死生有命ノ語ト不生不滅ノ
理ヲ堅ク相守ルヘキ也如此ナラハ孱幾ハ無福乎倩《ツラツラ》考ルニ

世ノ人ヲ賢ニメ名有人ダモ油断ナキヿナシ況ヤ其ハ以下ノ人ヲヤ凡ソ人ノ心ハ前ヲ思ヘハ後ヲ忘レ右ヲ専ニスレハ左疎カニ心ハ然ノ理之殊ニ煩ハ擾ト騒シキ時ハ心動テ誤失多シ兎角忍者ハ其實ヲ避テ其虚ニ乗スルモノナリ

忍歌ニ　竊盗ニハ時ヲ知ルコツ大事ナレ敵ノ疲レト油断有トキ

入ル惰歸術八箇條ノ事

一凡忍術ハ時所ニヨリ行フト云𪜈大抵先晝夜ノ心得変ルベシ昼ハ人多ク騒シキ所夜ハ敵ノ静ナル方ニ寄ルナリ先ツ微声ノ表裏ヲカケ番守ノ眠ヲ考ルニ眠タルハ一向ニ音ナカルヘキカ鼾ノ位ニ口傳有又謀ニ態《ワザ》ト寂《シヅカ》ニノ居ルカ但真ノ眠カト半時ノ中立聴スベキ之偽ノ眠ナレバ少シ程経《ヘ》テ不審ヲ立ル声必ス聞ユルモノ之又番守厳重ニメ表裏ノ微声ヲ強テ怪《アヤシ》ミ知ル片ハ私《サヽ》語《ヤキ》ノ声又ハ弓鎗刀等ヲ取シラヘ或ハ立居ノ音ナド互ニ微声ノ聴フルハ速ニ立退クヘシ又表裏ヲ掛ルニ少シノ物音ニモ驚キ周章騒動スル躰ナラハ是則未練ノ寄會タル番守ナリ如是ノ番所ハ一旦ノ鋭氣ヲ避テ後彼レガ惰歸ノ氣ヲ覗ヒ堪テ窺フ時ハ終ニハ忍入ルヿ有モノ之凡ソ人ノ氣ニ初中終ノ三ツノ変生スルモノ之初メハ勢ヒ鋭ク盛ナリ中バハ惰リ緩マルナリ終リニハ退屈メ歸タキ意又ハ眠リ生スル者之故ニ功アル忍者ハ敵ノ氣ノ鋭盛ナル時ヲ避テ其惰テ油断シ又ハ退屈メ眠ノ生スル時ヲ窺テ其機ニ及ンデ直《チ》ニ速ニ入ルモノ之故ニ不中《アタラ》ト云ヿナシ孫子曰朝氣ハ鋭昼ノ氣ハ惰暮氣ハ歸避テ其鋭ノ氣ヲ撃ツ其惰氣ヲト云々此語軍法ノ事ノミニメ忍者ノ用ニ非スナド心得テ必ス忽《ユルカセニスルヿ》忍術ノ要此ノ理ノ外カ又有ニ他ノ理乎《ヤ》猶口傳

二凡番所ヲ見聞スルニ外聴ノ者ト覚シク鎗長刀太刀等ヲ持屏柵ナドヲ小《コ》楯《ダテ》ニ取リ潜ニ撿見シ或ハ番所ノ中微声ノ戒聞ヘ若シ或ハ騒動ノ事起ルト云𪜈番守十人有レハ二三人程立出ル体ナラバ是必ス功有守リ

テメ厳重ナル番所ナリ忍ハ速カニ立去ルベシ且退ク
体モ計畧ヲ設不見怪ヤフニスヘシ喩ハ寒夜聴霜如シ
ニ凡番所ヲ見聞スルニ高声ノ談笑又ハ酒宴歌唱
ナドノ声有テ警戒ナク若輩相會セル所ニ又老功ナル
番守ナキ故ナリ是必ス可キ速入ノ地ニ之不可躊躇モノナリ
四右ニ所謂佚遊ニメ豫備ノ守リ懈怠セル風情ニシテ
實ハ忍ヲ計リ誘ニカ為メノ表裏計畧モ有ヘシ實ハ
ニ不戒シテ息ルカ又ハ忍ヲ入テ捕ニカ為ノ計カヲ能々
察スルヿ審カナルベシ若表裏計畧ナレハ一斤ニハ厳
恪ノ番守アルモノ之殊ニ外聞ノ者傍ニ居ルモノ之愼テ
眞偽ヲ考エ妄ニ入ルヿ勿レ

五忍者敵ノ城陣ノ中ニ入テ後夜廻リノ跡ニツキ
行ヘシ古法ニ在リ段々其間ヲ考ルヿ不入之件ハ夜番ノ
所ヲ見テ工夫スヘキ事

六厳重ノ番所ヲ通リ入術ノ事一ニ誘追二ニ同士太刀
討三ニ拋銃火何モ口傳附古法ニ眠薬ヲ掛ルト云々未試

七凡ソ忍術ハ剣術ノ理ニ不殊敵ヘ剣ヲ打込ムヿ敵ノ不入
時ニハ鋭ヲ打入ルヿ不成其敵ノ入ル時打込ムナリ譬ハ敵ノ剣
ヲ打出ス時ヲ避テ其剣ノ落タル所ヲ討カ又ハ其剣上ル
時ニ付入ルカスルハ是敵ノ入ル時ニ剣ヲ入ル々理ナリ愚ナル者ハ
敵ノ不入時ニ打入レントスルニヨツテ敵ヲ討ツヿ不成ノミニ非ス
却テ自ラ伐ラル々ナリ忍術モ亦然リ敵ノ不入トキニハ不入
其入時ノ圖ヲ不外シテ忍入リ不入トキニハ不入是功者ノ
スル所ナリ不功者ハ敵ノ不入ニ忍入ントスルニ依テ忍入ヿ
不成ノミニ非ス却テ身ヲ亡スナリ故ニ敵ノ不入ニハ忍入之
ヘキ道理ナケレハ全ク忍入ヘキヿ不能ハ又如何ナル堅城
厳陣ナリ𪜈敵ノ入ル々ニハ忍入ニ依テ全ク忍入ルヿ不
成ト云ヿナシ只敵ノ入ル々ト不入トニ依ル工ヘナリ既ニ敵ノ
入ル々時ニ至テ忍入ル時ハ理外ノ奮ニ不惑ハリキミナ
クスラ々ト入ル是則功者ノ業ナリ

八忍術ノ三病ハ一ニ恐怖二ニ敵ヲ輕ンス三ニ思案過ス
此三ツヲ去テ如電光入ルヿ速カナリ第一敵ヲ恐懼

スルニ依テ心憶シ意驕シク前後ヲ取乱シ日比習ヒ置キ工夫シタル事ヲモ放失シ手足フルヒ面色変シ或ハ弁舌不レ正ニ依テ見咎メサトラルヽナリ其二ニ敵ヲ軽ンシ人ヲ愚ニ思フニ依テ陰謀浅シ浮氣ノエヲ以テ為《シ》損《ソン》スルヿ有モノ之三ニ餘リニ大切ッ案シ過シ其理外マデモ思フニ依テ却疑フマシキマデ疑テ危ミ多ク故ニ其心不決定却テ迷ヒレ度ニ為《シ》損《ソン》スルヿ有ナリ然レハ如レ此ナル三病ヲ去テ謀計ヲ深クシ其機ニ臨ンテ速ニ入不懼不レ億電光ノゴトク可レ入モノナリ

六韜曰三軍禍起ニ狐疑ト云ヽ忍歌ニ得タルソト思ヒ切ツヽ忍ビナバ誠ハナクト勝ハ有ヘシ陰経ニ曰若ツ撃隼之入ルカ重林ニ無シ其蹤若ク游魚之入深潭ニ無其迹離婁俛首ヲ不レ見其形ヲ師曠傾ケ耳ヲ不聴其音ヲ微乎與繊塵倶ニ飛フ豈ニ勇力軽命ノ之将ニメ而見シイノ于イノ之ノ之事ヲ哉ヤ

萬川集海巻第十二　　陰忍二

利使地十二箇條叓　　城営忍篇下

一山城平城等ハ險阻ナル所水邊ノ城ハ海川ノ方泥澤ヲ受タル城ハ泥澤ノ方凡右三ツノ地ハ敵守リ踈カニメ油断ノ地ナリ陣城モ此意ナリ

二城門宇《ヤ子》ノ叓　凡城門ハ番守厳重ナリト云ドモ又宇《ヤ子》ハ是城槨ノ最上ノ使利ノ所ナリ

三門ノ傍ラ竊盗反ノ在所叓凡竊盗反ノミニ限ラズ勝レテ用心ノ有所ハ要害不利地ニメ忍入利使地ト知ヘシ

四外側《カハ》ノ堀城中本丸二ノ丸ヱサシ込有ラハ駒寄セ或ハ二丸ヨリ本丸エノ橋アル所是利使ノ所也但駒寄橋ナクドモノ叓

五湖海ヲ受タル城ハ云ニ不及凡堀有ル程ノ城ニハ石垣臺有物ナリ夫エ行テ後時所ノ宜キニ順フヘキ叓

六ハ水通ノ樋ノ中ヨリノ叓　往昔下拓植ノ小猿ト云者勢州田倉ノ城エ此所ヨリ入テ城ヲ放火シ落シタリト云ヽ

七石畳ヲ登ルニハ出隅不宜真手ナル所モ不宜横矢屛風折或ハ嚢捨塵落ナトト云入隅是使利ノ地之但所ニモヨルヘキ叓

八狹間ヨリ入ル事鉄炮間ハアレ、矢狹間ヨリ可入叓

九時ニヨリ横矢塵落又ハ屛ノ土木下ノ石ヲ取リ入ヘキモ可有

十城取縄張ヲスルニ麁城時其國ノ民ノ人質ヲ入置丸ヲ作置モノ之但城ニハヨルヘケレドモ大抵本丸ヨリ奥ナル險阻ニメ離レタル所ニ此丸有モノ之是ヲ知ラハ此所使利ナルヘキモノ之凡其國ニ至トキ村里ナドヘ立寄問フニ其丸ドヲキハ無紛レモノ之

十一凡城郭ハ惣郭三ノ丸ナドハ多キ土居ニテ竹ナンド生ヒ茂リ
又堀ナトモ干壕《カウ》ナル惣ナレバ忍ヒ易シトイヘドモ爰ニ忍ンデモ
サセル功ナキ之且三ヨリ二ヘ行二ヨリ本ヘ行ヤウニテハ功ツ
所ヲ越ルヿ多キニ依テ力屈シ疲レ又ハ諸具不調其上
手間ヲカヽリ時刻移リ竟ニ見付ラルヽノ理之只本テ
両丸ノ中ヘ直ニト志シ諸事工夫スヘキ事
十一陣城ヘハ前ハ要害堅固ニメ守リ厳キモノ之故後ヨリ事
右者城陣ノ中ニテ竊盗入易キ利使ノ所之入處ノ件
ニ云コトク忍入利使ノ理ハ敵ノ惰衰ノ時所ニ云トイヘドモ惰衰
ノ時処ノミト許心得テ此十二ケ條ノ利使ノ地ヲ不知トキハ
必入ノ術ニ非ス只敵ノ惰衰ノ時此利使ノ地ヨリ竊盗
入ルトキハ張陽ノ両術ニ相叶フモノナリ

用器術十五箇條ノ事

一山嶮クシテ難登ハツリ梯ヲ可用事　口傳
二城門宇《ヤ子》ヘハ結梯雲梯飛梯等ヲ掛ケ登ルヘキ
ナリ但不鳴ヤウニスルヿ口傳有
三門傍竊盗反或ハ駒寄或ハ橋或ハ堀底ヨリ上ナル
屏マテ真直《マツ》ニ上ヘ升ルニハ蜘蛛梯ヲ可用事口傳
四堀ノ外側ヨリ内側ノ屏上マテ横ヘケタニ打越ニハ飛
行ヲ可用ヿ口傳付升テ後焼薬其外可用道
具ヲ上クヘキ事
五城内ノ小屏或ハ屋形ノ宇《ヤ子》或ハ木ノ上ナドヘハ竊盗
杖ヲ可用事口傳　各右ノ道具ヲ以テ登リ越ル
時ハ高ク嶮岨ナル所之トイヘドモ不登越ト云ヿナシ殊ニ蜘
蛛梯飛梯行竊盗杖ノ三ツノ道具ハ予カ數年ノ工夫
ヲ以テ製作スル所ノモノ之此三器ハ手軽クシテ高昼又
ハ廣堀ノメリトイヘドモ登リ越ルヿ自由也登器數多ノ有
トイヘドモ如是微少ニシテ達シ盡セル物ハナシ忍術ノ器ノ中
ニ於テ過《タル》立物ナシ雖然常ニ無ク手練其功少ナシ
學之者手練怠ルヿ勿レ
六海川ニハ水蜘蛛或ハ軍船ヲ可用也若蜘蛛軍船
ナキ時ハ或ハ大勢ヲ渡サントト思フ時ハ葛籠筏甕筏

蒲筏竹筏浮橋等其時ニ有合タル筏ヲ用意ニシ
可レ渡ナリ若シ河瀬急ニメ右ノ術ニテハ筏押流サレテ
難用トキハ水練ノ達者ニ腰ニ細引ヲ付テ一人川向
ニ遣シ右ノ細引ヲ小高ノ竹木結付、曳セ此方ノ端
ヲモ向ノ如ク小高ノ木ニ結付引張リソレヲ手ニ持
クリ越渡ルヘキ事 少口傳

七水底ヲ行カテ不叶トキハ鵜《ウ》ヲ可レ用叓白晝ニハ歒ニ
見咎メラル、故水底宜シ　口傳

八泥澤ノ地ハ樏ヲ可レ用叓　右ノ道具ヲ用イテ
海川泥ヲ越渡ル時ハ不レ越ト云コトナシ右ノ道具ノ中
鵜《ウ》ハ予カ工夫ヲ以テ仕出シタリ水底ヲクヾルニ甚妙也

九古法ニ曰城ヱ忍フ時堀ヲ越ハ浮橋ヲ用フ其用セヤ
浮橋ノ端ヲ水練ノ者ニ持セ城ノ向ヒ石畳ノ側ヱヤリ
竹木アレハ云フニ不レ及無クハ苦《ツ》無《ナツ》ヲ能打立テ浮橋端
ノ餘リ縄ヲ結付サセ扨此方モ結付引張リ其上ヲ渡ル
トス、又一説ニ長ク大ナル竹ヲ二本横ノ間一尺四寸五分ニ
カラミ堀ノ向ヘツキヤリ或ハ竹ノ簀ノ編タルヲ繰リ越シ
ヤリ又ハ此方ヨリ連ヽニ梯ヲアテ結ヒ付其上ヲ渡ルト云ヽ
猶子細有

十古法ニ曰石畳ヲ升ルハ下ハ結梯ヲ用ヒ結梯ノ不及
所ハ石間ニ苦無ヲ立輸《マクリ》橋ニツヲ互ニ、掛テ登ルト云ヽ
口傳

十一古法ニ石畳ノ上ナル屏下ニ付ク時ハ苦無ヲ能サシ
込ミ蹈サテ探鈇ヲ以テ屏ヲサシ試ミ穿ツヘキ所
ヲ考ヘ定テ下ニ長蓑ヲ垂レ置キ苦無ヲ以テ屏ヲ穿チ
其土ヲ彼長裏ノ中エ落シ屏ニ穴ヲアケ其レヨリ内エ
竊盗入ルト云ヽ又ハ穴ヲ不レ穿シテ打鉤ニテ升リ踰ルコト
モ有ト云リ右ノ長裏ヲ垂レ置叓ハ土ノ水エ落ル音ヲ
忌ムカ故ナリ

十二古法ニ曰石畳屏等ニ居ル時ハ高梯ヲ以テ不入道
具ヲ以テ繰返シ入ル道具ハ繰取ルト云ヽ又龍城ノトキ
沉橋ト云コト有是ハ其理覚ツカナシ口傳ニ述ヘシ

右四ヶ條ハ當國我持ノ時代要害拙キ營中ヘ竊盜入タル作法アリ昔ハ城不堅固ナルニ依テ之ノ忍術忍器ニ其理拙シ且諸道具數多トス亦重キニ依テ利方少シ故ニ當代ノ城ヱ忍入ルニハ益々少ナカラシ万然此所ヨツテ是術ヲ用ヒタキ亡モ有リカト愛ニ記スモノ善惡ノ評判ハ

忍問答ニ記ス

十三他家ノ忍器ニ疊拷トス有是ハ巧ミナル樣ナレトモ茅ノ重キ道具ニメ不宜茅ニ堀外側ニ巖石ナキ時

其拷ヲ難懸其上拷ノ中ニテレワリテ登リ難シ又継拷トスモ有是モ竊盜ノ為ニハ難成兒角巧ナリヒ

重キ道具ヲ用ルコト不可有之乎

十四芭柵鹿垣竊盜ヲ等ヲ代ヤフノ変是又各別

ニ法有ニ非ス其時宜ニ隨ヒ ニテシメ切リ引切ハ兇ノ忍器ヲ用ル時ハ風音ヲ受ルコヲ肝要トス取分 ナトニテ伐ル時右ノ心得有ヘキコと

然落字二所

十五屛柵芭鹿垣等ヲ打越或ハ切接入ル折扳繰

糸不レ用時ハ歸リ道ヲ迷フヿ有モノ之必縲絏ヲ可レ用
㕝口傳　忍歌ニ道筋ニ目付ヲセントハ心掛ヲ出処忘テフカクハ入ナ
右道具ノ用ヒ様口傳色々有凡忍者敵ノ惰衰ノ時所
ト城陣屋ノ利使ノ地トヲ能知テ忍フヿ肝要ナリト云
トモ道具ヲ用ル㕝習熟セザル時ハ喩ハ禅僧ノ劍術
ノ理ハ能云ヘトモ劍ヲ取テ人ト戦フヿ拙キカゴトシ故ニ忍者
タラン者ハ調練セスンハ有ヘカラズ曽論ニ万三千字始
章一句中悟入ト古人ノ言ノ如ク唯學テ命時習レフ之ヲ
亦不レ説乎ノ句ニ心ヲ付ベシ兎角名城エ忍入ト不レ得ヘヿヲ
トハ平生勤ト不レ勤トニアルヘキナリ

著前ノ術二ケ條ノ㕝

一將ノ著前一二三四五六マテノ㕝　凡味方軍勢ヲ
敵城エ押掛テ後ハ難ニ忍入故ニ大將著前ニ一二三四
五六モ以前ニ可レ忍之是則入ニ於未兆ニナリ是等ノ時
飛脇火狼煙入子火相圖ノ旗具等ノ相期　約束
專要ナリ

二右著前ノ術ヲ為《ナス》時影形身虫久ノ一等ノ陽計ニ
使リヲ可レ取㕝　右各口傳深シ勿レ容易ニ見ルヿ

襲《ヨツヒ》入術二ケ條ノ事

一可レ入ト思フ五六七八モ前ヨリ昼夜襲ニシ其後ノヿ
凡人ノ氣疲ルヽ時ハ諸事ニ疎ク油断起ルモノ之但大
將ト内通ノ上行ヘキヿ尤ナリ
二火矢連打不レ打方ヨリカ或ハ毎夜打其後カノ㕝口傳

隠蓑ノ術ノ㕝

一隠蓑ノ術ハ陽中ノ陰之陰忍ノ極秘ニシテ其方使不
レ一口傳深シ扨隠蓑ノ秘術ヲ以テ竊盗時桂男久
ノ一等ノ陽計ニ使リ或ハ妖者術等ヲ斬トスル㕝
如レ此ノ術ヲ能為《ナ》メ竊盗トキハ如何ナル堅固ノ城陣
ニテモ不レ可レ入ト云ヿナシ

隠笠ノ術四ケ條ノ㕝

一敵ノ城陣エ初テ入ル時ハ先ツ厠《カハヤ》藪林又ハ人聚リ
騒動ノ所或ハ橋下宇《ヤ子》木梢ノ事凡初入ノ時ハ右

ノ所ニト先ツ隠シ井テ位ヲ窺ヒ見相詞ヲ聴取リ或ハ
人ノ名ヲ聞テ其レニ問ナドスル術アルヿ
二時宜ノ智略ヲ以テ奥エ可レ入事　口傳
三敵怪《アヤシメ》タル時ノ智略ノ事　口傳
四敵急ニ追フ時ハ百雷銃或ハ捕者ノ惣魔久利
等ノ物ヲ拋ケ敵ヲ驚シ其ハ間ニ退ク事
右ノ條々傳授色々有レ之百雷銃捕者惣摩
久利ノ道具ノ說火器ノ書ニ記ス

放火術六箇條ノ事
一將知ニ期約ノ件ニモ記スゴトク喩ヒ敵ノ城陣ノ中エ
忍入ヲモ大將ト能々相圖ナクシテハ放火ツヿ難レ成モノ
ナリ若シ相圖ナクシテ火ヲ放テモ敵其火ヲ消シ剗サヘ
忍者捕ラルヽ事十ニ八九ナリ可レ慎ミ且大將來テ
攻ルノ遲速ノ考放火ノ加減肝要ナリ又忍者城ヨリ
出ル時味方討ナキ約束相圖專一タルヘキ也大抵落
城シテ後緩寛ト出ル者ナリ　口傳

忍歌ニ　忍ヽ得テハ敵方ヨリモ同士討ノ用心スルソ大事ニハナリ
又　同士討モ味方ノ下知ニヨルソカシ武者ノ印シヲ兼テ定ヨ
二若シ時ニヨリ火放ツヿヲ不得メ歸ルヿ有ハ其時ハ
歸リサマニ無レ紛キ印シヲ取リ歸ルヘシ若シ能キ印シナキ時ハ
城陣ノ柱壁等ニ我カ氏名ヲ書付ヘキ事
忍歌ニ　敵城ニ竊盜フ印シヲ取ナラハ紛メ物ヲ肝要トセヨ
又　敵方ノ旗馬印シ取タラハ味方ノ為ニ悪キトソ云フ
又　敵方ノ城ヤ陣屋ニ名ヲ書テ竊盜印ヲ人ニ知セヨ

三火ヲ放サント思フ時ハ組中方々手分散メ放ツ事ハ
方々ヨリノ事　付　風ナキ時ノ放火所又ハ風ノ順逆ニ依テ
放火ノ所替ルヘキナリ又大將ト相圖ノ上ナリトモ備ノ様
躰ヲ内ヨリ見テ放火ノ所ヲ分別有ヘキ事
四火ヲ放ツ所々ハ云ニ不レ及トモ藥藏鹽硝藏薪
材木ノ有所又ハ兵粮輜重藏又ハ二ヨリ本ユフ橋ナト
ヘ放ツヘキ事
五城陣エ放火シヤフ又ハ藥鹽硝藏又橋エ火ヲ放ツ

ニ手立ト見合トアル叓口傳
元弘三年五月八日赤松圓心足利高氏千種頭中將忠顯六波羅ヲ攻ラレシニ出雲伯耆ノ兵共雜車二三百輛取集テ轅ヲ結合セテ其上ニ家ヲ壊テ山ノ如ク積上テ櫓ノ下エ指寄セ一方ノ木戸ヲ焼キ破リタリト太平記ニ見ヘタリ是モ亦一術ナリ

六町屋在家ヲ焼キヤフル叓　凡町屋在家ヲ焼事一村ニテ一所二所ヨリ火ヲ出ス時ハ輙《ヤヽモスレハ》其火燃モヘ不レ立コモ有又焼付テノモ付所少ナケレハ其火ヲ消ヘモノナリ但村町ノ東西南北ノ數多キ所ヨリ只一度ニ焼上ルヤウニスルコ忍術ノ習ナリ

萬川集海巻第十三

陰忍三

家忍篇

凡家内ヘハ忍入易シト云ドモ能家内ヲ不知メハ仕損多シ且忍入テモ敵ノ臥所容易ニ難知故ニ彼是疑惑スル中時刻移リ却テ敵ニサトラレ忍入テモ益ナキ事有モノ之故ニ入ント思ハヾ先敵ノ屋敷門々口々ノ様子或ハ道路之廣狭曲直家作リ住居ノ形容或ハ寝所或ハ門戸ノ開閉ノ難易鎖子掛鉄樞尻差等ノ形ナ又床ノ鳴ヤ否第一ニハ敵ノ智ノ浅深平生ノ嗜ニ用ルノ道又其家ノ男女ノ名マテ遂一ニ審ニ問ヒ知ヘシ ソノ家ノ辺ヘ行餘所ナカラ見計リ亦変姿妖言ノ術ヲナシ家内ヘ行見考皈テ後組中談合工夫メ謀ヲ定メ相詞相印シヲ究メ若シ分散シタル時ノ會所ヲ定メ相圖約束ヲ堅クシ万ツ泄レナキ様ニ覺悟シテ可忍入同クハ雨鳥ノ術尤之又身虫アラハ賄賂ヲ入厚クシ表裏有無ヲ能可察若シ少シニテモ無覺束支アラハ妻子親類ヲ羈メ且ツ誓紙ヲサスベキナリ陽忍上ニモ如記其身虫ニ可成者ヲ察スル事肝要ナリ水ヨリ泛ヘ舟ヲ亦ヨリ覆舟ト出李靖カ言ノ愚ハカニ不可得

四季辨眠大概

一春ノ支春ハ天氣暖ニ長閑ナレハ人ノ心モ解ケテ怠々タリ身体タルミ草臥アルモノ之殊ニ仲春ヨリ末ハ愈暖カナルニヨリ眠多シ

一夏ノ支夏ハ昼長ク夜短シ中ニモ五月末ヨリ六月昼ノ炎熱甚シ故ニ人草臥

タユム事甚シ且夏ノ末ハ夜ニ入テモ炎蒸ノ氣夜ニ入テモ尚熱スル故ニ宵ノ中ハ不寢モノ也短夜ニイトヾ尚更短シ其ハ上土用ノ湿熱ノ氣行ハルヽ也凡人ノ身燥ク時ハ眠少ク湿フ時ハ眠多シ大抵老人ハ眠少ク若キ人ハ眠多キモ此意也故ニ夏ノ末ハ諸人熟睡スル時節也殊ニ夜亥ノ刻ヨリ涼氣生スル故人身安逸ニナル故愈能眠モノ也又雨ナトシツヽト降ル夜ハ湿モ益シ涼氣モ益故ヨク眠ル也　一秋ノ事秋ハ金氣ニメ燥氣行ハルヽ也故ニ草木ノ葉モ黄ハ落シ風動揺スル也右云如ク人燥ク時ハ眠少シ時氣冷ナレハ身体筋骨堅ク成テ草臥ナシ故ニ身健ヤカニナル也況ヤ昼短ク夜長ケレハ人ノ眠少シ但七月ハ残暑甚シキ故ニ夏ノ末ニ等シ　一冬ノ事冬ハ水氣行ハルヽ故ニ至テ寒ケレハ人身堅固ニメ草臥タユムヿナシ夜至テ長キ故人ノ眠モ覺早右春夏秋冬ノ常法也然𪜈人ニヨリ次第有也

因齢與心行寐眠覺三ヶ條

一老少肥痩ニ依テ寐眠覺ハ老人ハ身ノ湿ヒ身ノ暖氣ト少シテ燥キ冷ル故ニ眠少シ但人ニモヨルヘケレ𪜈大抵老人ハ夜半マテハ眠ルト云𪜈丑寅ノ刻ヨリ覺ルヿ多シ年齢四十以上ノ人ハ如此ナルモノ也少壮ノ人ハ盛氣ナル故夜深朝ニ至テモ能眠ルモノ也是老少ノ違アル所ナリ大抵痩タル人ハ眠少ク肥タル人ハ眠多キノ理ナリ痩タル者ハ湿少ク肥タル者ハ湿多キ故也

一因心行嗜寐眠覺事大抵心敏ク性急燥ナル人ハ眠少シ又心暗メ緩々タル人ハ眠多シ行躰堅ク多クハ踞キ坐シ少モ心志ヲ不惑乱人ハ眠少キモノ也亦行体不正メ假ニモ平臥ヲ好ミ諸事放逸ナル人ハ眠ルヿ深キモノ也平生ノ嗜ミ深ク臥ト云𪜈帯ヲ不解衣裳ヲ薄ク著テ寒ヲ不厭大酒大食ヲ禁シ婬乱ヲ戒メ万ツ慎ミアル人ハ眠少キモノ也覺ルヿ早シ平生ノ慎ナク夜暖ナルヲ好ミ大酒美ニ長シ婬樂深ク遊興ヲ専一トメ

氣隨ノ人ハ能眠ルモノ也一心ノ樂ト苦ニテ眠ノ浅深ヲ
察スルヿ心ニ思フヿナリ安樂ナル人ハ能眠リ心ニ苦労
多ク憂愁甚キ人ハ眠少シ亦學ブヿ有テ信實
ニ心ヲ尽ス人ハ眠リ少シ右察眠大概也

逢犬術

一有犬家ヘ忍フ術忍入ント思ニ犬吠ルニ因テ敵用心スル
故難入故ニ入ント思フ前方二三夜モ先ニ行テ焼飯
一ツニ馬銭一分粉ニメ混シ犬可來所々ニ投置ヘシ是
ヲ犬喰フ所ハ速時ニ死ス

歩法四箇條

一大泥ニハ梯ヲ用ヒ小泥ニハ跋足ヲ用ル事梯ノ圖説ハ
忍器篇水器ノ件ニ有跋足ト云ハ楊柳枝ノ意口傳
一敵ノ家屋敷エ入タル時ハ浮足狐走犬通ト云事アリ
浮足ト云ハ木猿傳枝葉ノ意也狐走犬通ト云ハ電
光ノ意ナリ一々口傳
一床ヲ歩スルニハ板橇或ハ真草ノ兎歩ヲ用ルヿ板
橇ノ圖説忍器篇開器記ス真ノ兎歩ノ術ニ葉浮水
ノ意有兎歩ノ時壁端ヲ歩ム事口傳
一座サカシノ事是ハ敵ノ家内ヘ入敵人ノ待居モ不
知無心計時ノ法也其爲ヤウハ坐ノ左右ノ端何レナリ
𪜈所ノ宜ニ隨テ歩ミ太刀ヲ抜カケ鞘ヲ一二寸ホドアケ
其鞘ニテ探リ人ノアタルヲ試ミアタル時ハ鞘ヲ突ハヅシ
直ニ切ル也是ヲ座サカシノ術ト云此術ハ下緒ノ七術内術也ト
雖敵家ヲ歩スル所ノ肝要ノ術故今爰ニ記ス者也

除景術六箇條

一月光火光ニ除姿ヘキ事月光ハ外ヨリ内ヘサシ入
火ノ光ハ内ヨリ外ヘサシ出ル物也月ノ夜ニ忍フ時ハ必
月ノ方ヲ歩スルヿナカルヘシ月東方有時ハ東ヲ除《ヨケ》
テ歩スヘシ又家内ヨリ家外ヘ窺ヒ子ラフ時火光
外ヘサシ出タル所ヨリハ不窺者ナリ是モ月ト同意也
一月火ノ光足ヲ可除事大意右ニ同シ是ヲ光足ト云
一風上ヲ除テ風下ヲ歩スヘシ敵ノ風上通リ或ハ処ル所ハ

此方ノ物音ヲ敵聴ツケ又火縄ノ匂ヒナトヲ敵カキ付ルヿ有亦敵方ノ物音眠リタルヤ否モ風上ヨリ聞ヿナラヌ者也故ニ風上ニ處ヿヲ忌ム歩處セス乄不叶コトアラハ音ナキ様ニ敬シテ守ルヘシ風下ヲ歩處スル節ハ敵方ノ叓ハ能聞ヘ此方ノ叓ハ不聞故風下ハ利多シ

一風ナキ時ノ軒ノ藪林ヲ可除ヿ風吹テ騒時ハ不苦ヿ

一日葉焼ノ藁草ノ中或ハ敵近キ灰ノ中ヲ可除ヿ但雨之後或ハ夜更テ露ノ浮フ時分ハ音セサルモノ之

一水ノ動ヲ可厭叓溜リ水ヲ渉ル節敵ヨリハ不見ト云ヿモ浪立行ニ依テ敵浪ヲ見テ怪ムモノ之浪ノ不立様ニ渉ル叓勿論ナリ

可必入夜八箇條

一祝言ノ明夜ノ叓　祝言ノ夜ハ乱舞酒宴等ニテ夜深ス明夜ハ必人々能眠ルモノ之若夜半八ツ時分ニ埒明寝乄ラハ其夜尚以怠ニ宜シ此夜ハ悦ヒノ心ハカリニテ戒心スリナキ物ナリ　口傳

一病後ノ夜ノ叓其家ノ主妻子ホ病ニテ久シク夜詰シ一旦快氣有テ家人心ヲ緩メタル夜或ハ大切ナル病有テ快氣ノ驗アリシ夜或ハ瘧疾ノ間日ナトノ夜ハ敵家ノ者能眠ルモノ也可窺事

一遊興ノ夜ノ叓敵家ニ乱舞日待何ニテモ遊宴有テ子丑寅ノ刻迄モ起居テ後寝タル夜ハ能眠ル物之必可入ノ時ナリ但新茶ノ節分可有遠慮

一隣家火事或ハ怪事アリシ明夜ノ叓前夜ニ隣家ニ火叓喧嘩其外何事ニテモ大叓有之節ハ其辺マテ眠ルヿナリ其上労疲スル物ナレハ明夜ハ能眠ル理ナリ此夜能虚實ヲ見計可入之口傳

一普請労役ノ夜ノ叓　普請ヲシ終日心労シ其外力ヲ労シ辛苦シ亦ハ遠路ヲ歩ミ還リテ草臥寝タル夜可窺也殊ニ春夏ハ温熱ナル時ナレハ弥草臥甚シ此等ノ節ハ必入ノ時ナリ

一愁歎アリシ後二三夜ノ㕝親妻子等死シ愁苦タヘ難ク其砌ハ泣キ明スト云𪜈病中ノアツカヒニ草臥疲レ其後二三日ノ後ハ能眠ル之一七日ノ中ハ一族ノ男女サシツトヒ宵ハ久ク起キテ悲ムモノニ其愁歎金石ニ非ハ夜半後ハ必ス熟眠スルモノ之況ヤ其下部ヲヤ尚以テ能寝ルモノ之亦愁有シ黄昏人々騒キ諸事守リ薄シ紛忍ノ見アルナリ爰ニ於テ虚實ノ見様書ニ著シ難シ大㕝窺有口傳

一風雨ノ夜ノ㕝風雨ノ夜ハ物音不聞故ニ古來ヨリ風雨ノ夜ヲ忍ニ用來レリ且雨ノ夜ハ夏ハ涼シク冬ニハ暖ナル物ナレハ人身安眠深シ此砌忍入ノ地位之是ヲ雨鳥ノ術ト云雨鳥ハ風雨ノ砌出ルモノ之雨ノ夜ニ忍トモ笠ナト蒙ルヿ有ヘカラス

一騒動ノ夜ノ㕝敵家迫所何事ニテモ周章騒動アル砌可紛入ナリ此術城営忍ノ章ニ審ナレハ爰ニ略ス

昔當國湯船村ノ里ニ久保右衛門ト云スツハアリ或家ヘ可忍入ト黄昏時ニ其屋敷ヘ行見レハ大庭ニ薪ヲ多ク積置ケレハ先此薪ノ間ニ隠レ居テ内ヲ窺ヒケル折節急雨頻リニ降ケレハ家内ノ男女此薪ヲ手々ニ取入天井エ梯子ヲ掛テ上ケタリ久保右衛門幸ヒト思ヒ下部𪜈ノ少シ跡ヨリ薪ヲカツキナ紛レテ家内エ入リ直ニ天井ヘ上リ持タル柴引カツキ伏居タリ夜更ケ人靜リケレハ時分ヨク成ヌト起出ントシケレハ薪モナリ亦天井ノ竹モ鳴タリ其時家内ノ人不眠メ居タル者有テ此音ヲ怪シミテ主人ヲ起シテ其由ヲ告タリケレハ主人鎗ヲ持テ出テ下ヨリ天井ヲ突廻リケレハ久保カ額ノ正中ニ其鎗アタリケルヲ其侭衣ノ袖ニテヤリノシヲ首ヲ握ケリ主鎗ヲ引取テ云ケルハ手コタヘシタリ人ナラハ鎗ニ血可付ソトテ火ヲ以テ鎗ヲ見ケレ𪜈袖ニテ拭ヒ取ケレハ血少モ付テナシ扨ハ人ニテモナシトテ家主モ下人モ寝タリト思シキ時天井ヨリ下リテ家主親子主從五人ヲサシ殺シ退

メリ此疵愈テ後諸人宍人保右衛門ト云ナリ惣メ初ヨリ思ヒカケナキ事ナレ𪜈時ノ宜キニ随ヒ其取ニ押移リ頓智ヲ出スヿ忍者ノ肝要トスル所ナリ亦雨ノ夜ノ事ニ昔當國ニ忍者アリ用心嚴ナル家ヘ雨夜ニ傘ヲサシテ忍ヒ行一人ニカサヲサヽセ雨タレ落ニ置テ我身ハ裏口ニ忍ヒ居タリ傘ニ雨ノアタル音ヲ番人聞咎メ追出タリ其騒キニ安々ト入テ家主ヲサシ殺本望ヲ遂タリト云々凡忍ノ術ニハ変ヲ用ルヿヲ第一トス風雨月闇ニ限ラス其変術敵ノ趣ニ依テ用ルハ忍ノ妙意ナリ口傳

可必入所四箇條

一裏口ヨリノ事　凡裏口ヨリ忍入ニ其利六ツ有一ニハ凡ソ人ノ家屋敷𪜈ニ表ニハ要害堅クスレ𪜈裏ニハ要害ノ表程ニハ非ル物カ二ニハ裏口ハ人ノ出入モ寡キモノナレハ隠レヨシ三ニハ表口ニハ番ヲモ置𪜈裏ハコ口易リ思ヒ番ヲ置𪜈油断スルヿ多シ四ニハ裏口ニハ暫リ身ヲ隠ス所モ有ヘシ五ニハ裏口ノ戸ハ表口ヨリハ掛鉄ノシマリナクテ寝ルヿ動《ヤモス》ハ有ルモノ之六ニハ表口ヨリ家内ノ奥ヘハ遠ク其上戸ヲイクツモ明テ入子サラヌモノ之是咎メラレ見付ラルヽハシ之裏口ヨリ奥ヘ近キモノナレハ戸ヲアクルト直之何レ裏口ハ咎メラルヽヿ少キ理ナリ且敵ノ臥處ヘモ近シ此利アル故ニ裏口ヨリ入ヲ陰忍ノ常法トスル之

一奥ヨリ口ヘ入ル叓右ノ如ク裏手ヨリ屋敷ノ内ヘ入敵家ノ寝所ヘ其マヽ入ニ其利三有一ニ上ノ条ニモ記ス如ク裏口ヨリハ戸ヲ幾ツモ不明ノ直ニ敵ノ寝間近ク入ヿ是大ナル利ナリ二ニ敵若シ思ノ外ナル所ニフシヲルヿ有テ寝所ヲ尋ル取奥ヨリ口ヘ入時ハカケカ子ヲハツシ可入ノセハモナシ三ニ奥ヨリ口ヘ行ハ若シ不眠メ居ル者モ不咎ノ理ナリ子細ハ奥ヨリ口ヘ出ル有ハ盗人夜討ニテモナキ理ナレハ之此三ツノ利アルユヘニ奥ヨリ口ヘ入ヲ常法トス口傳

一表ヨリハ座敷ヨリノ叓　表口ヨリ忍フハアシヽト云𪜈若シ裏手ヨリ可入便ナキ時ハ坐シキヨリ入ルヿ利之子細ハ坐敷ノ戸ハ一重ニテ其内大抵襖障子ナルモノナレハタトヒ掛鉄尻差アリテモアケヨキモノ也故ニ坐敷ヨリハ忍入易シサシキハモハヤ家内ナル故奥口ヘ入戸口々ノシマリモヲロソカナル物ナリ亦坐シキニハ人ノ子テ居ヿマレナル物ナレハ奥ヘ入所ノ戸ノシマリモ強クテ難入乑ハ退キ出テ外ヨ入ニモ自由ナルユエ裏口ヨリ忍入ヿ不叶乑ハ坐敷ヨリ入ヘシト昔ヨリ云傳ヘリ然レ𪜈時所ニモヨルヘキヿ之　口傳

一窻筵ハシリノ下ノ叓家内ヘ入ニ右ノ所ハヨキ所之第一シタチ窻センシ窻ハ或ハ切入或ハハナシ入易シ亦筵ノ下ノ犬防キノ所ハ大抵簾相ナル物ナレハ放シ入ヨシ又ハシリ水棚ノ下ナトハ入ヨキ様ナル力有物ナレハ戸ヲアケ入ンヨリハ右ノ如クナル處アラハソレヨリ入事隂忍ノ常法ナリ

陽中隂術四箇條

一久ノ一ヲ先ヘ入レ或ハ未兆ニ入リ又ハ鋭ナルヲヌカメ怠シメ入叓又隂忍ノ道ニ賢キ者タリト云𪜈敵大身ニテ家内廣ク何レノ間ニ臥居ル𪜈案内知レサルヿ有亦敵用心嚴シク〆入難キヿ有カヽル時右陽術ノ謀畧ヲ先キニ用ヒ後ニ忍入ヿ之此術ハ陽謀ノ中ニ隂入ノ術アリ故ニ陽中隂ノ術ト云之第一ニ久ノ一ヲ先ニ入ルヽト云ハ右云如ク敵大身ニ〆寢タル所モ知レス亦番人モ多ク隂忍ニテ討ヿ難成思フ時久ノ一ヲ能方便ヲ以テ敵ノ思ヒヨラサル所ヨリ入置其後ソレヲ引手ニ〆入ヲ云之此術ヲ能シテ忍入乑ハ大身ノ家ニ〆要害嚴シクスルト云𪜈不入ト云ヿナキ理之凡人ノ溺レ易キハ色ト慾ト之中ニモ大身ナルモノハ愈色ニ溺レ易キ物ナレハ此久ノ一ノ術陽術ノ中ノ能謀計ナリ陽忍上ニモ云如ク此術ニ付テ深キ遠慮有口傳

未兆入ト云ハ敵ノ未タ氣ノ付ヌ時入ヲ云之凡事ヲ

延テハ思案出ル物ナレハ敵氣ツクモノ也心付テヨリ後ハ諸事計ヒ不成モノナレハ成程急キ敵ノ思案ノナキ内ニ計ヲ以テ入ヿ第一ナリ鋭ヲヌカメ怠ラシメ入ト云ハ敵用心嚴シク或ハ昼夜ノ番不怠或ハ門戸ノシマリヲ固クシ寢所ヲ一夜ニ二三度モ変ルヤウナルヲ鋭ト云之加様ノ用拔シ怠シメテ後入ル也昔去ル國ノ者傍輩ヲ殺ノ江戸ヘ下リ旗本衆ヲ頼ミケレハ頼レタル人用心シ奥深ク隠シ置レタリ討レタル者ノ子モ江戸ヘ下リ親ノ敵ヲ數年窺ヒケレ𪜈用心堅固ナレハ可討ヤウナシ是ニヨツテ一ツノ思案ヲシイタシ國本ヨリサシ下リシ腸指ニ鬂ノ髪ヲ相添血ヲ以テ文ヲ書ケルハ我等數年敵ヲ窺ト云𪜈武運尽テ敵ノ行エヲ尋出スヿナケレハ可討ヤウナシ然レハ生テカイナキ身口惜ク思ヒ腹ヲ切相果候ト書認メ古郷ノ老母妻子ノ許ヘ送リ我身ハ深ク隠レ居ケレハ其文カタミヲ見テ母モ妻子モ強ク愁歎キケリ其事隠レナケレハカタキノ親類キクヨリ江戸ヘ其事云遣シケリカタキ持タハカリトハ夢ニモ不知ソレヨリ心ヲ緩シ油断メ方々トアルキケルニヨリ容易ク敵ヲ討タリト云リ是鋭ヲヌキテ怠シメ入ノ方便之加様ノ謀ヲ本トメ分別セハ鋭ヲ怠シ忘謀ハイクツモ有ベシ忍術ノ極意避鋭氣擊怠氣ニアリ

一二人行一人皈リ一人留リ入叓　夜ニ至テ二人往テ一人ハ敵家ノ戸ニ添居一人ハ案内ヲ可請其時家内ノ者戸ヲ開出ヘキナレハ案内ヲ請タル者ハ戸ヨリ二三間モ外ニ居テ誰ヨリノ使ト之ト云ハヾ其辺所エ寄リテ口上ヲ可聞其時戸ニ添タルモノ家内エ可入之此時ハ馬屋諸道具ノ際ニ一先隠レ居ルモノ之是ハ門ナキ家ヘ忍入作法之又門ノ有家ナラハ敵家寢テ後二人行キ一人ハ門ニ添居テ一人ハ門ノ戸ヲ扣キ案内ヲ請ヘシ内ヨリ出テ門ノクヽリヲ開誰ソト問フ時能謀ヲ以テ口上ヲ聞

様ニ云カケ出タラハ頓テ門ニ添居タル者内ヘ入家
ノ戸ヲモ入ヘシ叔取次ノ者口上ヲ受取テ入奥ノ戸
𪜈ヲアケ入テ主人エ口上ヲ申ス内ニ奥エ取次返事ヲ
受取リ出タル跡ニテ可討之或ハ又門戸ノ有家ナル𪜈
ハ一人屛ヲ踰最前ヨリ屋敷ノ中ヘ入テ居其後一人
案内ス奏者戸アケ出タル𪜈跡ニテ家内ヘ入右ノ如ク
ニモ謀ルナリ其敵其眠所ノ宜ニ順ヒ頓智次第ニス
ルヿ肝要之一槩ニ分別スヘカラス右ノ術ハ夜更テ
ノ計之宵ノ中ニテ敵家ニ未寝ザル時ハ計リ難シ
能眠リタル所右ノ術ヲナス時ハ必適中スヘシ昔此
術ヲ以テ利ヲ得タル様シアリ
一隠蓑隠笠ノ術ノ叓此術ハ陽中ニ陰ヲ忍事之
譬ハ乃子女來テ其女皈ル時ハ皈リタルトミエタルカ
如シ但上巻城営忍ノ章ニ隠蓑隠笠ノ術ト爰
ニ記トハ其器違フナリ口傳
一驚忍ノ術ノ事可忍入裏口ヘ潜ニ人ヲ遣シ置テ

叔屋敷ノ外表口ニテ或ハ偽テ同士ト喧嘩ナトノ
高声ニ號ハリ或ハ狂氣人ニ成テ高声ニ狂ヒ呼或ハ人
ヲ打擲シヲメキ又ハ其親類ノ他所ニ有レハ其家
ニ火事ナトヽ呼ハリ或ハ其親類頓死ナトヽ云ヒ或ハ
近所ヘ火ヲ付ル凡加様人ノ驚ク術ヲスル時必其
家内ノ人表口ヘ出ルモノ之其時ニ至テ裏口ヨリ入ヲ
驚忍ト云之此書面ノ外カヽル所ノ恰好口傳有此術ハ
夜ニ至テ人未寝時分カ宜シ但時ニモヨリ宵ニモ亦昼
モスルヿ有ヘシ此書ノ上巻城営忍ノ篇ニモ此術
有此件ノ意ト大抵同意ナリト云𪜈城営ト家トハ
所作ノ違ヒ有故ニ爰ニ記スナリ

聽鼾音術五箇條

一大抵聞筒ヲ用ルヿ聞筒ノ製作カハルヿナシ凡
敵家ノ壁邊或敵ノ臥タル次ノ間マテ忍入テ敵ノ熟
睡シタルカ否ヤヲ聞届ケ弥入ント思フ所鼾ヲ聞ヿ
尤ナリ其時敵ノ音鼾ノ声微少ニテ聞エサルヿ有

モノ之雨風ナトノ音ニテ外騷シクナル鼾モ聞エサル事
有其時ハ物際竈ナトヨリ聽筒ヲ用テ可聽事
口傳
一未眠ヲ察スルヿ　未眠ハ何レ動有モノ之叓ハ蚊ノ声
蚊帳紙帳ノ音冬ニハフスマノ音床ノヲト息ノ音ナ
トスルモノ之鼾ノナキ人ノ眠リヲ聽トキ鼠鼬ノ騷リ
ヲ聞テ歟未眠メイルカト思過ルヿ有物之是ハ久シ
ク聽居レハ人ト鼠鼬トハ聽分ラルヽ物之口傳　昔當
國ノスツハ心掛有ル家ヘ六七月ノコロ忍ヒ入シト其家ノ
前栽ヘ入ト其邊ノ虫𪜈鳴止タリ是ヲ亭主聞トカメ
テ潛ニ太刀ヲ取テ蚊帳ヲ出タリ　蚊帳ニ取付タル蚊ノ
ナク声ヲスツハ聽付テ潛ニ退シナリ如此物音ニ心ヲ付
ヘキ之
一人ヲカトメ偽テ鼾ヲカクヲ知ルヿ人ノ來ルヲサトリ
目ヲアキ居ルモノ偽テ鼾ヲカキ睡リタル形ヲスル
ヿ有其偽ノ鼾ハウワサシテ長短大小有モノ之亦

鼾ノ息ノ中ニイキトヲシキ位有モノ之久シク味テ聽
トキハ津液ヲ呑ム音亦ハタメ息トイキナトスルモノ
也且音ナキヤウニ身ヲ動スユヘ身骨節フチノヽ
ナルモノ之加様ノ所ヲ能考ヘシ
一熟眠シタルヲ知叓　熟睡ハ鼾ロクニ揃ヒ何ノ音
モナクシンくト聞ユルモノ之然𪜈安樂ニ身ヲ持人ト
終日辛苦スル人トノ鼾ニ替リ有安樂ナル人ノ鼾
ハロクニ揃ヒ長短大小ナク辛労ノ人ノ鼾ハシトロニメ
行ツマリヲ能考エ量テ右二品ヲ聞分テ直偽ヲ試
知ヘシ或人曰痰病アル人鼻クサリノ人ナトノ鼾ハ
安樂之ト云𪜈ロクニナキ物之トサモ有ヘシ
一鼾ナキ時熟睡不熟睡ヲ察知叓　鼾ヲ无來カ
カヌ人モ有鼾ヲカク人ニテモ不眠ニ依テ鼾ヲカヽサル
モ有ソ鼾ナキ時ハ心元ナシ此時實否ヲ知ル術有
天帰以加於尓才人遠以禮高倍メカリ廿下言巳
山亦山具カ有其ハ才人キリ五兎ノ如シ故ニ歃面ニカヽ

リテ目ヲアキイレハ不審ヲ立ルモノナレハ知ル之ニツニハ一ノ火ヲ右ノ物ニ入カクル二三ハ八木西米禾木ホ吹筒ニテ吹込モノ之如此スル時ハ眠タルト不眠トハ能知ルト云ヽ其外ニモ術様々有ヘシ深ク工夫セハイクツモ可出尚見敵ノ件ニテ知ヘキナリ

見敵術四箇條

一火ヲ以テ敵ノ臥所ヲ見シ前方戸閉ノ叓　敵ノ寝所ノ近キ壁ニシキリノ此方迫忍行敵鼾眠リタルヲ知ラハ火ヲ以テ敵ノ臥様亦ハ其間ニ幾人臥テヲル其座敷ノ住居ノ形容何カヲ能見ルモノ之然𪜈火ヲ以テ敵ノ寝所ヲミルトキ敵モシ不眠メイル時ハ火ヲ見トカムルニ依テ謀モナラス敵戸ヲ開キ出此方ノ害トナルコト有レハ火ヲ以テ敵ヲ見シ前カタ戸閉ト云ヿヲスル物ナリト古忍ノ云傳ヘケリ其製作ハ

鉄ニテキタヒ太サ二三分程ニシタルカヨシ此器ヲ以テ一本戸ナラハ戸尻追立戸ナラハ戸ノ閉タル所ニテ閉ル之トデヤウハ戸ノスキ間ヨリ右鉄ノ一方ヲ入レカキヲ戸尻ニカケル之鉄ノ一方ヲハ戸ヨセノホタテニカクル之此器ヲ用ル時ハ急ニ戸ヲ開クヿナラス焼討ニセント思フ時カ或ハ此方人数少キ故戸口々ニ可置人ナキ時ハ右ノ戸閉ヲ為ヒ置テ扨一方ヨリ討入ル時ハ敵逃出ルヿナシマメ錐揉ナドシテモヨカルベケレ𪜈其ハ鳴音アリ数モ難レ成故ニ右ノ器宜シ

一壁外ヨリ敵ノ寝所ヲ見ル四術ハ一ニ吹矢二ニ違見三ニ竿火四ニ剛盗燈灯ノ事　吹矢ト云ハ短キ吹矢筒ヲ拵ヘ扨吹矢矢ニ燃薬ヲ塗ツ

レニ火ヲ付テ筒ヘ入テ物アイヨリ敵ノ方ヘ矢ヲ吹ヤリ
テ臥所ヲ見ル之違見ト云ハ火ヲ出シタル方ヨリ内ヲ見
ル時ハ弟一見ヘヌ物之敵目ヲアキ居時ハ太刀鎗ニテ此
方ヲ突ヿ有ベシ松明ヲ出シタル向ノ方ヘ行違フテ内ヲ
見ルヿ之如此スル時ハ内能見エテ此方危キヿナシ三ニ竿
火ト云ハ細キ竿ノ先ニ火ヲ結付テ見ルヲ云之四ニ剛盗
燈灯ト云ハ大キナル透間ナクテハ不成是ハ燈灯ノ口ヲ先
ヘ出シ見ル之火器ノ巻ニ圖說アリカサ高ニ〆用方ニ不宜

一敵ノ家内ヘ入テ後敵ノ寐所ヲ火ヲ以テ見ル四術一ニ
鳥ノ子見二ニ入子見三ニ竊恐松明見四ニ不滅松明
見ノ叓敵家ヘ入テ敵ノ寝間ノ次ナトヘハ長ク重キ道具ハ
持行レサルモノ之又数多モ不可持行カヤウノ火類ニテモ
手輕キヲ可持一ニ鳥子用様ハ鳥ノ子ヲ掌ノ内ニ持
光ノ入ラヌ時ハ握リ居敵ヲ見ル時ハ手ヲヒロゲ火ヲ吹立
燃シテ掌ヲ先ヘ向テ可レ見之猶口傳二ニ入子火用様ハ
火ヲ消シタキ時ハ緒ヲ持引上ヘシ又燃シタキ時ハ下ニ可

置又先ヲ見テ此方ヲ見ラルマシキト思フ時ハ本ヲ持先
ヲ敵方ヘ可向之三ニ竊盗炬明用様ハ刀ノ鞘ニナリ𪜈又
何ナリ𪜈火口ヲアテヽ持テハ火燃不立メアル之又燃シタキ時
ハ振上レハ能燃ルナリ此炬明ヲヤハラ松明𪜈云之口傳
四不滅松明用様ハ香箱ノ口ヲ先ヘ向テ持テ歩フ
リヽスル時ハ其先ニテ先ノ様子見ユルト之是ハ予未試
右ノ道具ヲ以テ見ル時ハ暗所ニ敵居ルト云𪜈不見ト云
ヿナシ敵家ニ入ント思フ時右ノ内何レナリ𪜈持行家内

ノ様子敵ノ伏所ヲ能見ヲヽセテ後疑ヲ止メ可忍入ナリ
右道具ノ圖說忍器篇火器ノ巻ニ記

一敵ノ臥所初ヨリモ不知又火ニテ見レモ火ナキ時ハ物真
似ノ計ヲシテ知ト云傳シ事ト言ハ犬狐猫ナドノ鳴真
似ヲ高声ニスル時ハ敵目ヲアキ声ヲ立ルニ依テ其声
ニテ敵ノ臥所ヲ知ト云之昔下柘植ノ小猿犬ノイガムマ
子ヲ高声ニシケレハ敵怒リシニ依テ臥所ヲ知テ討タ
リト云傳タリ　私曰トカリ久ノ一ナンドヲ初ヨリ入置時

歒ノ臥所ノ知レマシキ様ナシ且物真似ヲ能セサル者ハ此術ハ不成ナリ古法トテ似モセヌヿヲセハ却テ歒ニ討ルヽハシタルヘシ且又能似スルト云圧陰忍ニハ歒ヲ能眠ラセタキ事ナルニ歒ノ眠ヲ覚ス術ナレハ悪キ方便ナリ若歒ヲオビキ出シ討ツ為ナラハ鶩鷲忍ノ術ニテ如何様ニモ可呼出ナリ然ハ歒ノ臥所ヲ可知タメノ謀略ニハ物マネノ術ハ能モナキ事之

隠形術五箇條

一 初テ屋敷ト家内トヘ入タル隠家ノ事 言ハ初テ屋敷ノ中ヘ入タル時ハ云ニ不及事ナレ圧雪隠莚ノ下竹林ノ茂リタル所植込ノ中材木薪ナントアル中凡何ヨラスハ物景ニト先隠レテ能時分ヲ窺ヒ家内ヘ忍入ヘキ也ロハ雪隠ハ少シ遠慮有ヘシ又家内ヘ入タル時ハ厩天井大釜ノ下中床ノ下或ハ諸道具ノ間ニ先隠レテ家内ノ様子ヲ窺ヒ人ノ眠ヲ可待之屋敷エモ家内ヘモ忍入時黄昏ノ人ノ面モ定《シカ》ト不知諸人ウサツク時分紛入右ノ隠所ヘ行様ヲ窺ヒ歒家ニ未火ヲ燈サヽル時分紛入テ右ノ隠所ニ先隠ルヽヿモ可有ナリ

一 観音隠ノ事 観音隠ト云ハ歒ノ番ノ者廻ル時少モ不騒壁垣等或ハ植木材木薪ナド凡何ノ近辺ヘナリ圧立寄袖ニテ顔ヲ蓋《ヲヽ》ヒ目バカリヲ少シ出シ息ザシノ音ヲセス息ノ歒ニカヽラヌ様ニメ少モ不レ動隠形ノ呪ヲ唱テ立居ヲ云ナリ又背ヲ歒方ヘ向テ立タルモヨシ如此スル時ハ歒見付ルヿナキ物之古ヨリ此隠レ様ニテ利ヲ得タルヿタメシ多シ此理ヲ不知者ハ歒ノ来ルヲ知ルト俄ニ迯隠レ動リニ依テ却テ足音息サシノ音アルヒハ物ニ行アタリ或ハ蘆芥ナドヲフミ彼是ト見付ラルヽヿ有モノナリ

隠形之大事 寳篋ノ印ニテ呪ニ曰

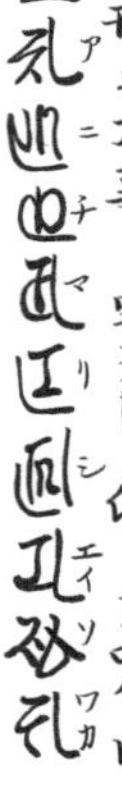

口傳

一 鶉隠ノ事 鶉隠ト云ハ手足ヲ屈メ首ヲ引込物ノ近所ヘ寄寒キ夜ニ霜ヲ聞如クウツムキニ伏シ隠形ノ呪ヲ口ノ中ニテ

唱ヘ居ルヲ云ナリ歒ノ方ヘ前向テ仰《アフ》ケニ俛ヿ勿レ踞ニ俛ニ
五ツノ利アリ仰ニ俛ニ五ツノ損有一ニハ歒ノ方ヘ顔ヲ向テ仰ク
取ハ面白ニト見ユルモノ之踞ニナリ顔ヲ隠シ俛ストキハ面ノ白
キ見ヘザル故歒見付ル理ナシ是之利之二ニ男子ハ陽ナレハ俛
ハ損ナリ仰ハ逆ナリ故ニ仰ハ息出テ息サシ荒クナリ歒ニ
聞付ラルヽノ理之是損ナリ又俛ナル取ハ息ザシ弱ク息サシ
音モ早ケレハ聞ユルヿナキ理是之利也三ニ人ノ息ト我息ト
通スル取ハ必人知ルモノ之故ニ仰ハ損俛ハ利之四ニ仰ニナルト
キハ人躰約カナラスメホヒロカルヽ之踞メハ身躰約ニスボル物ナレハ
見付ラレザル相有故ニ損得ノアルニ有ラスヤ五ニ踞ニ面ヲ隠シ
俛ス時ハ歒不見故精一ノ氣鉄石ノ心志有仰フス取ハ歒ニ
見ユル之眼ハ臆病ナル物ト云傳ヘテ歒ヲ見レハ必臆病ノ氣出
歒ノ見付ザルニモ早迯ント思フテ驚キ動ク故見付ラルヽ理
ナリ若仰フスヿ不叶トキハ袖ニテ顔ヲ隠シ可俛ス若歒怪ミ
火ヲ以テ見ナラハ可迯其トテモ能隠所ナラハシブトク可隠
ナリ況ヤ歒火ヲモ不持シテ夜廻リスルバカリナラハ此術ヲナシテフ
トク可隠之昔ヨリ此術ヲ以テ隠レスマシメル事多シ伊賀ノ忍者
ハ石ニナルト云ヿ此ヲ謂乎如右ナレハ身心石ノ如シ故ニ歒モ石
カト思フ理ナリ昔シ當国ノ水破去ル城エ忍入立ヤスラヒ居
処ニ夜廻ノ者來ケレハ頓テ空間堀ノ中ヘコケ入鶉隠ノ術ニテ
俛シ居タリ夜廻リノ者堀底ナル水破ヲ朧ニ見付テ鎗
ニテ突見タリ其鎗及先ナシ腹ヲ突抜ケレ𪜈彼水破少
モ不動居タリケレハ夜廻ノ者人ニテハナキモノニテ動カヌト云
テツコヲ立去ケリ其後水破ソロヽ出テ其城ニ火ヲ放テ焼
揚ケリト云ヽ又大塔宮尊雲親王南都ノ般若寺ニ忍
テ御坐在ケル時一乗院ノ候人按察法眼好専如何メ聞メ
リケン五百余騎ヲ卒メ未明ニ般若寺ニ寄タリ折節宮ニ附
奉ル人一人モ無リケレハ一防キ防テ落給ヘキヤウモナキ上透間モナク
兵𪜈寺内ヘ打入タレハ紛テ御出有ヘキ方モナシ去ラハヨシ自
害セント思召既ニ押肌ヌガセ玉ヒケルガ事ノ不叶期臨シテ
腹ヲ切シヿハ最安カルヘシ若ヤト隠レテ見ハヤト思召返メ
佛殿ノ方ヲ御覧スルニ人ノ讀カケ置タル大般若ノ唐櫃

三ツ有二ツノ櫃ハ未レ閞ズ蓋一ノ櫃ハ御經ヲ半過取出メ蓋ヲモセザリケリ此蓋ヲアケタル櫃ノ中ヘ御身ヲ縮テ臥セ玉ヒ其上ニ御経ヲ引カツキテ隠形ノ呪ヲ御心ニ唱テヲハシマシケル若サガシ出シナハ頓テ突立ント思召テ氷ノ如クナル刀ヲ抜御腹ニ指當テ兵𪜈ノ爰ニゾト云ントスル一言ヲ待玉ヒケル去程ニ兵𪜈佛殿ニ乱入佛壇ノ下天井ノ上マテ残リナクサガシケルガ餘リニ求カ子テ是体ノ物コソ怪ケレア大般若ノ櫃ヲ閞テ見ヨトテ蓋シタル櫃二ツヲ閞テ御經ヲ取出シ底ヲ翻シテ見レ𪜈宮ハ御坐シマサス誠ニ不思議ノ御命ヲ續セ玉フ夢ニ道行心地メ猶櫃ノ中ニヲハシケルガ若亦兵𪜈立皈リテ委シクサガス事モヤト御思案有テ頓テ前ニサガシタル櫃ニ入替リテゾヲハシケル案ノ如ク兵𪜈又來テ佛殿ニ立カヘリ先ニ蓋ノ閞タル櫃ヲ見サリツルガ無覚ツカトテ御經ヲ皆引移シテ見ケルガカラカラト打笑テ大塔宮ハ入セ玉ハテ大唐ノ玄弉三藏コソヲハシケレト戯レテ兵𪜈ハ一同ニ笑テ門外ヘ出ケリト云云

一
歃《カドメ》起タル時ノ方便三ツ一ニ物真似ノ術二ニ偽言私語三ニ示跡止ノ術ノ事　言ハ歃カトメタル時一ニ物真似ノ術ト云ハ歃物音ヲ聞胡散ニト枕ヲ揚テ聽ク時ハ袖引木カミ等ノ術或ハ犬猫等ノイガ声ナドシテ犬猫ニト思ハスル事有口傳　二ニ偽言ヲ私語ト云ハ家内ニ居テモ家内ノ居ヨリ外ニト思ハスル偽言或ハ壁ヨリ外ニ居テモ内ナリト歃ニ思ハスル偽言或ハ歃ノ後ロニ味方不レ居𪜈居ルト思ハスル偽言凡我ガ云事偽言ナル故ニ歃其言ヲ實ト思ヒ皆ウラハラノ働ヲスル様ニ私語謀ルナリ是ヲ陰中陽ノ術ト云ヘ昔新堂小太郎カ佐那具ノ城ニテ行ヒタル術又正心ノ篇ニ思切ル時ハ却テ死ヲ遁ルヽト云所ニ記シタル古事ナトノ様ナル術是ヘ又當国ノ忍者去ル家ニ忍入其亭主ヲ討ント窺フ主堅ク用心シテ不寐ノ番ヲ置テ奥ノ寢所ニ寐タリケレハ可忍入隙モナキヲヤ久シク番守ノ眠ヲ待居ケレハ已ノ刻許リニ草臥テ眠タルト覚テシンシント静リ其上火モ消テ見ザレハ忍者時節ヨシト思ヒ戸ヲ閞キ入ントスレ𪜈

鑰尻差堅クメ不閉故閫ノ下ナル土ヲ鋤ニテ堀取穴ヲ
アケテ既ニ入シトメ頭ヲ穴ヨリ少シサシ出シ家内ノ体ヲウカ
ヽヒ見ル処ニ彼番守目ヲアキタルト覚テ竊ニ息サシノ音
骨節ノナル音床ノナル音ナトシケレハ愈實否ヲ聞ント寒夜
ニ霜ヲ聴カゴトク静リ聴ケレハ暫ク有テ忍者ノ居ル方ヘ
來ル足音シテケリ忍者是ヲ聞其侭穴ヨリ出テ居タリ
番守彼穴ノ近所ニテ穴ニ入處ヲ突ヘシト思ヒ構ヘ居ル
体ニ覚ケレハ忍者不取敢偽言ヲ私語テ云ハ番ノ者

目ヲ覚シタリト見ヘタリ此ヨリハ入マジイザトヨ爰ヲハ立
退奥ノ物置ノ方ヨリ可レ入トテ云ヒ又同類ノ者ノ云様ヲ
如何ニモ尤也イザ可レ巻之其上誰々ハ最早物置ノ方ヲ
ハ戸ヲアケ可レ入トテ云ケレハ番ノ者𪜈偽言聞テ扨ハ忍入者
大勢ニテト見ヘタリ猥ニ追出テハ叶マシサラバ奥ヨリ大勢デ
可レ待請テ可レ討ト思ヒ潜ニ行亭主ヲモ起メ此由ヲ言
聴セ奥ノ口ニ待居タリ其有様ヲ忍者合点シ彼堀リタ
ル穴ヨリスルヽト這入リ亭主ノ寝所ヲサシテ行見タリ

ケレハ折節有明ノ火光リ亭主起出テ身ヅクロイスル所
ヘ忍者スルヽト行急キ御出アレト私語キケレハ亭主ハ味方
ノ番守也ト何ノ思ヒカケモ無リシヲ其侭サシ殺シ火ヲ打
消迯出タリ番ノ者𪜈是ヲ聞狼藉アリ出アヘト声ヲ
揚ケレハ家内ノ者ハ云ニ不レ及隣家ノ者マデ走出タリ忍
者兼テエミタル支ナレハ百雷銃ヲ其家ノ近所ノ竹林ノ
端ニ置火ヲ放退タリ追手ノ者共此百雷銃ノ鳴音ヲ
聞テ扨ハ敵大勢也爰ニ居テ鉄炮ヲ放ツソ如何セントヒ

シメキ時刻ヲ移ス其内ニ忍者ハ一里餘モ迯テ遁レタリ其夜
ハ彼竹林ヲ守リテ夜ヲ明シ夜明テ藪ニ敵篭リ可レ居
ト子細ニ尋ケレ𪜈百雷銃ハ有残テ人ハナシ扨ハ愈謀レタ
リ口惜サヨトテ各立退シト也又昔去ル者或小身ナル者ニ
遺恨有テ可レ討ト思ヒ或夜其家ヘ忍行テ戸ヲシメアケ
ニシタリ亭主聞付潜ニ寝所ヨリ起出テ戸ノ内ニテニマチ
居タリソレヲ彼忍者外ヨリ聞付知テ私語キケルハ亭主
起出タル物也今夜ハ成ジ早々可レ退ト云尤也ト自答テ二人ノ足

音ノ様ニシテ一間許リ退クテイヲシテ其侭ソロリト立敀リ戸
ノ際ヘ行壁ニ添テ居タリ亭主偽リニ退トハ不レ知メ其ハ
戸ヲ開ノカサシト追出ル所ヲ戸際ニテ待受一討ニ亭主ヲ討
テ本望ヲ遂メリト云ヽ是モ敵ノ待居テ不意ニ討ントス討ヲ
反テ我トシタル術也昔ヨリ如此ナル方便多シト雖モ叓多ケレ
ハ畧メ其一二ヲ記ス三ニ示迯止術ト云ハ初ヨリ入居ル時敵
カトメ起出タラバ此方一人ノ時ハ其侭迯テ戸ヲ出タル鳴音ヲ
メ敵ニ戸ヨリ外ヘ出タルト思ハセ家内ニ止リ敵追出タル跡ニテ
愈奥ヘ入窺フテ敵ヲ討ベシ又二人入タル時ハ一人ハ迯サセテ
敵ニ追ハセ一人ハ奥ヘ入ベシ但是ハ窺敵ノ即従番守ナド
ノ起出タル時如此若其起出タル者思フ敵ナラハ戸口ニ待居
テ可刺殺理也然入ル前組中内談ノ時加様ノ敵カドメ
テ起出タルノ叓マテヲ重ニ云合セ左様ノ時誰ハ可迯誰
ハ可留ト定メ可置也此方便ノヿヲ以テ昔ヨリ得利ヿ多シ

一 敵追出對當ニシテモ利ナキ時我退散スル時ノ方便ハツ
一ニ狸退二百雷鋭三蒺藜蒔退四木石早下水中ヘ
拋入五変追手揚大音術六ハ珍事出來呼閉門術
七ニ門閉ル則俄呼君出御之術八ニ狸隠狐隠ノ事
言ハ敵大勢ニテモ小勢ニテモ追出ル時敵對シテハ利ナキ
時ハ退散スベシ其時ノ方便之一ニ狸退ト云ハ敵急ニ追
出既ニ後ロヲ切ラルヽト思フ時ハ跪テ止ルベシ如此スル時ハ
敵我ニ行當リツマツキテ倒ルヽ時討ベシ若敵我左右ノ
脇ヲ追時ハ蹴テ不レ倒トモ敵競テ我ヨリ先ヘ行物也
其時ハ太刀ニテ敵ノ腰ヲナグルベシ敵我脇ヲ踰サマニ
切ルト云トモ跪テ居ハ太刀アタルヿ少キ理ナリ又追敵ト三五
間モ有時ハ門戸ノ脇或ハ道ノ側ノ少シニテモ身ノ隠レ有
ヘキ所ニ暫ク立寄居ル時ハ追掛ル敵迯ル者ハ先ヘ行タ
リト心得先ヘ走ルモノ也敵我前ヲ過ルヿ四五間ナラバ頓テ
跡ヘ引返シ其時跡ヨリ出合敵ニ會時ハ如何ニモ言葉
慥ニ敵ハアナタヘ迯行タリ二三人追掛行タリ敵モシ反合セ
ハ味方難義ニ可及急キ玉ヘト云廻リ横道ヲ退クヘキ
也舊キ狸ノ犬ニ追レタル時如此スルト云故ニ此方使ヲ

狸退ト云ヘ二ニ百雷銃退ト云ハ前ニノケ條ノ引言ニ記
コトク追敵ト間十四五間廿間モ有カ或ハソレヨリ近ト
云ドモ暫ク鶉隠ヲシテ居ルニ依テ敵不見付メ走リ
廻リナトスル時ハ須テ茂ミ藪ナトノ端或ハ人ナキ小屋長
屋ノ近辺ヘ行テ百雷銃ヲ鳴ス時ハ敵爰ニ夜討
ノ者ハ居ルソト思ヒソコヘ寄ル処ヲ其間ニ股ヘハヅシ退
クヲ云ヘ百雷銃ノ調ヤウ忍器ノ中火器ノ件ニ記ス
百雷銃ノ用様種ミ有ト傳三蒺藜蒔退ト云ハ

竹蒺藜ヲ持行テ可退ト思フ道或ハ戸口ミニ未入前ニ
可蒔置ニ退散ノ時ハイソカハシクテ蒔レザルモノ也又退散
ノ時蒔クヿモ有昔ハ竹蒺藜ヲ幾ツモ糸ニツナキ退時
引ツリテ退タル事モ有ト云リ我菱ヲ蹈立ザル様ハ其マ
キアル所ニテハ足ヲアケスメ足ノ裏ヲ土ヲ不離歩ムベシ四ニ木石
ヲ早水中ニ抛術ト云ハ暗夜ニ敵我ヲ追掛ル時早キ水
ノ中ヘ木ヤ石ヲ抛落シ其落タル音ヲ敵ニ聞セ我也ト思ハ
セ敵ソコヘ行処ヲ其間ニ迯退シ為ノ計也新堂小太郎伝

邦具ノ峯ヲロシノ城ニテ行フタル術也又昔忍者或家ヘ忍
入ケルヲ其家ノ奴聞付テ追掛タリ迯サマニ茶ノ釜程ナル
石ノ有シヲ引カツイテ扉ノバタヘ走行彼石ヲ扉ノ外ヘ抛コ
シ己ハ扉ヨリ此方ヘ鶉隠ヲシテ居ケレハ追手ノ者此石ノ
音ヲ聞テ敵ハ扉ノ外ヘ飛出タルト思ヒ門ヲ開キテ追
出タリ其間ニ忍者跡ヘ戻リ彼家ノ奥ヘ行キケレハ其家ノ
主其騒キヲ聞テ出ケルヲ討タリト云ミ又去ル忍者或
家ヘ忍ヒ入ケル家主起出追ケレハ忍者其家ノ前ナルヤ

ブノ中ヘ走込タリ家主藪ノ中ハ追詰タリヤ有ケレ暫ク立ヤス
ラヒ居ル処ニ忍者藪ノ中ニ固リタル塊《ツチクレ》ノ有シヲ取テ藪ノ外ヘ
抛タリ家主扨ハ藪ノ外ヘ忍ビハ出タルト心得脇道ヨリ追行
其間ニ忍者藪ヨリ出テ彼家ヘ忍入シト云ミ五ニ変追手
揚大音術ト云ハ敵我ヲカドリ高声ヲメ騒キケル時物ヲモ
云ズメ濳ニ迯ル時ハ却テ人怪シム物也女ニシモ可隠ト思フ心ナリア
ラハニ追手ノ風《フリ》俗ノ大声ヲ揚テ夜討入タリ出合ヘト罵走ル
時ハ敵怪ム心ナキ物ナリ此時一ツノ方使アリ譬ハ我西ヘ退

カバ盗人ハ東ヘ行タリト聞タリ何レモ東ヘ追掛玉ヘト人毎ニ告呼
ハルモノ也是ヲ遁ノ術ト云ケル様ノ時ノ為ニ羽織ノ表ハ柹色
ニ裏ハ薄鼡色ニ染タルヲ著テ忍入時ハ柹ヲ上ニナシ追手
ニナリ逃ル時ハ鼡ヲ上ニナシテ著ル物也皆ノ忍者ケル様ノ術ヲナシ
テ利ヲ得タル験アリ　六ニ珍事出来　呼ル閉門方使ト云ハ
背去ル者城内ニテ竊ニ思フ敵ヲ討タリシニ近所ノ者聞付
声ヲ立出合ケレハ彼者急キ逃出タリ宵ノ支ナレハ門々開キ
アリシカハ彼者思フ様唯今追手ノ者モ追カクヘシ此者モヲ

門ニテ留サセ必易ク可レ退ト思案ノ門々ニテ云ケルハ城中ニ
喧嘩出来タリ門ヲ閉テ一人モ城外ヘ出スマジキ旨上ミヨリ御
觸レナリ相構テ油断スヘカラスト高声ニ云走リナレハ番ノ者
モ實トハ心得急ニ門ヲ閉タリ兎角スル間ニ此者ハ心易ク退
去シトナリ此方使ハ昏カ又ハ宵ナトノ門開キ有時敵追掛
ベシト思フ時如此ノ計可然也七ニ門有閉則俄ニ君出御
ト呼ハル術ト云ハ大身ノ屋敷又ハ城内ナドヘ忍行テ後出モル
時門トヂテ有バ門々ニテ云ベキハ俄ニ君何地ヘ出御アリ急キ

門ヲ開ケト權高ニ云ヘシ或ハ何方ヘ御使ヲ兼ト云カ又ハ火事
出来火ノ元見分被仰付ナト云テ門ヲ開カスヘシ此術ニ
少ロ傳アリ其外其時相應ノ方使有ヘシ先ツ出ル事ヲ
能工夫メ叔入ヘシ人ヲ討トモ先退クコヲ考ヘテ後ニ可
討口傳　八ニ狸隠狐隠ト云ハ敵大勢追出テ逃去難
ク思フ時木ヘ升リ隠ルヽヲ狸隠ト云ナリ如是スル時ハ
大概ハ見付ラレザル物也葉ナドノ茂リタル大木ハ愈ヨロシ
又敵追出テ方々ヨリ人起リ逃ルヿ難キ時ハ水中ヘ

飛込惣身ヲ水中ニ入面ハカリヲ出シ頭ニ藻草蓮葉
木ノ葉等ヲ蒙リ隠ルヽヲ狐隠《カクレ》ト云也猟師カ鉄炮ニテ狐
ヲ討ケルニ其ハ玉ニアタリケレ圧則時ニ死スル程ニモ切リケレハ
狐逃ケレ圧其疵痛テ逃去ガタカリケルニヤ猟師ノ見ヘヌ所ニ
小川ノ渕ノ有ケレハ狐頭テ其渕ヘ飛込渕ノ端ナル洞ヘ寄
テ身ヲ水中ニ入鼻ト口許リヲ水ヨリ上ヘ出ヌ藻草ヲ蒙リ
居タリ此ノ術ヲ狐隠ト云也昔尾州名護屋ニテ去ル者
大身ナル人ニ遺恨アリケレハ黄昏ノ時分其屋敷ヘ紛入リ

叓ノイナレバ欹定テ行水ヲシニ出ルカ又小使ナトニ出ヘシ其
時飛掛リ可討ト思ヒ湯殿ノ近辺ニ隠レ居タリ如案欹行
水ニ出タルヲ難ナク討テ其屋敷ヲ立出シニ其家ノ者ハ
云ニ不及隣家隣町ノ人マテ騒キ出テ追カケシカハ討タル
者迯遁レ難ク思ヒケレハ其傍ニ水堀ノ端ニ柳ノ生茂リ
タルカ有ケレハ其堀ノ中ヘ飛込柳ノ下ヨリ頭ハカリヲ水ヨリ
出シテ柳ノ葉ヲ頭ニ蒙リ身ハ水底ニ沉ミ居タリ音合タル敵𪜈
火炬ヲトボシ堀端ヲモ能ミ見ケレ𪜈見出サズ乄退散シテ
レハ其暁ニ至テ堀ヲ出難ナク遁タリト云ミ昔モケ様ノ
タメシ有シニヤ名将ハ堀ノ中ノ草藻蓮葉ナドヲ取セ柳ナ
トヲ伐テ少モ隠レ方ナキ様ニスル物ナリト云々又狸隠ノ方便
ニ昔盗人二人ツレテ去ル家ヘ忍入シニ欹家ノ者目ヲアキ声
ヲ立大勢方々ヨリ起出タリケレハ二人ナガラ迯出タリ其取一
人ハ早ク屏ヨリ外ヘ出タリ今一人ハ何トカシタリケン迯出ヿ不成
乄大キナル柚ノ木有ケレハ其木ヘ升リテ葉ノ中ニ隠レ居タリ追
手ノ者𪜈柚ノ木ニ盗人ノ居ルヿハ不知屋敷ノ内外ヲ尋ケルニ盗

人居サリケレハ皆ミ家内ヘ皈リテ寝タリ然ル處ニ屋敷ノ外ヘ
迯タル盗人今一人ノ盗人ヲ待居タレ𪜈終ニ來ラサリケレバ心元ナク思ヒ又
立皈リ屋敷ノ外ヨリ内ノゲキヲ聴ケレ𪜈何ノ音モナク静リケ
レハ屋敷ノ中ヘ入テソロ〱尋ケレハ柚ノ木ノ上ニ物音シケル扨ハ柚ノ
木ノ上ニ升リ居ブト心得急キ下ヨト私語キケレハ柚ノ木ノ上ノ
盗云ケルハ先程ヨリ下ントシケレ𪜈柚ノ刺身ニ立テ下ラレスト云
下ナル盗云ケルハ沙汰ノ限リ臆病ナルヿ之急キ下リヨト云ケレ𪜈
イヤ〱ト云テ得下リサリケレハ盗人一ツノ思案ヲ出乄盗人ハ柚
ノ木ニ上リ居ルゾ出合〱ト高ラカニ呼リケレバ家内ノ者𪜈皆
タリト声ヲ立ヲ聞テ柚ノ木ノ盗人柚ノ刺ノ疼ムヿヲモ忘レ
テ飛下リ二人連テ迯遁タリト云ミ下ナル盗ノ刺尤カシコシ〱

家忍人配三ヶ條ノ叓

一張ノ叓言ハ忍入ベシト思フ其家ニ續タル長屋部屋隣
家ナドノ人ノ可出合道ミ毎ニ人ヲ置モノ也是ヲ張ト云ナリ
此張ノ役ニスル者ハ手熟ノ調練ナクテモ不苦只心ノ落
付タル者ヨシ惣乄何レノ役人モ臆病ニシテ卒忽ニ怵惕ノ

ナキモノハ悪シト云ドモ取分張ニハ卒忽ニメ怺情ノナキ者ヲ
置ヿ大ニ悪シト古忍モ云傳タリ卒忽ニメ怺情ノナキ者ヲ
張ニ置大損三ツ有一ニ落付ズメ怺情ノナキ者ハ忍入タル者
ノ出ルヲ待ツ兼テワサツキテ餘方ヘアルキ或ハウロメヘテ相圖ヲ
聞モ見モセズメ居ルニヨッテ諸事云合無益トナルモノ之一ニ
家内ヘ忍入タルモノ退散スル所相詞ヲカケス敵カト思誤
テ味方討或ハ敵カト思ヒ相圖モナキニ逸早ク逃去ナトスル
物之三ニ外ヨリ來ル敵方ノ者有所味方カト思ヒアヤリ又
外ヨリ來ル味方ヲ敵カト思ヒナトシテ諸ヿ卒忽ニテ不定ナル
モノ之一人危有トキハ惣勢モ迷テ云合タルヿ皆〻違乱スル物之
ケ様ノ大損有故ニ張ハ何者ニテモ不苦ナトヽ云テ不落著ノ
卒忽怺情ノ少キ者ヲ置時ハ何ノ無益ノミニ非ス却テ味方失
敗ノ基ナリ可慎ト古忍云傳タリ兎角其人ヲ撰ミ人ニシ
氣質ニ隨應メ諸役ヲ定メ其上ニテ相圖約束ヲ
重〻堅ク互ニ云合ベキヿ肝要之人ノ生付ニヨルト云ドモ大
低若キハ血氣盛ニメ強ニハアレドモ卒忽不功者之老人ハ落付

功者ナル物ナレドモ輙《ヤモスレ》バ思案過テ圖ヲハヅスヿ有只生得ノ
剛強才智ナル者ノ三十四五ヨリ五十マデノ者仕手ニモ張ニモヨシ
一仕手ノヿ附戸毎ニ人ヲ置或ハ人数少クハ戸閉ヲスルヿ侍
ノ役ハ一大事ノ役ナレハ勇謀功ノ三ツニ達シタル者ナラテハ大ニ
悪シ此役人ニ二人内一人ハ鏁子鑰樞尻差等ヲハツシ其外色
〻ノ可忍入所作ヲナス役人之今一人ハ敵ノ鼾声其外ゲキヲ
窺聽テ所作ヲナス者ニ告知セ又内ノ様子ヲ通路人ヘ告テ
通路人ノ口ヲ聞テ仕手ニ告ル役人之通路人ト云ハ張内一
人其家ノ士ノ間或ハ仕手ノ者ノ居ル辺所マデ行テ仕手添
ノ者ノ下知ヲ外ノ相圖持ノ方ヘ通路シ外ノ相圖持ノ者ノ
云所ヲ仕手添ニ通スル役人之口傳 附戸毎ニ人ヲ置ト云ハ
ソノ家ノ戸口幾ツモ有ドモ戸毎ニ人ヲ可付置是ハ家内ノ者
ヲ一人モ不残可討為之戸口ニ付居ル者ノ計三ツ有一ニハ地ヨリ
八九寸ノ高サニ戸口ニ縄ヲ横ニ張置敵飛出ル所ハ其縄足
ニカヽリテ倒ル、物ナレハソコヲ可討計之二ニ蒺藜ヲ戸口毎ニマ
キ置敵ノ足ニ蹈立サスル之三ニ戸口辺ニ居テ脇指ニテ突之

惣メカニテモ家内縁側ナトニテ突テヨシ口傳必シ有戸閉ノ事前ニ有故ニ爰ニ略ス雖ニテ戸ノ間不開様ニスルモヨシ

一相圖持并相圖ノ印鈴火ノ事相圖持ノ役人ハ四方ヨリ見ユル小高キ所ニ居テ鈴火ヲ以テ内ノ事ヲ外ヘ通シ外ノ事ヲ内ヘ通スル役人之扱相圖ノ印ト云ハ分散シタルトキ敵ト味方ト紛ルヽ物ナレハ同ニ白キ手拭ニテ顱《ハチ》巻ヲスルヤウナルヿ之相詞ハ陽忍ノ篇ニ記シケレハ爰ニ略ス鈴火ト云ハ相圖持ノモツ器之鈴ハ風鈴之火ハ紙燭火ナリ藥方火番ニ在其ハ紙燭火ニ明火ノ火ヲ付長キ竹ノ先ヲ一尺程批置相圖次ハ弟幾ツ成𪜈其竹ニ挟ミ付諸ノ張同勢ニ見セテ相圖約束違乱ナキ様ニスル火也凡夜ノ相圖ハ鳴物カ火ニテナラデハ不成モノ之夜合戦ナドニハ挑燈大皷貝杯ニテ相圖ヲスルト云𪜈ソレハ大ニメ人怪メ或鳴音夥シキ故ニ家忍ノ相圖ニハ不宜故ニ右ノ器ヲ用ルナリ風鈴ノ音ハ少キナレハ敵カドルヿナキ物ニメ又遠ク聞元物ナレハ家忍ノ相圖ニ能キ之又紙燭火ハ少シテ青クメ人見テモ気ミツクヿナキ物之故ニ家忍ノ相圖ニ風鈴希燭ヨリ能ハナシ相圖ハ皆心ヲ以テスルト法ニモ云ケシ様ニ其時ノ約束次第之兎角相圖約束相違ナキヤウニ重ミ堅ク云合スルヿ肝要之右三ヶ條尖圖ノ事又之其ハ時所ニヨリ恰好アシバイ肝要之書外口傳

用心ノ術二ヶ條

一寝間ニ在明ヲ燈スベカラス火ヲ生ヲイテ右ノ紙燭ヲ嗜ムベシトボサハ火トウ入子火剛盗挑灯等ヲ置ベキヿ言ハ寝間ニ在明ヲ置時ハ敵ニ見スカサルヽニ依テ敵持タル有ハ云ニ不及常ノ者モアシキ理之若燈サバ燈火ヲ生ルト云ハ行燈ノ火ノトボシ有ル火口ノ処ヘケヌキノハサム処ヲ置其上ニ板ヲ載テ扱火ノ方ヲ壁ノ方ヘナシ置トキハ火ノ光不見ものゝ之入子火剛盗挑灯ノ事火器ノ件ニ記ス此道具皆火有ナガラ火光見ヘヌ故臥姿見セマシキ為ナリ

一眠ヲ厭ニハ不厭ニ苦労或ハ冷水ニテ顔ヲ冷シ又醒心散ヲ服スルヿ言ハ眠マシト嗜ム者ハ先其身ノ苦労ヲカマハ又事專要之帯ヲシメ丸寝ヲシ寒ク𪜈衣ヲ薄クシ或飽

食ヲセズ寐リニ平臥セズ行義堅ク踞キ居甚致ヲ不厭扇ヲツカハス諸㕝苦労ヲ不厭則ハ眠少キモノ之第一姪事ヲ慎ム肝要之此慎ナキ㕝ハ体草臥レ何トメモ眠深キモノ之或ハ冷水ニテ顔ヲ洗ヒ又唾ニテ耳ヲ濡シタルカヨシ醒心散ノ方ハ忍器ノ篇火器ノ件ニ記ス不眠方使猶口傳

一下緒利方七術ノ㕝　一ニ敵ニ帯ヲ切ラレタル㕝カ又ハ寢タル時急ナ㕝有テ俄ニ起テ帯ノ置ヲ不知トキ帯ニスル之是ハ人ノ下緒ヲサクベキ之　二ニ旅枕トテ大小ノ下緒ノ未ヲ結ヒ合セ平臥ノ身ノ下ニ布テ臥ス之如此スル時ハ刀腋指ヲ盗ニ取ルヽコトナシ又急ナル㕝ハ結タル下緒ヲ取リ首ニカケ帯ヲ結ヒノヽ走ル㕝ハ便冝シ　三ニ坐サガシ是ハ右件ニ記セリ　四ニ屏ニ外リ是モ隂忍上ニ記ス　五ニ野中ノ幕是ハ捕者ノ巻ニ記ス　六ニ指縄ニ下緒ヲスル之下緒ニテノ縛ヤウ口傳　七ニ鎗倚トスハ下緒ノ先ニ小刀ヲ結付刀ヲ被右ニ持鞘ヲ左ニ持テ突出ス鎗ニ下緒ヲカラミ付テ鑓ヲ取術アリ口傳

一腨拂ノ㕝凡腨バラヒハ屋敷ノ内ニテモ外ニテモ敵忍ビノ可シ來道々ニスベシ此スネハラヒヲ為置タル処ヘ敵忍ヒ來ル㕝ハ大キニ腨ヲナクル物ナリ敵忍ハ人有テス子ニ〻拂ト思ヒ退散スルナリ

腨拂ノ圖

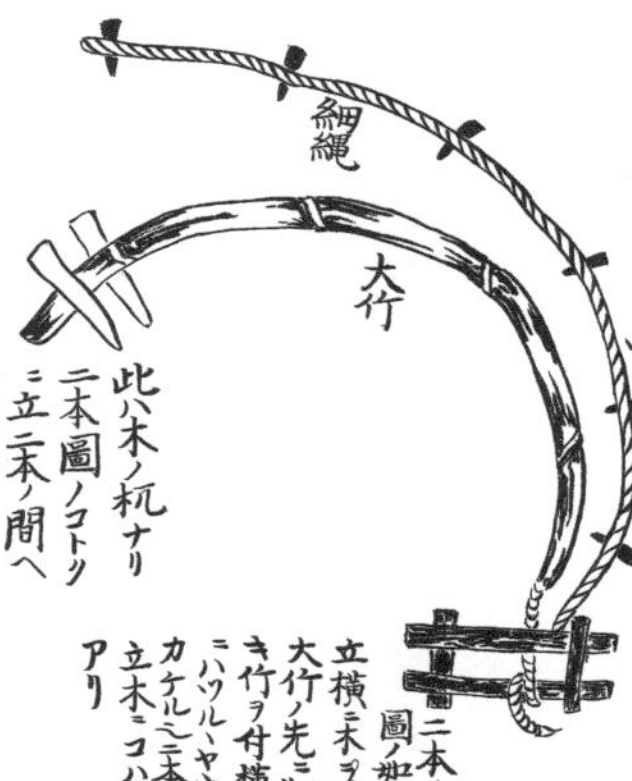

一釣押ノ支ハツリ押ハ用心スル家ノ鴨
居ノ上或ハ敵忍ノ可来道ニモスル物之
是ヲ為置トキハ敵忍戸ヲアクルトヒト
シク上ヨリ押落ルニ依テ敵忍疵ヲ蒙
ムルカ大キニ驚カ其為ヤウハツキ臼石
臼又石板材木ナド重キ物ニ縄ヲ付戸ノ
外ノ鴨居ノ上ヘツリ上ケ其縄ヲ内ヘトリ
戸ノ立詰ノ柱ト戸ブチニ釘ヲ打置右ノ
押ヲ結付タル縄ノ端ニコハゼヲシテ其
釘ヘカケ置也敵忍戸ヲ少シナリ共開ク
トヒトシクコハゼハツルヽニ依テ彼ツリ押落ル
ヤウニスル図ノゴトシ

一蒺藜ノ事是ハ敵忍可来屋敷ノ外ニ蒔置ナリ
一敵驚我寝ノ支 此為様ハ戸ノ立詰ノサンニ釘ヲ打夫ニ細
縄ヲ付立詰ノ柱ニ廻シ我枕本ヘ其縄ヲ取ヘシ扠我枕本ニ二
尺ヨリ三四尺マデノ箱ナリ共桶ニテモ置其上ニ又如図小キ桶ニ
大豆ニテモ或ハ小石ニテモコボレ落レハ音ノ高キ物ヲ入置其
桶ニ右ノ縄ヲ付置之敵忍戸ヲ開クト右ノ桶ヲ引落ス故ニ
小石大豆落コボレ大キナル音スル物ナレハ敵驚キ我ハ眠
テモ目醒ル之此心モチノ為 様色々有先一品ヲ図ニ記ス

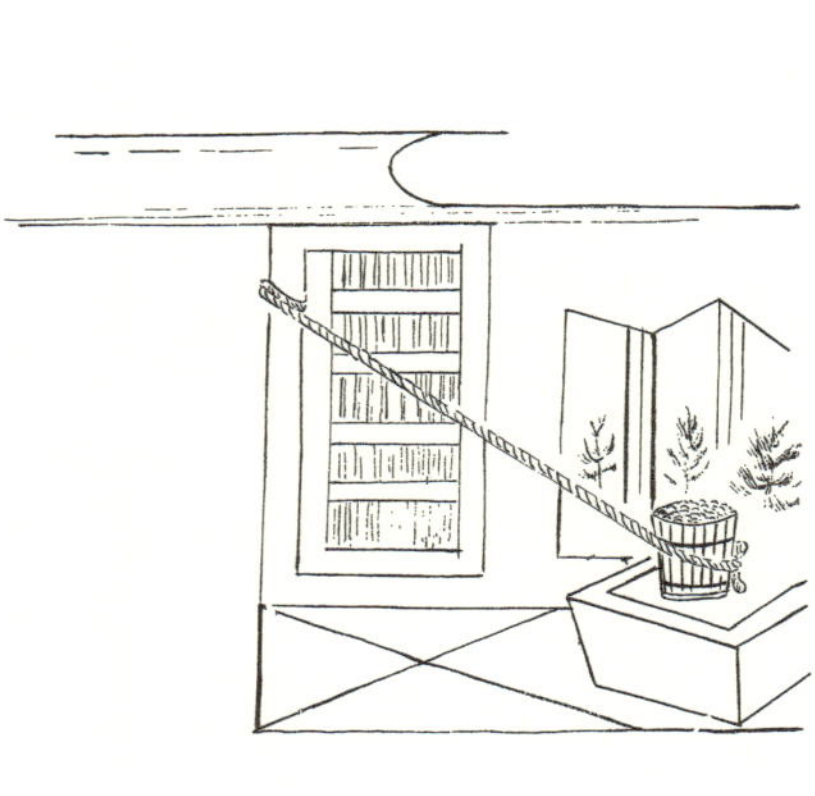

一大竹筧ノ支此為様ハ戸ノ内ニ土ニ杭ヲ二本立其上ニ横木ヲ
結ヒ其中ヘ竹ヲサシ込ミ立詰ノ柱ト戸サシトノ間ヘ竹末ヲ外
メクハセ置之又立詰ノ柱ヘ竹ノ中程ニ縄ヲ付撓メ之敵忍戸
ヲ開時此シツヘイニテ面ヲウツ之人ニウタルヽト思ヒ大ニ驚ク之
一縄張是畳立ノ支 是ハ旅ナドヘデヽ戸ノシマリモスベキ様ナキ時ハ
細引ヲハリ或ハ畳ヲ揚テ戸障子ノ此方ニモタセ置ヿ之
女シロデシ其取宜ニ依テ氣轉アリ又戸閉錐モミナドヨシ

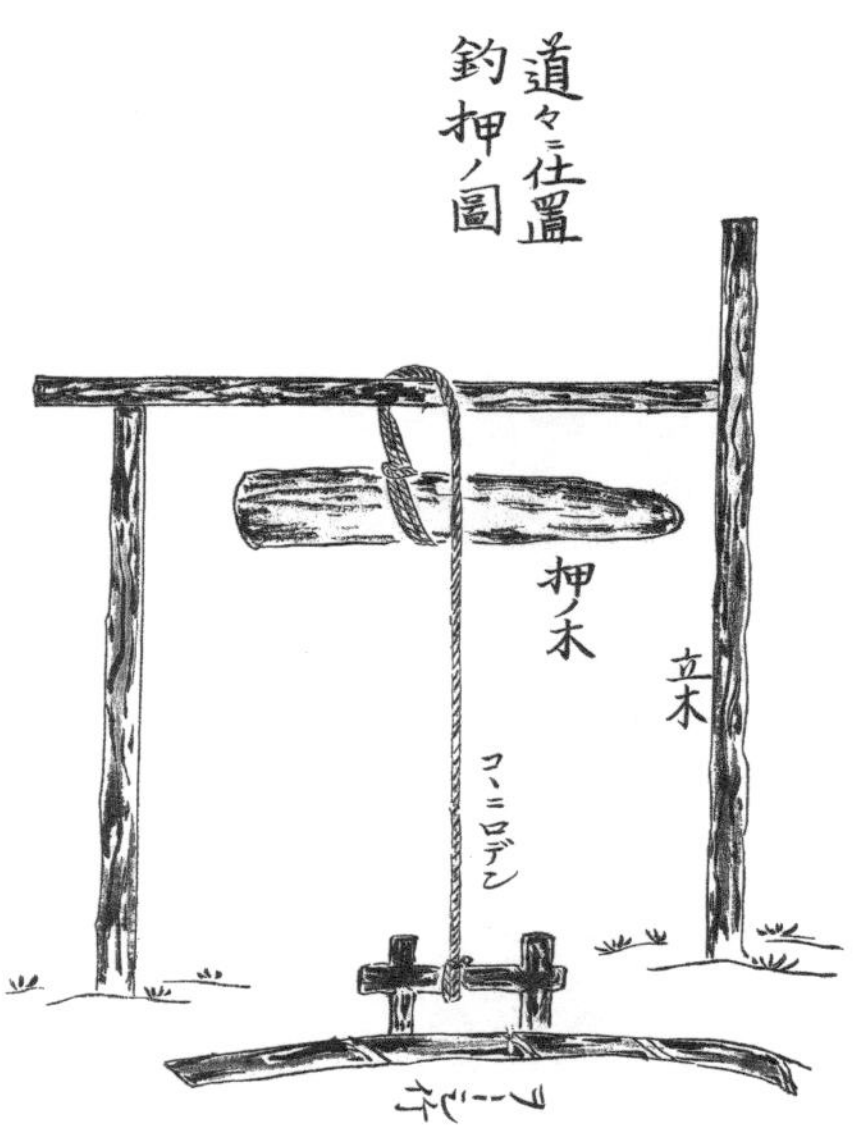
道々ニ仕置
釣押ノ圖
押ノ木
立木
コヽニロデシ

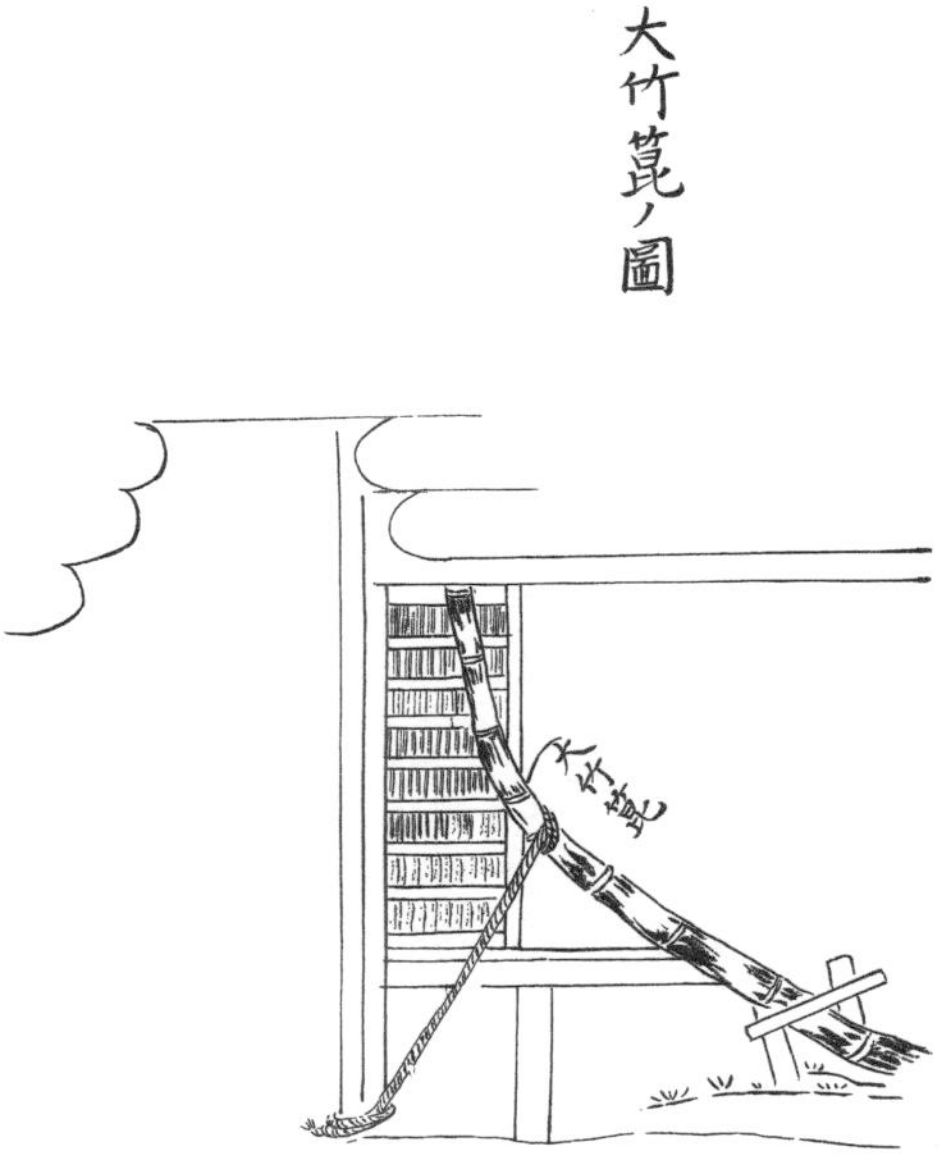
大竹箟ノ圖
大竹箟

萬川集海巻第十四

陰忍四　門戸之篇

開戸始計三箇條

一戸ヲ開クコ問鑰有テ鏁子懸鉄尻差等ノ様子其ハ在所ヲ能知リ或ハ手ノ内心得又コダハル位ヲ以テ愈鏁子懸鉄樞尻差セン等ノ様子其ハ在所ヲ知ル術有トニ云モ始ヨリ能見置聞置タルニ如ハナシ故ニ忍入ント思フ家ノ様子或ハ問知リ或ハ見知リ置テ後ニ其器ニ應シ随テ開器

ヲ可持行也　二セシ懸鉄等有処ニハ通リサマニ爪アトヲシ置ヘキ事　三戸ヲ開クコ受風受音ノ事肝要ナリ若可受風音ナクハ閾ニヲ派シ孤ヽト開ク心持ヨキ也又ワタアケト云コ有但口傳殊ニ開器ヲ用テ開コ無音様ニスルコ肝要ナリ

以掌位知尻差ヲ六ヶ條

一尻差ニ五ツ様有シクヽトアケ見テ路ニテツマラハ尻差ト知ヘシ五ツ様ノ知リ様心持左ノ如シ　二閾ノミゾニアル尻ザシ是ハアケ見レハ下ニテツマリ上ハ開クモノ也　三十文字尻差是ハ上下共ニツマリテ開キ見テモ戸ノクツログコナキモノ也　四尻ツサシ尻差ハ追立戸ニ有物也是ハ中ニテツマリ開見レハ其在所ニテゴトナトナルモノ也但竹木ニテ作リ尻差ヲ中ニカフコ有ソレハ開ミテモ不鳴モノ也　五追立戸ノ出牙尻差是ハ中ニテツマリ強ク押ハシワル心モナ有又戸ヲ開キミレハ鳴モノナリ　六追立戸ノ尻差是モ中ニツカヘテ押セハ少シ鳴心モナ有　右各少ツヽノ口傳有手自《ツカラ》

閂之不試則滛渭ノ味ヒヲ知カタシ能々可試之々

外尻差術四ヶ條

一閾ノミゾニ在尻差モ十文字尻差モ閂外ヲ以テ其在所ヲ知リ閂外ニテハ子ズツヘシ尻差強テ閂外ニテハ子ハツサレザル時ハ鏽ヲスヘテ壁ヘ差込ミ先ニテヒロゲ先ヘ突ハツスヘシ若障子有テ先ヘツキハツサレザル時ハ閂外　鋸等ニテ障子ヲ夕テ其後右ノ如クニメ外スヘキナリ又戸尻板ナル時ハ壷錐ヲ用テ其ノ子鋸ニテアクヘキ之　二追立戸ノサン尻差ハ二枚ノ戸ヲ引強テ閂外ニテ上ヘ掛上ケ外メ戸ヲ開ヘキ了　三出牙尻差モ右同前ナリ又鍵錐ニテ上ヘカケ上ケ外シ或ハ指鑰ニテモハツスヘキ之　四夢想尻差是ハ閂外ヲ用ヒ又鑓錐ヲ用ル之又コヂクト開キミレハ外ルヘキナリ　以上右條々口傳アリ但口授ヽ許リニメ手自ラ為覚ヘタル手熟ナリバ快ク外シガタシ

以掌位ヲ知懸鉄五ヶ條

一凡立詰ニテツカヘハ輪掛鉄　鈎掛鉄ト可知輪カケ鉄ノ有戸ハアケミレバ強クツマリテ其ハ掛鉄ヲ突ミレバ先ヘユク意アルモノ之又強クツケモ外ル、コトモナキ之

二鈎掛鉄是ハアケミレハコヂクトナルモノ之但口傳有殊ニツリ掛鉄ノ有戸ノ立詰ノ内手ニ必サン有モノ之

三鐶子懸鉄是ハ立詰ノ内手ニサンモナク掛外トモ不捽リ

四居合戸ノセン掛鉄是ハアケ見レハ繋タル意有テ緩ル引ハル物之　五釣懸鉄是ハ戸ノ上ニテツカユルモノ之大概輪掛鉄ノ物之　以上右ノ条々各少シヅヽ口傳アリ但手自ラ不試レバ得心シガタシ懸鉄ノ圖品々有ト云モ記ニ不乃

外懸鉄ノ術八ヶ條

一輪掛鉄ハ立詰ノ透間アラハ閂外ノ釘ニテ釘ノ方ヲ用ヒセンノ糸ヲ掛上ヘ揚ケ抜ヘシ若糸ナクハ板ノ方ヲ用ヒ下ヨリセンヲタヽキ揚ケ抜ヘシ若タヽキ揚テモ抜スカ又ハセンシルクシテセンノ餘リ下ヘ不出メタヽキテモ銓ナキ時ハ板ノ内手ナル刄ニテ前ヘ引きりクハセ揚テ抜ヘシ右三術ノ内何レニ成リモセンヲ抜タラハ先ヘツク

ヘシ輪掛鉄可外之

二輪掛鉄ノ有ル戸立詰ニ透間ナキ時カ或ハ透間有テモ其レ

ヨリ向外ヲ入ル時ハ戸ヲシメテ外シ難キ時ハ居合戸追立戸ナラハ
延鑰ヲ戸ノ上下左右ヨリ用ヘシ其用様向外ノ用様ト同前
ナリ此口傳又一本戸ナラハ立詰ノ柱ノ際ノ壁ヨリ双曲ヲ
カクノ如クニナシテ用ヒ先ナル釘三ツニテセミヲ抜其ハ上ニテ
真ノ釘ヲコヂ外スヘキナリ
三鈎掛鉄ヲ外ス事　立詰ノ透間有ハ云ニ及バズサシ
ナト有テ透間ナクハ居合戸追立戸ナラバ延鑰ヲ可用
用様　延鑰ノ先ノ入子ヘ釘ヲサシ込其釘ニ又釘ヲサシ其
入サシノ釘ニテ掛鉄ヲ打上外スヘシ若シ一本戸ナラバ立詰ノ
柱ノ際ヨリ双曲ヲ用ヒテ打上ケ外スベシ又ノ手鑰ニテモ外スヘキ
ナリ又立詰ニサシアラハ時所ニヨリ鑿ニテコヂ取ルヿモ可有
四閉戸揚戸ノ掛鉄ハ先ヘ戸ヲコヂハト突キ引戸ナラバコヂ
ノトアケミレハ外ルヿ有モノ也　五鈎掛鉄ハ戸鴨居ノ上
ナル壁ヨリ双曲向外手鑰ヲ可用之　六居合戸ノ鎖掛
鉄ハサシナラハ不及云ニサシアラバ延鑰ヲ可用　用やう右ニ記
七鐶子掛鉄ハ近所壁ナラハ手鑰ヲ可用　抜ナラハ大坪錐

ヲ用テ手鑰タルヘシ又抜ヲ焼抜ノ術モ有ナリ
八紙絹障子ノ掛鉄ハ切破リ又ハ押分外スヘシ又不開シテ
両方ヘ押分テモ入ルモノナリ　右掛鉄ヲ外シテ戸ヲ開ク極秘
ナリ字外ニ口傳アリ容易ニ行フヿ勿レ然トモ是亦口授計
ニテ手自ラ習熟ノ功ナクンハ争カ妙境ニ至ラン

知樞二箇條

一戸ヲシクヽトアケ見レバ下ニテツカエハ樞ト知ヘシ且樞ノアレバ
シクノヽトアケ見レバ下ニテコチヽト鳴モノ也殊ニ樞穴アレハ愈知
レタルヿ也　二大抵戸ノ正中ニ在ルモノ也又十本ノ内一本ナト
ハ跡ニ在モアリ又ハ前ニ在モ此ヽ有能鳴所ツカユル所ヲ得
心スベシ又樞ノ穴三様アリ一ニハ閾トミゾト穴ト一ツナル有二ツ
ニハ閾ノ峯ニ在モアリ三ニハ閾ノ下マテ打ヌキノ穴アリ

外樞術三箇條

一樞ハ鑿ヲ閾ト戸ノ間ヘコヂ入アケル心地ニテ戸ヲコヂ揚ル
ヿ十度ニ及ハバ如何ナル打抜ノ樞也圧外ルヘシ　但初中終
圧ニ樞ノ有所ニテコヂアグベシ跡ニ樞アルニ前中ニテコヂアケハ

樞ヌケサルノ惣メ跡ニ在樞ハ抜ガタキノ又鴨居ノミツニサン
ヲサ々ル戸ノ樞又ハ樞木ノ上ニテ戸サンヲハウル、ハ外レカ
タシ又鴨居ノミツノ中ニサンヲサ戸ノ上ヘ揚ラヌヤウニシタル
アリ是モシヤクリニテハアカルヘカラズ
ニ若右ノ術ニテ开閉キ難キカ又ハ右ノ術ニテハ鳴ルヲ忌ナラ
ハ双曲ヲ用フヘシ双曲ノ用ヒ様鑰穴有ハ双鑰ニテシテ入樞
木ニ协クハセテ揚戸ヲ開クヘシ又鑰穴ナクハ戸ノ左右ノ壁土ヲ
リ釘鑰ニナシテ長ク延ヘ入釘ヲ樞木ニ掛ケ上抜ヘキ之

三大抵ノ樞ハ戸ノ両方ノ正中《マン》ニ在ルモノナレハ能試ミテ後大
概中ニ在ヲ知ラハ藁ニテモ糸ニテモ長キ物ニテ戸ノ横ノ
寸ヲトリ其寸糸ヲ中ヨリ二ツニ折リ其ハレヲ戸ニ當レハ是戸ノ
正中也其正中ノ処ヲ下ヨリ一尺ノ内ヲ鑓錐ニテモミ錐ヲコ
チ上ル時ハ樞揚リ外ルヽモノ也本ヨリ小坪錐ニテ揉取ハ外
ルヽ事言ニ不及

右ノ條々字外ノ口傳有手自為覚ヘ可工夫之

察ニ鑿《セン》ノ有無二箇條

一揚戸開戸ニハ大抵セン有モノナリト知ヘシ鑿アレハ戸ヲ上ヘ
揚テ見テモ揚ラサル物ナリ又戸ヲ先ヘ推ミテモ不耳意アリ
又コナノ\ト先ヘ突見ルニ鳴サルモノナリ若鳴レハ木ノナル声ニ和
カナリ　二揚戸開戸ニモ又鈎掛鉄輪懸鉄モ有モノ也鈎掛
鉄ノ有戸ハ上ヘ揚ケミレハ揚ルキミアリ又先ヘ推シミテモタハム
キミ少シアリ又輪懸ノアル戸ハ先ヘシクシクト戸ヲ押ミレハコナコナト
鳴ルモノ也皆其鳴難キ全鳴ナリ中ニモ輪懸鉄ノ鳴ハ大也鈎掛
鉄ハ小也以上各口傳有是亦手自習熟ノ功ナリシハ味ヲ知ヿナカラン

外鑿術二箇條

一揚戸開戸ノ鑿ヲ外シ抜ヿ立詰ニ透間有ハ小刀鑓
錐等ニテ外スヘシ透間ナキ時ハ先ノ方ヘシクシクト推見レハ外
ルヽヿ有ヘキナリ　二若右ノ術ニテモ不外時ハ鑓錐ヲ三ツ
四ツ並ヘテ戸板ヲ揉ミ其後錐ニテコヂ抜ヘキ也但口傳又
大坪錐ニテモ用ルヿ　右条々言外ノ口傳アリ

察ニ知ル鐶子十六箇條ノ事

一鐶子外體ノ事五様ナリ海老鐶子并付鐶子捻鐶

子背鏁子引出鏁子也外ニ様ニモ大抵五様アリ又鏁穴ノアケ様ハ色々有ト云𪜈羽ノカラクリハ大圖五ッ様一二四六八ナリ少シ究ノ替リハ有𪜈此五ッノ品ヲ過キス学之モノ心ヨマトハスイナカレ

二海老鏁子此圖ノ外躰筒ニシツケニメ耳ナク羽ノ方ニシツケニメ耳アル之此鏁子ノ体ヲ海老鏁子ト云之ケ様ノ鏁子ハ取分大キナル鏁子ニ多キモノ之

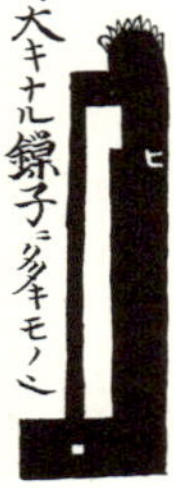

中ノ羽ハ四ッ羽之六八モ有之四ッノ鏁子ハ筒究メテ平クメ鑰穴ノアケ様○ケ様ナルモノナリ

此鑰ノツウハ

ケ様ナルモノ之又六羽ノ時ハ筒四羽ヲリ少シ四方ナル心地有テ鑰穴ノアケ様

此ノコトクナルモノ之ケ様ノ鑰子ニ針羽ト云羽アリ此鑰穴ノアケヤウト少シ究替リハアレトモ意ハ同前之又八羽ノ鑰子ハ筒ノ外躰大抵四方ニ少シ櫨形ニ見ユルモノ之鑰穴ノアケ様ハ

此ノコトクナル物ナリ如此ノ鑰子ハ小キハマレナル物ナリ又大門ノ海老ハ関ノ木ニシツケニメ有物ナリ是ハ四方ヘ四ツ羽ナリ関ノ木ノ海老鏁子ノ圖大概如左

三耳付鏁子ノ外躰ハ筒ニシツケメ耳有也此鏁子ニモ四六八ノ羽有ナリ四羽ノトキハ鑰ノアケヤウ

如此ナル物ナリ

六ッ羽ノ時ハ鑰穴ノアケヤウ

此心モ千ナリ八ッ羽ノトキハ鑰穴ノアケ様

此心モ千ナリ平ク薄平ク四方ナル位ハ右海老鏁子ノ所ニ記スト云意ナリ

四捻鏁子是ハ筒ノ平ノ方ニ鑰穴アリ此鏁子イクツ有テモ二ッ羽ノモノ之摂硯文庫等ノ捻鏁子モ中ノカラクリハ同前ニメ鑰ヲ以テ捻アツルナリ

五背鏁子是ハ筒ノ背ニ鑰穴長ク

有是ニモ四ッ羽八ッ羽𪜈二有ト云𪜈鑰穴ノアケ様ハ何モ同意ナリ

六引出鏁子是ハ何レモ一羽ノモノ之鑰穴ハ羽ノツキ込ノ方ニ少シ丸ク有モノナリ

右ハ鏁子筒ト鑰トヲ見テ内ノ羽ノカラクリヲ知ノ道ナリ此外中ノ羽ノカラクリ

吹シツヽ替リハ有𪜈大抵此五ツノ理ノ外ハ鏁子十万有トモ各別有ベカラス常ニ心ヲ付鑰穴ノ様子ヲ見ハイカ様ノ遣フタル羽アリ𪜈皆以テ得心アルヘシ

開諸鏁子術八ヶ條ノ事

一海老鏁子ノ開ケヤウ一拍子或ハ楊枝開ノ叓　但ヒナツボホ様ニ口傳有門ノ海老鏁子ハ尚以テ右ノ術ニテアケラル、ト云𪜈若シアカサル時ハ楊枝ニテモ木竹ノハツレニテモアクルヿ

二海老鏁子ニ不限凡突開鏁子ノ開様ワタカミ抜ヿ是ハ鏁子ノ大小羽ノ強弱ニヨツテ用ヒ様ニ強弱アリ

三突開鏁子ノ介惣メノ開ヤウ木込抜ノヿ是ハクワイ忌得アルナリ　四突開鏁子ノ開ヤウ俄拵ヘノヿ是ハ生鉄錫等ヲ　メ置ヘキナリ　五捻鏁子ハ鑿ニテ菊坐ノ釘先ノ蓋ヲコテ取菊坐ヲ抜其後釘ニテ開ヘキナリ

六背鏁子ハ鑰入レノ首ヲ鋏ニテハサミ切リ其後鑿ニテコテハナシ竹ニテアクヘキナリ　七惣シテ六ハケシキ鏁子ノ鑰穴ハ出入アルモノ也左様ノ鑰穴ヲハ鑿鋏ノ類ヲ以テコテ開其後ニ右ニワタカミ抜ニナリ𪜈木込抜ニナリ𪜈スヘキ也　八肘壺ヒロクホアリツマリテ鏁子ノ羽抜出サル時ハ鏁子ノチカヽリノ透間ヱ鑿ヲ切クハセ押出スヘキナリ又鋏ニテモノ叓

右ノ條々口傳多シ容易ニ見過ルヿナカレ能口授ヲ受手自ラ手練スルヿナクンハ争カ心ニ得ルヿ有ンヤ

開㆓諸鏁子㆒極意二箇条ノ叓

一背鏁子捻鏁子突出鏁子𪜈ニ早速開《アケ》ラル、鉄楊枝ノ叓是ハ不正ノ様込ヤウニ口傳アリ附掛硯文庫ナトノ捻鏁子ニハ如何ニモ細クスヘキナリ

二惣シテ突出シ鏁子引出鏁子ヲ開ル常鑰ノヿ是ハ一ハニヽシテ二ハ四ナリ

右ノ條々遂一口傳有鏁子開ノ極意ナリ右ノ畧ヲ以テ開ク時ハ如何様ナル鏁子ニテモ開カズト云ヿナシ然ト云𪜈手練ノ浅深ニヨルノミ故ニ平常ノ手熟セスンバ有ベカラズ

萬川集海巻第十五

隱忍五　忍夜討之篇

凡夜討ハ寡キヲ以テ衆ニ勝ノ軍法也殊ニ忍夜討ハ
微々ノ勢ヲ以テ衆多ノ勢ニ勝ツ事如反掌故ニ伊賀時
代ノ析柄専用之手組手分手配ノ事ハ晝戰ノ作法
ニ不異ハ学之者忍夜討ノ作法ヲ知ント欲セハ先手組手
配手分ノ法ヲ能々学知ヘキナリ

物見二箇條

一夜討ニ欲出前方先忍ヲ入敵方ノ内證ヲ能聞キ其上
ニテ一方計ヲ可考之又城ニテモ陣営ニテモ其侭入置内
應ノ相圖并重モ可有之事　附　相圖ノ火口傳
二物見ヲ出シ其地形ノ様子或ハ敵ノ厚薄城陣営ノ
躰ヲ能見セ其地形ノ様子ニ依テ槩《ナラ》シ肝要之口傳
忍歌ニ　夜討ニハ忍物見ヲ先立テ敵ノ案内知テ下知セヨ

出立四箇條

一上着白小袖無之事口傳　但忍ヤカニ可討時ハ二重黒可
然事　二指物ヲ不可差事　附　同クハ具足モ不着着込
可然事　三笠印ノ事白キ練一尺二寸ニメ冑《カフト》ノ後ニ付ヘキ事
附　一度ミミニ替ル事　四道路遠メ馬ニ乗ル事有ハワリロヲ
シ轡ヲ結ヘキ事　附　月毛葦毛駮馬ヲ嫌フ事　口傳

令余七ヶ條

一相詞ノ事　月日星水波戸障子ナトノ如クナル雑人
マテモ云易キ對シタル詞ヲ巧ミニ能教ユヘキ事　付　耳ヲ取
鼻ヲカムヤウナル事モ時ニヨリ用ル事

二相詞初ト其砌ト変ルヿ又攻ル叓
三敵ヲ討タリモ首ヲ不可取討捨ニスヘシト令スヘキ叓附
小キ木札ニ氏名ヲ書付行タル地ニ捨ルヿ箭印ト同意
ノ叓　四引取時何ノ道具ニテモ其場ニ在合タル物ヲ
可取飯ト可申付ヿ　五喩ヘハ敵ト切結タリモ引上ヨト
ノ相圖アラハ早速可引取ト堅令有ヘキ叓口傳
軍歌ニ夜討ヲハシタルク討ヌ物リカシ一村雨ノ降ヿトクナリ
六忍夜討ニハ長柄ノ鎗ヲ不可持其外ハ面々ノ得道
具ヲ持ヘシ若長柄持也ハ鎗合ノ時横ニナリリテ敵ニアタ
ルト等シク引取実ヘキヿ　軍歌ニ夜討ニハ長柄ノ鎗ヲ嫌
フニ之太刀長刀ニ弓ヲ用ヒヨ　七忍夜討ニハ曳《エイ》〻声ヲ不
可揚叓又口傳　野間軍歌ニ忍取ノ城モ夜討モウナトキヨ
早クアクルハ越度ナリケリ

夜討前謀四箇條

一境目ニ城営ヲ構エ能士大将ノ無二心兵ヲ篭置敵來
テ攻ル所ヲ夜討ニスヘキヿ　二引取ト見セテ後夜討ヲ用ル
ヿニ是ハ常法ニハ非ル之又小屋蟠モ同意ナリ又小屋火
ヲ付退ク叓モアリ　加藤軍歌ニ敵ヘヨラハ呑ハ色々
迯敗リ暮ニ掛リテ一シマイセヨ　三令夜討ヘキト思フ日
夜討サセン人々ハ分置テ後備遊軍トメ働カセス終日合
戦セリ合可嚴事　四表裏ノ夜討ノ叓我城陣ヲ堅
ク用心シ伏蟠ヲ能キ地ニ設所ニモ少勢ニテ夜討軽々ト
引敵ノ付入ヲ望ムナリ若シ敵付入セリハ難所切所ヘ引掛
押包テ討ヘシ是ハ非常法ナマ心得ニテハ引サマ味方乱ル々
之又敵ノ先手ヘ一夜ニ三度モ軽々ト夜討スルヿ有此時
ハ惣勢モ度々可替叓

夜討時分四箇條

一忍ヲ入タラハ著タル夜ノ叓是ヲカヘシ討ト云ナリ此時元ノ者
ハ入子火ヲ用ヒ飛脚篝ヲモ此時可用之城ヘハ雲梯飛
梯蜘梯天浮橋等ヲ多ク持セ倍道兼行メ不意不備
ヲ可討ヿ飛脚火ト云ハ味方ノ池ヨリ敵城ヘノ間ノ高山ニ行
サマニ燈灯松明ヲ持セテ一二人ツヽ上ゲ置扨敵城エ忍入タル

相圖ノ入子火ヲ出ス時ハ城近クノ山ノ者松明ヲ揚レハ
其次〻ノ山ノ者見付テ火ヲ出ス故ニ片時ノ間ニ十里二
十里ノ叓ハ知ルヽニ依テ飛脚火ト云口傳　二風雨ノ夜ノ
叓但口傳又敵思ヒカケモナキ静ナル夜ノ叓　三初テ相逢
一二三日マテノ叓　四大敵切所ヲ越ヘ長陣ヲ張諸勢ノ氣
疲レ退屈ノ所ヲ可討叓

忍夜討作法十八ヶ條

一城ニテモ陣営ニテモ初ヨリ忍ヲ入置後ニ夜討スヘシ若シ
前方ヨリ不入置トキハ難所ノ方ヘ忍ヲ遣置攻ヨキ
地ヨリ萬彩シクスヘキ叓　二厚テヲ討テ薄出ルヿ
三和軍可出事　四一町一火或ハ和軍挑灯續松ノヿ
五鉄炮ウタセ様ノヿ　六凱ノ声合セ様ノヿ　七忍馬ノ
叓　八一向ニ裏ノ備ノ叓并マハシ備ノヿ　九火鼓多ク
用ルヿ　十時ニヨリ火毛ヲ用ルヿ　十一勝テ後味方
ヲシヲル所ヲ定ル叓　十二引取叱屋守ヲ用ルヿ　十三
引取テ後味方ノ人數ヲ中敵ノ紛來ルヲ改出ス術色〻
有ヿ　十四續《ワケ》討ノヿ付初討ノ時火付残置ヿ　十五
夜討シテ又朝懸ヲ用ルヿ　十六一隊ノ人數備ノ并
鉄炮打セ様又戦様ノヿ　十七手火矢ヲ投ル役人
可多ク叓　十八小勢大城ニ篭ル時ハ險阻ノ方タルヘキヿ
附結梯釣梯蜘梯可持行ヿ

右何レモ各口傳アリ忍夜討ノ為様大概如此但城ヘ
夜討スルト陣屋ヲ討トハ心得変ルナリ口傳深シ然ルニ
夜討ト云モノハ其六手段ヨキ时ハ喩敵知テモ味方ノ利
運ニナルモノ之必備ノシマリ集リ治マリヲ嚴重ニモ内槩
ヲメ働クヘシ譬近キ人ニテモ志ノ程見届サル士ニハ夜
討ノ槩不可聞ス敵ノ不意ヲ可討之

剛盜夜討十二箇條

一月アカシヲ先ヘ遣シ敵ノ屋鋪家作道路ノ躰マテヲ能
見セ内槩ヲ嚴重ニモ能スヘシ
二方角ヲ能究メ星山風火ト四ノ目付スヘキ之并月ノ
出入ヲ準ルヘキヿ附尺八等ヲモ用ル之口傳

三其砌モ先ヘ目アカシ大等ヲ遣シテ人數ノ多少眠タルカ否ヤヲ見スヘキ事附目アカシハ入子火剛盗挑灯等ヲ可持行之内ヲ見シ為ナリ若シ常ノ松明ニテ内ヲ見ル時ハ松明ノ向ヨリ見ユルナリ入子火剛盗挑灯ノ圖説後巻詳

四裏ノ手ノ戸口毎ニ隠討手ヲ置或ハ錐ヲ操ヲキ縄ヲ張又ハ蒺《ヒ》藜《シ》ヲ蒔ヘキヿ附隠討手ノ人敵ノ出ルヲ待ニハ餘リ戸際ニハ居ルヘカラズ四五尺モ隔テヽ待ヘシ近スクレハ切ハツスヿ有モノ之

五大火小火戸ノ聞キ様ノ事

六火仕《コシ》ノ事敵家ヨリ一二町ノ外ニテ胴ノ火ヲ鳥ノ子ニウツシテ戸口ニテ十二續《タイ》ノ松明ヲ脵ツボニ挾ミ火先ヲ一所ニ寄セテ鳥ノ子ノ火ヲ吹立テ火ヲ付ル事

七火添ノ事火仕ノ右ノ脵ニ居テ右ノ方ノ六續ノ松明ヲ取打込メハ火仕モ我左ノ脇ナル六ツノ明松ヲ打込ム之私ニ曰昔ヨリノ作法ハ如此也ト云トモ當流ハ茶明松ヲ用ヒ或ハ先衆二三人鑓ニ明松ヲ結付飛込ム之

八胴勢ノ事軽キ柄ノ鑓弓刀等ヲ可持之必長柄ヲ持ヿナカレ家内ノセリ合有ル故ナリ

九張ノ事是ハ外ヨリ來ル敵ヲ見聞テ内ヘ知セ或ハ外ノ敵ヲ防ク役ナリ故ニ道路ノ口々ニ置ヘシ忍討ノ時モ是ヲ用ル之右之役ヽ何モ勇ミノ心静定ナル者ヲ撰ミ用ルト云トモ取分張ニハ性氣ノ落付怺ヘ情ノ有者ヲ可撰用張ニハ不宜者ヲ置時ハ害多シ忍入タル者出ルヿノ遅キ時ハ待兼テ約束ノ場所ニ不居モノナリ二ニハ若シ内ヨリ迯出ル事有之時周章メ味方ヲ討ヿ有モノ之三ツニ内ヨリ追出サレ退キ出ルヿ有之時敵ニモ味方ニモ不構逸散ニ迯ルヿ有四ニ若外ヨリ人來ルトキ内ノ味方ヘ知スルヿモナリ敵ヲ防クヿモナキ者之如此ナル者ヲ張ニヲイテハ大ナル害ナリ故ニ張ヲハ能々可撰之或問張ノ役ニ付丁寧ヲ致ス餘役ハ少々心不静定或怺ヘ性少モ不定用ニヤ答目アカシ大小火仕火添等ハ云ニ不及所ナリ然ニ張ノ役ニ付丁寧ニ斷ルヿ如何トナレハ世人皆張ハ外

ノ役ニメ心易キ様ニ思フテ吟味ヲ不遂ニ依テ屎弱者ヲモ
不撰メ使フカ故ニ必越度ヲ取ルヿ多シ故ニ張ノ役強テ論之
十敵ノ多少ニ依テ伏兵ヲ用ル叓
十一若シ分散シタル時ノ會所ヲ兼テ能定置ヘキ叓
附 入子銃矢火矢等ノ相圖ノ叓
十二蒺藜ヲ蒔百雷銃ヲ可置叓 右各口傳

召捕二十箇條

凡ソ召捕者ヲスル叓ハ忍ノ役ニ非スト云𪜈當代ハ足
軽忍ノ者皆専之當流ヲ学フ者其役ヲ受テ奉公スルヿ
勿レ若是ヲ受コテ奉公セバ全ク家傳ノ流ニ非ス然𪜈其役
ニ不具メハ時ニヨリ捕テモ不苦故ニ畧之雖然非其道ニハ
徹々ノ理ニ徹スルヿ有ヘカラズ後人重テ可考ナリ
一先ニ可閑知六品ノヿ　言ハ貴賤ト人數ト親疎ト居所ト科
ノ軽重ト持タル道具トノ六ツナリ第一ニ貴賤ヲ問ハ士ト雜人ト
位ニ付術モ易ル故ナリ大柢士ハ時ヲ移セハ強クナルモノ也是ヲ挫
クノ術ハ急々ニ行ニ利アリ其子細ハ城ヲ攻ルニ急ヲ用ル時ハ備不
及設トモ云城攻ノ同意ナリ又雜人時ヲウツセハ弱クナルモノナリ彼
血氣ノ勇ナル故ナリ故ニ是ヲ捕ルニハ緩ヲ用テ討ルニ利アリ
二人數ヲ問ハ人數ノ多少ニ付テ此方ノ用意変ルナリ取籠ル者
一人カ二人ナラハ押込テ或ハ討或ハ捕ヘシ但人ニヨルヘシ又二人ヨリ
多クハ籠ル者ノ中軽罪ノ者ヲ味方トスル知畧可然若シ其
計不成トキハ城攻ノ心持ナスヘシ第三親疎ヲ問ハ取籠リ者イ
クノ人モ有時其者共親類カ他人カニ付テ術変ル故也皆親類
ナラハ同一氣ト心得テノ計畧可然ナリ又他人交リ居ラバ互ニ志ノ
相背キ隔タル計畧可然ナリ軽罪ノ者ニ与ヘル計ト恰モ同叓
ナルヘシ第四居所ヲ問フハ平坐二階其外要害ノ構ヘヤウ
ニ随テ此方ノ術替ルナリ二階ナラバ取分一向ニ裏ノ心ヲ以テ
梯ヨリ升ルヿ然ルヘシ但大勢籠ラハ城責ノ如ク可然ナリ
鍋ナトヲ蒙《カブ》ルモ一術ナリ　第五罪科ノ軽重ヲ問フヿハ罪
ノ軽重ニ依テ智畧変ル故ナリ故ニ取籠リ者幾人モ有
ハ一人々々ノ科ノ品ヲ能問ヘシ軽罪ナラハ彼カ理ヲ立テ
判断有ヘシト計ルヘシ又重罪ナラバ助ルノ赦フノト云計ハ

一切不宜只士ノ死ヲ致セト可諫又軽罪ト重罪ノ者ト
交リ居ラバ他人トシ交リ居ル計ト同シヿヘ第六持タル
道具ヲ向フヿハ其躰ニ因テ用意替ル故ナリ若シ飛
道具ヲ持タラハ楯竹タバ等ハ不及云ニ衣楯ヲ可用又
畳ヲ楯ニスルヿ尤ナリ右ハ此六ツノ品ニ随テ術変ノヿ之
其外時所ノ宜ニ随テ計術有ヘキナリ
二人ヲアヤメタル者入ル事　三時ノ與ヲ催シ捕ヘキ事
右二ケ條ハ彼カ科此方ニハ知ト云モ彼不知時ノ方便ナリ
但知音ニテ無之所ノ交リ口傳
四寺院ノ中或ハ強テ武士ノ家ヘ科人走リ込ミ其住持
亭主出スマシキト思フ時ハ狂人ト称スヘキ之但取逃追フ
所モ同前之　五取逃シ追フ所逃ル者ノ跡ヲ直ニ追フ事ナ
カレ筋カヒニ追ヘシ我刀ヲ持タハ逃ル者左ノ方我鎗ヲ持
タハ逃ル者ノ右ノ方ヲ追ヘキ之山本勘助カ書曰追懸者
ニハニツ教アリ追討ノ時ハ浮足ノ習有ヲ以下段ヲ可払必
近ク見テ打ハツスヿ有若立廻ル所ハ退テ其勢ヒヲ可脱事

ニ進退ノ金アリ口傳　六餘人ノ追カクル者我前ヘ
走リ來ル所追カクル者ノ云我ニ討留クレヨト言葉ヲ懸ナ
ハ隠遊ノ術ヲ以テ不斬不逃シテ追者ニ斬スルヿ功者
ノスル所之若シ逃ル者鋭《スルド》ニ切リ掛リ是非ニ不及シテ切リ
タラバ討留メヨト云タル追手ヲ可捕フ之　七重罪ノ人最
籠リタル時助ル道ノ智略ヲ述テモ彼兼引セス却テ
方便ト知テ智略カ却ケ難ニナルモノナレハ丸腰《变ニ口傳アリ》ニテ行
云ニハ汝ノ罪科重シ如何ニモ不可遁依之今我君命
ヲ蒙リテ來レリ然ハ我申ス処ニ随ヒ刀脇指ヲ渡シ
玉ハヽ寺院ヘ連行切腹サスヘシ若又我申処ニ不随重
罪ノ身ニテ無科我ホヲ殺シ其後汝モ死セントナラハ
是大ナル僻事之今生ノ恥辱ヲ受ルノミナラズ且ハ後
世マテモヨカルベカラズ僻ヿナガラモ汝ノ望ヲ達セハヨク
モ可有カナレト壁ヲ破リ四方ヨリ竹木ヲ枷入其上ツク
棒サスマタコトヂ等ヲ以テ捕ルナラバ汝ハ心攀噌ヲ欺ク
トモ其甲斐東ニナリノメ終ニハタヽキ殺サルベシ左ナリハ縄ヲ

カケ首ヲ刎スヘシ是則雑人下郎ノ死也如是ナラハ今
生ニテハ恥辱ヲ受未來ニテハ六道ニ浮沉スル道理
ニ非スヤ然レハ我云処ニ随テ士ノ死ヲ致シ今生ノ誉
レヲ受シカ又我言ハニ不随ノ我意ヲ不捨メ雑人下
郎ノ死ヲ致シ末代マテノ其名ヲ汚サンカ兎角汝分別
次第之同クハ未モ遂ザル我意ヲ起シ士ノ身ニテ雑
人ノ死ヲセンヨリハ不如本意、死ナンニハ若又汝我言ニ不
随メ我ヲ害シタリトモ汝命非道ニ全ク死スル也然
ラハ無恨我ヲ害スヘキ道理愈ナシト理正シク言葉ヲ
尽シメ彼カ身ニ成替リ審ニ説之其上ニテ寺院ニテ切
腹ヲ致サスヘキ吉文ヲ誓ヒ真實ニ云ハヽ義ヲスヽメラレテ
士タルモノハ十ニ八九モ道具ヲ渡ス事有ヘキカ爰ニハ大事ノ
心得傳受アリ右ハ取篭リ者戯人ニテモアレ親子兄
弟等ノ近キ者ヨリ合篭リタルカ或ハ安モ云分ノナ
キ人カノ時ノ方使ナリ是レ理ヲ以テ敵ヲ服スル処ナリ
ハ罪人他人ドシ戯人モ篭リ居ラハ科ノ軽重ヲ能聞届

テ丸腰ニテ行キ軽罪ノ者ヲ呼出シ云含メテ其者ト我
トメ残リノ者ヲ内外ヨリ討チ其後其者モ捕ルヿ口傳有
凡軽罪ノ者取篭ル時カ又ハ其科ノ重キヿ未顕潜ニ主
人独リ知タル様ナルハ彼カ理ヲ云立強ク道理ヲ付兎角
云ヒ断ルヘシト云計ッテ捕ヘキヿ
十夜中ノ取篭者ニハ鍵鎗ノクハンニ松明ヲ結付テ次第ニ
先ヲ見テ行ヘシ此松明ハ櫻ノ皮ヲ油ニ浸シ能乾シ付テ
廻リ四寸ニクヽリ長サ二尺許ニメ持テ宜シト云々又敵ノ居
所不知時熊火ヲ抛入ルヽヿモ有熊火ノ方火器ノ巻
ニ在或書ニ夜中ノ取篭リ者ニハ王火ヲ敵中ヘマクイト云リ
サモ有ナント覚ユ王火ノ方火器ノ巻ニ在又剛盗挑灯
ヲ用ルヿモ有　十一火ナキ時ハ座サガシノ術ヲ用ルヿ口
傳或書曰夜中ノ戦ヒニハ二刀上段ノ構ヲ以テスヘシ両ツ
シノ鞘ヲ竪サマニ直シテ敵ノハラフ太刀ヲ防クヘシト云々
十二戸入ノ事是ハ取篭リ者戸ノ左右ニ居ル時ノヿ又
居モ不居モ不知時ノ術アサリ口傳或書曰門ヲ入ルニ三ツ

ノ準リ右敵左ニ使リヲ取バ太刀上段ニ右右使ヲ取ハ中段ニ構テ実ニトスル也前ニ使ラハ遠近ノ積ヲ以テ入ヘシ是未然ニ敵ヲ積ル教之ト云々

十三智略ニテ不叶トキハ鷲前入後鷲左入右ノ術ヲ可用イツモ裏屋ノ方ヨリ入ル心モチヨシ兎角人大勢集リタル方ヨリハ不可入

十四白刃取ノ叓 村雨ノ術可用叓

十五巌石崩ニ可用叓　十六虎爪可用叓

十七捕者玉ノ叓　十八絶入散ノ事 鉄炮ニテ放チカクル叓　方ニ班猫 五匁　砒霜 三匁

又蝮《マムシ》虵ヲ土ニ埋ミ其上ニ馬糞ヲカケ置其上ニ生タル茸ヲ取リ粉ニメモ同叓之ト云々

灰袋霧《キリ》檀《タン》　口傳 或書曰右ノ藥ヲ鼻紙中ニ入テ敵ニマキカクルト云々 私曰藥ヲマキテハ我ニカヽランヿヲ畏ル鉄炮ニ如クヿナシ

十九早縄ノ叓 右各口傳有但取組切戦ノ叓

爰可記様ナシ只常ニ劍術居合等ハ手練スルニ有謀計ハ其時所ニヨル叓ナレバ先大槩ヲ記スモノ也

廿捕者惣摩久利之叓　口傳

右此器者一人ノ業ヲ以テ捕篭者大勢小勢ニ不限不捕ト云ヿナシ捕者ノ術極ク秘傳

千金莫傳一子ノ外亦莫傳ヿ

萬川集海巻第十六

天時之上　遁甲篇

日取方取惣摩久利之事

知日之五行之事

相生相尅日取方取之事

凡日取時取方取者専可用ヿニアラズ又可捨ニモ非ズ其非専可用事ト云ヿ如何トナレバ日時ハ天下ノ日時ナルニ因テ味方吉日ナレハ敵モ亦良辰也故秘華經曰於佛

法中日無善悪ト又涅槃經ニモ如来法中无有撰擇吉日良辰ト云ヽ又方取モ可専用ヿニモ非スト其故ハ孟子曰三里之城七里之郭環而攻之而不勝夫環而攻之必有得天時者矣而不勝者是天時不如地利也ト云ヽ圍碁ヲ不見ヤ上手ハ悪方ニ向テモ勝下手ハ吉方ニ向テモ負ルヽ故ニ皆無用ト可云ニモ非ス如何トナレハ兵法ハ詭道也實ニ日時方ノ吉凶ヲ捨ル時ハ臆病ヲ勇メ進マセ愚癡ナル者ヲ使フ使ナシ子曰民可使由之不可使知之ト云ヽ然ル𪜈ハ只人事ヲ正シク行ヿ肝要之尉繚子曰刑以伐之徳以守之非所謂天官時日陰陽向背黄帝者人事而已ト云ヽ故ニ其事物ニ付當然ノ理ヲ能尽シ行ヒ其時所ノ変ニ應シテ其權ニ中ル是人事ナリ人事ノ巧ナルハ一箇ノ理ナリ理即天也故ニ性理大全曰天理也人亦理也循理則与天為一我非我也理也理非理也天也ト云ヽ故循理則吉日良辰吉方等ヲ不撰用トモ自然ト鬼神ノ加護ヲ蒙リ安穏長久ナルヘキ也大公曰

支動ニ於下ニ天道應ス於為ル善吉日也為ル惡悪日也為
善吉方也為ル惡悪方也ト云ヘ此言能尽セリ學之
者能々可試昔唐大宗曰日時方ノ类ハ一切用ル不
足モノ也捨之ハ如何李靖對テ曰廢之ヘカラズ夫兵法ハ
詭詐ノ道ナルニ依テ日取時取方取有ニ因テ臆病又ハ
愚癡ナル者ヲ使フ使トナルノ如此ナル者ハ吉日吉方ニ迷フ因
テ今カレハ大敵強敵モ忽チ挫クニ無難コトト云フコヲ知セ勇ヲ
進ムルノ方使也是故ニ不可捨之ト大宗又曰卿常ニ言フ天官日
時ノ支ハ明將ハ不用暗將ハ是ニカヽハリ泥ム然ハ愈捨之カ
李靖曰昔殷紂王甲子日出戰メ武王ノ為ニ討亡ス又周
武王モ甲子ニ出戰メ大ニ勝利ヲ得テ天下ヲ治メ王フ出陣
ノ日各甲子ノ日也又宋武帝劉裕往亡日軍ヲ起メ南
燕ヲ伐ツ諸將曰往亡ハ凶辰ナリ軍ヲ出スヘカラズト武帝
曰往亡ハ吉日也吾往ニ因テ敵ノ亡ル日也ト云テ終ニ軍ヲ出
メ大ニ勝テ燕ヲ亡シタリ如此ノ事ニ因テ思ヘハ日取時取ハ
可廢コニ非ルコ明ケシ又田單少勢ニテ即墨ト云所城ヲ
守リ防ニ燕人大軍ヲ卒メ城ヲ取巻ケレハ墨カ軍勢
勇氣衰ヘテ見ヘケレハ定テ燕軍ニ降ルカ又ハ落行カテ有
ントト周章シケルニ單工夫ヲ廻ラシ人ニ契約ヲ固メ神史ト
ナシ謹テ鬼神ヲ祠ル兼テ約ナレハ神史カ云不移時日
燕軍必可敗ト云ヽ是ヲ聞テ諸軍尽ヽク勇ミ進ミケレ
ハ田單其勢ニ乗シ火牛ノ術ヲナシ出テ燕軍ヲ追敗リ
大ニ勝利ヲ得タリ是則兵家ハ詭詐ノ道ナリ不捨シテ
用ルコ如此因テ大宗曰田單ハ神怪ヲ謀テ燕軍ヲ敗リ
大公ハ龜蓍ヲ焚テ殷ノ紂王ヲ亡ス單カ神ニ拠ト大公龜蓍
ヲ焼タルト此二事ノ違フハ如何李靖曰明將ノ機皆一也或ハ逆
ニメ取順ニメ行之其實ハ皆同シ意ヘ古大公武王ヲ相テ出陣
シ牧野ト云所ヘ行ケル時俄ニ雷雨震動メ旌旗モ折レ金鼓モ
敗レ氣色ヲソロシキコ無限散宜生曰先軍勢ヲ引返シ重テ
良辰ヲ占軍ヲ可出スト云ヘ如此散宜生言シ意ハ出軍ノ折
柄カヽル不吉ノ相アルハ軍中ノ疑懼タルヘシ然レハ戰ノ不吉トナ
ラン故ニ諸軍ノ惑ヲ解ン為ニ龜蓍ヲ以テト筮ノ鬼

神ニ問フ也太公曰腐タル䈥木死タル亀ガ何ゾ軍ノ吉凶ヲ可知ヤト武王ハ臣也紂王ハ君也然ハ君ヲ討スル程ナル㕝ナレハ勝テハ理ニ逆フ故ニ若シ白之則不吉ヘトテ白ヲ守リ軍ヲ引テ再出陣センヤトテ終ニ不白シテ行ケリ右両ツナガラ不宜ニ非ス散宜生ハ卜筮ヲシテ吉日也ト前ヨリ軍中ニナラメ惑ヲ可解爲之太公ハ必定勝ンカ爲ナリ此二人ノ言極ル所ハ其理一也皆各士卒ノ惑ヲ解ン爲ナリ然ルニ右ノ日取時取方取ノ㕝皆理之如此ナレハ爰ニ其大槩ヲ著ス㕝如左

一遁甲ノ時ノ㕝　甲癸ハ子ヨリ五ツ目　乙壬ハ申ヨリ五ツ目　辛丙ハ午ヨリ五ツ目戊巳ハ寅ヨリ五ツ目　丁庚ハ辰ヨリ五ツ目

右最上ノ良辰ナリ

一良辰ノ事　甲乙ハ十メ　丙丁ハ八ツメ　戊巳ハ六ツメ　庚辛ハ四ツメ　壬癸ハ八ツメ　右其日ヨリ數ヘテイクツメト知ヘシ喩ハ甲子ノ日ナラハ酉ノ刻乙巳ノ日ナラハ戌ノ刻ト知ヘシ吉時ナリ

一五旋ノ時ノ㕝

甲乙 寅卯	立 木時 寅卯	命 火 巳午	罸 土 丑未 辰戌	刑 金 申酉	德 水 亥子
丙丁	德同	立同	命同	罸同	刑同
戊巳	刑同	德同	立同	命同	罸同
庚辛	罸同	刑同	德同	立同	命同
壬癸	命同	罸同	刑同	德同	立同

立ノ時ハ神ヲ祭リ万事ヲ思立兵具ヲ作柱立棟上ケ命ノ時ハ神佛ヲ祈リ主君ヘ出仕拜礼萬吉ナリ但シ罪ヲ討シ殺生等ヲ大ニ凶之　罸ノ時ハ神佛ヲ不祈訴訟ヲ忌其外万ニ忌但殺生ニ用ユ刑ノ時ハ万㕝モニ凶ナリ德ノ時ハ万事ニ吉ナリ

一五寶日ノ事

十干　甲乙ハ木　丙丁ハ火　戊巳ハ土　庚辛ハ金　壬癸ハ水

十二支　寅卯ハ木　巳午ハ火　丑未辰戌土　申酉金　亥子ハ水

右十干十二支ノ相生相尅ニヨルナリ

一天道神吉方　正南　二西南　三北　四西　五西　六東　七北　八東北　九南　十東　十一東南　十二西　以上吉方也万㕝ニ用テ吉

一歳刑黄幡ノ二方ニ向テ軍法ヲ行フニ吉也

一三鏡玉女ノ方ヲ知ル㕝　正乙辛乾方　二甲丙庚方　三乙丙丁方

四丁癸乾方　五甲丙庚方　六甲乙丁方　七坤巽艮方　八壬乾巽方　九亥壬癸方

十坤艮巽方　十一壬坤艮方　十二庚辛癸方

右三鏡ハ日月星ノ三ツ也又天地人ニモ表ス一切ノ吉方之

此八ツヲ以テ方角ヲ知ル前書ニ引合可見者也

一其ハ日ノ玉女ノ方ハ其ハ日ヨリ九ツメト云説有子ノ日ナラバ申ノ方其日ノ玉女吉方也

一日取習ノ事ハ合戦勝負ノ吉凶ハ方角ト進勝テ進負ルヲ考ヘ大抵時日ヲ選ニ出ベシ出馬出船首途ニハ方角時日ヲ能攷ルニ殊ニ出船ニ忌ム日多シ

一相尅ノ相生ト云事　木克土　土姓ノ人木性ヲ深可忌　木ノ人土ヲハ不可忌相克ノ相生之

水克火　火ノ人水ヲハ深可忌　水ノ人火ヲハ不忌　火克金　火ノ人金ヲハ不忌　金ハ火ヲ忌

土克水　土ノ人水ヲハ不忌　水ハ土ヲ忌ベシ　金克木　木ハ金ヲ深可忌　金ハ木ヲ不忌

一相生泄氣ノ論　木生火木ヨリ火ヲ生シ好ト云ドモ不可用火ハ木ヲ用テ利アリ火生土火ヨリ土ヲ生シ好ト云ドモ用ルヲ忌土ハ火ヲ用テ吉　土生金土ハ金ヲ不可用金ハ土ヲ用テ利アリ金生水金ハ水ヲ不可用水ハ金ヲ用　水生木水ハ木ヲ不可用木ハ水ヲ用　以上二ケ條能々可考敵ヨリ味方ヲ相生ハ吉味方ヨリ敵ヲ相生ハ凶之又味方ヨリ敵ヲ尅スルハ大吉　敵ヨリ味方ヲ尅スルハ大凶又敵味方比和スルハ共ニ不可用

一四季王相ノ事　春ハ木王シ火相土死シ金囚シ水老ス土用ハ土王金相水死木囚火老　夏ハ火王土相金死水囚木老　秋金王水相木死火囚土老　冬ハ水王木相火死土囚金老　以上王スル方ヘ向テ不可敵ス大將ノ姓ヲ以テ味方王スルハ吉敵ノ大將ノ性王スルハ凶凡軍ノ日取ハ大將ノ吉凶ヲ以テ一軍ノ吉凶ヲ定ル也

一孤虚ノ方ノ事　甲子ノ日ヨリ十日ノ間　孤戌亥ニ在　虚辰巳ニ在　甲戌ヨリ十日ノ間　孤申酉ニ在　虚寅卯ニ在　甲申ヨリ十日ノ間　孤午未ニ在　虚子丑ニ在　甲寅ヨリ十日ノ間　孤子丑ニ在　虚午未ニ在　以上孤ヲ後ニ當テ虚ニ敵ヲ置テ向フベシ勝利無疑吉方之

一大將ノ性ニ因テ首途日吉凶ノ事

大將
木姓春冬ハ甲乙ノ日ヲ用フ夏ハ凶壬癸ヲ用　秋凶甲乙ヲ用
火姓夏ハ丙丁ノ日吉春秋冬ハ甲乙ノ日ヲ用
土姓四季ノ土用吉春ハ凶丙丁ヲ用夏ハ戊己吉秋ハ丙丁ヲ用冬ハ凶但戊己ノ日ヲ用ベシ
金姓秋冬庚辛ヲ用夏ハ壬癸ヲ用春ハ戊己ヲ用
水姓秋冬春壬癸ヲ用　夏凶但壬癸ヲ可用　土用大凶但壬癸ヲ用

右日月相加又ハ月日ヨリ大將ヲ相生ハ吉日トスル也月ノ五行ヲ以テ尅スルヲ凶トス然トモ急ニ用ル時ハ心得有緞令ハ夏三月ハ火大將ノ姓木姓ノ時ハ月ノ行勝ツ故ニ凶之然レバ壬癸ノ日ノ水ヲ用テ月ノ姓ヲ弱クシ水生木ト相生ニ又ハ秋ハ金大將ハ木之金克木ト月ノ行ヨリ尅スルハ凶之然ル時ハ甲乙日ノ木相和ヲ用時ノ行ヲ薄クスベシ大將ノ姓ヲ厚クスルニ是相和ヲ用相尅ヲ除之餘皆效之又敵味方ノ心得モ同事之或ハ敵將水姓ニノ北ニ居ル然モ冬ニノ時壬癸日ノ水ニテ味方ハ南ニ在大將火姓ノ敗ハ敵ヨリ相克ニテ大凶之然ル時ハ土姓ノ人ヲ時ノ大將トシ未申辰巳ノ土ヨリ辰未ノ時ヲ用或ハ丙丁ノ日鬼宿ナノ用テ駈ル時ハ敵ヲ克スルノ理也他皆准知スベシ

一進勝進肩ノ支

○星白ハ進勝黒ハ進肩繰様春夏ハ逆ニ秋冬ハ順ニ計《カヘ》ル之

○月ノ名ヲ其月ノ朔日ニ取之大ノ月ノ晦日ヲハ廿八日ヲ究ベシ十二支ハ方角ヲ知ベキタメ之

○時日氏ニ進勝ニハ方ヲ不選早ク掛ルベシ進肩ニハ請軍ニスベシ

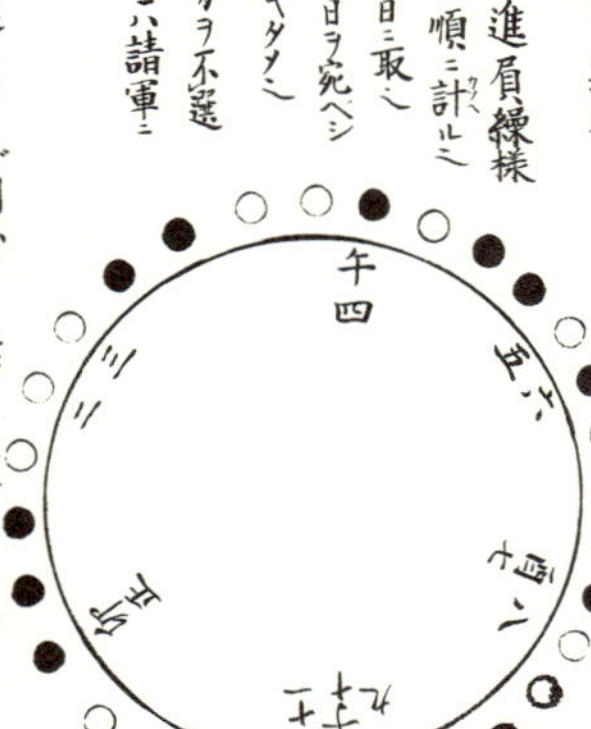

右日ハ進勝時ハ進肩ナラバ相掛リ又時ハ進勝日ハ進肩ナラバ相引ナリ如此ヲハ方角ノ進勝ヲ見テ可掛口傳

一周文王ノ日取ノ事

クリ様ナキヲ以テ廻ストハ順エ逆月ノ名ヲ其月ノ朔日ニアテヽカソユ

文王此日取ヲ以テ勝利ヲ得玉フ

秘傳ノ日取ナリ

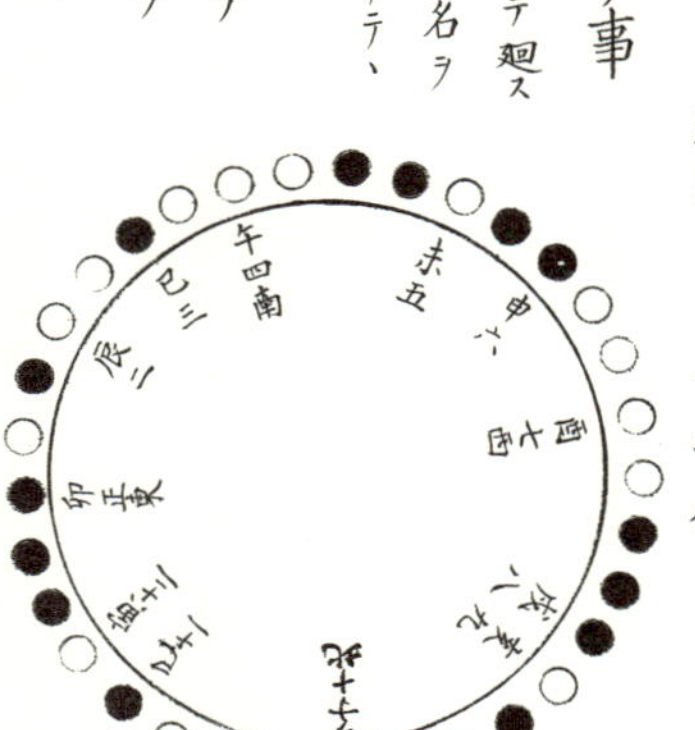

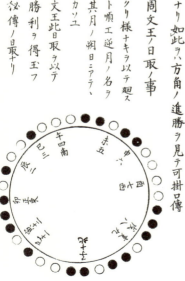

一義経懐中日取
一日進勝
一日進負
晝進勝
晝進負
晝マテ進勝
晝マテ進負
相掛り
相引

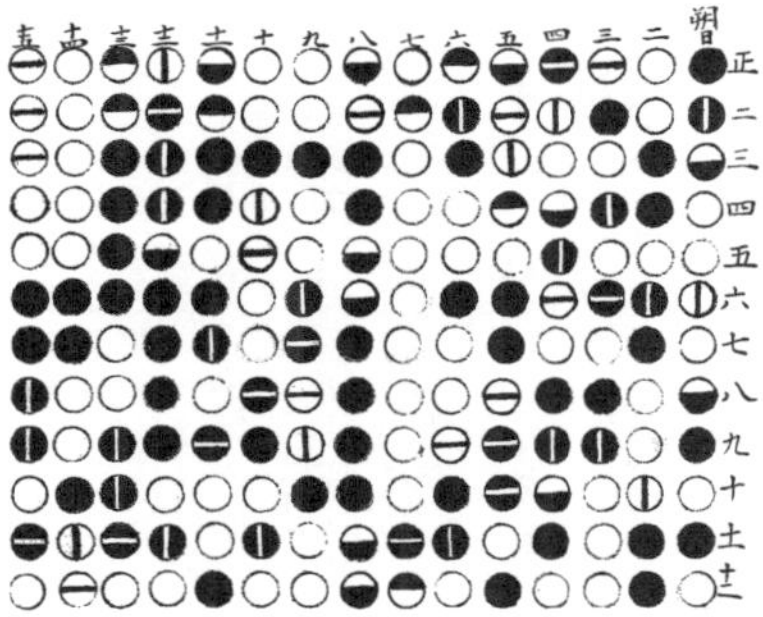

繰ヤウ大ノ月ノ晦日ヲハ丑ノ日ナラハ前ノ月ノ二日ヲアテ
トノ日ナラハ五日ヲアテヽ知ベシ軍ノ吉凶ヲ知ルヿ此日取ニ
勝レタルハナシ大極秘ナリ

一漢高祖敵追罸ノ日取ノ支
正九十二廿廿一廿二　二七十十八十九
三五八十六十七十八　四三六十四十五十六
五朔三四十二十三十四　六二十十一十三廿六
七八九廿三廿六　八四五六廿廿三
九二三四十八廿一廿九晦　十朔二十六十九廿七廿八
十一十三十六廿四廿五廿六　十二十一十四廿廿三
右此日ハ大吉日也三箇ノ悪日天綱四張十死百死ノ悪日タリ
氏無凶支　出陣武道ノ評定萬吉
一九天九地之方ノ支　春寅ノ方九天申ノ方九地夏午ノ方
九天子ノ方九地　秋申ノ方九天寅ノ方九地　冬子ノ方九天
午ノ方九地
一軍始大吉時ノ支　甲己ノ日ハ寅卯ノ時　乙庚ノ日ハ戌亥ノ時
丙辛ノ日ハ申酉ノ時　丁壬ノ日ハ午未ノ時　戊癸ノ日ハ辰巳ノ時
一門出大吉時ノ支　子丑辰戌ノ日ハ酉ノ時　寅卯申ノ日ハ
午ノ時　卯午酉ノ日ハ未ノ時　巳亥ノ日ハ寅ノ時　未ノ日ハ卯ノ時

一軍神可祭日ノ支　正甲寅　二甲戌午　三甲戌　四丁卯
六丁巳　七庚寅　八庚子　九庚辰　十癸亥　十一丁未　十二癸巳　○正寅
二卯　三巳　四未　五酉　六亥　七卯　八巳　九未　十酉　十一亥　十二卯

右姓ニ由テ此日ヲ可レ用

一夜討ニ吉日ノ事　正二三四五六庚辰巳己　七午卯　八乙巳酉　九庚子午　十癸亥
十一甲申丙戊庚寅　十二壬寅甲癸酉
一摩利支尊天　遊行ノ方　子午卯酉九ツメ　巳未辰戌五ツメ
寅申巳亥ハ一ツメ　以上此方ニ向テ兵具加時軍神ヲ祭レ之
大吉ノ方也其日十二支ヲ方ニ當テ知ヘシ但歃ニ不レ可レ向フ
向テ不レ可レ放
一歃首捨ル方ノ支　子ノ日午　巳巳　寅申　卯辰　辰巳　巳午未
申巳　酉未　戌申　亥寅　右此方ヘ可レ捨但破軍ヲ忌
一赤口日ノ支　正四十二廿廿八　二三十一十九廿七　三二十十八廿六　四一九十七廿五　五八十六廿四　六七十五廿三
七六十四廿二晦　八五十三廿一廿九　九四十二廿廿八　十三十一十九廿七　十一二十十八廿六　十二一九十七廿五
一赤舌日ノ支　正三十一十九廿七　二二十十八廿六　三一九十七廿五　四六十四廿二晦　五五十三廿一廿九　六四十二廿廿八
七三十一十九廿七　八二十十八廿六　九一九十七廿五　十六十四廿二晦　十一五十三廿一廿九　十二四十二廿廿八

右赤口赤舌ハ忍等詭ノ爲ニハ凶也但公事對決ホニハ
不レ凶歃ノ詭ヲ顯ハス之僞ヲ紀ス日ナル故詭計ノ道ニハ
凶也　一不成就日ノ支　正七三十一十九廿七　二八二十十八廿六　三九一九十七廿五
四十四十二廿廿八　五十一五十三廿一廿九　六十二六十四廿二晦　以上萬事凶
一指神ノ方ノ支　縦令ハ子ノ日ナラハ辰ノ方指神ナリ
子ハ五ツ　巳ハ九ツ　寅ハ十　卯辰ハ五ツ　巳ハ六ツメナリ
午ハ八ツ　未ハ六ツ　申ハ八ツ　酉ハ十　戌ハ五ツ　亥ハ七ツ之
右萬凶方也公事口論等ニ向フ支大凶

一友引ノ方ノ支　指神ノ方トカゾヘヤウ同事之　歌曰
○子巳四ツ　寅卯モ六ツメ　辰ハツメ　巳ノ日モ八ツメ　午四ツメナリ
○未四ツ　申酉六ツメ　戌八ツメ　亥ノ日モ八ツメ　深クツヽシメ
右此方ハ宝ヲ納メ歃ノ首ヲ埋ミ歃ノ悪事味方ノ吉支ヲ
ナスベシ必味方手負死人病人ナドヲ此方ヘ遣ル支ヲ深忌
ヘシ移徒等ニモ深ク凶
一破軍方ノ支　正五ツメ　二六ツ　三七ツ　四八ツ　五九ツ　六十
七十一　八十二　九一ツ　十二ツ　十一三ツ　十二四ツ

右正月五ツメトハ子ノ時ナラハ子ヨリ五ツメ辰ノ方ニ不レ可レ向
他准レ之九月一ツメトハ其ノ時ニ在子ノ時ナラハ子ノ方ニ在ト知
ベシ此方ニ向ヒ勝負ノ一方事ヲ可レ忌破軍クリ様此書次ニ
詳ニ記ス

萬川集海巻第十七

天時　天文篇

白風雨十六箇條　風雨之賦
知月出入之筭三ヶ條　知潮之滿干四ヶ條并圖
知闇夜之方角二ヶ條　知時刻二ヶ條

白風雨十六ヶ條并風雨之賦

凡知風雨忍術之要其故ハ隱忍ハ風雨ノ夜ヲ以テ上策トス且放火專校風雨審ニ不可不察之

一星光搖テ不定如眨眼狀三日ノ內有大風
一黒雲夜度テ斗口或ハ黒雲飛テ壅天河ヲ如魚鼈猪龍之狀生ル次日于末刻風雨交作ル天河惟有雲ノ來往ヨ無黒塊相接而行者其風不久
一日之暈ハ雨月之暈ハ風有闕之方爲風雨
一日沒胭脂如ク紅キハ無雨也有風　一風早起ッテ晩ニ和ハ明日防大風○氣如黒蛇貫ハ日有雨水○日ノ出入有黒雲貫之不出三日有暴雨○日ノ上丁有黒氣如蚍龍者主風雨○日始出如車蓋必雨ル○日無光昏昏到暮不解有大水○孟月十一日 仲月八日季月九日皆當月有月暈若不暈不出三日主風雨○月蝕東方其月必悪風
一春風易報一日南風必還テ一日北風雖有早風向晩必ス靜○防南風尾北風頭南風漸ク吹テ漸ク急北風吹起テ便大一雲若砲車形起テ主大風
一雲起下リ散ノ四野滿目如烟如霧名テ曰風化主風

起〇雲如魚鱗不雨必風一水際生靛青主風雨一秋天雲陰若無風則無雨一海燕忽成群而來主風雨一海豬乱起主大風一水蛇蟠在蘆青高處主水高若干回首臨下水即至望上稍慢

一月尽無雨則來月初必有大風雨

一月在箕壁翼（兵鏡作参）軫此四宿者乃風起之日也

月毎一日一夜行十三度有令二十八日一周天晦朔一日不見其行度但查中氣日月合宿為首推之又不必拘四七正度但依李筌大約度數〇日月合宿者雨水有室八度春分奎十四度穀雨昴二度小満参四度夏至井二十五度大暑星四度處暑翼九度秋分角四度霜降氐十四度小雪箕二度冬至斗廿一度大寒虚五度〇大約度數者東七宿七十五度角十二亢九氐十五房五心五尾十八箕十一北七宿九十八度斗廿六牛八女十二虚十危十七室十六壁九西七宿八十度奎十六婁十二胃十四昴十一畢十六觜二參九南七宿百二十度井三十三鬼四柳十五星七張十八翼十八軫十七〇假令如正月雨水第一日夜半在室八度至第二日夜半行一十三度少強即至壁五度第三夜半至奎九矣

風雨賦

高明上覆日月星辰沉潜下載風雨雷神白斗光之明暗辨月色之初新魁畔黑雲見沾滋于當夜（魁星北斗前四星是也若黑雲掩斗口是夜雨）罡前茁氣知潤澤以來晨（罡北斗第七星是也）遍掩映而三日（北斗雲遍掩主三日中雨）獨溟濛而半日（斗間一二星雲蔽三五日有雨）戊巳六龍若魚行而大灑八（戊辰巳巳名曰六龍其日平旦白日下夜白斗若雲氣蒼潤如魚鱗形主當日或當夜必大雨）斗間五色如亀動以長洋（斗間五色雲氣如亀竜之形動亦雨）類南天而炎火同中岳以飄塵（南天者赤色氣中岳者黄氣斗間赤氣主日干主勢黄氣蔽斗上下不廣密多風土之象又白但青竜亥子壬癸発動主有雨）杓前白氣而遭風雨（杓北斗後二星名也節內）丹霞而甚益晨人（毎文節氣日早見丹霞風雨須時）六甲時空一旬竭溅（凡一甲管一旬甲日無雲掩日斗口十日而時）雲氣如出五行逐面

雲氣若出何方定雨如東方應甲乙日雨其餘倣此青雲甲乙
雨紅雲丙丁雨黄雲戊己雨白雲庚辛雨黒雲壬癸雨五色逐
方面卯日同甲四方之氣象爲因五卯与六甲雨也從甲子至甲子卯日五言
五卯日無雲掩日斗口十日時也且夕滋蒼諸干之期程立變平旦白者
黒雲出何方如東方應甲乙日之类新也紫焉白皃降未升而雨霑日白月赤主大冬旱
日紫月白主有陰雨青日丹蟾升未降而炎旱天氣下降地氣未升日色青月色緑
陽碧陰緑未交而景色將寒
是二氣不交將寒之兆奇黒耦青未密而虹霓欲見奇日耦月也日黒
月青將雨不雨而虹見若乃重白卯日雲聚中央寒風列土

樹折四方雨瀉頎頻無之則別生災異攢興兵
賊有之則人起凶殃甲卯日如前天色若不應雨不止災殃亦必主盜賊兵起應有五日此
五音之宮羽子午時爲宮卯酉時爲羽辰戌丑未爲商已亥時爲角巳未寅申時爲徴也又土爲宮水爲羽木
爲角火爲徴金爲商如徴日徴風時加巳未寅申有火災角日
角風時加巳亥有災病商日商風時加辰戌有兵起羽日羽風
時加卯酉有雨水裁六義之柔剛六義者六情也加寅午日爲廉貞風從南來主嘉慶
樂事已酉爲寛風從西来主酒色樂事巳戌爲公風從西
南来主報吏善相通和悦之事甲子日爲貪狼風從北来
主侵奪賊貨賊盜兵起寅卯日爲陰風從東来主七日
陰賊入界偷劫營塞之吏辰未日爲奸邪風從東北來
七日中有虚驚災非吏如風清不寒吏善如昏瀉破屋折木則凶壬子至丁各轄三朝

雲藏計數壬子癸巳甲寅乙卯丙辰丁巳每三日管三日陰暗喩如壬子日出有雲氣濃黒在斗上下左右則
戊午己未庚申三日中若無雲氣晴明者此三日晴余皆倣之白之丙子終辛每管五日低濃
則雨遍諸卿連窺天漢虵經而霧集雲屯累
觀銀河猪越而風調雨順天漢銀河即天河也其雲黒潤如猪蛇形經越來往
天河間主當時期日以白必雨無雲掩映當旬之草木不滋有氣侵
夌逐限之田園益潤言天河中及五卯六甲雲氣往來斷風雨黒牛夜半
如龍在震以辰期癸巳日夜半黒雲氣狀如竜在震位辰日有雨青龍辰
前似馬當離而午信辰日早有雲氣狀如馬形在離位主午日有雨月初兩

曜青黒潤明旬當數雨黄色乾晴兩曜日月也每月初白日月如
青黒則月多雨如黄赤則多旱且候孤光雲帯中央而不動日高三
丈雨施四面以頻行孤光日光也日出時雲蔽日不見不散移主日中時雨即降朝視東
方積土之雲形便瀉暮窺酉上累蓋之象尋傾
晨候北方雲多黄黒曉望南行雨雪立見躍猪
氣奔山而七子之期也七子應在七日也尉離風乾去以
八辰之索八辰亦應八日雲帯横列寅卯爲甲乙之名日位
次當辰巳作丙丁之色午未之間見戊己日無差坤

申之土行雲庚辛日而不易若當炎旱熒惑少退于河洋火星守天河及河中星象稀少主旱或遇霖雨滔辰象曜繁于漢泊天河星多皆生雨水兼以天戚雹凍神怒雲雹漫洒軽吹遠近而仁君恵宣君正臣忠先風後雨以詳審上驕下諂始雨終風而禍占塡逆入河法令急而淋潦塡星土星逆入河也熒惑犯木政理乖而旱炎熒惑火星也若犯辰星主旱明陰陽開闔之節達璇璣運行之數四冲加変朝中夕半以興雲四冲ハ子午卯酉也凡四冲年月日時若大乙移宮有雲掩日青黒明潤必雨朝中ハ日午時也夕半ハ夜子之時也六壬癸傳龍水干支而雨致支干位非其所以無多月宿十精當是方而遍春三月丙丁夏三月戊己秋三月壬癸冬三月甲乙日土王用事時庚辛日各月宿十精日不間有無雲気但逢此日必大凨雨或陰雨不應是土王用支時庚辛方應如春三月丙丁應也後畢月相逢布雲雷于下土月犯畢星必主雨先金水出入起風霧以連天金水二星初出初入之日有凨雨銅雀屏氣泄枯而徴鳥翅張銅雀ハ鳥名鳴則五穀熟屏気不鳴也主旱又蜘蛛蛇有四翼名徴雨也見處主三歳大旱石燕翔川溢而商羊鼓舞石燕薬名飛則主雨商羊一足鳥舒羽跳舞主水災載君之徳五徴不足以維新任相之賢十義無虧而效古尊天貴地徴秘法以推誠敬鬼重神握玄機而定譜一查四七風雨歌雷門掛榜二十四欵天大率不出前賦但以此賦熟讀細玩而定五行生尅之理則無有不應者

右者兵衡兵鏡等之書占風雨専要處ヲ抄出シテ記之此外風雨ヲ占術多シト云𪜈口傳アリ

雨起時知死期

中ルトキハ中ニテモ大小知ヘシ不中トキハ大ニテモ中ト知ベシ口傳

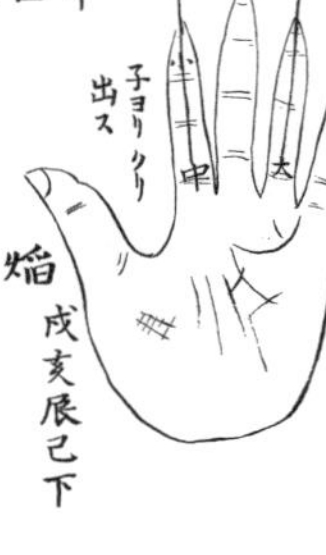

知月出入三箇條

一定ル法一時ノ間ヲ十ニ割リ十時トシ二時ヲ十ラ合セテ一時トスルナリ二ヅ筭法幾日ニテモ四ノ声ヲ加法ヅメイツモ辰ヨリ歩數シ月ノ出ル時ヲ知ル之入ルハ出タル時ヨリ六時メト知ヘシ

○喩ヘハ八日ナラバ四八三十二ト唱エ三時二時ト知リ辰巳午未ト數ヘテ未ノ上刻ニ出ルト知ル之又廿四日ナラバ二四八四ニ十六ト唱ヘ九時六時ト知ル之极辰巳午未申酉戌亥子丑ト數エテ丑ノ中刻ヨリ出テ明ル日ノ未ノ中刻ニ入ルト知ベシ餘效之十五日ノ月廿日ノ月ヲ筭テ能知ルヽナリ　三時ノ皷ヲナラス作法

上旬ハ卯ノ首ヲウツ故辰ノ皷ノ鳴ルマテ卯ノ刻之中旬ハ卯ノ腰ヲウツ故ニ皷ノ鳴ル前半時後ノ半時卯ノ刻之下旬ハ卯ノ尾ヲウツ故ニ皷終ル時則辰ノ上刻也

知潮之滿干圖説四ヶ條

潮時之圖

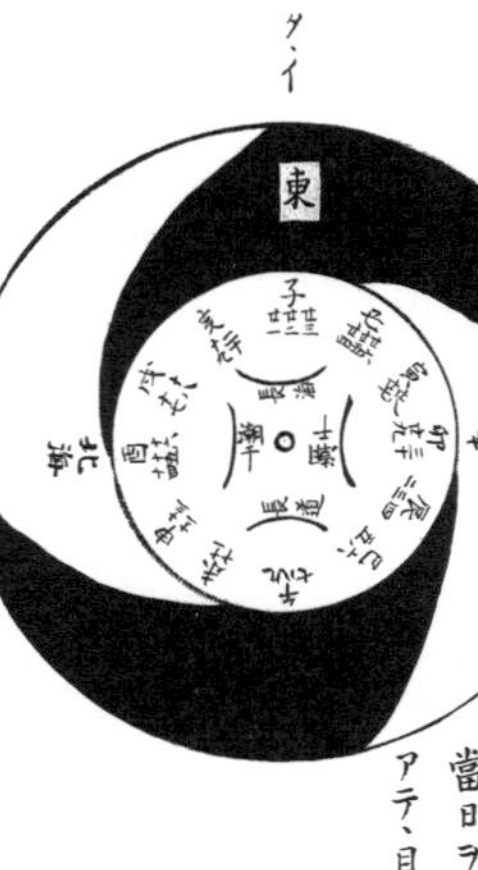

此圖ノ見ヤウ其當日ヲ東ノ字アテヽ見ヘキ

一大潮十日小潮五日ノ支圖有ト云圧有口傳

二ヅ大知死期ノクリ様ニテモ汐ノ滿干ノ大圖知ルヽナリ

○一二九十　子午《九ツ》卯酉　○六七八ハ寅申《七ツ》巳亥《四ツ》

○三四五ハ巳未《八ツ》辰戌《五ツ》

潮大中小ノ歌　大潮ハ十四日ヨリ十八ヨ廿九ヨリモ三日マデニ之

中潮ハ四日ヨリメ八日マデ廿五ヨリモ廿八日

小潮トハ九日ヨリメ十三日十九日ヨリメ廿四日ゾ

三ニ月ノ出ル時ト潮ノ滿ト同シモノ之故ニ月ノ出入ヲクリテ潮ノ滿干ヲ知ベシ一日ニ兩度ノ潮ノ支月ノ出ヨリ七時メ之

サスベシロ傳右ノ圖ニテハ滿干少ツヽ相違ノ事有ベシ此
クリニテハ相違不可有可試ミヽ

四太田道觀ノ汐ノ歌

遠クナル近ク鳴海ノ濱千鳥声ニソ潮ノ滿干ヲバシル

知方角二ヶ條

一北斗星ヲ見テ東南西ヲ知ベシ惣ノ常ニ天躰圖ヲ
掛置二十八宿其外諸星ノ所ヲ知リ天ヲ仰キ見
試ミ記得スヘキナリ　兵鏡曰如曠野四隅莫辨
又值ニ夜晦一當レ視ニ北辰及候中星一爲レ正

正月昏昴中　旦心中　二月昏井中旦箕中
三月昏柳中　旦南斗中　四月昏氐中旦牽牛中
五月昏角中　旦危中　六月昏南斗中旦壁中
七月昏尾中　旦婁中　八月昏虛中旦畢中
九月昏牛中　旦井中　十月昏虛中旦室中
十一月昏室中　旦軫中　十二月昏奎中旦亢中

二耆《キ》著《シヤク》屈ヲ持行畤ハ雨ノ夜ニテモ東西知ルヘキ事

落字欠

兵鏡曰若遇ニ天景曀霾夜色瞑黒一又不レ能レ辨ニ方
向一則當縱老馬前行令レ識ニ道路一或指南針及指
南魚以辨所向魚法用薄鐵葉剪裁長二寸濶
五分首尾鋭如魚形置ニ炭火燒一之候通赤以鉄鈐
ヽ莫首出火以尾正對子位蘸水盆中沒尾數分
則止以密器收レ之用時置水椀於無風處平放魚
在水面令レ浮ニ其頭一當南向午也指南針即羅盤
内所用者也

知時刻二ヶ條

一罡魁星ヲ以テ時ヲ知ルヿ罡魁ハ一時ニ一支ヲ歩行スル也
其クリ様時四ツ去テ月ノ数トクルヽ扨此星ヲ以テ刻限
ノ知ヤウハ假令ハ正月ナラバ幾日ノ夜ニテモアレ寅ノ方ヘ
劍先向ヒアラバ酉ノ　ニハ巳ノ方ヘ向ヒ有バツナレハ巳ヨリ寅バ
ニツメナレバ酉戌ト歩数ス戌ノ時ヽト知ルベシ又卯ノ方ヘ向ヒ
巳寅卯ト計《カゾ》ヘ酉戌亥ト計ヘテ亥ノ刻ナリト知ベシ十二支
氐ニ同斷ヽ十二月氐ニ倣レ之

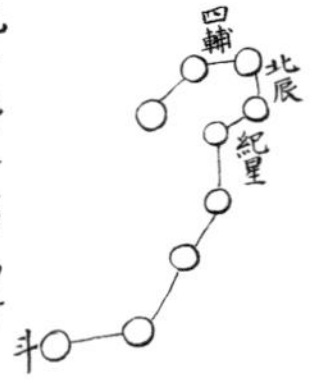

北斗也一二三四爲魁
五六七爲杓揺光破軍星也
輔星ハソヘホシ

二、雨氣ノ夜ニテ星ナキ時ハ砂トケイ　鐘　猫眼歌ニ
六ッ九ッ　五八ハタマコ　四ッ七ッ柿ノ實ニテ九ッハ針

列宿

二十八宿也
四方各七宿
謂之経星
昴星ハスハル也
西方ノ宿ナリ
参ハカラスキ
星也西方ノ
宿之

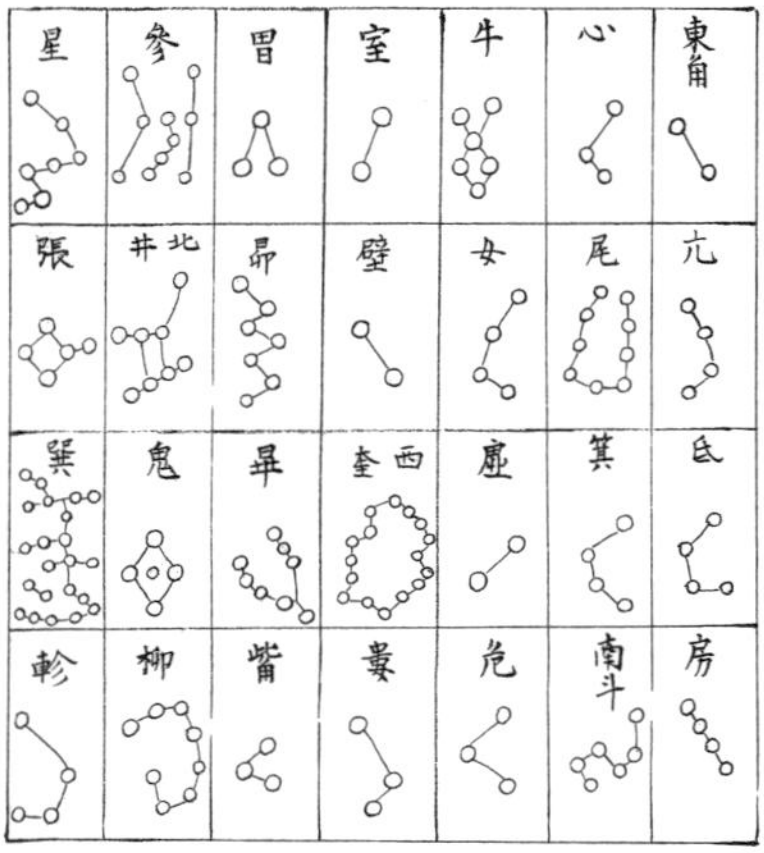

右占風雨之要術并潮之満干月出之候北
斗廿八宿之圖説各平常自觀天象而可
翫味之則殆庶幾彷彿乎

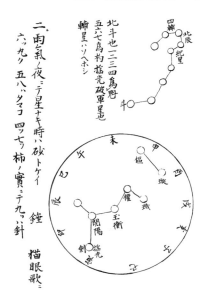

萬川集海巻第十八

忍器一　登器篇

凡忍器ハ登器ノミニ不限何レノ忍器ニテモ譬ハ網ノ目ノコトシ其目億兆有トモ鳥ノカヽル所ハ只一二目ニ過ズ忍器モ亦其コトク毎忍入衆器ヲ皆用ニ非ス兼テ敵方ノ様子ヲ能考ヘ工夫シ其時宜ニ相應シタルヲ可持行多ク持行ヿナカレ是故ニ一器ヲ以テ諸用ニ達スルヲ功者ノ忍トスルナリ

結梯ノ圖説

凡結梯ニ真草アリ真トイハ常ニ作リ置タルヲ云フ草トイハ忍ノ折柄人ノ見怪ムルヲ忌ム立ヘニ竹ヲ二本持行其至ル所ニテ調ルヲ云ナリ

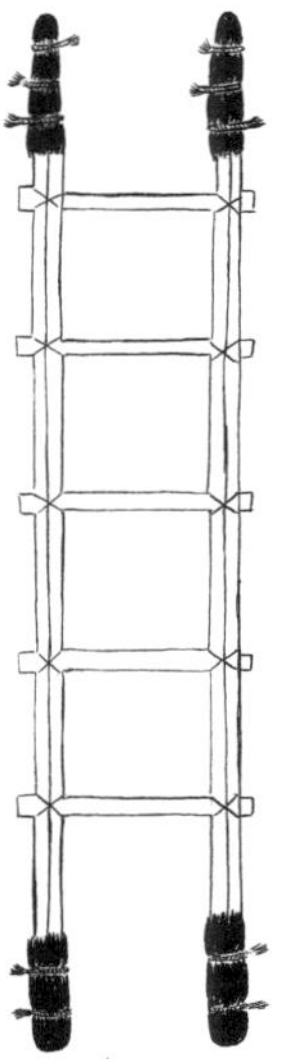

此製作大竹ヲ割リ鑓ノ打柄ノ如ニシワルヿナクバ如何ホド長ク拵ヘ梯ノ子ヲモ竹ニテノシ細縄ヲ以テ結付ルナリ

結付ヤウ歩口傳古人ニ本ノ竪竹ノ間横ハ八寸或六寸竪ノ長サハ其所ニ準ス故ニ不定之私ニ曰竪竹ノ間ノ寸法人々ノ好次第タルヘシ上ト下ト共ニ二三尺ノ間ヲ菰ニテ包ミ物音ヲサスマジキ為ナレハ菰ノミニ不限何ナリトモ其時ニ有合タル柔カナル物ニテ可然之是ノミニ不限一概ニ心得ヘカラズ

飛梯圖説

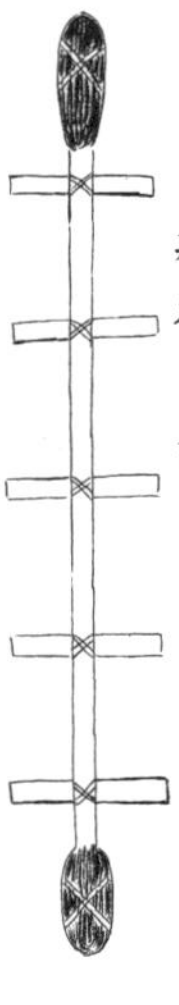

此製作ハ大竹ヲ割合セ結梯如ク作ル也上下ヲ包ムヿ同シ

雲梯圖説

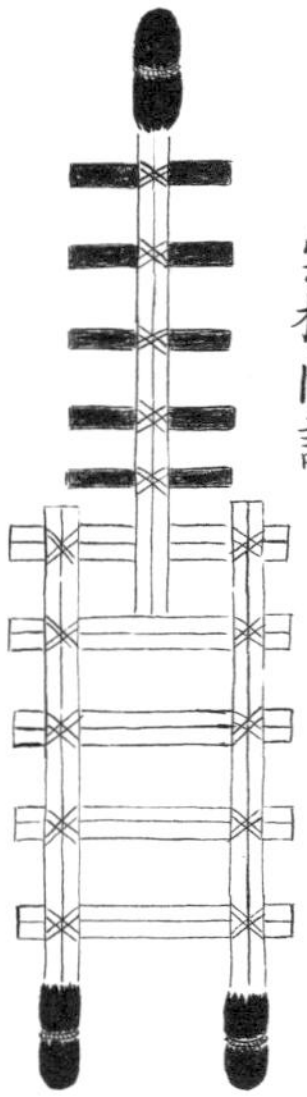

此製作ハ別ニ作ルニ非ス結梯ニテモ又飛梯ニテモ
高クメ及ハサル所ニハ結梯ノ上ニ飛梯ヲ結付此コトク
ナシテ升ル名ツケテ雲梯ト云也口傳

巻梯圖説

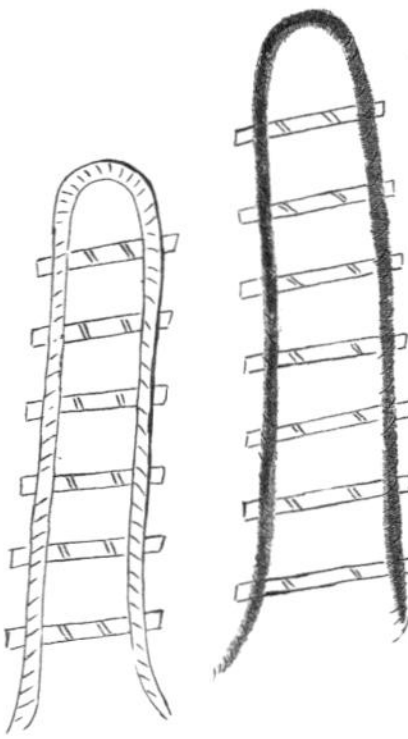

此製作ハ麻ノ縄ヲ以テ作ル也長ケ人ノ立テ手ヲ
延バシ手クビタケナリ口傳梯ノ子ハ竹ヲ以テ作ル也

鉤梯圖説

此製作長ケ二丈五尺横六寸也或ハ麻縄或ハ蕨
縄ヲ以テ製之鉄鉤圖ノ如シ
梯ノ子ハ竹ニテモヨシ又縄ニテモ作ル之口傳右ハ巌
石ナド嶮《ケワ》シク上ニ木立ナド在所ニ用レ之

高梯圖説

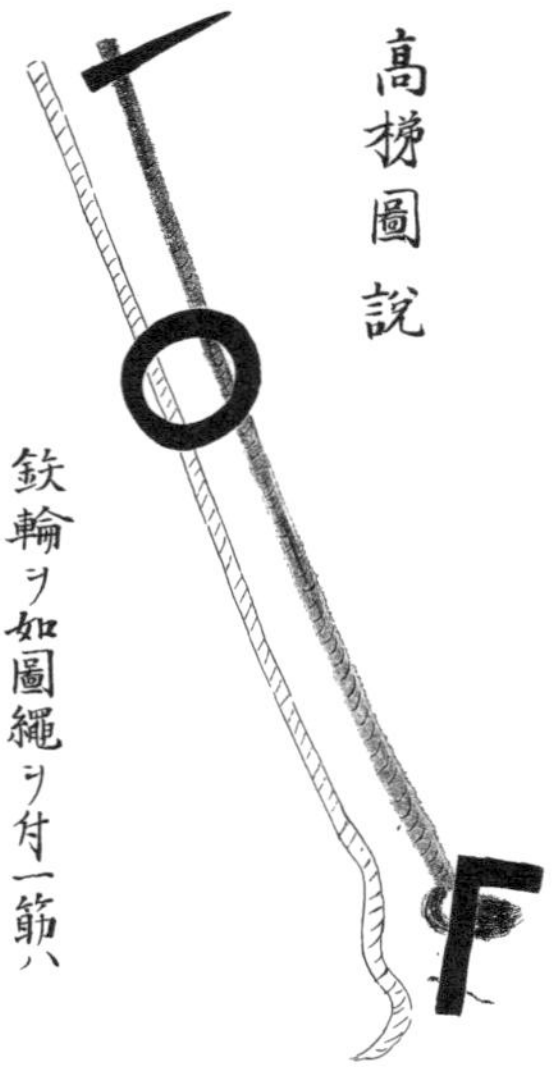

鉄輪ヲ如圖縄ヲ付一節ハ
輪ノ中ニ入ルヽナリ

右高梯ハ忍器ヲ通スル器ナリ口傳

苦無圖説

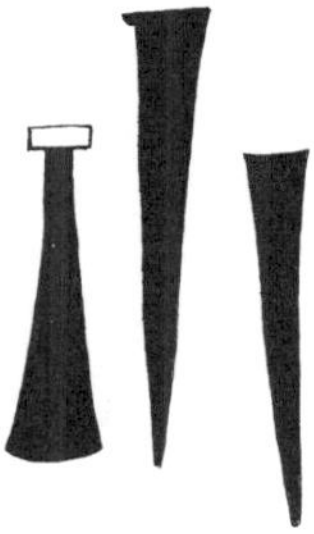

此製作長一尺二寸或一尺六寸ナリ鉄ヲ以テ製スヘラ苦無モ同シ

探鉄圖説一名ツキハケト云

右鉄ヲ以テ製ス長一尺五寸或一尺二三寸柄長六寸口傳

長嚢圖説

此製作布木綿ヲ以テ作ル之長三丈或ニ丈二幅合縫ナリ上ノ口ニハ半月ノ輪ヲ縫クヽミ鉄釘ヲ付ル也又異説

下ニ鉄玉ヲサケルト云未レ信

打鉤圖説

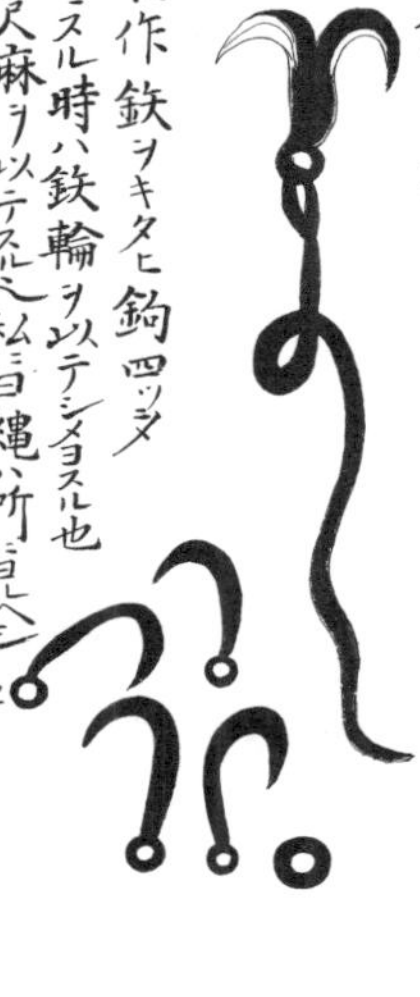

右打鉤ノ製作鉄ヲキタヒ鉤四ツヌ取ヲキ四ツヲ一ニスル時ハ鉄輪ヲ以テシメヨスル也縄ノ長サ一丈五尺麻ヲ以テスル之私ニ曰縄ハ所ニヨルヘシ口傳

蜘蛛梯之圖説

縄付但是ヨリ一尺置テ口傳
是ハ木ノ外ガハノ巻金ナリ
是ハ木ノ中ヘ入タル輪ナリ軸ヲ帛ニテ四五反巻但漆ニテ付ル
ナイヤウハシラメノゴトシ二尺ツヽ置テ絃ノサワリノ如クスルナリ

龍登之圖說

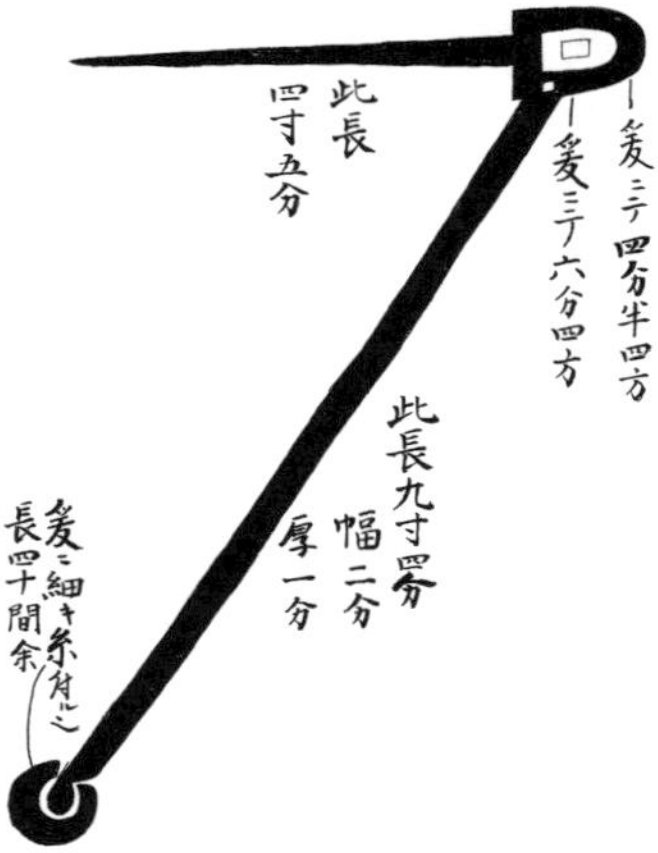

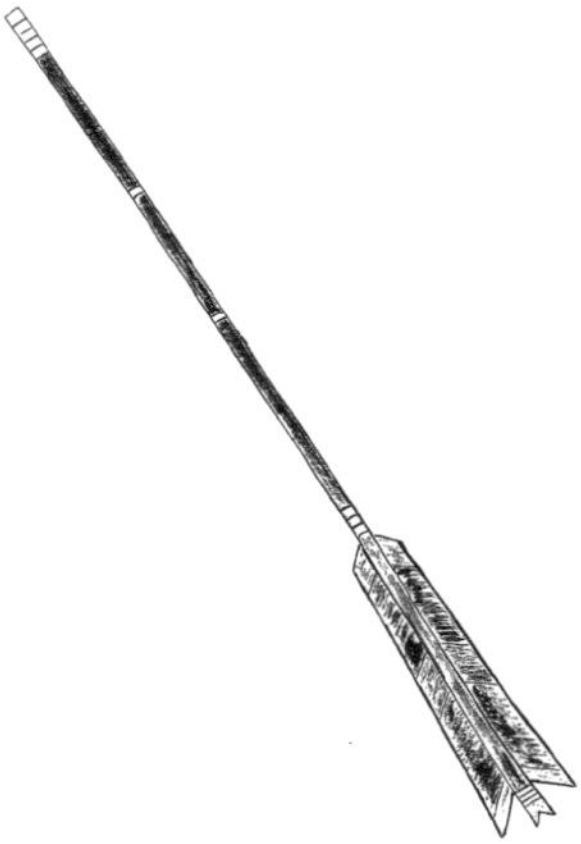

大鑰圖

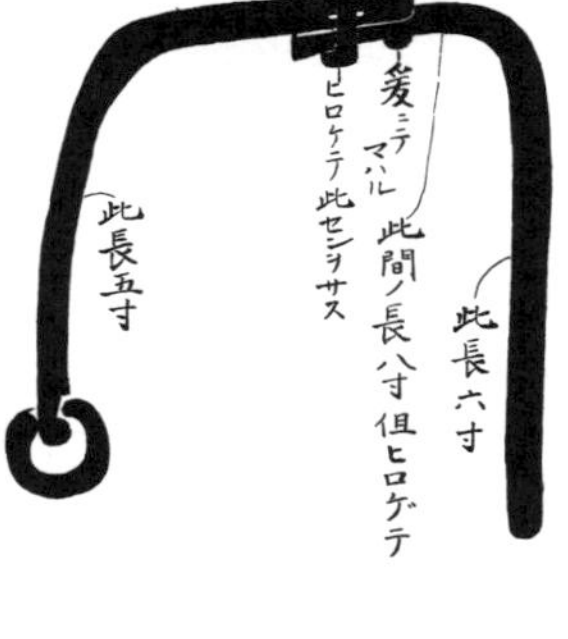

三ツ鑰ノ圖

横ヨリ見ル圖

上ヨリ見ル圖

一太刀登ノ叓　是ハ七尺八尺ヘマテノ屏ノ時用㆑之
一草ノ鐩登ノ叓　是ハ一丈一尺マテノ高ミヘ登ル時用㆑之
一眞ノ鐩登ノ叓　是ハ二間柄ニテ二間半或二間四尺計マテ登ルナリ　但石突ノ方ニカラクリ在　口傳　勿論知蛛梯ノ道具在縄ノ徳數多是亦口傳

萬川集海巻第十九

忍器二　水器

凡水ヲ渉ルヿ其器有トイヘトモ叓ノ急ナルニ臨テ水器ナキヿ在
如是ナル時ハ竹木篠葦薄桶甕杵臼等其外何ニテモ有
合スル物ヲ筏トメ渉ルヘキ也故ニ其圖説ノ大概ヲ此書ニ著ハス
古ノ大軍ニモ在家ヲ毀テ筏ニ組川ヲ渉シタル様多シ當流ノ水
蜘蛛梯箱舟等ハ川堀ナト渉ル最上ノ器ニメ忍術ノ大要
也尤手軽ソメ水ノ上必シモ危キヿナシ如此ナル水器世ニ希也秘ス
ヘキ也然トイヘトモ此器ハ大軍ヲ渉スニハ無益唯《ヒトリ》忍術ノ密器也

浮橋圖説

一浮橋ノ製作長不定其ハワタリノ長短尺ニ應メ可作
口傳横一尺二寸両端ニ縄ヲ余スヿ二尺余縄ノ端ニ鉄ノ
ホクセヲ付ル也割竹ヲ編ミ圖ノコトク作ル尚々口傳

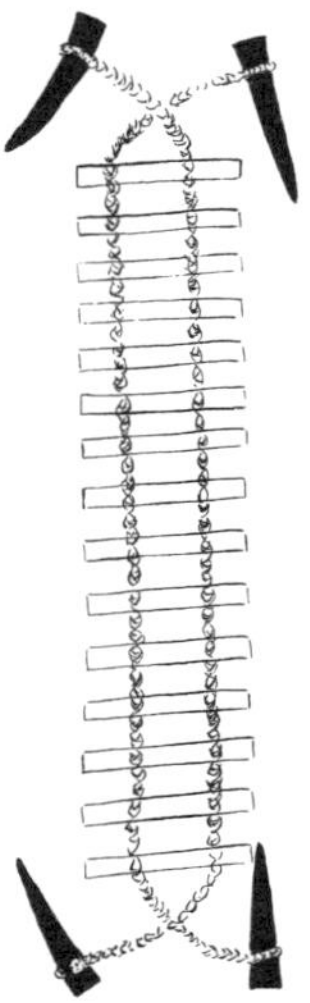

蒲筏圖説

一蒲筏ハ横ニ木ヲアテ蒲草ヲ束ニ結テ如圖又編ム
ヿモ有

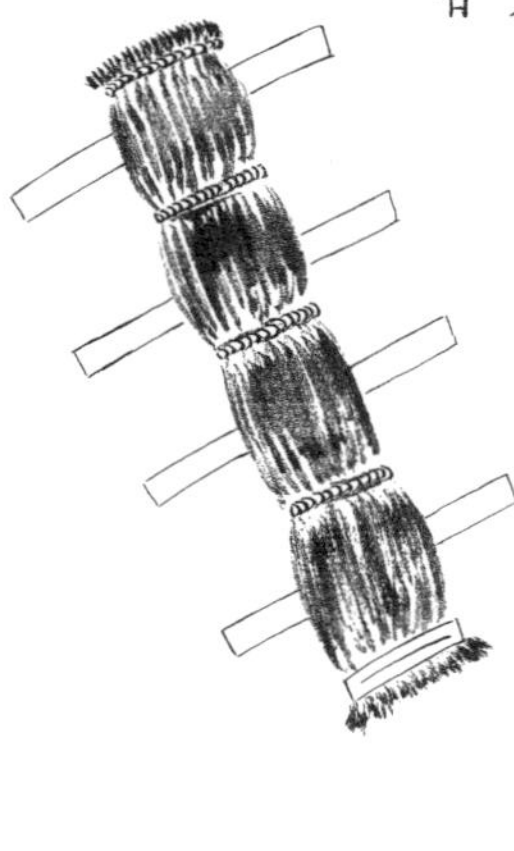

甕筏圖説

一甕筏圖ノコトシ或ハ釜桶杵臼ナドモ如此

甕筏用様口傳

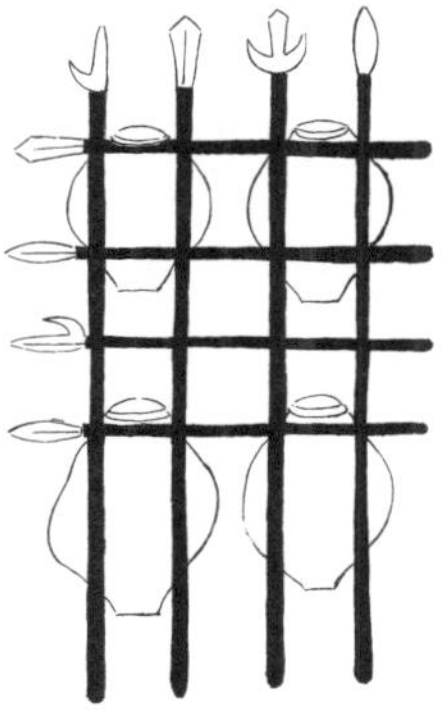

葛籠筏之圖説

一葛篭筏ハ皮ツヽラニヒシツボヲ拵ヘ置水ニ入ル、時ヒチツボヲ合セ身蓋四ツヲ合セ乗ルナリ凡此道ニ志在人ハ皮ツヽラヲ嗜ムヘキナリ

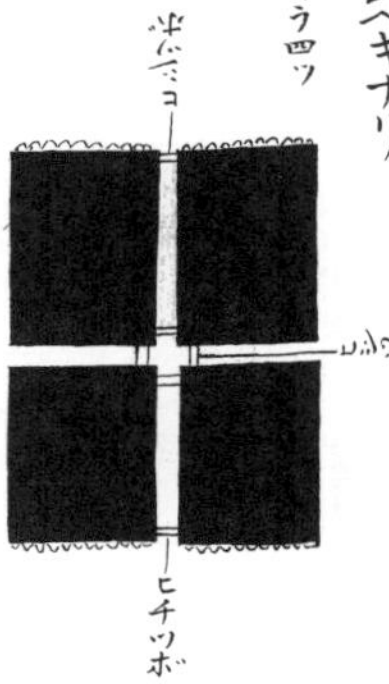

水蜘蛛之圖説

一水蜘蛛物圓身ノ指渡シ二尺一寸八分内一尺一寸八分中ヲ四クトルナリ外側幅一方ニテ五寸ヅヽナリ

一板ノ厚サ二分五厘　一蝶ツガヒ地板ノ厚サ二厘長二寸二分横八分但一方ニ釘五ツ所ヅヽナリ一掛鉄ハ羽掛鉄之一ヒロゲカ子ナリ

外法ニテ三寸五分内法ニテ三寸但釘先太ク本小ノスル口傳一敷皮ハ牛皮之長八寸横四寸五分四ツノ隅ニ皮ニテ乳ヲ付其乳ニ四ツノクワンヨリ組緒ヲ付ル之一惣皮ハ馬皮之薄キ古皮ニテヤンジスル口傳

開水蜘蛛上面之圖

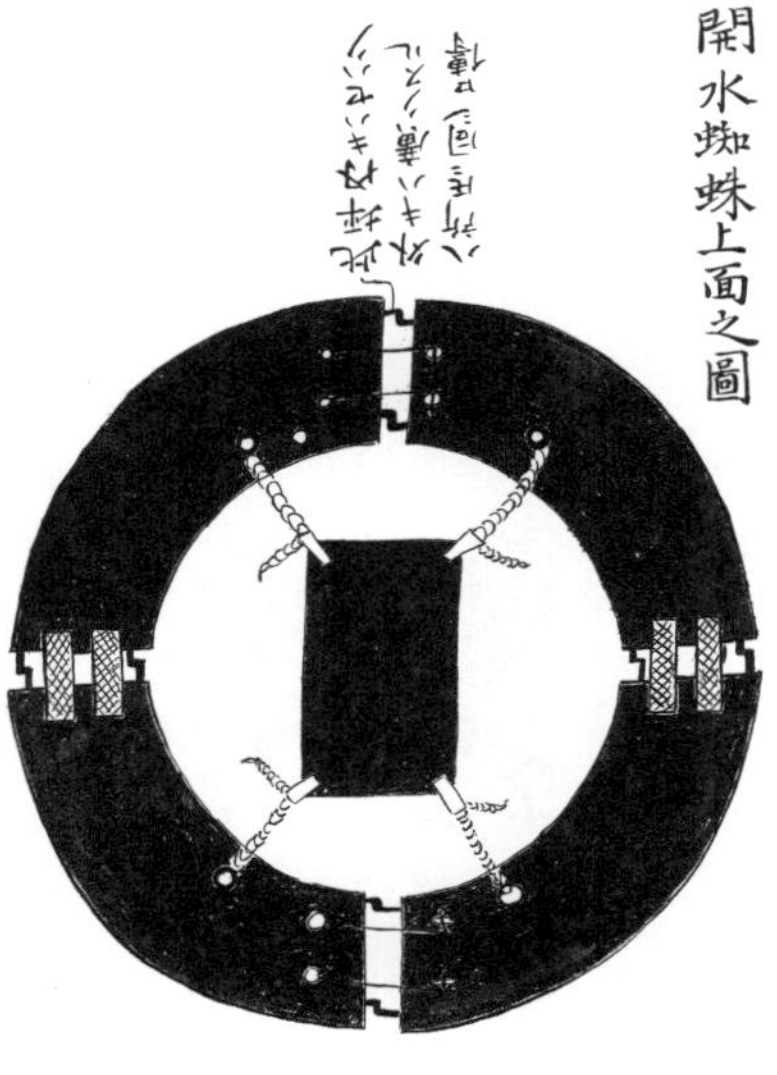

ヒロケカ子取ハツシタル圖

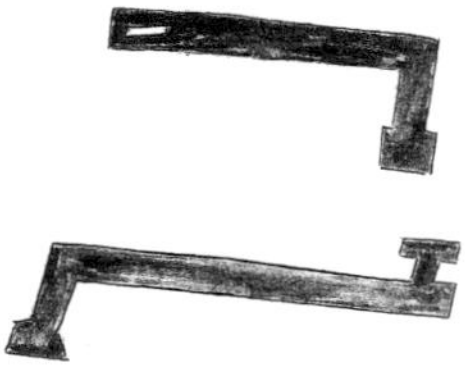

ヒロケカ子組タル圖

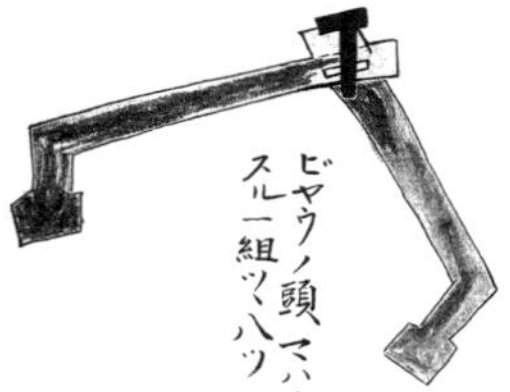

ビヤウノ頭マハルヤウニスル一組ツヽハツ

水搔ノ圖

一水搔ノ製作カタハマノ木履ノ如クニメ裏ニロクロ有上ニハナ緒ヲ付ハクナリ

水搔表ヨリ見ルノ圖
裏ニカラクリ有
コヽニカラクリ有

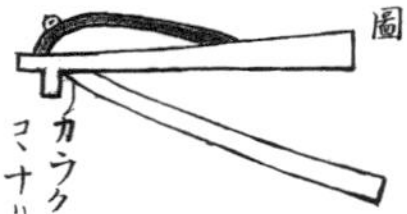

同ク横ヨリ見ル圖
カラクリコヽナリ

他流水蜘蛛之圖説

一水蜘蛛ノ製作ハ性ノ堅キ竹或ハ鯨鯢ノ髭等ヲ細ク円クケヅリ輪ニメ糸ニテ三四ヶ所編ミ挑灯ノ中輪ノ如クニメ両端ニ厚サ四寸計ノ桐板ヲ円クメアテ上ニ馬皮或ハ鹿皮ヲ漆ニテハリ付ル或ハビヤウニテ打付テモヨシ杈板ニ息出シヲホリ置捻クハシヲサス也尚口傳一説ニ十文字紙ニテハリ渋ヲ引用テモヨシト也水蜘蛛ノ用ヤウ息ヲ吹込子ヂヲシ入息ヲ籠ラセ躰ノ下ニ付ル口傳

内躰ノ圖

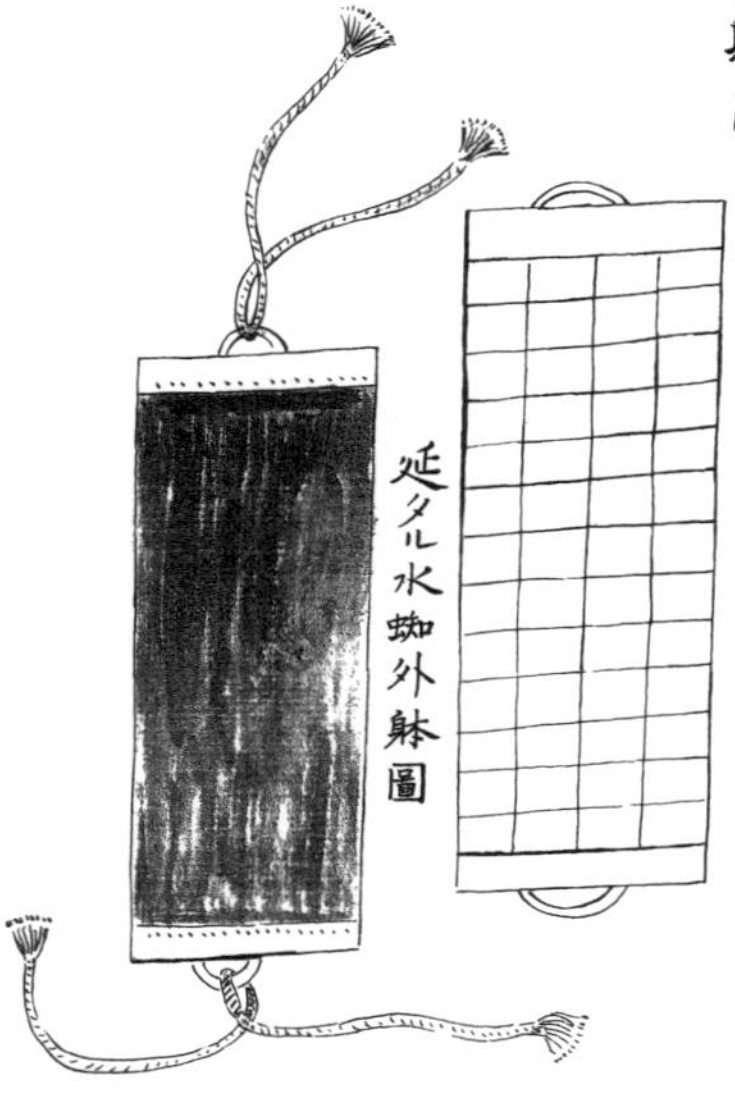

延タル水蜘外躰圖

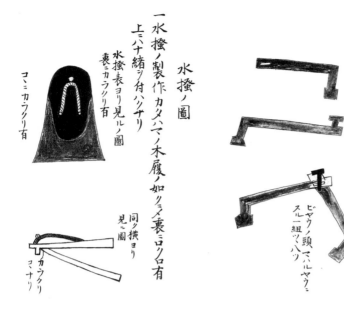

梜箱舩之圖説

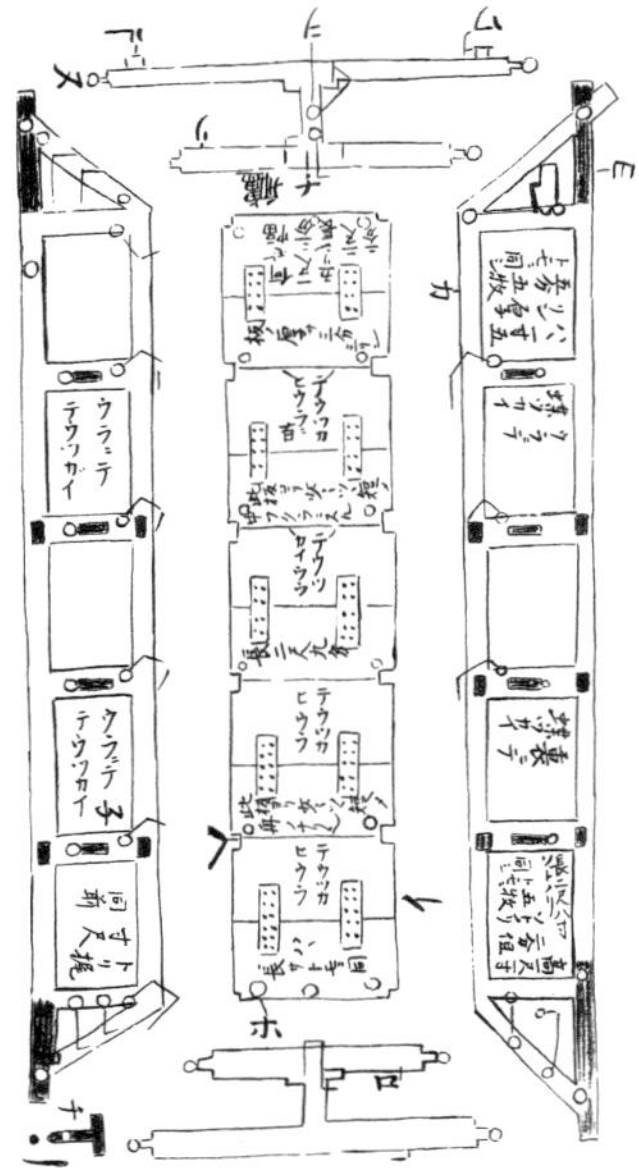

(イ)蝶交ハ板ヲ彫リ金ト板ノツラト同シ様ニスル
(ロ)長一尺二寸四分押ヘサス上ヒラク故両方ノホゾヲ斤批ニスル
之幅八寸厚六分(ハ)ツクノ長六寸八分但ホゾト下ノ横木トノ間也
(ニ)長二尺一寸五分但両方ノホゾヲ除ケテ之幅一寸五厘厚六分ツクノヲサ
ス所ニテツグ之(ホ)ツホ板ヲ彫テ琢《ウツ》ナリ枚ノツラト同シ脇竪ノ金《カネ》
カヽル合文《アイモン》アリ何レモ同シ(ヘ)穴ハヾ二寸五分五厘同押ヘサスノ
穴ハヾ六分長四分四厘(ト)両方合セメノ中ニツボアリ
押ヘサスノカキ鉄カヽル(チ)此セン際ノ穴ヱサス也四方𪜈二

艫ノ方ノ(チ)此カケ鉄《カネ》艫ノ押ヘサスノ中ノツボニカヽルナリ(リ)長一尺九
寸四分幅一寸厚七分五リ 樫木ナリ(ヌ)此ホゾノ先ニ還《カヘし》カ子ヲ
ウツ之ホゾノ穴ヘサシ込ヒロケテ出抜ケサルカ子ナリ(ル)ロクビ二ツ有
(ヲ)ツクノ所ニテ継クナリ(ワ)長二尺一寸幅一寸二分厚八分五厘
樫ノ木之(カ)舟ハヾ開ク故板ヲ戴《ノス》ル所斤下《サガ》リニ削ル何
モワキ立同前ナリ(ヨ)此金物ノ幅脇立テノ木幅《ハバ》ニ同
シ長二寸五分但穴ノ際《キワ》ヨリ脇立ノ間也尤金物二枚也
脇立四方𪜈ニ同シ此板金物モ同シ様ニスル之平日ハ脇立ノ
木ニ折カヘシ置也

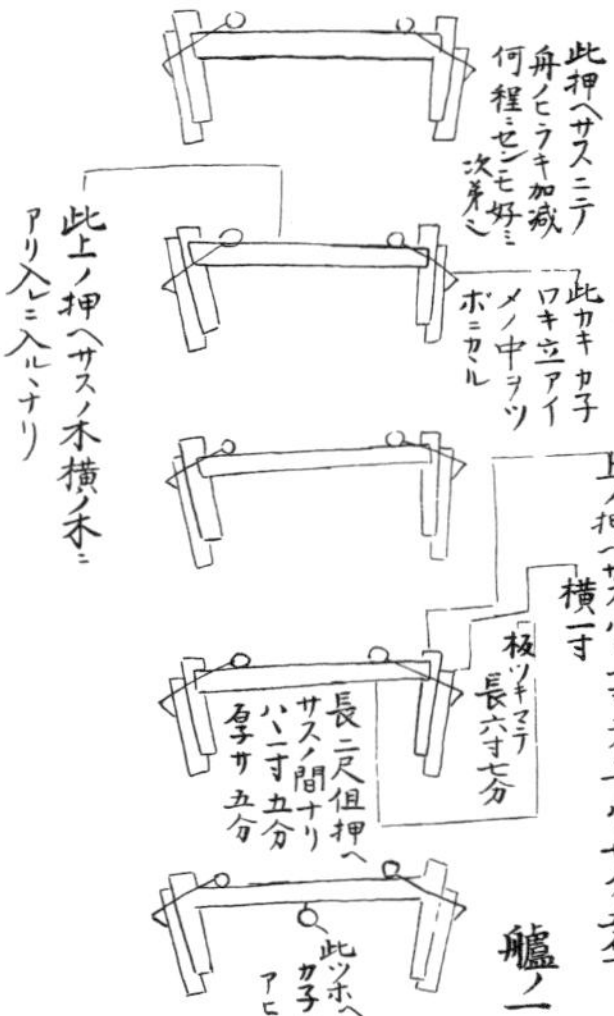

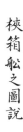

糸付ハ裏ニ九葺《カハ》アツル但四方ヲ閉ル
裏葺差ワタシ一寸葺ノ継キヤウ風呂敷キ縫ナリ

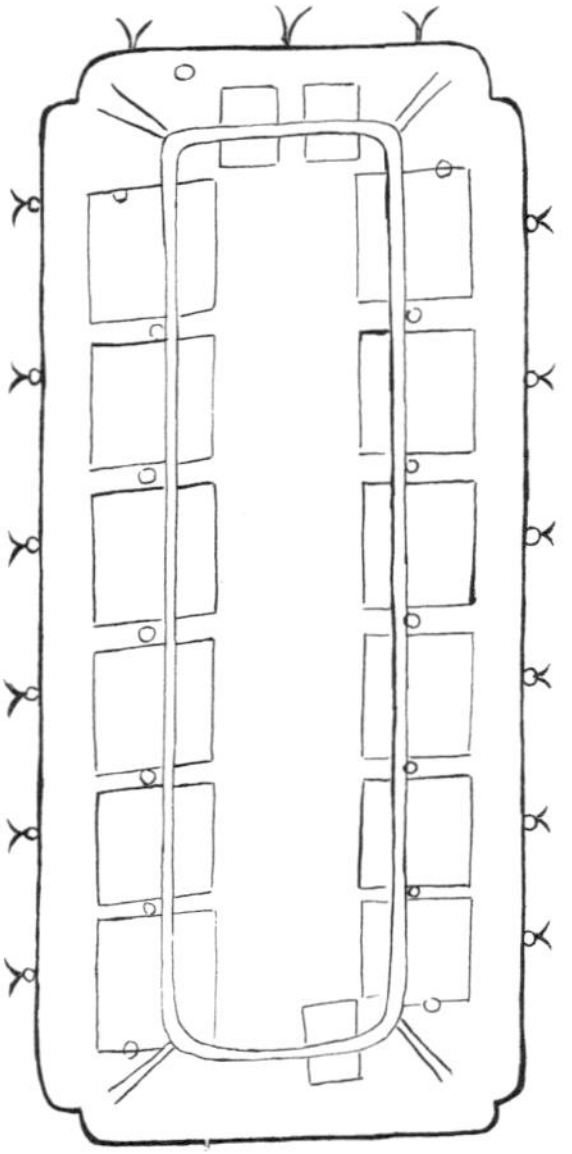

舟華下漆ノ事

一能ノ交リナキヱゴマノ油一升ニ小麦三合其マヽ入ル梻ノ葉三十枚藥《ヤ》鑵《クハン》ニテ煎スルナリ藁《ワラ》蘂《シヘ》ヲ中ニ立テ加減ヲ見ルナリ宜キ時ハ藁シベ立ナリ皮ニヌルトキハ丹ヲ一合入ルヽナリ是ハ油干カヌルユヘ早メノ為ニ丹ヲ入ル之葺塗様ハ塗師ノツカウノ刷毛ニテ薄々ト村ノナキヤウニ塗ル溜リメル所ヲ塗師ノ竹芘《ヘラ》ニテスクヒ取又跡ヲ薄ク摺之其ウヘヲ芳野漆ヲ布ニテコシ漆百目ニ水二十目合スルヽ之其漆ヲ以テ右ノ上ヲ二遍塗之又其上ヲ上々ノ漆ニテ二三遍程塗ル也漉シヤウハ右ノ如ク布ニテ一遍コスル也舟ノ下ヒラカセズニ漆ニテ一遍塗ル也又漆ニテ不塗ニチヤン計リニテ塗タルモ不苦藥鑵ノ中ニ蘂ヲ直ニ入ルニヨキ加減ノ時ハ藁蘂《シヘ》不倒メ直ニ立ナリ

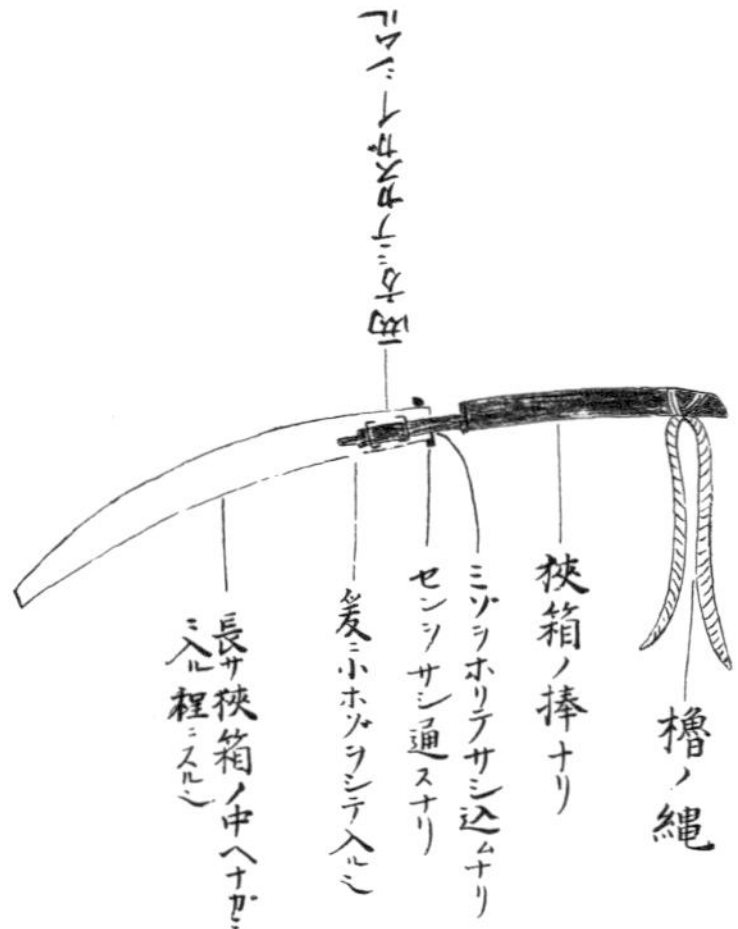

萬川集海巻第二十

忍器三　開器

夫開器ハ敵家ノ戸ノ開キ難キヲ容易ク開ク為ナレハ其用之ニ至テハ敵ト甚近ツクノ業也第一カサ高ナル道具ハ忌ム第二数多キ忌第三グワイ悪シク音ノアルヲ忌ム故ニ予昔ヨリ有来ル器物ヲ見ルニカサ高ニメ数多ク一器ヲ以テ諸用ニ通シ便スルヿナク毎物不自由ナルヲ歎テ数年工夫ヲ盡シ昔ノ製法ヲ取捨シ新ニ巧ミ出スヿ如左是故ニ

伸之長キニ用ニ利シ屈之時ハ短ニ用テ利ス巻之時ハ皆六寸トナル長短大小高下廣狭共ニ自由ニメ一器ヲ以多用ニ合フ如何ニモ手軽メ其開器盡ク皆是ヲ懐袖ノ中ニ納ルナリ予カ流ヲ汲ム人愈工夫ヲ究盡シ形容軽小ニメ自由ナルヤウニ是ヲ可製雖然又柔弱ニメ撓ミ折ルヽ様ナルハ凶ナリ唯程ヨク計之可考之但其鉄ハ能々是ヲ煉《キ》剣《タツ》ヘシ凡鉄ハ刄ガ子ハカリナル時ハ折易シ生鉄計ハ撓ム之只刄鉄ト生鉄トヲ合セ煉剣コト甚宜シ

問外ノ圖説

一問外ノ支先ノ釘ハ一寸二三分也釘サキヨリ二三分置キテ穴ヲアクル之中ノ長サ六寸随分細ク作ルヘシ本ノ板ノ長サ一寸二三分横五六分如何ニモ薄クシ内ノ方ニ刄ヲ付ルナリ

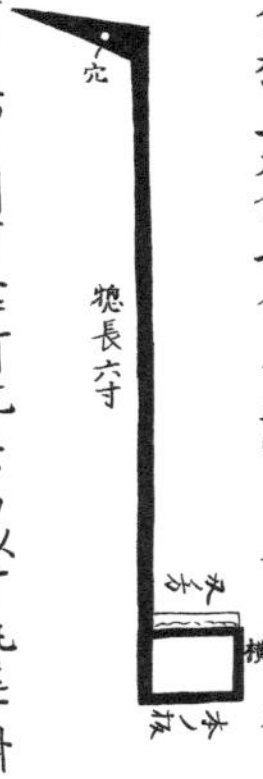

右問外ニ五ツノ利有一ニ釘先ノ方ヲ以テ屍差掛鉄ノ有所ト無所トヲ試ミ識ル之二ニ釘先ヲ以テ屍差ヲ刎外スナリ

三ニ輪懸鉄ノ鑿ヲ釘先ニテカケ外スナリ若シ其俣ニテ
外レサル時ハ釘先ノ穴ニ釘ヲサシ是ニテ掛外スナリ四ニ釘先
ニテ鑿ヌケサル時ハ板ノ方ヲ以テ輪掛鉄ノセンヲ下ヨリメキ
揚ケ梭ノ之五ニ釘先ニテモ板ノ方ヲ以テドモ鑿梭カタキ時
ハ梭ノ内手ノ刃ノ方ニテ鑿ノ釘先カシラヲ切クワセ梭ナリ
口傳

双曲之圖說

一双曲ノ製作薄ミモ幅モ薄細キ小刀ホドニメ六寸ツヽ四継
キニメ蝶ツカヒ也但先
ニツニハ前ノ方ハ双有
背ノ方ハ鋸ノ忍ノコ
トクスヘシ一ノ先二三分
置テ釘穴有是ヲ
タヽム時ハ六寸ニナル
舒ル時ハ二尺四寸
二角ノ鉄釘之釘
穴ノアケヤウ少シ長
四角ニアケルナリ
釘ノサシヤウニ口傳

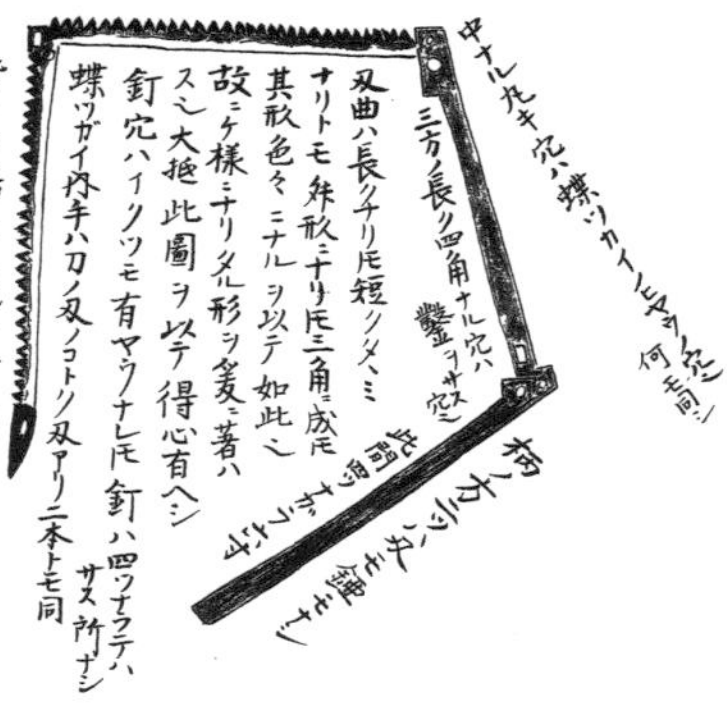

右双曲ニ五ツノ利有一ニ鑰穴ノ有樞ノ時ハ鑰穴ヨリ
入レ双鑰ニ用ラルヽ也但六寸ニナリ𪜈一尺二寸ニナリ𪜈自由
ノ利有二ニ鑰穴モナクシテ双鑰用ヒ難キ時ハ戸越ヨリ
釘鑰ニ用ラルヽノ利アリ三ニ掛鉄ノ有戸ニ立詰ニサシ木
打テ透間ナキ時立詰ノ柱キハヨリ  如此ニナシテ入レコチ
外ス利アリ四輪掛鉄ノ鑿ヲモ  斯ノコトクニナシテ
三ツノ釘先又ハ鋸双ヲ以テカケヌキ且コチ外ス利アリ五ニ其取
置自由ニメ六寸ニ成𪜈一尺二寸一尺八寸二尺四寸長短大小高下
廣狭𪜈ニ能叶フ故ニ譬トヒ直ニメ用タキ時モ用ラルヽ利大ナルナリ

延鑰之圖說

一延鑰ノ製作薄サ八厘ニ廣サ一分三厘ニ長サ六寸ツヽニ能ク
鉄ヲ煉鍛都合九ツニメ何モ蝶ツガイ之但先一ツニハコマニ
穴ヲ四角ニアケ鑿ノ穴ヲ平ノ方ヘヱリアケ扨如何ニモ薄
キ鉄ニテ長サ一寸七八分横ハ一寸計ニ板ヲシ其ハレニ長サ七八分
ノ少キ柄ヲ作リ是ヲ右ノ延鑰ノ一ノ先ノコマノ穴ヱサシ込ム
ヤウニシ又長サ一寸四五分ニ釘ヲ拵ヘ二平ニ二ツ穴ヲアケ右

右延鑰ニ五ノ利有戸外ノ上下左右ヨリ開カルヽ故ニ是四ノ利有五ニ五尺四寸ヨリ六寸劣リ二六寸マテニ成テ長短モニ用ラルヽ利アリ一ノ先ノ釘ニテハ輪鑰ノセンヲ掛抜ヘキ為ニ板ハセンニ系ナキ時下ヨリタヽキ上抜ヘキ為ナリ釘ノ横釘ハセンヲモ抜輪鑰ヲコヂ外スヘキ為ナリサンノ打アル戸ノ掛鉄モ是延鑰ニテアケラルヽナリ兎角手練ナキ時ハ不自由ニ口傳

入子鑰ノ圖説

一入子鑰ノ製作柄ハ八寸打ノベシ入子ノ内打菓ハ二尺也

コマノ穴ニサシ込ムヤウニメト二色取置ニメ持ナリ何モサシ込ミノ柄ニメ釘穴ヲ彫ベシ扨延鑰ノ柄ノ方二ツハ又曲ノ如ク曲ルヤウニスルナリ凡延鑰ハ軽ク不折不撓ヤウニ製作スル事専要ナリ

此ノツキノ間何モ六寸也六分宛ノ鋲九ツ何モ鍱ツカイニ
先七ツハ穴二ツ但鍱ツカヒノ穴モ口傳

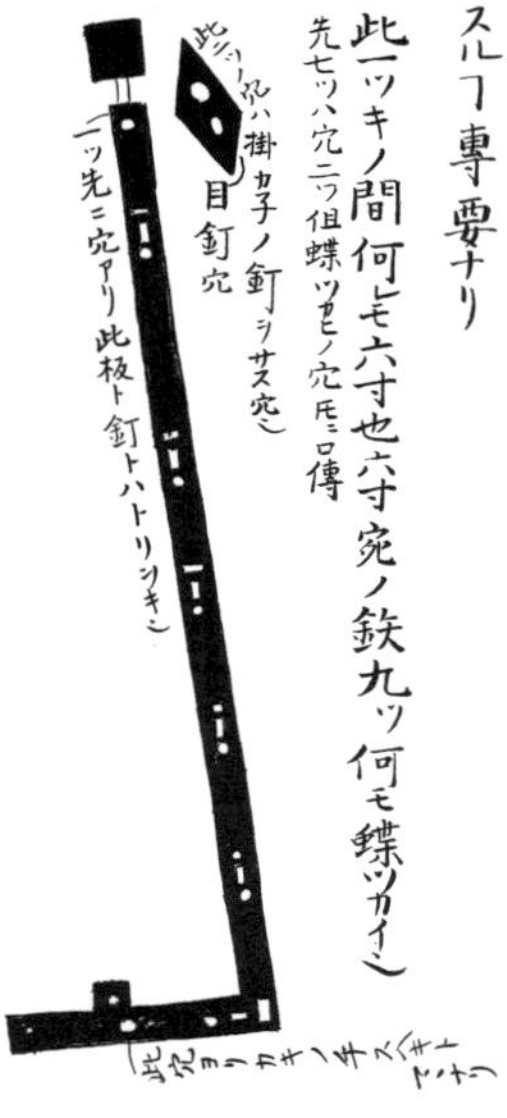

内本ノ蟠ノ処角五分ハ打ノベシ柄ヨリ菓マテハシンチウニテ作リテ吉但大サ二分五厘方《シカク》ニスベシ中ノ菓穴ハ一分五リン也尤ヒヅミナク入子ノスルヽト走ルヤウニスベシ又入子ノ長サ一尺九寸五分入子ノ大サ一分ニ方《シカク》ニ鉄ヲ剉ヒテ為ベシ入子ノ先キ笠穴アリキリ子ノ如ク穴ヲアケハルベシ扨延鑰ノ如クナル板ト釘トヲ取置ニメ其時宜ニ順テ釘ナリモ板ナリモ入ルナリ入子菓ノ先ト入子ノ本ト二目釘穴ヲアクベシ猶口傳

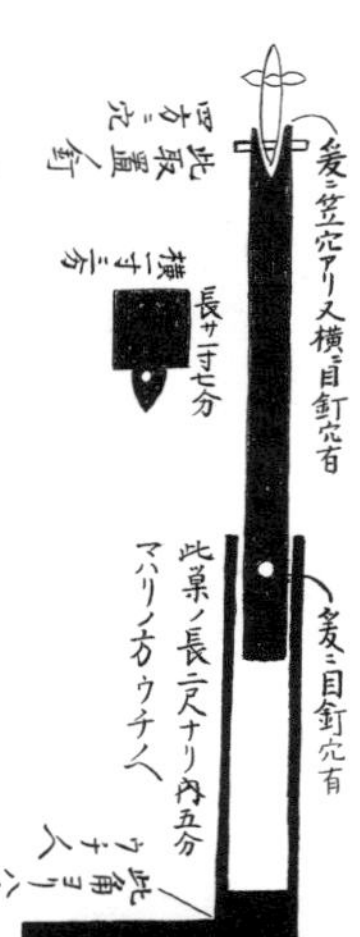

鉸之圖説

一鉸ノ製作長サ六寸南蠻鉄ニテ能剉《キタ》ヒ鉄ヲ切ヤウニ打スベシ

右ノ鉸ニ四ツノ利在一ニ火キ鉄ヲハサミ切ナリ二ニ火キ竹木等ノ小刀鎌ナドニテ切レサルヲ切ルナリ三ニ屍差ノ有戸ノ外シ鉄ニテ外レサル時是ヲ以テ突外スナリ 四ニ戸ナドノコヂタキ時透間ヱ入コヅル丁有ルナリ

鏨ノ圖説

一鏨ノ製作長六寸ツヽノ鉄ニツ蝶ツガイ也厚サ一分余横幅二分五厘先ハ刄鉄ヲ煉剣鉄ノ切ルヽヤウニ打ナリ但蝶ツガイノ際《きハ》ニ用ル時ノ釘穴有口傳

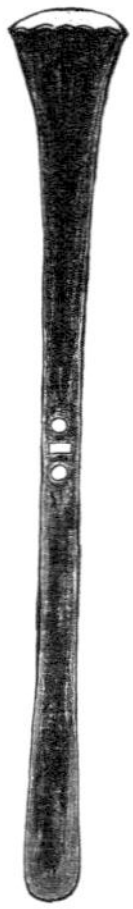

右鏨ニ四ツノ利有一ニ鉄ヲ削ル二ニ肘壷詰リ鐐子ヲ開テモ不抜トキハ透間ヱ入キリクハセ押ヌク也三ニ樞ヲアクル時コヂアケニ用テヨキ之四ニ立詰ノサン其外コヂ外ス時用テヨロシ尚口傳

錐ノ圖説

一錐ノ製作長六寸也三品アリ圖ヲ見テ製スヘシ

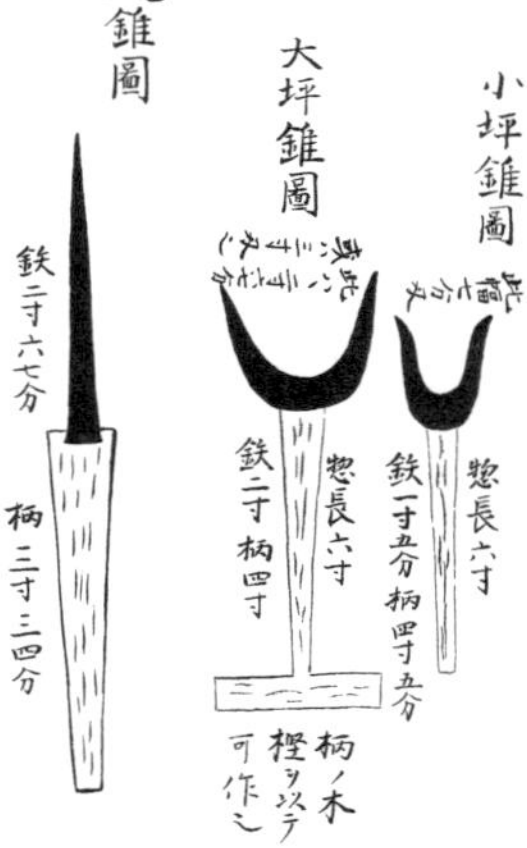

右三ツノ錐ニ二ツノ利有一ニ小キクリヌキ錐ハ戸ノ立詰ニ火モ透間ナクノ戸ノ跡先キ尻ニ板ナル時ハ開器ヲ可用様ナシ其時此錐ヲ用テ穴ヲアケ開器ヲ入レ用ル也 二ニ大キナルクリスキ錐ハ内ヨリ鎖子ナドヲロシ其外何ニテモ開器ニテ千詰リタル時此錐ヲ用テ穴ヲアケ手鑰ヲ用ルナリ凡此クリヌキハ開器ノ惣摩久利トメ其利廣大ナレハ大數ヲ擧テ記ス之能々鉄ヲ剣ニ刄ヲ能ツクベシ三ニ鑓錐ハ牙屍差サン屍差等ニ用其外用ル所有ト云氏預メ定メカタシ

錘之圖説

一錘ノ製作長サ六寸也内二寸ハ柄四寸ハ鉄也横三四分或

五分ニモ宜シ好ミニ任ス刃ハ両刃之一方ハ竹一方ハ本錘ナリ

右錘ニ二ツノ利有一ニハ竊盗《シノビ》返シ箱笆籬ヤラヒ等ノ鎌ニテ伐難キモノヲ伐ル也但伐リ様ハ隠忍中ニ記ス二ニ戸ノ脇板ナドヲ伐リヌキ入ル時錐ニテ揉ソキ其跡ニ此錘ヲ以テ廻リヒキニスル也口傳

一鎌ノ製作古法ハ鎌四寸柄五寸ニメシツケ也今製作スル処ハ鎌モ柄モ六寸ツヽニメ柄ハ蝶ツガヒニメ用ル時ハ釘ヲサシツカヒ懐ニ入ル時ハ鎌ト同シ様ニ直ニナル様ニスルナリ但シ鎌ハ両刃ナリ又片刃ヲモ拵置ヘシ ロデン

此鎌ニ三ツノ利有一ツニハ常ノ鎌ノ如ク伐ルニツニハ子ノ方ニテ押切ル三ツニ取テキ手軽ク懐袖ニ納ル之

釘抜ノ圖説

一釘抜ノ製作外ニ秘スル所ナシ長六寸少シ細クメヨシ
釘抜ニ二ツノ利有一ニ時壷几鉄類ヲ捻テ切抜トルナリ二ニ竹木等ニテ作リタルヌケサル物ヲ捻切リトルナリ

鎖子抜ノ圖説

一鎖子抜ノ製作長サ六寸薄サ厚紙ホトニ横幅五厘鉄ニテ作ヘシ鎖子ノ大小ニ應スル様ニ為ルヿ肝要之口傳多シ

右ノ鎖子抜ニ五ツノ利アリ此扭《ネヂ》ヤウニ依テ突出シ鎖子捻テ鎖子背鎖子引出鎖子何レモアケラルヽ也是四ツノ利之然氏手練不手練ニヨルベシ五ニ掛鉄ノ有戸ノ透間有ル時ハ是ニテ刎《ハ子》アクルナリ

背鎖子抜ノ圖

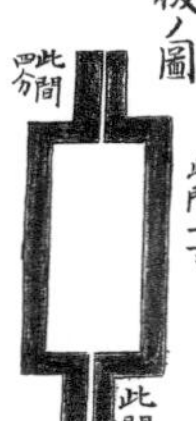

突開鎖子抜ノ圖

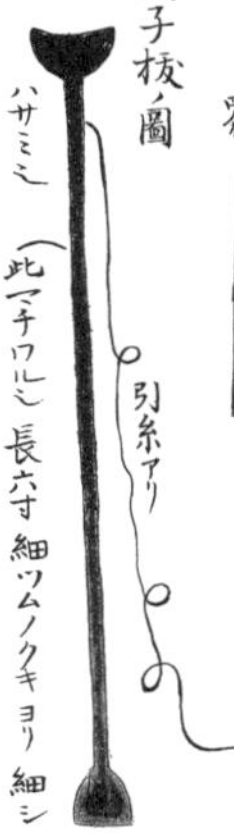

如此大小何數モ可有之

引出鎖子抜ノ圖

右三品ノ鎖子秡ハ一用ニノミ叶フ許ニテ利少シ但口傳アリ

偏ニ最初ニ著ス鎖子挍シ能々手練スヘキ之

板橇之圖說

一板橇ノ製作ハ桐ノ板ヲ以テ長一尺二寸横ハ八寸ニシテハマチキ木履ノ如クニ隅ヲ丸クシ裏ニ布ヲアテ薄ク綿ヲ入レ布ヲ板ニ縫付ハナ緒ヲツケ用ル之口傳

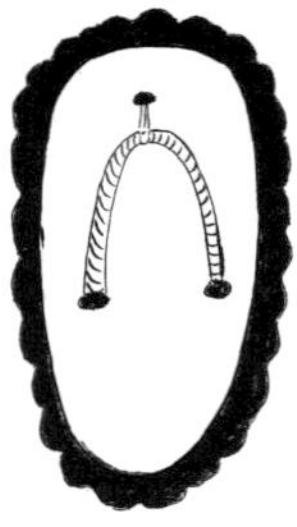

右板橇ハ敵家ニ入ル折カラ床ノナル時ノ用也又蝶ツカヒニメ懐中ヘ入レ置クヤウニスルモ有是ハ口傳

萬川集海巻第廿一

忍器四　火器

凡世上以火器爲忍術要道之根元爲其要第一雖爲城郭陣営之堅固放火焼失之術有利第二不分昼夜与味方合相図之利《アリ》第三不消風雨炬火以救味方之難之利《アリ》是故学者能弁練之則臨時而可用之今世号忍者以火器之五三方爲得忍術苟不知其本源而枝葉以取之用之豈不可歎邪所著吾家流之源則以陰陽両術之深理輙忍入敵城忽然挫敵之術也孫子曰軍術之中以火攻下策也雖然不得止則用之故以此篇附忍書之巻末尓

イ　卯花月夜方

肥松廿匁　挽茶二匁　鼠糞六　硝百　黄六十四　樟脳九匁五分

艾葉十二匁　麻灰十匁　松脂六匁

右末メ麻油ニテ煉竹筒ニ込筒ヲ随分薄ク削リ茶糊ニテ

ハリホクチニテ火ヲ付ル

ロ　秋月方

硝廿匁　黄十四匁五分　樟脳十六匁　麻灰一匁　肥松一匁七　鼠糞一匁五

牛糞二匁　右末メ麻油ニテ煉竹筒ニ入ル丁上ニ同

八　花ノ曙方

硝 廿匁　黄 十二匁　松脂 一匁　麻灰 二匁　艾葉 六匁　消灰 三百
唐ノ土 四匁　樟脳 十三匁　右末メ麻油ニテ煉布ヲ巻竹筒ニ込

二　天火照火者之方

硝 八十匁　砒霜石 五匁　滃 二十匁　樟 五十匁　木蝋 十五匁　黄 三十匁
丹礬 十匁　牛蝋 二十匁　麻灰 五十匁　斑猫 八匁　唐蝋 八匁
明礬 八匁　挽茶 十二匁　松脂 三十匁　艾 百五十匁　鉄砂 廿匁
鼠糞 三匁　番椒 百廿匁　小砂 廿匁　牛糞 八匁　松挽粉 五十匁

楊梅皮 百匁　イホタ 廿匁　榧 十五匁　炭 八十匁　榧木挽粉 廿八匁
雷丸 八匁五　右細末メ油ニテ子ハミト煉リ布ニ包ミホクチニ
火ヲ付畝ノ小屋又ハ取篭リ者ナトノ時拋ケ込ム

ホ　梅花月方

明礬 五匁　松脂 十二匁　大蓼粉 八匁　硝 八匁　松挽粉 十六匁　牛糞 十匁
挽茶 三匁　艾 五十匁　樟脳 六匁　木蝋 十五匁　鼠糞 三匁五　黄 九匁

へ　十里新ミ関口流炬火

黄 三匁五　硝 一匁二　樟 十三匁　松挽粉 十二匁　艾 五匁八　松脂 二匁　鼠糞 二匁

鉄炮茉 二匁　麻灰 一匁七　牛糞 少　白粉 少
右末メ如前固メ詰ル之

ト　衣炬火方

草 五六本　木綿ニ巻　松脂　樟脳　油ヲ入子ハミト解ニ三
遍塗リ干乾メ用不レ消ニ風雨一光明炬火ト云

チ　五里炬火方

クヌキ細カニ割リ油ヲ塗リ一寸程ニ間ヲカリ堅ク縮ヒ廻リ八
寸長三尺ニメ用　有口傳

リ　雨炬火

硝 二匁　黄 一匁五　松節 三匁　樟脳 二匁　艾 三匁　松脂 二匁　鼠糞 三
右末メ竹筒ニ込筒ヲ薄ク削リ茉紙ニテ張ホクチニテ立ル之

ヌ　又方

硝 八十匁　黄 七匁五　樟脳 七匁　灰 七匁　肥松 七匁　艾 十匁　葶藶 二匁五
鼠フン 四分　右末メ如常製筒ニ入上ニ油ヲ引

ル　篝等《ヤハラ》明松

硝 二匁　硫 三匁　樟 三匁　龍 一匁　イホタ 三匁　以上麻油ニテ煉

竹筒ヘ込メルヿ右ニ全シ

ラ　風雨炬火

葶䓞百匁　硝五匁　艾百メ白クナル程ニ揉ミ一夜水ニヒタス　黄十匁　樟五十匁

樫十五匁　胡麻八匁　松脂廿匁　イホタ五匁　龍二匁　松挽粉廿五匁　挽茶八匁

ワ　同方　未年試ルニ火早シ

硝八十匁　樟七匁　肥松七匁　黄七十五匁　灰七匁　艾十匁　鼠フン四分

右炬火製作何モ同断

カ　一里一寸炬火　雨ニモ不消

胡桃皮百十五匁細末メ　樟四匁　以上二味熟ス　焼酒二合但煎スシ　竜脳五分　イボタ五匁

松脂二匁　鼠フン五分　牛糞一匁　硇八匁　艾一匁　硝三匁

ヨ　生滅ノ方

硝百十五匁　黄五十匁　竜九匁　イボタ二十匁　樟八十匁　鉄屑五十三匁　小砂二十匁

麻灰二百匁　樫五十匁　松挽粉八十匁　炭百五十匁　樫木挽粉八十五匁　髪毛八十匁

長命草二百十五匁　番椒二百匁　葶䓞三百匁　艾百五十匁　揚梅皮二百匁

寒水石十五匁　爐甘石十八匁五　石灰一匁　小糖一斗五合　明礬三十五匁

鼠フン十五匁　牛フン十二匁　白粉十五匁　丹礬百五十匁　右細末メサテ

松脂八十五匁　木蝋百五十匁　雷丸百目　漆二十五匁　テンテイカ廿八匁

牛蝋廿五匁　膠百匁　右八味ヲ油一斗入クラ〳〵ト煎シ合

前ノ廿七味ノ薬ヲ入煉合若シ堅クハ油ヲ加ヘ能程ナル時

布ニ包ミホクチニテ立ル取篭リ者又ハ歃ノ小屋ヘ打込

明松之

タ　南蠻山方　是亦製右ニ同シ

樟十匁　灰三匁　イボタ三匁　鼠糞一分　硝五匁　黄五匁

三タイ方

樟五十匁　鼠糞二分　イホタ三匁　黄三匁　灰三匁

レ　水ノ松明　一名ハ内松明ト云

明礬五匁　鼠フン一匁　松脂五分　灰一匁　艾一匁　樟五匁

硝五分　丹礬五分　右何モ竹筒ヘ堅実込口薬ニテ立ル

五六寸計ヨシ杦板ヲ割テ硫黄ヲ付持之節扱一ト〆

内ヨリ見ルニ用

ソ　同方

硝二十匁　樟十五匁　黄十匁　麻灰二十匁　松脂十匁　牛糞八匁　明礬三匁

竜脳一匁 松挽粉八匁 艾廿匁 右末メ如常煉ル

ツ　秘傳雨松明

樟二十匁 黄廿匁 松脂五匁 艾二十五匁 舊布廿匁 木蝋十匁 硝三匁
イボタ五分 鼠フン五分 牛フン八匁 鹿角粉五分 樋一匁 松挽粉十五匁
挽茶十匁 油三合

子　義経水炬火

樟五分 黄十五匁五分 灰二匁五分 硝十五匁 艾五分 松挽粉三匁五分
右製作同シ

ナ　上々水炬火極秘ノ方

硝七匁 黄七匁 九葉柳灰三分 以上厚紙ニテ袋ヲ作リ右
ノ三味能突込平緒ニテ巻其上厚紙ニテハリ蝋ヲカケ持

ラ　折松明

硝五匁 灰二匁 松挽粉七匁 鼠糞 艾一匁
右竹筒ニ入薄ク削リ上ヲ紙ニテ張ナリ

ム　振リ松明

女竹ヲ十五日ホト水ニ曝シ能乾カシ中ニ硫黄ヲ粉ニメ込ミ

竹十五本ホド束子合歒方ヘ振ル長一尺程吉

ウ　簗《ヤハラ》等松明方 此方吊試ニフレハ消ヘ吹ハ燃ル也 火先ヲ小刀ニテ落セハ又燃ル

硝十五匁 樟十五匁 灰二匁 黄八匁 馬糞二匁 一布五匁
右吹消シテモ不消様ニスル時ハ樟五分 松挽粉十匁 吹ケ圧
不消ナリ又同方 硝十五匁 黄廿匁 樟十匁 馬糞二匁 一布六匁
右何モ鹽硫十匁マニテ合スレハ吹消スニ吉

井　削火之方

熊野ホクチ二匁 硝一匁五分 竜脳一匁五分 黄一匁五分 センマイ一分 水晶五分
灰一匁五分 樟一匁五分 松挽粉三分 松脂三分
右細末メ松ノ井膚ヲ煎シ其汁ニテ煉堅メ能干ミ小
刀ニテ切レハ火出之

ノ　袖火方

硝十匁 黄五匁 灰二匁 右能合メ竹ノ筒六七寸程ニ節ヲ
込錐ニモミヲメ茶ヲ入筒ノ上ヲ巻袖ノ内ヨリ立ル也

オ　ツケ火ノ方

硝廿匁 黄五匁 灰五匁 樟 鼠フン各三分 右末メ筒ニ入皮ヲ

去リ紙ニテ張矢ノ長一尺八五寸根ヲスケ内ヲ見ント欲ル
時挍間ヨリ入テ見ルナリ
ク　歃討茶
硝十匁　黄五匁　灰二匁　番椒三匁　右末メ四寸バカリノ
筒ニ入歃ニフリ掛ル
ヤ　夜討テンモン火方
硝十匁　竜脳一匁一分三リン　古酒廿匁　蓬煎汁廿匁
右細末メ袋ニ入火ヲ付矢ニ付テ射ル也
ニ　義経火　不滅松明トモ云
牛角ノ白キヲ随分薄ク削リ鶏ノ羽ノ茎五本下ニ
サシ鶏ノ羽ノ茎ニ水銀ヲ入蓋ヲシテ持也
ケ　胴ノ火極秘ノ方
麻布ノ随分古キヲ刻ミ鍋炭ヲ糊ニヲシこゼ能
子リ合右ノ刻タル布ニ交ヘ随分堅ク煉合セ竹ノ
筒ニ突込土ニテ蓋ヲメ糖ニテ蒸シ焼ニスル也口傳ニ曰
布ハ細キヲ節ヽ洗ヒ洒シテ吉一説ニ筒ニ入上ヲ赤土
ニテ塗包黒焼ニメ吉ト云ヽ
フ　同方
挽茶ヲ食ノトリ湯ニテコ子筒ニ堅ク押込糖火ノ
中エ入蒸焼ニメ其後竹ヲ削捨之但不レ焼ニ日ニ
干テ吉
コ　北地方
長命草黒焼五匁　樟脳一匁　細末
又方
山牛房ノ葉十匁　樟二匁　硝五匁　黄一匁　細末
エ　又
栗ノ木ニ生タル茸ヲ陰干ニメ雨露ニアタラヌ様ニメ黒焼
ニシテ塩硝少入レ用
テ　又
艾葉ヲ能ヽ揉ミ二夜水ニ浸シ干艾十匁　硝二匁　入レ水
少カキ立煎シ能乾メ用前方ヨリ此方吉
火筒拵様

明礬ヲソクイニ三分一入能押合戯タヒモ筒ヱ塗
衣ニ挽茶ヲ掛ベシ

サ

ナラズ薬

硝百目七十目ニナル程イリテ　黄ナヲソクイニテ大キナルヲ二遍ハリ百日百夜雨露ニ洒シ　灰八匁
内三匁五分　虎ノ皮黒焼三匁　鵜ノ糞黒焼一匁　鯛骨
白焼二方匕ニ鉄炮薬ナリ

キ

白薬

硝八匁　朱一匁　鯛骨焼テ三匁　裏白ノ葉三匁　陰干

ユ

眠薬

赤犬ヲ夜ル首ヲ切其ノ血ヲ取陰干ニシテ用一説ニ赤犬ノ生
膽《キモ》ヲ取陰干ニシテ用

メ

水篝方

栗ノ木陰干ニシテ麻油ニテ煎シ五十メ　樟脳二十メ　焼酒ニ合
右二品ヲ焼酒ニテ練合火ニテ焙リ堅メ水中ニテ火ヲ燃
スコト妙之又水中ニ入ル時蟇ノ油ヲ丸穴ニヌリ扨木槿《ムクゲ》ノ
青葉ヲ口ニクハヘテ水ニ入レハ吉ト云　未タ試

ミ

水鉄炮

三匁五分筒ニ薬二匁込其ノ上ニ挽茶二匁込能々突
込其上ニ水ヲ一合入打カクレハ人氣ヲ失フナリ

シ

水火縄

硝七十メ　水天目ニ二盃　其中ニ火縄一曲入煎シ　樟七十メ　松脂五十メ
椿ノ實ノ油ニテ子バミト解キ火縄ノ上ニ引扨蝋ヲ解
何ヘンモ引テ用ルナリ

ヱ

又

薄糊ニ明礬ノ粉ヲ交ヘ樟脳ヲ加ヘ火縄ニ何ヘンモ引テ用之

ヒ

一寸火縄

杢脂二メ　樟脳一分　上二味ヲ火縄ニナモミノ油ニテ以テ子バ
ミト何ヘンモ塗テ干シカハカス

モ

濡《ヌレ》火縄

火縄一曲ヲ水ニ三夜漬一夜ミミニ取上ケ日ニ干シ扨蕎麦
ノアクニ三日三夜ツケ如前一日ミミニ取上ケ日ニ干其後鉄汁ニ
ワケ内一ニデシム程ニ幾度モ漬能々入《シミ》タル時又一夜鉄汁

ニ五倍子ヲ交エ漬ケ能干シ扨土ニ二三日埋メ取出シ干
シテ用私ニ曰先ナハザル前ニ如此製メ後ニナイタカヨシ

セ　暗《クラミ》薬

鉄炮ニ茶ヲ込其上ニヒハツヲ粉ニメ口茶ヲ加減シテ可
レ放取亀リ者ナトノ時用ヿ目吹ニモ不見ナリ（一本ヒハツ又ヒ茸豆トアル）

ス　明松方

硝十五メ　黄十二メ　炭二メ　肥松七分　松脂一メ二分　引茶二分
嵐フン　艾三メ　樟五分　上酒ニテ煉堅竹筒ニ込

一　同方

硝十四メ　黄九メ九分　炭四メ四ト　樟四メ二ト　塩三メ　嵐フン五ト
蝋一メ　以上油ニテ練　如レ常筒ニ入ル

二　キサニ火

馬糞二匁吉キ吉　ゼンマイノワタ一メ黒焼　灰五分　硫黄五分
硝五分　水晶一メ五分アラク　右鉄汁ニテ煉堅メ日ニ干塩硝
カミニキサミカクルナリ

三　胴火方

古布一匁黒焼　蓬ノ粉三分五リン　センマイ黒焼五ト　古キモチ縄二分五リン
舊茶五分　大蓼一メ黒焼　塩硝二分五リン　杉原五分黒焼
右鉄汁ニテ堅メ石ノ粉ヲ餅ノ糊ニ合スル也

四　狼煙方

塩硝十三メ　硫黄一メ　灰二メ　以上鉄炮ノ茶ノゴトク合セ竹
ノ筒ニ込ミ能ホ込玉ヲ入亦能ミホ込タルカ宜シ吹モク
ツロキアレハ竹破ルヽナリ

五　不眠薬

鷹ノ糞白キ所ハカリヲ取リ臍ニ入紙ニテ上ヲハリ居
レハ眠ラストエ

六　アハウ薬

麻ノ葉日ニ干シ末メ薄茶三服ホト用レハ心虚《ウツ》ケテ
アハウニ成ト云麻ノ葉七月ニ取テ宜シ

七　中蝋燭

常ノ蝋燭ノ心ノ中ヘ水銀ヲ入テ火ヲ付上ニ木ノ枝也圧右
所ニテ火先キヲ木ニ付テソロヽト下セハ中ニテ止燈《トボ》ルヽ

八　角蠟燭

鹿ノ角ヲ馬糞ノ中ニ二三日程入置ハ随分柔カニナル時ユガミタル所ヲ直クシ上ヲ削リナモニノ油デ能油アゲメ又其上ヲ荏《エ》ノ油ニテ能アゲ紙ニテ張燃ス七寸デ七夜アリト云

九　不滅明灯

鴇ノ羽ノ莖ヲ二三十本長一寸程ニ切リ中ヲ能スキ其中へ水銀ヲ一盃入蓋ヲシテ一ツニ糸ニテ結ヒ叔香箱ノ中ニ金箔ヲ置其内エ入秡《ヌケ》出ザル様ニメ置之鴇《トキ》ノ羽ハ老鳥ノ羽テナケレハ光リナシ又梟《トビ》ノ羽ノ莖ニモ宜シト之或書ニ梟ノ風切ノ羽ヲ集メ其中へ汞《水銀滓之》ヲ入テ隣家ノ燈火ノ景ヲ取ト云是ヲ太刀光ニ付テ振トナリ又鏡ヲ以テ取モ妙ナリ

十　義経明灯

水牛ノ角ノ能スキタルヲ内ヲ能クリ見ヘ透ヤウニシサテ鴇ノ羽ノ莖ヲ内ヲ能スキ右ノ角ニサシ込透間ヲ漆ニテ水ノ不洩ヤウニ繕ヒ其後汞《水カネノカス》《コウ》ヲ角ノ中へ一盃入ル丶也或説ニ犛《アカ》牛《ウシ》ノ角尚ヲ能スキテ宜シト之右ノ明灯ヲ持ハ闇夜モ月ノ夜ノコトク明ナリ　殊ニ赤キ老牛ノ角尚ヨシト云リ

十一　剛盗挑灯製作圖説　袖香爐ノ如歟

製作ハ苧桶ホトナル曲物ノ底ニ鉄ニテ手アリ如レ圖中ニ鉄輪三《ツ》有端ナル輪ハ曲物ニ付テ不レ動中ナル輪ハクルミト廻ル様ニシ三方ヨリ鉄針ヲ以テツリ正《フシ》中ニ在ナリ蠟燭ヲツリ置其中ニ油ヲ入トホス曲物ノ底ニ息出シノ穴ヲアクル也

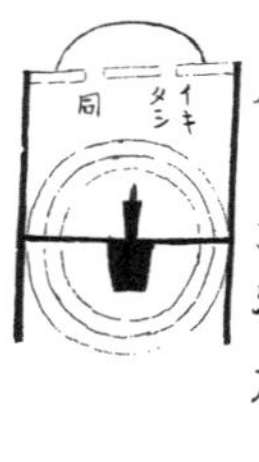

十二　入子火圖説

入子火ノ製作銅ヲ薄ク延ヘ丸サ指渡シ二寸長サ三寸ニメ中ニ蠟燭ヲ為付ニシ其銅曲物ノ外側ニ又銅ノ曲タル長サ同寸指渡シハ少廣キ物ヲスベシ是ハ抜差ノ自由ニグハイヨキ底ナシニスベキ也

底ニ息出ノ穴アリ外側ノ身カハヲ抜ケ不離ヤウニ身ノ底ヨリ外側へ能加減ニ扣へ緒アリ

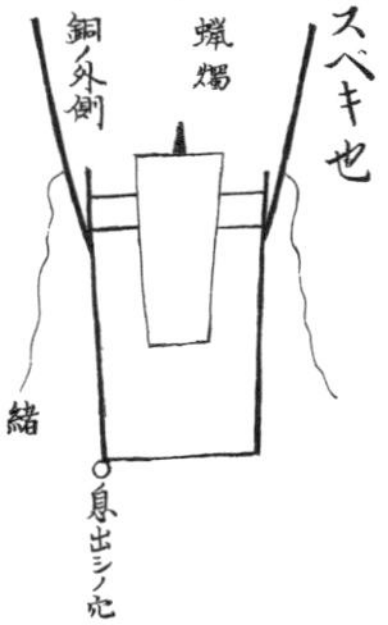

十三　狼煙藥方
狼糞　艾　硝　硫　灰　右細末メ用之
或書ニ狼糞三分一　杢葉一四分　藁大　右三分一ト八藁
三束ナラハ其三分一狼フンヲ入ル意也又右ノ中ニ鉄炮ノ
茉ヲ四分一入レタルハ猶以テ煙高ク上ルト云ヽ此方楠正成ノ法
也口傳ニ曰地ヲ堀底一ニハリヲ堅クタヽキ付テ右ノ茉ヲ入
火縄ニテ自然ニ火ヲ付ル様ニス其上ニ桶ニテモ鍋ニテモ底
一寸四方バカリニ穴ヲアケ蓋ニメマワリヘ煙ノ不出ヤウニ土ヲ
カケテ宜シ又杢葉ヲ焼半分燃シ廻リニ柴ヲ立正中ニ
青竹ヲ一本建廻リニ莚ヲ張リテ煙ヲ揚ル莚ハ内ノ方細クナル
ヤウニ巻ベシ此時ハ鉄炮茉ヲ入テ勿論宜キ也

十四　又方
狼十両　艾三両　鉄砂五両　牛フン三両　杢葉十両
灰十五両　右末メ七八寸廻リニ丸メホクチニテ付ル

十五　又方
藁三束　狼三分一　松葉四分一合メ鉄砂三分一加ヘテ宜シ

十六　風雨炬火
樟脳五十目　硝メ廿　黄メ二十　灰メ二十　杢脂廿メ
右末メ鳥モチヲ油ニ交エ右ノ茉ヲ煉合セ能ホドニ堅メ日ニ
干シ置ナリ手ノ内ノ火炬ト云時ハ或五十目ノ鉄炮ノ玉ホト
ニ堅メ手ノ中ニ持火ヲ付テ暗所ヘ抛ル也火炬ノ時ハ右ノ分ヲ
衲ニ塗包テ扨其衲ヲ藁ニ包ミ縄ニテ捲キ火炬ノ如ク作ヲ
藁ノ中ヘサシ込テ置ナリ

十七　生滅火炬
硝メ十五　黄十二メ五分ト　灰二メ五分ト　杢挽粉七メ　松脂一メ五分ト　艾三メ
此方試ルニ振レハ消ヘ吹ハ燃ル也又先ノ火ヲ落セハ愈燃也

十八　同方　此方モ前ノ如クナルヘシ
硝廿メ　黄十五メ　樟八メ　薫陸一メ五分　灰一分五　鼠糞一メ
杢脂一メ　古ル衲一メ五　艾一メ　牛フン一メ
右両方𪜈ニ筒ニ堅ク突込用

十九　一寸三星火炬　製法如常
硝十五メ　黄同　灰一メ　樟三メ五分ト　上末メ麻油ニテ煉ルナリ

二十　篭火炬　梅田流

竜脳一分　樟　勝二リン（トクサン）　大砂石二リン　硝一分　硫二リン
杢脂ハリン　サイカチノ實一リン五モ　雄黄一リン
右末メ泡盛ニテ煉ル若シアハヒリナクハ焼酒モ不苦之

二十一　切火口ノ方　同人方

硝三匁　樟十メ　硫一分五リ　灰同　大砂石三フン　竹ノ粉三リン
センニイ七リン　松脂五メ　艾五メ　竜脳二フン　松肉粉五メ
熊野ホクチ一分五リン　右末メ杢ノ中層ヲ煎シ固メテ吉試ル

二十二　篭火炬

竜脳一両　樟メ廿　硫メ三十　硝メ廿　蜜陀草一両
右末メ泡盛ニテ煉ル若シナキ時ハ糊ニテ煉子リ加減ニ
口傳鶏ノ卵ヲトキ塗ル也針カ子網ニ入継キ掉ニテモ
燈ス雄黄百目ニテハ六町四方光ル同目ニテ道三里
有ト云

二十三　同方　柘植氏流　強火ハ不久

硝メ百　硫メ廿　灰三メ　樟メ三十　艾メ十五　竜脳二メ五ト
松脂メ十二　松肉粉七メ　右固メ汁前ノコトシ

廿四　取火方

硝メ十　硫五メ五分　灰二メ五ト　鉄砂テツセンクワ鍋カ子ヲ粉ニシテ　嵐米糞一メ
右道明寺程ニ末メ合長サ六七寸廻リ五六寸ノ銅ノ筒ニ
一方ニ底アリ底ノ方ニ二分程ノ穴ヲアケ其筒ノ中ニ藥ヲ
能突込底ノ穴ヨリ口薬ヲ小ヨリニテ入其ヨリ手ニ持
処ニスル也如圖
捕者又ハ喧嘩ナド二用ルニ如何ホド強キモ此火ニ向フナラス

廿五　夢想火

硝メ十二　硫メ十　雄四分　樟五分　以上長八寸廻リ四寸余リノ
竹ノ筒ニ二方ニ節ヲ込メ上ヲ細縄ニテ巻キ右ノ茉ヲ堅ク突
込ミ口ヲ紙ニテハリ細縄ヲ取リ竹ヲ薄ク削リ上ヲ紙ニテハリ置

廿六　胴ノ火

水火繩ヲ五寸程ニ切リ火繩ノ上ニ明松ヲ糊ニ交ヘ上ヲ張リ新シキ紙ニ明松ヲ塗テ火ヲ付包持ナリ

廿七　折火炬

硝ナメ　硫ニメ　灰ニメ　樟五ト　松脂一メ卜　松挽粉七メ

嵐フンニメ　右竹ノ筒廻リ二寸九分長五寸一方ニ節ヲ込タイ尻長四寸鳥ノ舌ノコトク八角ニメハガ子ニテ宜シ右ノ茉何レモ末メ筒ニ強実込竹ヲウスク削リ上ヲ紙ニテハリ用レ之

廿八　飛火炬　是ヲ大國火矢ト云

硝メ十三　硫五メ　灰メ十六　嵐フン一分四　樟三分　鉄砂ニメ

右道明寺程ニメ矢長四尺二寸筈ノ方九寸羽ノ長六寸筒ノ長六寸ニメ右ノ茉ヲ合筒ヘ強実込口茉ヲ小ヨリニメ火ヲ付ル如レ圖

廿九　猿火ノ事

細引ニ白松ト塩トヲ能ヌリ込繩先ニ石ヲ布ニ包ミクヽリ付其細引ニ銅ノクハンヲ付水明松ヲクヽリ付堀底櫓ノ下ナトヲ見ル上ケ下ケ自由ナル故ニ猿火ト云

三十　付竹ノ方

硫五十メ　硝三十メ　樟廿メ　松脂五メ　焼酒少

右細末メ薄糊ニテ煉奉書紙ニ塗テ切リ用

三十一　當圖ノ方

肥松細カニ割テ二三遍塗リテ小竹細カニ割リ湯ニテ煎シ能テシ松ヲ眞ニ入レ竹ヲ外ニ出シ寸ニセニ束茉糊ニテ紙一遍ハリ其上ヘ硫硝生蝋脂此五味ヲ等分ニ布ニ包ミ油ヲカケ火ニテ焙リ能塗リ付又渋紙ニテ張本五寸計リ竹ノ皮ニ包ミ扱長二尺五寸秘支口傳有レ之九廿七八寸計也道ヲ行ニ六里内ニ居三刻有ナリ

三十二　南氣明松方

竹ヲ細ニ割リ松木ノ製右ニ同シ束長三尺計ニシ五六寸程ノ釘ヲ木ニサシ畝ノ小屋或取篭リ者ナトノ時投込レ之

三十三　竹木明松

女竹ヲ細ニ割リ清水ニ十日計漬取出シ能干シ束子様口傳

三十四　風雨夜火炬方

胡广八メ　松関メ二十　イボタ五メ　亀三メ　松挽粉廿五メ

麻屑百メ水飛　硝五メ　艾百廿メ能モミ　硫十メ　樟五十メ　樞十五メ

挽茶八メ　明礬十三メ　桐ノ灰百廿メ　木蝋五十メ　雷丸油十五メ

椿實二十メマシンテイカト五メ五　ヤシホノ油八メ　鹿角粉六メ

荏胡广ノ三十メ右末メ油ニテ煉能クカラメ竹ノ筒ヘ入堅語ル之

三十五　風雨火炬

姥櫻ノ皮ヲ厚ク片キ焼酒樟脳二色合セ汁ヲトキニ

三遍塗リ能干メ一寸宛ニ巻ヲキシカヽト束子長三尺計ニ

廻リ八寸計束縄ニ口傳アリ

三十六　玉中火炬方

硝十メ　黄五メ　灰三メ　鍋鉄四メ

右能調ヘ畝中ヘ投込　口傳

三十七　雷火炬方

硝百メ　黄八十メ　灰廿五メ　鉄砂メ二十五　右末メ如レ前

三十八　又

硫三十メ　硝メ二十　樟五十メ　松脂廿メ　灰廿メ

右各末メ鳥モチニテガシノアブラテ煉リ布幅一尺五寸長三

尺五六寸計リニ子リ付眞ニ麻殻二十本計束合セ藤葛

ニテ束子三方ニ丸竹ヲ指シ持ナリ

三十九　玉コカシ火ノ方

鉛二百メ玉ホトニメ割玉ニメ其中ヘ茉ヲ入火ノ移ル穴ヲアケ

水火縄ヲサシ舩中ニ持ナリ　口傳　舟中ヘ拋込ルナリ

四十　筒サキ茉

硝二十メ　硫六メ　灰九メ五分内 五分ハ八ナノスミ 四分五ハナヤミ

四十一　キリ茉

硝四十メ　黄二十メ　灰二十メ

四十二　イヌキ茉

硝四十メ　硫二メ　灰三メ

四十三　ツケ火方

硝十メ　黄五メ　松挽粉二メ　細末メ竹筒ヘ入持口傳

四十四　天宮火方

硝廿三メ　硫五メ　灰五メ　樟三分　鼠糞三分

右何レモ三寸ノ竹ノ筒ニ入上ヲ削リ紙ニテ張矢ノ長一尺五寸根ヲヌキ内ヲ見ント欲スル所右ヲ明ヲ以テ挾間ヨリ入内ヲ見ル之口傳

四十五　鉄炮ニツナリノ事

常ノ如クニ薬ヲ込玉ヲ入其上ニ紙ヲ濡メ入又其上ニ早茱ヲ込テ叔少井キクル玉ヲ込火縄ヲ一寸ニ切リ火ヲ付テ入ル之火縄移リ玉出ル其後本玉ヲ何程ナリモ如レ常可レ打

四十六　篭火ノ図説

取篭リ者ニ吉鉄ニテ作リ篭ノ穂厚サ二分半又ハ二分ニモスベシ能程ニメ中ニ燈ス蝋燭ハ炬火ノ中ニ有是ハ取コモリ者ノ時ヨシ或油断ノ者ハ囚人ニ火ヲ掛ケ奪ハル之喩ヒカ覚ノ者タリモウカヽトシテ闇ニハ働モナルマジ又暗クメハ味方討アリ此火ニテ内ノ様子ヲ見ルベシ囚人ニ火ヲ奪レサルノ利有消ザルノ利有

四十七　楯火炬ノ図説

取篭リ者夜討ニ用ル楯板ハ柳木宜厚サ二寸横六寸大方之余リ大ナルハ利方ニ不宜

四十八　拋火矢ノ圖說

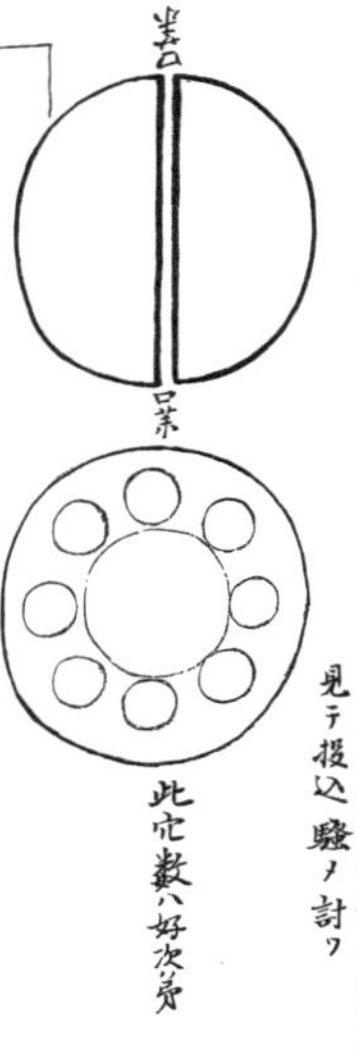

是ハ夜討ノ時敵ノ集ル所ヲ見テ投込騒ノ討ツ

右如此土器ノ様ニメ中ニ鉄炮ノ強薬ヲ入ル曰鉄砂ヲ上下ニ挟ミテ敵ノ集ル所ヘ拋込ム志能使ノ急ナル時ニモヨシ口傳アリ

右廻リノ穴ニハ炭火ヲ入中ノ穴ヨリ口薬ヲ通玉ヲ込強薬ニテ上ヲ紙ニテハリ人ノ集ル所ヘ拋入ル、是亦口傳

四十九　埋火圖說

此箱大小ハ所ニヨルヘシ板ハ薄キホト宜シ其上ニ竹ヲ割合テ竹ノ下ニ火縄ヲ置箱ノ中ニハ鉄炮ノ薬ヲ入小石ヲ交ヘ置火縄ヲサシ穴ノ通ル道ヲメ箱ノ上ニハ古莚古蓏ナトヲ掛其上ニ薄ク土ヲ掛テ敵ノ寄来ル方ニ作ル敵其上ヲ蹈トキ火ノ移ルヤウニスル口傳

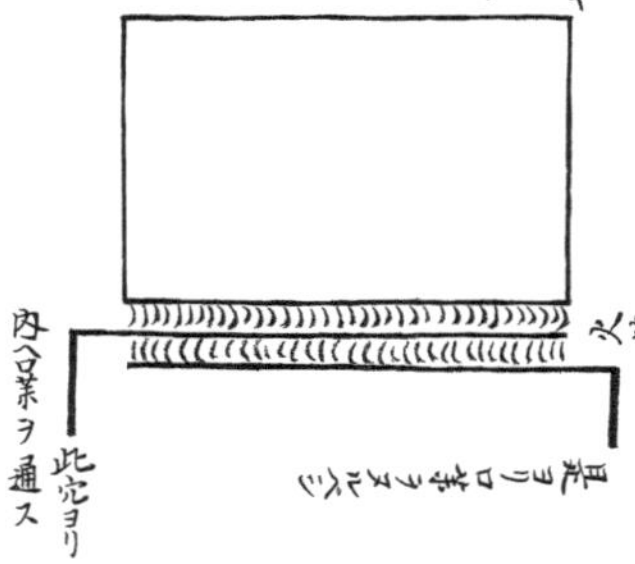

五十　巻火矢圖說

根ノ所ニ堅木ニテキリハメラスル也竹ノ筒ノ上ヲバ細縄ニテ巻ク口薬ノ方ハ節ヲ込ル也

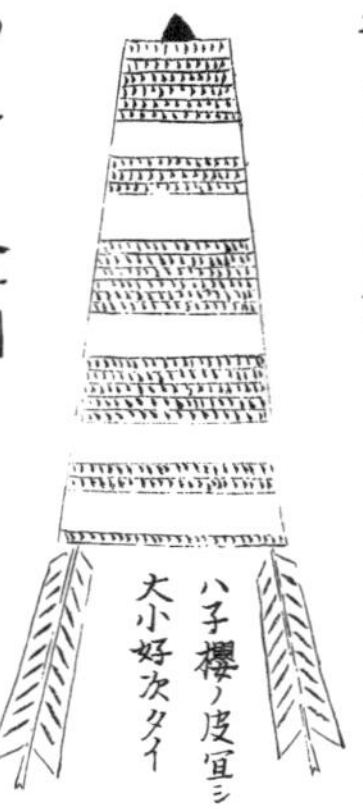

五十一　鳥ノ子ノ吉叓并圖

蕙　蕙菜ノ先ナル穂ヲスコキ取リ木臼ニテ能ツキ日ニ乾シ長四寸ノ蕙苞ヲ作リ跡先ヲ結ヒ中ヲ編ニ其中ヘ入持ナリ夜討鳥子忍鳥子作リ様并用様ニ口傳

又一説蕙　蕙菜ノ先ノ穂ヲ木臼ニニテツキ油ヲ浸シ煎リ乾シ如此蕙苞メ用トモ云又硫黄ヲ解ツケ用ルモ宜シトモ云

五十二　車火炬ノ叓

車ノ製作ハ六七寸四方車ヲ作リテ其上ニ風雨火炬ノ光強キヲ立置キ車ニ細縄ヲ付山城ナトニ籠ル時縄ヲ延ヘ轉シ谷底ノ不審ナル時見ル之此製口傳有之

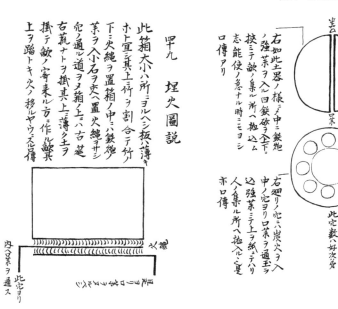

五十三 胴火七方并圖

一火ノ有㕝晝夜ノ製法ハ晒シ布ノ極メテ古キヲ長サモ廻リモ六寸ニ纏ニ堅ナヒ火壷ニ入上ニ灰ヲ二三寸程置テ其上ニテ火ヲ燃シ蒸焼メ取出シ蒸消ニシテ扨蒿ノシベニテ薄ク包ミ上ヲ糸ニテ八九ヶ所モ堅ク結ベシ或ハ懐中ニ入或ハ腰ニ付ル也故ニ是ヲ胴火ト云又ハ腰胴火トモ云ナリ懐中スル時ノ圖 竹ノ筒ニ入テモヨシ

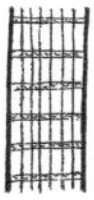

一二夜三夜ノ火ノ有胴火ノ製ハ古キ布カ木綿ヲ極メテ細カニ刻ミ鍋スミヲ加減メ程ヨク入レ交テ糊ニテ固メ扨竹ノ筒ノヨノ中六寸廻リナルヲ長六寸ニ伐リ其中ニ堅ク突込糖火ニ入蒸焼ニ右ノコトク焼也扨取出シ上ノ焼タル竹ヲ削リ去リ竹ノ皮ニテ包ミ六七ヶ所モ随分堅ク結ヒ用也

一古キ布木綿ヲ蒸焼ニシ細末ニシ飯ノ取湯又ハ柿渋ニテ練リ固メ竹ノ筒ニ堅ク突込ニ能乾カシ其後竹ヲ去リ竹皮ニ包又竹ノ筒ニ入懐中スル也是ヲ竹胴火ト云

一茄子ノ木黒焼ノ製法右ニ同シ

一杉原ノ紙ヲ塩水ニ一夜浸シ能乾シ細カニ引サキ竹ノ筒ニ固ク込茎焼ニス扨ドウサヲ紙ニ引火ニテ焙リ右ノ茎焼ヲ包ミ又薄キナメシ革《カハ》ニトウサヲ引小キ袋ヲ作リ入テ懐中スル之

一杉原紙ノ黒焼ヲフノリニテ煉堅メ火ヲ付板ニ挟ニ持ト云

一池田炭ヲ極メテ細カニ砕キ杉原紙ヲ能揉ミ細カニサキ交合セ糊ニテ子ハヽトナル程ニツクリ子竹筒ニ堅突込ニ日ニ乾シメ後竹筒ヲ削去リ竹ノ皮ニ包固ク結也

一杉原紙一枚ヲ二日計リ口ニテカミモ味ノナキ時日ニ乾シ火ヲ付ル又杉原ノ厚キヲ能ヽ揉ミ火ヲ包持テハ火消スト云

一懐中火ノ㕝 唐竹ノ篠ヲ黒焼ニシテ糊ニテ固メ挽茶ヲ衣ニメ日ニ干シ火ヲ付ル紙ニドウサヲ塗リ是ヲ包懐中スル之

一小電 硝四十メ 硫十メ 灰六メ

一無二 月三十メ 日六十メ五ト 星七メ五ト 各口傳

一水火縄ノ事　常ノ火縄ヲ五倍子ニテ煎メ能張リ
乾シ摺ヲ拭ベシ又唐竹ノ葉ヲアクニメ煮ル也香ナクメ宜
シト云　草火縄ノ叓木槿ノ皮ヲ晒シ火縄ニ用ルナリ其
外伏火縄洗布ニモ宜シ臭氣ナキモノ也
一洗玉ノ叓　布袋ヲ長二寸程ニ縫其袋ニ細カナル砂ニ
明礬ヲ等分ニ交ヘ入筒ニ込ミ打能洗出ル之
一ホウロク火箭ノ事鉦ニ數方皆同シ歆ヲ焼失スルヿハ
多ク用ルニ不及

石龍法　硝二百メ　樟メ廿　黄メ六十　松メ六十　灰四十メ
鉃龍法　硝メ百　硫メ三十　灰メ廿五　樟メ十五　松十メ
一胴火ノ叓　洗布　センマイ各ホ分　樟少　糊ヲ以テ煉ル
又　西粟ノ蘂ヲ用　又洗布一尺廻リニメ葢焼ニシ切艾ノ
コトクニメ竹ノ皮ニ包用五寸ノ長ケニシテ十二時アル之
一檜火炬　檜ヲ細ク割リ硫ヲ塗中ヘ入
一狼糞ト艾ト合セテ吉

萬川集海巻第廿二　火器

筒ノ火

一晒シ布ヲ川ノ瀬ニ於テ三十日程晒シ三ツ練ニメ廻リ三寸
長ケ五寸ニ索《ナヒ》同シ寸法ノ竹ノ筒ヲ二ツニ割其中ニ入竹ヲ
合セ其上ヲ縄ニテ巻復其上ヲ赤土ヲ以塗土ノ破ル程
黒焼ニスル也後ニ取出シ土ヲトリ早稲藁ニ包ミ其上ヲ油
縄ニテ結ル之但右ノ黒焼ノ火消シヤウ米ノ中ニ埋ミ消シテ吉

同方

一茄子ノ茎黒焼　艾火口十匁　硝十匁　紙火口十枚
右各細末ニメ合用ユ

又方

一杉原紙細カニ切リ五日ホド水ニ晒シ其後取上ケ日ニ干
黒焼ニメ又竹ヲ細ニ刻ミ入各合セ竹筒ニ入用
又杉原紙五日ハカリ水ニ漬晒シ細ク刻ミ粉ニメ竹筒ニ入用

又方

一茄子ノ茎黒焼　檜ノ挽粉各ホ分酒ニテ固メ用之

又

一水火縄五寸宛ニ切懐中ニ入用ユ

鳥ノ子

一藁ノ蘂ヲサカサニコキ臼ニテツキ其粉ヲツキ屑包ミ少
シ宛藁ノ苞ニメ用

檜火炬

一檜ノ木ヲ削リ長八寸廻リ三寸計ニメ左リ縄ヲ以テ三所結
ユル也是亦左リ結ニスル之左ハ陽ニ又笑ヒ反ルト云義モアリ

何レモ火炬ハ如此結也扨火炬ノ尻ニ長サ四寸ノ釘ヲ打ツ
シユリ釼《ケン》ニモ宜シキ也方《カク》ニ拵ヘ七ツベシ其中ノ眞ニハ口火ノ
為焼茱ヲ結込ル也口傳

又

一長サ一尺二寸ノ木三本ヲ本ヲ一寸宛餘シ束子結ヒ火炬ノ尻ニ
付ル之五寸計ノ鉄ヲ釼ヒ欣鳥ノ舌ノコトクス

又

一檜ノ木ノ赤ミヲ三角ニ削リ長一尺八寸本ニ三寸ノ間三ケ所
スキヤ結ヒニムスヒ先ハ茶筅ノ穗ノコトクニメ本ニタイ尻ヲ付ベシ

火炬

白十メ　松挽粉七メ　黒二メ　茱一メ　嵐フン二メ　黄二メ
但打火炬ニモ吉　又方白十メ　樟五メ　黄二メ
黒五メ　竜脳二メ五ト　松脂一メ五ト　艾ノ粉一メ　松挽粉七メ嵐フン二メ
右各末メ竹ノ筒ノ中ニ固ク実込竹ノ上皮ヲ削リ去上ヲ紙
ニテハル也前ノ火炬モ同シ　又白五メ　黄二メ　松脂一メ五ト
黒二メ　樟二メ　松挽粉七メ　嵐フン二メ　艾　製法何モ同

打火炬ノ時ハ本ニ鉛ヲ込用也又白五メ一ト　黄二メ八リン　樟五メ一ト
灰一メ五ト　檜ノ粉四メ　右細カニメダマノ油ニテ煉長三寸計リニメ
又白五メ　黒二メ　松挽粉七メ　嵐フン二メ　艾一メ　製如前打
火炬ニ用ユ　一大火炬　白百メ　黄廿メ　黒三メ　樟五十メ　竜二メ五ト
艾五メ五ト　松挽粉七メ　右固メ用

一クヌ木火炬一尺一里風雨ニ用ル吉クヌ木ヲ長三尺八ニ切
筋ヲ立打ヒシギ塩硝百メ粉ニメ水三舛入右ノクヌ木ヲ浸シ
扨七八日程日ニ干シ硫五十メ粉ニメフリ込テ廻リ一尺程ニ結ヒ
早稲藁ヲ塩水ニ浸シサシ日ニ干シテ細カニ打右ノ火炬ヲ包ム

十里火炬

一クヌ木長三尺ニ切石ヲ以テ細カニ打ヒシギ硝ヲ細ニシテ水ニ
タテ右ノクヌ木ニ付廿四五日程干シ固メ硫樟ヲ前ノ
両目ノゴトク粉ニメクヌ木ニ振カケ藁ニテ包ナリ

クヌキ火炬

一クヌ木ヲ随分細カニヒシキ筋ヲ取乱レヌ様ニ結ヒ樟硝
五倍子鉄汁ニ入右ノクヌ木ヲ一日一夜ホド漬其後取出シ

又右ノ汁ト共ニ鍋ニ入能ク煮ツケテ紙ニ包土ニ埋ムヿ一日

手火炬

一クヌ木長三尺ニメ細カニタヽキ砕キ白亙ノ粉ニメ水三升入右ノ
クヌ木ヲ浸シ七八日程日ニ干シテ黄五十メ粉ニシテフリ
掛ケ廻リ六寸程結込ナリ上ヲ紙ニテハリ漆ヲハキ火口ニ打
火炬ノ茱ヲ二寸程ニメ結込ナリ白十五メ 黄二メ五ト 青五ト 黒二メ五ト
茱三メ五ト 松脂一メ五ト 鼡フン三粒 挽茶少

手木薬

一白十メ 黄九メ 黒二メ 番椒三メ
右四寸ノ竹筒ニ入手木ニ鍔ヲカケ鍔ノ中ヘ為シ込用ナリ
手木ノ作リヤウ寸法口傳又云胡椒五ト竜脳三ト加ヘテ吉
一白七十メ 黄十メ 黒十メ 胡椒未十メ 番椒十五メ 樟十メ 鉄砂十メ
右荒ク末メ竹ノ筒ニ堅込口ニ艾ヲ糊ニテ付火ヲ付掛ル口傳

懐中火大事

一白砻ヲ粉ニメ糊ニ和シ厚紙ニ塗二寸廻リノ竹筒ニ茱ヲ能
ツメ日ニ干シ固メ懐紙ノ間ニ置也但竹ヲ割リ取火ヲ移
スモ宜シト云

十二火炬

檜木ヲ削リ長サ八寸ロ六寸ニメ廻リ三寸左縄ニテ三所
結フ左リ結ヒニメ吉皆陽ニ象ルナルベシダイ尻ニ四寸ノ釘
ヲ四角ニ双鉄ニテウタセシエリ剣ニモスル為之右ノクヽリ火
炬長一寸五分ノ廻リニ差ス時ハ右ノ懐紙火ヲ直ニ移ス
向ヘ打火立ル之右十二火炬トハ名付置候ヘトモ二明三明
ニテモ不苦ソロ　口傳

一打火炬　白十五メ 黄二十五メ 黒二メ五ト 青五分 茱十メ五ト
松脂一メ五ト 鼡糞三粒 挽茶少 右各末メ長五寸ノ竹
筒ニ込上皮ヲ削リ紙ニテハリ口ヲアケロ茱ヲサシ込筒ノ火
移ス之向ヘ打トキ火立ル也ダイ尻常ノゴトクニメザラ付
ヤウロデン　又方 白十メ 黒八メ 黄二メ 樟八メ
松脂一メ五ト 松挽粉七メ 鼡フン二メ 右竹筒長五寸廻リ
二寸九分一方ニ節ヲ込火炬尻長四寸鳥ノ舌ノゴトク
八角ニメ双鉄ニテ釗ヒテ吉右細ニメ竹筒ニ込製如前

一筒火　又袖火トモ云　白十メ　黄八五メ　灰二メ　上能調合シ
六寸程ノ竹ニ節ヲ込右ノ茉ヲ固ク突込口ヨリ紙ヲ丸メ
節ノ方ニ穴ヲアケ口茉ヲサシ袖ノ内ヨリ火立ル之
一取火　白廿メ　黄九メ五下撰五メ六ト　黒七メ五下撰二メ四下　鉄砂四メ　嵐フン一メ
右荒ニト末メ合セ竹ノ長六寸廻四寸二分一方ニ節ヲ込
右ノ茉ヲ固ク突込其アトニ木ヲ込ミ抜ザル様ニセシヲ
サシ節ノ方ニ穴ヲアケ口茉ヲ小ヨリニ包ミ入手ノ
内ヨリ火ヲ立ル

一人取火　樟　白　松脂　各ホ分調合シ面ヘカケル之
一生捕火　鉄四メ　白十メ　黄五メ　黒四メ　番椒三メ五ト　胡椒三メ
各末メ結ヤウロ傳
一鉄炮ガ茉ハ常ノ茉之玉ニハ　白九メ　黄四メ八ト　黒二メ　各能粉ニメ
直綿ニ包其上ヲ糸ニテ巻用之　一袖火付入　白十メ　黄五メ
黒二メ　鉄砂四メ　内ニメ油ニテ煎ル　一付入取火　白十メ　黄五メ
黒二メ　各調合シ半分ヲロシ前ノ付入トクリ様同シ一鉄炮
大支玉ニ右皮ヲ長サ五寸袋ニメ其中ニ小砂ヲ固込是ヲ筒ノ
中ニ込大支ノ捕者ガ也早ク捕ベシ
一天拘火　白廿メ三　黄五メ　灰十メ　嵐フン三分　樟三分
此茉ヲ長サ三寸ノ筒ニ込上皮ヲ削紙ニテハリ矢ノ長一尺
五寸シカケ様口傳此火炬城中ヘ忍入ラレサル時外ヨリ内ノ形
容ヲ見ント欲スルトキ狭間ヨリ入
一鉄炮生捕火常ニ筒ニ茉ヲ込置玉ニハ綿ヲ以テ玉ホ
ドニ丸シ細キ糸ニテ巻テ水ニ入引上ケ番椒ノ粉ヲ
能マメシ衣トシ込打之

一忍火炬　硝廿二メ五ト　黄廿八メ　牛フン二メ古キヲ　松脂一メ　灰二メ五ト
艾二メ五ト　嵐糞一メ五ト　古布五ト　右合筒ニ込之
一忍焼茉　灰十メ　硝百メ　黄三十メ　松脂二メ　嵐フン一メ
熊膽三分　右口茉　硝九メ　黄三メ　灰二メ　筒ニ入用
一忍火炬　塩三メ五ト　黄十二メ　灰五メ五ト　艾二メ五ト　牛糞一分古キ
松脂一分　嵐フン一メ五ト　古袖《ワレ》五ト　布ニテモ木綿ニテモ　右調合筒ニ込用之
一又方　硝一メ　灰八ト　樟三十五メ　竜一メ二分五リン　松脂一メ一ト五リン
嵐フン五分五リン　右調合シ同ク用ユ

又 灰十メ 硝百メ 黄六メ五十 松脂二メ 鼠フン一ヌ
熊ノ胃三分 口茉 白九分 灰二分 黄三分 右竹筒ニ入用
又 白二十五ヌ 黄二十二メ五分 黒二ヌ五ト 松脂一メ 麻布五メ
右合竹筒ニ入用ユ 一忍焼茉 白百メ 黒十メ
黄二十メ五十メ 松脂二ト 鼠フン一ヌ 熊ノ胃三分
右口茉 白九メ 黄二メ 黒二ヌ 以上末メ竹筒ニ込用フ
一忍隼火 白二十ヌ 黄五ヌ 黒三分 鼠フン三分
右各末メ長五寸渡リ六寸計ノ竹ノ筒ニ込上皮ヲ削去リ
紙ニテハリ長一尺五寸ノ矢ノ羽ヲ付内ヘ矢入トキ外飛入テ
敵ニ取スル之羽ノ拵ヤウ口傳
一手ノ内火 硝二メ 黄三メ 灰二メ 樟五メ 松脂二メ
右各細カニシ薄糊ト焼酒トニテ固メ能干シ手ニ持テ
投サマニ火ヲ付何程先ヘ投テモ燃ル之 又船中火トモ云
トキトウノ茎ハカリニ水銀朱丸ノハ一分五リン入但タキ三ツニテモ
白キ糸ニテ二所結ヒ手ノ内ニ持ナリ 一蔓相火 硝十二メ
黄七十メ 竜四分 生脳五ト 灰一メ 右各調合シ竹筒ニ

長八寸廻リ四寸一方ニ節ヲ込上ヲ細縄ヲ以テ巻右ノ茉
ヲカタク突込細縄ヲ解上皮ヲ削リ紙ヲハリ口ヨリ火ヲ付ル之
又方 白メ十二 黄三メ 竜四分 樟五分 灰一メ 番椒四分
是亦製同シ 又方 塩硝 硫各十メ 竜四分 樟五分
灰一メ 又製同シ 一無明火 硝九メ五ト 黄五メ 土四メ
各調合天火ニ吉
一水火縄常ノ火縄ニメ能擽五倍子鉄汁ニ一日一夜漬
日ニ干紙ニ包土ニ一日一夜埋之取出シ復日ニ干シテ用之
一水火炬 硝二十ヌ七ヌ 黄メ十 灰一ヌ 松脂二ヌ 松挽粉二ヌ
艾二ヌ 各合製上ニ同シ
一水中燃火 塩硝メ十 黄十メ 樟十メ 各ホ分二ヌ明松ニ
ヌリテ雨中ニ燈之 一水火炬 塩五ト 樟五ト 灰七ト
右タマノ油ニテコ子雨中ノ用上ニ同シ
一水火 白十五ヌ 黒四メ五ト 黄十三ヌ五ト 青一ヌ 蒜三ヌ 松シ三ヌ
鼠フン三分 挽茶五ト 右クヽリ様口傳 一水火炬 塩硝メ十七
硫十メ 灰五ヌ五ト 樟五分 松脂一ヌ 松曳粉二ヌ 艾粉三ヌ 右筒

込如レ常製作シ火ユルリセント欲スル時ハ硝ヲ畧スベシ
一義経水火炬　硝二十五メ　硫十二メ五ト　灰九メ五ト　樟一メ五ト　艾三メ五ト　松脂一メ五ト
嵐フン三粒　上茶少　一同方　白十四メ五ト　黄四メ六ト　黒一メ五ト
馬糞一メ七ト　青十九メ　松脂三メ四ト　嵐フン一メ七ト　茶一メ七ト　布一メ四ト
挽茶五ト　松挽粉五分　火口四ト　各末メ胡麻ノ油ニテ煉焼酒
ホ分入テ吉　一陣中雨火炬　白廿メ　黄三十メ　黒廿メ
松脂廿メ　青五十メ　各粉ニメトリモチ紙ノ油ニテ滑ニメ煉合布カ
木綿ノ廣一尺長三尺計リニメ是ニ煉付ル之直ニハ麻ガラヲ本
程束子藤葛ヲ以テ巻扨三方ニ丸竹ヲ差込ヲク也
一風雨火炬　樟五十メ　硝二十メ　黄三十メ　右末メ麻油ニテ
煉木綿ノ長一尺計リナルニ延付真ニハ麻ガラヲ入葛ニテ
結ヒ竹ノスダレヲ以テ巻マタ其上ヲ結ヒ用
一義経陣中雨火炬　塩硝廿五メ　黄十メ五ト　灰三メ五ト　樟五
艾三メ五ト　松曳粉三メ五ト　製上ニ同
一陣中風雨大火炬　小竹ヲ川ニテ百日晒打ヒシキ三尺廻リ
二尺五寸長ハカリニ結束子用フ

一本火炬　ナヨ竹ニテモ二竹ニテモ節マテヒシキ七日干シ扨
水ニ漬取上ケ又七日干シ以上廿一日製ス其間ニ雨露ニヌラ
サヌ様ニシ一里半ハカリ火アルト云ヽ
一削リ火　熊野火口三メ　塩一メ七ト　鞍馬石五メ四ト　センマイノワタ少
灰一メ七ト　松脂廿メ　松挽粉廿　又鞍馬火口三メ二分　クラマ石五メ四ト
塩一メ七ト　センマイ廿メ黒焼　杦原火口廿　硫一メ二分　竜一メ七ト　灰五ト　松ノ
挽粉一メ二分　松脂一メ七ト　各細末メ五葉松ノ井肌水ヒタヽニ入半
分ニ煎ヘシワメ膠三匁八ヲ濃モ薄クモナキ様ニメ煉松ノ煎汁程ニメ
後ニ入製削火ト同シ　一一寸三里風雨火　白十五メ　黄廿五メ
黒一メ　馬フン二メ　松脂三メ　松曳粉三メ　青十メ　嵐フン二メ
艾一メ　麻布一メ七ト　各末メ麻油ニテ煉竹ノ筒ニ突込後
取出シ紙ニテハリ大筒ニ入用フ
一一寸三里火　塩十五メ　黄十五メ　灰一匁　嵐粉二メ　松脂三メ五ト
艾十メ七ト　松挽粉三メ　各末メ油ニテ煉竹筒ニ入後取出シ
如前用ユ　一一寸三里火　白　硫各十五メ　樟三メ五ト　麻布一メ七ト
艾一メ七ト　松挽粉三メ　製如レ前　一三寸火唐竹ノ

一井肌ヲ削捨其ハアトヲ黒焼ニメ末シ薄糊ニテ固メテ竹
ノ筒ニ入竹筒ヲウスク削リ五日ホト日ニ干シ扨大筒ニ入ル火ヲ
持ツ朝ヨリ晩マテ不レ消　一五寸火　檜木ヲ焼テ
灰トシ製作前ノ三寸火ニ同竹筒長サ三寸ニメ如レ前ノ
茉ヲ右ノ筒ニ固ク込尻ニ鉛玉ヲ皮ニテ縫付投テラシテモ
火不レ消又長八寸ニ結ヤウ前ニ全シ
一矢倉落火　白十四メ　黄八メ　鉄三メ　黒四メ　竜三分
右各三寸廻リ竹筒ニ入　一魔王火　黄一メ二下
火口十メ朽木ニ在　竜一メ下　荏ノ油　各古酒ニ入調合シ用ユ
一熊坂火　黄粉ニメ　麻ノ中ヘ入五十本ホド結フ之
又方　白十五メ　挽茶一メ下　センマイノワタ一メ　黒一メ下　麻布一メ下
馬フン一メ下　松脂一メ下　紙火ロ一メ　牛フン一メ下　右ニ油焼酒
ヲ入テ結ヤウロデン　一付火　塩十メ　硫五メ　松ヒキ粉ニメ
各竹筒ニ込用フ　但四方ニ穴ヲアク　又　白十メ　黄五メ
松曳粉ニメ　松脂ニメ　前ニ同シ　又　塩十メ　黄五メ
灰三メ　土三下　松ヒキ粉三メ　前ニ同シ

一簗等火炬三方有之前巻ト同方故除之
一火炬　塩五メ　硫ニメ　松曳粉七メ　鼠フン二メ　艾一メ各
粉ニメ筒ニ入固ク突込製法如レ前打火炬ニセント思フ時ハ本ニ鉛込之
一ホウロク火　玉ノ製作鉛ヲ薄クノベ大サ三升程入壷ホドニ
作リ是割玉ニメ内ニ鉄炮ノ茉一重又石一重入重ク不レ損
ヤウニ製扨右ノ玉ノ上ヲ包ニ火通ノ穴ヲ三ツアケ此穴ニ
水火縄ヲサシ込火ヲ付城中ナトヘ行トキ挟間ヨリ
下シテ吉陣中敵ノ忍道ニ置テモ吉又船中ヘ投入
一艘ハ打砕モノ之又敵ノ城エ臨トキサマヨリ下ル也又敵ノ
追来ル道陣中ヘ拋入テ吉　一敵大勢ノ向フトキ鎗ニ
付ル火　白七メ下　黄五メ下　黒十メ五下　鉄十メ内五メ油デイル　乾姜四メ
胡椒四メ　各調合竹ヲ薄ク削製如レ常
一右同時振火炬　女竹ヲ七日川ニ晒シ其竹ノ中ヘ黄粉ニメ入
十四五本程結束子長サ二尺五寸計リニメ敵方ヘ向振ル之
前口茉布一尺ニ塩硝十五メ氷三入能煮付ケ引裂其口ニ付
火ヲシカケル之

一夜討天文火　白十メ　黄八二メ二下五リン　龍九ト七リン　古酒廿メ
莽ユテ汁二十メ各粉ニメ少宛袋ニ入矢ニ付用　口傳
又方　黄八二メ二下五リン　塩十メ　樟一メ八ト六リン　竜一メ七下　古酒廿メ
各能干シ少ツヽ入火ヲ付矢ニツケ射カクル之
一玉火　杉原紙黒焼ニメ食ノトリ湯ニテ固メ用ユ
一忍下天狗火　硝廿三メ　黄五メ　灰五メ　樟三分　胤フン三分
右各三寸筒ニ入紙ニテハリ矢ノ長一尺五寸根ヲハゲ
内ノ見タキ時サ间ヨリ入レ見ル之

歃討莽前ニ同略レ之筒口ヲ歃ノ方ヘ向ケフル
一孤火　白廿メ　黒二メ二下　青十六メ　馬二メ　黄九メ二下
麻布五メ四下　ゼンマイノ綿五分　松挽粉八ト　胤少
挽茶少各末メ油ヲ入結ヤウ　一螢火　麻布五メ
黄八メ　竜三メ五下　白八メ　馬二メ　右結ヤウロデン水中ニ
テ燈ルカ　一有明火　白十五メ　黒二メ　黄十一メ　布十四メ
樟十メ　馬一メ八下　右結様口傳古酒入一楠名火白十四メ
黄十五メ　青九メ二下　麻布五メ二下　黒一メ八下　挽茶八ト　馬フン一メ八下

莽一メ　各末シ結ヤウ口傳
一地焼埋火ノ方ナルヘシ又二重莽ト右　白十メ　黄五メ
但シ固メ汁ハナシト云𪜈フンシ鉄焼酒ニテノ人固メテ宜シサテ
地ニシクトナリ一火炬　白百メ　黄二十メ撰五　黒三メ　青三十メ十減
莽十五メ　竜二メ五下　松脂十二メ　松挽粉七メ　右固メ様口傳
未年試ニ調ヨシ　一飛火炬　塩十五メ　黄四メ一下　灰七メ　鉄四ト
樟三分　是一町ノ莽之
又三町ノ時　塩廿三メ　黄五メ　灰六メ　鉄四メ　樟三メ

又四町ノトキ　塩五十六メ　黄十五メ三ト　灰十七メ三分　鉄六分　樟五分
又五町ノトキ　塩百メ　黄四十五メ　灰五十五メ　鉄七分　樟六分
五丁五反ノ時　塩九十メ　黄五十三メ五下　灰廿七メ五ト　鉄四分　樟三分
六町ノトキ　塩四十メ　黄三十一メ　灰三十五メ　鉄五分　樟四分
七町ノトキ　白三十メ　黄八十一メ　灰廿六メ　樟一メ　鉄一メ五下
八町ノトキ　白廿三メ　黄廿メ　灰五メ　胤四分　樟三分　鉄五分
但町ニ口傳　右各半ヲロシナリ筒ノ長六寸口ノサシ渡シ六分
但大緊之口火ノ所ハ四方錐ニテ三ヶ所揉ニ口莽コヨリニメ込也

一飛火炬　塩十三メ　黄五メ　灰六メ　嵐四メ下　樟三下　鉄二メ
右各半ヲロシニメ矢ノ長サ四尺二寸筈ノ方五寸羽ノ長サ六寸
筒ノ長サ六寸スノ廣六分之又矢長サ四尺二寸羽ノ長サ
八寸筈ノ長六寸筒ノ長六寸サシ渡シ六分火口四方錐ニテ
三寸右道茉　白廿五メ廿メ　黒七メ五分四メ下　黄五メ　青三分　鼠三分
一火口　艾十メ　白十メ　杦原炭口十枚　各能ヲロシ用ユ
一焼茉　白四十メ　黄五十メ廿メ　青二十メ　松挽粉四メ　黒四メ
松脂三メ　嵐二メ　右クリ様口傳　一矢倉ノ支一町五反
ニテ矢倉二寸〇二町二尺三寸〇益矢倉二寸〇三町二
尺六寸〇四町三尺一寸益五反ニテ三寸
一狼煙火　白廿三メ　黒八メ六下　黄十メ五下　嵐四分　青三分
右末メ合セ竹筒ニ実込上皮ヲ削紙ニテ張矢付ルロデニ
一大村雨是モ狼煙火之　白二十メ　黄三メ　青十二メ　黒一メ五下
嵐一メ　茉二メ　松曳粉四メ　麻布二メ　右能ヲロシクリ様
如前　右ノ筒製造筒ノ長サ八寸差渡八分上皮ヲ削リ
紙ニテ一遍ハリ其上ヲ平苧ニテ巻又其上ヲ紙ニテ二遍ハリ

口茉ヲサス方ニ皮ヲ糊ニテハリ深サ二寸五分ニ四方錐ニテ
皮ノ方ヨリ口茉ノ穴ヲニモ三小ヨリニメ口茉ヲサス根ニハ檜
木ヲ石突ナリニメ付ル矢ノ長四尺三寸羽六寸三分ニメ筒ニ
付ルコト一同引下茉　白十メ　黄三メ五下　黒九メ四メ　嵐二分　青二分
鉄四下油ニテイル
一玉狼煙　塩十四メ四下　黄七メ四分三メ四分　黒七メ四メ　嵐二分　青二分
右狼煙ニモ用ル之　同引下茉　白三メ八下　黄八下五分シ　黒一メ
嵐六分　青六厘　銅砂一分油ニテイル　右半ヲロシ筒ニ込玉ニメ上
ニ付綿ニテ包三ニツナリ臣三ツナリ臣塗次第之同玉合込茉
白十メ　黒一メ六下　黄一メ六下　各能末メ芥子程ニ丸シ玉ノ間ニ入ル
常ノ茉ニテモ吉　上リ三町引尾一町ノ結ヤウアリ　上リ四町引尾一町ノ結ヤウアリ
一大國火矢　塩十五メ　鉄四分　硫三メ五下　灰四メ三分　樟三分
二塩十三メ　青三分　鉄四分　黄三メ五下　灰七メ五下ニヨシ
三塩廿三メ　青三分　鉄四分　黄五メ　灰六メ
四塩廿六メ　青三分　鉄四分　灰二十メ二分　黄九メ
四五反　塩九十メ　青五分　鉄四分　黄四十五メ　灰八十五メ

五
五反　塩九十ノ　青五分　鉄四分　黄十三メ五下　灰十七メ
五　塩百八十メ　青六分　鉄七分　黄四十五メ　灰八十五メ
六　塩二百メ　青四分　黄三十メ　灰三十五メ　鉄五分
七　塩七十テメ　鉄一メ一下　青一メ　黄十一メ　灰五十一メ
右半ヲロシ也各何レモ筒ノ長サ六寸ロノサシ渡シ六分但
内ノリ也火ノ口四方錐ニテ摽ニ三ヶ一口茱サス

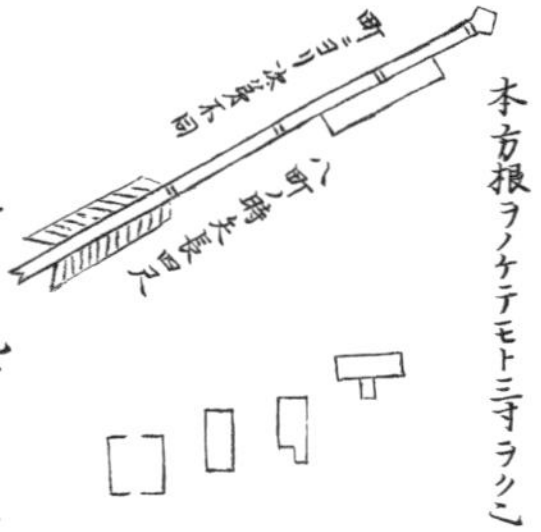

火矢口茱　白十メ　硫七メ　黒一メ五下　以上松脂ニテ紙ニヌリ
付ル之　火矢茱　塩十メ　灰十メ　黄六メ　又塩六十メ
黄四十メ　灰四メ　樟三十メ　右四穜合此茱水中ニ射込テモ不消之

一松浦火茱　塩五メ　樟テメ　黄五メ　鉄一メ　灰一メ　松脂一メ
各六穜合用　筒火矢道茱　塩十メ　黄十メ　灰五メ
同焼茱　塩十メ　黄九メ　灰一メ五下　上ヲロシ様ニ口傳矢ノ筈
木ヲ三分一ホド入ル也矢ノ羽ヲヌラシテ吉
一硫五メ五下　灰十一メ　干姜四メ　塩七メ五下　鉄十メ　胡椒四メ　鉄十匁
ヲ内五匁其佟花火ノ様ニ製シ五匁ハ常ノ油ニテ煎リテ入ル
也粉ニメ筒ニ入テ鉄ヲ交ル也其後筒ノ上ヲウスク削リ叔
上ヲ一遍ハル之是大勢ノ敵ニ向フ時ニ付ル之

一付木火　樟三分　黄四匁　塩一メ五下　上薄糊ニテ
煉合セ紙ニ塗付二枚合サテ程ヨク裁用ユ
一紙燭火　塩廿メ　黄七メ五分七メ三分　丹五メ　樟九メ八メ五下　右薄
糊ニテ子リ紙ニ子リ付細キ竹ニテ紙燭ノゴトク巻竹ヲ
援日ニ干シ燈ス　一雨大火炬タマノ油ニ樟トダ一ノ實
トラ煉一ニゼテ明松ニ塗リ雨中ニ燈ス一此狼煙四五町モ上ル
但是ハ上ル茱計リヲ入心見ニ己年識之各少ヽ宛調レ之　白十四メ四下　黄三メ四下　黒四メ　嵐二分
青三分　右ノ茱ヲロシ加減鉄炮ノ茱ヨリ荒クヒ子リ

見テ白黄ノサラヽトスル程吉　筒ノ製長八寸八分
有之トゆヘモ試ニスル故長六寸口ノ渡リ七分尻ニ節ヲ込茱
ヲヒニテ少ツヽ二ヒホド入扱七分ノ筒口ニ五分ハカリニ　桱木ノ
杵ニテ四十度モ鉄鎚ニテ打込扱縄ヲ解　筒ノ節ノ方
ヨリ二寸五分程ハ上皮ヲ削リ是ヨリ漸々次第薄ク削リ
口ノ方ニ至リテハ紙ノ薄ミニメ皮ヲ節ノ上ニハリ此口傳
秘密ナル故不書　美濃紙ヲ以テ二遍ハリ日ニ干シ
其上ヲ苧ニテ糊ヲ付詰メ堅巻之又紙ニテ二遍ハリ其
ユカミテハ不　此右尤ノ字カ

後口茱ノ穴二寸六分モミアケ口茱小ヨリニヒ子リヤハラ
カニサス口茱穴ユカミテハ不

但矢ノ羽細キヨシ
六寸ニ七分ノ筒ニ茱目凡合二十目入

一飛火炬　白三十メ　黒四メ一ト　黄五メ　青三分　鼠三分
右茱ノ合加減ハ前ノ狼煙ヨリ少シ荒ク筒長サ六寸口ノ
ワタリ六分前ノ狼煙製作ノ様ニ茱ヲ込節ノ処ハ

上皮計リ削リ次タイ薄ニ削ル紙ヲ以テ二遍ハル一平苧
ニテ巻キ又紙ニテ二遍ハリ矢ニ付様

矢倉三尺二寸ニテ二町半行矢土ニ入丁三寸六分ノ筒ニ
茱十七匁三分ホド入狼煙飛火𪜈ニ引茱焼茱ハ
筒ニ込ルヲワリノ方ニ込ムナリ

惣明松加減

一白倍ハ火強クナル　一馬倍ハ火不消火持吉
一黄倍ハ火青強クナル　一松脂挽粉ハ燃ルタメ
一青倍ハ火弱クナル　一布牛糞茱ハ火持ノ為弱クナル
一灰倍ハ火和キ弱クナル　一鼠倍ハ火弱シ諸導スメ茱
右ノ通各能考加減致ストキハ如何様ノ明松モ製作
成申候明松ノ製法竹ヲ二ツニ割上ヲ縄ニテ巻中ニ
茱ヲ入能々突込扱縄ヲ解竹ヲ放シ茱ハカリヲ紙ニテ
三遍ハル也水火炬取火ハ竹ノ筒ニ入其侭用ル之口傳アリ

右者伊州長井赤矢衛流也

小川新兵衛傳

一塩硝六十〆　硫黄二十〆　灰十三〆八分

右三品調合〆一ツニ粉ニ〆吉三品一ツヽニ碎ク時ハ必調和シ難シ始ヨリ一ツニ合碎ク時灰立タハ茶莚ヲ以テ水ヲ打テ吉此薬随分細末トスルニ如クハナシ是ヲヲロス時精ヲ出シヒマナクヲロスベシ若怠ルト時ハ薬性弱ナリ氣ヌクベシ富図一分薬ト云ハ他ノ薬一匁用ル所三分用ルトキハ宜シ故ニ如此申也

雨火炸　五星火炸ト云

一硫黄十三匁　内三匁ハ小米ホトニ碎キ十匁ハ細末ニスルナリ

一塩硝廿一匁　内一匁小米ホトニクタキ廿匁細末ニスル之

一樟脳九匁　細末

一松挽粉二匁　但能肥タル処ヲ小口ビキニ挽タル粉ヲ日ニ干シ乾シ二匁用ユヘシ未乾不宜火ヲ不持之

一灰七分　細末　一松脂二匁　但シ女松ノ脂ヨロシ

熱湯ノ中ニ入其後取出シ日ニ干シ薬研ニテ極細末ニス

一艾一匁五分　能揉ミヌキタルヲ堅クヨリ艾ニ〆用ル　但小口キリニスル之

右各七味製法ハ女竹ノ大ナルニテモ又ハ大明松ナレハ唐竹ニテモ宜シ竹ノ皮ヲ削リ竹ヲ二ツニ割リ用所ノ節ヲ一ツ残シ其外ノ節ハ皆尽ク削去リ扱竹ヲ合セ渋又ハフノリニテ張所ニニ筆ノ軸ホトノ穴ヲアケル此穴水ヌケノ穴ト云又此上ヲ一遍ハリ漆ニテ一遍拭フ之堅筒ノ製如此

圖

薬ノ込様ニ秘傳アリ此筒ヲ細引ニテ小口巻ニ〆此太《フトミ》筒ト同シ程ニ製ス薬ヲヒニテ少ヅヽスクヒ入ナリ扱槌ニテ突固メマタ薬ヲ入筒ヲ倒ニ〆不固薬ヲ拂ヒ出シ其後マタ薬ヲ入亦打固メル也惣〆長一尺五寸廻リ五寸ノ筒ハ五里行ト名クル之明松火ノ立様ニ秘テンアリ

傳火

一硝十匁　黄二匁　灰一匁五分　樟五分　各一ニ調合シ

薬研ニテ細末ニスル宜シ右傳火ト云ハ薬ノ右所一ニテ

傳ヘ燃ルニ依テ是ヲ妙ミトス

萬川集海　大尾

萬川集海　軍要秘記

大原氏笹山景直写正

一篝焼所　是ハ足軽大将ノ役ト兼テ柴ヲ用意スベシ足軽一時晉リ或ハ半夜晉リニ可焼カ所ハ陣屋大手ノ土居ノ外之土居東西ナレハ南北ノ風ニ焼テ吉東西ノ風ニハ焼テクルシ其時ハ風下ニ戸ノニテモ久ミニテモ立テ焼ベシ篝焼所ノ土居ハ高サ一丈程ニ築エル木沢山ニナキ故ツ子ニハ柴ワラナドヲ焼ノ都テ焼ニハ釜ハアシヽ四尺四方ヅヽイモノ師ヾサセテヨシ又野合ニテ一宿ノ陣前ニモ土居ヲ卑《ヒキ》ク成ドモ築テ焼セルヲ吉トスリ退テ可焼近キハ内見ユル之

一捨燎　是ハ敵寄来ル道定リタル所ニテ味方ヘハ火先不見シテ敵方ハ見ユルヤウニ前ニ土居ヲカタドリテ向ノ方ニ焼ナリ幾ダビモ拵置テ敵来リタル時先焼捨テ後ヘ退テ焼又退テハ焼ナリ故ニ捨燎ト云之童ヽ深理アル事之亦櫻ノ皮ヲハギ幅一寸許リニタチ能乾シ松明ニ結付投ダシテ見ル之長サ三尺アラバ一尺下ニ木ヲ二本十文字ニ松明ヘサシテ一尺ノ方ニ火ヲナグレハコロバス

一乱杭振所　海川堀ノ三ヶ所之入江ニハ潮ミチル時ハ一尺下ニカクル程ニ振ナリ杭ノ間一間半或ハ二間ニ打之シゲキ時ハ味方ノ害トナルナレバ様子ニヨルベシ上下二通リニ縄ヲ引テ後先ヲトル但味方ハ通ル様ニ印ヲスル之又沖ノ方常ニ水アル所ニモ一通リフルベシ是ハ潮ノ引タル時ノ為之河ニモ水曲リテ流ルヽナラバ瀬ノ上ニ上ヘ不見様ニ杭ヲ打大綱ヲ付下ハ流次第ニシテトドメズ二筋三筋モ可流ス又其下ニモ杭ヲ打如右ス下ヲ結付ル時ハ切レヨシ石川ヲ杭立ザル時ハ蛇カゴヲ長クシテ石ヲ入綱ヲ付テ流ス之堀ニハ杭ヲ三角ニ打不見様ニ水一尺モ二尺モ下ニナル様ニ打二通綱ヲハルベシ又杭ヲ丑ノ目ニ打之

一川橋掛様　川サシテ広カラズシテ水深ク徒武者渡ス不成

吠手前ノアサミニ石ヲ積上ケ木竹ヲ伐リ集メ在家アラハ家ヲ崩シ
材木ヲ集メ中ト両ノ端ト三本ニシテ横木ヲシゲク木ヲアミ付長クシテ
先ニ縄ヲ付テ控先蛇籠ヲ三ツ程付川上ヨリ流シ留ル処ニ蛇カゴニ石
ヲ入テ塚ニスル川幅ニヨリフタ次ニモスル所々ニウケヲ附ル歩卒ヲ渡ス之

一　刹朶　モガリハイーバラ枝ト書シ敵ヲ拒ニ古ハイーバラヲ用タリ其
以後枝ノシゲキ木ヲ馬ノ金子腹ヘトク程ニ枝先ヲ切リテ本ヲ味方ノ方
ヘナシテ置ドモ味方ヨリ乗出ニ悪シ大竹アラバ枝先ヲキリ弐本ツヽ
木ヲ結横ハ竹ニクヽリ付所々ニ杭ヲ打結付引ベシ味方出入ヨク
敵ノタメニハ悪ク川々ニハ木ヲ用

一　早綱　是ハ異国ノ兎落之兎ヲ将ニ是ヲ用敵夜討ニ来ル
ベキ道ニ竹ツ杭ニヒシト打長サ帯ノ通リ之上下ニ通縄ヲ張リテクヾ
ル事モナラズ越ルヿモ不成ル様ニスルセ味方ハ自由ニ通ル様ニ道ヲ
朋ケ様ニ可打古又浅キワザナレド深キ理ナリ

一　横杖　敵近クシテ早綱ナリカタキ時吠儀ニ軽クスル時是ヲ用
竹ツ三本ニツ一タニ結ヒ所々ニ立置其上ニ竹ニテモ木ニテモ渡シ其ニ
竹木棒ニテモ取集メ立結付テヲク之

一　竹抱　大ニタバチテハ重シテ不自由大法二尺ヘ二ハリニシテ五ツ所ヲ結
長サ七尺程ニス小竹ナラバアリタケニスベシ但大竹ハワリ竹ヲ交ゼテ良
城近キハ長キヲ用念ヲ入レバ三所編テクルミト巻五所結ヲテ五本ツ
三本結合セ地ヲホラズ地ノ上ニ置テイークツモ並ヘ置其上ニ横木ヲ渡シ
所々ヲ縄ニテ結付竹抱ヲモタセカケヲク但外ヨリ可置内自由之雨
降時ハ上ニ陣ハリヲ掛鉄炮ヲ打徳アリ又所ニヨリ外ヘナビカセ能所
アリト云リ又竹抱ニ二本足ヲ付ルヲ手付ト云何レモ土俵ヲ先ニ置先凢
二八一俵並ヒ前ニハ二表ニモ三表ニモ吉又クラ掛ノ如ク木ヲサシ其ニ竹抱ヲ
並ヘ結付大鉋カニテカキテ置モヨシ所ニヨリ大丈ニ木ヲ立横ヲ結竹
抱ヲユヒ付ル之向タキ山土手ナトナレバ重々高ク組アゲ向トタイヤウニ
付上ル所アルベシ色々付ヤウアリ其内宜ヲ取テ可用不限是而已
何レモ鍛練ノ者ニ聞利アル方ヲ可用必一ガイニ不可定又竹抱ノ
サヽハ切ヲ又ハ上ヨリモ打ル、モノ之又大竹ヲ筒ニ切テサシ込上下ヲ竹カスハ
カヾヘ土ノシルキヲ以テフサギ其ヨリ可打其鬼口ニ依テ付様色々アリ

凡如此

一仕寄　惣シテ夜仕寄モノ也昼ハ弓鉄炮ヲイトヘハナリ傍ホヲ
サシ置闇夜ニ用ル白縄直ニ堀バ矢請ニ成故チドリ掛ケニ地ヲ
堀モノ也是ヲヒノキノ仕寄ト云幅四尺程ヨシ所ニ人ヨケヲ
ホル但地形ノ遠近ニ依テ五尺ニモ可堀深サ三尺其土ヲ向ヘ上レハ二
尺ノ高サニ成也以上五尺ナレハ人ノセイ隠ル堀近成ホト次第可堀深之

一引橋　如常橋ヲ掛其真中ノ板二間計リ手前ノ板下ヘ引込様ニ
スヘシ其板ニ縄三筋付ヘシ左右引二筋引則手前ヘ引込縄通路
ヲ又中ノ一筋引時ハ則本ノ如ク成テ橋自由ニ渡ル様ニ拵ユベシ

一附塀　紙張ノ塀モ付塀也亦如常柔相ニスル塀モ附ベシ是
皆石弓ノ先ニ可附也此見様土居長短万事ニ心ヲ可附同石
弓ノ事ハ土居ノ上ヨリ箙ヲ出シ其箙ニ石ヲ積如図本ヲ
引引ヘ柱ヲ立轄ヲ以テコレヲシムベシ但コノ轄ヲヌク時ハ刎ル
様ニ可用

一刎塀　石可附石弓ノ下ニ槞大竹編之アト先ニ結横木ソ
ノ四角ニ附縄ヲ如図引ヘ杭其向ノ二縄ヲ以テ引縮歟ノル
則先是ヲ切落ス次ニ石弓ヲ以可討竹強可拵之

一釣塀　一間切タルベシ然ルトキハ柱二本ツヽ並ブベシ外ヨリ見所
其品ヲ隠ス故一面ニ見ユル様ニスベシ尤土臺一間切タルベシ
ヒカヘ柱如図カリニ轄ヲ以テシメ歟亦来トキ轄ヲ抜ケ落
スナリ

一具足箱ニ可入物之事　櫛　鉄　毛スキ　白布一丈モ半丈モ
剃刀《カミソリ》　砥石　白粉　鏡　磁石　五色ノ糸針　クス子
膠　シヽ難　ノシ　クハシゼヨリ　松明　道明寺　葛粉

一鼻紙袋ニ可入物　萬妙薬　遠目ガ子　我姓名官ヲ書タル
札何枚モ可入持軍中ニ於テ人ノ證人ニト云時ハ命モ存候ハヽ得
タル上可言時是非必ト言ハ思召寄私シモ満足ノ至ニ候存命候ハヽ
慥ニ見申通證拠ニ立ツヘシ若討死仕ラハ是ヲ證ニナサルヘシ我ホ
自筆ニ調置候自然ケ様ノ節モ可有ト存如此ト云テ右姓名
官ヲ書タル札ヲ可遺之

一證人可取事　虽有色々事多シテ御失念モ有ヘシ御仁躰ヲ
見掛候得者可被下證拠不過之ト云テ其者ノ申ノ内何成共切テ
可取私討死セバ是モセシナカルベシ以後御物語ノタメニ可進ト云テ

彼札可遣也

一 下帯ノ事　下ニ麻相ナル下帯ヲ一筋シテ上ニ化粧下帯ヲスヘし討死シタル時下帯ハ必諸人心ヲ付ハキ取事多キニ依テ人々心ニ掛アシキ下帯ヲ下ニスレハ恥ヲカヽサル也第一侍ノ嗜ノ一也

如此ワリテ後ニテ一ムスヒ結ヒ左右ヘ一ハシ左右ニテムスヒタル也

一 高名ヲシテ皈ル時ハ人多キ道ハ可除用心ノ者モアリ又ハ越度時々多キ也但ヨケ道ナキ時ハ不及是非其時人ニ逢タリ共少モヒケノ言肝要也

一 下ニ装束ノ事　陣羽織或ハキル物ナリ共裏ヲ白表ハ黒ク紋家々ノ法度ノ如シ黒ニスルハ夜討ナドノ時月ニ立ズ紋ハ黒キ紙ヲ切リテクス子ニテ付カクス裏ヲ白クスル事ノ理多シ自分下々共ニ羽ヲリ着ル物共ニ右ノ通支度スヘし

一 馬芝維ノ事　種々有ト云共カウ掛ヲ前ヘ引掛置ハ不働モノ也又四足共ニ竜ノ毛ヲ上ヘナデアゲ一モジリモジリテコヨリニテ卒度結置ハ不働モノナリ

一 鐙付ノ事　是モ種々有ト云共三尺手拭ヲ帯ニハサミ夫ニ付タルカ竪横共ニ宜シ又テウツカヒ付モ大形也

一 腰手縄ノ事　クリジメニシテ腰ニ巻左ヨリ右ヘ一ツハシ前ニテ片手縄ニ掛右ニテ止ル也

一 泥障ノ事　ナメシ皮宜シ裏ニ袋ヲ付兵粮ナドヲ入ルヤウニ拵テヨシ亦浮沓ヲシカケ用ルナリ

一 武者押ノ時甲持ノ事　馬取ニ着セタルガヨシ世間ニ用立ニ指物以下持セヨシト云ヘ共近夫ノ某ハ左モナラズ或ハ其役人召連トイヘ共不意ノ事アリテ後ルヽ時ハ間ニアハザル事アレバ馬取ニキセル道理最モヨシ

一 馬上弓鉄炮鐙納ノ事　鉄炮ハ右ノ力革ノ間ヘ臺尻ヲ跡ヘナシハサミ長ハ筒先ヲ鞍ノ前輪ニ持調ナリ鐙ハ武者押ノ時ハ立タルカ吉其時ハ鐙ノ中ニ立肩ニ持スル様ニ納ナリ弓ハ左リノ後ノ尻ノ下ヘシクナリ

一 馬浮沓ノ事　俄ノ時浮沓ナクハ泥障内ヘ巻アゲ鐙ニテ押ヘ条ナリ又ハ跡先共ニ沓ヲナメシ皮ニテ拵付ナリ付様口傳アリ二ツニシテ長クコシラヘテ吉

一 潮ニテ食焼事　鍋ノ底ニ土器ニテモゴキニテモフセテ置其上ニ米ヲ置焼ハ汐気失ル也皆其器ノ下ヘ塩寄トナリ

一鍋ナキ時食焼㕝　色々アリト云𪜈米ヲコモナリ𪜈或ハワラヅトニナリ𪜈包ミ水ニ浸シ土ヲ堀リ少シ埋メ上ヨリ火ヲ焼カケル時ハ食ニナル之米ヲ能々洗浸シタルカ吉又米ヲ能アラヒテ桶ニ入石ヲ焼テ桶ノ内ヘ入ルレハ食ニナル之

一潮ヲ水トスル事　舟中ニテ水ナキ時ハ潮ヲツカウ之舟ノ底ニ赤土ヲヨクスヘセタルヲヌリ付夫ニ潮水ヲ汲タメ置ハ汐気其止ル之

一沼ニテ水トレル㕝　少シホリ紙ヲシキテ取テヨシ

一コヽエザル薬ノ㕝　檜ノ油ヲトリ惣身ノ手足ニ塗用惣シテ常ニ酒ヲスレバ必コヾエズ

一飢人ニ食ヲ与ヘル事　赤土ヲ水ニタテ呑セ其後食ヲ与テヨシ又厚朴ノ皮ヲ煎シ食椀ニ一杯程用其後ニ食少シ宛可与之

一水渇丸　梅干ノ肉ヲ干ヒシキ一両　氷砂糖弐匁　麦門冬一匁
右三味細末シテ丸シ用　水ニ渇シタル時ノ妙方也

一飢渇丸　人参十両　蕎麦粉二十両　小麦粉同　薯蕷同
耳艸一両　ヨクイ仁十両　糯米粉二十両
右各粉ニシテ三年酒三升ニ浸酒皆カハキ付タル時桃程ニ丸一日ニ三粒程用如此ノ米也皆無余儀時ノ助トス右三粒服スレハ心力労スル事ナシ

一馬上首付ノ㕝　取付ノ緒二尺五寸先ニ又ハミサシノ針ノ様ニヨク釗ハセ付置ナリ其ハニテ首ヲ突通シ付之取付ト云ハ跡ノシホデ之追付ト云ハ鞍ノアトナリ同首ヲ付ル時ハ深ク働ヲ心ニ掛ル時ハ鼻ヲカキテ其首ヲハ馬ニ付ル之匹夫ハ下々ヨク付ザレハ首奪ル事多シ故ニ其心得ヲ以テ印ヲトルナリ

軍法備之次第

雑兵備　小荷駄奉行　物見
急ナ㕝ナキ時ハ遠ク不可押大躰一日ニ三時ノ定メナリ可依時宜
未明ト極晩ニハ押㕝ヲ堅ク忌ナリ

一大鼓二通ニ定押太鼓ハ指渡一尺八寸是ニテ陣中ノ時ヲモ打ナリ又掛太鼓ハ一尺二寸之持様ハ二人シテ荷ナリ又山路ハ一人ニテ背負テヨシ打役人ハドウ明ノ役之数ハ三四ト打テ四三ト返ス道押ニ是ヲ用ハ足並揃心ヲ可定タメ之打止ナラバ可押留掛大コハ是ニ異ナリ打役人モ侍ノ取分功者ヲ撰ナリ日鼓以益気兵ノ

働ハ血気ヲ以テナス気盛ル則ハ進テ利アリ息ノ皷ハ速亦
引時ニ用レ遅
一角鉦　角ハ貝之ロヲ角ヲ以テスル故角ト云ナリ吹コトハ騎馬ノ役之
大法朝昏晩三時ニ用朝ハ東陽ニ向吹之一番ニ起テ二番貝ニ支
度シ三番ニ出ル雖然其定メハ将ノ心ニヨルベシ又先手并五二三四五トタ
シ々次第ヲ貝ニテ定ルコトアリ昏ハ南ニ向テ吹和南ナリ晩ニハ又
東ニ向フ西北ハ陰ナレハ除ク何レモ数五々ニ吹五ナカレ後ヲ長ク吹之
明《ドウ》音ニ吹表音ハ忌シ　鐘ハ木　鉦《ドラ》　鐘《ツリガナ》　鈬《チヤウハン》ノ三ナリ和朝
ニテハ鉦ヲ用色黄ニシテツナヌアリ中ノ井所ニ寸四方程高クフクレ
タルヲ吉トス皷ハ掛肱用　鉦ハ引ヲ示ス之　鐘ハ敗乱ノ兵ヲ
集メスハ夜討ホニ用皆其カズハ常ニ約束以テス急ク時早
クツクシ曰皷鉦角氏ニ右ハ大法ノ定之
一陣取四方ヘ物見忍テツカハシ先ニ備ヲ立ル環亀ノ地ヲ用中
高八方卑キ地之然レ氏薪草水ノ三種不レ調レ不用
一大河ノ邊　高山ノ下　村里　叢林ノ辺　後険阻此分
備ニ悪地ナリ険阻ヲ前ニハクルシカラス

一備ト云モ元来形チナキ物ナリ敵ニヨリ地形ニ依テ制レ宜
レ雖然ト法ヲ定メザレハ合戦ナリガタキ其大概ヲシルス也
備ハ元五ヨリ初之是則東西南北中央五行ノ形ヲ以備
トス一ヨリ陰陽ノ二気始テ五行顕レ五行ノ中ヨリ万物生又
又五行ニ帰リ五行陰陽ノ二気ニ帰リ二気又一ニ帰ス孔明カ
八陣モ色々ノ説アレ氏五ヨリ発テ八ニ備

　　一人●
一人●一人●一人●　如此五人ナリ中一人大将ナリ
　　一人●

右五人ニ伍々ノ声ヲカムヘテ五人廿五人一組之大備百千万モ是之
ヨリ初ルサテ廿五人二ツ合テ五十人ノ騎馬ヲ一備トシテ侍大
将一人鐙奉行二人旗奉行二人武者奉行一人小荷駄奉行
二人都合五十八騎ナリ是之ヲ一備ニ定ム五十騎ノ備ニハ侍大将
武者奉行ノ役ヲモ一人ニテスルニヨリ武者奉行ノ有無定
メズ此肱ハ五十七キニト定ム五十キ一備ノ時ハ雑兵共小荷駄
ヲ除テ三百人ノ余ニ馬上六十騎積レバ惣下々迄四百廿人程
也此肱ハ一行ニ備押ノ時ハ長サ八町二行ノ時ハ四町是之ヲ以テ横
モ積ルベシ右一備五十キヨリ上ハ必武者奉行二人ツヽ有ベシ侍大

将一人ニテハ合戦サセシ引急カルヘシ

鶴翼ノ備

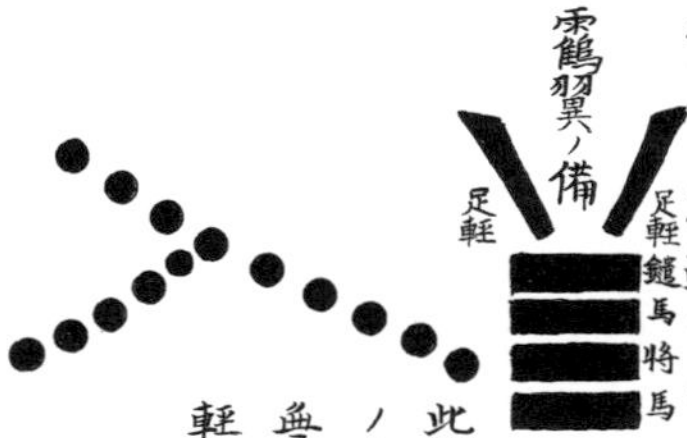

廣キ所ニテ如此手先ヲヒラキ鉄炮弓ヲ立ルナリ

此備ヲ人秘ト云敵付萱原野ツヽキ何モ物ノクマカクレヨリ敵イヅ方ヨリ出ベキヤト無覚束左右ヲ気ヅカイシタル所如此足軽ヲ立カヽル備ナリ

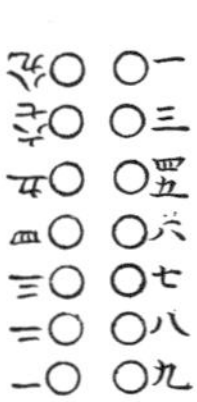

此備ヲ廻備ト云譬ヘ城ヲ責敵ト戦ノ時陣屋ヘ夜討ナドスル時大手ヨリ責ルニカラメテヘ人数ヲ亡ハシ後ヨリ調ヘ合前後ヨリ責ル備ヲ云ヽ口傳ナラテハ難明一三書テモ九ニテ留ニ三ト書テモ九ニテ留ル九ハ陽数モノヽ終ヲハザル所ナリ九ト留ル一ト初ルヘキ備ニテハス心ハ前ヨリ責ルト思ヘハ後ヨリ責ルクルトキヲ端ナキカマヽシ

一 是ヲ大輪ノ備ト云此一備ヲ以テ前ノ備モ次ハ勇ヲ可教タメナリ

夫大輪ト云ハ心ヲメグリメグラス道理ヲ用テ名付モノ也天下国家森阻沢河海平易万物一切備ニモルヽ事ナシ口傳 曰車ハ依地制行勝利ニノツテハ車ノ坂ヲ下ルガ如ク不利ニシテ不掛事ハ車ノ坂ヲ不登ガ如シ動ト不働ト如風如山

二一横

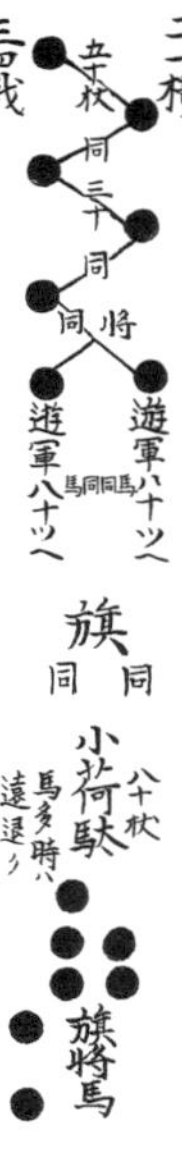

三四戦

軍奉行一人ト證拠奉行ハ旗奉行ニ付大鼓貝ハ勿論ニ横目使モ同際積ハ旗ニ付ナリ間ノ遠近ハ人数ニ應シ地ニ應スヘシ強弱ノ積リ又ハ先敗シテ後ハ乱掛ト不掛ト二ハ一ヲ救四ハ三ヲ救変之先手強吏ヲ備ニ三ニ剛ヲ備ル物也合勝負ハ鋭カアリ一陳敗テ残黨不全気ハ気ニ移ル敵ノ二三ノ依之鬮ノ多ヲ吉トス若別手一手ニスル時ハ倍ニシノ勢ヲ益亦大手ニ備ヲシキテ手数少キトテ後ニ分ルハ勢ヲ失フ鑓近成テ備ヲ替或ハ前後ナトスルハ必敗者也横ヲ入ルニ地利ト順逆トヲ可考

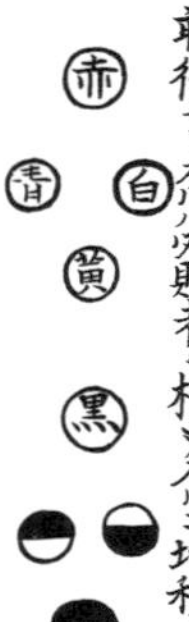

如此五色ノ旗ヲ以テ備ヲ定金鼓ヲ以テ進退疾除之節ニ應色又ヲ示ス色ハ敗乱ノ兵備ヲ一ドハサルタメ也

一 懸口 カヽリ口如常静ナルヲ本トス是ハ位ヲ以押寄ル時ノ事也静也ハ足並揃ヒ勢カラタモツ掛時ハ必早ナルモノ也早時ハ足並不揃ハラハラニ成ヲ悪トス人ハ三息ヲ遣ヌレハ必労ス初掛ルト云時一息ヲ発ス掛間遠早時ハ又一息ヲ遣フ戦時三息ヲ遣コノ三息ヲツカヒヌレハ悉ク労スル者也故ニ掛ル足ヲ静ニシテ初後ノ二息ヲツカヒ一息ヲ残スヲヨシトス鑓合ノ時ノ一気ヲ鋭ニ可用タメ也息ノ積リニ皇ヽ心得在ヘシ

一 凱 大法四道ニ定ル鑓前是ハ一段ナリエイヽヽト云時ワウノ声ニ付付テ惣方アクル也鑓ノコヽカシコニテハラノ合事ヲ嫌勢次第ノ勝負ナレハ勢ヲ添一度ニ合全テ東士塩合ヲ見合凱ヲ揚ル也扨鑓合テ一戦ニ勝敵ノフヽヘタル場ヲ少ニテモ鬮ヘフヽエテ勝凱ヲ揚ル也先其日ノ戦ハ初ヲ勝トシ後世ニモ残スモノ也第一初ノ勝負ヲ大事トスルニ深理アリ城ヲノリテノ凱ハ二段也武頭又ハ平人ニテモエイヽヽワウ

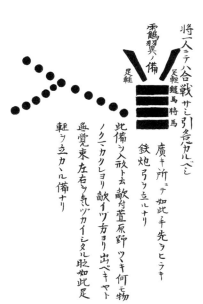

トムテ扱諸兵エイヽワウト揚ナリ惣方揚ズハ又エイヽワウトカヘスべシ扨實検ノ時実検スギテ大將初ムレハ惣方揚ル心味アリ凱ヲ合スル事諸勢ノカヲ一致ニ可合タメナレハ凱前後ニ口傳アリ

一懸引　一軍掛引二ツ大事ニ掛ルハ勝利ヲ見付テ掛リ引所ハ引テ宜利アレハ也虽然偏勇ノ將ハ掛ル事ヲ好テ引ヿヲ不知是終ニセノ端ナリ慮智ノ將ハ始終ノ勝負ヲ討テ一旦ノ負ヲ不厭又且勝ヲ不貪引ハ敵ノ備堅固ニシテ位正ク或ハ地利ニ陳シ味方掛テ益利脉味方引取所ヲ敵付来ラハ其乱ヲ可討ノ方便ニ引ト心得テヨシ乱テ取之ト有リ進時ハ退事ヲ思イ退脉ハ進ヿヲ思ハ法也進退ハ一致懸引ハ风ト潮トノ如シ掛ハ风ナリ風ニ拔ナキナレ氏来テ物ニキビシクアタル引ハ如潮ニシヽタレ氏自然ニメ一致ナル故引拔不見モノ也潮ハ繰引ナリ一致ニシテ騒ヿナク速ナリ前後次第全シテ速ナル所ハ敵不討モノ也可討取非ナケレハナリソレヲ討シトスレハ却テ害アリ

一懸待　ウケテ戦ト先ヲ取ヘテ掛テ戦ト二ツノ見付ヲ肝要トス不意虚ノツテハ各別ナリ大法ハ將地間小ノ四也

○將　皇クシタルモ將ニハ先ヲ取ヲ軍ヲスキ　カサツカケテ掛ル口傳在
輕ク鋭勇ノ將ニハ鋭氣ヲサケテ墮氣ヲ討ナリ

○地　掛テ利在地請テ利在地口傳

○間　間五町ナラハ四町カヽラセ一町ニシテ味方ヲ發ス敵ハ四町ノ疲アリ乱ヨアリ又手ニ位ヲ以テツメヨセ爪間ノ内ナラハ掛テ利アリ敵カヽラシト動スル所ニ弱アリ未發ノ勢カナレハナリ亦四十間五十間タリト云氏敵闘ノ気勢ノ強弱ニ依テ掛所ハ如爪凹石ヲトスカ如シ掛ルニ志アル則ハ敵ノ下知ニ依テ色ヲナラスモノナレハ圖ヲハツス故ニ拍子ヲ専トス

○小　平地ニテ小勢ノ敵ヲ味方大勢ニテ掛ル事ヲ法トス虽然一偏ニ不可得

曰懸待ハ勢ノ衆寡ニヨラス隨權　口傳

一先鋒ヘ加勢入様　敵ノ先手大勢ニテ闘ノ先手備　薄キ時依剛弱
加勢遊軍二ヲ両方ヨリ出シ軍奉行付テ下ニ加ヘル
別手一手扨三四ニ成テ詰ル五ト旗本一ニ成テ少詰ル旗本ト小荷駄不動

一堅固ノ敵ニ手合　敵堅固ニ成脉ハ足軽ヲ掛テ呼曳出シ変脉動静ニ依テ戦ヲ始ルヿヲ専トスレ氏サレテ益ナキヿナリ
第一軍ヲ始ル所ヲ大事トス統テ呼曳ヲ掛ルハ敵ノ動静ノ色ニテ剛弱ヲ可知タメ也一手ニ人數ヲ倍シテ出シ二備ヲ付堅シテ二陳ニ備テ待若先陣敗セハ二ニテ可討タメナリ扨敵ノ位弱ナラハ二三左右ヲ備味方勝時ハ左右ノ備ニテ追闘敗シテ敵追来ラハ左右ノ備ヨリ横ヲ討依也味方ノ後備イク手凱ヲ発シテ掛ル敵ノ二三敗則ハ残黨不全追来追見付口傳ナリ又敵ヨリ呼曳ヲ出ス心ヲ計ニ呼曳出シ乱ヲ可討タメナリ呼曳ニノツテヲヒヒカレ敵呼曳勢ナレハ軽ク敗先陣ニテキビシク討取後ハ全ク備テ味方ノ敗ヲ救フケ様ノ備ニハ三武頭ヲ良トス敵ノ呼曳ハ心ノ相違ヲ討ハ戦毎ニ用利ナリ敵ノテタテニノリ変ヲ討事、口デン

三武頭圖

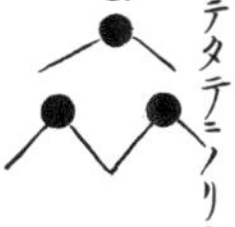

一人数ヲ繰引　敵遠ニトイヘ氏行列不正シテ引時ハ危シ不利ニシテ引心持ハ右ニ顯ス何レノ備ヲ引ニモ後備ヲ急度立カタメ鎗ブスマヲ取テ居脉後備ヨリ相圖ノ太鼓ヲ打其時先陣ヲ可引何レノ備モ如此備ノ遠近心持事也在之先旗本ヲ引テ先二ノ備ヲ引一ハ中一ハ外ヘシ所ニ可寄扨前ノ如ク二後ニ備ル三ヲ引又四五ヲ引テ備ルサテ両ノ遊軍ヲ引本ノ備ニ成也

一同拂曳　敵間近クシテ急ニ曳脉ノ事ナリ旗本ヲ後ニ曳之
將早ク引ハ必備モ周章弱ニ成物ナリ敵掛来ルハ
闘必敗ス先二ヲ拂ヒ前ノ如ク後ニ備其後將ヲ引四五ノ備ヨリハ右ニ同シケ様ノ急成所ニテ旗本ヲ早不曳ヿ心得アリ
曰何レモ後ノ地利ニ備ヲ残シ軍ヲ持ヿ戦ノ肝要トス

一四調備　勇將ハ掛ル愚將ハ不掛闘大軍敵小勢成時用先
二ヲ両方ヘ押出シソレニ武者奉行二人共ニ付位ヲ見テ

敵不掛ハ遊軍二備両脇ヨリ詰ル脇前ノ二備敵ノ両脇ヘ出ル奉行ハ残リ後備ニ付未不掛ハ先手ノ後ヘ遊軍詰ル中ヘ中備出ル其跡ヘ旗本少ツメル四調ニ成セ旗本詰ルハ遠近ニヨルヘシ

一 敵多勢閫少勢 大ハ小ニ勝ノ定理也然ルニ小勢ヲ以テ大軍ニ戦ハ可勝見付有テ小大ニ對スルノ權ナリ敵ノ不意惰気ヲ討ハ勿論也大法将ノ愚ト人ノ不和ト地利トニツノ見付ヲ以テス愚将ノ大軍ハ大ニ害アリ人不和弱ナリ敵内ノ味方地利ヲ要トス地ノ利ハ兵ノ助小ヲ以テ大ニ勝ハ険ナリ要地ヲ取テ敵ノ虚ヲ計ル或ハ夜討昏暮朝掛何レモ方便ヲ以テ權ニ乗スル則ハ大軍ヲ不可恐ナリ

一 敵小勢閫大勢 小勢ヲ以テ大勢ニ向来ルハ一ツノ勝利ヲ見付サレバ不來アナドル事又ナカレ第一小勢ハ下知自由ニシテ堅シ大勢ハシマリニクシ又大勢ヲ頼ム心在テ怠リアリ又小勢ヲアナルノ利アリ是ヲ以テ大事トス地ノ廣キヲ用備ハ敵ニ倍シテ数多シテ敵ニ労ヲ与ヘヨ荒手ヲ以テ勇気ヲ可奪又小勢必死ニ來ラハ鉄炮ヲ段々ニ立其内ニ騎馬前ニ弓敵カリ来ラハキビシク打立掛散シテ軽ク曳取二三四五ノ備モ右ニ同数度ニ及バハ寡ニ為強兵勢労スル所必勝在

一 敵地形能時懸様 山手ノ戦也 高ニ陣シテ虚実ヲ見下ス徳又下キヘ討下スハ勇力鋭ノ徳 平地ヨリハ上ルニ労ス或ハ木石ノ害アル故ニ高ヘハ下キヲ引上セ平地ヨリハ高ヲ引下シテ討ニ利アリ然テ上リテ悪シク下リテ悪シク畢竟見軍ハコレナキ道理ナレ氏呼吸ヲカケ虚ニ乗シ変化ヲ以テ上リ或下ル有所不忍敵山ヨリ下テハ麓一町ノ間ニ弱在馬上ノ下ッ立船上ル見付ロテシ又追ルハ山際ヲ切ニ追上退ニモ左カ右カノ一方ヘ可引中ヲ直ニ引ハ矢道多シ山續キ峯多ハ尾根ヲ取テ上リ峯取テ利アリ離陣ヲ用又山林ノ茂ミニ引掛ヲ陣ヲ備ニ心得アリ小勢ハ人数ヲ見スカサレマシキ為又ハ敵ノ勇気ヲ押ユルノ利在兵ハ詭ノ道大ヲ小ニ見セ小ヲ大ニ見スルノ一術アリ大勢ヲ茂ミニ引カケ小勢ニテ出小勢ナレ氏茂ミヲ離テ備ル計略アリ続人数ノ根ヲ可知ロテシ兼テ人数ノ多少ヲ忍者ヲ以テ不知ハ敵ニ計ラレテ敵ヲ計ルヿナシ 曰山林ノ水便弱在ル便ヲハナレテハ虚シロデシ便ヲ離テ討ナリ

一 依地形敵ノ備ヲ直習 互ニ押出シ對陣スル時敵ノ地形ハ能テ味方ノ地形悪シヽ事アリ不得止ヿ戦時敵ハ味方以テ定ル故ニ仕掛以テ敵備不直忽チ害在故ナリ左右共ニ先陣ハ其侭置二ト三トヲ左ニテモ右ニテモ依地形ニナラス但一備ナラシ都テ又次ノ備ヲ直スヽ旗本ヲ直シ遊軍一ツヲ直ス小荷駄ヲ直シ後ニ先手ヲ直シ本ノ備ニナル也何ケ度モ如此先手ヲ一番ニ直セバ其動ヲ敵討テハナリ先手ヲ残シ二三ヲ直シタル所敵討取ハ直タル備ヲ横鑓ニ用ユケ様ノ悪地ニ備ルハ名将ノ上ニハナキヿナレ氏若左様ノヿアル時ハ此心ヲ以テ敵ヘノ仕掛ヲ可心得タメシ又時移リ日月風ニ向フ時用之

一 敵挑戦時心得 挑戦ト云ハ両陣互ニ進合テ戦ヲ云是ニテハ敵バカリ挑ナレバ及リテ可読挑ハ進ノ意敵勇ニ威武盛ニシテ進戦ヲク忍眼ハ其心ヲ可察 依地利裏切カ人数ヲ一ニハスカ後詰有カ或ハ其家ノ吉例ナト云ヿ有カ何レモ便ヲ以テセサレハ不挑モノ也敵ノ方便ヲ不失ニ戦法ナリ敵ノ挑ム行ヲ知則ハ其変ニ可應退則ハ弓鉄炮ヲ先ニ倍シテ手前ヲ堅固ニシテ後ニ軍ヲ持以治待乱敵掛来ラバ弓鉄炮ヲ以テ鋭気ヲ奪ヒ乱ヲ討ニ利アリ

一 勝軍ニ備直ス習 一戦ニ勝タル場ニテ又後戦ヲセザル物ナリ一度勝タル場ナレバ危地ナリ敵能案内ヲ知ハナリ早去テ別地ノ宜ニ備ヲ立ル後陣ヲ先ニシ先陣ヲ後ニス以前ノ労有兵ヲ休シ後兵ハ勇ミ進ムノ利アリ勢ノ佚ノ徳ナリ是地ト心ヲ改ムルノ利アリ軍ハ勝テ負負テ勝ノ利ナリ勝ニ必負アリ或ハ驕リ或ハ怠ル又一旦負タリ氏恐ルヘカラズ兵ヲイヨヽヽハゲマシ怒ヲ進ムベシ

一 味方敗軍ノ時旗建様 前ニ云ル如ク大竜ヲ證拠ト云ハ大軍ハ自由ニ下知ナラザル故旗ヲ以テ眼ニ示シ金皷ヲ以テ耳ニ示ス故ニ進退自由ナリ或備或敗兵ヲ集ルニ旗ヲ以テス故ニ一軍ノ證拠ナリ若敗乱ノ時ハ大竜ヲ證拠ニ集ル法ヲ兼テ出ス旗ノ用利ハ旗奉行ノ知所也故ニ奉行ヲ撰ミ奉行カ子テ後ノ地利ヲ見テ或ハ御一人ヲ用或ハ忍者ヲ兼用重々心得ア

ルベキヿヽ敗スル時ハ高地ニ旗ヲ立或ハ鉦ヲ用ヒ諸卒旗ニ付テ或ハ勇力ニ或ハ臆ス且之ヲ以奉行ノ器量ヲ可撰トヽ或城ヲ攻ルニモ旗城ニ近付ハ勇力ニ退ケハ臆スルモノナレハ塩合ヲ見合城エ旗ヲ入ルヲ功トス平場ニテ敵ニ旗ヲ取ルレハ奉行ノ恥ナリ城ノ内ニ被取テハ不苦ス急所ニテ旗ヲ巻或竿ヲ取テ旗持人帯ナトニサセ置ヽ奉行ノ才智アルヘし

一 味方ノ勢誤揺制様　良将ノ兵ニ動揺スルヿハナキモノ乄然圧若誤テ騒動スル時奉行武頭案廻リ下知スレバ弥支アル様ニ見ヘテ騒モノナリ然則ハ申度ヿアリ下馬シイタシラリシケト下知シテ将早ク下馬シテ物前ノ騒動不慎ノ下知ヲ可示是ハ敵間遠キ時支ナキニ動揺スル眼ノヿヽ立ハ陽ニシテ騒居ハ陰ニシテ静ナルノ道理ナリカチ違ノ内騒動モ是ニ同

一 鑓前ノ下知　人気ニ時ニ盛衰アリ気ニ来スルト不来ト敵気ヲ察スルヨリハ第一闘ノ気ヲ察スル則根トス勝負ハ味方ニ有不有敵味方ヲ堅固ニシテ以テ敵ノ虚実ヲ計ルヲ法トス味方ノ武者色弱成眼勇気ヲ進ルハ下知ニアリ口傳心ハ色ニ移リ祕ニ移ル戦場ニテ将弱言弱色ヲ不顕假ニモ強ヿヲ可用士卒将ノ心ニ移ルモノ也将ノ一言ノ依是非士卒ニ是非アリ

一 敵残勢ヲ張ル時心得　敵残勢ヲ張ルハ第一闘ノ心ヲ可奪タナリケレ圧童ヽ心得アルヿヽ味方モ對軍ヲ備テ可戦ト計リ不可心得察其心勝負ヲ計ヿヲ本トス敵ノ方便ヲ不知トキハ不戦我ヲ全クスルノ法ナリ残勢ハ味方ノ心ヲ奪集置テ眼ヨリ数ヲ廻ス方便カ位ヲ見テ横ヲ入ヽタメカ或ハ吾弱在眼敵ノ心ヲ押ヘテ可引取タメカ味方ノ備ヲ分ケサセ動キ静ニヲサルノ変ヲ窺ヒ可討タメカ何レモ地ノ形粧或ハ備ノ模様ヲ以テ可考可勝軍ニ不勝不負軍ニ負ルハ其本ヲ不察故ヽ闘對軍ヲ備ニ大輪ノ備ヲ以テ去ハ左ナラハ左ノ遊軍ヲ二ノ備ノ通リ出ヽ後陣ニ五備ニ奉行ヲ付テ間積リヲ以テ備ル遠近ハ地ニヨルべし一備ヲ以テ當ルベカラス二重ニ厚ク備テ奉行ヲ付先手ニモ武功ノ誉レ有更士ヲ付テ憷ニ諸卒ノ気ヲ可全ナリ

一 曇霞ノ合戦　霞ノ中ハ夜ニ等シケレ圧互ニ自由ナラズ危ニ不戦ガ法也然圧場ニヨリ時ニヨル戦ニ霞ハ凡上ヨリ晴ルモノナリ故ニ曇霞ノ合戦ニバカリハ凡ニ向ヲ良トス闇ニ燈ニイルカ如シト云リ敵方ハ早ク消テ備ノ手賦リ明ニ見ヘ味方ハ見ヘズ此虚実ヲ以テ利有トス又小ヲ以テ大ヲ討ニ利アリ又城ヲ攻テノ近ク寄ニ徳有鉄炮キカズ　曰将ノ心ト備ト場ト明ニ知ラハ霞ニモツレズ闇夜ニモツレズ

一 三叙向背　日月凡ノ三ツニ不可向大キニ利ヲ失フ敵ハ向フ様ニ討ルべし

一 夜討用心　軍ハ昏夜圧ニ敵ノ術ヲ取テ闘ノ術ニスル所ヲ勝トス故ニ謀ヲ深ク密スルハ是ナリ譬ハ人数ヲ置所ヲ知リ不意ニ来ルヲ知リ夜討ヲ知城ハノル所ヲ知万支敵ノ謀畧ニ導ルハ名将ノ忍者ヲ能ツカウ故ナリ伊賀甲賀我持ノ時忍者ヲヨク遣用ルニ依テ終ニ敵ニ不意ヲ討ルヽヿナク敵ノ不意ヲ討ヿイクバクヽ是皆忍ヲ能用ヒタル故ヽ夜討ハ不意ヲ討モノナリ敵ニ通シテハ求テヲトシ穴ニ如ヘ常ニ忍ヲ用ヒ夜ヽニ物見ヲ付窺ヘシイツモ人数ヲ定置夜討来テモカニウズシテ皈リ道ヲサヘギリ城ヘハ付入ルヿ肝要ナリ

一 川ヲ隔ル戦　川ヲ隔對陣スルニ互ニ勝負ヲ計其利ニ来スルハ勿論ナリ後ニ勝軍ヲ不備川端ヘ一偏ニ押詰タラズバ虚實ヲ計ラズ渡シテ勝利アリ是故ニ川ヲ遠サケ敵渡シテ労乱ノ間ヲ積リテ備べし夏冬ノ積リアリ又川ノ浅深廣狭アリ備ハ人数ノ多少ヨリ地利ニヨルべし傳授アリ又敵スルヿ川端ニ鉄炮人数ヲ上中下ニワケ或ハ上或下ノ変化後備馬筏ヲクミ歩卒或中或下ニ立テ渡ス又敵渡リテモ味方ヲ不追川端ニ引ヘ備タルハ不可討

一 船渡行法　法ニハ少ニテモ行烈乱ルヽヿヲ堅戒ニ深意アリ一旦ノ少乱諸支ノ乱ニ移ルモノナリ自国位ニ至ルヿデ全スルヲ上トス船渡ニテハ必行列ヲ乱し騒動スル物之根ニ来込船ヲノリ沉ムル古タアリ又敵近クニテハ第一半途ヲ討

ノ用心有両方ニ長柄ヲ立其中ヲ通シテ舟ニノスルニ下知人ヲ定メ其指圖ニ可レ随物見ハ勿論一番ニ渡シ其次ニ物見押鉄炮ヲ渡シテ向ヲ堅ム備ハ地ニヨルベシ二番ニ武者奉行一人使番其外ハ行列常ノ如シ但敵遠キ時ハ唯舟ノリ際ノ下知バカリ行列如レ常

一 先鋒旗本ヘ通スル相圖　先鋒トハ先手ノ事也大軍ハ前後遠クヘダル故急事アル時密ニ旗本ヘ注進スル事難シ兼テ物頭ホヘモ約シ置五色ノ擬旗ヲシテノ如拵ヘ色ヲ以テ約ヲ定テ其旗ヲフル翻時其次ヘ翻テ旗本ヘ通スル也竿短クハ鑓ノ柄ニ結付長ヲ用

一 諸相圖　城中陣中共ニ騒動スル事アリ故ニ兼テ相圖ヲ約シナリ物ヲ以テ夜討喧嘩火事其外騒動ソレ〳〵ノ品ヲ約シ知セシムヘシ用意作意ニヨルベシ用事有ル武頭ナド集ルハ貝ヲ以テス鉦ハ時ヲ打夜廻リニハ令ヲ用唐ニハ鉦ヲフル日本ニハ鉦ノ半字ヲ取テ令ヲ用トナリ我役所ノ分内ノ用心ニハ柏子木ヲ打ナリ足軽大将ノ役ナリ事ノ相圖ニハ打ヤウヲ定ヲキ諸手ニ相圖ヲ合スル柏子木ハ柊ヲ用又赤樫モ音ヨシ長八寸横一寸二分厚サ八分右ノ鳴物ヲ以テ相圖定ル時ハ無ニ騒動一シテ其事調フ事早シ又城郭ニヨラス放火相圖ノ火狼煙ヲ以テ相圖ヲ定ム

勇氣ヲ具シ此ホリノ字誤リ在

一 半途ノ軍　敵味方共ニ半途ヲ大切ニスル所ナリ勝負不意ヽ半途ニアリ行列正シト云ドモ難敵陽路ヲ討平地ニテモ行列ヲウヌメサレドモ氣ヲ奪收ハ行列ハウツホニ成テ之殊ニ他国ハ不案内ノ地ナリ疑ヒ自国ハ案内ヲ知テ掛引自由ノ地ナリ敵ヲ討タサレドモ勇氣ヲ具シ二大徳アリ敵近クナリテハ弥行列ヲ正シ諸卒ノ心ニモ自ラシメ出来テ堅固ニナル物ナリ故ニ近キヲ討テ敵ノシメヲホグス又半途ノ夜討曰少ヲ以テ大ヲ討ハ不意半途ナリ故ニ相圖ヲ定忍者ヲツカハシ或遠近ノ物見ヲ以テ不意半途ヲ正ス所ヲ肝要トス是ヲ以テ忍物見軍ノ必勝ノ深理トス又軍ノ根本トス

大将ノ實検ハ諸書皆同キニ依テコレニシルサズ人ニヨリ大将ノ首計リヲ実検シテ其外ノ首ヲ実検セズ然ドモ諸士ノ高名ヲ賞スルナレバ首数タクトモ不レ残實検アル事最ナリ大閤信長古今ノ名将ナリシニ依テ首イカ程有テモ不レ残實検アル也心得アルベキ事也

一 将意三慎　智外ヘ發シタルハ軍賢ク働トモ越度有モノ也コレヲ慎ム智ノ内ニ含タルハ軍ニ越度ナク謀深ケドモ眼前ニ急ノ変化難レ移慎レ之勇盛ニカサノ有将ハ必敵ヲ思コナシテヲゴリ付物也是ヲ慎ム　以上吾ハ慎敵ハ察セヨ依レ之謀ヲ設ク是ヲ勝負ノ本トス

一 把團采拜ヲ取様　順逆ノ二ツアリ敵ヲ指ニハ釼先ニテ指圖ヲ指ニハ柄方ニテ指鞭扇モ同シ敵ヲ招クニハ手ヲアヲムケテ先ニテ招ク逆手ナリ味方ヲツカウニハ順ニ手ヲウツムケテナリ又味方掛レト云ニハ射向ノ脇ヨリ打アク下ヘ一ハシテ引トルナリ引サイ拜ハ上ヨリ左ノ脇ヘ打コムナリト一レト云ハ高クアケテコ一子ニスル也

一 權因他制　廣挾ヘ二ツノ權有人地ニ余ル時ハ犀ナリ不足スル則ハ犀ナリ是皆權ニ違フ挾キ所ニテハ幾

コ一子ニスル也

手ニモ分テ用ヒ大軍ニ険ヲ用ヒル則ハ戦拙シ険ヲタノムニ依テ也大ハ大ノ力ヲ以テ仕フベシ小勢ハ険ヲ用ユ十夫守レハ則百夫ニ當ル地ノ利ハ兵ノ助ナリ虽然険ニ居テ険ヲ頼ムハ不険ナリ不険ニ居テ不険ヲ思フハ不険ヲ険ニスル利ナリ是ヲ険易ノ用ヒヲ知ト云也

一 依勝負剛弱重々　○カサ在テ勇盛ノ将ハ勝テ必奢付モノ也○尋常ノ将ハ勝テ安堵スルモノ也○愚将ハ勝テ怠ル也○賢将ハ勝テ慎ムナリ○カサ有勇ナル将ハ負テ弥勇出ルモノ也○智将ハ負テ弥謀深ク成モノ也○愚ト臆ナル将ハ負テ行ヲ失フ是又敵ヲ計リ我ヲカヘリ見ルノ源ナリ

一 軍ハ敵ニ勝セヽサクバカリヲ不レ可レ致唯自分ノ非ヲ知リ自分ノ虚ヲヨク考ヘテ不負様ニト手前ヲ堅固ニ守テ物ニカタヨラズ敵ノ虚ヲ計ル狀ハ勝其中ニアリ少モ勝ヲ不レ貪勝安キ時勝ヲ良将トス吾ヲ全フシテ以テ敵ノ非ニ勝可レ勝事ハ敵ニアリ不負ハ吾ニアリ譬言ハ上手ノ碁打カ如シ手前ヲ堅固ニシテ敵ノ石弱キ所ヲ取是ナリ人ハ物ニカタヨルニ依テ智ヲ失フナリ譬言ハ慾ニ

カタヨレバ賞罸不正恐懼ニカタヨレバ聴ヲ敵ノ旗ト見ル喜怒哀樂憂愁其外何ニカタヨリテモ其正ヲ得ルヿ無ラシテ心暗シ心暗キ時ハ敵ノ虚實変化難移是ヲ離ルヽトキハ謀自ラ生ズ譬ハ明鏡ニ万衆不残移ルカ如シ如此ニシテ身ヲ慎ミ吾ヲ以テ敵ヲ察シ敵ヲ以テ吾ヲ可知ナリ

一後詰ナド有城ハ猶以ノヿ左ナリ𪜈籠城ノ時ハ城外十町或ハ二十町或ハ一里ノ内ニ能ミ相圖ヲ極忍者四五人置ヘシ是ニ色色益アリ自然敵大勢ニ取籠ラレ味方ノ後詰ノ大将諸事通スルヿ難成時城内ヨリ城外ヘ相圖ヲ以テ自由ニ通ズ其外是ニ口傳多シ譬ハ三州長篠合戦ニ奥平九八郎ヲ被籠置シ時大軍ニテ勝頼取巻シニ依テ後詰ノ信長公家康公ヘ物事ヲ可通ヤウナキ故既ニ兵粮尽ミテ難義ニ及ブ其時鳥井強右衛門城中ヨリ忍出テ信長公ヘ後詰兵粮ヲ乞終ニ敵生捕シタリ是如斯謀ヲ不知シテ及難義大事ノ士ヲ殺サレタリケ様ノヿヲ常流ニハ心ヲ一ニシテ身ヲ分ル謀ト云可秘之

第一武者奉行二人　是ハ常ニ諸士ノ下知ヲ請尊敬仕来タル者ヲ用ルナリ功者最モ吉

第二旗奉行二人　一人ハ證拠一人ハ際積ナリ證拠ハ第一功者ヲ用戦場ノ是非ヲ考ヘ宜キ地ニ旗ヲ立ル之故ニ證拠トス際積ハ间ヲ積ル之一軍ノ旗数九本或ハ七本也是ヲ立次ニ家中ノ惣旗ヲ立ル間ヲ能見積ル役ナリ故ニ際積ト云之

第三鑓奉行二人　一軍ノ足軽千二百ノ積リナリ内八百鉄炮三百弓二百鑓ナリ

右ヲ六奉行ト云器量ヲ撰ミテ役トスヘシ　コノ次ニ殿後ト小荷駄奉行ヲ定ム殿後ハ兼テ無定時ニ臨テ小荷駄奉行ハ主ニ不替程ノ者ヲ任スルナリ

先一備　物見　押ヘ　控人　大竜　人手引人　控人　證拠　手廻ノル　押太皷
旗全全全頭旗　徒立ノ家中　人手引人　鉄炮頭　日暮ニ及ニ来ル　鉄炮全全全全頭
旗全全全頭旗　際積　上ニ同　同断　鉄炮全全全全頭
弓大将　弓全全全　弓全全全　鑓奉行　鑓全全全　同全全全　鑓奉行　武者奉行
騎馬　番頭次第ニ　左右　乗込《ノリ》　先ニ全　武者奉行　小馬験　押太皷
角　鉦　袋ニ納不可顕　鉄炮　先ニ同　弓備　同　持鑓　右貝　左皷
将　使番横目　供廻　小性込　組外込　殿後　小荷駄　騎馬百ナレハ二百ノ積リ　小荷駄奉行殿後奉行二人宛之
右ニ同

一押前大物見ノ事　敵地ヘ押行時ハ兼テ通使ヲ用ヒ通路ノ安否ヲ知ヘシ山林ノ険阻ノ伏ヲ顕スニ物見忍ヲ用ユ一組ヨリ二人三人撰ミ出シ或ハ十騎二十キニハ不過足軽ヲ一騎ニ五人三人指ソヘ道ノ程三里ニ不過道ノ左右ノ山林ノ伏ヲ顕ス　又旗本ヨリ使番二三騎ニ歩達ノ使番一騎ニ三人程添ヘル是ハ中小性ノ内達者ヲ撰ミ一日昏ニ遣ス何レモ相印ヲ一同ニシテ敵出タリ𪜈自分ノ働ヲ禁ハ勿論ナリ右ノ物見ノ間ニ居テ先ノ様子ヲ旗本ヘ注進ス平地ハ騎馬早シ山路ハ歩達早シ故ニ険易ニ道ノタメニ騎歩ノ両様ヲ用之

一行列軍ヲ他国ヘ出シ著陣ノ行列ヲ定ム不意手途ノタメナリ門戸ヲ出ルヨリ敵ヲ見ルカ如クシ未兆ヲ敬ム則ハ能出事ヲ除ク也

おわりに

極限状態で生きていた人たちが居た。これは事実であり、忍者もそういう人たちでした。忍者、忍術に関しては余りに曲解と誤解が多く、その一因が明治末の立川文庫に始まり、大正ロマンにサポートされた娯楽性の追求の結果だと考えられます。しかしそれが私共に夢を与え、沈んでいる時さえも励まし、精神生活を豊かにしてくれました。また、子供から大人までも忍者を楽しみ、現在でも経済効果を上げ続けています。

私は「自身を極限状態に置いて生きていた」忍者の生活を「総合生活術」としてとらえ、「忍者の歴史民俗学」を学問的に追究してみたいと思っています。『万川集海』は内容があまりにも多岐であり、その全解明は筆者の遠く手の届かない所にあります。本書が忍者の歴史民俗を学問的に追究される方々への一助にでもなれば、訳註者にとってそれ以上の幸甚はありません。私の力の及ばなかった部位の解釈は読者に委ね、またそれを教授頂ける機会があれば至上の喜びです。そのためにも、巻末に収録した、底本の復刻を利用していただければと思います。

忍術伝書のキーワードは「極限状態」「総合生活術」「忍者の歴史民俗学」であると思います。格差と混沌の社会で、忍術は「総合生活術」であるとして本書を読破され、自分の脚で立って堂々と生きて行けるヒントの一つにでもなればと存じます。

忍術を総合生活術とした理由は以下です。『万川集海』は江戸時代の生活を基本としており、忍者は下級武士と軽輩の帯状部分に位置する下層階級でありながらも堂々と生きていました。それは総合生活術のおかげです。

『万川集海』の行間は強《したた》かに生きる術で溢れています。さらに『万川集海』は江戸期一般の生活術も吸収しています。人口三千万、鎖国下の江戸期。そこで日本人は「ゆとり」を持って生きていました。江戸時代は現代日本人の生活の基層です。幸せは脳で感じ、豊かさは自分で決める事です。強かに生き抜いた忍者たちの生き方を知れば自分の財産が何種類も増えます。それを拡大すれば、独自の「健康管理術」「医薬法」「心理学」「食法」「対人対応術」「自給自足術」「行動術」「歩行法」「サバイバル」その他の多様な能力を体系化する事が出来るでしょう。

最後に、本書出版に多大な御苦労と御指導を賜りました国書刊行会編集部の伊藤嘉孝氏に心からお礼を申し上げ、筆を置くことと致します。

中島篤巳

平成二十七年四月三日

参考文献

『万川集海』国立公文書館内閣文庫本、藤林保武、延宝四年
『万川集海』伊賀市上野図書館本
『万川集海』大原勝井本（復刻版・誠秀堂、一九七五年）
『万川集海』藤林本
『万川集海』某氏蔵本
『万川集海』某氏蔵本
『正忍記』中島本
『正忍記』中島篤巳著、新人物往来社、一九九六年
『忍術秘伝の書』中島篤巳著、角川選書、一九九四年
『軍法侍用集』小笠原昨雲、承応四年
『戦国武士の心得――『軍法侍用集』の研究』古川哲史監修、魚住孝至、羽賀久人校注、ぺりかん社、二〇〇一年
『老談集』山本勘助、弘化二年
『忍術秘書』江戸後期
『秘伝忍之書』曽我重兵衛、万治三年
『窃盗秘密手鑑』付・昰野流火術、江戸期

『窃盗之書』稲増家流、延宝三年
『長筒』稲増家流、延宝三年
『矢倉筒』稲増家流、延宝三年
『火術乾坤』、享和三年
『武備小学図考秘略』、宝暦八年
『兵法奥儀書乾坤』山元勘助、文化元年
『忍秘伝』服部半蔵、永禄三年（復刻版・沖森書店、一九七〇年）
『伊賀流忍術隠火之巻』、江戸期
『火業相図火口伝』、江戸期
『服部流水鏡』服部徳左衛門、寛政九年
『甲陽軍鑑結要秘徳之切紙三通』、江戸期
『片山心働流秘巻』流祖・片山伯耆流守久安、天明元年
『軍船』野尻次郎右衛門（福島流）、寛永八年
『武備誌』茅元儀撰、寛文四年和刻（復刻版「和刻本明清資料集、第三～六集」汲古書院、一九七四年）
『馬杉之由緒聞書』、桂圭敏好、万延二年
『合武伝法急勧』（嗅物見之巻）、江戸期
『甲州流一騎受用五巻末書十二品目』、江戸期
『嗅物見法末書』江戸期
『火術秘録』天保年間
『松明秘法之巻』中里矩澄、元治元年
その他

訳註者略歴
中島篤巳（なかしま・あつみ）
1944年山口県生まれ。大阪大学医学部卒、奈良大学文学部卒。医学博士。文学士。国際忍者学会会長。古流武術連合会名誉会長。片山流柔術宗家。柳生心眼流居合術十二代。糸東流空手道範士七段。天神明進流兵法相伝家。智心流・浅山一伝流・天心古流拳法師家。神伝不動流皆伝。主な著書に『忍秘伝』（国書刊行会）、『忍術秘伝の書』（角川選書）、『忍者の兵法』（角川ソフィア文庫）、『正忍記』『陸軍潜水艦隊』（以上、新人物往来社）、『忍者を科学する』（洋泉社）、『日本山名辞典』（三省堂）、『プランクトン図鑑』（共立出版）、『中国・四国の山』『中国の山』『中国百名山』『山口県の山』『山名用語辞典』『日本の山1000』（以上、山と渓谷社）、『伯耆流柔術秘伝絵巻』（マツノ書店）、『脳死』（北窓出版）、『トロイ遺跡図譜』（私家版）、その他多数（共著を含む）。

完本《かんぽん》　万《まん》川集海《せんしゅうかい》

2015年5月13日初版第1刷発行
2024年5月30日初版第6刷発行

訳註者　中島篤巳

発行者　佐藤今朝夫
発行所　株式会社国書刊行会
〒174-0056　東京都板橋区志村1-13-15
TEL.03-5970-7421　FAX.03-5970-7427
https://www.kokusho.co.jp

装丁者　黒岩二三［Fomalhaut］
印刷所　株式会社シナノパブリッシングプレス
製本所　株式会社ブックアート

ISBN 978-4-336-05767-9　C0021